あ・は行
東西いろはがるた一覧

か・ま行
故事の背景

さ・や行
出典略解

た・ら行
英語ことわざ

な・わ行

三省堂

故事ことわざ・慣用句辞典

第二版

三省堂編修所…［編］

三省堂

『執筆者紹介』

故事・成語　ことわざ・格言　英語ことわざ

原田種成―はらだ・たねしげ
元二松学舎大学教授、文学博士（中国文学）

宮崎和廣―みやざき・かずひろ
財団法人無窮會図書管理委員会委員（日本文化史・国文学・書誌学）

舞田正達―まいだ・まさとお
元大東文化大学・国際商科大学講師（中国文学・国文学）

高瀬省三―たかせ・せいぞう
元愛知淑徳大学教授（英語英文学）

慣用句

倉持保男―くらもち・やすお
元慶應義塾大学・大正大学教授（日本語学）

阪田雪子―さかた・ゆきこ
元東京外国語大学・聖心女子大学・杏林大学教授（日本語学）

〔本文デザイン〕＝木村多恵子
〔装丁〕＝三省堂デザイン室
〔編集協力〕
沓掛和子
長坂亮子
山本厚子

前書き

初版刊行以来十一年、順調に刷りを重ねてまいりましたが、第二版では、特にことわざの項目・解説について充実を図るとともに、慣用句の用例を全面的に見直し、より現代社会に即応し、具体的で生き生きとした使用場面が思い描ける内容にいたしました。

世代から世代へと伝えられた、故事・ことわざや、独特の意味合いをもつ慣用句が、正しい理解を通して的確に使用され、さらに後世に伝えられることを願っております。

平成二十二年五月

三省堂編修所

本書は、日常よく用いられる故事・成語・ことわざ・格言と慣用句を一冊にまとめ、平易に意味や用法を説明したものです。

故事・ことわざや慣用句は文学作品を初め、新聞・雑誌、あるいは日常の会話の中にしばしば用いられます。これらは、話し手や書き手が事がらに即して具体的に述べようとすれば、多くの言葉を費やさなければならないことでも、短い言葉で端的に力強く訴えかける働きを備えており、一方、聞き手や読み手にとっても、経験的な知識や感覚的なイメージと結びつけて、豊かな感性を交えた的確な理解が期待されるからです。

故事は、「以心伝心」「一日の長」「蛇足」「矛盾」など、古典に根拠を求めることができる言葉で、ある事がらの一典型を簡潔に表現したものです。言葉の基になったエピソードを踏まえて故事に接すれば、事がらの持つ本質的なものは何かを鋭く指摘し、また、見抜くことができます。

ことわざは、「急がば回れ」「一寸先は闇」「転ばぬ先の杖」「油断大敵」など、古くから言いならわされてきた言葉で、人生の真実の一面や処世上の知恵や教訓を示してくれるものです。ことわざも故事と同様、的確に使用し、理解することによって、表現に豊かな潤いを与え、話し手と聞き手、書き手と読み手の心を通わせる効果があります。

慣用句は、「大学を出ても、まだ親の臑《すね》をかじっている」の「親の臑をかじる」、「重い責任を果たし、やっと肩の荷が下りた」の「肩の荷が下りる」や「優勝候補の呼び声が高い」の「呼び声が高い」など、二つ以上の単語が決まった結びつきをしていて、それぞれの単語の意味をつなぎ合わせても理解できない別の意味を表わす言葉です。慣用句は、個々の単語から連想されるイメージを巧みに生かしているものが多く、同じ内容を他の言葉で表わすよりも受け手に強い印象を与えることができます。

我々が使っている言葉は長い伝承の歴史を持っているために、故事とことわざ、ことわざと慣用句の区別は必ずしも明確ではありません。本書では、明らかに慣用句だと判断できるものには《慣》を付しましたが、故事とことわざについては特にその別を記しませんでした。ただ、故事には中国の古典に基づくものが多いので、特に出典を明記し、原文を書き下し文で掲げ、その言葉のいわれも同時に知ることができるようにしました。また、慣用句には適切な用例を示し、利用者の便を図りました。

本書の活用を通し、故事・ことわざや慣用句の正しい理解と的確な使用がなされ、みなさんの言語生活をより豊かにするためにお役に立つことを願っております。

なお、本書は、昭和六十二年に刊行され版を重ねてまいりました『実用ことわざ慣用句辞典』を増補改訂した改題新版です。

平成十一年六月

三省堂編修所

凡例

一、見出し　日常の言語生活で使用度数が高いと考えられる故事・成語・ことわざ・格言を約二、九五〇項目、慣用句を約三、六〇〇項目選び出し、漢字仮名まじりの形で、五十音順に配列した。英語ことわざは一部を本文中に採録したが、英語の慣用的な表現として使用される主要なもの六一〇項目を巻末にまとめた。

二、意味・説明　一読して意味・用法が理解できるように、できるだけ平易明解な説明を施した。その際、類義的な他の句との意味・用法の差異が示せるように心掛けた。また、句の由来や原義などで特に意味の理解に役立つと思われるものを《　》に入れて示した。

三、用例　特に慣用句については、語釈の後に例として用例を付し、意味・用法がよりいっそう的確に把握できるようにした。使用場面の違いなどに応じて、いくつかの意味・説明が併記されている場合も、できるだけ用例をあげるようにした。また、故事・成語で決まった言いまわしのあるものも例に示した。これには慣用句の項目と重なるものもある。

四、原文　故事・成語は中国の古典に基づくものが多いので、特に出典を明記し、原文として書き下し文を掲げ、さらに平易な解釈を添えた。また、英語のことわざが典拠となっているものは、原文として、英語を示した。

五、類句　見出しの句とほぼ同義に用いられる句を、用例の後に類句として示した。◆は本文中に見出し語句として掲載されているもので、⇩で送った項目も含む。◇は、見出し語句として掲載のないものである。

なお、助詞の小さな異同や本来の句の省略などによって生じた、見出しの句との小さなずれは、語釈末にその形を示し、類句としては取り上げなかった。

例　**命拾《いのちびろ》いをする**……「命を拾う」とも。

六、自動詞形・他動詞形　慣用句は、見出しの句に対する自動詞形または他動詞形を、それぞれ用例の後に自他として示した。

例　**証《あかし》を立《た》てる**……　[自]　**証が立つ**
　　足《あし》が出《で》る……　[他]　**足を出す**

ただし、「愛想《あいそ》が尽きる」と「愛想を尽かす」のようなものは、形式的には一見、自・他の対応関係にあるとみられるが、「彼には私もほとほと愛想が尽きた」「彼には私もほとほと愛想を尽かした」のように、用法の上ではいわゆる自・他の対応関係が認められないので、これらの類は単に[類句]として扱った。

七、対義の句　見出しの句に対応する対義の句は、[反対]として用例の後に付した。

八、他の見出しへの参照　⇩によって参照すべき他の見出しを示した。

1　見出しに続けて付した⇩　見出し句の解説が、その類句や関連語句と重複する場合は解説を省略し、⇩の下の句を参照させた。

例　**泡《あわ》を吹《ふ》かせる**　⇩**一泡《ひとあわ》吹かせる**
　　人生七十古来稀《じんせいしちじゅうこらいまれ》なり　⇩**古稀《こき》**

2　項目の末尾に付した⇩　意味や句の由来に何らかの深い関係があり、相互に参照することが句の理解を深めるのに役立つものに付した。

例　**赤縄《せきじょう》を結《むす》ぶ**……　⇩**月下氷人《げっかひょうじん》**

九、用字　原則として常用漢字・現代かなづかいを用いたが、常用漢字外であっても、伝統的な表記として一般的なものは広く用いた。ただし、それらには振り仮名を付して読みの便を図った。

あ

ああ言《い》えばこう言《い》う《慣》

いろいろと理屈を並べ、相手の意見に素直に従おうとしない様子。例 ああ言えばこう言うで、まったく口の減らない奴《やつ》だ。

合縁奇縁《あいえんきえん》

縁とは不思議なもので、見知らぬ人と人とがふとしたきっかけで知り合い、友人・恋人・夫婦になったりするのも、みな仏教でいう因縁《いんねん》によるものである、ということ。

類句 ◆縁《えん》は異《い》なもの

愛多《あいおお》ければ憎《にく》しみ至《いた》る

人からかわいがられることが多ければ、必ず他の人から憎まれるようになる。特別な寵愛《ちょうあい》は身の破滅を招くことになるから注意しなければならない、ということ。

原文 恩甚《はなは》だしければ則《すなわ》ち怨《うらみ》生じ、愛多ければ則ち憎しみ生ず〔過度の恩愛は人の憎しみを買うもとになる〕。〈亢倉《こうそう》子《し》・用道《ようどう》〉

愛敬《あいきょう》を振《ふ》りまく《慣》

だれかれの区別なく、周囲の人々に明るくにこやかな態度で接する。例 あの男は次の選挙に立候補するつもりなのか、最近やたらに愛敬を振りまくようになった。

合言葉《あいことば》にする《慣》

仲間どうしの結束を図り、行動の指標とするために、自分たちの主義・主張を端的に表わした言葉を掲げる。例 若い党員が「変革」を合言葉にして颯爽《さっそう》と政界に登場した。

挨拶《あいさつ》は時《とき》の氏神《うじがみ》

〔「挨拶《あいさつ》」は、仲裁の意〕⇩**仲裁《ちゅうさい》は時の氏神**

愛《あい》してその悪《あく》を知《し》る

〔いくら愛していても、その人の悪い点はよく知っている意〕相手がどんな人であっても、その長所だけでなく短所も冷静に見極めておくべきであるということ。

原文 賢者は狎《な》れてしかも之《これ》を敬し、畏《おそ》れてしかも之を愛

し、愛してしかも其《そ》の悪を知り、憎んでしかも其の善を知る。〈礼記《らいき》・曲礼上《きょくらい》〉

愛《あい》してその醜《しゅう》を忘《わす》る

人を愛してしまうと、そのすべてがよく見えて、悪いところが分からなくなるものだ、ということ。類句◆痘痕《あばた》も靨《えくぼ》◆恋は盲目

愛想《あいそ》が尽《つ》きる《慣》

こちらがいくら好意を示しても一向に通じない相手の態度にあきれ果て、これ以上かかわりを持つのはやめようという気持ちになる。「あいそ」は「あいそう」とも。「愛想を尽かす」とも。例自分勝手なあの男には、もう愛想が尽きた。

愛想《あいそ》もこそも尽《つ》き果《は》てる

「愛想が尽きる」を強調した言い方。例彼の浪費癖にはこれまでずいぶん我慢をしてきたが、今度という今度は愛想もこそも尽き果てた。

開《あ》いた口《くち》が塞《ふさ》がらない

あまりのひどさに、あきれ返っている様子。例弟のあまりの馬鹿《ばか》さかげんに、開いた口が塞《ふさ》がらなかった。

開《あ》いた口《くち》へ牡丹餅《ぼたもち》

運のよいときは、努力をしなくとも幸運が向こうからやってくるものである、ということ。類句◆棚《たな》から牡丹餅《ぼたもち》

相槌《あいづち》を打《う》つ《慣》

相手の話を聞きながら同感の意を表わしてうなずいたりする。また、相手の話に調子を合わせる。例相槌《あいづち》を打ちながら、熱心に提案者の話に聞き入っていた。

相手変《あいてか》われど主変《ぬしか》わらず

応対する相手は次々と変わっても、こちらはずっと変わらず、一人で同じことを何度も繰り返していることをいう。「相手変われど手前変わらぬ」とも。例市民の苦情を受けて窓口に立つ私は、相手変われど主変わらずで、くたびれてしまう。

相手《あいて》のさする功名《こうみょう》

自分の努力や実力によるのではなくして、相手の力不足や失敗によって、思いがけない手柄を立てることをいう。

相手《あいて》のない喧嘩《けんか》はできぬ
相手がいなければ喧嘩《けんか》はできないのだから、どんなに喧嘩をしかけられても相手にならないのが賢明である。

合《あい》の手《て》を入《い》れる《慣》
《邦楽で、唄《うた》と唄との間に楽器の演奏を入れる意から》他の人の話の間に、それを調子づけるような掛け声などを差しはさむ。例 観客が合の手を入れるので、ますます舞台が盛り上がった。

愛《あい》の鞭《むち》《慣》
相手の将来のために、という思いから、あえて厳しい態度に出ること。例 子供のころあれだけ厳しく礼儀作法をしつけられたのは、今思えば親の愛の鞭《むち》だったのだ。

愛別離苦《あいべつりく》
親子・兄弟・夫婦など、愛する人と、生き別れになったり死に別れたりする苦しみ。⇩**四苦八苦**

注意 普通は「あいべつ‐りく」と区切って読まれるが、正しい区切り方は「あいべつり‐く」である。

合間《あいま》を縫《ぬ》う《慣》
仕事などの間のわずかな時間を利用して何かを行なう。例 母は忙しい家事の合間を縫ってこつこつと絵を描いています。

会《あ》うは別《わか》れの始《はじ》め
始めがあれば終わりがあるように、人も出会えば必ず別れの時が来るのだから、出会いは別れの始まりとなる、ということ。仏教でいう「会者定離《えしゃじょうり》」に同じ。

阿吽《あうん》の呼吸《こきゅう》
《「阿吽《あうん》」は、出す息と吸う息の意》二人以上の者が一緒に何かをする時、互いの気持ちがぴったり合うこと。例 長年コンビを組んだ者どうし、阿吽の呼吸で難問に対処し、その場を切り抜けてきた。

青息吐息《あおいきといき》《慣》
《「青息」は、苦しい時につくため息の意。「吐息」は語調を整えるためのもの》非常に困難な状況におちいって、弱りはてている様子。例 資金繰りに行き詰まり、店は青息吐息の状態だ。

仰《あお》いで天《てん》に愧《は》じず

公明正大で、少しも天に恥じるところがない状態である。

原文 仰いで天に愧《は》じず、俯《ふ》して人に怍《は》じず〈上の方を見ても天の神に恥じるところなく、下の方を見ても人々に恥じるところがない〉。〈孟子《もうし》・尽心《じんしん》上〉

類句 ◆俯仰《ふぎょう》天地に愧《は》じず

青《あお》い鳥《とり》

《メーテルリンク作の童話劇で、チルチル・ミチル兄妹が幸福の象徴である青い鳥を捜してあちこち回ったが、結局わが家に飼っていた鳥が、求めていた青い鳥であることに気がついたという物語から》幸福のしるしとされる鳥。幸福は、ごく身近な所にあるものだという意に用いる。

青《あお》くなる《慣》

血の気が引いて顔が青ざめる意で、何かにひどく驚いたりおびえたりする様子。例 彼が大声で一喝《いっかつ》したら、チンピラどもは青くなって逃げて行った。

青写真《あおじゃしん》を描《えが》く《慣》

《青写真が設計図に用いられたことから》将来の計画などについて具体的なイメージを描く。例 頭の中にはすでに定年後の青写真が描かれている。

青筋《あおすじ》を立《た》てる《慣》

額に静脈の青い筋を浮き上がらせる意で、ひどく怒って、けわしい表情になる様子をいう。例 怒った社長は、額に青筋を立てて部下を怒鳴りつけた。

青田《あおた》買《が》い《慣》

《戦前、米穀商が農家を相手に稲の取り入れ前に収穫高を見越して行なった先買いの意》企業が人材確保のために、卒業年次になったばかりの学生の採用を早ばやと決めてしまうこと。例 青田買いの横行は、学生の勉学意欲がそがれるとして問題になった。

青菜《あおな》に塩《しお》

《青菜に塩をふりかけると、しおれてしまうことから》

すっかり元気をなくして、しょんぼりしている様子。[例]先輩たちからひどく叱《しか》られて、いつも元気なあの男も今は青菜に塩でおとなしくしている。

青《あお》は藍《あい》より出《い》でて藍《あい》よりも青《あお》し

《青色の染料は藍《あい》という草の葉から採ったものであるが、もとの藍の葉よりも美しい色をしている、という意》教えを受けた弟子が先生よりも優れた人物になるたとえ。

[原文] 青は之《これ》を藍《あい》より取りて藍よりも青し、冰《こおり》は水之を為《な》して水よりも寒し「（学問はやめてはならない。）青色は藍草の葉から採ったものだが、藍よりも青い、氷は水が作ったものだが、水より冷たい」。〈荀子《じゅんし》・勧学《かんがく》〉

[参考] 現在通行の『荀子』の原文は「藍より取りて」だが、古い本には「出二於藍一（藍より出《い》でて）」とあるものもあり、「出藍《しゅつらん》の誉《ほま》れ」という語はこれに基づく。

青葉《あおば》は目《め》の薬《くすり》

読書や仕事などで目が疲れたときには、みずみずしい青葉を眺めると目の疲れが癒《い》やされるものだ。

煽《あお》りを食《く》う《慣》

①強い風の衝撃を受ける。[例]爆風の煽《あお》りを食って一〇メートルも吹き飛ばされた。②状況などの激しい変化の影響を受けて、痛手をこうむる。[例]円高の煽りを食って、経営が苦しくなった。

垢《あか》が抜《ぬ》ける《慣》

容姿・身のこなし・服装などが都会風に洗練されてきて、やぼったい感じがなくなる。「垢抜《あかぬ》けする」とも。[例]一年ぶりに帰郷した彼女は、すっかり垢が抜けて都会の女になっていた。

足掻《あが》きが取《と》れない《慣》

①何かに自由な動きを奪われて、動こうにも動けない様子。[例]車輪がぬかるみにはまって、どうにも足掻《あが》きが取れない。②困難な局面を打開する手だてがなく、どうしようもない状態をいう。[例]何とかしたいと思っても、この不景気では足掻きが取れない。

赤《あか》くなる《慣》

恥ずかしさのあまり、顔に血が上る。[例]あまりに褒《ほ》められて、その子は赤くなって下を向いていた。

赤子《あかご》の手《て》を捻《ひね》るよう《慣》
弱い相手を難なく負かす様子。また、何かをやすやすと成し遂げる様子。「赤子の腕を捩《ねじ》るよう」とも。例 おれに任せておけ、あんな連中の三人や四人、赤子の手を捻《ひね》るようなものだ。

証《あかし》を立《た》てる《慣》
自分が潔白であることを証明する。例 みずから真犯人を突き止め、身の証を立てた。自 証が立つ

赤信号《あかしんごう》が付《つ》く《慣》
事態が差し迫ってきて、緊急に対策を講じなければならない状態になる。例 すでに地球温暖化の赤信号が付いているというのに、具体的な対策が一向に進まない。

垢《あか》で死《し》んだ者《もの》はない
垢《あか》はいくら多くたまっても、それで死ぬことはない。入浴を嫌う者が言い訳にいう言葉。また、入浴嫌いの者をからかっていう言葉。
類句 ◇垢《あか》に喰《く》われても死にはせぬ

飽《あ》かぬ仲《なか》
いつまでもいやにならない、親密なよい間柄。

飽《あ》かぬ別《わか》れ
飽きたわけではない別れ。嫌いになったり、別れたくなったりしたわけではないのに別れなければならないこと。また、その不本意な別れ。

赤《あか》の他人《たにん》《慣》
《「赤」は「純然たる」の意》縁もゆかりもない全くの他人。例 もう、今日からは君とは赤の他人だ、顔も見たくない。

垢《あか》は擦《こす》るほど出《で》る あらは探《さが》すほど出《で》る
《垢《あか》はこすればこするほど出ることから》欠点はその気になって探し出せば、きりがなく出てくることのたとえ。

赤恥《あかはじ》をかく《慣》
《「赤恥」は「恥」を強めた言い方》人前でひどい恥をか

へ。「赤っ恥《ぱじ》をか
来ているのに、
飽《あ》きが
初め

く 例 みんな正装で
た赤恥をかいた。

し…に満足していた物事が、長く接したり、し続けたりしているうちに嫌になってくる。例 こういう派手な柄は、初めのうちはいいが、そのうちに飽きが来ると思う。

秋風《あきかぜ》が立《た》つ

《慣》《「秋」を「飽《あ》き」に掛けて言う》男女間の愛情が冷えてしまった様子。「秋風が吹く」とも。例 交際が長過ぎたせいか、最近あの二人の間には秋風が立ち始めたようだ。

空《あ》き樽《だる》は音《おと》が高《たか》い

《からの樽《たる》はたたくと高い音をたてるところから》よくしゃべる人にかぎって、考えが浅く、中身の無い人が多いということのたとえ。

類句 ◆浅瀬《あさせ》に仇浪《あだなみ》

商《あきな》い三年《さんねん》

商売を始めても三年たたなければ利益を得るまでに至らない。何事でも成功しようと思えば、少なくとも三年間の辛抱が必要であるということ。

商《あきな》いは牛《うし》の涎《よだれ》

商売をするには、一時に大儲《おおもう》けしようとせず、牛の涎《よだれ》のように細く長く、わずかずつ着実に利益を積み重ねていくことが肝要だ、ということ。

商《あきな》いは草《くさ》の種《たね》

商売の種類は実にさまざまで、多様であることのたとえ。「商売は草の種」とも。

商《あきな》いは本《もと》にあり

商売が成功するかしないかは投下された資本の大小による。何といっても大資本の威力にはかなわないという意。

秋茄子《あきなすび》嫁《よめ》に食《く》わすな

秋茄子《あきなすび》はおいしいので、姑《しゅうとめ》が嫁に食べさせたがらないという意。また、食べると体を冷やすので、また、秋茄子は種が少ないので子供ができないという縁起をかついで、嫁に食べさせなかったともいう。

秋《あき》の扇《おうぎ》

夏の間、大切にされた扇も、涼しい秋がくると片付けられて顧みられなくなることから、男性の愛情が薄らいで捨てられた女のたとえ。《前漢の武帝に愛された班婕妤《はんしょうよ》（婕妤は女官の名）が、後に帝に愛されなくなった時、わが身を不用になった秋の扇にたとえたことによる》〈文選《もんぜん》・班《はん》婕妤《しょうよ》の詩、怨歌行《えんかこう》〉

秋《あき》の鹿《しか》は笛《ふえ》に寄《よ》る

《鹿《しか》は、秋になると雌雄慕いあう習性があるので、たやすく鹿笛に誘われて近寄ってくる》弱点に付け込まれて利用されやすいこと、また、恋の為《ため》に身を滅ぼすことにいう。

秋《あき》の空《そら》は七度半《ななたびはん》変《か》わる

秋の天候は変わりやすいことから、人の心が変わりやすいことにたとえる。

類句 ◆男 … 心と秋の空 ◆女の心と秋の空

秋《あき》の日は釣瓶《つるべ》落《お》とし

《秋 … の中に落とすようにあっという間に沈む意》秋の日の暮れやすいことをたとえていう。

類句 ◇秋の日の鉈《なた》落とし

商人《あきんど》に系図《けいず》なし

商人の成功は努力や実力によるものであり、家柄などは必要ない。

商人《あきんど》は損《そん》していつか倉《くら》が建《た》つ

商人は損していると言いながら、いつの間にか倉を建てる。儲《もう》けていることを皮肉に言った言葉。

類句 ◇商人《あきんど》は損と元値《もとね》で暮らす

灰汁《あく》が強《つよ》い《慣》

個性が強過ぎて、接する人々に何か素直に受け入れられない様子。人の性質や書いた文章などについて用いる。例 今年の新人賞を取った小説は、灰汁《あく》が強い文章だが、なかなか迫力のある作品だ。

灰汁《あく》が抜《ぬ》ける《慣》

強い自己主張や独断的なところなどがなくなり、人当たりがよくなる。例 あの人は管理職になってから、すっかり灰汁《あく》……面、面白味《おもしろみ》……

悪《あく》事千里を走《はし》る

……知れないが）悪い行ないやよくな……善行はいくら隠してもすぐ遠くまで知れ渡る。

原文 好事門《もん》を出《い》でず、悪事千里を行く。〈北夢瑣言《ほくぼうさげん》・六〉

参考 Ill news travels fast.〔悪いニュースは速く伝わる〕

悪事身《あくじみ》にとまる

自分が犯した悪事は結局はその本人に返ってくる、ということ。

類句 ◆因果応報《いんがおうほう》

悪女《あくじょ》の賢者《けんじゃ》ぶり

心のよくない女が、賢女や貞女をよそおって振る舞っている。世の中には案外このような偽善が多い。

悪女《あくじょ》の深情《ふかなさ》け

醜い女は美しい女に比して、愛情が強く嫉妬心《しっとしん》が深いものだ。転じて、ありがた迷惑である、という気持ちを込めて用いる。近ごろは「悪女」を心のよくない女の意に用いているが、本来は醜い女をいう。

アクセントを置《お》く《慣》

全体の中で、特にそのことに重点を置く。また、全体の調子を引き締めるために、特にその部分を目立たせる。例 目元にアクセントを置いた化粧法がはやる。

悪銭身《あくせんみ》に付《つ》かず

不正な手段で得た金は、つまらないことに使ってしまうからすぐなくなるものだ。例 競馬で大穴を当てたが、悪銭身に付かずで、あっという間に懐《ふところ》から消えてしまった。

類句 ◇あぶく銭《ぜに》は身に付かない

悪態《あくたい》をつく《慣》

相手を口汚くののしる。例 借金を断わられるや彼の態度は一変、さんざん悪態をついて帰って行った。

悪《あく》に強《つよ》ければ善《ぜん》にも強《つよ》し

悪いことをする力の強い人は、善いことをする力も強い意で、大悪人はいったん改心すると、非常な善事をなすことができる、ということ。

悪《あく》の温床《おんしょう》《慣》

人を悪事に誘い込む原因を作り出している、好ましくない環境。例大都会の歓楽街は悪の温床になりやすい。

欠伸《あくび》を噛《か》み殺《ころ》す《慣》

出かかった欠伸《あくび》を無理に止める意で、すっかり飽きてしまって、いやいやながら止《や》むを得ず何かをし続けること。例社長の訓話を長々と聞かされて、社員は欠伸を噛《か》み殺していた。

あぐらをかく《慣》

《「あぐらをかく」のは楽な座り方であることから》今の安定した地位・境遇に満足しきって、向上心をなくし、本来なすべきことを怠る。例いつまでも古い暖簾《のれん》の上にあぐらをかいていたのでは、この店の将来は危うい。

揚
手の
たり批判
揚げ足を取る
取り上げて、皮肉を言っ
人の言葉尻《じり》をとらえて

揚句《あげく》の果《は》て《慣》

《「揚句」は「挙句《あげく》」で、連歌の最後の句の意》さんざん何かをした末に、最終的な事態に至る様子。多く、好ましくない、また、予想外の結果になる場合に用いる。例些《さ》細《さい》なことから口論となり、揚句の果ては殴り合いの大喧嘩《おおげんか》になった。

上《あ》げ潮《しお》に乗《の》る《慣》

時機を得て、物事が順調に進む。例景気の回復期に入り、事業は上げ潮に乗って急速に発展した。

上《あ》げ膳《ぜん》据《す》え膳《ぜん》《慣》

行き届いた食事の世話をして、客人としてもてなすこと。例旅先の宿での上げ膳《ぜん》据え膳は、主婦にとって嬉《うれ》しい。

明《あ》けた日《ひ》は暮《く》れる

朝がくれば必ず夜がくるように、よい時はいつまでも続かないもので、盛の次は衰、楽の次は苦であるから、よい時でも自重せよという戒め。

上げたり下《さ》げたり《慣》 そのものに関して、ある点を褒《ほ》めたかと思えば、他の点をけなすなどして、どっちが本音なのか分からない様子。例 彩色はすばらしいが、ややインパクトに欠けると、先生の批評はいつも上げたり下げたりだ。

開《あ》けて悔《くや》しき玉手箱《たまてばこ》 《浦島太郎が竜宮の乙姫《おとひめ》からもらった玉手箱を開けてみたら、中から白い煙が出てたちまち老人になってしまったという話から》結果が期待はずれでがっかりすることのたとえ。

明《あ》けても暮《く》れても《慣》 毎日毎日同じような状態が続いたり同じことを続けたりして変わることのない様子。例 彼は、明けても暮れても金儲《もう》けばかり考えている。

朱《あけ》に染《そ》まる《慣》 血まみれになる。血に染まる。例 浪人に切り付けられた娘は朱に染まって倒れ伏していた。

顎《あご》が落《お》ちそう《慣》 非常に味がいいと感じる様子。例 この桃はたいそうおいしくて、顎《あご》が落ちそうだ。
類句 ◆ほっぺたが落ちそう

顎《あご》が外《はず》れる《慣》 おかしくて、笑いが止まらなくなるほど大笑いをする様子をいう。「顎《あご》を外す」とも。例 漫才師が次々と繰り出す駄洒落《だじゃれ》に、みんな顎《あご》が外れるほど笑った。

顎《あご》が干上《ひあ》がる《慣》 生計が立たなくなる。例 僕ら露天商は、こう雨ばかり続いたのでは顎《あご》が干上がってしまう。
類句 ◆口が干上がる

顎《あご》で背中《せなか》を掻《か》くよう 不可能なこと、できないことのたとえ。

顎《あご》で使《つか》う《慣》 自分では何もせずに、高慢な態度で人をこき使う。「顎《あご》の先で使う」とも。例最近の子供は、逆に親を顎で使うような態度をとっている。

顎《あご》で蠅《はえ》を追《お》う
病人が手で蠅《はえ》を追い払うこともできないほど衰弱した様子、また、精力の消耗しきった様子をいう。

顎《あご》をしゃくる《慣》
何かを指示するのに、無言で顎《あご》をその方に向けて示す。多く、見下した態度で相手に何かを指示する動作を表わす。例うちのボスは絶対的な存在で、顎をしゃくるだけで部下を動かしている。

顎《あご》を出《だ》す《慣》
《長距離を歩いて疲れると、足が先に進まず、顎《あご》が前に出た格好になることから》疲れ果てて、歩き続ける気力を失う。また、仕事などに行き詰まって投げ出そうとする。例偉そうなことを言っていたくせに、頂上はおろか三合目付近で早くも顎を出した。／仕事は始まったばかりなのにもう顎を出すなんて、あきれたものだ。

顎《あご》を撫《な》でる《慣》
どんなものだと言わんばかりに、得意げに自分を誇示する動作を表わす。また、物事が思い通りにならず憮然《ぶぜん》とした顔つきをする意にも用いる。例老人は若者を相手に、顎《あご》を撫《な》で撫で自慢話を始めた。

浅《あさ》い川《かわ》も深《ふか》く渡《わた》れ
浅い川でも油断は禁物で、深い川と同じように用心して渡れ、ということ。油断を戒めた言葉。

朝起《あさお》きは三文《さんもん》の徳《とく》
⇩早起《はやお》きは三文の徳

朝顔《あさがお》の花一時《はなひととき》
「朝顔」の花は、むくげ（槿花）のこと。⇩槿花一日《きんかいちじつ》の栄《えい》

浅瀬《あさせ》に仇浪《あだなみ》
《川では、浅瀬には波が立ち、深いところには波が立たない意》考えの浅い者ほど口数が多く、何かと騒ぎ立てるものだということのたとえ。
類句◆空《あ》き樽《だる》は音が高い

朝題目《あさだいもく》に夕念仏《ゆうねんぶつ》

朝は日蓮宗《にちれんしゅう》の題目の「南無妙法蓮華経《なむみょうほうれんげきょう》」を唱え、夕方は念仏宗の念仏の「南無阿弥陀仏《なむあみだぶつ》」を唱える意で、することに定見のないことのたとえ。

明後日《あさって》の方《ほう》《慣》

全く見当違いの方向。例 そんな明後日《あさって》の方を探したって、見つかりっこないよ。

糾《あざな》える縄《なわ》の如《ごと》し

⇩**禍福《かふく》は糾《あざな》える縄の如《ごと》し**

麻《あさ》の中《なか》の蓬《よもぎ》

⇩**蓬麻中《よもぎまちゅう》に生《しょう》ずれば扶《たす》けずして直《なお》し**

朝飯前《あさめしまえ》《慣》

《朝食前のわずかな時間でできるということから》そのことをするのがきわめて容易であること。例 彼女を口説き落とすなんて朝飯前だと言ったのは誰《だれ》だったっけ。

足《あし》が重《おも》い《慣》

どこかに行かなければいけないと思いながらも、気が進まず、なかなか実行できないでいる様子。例 先生の見舞いに行かなければと思うのだが、普段不義理ばかりしているので、正直言って足が重い。

足《あし》が地《ち》に付《つ》かない《慣》

興奮したり気にかかることがあったりして気持ちが落ち着かず、行動にしっかりした落ち着きの見られない様子をいう。例 明日はいよいよ合格発表の日だと思うと、足が地に付かない気分だ。

足《あし》が付《つ》く《慣》

①逃げた者の足取りが分かる。例 地道な聞き込み捜査で、犯人の足が付いた。②何かが手掛かりとなって、誰《だれ》が犯人かが分かる。例 現場に落ちていたハンカチから足が付いた。

足《あし》が出《で》る《慣》

出費が多くなって、予定していた金額をオーバーする。例 予定より三万円ぐらい足が出たが、予備費で何とかかなった。他 **足を出す**

足《あし》が遠《とお》のく《慣》
以前のようにはそこを訪れる機会が少なくなる。例 母親が死んでからは、実家からもすっかり足が遠のいてしまった。

足《あし》が早《はや》い《慣》
①食べ物が腐りやすく、長持ちしない。例 豆腐は足が早いからその日のうちに食べたほうがよい。②商品の売れ行きがいい。例 今度の新製品は思ったより足が早く、生産が追い付かないほどだ。

足《あし》が棒《ぼう》になる《慣》
長く立ち続けたり、歩き続けたりして足が疲れ、思うように動かなくなる。⇩**足を棒にする** 例 足が棒になるほどあちこち探し回ったが無駄だった。

足《あし》が向《む》く《慣》
歩いていると、無意識のうちにその方に向かって進んでいる。例 まっすぐ家に帰ろうと会社を出たものの、いつの間にか行きつけの飲み屋に足が向いていた。

足蹴《あしげ》にする《慣》
そうするいわれのない人に対して、ひどい仕打ちをする。例 あの人は人を足蹴《あしげ》にしてまで出世したいのだろうか。

朝《あした》に紅顔《こうがん》あって夕《ゆう》べに白骨《はっこつ》となる
〈朝、元気な顔をしていた若者が、夕方には死んで、変わり果てた姿になる意〉この世は無常で、人の生死は予測できないものであることをいう。
参考 蓮如上人《れんにょしょうにん》の「御文章《ごぶんしょう》（御文《おふみ》）」の中に使われている言葉。

朝《あした》に道《みち》を聞《き》かば夕《ゆう》べに死《し》すとも可《か》なり
朝、道理を理解して本当に悟ることができたら、その晩に死んでもかまわない。人の道を知ることがいかに尊いかを説いたもの。一説に、天下に道が行なわれ、社会の秩序が回復したと聞きさえしたら、死んでもよい、と解釈する。〈論語《ろんご》・里仁《りじん》〉

朝《あした》に夕《ゆう》べを謀《はか》らず

朝には夕方のことを考えない意で、遠い先のことは考えていない、ということ。

原文 吾《わ》が儕《せい》は偸食《とうしょく》して、朝《あした》に夕《ゆう》べを謀らず。何ぞそれ長きをせんや〔私どもは、ろくな仕事もせずにただ俸禄《ほうろく》をいただき、朝は朝だけで夕刻のことは考えていません。どうして長い先のことを考えるでしょう〕。〈左伝《さでん》・昭公元年《しょうこうがんねん》〉

朝《あした》に夕《ゆう》べを慮《はか》られず

朝、その日の夕方にどうなっているか予測することができない。世の中は不安定で、人の命も定めないものであることをいう。

原文 人命は危浅《きせん》にして、朝《あした》に夕《ゆう》べを慮《はか》られず〔人の命ははなはだ危うくはかないものであるから、朝には、夕方にどうなるか予測がつかない〕。〈李密《りみつ》・陳情の表《ちんじょうのひょう》〉

明日《あした》は明日《あした》の風《かぜ》が吹《ふ》く

今日どんな嫌なことがあっても、明日は事情が変わって、いいことがあるかもしれないの意で、過ぎたことや先々のことでくよくよしても始まらないという楽観的な考えを表わした言葉。

朝《あした》夕《ゆう》べに及《およ》ばず

朝、その日の夕方までの時間を待てない意で、事態が非常に切迫した状態にあることをいう。

原文 敝邑《へいゆう》の急なる、朝《あした》、夕《ゆう》べに及ばず。領《くび》を引きて西望《せいぼう》して曰《いわ》く、庶幾《ちか》からんか、と〔我が国の切迫している状態は、朝に夕方までの時間を待てないほどで、人々は首すじを伸ばして西の方を望み、今にも（晋《しん》国の援軍が）やって来るであろうか、と言っております〕。〈左伝《さでん》・襄公《じょうこう》十六年〉

足手《あしで》まといになる《慣》

面倒を見てやらなければならない存在につきまとわれて、仕事や行動が妨げられる。例 腰痛がひどくなって、足手まといになってはいけないと思い、旅行への参加を辞退する。

足留《あしど》めを食《く》う《慣》

何かの事情で外出が禁じられたり、そこから先へ進めなくなったりする。例 街は危険だから外出してはいけないと、ホテルで足留めを食っている。

味《あじ》なことをやる《慣》

うまく取り計らって、人が感心するような気のきいたことをする。「味をやる」とも。例若い二人をこっそり逢《あ》わせるなんて、君も見かけによらず味なことをやるね。

足並《あしな》みが揃《そろ》う《慣》

一緒に何かをしようとする人たちの活動方針などが一致して、統一行動がとれるようになる。例各組合の足並みが揃《そろ》わず、予定されていた統一ストはお流れになった。他足並みを揃える

足《あし》に任《まか》せる《慣》

特に目的地を定めないで、気の向くままに歩いていく。例若いころは足に任せて、気ままに各地を旅したものだ。

足《あし》の裏《うら》の飯粒《めしつぶ》

足の裏にはりついた飯粒はなかなかとれないことから、じゃまでわずらわしいもののたとえにいう。

足場《あしば》を失《うしな》う《慣》

何かをしようとする時の肝心なよりどころが無くなる。例この地域からの撤退は、九州全域を目指す販路拡張戦略の足場を失うことになる。

足場《あしば》を固《かた》める《慣》

何かをしようとする時に、その土台となる部分をまずしっかりさせる。例彼女は県議会で活躍し、国会議員へ打って出る足場を固めたのだ。

足踏《あしぶ》みをする《慣》

何かの事情で物事の進展が妨げられ、同じ状態にとどまる。例思いのほか輸出が伸びず、売上が足踏みをしている。

味《あじ》もそっけもない《慣》

何のおもしろみも味わいもない様子。例型にはまったパソコン仕様の、味もそっけもない年賀状が多くなった。

足下《あしもと》から鳥《とり》が立《た》つ

突然、身近なところで意外な事件が起こることのたとえ。また、急に思いついたように物事を始めるたとえにもいう。いろはがるた（京都）の一。

足下《あしもと》につけ込《こ》む

《慣》相手の弱みにつけ込んで、自分の利益を図る。例 男は、相手を年寄りと見て、その足下につけ込んで金をだまし取ろうとした。

足下《あしもと》に火《ひ》が付《つ》く

《慣》危険や危機的な状況が迫って、落ち着いていられなくなる。例 社員のリストラが進み、彼も足下に火が付いたことを悟ったのだ。

足下《あしもと》にも寄《よ》りつけない

《慣》相手が自分とは比較にならないほど優れていると実感する様子。例 あの人の頭脳は天才なみで、私など足下にも寄りつけない。

類句 ◇足下にも及ばない

足下《あしもと》の明《あか》るいうち

《慣》〔日が暮れる前の、まだ足下が見える明るいうち、の意から〕弱点や悪事などが見破られ、のっぴきならない立場に追い込まれる前に、策を講じるべきだということ。例 詐欺まがいの商社に入ってしまったが、足下の明るいうちに転職を考えたほうがよさそうだ。

足下《あしもと》を見《み》られる

弱点を見抜かれてつけ込まれる。弱みをにぎられる。「足下を見る」とも使う。例 金に困っているこちらの足下を見られて安く買いたたかれた。

足《あし》を洗《あら》う

《慣》今までの生き方・仕事などからきっぱりと離れる。多く好ましくないものについていう。例 そろそろサラリーマン稼業から足を洗うつもりだ。

足《あし》を入《い》れる

《慣》ある所に出入りしたり、ある社会とかかわりを持つようになったりする。例 一度闇《やみ》の世界に足を入れると、容易には抜けられなくなるそうだ。

足《あし》を奪《うば》われる

《慣》ストや事故で、交通機関が利用できなくなる。例 落雷による停電で、多くの通勤・通学客が足を奪われた。

味《あじ》を占《し》める《慣》

一度うまくいったことが忘れられないで、次にもまたそれを期待する。例 初めて買った株で大儲《もう》けしたのに味を占めて、彼女は次々と株を買った。

足《あし》を知《し》らずして屨《くつ》を為《つく》る

（人の足の大きさには大差がないから、足の大きさを知らなくても靴を造ることができる意）同じ種類のものは、その性質などもだいたい似たようなものだ、ということ。原文 竜子《りょうし》曰《いわ》く、足を知らずして屨《くつ》を為《つく》るも、我その蕢《き》（もっこ）と為《な》らざるを知る、と。屨の相似《あいに》たるは、天下の足同じければなり。〈孟子《もうし》・告子《こくし》上〉

足《あし》を掬《すく》う《慣》

相手のちょっとしたすきをねらい、意表を突くような手段を用いて負かしたり失脚させたりする。例 信頼していた部下に足を掬われ、部長の地位を追われるはめになった。

足《あし》を出《だ》す《慣》

⇩足が出る

足《あし》を取《と》られる《慣》

障害物があったり酒を飲み過ぎたりして、足元が不安定になる。例 ぬかるみに足を取られて転んでしまった。

足《あし》を延《の》ばす《慣》

予定していた所よりさらに遠くまで行く。例 京都へ行ったついでに神戸まで足を延ばして息子の家を訪ねてきた。

足《あし》を運《はこ》ぶ《慣》

何かの目的で、わざわざそこまで出掛ける。例 会長のもとに何度も足を運んで、やっと面会が許された。

足《あし》を引《ひ》っ張《ぱ》る《慣》

①他人の成功や出世のじゃまをする。例 商売仲間に足を引っ張られ、店の経営が苦しくなってきた。②大勢で何かをする時、その人が全体を不利な立場に追い込むようなことをする。例 四番打者の不調がチームの足を引っ張っている。

足《あし》を踏《ふ》み入《い》れる《慣》

危険な目にあったり、トラブルが起きたりすることを覚悟の上で、あえて何かの中に入る。例 取材だからといって、暴力団の事務所に足を踏み入れるなんて無茶だ。

足《あし》を棒《ぼう》にする《慣》

長時間歩き続けてひどく足が疲れる意で、何かを探し求めて方々を歩き回ることをいう。⇩**足が棒になる** 例 我が子が帰ってこないので、足を棒にして町中を探し回った。

足《あし》を向《む》けて寝《ね》られない《慣》

恩を受けた人に対する感謝の気持ちを表わす言葉。「足を向けられない」とも。例 私が今日あるのは石田さんのお陰なのだから、あの人に足を向けて寝られない。

味《あじ》をやる《慣》⇩**味なことをやる**

明日《あす》ありと思《おも》う心《こころ》の仇桜《あだざくら》

桜は明日もまだ美しく咲いているだろうと安心していても、夜中に強い風が吹いて散ってしまうかもしれない。人生もそれと同じで、明日があるからと頼みにしてはいけない。世の無常を説いて戒めた句。〈親鸞上人絵詞伝《しんらんしょうにんえことばでん》〉

参考 下の句は「夜半《よわ》に嵐《あらし》の吹かぬものかは」。親鸞上人《しんらんしょうにん》の作といわれる和歌。

類句 ◆明日《あす》知らぬ世

飛鳥川《あすかがわ》の淵瀬《ふちせ》

《飛鳥川《あすかがわ》（奈良県の中部を流れて大和川《やまとがわ》に合流する小さな川）は、水流の変化が甚だしく、深いところ（淵《ふち》）と、浅いところ（瀬）とが変わりやすいことから》世の中や人事は絶えず移り変わるもので、無常であることをいう。

参考『古今集《こきんしゅう》』雑下の「世の中は何か常なる飛鳥川昨日の淵ぞ今日は瀬になる」という歌に基づく。

与《あずか》って力《ちから》がある《慣》

ある好ましい結果を得るに至った要因の中で、特にそのことが大きな役割を果たす。例 今回の犯人逮捕に際しては、何よりも一般市民の協力が与《あずか》って力があったと言える。

明日《あす》知《し》らぬ身《み》

世の中は無常で、明日はどうなるかわからない身の上。例 苦界《くがい》に沈む女達は、明日知らぬ身をただ嘆くしかなかった。

明日《あす》知《し》らぬ世《よ》

世の中は遠い将来ばかりではなく、すぐ明日のこともどうなるかわからないものだ。世の中の無常をいう言葉。

類句 ◆明日《あす》ありと思う心の仇桜《あだざくら》

明日《あす》に備《そな》える《慣》

将来、いざという時に対処できるように、前もって準備しておく。例 君たち若い者は、明日に備えて十分に体を鍛えておくことだ。

明日《あす》のことは明日《あす》案《あん》じよ

この世の中は予想通りにいかないのが常であるから、明日のことを今日心配しても仕方がない、明日になって考えよ。将来のことをあれこれ案じるよりは、現在をより充実させることが大切である、ということ。

明日《あす》の百《ひゃく》より今日《きょう》の五十《ごじゅう》

明日《あした》手に入るはずの百文の銭《ぜに》より、今日手にする五十文のほうがありがたい。わずかでもさし迫っている今手にするほうがよい、また、明日のことはわからないから、わずかでも今確実に手にするほうがよいということ。

明日《あす》は我《わ》が身《み》

他人の苦しみや不幸を見て、自分ももしかすると明日そのような境遇になるかもしれないと、身につまされる気持を表わす言葉。例 田中君の会社が銀行の貸し渋りで倒産したというが、明日は我が身で、他人事《ひとごと》とは思えない。

東男《あずまおとこ》に京女《きょうおんな》

男女の理想的なとりあわせは、関東の男と京都の女だということ。威勢がよくて粋《いき》な江戸っ子に、美しくやさしい京女をとりあわせた。

汗水垂《あせみずた》らす《慣》

労苦をいとわず労働に打ち込む様子。「汗水流す」とも。例 先祖が汗水垂らして開墾したこの土地を手離すことなどできない。

汗《あせ》をかく《慣》

練り物のような食品が腐りかけて、表面がべとつく。例 このソーセージは少し汗をかいてきた。

値千金《あたいせんきん》 《慣》

極めて尊い値打ちがある。⇩**春宵《しゅんしょう》一刻《いっこく》直千金《あたいせんきん》** 例 九回裏に値千金の逆転ホームランを放ち、一躍男を上げた。

与《あた》えるは受《う》けるより幸《さいわ》いなり

人に恩恵を与えることのできる立場にいられることは、恩恵を受ける立場にあるよりは幸福である。

原文 It is more blessed to give than to receive. の訳語。

当《あ》たって砕《くだ》けろ 《慣》

事の成否はともかく、こうしようと思ったことは思い切ってやってみろの意で、失敗を恐れず果敢に物事に取り組もうとする心意気を表わした言葉。例 最初から駄目だと思うな、何事も当たって砕けろだ。

寇《あだ》に兵《へい》を藉《か》し盗《とう》に糧《かて》を齎《もたら》す

《敵に武器を供給したり、盗賊に食糧を持って行ったりしてやる意》敵側に利益になるように図ること、利敵行為をいう。転じて、悪事を行なうのに都合のよい口実をわざわざ与えてやる意にも使われる。

原文 天下の士をして退きて敢《あえ》て西に向かわず、足を裹《つつ》んで秦《しん》に入らざらしむ。これ所謂《いわゆる》寇《あだ》に兵を藉《か》して盗《とう》に糧《かて》を齎《もたら》す者なり〔天下の士を西に向かわせず、足をとどめて、秦《しん》に入らないようにさせていますのは、これは、いわゆる、敵に武器を貸し、盗賊に食糧をくれてやって、その力を強くしてやるものであります〕。〈戦国策《せんごくさく》・秦策《しんさく》〉

参考 これは、秦《しん》で他国出身者を放逐する法令を出そうとした時、楚《そ》国出身の李斯《りし》が、それは優秀な人材を敵国に行かせる利敵行為になるといって反対した言葉。

徒花《あだばな》に実《み》は成《な》らぬ

《雄花は実を結ばない意》いくら見掛けがよくても実質の伴わないものは、期待される成果を上げることはできない、ということ。

頭打《あたまう》ちになる 《慣》

《相場などがそれ以上上がらなくなる意から》給料や地位などが限界に達してそれ以上上がらなくなる。例 わが社の給与体系では、五十歳を過ぎると給料が頭打ちになる。

頭《あたま》が上《あ》がらない 《慣》

引け目を感じることがあったり、弱みを握られていたりして、対等の立場で相手に接することができない様子。例あの叔父《おじ》には子供のころ何かと世話になっているので、今でも頭が上がらない。

頭《あたま》が痛《いた》い《慣》

うまい解決や処理の方法が見いだせず、思い悩む様子。例 今月中に納めなければならない税金のことを考えると、頭が痛い。

頭《あたま》が堅《かた》い《慣》

既成の観念に凝り固まっていて、状況の変化に即応した柔軟な考え方ができない様子。例 彼のように頭が堅くては、変化の激しいこの業界で生き残れないだろう。

頭《あたま》が切《き》れる《慣》

頭がよく、事態にすばやく対処したり的確な判断を下したりすることができる。例 彼は頭の切れる男で、上役の発言の真意をすぐに察した。

頭隠《あたまかく》して尻隠《しりかく》さず

（雉《きじ》は、首を草むらの中に隠しさえすれば、尾が丸見えでも平気でいることから）悪事や欠点を完全に隠したつもりでいても、自分の知らないところでその一部分が現われているものだ。いろはがるた（江戸）の一。

類句 ◆雉《きじ》の隠れ

頭《あたま》が下《さ》がる《慣》

普通の人にはできない献身的な行為などに対して、心から敬服する。例 私財を擲《なげう》って障害児の施設を建設し、運営している彼女の姿には頭が下がる。

頭《あたま》が古《ふる》い《慣》

物の考え方や物事に対する感性・価値観などが、時代遅れである様子。例 私は頭の古い人間だから、若い人の新しい考え方には到底付いていけない。

頭《あたま》から《慣》

相手の意向や周囲の状況などを無視して、一方的に決め付ける様子。例 社長は組合側の言い分を、すべて頭から否定するのだから話にならない。

頭《あたま》から水《みず》を浴《あ》びたよう《慣》
突然奇怪な出来事に遭遇するなどして、言い知れない恐怖を感じる様子。「頭から水をかけられたよう」とも。例その声が死者の声のように聞こえて、頭から水を浴びたようにその場に立ちすくんだ。

頭《あたま》から湯気《ゆげ》を立《た》てる《慣》
興奮して激しく怒る様子の形容。例使途不明金が多過ぎると言って、社長は頭から湯気を立てて怒っていた。

頭《あたま》が割《わ》れるよう《慣》
我慢できないほど頭痛がひどい様子。例風邪と睡眠不足が重なって、朝から頭が割れるように痛い。

頭《あたま》でっかちの尻《しり》すぼみ
始めは堂々として威勢がいいが、終わりの方ではその勢いがなくなること。
類句◆竜頭《りゅうとう》蛇尾《だび》

頭《あたま》に入《い》れる《慣》
必要に応じて思い出せるように、物事を確実に記憶にとどめる。例事故防止のため、操業中の注意事項をしっかり頭に入れておいて下さい。

頭《あたま》に来《く》る《慣》
この上なく不愉快で腹立たしく思う。⇩鶏冠《とさか》に来る 例真夜中のいたずら電話は、全く頭に来るよ。

頭《あたま》に血《ち》が上《のぼ》る《慣》
怒りや恥ずかしさなどでかっとなり、冷静さを失う。例彼は卑怯《ひきょう》者だとののしられて頭に血が上ったのか、手近にあった灰皿を手に取っていた。

頭《あたま》の上《うえ》の蠅《はえ》も追《お》われぬ
自分一身の始末もできないことをいう。

頭《あたま》の上《うえ》の蠅《はえ》を追《お》う
人のことをとやかく言う前に、まず自分自身のやるべきことをしっかりとやる、自分の始末が第一である、ということ。例人のおせっかいを焼く前に、まず自分の頭の上の蠅《はえ》を追え。

頭《あたま》の黒《くろ》い鼠《ねずみ》
《髪が黒いところから人間を鼠《ねずみ》にたとえたもの》物がなくなった時などに、関係者の中に盗んだ犯人がいるということを暗に言うのに用いる。例ケーキが消えてしまったのは、どう見ても頭の黒い鼠のしわざだ。

頭《あたま》のてっぺんから足《あし》の爪先《つまさき》まで
《慣》ある状態が、余すところなく全身に及ぶ様子。例彼女は、頭のてっぺんから足の爪先《つまさき》まで飾り立てて現われた。

頭禿《あたまは》げても浮気《うわき》はやまぬ
年をとったからといっても道楽の癖だけはなおらないということ。

頭《あたま》を痛《いた》める《慣》
事が順調に運ばず、あれこれと思い悩む。例不景気で資金繰りが苦しく、どうしたものかと頭を痛めている。

頭《あたま》を抱《かか》える《慣》
頭を抱えて考え込まなければならないほど、非常に困っている。例子供の登校拒否のことでは、夫婦とも頭を抱えているんですよ。

頭《あたま》を掻《か》く《慣》
失敗して、恐縮したり照れたりしたときの動作をいう。例会に遅れてきた彼は、「いやあ悪い悪い」としきりに頭を掻《か》いていた。

頭《あたま》を切《き》り替《か》える《慣》
固定観念にとらわれず、その場その場に応じて考え方を変える。例我々年寄りもこの辺で頭を切り替えないと、若い人たちに取り残されてしまう。

頭《あたま》を下《さ》げる《慣》
①相手に対して、へりくだった態度をとる。例彼は傲《ごう》慢《まん》で人に頭を下げることを知らない。②相手の実力に屈服する。例これだけ力の差を見せつけられては、素直に頭を下げるしかない。

頭《あたま》を絞《しぼ》る《慣》
難問に当面し、どうしたらよいかと一生懸命考える。例 いくら頭を絞っても、いい知恵が浮かばない。

頭《あたま》をはねる《慣》
他人の利益の一部をかすめ取る。例 彼は下請け業者に払う代金の頭をはねて、競馬につぎこんでいたそうだ。
類句 ◆上前《うわまえ》をはねる ◆ピンはねをする

頭《あたま》を拈《ひね》る《慣》
《頭を拈《ひね》るのは考え込む時の動作であることから》うまいやり方をいろいろ工夫したり、難問を解こうとしてあれこれ考えをめぐらしたりする。例 この機械を作るに当たっていちばん頭を拈ったのは、自動制御の部分だ。

頭《あたま》を冷《ひ》やす《慣》
興奮を静め、冷静な態度になる。例 どんなに彼女にひどいことをしたかを、頭を冷やしてよく考えなさい。

頭《あたま》を丸《まる》める《慣》
頭髪を剃《そ》って出家する。例 失敗したら頭を丸めるぐらいのつもりで、気合を入れてやれ。

頭《あたま》をもたげる《慣》
今まで目立たなかった動きが、次第に勢力を得て人々に知られるようになる。また、今まで意識されなかった考えや疑いなどがはっきりと浮かんでくる。例 軍事大国にしようとする危険な動きが一部に頭をもたげてきた。／ふと私のほうが間違っていたのではないかという疑念が頭をもたげてきた。

あだや疎《おろそ》か《慣》
《後に否定表現を伴って用いられる》軽々しくいいかげんに考えたり扱ったりすることができない意を表わす。例 よほどの覚悟がないと、最後まで責任を持つなどと、あだや疎《おろそ》かには言えないことだ。

新《あたら》しい酒《さけ》は新《あたら》しい革袋《かわぶくろ》に
《「新しい酒」は、キリストの教え。「新しい革袋」は、腐敗した心を聖霊によって一新された信者の心。新約聖書にある言葉》それまでと違う新しい考えや物事は、新しい形式で表現することが必要であるということ。

当《あ》たらず触《さわ》らず《慣》

誰《だれ》とも摩擦や衝突を起こさないように、通り一遍のことで済ませる様子。例あの人に意見を求めても、どうせ当たらず触らずのことしか言わないから無駄だよ。

中《あた》らずと雖《いえど》も遠《とお》からず

推測や答えが、的中していないとはいえ、大して違ってもいない。

原文 心誠《こころまこと》に之《これ》を求むれば、中《あた》らずと雖《いえど》も遠からず〔何事でも心から真剣に求めれば、たとえ的中しなくとも遠くはずれることはない〕。〈大学《だいがく》〉

当《あ》たりがいい《慣》

応対のしかたがうまく、相手にいい印象を与える様子。

例あの人は当たりはいいが、意外に陰険な面がある。

類句 ◆人当たりがいい

辺《あた》り構《かま》わず《慣》

周囲の人の思惑などを気にしないで、したいように何かをする様子。例上京してきた伯父《おじ》が、酔っ払って辺り構わず大きな声でしゃべるのには閉口した。

当《あ》たりを付《つ》ける《慣》

大体こんなところだろうと予測してやってみる。例あの人ならまず断わらないだろうと当たりを付けて頼んでみたら、案の定引き受けてくれた。

類句 ◆見当《けんとう》を付ける

当《あ》たりをとる《慣》

〔芝居などの興行で好評を博する意から〕事がうまく運び、予想以上の成果を収める。例疑心暗鬼で売り出した新製品が意外にも当たりをとったので、びっくりしている。

辺《あた》りを払《はら》う《慣》

見るからに堂々としていて、人を寄せつけない威圧感が感じられる様子をいう。例上座に座る会の長老は、辺りを払う威厳に満ちていた。

当《あ》たるも八卦《はっけ》当《あ》たらぬも八卦《はっけ》

占いは当たる場合もあるし、当たらない場合もある。その当たり外れを必ずしも気にする必要はない、ということ。ためしに試みてみよ、という意にも使われる。

当《あ》たるを幸《さいわ》い《慣》

向かって来るものを片はしから相手にする様子。また、夢中になって手当たり次第に何かをする様子。例 当たるを幸い、向かって来る敵をなぎ倒した。

彼方《あちら》立《た》てれば此方《こちら》が立《た》たぬ

一方をよいようにすれば他方には申し訳ないことになってしまう意で、両方同時にうまくいくようにはできない、物事は両立しにくいものだ、ということ。「あなた立てればこなた立たぬ」とも。

悪貨《あっか》は良貨《りょうか》を駆逐《くちく》する

名目上は同価値であるが、実質的価値に優劣の差がある二種類の貨幣が市場に流通するとき、良質の貨幣は手許に蓄えられ、悪質の貨幣だけが流通するようになる。有名なグレシャムの法則。転じて、当面の使用に耐えられるものであれば、たとえ品質が悪くても品質の良い高価なものを圧倒して市場を占めるようになる、ということ。

圧巻《あっかん》

（「巻」は、答案の意。官吏登用試験（科挙）で、最優秀の答案を他の答案のいちばん上、すなわち他の答案を圧する位置に置いたことから）書物や催し物、あるいは広く物事などの中で、最もすぐれている部分をいう。例 この芝居の圧巻は、何と言っても宙吊《づ》りになって空を飛ぶ場面だ。

熱《あつ》くなる《慣》

一つのことに熱中し、他をいっさい忘れた状態になる。特に、異性に夢中になることをいう。例 彼女は山田君にだいぶ熱くなっているようだね。

呆気《あっけ》に取《と》られる《慣》

意外なことに驚きあきれる。例 あまりの早業《はやわざ》に、みんな呆気《あっけ》に取られて口もきけなかった。

暑《あつ》さ寒《さむ》さも彼岸《ひがん》まで

夏のきびしい暑さも秋の彼岸になればやわらぎ、冬のきびしい寒さも春の彼岸になればやわらいで、過ごしやすい気候になる、ということ。

暑《あつ》さ忘《わす》れれば陰《かげ》忘《わす》れる

《暑さが去るとともに、日陰を作ってくれたもののありがたみを忘れる、の意》困難なときに受けた恩のありがたさを忘れるのは早いものである、ということ。

類句 ◆雨霽《あめは》れて笠《かさ》を忘れる

会《あ》ったときは笠《かさ》を脱《ぬ》げ

《道で知っている人に会ったら、笠《かさ》を脱いで挨拶《あいさつ》せよ、の意》つかんだ機会は逃さないように対処せよ、ということ。

類句 ◆門に入《い》らば笠を脱げ

有《あ》っても苦労《くろう》無《な》くても苦労《くろう》

金と子供とはあればあるで苦労の種であるし、無ければ無いでまた苦労するものだ。

あっという間《ま》《慣》

《「あっ」と驚きの声を発する程度の短い時間の意》一瞬としか思えないうちにその物事がなされてしまうことを表わす。例 人込みの中で佐藤君に声を掛けようとしたのだが、あっという間に姿が見えなくなった。

あっと言《い》わせる《慣》

意外なことをしてみせて、人を驚かしたり感心させたりする。例 みんなをあっと言わせようと思って今まで黙っていたんだ。

集《あつ》めて大成《たいせい》す

多くのものを広く集めて、一つのものにまとめあげること。また、そのまとめあげたもの。〈孟子《もうし》・万章《ばんしょう》下〉

参考 もとは音楽上の言葉で、多くの楽器の音をうまく調和させて合奏する意。「集大成《しゅうたいせい》」とも。

羹《あつもの》に懲《こ》りて膾《なます》を吹《ふ》く

《「羹《あつもの》」はスープの類、「膾《なます》」は生肉を細かく切った、さしみの類（楚辞《そじ》の原文は「韲」に作る）。熱い汁で口にやけどをしたのに懲りて、さしみまでも吹いて食べることから》一度失敗したのに懲りて、何にでも用心し過ぎることのたとえ。〈楚辞《そじ》・九章《きゅうしょう》・惜誦《せきしょう》〉

類句 ◆蛇《へび》に嚙《か》まれて朽《く》ち縄《なわ》に怖《お》じる

圧力《あつりょく》をかける《慣》

権勢・金の力などで相手を威圧して、意のままに従わせようとする。例 ダム建設反対派の住民に、推進派の県会議員が陰に陽に圧力をかけてきた。

当《あ》てが外《はず》れる《慣》

予想や期待に反する結果になる。また、そのために支障が生じる。例 起業資金の一部を銀行が融資してくれるとばかり思っていたのに、全く当てが外れてしまった。

当《あ》て事《ごと》は向《む》こうから外《はず》れる

《「当て事」は、頼みにしていること》こちらが当てにしたことは、相手のほうの都合次第で外れることが多いものだ。「当て事と越中褌《えっちゅうふんどし》（もっこ褌）は向こうから外れる」とも。

後味《あとあじ》が悪《わる》い《慣》

何かが終わった後に不快なしこりが残って、すっきりしない感じだ。例 彼の一言で座が白け、後味が悪い会になってしまった。

後足《あとあし》で砂《すな》をかける

世話になった人のもとを去る際に、恩返しをするどころか、迷惑をかけるようなことをする。例 さんざん世話になっておいて会社の悪口を言って退社するとは、後足で砂をかけるようなものだ。

参考 「立つ鳥後を濁さず」は、この反対。

後押《あとお》しをする《慣》

何かが順調に進むようにわきから援助する。例 地元のライオンズクラブが積極的に後押しをしてくれたお陰で、立派な留学生会館ができた。

後《あと》が無《な》い《慣》

もうどこにも逃げ場や余裕がなく、極限まで追い詰められた状況をいう。例 角番の場所で四勝七敗、大関にはもう後が無い。

後釜《あとがま》に据《す》える《慣》

《「後釜《あとがま》」は、かまどに残り火があるうちにかける次の釜》前任者の後任として誰《だれ》かを指名してその地位や職務を継がせる。例 病気の社長は、息子を留学先から呼び戻して後釜に据えた。

後釜《あとがま》に座《すわ》る《慣》

《「後釜《あとがま》」は、前項参照》前任者の後を受け継いで、その地位や職務につく。例外務大臣が首相の後釜に座る。

後口《あとくち》が悪《わる》い《慣》

何かを言ってしまってから、よけいなことまでしゃべったのではないか、相手を傷つけてしまったのではないかなどと気がかりになる様子。例相手を誹謗《ひぼう》中傷するようなことを言ってしまい、どうも後口が悪い。

後先《あとさき》になる《慣》

物事の前後の順序が逆になる。例話が後先《あとさき》になったが、来月から半年ほどアメリカに出張しなければならない。

後《あと》に引《ひ》けない《慣》

自分の立場や面目を保つためには、どうしても相手に譲ったり引き下がったりすることはできない。例私が仕上げるからと引き受けた以上は、意地でも後に引けない。

後《あと》にも先《さき》にも《慣》

これから後にもこれ以前にも、の意で、それを除いては、他に同じ類の例が全く見当たらない様子。例そんな妙な話は、後にも先にも聞いたことがない。

後《あと》の雁《かり》が先《さき》になる

《雁《かり》が列をなして飛んでいく時、後を飛んでいた雁が先の雁を追い越す意》油断していると、遅れて後から来たものが先に行くものを追い越してしまうこと。また、若い者が先に死ぬことなどについてもいう。

後《あと》の祭《まつ》り《慣》

時機を失してからあれこれ言ったりしたりしても、何の役にも立たないこと。例事故が起きてから安全対策を論じても、後の祭りだ。

後《あと》は野《の》となれ山《やま》となれ

当面の問題さえうまく処理がつけば、後はどうなってもかまわないということ。「末《すえ》は野となれ山となれ」とも。例この急場さえしのげれば、後は野となれ山となれだ。

後腹《あとばら》が病《や》める

《出産したあとに腹が痛むこと》物事が済んだ後でも、何かと障害があって苦しむことにいう。

アドバルーンを揚《あ》げる《慣》
世間の反響を確かめるために、事前に計画の概略をほのめかしたり一部を公表したりする。例 記者会見の席で、新党結成のアドバルーンを揚げた。

阿堵物《あとぶつ》
《「阿堵《あと》」は、六朝《りくちょう》時代の俗語で「この」という意味。晋《しん》の王衍《おうえん》は銭《ぜに》という言葉を卑しんで口にせず、「阿堵物（このもの）」と言った故事から》銭のこと。
原文 王夷甫《おういほ》（王衍《おうえん》）……常にその婦《つま》の貪濁《たんだく》を嫉《にく》み、口に未《いま》だ嘗《かつ》て銭の字を言わず。婦、之《これ》を試みんと欲し、婢《ひ》をして銭を以《もっ》て牀《しょう》に遶《めぐ》らし、行くことを得ざらしむ。夷甫晨《あした》に起きて、銭の行《こう》を閡《と》ざせるを見て、婢を呼びて曰《いわ》く、阿堵《あと》物《ぶつ》を挙却《きょきゃく》せよ、と。〈世説新語《せせつしんご》・規箴《きしん》〉

後《あと》へ引《ひ》かない《慣》
自分の意見や立場をどこまでも主張して、絶対に譲歩しようとしない。例 あいつは意地っ張りで、一度言い出したら後へ引かないたちだ。

後棒《あとぼう》を担《かつ》ぐ《慣》
《「後棒」は、物を棒に掛けて二人で担ぐ時、棒の後ろを担ぐこと》事の是非も考えずに、首謀者に追随して何かをする。⇩**お先棒を担ぐ** 例 彼が何か言うと、すぐ後棒を担いで動き回る奴《やつ》がいるから、ますます調子に乗るのだ。

跡《あと》を晦《くら》ます《慣》
行き先を誰《だれ》にも告げず、どこかへ行ってしまう。「跡を絶つ」とも。例 彼は、事件当夜家を抜け出し、そのまま跡を晦《くら》ました。

跡《あと》を絶《た》たない《慣》
次々と同じことが繰り返されて、いつ終わるとも知れない様子。例 いくら取り締まりを強化しても、違法駐車が跡を絶たない。

跡《あと》を濁《にご》す《慣》 ⇩**立つ鳥跡を濁さず**

後《あと》を引《ひ》く《慣》

①何かが済んだ後に、まだその影響が残る。例怪我《けが》の後遺症が後を引いて、なかなか職場に復帰できない。②一度口にすると、もう少し食べたい、飲みたいと感じて、やめられなくなる。例この煎餅《せんべい》は、ちょっと癖があって、後を引く味だ。

穴《あな》があく《慣》

必要な人員が欠けたり会計上の欠損が生じたりするなど、本来満たされているべきものの一部に不足や欠陥が生じる。例主力選手が怪我《けが》をして、チームに穴があいた。

穴《あな》があったら入《はい》りたい《慣》

失敗などをして、いたたまれないほど恥ずかしく思う様子。例チームを優勝させると言ったのに、こんなひどい成績に終わって、穴があったら入りたい気持ちだ。

穴《あな》が埋《う》まる《慣》

不足や欠陥が補われ、あるべき状態になる。例君が引き受けてくれたので、彼が欠場したあとの穴が埋まった。

あなた任《まか》せ《慣》

誰《だれ》かがしてくれることを期待して、本来自分がすべきことを怠っている様子。例事故の原因は、あなた任せの無責任な管理体制にある。

穴《あな》のあくほど《慣》

何かをじっと見詰める様子。特に、他人の顔を凝視すること。例同期会の席で誰《だれ》なのか思い出そうと、穴のあくほど彼の顔を見詰めていた。

穴《あな》をあける《慣》

帳簿をごまかすなどして不正に金を使い込む。また、物事が手順どおりに進まず無駄な時間を作る。例競馬に凝ったあげく、会社の帳簿に穴をあける始末だ。

穴《あな》を埋《う》める《慣》

欠陥を何かで補う。特に、欠員や赤字を補充すること。例主演女優が病気に倒れ、急遽《きゅうきょ》新人を起用して舞台の穴を埋めた。

あに図《はか》らんや《慣》

〔まさかそんなことになるとは、誰《だれ》が予想できただろうか、の意》全く意外なことに出あった時の驚きを表わす言葉。例 桜も咲いたというのに、あに図らんや、朝起きてみたら外は一面の雪景色だった。

姉女房《あねにょうぼう》は身代《しんだい》の薬《くすり》

年上の妻は夫によく仕え、家の中を上手に切り盛りするので、その家庭は円満である。

類句 ◇姉女房は蔵《くら》が建つ

痘痕《あばた》も靨《えくぼ》

《「痘痕《あばた》」は、天然痘《てんねんとう》が治ったあとに残る発疹《はっしん》の跡》相手に惚《ほ》れ込んでしまうと、醜いあばたもかわいいえくぼに見えるように、欠点でも美点に見えるものである。

類句 ◆屋烏《おくう》の愛

阿鼻叫喚《あびきょうかん》

《仏教語で、八大地獄の一つである、阿鼻地獄（無間《むげん》地獄）に落ちた者があげる苦しみの叫び》非常にむごたらしい状態に陥って、救いを求めて叫び声をあげる形容。例 爆発事故の現場は、阿鼻叫喚《きょうかん》、まさに地獄絵の様相を呈していた。

危《あぶ》ない橋《はし》も一度《いちど》は渡《わた》れ

何かを成し遂げようと思ったら、慎重なだけでは駄目で、時には危険を冒すことも必要である。

類句 ◆虎穴《こけつ》に入らずんば虎子《こし》を得ず

危《あぶ》ない橋《はし》を渡《わた》る

目的を達成するために、あえて危険な手段を用いる。特に、危険を覚悟の上で違法になるようなことをすること。例 財を成すために、幾度となく危ない橋を渡った。

虻蜂《あぶはち》取《と》らず

《虻《あぶ》と蜂《はち》を同時に捕らえようとして、どちらも取り逃がす意から》あまり欲張ると、かえって何一つ得られなくなること。例 手を広げすぎて、虻蜂取らずになった。

類句 ◆二兎《にと》を追う者は一兎をも得ず

油《あぶら》が切《き》れる 《慣》

《機械を長く使った結果、潤滑油が切れて正常に働かなくなる意から》体を酷使し過ぎて、精力が続かなくなる。例 一週間も深夜まで残業が続き、油が切れてきたのか、さっぱり能率が上がらなくなった。

脂《あぶら》が乗《の》る《慣》

（魚などに脂肪がついて味がよくなる意から）要領をつかんでうまくこなせるようになり、仕事などに調子が出る。例 彼は、あちこちで経験を積んで自信を持ち、今はちょうど仕事に脂が乗ってきたところだ。

油紙《あぶらがみ》に火《ひ》が付《つ》いたよう

べらべらとよくしゃべり続ける様子。例 あの奥さんときたら、話し出すと油紙に火が付いたようになる。

脂《あぶら》に画《えが》き氷《こおり》に鏤《ちりば》む

（絵を脂肪《あぶら》の上に描き、氷に彫刻しても、やがてとけてあとかたもなくなってしまうところから）苦労してもその甲斐《かい》がないこと。骨折り損であること。〈塩鉄論《えんてつろん》・殊路《しゅろ》〉

類句 ◆氷に鏤《ちりば》め水に描く ◆水に絵を描《か》く

油《あぶら》を売《う》る《慣》

（江戸時代、髪油売りが女性を相手に世間話をしながら商売をしたことから）仕事を途中でサボって、長々と話し込む。例 そんな所で油を売っていないで、さっさと仕事を片付けてしまえ。

油《あぶら》を絞《しぼ》る《慣》

（搾《し》め木で強く締めて、菜種《なたね》などから油を絞り採ることから）もうこりごりだと思わせるまで厳しくしかったり詰問したりする。また、怠け者や初心者を徹底的にしごく。例 続けざまにスピード違反をして、警察でこってり油を絞られた。

油《あぶら》を注《そそ》ぐ《慣》

⇩火《ひ》に油を注ぐ 例 大臣の今回の心無い発言は、庶民の怒りに油を注ぐようなものだ。

甘《あま》い汁《しる》を吸《す》う《慣》

他人をうまく利用して、自分は何もせずに利益だけを得る。例 名前だけを貸して、ただで甘い汁を吸おうなんて許せない。

甘《あま》い物《もの》に蟻《あり》がつく

うまい話や、利益のあるところには自然に人が寄り集まってくることのたとえ。
類句 ◇蟻《あり》の甘きにつくが如《ごと》し

甘《あま》く見《み》る《慣》
たいしたことはないと軽く考える。例 新人だから簡単に勝てるだろうと、相手を甘く見たのが失敗だった。

余《あま》す所《ところ》なく《慣》
何から何まで、そのことにかかわるすべて。例 厳しい追及に、彼女はついに事件の真相を余すところなく語った。

雨垂《あまだ》れ石《いし》を穿《うが》つ
《軒から落ちる雨垂れも、長い間には石に穴をあけることができる意》力は足りなくても、根気よくこつこつと何度も繰り返してやれば、最後には成功するということ。「点滴石を穿《うが》つ」とも。

余《あま》り物《もの》に福《ふく》がある
⇩**残《のこ》り物に福がある**

網呑舟《あみどんしゅう》の魚《うお》を漏《も》らす
《舟をひとのみにするような大きな魚は、網を飛び越えて逃げ出す意》大悪人はなかなか法律の網にかからず、大罪を犯しても取り逃がしてしまうことがあるというたとえ。〈史記《しき》・酷吏伝序《こくりでんじょ》〉⇩**呑舟《どんしゅう》の魚《うお》**

網《あみ》にかかった魚《うお》
いくらもがいても逃げ出せない状態にあること。

網《あみ》の目《め》を潜《くぐ》る《慣》
《網にかからずうまく逃れる意から》法律の盲点を突いて悪事を働いたり、捜査網や監視網から巧みに逃れたりする。例 監視の網の目を潜って密入国する者が絶えない。

網《あみ》を張《は》る《慣》
捕まえたいと思う人の現われそうな所を予測し、そこを見張って待ち構える。例 この駅で彼は電車に乗るから、改札口で網を張っていれば、きっと会えるよ。

蛙鳴蝉噪《あめいせんそう》
くだらない連中ががやがやと騒ぎ立てることを、蛙《かえる》や蝉《せみ》の騒がしい鳴き声のようだといった言葉。つまらない議論や論をあざけっていう。

雨《あめ》が降《ふ》ろうと槍《やり》が降《ふ》ろうと

どんなことが起こっても一度決心した以上はそれを敢行しようと意気込む様子。「雨が降っても槍《やり》が降っても」とも。

雨塊《あめつちくれ》を破《やぶ》らず

《太平な世には雨も静かに降って、土の塊《かたまり》をこわさず草木を培養する、という意》世の中が平和に治まっている状態であること。

原文 雨塊《あめつちくれ》を破らず、風条《かぜえだ》を鳴らさず、旬《じゅん》にして一《ひと》たび雨ふり、雨は必ず夜を以《もっ》てす。〈塩鉄論《えんてつろん》・水旱《すいかん》〉

類句 ◆吹く風枝を鳴らさず

飴《あめ》と鞭《むち》《慣》

《褒美として飴《あめ》をしゃぶらせる一方、罰として鞭打《むちう》つことも忘れない意》人を支配したり教育したりする際に、褒めたり褒美を与えたりすることと、厳しいノルマや罰則を課することを、適宜使い分けること。例 部下をうまく使いこなそうとするなら、飴と鞭でやるしかない。

雨《あめ》に沐《かみあら》い風《かぜ》に櫛《くしけず》る

⇩櫛風沐雨《しっぷうもくう》

雨《あめ》の降《ふ》る日《ひ》は天気《てんき》が悪《わる》い

わかりきったことだ、ごく当たり前のことだ、ということきに使われるたとえ。

類句 ◆犬が西向きゃ尾は東

雨《あめ》霽《は》れて笠《かさ》を忘《わす》れる

《雨が晴れてしまうと、笠《かさ》のありがたみを忘れる意》困難な時に受けた恩のありがたさを忘れるのは早いものである、ということ。

類句 ◆暑さ忘れれば陰忘れる

雨《あめ》降《ふ》って地固《じかた》まる

《雨が降ったことによって地盤が締まり堅固になる、という意》ごたごたが起こったことで紛糾の原因などが明らかになり、それを解決することでかえってあとが安定した状態になり物事がうまくゆくようになる、ということ。

飴《あめ》をしゃぶらせる《慣》

〔「飴《あめ》をなめさせる」とも〕①勝負事などで、相手を喜ばせたり油断させたりするために、わざと負けたり弱みを見せたりする。例 弱すぎてまともに相手にする気にもならず、適当に飴をしゃぶらせておいた。②言葉巧みに相手の気を引くようなことを言って手なずける。例 これくらい飴をしゃぶらせておけば、何でも言うことをきくだろう。

阿蒙《あもう》

⇩呉下《ごか》の阿蒙《あもう》

危《あや》うきこと累卵《るいらん》の如《ごと》し

《「累卵」は、卵を積み重ねること。高く積み重ねた卵はいつ崩れるかわからず、きわめて不安定であることから》非常に危険な状態にあることのたとえ。

原文 秦王《しんおう》の国は、累卵《るいらん》よりも危うし、臣を得れば則《すなわ》ち安し〈秦王の国は卵を積み重ねたように危うい状態です。わたくしを採用してくだされば安定させることができます〉。〈史記《しき》・范雎伝《はんしょでん》〉

過《あやま》ちては改《あらた》むるに憚《はばか》ることなかれ

過失を犯したとわかったら、ためらわずにすぐに改めよ、ということ。〈論語《ろんご》・学而《がくじ》〉

過《あやま》ちを改《あらた》めざるこれを過《あやま》ちという

過失はやむを得ないが、間違いを犯しても改めようとしないことこそ、本当に間違ったことである、ということ。

原文 子曰《しいわ》く、過《あやま》ちて改めざる、是《こ》れを過《あやま》ちと謂《い》う。〈論《ろん》語《ご》・衛霊公《えいれいこう》〉

過《あやま》ちを観《み》て仁《じん》を知《し》る

人の犯した過失を見て、その人が仁者か不仁者かがわかる。たとえば、まじめすぎたり寛大すぎたりしたために犯した過失であれば、かえってその人が仁者であることがわかる、ということ。

原文 子曰《しいわ》く、人《ひと》の過《あやま》つや、各々《おのおの》その党に於《お》てす。過《あやま》ちを観《み》て斯《すなわ》ち仁を知る。〈論語《ろんご》・里仁《りじん》〉

嵐《あらし》の前《まえ》の静《しず》けさ

《嵐《あらし》が来る直前、一時風雨がおさまって静かになることから》有事の前の、不気味なまでに静かで緊迫した状態のたとえ。例 暮れは平穏に過ぎたが、年明け早々問題が噴出。今思えばあれは嵐の前の静けさだったのだろう。

争《あらそ》い果《は》てての棒千切《ぼうちぎり》

⇩喧嘩《けんか》過ぎての棒千切

争《あらそ》えない《慣》

厳然たる事実に対しては、否定することも疑うこともできない。「争われない」とも。例 血筋は争えないもので、息子も父親に劣らぬ名優になった。

新《あら》たに沐《もく》する者《もの》は必《かなら》ず冠《かんむり》を弾《はじ》く

〔「沐《もく》」は、髪を洗うこと。髪を洗ったばかりの者は必ず冠をはじいて、ちりを払ってからかぶる意〕清廉潔白な人ほど、他から汚されることを嫌うものである、ということ。原文 屈原曰《いわ》く、吾《われ》これを聞く、新たに沐《もく》する者は必ず冠を弾《はじ》き、新たに浴する者は必ず衣を振るう〔……、体を洗ったばかりの者は、着物を振るってごみを落としてから着る〕。〈史記《しき》・屈原伝《くつげんでん》〉

荒波《あらなみ》に揉《も》まれる《慣》

社会人として、試練ともなるべきいろいろな苦労を重ねる。例 頼りない息子だが、就職でもして世の荒波に揉《も》まれれば少しは大人になるだろう。

有《あ》り金《がね》をはたく《慣》

手元にある金を全部出す。例 気に入った品だったので、高かったけれど有り金をはたいて買ってしまった。

蟻《あり》の穴《あな》から堤《つつみ》も崩《くず》れる

小さな欠陥を見逃したために、取り返しのつかない結果となる。わずかな手ぬかりから大事が起こることのたとえ。類句 ◆千丈《せんじょう》の堤《つつみ》も螻蟻《ろうぎ》の穴を以《もっ》て潰《つい》ゆ

蟻《あり》の思《おも》いも天《てん》に昇《のぼ》る

弱小な者でも、一念を貫いて求め続ければ、やがては望みを達成できる、ということ。

蟻《あり》の熊野参《くまのまい》り

蟻《あり》の行列を、熊野《くまの》参りの人の行列にたとえた言葉。大勢の人が行列してぞろぞろと進むさまをいう。参考 和歌山県にある熊野本宮大社《くまのほんぐうたいしゃ》・熊野速玉《くまのはやたま》大社・熊野《くまの》那智《なち》大社は熊野三社とよばれ、古くから多種多様の階層の人々の信仰を集めてきた。熊野参りは熊野三社への参詣《さんけい》のことをいう。

蟻《あり》の這《は》い出《で》る隙《すき》もない《慣》

警備が厳しく、周囲をすきまなく包囲され、入り込んだり逃れ出たりすることが全くできない状態にある様子。例 空港の周囲には厳重にバリケードがめぐらされ蟻《あり》の這《は》い出る隙《すき》もない。

有《あ》るか無《な》きか 《慣》

よくよく注意しないとあることが分からないくらい、ほんのわずかである様子。例 有るか無きかのかすかな光。

有《あ》る時払《ときばら》いの催促《さいそく》無《な》し

借金を都合が付いた時に返せばよく、その間催促もしないという約束。例 恩になった君のためだ、金を用立てるのはもちろんだが、有る時払いの催促無しでいいよ。

合《あ》わせ物《もの》は離《はな》れ物《もの》

《集めたりくっつけたりして作ったものは、いつかまた元のようにばらばらになるものだ》夫婦はもともと他人であったのだから、性格が合わなくて離縁することもある、ということ。

合《あ》わせる顔《かお》がない 《慣》

相手の期待を裏切るようなことをして、すっかり面目を失う様子。例 母校の名誉を汚し、恩師に合わせる顔がない。

類句 ◆顔が合わせられない ◆顔向けができない

慌《あわ》てる蟹《かに》は穴《あな》に入《はい》れぬ

慌てると、普段慣れていることでも失敗することがある。危急の時ほど落ち着くことが肝心だと、戒めていう言葉。

類句 ◆慌《あわ》てる乞食《こじき》は貰《もら》いが少ない

慌《あわ》てる乞食《こじき》は貰《もら》いが少《すく》ない

慌てて性急に何かをしようとするのは失敗のもとである。せっかちな人を戒めるのに用いる。

類句 ◆慌《あわ》てる蟹《かに》は穴に入れぬ

鮑《あわび》の片思《かたおも》い ⇩**磯《いそ》の鮑《あわび》の片思い**

泡《あわ》を食《く》う 《慣》

あまりにも突然の出来事に、ひどく驚き慌てる。例 非常ベルの音に、侵入者は泡を食ってビルから逃げ出した。

泡《あわ》を吹《ふ》かせる 《慣》 ⇩**一泡《ひとあわ》吹かせる**

暗礁《あんしょう》に乗《の》り上《あ》げる《慣》

思わぬ障害に阻まれて、進行していた物事がそこで行き詰まる。例 資金の援助を打ち切られ、進めてきた計画が暗礁《あんしょう》に乗り上げた。

鞍上人《あんじょうひと》なく鞍下馬《あんかうま》なし

《乗り手と馬とが一体になり、区別がつかない様子をいう》速く巧みに馬を乗りこなすこと。乗馬だけに限らず、広く巧みな操作ぶりをたたえていうのに用いる。

安心立命《あんしんりつめい》

天命にまかせて心を安らかにし、名声や利欲などに心を動かさないこと。仏教語としては「あんじんりゅうめい」と読む。〈伝灯録《でんとうろく》〉

類句 ◇安心決定《あんじんけつじょう》

案《あん》ずるより産《う》むが易《やす》し

《あれこれと心配するけれども、お産はそれほど難しいものではない意》物事はいざ実行してみると、意外にうまくゆく。取り越し苦労することはないと慰める時に用いる。

類句 ◇案ずるより生むが易い

暗中模索《あんちゅうもさく》

《くらやみの中で手さぐりで物をさがす意》手がかりのないままに、あちこち必死になってさがし求めること。「摸作」とも書く。〈隋唐佳話《ずいとうかわ》〉例 新しい研究に着手はしたが、まだ暗中模索の段階である。

案《あん》に相違《そうい》して《慣》

予想していたのとは違う結果になる様子。例 投票の結果は、案に相違して保守派の敗北に終わった。

い

威《い》あって猛《たけ》からず

威厳はあるが、人を威圧する恐ろしさはない。人格者にとって必要な態度を示したもの。

原文 子《し》は温《おん》にして厲《はげ》し、威《い》あって猛《たけ》からず、恭《きょう》にして安《やす》し〔孔子は、優しくはあるがしかし一方厳しい方であり、威厳はあるが威圧的ではなく、うやうやしくはあるが窮屈なところのない方であった〕。〈論語《ろんご》・述而《じゅつじ》〉

言《い》い得《え》て妙《みょう》《慣》
的確である上に、実にうまいと感心させられる表現だ。例 真っ赤になって怒るかと思えば、真っ青になっておびえる彼を評して、リトマス試験紙とは、言い得て妙だ。

いい顔《かお》をしない《慣》
協力的な、また、好意的な態度を示さない様子。例 父に留学の希望を話してみたが、あまりいい顔をしなかった。

言《い》いがかりを付《つ》ける《慣》
理由にもならない理由を言い立てて、文句をつける。例 君が余計な口を出すから話が壊れたのだと言いがかりを付けられて、参ったよ。
類句 ◆いちゃもんを付ける　◆因縁《いんねん》を付ける

いい鴨《かも》《慣》
〔猟場でいい獲物としてねらわれる鴨《かも》の意から〕こちらの思惑どおりに利用できそうな相手。例 何度もだまされたのにまた金を出すなんて、いい鴨にされているだけだ。

いい気《き》なものだ《慣》
周囲の人の立場や思惑を考えずに、当人だけが得意になって振る舞っている様子を、非難の気持ちを込めて言った言葉。例 これ見よがしにガールフレンドを会社に連れて来るんだから、全くいい気なものだ。

いい薬《くすり》になる《慣》
失敗やつらい経験などが、かえってその人を成長させ、強くするのに役立つ、という意。例 今回の失敗は、これまで挫折《ざせつ》を知らない彼にはいい薬になったろう。

いい子《こ》になる《慣》
自分だけが人によく思われるように振る舞う。例 自分一人がいい子になろうとするから、彼女は嫌われるんだ。

唯唯諾諾《いいだくだく》
事の是非にかかわらず、ただ、はいはいと言って人の意見に従うこと。

原文 優笑《ゆうしょう》・侏儒《しゅじゅ》・左右・近習《きんしゅう》は、これ人主未《じんしゅいま》だ命ぜずして唯唯《いい》、未だ使《つか》わずして諾諾《だくだく》〔道化《どうけ》・小人《こびと》・お付き・近習などは、君主がまだ何も命令しないうちからはいはいと言い、まだ何もさせないうちから畏《かしこ》まりましたと言う〕。〈韓《かん》非子《びし》・八姦《はっかん》〉

いい面《つら》の皮《かわ》だ 《慣》
とんだ恥さらしだ、また、迷惑至極だの意で、ひどい目に遭った他人をあざけったり、ひどい結果に陥った自分を自嘲《じちょう》したりする時に用いる。例 彼らにも責任があるのに、私ひとりのせいにされるなんて、いい面の皮だ。

いい仲《なか》になる 《慣》
男女が相思相愛の仲になる。例 周りが知らないうちに、いつの間にかあの二人はいい仲になっていた。

いい迷惑《めいわく》だ 《慣》
直接自分に向けられた行為ではないが、そのことで自分も非常に嫌な思いをする様子。例 両親の不和は子供にとってはいい迷惑だ。

いい目《め》が出《で》る 《慣》
〔さいころ賭博《とばく》でねらい通りの目が出る意から〕運が向いてきて、自分の思い通りの事態になる。例 まじめに努力していれば、そのうちいい目が出ることもあるだろう。

いい目《め》を見《み》る 《慣》
運よく幸せなことを経験する。例 学園のマドンナとデートしたなんて、君一人いい目を見てずるいよ。

いいようにする 《慣》
他人の意向など無視して、自分の都合のいいように事を運ぶ。例 みんながおとなしくしているから、会の運営もあの人一人にいいようにされてしまうのだ。

言《い》う口《くち》の下《した》から 《慣》
あることを言った途端にそれと矛盾したことをする様子。例 酒はもうやめたんだと言う口の下から、ビールに手を伸ばしている。

言《い》うことなし 《慣》

どんな点から見ても満足できる状態だ。例 今日の試合は、無駄な失点さえなければ、言うことなしなんだがなあ。

言《い》うだけ野暮《やぼ》《慣》

誰《だれ》しも暗黙のうちに了解していることをわざわざ話題にするのは、人情の機微を解さない人のすることだ、ということ。例 今さらあの二人がどうだこうだと言っても、言うだけ野暮だよ。

言《い》うなれば《慣》

分《わ》かりやすい言葉で言ってみれば、の意で、その事柄の本質や特性を端的に言おうとするときに用いる。例 マルチタレントとしてマスコミを賑《にぎ》わす彼女は、言うなれば時代の申し子だ。

言《い》うに言《い》われぬ《慣》

余りにも程度が甚だしかったり、微妙な点があったりして、言葉では表現しようがない様子。例 幼いころに両親を亡くして育った父は、言うに言われぬ苦労を味わった。

言《い》うに事欠《ことか》いて《慣》

あえて言う必要もないだろうに、また、他の言い方もあるだろうに、そんな事を言うとは、の意で、非常識な発言に対して非難の気持ちを込めていう言葉。例 父が死んだその日に、言うに事欠いて遺産配分のことを言い出すとはあきれたものだ。

言《い》うは易《やす》く行《おこ》なうは難《かた》し

口で言うだけなら誰《だれ》にでもできるが、それを実行することはむずかしいものだ。〈塩鉄論《えんてつろん》・利議《りぎ》〉

参考 Easier said than done.〔言うのは行なうよりも易《やさ》しい〕

言《い》うも愚《おろ》か《慣》

当然なことで、わざわざ言う必要もない様子。例 彼のしたことが我々に対する裏切り行為であることは言うも愚かだ。

家柄《いえがら》より芋茎《いもがら》

《家柄よりも、食べられる芋茎《いもがら》のほうが値打ちがあるという意》落ちぶれてもなお家柄を自慢する者をあざけっていう言葉。

家《いえ》に杖《つえ》つく頃《ころ》

〔五十歳になれば屋敷内で杖《つえ》をつくことが認められたことから〕五十歳のころをいう。

原文 五十は家に杖《つえ》つき、六十は郷《きょう》に杖つき、七十は国に杖つき、八十は朝《ちょう》に杖つく〔五十歳は家で杖をつくことを認められ、六十歳は村里で杖をつくことが許され、七十歳は国都で杖をつくことが許され、八十歳以上の老臣には天子が杖を賜わり、朝廷で杖をつくことが許された〕。〈礼《らい》記《き》・王制《おうせい》〉

家貧《いえまず》しくして孝子《こうし》顕《あらわ》る

恵まれた家庭では子供の親孝行が目につかないが、貧乏であると、子供の孝行がはっきりとわかる。

原文 家貧しくして孝子顕《あらわ》れ、世乱れて忠臣を識《し》る〔……、世の中が乱れて、初めて忠義の家来を見分けることができる〕。〈宝鑑《ほうかん》〉

家貧《いえまず》しくして良妻《りょうさい》を思《おも》う

貧乏になると、良い妻の内助の功の必要を痛感する。

原文 家貧しければ則《すなわ》ち良妻を思い、国乱るれば則ち良相を思う〔……、国が乱れると良い大臣の補佐がほしいと思う〕。〈史記《しき》・魏世家《ぎせいか》〉

家《いえ》を外《そと》にする《慣》

何かの事情で外出している。また、自分の家に帰らず、外に泊まる。例 海外出張のため、家を外にすることが多い。

家《いえ》を畳《たた》む《慣》

そこでの生活をやめ、家財道具などを処分してよそへ移る。例 定年退職を機に、家を畳んで田舎に引っ込んだ。

家《いえ》を出《で》れば七人《しちにん》の敵《てき》あり

⇩男は敷居を跨《また》げば七人の敵あり

鋳型《いがた》にはめたよう《慣》

いつも決まりきっていて、その場その場に応じた変化や特徴が見られない様子。例 役所勤めの父を見ていると、毎日が鋳型《いがた》にはめたような暮らしぶりだ。

いかもの食《ぐ》い《慣》

〔普通の人が気味悪がって食べないような物を好んで食

べる意から》世間一般の人の好みとは異なった、一風変わった趣味・嗜好《しこう》を持つこと。また、その人。例 いかもの食いの彼と一緒に行くと変わったものが食べられる。

怒《いか》り心頭《しんとう》に発《はっ》する《慣》

《「心頭」は、心の中の意》何としても許しがたいことだと、心の底から激しい怒りを感じる。例 自然環境を守ると言いながら、工場廃水を垂れ流していたのだから、怒り心頭に発するとはこのことだ。

怒《いか》りは敵《てき》と思《おも》え

腹を立てると、冷静さを失い、八つ当たりなどして他人の恨みを買うことになるから、怒りは自分を滅ぼす敵と思ってくれぐれも慎め、という戒め。〈徳川家康《とくがわいえやす》の遺訓《いくん》〉

怒《いか》りを遷《うつ》さず

八つ当たりなどして、怒った気持ちを関係のない者に向けるようなことはしない。原文 怒りを遷《うつ》さず、過《あやま》ちを弐《ふたたび》せず。〈論語《ろんご》・雍也《ようや》〉

怒《いか》りを買《か》う《慣》

結果として相手を怒らせることになる。例 何気なく言った一言がみんなの怒りを買ってしまった。

如何《いかん》せん《慣》

思いどおりに事を進めたくても、残念ながら、どうにもうまい方法がない意を表わす。例 計画を実現させようにも、如何《いかん》せん先立つ物がない。

遺憾《いかん》なく《慣》

期待どおりの好結果が得られ、悔いを残すような点が全く見られない様子。例 日ごろ鍛えた腕を試合で遺憾なく発揮する。

行《い》き当《あ》たりばったり《慣》

前もって予定や計画を立てたりせず、その場の成り行きに任せて何かをすることを表わす。例 彼のやることは、いつも計画性がなく行き当たりばったりだから、うまくいったためしがない。

生《い》き馬《うま》の目《め》を抜《ぬ》く

《生きている馬の目玉を抜き取る、という意から》他人を出し抜いて、すばしこく動き、いちはやく利益を得ることのたとえ。例 生き馬の目を抜くこの大都会で生き抜いていくには、何よりもたくましさが要求される。

息《いき》が合《あ》う《慣》

何かを一緒にする双方の気持ちがよく通じ合い、調子がうまく合う。例 息の合った漫才コンビの軽妙な掛け合いに、観客は笑い転げた。
類句 ◆呼吸《こきゅう》が合う

意気《いき》が揚《あ》がる《慣》

調子よく事が運び、張り切って何かをしようとする気分が高まる。例 主力選手の欠場で、いまひとつチームの意気が揚がらない。

息《いき》がかかる《慣》

有力者とつながりができて、その保護や支配が及ぶ立場に置かれる。例 社長の息がかかった人たちだけが役員に抜擢《ばってき》されるというのはどうかと思う。

息《いき》が通《かよ》う《慣》

作品などに込められた作者の気持ちが生き生きと感じられる。例 この絵は美しいだけで息が通っていない。

息《いき》が切《き》れる《慣》

何かと障害が多く、頑張ろうとしてもそれ以上根気が続かなくなる。「息切れがする」とも。例 開発事業はまだ半ばなのに、資金の調達が困難で、もう息が切れそうだ。

行《い》きがけの駄賃《だちん》

何かをするついでに他のことをすること。また、そうして利益を得ること。例 出張に来たついでに、行きがけの駄賃とばかりに美術館を見てまわった。

息《いき》が続《つづ》く《慣》

途中でくじけたり嫌《いや》になったりせずに一つの事を長く続ける。また、勢いが弱まらずに、ある状態が続く。例 十年間もコラムの連載を担当するとは、よく息が続くものだ。

息《いき》が詰《つ》まる《慣》

極度に緊張を強いられて、息苦しい気分になる。「息詰まる」とも。例 事故の報告を受けて、社内は息が詰まるような緊迫した雰囲気に包まれた。

息《いき》が長《なが》い《慣》
①途中で挫折《ざせつ》することなく同じ仕事を続けたり、同じ地位を保ったりしている様子。例 本格的な辞書の編集は、最低でも十年はかかる息の長い仕事だ。②一文が非常に長い様子。例 谷崎《たにざき》の文章は、息が長いのが特徴だ。

生《い》き肝《ぎも》を抜《ぬ》く《慣》
〔「生き肝」は、生きている動物の肝の意〕⇩**度肝《どぎも》を抜く**

息《いき》切《ぎ》れがする《慣》⇩**息が切れる**

意《い》気《き》軒昂《けんこう》《慣》
気力が充実し、何かをしようとする意気込みが盛んな様子。例 集まったのは、自分たちの手でこの国をよくするのだという、意気軒昂《けんこう》たる若者たちだ。反対 **意気消沈**

生《い》きた空《そら》もない《慣》
あまりの恐ろしさに震え上がって、生きている気持ちがしないほどである様子。例 大きな揺れのあと、地震が完全に収まるまでは生きた空もなかった。
類句 ◇生きた心地《ここち》もしない

生《い》き血《ち》を吸《す》う《慣》
生きているものから血を吸い取るように、冷酷な手段で搾取《さくしゅ》する。「生き血を絞《しぼ》る」とも。例 弱者の生き血を吸う悪徳金融業者が摘発される。

意《い》気《き》天《てん》を衝《つ》く《慣》
非常に意気込みが盛んで、当たるべからざる勢いを示す。「意気衝天《しょうてん》」とも。例 業界随一の営業成績を誇るあの会社は、海外にも進出し、今や意気天を衝《つ》くものがある。

意《い》気《き》投合《とうごう》する《慣》
互いにものの考えや気質などが一致して、うまく気が合う。また、その結果、行動を共にしたり助け合ったりする。例 すっかり意気投合した二人は、共同で事業をすることになった。

意《い》気《き》に感《かん》じる《慣》
相手の一途《いちず》な気持ちに共鳴し、自分も私利私欲を離れて何かをしようという気になる。例彼の活動に資金協力を申し出たのは、その意気に感じるところがあったからだ。

意気《いき》に燃《も》える《慣》
何かを実現しようとする意欲を強く抱き、張り切る。例今年こそ絶対に優勝するぞと、全員意気に燃えている。

息《いき》の根《ね》を止《と》める《慣》
〈「息の根」は、呼吸の元《もと》の意。殺して命を奪うこと〉相手に致命的な打撃を与えて、再び活動ができないようにする。例警察と市民が一致協力して、暴力団の息の根を止めることに成功した。

生《い》き恥《はじ》を曝《さら》す《慣》
生き長らえたために、死んでいればかかずにすんだ恥をかくことになる。例惨敗《ざんぱい》を喫した武将は、生き恥を曝《さら》すまいと自刃《じじん》した。

生《い》き身《み》は死《し》に身《み》
生きている者は、いつか必ず死ぬものである。
類句◆生者必滅《しょうじゃひつめつ》◆生《せい》ある者は必ず死あり

意気揚揚《いきようよう》《慣》
思いどおりに事が運ぶなどして意気盛んで、得意げに振る舞う様子。例苦手の対戦相手に大勝し、選手たちは意気揚揚と会場を後にした。

異曲同工《いきょくどうこう》 ⇩**同工異曲《どうこういきょく》**

委曲《いきょく》を尽《つ》くす《慣》
〈「委」も「曲」も、詳しいの意〉物事の事情などについて、細かい点まで余すところなく明確にする。例検察側は事件の全容を委曲を尽くして説明した。

息《いき》を入《い》れる《慣》 ⇩**一息《ひといき》入《い》れる**

息《いき》を凝《こ》らす《慣》
じっと息もしないでいる意で、極度に緊張して、成り行きを見守ったりどこかに隠れていたりする時の様子をいう。「息を殺す」「息を詰める」とも。例敵に捕まらないように、息を凝らして物陰に潜んでいた。

威儀《いぎ》を正《ただ》す《慣》

身なりを整え、厳粛な態度で礼儀正しく振る舞う。例隊員は全員、制服・制帽に威儀を正して開会式に臨んだ。

息《いき》を吐《つ》く《慣》

不安や危険がひとまず去って、ほっとして一休みする。例息を吐《つ》く暇もない激しい攻防戦が繰り広げられた。

息《いき》を詰《つ》める《慣》

緊張して息も吐《つ》かずにじっとしている。「息を凝らす」「息を殺す」とも。例追いつ追われつの大接戦で、観衆は息を詰めて試合を見守った。

息《いき》を抜《ぬ》く《慣》

一休みしようとして緊張を緩める。例相手が息を抜いたすきに鋭く攻め込んで勝利を得た。

息《いき》を呑《の》む《慣》

一瞬息が止まる意で、ひどく驚いたり感動したりする様子をいう。例目の前に開けた風景のあまりの美しさに、思わず息を呑《の》んでその場に立ち尽くした。

息《いき》を弾《はず》ませる《慣》

激しい運動や興奮のために、息づかいが荒くなる。例「僕一番になったよ」と、子供は息を弾ませて家の中に駆け込んで来た。

息《いき》を引《ひ》き取《と》る《慣》

死ぬ意の婉曲《えんきょく》な言い方。例彼女は、近親の者に看取《みと》られながら、静かに息を引き取った。

息《いき》を吹《ふ》き返《かえ》す《慣》

一度は駄目になったと思われたものが、事態が好転して再び勢いを盛り返す。例新製品が当たって、つぶれかかった会社が息を吹き返した。

衣錦《いきん》の栄《えい》

立身出世して故郷に帰る栄誉。⇩**錦《にしき》を着《き》て郷《きょう》に還《かえ》る**

原文 仕宦《しかん》して将相《しょうしょう》（大将大臣）に至り、富貴にして故郷に帰る。……昔人、これを衣錦《いきん》の栄《えい》に比する者なり。〈欧《おう》陽脩《ようしゅう》の文、昼錦堂記《ちゅうきんどうき》〉

戦《いくさ》を見《み》て矢《や》を矧《は》ぐ

《戦争になってから、矢など武器の準備をする意》⇩泥《どろ》棒《ぼう》を捕らえて縄《なわ》を綯《な》う

意気地《いくじ》がない《慣》

人と争ってでも何かを克《か》ち取ろうとする気力がない様子。例 甘やかされて育った弟は、意気地がなくて困る。

異口同音《いくどうおん》

《口は違うが声が同じ、という意》多くの人が、口をそろえて同じことを言う。〈普賢経《ふげんきょう》〉例 それを聞いた聴衆は、異口同音に「そうだ、そのとおりだ」と叫んだ。

注意「異句同音」と書くのは誤り。

生簀《いけす》の鯉《こい》

《生簀《いけす》に飼われている鯉《こい》は、いずれ料理される運命にあることから》間もなく死ぬべき運命にある身のたとえ。「生簀の魚《うお》」とも。

生《い》ける屍《しかばね》《慣》

肉体的に生きているというだけで、精神的には死んだも同然の人の意で、ひどいショックを受けて、生きる気力や正常な判断力をなくした状態にある人をいう。例 彼は奥さんに死なれてからというもの、まるで生ける屍《しかばね》だ。

韋弦《いげん》の佩《はい》

《西門豹《せいもんひょう》という人は、自分のせっかちな性格を直す手段として、いつも柔軟な韋《い》（なめし皮）を腰に帯び、董安于《とうあんう》という人はのんびりした性格を直すために、いつもぴんと張る弓の弦《つる》を身につけていたという故事から》自分の性格の欠点を直すために努力すること。

原文 西門豹《せいもんひょう》の性は急なり、故に韋《い》を佩《お》びて以《もっ》て己《おのれ》を緩《ゆる》くす。董安于《とうあんう》の心は緩《かん》なり、故に弦を佩びて以て自ら急にす。〈韓非子《かんぴし》・観行《かんこう》〉

委細構《いさいかま》わず《慣》

どんな事情があろうとも、構わずに何かをする様子。例 彼女は、周りから何と言われようと、委細構わず自分のやり方で事を進めていく。

異彩《いさい》を放《はな》つ《慣》

《「異彩」は、他とは違った色の意》多くの中で、それだけが特に際立って目だっている。多く、優れていることについていう。例 彼の才能は学界でも異彩を放っている。

いざ鎌倉《かまくら》

《さあたいへん、鎌倉（幕府）に一大事が起こった、という意》大事の起きた時、危急の場合をいう。例 いざ鎌倉という時に備えて、日ごろから準備を怠らないことだ。原文 謡曲「鉢木《はちのき》」に「是《これ》は只今《ただいま》にてもあれ、鎌倉に御大《おんだい》事あらば、……一番馳《は》せ参じ」とある、佐野源左衛門常世《さののげんざえもんつねよ》の逸話による。

潔《いさぎよ》しとしない《慣》

自分の信念に照らして、そういうことをしてはいけないと思う様子。例 あの人は人から援助を受けるのを潔しとせず、自分の力で頑張っている。

いざ知《し》らず《慣》

《本来は「いさ知らず」。一般に「〜なら」「〜は」などの語句を受けて用いられる》仮に〜ならともかくとして、の意を表わす。例 五十年前ならいざ知らず、今時そんな古くさい考えが通用するわけがない。

意地《いじ》が汚《きたな》い《慣》

恥も外聞もなく利をむさぼろうとする様子。特に、食い意地が張っている様子。「意地汚い」とも。例 彼は意地が汚くて、酒が飲めるとなるとどこへでも出かけて行く。

石《いし》が流《なが》れて木《こ》の葉《は》が沈《しず》む

物事が全く逆になっていることのたとえ。多くの人の無責任な発言がもたらす事態の恐ろしさをたとえたもの。原文 それ衆口《しゅうこう》の毀誉《きよ》は、石を浮かべ木を沈む〔いったい、多くの人の、そしったりほめたりする言葉は、石を浮かべ木の葉を沈めるように、白を黒としてしまうものである〕。〈新語《しんご》・弁惑《べんわく》〉

意地《いじ》が悪《わる》い《慣》

わざと人を困らせるようなことばかりする様子。例 人前で恥をかかせようとしてうそをつくとは、彼も意地が悪い男だ。

意地《いじ》でも《慣》

意地があることを示す上でも、の意で、不可能に近いことにでも臆《おく》することなく挑戦しようとする心意気を示すのに用いる言葉。例 意地でもこの事業を成功させてみせる。

石《いし》に齧《かじ》りついても《慣》

目的を達成するまでは、どんな苦難にも耐え抜こうと決意する様子。例 石に齧《かじ》りついても事業を成功させる。

石《いし》に灸《きゅう》

石にお灸《きゅう》をすえるように、何の効き目もないことのたとえ。「石に鍼《はり》」とも。

石《いし》に漱《くちすす》ぎ流《なが》れに枕《まくら》す

〈晋《しん》の孫楚《そんそ》が、山水の間に隠遁《いんとん》して自由な生活をするのに「石に枕《まくら》し流れに漱《くちすす》ぐ」と言おうとして、「石に漱ぎ流れに枕す」と言い間違えたのを人にとがめられて、石に漱ぐのは歯をみがくため、流れに枕するのは、いやなことを聞いた耳を洗うためであると、言い逃れた故事から〉負けおしみの強いこと。〈晋書《しんじょ》・孫楚伝《そんそでん》〉

参考 夏目漱石《なつめそうせき》の号はここから取ったもの。「さすが」という語に「流石」という漢字を当てたのは、この故事によるもので、「さすがにうまく言い逃れた」という意味による。

石《いし》に立《た》つ矢《や》

〈李広《りこう》という将軍が草むらの中に虎《とら》がいるのを見て、矢を射ると矢羽根のところまで突き刺さった。近づいて見るとそれは石であった。あとでもう一度射たが矢が石に刺さることはなかったという故事から〉一念を込めてすれば、どんな困難なことでも必ず成就するということのたとえ。

類句 ◆一念天に通ず ◆思う念力岩をも通す ◆精神一到何事か成らざらん

意地《いじ》になる《慣》

ここで引き下がっては自分の名誉にかかわると思い、何が何でもやり抜こうとする気持ちになる。例 どうせできやしないと言われたので、彼は意地になっているんだ。

石《いし》に蒲団《ふとん》は着《き》せられず

〈墓石に蒲団《ふとん》をかけても甲斐《かい》がないという意〉親が死んでからでは孝行はできないから、生きているうちに精一杯親を大事にせよ、ということ。

類句 ◆孝行のしたい時分に親はなし

意志《いし》のある所《ところ》には道《みち》がある

⇩精神一到何事か成らざらん

原文 Where there's a will, there's a way. の訳語。

石《いし》の上《うえ》にも三年《さんねん》

《冷たい石でも、三年すわり続ければ暖まる意》どんなにつらくても我慢を続けていれば必ず道が開けるから、辛抱強く勤めることが大切だ、ということ。「茨《いばら》の中にも三年」とも。例 不器用な男だが、石の上にも三年で、彼の職人としての腕もどうにか一人前になってきた。

石橋《いしばし》を叩《たた》いて渡《わた》る

《堅固な石の橋でさえ、叩《たた》いて安全を確かめてから渡る意》非常に用心深くて、十分に確かめたうえで物事を始めること、念には念を入れること、のたとえ。例 彼は石橋を叩いて渡る人間だから、いい加減な誘いには乗らない。

参考 慎重に過ぎる人を、皮肉って言うのに使うことも多い。さらに強めて「石橋を叩いても渡らない」ともいう。

石部金吉《いしべきんきち》

《堅い石と金とを人名のように並べた語》極めて物堅《ものがた》く、きまじめな性格の人。例 あの石部金吉が夢中になるとは、相手はよほど魅力的な女性なのだろう。

参考「石部金吉金兜《かなかぶと》」とも言い、石部金吉にさらに金《かね》の兜《かぶと》をかぶせたほど、極め付きの物堅さであることをいう。

医者《いしゃ》の不養生《ふようじょう》

医者は、人には体を大事にするように言いながら、自分自身は意外に健康のことを気にかけないものである。立派なことを言いながら、実行が伴わないことについていう。

類句 ◆坊主《ぼうず》の不信心

衣食《いしょく》足《た》りて栄辱《えいじょく》を知《し》る

人は貧しいときは外聞などをかまっていられないが、生活が豊かになって初めて名誉や恥に気をくばれるようになるものだ。「衣食足りて礼節を知る」とも。

原文 倉廩《そうりん》実《み》つれば礼節を知り〔人は、米倉がいっぱいになっていれば、礼儀や節度をわきまえ〕、衣食足りて栄辱を知る。〈管子《かんし》・牧民《ぼくみん》〉

石《いし》を抱《いだ》きて淵《ふち》に入《い》る

石を抱いて深みに飛び込む意で、助かる可能性をみずから捨てるような無謀な行ない、自殺的な行為をすること。

意地《いじ》を通《とお》す《慣》

途中どんな障害があっても、一度こうしようと思ったことを最後までやり抜く。「意地を貫く」とも。例 祖母は、九十を過ぎても人の世話にはならないと意地を通して一人暮らしを続けた。

意地《いじ》を張《は》る《慣》

いったん自分で決めたことを何が何でも、どこまでも押し通そうとする。⇩**片意地を張る** 例 そう意地を張ってばかりいないで、人の言うことも聞いたらどうだ。

以心伝心《いしんでんしん》

《禅宗の語で、言葉や文字では説明できない深遠で微妙な真理や法を、師の心から弟子の心に伝える意》無言のうちに気持ちが相手に通じること。

鶍《いすか》の嘴《はし》

《鶍《いすか》という鳥の嘴《くちばし》は、上下がぴったり合わずに食い違っているところから》物事が食い違って思うようにならないことのたとえ。

居住《いず》まいを正《ただ》す《慣》

《「居住まい」は、座っている姿勢の意》きちんと座り直して、改まった態度をとる。例 裁判長が読み上げる判決を、一同居住まいを正して厳粛に聞いていた。

いずれ菖蒲《あやめ》か杜若《かきつばた》

菖蒲《あやめ》と杜若《かきつばた》とは、よく似た花でどちらも美しく区別がつかない意で、どちらも優れていてすばらしく、選択に迷うことのたとえ。
参考 昔、源三位頼政《げんざんみよりまさ》が鳥羽院《とばいん》から菖蒲前《あやめのまえ》という美女を賜わる時、同じような美女を三人並べた中から当人を当てよと命ぜられ、困り果てて「五月雨《さみだれ》に沼《ぬま》の石垣水《いわがきみず》こえて、いずれかあやめ引きぞわずらう」という歌をよみ、院の御感《ぎょかん》を得たという話による。

何《いず》れを見《み》ても山家育《やまがそだ》ち

大勢いるが、どれを見ても田舎育ちで、顔立ちも劣り、役に立ちそうな者は一人もいない、の意。歌舞伎《かぶき》の「菅原《すがわら》伝授手習鑑《でんじゅてならいかがみ》」から出た語。

伊勢《いせ》へ七度《ななたび》熊野《くまの》へ三度《さんど》

《「伊勢《いせ》」は三重県の伊勢神宮、「熊野《くまの》」は和歌山県の熊野三社を指す》あちこちの寺社へ何度も出掛けてお参りをする意で、信心のあついことをいう。

急《いそ》がば回《まわ》れ

急ぐ時には危険な近道を通るよりも、遠くても安全な道を回るほうが、結局は早く目的地に着くものだ。物事はあわてずに着実な手段を選んで行なわなければいけない、という戒めの言葉。

参考 Make haste slowly.〔ゆっくり急げ〕

類句 ◆急《せ》いては事《こと》をし損ずる

急《いそ》ぎの文《ふみ》は静《しず》かに書《か》け

急ぎの手紙ほど大切な用件である場合が多いのだから、書き誤りや書き落としのないように、あわてずに落ち着いて書かなければならない。

磯《いそ》の鮑《あわび》の片思《かたおも》い

鮑《あわび》は片貝《かたがい》（貝殻《かいがら》が一枚）で、ただ海岸近くの岩に張り付いているだけである。そのように、こちらが一方的に好きだと思うばかりで、当の相手は何とも思っていないことのたとえ。「鮑の片思い」「貝の片思い」とも。

痛《いた》い目《め》にあう《慣》

もうこりごりだというような、つらく苦しい経験をする。例 これだけ徹底的に負ければ、敵を甘く見ると痛い目にあうということが彼にも分かったろう。

痛《いた》くも痒《かゆ》くもない《慣》

どんな妨害や中傷に遭っても、直接損害や影響を受けることがない様子。例 どんなことを言われようと身に覚えのないことだから、こっちは痛くも痒《かゆ》くもない。

類句 ◆痛痒《つうよう》を感じない

痛《いた》くもない腹《はら》を探《さぐ》られる

《腹痛でもないのに、痛い箇所はここかあそこかと探られる意で》身に覚えがないのに疑われること。例 脱税だなどと痛くもない腹を探られるのはいやだから、帳簿をすべて税務署員に見せた。

板子《いたご》一枚《いちまい》下《した》は地獄《じごく》

《「板子《いたご》」は、和船の底にある上げ板。その下は海であるところから》船乗りは海で危険と隣り合わせで仕事をしていることをいう。

痛《いた》し痒《かゆ》し《慣》

《かけば痛いし、かかなければ痒《かゆ》いという意から》ある面で良くなれば他の面で悪くなり、どちらを選ぶべきか態度が決められない様子。例この薬を飲めばすぐ痛みは治まるが、副作用があるので、痛し痒しだ。

戴《いただ》く物《もの》は夏《なつ》も小袖《こそで》

暑い夏には着ることもない小袖《こそで》（絹の綿入れ）であっても、人から貰《もら》う物なら辞退しない意で、欲の深いことのたとえ。「貰う物は夏も小袖」とも。

鼬《いたち》ごっこ《慣》

《子供が二人で向かい合い、「鼬《いたち》ごっこ」「鼠《ねずみ》ごっこ」と言いながら、交互に相手の手の甲をつねって重ねていく遊びから》一方がああすれば対抗して他方がこうするといった具合に、両者が懲りずに互いに同じことを繰り返し、物事が一向に解決しないこと。例警察の取り締まりと暴力団の活動とは鼬ごっこでいつまでも終わらない。

鼬《いたち》の最後《さいご》っ屁《ぺ》

《鼬《いたち》が敵に追われた時、悪臭を放って逃げることから》苦し紛れにとる非常手段をいう。例あの店は遂に五割引きセールに踏み切ったが、鼬の最後っ屁《ぺ》というところか。

鼬《いたち》の無《な》き間《ま》の貂誇《てんぼこ》り

《天敵の鼬《いたち》のいない所では貂《てん》（鼬の一種）が威張る意》自分より強い者がいない所で、下の者に大いに威張って幅をきかせること。

類句 ◆鳥無き里の蝙蝠《こうもり》

鼬《いたち》の道《みち》切《き》り

《鼬《いたち》は同じ道を二度通らないといわれるので、鼬が人の前を横切ることは、交際が絶える不吉な前兆だという俗信がある》交際や音信が絶えること。単に「鼬の道」ともいう。

韋駄天《いだてん》

《仏法の守護神の名。足が速く、よく走ったという》「韋《い》駄《だ》天《てん》走り」の言い方で、猛烈な勢いで走ることをいう。例 事故だと聞いて、韋駄天走りで現場に駆けつけた。

板《いた》に着《つ》く《慣》

《「板」は舞台の意。役者が経験を積んで、舞台での演技にぎこちなさがなくなること》仕事に慣れて、その地位や職種、また服装などが、その人にぴったり合った感じになる。例 教壇に立って半年、教師らしさがようやく板に着いてきた。

板挟《いたばさ》みになる《慣》

対立する二者の間に入って、どちらにつくこともできず、つらい立場に立つ。例 義理と人情の板挟みになって苦しむ。

至《いた》れり尽《つ》くせり《慣》

相手に対する配慮が細かい点までよく行き届いていて申し分のない様子。例 親友の家を訪れ、至れり尽くせりのもてなしを受けた。

異《い》端《たん》

《聖人の教えと端緒（出発点）を異にする学問・学説の意》その世界や時代で、正統とされるものからはずれている信仰や思想。

原文 子《し》曰《いわ》く、異端を攻《おさ》むるは、これ害たるや已《はなはだ》し〔孔子が言われるに、儒教以外の学問・学説を研究するのは、大害がある〕。〈論語《ろんご》・為政《いせい》〉

一《いち》衣《い》帯《たい》水《すい》

一筋の帯のように狭い川。海峡などについてもいう。例 釜山《ふざん》と対馬《つしま》とは、その間わずか五十キロ、一衣帯水を隔てて位置する。

原文 陳《ちん》の後主、荒淫《こういん》なり。隋《ずい》の文帝曰《いわ》く、豈《あ》に限るに一衣帯水を以《もっ》てして、これを拯《すく》わざるべけんや〔陳の後主は淫虐《いんぎゃく》であった。隋の文帝が言うには、どうして、陳国とは一筋の帯のような川（揚子江《ようすこう》）に仕切られているからといって、その人民を救わないでおられようか〕。〈陳書《ちんじょ》・後主紀《こうしゅき》〉

一応《いちおう》も二応《におう》も《慣》

一度だけでなく二度も、の意で、繰り返し徹底的に何かがなされる様子。例 その件については、一応も二応も確かめたうえでの結論だ。

一《いち》押《お》し二《に》金《かね》三《さん》男《おとこ》

意中の女性を獲得するのに必要なのは、第一に押しが強いことで、金があることや男前のよいことは、二の次三の次である。

類句 ◆押しの一手《いって》

一《いち》か八《ばち》か

《もと、ばくち打ちの用語》うまくいくかどうか予測できないことを思い切ってやってみる様子。例 不利な状況を打破しようと、運を天に任せて一か八《ばち》かの大勝負に出た。

一《いち》から十《じゅう》まで《慣》

ある事態が、事の大小にかかわりなく、関連するその一つ一つのすべてにわたる様子。⇩**何から何まで** 例 明治生まれの父には、今の若者のやることが一から十まで気に入らないようだ。

一議《いちぎ》に及《およ》ばず

あれこれ議論する必要はない意で、もたらされた情報などが待ち望んでいたものである場合に用いられる。

一言居士《いちげんこじ》《慣》

何にでも自分の意見を言わずにはいられない性質の人。例 彼は一言居士《いちげんこじ》だから、皆で決めた会則にも何かひとこと言わなければ気がすまないのだ。

一期《いちご》一会《いちえ》

《茶の湯で、一生に一度の出会いをいう》二度とめぐり会える機会がないものと心得て、その時の出会いを大切にすべきである、という戒めの言葉。

一言《いちごん》もない《慣》

自分の過《あやま》ちを認めて、ひと言も弁解できないと恐縮する様子。例 すべて私の責任で、どんなに非難されても一言《いちごん》もありません。

一事《いちじ》が万事《ばんじ》《慣》

それだけが例外ではなく、他のすべてについても同じことが言えるの意で、多く、他人の好ましくない言動を取り上げて非難する時に用いられる。例 あの男は、人が困っているのに知らん顔をしているが、一事が万事あの調子だ。

一字千金《いちじせんきん》

《秦《しん》の呂不韋《りょふい》が『呂氏春秋《りょししゅんじゅう》』を著わした時、一字でも増やしたり減らしたりできる者があったならば、千金を与えると懸賞を出した故事から》一字の価値が千金に相当するという意で、詩や文章の優れているのを褒《ほ》める語。

原文 号して呂氏春秋《りょししゅんじゅう》と曰《い》い、……能《よ》く一字を増損する者有らば、千金を予《あた》えん、と。〈史記《しき》・呂不韋伝《りょふいでん》〉

一日三秋《いちじつさんしゅう》

《「三秋」は三度の秋で、三年の意》わずか一日会わないと、三年も会わないように感じられる意で、早く会いたい、早くそうなればいいと、待ち遠しく思う気持ちを表わす。「一日千秋《いちにちせんしゅう》」とも。

原文 一日見ざれば、三秋の如《ごと》し。〈詩経《しきょう》・王風《おうふう》・采葛《さいかつ》〉

一日《いちじつ》の計《けい》は朝《あした》にあり

《一日の計画はその日の朝のうちに定めておくべきである意》すべて計画や準備は、早い機会・時期に整えるべきであるということ。「一日の計は朝《あした》にあり、一年の計は元旦《がんたん》にあり」という。

原文 一日の計は晨《あした》に在り、一年の計は春に在り。〈月令広義《がつりょうこうぎ》〉

一日《いちじつ》の長《ちょう》

《一日先に生まれたことで、わずかに年上である意》他の人よりも知識・経験や技能が少しだけ優れていることをいう。

原文 濁《だく》を激《げき》し清を揚げ、悪を嫉《にく》み善を好むが如《ごと》きに至りては、臣、数子において、亦一日《またいちじつ》の長あり〈害悪を除き、悪を憎み善を好む点については、私は、あの数人の方に比べて、少しばかりまさっております〉。〈旧唐書《くとうじょ》・王珪伝《おうけいでん》〉

一字《いちじ》の師《し》

詩や文章の誤りや不適切な文字を訂正してくれる、ありがたい人。《唐の詩人の鄭谷《ていこく》の故事から》

原文 鄭谷《ていこく》、僧の斉己《せいき》の早梅の詩の「数枝開く」を改めて「一枝開く」に作る。斉己、下《くだ》りて拝す。人、谷を以《もっ》て一字の師となす。〈唐才子伝《とうさいしでん》・九〉

一時《いちじ》の名流《めいりゅう》

当代の、名声が高い人々のこと。〈世説新語《せせつしんご》・品藻《ひんそう》〉

一樹《いちじゅ》の陰《かげ》一河《いちが》の流《なが》れも他生《たしょう》の縁《えん》

《仏教で、見知らぬ人どうしが同じ木の陰に宿り、同じ川の水を飲むのも、すべて前世からの因縁であるということ》人は誰《だれ》でも、互いに親しみあい親切にすべきである、という仏教の精神を表わした言葉。「他生」は「多生」とも。

類句 ◆袖触《そでふ》り合うも多生《たしょう》の縁

一場《いちじょう》の春夢《しゅんむ》

《「一場」は、その場だけ、の意》人間の栄枯盛衰は、春の夜の夢のように極めてはかないものである、という意で、人生のはかないことのたとえにいう。〈侯鯖録《こうせいろく》・七〉

一諾千金《いちだくせんきん》

《初め項羽《こうう》の将となり、のち漢の高祖に従った、楚《そ》の名将季布《きふ》は、いったん引き受けたことは必ず実行したので、人々から深く信頼された》ひとたび承諾すれば、千金にも匹敵する価値がある意で、その承諾が絶対的に信頼できるものであることをいう。「季布の一諾」とも。

原文 楚人《そひと》の諺《ことわざ》に曰《いわ》く、黄金百斤《きん》を得るは、季布《きふ》の一諾を得るに如《し》かず〔楚人《そひと》のことわざにいう、黄金百金を手に入れるのは、季布の承諾を得ることに及ばない〕。〈史記《しき》・季布伝《ふでん》〉

一段落《いちだんらく》つく《慣》

当面の問題が一応片付き、区切りのいい状態になる。「一段落する」とも。例 仕事が一段落ついたところで食事にしよう。他 一段落をつける

一難《いちなん》去《さ》ってまた一難《いちなん》

やっと難をのがれたと思った途端、また別の災難が襲ってくる意で、災難や面倒な問題が後から後から身に振りかかってくる状態をいう。

類句 ◆前門の虎《とら》後門の狼《おおかみ》 ◆泣きっ面《つら》に蜂《はち》 ◆弱り目に祟《たた》り目

一《いち》に看病《かんびょう》二《に》に薬《くすり》

病気を治すのに最も必要なものは、手厚い看病で、薬はその次である。

一日千秋《いちにちせんしゅう》

⇩一日《いちじつ》三秋

一日千秋《いちにちせんしゅう》の思《おも》い《慣》

《「千秋」は千年の意で、一日が千年にも感じられるということ》実現が一日も早かれと、その日を待ちわびる心情をいう。「いちにち」は「いちじつ」とも。略して、「千秋の思い」ともいう。例恋人の帰国を一日千秋の思いで待ちわびる。

市《いち》に虎《とら》あり

町中《まちなか》にはいるはずがない虎《とら》であるが、大勢の人が町に虎がいると言うと皆が信じるように、事実でないことも、それを言う人が多いと世間の人が信じてしまうことのたとえ。「三人市虎《しこ》を成す」とも。

原文 龐恭《ほうきょう》……魏王《ぎおう》に謂《い》いて曰《いわ》く、今、一人、市《いち》に虎《とら》有り、と言わば王これを信ぜんか、と。曰く、信ぜず、と。二人、市に虎有り、と言わば王これを信ぜんか、と。曰く、信ぜず、と。三人、市に虎有り、と言わば王これを信ぜんか、と。王曰く、寡人《かじん》（王侯の自称）これを信ぜん、と。〈韓《かん》非子《びし》・内儲説上《ないちょせつ》〉

一《いち》にも二《に》にも《慣》

他の何よりも、それを優先すべきだという意を表わす。例車を運転する時は、一にも二にも安全を心掛けている。

一二《いちに》を争《あらそ》う《慣》

《「一二」は「一位、二位」の意》その世界でトップの位置にあるといっても過言ではないこと。例あの会社は、就職を希望する学生の間で一二を争う人気がある。

一人虚《いちにんきょ》を伝《つた》うれば万人実《ばんにんじつ》を伝《つた》う

⇩一犬影《いっけんかげ》に吠《ほ》ゆれば百犬声に吠ゆ

一念天《いちねんてん》に通《つう》ず

何としても成し遂げようという堅い決意があれば、その心が天に通じて必ず成就するものである、ということ。

類句 ◆石に立つ矢 ◆思う念力岩をも通す ◆精神一到何事か成らざらん

一年《いちねん》の計《けい》は元旦《がんたん》にあり

《一年の計画は年の始めに立てるべきであるという意》まず最初にしっかり計画を立ててそれを実行に移すべきだということのたとえ。「一日《いちじつ》の計は朝《あした》にあり、一年の計は元旦にあり」という。

一引《いちひ》き二才《にさい》三学問《さんがくもん》

出世の条件の第一は、上の人からの引き立てである。本人の才能や手腕は二の次で学問がこれに次ぐ。

一姫《いちひめ》二《に》太郎《たろう》

子供を持つなら、最初に女、二番めに男であるのが、育てやすくて理想的な順序である。また、子供の数は、男（太郎）二人に女（姫）一人が理想的である、ともいう。

一富士《いちふじ》二鷹《にたか》三茄子《さんなすび》

初夢に見て縁起のよいものを順に並べて言った語。一説に駿河《するが》の国（静岡県中央部の旧称）の名物ともいう。

一枚《いちまい》嚙《か》む《慣》

ある計画などにその人も加わり、何らかの役割を果たす。多く、好ましくない事柄に関与することにいう。例 国有地払い下げの一件には政界の大物が一枚嚙《か》んでいるといううわさだ。

一枚看板《いちまいかんばん》《慣》

①ある集団の中で、他に誇り得る中心人物。例 一枚看板の役者が病気で出演できないのだから、客の入りの悪いのは当然だ。②ほかに取り柄はないが、それだけが他に誇り得るものであること。例 実直さを一枚看板にして、会社に売り込むつもりだ。

一脈《いちみゃく》相通《あいつう》じる《慣》

一見何のつながりもないように見えるものの間に、何らかの共通点が認められること。例 極左思想と極右思想とには一脈相通じるものがあるといえる。

一網打尽《いちもうだじん》《慣》

（一度打った網《あみ》で、そこにいる魚を捕り尽くす意から）犯人などの一味を一度に捕らえること。例 空港に網を張って、麻薬取引の一味を一網打尽《いちもうだじん》にする計画だ。

一目置《いちもくお》く《慣》

（囲碁で、弱い者が先に一つ石を置くことから）自分より優れた者として敬意を払う。例 あの人は腕が立つ職人だと、仲間の間では一目置かれる存在だ。

一沐《いちもく》に三《み》たび髪《かみ》を握《にぎ》る ⇩**吐哺握髪《とほあくはつ》**

一《いち》も二《に》もなく《慣》

とやかく言うことがなく、即座に同意する様子。例尊敬する先輩の言うことだから、一も二もなく賛成した。

一文惜《いちもんお》しみの百知《ひゃくし》らず

《わずか一文の銭を出すのを惜しんだために、あとで百文の損を招くことになることに気づかない、の意》金を使うには、目先の損得ばかりを考えず、将来の利益も考えに入れるべきことを知らなければならない、ということ。

一文銭《いちもんせん》は貸《か》さぬもの

一文銭のように少額な銭《ぜに》は、人に貸しても、その額ゆえにかえって取り立てにくいので、むしろ貸さない方がよい。

一文《いちもん》にもならない《慣》

《「一文」は、江戸時代の小額の貨幣単位》労力を費やすだけで、自分の利益には全くならない様子。例「そんな一文にもならないことはごめんだね」と、彼は町内パトロールの仕事をすげなく断わった。

いちゃもんを付《つ》ける《慣》

言いがかりを付ける意の俗語的な言い方。⇩**言いがかりを付ける** 例買った菓子が古かったと、一週間もして客がいちゃもんを付けてきた。

一葉落《いちようお》ちて天下《てんか》の秋《あき》を知《し》る

《青桐《あおぎり》の葉は、他の木よりも早く落葉する。その一枚の葉が落ちるのを見て秋の気配を知る意》小さい前兆をとらえて、やがて来る衰退など良くないことの気配を察知する。参考 A straw shows which way the wind blows.〔一本のわらで風の吹く方向がわかる〕

一陽来復《いちようらいふく》

《冬至《とうじ》になると寒さの極限に達し、入れ替わって陽気（暖かさ）が生じることから》良くないことが続いたあとに、良いことがめぐってくること。落ち目のものに良い運がめぐってきて状態が回復することにもいう。〈易経本義《えききょうほんぎ》〉例会社の経営も、一陽来復の兆しが見えて来た。

一翼《いちよく》を担《にな》う《慣》
大きな仕事などの一部の役割を分担して受け持つ。また、その世界の実力者の一人として活躍する。例 難民救済運動の一翼を担って奉仕活動を行なう。

一粒万倍《いちりゅうまんばい》
《仏教で、一つの善根から多くの良い報いが得られること》一粒の種をまいておくと、やがて一万倍もの収穫がある意で、わずかな元手から多くの利益を生じることをいう。〈報恩経《ほうおんきょう》・四〉

一利《いちり》を興《おこ》すは一害《いちがい》を除《のぞ》くに如《し》かず
《元《げん》の名臣、耶律楚材《やりつそざい》の言葉》一つの利益になることをやり始めるよりも、前からある一つの弊害を取り除いたほうがずっと有効である。
原文 楚材《そざい》毎《つね》に言う、一利を興すは一害を除くに若《し》かず。一事を生ずるは、一事を減ずるに若かず。〈十八史略《じゅうはっしりゃく》・七〉

一蓮托生《いちれんたくしょう》
《死後、極楽の同じ蓮華《れんげ》の上に一緒に生まれるという仏教の教えから》結果がどうあろうと、行動や運命を共にすること。特に、悪いことを一緒にすること。
類句 ◆蓮《はす》の台《うてな》の半座《はんざ》を分《わ》かつ

一《いち》を聞《き》いて十《じゅう》を知《し》る
《一つのことを聞いて十のことまで知る。すなわち、わずかな示唆《しさ》で、物事のすべてを理解するという意》才知がきわめて優れていることをいう。
原文 賜《し》（子貢の字《あざな》）や何ぞ敢《あえ》て回を望まん。回や一を聞いて以《もっ》て十を知る。賜や一を聞いて以て二を知る、と〔（孔子が子貢に言われた、お前と顔回とでは、どちらが優れていると思うか。子貢がお答えした）私は顔回と肩を並べようなどと思ったことはございません。顔回は一を聞くと十を悟ります。私はせいぜい一を聞いて二を悟るだけです〕。〈論語《ろんご》・公冶長《こうやちょう》〉

一《いち》を識《し》りて二《に》を知《し》らず
《一つのことを知っているだけで、その次のことまで考えが及ばないこと》考えが狭くて浅く、一面の知識しか持っていないことをいう。
原文 孔子曰《いわ》く、彼は仮に渾沌氏《こんとんし》の術を修むる者なり。その一を識《し》りてその二を知らず「孔子が言われるに、彼は渾《こん》沌《とん》氏《し》の太古の道を仮に修めたものである。その一面を知っているだけで、他の半面を知らないものである」。〈荘《そう》子《じ》・天《てん》地《ち》〉

市《いち》を成《な》す《慣》

⇩**門《もん》前《ぜん》市を成す** 例 人気タレントのサイン会とあって客が殺到し、店先は市を成す盛況であった。

一攫千金《いっかくせんきん》

〈「一攫《いっかく》」は、一つかみの意〉ちょっと一仕事しただけで、苦労もせずに大きな利益を得ること。例 金鉱が発見され、一攫千金の夢に取り付かれた連中が押しかけてきた。

類句 ◆濡《ぬ》れ手《て》で粟《あわ》

一家言《いっかげん》

その人独特の主張や学説。また、一つの見識を持った意見。〈史記《しき》・太史公自序《たいしこうじじょ》〉 例 その問題については、自分なりに一家言を持っている。

一家《いっか》を成《な》す《慣》

学問や芸術のある分野で独自の説や流派を立てて、その世界の権威とされる。例 民俗学の分野で一家を成した柳《やなぎ》田《た》國男《くにお》。

一巻《いっかん》の終《お》わり《慣》

〈昔、活動写真の弁士が、フィルムひと巻きを映し終わった時に言った言葉〉続いてきた物事がそこで終わること。特に、身の破滅となったり、死んだりすること。例 下は深い谷だから、うっかり足を滑らしたら一巻の終わりだ。

一気呵成《いっきかせい》

〈「呵《か》」は、筆に息を吹きかけること。文章などを一息に書き上げる意〉物事を最後まで一気に仕上げること。〈清《しん》の乾隆帝《けんりゅうてい》の文〉 例 三百枚に及ぶ原稿を一気呵成に書き上げた。

一騎当千《いっきとうせん》

〈一騎で千人の敵を相手にするほど強い意〉非常に勇ましく強いこと。「一人《いちにん》当千」とも。例 あの男は一騎当千の兵《つわもの》だから、どこへでも平気で売り込みに出掛けて行く。

原文 一以《もっ》て千に当たらざるは無し。〈史記《しき》・項羽紀《こううき》〉

一簣《いっき》の功《こう》
最後のひと努力をいう。⇩九仞《きゅうじん》の功一簣《いっき》に虧《か》く

一挙手一投足《いっきょしゅいっとうそく》
〔一回手を挙《あ》げ、一回足を動かす意で、わずかの骨折り・少しの努力をいう。転じて〕一つ一つの細かな動作。例 体操選手の演技の一挙手一投足を観客は見守った。原文 蓋《けだ》し一挙手一投足の労ならん〔一回手を上げ、一回足を動かす程度のほんのわずかな労力にすぎません〕。〈韓《かん》愈《ゆ》の文、科目《かもく》に応《おう》ずる時人《ときひと》に与《あた》える書《しょ》〉

一挙両得《いっきょりょうとく》
一つの事をすることによって、二つの利益を同時に収めること。〈類書纂要《るいしょさんよう》〉例 朝の散歩は、体にもよく、楽しみにもなり、一挙両得だ。
類句 ◆一石二鳥

一計《いっけい》を案《あん》じる《慣》
目的を達成するために、これはといううまい策を考え出す。例 交渉を有利に進めるために一計を案じる。

一犬影《いっけんかげ》に吠《ほ》ゆれば百犬声《ひゃっけんこえ》に吠《ほ》ゆ
〔一匹の犬が何かの影を見て吠《ほ》えると、あたりのたくさんの犬が、その声につられて吠えたてる意〕一人がいい加減なことを言い出すと、それを聞いた大勢の人たちがよく確かめもせずにそのまま言いふらすこと。「一犬虚に吠ゆれば万犬実を伝う」とも。原文 諺《ことわざ》に曰《いわ》く、一犬形に吠《ほ》ゆれば、百犬声に吠ゆ、一人虚を伝うれば、万人実を伝う〔……一人がいい加減なことを言い出すと、多くの人がそれを真《ま》に受けて言い伝える〕。〈潜夫論《せんぷろん》・賢難《けんなん》〉

一見旧《いっけんきゅう》の如《ごと》し
一度会っただけで気心が知れて、昔からの友だちのように親しくなること。
原文 玄齢《げんれい》、策《さく》を杖《つえ》つきて軍門に謁《えっ》す。太宗《たいそう》一見して便《すなわ》ち旧識《きゅうしき》の如《ごと》し〔房玄齢《ぼうげんれい》は馬のむちを手にして陣営の門に面会を求めた。唐の太宗は一度会っただけで意気投合し、昔からの知り合いのように親密になった〕。〈貞観政要《じょうがんせいよう》・任《にん》賢《けん》〉

一考《いっこう》を要《よう》する《慣》
簡単には扱えず、ある程度慎重に考えなければならない点がある。例 この工場移転案は、環境対策の面でなお一考を要する。

一刻千金《いっこくせんきん》
《わずかの時間であっても千金にもあたいする意》かけがえのない大切な時や楽しい時は、すぐに過ぎてしまうことを惜しんで言う言葉。原文 春宵《しゅんしょう》一刻直《あたい》千金、花に清香あり月に陰《かげ》あり〔春の夜は寒からず暑からず、一刻に千金の価値がある。咲き乱れた花には清らかな香りが漂い、月はおぼろにかすんでいる〕。〈蘇軾《そしょく》の詩、春夜《しゅんや》〉

一刻《いっこく》を争《あらそ》う《慣》
事態が差し迫っていて、時間的な余裕が全くない状態に置かれる。例 病人の命が危ないから、手術は一刻を争う。
類句 ◆時を争う

一札《いっさつ》入《い》れる《慣》
念書や始末書などの文書を相手に差し出す。例 この件については、後々のために一札入れておいてもらおう。
反対 一札取る

一視同仁《いっしどうじん》
《すべての人を平等に見て、一様に仁愛をほどこす意》どんな人でも差別せず平等に扱うこと。例 人の上に立つ者は、何事も一視同仁の精神で行なわなければならない。原文 この故に聖人は、一視にして同仁、近きを篤《あつ》くして遠きを挙ぐ〔であるから、聖人は、すべての人を一様に見て同じように恵みを与え、近く親しい者を手厚くするのはもちろん遠く疎い者までも任用する〕。〈韓愈《かんゆ》の文、原人《げんじん》〉

一糸《いっし》まとわず《慣》
衣類を何一つ身に着けていない様子。「一糸もまとわず」とも。例 彼女は芸術のためならと、一糸まとわぬ姿を舞台の上にさらした。

一糸《いっし》乱《みだ》れず《慣》
秩序正しく整然としている様子。「一糸も乱れず」とも。例 雨の中、鼓笛隊の演奏に合わせて一糸乱れぬ行進を続ける。

一瀉千里《いっしゃせんり》

《川の水が一たび流れ出すと、たちまち千里も流れ下る意》物事が一気にはかどること。また、文章や弁舌がすらすらとしてよどみのないこと。例 休暇中にたまっていた仕事を一瀉《いっしゃ》千里に片づける。
原文 儼然《げんぜん》たる峡裡《きょうり》、軽舟《けいしゅう》、片刻に一瀉《いっしゃ》して千里す〔険しい谷間を、軽快な舟はあっという間に、ひと流れに千里も下った〕。〈福恵全書《ふくけいぜんしょ》・二九〉

一将功《いっしょうこう》成《な》って万骨《ばんこつ》枯《か》る

《一人の将軍が功名を立てる陰には、一万人もの兵卒の生命の犠牲がある、という意》功績は一部の上層幹部だけのものとなり、その下で働いた多くの人たちの労苦は、顧みられることがないことを嘆く言葉。
原文 君に憑《たの》む、話《かた》るなかれ封侯《ほうこう》の事、一将功成って万骨枯る〔君たちに頼むよ、功績によって諸侯に取り立てられる、というようなことを話さないように。……〕。〈曹松《そうしょう》の詩、己亥歳《きがいのとし》〉

一笑《いっしょう》に付《ふ》する《慣》

取るに足らないことだとして全く問題にしない様子をいう。例 辞退を申し出たが、遠慮することはないと一笑に付されてしまった。

一生《いっしょう》の不作《ふさく》《慣》 ⇩百年の不作

一笑《いっしょう》を買《か》う《慣》

馬鹿《ばか》げたことを言ったりしたりして、笑い者にされる。例 そんなことをしたら、仲間の一笑を買うだけだよ。

一触即発《いっしょくそくはつ》

ちょっと触《さわ》るだけですぐ爆発する意で、ちょっとしたきっかけで大きな事件や事故がすぐにも発生しそうな危機に直面していること。例 両国の対立はますます深刻になり、今や一触即発の状態だ。

一矢《いっし》を報《むく》いる《慣》

《敵に矢を射返す意から》他から向けられた攻撃に対して、負けずにやり返す。例 先制点を取られるとすぐホームランで敵に一矢を報いた。

一心岩《いっしんいわ》をも通《とお》す

⇩石に立つ矢

一炊《いっすい》の夢《ゆめ》

⇩邯鄲《かんたん》の夢

一寸先《いっすんさき》は闇《やみ》

《一寸先は真《ま》っ暗闇《くらやみ》で、そこで何が起こるかわからない意》これから先、また、近い将来に、どんな不幸が待っているかは、全く予知することができない、ということ。いろはがるた〔京都〕の一。例 バスが衝突して怪我《けが》をするなんて、一寸先は闇だ。

一寸《いっすん》の光陰軽《こういんかろ》んずべからず

《「光陰」は、時間の意》たとえわずかな時間でも無駄に過ごしてはいけない、と戒めていう言葉。

原文 少年老い易《やす》く学成り難し、一寸の光陰軽《かろ》んず可《べ》からず、いまだ覚めず池塘《ちとう》春草の夢、階前の梧葉《ごよう》すでに秋声〔若い者はいつの間にか年老いてしまうが、学問はなかなか成就することがむずかしい。だから、少しの時間も無駄にしてはならない。池の堤に若草がもえ出《い》づる春に遊んだ夢が、まだ覚めきらないうちに、早くも階前の青桐《あおぎり》の葉には、秋風の立つのを聞く〕。〈朱熹《しゅき》の作とされる詩、偶成《ぐうせい》〉

一寸《いっすん》延《の》びれば尋《ひろ》延《の》びる

当座の困難を何とかしのげば、あとはずっと楽になるものだということ。

一寸《いっすん》の虫《むし》にも五分《ごぶ》の魂《たましい》

どんなに小さく弱いものにも、それ相応の意地がある意で、弱そうに見えたり、身分が低くしいたげられていたりする者であっても、それなりの意地や根性を持っているのだから、決して侮ってはいけないということ。

参考 Even a worm will turn.〔虫けらさえも向き直って来る〕

一世《いっせ》一代《いちだい》《慣》

《能や歌舞伎《かぶき》の役者が引退する際に、仕納めとして最も得意の芸を演じることから》その演技や行為が、一生に一度しか行なえないような晴れがましいものであることをいう。例 僕としては一世一代の名演説をしたつもりだが、聴衆の反応はいまいちだった。

一世《いっせい》を風靡《ふうび》する 《慣》

その時代の多くの人々の受け入れるところとなり、広くもてはやされる。例 今から三十年も前に一世を風靡《ふうび》した歌が、近ごろまたはやり出した。

一隻眼《いっせきがん》

《「隻」は一つ。他の人とは違った一つの目という意》物の本質を見抜く力のある独特の見識。例 あの人は、近ごろでは珍しい、一隻眼《いっせきがん》を備えた人物だ。

原文 近来別に一隻眼《いっせきがん》を備え、唐人の最上の関を踏まんことを要《もと》む〈近ごろ、別に一隻眼を備えるようになって、唐代の人々の最高の関門を越えようとしている〉。〈楊万里《ようばんり》の詩、彭元忠県丞《ほうげんちゅうけんじょう》の北《きた》に帰《かえ》るを送《おく》る〉

一石二鳥《いっせきにちょう》

《石を一つ投げて鳥を二羽打ち落とす意》一つのことをすることによって、同時に二つの利益や成果を得ること。

例 野球好きにとってスタンドの売り子は、野球が見られる上に金ももらえる、一石二鳥のアルバイトだ。

原文 To kill two birds with one stone. の訳語。

類句 ◆一挙両得《いっきょりょうとく》

一席《いっせき》ぶつ 《慣》

多数の聴衆を前にして話をする。特に、自信満々で得意げに話をする。例 薬害の危険について一席ぶって来た。

一席設《いっせきもう》ける 《慣》

料理屋などに宴席を用意して、人を招待する。例 昇進のお祝いに先輩が一席設けてくれた。

一石《いっせき》を投《とう》じる 《慣》

静かな水面に石を投げて波紋を起こすように、新たな問題を投げかけて、反響を巻き起こすようにする。例 彼の画期的な説は、当時の学界に一石を投じるに十分だった。

一殺多生《いっせつたしょう》

仏教で、一人を犠牲にすることによって大勢の人を助けるという考え方。「いっさつたしょう」とも読む。

一戦《いっせん》に及《およ》ぶ 《慣》

心ならずも戦うことになる。例 譲歩の余地が無くなれば、我が国としても一戦に及ばざるを得ない。

一線《いっせん》を画《かく》する

《慣》境界線を引いて、はっきりと区別をつける。例 彼は今回の選挙で、既成の政党とは一線を画して戦った。

一銭《いっせん》を笑《わら》う者《もの》は一銭《いっせん》に泣《な》く

わずかな金額を軽んじる者は、やがてわずかな金額の不足で泣くはめになる意で、少額だからといってその価値を馬鹿《ばか》にしてはいけない、ということ。

一旦緩急《いったんかんきゅう》あれば

《「緩急」は、「緩」に意味はなく、危急の場合をいう》ひとたび国家に大事が生じたならば。原文 今、公《こう》常に数騎を従う、一旦緩急あれば、寧《いずく》んぞ頼むに足らんや〔今、あなたは常に数騎を従えているが、ひとたび大事が起こった場合には、どうしてそんなものを頼みにできますか〕。〈史記《しき》・袁盎伝《えんおうでん》〉

一知半解《いっちはんかい》

一見わかっているようで、実は生噛《なまかじ》りの知識であること。原文 透徹《とうてつ》の悟《さと》りあり、一知半解《いっちはんかい》の悟りあり〔はっきりと筋道の通っている悟りもあり、生噛《なまかじ》りで身に付いていない悟りもある〕。〈滄浪詩話《そうろうしわ》〉

一籌《いっちゅう》を輸《ゆ》す

《「籌《ちゅう》」は勝負の点数を数える竹の棒、「輸」は負ける意。勝負に負けた者が勝った者に点棒を出すことから、一本だけ負ける意》負けること。わずかながら、ひけをとること。原文 予《よ》帰るとき顧みて笑いて曰《いわ》く、若《なんじ》、我に一籌《いっちゅう》を輸《ゆ》せり〔私は帰りがけに振り返って笑いながら、お前は私に一点取られたね、と言った〕。〈喬宇《きゅうう》の文、嵩山《すうざん》に遊《あそ》ぶの記《き》〉

一張一弛《いっちょういっし》

《締めたり緩めたりする意》精神状態を、緊張させてばかりいるのは望ましいことではなく、時には緩めることも必要である、ということ。原文 張《は》りて弛《ゆる》めざるは、文武も能《よ》くせざるなり。弛めて張らざるは、文武の為《な》さざるなり。一張一弛《いっちょういっし》は、文武の道なり〔弓の弦《つる》を張りっぱなしで、緩めることをしないのは、聖天子の文王・武王にもできないことである。また、緩めたままで張らないのは、文王・武王のやらないことで

ある。張ったり緩めたりするのが、文王・武王のやり方である」。〈礼記《らいき》・雑記《ざっき》下〉

一朝一夕《いっちょういっせき》

《ひとあさか、ひとばん。一日か二日の意》わずかな時間。短期間。例 意識改革は、一朝一夕にできることではない。原文 臣、その君を弑《しい》し、子《こ》、その父を弑するは、一朝一夕の故《こ》に非《あら》ず、その由《よ》って来《きた》る所のもの漸《ぜん》なり〔臣下がその君主を殺し、子がその親を殺すなどという大逆な罪でも、短時日に突然そうなるのではない。そのような傾向がだんだんと進行していたからである〕。〈易経《えききょう》・坤《こん》の文言《ぶんげん》〉

一丁字《いっていじ》を識《し》らず

《「一丁」は、「一个《いっこ》（一個のこと）」を誤ったもの。一個の文字も知らない意》無学文盲であること。原文 天下事なきに、而《なんじ》が輩両石《はいりょうせき》の弓《ゆみ》を挽《ひ》く。一丁字《いっていじ》を識《し》るに如《し》かず〔天下が太平無事なのに、お前達は、二人がかりで引く強弓《ごうきゅう》を引いている。それよりも、一つの字を覚えたほうがましだぞ〕。〈唐書《とうじょ》・張弘靖伝《ちょうこうせいでん》〉

類句 ◆目に一丁字《いっていじ》なし

一擲乾坤《いってきけんこん》を賭《と》す

⇩乾坤一擲《けんこんいってき》

一擲千金《いってきせんきん》

《「一擲《いってき》」は、一度に投げること。さいころを投げて大勝負に出る意》惜しげもなく大金をかけて大勝負に出る意で、思いきりよく大胆なことをすることをいう。原文 一擲千金《いってきせんきん》、渾《すべ》てこれ胆《たん》、家に四壁《しへき》なきも貧を知らず〔一度に大金をかけてしまう、全身がすべて肝っ玉である。家は四方の壁もないあばらやであるが、貧乏など少しも気にしない〕。〈呉象之《ごしょうし》の詩、少年行《しょうねんこう》〉

言《い》って退《の》ける《慣》

普通なら言うのをためらうようなことを、その場で堂々と言う。例 このくらいの仕事なら一日で仕上げてみせますよと、彼は大胆にも社長の前で言って退《の》けた。

一点張《いってんば》り《慣》

《ばくちで一か所にばかり金銭をかけることから》一つのことだけを頑固に主張する様子。例 何を聞いても知らないの一点張りで、これでは話にならない。

一頭地《いっとうち》を抜《ぬ》く

《人より頭一つ分出ている意》他の誰《だれ》よりも一段と優れていること。原文 軾《しょく》、書を以《もっ》て欧陽脩《おうようしゅう》に見《まみ》ゆ。脩、梅聖兪《ばいせいゆ》に語りて曰《いわ》く、吾当《われまさ》にこの人を避けて一頭地を出《いだ》さしむべし〔蘇軾《そしょく》は、手紙を出して欧陽脩《おうようしゅう》に面会を求めた。その文章を読んだ欧陽脩は、梅聖兪《ばいせいゆ》に語って言った、私はこの人から下がって、頭を一つくらい自分より上に出させなければならない〕。〈宋史《そうし》・蘇軾伝《そしょくでん》〉

一刀両断《いっとうりょうだん》

《一太刀《ひとたち》で物を真っ二つに切る意》思いきりよく、物事を一気に処理すること。例 新任の係官は両者の言い分を聞いた上で一刀両断、新たな解決策を示して、揉《も》め事にけりをつけた。原文 聖人、憤りを発しては便《すなわ》ち食を忘れ、楽しみては便ち憂いを忘る。直《た》だこれ一刀両断、千了百当《せんりょうひゃくとう》〔聖人の孔子は、発憤すると食べるのも忘れ、楽しむと心配も忘れてしまう。ただもう何事も、一刀両断で、何もかもうまくいくのである〕。〈朱子語録《しゅしごろく》〉

類句 ◆快刀乱麻を断つ

一時違《いっときちが》えば三里《さんり》の遅《おく》れ

《「一時」は、約二時間。二時間出遅れると、先に出た人に三里も遅れてしまう意》出だしで遅れをとると、あとあとまで響いて、なかなか遅れを挽回《ばんかい》できないから、物事は最初が肝心だということ。

一途《いっと》を辿《たど》る《慣》

《「一途」は、一筋の道の意》とどまることなくある方向に向かって進み続ける。例 バブルがはじけて以来、社の業績は悪化の一途を辿《たど》った。

いつにない《慣》

いつもと違っていて、珍しく感じられる様子。例 彼女は、いつにない浮かぬ顔で私を迎えた。

一杯食《いっぱいく》わされる《慣》

人の言うことをうっかり信じて、見事にだまされる。例 集合時間になっても約束の場所に誰《だれ》も来ないところを見ると、彼にまんまと一杯食わされたようだ。

一敗地《いっぱいち》に塗《まみ》れる

《完全に打ち負かされて、死体の内臓が泥《どろ》まみれになる意》負けて、再起不能なまでに徹底的な打撃を受けること。「一敗地に塗《まみ》る」とも。例 販売競争において一敗地に塗れた我が社は、その分野からの撤退を余儀なくされた。

原文 今、将を置き善《よ》からざれば、一敗地に塗《まみ》れん〔今、将軍を任命して、その人選が適当でないと、負けて再起不能になってしまう〕。〈史記《しき》・高祖紀《こうそき》〉

一発《いっぱつ》嚙《か》ます《慣》

相手の気勢をそいだり脅したりするために、集中的に鋭い攻撃や威嚇を加える。例 文句が多過ぎるから、一発嚙《か》ましてやったら、急におとなしくなった。

一髪千鈞《いっぱつせんきん》を引《ひ》く

《一本の髪の毛で、三千斤《きん》の重さのものを引っ張る意。「一鈞《きん》」は三十斤（約六・六八キログラム）》いつ破滅がおとずれてもおかしくない、非常に危険な状態にあること。

原文 その危うきこと一髪の千鈞《きん》を引くが如《ごと》し〔その危険なことといったら、一本の髪の毛で、千鈞もの重いものを、引っ張っているようなものである〕。〈韓愈《かんゆ》の文、孟尚書《もうしょうしょ》に与《あた》える書《しょ》〉

一飯《いっぱん》の徳《とく》も必《かなら》ず償《つぐな》い睚眦《がいさい》の怨《うらみ》も必《かなら》ず報《むく》ゆ

《「睚眦《がいさい》」は、目を怒らせてにらむ意》一度食事を振る舞われたぐらいの小さい恩にも必ずお返しし、ちょっとにらまれたぐらいの恨みにも必ず仕返しをする意で、人から受けた恩と恨みは、それぞれに必ず返すということ。

原文 范雎《はんしょ》ここにおいて家の財物を散じ、尽《ことごと》く以《もっ》て嘗《かつ》て困《こん》厄《やく》する所の者に報ず〔范雎《はんしょ》はそこで家にある金や品物をなげうち、以前に自分を苦しめ悩ませた人々に残らず仕返しした〕。一飯《いっぱん》の徳も必ず償い、睚眦《がいさい》の怨《うらみ》も必ず報ゆ。〈史《し》記《き》・范雎伝《はんしょでん》〉

一斑《いっぱん》を見《み》て全豹《ぜんぴょう》を卜《ぼく》す

《「斑」は、まだら、ぶち。豹《ひょう》の皮の一つの模様を見ただけで、豹の全体の美しさを推量する意》物事のごく一部分から、その全体のありようを推察すること。

原文 献之《けんし》、年《とし》数歳、門生の樗蒲《ちょぼ》を観《み》て曰《いわ》く、南風競《なんぷうきそ》わず、と。門生曰く、この郎、また管中《かんちゅう》より豹《ひょう》を窺《うかが》い、時に一斑《いっぱん》を見るのみ、と〔王献之《おうけんし》が五、六歳の時、弟子たちがばくちを打つのを見て、南側の方が形勢が悪い、と言った。門生たちは幼児の言葉とあなどって、この子は管の穴から豹をのぞいて、その一つの斑《まだら》を見ただけである、と言った〕。〈晋書《しんじょ》・王献之伝《おうけんしでん》〉
類句 ◇蛇首《だしゅ》を見て長短を知る

一筆《いっぴつ》入《い》れる《慣》

後の証拠とするために、そのことを書き添える。例 この貸し借りは今回に限るということを一筆入れておこう。

溢美《いつび》の言《げん》

〔「溢《いつ》」は、度を越すという意〕ほめ過ぎの言葉。
原文 それ両喜《りょうき》は必ず溢美《いつび》の言多く、両怒《りょうど》は必ず溢悪《いつあく》の言多し〔いったい、両方が喜ぶ言葉というものは、必ず事実以上に誇張してほめた言葉が多く、両方が腹を立てる言葉というものは、必ず事実以上に悪く誇張した言葉が多い〕。〈荘子《そうじ》・人間世《じんかんせい》〉

一夫関《いっぷかん》に当《あ》たれば万夫《ばんぷ》も開《ひら》くなし

〔険しい地形のところに関所があるので、一人の男が関所を守っていれば、幾万という兵が攻めても陥落させることができない意〕守るにやすく攻めるに難い、極めて険しい地形、要害堅固の地であることをいう。
原文 剣閣崢嶸《そうこう》として崔嵬《さいかい》〔蜀《しょく》の剣閣山はごつごつとして、高くそそり立っている〕、一夫関《いっぷかん》に当たれば万夫《ばんぷ》も開くなし。〈李白《りはく》の詩、蜀道難《しょくどうなん》〉
参考 「箱根山」の唱歌にもこの句が使われている。

一服《いっぷく》の清涼剤《せいりょうざい》《慣》

見聞きする人の気持ちを明るくさわやかにするような善行や快挙をいう。例 暗い出来事が多い中で、日本人宇宙飛行士の活躍のニュースは、まさに一服の清涼剤だ。

一服《いっぷく》盛《も》る《慣》

〔「一服」は、一回に飲む粉薬の量〕毒薬を飲ませて殺す。例 保険金欲しさに亭主に一服盛るとは、恐ろしい女だ。

一辺倒《いっぺんとう》

ある一方だけに傾いてしまう様子。一つのことだけに執着する様子。例 彼女の趣味はフランス一辺倒で、日本の物には見向きもしない。[原文] 一辺を救い得れば、一辺に倒れ了《おわ》る。ただ人の一辺に執着することを怕《おそ》る〔一方に傾くのを助け起こしてやれば、また反対の一方に倒れかかる。人がただ一方にだけ執着することを心配する〕。〈近思録《きんしろく》・為学《いがく》〉

鷸蚌《いつぼう》の争《あらそ》い ⇩漁父《ぎょふ》の利《り》

一歩譲《いっぽゆず》る《慣》

相手の意見や主張を全面的には否定せず、ある点について譲歩する。「一歩を譲る」とも。[例]仮に一歩譲ってそれが部下の失策だとしても、上役の君が責任をとるべきではないか。

一本《いっぽん》とられる《慣》

〔「一本」は、柔道・剣道で技が一つ決まること〕相手にやり込められる。[例]言い出した当の兄さんは後ろで見ていただけじゃないかと、あとで弟に一本とられた。

いつまでもあると思《おも》うな親《おや》と金《かね》

親はいつまでも生きていないし、手許の金もいつの間にかなくなってしまうものだから、安易に親を頼りにしていてはいけない。また、常に倹約を心掛けて不時の用意をしておくべきだ、という戒め。

いつも柳《やなぎ》の下《した》に泥鰌《どじょう》はいない

〔一度そこにいたからといって、いつも同じ柳の木の下に泥鰌《どじょう》がいるわけではない、の意〕一度味を占めたからといって、いつも同じようなうまいことがあるとは限らない。

乙夜《いつや》の覧《らん》

〔天子は夜まで政務を執り、乙夜（午後九時から十一時）になってから読書したところから〕天子の読書。〈杜陽雑《とようざつ》編《へん》・上〉

佚《いつ》を以《もっ》て労《ろう》を待《ま》つ

〔「佚《いつ》」は、ゆったりする意〕こちらは動かず、休養して英気を養い、遠方から攻めてくる疲れ切った敵勢を迎え討つという、孫子の説いた必勝法。

[原文] 近を以《もっ》て遠を待ち、佚《いつ》を以て労を待ち、飽を以て飢を待つ。〈孫子《そんし》・軍争《ぐんそう》〉

居《い》ても立《た》っても居《い》られない《慣》

ひどく気がかりなことやうれしいことがあって、落ち着いてじっとしていられない様子。例 事故に遭遇したという息子の無事な顔を見るまでは、居ても立っても居られない気持ちだった。

糸《いと》を引《ひ》く《慣》

《糸を引いて、操り人形を動かすことから》自分は表に出ず、陰で人を思いどおりに操る。例 あんな大それたことを彼が一人でやるとは思えない。きっと裏で糸を引く人物がいるはずだ。

田舎《いなか》の学問《がくもん》より京《きょう》の昼寝《ひるね》

田舎《いなか》で勉強するよりも、都で昼寝しているほうがましである意。大勢の人が集まる都は、おのずと見聞が広がるので学問するのには適している、ということ。

類句 ◇田舎《いなか》の利口《りこう》より京の馬鹿《ばか》

意《い》に介《かい》さない《慣》

自分がすることを他人がどう思おうと一向に気にかけない。例 あいつは、自分勝手なことばかりして、周囲の迷惑など全く意に介さない。

意《い》に適《かな》う《慣》

その人の意向に合い、気に入られる。例 私の提出した会社再建案は、社長の意に適《かな》わなかったようだ。

イニシアチブを取《と》る《慣》

〔「イニシアチブ」は、主導権の意〕他に先がけて提言や立案を行ない、組織や会議の運営を主導したり、世論をリードしたりする。例 日本の学者がイニシアチブを取って、人口問題に関する国際会議を開くことになった。

意《い》に染《そ》まない《慣》

自分の意向に反する点があって、受け入れる気にはなれない意を表わす。例 示された異動先は意に染まない部署であったが、断わる理由もないのでしぶしぶ承諾した。

意《い》に満《み》たない《慣》

結果として十分満足することができない意を表わす。例 最善を尽くしたが、意に満たない結果となった。

犬《いぬ》が西《にし》向《む》きゃ尾《お》は東《ひがし》
わかりきったことだ、ごく当たり前のことだ、というときに使われるたとえ。
類句 ◆雨の降る日は天気が悪い

犬《いぬ》と猿《さる》《慣》
仲が悪く、何かにつけて反目し合う間柄にあること。⇩犬猿《けんえん》の仲 例 あの二人は犬と猿で、会えば喧嘩《けんか》ばかりだ。

犬《いぬ》の遠吠《とおぼ》え《慣》
〔弱い犬が遠くの方で人に吠《ほ》えることから〕臆病《おくびょう》者が陰で空《から》威張りをすること。例 こんな所で君がいくら部長のやり方を非難しても、犬の遠吠えに過ぎない。

犬《いぬ》は三日《みっか》飼《か》えば三年《さんねん》恩《おん》を忘《わす》れぬ
たった三日飼っただけでも、犬は三年間その恩を忘れない意で、動物でさえそうなのだから、まして人は恩知らずであってはいけない、ということ。

犬骨折《いぬほねお》って鷹《たか》の餌食《えじき》
〔鷹狩《たかがり》で、犬が苦労して追い出した獲物も鷹に取られてしまう意〕人がせっかく苦労して手に入れかけたものを他人にかすめ取られてしまうことのたとえ。

犬《いぬ》も歩《ある》けば棒《ぼう》に当《あ》たる
〔犬もあちこち歩きまわるから、棒で打たれるようなひどい目に遭うことになる意〕じっとしていればよいものを、出しゃばると思いがけないひどい目に遭うということ。後には、出歩いているうちには、思いがけない幸運にぶつかることもある、という意にも使われる。いろはがるた（江戸）の最初の句。

犬《いぬ》も食《く》わない《慣》
〔何でも食べる犬でさえ食べない意から〕誰《だれ》からも非常に嫌がられ、まともに相手にされない様子。例 夫婦喧嘩《げんか》は犬も食わない、というではないか。

犬《いぬ》も朋輩《ほうばい》鷹《たか》も朋輩《ほうばい》
〔鷹狩《たかがり》では、犬も鷹もそれぞれ役目は違っても同じく鷹匠に使われるものどうしである意〕同じ主人に仕える以上、身分・役割に違いはあっても同僚であるから、互いに仲良くしていくべきだということ。

意《い》のある所《ところ》《慣》

言葉では十分に言い尽くせなかったかもしれないが、誠心誠意の対応をしたのだということを相手に理解してもらいたいと願う時に用いる言葉。例こちらとしても精一杯譲歩したのです。なにとぞ意のある所をおくみ取り下さい。

いの一番《いちばん》《慣》

《いろは分類の「い」の部の第一番目の意》真っ先に何かをする様子。例昇進が決まったとき、彼はいの一番にフィアンセに電話した。

命《いのち》あっての物種《ものだね》《慣》

何事も命があってこそ成し得るのだの意で、どんな場合にも命を粗末にしてはいけないということを表わした言葉。例この悪天候をついて登頂するのは危険だ、命あっての物種だから、ここは引き返したほうがいい。

類句 ◆命に過ぎたる宝なし

命《いのち》から二番目《にばんめ》《慣》

命の次に大切なものの意で、その人にとってはかけがえのないものであることをいう。例私のような商人には、信用が命から二番目に大事なのだ。

命長《いのちなが》ければ恥多《はじおお》し

長生きすると、それだけ身の恥をさらすことも多い。

原文 男子多ければ則《すなわ》ち懼《おそ》れ多し。富めば則ち事《こと》多し。寿《じゅ》なれば則ち辱《はずかし》め多し〔男の子が多いと心配事が多い。金持ちになれば面倒なことが多い。寿、つまり、長生きすれば身の恥になる不名誉なことが多い〕。〈荘子《そうじ》・天地《てんち》〉

参考 この語は兼好法師が『徒然草《つれづれぐさ》』の中に引用しているので有名。

命《いのち》に替《か》えても《慣》

自分の命と引き替えにしてもの意で、どんなことがあっても何かを守り抜こうとする様子。例我々は命に替えても、この貴重な文化遺産を戦火から守らなければならない。

命《いのち》に過《す》ぎたる宝《たから》なし

命以上に大切な宝はこの世にないということ。

類句 ◆命あっての物種《ものだね》 ◇命は金《かね》で買われぬ

命の親《いのちのおや》《慣》
死の危険が迫っている自分の命を救ってくれた恩人。例医者からも見放されるような難病に苦しむ私に、生きる勇気を与えてくれた彼女は、まさに命の親だ。
類句 ◇命の恩人

命の洗濯《いのちのせんたく》《慣》
日ごろの苦労や憂さつらさを忘れるために、思い切り気晴らしをすること。例旅行でもして命の洗濯をしよう。

命の綱《いのちのつな》《慣》
生きるためのよりどころとなるもの。また、生きがいとして何よりも大事なもの。例遭難して山中をさまよったが、ペットボトルの水だけが命の綱だった。

命拾いをする《いのちびろいをする》《慣》
危機を脱し、一度はあきらめた命が助かる。「命を拾う」とも。例消防隊に救われ危ういところで命拾いをした。

命を預かる《いのちをあずかる》《慣》
相手から信頼され、その人の生き死にを自分の手にゆだねられている。例乗客の命を預かるバスの運転手が酒気帯び運転をするなんて許せない。

命を預ける《いのちをあずける》《慣》
危険を冒して何かをする際に、その人や物を信頼して、それに自分の生き死にをゆだねる。例たった一本のロープに命を預けて、絶壁をよじ登る。

命を懸ける《いのちをかける》《慣》
他のことをすべて犠牲にして、そのことに全力を注ぐ。例私はこの事業に命を懸けているのだから、何と言われようと引き下がれない。

命を擲つ《いのちをなげうつ》《慣》
何かのために大事な自分の命をそっくり差し出す意で、そのことを決死の覚悟で行なうことをいう。「一命を擲《なげう》つ」とも。例祖国のためなら命を擲って戦うと誓う。

命を投げ出す《いのちをなげだす》《慣》
何かのためには大事な自分の命を捨てるつもりでいる。

例 未曽《みぞう》有の国難に際し、命を投げ出す覚悟がある。

井《い》の中《なか》の蛙《かわず》

知識が狭く偏見にとらわれていて、広い視野に立って物事を判断することができない人を軽蔑《けいべつ》していう言葉。⇩井の中の蛙《かわず》大海を知らず

井《い》の中《なか》の蛙《かわず》大海《たいかい》を知《し》らず

《井戸の中にすむ蛙《かえる》は、その井戸のほかに大きい海があることを知らない意》自分の周りの、ごく限られた範囲のことしか考えられないこと、見聞の狭いことをいう。

原文 井蛙《せいあ》、以《もっ》て海を語るべからざるものは、虚《きょ》（墟に同じ。居所のこと）に拘《なず》めばなり。夏虫、以て冰《こおり》を語るべからざるものは、時に篤《あつ》ければなり〔……、夏だけの命しか持たない虫に、冬の氷の話をしても仕方がないが、それは夏の虫が、一つの季節をすべてと信じ込んでいるからである〕。〈荘子《そうじ》・秋水《しゅうすい》〉

類句 ◆井底《せいてい》の蛙《あ》

祈《いの》らずとても神《かみ》や守《まも》らん

《菅原道真《すがわらのみちざね》の作といわれる「心だに誠の道に叶《かな》いなば祈らずとても神や守らん」（出典不明）の歌より》行ないが正しく心が慎み深ければ、自然に神が感応して守り助けてくれるものだ、ということ。

祈《いの》るより稼《かせ》げ

何もせずに御利益《ごりやく》だけを祈願しても駄目で、一生懸命に仕事に励んでこそ運が開ける、という戒め。

意馬心猿《いばしんえん》

《暴れる馬や騒ぐ猿《さる》にたとえて》煩悩や妄念《もうねん》、欲情がむやみに起こってどうにも抑制できないこと、心が騒いでどうしても静められないことをいう。〈参同契注《さんどうけいちゅう》〉

衣《い》は新《しん》に如《し》くは莫《な》く人《ひと》は故《こ》に如《し》くは莫《な》し

《着物は新しいのにまさるものはなく、友人は古くからの友にまさるものはない、の意》古くからの友人の大切なことをいう言葉。〈晏子春秋《あんししゅんじゅう》・雑《ざつ》上〉

衣鉢《いはつ》を継《つ》ぐ

《慣》

〔「衣鉢《いはつ》」は、仏教で法を伝える証《あかし》として師僧から弟子に与える袈裟《けさ》と鉢《はち》〕師からその道の奥義を受け継ぐ。「いはつ」は「えはつ」とも。例 恩師の衣鉢を継ぎ、さらにこの学問の奥を究めたい。

衣鉢《いはつ》を伝《つた》う

師が究めた学問や技芸などの真髄を、師から弟子に伝えること。〈伝灯録《でんとうろく》〉⇩衣鉢《いはつ》を継ぐ 例 代々衣鉢を伝えてきたからこそ、今の伝統工芸の優れた技があるのだ。

茨《いばら》の中《なか》にも三年《さんねん》

⇩石の上にも三年

茨《いばら》の道《みち》《慣》

困難や苦難と闘いながら生きていくこと、また、そのような人生を表わす言葉。例 成功にこぎつけるまでは茨《いばら》の道だった。

意表《いひょう》に出《で》る《慣》

相手が全く予想していなかったようなことを言ったりしたりして驚かす。例 油絵に東洋風の山水画の手法を取り入れた技法で画壇の意表に出る。

意表《いひょう》を衝《つ》く《慣》

全く相手の予想外のことを仕掛けてあわてさせる。例 奇策を用いて敵の意表を衝《つ》き、さんざんに痛めつけて敗走させた。

韋編三絶《いへんさんぜつ》

〔昔の書物は竹の札に字を書き、それを韋《い》（なめし皮）のひもで編んだもので、それを何回もくり返し読んだために、ひもが三度も切れたという孔子の故事から〕書物を熟読すること。また、読書に熱心なこと。

原文 孔子晩にして易《えき》を喜《この》む。……易を読み韋編《いへん》三絶す〔孔子は晩年になってから『易経』を好まれた。……〕。〈史《し》記《き》・孔子世家《こうしせいか》〉

類句 ◇韋編《いへん》三たび絶つ

移木《いぼく》の信《しん》

約束したことは必ず実行すること。秦《しん》の商鞅《しょうおう》が法律を改正した時、人民が信用しないことを気遣い、大きな木を国都の南門に立て、これを北門に移した者には、十金を与えるというお触れを出した。ところが、人民は怪しんでだれも移す者はなかった。そこで五十金を与えるとしたところ、一人の男がそれを移したので、約束どおりの金を与え、政府は約束を守るものであることを明らかにし、政令を公布した。〈史記《しき》・商君伝《しょうくんでん》〉

今鳴《いまな》いた烏《からす》がもう笑《わら》う

ほんの少し前まで泣いていた赤ん坊や子供が、けろりと機嫌を直して笑い出すことのたとえ。例 いないいないばあ、ほーら、今鳴いた烏《からす》がもう笑った。

今《いま》の今《いま》まで《慣》

〔「今まで」を強調した言い方〕①目の前で突然起きた大きな変化に茫然《ぼうぜん》とする様子を表わす。例 今の今まで元気に話していた祖父が脳梗塞《のうこうそく》で倒れた。②迂闊《うかつ》にも、今になって初めてそのことを知り、愕然《がくぜん》とする様子を表わす。例 彼の奥さんが芥川《あくたがわ》賞作家だったとは、今の今まで知らなかった。

今《いま》や遅《おそ》し《慣》

まだかまだかと、じれったく思いながら、その時が来るのを待つ様子。例 観客たちはカーニバルの行列がやって来るのを、今や遅しと待っていた。

今《いま》わの際《きわ》《慣》

今はこれまでという時、の意で、臨終の時。例 父は今わの際になってはじめて、私の出生の秘密を明かした。

今《いま》を時《とき》めく《慣》

今が最盛期だとばかりに、世間でもてはやされている。例 彼女は今を時めく女流作家だ。

芋茎《いもがら》で足《あし》を突《つ》く

里芋《さといも》の茎のように柔らかいもので足を傷つける意で、油断して思わぬ失敗をすること。また、大げさな表現のたとえとしていう言葉。「豆腐で足を突く」とも。類句 ◇長芋《ながいも》で足を衝く ◇山の芋で足を衝く

芋《いも》づる式《しき》《慣》

〔芋のつるをたどると次から次へと芋が出てくることから〕最初に得たものがきっかけとなって、物事の関連が順次明らかになる様子。例 下っ端の自白で、芋づる式に詐欺の一味が逮捕された。

芋《いも》の煮《に》えたも御存知《ごぞんじ》ない

芋が煮えたか煮えないかの区別もわからない意で、物事にうとい世間知らずの者を、あざけって、また、からかっていう言葉。いろはがるた（江戸）の一。

芋《いも》を洗《あら》うよう《慣》

《芋を洗う時は、水を入れた樽《たる》にいっぱいつめ込んで、棒でかきまわすことから》狭い場所に人が大勢集まっていて、ひどく混み合っている様子。「芋の子を洗うよう」とも。例 年に一度の祭礼で、神社の境内は芋を洗うような混雑だ。

倚門《いもん》の望《ぼう》

《戦国時代、王孫賈《おうそんか》の母が、賈が朝早く家を出て夜おそく帰る時は、家の門に寄りかかって、帰りを今か今かと待っていたという故事から》他郷に勉学中の子供が、無事に卒業して帰郷するのを、待ちわびている母親の気持ちをいう。原文 その母曰《いわ》く、女《なんじ》朝《あした》に出《い》でて晩に来《きた》れば、則《すなわ》ち吾《われ》門に倚《よ》りて望む。女暮れに出でて還《かえ》らざれば、則ち吾閭《りょ》に倚りて望む。〈戦国策《せんごくさく》・斉策《せいさく》〉

いやいや三杯《さんばい》

口では辞退しながら、勧められるといくらでも飲んだり食べたりすること。遠慮は口先ばかりであるのをあざ笑うのにも用いる。

嫌《いや》が応《おう》でも《慣》

反対だろうが賛成だろうが、そんなことにお構いなく、の意で、何が何でもそうしなければならない、また、そうさせなければならないことを表わす。「嫌《いや》でも応でも」とも。例 明日が約束の期日だから、嫌が応でもこの仕事は今日中に仕上げなくてはならない。

嫌気《いやけ》が差《さ》す《慣》

ちょっとしたことが原因で、それまでの状態を続けるのが嫌になる。「いやけ」は「いやき」とも。例 役人生活につくづく嫌気が差し、職を辞して郷里に帰ることにした。

嫌《いや》というほど《慣》

飽き飽きして、もうこれ以上はたくさんだという気持ちを表わす言葉。例 貧しかった若いころは、一度でいいからケーキを嫌というほど食べてみたいと思ったものだ。

入船《いりふね》あれば出船《でふね》あり

港には船の出入りが付き物であるように、世の中の物事は不変ではなく、たえず入れ替わってゆくものである、ということ。

炒豆《いりまめ》に花《はな》

《炒《い》った豆から芽が出て、それに花が咲く意》一度は衰えたものが、再びもとのように栄えること。また、ありうべからざることをいう。「炒豆に花が咲く」とも。

類句 ◆老い木に花 ◆枯《か》れ木《き》に花

居留守《いるす》を使《つか》う《慣》

家に居ながら、留守であるふりをする。例 借金取りが何度も来たけれど、居留守を使って何とか逃れた。

入《い》るを量《はか》りて出《い》づるを為《な》す

収入の額をよく計算して、それに応じた支出をすること。収支のバランスをとるべきであることをいう。

原文 三十年の通を以《もっ》て国用を制し、入《い》るを量りて以《もっ》て出《い》づるを為《な》す〔三十年間の平均によって国の費用を定め、収入の額を考えて支出する〕。〈礼記《らいき》・王制《おうせい》〉

入《い》れ替《か》わり立《た》ち替《か》わり《慣》

次から次へとひっきりなしに人がやってくる様子。例 入院中は入れ替わり立ち替わり見舞い客が来て、ゆっくり寝てもいられなかった。

色男《いろおとこ》金《かね》と力《ちから》は無《な》かりけり

美男子は、とかく経済力や腕力などは持ち合わせていないものである。美男子をからかっていう言葉。

色《いろ》が褪《あ》せる《慣》

古くなったり見かけ倒しであることが分かったりして、当初感じられた新鮮な魅力が失われる。「色褪《あ》せる」とも。例 盗作だという噂《うわさ》が流れて、あの作品も色が褪せた。

色気《いろけ》より食《く》い気《け》

《色欲よりも食欲のほうが先である意》虚飾よりも実質を重んじること。また、まだ色気よりも食い気が盛んな年ごろである意にも、食糧不足の時には食物の確保が優先する、という意にも用いる。

類句◆花より団子《だんご》

色気《いろけ》を示《しめ》す《慣》

誘ったり勧めたりしたらすぐにも応じてくるように思われるほど、何かに積極的な関心を示す。例あの女優は前からこの芝居の企画に色気を示していたから、声を掛けたら喜んで出てくれると思うよ。

色気《いろけ》を出《だ》す《慣》

もしかするとうまくいくかもしれないと思って、分不相応なことに手を出そうとする。例素人は、株の取引なんかになまじ色気を出さないほうがいい。

色《いろ》の白《しろ》いは七難《しちなん》隠《かく》す

《女性は色白であれば、顔かたちが少々悪くてもその欠点をカバーして美しく見えるものだ、の意》色の白いことが美人の第一条件であることをいう。

色《いろ》は思案《しあん》の外《ほか》

男女間の愛情に関することは、理屈や常識では推し量れない、という意。

色眼鏡《いろめがね》で見《み》る《慣》

先入観や偏見にとらわれて物事を見る。例外国人だからといって初めから色眼鏡《いろめがね》で見るのは彼の悪い癖《くせ》だ。

色目《いろめ》を使《つか》う《慣》

①異性の気を引くような表情を示す。特に、女性が男性に示す場合に用いる。例彼女は君に気があると見えて、しきりに色目を使っているよ。②相手の関心を引こうとして、おもねるような態度をことさらに示す。例大国に色目を使った外交政策は憂慮される。

色《いろ》よい返事《へんじ》《慣》

相手からの、期待にかなった望ましい返事。例あなたの援助が必要なのです。色よい返事をお待ちしています。

色《いろ》を失《うしな》う《慣》

驚きや恐怖で顔色が青ざめる意で、意外な事態に直面したり思いがけない失敗を犯したりして茫然《ぼうぜん》とすることをいう。例今や完全に敵に包囲されていることが分かって、城内は皆色を失った。

色《いろ》を付《つ》ける《慣》

サービスとして少しお負けをする。値引きをしたり景品を添えたりすることや、規定の報酬より多く支払うことなどにいう。例あの店は、なじみの客に多少色を付けてくれることがある。

色《いろ》をなす《慣》

顔色を変えて、怒りをあらわにすること。例子供を甘やかしすぎると注意したら、若い母親は色をなして怒った。

曰《いわ》く言《い》い難《がた》し

言葉では表現しにくい内容や性質のものであって、説明を求められても言いようがない、簡単には言葉で表わせない、ということ。例この微妙な味を説明しろと言われても、曰《いわ》く言い難しだ。

原文 敢《あえ》て問う、何《なに》をか浩然《こうぜん》の気と謂《い》う、と。曰《いわ》く、言い難し、と〔（孟子《もうし》の弟子の公孫丑《こうそんちゅう》が）押してお尋ねいたしますが、いったい、浩然《こうぜん》の気というものは何でございますか、と問うた時、（孟子が）言葉では説明しにくいよ、と答えた〕。〈孟子《もうし》・公孫丑《こうそんちゅう》上〉

曰《いわ》く付《つ》き《慣》

その人や物事に、他と同じには扱えない、何らかの込み入った事情があると察せられること。多く、好ましくない事情について用いる。例会長は、政界の黒幕と裏で通じているといわれる、曰《いわ》く付きの人物だ。

鰯網《いわしあみ》で鯨《くじら》を捕《と》る

《鰯《いわし》を捕る網に大きな鯨《くじら》がかかったという意》思いがけない幸運をつかむこと。

類句 ◆兎《うさぎ》の罠《わな》に狐《きつね》がかかる

鰯《いわし》で精進落《しょうじんお》ち

《鰯《いわし》のようなつまらない魚を食べて、せっかく精進してきたのを無駄にする意》つまらないことで、禁戒を破ったり大事なことをふいにしてしまったりすることのたとえ。

鰯《いわし》の頭《あたま》も信心《しんじん》から

信じて拝めば、鰯《いわし》の頭のようにつまらないものでも、ひどくありがたく思われる、ということ。いろはがるた〈京都）の一。

参考 節分の夜、鰯《いわし》の頭を柊《ひいらぎ》の枝にさして門口《かどぐち》につけ、悪《あっ》鬼《き》を追い払うまじないにする風習がある。

言《い》わずと知《し》れた《慣》

わざわざ説明しなくても分かりきっている様子。例 日本一の大泥棒といえば、言わずと知れた石川五右衛門《ごえもん》だ。

言《い》わずもがな《慣》

言わないほうがいい、の意で、なまじ言ったために不利な結果を招いたり相手を傷つけたりする場合に用いる。例 言わずもがなのことを言って相手を怒らせてしまった。

言《い》わでもの事《こと》《慣》

その場においては言わないでいいこと。言う必要のない余計なこと。例 会議の席で家庭の事情など言わでもの事を言い、失笑を買ってしまった。

言《い》わぬが花《はな》

何から何まで口に出して言ってしまわないほうがよい。また、露骨に言ってしまってはぶち壊しなので、隠しておいたほうがよい、という意にも使う。例 彼の名誉を守るために、この先は言わぬが花だ。

言《い》わぬことじゃない《慣》

ちゃんと言っておいたことだ、の意で、相手が自分の注意・警告を聞かずに失敗などした時に、それを強くたしなめる言葉。くだけた言い方では「言わんこっちゃない」とも。例 なに、だまされたって。だから言わぬことじゃない。あれほど甘い言葉には気を付けろと言ったのに。

言《い》わぬは言《い》うに優《まさ》る

口に出して言わないのは、言ってしまうよりも効果がある。また、黙ってはいるが、その表情から、口で説明する以上に気持ちが先方に通じる、という意にも使う。「言わぬは言うにいや優る」とも。

類句 ◆沈黙は金雄弁は銀 ◆雄弁は銀沈黙は金

言《い》わねば腹《はら》脹《ふく》る

言いたいことを言わずにいると、不満が腹の中にたまって苦しいものである。

意《い》を酌《く》む《慣》 口に出せないでいる相手の意向や事情を推察して受け入れる。例 先方の意を酌んで、ここはおとなしく引き下がりましょう。

意《い》を決《けっ》する《慣》 きっぱりと決心する。例 気は進まなかったが、意を決して先輩に頼んでみた。

意《い》を尽《つ》くす《慣》 自分の考えを十分に出しきる。また、相手に理解・納得してもらうために十分に配慮する。例 まだ意を尽くしていないところがあるので、論文に筆を加えたい。

意《い》を強《つよ》くする《慣》 自分を支持してくれる人の居ることを知って、何かを行なう自信がつく。例 会社側と交渉するに当たって、職場のみんながこの提案に賛成してくれて、意を強くした。

異《い》を唱《とな》える《慣》 他人の説に反対し、別の意見を主張する。例 総務部長の提案に異を唱える者は誰《だれ》もいなかった。
類句 ◇異を立てる

威《い》を振《ふ》るう《慣》 周囲に権威を誇示して、絶対的な力を行使する。⇩**猛威《もうい》を振るう** 例 あの山のふもとに、当時この地域で威を振るっていた豪族の墓がある。

意《い》を迎《むか》える《慣》 その者の言いなりになることで、気に入られようとする。例 大国の意を迎えようと、政府は屈辱的な外交に甘んじている。

意《い》を用《もち》いる《慣》 特別に心を配る。例 人の理解を得ようと思うなら、細かな表現にもっと意を用いたほうがいい。

夷《い》を以《もっ》て夷《い》を制《せい》す 《「夷《い》」は異民族、つまり外国。外国を利用して外国をおさえる、の意》 自国の武力を用いず、外国どうしを戦わせることで自国の安全を図ること。中国の伝統的な外交政策。
原文 兵法に所謂《いわゆる》夷《い》を以《もっ》て夷を攻むるなり。〈王安石《おうあんせき》の文、梅侍読神道碑《ばいじとうしんどうひ》〉

陰影《いんえい》に富《と》む《慣》

表現などが変化に富み、深い味わいがある。例 陰影に富む文章で人情の機微を見事に描き出した作品。

因果応報《いんがおうほう》

〈仏教で、過去および前世の因業《いんごう》に応じて果報があるという意〉よい行ないをした人にはよい報い、悪いことをした人には悪い報いが必ずあるものだ、ということ。
類句 ◆悪事身にとまる

因果《いんが》の小車《おぐるま》

〈「因果」は、原因と結果〉悪業とその報いとは、回転の速い小さな車が回るように必ずめぐってくるものである。
類句 ◇因果はめぐる小車《おぐるま》

因果《いんが》を含《ふく》める《慣》

こうするより仕方がないのだと、よく事情を説明して納得させる。例 もう少し大きくなったら買ってあげるからと、子供に因果を含めてゲーム機をあきらめさせた。

殷鑑遠《いんかんとお》からず

〈「殷《いん》」は古代中国の「夏《か》」の次の王朝。夏の最後の王である桀《けつ》は、暴虐をほしいままにし、殷に滅ぼされた。その殷も、紂王《ちゅうおう》が暴政を行なって周に滅ぼされた〉戒めとする前例が近いところにある意で、先人・他人の失敗を見て、自分の戒めとする、ということ。
原文 殷鑑遠《いんかんとお》からず、夏后《かこう》の世に在り〈殷の王者の鑑《かがみ》（手本）とすべきものは、遠い昔に求めなくとも、すぐ前の夏王朝の滅亡にある〉。〈詩経《しきょう》・大雅《たいが》・蕩《とう》〉

印形《いんぎょう》は首《くび》とつりかえ

いったん押印するときは、首と交換するほどの命がけの覚悟が必要である、ということ。軽率に印を押して後で苦しむことにならないよう戒めた言葉。

慇懃無礼《いんぎんぶれい》

表面はきわめて礼儀正しく丁寧であるが、実は相手を見下していて誠意がないこと。

慇懃《いんぎん》を通《つう》じる《慣》
（「慇懃《いんぎん》」は、親しい交際の意）男女がひそかに情を通じる。特に、不倫の関係を結ぶ意に用いる。例 慇懃を通じた男女の哀《かな》しい結末を描いた物語。

咽喉《いんこう》の地《ち》
（人間の体の、喉首《のどくび》に相当する土地の意）そこを失えば天下・国家の存続が危うくなる、きわめて重要な土地。
原文 韓《かん》は天下の咽喉《いんこう》、魏《ぎ》は天下の胸腹《きょうふく》なり。〈戦国策《せんごくさく》・秦策《しんさく》〉

員数《いんずう》を揃《そろ》える《慣》
質の良《あ》し悪しはともかく、定められた数が揃《そろ》うようにする。例 救援隊としてとりあえず員数を揃えてみたものの、頼りにならない奴《やつ》ばかりだ。

引導《いんどう》を渡《わた》す《慣》
（葬式の時、導師の僧が死者に悟りを開くように法語を唱える意から）反論の余地がないものとして、最終的な結論・決定を言い渡す。例 明日から出社に及ばずと、たった今社長から引導を渡されたところだ。

陰徳《いんとく》あれば陽報《ようほう》あり
人に知られなくても善行をする人は、いつか必ず明らかなよい報いを受けるものである。「陰徳陽報」とも。
原文 陰徳有る者は、必ず陽報有り。陰行有る者は、必ず昭名《しょうめい》有り〔……陰で善行を積んでいる人には、必ず輝かしい名が立つものである〕。〈淮南子《えなんじ》・人間訓《じんかんくん》〉

陰《いん》に籠《こも》る《慣》
意志や感情などを発散できない状態にいる。特に、不平・不満が心の内にくすぶっていることや、接する人に陰気な感じを与えることをいう。例 彼は、陰に籠《こも》った声でぼそぼそと健康の不安を語った。

員《いん》に備《そな》わるのみ
員数の中に一人に加えられるだけで、実際には役に立たないこと。自分が組織の一員に連なることを謙遜《けんそん》していう。

陰《いん》に陽《よう》に《慣》
ある時はこっそりと、また、ある時は公然と、あらゆる機会を利用して何かをする様子。例 あの国は強大な経済力・軍事力を背景に、近隣諸国に対して陰に陽に圧力をかけている。

因縁《いんねん》を付《つ》ける《慣》

相手を困らせたりゆずったりする目的で、筋の通らない理屈を付けて喧嘩《けんか》を売る。例 何だかんだと因縁を付けては金をゆすり取ろうとするチンピラを取り締まる。

類句 ◆言いがかりを付ける

う

浮《う》いた噂《うわさ》《慣》

男女関係についての好ましくない噂《うわさ》。例 まじめ一方の男で、彼に関しては浮いた噂など聞いたこともない。

有為転変《ういてんぺん》は世《よ》の習《なら》い

激しく移り変わるのがこの世の常である。世の中の物事がすっかり昔と変わってしまったことや、現世のはかなさを嘆くのにいうことが多い。

ウエートを置《お》く《慣》

⇨重きを置く

植木屋《うえきや》の庭《にわ》できが多《おお》い

気が多いことを、木が多いのにかけて言った洒落《しゃれ》。

飢《う》えては食《しょく》を選《えら》ばず

飢えている時は、人はどんな粗末な食べ物でもえり好みせずに食べるものだ。〈伝灯録《でんとうろく》〉

類句 ◆飢えたる者は食を為《な》し易《やす》し ◆空《す》き腹にまずい物なし ◇ひもじい時にまずい物なし

上《うえ》に立《た》つ《慣》

組織や集団を統率し、監督・指導する立場に身を置く。例 部下を信じられないようでは、上に立つ者としての資格がない。

上《うえ》には上《うえ》がある《慣》

これが最上・極め付きだと思っていても、意外にも世の中にはそれよりも更に上に出るものがある、ということ。例 将棋の天才とうたわれた彼を五十手足らずで負かすとは、上には上があるものだ。

上《うえ》を下《した》への《慣》

事件が起きるなどして、人々があわてふためいて大混乱になる様子。例 大地震が起きるというデマが飛んで、町中、上を下への大騒ぎになった。

上《うえ》を見《み》れば方図《ほうず》がない《慣》

よりよいものやより望ましい状態というものは求めていけば際限がない意で、何事も適当なところで妥協し満足すべきだということ。「上を見ればきりがない」とも。例 上を見れば方図がない、今の暮らしでよしとしよう。

魚心《うおごころ》あれば水心《みずごころ》

《本来は、「魚、心あれば、水、心あり」で、魚に水に親しむ心があれば、水もそれに応じる心を持つ、の意》何事も先方の出方次第で、相手が好意を示してくれれば、こちらもそれに応じる用意がある、ということ。「水心あれば魚心あり」とも。

魚《うお》の木《き》に登《のぼ》る如《ごと》し

魚が木に登ることなどあるはずがないように、到底不可能な無謀な試みのたとえ。

魚《うお》の釜中《ふちゅう》に遊《あそ》ぶが若《ごと》し

《やがて煮られる魚が釜《かま》の中でのんびり泳いでいる意》（当人は知らないが）死の危険が目の前に迫っていることをいう。〈五漢書《ごかんじょ》・張綱《ちょうこう》伝〉

魚《うお》を得《え》て筌《せん》を忘《わす》る

《「筌《せん》」は、魚を取る竹製のかご。魚をつかまえてしまえばそれに使った筌のことは忘れてしまう意》目的を達してしまえば、それまで手段にしていたもののことは全く顧みられなくなることのたとえ。

原文 筌《せん》は魚を在《と》える所以《ゆえん》、魚を得て筌を忘る。蹄《てい》は兎《うさぎ》を在える所以、兎を得て蹄を忘る〔……蹄（わな）は兎を生け捕るための道具であるが、兎を得てしまえば蹄のことを忘れてしまう〕。〈荘子《そうじ》・外物《がいぶつ》〉

伺《うかが》いを立《た》てる《慣》

神仏に祈って啓示を得ようとする。また、目上の人に意見や指図を求める。「お伺いを立てる」とも。例そんなつまらぬことまでいちいち上役に伺いを立てることはない。

浮《う》かぬ顔《かお》《慣》
何か気がかりなことがあったり不満があったりして、楽しくなさそうに見える顔つき。例胃の検査の結果が思わしくなさそうだと、課長は朝から浮かぬ顔をしている。

浮《う》かぶ瀬《せ》がない《慣》
不運につきまとわれて、苦しい境遇や立場から逃れ出る機会が得られない様子。例何とかして汚名をそそがなければ、このままでは浮かぶ瀬がない。

浮《う》き足立《あしだ》つ《慣》
迫り来る危険や不安を感じて動揺し、落ち着きを失ったり逃げ腰になったりする。例敵の猛攻の前に、守備陣は完全に浮き足立ってしまった。

浮《う》き名《な》を流《なが》す《慣》
情事に関するうわさで、世間の人の好奇心を刺激する。「憂き名を流す」とも。例当時、映画界きっての二枚目であった彼は、あちこちで浮き名を流した。

浮《う》き彫《ぼ》りにする《慣》
とらえにくい事実を、目に見える形ではっきり示す。例今回の事件で、両陣営の深刻な対立が浮き彫りにされた。

憂《う》き身《み》をやつす《慣》
《苦労を重ね、身がやせ細る意》なりふりかまわず何かに熱中する。多く、他人から見れば無益なことに熱中することを、自嘲《じちょう》気味にいうのに用いる。例ギャンブルに憂き身をやつし、人生を棒に振る。

憂《う》き目《め》に遭《あ》う《慣》
何らかの事情でつらい境遇に身を置かざるを得なくなる。例この歳になって、会社が倒産して一家離散の憂き目に遭おうとは。

憂《う》き目《め》を見《み》る《慣》
何かが原因で、思いがけずつらい体験をすることになる。例強力な対立候補の出現で、落選の憂き目を見ることになった。

浮《う》き世《よ》の風《かぜ》《慣》

人の世の厳しさや冷たさ。例 おちぶれた今の私には、浮き世の風が身にしみる。

類句 ◇浮き世の波

浮《う》き世《よ》は壱分五厘《いちぶごりん》

この世のことは、結局大した価値のあるものではない。世の中を軽視していう言葉。

浮《う》き世《よ》は夢《ゆめ》の如《ごと》し

この世は夢のようにはかない。人生ははかないものである、ということ。

類句 ◇人生は朝露の如し ◆浮世《ふせい》夢の如し

鶯鳴《うぐいすな》かせたこともある

今はこんな年寄りになってしまったが、若い時には美しく魅力があって、多くの人の心を引き付けたこともある。〔「梅干し婆《ばばあ》はしなびておれど、鶯《うぐいす》鳴かせたこともある」と続ける〕

受《う》けがいい《慣》

人々に好意的に受け入れられ、評判がいい様子。例 今度の芝居は女性客に受けがいい。反対 **受けが悪い**

受《う》けて立《た》つ《慣》

向かってくる相手に対し、負けてなるかと、まともに立ち向かう。例 向こうが挑戦してくるというのなら、いつでも受けて立つ用意がある。

有卦《うけ》に入《い》る

〔「有卦《うけ》」は、陰陽家の説で、人の生年を干支《えと》に配して定めた幸運の年回りで、この年回りに当たった人は、七年間吉事が続くという〕よい運に巡り合う。幸運の年回りに当たる。例 宝くじに当たるは、結婚は決まるはで、あいつは有卦に入っている。

受《う》けに回《まわ》る《慣》

こちらから攻める機会が得られず、ただ相手の積極的な攻撃を防ぎ守らねばならない立場に立つ。例 後発の会社がめざましくシェアを伸ばしてきたので、逆にこちらは受けに回ることになった。

烏合《うごう》の衆《しゅう》

〈烏《からす》の寄り集まりのように、まとまりがないという意〉ただ寄せ集められただけの、統一も規律もない人々の集団。原文 今、東帝、尺土《せきど》の柄《へい》なく、烏合《うごう》の衆を駆り、馬に跨《また》りて敵を陥れ、向かう所輒《すなわ》ち平らぐ〔今、東帝はわずか一尺の領土もなく、寄せ集めの者たちを追い立て、馬に乗って敵を破り、向かう敵をたやすく平らげた〕。〈後漢書《ごかんじょ》・公孫述伝《こうそんじゅつでん》〉

動《うご》きが取《と》れない《慣》

制約があって思うように行動できない。特に、窮地に追い込まれてどうしようもなくなることをいう。例 運転資金に詰まって、にっちもさっちも動きが取れなくなった。

雨後《うご》の筍《たけのこ》

雨の降ったあと、筍《たけのこ》があちこちにどっと出るように、似たような物事が数多く続々と現われ出ることのたとえ。例 新線開通後、建売り住宅が雨後の筍のように立ち並んだ。

兎《うさぎ》の昼寝《ひるね》

〈亀《かめ》と競争していた兎《うさぎ》が油断して昼寝をしたために、結局歩みの遅いはずの亀に負けた、という寓話《ぐうわ》から〉油断して思いがけない失敗をすること。

兎《うさぎ》の罠《わな》に狐《きつね》がかかる

思いがけない幸運をつかむことをいう。

類句 ◆鰯網《いわしあみ》で鯨《くじら》を捕る

兎《うさぎ》も七日《なぬか》なぶれば嚙《か》み付《つ》く

どんなにおとなしいものでも、たびたび痛めつけられると、ついには怒って歯向かってくるものだということ。

類句 ◆仏《ほとけ》の顔も三度《さんど》

氏無《うじな》くして玉《たま》の輿《こし》

〈「輿《こし》」は、昔貴人が使った、肩にかつぐ乗り物〉女は家柄が卑しくても、美しければ貴人の目に留まり、結婚することによってたちまち富貴の身になれるということ。

類句 ◆女《おんな》は氏《うじ》無くして玉の輿《こし》に乗る

牛《うし》に馬《うま》を乗《の》り換《か》える

⇩馬を牛に乗り換える

牛《うし》に引《ひ》かれて善光寺《ぜんこうじ》詣《まい》り

《善光寺（長野市にある寺）の近くに住んでいた老婆が、さらしていた布を隣家の牛が角に引っ掛けて走って行くのを追って行くうちに、善光寺に達し、日ごろは不信心であったが、それが縁で信仰するようになったという話から》本心からそう思ってしたのではなく、たまたま何かに導かれて善いことをする意。

牛《うし》の歩《あゆ》み

牛ののろのろした歩きぶりのように、進歩・進展のおそいことのたとえ。牛歩。例私の学問は牛の歩みで、なかなか皆様のようにはかどりません。

牛《うし》の角突《つのつ》き合《あ》い

《慣》近い関係にある者どうしなのに仲が悪く、何かにつけていがみ合っている様子。例兄弟で牛の角突き合いをしていても始まらない。

牛《うし》の涎《よだれ》

《慣》何かがいつまでもだらだらとしまりなく続くこと。例自分自身の日常体験を、牛の涎《よだれ》のようにだらだらと書きつづった私小説。

牛《うし》は牛《うし》づれ馬《うま》は馬《うま》づれ

それ相応の似合わしい者どうしが一緒になるのがいちばんよい、ということ。類句◆似た者夫婦　◆破鍋《われなべ》に綴蓋《とじぶた》

牛《うし》も千里《せんり》馬《うま》も千里《せんり》

遅いか早いか、巧《うま》いか拙《まず》いかの違いはあっても、行きつくところは結局同じである。あわてることはないというたとえ。

氏《うじ》より育《そだ》ち

人格の形成には、生まれた家の家柄や身分よりも、育った環境のほうが大事である。人の価値は、血統よりも、環境・教育や自身の努力によって決まるものだということ。いろはがるた（京都）の一。

後《うし》ろ髪《がみ》を引《ひ》かれる《慣》

未練が残って、思い切りよくあきらめることができない心境にある。例 子供と病身の妻を残し、後ろ髪を引かれる思いで海外に赴任した。

後《うし》ろぐらければ尻餅《しりもち》をつく

自分に疚《やま》しいことのある者は、気が咎《とが》めて、おのずとボロを出すということ。

後《うし》ろ指《ゆび》を指《さ》される

背後から、あの人がと指をさされて非難される。陰で悪口を言われる。例 私は人さまから後ろ指を指されるような悪いことは何一つしていない。

後《うし》ろを見《み》せる《慣》

勝ち目がないと見極めて、恥も外聞《がいぶん》もなく逃げ出す。例 まともに勝負をせずに敵に後ろを見せるとは卑怯《ひきょう》だ。

牛《うし》を馬《うま》に乗《の》り換《か》える

遅い牛をやめて速い馬に乗り換える意で、形勢を見て、自分にとって有利なもののほうを採ることをいう。参考 「馬を牛に乗り換える」は、この反対。

牛《うし》を食《く》らうの気《き》

〔虎《とら》や豹《ひょう》の子には、小さいうちから自分より大きな牛を食おうとする気概があるということから〕幼い時からすぐれた気性をもっていること。原文 虎豹《こひょう》の駒、未《いま》だ文を成さずと雖《いえど》も、已《すで》に牛を食らうの気あり〔虎《とら》や豹《ひょう》の子は、まだ毛の模様もはっきりしないうちから、もう牛を食おうとする気概がある〕。〈尸子《しし》〉
類句 ◆食牛《しょくぎゅう》の気

薄紙《うすがみ》を剝《は》ぐよう《慣》

病状がわずかずつではあるが日を追って回復していく様子。例 薬が効いてきたのか、痛みも薄紙を剝《は》ぐように引いていった。

薄気味《うすきみ》が悪《わる》い《慣》

何となくこわいような感じがして、気持ちが悪い。「薄気味悪い」とも。例 家の前を変な男がうろついていて、何だか薄気味が悪い。

渦《うず》に巻《ま》き込《こ》まれる《慣》

望みもしないのに、事件、争いなどのごたごたに引き入れられてしまう。「渦中《かちゅう》に巻き込まれる」とも。例 気が付いたときには社内の主導権争いの渦に巻き込まれていた。

渦《うず》を巻《ま》く《慣》

種々の要素が絡み合って、複雑な、また、混乱した様相を呈する。例 次期政権の座をめぐって、政界ではさまざまな陰謀が渦を巻いている。

有象無象《うぞうむぞう》

《「象」は、形。仏教で、形があるもの形がないもののすべて、天地間にある一切のもの、の意》大勢の取るに足らない者ども。人々を指して軽蔑《けいべつ》していう。例 この俺《おれ》は、あんな訳の分からない有象無象とは違うんだ。

嘘《うそ》から出《で》た真《まこと》

初めは嘘《うそ》であったことが、何かの偶然で本当のこととなる意。偶然に支配されて、信じられないようなことがよく起きるものだ、ということ。いろはがるた（江戸）の一。

嘘《うそ》つきは泥棒《どろぼう》の始《はじ》まり

初めについた嘘《うそ》は、ちょっとしたものであっても、次第に平気で嘘を言うようになり、ひいては、泥棒のような悪事を働いても恥じないようになる、ということ。

嘘《うそ》で固《かた》める《慣》

何から何まで嘘《うそ》をついてごまかす。例 見栄《みえ》を張って嘘で固めた人生を送る。

嘘《うそ》と坊主《ぼうず》の頭《あたま》はゆったことがない

《「言う」と「結う」とを掛けた洒落《しゃれ》で》嘘《うそ》は絶対に言ったことがない、と強調していう言葉。

嘘《うそ》の皮《かわ》が剥《は》がされる

《「嘘《うそ》の皮」は、うわべを取り繕った嘘を皮にたとえたもの》嘘をついてごまかしていたことが何かのきっかけで見破られる。

嘘八百《うそはっぴゃく》を並《なら》べる

何とか話のつじつまを合わせるために、次から次へと嘘《うそ》をつき続ける。例 嘘八百を並べてごまかそうとしても、そう簡単にはだまされないぞ。

嘘《うそ》も方便《ほうべん》

《「方便」は、目的を遂げるために用いる便宜の手段の意》物事を円満に運ぶための手段として、時と場合によっては嘘《うそ》もつかなければならないこともある、ということ。

類句 ◇嘘《うそ》もまことも話の手管《てくだ》

嘘《うそ》をつけ《慣》

《「嘘《うそ》をつく」の命令形で、逆説的な表現》見えすいた嘘をつくな、と相手の言をたしなめる言葉。「嘘を言え」とも。

例「テストで百点取ったよ」「嘘をつけ、信じられない」。

疑《うたが》いを挟《はさ》む《慣》

ある事柄について疑問を抱く。例 彼のアリバイは確かなもので、疑いを挟む余地がない。

梲《うだつ》が上《あ》がらない

《「梲」は、梁《はり》の上に立てて棟木《むなぎ》を支える短い柱。「梲」を上げることのできない粗末な家に住んでいる、ということから》いつも上を押さえられていて、不運な境遇から抜け出せない様子のたとえ。例 いつまでも梲が上がらない夫に、妻は愛想を尽かした。

打《う》たねば鳴《な》らぬ

太鼓は打たなければ鳴らないように、行動を起こさなければ事は成就しないということ。

歌《うた》は世《よ》につれ世《よ》は歌《うた》につれ

その時々に流行する歌は世相を反映するものであって、世の中が変化すると共に変わり、世の中も歌の流行と共に変わっていくものである。

内兜《うちかぶと》を見透《みす》かす

《「内兜《うちかぶと》」は、兜の内側の意》他人に知られたくない、相手の内情や弱点を見抜く。「内懐《うちぶところ》を見透かす」とも。例 ここでへたに騒いでは、敵に内兜を見透かされてしまう。

内懐《うちぶところ》を見透《みす》かす

《「内懐《うちぶところ》」は、表からは見えない内情や心のうち》⇩内《うち》兜《かぶと》を見透かす

内弁慶《うちべんけい》

家の内では威張っているが、外では意気地《いくじ》がなくて小さくなっている人。「陰弁慶《かげべんけい》」「炬燵弁慶《こたつべんけい》」とも。

内股膏薬《うちまたごうやく》《慣》

《内股に付けた膏薬《こうやく》は右足に付いたり左足に付いたりすることから》その時々の状況を見て、自分の都合にいいほうに従うこと。また、そのように無定見・無節操な人。例あの男は内股膏薬だから、信用しないほうがいい。

類句 ◆二股膏薬《ふたまたごうやく》

有頂天《うちょうてん》

《「有頂天」は、仏教で九天の最上の天、形あるものの世界の最高の所》うまくいった喜びのあまり、我を忘れて、大得意になっている様子。

注意「有頂点」は誤り。

うっちゃりを食《く》う《慣》

相手をぎりぎりの所まで追い詰めておきながら、最後に形勢を逆転される。例勝利は十中八九こっちのものと思っていたのに、土壇場《どたんば》で、まさかのうっちゃりを食わされた。

現《うつつ》を抜《ぬ》かす《慣》

《「現《うつつ》」は、正気の意》自分の立場やなすべきことを忘れるほど何かに夢中になる。特に、冷静に考えれば、意義があるとも思えないことに夢中になる。例賭《か》け事に現を抜かして家業を怠るとは情けない。

打《う》って一丸《いちがん》となる《慣》

関係者全員が一致団結して、全力で事に当たろうとすること。例会社の危機を乗り切るため、社長を初め全社員が打って一丸となる。

打《う》って出《で》る《慣》

《積極的に戦いの場に進み出る意から》選挙に際して立候補したり、積極的にその世界に乗り込んでいったりする。例彼は地方議会を足掛かりにして、国会に打って出るつもりらしい。

移《うつ》れば変《か》わる世《よ》の習《なら》い

時世が移ると世の中のさまも変わる。移り変わりの激しいのが世の常であるということ。

腕《うで》が上《あ》がる《慣》

技量の程度が目に見えて高くなる。俗に、あまり飲めなかった人の酒の量が増えることにもいう。例 彼も最初のころは負けてばかりいたが、最近、だいぶ碁の腕が上がったようだ。他 **腕を上げる**

類句 ◆手が上がる

腕《うで》が利《き》く《慣》

その場その場で期待どおりの優れた技を発揮できる。例 近ごろは腕が利く職人がめっきり少なくなった。

腕《うで》が立《た》つ《慣》

技芸に優れた腕前を示す。特に、武芸に優れた技を見せること。例 あの人は腕が立つ宮大工《みやだいく》として引く手あまただ。

腕《うで》が鳴《な》る《慣》

優れた能力や技術を早く発揮してみせたくて、その機会が来る前から気持ちがはやる。例 相手に実力の差を見せつけてやりたいと、試合の前から腕が鳴る。

腕《うで》に覚《おぼ》えがある《慣》

そのことについては、以前に修練や経験を積んだので、今でも十分に能力や技術を発揮する自信がある。例 こう見えてもテニスにかけては、腕に覚えがあるのだ。

腕《うで》に縒《よ》りをかける《慣》

身に付けた技量を存分に発揮しようと、張り切ってそのことに取り組む。単に「縒《よ》りをかける」とも。例 彼が来るというので、腕に縒りをかけて料理を作る。

打《う》てば響《ひび》く《慣》

反応がすぐに現われる意で、相手の言った言葉などを素早く的確に理解することをいう。例 打てば響く明解な答えが返ってくる。

腕《うで》を拱《こまぬ》く《慣》

《腕を胸の前で組む意》自分は何もせずに、事の成り行きをわきで見守る。「こまぬく」は「こまねく」とも。例 友が窮地にあることを知ったからには、腕を拱《こまぬ》いているわけにはいかない。

類句 ◆手を拱《こまぬ》く ◇手を束《つか》ねる

腕《うで》をさする《慣》

いつでも機会があったら自慢の腕前を示したいと、はやる気持ちで待つ様子をいう。例 猛練習ですっかり自信をつけた彼は、好敵手が現われないかと腕をさすっている。

腕《うで》を鳴《な》らす《慣》

優れた技芸や能力を発揮して、名声を得る。例 若いころは豪快なプレイヤーとして腕を鳴らした彼だが、今は一線をしりぞいている。

腕《うで》を揮《ふる》う《慣》

身に付けた能力や技術を存分に発揮する。例 彼は自慢の腕を揮《ふる》って、招いた客に料理を振る舞った。

腕《うで》を磨《みが》く《慣》

技能を完璧《かんぺき》なものにしようとして、怠りなく習練を重ねる。例 イタリアに留学して腕を磨いてきただけあって、彼女の演奏は一段の冴《さ》えを見せた。

烏兎《うと》

〈太陽には三本足の烏《からす》（金烏《きんう》）が、月には兎《うさぎ》（玉兎《ぎょくと》）がすんでいる、という伝説から〉日月。歳月。〈張衡《ちょうこう》の文、霊憲序《れいけんじょ》〉

烏兎匆匆《うとそうそう》

《「匆匆《そうそう》」は、あわただしい様子》月日のたつのが早いこと。「烏飛兎走《うひとそう》」とも。〈荘南傑《そうなんけつ》・傷歌行《しょうかこう》〉

類句 ◆光陰矢の如《ごと》し ◆白駒《はっく》の隙《げき》を過ぐるが如し

独活《うど》の大木《たいぼく》

独活《うど》は茎が早く伸びて大きくなるが、材質が柔らかくて役に立たないところから、体が大きいばかりで、期待されるだけの能力も体力もなく、役に立たない人をあざけっていう言葉。

優曇華《うどんげ》

インドの想像上の植物。三千年に一度花が咲き、この花が開く時は、金輪明王《こんりんみょうおう》が出現するという。世にもまれなことにたとえる。⇩**盲亀《もうき》の浮木《ふぼく》**

参考 クサカゲロウの卵の産みつけられたものもまた、「優曇華《うどんげ》」という。長さ二センチぐらいの白い柄《え》があり、かためて産みつけられた様子が、花が咲いているように見えるので、「うどんげの花」といわれる。吉兆または凶兆とされる。

鰻《うなぎ》の寝床《ねどこ》《慣》

間口が狭くて奥行の長い建物や細長い部屋のたとえに用いる。例 表通りから裏の通りまで抜ける、鰻《うなぎ》の寝床のような商家が軒をつらねる。

鰻登《うなぎのぼ》り

鰻《うなぎ》が身をくねらせて、まっすぐに水中をのぼることから、物価や温度が目に見えてどんどん上がっていくことや、人の立身出世の早いことなどにいう言葉。例 今度の連続ドラマは評判が良くて、視聴率が鰻登りだ。

唸《うな》るほど《慣》

有り余るほど何かがたくさんある様子。例 木村さんは山林を売り払って、お金が唸《うな》るほどあるという話だ。

自惚《うぬぼ》れと瘡気《かさけ》のない者《もの》はない

《「瘡気《かさけ》」は、梅毒などのおできの気味。昔は良い薬がなくてかかる人が多かったところから》人間はどんな人でも必ず自惚《うぬぼ》れはもっているものである。

兎《う》の毛《け》で突《つ》いたほど

兎《うさぎ》の柔らかい毛の先で突いた程度の意で、きわめてわずかである様子のたとえ。例 剣の名人の構えには兎《う》の毛で突いたほどのすきも見られない。

鵜《う》の真似《まね》をする烏《からす》水《みず》に溺《おぼ》れる

《烏《からす》は姿や色が鵜《う》に似ているからといって、鵜の真似をして水にもぐって魚などを取ろうとすると溺《おぼ》れてしまう、の意》自分の能力を考えずにいたずらに人の真似をすると必ず失敗する、ということ。「鵜の真似をする烏」とも。

鵜呑《うの》みにする《慣》

《鵜《う》が魚を丸ごと呑《の》み込むように、食物をかまずに呑み込む意から》人の言葉を、真偽などを考えずに、また、十分に理解しないで、そのとおりに受け入れる。例 彼のような嘘《うそ》つきの言うことを鵜呑みにしてはならない。

鵜《う》の目《め》鷹《たか》の目《め》

〈獲物を求める鵜《う》や鷹《たか》の目つきが非常に鋭いことから〉何かを探し出そうとして、鋭い目つきであたりを見回す様子。また、その目つき。例 いい掘り出し物はないかと、鵜の目鷹の目で古書展の会場をあさる。

産声《うぶごえ》を上《あ》げる《慣》

〈「産声」は、赤ん坊が生まれた時に初めて出す泣き声〉新しい組織・団体などが作られ、活動を始めること。例 この非正規雇用者支援組織は、産声を上げてまだ日も浅い。

旨《うま》い汁《しる》を吸《す》う《慣》

自分の地位や他人の労力などを利用して、何の苦労もせずに利益を得る。例 一部の役人が職権を利用して旨《うま》い汁を吸っていたなどとは、許しがたい行為だ。

旨《うま》い物《もの》は宵《よい》に食《く》え

〈うまい物を惜しんで、一晩おくと味が落ちるから、その夜のうちに食べたほうがよい、の意〉よいことは後にまわさず、すぐにもしたほうがいいということのたとえ。

馬《うま》が合《あ》う《慣》

相手と気心が合い、お互い一緒にうまくやっていける。例 新課長とは馬が合わず、仕事がやりにくい。

うまくいったらお慰《なぐさ》み《慣》

うまくいったら大いに結構だ、の意で、成功する可能性が少ないことをする際に、当人がふざけて、また他の人が軽い皮肉を込めていう言葉。例 あんなずさんな計画では、うまくいったらお慰みというところだ。

倦《う》まず撓《たゆ》まず《慣》

途中で飽きて投げ出したり、怠けたりせずに、一つのことに努力を続ける様子。例 倦《う》まず撓《たゆ》まず練習に励んだ彼女は、ついに金メダルを獲得した。

馬《うま》には乗《の》ってみよ人《ひと》には添《そ》うてみよ

〈馬には乗ってみないと、人とは親しく交際してみないと、あるいは、夫婦になって共に苦労してみないと、相手の良否を判断することはできない、の意》そのものの値打ちは、外見や、ちょっと付き合ったというだけではわからない。

類句 ◆人には添うてみよ馬には乗ってみよ

馬《うま》の背《せ》を分《わ》ける

《「馬の背」は、山の稜線《りょうせん》》稜線を境に、片方では雨が降り、片方では晴れているというように、隣り合っていてもそれぞれの地域で雨や雪の降る様子が異なることをいう。例 夕立は馬の背を分けるというが、なるほど西の方は青空が見えている。

類句 ◆夕立《ゆうだち》は馬の背を分ける

馬《うま》の骨《ほね》《慣》

生まれや素性がはっきりしないからという理由で、人を軽蔑《けいべつ》していう言葉。「どこの馬の骨」とも。例 父は私の恋人を、どこの馬の骨か分からない奴《やつ》だと言って、会おうともしない。

馬《うま》の耳《みみ》に風《かぜ》

⇩馬《うま》の耳に念仏

馬《うま》の耳《みみ》に念仏《ねんぶつ》

《馬が念仏などを聞いても、少しもありがたがらないことから》どんなありがたい教えや意見であっても、その意味を理解できない、また分かろうとしない者には言っても無駄であること。

類句 ◇兎《うさぎ》に祭文《さいもん》 ◆馬耳東風《ばじとうふう》 ◆豚《ぶた》に念仏猫に経《きょう》

生《う》まれたあとの早《はや》め薬《ぐすり》

《「早め薬」は、出産を促す薬》時機に遅れて、何の役にも立たないこと。

類句 ◆喧嘩《けんか》過ぎての棒千切《ぼうちぎり》

生《う》まれもつかぬ《慣》

生まれつきではないの意で、病気や怪我《けが》でひどい障害を負った様子。例 事故で大怪我をして、生まれもつかぬ体になってしまった。

馬《うま》を牛《うし》に乗《の》り換《か》える

速い馬を遅い牛に乗り換える意で、優れたほうを捨ててわざわざ劣ったほうを取ることをいう。

参考「牛を馬に乗り換える」は、この反対。

馬《うま》を水辺《みずべ》に連《つ》れて行《ゆ》くことはできるが水《みず》を飲《の》ませることはできない

気の進まない者に、他人がむりに何かをさせようとしても無駄である、ということ。原文 You may take a horse to the water, but you can't make him drink. の訳語。

海千山千《うみせんやません》

《海に千年、山に千年すんだ蛇《じゃ》は竜《りゅう》になるという言い伝えから》あらゆる経験を積み、世の中の表裏に通じていて、悪賢いこと、また、そのような一筋縄ではいかない、したたか者をいう。「海に千年河に千年」とも。例 相手はこの業界を知り尽くした海千山千のつわもので、とても太刀《たち》打ちできない。

海《うみ》に千年《せんねん》河《かわ》に千年《せんねん》

⇩海千山千

生《う》みの親《おや》より育《そだ》ての親《おや》

生んでくれた親よりも実際に養い育ててくれた親のほうに、愛情や恩義を感じるものである。

産《う》みの苦《くる》しみ《慣》

《出産の際の苦しみの意から》新たに物事を生み出す際に経験する、乗り越えなければならない困難や苦労。「産みの悩み」とも。例 新体制を敷こうというのだから、当然そこには産みの苦しみがあると覚悟している。

海《うみ》の物《もの》とも山《やま》の物《もの》ともつかない

将来どのようになるか、全く見当がつかないこと。例 司法試験に通ったというだけで、まだ海の物とも山の物ともつかない状態だ。

膿《うみ》を出《だ》す《慣》

抜本的な改革を行なって、組織を維持する上で害になる要素を取り除く。例 この際、徹底的に膿《うみ》を出して、人心の一新を図るべきだ。

有無相通《うむあいつう》じる《慣》

《「有無」は、必要とするものを十分に持っている者と持っていない者〉不足しているものを互いに融通し合って、双方が満足できる状態にする。例原料を輸入する代わりに、こちらからは工業技術を提供し、有無相通じることで両国の発展を図る。

有無《うむ》を言《い》わせず《慣》

相手の意向を無視して、無理やりこちらの思うとおりにさせようとする様子。例厳重注意をしたいから、有無を言わせず彼をここに連れて来い。

埋《う》もれ木《ぎ》に花《はな》が咲《さ》く

〈土の中に埋もれてしまった木に再び花が咲く意〉不遇にあり、世間から忘れられた存在であった人が、何かのきっかけで運に恵まれて、世間にもてはやされるようになる。

烏有《うゆう》

〈「烏《いずく》んぞ有《あ》らんや」と読み、何かあるだろうか、いやありはしない、の意〉全く何も無いこと。漢の司馬相如が「子虚《しきょ》の賦《ふ》」を著わし、子虚《しきょ》（うそつき）・烏有《うゆう》先生（何もない先生）・無是公《むぜこう》（こんな人はいない）という三人の架空の人物を創作したことに始まる。〈史記《しき》・司馬相如伝《しばしょうじょでん》〉

烏有《うゆう》に帰《き》す

〈「烏有《うゆう》」は、前項参照〉火事で何も残らずに焼けてしまう。例戦火で、一夜にして国宝の建造物が烏有に帰した。

裏表《うらおもて》がない《慣》

いかなる場合でも、その言行に、表向きと内実とでの不一致が見られない様子。例彼は裏表がない人間だから、周りから信頼されている。

裏《うら》で糸《いと》を引《ひ》く《慣》

⇩陰《かげ》で糸を引く

裏《うら》には裏《うら》がある《慣》

裏の事情がひどく複雑で、簡単には真相がつかめないこと。例今回の役員交替劇にも裏には裏があり、そんなに単純なものではないようだ。

裏《うら》の裏《うら》を行《い》く《慣》

相手がこちらの裏をかくつもりでいるのを見抜き、さらにその逆手を取って相手の意表を衝《つ》く。例向こうがそんな卑怯《ひきょう》な手を使うのなら、裏の裏を行って、その出鼻をくじいてやろう。

裏《うら》へ回《まわ》る《慣》

「裏に回る」とも。⇩**陰《かげ》に回る** 例 あの男は我が社と必ず契約すると言っているが、裏へ回って他のあちこちの会社とも接触しているらしい。

怨骨髄《うらみこつずい》に入《い》る

《恨みの気持ちが骨の髄までしみ込む意》どうしても許せないと、心底恨むこと。「恨み骨髄に徹す」とも。例 彼の裏切り行為は、まさに恨み骨髄に入るというべきか、八つ裂きにしてやっても足りない気分だ。

原文 繆公《ぼくこう》のこの三人を怨《うら》むや、骨髄に入る〔繆公《ぼくこう》がこの三人を恨んでいるお気持ちは、骨の髄まで深く通っております〕。〈史記《しき》・秦紀《しんき》〉

怨《うらみ》に報《ほう》ずるに徳《とく》を以《もっ》てす

自分をひどい目に遭わせた者にも、報復せずに、博愛の心で恩恵を与えてやる。〈老子《ろうし》・六三〉

参考 孔子は『論語』憲問で「直《ちょく》を以《もっ》て怨《うらみ》に報《むく》い、徳を以て徳に報いん〔自分にひどい仕打ちをした人には、公平無私な態度をとり、自分に恩恵を与えてくれた人には、恩恵を与えてあげる〕」といっている。

恨《うら》みを買《か》う《慣》

何かをしたことで人から恨まれる。例 知らないうちに人の恨みを買っていることがあるものだ。

恨《うら》みを呑《の》む《慣》

人に対する恨みを腹に収めて、じっと我慢する。例 恨みを呑《の》んで雌伏すること十年、ようやく雪辱を果たすことができた。

裏目《うらめ》に出《で》る

よかれかしと思ってしたことが、期待に反して好ましくない結果になる。例 なまじ援助してやったのが裏目に出て、あの男をすっかり駄目な人間にしてしまった。

裏《うら》を返《かえ》せば《慣》

逆の見方をすればの意で、表面に現われていない物事の真実や本心を問題にしていう様子。例 こまごまと注意してくれるのはありがたいが、それも裏を返せば、僕を信用していないということだろう。

裏《うら》をかく《慣》

相手の予想や期待に反することをして、ねらいをくじく。例直球に山をはって構えていたら、まんまと裏をかかれ、シュートで攻められた。

裏《うら》を取《と》る《慣》

犯人または容疑者の供述・自白などの真偽を、実際の証拠によって確かめる意を表わす警察の用語。例現場検証によって自白の裏を取る。

売《う》り家《いえ》と唐様《からよう》で書《か》く三代目《さんだいめ》

初代が苦心して築いた財産も、三代目ともなるとぜいたくに慣れ、遊芸・風流に凝って商売をおろそかにし、ついには家屋敷までも手放すことになる。それは、その売り家の札が、主人が身につけた中国風の洒落《しゃれ》た書体で書いてあることからも察せられる、という川柳。

売《う》り言葉《ことば》に買《か》い言葉《ことば》

相手から言いかけられた暴言に対して、こちらも負けずに言い返すこと。例日和見《ひよりみ》主義だと非難され、そっちこそ時代遅れの石頭だと、売り言葉に買い言葉で大喧嘩《おおげんか》になった。

瓜《うり》に爪《つめ》あり爪《つめ》に爪《つめ》なし

「瓜《うり》」の字と「爪《つめ》」の字とは、よく似ていて間違いやすいので、字画の区別を覚えさせるための言葉。「瓜」の字には「ム」という「つめ」のような形があるが、「爪」の字には逆に「つめ」がない。「爪に爪なく瓜に爪あり」とも。

瓜《うり》の蔓《つる》に茄子《なすび》はならぬ

凡庸な親から非凡な子は生まれない。血筋は争えないものだということ。参考「鳶《とび》が鷹《たか》を生む」は、この反対。

瓜二《うりふた》つ《慣》

二つに割った瓜のように、親子や兄弟などの顔かたちがよく似ている様子。例長男は父親に瓜二《うりふた》つだ。

類句◇瓜《うり》を二つに割ったよう

うれしい悲鳴《ひめい》《慣》

仕事などが一度にたくさん舞い込み、繁盛してうれしい一方、そのために目が回りそうなほど忙しい、と思わず漏らす泣き言。例 新商品がヒットして店の前には連日長蛇の列ができ、店主は休む暇もないとうれしい悲鳴をあげていた。

烏鷺《うろ》を戦《たたか》わす

《烏《からす》は黒く、鷺《さぎ》は白いことから、黒石と白石とで勝負を争うのをたとえて》碁《ご》を打つこと。「烏鷺《うろ》を争う」とも。

浮気《うわき》と乞食《こじき》は止《や》められぬ

浮気と乞食は一度やったら止められない。快楽を追ったり怠惰に流れたりすることに、人はいかに抗しがたいものであるかをいった言葉。

噂《うわさ》をすれば影《かげ》

誰《だれ》かの噂話《うわさばなし》をしていると、どういうわけか、その当人がその場にやって来るものだ。「人事《ひとごと》言えば影がさす」とも。
参考 Talk of the devil, and he is sure to appear.〔鬼のことを話すと鬼が出る〕

上手《うわて》に出《で》る《慣》

相手に対して意識して威圧的な態度をとる。例 手ごわい相手には、機先を制して上手に出たほうがうまくいくようだ。反対 下手《したて》に出る

上手《うわて》を行《い》く《慣》

能力・技量・才知などが他よりも優れていること。他よりもずる賢いなど、悪い意味にも用いる。例 交渉にかけては、口八丁手八丁の彼のほうが上手を行っている。

上前《うわまえ》をはねる《慣》

《「上前」は「上米《うわまい》」の変化したもの》人に取り次ぐべき代金の一部を、不当に自分のものにする。例 悪質な派遣会社では、仕事の斡旋《あっせん》をする代わりに労賃の上前をはねることがあるという。
類句 ◆頭をはねる ◆ピンはねをする

雲煙過眼《うんえんかがん》

《雲や煙がたちまち目の前を通り過ぎて跡形もない、と

いう意》物事に深く心をとめない。あっさりしていつまでも執着しないこと。「煙」は「烟」とも書く、同字。原文 これを煙雲《えんうん》の眼《め》を過ぎ、百鳥の耳に感ずるに譬《たと》う。豈《あ》に欣然《きんぜん》としてこれに接せざらんや。去りて復《ま》た念《おも》わざるなり〔たとえてみれば、かすみや雲が眼前を通り過ぎ、さまざまの鳥の声が、耳を感動させるようなものである。喜んでそれらに接しないことはない。けれども、去ってしまえば、それっきりである〕。〈蘇軾《そしょく》の文、宝絵堂記《ほうかいどうき》〉

運《うん》が開《ひら》ける《慣》

幸運がめぐってきて、逆境から抜け出せることになる。例「今年は万事につけて運が開ける年、仕事でも恋愛でも飛躍の年となるでしょう」とおみくじにあった。

運《うん》が向《む》く《慣》

その人にいい運がめぐってくる。例 宝くじで百万円当たった。ようやく私にも運が向いてきたようだ。

類句 ◆付きが回る

運根鈍《うんこんどん》

成功の秘訣《ひけつ》は、幸運に恵まれること、根気《こんき》のよいこと、鈍、すなわち細かいことにこだわらず神経の太いこと、の三つである。「運鈍根」とも。

雲散霧消《うんさんむしょう》

雲や霧がたちどころに消えるように、何かが跡形もなく消えてなくなること。例 急に景気が冷え込んで、文化財保護事業計画も雲散霧消してしまった。

生《う》んだ子《こ》より抱《だ》いた子《こ》

生んだだけで実際に育てていない実の子よりも、他人の子でも小さい時から育ててきた子のほうがかわいい。

腫《う》んだ物《もの》は潰《つぶ》せ

おできは潰《つぶ》して膿《うみ》を出すとすぐになおる意で、災いの元は根本から断って無くしてしまえ、という戒めの言葉。

蘊蓄《うんちく》を傾《かたむ》ける《慣》

〔「蘊《うん》」も「蓄《ちく》」も、たくわえる意〕何かをする際に、学問や技芸などについて日ごろたくわえた深い知識を惜しみなく示す。例 大和絵《やまとえ》の見方について、学芸員は蘊蓄を傾けて熱心に説明した。

雲泥《うんでい》の差《さ》

雲と泥《どろ》、つまり天と地ほどに大きな隔たりがあること。「天地霄壌《しょうじょう》の差」とも。例 豪邸だとは言えないが、今まで住んでいたウサギ小屋に比べたら雲泥の差だ。

類句 ◆雲泥万里 ◆月とすっぽん

雲泥万里《うんでいばんり》

雲と泥《どろ》、つまり天と地ほどにかけ離れていること。なまって「うんでんばんてん」という。⇩雲泥《うんでい》の差

うんともすんとも《慣》

〈「すん」は、了解・承諾などの意を表わす返事の言葉「うん」に語呂《ごろ》を合わせて用いたもの〉何か話しかけたり問いかけたりしても、一言も返事をしない様子。例 問い合わせの手紙を出したのに、うんともすんとも言ってこない。

運《うん》は天《てん》にあり

各人の運はすべて天命によるもので、いかにあがいても人の力ではどうすることもできない。

類句 ◆運を天に任せる

運《うん》は寝《ね》て待《ま》て

時機がこなければ焦っても無駄だから、うまくいかないときは気長に運が向いてくるのを待つのが一番よい。

運否天賦《うんぷてんぷ》

人の運不運は天が決めるものである。運は天任せである。

例 何事も運否天賦《うんぷてんぷ》だ、じたばたしてもはじまらない。

運用《うんよう》の妙《みょう》は一心《いっしん》に存《そん》す

戦術や規則は、そのとおりに守るだけでは駄目で、その時々に応じてうまく運用する人の考え一つで実際の役に立つものになる、ということ。宋《そう》の名将、岳飛《がくひ》の言。

原文 飛曰《いわ》く、陣してしかる後《のち》戦うは、兵法の常なり、運用の妙は一心に存す〔岳飛が言うには、戦陣を構えてから戦うのは兵法のきまりであるが、その時に応じて活用するのは人の心にある〕。〈宋史《そうし》・岳飛伝《がくひでん》〉

運《うん》を天《てん》に任《まか》せる《慣》

事の成否は運次第だと覚悟を決める意で、結果を恐れずに物事に取り組むこと。例 この木材を、大火に見舞われ

た江戸に運んで大儲《おおもう》けするのだと、彼は運を天に任せて嵐《あらし》の海に乗り出していった。

類句 ◆運は天にあり

え

栄華《えいが》の花《はな》

華やかに咲きほこる花も、やがては散ってしまうように、栄えているものは必ず衰える、ということのたとえ。

英気《えいき》を養《やしな》う《慣》

いざという時に十分な活動ができるように、休養を取って気力や体力を蓄える。例 決勝戦に備えて、今日一日は練習を休み、英気を養っておこう。

郢書燕説《えいしょえんせつ》

こじつけて、もっともらしい解説をすること。《郢《えい》の君が、燕《えん》の国の宰相に送る手紙を口述して書記に書かせていた時、夜で灯火が暗かったので、「燭《しょく》を挙げよ」と言った。すると書記は「挙燭」の語を手紙の中に書いてしまった。その手紙を受け取った燕の宰相は、それが書き誤りとは知らず、「燭は明かりであるから、明《めい》をあげよという意味で、真意は賢明な人を登用せよということである」と燕王に申し上げ、その結果、国がよく治まったという故事による》〈韓非子《かんぴし》・外儲説左上《がいちょせつ》〉

英雄色《えいゆういろ》を好《この》む

英雄といわれる人物は、精力が盛んで征服欲もまた旺盛《おうせい》なため、女色を好む傾向が強い。とはいっても「色を好む者必ずしも英雄ならず」である。

易簀《えきさく》

《「簀《さく》」は寝床の下に敷く、竹を編んだ簀《すのこ》。孔子の弟子の曽子《そうし》が、死に臨んで家老の季孫《きそん》から貰《もら》った立派な簀を、自分の身分にふさわしくないと言って、無理に取り易《か》えさせて息を引きとった、という故事から》〈礼記《らいき》・檀弓上《だんぐう》〉賢人の死をいう。

益者三友《えきしゃさんゆう》

交際して自分のためになる三種の友人。心がまっすぐで正直な人、誠実な人、多くの知識をもっている人。
原文 孔子曰《いわ》く、益者三友、……直《ちょく》を友とし、諒《まこと》を友とし、多聞《たぶん》を友とするは益なり。〈論語《ろんご》・季氏《きし》〉

易者《えきしゃ》身《み》の上《うえ》知《し》らず

易者は、他人の身の上の将来のことはかれこれ言うが、自分についてては少しも分かっていないものだ。
類句 ◆陰陽師《おんようじ》身の上知らず

会者定離《えしゃじょうり》

出会った者は、いつかは必ず別れて離れ離れになるという意で、この世の無常をいう言葉。「生者必滅《しょうじゃひつめつ》、会者定離」という。〈遺教経《ゆいきょうぎょう》〉

得体《えたい》が知《し》れない《慣》

それがどういうものか、正体が全く分からない様子。例 机が一つあるだけで、一体何をやっているのか、得体の知れない会社だった。

枝《えだ》は枯《か》れても根《ね》は残《のこ》る

たとえ枝は枯れても地中に根は残っている意で、災いや悪事のもとになる物事を根絶するのは難しいということのたとえ。

得《え》たり賢《かしこ》し

自分の思いどおりに事が運んだときに、しめたと喜んで発する言葉。例「得《え》たり賢し、敵はまんまと計略に引っかかった」と快哉《かいさい》を叫んだ。
類句 ◆得たりやおうと

得《え》たりやおうと《慣》

相手をうまく仕留めたり、思いどおりに事が運んで、しめたと思う様子。例 突っ込んで来たので、得たりやおうとはたき込み、相手を土俵に沈めた。
類句 ◆得たり賢し

枝《えだ》を切《き》って根《ね》を枯《か》らす

⇩葉を截《た》ちて根を枯らす

越鳥《えっちょう》南枝《なんし》に巣《す》くう

《南方の揚子江《ようすこう》の南、越の国から北国に飛んで来た渡り鳥は、故郷を慕って必ず南側の枝を選んで巣をつくる意》故郷は忘れがたい、ということのたとえ。
[原文] 胡馬《こば》は北風に依《よ》り〔北方の砂漠《さばく》の胡《こ》の地方で生まれた馬は、故郷から吹いてくる北風に出合うとそのほうに身を寄せてゆき〕、越鳥は南枝に巣くう。〈文選《もんぜん》・古詩十九首《こしじゅうくしゅ》〉

悦《えつ》に入《い》る《慣》

物事がうまくいって、一人で満足している状態。[例] 予想が的中したのか、一人悦に入って、にやにやしている。

笑壺《えつぼ》に入《い》る《慣》

思いどおりに事が運び、うれしくて思わず笑ってしまうことをいう。[例] 山田君は早くも就職が決まり、笑壺《えつぼ》に入ってのんきに遊びまわっている。

得《え》手《て》に帆《ほ》を揚《あ》ぐ

好機が到来した時、逃さずにこれをつかんで得意の体勢をとり、事を有利に進める意で、自分の得意とする領域に、勇躍して進むこと。いろはがるた（江戸）の一。
[類句] ◇追風《おいて》に帆《ほ》を揚《あ》げる

江戸《えど》っ子《こ》は五月《さつき》の鯉《こい》の吹《ふ》き流《なが》し

江戸っ子は言葉遣いは荒っぽいが、腹の中は鯉《こい》の吹流しのようにさっぱりしていて悪気がない、ということ。

江戸《えど》っ子《こ》は宵越《よいご》しの銭《ぜに》は使《つか》わぬ

江戸っ子は金離れがよく、その日に儲《もう》けた金はその日のうちに使ってしまって翌日まで使うことはない。「江戸っ子は宵越しの金は持たない」とも。

江戸《えど》の敵《かたき》を長崎《ながさき》で討《う》つ

《江戸で恨みを受けた相手を、遠く離れた長崎で敵討ちする意》意外なところで、あるいは筋違いのことで、仕返しをすることをいう。

絵《え》にかいた餅《もち》

絵にかいた餅《もち》は食べられない意で、観念的・空想的なものは実際の役には立たない、また、それが理想のかたちであっても実現性がない、ということ。[例] 資金の裏付けが得られなければ、この計画も絵にかいた餅だ。
[類句] ◆画餅《がべい》

絵《え》にかいたよう《慣》

①現実のものとは思えないほど美しい様子。例 彼女も若いころは絵にかいたような美人だと評判だった。②理想的・典型的なものととらえられる様子。例 父親の突然の死で、幸せを絵にかいたような家庭が一夜にして崩壊した。

絵《え》になる《慣》

①それを描いたら素晴らしい絵になりそうな趣がある。例 朧《おぼろ》月夜にほんのりと浮かぶ夜桜、実に絵になる風景だ。②その場の雰囲気にしっくりと合っていて見ごたえがある。例 夏祭りに、はっぴ姿にねじり鉢巻きのいなせな男たち、本当に絵になるね。

柄《え》のない所《ところ》に柄《え》をすげる

理屈の通らないところに無理に理屈をこじつけて押し通そうとすることのたとえ。

蝦《えび》で鯛《たい》を釣《つ》る

わずかな元手で大きな利益を得る。略して、「えびたい」とも。例 こんな立派なお返しをいただいては、蝦《えび》で鯛《たい》を釣ったようで恐縮です。

蝦《えび》の鯛《たい》まじり

⇩雑魚《ざこ》の魚《とと》まじり

得《え》も言《い》われぬ《慣》

何とも言葉では表現しようがないほど、美しかったり優れていたりする様子。例 梅園には、得も言われぬ馥郁《ふくいく》たる香りが漂っている。

衣紋《えもん》を繕《つくろ》う《慣》

襟元をかき合わせるなどして、衣服の乱れを直す。例 料亭の女将《おかみ》はちょっと衣紋《えもん》を繕って、座敷に向かった。

栄耀《えよう》の餅《もち》の皮《かわ》

ぜいたくに慣れると、餅《もち》の皮までもむいて餡《あん》ばかり食べるようになる意で、度を越したぜいたくをする様子をいう。

鰓《えら》が張《は》る《慣》

あごの下のあたりが左右に張っていること。中年過ぎの男性の、いかにも自信に満ちた印象を与える顔つきにも言う。例 彼も部長になって、だいぶ鰓《えら》が張ってきた感じだね。

選《えら》ぶ所《ところ》がない《慣》

何かと比べてみて、その実質や内容の程度にほとんど違いが認められない様子。例 当人は国士気取りでいるようだが、やっていることはその辺の暴力団と選ぶ所がない。

襟《えり》を正《ただ》す《慣》

〔衣服の乱れを直すという意から〕事に接するに当たって、今までのいいかげんな態度を改め、気持ちを引き締める。例 襟を正して皆様の意見に耳を傾ける所存です。

鴛鴦《えんおう》の契《ちぎ》り

〔鴛鴦《えんおう》（おしどり）は、いつも雌雄一緒にいて離れない習性があるところから〕夫婦仲のむつまじいことのたとえ。

煙霞《えんか》の痼疾《こしつ》

〔「煙」は、もや、「霞《か》」は、朝焼け・夕焼けで、「煙霞」は、美しい自然の景色の意。「痼疾《こしつ》」は、なかなか治らない病気〕美しい自然を愛する気持ちが癖となって非常に強いこと。転じて旅行好きなことにもいう。「煙霞の癖《へき》」とも。

原文 臣は所謂《いわゆる》、泉石の膏肓《こうこう》、煙霞《えんか》の痼疾《こしつ》なり、と〔（高宗が、先生はこのごろ御機嫌《ごきげん》いかがですか、と言うと、游《ゆう》巌《がん》が）私は世間でいう、山や川の美しい景色にとりつかれ、自然の景色を愛する病にかかったものでございます、と答えた〕。〔「泉石」は山や川の美しい景色、「膏肓」は治すことのできない重い病気のこと〕〈唐書《とうじょ》・田游巌伝《でんゆうがんでん》〉

縁起《えんぎ》でもない《慣》

相手の言ったことに対し、そんな縁起の悪いことは言うな、の意を表わす。例 もし負けたらなんて、大事な試合の前に縁起でもないことを言わないでくれ。

縁起《えんぎ》を担《かつ》ぐ《慣》

何かをするときに、どんなことにも縁起がいいとか悪いとか言って気にする。例「四」が「死」に通じるのを嫌《きら》い、縁起を担いで「四」の数字を避けることがある。

類句 ◆御幣《ごへい》を担ぐ

遠交近攻《えんこうきんこう》

利害の衝突しない遠い国とは親しくしておいて、近い国を攻めること。中国の戦国時代に范雎《はんしょ》の唱えた外交政策で、秦《しん》は、これをもって諸国を征服した。

原文　王、遠交して近攻するに如《し》かず。寸を得れば則《すなわ》ち王の寸なり。尺《しゃく》を得るもまた王の尺なり〔王よ、遠い国とは仲良く交わり、近い国を攻めるにこしたことはありません。一寸の地を得れば王の一寸の地であります。一尺の地を得れば王の一尺の地であります〕。〈史記《しき》・范雎伝《はんしょでん》〉

燕雀《えんじゃく》安《いずく》んぞ鴻鵠《こうこく》の志《こころざし》を知《し》らんや

《燕《つばめ》や雀《すずめ》のような小さい鳥に、鴻（おおとり）や鵠（白鳥）のような大きな鳥の心がわかるものか、の意》凡人などに大人物の遠大な心がわかるはずがない。秦《しん》末に陳渉《ちんしょう》が言った有名な言葉。

原文　陳渉《ちんしょう》、少時嘗《かつ》て人の与《た》めに傭耕《ようこう》す。耕を輟《や》めて壟《ろう》上《じょう》に之《ゆ》き、悵恨《ちょうこん》すること久しうして曰《いわ》く、苟《いやし》くも富貴なれば、相忘《あいわす》るること無からん、と。庸者《ようしゃ》笑って応《こた》えて曰く、若《なんじ》、庸耕を為《な》す。何《なん》ぞ富貴ならんや、と。陳渉太息して曰く〔陳渉《ちんしょう》は、若い時人に雇われて耕作していたことがあった。耕すのをやめて小高い丘に行き、わが身の上を嘆くことしばらくして言った。もしもおれが富貴になったら、君たちのことを忘れないぞ、と。すると、雇われている者たちが笑って答えた。お前さんは人に雇われて耕している。なんで富貴になることがあるものか、と。陳渉は、ため息をついて言った〕、嗟乎《ああ》、燕雀安《えんじゃくいずく》んぞ鴻鵠《こうこく》の志《こころざし》を知らんや、と。〈史記《しき》・陳渉世家《ちんしょうせいか》〉

エンジンが掛《か》かる

《慣》仕事にとりかかろうという気になる。また、仕事に調子が出る。例 レポートの提出期限がせまっているのに、どうも気乗りがせず、なかなかエンジンが掛からない。他 エンジンを掛ける

遠水近火《えんすいきんか》を救《すく》わず

《遠くにある水は、近くの火事を消すことができない意》いくら力になれるものであっても、遠くのものであっては急場の用には立たないことのたとえ。

原文　火を失して水を海より取らば、海水多しと雖《いえど》も、火は必ず滅《き》えざるなり〔火事を出したあとで、海から水を取り寄せるのでは、海水がいかに多くとも、火事は決して消えない〕。遠水は近火を救わざるなり。〈韓非子《かんびし》・説林《ぜいりん》上〉

類句 ◆遠くの親類より近くの他人

円転滑脱《えんてんかつだつ》

滞りなく自由自在である意で、物事にかどを立てず、臨

機応変に判断して、自在に対処する様子をいう。例どんな相手に対しても円転滑脱、見事に総会を取り仕切った。

縁《えん》と浮《う》き世《よ》は末《すえ》を待《ま》て

良縁と好機とはむりにせいて求めないで、気長に待て。

縁無《えんな》き衆生《しゅじょう》は度《ど》し難《がた》し

《「度」は「済度《さいど》（衆生《しゅじょう》を救うこと）」の意》広大な仏の慈悲をもってしても、仏の教えに接する因縁のない人々は救いようがない。それと同じく、人の言うことを聞き入れようとしない者、また、理解も関心も示そうとしない者には、手を差し伸べてもどうにもならない、ということ。

縁《えん》の下《した》の力持《ちからも》ち

何かをしている人のために、人の目につかないところで骨を折ること。また、その、下で支える陰に隠れた人。多く、表面で活躍している人に対して言う。いろはがるた（京都）の一。例舞台の大成功の陰に、多くの縁の下の力持ちがいたことを忘れてはならない。

類句◆縁の下の舞

縁《えん》の下《した》の舞《まい》

《聖護院の舞楽が、舞台でなく庭で非公開に行なわれたところから》世間からは認められなくても、表からは見えないところで骨を折ること。いろはがるた（京都）の一。

類句◆縁の下の力持ち

縁《えん》は異《い》なもの

男女の縁は不思議なもので、常識でははかれない、おもしろい結び付きがあるものだ。「縁は異なもの味なもの」は、いろはがるた（江戸）の一。

猿臂《えんぴ》を伸《の》ばす《慣》

《「猿臂《えんぴ》」は、サルの（ように）長い肘《ひじ》》何かをつかんだりするために、腕を長く伸ばす。例銀行強盗はカウンター越しに猿臂を伸ばして、現金をわしづかみにした。

煙幕《えんまく》を張《は》る《慣》

《味方の行動を敵の目から隠すために煙幕を張る意から》相手に真意を悟られないように、別のことを言ったり問題をすりかえたりして、その場をごまかそうとする。例肝心な点に話が及ぶと、煙幕を張って逃げてしまう。

縁《えん》もゆかりも無《な》い《慣》
何のつながりも関係もない。例 縁もゆかりも無い方にこんなに親切にしていただいて感謝の言葉もありません。

遠慮会釈《えんりょえしゃく》なく《慣》
〈「会釈」は、思いやりの意〉相手に対して手心を加えることをせず、自分の思いどおりに行なう様子。例 目上であろうと先輩であろうと、遠慮会釈なく痛烈に批判した。

遠慮《えんりょ》なければ近憂《きんゆう》あり
遠い将来のことまで考えて行動しないと、必ず急な心配事に見舞われるものである意で、目先の利害にとらわれた軽率な行動を戒めた言葉。
原文 子曰《しいわ》く、人《ひと》、遠き慮《おもんばかり》無ければ、必ず近き憂いあり。〈論語《ろんご》・衛霊公《えいれいこう》〉

縁《えん》を切《き》る《慣》
それまで続いてきた関係を全く絶つ。また、その結果、他人どうしになる。例 彼女は、腐敗した与党の現状に愛想を尽かし、党と縁を切る決意をした。自 **縁が切れる**

お

お愛想《あいそ》を言《い》う《慣》
相手に気に入られようとして、お世辞を言う。「あいそ」は「あいそう」とも。例 彼は頑固でへそ曲がりだから、お愛想を言ったくらいではどうにもならない。

お預《あず》けを食《く》う《慣》
期待されていることの実現が、何かの事情で引き延ばされている。例 新型インフルエンザのせいで、部の合宿・遠征はしばらくお預けを食うことになりそうだ。

お誂《あつら》え向《む》き《慣》
それが、こちらの注文・希望どおりの条件を備えていて、申し分がないこと。例 私のような寒がりにとって、シンガポール勤務はお誂《あつら》え向きだ。

追《お》い討《う》ちをかける《慣》

打撃を受けて弱っているものにさらに攻撃を加えて、打ちのめす。例台風の被災地に、追い討ちをかけるように大地震が起きた。

お家芸《いえげい》《慣》

その人の得意とする、独特の技術や方法。例日本のお家芸だといわれていた柔道も、最近はかげりが見えてきた。

お家《いえ》の一大事《いちだいじ》《慣》

主君の家の存亡にかかわる大事件という意で、他人の家に起こった出来事について冗談めかして言ったり、また、それで大騒ぎをすることを皮肉って言ったりする。例社長が入院と聞くや、お家の一大事とばかりに、専務は出張先から飛んで帰って来た。

老《お》い木《き》に花《はな》 ⇩**枯れ木に花**

追《お》い込《こ》みをかける《慣》

物事の最終段階を迎え、目的達成のために今まで以上に力を注ぐ。例入学試験も間近、今こそ追い込みをかける時だ。

老《お》いたる馬《うま》は道《みち》を忘《わす》れず

〈年を取った馬は、長年通った道を忘れることはない意〉山道などで迷った時には、老馬を先に立てれば、必ず道に出られる、ということ。また、経験を積んだ者は、その道のことをよく心得ていて、判断を誤らない、という意にも用いる。⇩**老馬《ろうば》の智《ち》**

追《お》いつ追《お》われつ《慣》

競走する両者の実力が伯仲していて、交互に追ったり追われたりしている様子。例予想どおり、二頭の馬は追いつ追われつのデッドヒートを展開した。

老《お》いては子《こ》に従《したが》え

年とってからは、出しゃばらずに何事も若い世代の子に任せて、その意見や方針に従ったほうがよい。いろはがるた（江戸）の一。

老《お》いの一徹《いってつ》

老人に特有の、一度こうと思ったら、どうしてもそれを通そうとする頑固な性質。例 祖父は老いの一徹で、死ぬまで家業を私の父に譲ろうとしなかった。

老《お》いの学問《がくもん》

年とってから始めた学問。晩学。「老いの手習い」とも。

類句 ◆六十の手習い

老《お》いの繰《く》り言《ごと》《慣》

年をとった人は愚痴《ぐち》をくどくどと繰り返し言う、ということ。また、その愚痴。例 これも老いの繰り言だと思って聞き流してもらいたい。

老《お》いの幸《さいわ》い

年老いたからこそ得られる人生の楽しみや幸せ。

老《お》いらくの恋《こい》

年老いてからの恋愛。老人の恋愛。

枉駕《おうが》

《「枉《おう》」はまげる、「駕《が》」は乗り物。乗り物の行き先を変えて、わざわざおいで下さる意》相手の来訪を敬っていう語。原文 諸葛孔明《しょかつこうめい》は臥竜《がりょう》なり。……この人は就《つ》いて見るべく、屈致《くっち》すべからざるなり。将軍よろしく駕《が》を枉《ま》げて之《これ》を顧みるべし〔諸葛孔明《しょかつこうめい》（亮《りょう》の字《あざな》）は、寝ている竜《りゅう》である。この人はこちらから出かけて会いに行くべきで、呼び寄せることはできない。劉備《りゅうび》将軍よ、みずから出かけてお会いになるのがよい〕。〈三国志《さんごくし》・蜀志《しょくし》・諸葛亮伝《しょかつりょうでん》〉

お伺《うかが》いを立《た》てる《慣》

自分の判断で処理できない物事について、目上の人や上部機関の指示を仰いだり意向を確かめたりする。例 部長は、つまらないことまでいちいち社長にお伺いを立てて、ご機嫌をとっている。

往生際《おうじょうぎわ》が悪《わる》い《慣》

《「往生際」は、死にぎわの意》もう駄目だと分かっているのに、未練がましく執着している様子。例 負けが決まったのにまだあきらめられないとは、往生際の悪い奴《やつ》だ。

応接《おうせつ》に暇《いとま》あらず

《行く道々景色が次々とひらけて、ゆっくり見ているひまがない意》いちいち対応しているひまがないほど、物事が次から次へと出来《しゅったい》する様子、多忙なことの形容にいう。
原文 山陰道上より行けば、山川《さんせん》自《おのずか》ら相映発《あいえいはつ》し、人をして応接に暇《いとま》あらざらしむ。〈世説新語《せせつしんご》・言語《げんご》〉

負《お》うた子《こ》に教《おし》えられて浅瀬《あさせ》を渡《わた》る
背に負った子供に、浅いところを教えてもらって川を渡る意で、賢い人も老練な人も、時には、愚かな者や未熟な者から教えられることがある、ということ。いろはがるた（京都）の一。
類句 ◆三《み》つ子《ご》に習いて浅瀬を渡る

負《お》うた子《こ》より抱《だ》く子《こ》
どうしても、背に負った子のことよりも前に抱いている子の世話を先にする意で、離れている者より、身近の者のことを先にするのが人情の常であるということ。

王手《おうて》をかける《慣》
《「王手」は、将棋で直接王将を攻め取る手》あと一手、一勝で、相手を打ち負かす段階に持ち込む。例 全勝で千秋楽を迎え、優勝に王手をかけた。自 **王手がかかる**

鸚鵡返《おうむがえ》し《慣》
《人から贈られた和歌に、その一部の語句だけ変えてすぐ返歌をすること》相手から言いかけられた言葉をそのまま言って返すこと。例「やあ」と声をかけたら、彼は鸚鵡《おうむ》返しに「やあ」と言ったきり、横を向いてしまった。

大当《おおあ》たりをとる《慣》
《芝居などの興行で大好評を博する意から》事《こと》がうまく運び、大成功を収める。例 今回の企画は大当たりをとった。

大男《おおおとこ》総身《そうみ》に知恵《ちえ》が回《まわ》りかね
体が大きな男は、全身にまで知恵が回らないとみえて愚かである意で、体ばかり大きくて愚鈍な男を、あざけっていう言葉。一方、「小男の知恵は回っても知れたもの」という言葉もある。

大風《おおかぜ》の吹《ふ》いたあと
《大風の吹き荒れたあとは、静かになることから》祭礼・婚礼など、にぎやかな催し事のあとにおとずれる、静けさ・さびしさの形容。例 婚礼が済み、娘がいなくなった家の中は、大風の吹いたあとのように、しんとしている。

多《おお》かれ少《すく》なかれ《慣》

程度の違いはあっても、そのことに無関係ではあり得ないということ。例 どこの家族も、多かれ少なかれ何かしら問題を抱えて暮らしているものだ。

大《おお》きなお世話《せわ》《慣》

他人の忠告などをうるさく思って、よけいなお節介だと拒絶する時に言う言葉。「大きにお世話」とも。例 人がどうしようと、大きなお世話だ、放っておいてくれ。

大《おお》きな顔《かお》をする《慣》

①自分が偉い者であるかのような態度を示す。例 あの男は、どこへ行っても大きな顔をしている。②悪いことをしていながら平然としている。例 人に迷惑をかけておきながら、よくそんな大きな顔をしていられるものだ。

大《おお》きな口《くち》をきく《慣》

実力もないのに、威張って偉そうなことを言う。例「おれが監督になったら必ず優勝してみせる」なんて大きな口をきいていたのに、全然駄目じゃないか。

類句 ◇大きな口をたたく ◇大口《おおぐち》をたたく

大台《おおだい》に乗《の》る《慣》

（「大台」は、株式市場で百円を単位とする値段の範囲をいう）金額や数量が、目安となる単位を上回る数値となる。例 賃上げ交渉で、妥結額はついに一万円の大台に乗った。

他 大台に乗せる

大手《おおで》を振《ふ》って《慣》

誰《だれ》にも遠慮や気兼ねをせずに、堂々と行動する様子。例 虚偽や不正が大手を振ってまかり通るとは嘆かわしい。

大鉈《おおなた》を振《ふ》るう《慣》

組織の改革や整理などのために、痛みを伴った思い切った処置をとる。例 会社の立て直しには、人員の削減、賃金体系の見直しなど、大鉈《おおなた》を振るう必要がある。

大船《おおぶね》に乗《の》った気持《きも》ち《慣》

（大きな船は転覆の心配がないことから）相手をすっかり信用して、安心して任せていられる様子。例 君が引き受けてくれるなら、大船に乗った気持ちでいられる。

大風呂敷《おおぶろしき》を広《ひろ》げる

その人の力では実現するはずもないような、大きなことを言う。例 酒を飲んだ勢いで、つい大風呂敷《おおぶろしき》を広げてしまった。

大見得《おおみえ》を切《き》る《慣》

いい所を見せようとして、大げさに見得を切ること。⇩見得を切る 例 そんなことは朝飯前だと大見得を切ってまえ、いまさら断われない。

大向《おおむ》こうをうならせる《慣》

〔「大向こう」は、芝居の立ち見席のことで、そこの観客が演技の見事さに感心する意から〕一般大衆の喜ぶようなことをして人気を得る。例 彼は話がうまくて、今日の演説も大向こうをうならせた。

大目玉《おおめだま》を食《く》う《慣》

悪事や過失などを犯して、ひどくしかられる。例 再度駐車違反をして、警察から大目玉を食った。

類句 ◆お目玉を食う

大目《おおめ》に見《み》る《慣》

相手の過失などについてあまり深く追及せずに、寛大な扱いをする。例 はずみで相手に怪我《けが》をさせてしまったが、悪意はなかったようだから、今回だけは大目に見てやろう。

鋸屑《おがくず》も言《い》えば言《い》わる

役に立たない鋸屑《おがくず》のようなものでも、言いようでは役に立つものだと言いくるめることができる。どのようなものにも理屈をつけようとすればつけられる、ということ。

類句 ◇杓子《しゃくし》も定木《じょうぎ》になる

鋸屑《おがくず》も取《と》り柄《え》

役に立たないとされる鋸屑《おがくず》にも、どこかにそれを活かす使い道がある意で、世の中に存在するもので無用なものはない、ということ。

類句 ◆虫食《むしくい》も蚤選《のみえ》りの便《たよ》り

お門違《かどちが》い《慣》

〔訪ねた家が間違っている意から〕目指す相手や目の付

け所が見当違いであること。「お門が違う」とも。例その件で私に文句を言うのはお門違いだ。

陸《おか》に上《あ》がった河童《かっぱ》

《河童《かっぱ》は陸《おか》に上がると無力になるということから》環境が変わって、今までのように得意な能力や技量が発揮できない状態。また、そうなった人。例彼のような技術屋は事務系の仕事に回されると、陸に上がった河童同然だ。

類句 ◇陸《おか》に上がった船頭《せんどう》

お株《かぶ》を奪《うば》う《慣》

ある人が得意とする技・芸などを、別の人がもっと巧みにやってのける。例日本の国技といわれた相撲《すもう》も、近ごろでは外国勢にお株を奪われてしまったようだ。

傍目《おかめ》八目《はちもく》

《他人の打つ碁をわきで見ていると、いい悪いが対局者よりよくわかって、八手先まで見通すことができる意》第三者として冷静に観察するほうが、物事のよい悪い、損得がはっきりわかる、ということ。「岡目八目」とも書く。

参考 Lookers-on see most of the game.〔ゲームはやっている当人よりも、はたから見ている者によく見える〕

お冠《かんむり》《慣》

何かに腹を立てていて、ひどく機嫌が悪い様子。例何が気に入らないのか、社長は朝からお冠だ。

起《お》きて半畳《はんじょう》寝《ね》て一畳《いちじょう》

《どんなに立派な御殿《ごてん》に住んだところで、人ひとりが占める場所は、せいぜい半畳か一畳である、の意》人間生きていくには最低限の広さの住まいがあれば十分で、むやみに富貴を望んでも意味がない、ということ。「起きて三尺寝て六尺」とも。

屋烏《おくう》の愛《あい》

《烏《からす》は嫌われものであるが、愛する人の家の屋根にとまっていれば、かわいくさえ思える》愛情があれば、その人に関係するすべてのものがいとしい、ということのたとえ。

原文 太公曰《いわ》く、……人を愛する者はその屋上の烏を兼《か》ぬ〔太公が言われた、人を愛する者はその人の家の屋根の上にいる烏《からす》までも愛するようになる〕。〈尚書大伝《しょうしょたいでん》・武成《ぶせい》〉

参考「坊主憎けりゃ袈裟《けさ》まで憎い」は、この反対。

類句 ◆痘痕《あばた》も靨《えくぼ》

屋上屋《おくじょうおく》を架《か》す

屋根の上にさらに屋根を作る意で、する必要のない無駄なことをすること。原文は「屋下に屋を架す」であるが同じ意味。

原文 魏晋已来《ぎしんいらい》、著わす所の諸子、理重《りかさ》なり事復《ことふく》し、……猶《な》お屋下に屋を架し、牀上《しょうじょう》に牀を施すがごときのみ〈魏《ぎ》・晋《しん》以来、多くの人々が著わした書物は、その道理も事実も重複していて、ちょうど、屋根の下に屋根を造り、寝台の上に寝台を設けるのと同じである〉。〈顔氏家訓《がんしかくん》・序致《じょち》〉

奥《おく》の手《て》を出《だ》す《慣》

いざという時のために隠しておいた、取っておきの手段や方法を用いる。例 株の買い占めという奥の手を出して、同業の中小会社を傘下におさめる。

奥歯《おくば》に物《もの》が挟《はさ》まる《慣》

思っていることや意見を率直に言わず、わざと曖昧《あいまい》な表現をする様子。多く「奥歯に物が挟まったよう」の形で使う。例 そんな奥歯に物が挟まったような言い方をしないで、駄目なら駄目とはっきり言ってほしい。

類句 ◇奥歯に衣《きぬ》を着せる

噯《おくび》にも出《だ》さない《慣》

〔「噯《おくび》」は口から出るげっぷの意〕あることを深く秘密にして、表にはそぶりにも見せない様子。例 彼は倒れるまで、自分が病気であることを噯にも出さなかった。

類句 ◇噯《おくび》にも見せない

臆病風《おくびょうかぜ》に吹《ふ》かれる《慣》

おじけづいて、何かをする気力を失う。例 敵方の優勢を耳にすると、みんな急に臆病風《おくびょうかぜ》に吹かれて浮き足立ってしまった。

類句 ◇臆病神《おくびょうがみ》が付く

臆面《おくめん》もなく《慣》

自らを恥じたり気後れしたりすることなく、厚かましく何かをする様子。例 自分の失敗は棚に上げて、臆面《おくめん》もなくよくもしゃしゃり出て来られるものだ。

奥行《おくゆ》きが無《な》い《慣》

知識・考えや人柄などに深みが見られない様子。例一時的に人気があっても、人柄に奥行きが無いと、いつか飽きられてしまう。

お蔵《くら》になる《慣》

《発表せずにしまい込んだままになる意》何かの事情で、完成した作品の発表や新しい企画の実施などが見送られる。特に、映画の上映や演劇の上演が取り止めになること。「お蔵入りする」とも。例戦前、軍部の圧力でお蔵になった映画が、このたび日の目を見ることになった。他**お蔵にする**

送《おく》り狼《おおかみ》《慣》

夜道は危ないからなどと言って親切に女性を送るふりをして、途中でその女性を襲う男。例送り狼《おおかみ》とでも思われたのか、駅までお供しますと言ったら、言下に断わられた。

後《おく》れを取《と》る《慣》

能力や技術などの程度が、競争相手より劣った状態にある。例一週間練習を休んだぐらいで、みんなに後れを取ることはあるまい。

おけらになる《慣》

《お手上げになった状態を、虫の螻蛄《けら》が両前足を上げている恰好《かっこう》にたとえたものという》有り金を使い切って、無一文になる。例買った馬券が全部外れ、おけらになってしまった。

お声《こえ》が掛《か》かる《慣》

目上の人から誘いを受けたり、特別の計らいを受けたりする。例社長から海外出張のお供をするよう直接お声が掛かったと、彼はまんざらでもない顔をしていた。

お言葉《ことば》に甘《あま》えて《慣》

相手の好意をありがたく受ける時の決まり文句。例「今夜は君をフランス料理店に案内しようと思うのだが」「ではお言葉に甘えてご一緒します」。

瘧《おこり》が落《お》ちる《慣》

《「瘧《おこり》」はマラリア性の熱病》熱病にでもかかったように何かに夢中になっていた状態からさめ、冷静な気持ちに返る。例一時は競馬に夢中になっていたが、一度大金をすってからは、瘧が落ちたように仕事に打ち込むようになった。

驕《おご》る平家《へいけ》は久《ひさ》しからず

栄華を極め、傍若無人の振る舞いをするものは、長くその地位を保つことはできず、いつか必ず滅びてしまうということ。

驕《おご》る者《もの》は心常《こころつね》に貧《まず》し

贅沢《ぜいたく》を好む者は、もっと贅沢がしたいと、常に心が満たされず、不足・不満にさいなまれているものである。〈譚《たん》子化書《しかしょ》・倹化《けんか》〉

押《お》さえが利《き》く《慣》

他を威圧する力を備え、相手を意のままに従わせたり部下として統率したりすることができる。例 あの暴れん坊ぞろいのクラスは、相当のベテラン教師でなければ到底押さえが利かない。

お先棒《さきぼう》を担《かつ》ぐ《慣》

〈「先棒」は二人で物を担ぐ時、棒の前を担ぐこと〉事《こと》の是非も考えずに、人の手先となって活動する。「先棒を担ぐ」とも。⇩後棒《あとぼう》を担ぐ 例 現状では一部のマスコミが政府のお先棒を担いでいるとしか思えない。

お先真《さきま》っ暗《くら》《慣》

将来の見通しが全く立たない様子。例 こう不況が長引いては、この商売もお先真っ暗だ。

お座敷《ざしき》がかかる《慣》

芸者や芸人などが宴席に呼ばれる意で、人から誘われたり招待を受けたりすること。「座敷がかかる」とも。例 海外遠征の土産《みやげ》話が聞きたいと、先輩たちからお座敷がかかった。

お里《さと》が知《し》れる《慣》

いくら隠そうとしても、言葉遣いや立ち居振る舞いからその人の生まれや育ちが分かる。多く、好ましくない場合についていう。例 どんなに着飾っていても、そんな食べ方をしてはお里が知れるぞ。

収《おさ》まりが付《つ》かない《慣》

事態が紛糾《ふんきゅう》したままで、解決には至らない様子。例 先方はひどく怒っているから、社長から謝ってもらわなければ、収まりが付かないだろう。

お寒《さむ》い《慣》

内容が貧弱で、評価するに値しない様子。例 欧米に比べると、日本の福祉行政の中身はお寒い限りだ。

教《おし》うるは学《まな》ぶの半《なか》ば

《人に教えることは、半分は自分の勉強になる意》人に教えてみると、自分の知識の曖昧《あいまい》なことがはっきりして、自分の勉強の助けとなるということ。〈礼記《らいき》・学記《がっき》〉

類句 ◇教学は相長《あいちょう》ず

押《お》しが利《き》く《慣》

優位に立って相手を威圧し、思うとおりに動かす力がある。例 もっと押しが利く人に交渉を頼むべきだった。

押《お》しが強《つよ》い《慣》

何としても自分の意見や希望を押し通そうと、根気よく粘る様子。例 何度も断わったのだが、彼のように押しが強い男にはかなわなかった。

怖気《おじけ》をふるう《慣》

恐ろしさで体が震える意で、怖くなって何かをしようにもできない状態になることをいう。「おじけ」は「おぞけ」とも。例 怪しげな物音を聞いただけで怖気《おじけ》をふるい、彼女はその場に立ちすくんでしまった。

押《お》し出《だ》しがいい《慣》

人前に出た時の態度や風采《ふうさい》が堂々としていて立派に見える様子。例 大企業の経営者だけあって押し出しがいい。

押《お》し付《つ》けがましい《慣》

相手の気持ちや立場を無視して、強引に自分の意向を押し付けようとする様子。例「事情の分かっている私に任せなさい」というあの押し付けがましい態度が気にくわない。

推《お》して知《し》るべし《慣》

実際に現われている面からだけで、内実がどんなものであるか、将来どうなるのかなどが十分に推測できる。例 この杜撰《ずさん》な書類を見れば、彼の普段の仕事ぶりも推して知るべしだ。

押《お》しの一手《いって》《慣》 目的達成のために、一歩も後へ引かず何かに立ち向かっていくこと。また、そのような態度。[例]押しの一手で攻めまくる。

鴛鴦《おし》の衾《ふすま》 《雌雄の鴛鴦《おしどり》の模様のある夜具》夫婦の契りのたとえにいう。

押《お》しも押《お》されもしない《慣》 その立場にふさわしい実力を十分に備え、確固たる地位をしめている様子。[例]画期的な論文を発表して、今や押しも押されもしない学界の重鎮《じゅうちん》だ。

お釈迦様《しゃかさま》でも気《き》がつくまい《慣》 何もかもお見通しだというお釈迦様《しゃかさま》でも気がつかないだろうの意で、誰《だれ》一人、そのことを知っている者はいないはずだということ。[例]あの業界のドンがかつてはホームレスだったなんて、お釈迦様でも気がつくまい。

お釈迦《しゃか》になる《慣》 《「お釈迦《しゃか》」は、製造業界で出来損ないの製品のこと》途中でしくじって、製品などが駄目になる。[例]仕上げの工程にミスが出て、製品のすべてがお釈迦になってしまった。[他]お釈迦にする

おじゃんになる 《鎮火の際に半鐘を「ジャンジャン」と二つ打ったことから》何かの事情で、予定していたことが実行できなくなったり、計画したことが失敗に終わったりする。[例]インフルエンザの流行で、楽しみにしていた旅行がおじゃんになった。

お上手《じょうず》を言《い》う《慣》 相手の機嫌を取るために、お世辞を言ったり口先だけのうまいことを言ったりする。[例]あの人はお上手を言うから、つい乗せられてしまうのだ。

お相伴《しょうばん》にあずかる《慣》 《正客の相手となって、一緒に供応を受ける意から》そ

れに値するだけのことをしていないのに、他との釣り合いなどで、その利益を共に受けることになる。「お相伴」は「ご相伴」とも。例 山田君のお相伴にあずかって、僕までお土産《みやげ》をもらってしまった。

押《お》すな押《お》すな《慣》

ひと所に大勢の人間が詰めかけて、非常に混み合っている様子。例 バーゲン会場は、押すな押すなの大盛況だった。

押《お》せ押《お》せになる《慣》

何かが予定より遅れたため、その後に続くはずのことが次々に遅れていく。例 資材の調達に手違いがあって、仕事が押せ押せになってしまった。

お節介《せっかい》をやく《慣》

余計なことに口出しをしたり、余計な世話をしたりする。例 君には関係のないことだから、いらぬお節介をやかないでくれ。

お膳立《ぜんだ》てが揃《そろ》う《慣》

すぐに何かが始められるように、準備がすっかり整えられる。また、興味のある事件が展開しそうな条件が揃《そろ》う意にも用いる。例 海外進出のお膳立《ぜんだ》てが揃う。他 **お膳立てを揃える**

遅《おそ》かりし由良之助《ゆらのすけ》

《「仮名手本忠臣蔵」の芝居で、大星由良之助（大石内蔵助《くらのすけ》）の到着を待ちかねていた判官が、切腹した直後に駆けつけた大星に言うせりふから》人が遅れて来た時や時機に間に合わなかった場合に、もはや遅いという気持ちで言う言葉。

遅《おそ》かれ早《はや》かれ《慣》

遅いか早いかの違いはあるにしても、いつかは必ずそうなると推定する様子。例 今は黙っているが、遅かれ早かれ、彼とは決着をつけなければならない日が来る。

遅《おそ》きに失《しっ》する《慣》

時機が遅すぎて、今さらそうしても何の役にも立たないということ。例 プロジェクトが動き出した今となっては、君のせっかくの提案も遅きに失したようだ。

類句 ◇遅きに過ぎる

恐《おそ》れ入谷《いりや》の鬼子神母《きしもじん》

《「恐れ入る」の「入る」を地名の入谷《いりや》（東京都台東《たいとう》区）にかけ、そこにある鬼子母神へと続けたもの》恐れ入りました、というのを洒落《しゃれ》ていった言葉。

お題目《だいもく》を唱《とな》える《慣》

実行できそうもないのに、もっともらしい主義・主張を人前で調子よく言う。例断固反対すべきだ、とお題目を唱えるばかりで、一向に立ち上がる様子はない。「お題目を並べる」とも。

お高《たか》くとまる《慣》

自分はお前たちとは違う種類の人間だという顔をして、他人を見下した態度をとる。例あの女性は、美人なのを鼻にかけて、お高くとまっている。

おだてと畚《もっこ》には乗《の》りやすい

おだてと土運びのもっこには乗りやすい意で、人のおだてには乗らないように注意せよ、ということ。

おだてに乗《の》る《慣》

人におだてられていい気になり、事の是非も考えずに軽率な行動をとる。例それほどやる気もなかったのに、おだてに乗って、とんだ大役を引き受けてしまった。

お陀仏《だぶつ》になる《慣》

《「お陀仏《だぶつ》」は、阿弥陀仏《あみだぶつ》を唱えて往生する意》死ぬ。また、何かが駄目になる。例急な山道で自動車がスリップし、危うくお陀仏になるところだった。

お為《ため》ごかし《慣》

いかにも相手のためにするように見せかけて、実は自分の利益を図ったり相手を陥れようとしたりすること。例お為ごかしを言って上役に取り入る。

小田原評定《おだわらひょうじょう》

長引いて結論の出ない相談。《豊臣秀吉《とよとみひでよし》が小田原城を攻めた時、北条氏直《ほうじょううじなお》が臣下を集めて、和戦のいずれを取るかの評定をしたが、論議が長く続いて決着せず、ついに滅亡してしまった故事から》

おだを上《あ》げる《慣》

《「おだ」は、「お題目」の略という》気の合った者どうしで、調子に乗って大言壮語する。例 あのころは毎晩のように仲間と酒を飲んでは、おだを上げていたものだ。

お茶《ちゃ》の子《こ》さいさい《慣》

《「お茶の子」は茶菓子の意で、腹にたまらないことから》そのことを何の苦もなく行なう様子。例 年は取ってもそれぐらいのことはお茶の子さいさいだ。

お茶《ちゃ》を濁《にご》す《慣》

その場を何とか無事に切り抜けようと、いいかげんなことを言ったりしたりしてごまかす。例 即答を迫られたが、何とかお茶を濁してその場をしのいだ。

お茶《ちゃ》を挽《ひ》く

花柳界や芸能界の隠語で、客のない時をいう。《暇な時に、退屈しのぎに茶臼《ちゃうす》で茶を挽《ひ》いて粉にしたからという》

お猪口《ちょこ》になる《慣》

《「猪口《ちょこ》」は、杯《さかずき》》さしていた傘が風にあおられて、猪口の形のように逆の向きに開く。例 突風にあおられ、傘がお猪口になってしまい、びしょ濡《ぬ》れになった。

落《お》ちれば同《おな》じ谷川《たにがわ》の水《みず》

谷川の水が、出発点は違っていても最後に行きつく所は一つであるように、人間の生き方はさまざまに違っていても、最後は死んで灰になることは同じであるということ。

落《お》ちをつける《慣》

聞き手を笑わせたり感心させたりなどするように、話などの結末を、効果的に締めくくる。例 話し上手の彼は、どんな話にもちゃんと落ちをつけるから大したものだ。

押《お》っ取《と》り刀《がたな》で駆《か》けつける《慣》

《危急の際、刀を腰に差す暇もなく、手に持ったまま駆けつける意から》取るものも取りあえず、大急ぎで現場に急行する。例 事故発生の知らせを受けて、現地に記者・カメラマンたちが押っ取り刀で駆けつけてきた。

乙《おつ》に澄《す》ます《慣》

つまらぬことにはかかわっていられないというような、気取った態度をとる。例 いつもは乙に澄ましている男が、今日は馬鹿《ばか》にはしゃいでいる。

おつりが来《く》る《慣》

何かに要する費用や時間に十分余裕があり、その点では何の心配もない状態である。例 その程度の仕事なら二時間もあれば、りっぱにおつりが来る。

お手上《てあ》げだ《慣》

（手を上げて降参の意を表わすことから）対策の施しようがなく、どうにもならない様子。例 事業を続けようにも、資金はなし、人手はなし、もはやお手上げだ。

お手《て》の物《もの》《慣》

（自分の手中に収めた物の意から）必要な技や秘訣《ひけつ》を熟知していて、何の苦もなく行なえるものであること。例 彼女は以前、看護師をしていたから、病人の世話はお手の物だ。

汚点《おてん》を残《のこ》す《慣》

その物事に関する不名誉な点として、後のちまで伝えられる。例 野党抜きの強行採決は、我が国の国会史上に汚点を残すことになる。

頤《おとがい》を解《と》く

（「頤《おとがい》」は、あご）あごが外れること。大口をあけて笑うことをいう。

原文 匡《きょう》の詩を説くは、人の頤《おとがい》を解く〔匡衡《きょうこう》の『詩経《しきょう》』の講義は面白いので、人は大笑いしてあごをはずした〕。〈漢《かん》書《じょ》・匡衡伝《きょうこうでん》〉

男《おとこ》が廃《すた》る《慣》

男としての面目が失われる。例 そんな卑怯《ひきょう》なまねをするなんて、男が廃るぞ。

男《おとこ》が立《た》つ《慣》

男としての面目が保たれる。例 ここでやすやすと引き下がっては、男が立たない。他 **男を立てる**

男心《おとこごころ》と秋《あき》の空《そら》

秋の空が変わりやすいように、男の女に対する愛情は移ろいやすいものであるということ。
類句 ◆秋の空は七度半《ななたびはん》変わる ◆女の心と秋の空

男《おとこ》になる《慣》

一人前の働きができる立派な男に成長する。また、男としての面目を施すようなことをして、世間にその名が知られる。例 親友の会社を倒産の危機から救うことで、やっと私も男になることができた。他 **男にする**

男《おとこ》の目《め》には糸《いと》を引《ひ》け女《おんな》の目《め》には鈴《すず》を張《は》れ

男の目の形は細くまっすぐなのがよく、女の目の形は丸くぱっちりとしたのがよいということ。

男《おとこ》は敷居《しきい》を跨《また》げば七人《しちにん》の敵《てき》あり

男というものはつらいもので、社会に出て活動するときには、多くの競争相手や敵がいるものだ。「家を出れば七人の敵あり」とも。

男《おとこ》は度胸《どきょう》女《おんな》は愛嬌《あいきょう》

生きていくうえで、男には勇気や決断力が、女には愛嬌が何よりも必要である。

男《おとこ》やもめに蛆《うじ》がわき女《おんな》やもめに花《はな》が咲《さ》く

妻に死別または生別した男の独り者は、身の回りの世話をする人がいないのでむさくるしいが、夫に死別した未亡人は、身ぎれいにしていて男たちにもてはやされる。

男《おとこ》を上《あ》げる《慣》

立派な行為をすることによって男としての評価を高める。例 店の主人は、増水した川で溺《おぼ》れかけた子を救って一躍男を上げた。自 **男が上がる** 反対 **男を下げる**

男《おとこ》を売《う》る《慣》

義侠心《ぎきょうしん》に富んだ男という評判を一躍世間に広める。例 ハイジャック事件で、人質の身代わりとなり、男を売った代議士。

男《おとこ》を下《さ》げる《慣》

面目を失うようなことをして、男としての評価を落とす。例 潔く罪を認めたらどうだ、これ以上弁解をしても男を下げるだけだ。自 **男が下がる** 反対 **男を上げる**

男《おとこ》を磨《みが》く《慣》

男としての面目が保たれるような行為ができるようにと、努力を重ねる。特に、義侠心《ぎきょうしん》を養う意に用いる。例 男を磨くなどと言って彼がやっているのは、やくざまがいのことだ。

音沙汰《おとさた》がない《慣》

ある時以後、何も便りがない様子。例 山本さんは二年前にアメリカに渡ったきり、その後何の音沙汰《おとさた》もない。

落《お》とし前《まえ》を付《つ》ける《慣》

もめごとなどに決着を付ける。特に、その手段として、分《ぶ》の悪い方が、相手や仲裁役を買って出た者に金銭を差し出すことをいう。元来、やくざ仲間の隠語。例 ただ謝られただけでは収まりが付かないから、落とし前を付けてもらおうじゃないか。

一昨日《おととい》来《こ》い《慣》

絶対に不可能なことを言って、二度と来るなの意を強調して言う言葉。嫌な虫を投げ捨てたり、嫌いな人を追い返したりするときに言う。「一昨日《おととい》おいで」とも。例 お前みたいな無礼な奴《やつ》は、一昨日来いだ。

音《おと》に聞《き》く《慣》

《「音」は、うわさの意》世間の評判が高く、折に触れ何かと耳にする。例 なるほど、これが音に聞く香港《ホンコン》の夜景か、見事なものだ。

驚《おどろ》き桃《もも》の木《き》山椒《さんしょ》の木《き》

《「驚き」の「き」に「木」を掛けて語呂《ごろ》合わせした語》これは驚いた、と言うときに使う言葉。例 男嫌いの彼女が結婚するんだって？ 驚き桃の木山椒《さんしょ》の木だ。

同《おな》じ穴《あな》の狢《むじな》《慣》

一見互いに無関係のように見えても、同類の悪党どうしであること。例 政界の浄化などと言っている当人自身も結局は、汚職議員たちと同じ穴の狢《むじな》なのさ。

類句 ◆一つ穴の狢《むじな》

同《おな》じ釜《かま》の飯《めし》を食《く》う《慣》

生活や行動を共にして、苦楽を分かち合った親しい間柄にある。例 彼と私とは、昔、同じ釜《かま》の飯を食って苦労を共にした仲間だ。

お縄《なわ》になる《慣》

現行犯や被疑者として警官に捕まる。例 誘拐犯は、現金受け渡しの場所に現われたところを、あっさりお縄になった。

類句 ◆縄に掛かる ◇縄目に掛かる

鬼《おに》が出《で》るか蛇《じゃ》が出《で》るか

次にどんな恐ろしい事態が起こるか予想がつかない様子のたとえ。

鬼《おに》が笑《わら》う《慣》

実現する見込みがあるかどうか全く分からないのに、あれこれ計画を立てて楽しんでいる人などをからかう時の言葉。例 そんな来年のことを言うと鬼が笑うよ。

鬼《おに》に金棒《かなぼう》

〈強い鬼が金棒を持ってさらに強くなる意〉元来強いものがさらに強化されて、無敵の存在となること。いろはがるた（江戸）の一。例 打撃を誇る我がチームに、彼のような優秀な投手が来れば、まさに鬼に金棒だ。

類句 ◆虎《とら》に翼《つばさ》

鬼《おに》の居《い》ぬ間《ま》に洗濯《せんたく》

こわい人、気詰まりな人がいない間に、いつもの緊張から解放されて思う存分くつろぐ。例 鬼の居ぬ間に洗濯で、部長の出張中は少しのんびりしよう。

参考 When the cat is away the mice will play.〔ネコの留守にネズミは遊ぶ〕

類句 ◇鬼の留守《るす》に洗濯

鬼《おに》の霍乱《かくらん》

〈「霍乱《かくらん》」は、夏に起こる、暑気あたりの腹くだし〉普段丈夫な人が、珍しく病気になることのたとえ。例 普段は健康そのものの君が病気するだなんて、どう見たって鬼の霍乱だね。

鬼《おに》の首《くび》を取《と》ったよう《慣》

さも大手柄を立てたように得意がっている様子を、周囲の者がからかい気味に評して言う言葉。例 子供たちは日ごろこわい先生の板書の間違いを見つけて、鬼の首を取ったような騒ぎだ。

鬼《おに》の目《め》にも涙《なみだ》

どんなに無慈悲で冷酷だと思われている人でも、時には温かい人間味を見せることがあるものだ、ということ。

鬼《おに》も十八《じゅうはち》番茶《ばんちゃ》も出花《でばな》

番茶でも最初の一、二杯は香りがよいように、鬼のような顔の娘も、年ごろになれば女らしい魅力が出るものだ、ということ。「鬼も十八」は、いろはがるた（京都）の一。

己《おのれ》の欲《ほっ》せざる所《ところ》は人《ひと》に施《ほどこ》すこと勿《なか》れ

自分の好まないことは他人も好まないだろうから、それを他人に対してしてはいけない。

原文 子貢《しこう》問いて曰《いわ》く、一言にして身を終わるまで之《これ》を行なう可《べ》きもの有りや。子《し》曰く、それ恕《じょ》か。己の欲せざる所は、人に施すこと勿《なか》れ〔子貢が問うた、なにか一言で、一生守ることができるような言葉はないでしょうか。孔子が言われた、それは恕（思いやり）という言葉ではないかな。……〕。〈論語《ろんご》・衛霊公《えいれいこう》〉

参考 Do to others as you would have them do to you.〔自分にしてもらいたいように人にもせよ〕

尾《お》羽《は》打《う》ち枯《か》らす

鷹《たか》の尾羽が傷んでみすぼらしくなることから、落ちぶれてみすぼらしい姿となること、零落することのたとえ。例 同窓会に出ないのは、今の尾羽打ち枯らしたこの姿を見られたくないからなのだ。

お鉢《はち》が回《まわ》る《慣》

〔「お鉢《はち》」は、飯櫃《めしびつ》の意〕順番が回ってきて、自分の番になる。例 私にもやっと公費海外留学のお鉢が回ってきた。

お払《はら》い箱《ばこ》になる《慣》

〔伊勢《いせ》神宮のお祓《はら》いの札を入れた箱を「お祓い箱」といい、

中の札が毎年取り換えられ、古い札が不要になって捨てられることを「お払い箱」にかけたもの》使用人が解雇される。また、不要になった品が捨てられる。例 請負いの仕事は、かかわっているプロジェクトが終わればお払い箱になる。他 **お払い箱にする**

帯《おび》に短《みじか》し襷《たすき》に長《なが》し

帯には短くて使えず、たすきには長すぎてじゃまになる意で、中途半端で、結局どちらの役にも立たないことのたとえ。

お百度《ひゃくど》を踏《ふ》む《慣》

《願い事がかなうように、社寺へ行き、一定の場所を百回往復して拝む意から》頼み事を聞き入れてもらうために何回も何回もそこを訪問する。例 顔の広い彼のもとにお百度を踏んで、やっと会長の役を引き受けてもらった。

尾鰭《おひれ》が付《つ》く《慣》

実際にないことまで付け加わって、話が誇張される。例 話に尾鰭《おひれ》が付いて、いつの間にか夫婦喧嘩《げんか》が離婚したことになってしまった。自 **尾鰭を付ける**

オブラートに包《つつ》む《慣》

相手を傷つけないよう、直接的な表現を避けて婉曲《えんきょく》な言い回しをする。例「考えておきます」という言葉は、拒絶の意志をオブラートに包んだ表現だと解するほうがよい。

おべっかを使《つか》う《慣》

相手に気に入られようとして、心にもないお世辞をあれこれ言う。例 彼は課長に昇進したくて、部長に盛んにおべっかを使っている。

覚《おぼ》えがめでたい《慣》

上に立つ人から信用され、目をかけられる様子。例 彼は上役の覚えがめでたく、このたび栄転になった。

溺《おぼ》れる者《もの》は藁《わら》をも掴《つか》む

今にも溺《おぼ》れようとしている者は、藁《わら》のような頼りないものでも、浮いていればそれにすがって助かろうとするように、危急の際には、たとえどんなものでも頼りたい気持ちになる、ということ。原文 A drowning man will catch at a straw. の訳語。

お前百《まえひゃく》までわしゃ九十九《くじゅうく》まで
夫婦が仲むつまじく、共に長生きすることを願った言葉。「共に白髪《しらが》の生えるまで」と続く。
類句 ◆偕老同穴《かいろうどうけつ》

お呪《まじな》い程《ほど》《慣》
お呪《まじな》いのために形ばかり何かをした程度だ、の意で、ほとんど無いに等しいほどわずかである様子。例 隠し味にごま油をお呪い程垂らすと、ぐんと味がよくなる。

お神酒《みき》が入《はい》る《慣》
酒を飲んで言動がしらふの時とは違った状態になる。例 少しお神酒《みき》が入っているのか、今日の彼はひどく饒舌《じょうぜつ》だ。

お迎《むか》えが来《く》る《慣》
仏が浄土から迎えに来る意で、死期が近づくことの婉《えん》曲《きょく》な言い方。例 祖母は、お迎えが来るまで元気で働いていたい、が口癖だ。

汚名《おめい》を雪《すす》ぐ《慣》
立派な行ないをすることによって、身に着せられた不名誉な、また、悪い評判を、無かったものとする。「汚名をそそぐ」とも。例 腐敗の温床といわれた市庁の汚名を雪《すす》ぐために、新市長は大胆な行政改革を断行した。

お眼鏡《めがね》にかなう《慣》
上の立場の人から能力・人柄などを高く評価され、気に入られる。「眼鏡《めがね》にかなう」とも。例 あのむずかしい母親のお眼鏡にかなうようなお嫁さんはめったにいませんよ。

怖《お》めず臆《おく》せず《慣》
少しも気後れすることなく、堂々とした態度で振る舞う様子。例 まだ学生の彼女が、一流の学者を前にして、怖《お》めず臆《おく》せず自説を展開した。

お目玉《めだま》を食《く》う《慣》
失敗をしたりいたずらをしたりして叱《しか》られる。例 よく宿題を忘れて、先生からお目玉を食ったものだ。
類句 ◆大目玉を食う

お目《め》に掛《か》かる《慣》

《「会う」の謙譲語》目上の人にお会いする。例 尊敬する先生にお目に掛かることができて光栄です。

お目《め》に掛《か》ける《慣》

《「見せる」の謙譲語》ご覧に入れる。例 あなたに彼の晩年の作品をお目に掛けましょう。

思《おも》い立《た》ったが吉日《きちじつ》

しようと思い立った日が、それをするのによい日である、の意で、暦をめくって縁起のよい日を待ったりせず、すぐに着手するのが一番よい、ということ。「思い立つ日が吉日」とも。「きちじつ」は「きちにち」とも。例 思い立ったが吉日とばかりに、早速旅に出掛ける準備に取りかかった。

思《おも》い半《なか》ばに過《す》ぐ

言わんとするところを、半分以上を理解できる、十分に推察することができる。転じて、想像したよりも事実はそれ以上である、という意にも用いられる。例 ここまで述べてくれれば、今の地球環境の危機的状況は、誰《だれ》しも思い半ばに過ぎるのではないでしょうか。

原文 知者はその彖辞《たんじ》を観《み》れば、思い半ばに過ぎん〔知者は、卦《か》のはじめについている彖辞（卦の全体の吉凶を断じた辞）を見れば、全卦の意味の十分の六までは悟ることができる〕。〈易経《えききょう》・繋辞伝《けいじでん》下〉

思《おも》いも寄《よ》らない《慣》

全く予測したり想像したりすることができないようなことが起きる様子。例 昨日まであんなに元気だった父が脳出血で倒れるなんて、思いも寄らないことであった。

思《おも》いを致《いた》す《慣》

今まであまり意識しなかったことや考えのいたらなかった事柄に思いをめぐらし、じっくり考える。例 事件の被害者はもとより遺《のこ》された家族に思いを致せば、その悲惨さは言いようがない。

思《おも》いを焦《こ》がす《慣》

誰《だれ》かに、また何かに強い思慕の情を抱き、いちずにそればかりを思う。例 私にも、若いころ、同級生の彼女に思いを焦がして夜も眠れぬ日々があった。

思《おも》いを馳《は》せる《慣》

遠く離れているものに心を向け、あれこれと思いをめぐらす。例 異郷の空で、遠い故国に思いを馳《は》せる。

思《おも》いを晴《は》らす《慣》

念願のことを成し遂げ、心の底にあったわだかまりや不満などをなくしてすっきりする。例 以前に惨敗を喫した強敵を打ち破り、やっと思いを晴らすことができた。

思《おも》いを寄《よ》せる《慣》

誰《だれ》かに、また何かに心が引かれ、強い関心を抱く。特に、異性に恋心を抱くことをいう。例 ひそかに思いを寄せていた彼女が近々結婚すると聞いて、がっくりした。

思《おも》うこと言《い》わねば腹《はら》ふくる

言いたいことを言わないで、我慢していると、腹が張る感じで気持ちが悪いものである。

参考 『大鏡』の序に「おぼしきこといわぬは、げにぞはらふくるる心地しける」、『徒然草《つれづれぐさ》』第十九段に「覚しきこと言わぬは腹ふくるるわざなれば」とある。

思《おも》う壺《つぼ》にはまる《慣》

（「壺《つぼ》」は、さいころ賭博《とばく》で振る壺）もくろみや戦略がうまくいって、ねらいどおりの結果になる。「壺にはまる」とも。例 作戦が思う壺にはまり、大勝した。

思《おも》う仲《なか》には垣《かき》をせよ

気心の知れた親しい間柄どうしであっても、しかるべき礼儀は守らなければならない。

思《おも》うに任《まか》せない《慣》

何かと障害があって、なかなか思いどおりに事が運ばない。例 年を取って歩行が不自由になり、家事も思うに任せない毎日だ。

思《おも》う念力《ねんりき》岩《いわ》をも通《とお》す

⇩石に立つ矢

思《おも》えば思《おも》わるる

こちらで相手を思っていれば、いつか相手もまたこちらを思うようになるものだ。好意は好意を呼ぶものであるということ。

重《おも》きを置《お》く《慣》

その人や物事に大きな価値を認め、特に重視して取り扱う。例 経済発展に重きを置いた国の政策が、今日の自然破壊を招いたと言えなくもない。
類句 ◆ウェートを置く ◆重点を置く

重《おも》きをなす《慣》
その世界で、高く評価されて重んじられる。例 あの先生は優れた理論家として学界に重きをなす存在だ。

玩具《おもちゃ》にする《慣》
①相手を見くびって、いいようにからかったり、ふざけ半分にあしらったりする。例 君の力じゃ彼とはまともな勝負にはなるまい。玩具《おもちゃ》にされるだけだと思うね。②女性を、一時の性欲のはけ口としてのみ扱う。例 金の力で何人もの若い女性を玩具にするとは、許せない。

表看板《おもてかんばん》にする《慣》
〔「表看板」は、劇場の正面に掲げる、上演内容や出演者などを記した看板〕何かを世間に示す表向きの名目とする。例 彼らは不動産業を表看板にしてはいるが、実のところは地上げ屋だ。

表《おもて》に立《た》つ《慣》
その人の存在がそれと分かるよう、人目につくところで行動する。例 部署が違うので、私が表に立つわけにはいかないが、援助は惜しまないつもりだ。

面《おもて》も振《ふ》らず《慣》
⇩脇目《わきめ》も振らず

重荷《おもに》を下《お》ろす《慣》
重い責任や義務を果たして気持ちが軽くなる。また、心配事がなくなってほっとする。例 会長の職を解かれ、やっと長年の重荷を下ろしたところだ。

親思《おやおも》う心《こころ》にまさる親心《おやごころ》
子が親を思う気持ちよりも、子を思う親の気持ちの方が、ずっと深く、また大きいものである。〈吉田松陰《よしだしょういん》の歌《うた》〉
参考 「親思う心にまさる親心、今日のおとずれなにと聞くらん」と続く。

親《おや》が親《おや》なら子《こ》も子《こ》
親子は、いろんな面でよく似るものである。親が駄目だと子も同じように駄目である意に用いることが多い。

親《おや》が死《し》んでも食休《しょくやす》み

親の死という大変な時でも、食後の休息は必要である意で、どんなに忙しくても途中できちんと休みをとらなくてはいけない、という戒め。

親方思《おやかたおも》いの主倒《しゅたお》し

主人のためを思ってしたことが、かえって主人に不利益な結果になる。

類句 ◆贔屓《ひいき》の引き倒し

親方日《おやかたひ》の丸《まる》

《「日の丸」は日本国を象徴するもの。親方は国家であるという意》自分たちの背後には国家が控えているので倒産などの恐れはないという、公共企業体などの安易な考えを皮肉っていう言葉。例 あの会社は親方日の丸だから、多額の赤字を出しても平気でいられる。

親子《おやこ》の仲《なか》でも金銭《きんせん》は他人《たにん》

金銭については、たとえ親子の間でも他人と同様に厳しくすべきである。

類句 ◆貸し借りは他人

親子《おやこ》は一世《いっせ》

親子の関係は、現世だけに限られるものである、という仏教の説。

参考 「親子は一世、夫婦は二世《にせ》、主従は三世《さんぜ》」と使う。

お安《やす》い御用《ごよう》《慣》

人から頼まれたことに対して、それはわけのないことだと気軽に応じる時に言う言葉。例 買い物をお宅まで届けるなんてお安い御用だ、遠慮なく言ってください。

お安《やす》くない《慣》

男女が恋愛関係にある様子。また、男女の仲のいいのを冷やかして言う言葉。例 いつも帰りに彼女を家まで送っていくなんて、お安くないね。

親《おや》と月夜《つきよ》はいつもよい

親の側《そば》にいる時と月の明るい晩とは、安らかな心で過ごすことができて、どんな時にもいいものだ。

親《おや》の甘《あま》いは子《こ》に毒薬《どくやく》

親の子への過ぎた愛情は、かえってその子のためにはならない、ということ。

親《おや》の意見《いけん》と茄子《なすび》の花《はな》は千《せん》に一《ひと》つも無駄《むだ》はない

茄子《なすび》には無駄花がなく、花が咲くとすべて実がなるように、親が子に与える諫《いさ》めの言葉も、一つとして役に立たないものはない。

類句 ◆冷や酒と親の意見は後で利《き》く

親《おや》の因果《いんが》が子《こ》に報《むく》いる

親がした悪い行為の結果が、その子に災いをもたらす意で、子には何の罪もないのに親の悪事の犠牲になるのだから、ゆめゆめ悪い事はしないように、という戒め。

親《おや》の恩《おん》は子《こ》を持《も》ってこそ知《し》れ

子に対する親の愛情や苦心は、自分自身が親の立場になってはじめて分かるものである。

親《おや》の顔《かお》が見《み》たい《慣》

こんな人間に育てた親は一体どんな人間なのか見てみたいの意で、子供や若い者の非常識な言動にあきれ返る気持ちを表わす言葉。例 上がり込んで飲み食いしたあげく、挨拶《あいさつ》もしないで帰るなんて、親の顔が見たいものだ。

親《おや》の心《こころ》 子《こ》知《し》らず

子のためを思ってあれこれ心を砕く親の気持ちを、肝心の子供は全く分からずに勝手なことをするものだ。例 苦労して東京の大学にやったのに、親の心子知らずで、あの子は遊びほうけている。

親《おや》の臑《すね》をかじる《慣》

独立して生活することができず、親に扶養してもらう。例 いい年をして、まだ親の臑《すね》をかじっているのか。

類句 ◆臑《すね》をかじる

親《おや》の七光《ななひかり》り

親の威光が子に及ぶ意で、本人はそれほど実力がないのに、親が偉いということで世間で重んじられること。略して、「七光り」とも。例 駆け出しのあの子が主演女優になれたのは、親の七光り以外の何ものでもない。類句 ◇親の光は七とこ照らす ◇親の光は七光り

親《おや》の欲目《よくめ》《慣》

親は自分の子供のことになると愛情に引かれて公平な見方ができなくなり、実際以上にいい評価をしてしまうこと。例 親の欲目だと笑われるかもしれないが、この子は実に気だてがいいんですよ。

親馬鹿子馬鹿《おやばかこばか》

親は子の愛に溺《おぼ》れて、子が愚かなのを知らず、子は親の愛になれて、馬鹿なことをする。第三者から見れば、親も馬鹿なら子も馬鹿である、ということ。

親《おや》はなくとも子《こ》は育《そだ》つ

親が死んでも、残された子はどうにか育っていくものだ、の意で、世の中は何とかなるもので、それほど心配したものでもない、ということ。

お山《やま》の大将《たいしょう》《慣》

小さな集団の中で、自分が一番偉いと得意になっている人。例 いつまでもお山の大将でいないで、もっと広い世間に出たらどうだ。

お山《やま》の大将《たいしょう》俺《おれ》一人《ひとり》

この小さい山を支配する大将は俺《おれ》一人だ。小さな集団、またはくだらない仲間の中で偉ぶって一人いい気になっている人間や、小さな成功で得意になっている人を軽蔑《けいべつ》していう言葉。

泳《およ》ぎ上手《じょうず》は川《かわ》で死《し》ぬ

泳ぎの名人といわれる人が、えてして川で溺《おぼ》れ死ぬものだの意で、自分の得意なことについては油断しがちであり、それが禍《わざわい》して身を滅ぼすことになる、ということ。類句 ◆河童《かっぱ》の川流れ ◆川立ちは川で果てる ◆木登りは木で果てる ◆弘法《こうぼう》も筆の誤り ◆猿《さる》も木から落ちる ◆上手《じょうず》の手から水が漏れる

及《およ》ばぬ鯉《こい》の滝登《たきのぼ》り

《多く「鯉《こい》」を「恋」に掛けて》かなう望みのない恋をいう。また、いくら望んでも、とても目的を達する見込みのない

ことをいう。

及《およ》び腰《ごし》になる《慣》

自分のほうが形勢が不利だと見て、半ば逃げ腰になる。例 係の人に記載の不備を厳しく指摘され、申請人は及び腰になって弁解に努めていた。

お呼《よ》びでない《慣》

誰《だれ》からも必要とされなかったり嫌われていたりして、依頼や誘いの声が掛からない存在をいう。例 彼女にとっては、家事ができない男なんて、全くお呼びでないようだ。

及《およ》びもつかない《慣》

あまりにも程度が違い過ぎて、張り合おうとしても到底かなわない様子。例 政治家の多くは、我々庶民には及びもつかない豊かな暮らしをしている。

折《お》り合《あ》いがつく《慣》

立場や意見の異なる者どうしが話し合った結果妥協点に達し、物事が解決する。例 この家を早く売ってしまいたいのだが、金額の点で先方と折り合いがつかない。

折《お》り紙《がみ》をつける《慣》

〔「折り紙」は、書画・刀剣など美術品の鑑定書。昔、奉書紙などを横に二つ折りにしたものに記した〕その人物や品物が、信用のできる確かなものであることを保証する。例 彼のまじめな人物であることは、私が折り紙をつけます。

折《おり》に触《ふ》れて《慣》

事あるごとに、そうする様子。例 感謝の気持ちを忘れるなと、折に触れて子供たちには教えてきた。

折《お》り目正《めただ》しい《慣》

礼儀作法をよくわきまえている様子。例 あの人は誰《だれ》に対しても折り目正しく応対する。

折《おり》も折《おり》《慣》

特別な事情のある時に当たっていて、何かが特に問題にされたり、いつもと違う傾向が認められたりする様子。例 八月の中旬に東北地方を旅行したが、折も折とて列車は、盆の帰省客でひどく混んでいた。

お留守《るす》になる《慣》

他のことに気をとられて、しなければいけないことに集中できなくなる。例 ボランティア活動をしている間に、家のことがすっかりお留守になってしまった。

折《お》れて出《で》る《慣》

自分の主張を押し通そうとするのをやめて、相手の主張を受け入れることにする。例 こちらから折れて出れば、向こうだってそんなに無理な要求はしないだろう。

愚《おろ》か者《もの》に福《ふく》あり

愚か者は野心を抱かず平凡に暮らすので、人に憎まれたり怨《うら》まれたりすることもなく、かえって幸福に一生を送ることができるものだ、ということ。

終《お》わりよければ総《すべ》てよし

物事は終わり（仕上げ）が肝要で、最後（できばえ）さえよければ、途中の不具合や、苦しかったことなどは帳消しにされてしまう、ということ。

原文 All's well that ends well. の訳語。

尾《お》を引《ひ》く《慣》

問題が一応解決したものの、その影響が後々まで残る。主として好ましくない状態についていう。例 突然のトップの交代が尾を引いて、社内の雰囲気はまだぎくしゃくしている。

尾《お》を振《ふ》る犬《いぬ》は叩《たた》かれず

従順で、なついてくる者には、むごい仕打ちはできないものだ、ということ。「尾を振る犬は打たれず」とも。

類句 ◇袖《そで》の下に回る子は打たれぬ　◆杖《つえ》の下に回る犬は打てぬ

温故知新《おんこちしん》

古いところまで遡《さかのぼ》って調べて、そこから新しい見解・知識を得る意で、古典や伝統の中から、新しい価値や意義を再発見することをいう。

原文 子曰《しいわ》く、温レ故知レ新（故《ふる》きを温《たず》ねて新しきを知らば）、以《もっ》て師と為《な》る可《べ》し〔……、人の師となることができる〕。〈論語《ろんご》・為政《いせい》〉（温は「あたためて」とも読む）

類句 ◆故《ふる》きを温《たず》ねて新しきを知る

温清定省《おんせいていせい》

〔「凊《せい》」は、涼しいの意、「清」とは別字〕父母を大切にし、心を込めて孝養を尽くす心がけをいう。

原文 凡《およ》そ人の子《こ》たるの礼は、冬は温かにして夏は凊《すず》しく、昏《くれ》に定めて晨《あした》に省みる〔子の親に対する道は、冬は暖かにし、夏は涼しくし、夜は寝具を整え、朝はゆっくり休めましたかとご機嫌を伺うことである〕。〈礼記《らいき》・曲礼《きょくらい》上〉

類句 ◆枕を扇《あお》ぎ衾《ふすま》を温《あたた》む

音頭《おんど》を取《と》る《慣》

大勢で何かをする際に、みんなの先頭に立ってそれを推進する。例 今回は私が音頭を取って先生の喜寿祝賀会を開いた。

女賢《おんなさか》しゅうして牛《うし》を売《う》り損《そこ》なう

〔売り手の女がなまじ利口だと、かえって牛を売り損なうものだ、の意〕女は賢《かしこ》くても、広い視野や大局的な判断に欠けるから、とかく失敗しやすい、と女性をことさら低く評価していった言葉。

類句 ◇女の知恵は後へまわる

女三人《おんなさんにん》あれば身代《しんだい》が潰《つぶ》れる

⇩娘《むすめ》三人あれば身代が潰《つぶ》れる

女三人寄《おんなさんにんよ》れば姦《かしま》しい

〔「女」の字を三つ合わせた「姦《かん》」の字を「かしましい」と読むところからできた言葉〕女はとかくおしゃべりだから、三人も寄り合うと大層やかましい。

女《おんな》の髪《かみ》の毛《け》には大象《たいぞう》も繋《つな》がる

女の髪の毛で作った綱は、大きな象を繋《つな》いで引っ張っても切れないほど強いの意で、男を引き付ける女の色香は、きわめて大きな力を持っていることのたとえにいう。

女《おんな》の心《こころ》と秋《あき》の空《そら》

秋の空が変わりやすいように、女の男性に対する愛情は移ろいやすいものである。

類句 ◆男心《おとこごころ》と秋の空 ◇女の心は猫の眼《め》

女《おんな》は氏《うじ》無《な》くして玉《たま》の輿《こし》に乗《の》る

⇩氏《うじ》無《な》くして玉の輿《こし》

女《おんな》は三界《さんがい》に家《いえ》なし

女は、若い時は父に従い、嫁に行っては夫に従い、老いては子に従うものだから、この広い世界のどこにも安住できる場所を持たない、という古いことわざ。「女に定まる家なし」とも。

女《おんな》やもめに花《はな》が咲《さ》く

⇩男《おとこ》やもめに蛆《うじ》がわき女やもめに花が咲く

恩《おん》に着《き》せる《慣》

自分がしてやったことをことさらに言い立て、相手に感謝を強いるような態度をとる。例彼に助けてもらいたいのは山々だが、きっと後で恩に着せられるからやめよう。

恩《おん》に着《き》る《慣》

人から恩恵を受けてありがたく思う意で、特に、人に何かを頼む場合などに用いる言葉。例一生恩に着るから、何とかこの役を引き受けてくれよ。

御《おん》の字《じ》《慣》

期待以上の好ましい状態で、十分に満足できる様子。例この会社のアルバイトは技術が学べて、しかも手当がもらえるのだから御の字だ。

恩《おん》の腹《はら》は切《き》らねど情《なさ》けの腹《はら》は切《き》る

恩を返すために死ぬ人はいないが、義理人情のからんだ事のためなら死ぬ人はいる。「恩の腹は切らねど義理の腹は切る」とも。

乳母日傘《おんばひがさ》

それ乳母《うば》だ、それ外出には日傘だと、金持ちの子供が大切に育てられる様子をいう言葉。例彼女は乳母《おんば》日傘で育ったのか、一人では何もできず、困ったものだ。

おんぶに抱《だ》っこ《慣》

（一度おんぶをしてやれば次は抱っこを求めてくる、の意から）他人の好意に甘えて何もかも人に頼り切る様子。例指輪から結婚式・新婚旅行の費用まで、すべて親におんぶに抱っこというありさまでは、先が思いやられる。

陰陽師《おんようじ》身《み》の上《うえ》知《し》らず

⇩易者《えきしゃ》身の上知らず

恩《おん》を仇《あだ》で返《かえ》す

恩を受けておきながら、その相手に感謝するどころか迷惑をかけるようなことをする。例 今まで目をかけてやったのに、ライバル会社に引き抜かれて移って行くなんて、恩を仇《あだ》で返すとはこのことだ。

類句 ◆後足《あとあし》で砂《すな》をかける

恩《おん》を売《う》る《慣》

相手から感謝されることや自分の利益につながることを期待して、相手が喜ぶようなことをする。例 今これを引き受けて先方に恩を売っておけば、後で何かと頼みやすい。

か

飼《か》い犬《いぬ》に手《て》を噛《か》まれる

世話をしてやった相手や部下に裏切られ、思わぬ害をこうむるはめになる。例 目をかけていた部下が社内機密を漏らすとは、飼い犬に手を噛《か》まれるとはこのことだ。

凱歌《がいか》を揚《あ》げる《慣》

〔「凱歌《がいか》」は、戦勝を祝う歌〕戦争・試合などで、勝利を得て大喜びする。「凱歌を奏する」とも。例 当選を果たし凱歌を揚げる敵陣営を前にして、落選した現職議員は悔し涙にくれた。

会稽《かいけい》の恥《はじ》

〔春秋時代に越王《えつおう》の勾践《こうせん》が、呉王の夫差《ふさ》と戦って負け、会稽山《かいけいざん》（浙江省《せっこうしょう》にある）に逃げ込み、屈辱的な講和をさせられた恥を、多年辛苦の後に雪《すす》いだ故事から〕敗戦の恥辱をいう。「会稽の恥を雪ぐ」の形で、運動競技などで雪辱を果たすことにも使う。「すすぐ」は「そそぐ」とも。

原文 范蠡《はんれい》、越王勾践《えつおうこうせん》に事《つか》え既に身を苦しめ力を戮《あわ》せ、勾践と深く謀ること二十余年、竟《つい》に呉《ご》を滅ぼして会稽《かいけい》の恥を報ず。〈史記《しき》・越王勾践世家《えつおうこうせんせいか》〉

類句 ◆臥薪嘗胆《がしんしょうたん》

開口一番《かいこういちばん》《慣》

関係者を前にして、まず最初にそのことを取り上げて言うこと。例 社長は開口一番、経費の節減を呼びかけた。

骸骨《がいこつ》を乞《こ》う

高官が辞職を願い出ること。《君主に仕えるということは、臣下が自分の肉体を君主にささげることであるから、老臣が辞職を願い出る時には、せめて無用の骸骨《がいこつ》をお返しいただきたいと言うことから出た語》

原文 范増《はんぞう》大いに怒りて曰《いわ》く、天下の事大いに定まる。君王自らこれを為《な》せ。願わくは骸骨《がいこつ》を賜わり、卒伍《そつご》に帰らん〔項羽《こうう》の謀将の范増《はんぞう》は大いに腹を立てて言った、天下のことはもうあらかた定まった。これからは主君自身でおやりなさい。私は辞職をして一兵卒にしていただきましょう〕。〈史記《しき》・項羽紀《こううき》〉

解語《かいご》の花《はな》

《言葉のわかる花、の意で、唐の玄宗《げんそう》皇帝が、楊貴妃《ようきひ》を称した語から》美人をいう。

原文 妃子《ひし》を指さして左右に謂《い》いて曰《いわ》く、この解語の花にいかんぞや、と〔玄宗皇帝は左右のものに対して楊貴妃《ようきひ》を指さして言った、池の蓮《はす》の花の美しさも、この言葉を解する花には及ぶまい〕。〈開元天宝遺事《かいげんてんぽういじ》〉

快哉《かいさい》を叫《さけ》ぶ《慣》

《「快哉《かいさい》」は「こころよきかな」の意》うれしい出来事に接し、喜びの声を上げる。例 作戦が見事に当たって大勝し、思わず快哉を叫んだ。

改竄《かいざん》

《「竄《ざん》」は、改め変える。詩文の語句を改める意》文章文字や語句を改めたり、別の字句を加えたりすること。今は、悪用を目的とする場合にいうことが多い。

原文 改竄《かいざん》する所なく、辞甚《はなは》だ清壮なり〔改め直した所がなく、その言葉は、はなはだ清らかで力強いものであった〕。〈晋書《しんじょ》・阮籍伝《げんせきでん》〉

鎧袖一触《がいしゅういっしょく》

《鎧《よろい》の袖《そで》にちょっと触れる意》相手を簡単に打ち負かすこと。

原文 清盛輩《きよもりはい》の如《ごと》きに至りては、臣《しん》の鎧袖一触《がいしゅういっしょく》、皆自ら倒れんのみ〔平清盛《たいらのきよもり》などは、私のよろいの袖《そで》がちょっと触れただけで、倒れてしまいます〕。〈日本外史《にほんがいし》・源氏《げんじ》上〉

甲斐性《かいしょう》が無《な》い《慣》

無気力で、積極的に仕事をしよう、暮らし向きをよくしようという気力がない様子。普通、妻の側に立ってみた夫について言う。例 甲斐性《かいしょう》の無い人と結婚したばかりに、生活の苦労が絶えない。

灰燼《かいじん》に帰《き》す《慣》

火事ですべてあとかたもなく焼けてしまう。⇩**烏有《うゆう》** 例 強風にあおられ、城は瞬く間に灰燼《かいじん》に帰した。

類句 ◆烏有《うゆう》に帰《き》す ◆灰になる

会心《かいしん》の笑《え》みをもらす《慣》

期待どおりの成功を収め、本人としてもきわめて満足だと表情をゆるめる。例 我ながらうまくいったと、ひそかに会心の笑みをもらした。

蓋世《がいせい》の雄《ゆう》

一世を蓋《おお》いつくすほどの、壮大な気力にあふれた英雄。

⇩**抜山蓋世《ばつざんがいせい》**

原文 項王乃《すなわ》ち悲歌慷慨《こうがい》し、自ら詩を為《つく》りて曰《いわ》く、力は山を抜き、気は世を蓋《おお》う〔楚《そ》の項王は悲しみ嘆く歌をうたいながら、ますますいきどおり、自ら詩を作って言った、自分の力は、山をも引き抜き、自分の意気は、一世をおおい尽くすほどである〕。〈史記《しき》・項羽紀《こううき》〉

咳唾《がいだ》珠《たま》を成《な》す

《「咳唾」は、せきとつばで、他人の言語を敬っていう。ちょっと口から出る言葉も、玉のように美しいという意》詩文の才能が豊かなことのたとえ。

原文 咳唾《がいだ》、珠玉を成し、袂《たもと》を揮《ふる》えば風雲《ふううん》を出《いだ》す。〈晋書《しんじょ》・夏侯湛伝《かこうたんでん》〉

書《か》いた物《もの》が物《もの》を言《い》う

口約束はその場限りのものであり、書類こそが強力な証拠となる。

快刀乱麻《かいとうらんま》を断《た》つ

《よく切れる刀で乱れもつれた麻の糸を断ち切る意から》難しい事件や込み入った問題を、明快にてきぱきと処理することのたとえ。例 彼は議長として鮮やかな手並みを見せ、快刀乱麻を断つがごとく難問を処理していった。

類句 ◆一刀両断

櫂《かい》は三年《さんねん》艪《ろ》は三月《みつき》

舟をあやつるのには、艪《ろ》よりも櫂《かい》の使い方のほうがずっと難しい、ということ。「棹《さお》は三年艪は三月」とも。

隗《かい》より始《はじ》めよ

物事を始める時にはまず手近なことから始めるべきだ、また、言い出した当人がまずそのことを始めるべきだ、ということ。「先《ま》ず隗《かい》より始めよ」とも。《戦国時代、燕《えん》の国の昭王が賢者を国に招こうとした時、その臣の郭隗《かくかい》が「王がまことに賢者を招こうとなされるなら、まずこの隗（自分）を優遇してごらんなさい。そうすれば、私よりまさった賢者がたくさん集まって来ますよ」と言った故事による。もとは、一流の人を求めるなら、まず二流の人から用いて優遇せよ、という意であった》

原文 今王誠《いまおうまこと》に士を致《いた》さんと欲せば、先《ま》ず隗従《かいよ》り始めよ。隗すら且《か》つ事を見る。況《いわ》んや隗より賢なる者をや。豈《あ》に千里を遠しとせんや。〈戦国策《せんごくさく》・燕策《えんさく》〉

偕老同穴《かいろうどうけつ》

夫婦仲良く、生きては共に年を取り、死んでは同じ墓穴に一緒に葬られる意で、夫婦の堅いちぎりをいう。

原文 もと『詩経《しきょう》』の二つの篇《へん》の句を合わせたもの。「鄭《てい》風《ふう》・女曰鶏鳴篇《じょえつけいめいへん》」は「宜《さかな》として言《ここ》に酒を飲み、子《し》と偕《とも》に老いん〔それを酒の肴《さかな》にして私も酒を飲み、あなたといっしょに年を取りたい〕」。「王風《おうふう》・大車篇《たいしゃへん》」は「穀《い》きては則《すなわ》ち室を異にし、死しては則ち穴を同じくせん〔生前は部屋を別にしていても、死後は墓穴を同じくしたい〕」。

類句 ◆お前百までわしゃ九十九《くじゅうく》まで

回禄《かいろく》の災《わざわ》い

《「回禄《かいろく》」は、火をつかさどる神の名》火災、火事をいう。〈書言故事《しょげんこじ》〉 例 去年回禄の災いに遭って、蔵書のすべてを失った。

類句 ◆祝融《しゅくゆう》の災い

買《か》うは貰《もら》うに勝《まさ》る

自分で努力して手に入れるほうが、人から貰《もら》うよりはずっと価値がある、ということ。

替《か》え着《ぎ》なしの晴《は》れ着《ぎ》なし

持っているのは、今着ているその一枚だけであって、着替えようにも他に衣服を持っていないこと。
類句 ◆着たきり雀《すずめ》

カエサルの物《もの》はカエサルに

〔「カエサル」は、古代ローマの独裁官。新約聖書にあるキリストの言葉「カエサルの物はカエサルに、神の物は神に返しなさい」から〕神の物は神に、君主の物は君主に返せ、の意で、神への義務と同時に、公民としての法律上の義務も果たせ、ということ。

返《かえ》す刀《かたな》《慣》

〔一方に切りつけた後、すばやく刀を翻して他方に切りかかる意から〕一方を攻撃した後、すぐに続けて他方を攻撃する様子。例 社長は技術開発の遅れを指摘し、返す刀で営業活動の怠慢を鋭く衝《つ》いた。

返《かえ》す言葉《ことば》がない《慣》

自分の誤りなどを相手から指摘され、弁解の余地がなくて恥じ入る様子。例 社長から計画案の致命的なミスを指摘され、返す言葉がなかった。

帰《かえ》らぬ人《ひと》となる《慣》

「死ぬ」意の婉曲《えんきょく》な言い方。例 父は、家族に看取《みと》られながらついに帰らぬ人となった。

顧《かえり》みて他《た》を言《い》う

返答に困ったり問題を回避したりするために、周囲を見回してさりげなく話題を転じる。関係ないことを言って、ことを曖昧《あいまい》にする。
原文 王、左右を顧みて他を言う。〈孟子《もうし》・梁恵王下《りょうけいおう》〉

蛙《かえる》の願立《がんだ》て

人間のように歩きたいと祈り、その願いがかなって、歩くことができるようになった蛙《かえる》がいた。しかし、眼は依然として後ろについたままであったので、うまく歩くことができず、結局死んでしまったという寓話《ぐうわ》から、いい加減な考えのために失敗すること。

蛙《かえる》の子《こ》は蛙《かえる》

〔蛙《かえる》の子は、オタマジャクシのような時期もあるが、結局は蛙になる意で〕凡人の子はやはり凡人である、子は親の才能や性質を受けつぐものであることのたとえ。また、子が親と同じ道を歩む場合にも言われる。
類句 ◆瓜《うり》の蔓《つる》に茄子《なすび》はならぬ

蛙《かえる》の面《つら》に水《みず》

《蛙《かえる》に水をひっかけても平気でいる意で》どんな仕打ちを受けても平気でいる様子。特に、普通ならめげてしまうような叱責《しっせき》・非難を受けても、平然としていることのたとえ。いろはがるた（京都）の一。

蛙《かえる》は口《くち》から呑《の》まるる

蛙《かえる》は鳴き声を上げるから蛇に居場所を知られ、呑《の》みこまれてしまう意で、言わなくともよいことを言ったがために、災いを招くこと。
類句 ◆雉子《きじ》も鳴かずば撃たれまい ◆口《くち》は禍《わざわい》の門《かど》 ◇口は災いの元

顔色《かおいろ》を見《み》る 《慣》

機嫌のよしあしや感情の動きなどを推測しようとして、相手の表情をそれとなく探る。例 相手の顔色を見ながら、恐る恐る借金の話を持ち出した。
類句 ◇顔色を窺《うかが》う

顔《かお》が合《あ》わせられない 《慣》

面目を失うようなことをして、その人に会うのがはばかられる気持ちである。例 親の私がこんな恥さらしなまねをして、子供たちに顔が合わせられない。
類句 ◆合わせる顔がない ◆顔向けができない

顔《かお》が売《う》れる 《慣》

その社会で実力が認められて、名が知られた存在になる。例 彼は気鋭の評論家として顔が売れている。

顔《かお》が利《き》く 《慣》

その社会で名が知られていて、何かと無理を通すことができる。例 あの店なら顔が利くから、一緒に行けば安くしてもらえるよ。

顔《かお》が揃《そろ》う 《慣》

集まるべきメンバーが、すべてその場にやってくる。例 顔が揃《そろ》ったところで、そろそろ芝居の稽古《けいこ》を始めよう。

顔《かお》が立《た》つ《慣》
その人の評価が高められるようなことがあって、面目が保たれる。例 私の顔が立つか立たないかは、ひとえに約束の期限を守れるかどうかにかかっている。

顔《かお》が潰《つぶ》れる《慣》
その人の評価を落とすような結果になり、面目が失われる。例 おまえも大人なんだから、親の顔が潰《つぶ》れるようなことだけはしないでほしい。他 **顔を潰《つぶ》す**

顔《かお》が広《ひろ》い《慣》
交際範囲が広く、知り合いが多い様子。例 顔が広い男だから、彼に頼めば適当な人を紹介してくれるだろう。

顔《かお》から火《ひ》が出《で》る《慣》
顔が真っ赤になる意で、ひどく恥ずかしい思いをする様子。例「胡乱《うろん》」を「こらん」と読んでその間違いを指摘され、顔から火が出る思いがした。

顔《かお》に書《か》いてある《慣》
口に出して言わなくても、当人の表情にその気持ちがありありと表われている。例 君たちは、もうくたびれたのか、休ませてくれと顔に書いてあるぞ。

顔《かお》に出《で》る《慣》
何も言わなくても、その時の気持ちや考えなどが、表情に現われる。例 彼女は正直者だから、感情がすぐに顔に出てしまう。

顔《かお》に泥《どろ》を塗《ぬ》る《慣》
その人が何かをした結果、相手の名誉を傷つけたり、相手に恥をかかせたりする。「顔を汚《よご》す」「顔を潰《つぶ》す」とも。例 信頼していたのに、君が汚職事件を起こすとは、上司の顔に泥を塗る気か。

顔《かお》に紅葉《もみじ》を散《ち》らす《慣》 ⇩**紅葉《もみじ》を散らす**

顔向《かおむ》けができない《慣》
面目を失って、人に顔を合わせることができないと恥じ入る様子。「顔向けならない」とも。例 息子が暴力沙汰《ざた》を起こしてマスコミに騒がれ、世間に顔向けができない。

類句 ◆合わせる顔がない ◆顔が合わせられない

顔《かお》を合《あ》わせる《慣》

《会う意から》競技などで対戦相手となる。また、映画・演劇などで競演する。「顔が合う」とも。例 くじ引きの結果、一回戦から優勝候補どうしが顔を合わせることになった。

顔《かお》を売《う》る《慣》

目立つことをして、自分の存在を多くの人に知ってもらおうとする。例 まだ新人女優だから、パーティー会場で顔を売るのに懸命だ。

顔《かお》を貸《か》す《慣》

あなたの力を頼りにしたいと頼まれて、その場に臨む。また、無頼《ぶらい》の徒などに対決を迫られて、その場に出て行く。例 交渉をまとめるために是非顔を貸してくれと頼まれる。

顔《かお》を利《き》かす《慣》

その社会で名が知られていることを利用して、無理を通したり、事を有利に運んだりする。例 先輩が会社の上層部に顔を利かして、就職の斡旋《あっせん》をしてくれた。

顔《かお》を曇《くも》らせる《慣》

心配や悲しみなどのために、表情を暗くする。例 父に癌《がん》の疑いがあると言われ、母は不安げに顔を曇らせた。

顔《かお》をこしらえる《慣》

女性が化粧をする。また、俳優がメーキャップをする。「顔を作る」とも。例 山田さんの奥さんはいつも上手に顔をこしらえているから、とてもその年には見えない。

顔《かお》を出《だ》す《慣》

《顔や姿をその場に見せる意から》①挨拶《あいさつ》などに人の家を訪ねたり、儀礼的に会合に出たりする。例 風邪気味なので、祝賀会にはちょっと顔を出しただけで、すぐ失礼した。②ある事に関連して、その名が出る。例 政界の汚職事件というと、いつも必ず某代議士が顔を出す。

顔《かお》を立《た》てる《慣》

その人の名誉を重んじ、面目が保たれるようにしてやる。例 ここのところは彼の顔を立て、一歩譲っておこう。

顔《かお》を作《つく》る《慣》 ①女性が化粧をする。「顔をこしらえる」とも。例 あんなに若く顔を作れるんだなあ。びっくりしたよ。②無理にそのような表情をする。例 悲しいはずなのに、にこやかな顔を作っているのが、かえって痛ましかった。

顔《かお》をつなぐ《慣》 時々は挨拶《あいさつ》に出向いたり集まりに出席したりして、その人や組織などと縁が切れないようにする。例 年に一、二度は同業者の会合に出て、顔をつないでいる。

顔《かお》を直《なお》す《慣》 くずれた化粧を直す。例 泣いたと思われないように、顔を直してきたほうがいいよ。

顔《かお》をほころばせる《慣》 うれしさで思わずにっこりする。例 お祝いに集まった子供や孫たちに囲まれて、祖母は顔をほころばせていた。

顔《かお》を見《み》せる《慣》 会合に出たり、人目につく所に出たりする。例 林君は帰国したそうだが、一向に顔を見せないね。

河海《かかい》は細流《さいりゅう》を択《えら》ばず 〈川や海が大きく豊かであるのは、どんな小さい流れでも受け入れるからだ、という意〉 大人物になるには、度量を大きくもって、どのような人であってもえり好みせず、仲間に入れなければならない、ということ。原文 太山《たいざん》は土壌《どじょう》を譲らず、故に能《よ》くその大を成す〔泰山《たいざん》（太山に同じ）はどんな土でも他に譲らないから、あの高さを作ることができる〕。河海は細流を択《えら》ばず、故に能くその深きを就《な》す。〈戦国策《せんごくさく》・秦策《しんさく》〉 類句 ◆大海《たいかい》は芥《あくた》を選ばず ◆泰山《たいざん》は土壌を譲らず

蝸角《かかく》の争《あらそ》い ⇩**蝸牛角上《かぎゅうかくじょう》の争い**

我《が》が強《つよ》い《慣》 自己主張が強く、他人の反対や非難を無視しても自分の思いどおりに事を進めなければ気が済まない性格である様子。例 彼女は我が強いので、何かにつけて職場で人と争ってばかりいる。

垣堅《かきかた》くして犬《いぬ》入《い》らず

家庭内の秩序がしっかり保たれていれば、それを乱すようなことが入り込んでくるはずはない。

柿《かき》の皮《かわ》は乞食《こじき》に剥《む》かせ瓜《うり》の皮《かわ》は大《だい》名《みょう》に剥《む》かせよ

柿《かき》の皮は薄く剥《む》いたほうがよいから、ものを惜しむ乞食《こじき》に、瓜《うり》の皮は厚く剥いたほうがよいから、おおような大名に、剥かせるのがよい意で、皮の剥き方の適否についていった言葉。「瓜の皮は大名に剥かせよ柿の皮は乞食に剥かせよ」「魚は大名に焼かせよ餅《もち》は乞食に焼かせよ」とも。

類句 ◆魚は上臈《じょうろう》に焼かせろ餅《もち》は下衆《げす》に焼かせろ

餓鬼《がき》の目《め》に水見《みずみ》えず

餓鬼《がき》（常に飢えと渇きに苦しむ亡者《もうじゃ》）はのどの渇きに取り付かれているため、かえってそばに水があっても気付かない。何かを手に入れようと焦るあまり、かえって身近にあるものを見過ごしてしまう、ということ。

餓鬼《がき》も人数《にんずう》

一人だと取るに足らない子供でも、数が多くなると侮りがたい力を持つようになる、ということ。

蝸牛角上《かぎゅうかくじょう》の争《あらそ》い

（「蝸牛《かぎゅう》」は、かたつむり。その左の角《つの》に国をもつ触氏《しょくし》と、右の角に国をもつ蛮氏《ばんし》とが、領地問題から戦争し、戦死者が数万人も出た、という寓話《ぐうわ》から）狭い世界での、取るに足らない、小さな争い。「蝸角《かかく》の争い」とも。

原文 蝸《かたつむり》の左角に国する者有りて触氏《しょくし》と曰《い》い、蝸の右角に国する者有りて蛮氏《ばんし》と曰う。時に相与《あいとも》に地を争いて戦い、伏尸《ふくし》数万、北《に》ぐるを逐《お》い、旬有五日《じゅんゆうごじつ》にして而《しか》る後に反《かえ》れり。〈荘子《そうじ》・則陽《そくよう》〉

参考 白居易《はくきょい》の「酒に対す詩」に「蝸牛角上何事《なにごと》をか争う、石火光中この身を寄す」とある。

火牛《かぎゅう》の計《けい》

牛の角に刃物を取り付け、尾に油をそそいだ葦《あし》の束《たば》を結び付け、それに火をつけて敵陣に放つ戦術。戦国時代に斉《せい》の田単《でんたん》が用いて燕軍《えんぐん》に大勝し、わが木曽義仲《きそよしなか》もこれによって、平家の大軍を破った。

〔原文〕田単乃ち《でんたんすなわ》城中を収めて千余牛を得、絳繒衣《こうぞうい》（赤い着物）を為《つく》り、画《えが》くに五彩の竜文《りゅうもん》を以《もっ》てし、兵刃《へいじん》をその角《つの》に束《つか》ね、脂《あぶら》を灌《そそ》ぎて葦《あし》をその尾に束ね、その端《はし》を焼く。城に数十穴を鑿《うが》ち、夜、牛を縦《はな》つ。壮士五千人、その後に随《したが》う。牛尾熱し、怒りて燕軍《えんぐん》に奔《はし》る。〈史記《しき》・田単伝《でんたんでん》〉

限《かぎ》りを尽《つ》くす《慣》

これ以上のことはできないと思われる限度まで、何かを徹底的にする。〔例〕あの人は、若いころはぜいたくの限りを尽くしていた。

垣《かき》を作《つく》る《慣》

相手に心を許さず、何かにつけて自分や自分の仲間との間にはっきりした隔てを設ける。「壁を作る」とも。〔例〕外国に住む場合は、現地の人々との間に垣を作り、自分たちだけの閉鎖的な社会を作らないようにすべきだ。

覚悟《かくご》の上《うえ》《慣》

何かをするにあたって、望ましくない結果になることも予想して覚悟を決めている様子。「覚悟の前」とも。〔例〕反対派から非難・誹謗《ひぼう》を浴びることは覚悟の上で、改革に踏み切る。

学者《がくしゃ》の取《と》った天下《てんか》なし

学者は、理論の上では政治や国家のありようを言えるが、自身で政治を行なうことはできない意で、実際の政治は理論どおりにいくものではない、ということ。

核心《かくしん》に触《ふ》れる《慣》

ある事柄の本質をなす最も重要な部分に踏み込み、それを問題とする。〔例〕裁判所に喚問され、事件の核心に触れる証言をする。

核心《かくしん》を衝《つ》く《慣》

その物事の最も本質的な問題点を鋭く指摘する。〔例〕彼女は、資源問題の核心を衝《つ》いた画期的な論文を発表した。

隠《かく》すより現《あら》わる

物事は、隠そうとするとかえって外へもれて、知られてしまうものだ。

〔類句〕◆隠れたるより見《あらわ》るるはなし

隔世《かくせい》の感《かん》《慣》

時代の移り変わりの激しさを改めて思い知らされたという実感を得ること。また、その感じ。例 戦前のことを思うと、近年の情報機器の発達はまさに隔世の感がある。

欠《か》くべからざる《慣》

絶対に必要で、欠かすことのできない。例 彼は今やこの会社にとって欠くべからざる存在である。

学問《がくもん》なき経験《けいけん》は経験《けいけん》なき学問《がくもん》に優《まさ》る

机上の空論よりも、実際の経験のほうが貴重である。

原文 Experience without learning is better than learning without experience. の訳語。

学問《がくもん》に王道《おうどう》なし

《「王道」は、王様専用の近道の意》学問は、地道に努力して身に付けるものであって、簡単に到達できる近道はない。ユークリッドが言ったという言葉。

楽屋裏《がくやうら》を覗《のぞ》く《慣》

何かのきっかけで、普通なら部外者には知られない内情を知る。例 楽屋裏を覗《のぞ》かれてしまった以上は、正直に実情を打ち明けるしかない。

楽屋《がくや》から火《ひ》を出《だ》す

内部から問題が持ち上がること。自分から災いを引き起こすこと。

隠《かく》れたるより見《あらわ》るるはなし

秘密にしていることほど、かえって人に知れやすい。

原文 隠れたるより見《あらわ》るるは莫《な》く、微《かす》かなるより顕《あきら》かなるは莫し。故に君子はその独りを慎む〔誰《だれ》も見ていない所でしたことは、かえってばれるものであり、かすかなことほどよく見えるものである。だから君子は、自分ひとりでいる場合、特に身を慎むのである〕。〈中庸《ちゅうよう》〉

類句 ◆隠すより現わる

隠《かく》れての信《しん》は現《あら》われての徳《とく》

心の中に持っている誠実さは、自然に外に現われて自分自身のためになる。

隠《かく》れ蓑《みの》にする《慣》

本心や正体を見破られないための手段として何かを利用する。例 政治献金の名を隠れ蓑《みの》にして、多額のリベートを贈る。

隠《かく》れもない《慣》

その人の名が広く世間に知れ渡っている様子。また、その事実が隠そうにも隠せないほど明白になっている様子。例 あの二人がいい仲だということは隠れもない事実だ。

学《がく》を好《この》むは知《ち》に近《ちか》し

学問を好む人は、無知を克服して真の知恵に近づくことができる。

原文 学を好むは知に近し、力《つと》めて行なうは仁に近し、恥を知るは勇に近し。〈中庸《ちゅうよう》〉

影《かげ》が薄《うす》い《慣》

①衰弱し、もう長くは生きられそうもないと思わせるほどである様子。例 退院はしたけれど、あの人も何だか影が薄くなった。②これといった活躍をせず、存在感が感じられない様子。特に、かつて栄光に輝いたり将来を期待されていたりした人について言う。例 かつての金メダリストも、若手の台頭で、最近ではすっかり影が薄い。

影《かげ》が差《さ》す《慣》

かすかではあるが、思わしくない何らかの徴候が現われる。例 大金を投じて開発した新製品の販売に失敗したころから、あの会社に影が差してきた。

類句 ◇陰《かげ》りがきざす

陰口《かげぐち》を叩《たた》く《慣》

当人のいない所で、その人の悪口を言う。「陰口をきく」とも。例 陰口を叩《たた》かれているとも知らずに、あの男は得意になって自慢話をしている。

陰《かげ》で糸《いと》を引《ひ》く《慣》

《陰で糸を引いて人形を操る意》自身は裏に隠れていて、他人を意のままに動かす。「裏で糸を引く」とも。例 彼にあんな大それたことができるはずがないから、陰で糸を引く人物がいるはずだ。

陰《かげ》で舌《した》を出《だ》す《慣》
心の中では軽蔑《けいべつ》していながら、面と向かっては相手を持ち上げるような言動をとり、当人のいない所で、悪口を言ったりあざ笑ったりする。例 陰で舌を出されているとも知らずに、課長はおだてられていい気になっている。

陰《かげ》になり日向《ひなた》になり《慣》
時には人に知られないように、また、時には公然と、誰《だれ》かを援助したり保護したりする様子。例 先輩が陰になり日向《ひなた》になりして、苦境に立った私をかばってくれた。

陰《かげ》に回《まわ》る《慣》
表面はさりげないふりをしていながら、人に気付かれない所で何かをしようともくろむこと。「陰へ回る」「裏に回る」とも。例 あの人は正直そうに見えるが、陰に回って何をしているか分かったものじゃない。

掛《か》け値《ね》なし《慣》
話を大げさにしたり体裁を繕ったりせずに、ありのままを言う様子。例 掛け値なしのところ、完成にはあと一年はかかる。

影《かげ》の形《かたち》に添《そ》うように《慣》
常に何かに付き添っていて離れない様子。例 あれは気立てのやさしい子で、影の形に添うように何かと祖母のめんどうをみている。

陰日向《かげひなた》がある《慣》
上に立つ人などの目が届いている所とそうでない所とで言動や態度が異なる。例 あの男は陰日向があるから信用できない。反対 **陰日向《かげひなた》がない**

陰弁慶《かげべんけい》 ⇩**内《うち》弁慶**

影《かげ》も形《かたち》も無《な》い《慣》
そこに存在していたはずの人や物が、今は全く形跡をとどめていない様子。例 川岸にあった家々は、大水で流され、影も形も無い。

影《かげ》を畏《おそ》れ迹《あと》を悪《にく》む
自分の影が見えるのを恐れ、足跡が地面に残るのをきらう意で、自分自身を顧みることを忘れ、やたらに外物にとらわれて苦しむことをいう。

原文 人、影を畏《おそ》れ迹《あと》を悪《にく》みて之《これ》を去《す》てて走る者有り〈自分の影をこわがり、足跡を嫌がり、それを振り切ろうとして逃げ出した男がいる。（この男は、日陰に身をおけば影が消え、じっとしていれば足跡のつかないことが、分からなかったのだ）〉。〈荘子《そうじ》・漁父《ぎょふ》〉

影《かげ》を落《お》とす《慣》

何かの影が他の物の上にできて、その部分を暗くする意で、何かがその人の将来を暗くさせるような影響を与える。

例 恋人の突然の死が、彼の生涯に暗い影を落とした。

影《かげ》を潜《ひそ》める《慣》

何かと目立つ存在であった人や物事が、人目に付かなくなる。例 冬の間は影を潜めていたが、暖かくなってまたぞろ暴走族が暴れはじめたという話だ。

華甲《かこう》

《「甲」は「甲子」の甲で、年齢の意。「華」の字を分解すると、十が六個と一が一個になるところから》六十一歳をいう。

注意 「花甲」と書くのは誤り。

類句 ◆還暦

嘉肴《かこう》ありと雖《いえど》も食《く》らわずんばその旨《うま》きを知《し》らず

うまいご馳走《ちそう》があってもそれを食べてみなければ、そのうまさは分からない意で、何事も経験してみなければ、その価値は分からない、ということ。実践することの必要性を説いたもの。

原文 嘉肴《かこう》ありと雖《いえど》も、食らわずんばその旨《うま》きを知らず。至道ありと雖も、学ばざればその善きを知らざるなり。〈礼記《らいき》・学記《がっき》〉

参考 『韓詩外伝《かんしげでん》』巻三には「旨酒嘉殽《ししゅかこう》有りと雖《いえど》も、嘗《な》めずんば其《そ》の旨《うま》きを知らず」とある。

籠《かご》で水《みず》を汲《く》む

《籠《かご》で水を汲《く》もうとしても、すくえないことから》苦労しても何の効果もないこと、徒労に終わることのたとえ。

類句 ◆味噌漉《みそこ》しで水を掬《すく》う

駕籠《かご》に乗《の》る人《ひと》担《かつ》ぐ人《ひと》そのまた草鞋《わらじ》を作《つく》る人《ひと》

人間社会では階級や職業はさまざまであり、世の中はそれぞれの階級や職業の人々が、互いに助け合うことで成り立っている、ということ。「駕籠《かご》に乗る人担ぐ人」とも。

風穴《かざあな》をあける《慣》

⇩土手っ腹に風穴をあける

風上《かざかみ》に置《お》けない《慣》

《臭い物を風上に置くと、悪臭が鼻について我慢ならないの意から》自分たちの同類として仲間に入れておくわけにはいかないと、品性の劣った人を軽蔑《けいべつ》していう言葉。「風上にも置けない」とも。例甘い言葉で女性をだましたとは男の風上に置けない奴《やつ》だ。

嵩《かさ》にかかる《慣》

相手の弱みにつけ込むなどして、威圧的な態度に出る。例こちらが下手《したて》に出れば、図に乗って嵩《かさ》にかかってくる。

笠《かさ》に着《き》る《慣》

強力な後ろ楯《だて》があるのをいいことにして、好き勝手なことをしたり、傲慢《ごうまん》な態度をとったりする。例あの男は親の威光を笠《かさ》に着て、したい放題のことをしている。

笠《かさ》の台《だい》が飛《と》ぶ《慣》

《「笠《かさ》の台」は笠を乗せる台、すなわち頭の意》打ち首の刑に処せられる意で、解雇・免職になること。例この不景気では、我々だっていつ笠の台が飛ぶか分からない。

風向《かざむ》きが悪《わる》い《慣》

①形勢が自分に不利な方向に進む様子。例主力選手が怪我《けが》で退場して、我が方の風向きが悪くなった。②相談などを持ちかけようと思っても、相手の機嫌が悪く、うまくいきそうもない様子。例今日は社長の風向きが悪いから気をつけろ。

がさを入《い》れる《慣》

《「がさ」は家宅捜索の意という》警察が強制家宅捜索をする。「がさをかける」「がさ入れする」とも。例麻薬密売のアジトにがさを入れ、容疑者を一網打尽にした。

貸《か》し借《か》りは他人《たにん》

金銭については、たとえ親子でも兄弟でも夫婦でも、他人と同様にけじめをつけるべきである。

類句 ◆親子の仲でも金銭は他人

和氏《かし》の璧《へき》

すばらしい宝玉をいう。《「璧《へき》」は平たくて中に孔《あな》のあるドーナツ型の玉《ぎょく》。春秋時代に楚《そ》の卞和《べんか》が、山の中で玉の原石を見つけて厲王《れいおう》に献上した。王が宝玉師に鑑定させると、ただの石だと言ったので、王は怒って卞和を左足切りの刑に処した。厲王の死後、卞和は再びその原石を武王に献上したが、結果は同じで、右足を切られてしまった。次の文王が位につくと、卞和はその石を抱いて三日三晩泣き続けた。王は不思議に思ってそのわけを尋ね、細工師に石を磨《みが》かせたところ、立派な宝玉を得、これを「和氏《かし》の璧《へき》」と名づけた。この璧は後に趙《ちょう》の恵文王《けいぶんのう》の手に渡り、秦《しん》の昭王《しょうおう》から十五城との交換を申し込まれたので、「連城《れんじょう》の璧《へき》」とも呼ばれた》〈韓非子《かんぴし》・和氏《かし》〉

注意「璧」は宝玉で、「壁」とは別の字。

華燭《かしょく》の典《てん》

他人の結婚式を、祝福の気持ちを込めていう言葉。例 結納も済み、あの二人は来月には華燭《かしょく》の典を挙げるそうだ。

華胥《かしょ》の国《くに》に遊《あそ》ぶ

《古代の天子の黄帝《こうてい》が、昼寝の夢の中で、理想的な国家である華胥《かしょ》の国に遊んだという故事から》気持ちよく昼寝をすること。

原文 黄帝《こうてい》……昼寝《ひるい》ねて夢み、華胥氏《かしょし》の国に遊ぶ〔黄帝が昼寝して夢を見、華胥氏《かしょし》の国に遊んだ。（その国には尊長者というものはなく自然であり、そこの人民はむさぼり好む心がなく自然であった）〕。〈列子《れっし》・黄帝《こうてい》〉

頭《かしら》に霜《しも》を置《お》く《慣》

年を取って、白髪《しらが》が目立つようになること。「頭に雪を戴《いただ》く」とも。例 若い若いと思っていたが、弟もいつの間にか頭に霜を置く年になっていた。

河岸《かし》を変《か》える《慣》

何かをする場所を今までとは違う所に変える。特に、飲食をしたり遊んだりする場所について言う。例 飲み足りないから、河岸《かし》を変えて飲み直そう。

舵《かじ》を取《と》る《慣》

組織・団体などの進むべき方針を定め、目標に向かって誤りなく導く。「舵《かじ》取りをする」とも。例 政府が舵を取って、各種の年金の一元化を図る。

臥薪嘗胆《がしんしょうたん》

かたきを討つことを絶えず念頭において、長い間の艱難《かんなん》辛苦に堪えること。転じて、目的を果たすために、長い間苦労し努力することをいう。《春秋時代、呉王《ごおう》の夫差《ふさ》は、殺された父の仇《あだ》を打つために薪《たきぎ》の中に寝て復讐心《ふくしゅうしん》をかきたて、三年の後に越王《えつおう》を会稽山《かいけいざん》に撃ち破った。会稽の恥を受けた越王の勾践《こうせん》は、復讐の念を忘れぬために、にがい胆《きも》を嘗《な》めては敗戦の苦しさを思い返し、苦難を忍んで十数年の後、ついに呉王夫差を滅ぼしたという故事から》

原文 夫差《ふさ》、讎《あだ》を復せんと志し、朝夕、薪中《しんちゅう》に臥《が》す。出入ごとに人をして呼ばしめて曰《いわ》く、夫差、而《なんじ》、越人《えつひと》の、而《なんじ》が父を殺せしを忘れたるか、と。……勾践《こうせん》国に反《かえ》り、胆《きも》を坐《ざ》臥《が》に懸け、即《すなわ》ち胆を仰いで之《これ》を嘗《な》めて曰く、女《なんじ》、会稽《かいけい》の恥《はじ》を忘れたるか、と。〈十八史略《じゅうはっしりゃく》・呉《ご》〉

類句 ◆会稽《かいけい》の恥《はじ》

歌人《かじん》は居《い》ながらにして名所《めいしょ》を知《し》る

歌詠《よ》みは、名所を歌った古歌を知っているために、自分では行ったことのない名所のことをよく知っている。

佳人薄命《かじんはくめい》

美人は、生まれつき病弱であったり、美しさゆえに運命にもてあそばれたりして、短命であったり不幸であったりすることが多い、ということ。

原文 古《いにしえ》より佳人薄命《かじんはくめい》多く、門を閉じて春《はる》尽《つ》き楊花《ようか》落つ〔昔から、美人には運命に恵まれない者が多く、門を閉じたまま春も終わり、柳の花も散ってゆく〕。〈蘇軾《そしょく》の詩、薄《はく》命佳人《めいかじん》〉

類句 ◆才子多病《さいしたびょう》 ◆美人薄命

数《かず》でこなす《慣》

一品ずつの利益は小さいが、大量に売ることによって採算がとれるようにする。例 単価の安いものだから、数でこなさなければ商売にならない。

数《かず》ならず《慣》
取り立てて評価の対象とするものの中にも入らないの意で、取るに足らない様子。例 数ならぬ身の私のことまでお心に掛けていただいて恐縮です。

数《かず》の内《うち》《慣》
それと同類だと認められる範囲の中に含まれること。例 あの程度の研究発表では、まだまだ研究者の数の内にいれてもらえないだろう。

数《かず》の外《ほか》《慣》
取り立てて数え上げるまでの価値がないこと。例 こんな稚拙《ちせつ》な絵は審査の数の外だ。

霞《かすみ》を食《く》う《慣》
〈仙人は霞《かすみ》を食って生きているといわれることから〉世俗を超越した生き方をする様子。例 あの哲学者は、霞を食って生きているような人で、およそ金銭には執着がない。

掠《かす》りを取《と》る《慣》
仲介をした者などが、他人の利益の一部を自分の物にする。例 学生アルバイトの斡旋《あっせん》をして掠《かす》りを取るとは、ずいぶんみみっちい話だ。

粕《かす》を食《く》う《慣》
何かをした結果、小言を言われたり、手厳しい批判を受けたりする。一般に演劇関係で用いられる。例 演技が板に付いていないと、演出家からさんざん粕《かす》を食った。

数《かず》を頼《たの》む《慣》
何かをする際に人数の多いことを当てにする。「かず」は「すう」とも。例 こちらは弱い立場だから、数を頼んで押しかけるしかない。

風《かぜ》当《あ》たりが強《つよ》い《慣》
その人に対する周囲からの非難や攻撃などが激しい様子。例 年金支給の不備が明らかになり、関係官庁に対する風当たりが強くなった。

苛《か》政《せい》は虎《とら》よりも猛《たけ》し
〈舅《しゅうと》も夫も子も虎《とら》に殺されながら、むごい税金がないからといって、なお虎の出る土地に住んでいる婦人を見て、孔子が言った言葉》貧しい民から税金を容赦なく取り立てる政治は、虎が人を食う害よりもむごくひどいものである。〈礼記《らいき》・檀弓《だんぐう》下〉

河清《かせい》を俟《ま》つ

⇩百年河清《ひゃくねんかせい》を俟《ま》つ

風《かぜ》が吹《ふ》けば桶屋《おけや》が儲《もう》かる

《大風が吹くと、ほこりが舞い上がって目にはいり、目がつぶれる人が大勢できる。その人たちが三味線《しゃみせん》を弾いて門付《かどづ》けをするので、三味線がたくさん必要になる。そこで三味線の胴に張るために猫の皮が大量に必要となる。そのため猫を取り尽くしてしまって鼠《ねずみ》がはびこる。鼠が我がもの顔に振る舞って食物を入れてある桶《おけ》をかじる。だから桶屋が繁盛して儲《もう》かることになる》物事の因果関係が、回り回って意外な結末に結び付くことになるのをたとえていう。

稼《かせ》ぐに追《お》いつく貧乏《びんぼう》無《な》し

毎日一生懸命働いていれば、次第に暮らし向きは豊かになるものだということ。

風《かぜ》に櫛《くしけず》り雨《あめ》に沐《かみあら》う

⇩櫛風沐雨《しっぷうもくう》

風《かぜ》に柳《やなぎ》《慣》

⇩柳《やなぎ》に風

風《かぜ》の便《たよ》り《慣》

ある人の消息などについての、どこからともなく伝わってくるうわさ。例 別れた妻が最近になって再婚したという話を風の便りに聞いた。

風《かぜ》の吹《ふ》き回《まわ》し《慣》

物事に対する態度や考え方などがその時の状況次第で、予想外のものに変わることをいう。例 どういう風の吹き回しか、あのけちな男がみんなにごちそうした。

風邪《かぜ》は百病《ひゃくびょう》の本《もと》

風邪がもとでいろいろな病気になるから、風邪を引かないように用心せよ。「風邪は万病の本」とも。

風《かぜ》を食《く》らう《慣》

大あわてで逃げ去る様子。特に、悪事が露見しそうになって逃げ出すことをいう。例 いたずらをしていた子供たちは、通りかかった先生を見て風を食らって逃げた。

風《かぜ》を引《ひ》く《慣》

〔古くは、茶や薬が風に当たって湿気を帯びる意に用いた〕セロファンテープや絆創膏《ばんそうこう》が乾燥して粘着力を失う。例 テープが風を引いているらしく、貼《は》ってもすぐにはがれてしまう。

数《かぞ》える程《ほど》《慣》

何かの数量が指を折って数えられるほど、わずかであること。例 百人ぐらいの来場者を見込んでいたのに、当日来たのは数える程だった。

片意地《かたいじ》を張《は》る《慣》

自分に勝ち目や正当性がないのはわかっているのに、どこまでも自分の考えを通すことにこだわる。⇩**意地を張る** 例 彼は自分の意見が採用されないのが悔しくて、あんなに片意地を張っているのだ。

片腕《かたうで》をもがれたよう《慣》

最も頼りにしていた有能な補佐役を失う様子を表わす言葉。例 共同研究者の君に、今ここで去られることは、片腕をもがれるようなものだ。

肩《かた》が軽《かる》くなる《慣》

肩の凝りが取れて楽になる意で、重い責任や負担から解放されて気が楽になる。例 管財人として会社再建の大役を果たし、やっと私も肩が軽くなった。

類句 ◆肩の荷が下りる

がたが来《く》る《慣》

酷使した結果、機械・道具などの調子が悪くなる。また、年を取って健康が損なわれる。例 この機械は十年も使ってきたのだから、がたが来るのも当然だ。

肩《かた》が凝《こ》る《慣》

極度の緊張を強いられて、ひどく疲れたような気分になる。「肩が張る」とも。例 今回の海外出張は、社長のお伴だったから何かと肩が凝ることが多かった。

方《かた》が付《つ》く《慣》

未処理だった物事に決着が付いて一段落する。例長年の懸案だった領土問題にようやく方が付いた。

堅《かた》き氷《こおり》は霜《しも》を踏《ふ》むより至《いた》る

霜が降りればやがて堅い氷が張る寒い冬がやって来るのだから、何事も早目に対策を立て、その用意をすることが肝要である。また、災難は小さなことから次第に大きくなるものであるから、最初のうちに注意せよ、ということ。

参考『易経《えききょう》』坤卦《こんか》に「霜を踏んで堅氷《けんぴょう》至る」とある。

難《かた》きを先《さき》にし獲《う》るを後《のち》にす

骨の折れる仕事を率先して引き受け、利益のことは問題にしない。

原文 曰《いわ》く、仁者《じんしゃ》は難きを先にし獲《う》るを後《のち》にす、仁《じん》と謂《い》うべし。〈論語《ろんご》・雍也《ようや》〉

堅《かた》くなる《慣》

失敗してはいけないと緊張したあまり、かえって冷静にその場の状況に対処する余裕がなくなる。例選手たちは優勝を意識して堅くなり、思わぬところでエラーが続出して、大敗を喫してしまった。

肩《かた》すかしを食《く》う《慣》

相手にうまくかわされて、意気込んでやったことが無駄になる。例取り引きに応じるというので約束の場所に行ったが、相手は現われず、とんだ肩すかしを食わされた。

固唾《かたず》を呑《の》む《慣》

《口中にたまった唾《つば》をごくりと飲む意》事の成り行きを緊張して見守る様子をいう。例千秋楽を全勝で迎えた横綱どうしの優勝を決する大一番を、多くの観客が固唾《かたず》を呑《の》んで見守った。

形《かたち》が付《つ》く《慣》

形式や体裁が一応整い、そのものとして何とか見られる状態になる。例最終章まで書き上げ、内容面には不満が残るがどうにか論文の形が付いた。

類句◆恰好《かっこう》がつく

形《かたち》は産《う》めども心《こころ》は産《う》まぬ

親子は顔かたちは似るものだが、心は別でそれぞれ違うものだということ。

容《かたち》を繕《つくろ》う《慣》

化粧をしたり身なりを整えたりする。また、人前に出して恥ずかしくないように、体裁を整える。例 若い娘らしく容《かたち》を繕ってパーティー会場に向かう。

肩《かた》で息《いき》をする《慣》

肩を上げ下げしながら息をする意で、苦しそうに息をすること。例 肩で息をしながら山道を登って来る。

肩《かた》で風《かぜ》を切《き》る《慣》

肩をそびやかすようにして、得意気に颯爽《さっそう》と振る舞う様子。例 昇進が決まって、彼は肩で風を切って社内を闊歩《かっぽ》している。

刀折《かたなお》れ矢尽《やつ》きる《慣》

敵にさんざんに痛めつけられ、戦いを続けることが不可能な状態になる意で、窮状を打破しようとあらゆる手段を試みて努力したが、どうすることもできない状態に追い込まれること。例 不況を乗り切ろうと今日まで頑張ってきたが、もはや刀折れ矢尽きた。

類句 ◆弓折れ矢尽きる

肩《かた》に掛《か》かる《慣》

重い責任や負担を負わなければいけない状態になる。例 母に死なれて、家事のすべてが私の肩に掛かってきた。

型《かた》に嵌《は》まる《慣》

することや考えることが類型的で、個性や独創性が見られないこと。また、同じようなことの繰り返しで、新鮮味がないこと。例 我が社は、型に嵌《は》まった考え方しかできない社員はいらない。

型《かた》に嵌《は》める《慣》

個性や独創性を認めず、決まった行動のしかたや考え方しかできないようにする。例 児童・生徒を型に嵌《は》めようとする教育からの脱却を図る。

形《かた》の如《ごと》く《慣》

物事が慣例にのっとって行なわれる様子。また、従来の形式を踏まえているだけの様子。例 この神社の祭礼は今年も形《かた》の如《ごと》く行なわれた。

肩《かた》の荷《に》が下《お》りる《慣》
責任や義務を果たして、ほっと一安心する。「荷が下りる」とも。例死んだ兄との約束が果たせて、肩の荷が下りた。類句◆肩が軽くなる

肩《かた》の荷《に》を下《お》ろす《慣》
義務を果たし、重い責任や負担から解放される。例国連大使の重責を果たし、肩の荷を下ろして帰国する。

片肌脱《かたはだぬ》ぐ《慣》 ⇩一肌脱《ひとはだぬ》ぐ

肩肘張《かたひじは》る《慣》
肩をそびやかし肘《ひじ》を張って構える意で、偉そうに人に接したり気負って何かをしたりする様子。例部下に侮《あなど》られまいと肩肘張っているから、誰《だれ》も付いてこないのだ。

片棒《かたぼう》を担《かつ》ぐ《慣》
〈駕籠《かご》の一方の棒を担ぐ意から〉相手に協力して、その仕事の一部を分担する。多く、悪事に加わることをいう。例うまく口車に乗せられて、知らぬ間に悪事の片棒を担がされていた。

肩身《かたみ》が狭《せま》い《慣》
他人に対して引け目を感じている様子。例うちの店は町内の祭りに人手も寄付金も出せなかったので、肩身が狭い。

肩身《かたみ》が広《ひろ》い《慣》
世間に対して誇らしい気持ち。例出世した子を持つと、親まで肩身が広い。

固《かた》めの杯《さかずき》《慣》
互いに約束に背かないことを誓って取り交わす杯。夫婦・主従などの関係を結ぶ際に行なわれる。例夫婦の固めの杯を交わす。

語《かた》るに落《お》ちる《慣》
〈「問うに落ちず語るに落ちる」の略〉いくら問いつめても言わなかったのに、自分でしゃべっているうちに、つい本当のことを言ってしまう。例盗まれたのは革の財布だとは言ったけど、君のように青い財布とは言わなかったよ、

語るに落ちるとはこのことだね。

語《かた》るに足《た》る《慣》

話が分かってもらえて、共に語るにふさわしい相手だと認められる様子。例 冷静で思慮深い彼は語るに足る人物だと思う。

傍《かたわ》ら痛《いた》い《慣》

わきで見ていて苦々しく、また、滑稽《こっけい》に感じられる様子。「かたはらいたい」とも。例 知ったかぶりをして偉そうに話しているのを聞くのは、何とも傍ら痛いことだ。

傍《かたわ》らに人《ひと》なきがごとし

⇩傍若無人《ぼうじゃくぶじん》

肩《かた》を怒《いか》らす《慣》

肩に力を入れて、ことさらにかどだたせる。誇らしげな様子を見せる、また、相手を威圧するときなどの態度についていう。「肩を聳《そび》やかす」とも。例 肩を怒らして相手をにらみつける。

肩《かた》を入《い》れる《慣》

《その物を担うために、肩に載せる意から》そのことに意義を認め、本気になって助力や支援をする。「肩入れをする」とも。例 新興国の経済発展に先進国が肩を入れる。

肩《かた》を落《お》とす《慣》

力が抜けて肩が垂れる意で、ひどく落胆したり気力を失ったりする様子。例 落選が決定的になり、集まっていた応援者はがっくりと肩を落とした。

肩《かた》を貸《か》す《慣》

《一緒に担いでやる意から》目的を達成するためにその人を応援したり協力したりする。例 ベンチャービジネスを立ち上げた若手企業家に肩を貸す。

肩《かた》を竦《すく》める《慣》

肩をちょっと持ち上げるようにして、困惑・不本意・あきらめなどの気持ちを表わす。例「冗談じゃない、それはあんまりだ」と、彼は大げさに肩を竦《すく》めてみせた。

肩《かた》をすぼめる《慣》

肩を縮めて小さくなる意で、失敗して肩身が狭い思いをしたり、寒くて縮こまったりする様子。例 借りた本をなくしてしまった山田さんは、すまなそうに肩をすぼめて謝った。

肩《かた》を叩《たた》く《慣》

上役が部下に退職を勧告する。「肩叩《たた》きをする」とも。例 常務に肩を叩かれて、三十年余り勤めた会社を辞めることにした。

方《かた》を付《つ》ける《慣》

物事に決着を付ける。例 年内には負債に方を付けて、経営を安定させたい。

肩《かた》を並《なら》べる《慣》

競争相手と同じ程度の力を持ち、対等の位置に立つ。例 両チームが肩を並べて首位を争う。

肩《かた》を持《も》つ《慣》

その人に味方して、支持したりかばったりする。例 彼は野党議員なのに、妙に与党の肩を持つような発言をする。

勝《か》ち名《な》乗《の》りを上《あ》げる《慣》

（相撲で行司が勝った力士を軍配で指し示しながら、その名を呼ぶ意から）試合などに勝って、栄誉を受ける。例 夏の甲子園野球大会で地元の高校野球部がまず勝ち名乗りを上げた。

渦中《かちゅう》に巻《ま》き込《こ》まれる《慣》

⇩渦《うず》に巻き込まれる

火中《かちゅう》の栗《くり》を拾《ひろ》う

（イソップ物語の、「猫《ねこ》が猿《さる》におだてられて、囲炉裏《いろり》の中の栗《くり》を拾ってやろうとして、大やけどした」という話から）他人のために、あえて危険なことをする。善意によるものであっても、自分に災いがふりかかるようなことをするのは愚かである、という意をこめていう。例 あんなにこじれてしまった両者の間に仲裁に入ったところで、火中の栗を拾うようなものだ。

勝《か》ちを拾《ひろ》う《慣》

戦い・試合などで、勝てるはずがない状況であったのに、偶然の好機を得て勝利を得る。例相手チームの主力選手が怪我《けが》で退場したお陰で、勝ちを拾うことができた。

かちんと来《く》る《慣》

相手の言動に反射的に不快を感じ、腹が立つ。例あの男の傲慢《ごうまん》な態度にはかちんと来たね。

隔靴掻痒《かっかそうよう》

《「靴《くつ》を隔《へだ》てて痒《かゆ》きを掻《か》く」と訓読し、靴の上から痒いところを掻く意》物事が思うようにならなくて、非常にもどかしく思われること。〈詩話総亀《しわそうき》〉例通訳を介しての交渉なので、隔靴掻痒《かっかそうよう》の感が否めない。

恰好《かっこう》がつく《慣》

それらしい体裁が整う。例送別会なら、花束の一つでも用意しなければ恰好《かっこう》が付かないよ。他**恰好《かっこう》をつける**

類句 ◆形《かたち》が付く

渇《かっ》しても盗泉《とうせん》の水《みず》を飲《の》まず

《孔子が旅行の途中でのどが渇いたが、そこの泉の名が盗泉というので、たとえ名前だけでも身が汚れるとして、その水を飲まなかったという故事から》どんなに困窮しても悪いことはしない、ということのたとえ。

原文 渇《かっ》しても盗泉《とうせん》の水を飲まず、熱けれども悪木《あくぼく》の陰に息《いこ》わず。〈文選《もんぜん》・陸機《りくき》・猛虎行《もうここう》〉

合従連衡《がっしょうれんこう》

権力をめぐる各党派の、縦横さまざまの同盟・連合の形態をいう。《「従」は縦、「衡」は横。戦国時代に蘇秦《そしん》が、南北に並んだ趙《ちょう》・魏《ぎ》・韓《かん》・燕《えん》・斉《せい》・楚《そ》の六か国の、縦の連盟を組織して西方の強国の秦に対抗させようとした外交策を「合従」といい、そののち張儀《ちょうぎ》が六か国を説いて横に秦に服従して、存立を図らせようとした外交策を「連衡」といった》

原文 天下方《まさ》に合従連衡《がっしょうれんこう》に務め、攻伐《こうばつ》を以《もっ》て賢と為《な》す〈その時、天下の者は、合従連衡のことに努め、攻めたり伐《う》ったりする能力のある者を、賢いと考えていた〉。〈史記《しき》・孟《もう》子伝《しでん》〉

癩《かったい》の瘡《かさ》うらみ

《「癩《かったい》」はハンセン病、「瘡《かさ》」は梅毒。「うらみ」は「うらやみ」の誤りという》人は自分より少しでもよいほうをうらやむものであることをいう。いろはがるた(江戸)の一。

勝手《かって》が違《ちが》う《慣》

何かに接したときの様子が、それまでの経験や知識から予測していたことと違っていて、どう対処すべきかと、戸惑いを覚えること。例 海外生活は、いろいろと勝手が違うことが多くて、慣れるまでは何かと苦労する。

勝《か》って兜《かぶと》の緒《お》を締《し》めよ

戦いに勝ったときこそ、勝ちにおごることなく、気を引き締めるべきだ、ということ。

勝手《かって》が分《わ》からない《慣》

何かをしようとしても、その場所の様子やその物の扱い方が分からず、困惑する様子。例 初めての土地で勝手が分からないから、ぜひ案内を頼む。

勝手《かって》が悪《わる》い《慣》

何かをしようとする際に、自分の都合に合わなかったり不便だったりする点がある様子。例 子供も増えたことだし、今の家では何かと勝手が悪いので、引っ越すことにした。

買《か》って出《で》る《慣》

自分から進んでその仕事・役目などを引き受ける。多く、人が嫌がることを引き受けることにいう。例 あんな損な役を自ら買って出るとは大した男だ。

勝手《かって》な熱《ねつ》を吹《ふ》く《慣》

聞かされる人の気持ちや自分の置かれた立場を無視して、得意になって言いたい放題のことを言う。例 営業部長は、酒の入った勢いで「来年は売り上げを倍増するんだ」などと一人勝手な熱を吹いている。

勝手《かって》を知《し》る《慣》

そこで戸惑うことなく何かができるほど、その場所の様子や内情をよく知る。例 いつも来て勝手を知っているからといって、他人《ひと》の家に無断で上がりこむ奴《やつ》がいるか。

合点承知之助《がってんしょうちのすけ》

合点だ、承知した、という語を二つ重ねて人名のように語呂合わせした、承諾の意を表わす言葉。

渇《かつ》に臨《のぞ》みて井《い》を穿《うが》つ

《のどが渇《かわ》きに瀕《ひん》してから井戸を掘る意》手後れで間に合わないことのたとえ。**原文** 譬《たと》えば猶《な》お渇《かっ》して井を穿《うが》ち、闘いて錐《すい》を鋳《い》るがごとし。また晩《おそ》からずや〔たとえば、のどが渇いてから井戸を掘り、戦争になってから矢じりを鋳るのと同じである。なんと手後れなことではあるまいか〕。〈素問《そもん》・四気調神論《しきちょうしんろん》〉

類句 ◆戦《いくさ》を見て矢を矧《は》ぐ ◆泥棒《どろぼう》を捕らえて縄《なわ》を綯《な》う

河童《かっぱ》の川流《かわなが》れ

泳ぎのうまい河童《かっぱ》でも川で流されることがある意で、名人・達人であっても時には失敗する、ということ。

類句 ◆泳ぎ上手《じょうず》は川で死ぬ ◆弘法《こうぼう》も筆の誤り ◆猿《さる》も木から落ちる ◆上手の手から水が漏れる

河童《かっぱ》の屁《へ》

〈「木端《こっぱ》の火」から転じたと言われる〉⇩屁《へ》の河童《かっぱ》

刮目《かつもく》して見《み》る

目を刮《こす》ってよく見る意で、相手の様子・変化などを、強い関心を持って注意深く見ることをいう。**原文** 今より以後更《あらた》めて刮目《かつもく》してこれを視《み》んと欲す〔源《げん》子恭《しきょう》が言った、自分はかねてから秦王《しんおう》はそれほど利口とは思っていなかった）これからは改めてよく目を刮《こす》って彼を見直そうと思う〕。〈北斉書《ほくせいじょ》・楊愔伝《よういんでん》〉

参考 『三国志』呉志・呂蒙《りょもう》伝の注に「呂蒙曰く、士、別るること三日、まさに刮目《かつもく》して相待《あいま》つべし、と」とある。

勝《か》つも負《ま》けるも時《とき》の運《うん》

勝ち負けは、実力だけで決まるものではなく、その時々の運によって左右されることが多い、ということ。

活路《かつろ》を開《ひら》く《慣》

〈「活路」は、命の助かる道〉そのままでは滅びるしかない状況を打破して生き延びる方向を切り開く。「活路を見いだす」とも。**例** 石油に代わるエネルギー源開発によって、非産油国は活路を開こうとしている。

渇《かつ》を癒《い》やす《慣》

〈水などを飲んで、のどの渇きをとめる意〉長い間、強く望んでいたことをやっと実現して、ほっとした気分になる。「渇を医《い》する」とも。例 日本チームが悲願だったオリンピック優勝を果たして、関係者は多年の渇を癒《い》やす思いだった。

活《かつ》を入《い》れる《慣》

〈気絶している人の息を吹き返させる意から〉元気のない人やたるんでいる人に何かの刺激を与えて、気力を充実させようとする。例 暑さを口実に練習を怠けているようだから、一つ活を入れてやろう。

褐《かつ》を被《き》て玉《たま》を懐《いだ》く

〈「褐《かつ》」は、あら布で作った粗末な衣服、「玉」は、立派な才能のたとえ。わざとみすぼらしい身なりをして、優れた才能を持っていることを隠そうとする意〉知識や才能を隠して人に知られないようにすることをいう。

原文 我を知る者希《まれ》なれば、則《すなわ》ち我は貴し。是《ここ》を以《もっ》て聖人は褐《かつ》を被《き》て玉《たま》を懐《いだ》く〔私の存在を知る者が少ないのは、それは私が貴いからである。だから聖人は外見をいやしいようにして、内に宝玉のような立派な才能を持っているのである〕。〈老子《ろうし》・七〇〉

勝《か》てば官軍《かんぐん》

力の強いほうが結局は正しいとされ、弱いほうが悪いとされるのが世のならわしである。「勝てば官軍負ければ賊《ぞく》軍《ぐん》」とも。

類句 ◆力は正義なり

我田引水《がでんいんすい》

〈他人のことを考えず、自分の田だけに水を引く意から〉自分の都合のよいように、強引に事を進めたり、無理に理屈を付けたりすること。例 君の論法は我田引水で、虫がよすぎる。

合点《がてん》が行《い》く《慣》

理由や事情などが分かり、納得できる。例 前評判が高かったのに、どうして客の入りが悪いのか合点が行かない。

瓜田《かでん》に履《くつ》を納《い》れず

〈瓜《うり》の畑で靴がぬげても、瓜を盗むのかと疑われるから、かがんで靴をはくことをしない〉疑いを受けるような、まぎらわしい行為は避けたほうがよい、というたとえ。「李《り》

下《か》に冠《かんむり》を整《ただ》さず」の句と対になる。〈古詩源《こしげん》・君子行《くんしこう》〉

角《かど》が立《た》つ《慣》

ものの言い方や態度が相手の感情を刺激し、その場の雰囲気や人間関係が険悪になる。例 隣の家の子のいたずらをあまり厳しくとがめると角が立つから、ほどほどにしておこう。

角《かど》が取《と》れる《慣》

年を取ったり苦労をしたりして、人柄が以前と違って円満になる。例 彼も若いころはよく人と衝突していたが、最近はすっかり角が取れて、若い者の相談相手になっている。

角番《かどばん》に立《た》つ《慣》

〔「角番」は、何番勝負かによって勝敗を争う囲碁や将棋の試合で、それに負ければ敗北が決定する局番。また、相撲で、負け越せば大関からの降格が決まる場所についてもいう〕その成否によって以後の運命が決定づけられる、重大な局面を迎える。例 相次ぐ失政で議会解散総選挙に追い込まれ、与党は角番に立たされている。

門松《かどまつ》は冥土《めいど》の旅《たび》の一里塚《いちりづか》

〔「一里塚」は、昔、街道に一里（約四キロ）ごとに土を高く盛り、榎《えのき》などを植えて里程の目標とした塚〕門松は正月を祝うめでたい印であるが、正月を迎えるごとに年を取って死に近づくともいえるので、門松は死への一里塚のようなものである。一休和尚《いっきゅうおしょう》の狂歌で「めでたくもありめでたくもなし」と続く。

角《かど》を立《た》てる《慣》

ことさらに相手の気に障るような言動をして、その場の雰囲気を険悪なものにする。例 君が素直に謝ってさえいれば、彼も角を立てることはなかっただろうに。

鼎《かなえ》の軽重《けいちょう》を問《と》う

〔「鼎《かなえ》」は、古代中国で、王位や権威の象徴とされた、三本足の大きな金属の釜《かま》。楚《そ》の荘王が天下を取ろうとする野心があって、無礼にも周王室の宝物である鼎の重さを尋ねたという故事から〕統治者の実力を疑い、軽蔑《けいべつ》して、これに代わって天下を取ろうとすることのたとえにいう。「鼎の軽重を問われる」の言い方で、実力が本当にあるのかどうか疑問視され、改めて試される意を表わす。

原文 定王《ていおう》、王孫満《おうそんまん》をして楚子《そし》を労《ねぎら》わしむ。楚子、鼎《かなえ》の大小軽重《けいちょう》を問う〈周の定王が、大夫《たいふ》の王孫満を遣わして楚侯《そこう》をねぎらわせた。楚侯は、周王室の鼎の大きさや重さを彼に尋ねた〉。〈左伝《さでん》・宣公《せんこう》三年〉

鼎《かなえ》の沸《わ》くが如《ごと》し

⇨鼎沸《ていふつ》

金釘流《かなくぎりゅう》

ぎくしゃくした下手《へた》な字を金釘《かなくぎ》のようだと軽蔑《けいべつ》して、書の一つの流派であるかのように言った言葉。

金轡《かなぐつわ》をはめる

賄賂《わいろ》を贈って口止めをしたり、金銭を与えて苦情を言わせないようにしたりすること。

類句 ◇金《かね》の轡《くつわ》を食《は》ます

悲《かな》しい時《とき》は継母《ままはは》の従弟《いとこ》も尋《たず》ねる

悲しい境遇にあるときは、普段付き合いのない遠縁の者にさえ助けを求めようとする。

悲《かな》しい時《とき》は身《み》一《ひと》つ

悲しい境遇にあるときは、我が身だけが頼りであり誰《だれ》も頼みにはならない、ということ。「悲しい時は身一心」とも。

金縛《かなしば》りにあったよう《慣》

《「金縛り」は、身動きできないように、鎖・針金などで強く縛りつけること》驚きや恐怖で体がこわばり、身動きができない状態になる様子。**例** 彼女は恐ろしさのあまり、金縛りにあったように、その場に立ちすくんだ。

金槌《かなづち》の川流《かわなが》れ

金槌《かなづち》は、鉄の頭の方が水に沈み、木の柄の方が浮くことから、頭の上がらないこと、また、出世の見込みのないことのたとえ。

金棒《かなぼう》を引《ひ》く《慣》

《「金棒」は、頭部に鉄の輪を付けた鉄棒。夜番などが突き鳴らして回る音がやかましかったことから》他人のうわさなどを大げさに触れ回ること。**例** あの人には滅多《めった》なことを言わない方がいい。すぐに金棒を引くと評判だから。

叶《かな》わぬ時《とき》の神頼《かみだの》み ⇩苦《くる》しい時の神頼み

蟹《かに》の横這《よこば》い

蟹《かに》は横に這《は》って移動するのが自然なように、他から見ると不自由のようでも、当人にとってはそれが普通であることのたとえ。

蟹《かに》は甲羅《こうら》に似《に》せて穴《あな》を掘《ほ》る

人はそれぞれ自分の力量や分《ぶん》に応じた考えや行動をするものである、ということ。

類句 ◆根性《こんじょう》に似せて家を作る

金請《かねう》けするとも人請《ひとう》けするな

人の保証をすると何かと煩わしいことが多いから、借金の保証人になるのはまだいいが、身元保証人には決してなるな。

金《かね》がうなる《慣》

有り余るほど金を蓄えている。例 あの家は土地成金で、金がうなるほどあると評判だ。

金《かね》が敵《かたき》

敵に巡り会うのが難しいように、金にめぐまれる機会も滅多《めった》にないものだ。また、なまじ金を持っているために災いを招き身を滅ぼすことがある、ということ。

金《かね》が物言《ものい》う

世の中の事は、すべて金銭で解決することができる。

類句 ◆地獄の沙汰《さた》も金次第 ◆人間万事金《かね》の世の中

金《かね》で縛《しば》る《慣》

金の力で人の行動に制約を加えたり意のままに従わせようとしたりする。例 この話がいやならいやと断わってくれ。金を貸しているからといって、君を金で縛るつもりはないのだから。

金《かね》で面《つら》を張《は》る

金の力で人を服従させたり手なずけたりすることをいう。例 貧乏はしていてもプライドがある。金で面を張るようなあの男のやり方は許せない。

類句 ◆小判《こばん》で面を張る ◇札束《さつたば》で顔をたたく

金《かね》と塵《ちり》は積《つ》もるほど汚《きたな》い

人は金持ちになればなるほど欲が深くなり、出し惜しみして、金に汚なくなるものである。

類句 ◆金持ちと灰吹きは溜《た》まるほど汚い

金《かね》に飽《あ》かす《慣》

そこまでする必要があるのかと思われるほど、何かのために、ふんだんに金を使う。例 この美術館の収蔵品の多くは、祖父が金に飽かして集めたものだ。

金《かね》に糸目《いとめ》をつけない《慣》

〔「糸目」は、凧《たこ》を揚げるためにその表面に付けた調節用の糸〕何かに金を惜しげもなく使う様子。例 金に糸目はつけないから、是非ともピカソの絵を手に入れてほしい。

金《かね》の価値《かち》を知《し》りたければ金《かね》を借《か》りてみよ

普段は身にしみて金の重要さ、ありがたさを感じていないが、借りるときになって初めて、その価値の大きいことを知らされる。

原文 If you want to learn the value of money, try to borrow some. の訳語。

金《かね》の切《き》れ目《め》が縁《えん》の切《き》れ目《め》

その人が金を持っているときは、誰《だれ》もがちやほやするが、金がなくなるとたんに冷淡になって、去って行くのが世の常である。

金《かね》の鎖《くさり》も引《ひ》けば切《き》れる

どんなに意志の強い人でも、ついには誘惑に負けるものだ、ということ。

金《かね》のなる木《き》《慣》

労力を要さずに金が入る家賃・地代・金利など、また、必要に応じて金を融通してもらえる金づるのこと。例 都心に貸しビルを五つも所有していたら、金のなる木を持っているのも同然だ。

金《かね》の草鞋《わらじ》で尋《たず》ねる

〔いくら歩いてもすり切れない鉄製の草鞋《わらじ》を履いて探し

求める、という意》根気よくどこまでも探してまわることのたとえ。「金の草鞋で探す」とも。

金《かね》は天下《てんか》の回《まわ》り物《もの》

金は世間を回るものだから、回り回ってそのうちいつかは自分のところへも来る意で、今、金がないからといってくよくよすることはない、ということ。「金は天下の回り持ち」「金銀は回り持ち」とも。

類句 ◆金《かね》は湧《わ》き物

金離《かねばな》れがいい《慣》

出すべき時に惜しまずに金を出す様子。例 あの人のように金離れがいい人ばかりだと、寄付金集めも楽でいい。

反対 金離れが悪い

金《かね》は良《よ》き召《め》し使《つか》いなれど悪《あ》しき主《しゅ》なり

人が金を自分の意思で使っているうちはよいが、金の力に負けて人が金に使われるようになると弊害が生じる。

原文 Money is a good servant, but a bad master. の訳語。

金《かね》は湧《わ》き物《もの》

金は、どこからか湧《わ》いてくるように何かの拍子に手に入るものだから、そう金のないのを心配するな、ということ。

類句 ◆金《かね》は天下の回り物

金回《かねまわ》りがいい《慣》

不時の収入なども多く、経済的に余裕がある様子。例 鈴木さんは近ごろ金回りがいいとみえて、よく我々にごちそうしてくれる。

金持《かねも》ち金使《かねつか》わず

金持ちは得てしてけちで、金を使おうとしない、だから金がたまるのである、ということ。

金持《かねも》ち喧嘩《けんか》せず

金持ちは、すれば損になることを知っているのであえて喧嘩《けんか》などはしない意で、優位に立つ者は何の得にもならない争いなどは避けようとする、ということ。

類句 ◆千金の子《し》は市《いち》に死せず

金持《かねも》ちと灰吹《はいふ》きは溜《た》まるほど汚《きたな》い

《「灰吹き」は、たばこの吸いがらを捨てるための竹の筒》灰が溜《た》まって灰吹きが汚れるように、金持ちは金が溜まるほどけちになって、金に汚くなるものだ。

類句 ◆金と塵《ちり》は積もるほど汚い

鉦《かね》や太鼓《たいこ》で探《さが》す《慣》

《迷子《まいご》を鉦《かね》や太鼓をたたいて探し回ったことから》大騒ぎをして広範囲にわたって探す意で、一般には、容易には見つからないものについていう。例 あんないい人は、鉦や太鼓で探したってそう簡単には見つかるものじゃない。

金《かね》を貸《か》せば友《とも》を失《うしな》う

友人に金を貸すと、金が返らない場合、仲がこじれることが多いので、友人どうしでは金の貸し借りはしないほうがよい。「金を貸したのが縁の切れ目」とも。

原文 Lend your money and lose your friend. の訳語。

金《かね》を食《く》う《慣》

期待されるほどの効果が上がらないのに、やたらに費用ばかりがかさむ。例 友人に勧められてクラシックカーを買ったが、燃料費・補修費などにひどく金を食う。

金《かね》を寝《ね》かす《慣》

金を利殖などに回さずに、そのまま手許におく。例 金を寝かしておくのも馬鹿《ばか》らしいから、少し株でも買ってみよう。

金《かね》を回《まわ》す《慣》

利潤を上げるために、他の事業に投資する。また、単に、手元の金を他へ融通する意にも用いる。例 関連事業に多額の金を回し、一大コンツェルンを築き上げる。

蚊《か》の鳴《な》くような声《こえ》《慣》

相手に聞き取れないほどの、小さくて弱々しい声。例 彼女は蚊の鳴くような声で許しを乞《こ》うた。

蚊《か》の涙《なみだ》《慣》

《小さな蚊が流す涙程度である意》⇩雀《すずめ》の涙

黴《かび》が生《は》える《慣》

古くなって、使いものにならなくなること。また、有効に使われないままに古くなり、無用のものに化すること。例 日進月歩のこの業界では、この会社などもはや黴《かび》の生えた存在だ。

株《かぶ》が上《あ》がる《慣》

何かをしたことが好評を得て、その人の評価が高まる。「株を上げる」とも。例 夏休み中、宿題を見てやったり旅行に連れて行ったりしたので、このところ我が家では父親の株が上がっている。反対 **株が下がる**

禍福《かふく》は糾《あざな》える縄《なわ》の如《ごと》し

禍（わざわい）と福（しあわせ）とは、相《あい》表裏して変転するもので、不幸を嘆いていると、それがいつの間にか幸福となり、幸福を喜んでいるとまたそれが禍に変わる、ちょうど、縄をより合わせたようである、ということ。「吉凶は糾《あざな》える縄の如し」とも。

原文 禍《わざわい》は福《ふく》の倚《よ》る所《ところ》、福は禍の伏《ふ》す所。……夫《そ》れ禍と福とは、何《なん》ぞ糾纆《きゅうぼく》に異《こと》ならん〔禍のかげには福がよりそっており、福のかげには禍が隠れている。いったい禍と福とは、より合わせた縄と違いがない〕。〈史記《しき》・賈生伝《かせいでん》〉

類句 ◆塞翁《さいおう》が馬《うま》

兜《かぶと》を脱《ぬ》ぐ《慣》

《兜《かぶと》を脱ぐのは敵への降伏を表わすことから》相手の力に及ばないことを認め、降参すること。脱帽する。例 彼の頑張りには、さすがの私も兜を脱いだ。

頭《かぶり》を振《ふ》る《慣》

頭《あたま》を左右に振って、相手の言を否定する意や不承知の意を示す。例 姉が、「私にもお菓子を頂戴《ちょうだい》」と言うと、妹は頭《かぶり》を振って菓子を背中に隠した。

株《かぶ》を守《まも》りて兎《うさぎ》を待《ま》つ

《兎《うさぎ》が木の切り株にぶつかって死んだのを見た男が、それから働かずに、株を見張って、また兎を得ようとした故事から》古い習慣を守り、それにとらわれて進歩のないこと。また、融通《ゆうずう》のきかないたとえにいう。「株」は「くいぜ」とも読む。

原文 宋人《そうひと》に田を耕す者有り。田中《でんちゅう》に株有り、兎《うさぎ》走りて株に触れ、頸《くび》を折りて死す。因《よ》りてその耒《すき》を釈《す》てて株を守り、復《ま》た兎を得んと冀《こいねが》う。〈韓非子《かんぴし》・五蠹《ごと》〉

参考 北原白秋の童謡「待ちぼうけ」のもとになった話。
類句 ◆株《くいぜ》を守りて兎《うさぎ》を待つ ◆守株《しゅしゅ》 ◆舟《ふね》に刻みて剣を求む

画餅《がべい》

画《え》にかいた餅《もち》の意で、実際には食べられないことから、実際の役に立たないことのたとえにいう。「がへい」とも読む。

原文 詔《みことのり》して曰《いわ》く、選び挙ぐるに名有るを取る莫《なか》れ。名は地に画《えが》きて餅《もち》を作るが如《ごと》し。啖《くら》うべからざるなり〔詔《しょう》勅《ちょく》に言われた、人を選び挙げるには、評判のある者を取り立ててはいけない。評判というものは地面に描いた餅のようなものである。食べることはできず、何の役にも立たない〕。〈三国志《さんごくし》・魏志《ぎし》・盧毓伝《ろいくでん》〉

類句 ◆絵にかいた餅《もち》 ◆画餅《がべい》に帰《き》す

画餅《がべい》に帰《き》す

計画などが、何かの事情で実現不可能になり、それまでの努力が無駄になる。例 国境地帯の領有権に折り合いが付かず、和平交渉は画餅《がべい》に帰した。

類句 ◆画餅《がべい》

壁《かべ》に突《つ》き当《あ》たる 《慣》

今までうまく進んできた事業などが、何かの障害にぶつかって行き詰まる。例 国からの援助が打ち切られ、壁画の修復事業は資金面で壁に突き当たってしまった。

壁《かべ》に耳《みみ》あり障子《しょうじ》に目《め》あり

秘密にしていても、どこで誰《だれ》が聞いているか、どこで誰が見ているか分からないから、密談や秘事はとかく漏れやすい、ということ。「壁に耳あり」とも。

参考 Walls have ears. の訳語でもある。

壁《かべ》を作《つく》る 《慣》

⇩垣《かき》を作る

果報《かほう》は寝《ね》て待《ま》て

幸運は人の力で呼び寄せることはできないのだから、あせらずに時機が訪れるのを待っていたほうがよい、ということ。例 じたばたしなくても、果報は寝て待てで、そのうちにいいこともあるよ。

嚙《か》ませて呑《の》む

他人に噛み砕かせたものを自分が呑《の》む意で、他人が骨を折った仕事の成果を、苦労しないで手に入れることをいう。

竈将軍《かまどしょうぐん》

家の中だけで威張る主人、または家の中で横暴に振る舞う妻。

竈《かまど》の下《した》の灰《はい》まで《慣》

その家の中の物は、どんなつまらないものであっても残らずすべて、の意。「竈《かま》の下の灰まで」とも。例 誰《だれ》が何と言おうと、竈《かまど》の下の灰まで私の物なのだから、絶対にこの家は明け渡さないぞ。

鎌《かま》をかける《慣》

いかにも知っているふりなどをして巧みに話しかけ、相手に本当のことを言わせようとする。例「君もついに結婚するんだね」と鎌《かま》をかけたら、「あらどうして婚約したの知っているの」と彼女は驚いていた。

神掛《かみか》けて《慣》

神様に誓っての意で、自分の言ったことに偽りがないことを強調するのに用いる。例「神掛けてあなたを不幸にするようなことはいたしません」と神前で誓った。

裃《かみしも》を着《き》た盗人《ぬすびと》

役人でありながら、私利をむさぼり、私腹を肥やす者をいう。

裃《かみしも》を着《き》る《慣》

威儀を正し、ことさらに堅苦しい態度をとる。例 あなたにそう裃《かみしも》を着ていられたのではかえって話がしにくい。

裃《かみしも》を脱《ぬ》ぐ《慣》

相手に対する気兼ねや用心がなくなり、打ちとけた態度を取る。例 あの人とも何度か会っているうちに、お互いに裃《かみしも》を脱いで付き合えるようになった。

神《かみ》ならぬ身《み》《慣》

全知全能の神ではない我が身の意で、将来、いつ、どこで、どんな災難に見舞われるかを予測することは不可能だという意に用いる。例 その国を離れて一週間後に大地震が起こるとは、神ならぬ身には知る由もなかった。

雷《かみなり》が落《お》ちる《慣》

目上の人から大声でどなりつけられることをいう。例夜遅くまで騒いでいたら、おやじの雷が落ちた。

髪《かみ》の毛《け》を逆立《さかだ》てる《慣》

激しく怒り狂う様子をいう。例若者の余りに無礼な振る舞いに、老人は体を震わせ、髪の毛を逆立てて怒った。

上《かみ》の好《この》む所《ところ》下《しも》これよりも甚《はなは》だし

上に立つ人がすき好むことは、下部の者がそれ以上にすき好んで、大流行となり、ついには弊害が起こる。原文上《かみ》好む者有れば、下《しも》必ず焉《これ》より甚《はなは》だしき者有り。君子の徳は風《かぜ》なり、小人の徳は草《くさ》なり。草これに風を尚《くわ》うれば必ず偃《ふ》す〔上位の者が好むことがあると、下位の者は必ずそれに輪をかけて、甚だしくなるものである。上位にある君子のもちまえは風であり、下位にいる小人のもちまえは草である。草は風に吹かれれば必ず倒れ伏すものである〕。〈孟子《もうし》・滕文公《とうぶんこう》上〉

神《かみ》は正直《しょうじき》の頭《こうべ》に宿《やど》る

⇩正直の頭に神宿る

神《かみ》は見通《みとお》し

神様はどんな事もすべて見抜いていて、決してごまかすことはできない。「天道様《てんとうさま》はお見通し」とも。

類句◆神仏《しんぶつ》は見通し

紙一重《かみひとえ》の差《さ》《慣》

差がごくわずかしかないこと。単に「紙一重」ともいう。例惜しくも紙一重の差で首位を逃がした。

神《かみ》も仏《ほとけ》もない《慣》

余りにも残酷で無残な状況に接して、慈悲深いはずの神仏をさえ呪《のろ》いたくなる気持ちを表わす言葉。例罪もない幼い子供が犠牲になるとは、この世に神も仏もないものか。

髪結《かみゆ》いの亭主《ていしゅ》

《髪結いの女房をもつと亭主はその稼ぎで遊んで暮らせる意から》女房の稼ぎで養われている男。

嚙《か》む馬《うま》はしまいまで嚙《か》む

人に嚙《か》みつく癖のある馬は、死ぬまで人に嚙みつく意で、悪い性格や癖は容易には直らない、というたとえ。
類句 ◆三《み》つ子《ご》の魂百まで

亀《かめ》の甲《こう》より年《とし》の劫《こう》《慣》

《「劫《こう》」は、仏教で極めて長い時間の意》いざという時には、長年の経験が役に立つものだ、ということ。現在は「年の功」とも書く。例 亀《かめ》の甲より年の劫で、やはりお年寄りの知恵にはかなわない。
類句 ◆松かさよりも年かさ

仮面《かめん》をかぶる《慣》

本性を隠して、うわべはそうでないように振る舞う。例 あいつは温厚な紳士の仮面をかぶった詐欺師《さぎし》だったのだ。

鴨《かも》が葱《ねぎ》を背負《しょ》って来《く》る

鴨《かも》に加えて葱《ねぎ》までもあって、すぐに鴨なべが作れるということで、こんなおあつらえ向きで都合のいいことはない、という意を表わす。「鴨葱」とも。

可《か》もなく不可《ふか》もなし《慣》

これといった欠点もない反面、とりたてて長所と言える点もない、ごく普通の状態をいう。例 この店のラーメンは安くて量も多いが、味は可もなく不可もなし、といったところだ。

鴨《かも》の水《みず》搔《か》き

水に浮いている鴨《かも》は、水面下では絶えず足で水を搔《か》いている意で、よそ目には分からないが、本当のところは苦労や心配の絶えないことをいう。

蚊帳《かや》の外《そと》《慣》

局外者の立場に置かれ、内部の事情なども全く知らされない様子。例 社長である私を蚊帳《かや》の外に置いて、部長が独断で事を決めるとは何事だ。

痒《かゆ》い所《ところ》に手《て》が届《とど》く《慣》

他人に対する世話などが細かいところまで十分に行き届く。例 あの施設は、費用が安い割に入所者に心のこもった、痒《かゆ》い所に手が届く介護をしてくれると評判だ。

空馬《からうま》に怪我《けが》なし

《「空馬」は、人も荷物も乗せていない馬》一物も持たないものは損のしようがない、ということ。例 株の暴落で世間は大騒ぎしているが、我々貧乏人は空馬に怪我《けが》なしで、関係のないことだ。

烏《からす》の足跡《あしあと》《慣》

中年に達した女性の目じりにできるしわ。例 いくら若く見せようとしても、烏《からす》の足跡は隠せない。

烏《からす》の行水《ぎょうずい》《慣》

烏《からす》が水浴びするように、入浴時間が非常に短いこと。例 夫は烏の行水だから、あっという間に風呂から出て来る。

烏《からす》の鳴《な》かない日《ひ》はあっても《慣》

毎日決まって鳴く烏《からす》がたとえ鳴かない日があったとしてもの意で、それだけは毎日必ず決まって行なわれることを強調していう言葉。例 烏の鳴かない日はあっても、夫が戦地から無事に帰国できることを祈らない日はなかった。

烏《からす》を鵜《う》に使《つか》う

役に立たない者を、能力が必要とされることに用いる、ということのたとえ。

空世辞《からせじ》は馬鹿《ばか》を嬉《うれ》しがらせる

愚か者は、口先だけのお世辞を言われても喜ぶものだ。原文 Fair words make fools fain. の訳語。

体《からだ》が明《あ》く《慣》

忙しさが続く中で特に予定がなく、何かに当てる時間が取れる。例 来月になれば体が明くと思うから、そのときはどこにでも付き合うよ。

体《からだ》が続《つづ》く《慣》

負担の重い仕事に耐え、健康を保っていられる。例 そう何日も残業して、よく体が続くと感心している。

体《からだ》で覚《おぼ》える《慣》

技術などを修得する際に、実際に体験することによって、全身の感覚でそれを会得《えとく》する。例 職人は頭で理解するより技を体で覚えることが大切だ。

体《からだ》に障《さわ》る《慣》

そのことが健康を害する原因になる。例 あまり根《こん》を詰めて仕事をしていると体に障るから、気を付けなさい。

体《からだ》を壊《こわ》す《慣》

過労や不摂生《ふせっせい》で健康を損ねる。例山田君は、海外出張中の無理がたたって体を壊してしまった。

体《からだ》を張《は》る《慣》

一身をなげうって事に当たる。例この仕事には私も体を張っているのだから、他人に余計なことは言わせない。

殻《から》に籠《こも》る《慣》

他との接触を避け、自分だけの世界を守り通そうとする。「殻に閉じ籠《こも》る」とも。例子供が殻に籠ってしまったのは、学校で受けたいじめに原因がありそうだ。

柄《がら》にもない《慣》

その人におよそ似つかわしくないことを言ったりしたりする様子。「柄にない」とも。例柄にもなくそんな丁寧な言葉を使おうとするから、かえって間違えるんだよ。

空振《からぶ》りに終《お》わる《慣》

《「空振り」は、野球で打者の振ったバットがボールに当たらないこと》意気込んで企てたことが失敗に終わる。例社員旅行を計画したが、意外にみんなが誘いに乗らず、空振りに終わった。

借《か》りて来《き》た猫《ねこ》《慣》

普段と違って、その場ではひどくおとなしくしている様子を、たとえていう言葉。例いつもの元気はどこへやら、田中君も社長の前に出ると借りて来た猫だね。

画竜点睛《がりょうてんせい》

《中国の張僧繇《ちょうそうよう》という絵師が竜《りゅう》を描《か》き、睛《ひとみ》を描き入れると飛び去るからと言って入れなかった。人々にそれはでたらめだと言われて睛を入れたところ、雷鳴電光と共にその竜が天に昇って行った、という故事から》事を完成するために、最後にほどこす大事な仕上げのこと。⇩次項

原文 張僧繇《ちょうそうよう》（梁《りょう》の絵師）。金陵《きんりょう》の安楽寺の四白竜《しはくりょう》は、眼《がん》睛《せい》を点ぜず、毎《つね》に云《い》う、睛《ひとみ》を点ずれば即《すなわ》ち飛び去らん、と。人以《もっ》て妄誕《もうたん》（でたらめ）と為《な》し、固《かた》く請う。之《これ》を点ず。須《しゅ》臾《ゆ》にして雷電壁を破り、両竜雲に乗り、騰去《とうきょ》して天に上る。二竜の未《いま》だ睛を点ぜざる者は見在《げんざい》す。〈歴代名画記《れきだいめいがき》〉

注意「睛」は、ひとみで、「晴《はれ》」とは字が違う。

画竜点睛《がりょうてんせい》を欠《か》く《慣》

最後の仕上げが不十分なため、せっかくの作品の価値が損なわれている様子。また、大体のところはよくできているが、肝心な点に不備・不足が認められる様子。⇩前項 例この論文はなかなかの労作だとは思うが、論証の過程にやや難があって画竜点睛《がりょうてんせい》を欠いたきらいがある。

借《か》りる時《とき》の地蔵顔《じぞうがお》済《な》す時《とき》の閻魔顔《えんまがお》

金や物を借りるときには地蔵のようににこにこするが、返すときには閻魔《えんま》のような不機嫌な顔をする意で、借りるときは貰《もら》ったような気持ちになり、返すときはただで取られるような気分になるのが人情である、ということ。

借《か》りを返《かえ》す《慣》

他人から受けた恩恵に見合うことをこちらからしたり、ひどい仕打ちに対する仕返しをしたりする。例今回は君に手ひどくやられたが、いつかこの借りを返してやるぞ。

軽口《かるくち》を叩《たた》く《慣》

軽い気持ちで冗談や洒落《しゃれ》などを言う。例かえって骨休めになっていいなどと軽口を叩《たた》いているくらいだから、あの人の怪我《けが》も大したことではなさそうだ。

枯《か》れ木《き》に花《はな》《慣》

一度は衰えたものが、再びもとの勢いや繁栄を取り戻すこと。例往年の名優は、枯れ木に花を咲かせたいと、もう一度舞台に立つことを強く望んだ。

類句◆炒豆《いりまめ》に花　◆老い木に花

枯《か》れ木《き》も山《やま》の賑《にぎ》わい

枯れ木でも山の景観をにぎやかにするのには役立つ意で、どんなつまらない者でも数の中に加わると、座をにぎやかにし景気づけになるから、いないよりはましである、ということ。人だけでなく物についてもいう。例彼の講演会には、枯れ木も山の賑《にぎ》わいだから私も行ってやろう。

彼《かれ》も人《ひと》なり我《われ》も人《ひと》なり

《彼も私も同じく人間である、の意》彼にできることなら、努力すれば自分にもできないはずがないと、自らを励まし発奮させるのに用いる言葉。

【原文】己《おのれ》を責めて曰《いわ》く、彼も人なり。予《われ》も人なり。彼、是《これ》を能《よ》くす。而《しか》るに我は乃《すなわ》ち是を能くせず〔（昔の君子は）自分を責めて言った、彼も自分も同じ人間である。彼はこれができる。それなのに自分はこれができない〕。〈韓愈《かんゆ》の文、原毀《げんき》〉

彼《かれ》を知《し》り己《おのれ》を知《し》れば百戦殆《ひゃくせんあやう》からず

敵の力と味方の力とをはっきり認識した上で戦えば、何度戦っても決して負けることがない。有名な兵法家、孫子の言葉。

【原文】彼を知り己を知れば、百戦して殆《あやう》からず。彼を知らずして己を知れば、一《ひと》たび勝ち一たび負く。彼を知らず己を知らざれば、戦う毎《ごと》に必ず殆し〔……。敵の実力を知らないで、味方の実力を知って戦うときは、勝つこともあり負けることもある。敵の実力も味方の実力も知らないときは、必ず連戦連敗である〕。〈孫子《そんし》・謀攻《ぼうこう》〉

夏炉冬扇《かろとうせん》

夏の囲炉裏《いろり》と冬の扇《おうぎ》の意で、時節に合わない無用の長物をいう。役に立たない言論や才能のたとえにいう。

【原文】今は則《すなわ》ち然《しか》らず。益《えき》無きの能《のう》を作《な》し、補う無きの説を納《い》る。夏を以《もっ》て炉《ろ》を進め、冬を以て扇を奏《すす》むるなり〔今はそうではない。なんの益もない才能を養い、なんの役にも立たない説を君主に説いている。それは夏に囲炉裏をすすめたり、冬に扇を差し出すようなものである〕。〈論衡《ろんこう》・逢遇《ほうぐう》〉

【参考】芭蕉《ばしょう》の「柴門《さいもん》の辞《じ》」に「予が風雅は夏炉冬扇のごとし。衆にさかいて用うる所なし」とある。

可愛《かわい》い子《こ》には旅《たび》をさせよ

《昔の旅は、交通も不便で、辛《つら》いものであったので》その子が可愛《かわい》ければ、苦労の多い旅をさせて世の中の苦しみや辛さを体験させたほうが、将来のためになる。

可愛《かわい》いは憎《にく》いの裏《うら》

心の中では憎く思っているものを、口先だけは可愛《かわい》いと言うこと。

【類句】◇可愛《かわ》い可愛《かわ》いは憎いの裏

可愛《かわい》さ余《あま》って憎《にく》さ百倍《ひゃくばい》

その人をいとおしいと思っていた気持ちが何かの拍子に憎しみに変わると、それまでの愛情が強かっただけに、憎む気持ちもそれだけ強くなる、ということ。

渇《かわ》きを覚《おぼ》える《慣》

何かに激しい欲求を感じ、無性にそれを充足させたくなる。例 外国に長くいると、日本的なものに渇きを覚えるようになるものだ。

川口《かわぐち》で船《ふね》を破《わ》る

《やっと航海を終え川口の近くまで来て船を破損してしまう、の意》もう少しで成功するという段階にきて、失敗することをいう。

川立《かわだ》ちは川《かわ》で果《は》てる

⇨泳ぎ上手は川で死ぬ

川中《かわなか》に立《た》てど人中《ひとなか》には立《た》たれず

流れの速い川の中に立つことはできても、世間を渡って行くことは難しい意で、世渡りの困難なことのたとえ。

川《かわ》の字《じ》に寝《ね》る《慣》

夫婦が子を真ん中にして寝る様子を「川」の字にたとえていう言葉。例 たまには旅先の狭い部屋で、親子三人仲良く川の字に寝るのもいいものだ。

変《か》われば変《か》わる《慣》

ここまですっかり変わってしまうものかと、あきれたり感心したりする気持ちを表わす言葉。例 十年ぶりに帰省したが、大きなショッピングモールなどができていて、町の様子も変われば変わるもんだ。

皮《かわ》を切《き》らせて肉《にく》を切《き》り肉《にく》を切《き》らせて骨《ほね》を切《き》る

《敵に自分の皮を切らせて自分は敵の肉を切り、敵に自分の肉を切らせて自分は敵の骨を切る意で、剣道の極意《ごくい》をいう言葉》実力が伯仲する場合、自分も傷を負うくらいの覚悟で思い切ってやらなければ、相手を負かすことはできない、ということ。

我《が》を折《お》る《慣》

自分の主張を押し通すのをやめて、他人の意見に従う。例 反対派もようやく我を折って、市の提案を受け入れた。

我《が》を通《とお》す《慣》

周囲の反対に屈せず、最後まで自分の意見や考えを押し通す。例 うちの社長はワンマンで、どんなことでも我を通さなければ気が済まないようだ。

我《が》を張《は》る《慣》

意地になって自分の主張を押し通そうとする。「我《が》を立てる」とも。例 君がつまらぬことに我を張るから、話がこじれてしまった。

冠蓋相望《かんがいあいのぞ》む

《使者の冠と車上の大きな覆《おお》いとが、前後に遠くまで続いて見渡される意》道を行く車が次から次へと続いて絶え間がないこと。

原文 魏《ぎ》、人をして救いを秦《しん》に求めしむ。冠蓋相望《かんがいあいのぞ》む〔魏《ぎ》の国は、使者を遣わして救援を秦《しん》の国に頼んだ。その使者の車が次から次へとひきもきらずに続いた〕。〈戦国策《せんごくさく》・魏《ぎ》策《さく》〉

参考 『史記』信陵君伝には「平原君の使者、冠蓋魏《ぎ》に相《あい》属《しょく》す」とある。

勧学院《かんがくいん》の雀《すずめ》は蒙求《もうぎゅう》を囀《さえず》る

《「勧学院」は、平安時代、藤原氏の子弟を教育するために創《つく》られた学校。『蒙求《もうぎゅう》』は中国の古書で、有名な人の事跡を、唱しやすい四字句に編修したもの》「勧学院《かんがくいん》」に巣を作っている雀《すずめ》は、学生が『蒙求』を朗読するのに聞き慣れて、囀《さえず》るのにも『蒙求』の文句を言うようになる。

類句 ◆門前の小僧習わぬ経を読む

癇《かん》が高《たか》ぶる《慣》

神経が過敏になっていて、ちょっとしたことにもすぐ興奮しやすい状態になる。例 優勝決定戦を明日に控えてその夜は癇《かん》が高ぶり、なかなか寝つけなかった。

雁《がん》が飛《と》べば石亀《いしがめ》も地団太《じだんだ》

雁《がん》が飛び立つと、それを見ていた石亀《いしがめ》が、自分も空を飛ぼうと足をばたつかせる意で、自分の分際《ぶんざい》を忘れて、むやみに他をまねようとすることをいう。

干戈《かんか》を交《まじ》える《慣》

《「干」は「たて」、「戈《か》」は「ほこ」の意》戦争をする。

例 隣国と干戈を交えるような事態は何としても避けたい。

侃侃諤諤《かんかんがくがく》

目上や権勢に対しても遠慮なく正論を述べる様子。略して「侃諤《かんがく》」ともいう。

注意 大勢でやかましく議論をしたり、議論が沸騰《ふっとう》したりするのを「カンカンガクガク」とか「ケンケンガクガク」とか言うのは誤りで、「喧喧囂囂《けんけんごうごう》」と言うべきである。

汗顔《かんがん》**の至**《いた》**り**《慣》

顔に汗をかくほど、恥ずかしく思うこと。例 御指摘いただいた誤字のこと、全く汗顔の至りです。

勘気《かんき》**に触**《ふ》**れる**《慣》

目上の人からとがめられる。例 先生の勘気に触れて、出入りを禁じられた。

汗牛充棟《かんぎゅうじゅうとう》

《車に積めば、それを引く牛が汗を出すほどであり、家の中に積みあげれば、棟木《むなぎ》につかえるほどである、という意》蔵書が非常に多いことのたとえ。

原文 その書たるや、処《お》けば則《すなわ》ち棟宇《とうう》に充《み》ち、出《いだ》せば則ち牛馬に汗《あせ》す〔それらの書物は、家の中に置けば棟木《むなぎ》や軒《のき》までいっぱいになり、運び出せば牛や馬に汗をかかせるほどである〕。〈柳宗元《りゅうそうげん》の文、陸文通先生墓表《りくぶんつうせんせいぼひょう》〉

感極《かんきわ》**まる**《慣》

感動が最高潮に達する。例 先生の別れの言葉に、感極まって泣き出す生徒もいた。

雁首《がんくび》**を揃**《そろ》**える**《慣》

《「雁首《がんくび》」は、人の首や頭の俗称》関係者がその場に全員揃《そろ》う様子。例 こんな所に悪童たちが雁首を揃えて、一体何を始めるつもりなんだ。

間隙《かんげき》**を生**《しょう》**ずる**《慣》

お互いの間にすきまができるという意で、双方の関係が悪化し不和になること。例 遺産相続の問題をめぐって、兄弟の間に間隙《かんげき》を生じた。

間隙《かんげき》**を縫**《ぬ》**う**《慣》

次々と続く物事のわずかなすきまを利用して何かを行

なう。例 相手チームの守備陣の間隙《かんげき》を縫って、みごとにシュートを決めた。

眼光紙背《がんこうしはい》に徹《てっ》する

紙の裏まで鋭く見通す意で、単に字句の解釈にとどまらず、その内容までを深く読み取ること。例 眼光紙背に徹する者にのみ、作者の真の意図が理解できるだろう。

換骨奪胎《かんこつだったい》

《骨を取り換《か》え、胎（子ぶくろ）を奪《うば》い取る意》古人の詩文の語句や構想に手を入れ、少し変えながら、その着想や形式などを踏襲して自分独自の詩文を作ること。また、古いものに、新しい工夫を凝らして再生すること。焼き直しの意に用いるのは、転じた用法。例 この小説は、古典に材を取り、それを換骨奪胎したものだ。

原文 然《しか》れども、その意を易《か》えずしてその語を造る、これを換骨法と謂《い》い、その意を規摸《きぼ》してこれを形容する、これを奪胎法と謂う〈しかしながら、その意味を変えないで、その言葉だけを作り変えるのを換骨法といい、その意味を手本として、それを別の言葉で表現するのを奪胎法という〉。〈冷斎夜話《れいさいやわ》〉

閑古鳥《かんこどり》が鳴《な》く

その場に人影がなく寂しい様子。商売などがはやらないことにいう。例 この不況で、高級な料亭ほど閑古鳥が鳴いているそうだ。

雁書《がんしょ》

《漢の蘇武《そぶ》が匈奴《きょうど》に使者として行き、十九年間も捕らえられていた時、雁《がん》の足に手紙を結びつけて音信を漢朝に送ったという故事から》手紙のこと。「雁信」「雁《かり》のたまずさ」「雁《かり》のおとずれ」とも。

原文 天子、上林中《じょうりんちゅう》に射て雁《がん》を得《う》、足に帛書《はくしょ》を係《か》くる有り、その武等某沢中《ぶらぼうたくちゅう》に在りと言う〈天子が上林苑《えん》で雁を射た。その足に絹に書いた手紙がつけてあり、蘇武《そぶ》たちはある沼沢《しょうたく》の中にいるとあった〉。〈漢書《かんじょ》・蘇武伝《そぶでん》〉

勘定《かんじょう》合《あ》って銭《ぜに》足《た》らず

計算には間違いがないが、現金が不足する意で、理論に実際が伴わないことのたとえ。

勘定高《かんじょうだか》い 《慣》

何かをする際に、まず自分にとって損になるか得になるかを考える様子。「算盤《そろばん》高い」とも。例 何しろ勘定高い人だから、彼女が町会に寄付をしたのは何か魂胆があってのことに違いない。

勘定《かんじょう》に入《い》れる《慣》

何かをする際に、あらかじめそのことを考慮する。例 土曜日だということを勘定に入れていなかったので、道路の渋滞でだいぶ遅れてしまった。

顔色《がんしょく》無《な》し《慣》

相手にすっかり圧倒されて、太刀《たち》打ちできない様子。例 若手選手のすばらしい演技に、前回の金メダリストも顔色無しだった。

韓信《かんしん》の股《また》くぐり

《漢の高祖を助けて天下統一の功績のあった名将の韓信《かんしん》は、青年時代に、町でやくざの若者から侮辱を受けたが、よく我慢してその股《また》の下をくぐったという故事から》大望をいだく者は、何事にも腹を立てず、ひたすら忍耐する、ということ。

原文 淮陰《わいいん》の屠中《とちゅう》の少年に、信を侮《あなど》る者有り。曰《いわ》く、若《なんじ》長大にして好んで刀剣を帯ぶと雖《いえど》も、中情は怯《きょう》なるのみ、と。之《これ》を衆辱して曰く、信能く死せば我を刺せ、死する能《あた》わざれば我が袴下《こか》より出《い》でよ、と。是《ここ》において信之を孰視《じゅくし》し、俛《ふ》して袴下より出《い》でて蒲伏《ほふく》す。一市《いっし》の人皆信を笑い、以《もっ》て怯《きょう》と為《な》す〔淮陰《わいいん》の屠殺人仲間の若者に、韓信《かんしん》を侮る者がいて、おまえは図体《ずうたい》が大きく好んで刀剣を身につけているが、内心は臆病《おくびょう》なんだ、と言い衆人の前で侮辱して、韓信、死ねるものならおれを刺せ、命が惜しいならおれの股《また》の下をくぐれ、と言った。そこで韓信は、そいつをつくづくながめ、腹ばいになって股の下をくぐった。町中の人は皆韓信を臆病者だと笑った〕。〈史記《しき》・淮陰侯伝《わいいんこうでん》〉

歓心《かんしん》を買《か》う《慣》

《「歓心」は、相手が自分によくしてくれると思って喜ぶ気持ち》その人に気に入られようとして、一生懸命機嫌をとる。例 彼は上役の歓心を買おうとして、みんなが嫌がる仕事を進んで引き受けている。

間然《かんぜん》するところなし

《「間」は批評を入れるべき余地。「然」は状態を表わす字》

完璧《かんぺき》で、非難すべき欠点がない、全く非のうちどころがない、ということ。

原文 子曰《しいわ》く、禹《う》は吾《われ》間然するところ無し〔孔子が言われた、禹は天子として全く非の打ちどころがない〕。〈論語《ろんご》・泰伯《たいはく》〉

肝胆相照《かんたんあいて》らす

〔「肝」は肝臓、「胆」は胆嚢《たんのう》、合わせて心の奥底の意〕互いに真心をもって交わること。また、意気投合すること。親しい友人についていう。例 彼と私とは学生時代からの肝胆相照らす仲だ。

原文 肝胆相照《かんたんあいて》らす。斯《こ》れを腹心の友となす〔互いに心の奥底を照らし合って交わる。そういうのを腹心の友というのである〕。〈故事成語考《こじせいごこう》〉

邯鄲《かんたん》の歩《あゆ》み

〔邯鄲《かんたん》の都の人は歩き方がスマートなので、田舎の青年がそれを学びに行ったが、習得し終わらないうちに帰国することになり、いざ帰ろうとしたら、自分の国の歩き方を忘れていて、仕方なく腹這《はらば》いになって帰ったという故事から〕むやみに他人のまねをしようとすると、自分本来の良いものも無くしてしまい、結局どちらも駄目になってしまう、という戒め。

原文 且《か》つ子独《しひと》り夫《か》の寿陵《じゅりょう》の余子《よし》の行《こう》を邯鄲《かんたん》に学ぶを聞かざるか。未《いま》だ国能《こくのう》を得《え》ざるに、又《ま》た其《そ》の故《もと》の行を失う。直《た》だ匍匐《ほふく》して帰るのみ〔あなたは、あの寿陵の町の若者が趙《ちょう》の国都の邯鄲《かんたん》で歩き方を学んだという話を御存知《ごぞんじ》でしょう。彼はまだ都ぶりの歩き方が身に付かない上に、自分の本来の歩き方さえ忘れてしまい、腹這《はらば》って故郷に帰るほかなかったのである〕。〈荘子《そうじ》・秋水《しゅうすい》〉

邯鄲《かんたん》の夢《ゆめ》

〔盧生《ろせい》という若者が邯鄲《かんたん》の都の宿屋で不思議な枕《まくら》を借りて寝たところ、良い妻を得、諸侯となり、良い子に恵まれ、富み栄えて、年八十を越えるまで長生きするという、平素あこがれていた一代の栄華を夢に見た。目覚めてみるとそれは、宿屋の主人が黄粱《こうりょう》（あわ）を一炊《ひとた》きする、ごく短い時間のことであったという故事から〕人の世の栄枯盛衰のはかないたとえ。「邯鄲夢の枕」「邯鄲の枕」とも。〈枕中《ちんちゅう》記《き》〉

類句 ◆一炊《いっすい》の夢 ◆黄粱《こうりょう》一炊の夢 ◇黄粱の夢 ◆盧《ろ》生《せい》の夢

肝胆《かんたん》を砕《くだ》く

懸命に努力し、全力を尽くして目的の実現に当たる。「心胆《しんたん》を砕く」とも。例会社の再建に日夜、肝胆を砕く。

肝胆《かんたん》を披《ひら》く 《慣》

心の中を包み隠さず打ち明ける。例一夜、監督と選手が肝胆を披《ひら》いて語り合った。

奸知《かんち》にたける 《慣》

悪賢い性格で、陰謀・策略などに優れた能力を発揮する。例彼は奸知《かんち》にたけているから、敵に回すとこわい男だ。

眼中《がんちゅう》に無《な》い 《慣》

意識や関心の及ぶ範囲には無いの意で、その事柄を全く問題にもしない様子。例今の彼は研究のことで頭がいっぱいで、結婚など眼中に無いらしい。

缶詰《かんづめ》になる 《慣》

外出や外部との連絡を禁じられた状態で、一か所に留めておかれる。また、そうした状態で仕事をさせられる。例原稿を早く仕上げろと、ホテルに一週間、缶詰になった。

嚙《か》んで吐《は》き出《だ》すよう 《慣》

不快感や怒りを抑えきれず、ひどく無愛想にものを言う様子。例愚痴をこぼす彼に、課長は「俺《おれ》の忠告を聞かなかった君が悪いのだ」と、嚙《か》んで吐き出すように言った。

嚙《か》んで含《ふく》める 《慣》

食べやすいように親が何かを嚙《か》んで子供の口に含ませてやる意で、分かりやすく言って聞かせること。例あの先生は、嚙んで含めるように、丁寧に教えてくれる。

干天《かんてん》の慈雨《じう》 《慣》

日照り続きの後の待望の雨の意で、待ち望んでいたことがかなえられること。また、困っているときに与えられた、ありがたい援助など。例資金不足で事業が滞っていた折から、銀行融資の承認はまさに干天の慈雨であった。

勘所《かんどころ》を押《お》さえる 《慣》

何かをする際にいちばん大切なところを十分に把握する。例あの先生は勘所を押さえて要領よく授業を進めるので、生徒に評判がいい。

艱難《かんなん》汝《なんじ》を玉《たま》にす

人間は、辛《つら》いこと、苦しいことを経験して、初めて一人前の立派な人間になることができる。

類句 ◆若い時の辛労《しんろう》は買《こ》うてでもせよ

癇《かん》に障《さわ》る《慣》

他人のちょっとした言動などが不快に感じられ、腹立たしい気分になる。「癇《かん》に触れる」とも。例 私の言い方が癇に障ったのか、彼は急に席を立って出て行ってしまった。

簡《かん》にして要《よう》を得《え》る《慣》

簡潔ではあるが、大事な点はきちんと取り上げられている。例 問題の核心を突いた、簡にして要を得た説明だ。

感《かん》に堪《た》えない《慣》

言葉には言い表わせないほどの深い感動を覚える様子。古くは「感に堪える」の形でも用いられた。例 聴衆は、感に堪えない面持ちで核兵器廃絶を訴える演説に聴き入っていた。

堪忍五両《かんにんごりょう》

腹立ちを抑え、じっと堪えていれば、それが大きな利益をもたらす、ということ。

堪忍《かんにん》は一生《いっしょう》の宝《たから》

忍耐することは幸福の基で、その人の一生の宝である。

堪忍袋《かんにんぶくろ》の緒《お》が切《き》れる

抑えに抑えてきた怒りがついに爆発する。「堪忍袋の緒を切らす」とも。例 君の優柔不断さに、今日という今日は堪忍袋の緒が切れた。今後その件には一切かかわらない。

肝脳地《かんのうち》に塗《まみ》る

肝も脳も土まみれになる意で、殺されて死体がばらばらに捨て置かれること。戦場の悲惨な情景をいう。

原文 天下の民をして肝脳地《かんのうち》に塗《まみ》れ、父子をして骨を中野に暴《さら》さしむ〔天下の民の殺された死体が捨て置かれ、父子の骨を野原にさらさせています〕。〈史記《しき》・劉敬伝《りゅうけいでん》〉

疳《かん》の虫《むし》が起《お》こる《慣》

《「疳《かん》」は、小児の神経性の病気、「疳の虫」は、それを起こす原因と考えられた虫》小児が急に夜泣きをしたり癇《かん》癪《しゃく》を起こしたりすることをいう。例 子供の疳の虫が起こって、一晩中泣き騒いだ。反対 疳《かん》の虫がおさまる

間髪《かんはつ》を容《い》れず

《事態がさしせまって、その間に髪の毛一本を入れる隙《すき》間《ま》もない意》ほとんど間をおかずに。すぐに。ただちに。例 先生の質問に間髪を容《い》れず答える。原文 墜《お》ちて深淵《しんえん》に入らば、以《もっ》て復《ま》た出《い》で難し。その出づると出でられざると、間、髪を容《い》れず〔深い淵《ふち》の底に落ちてしまったならば、二度と出られない。その出られるか出られないかは、その間に髪の毛一本も入れる隙《すき》もない〕。〈説苑《ぜいえん》・正諫《せいかん》〉注意 訓読では「かんぱつをいれず」と続けずに「かん、はつをいれず」と、少し切って読む。

汗馬《かんば》の労《ろう》

《戦場で、馬を走らせ、馬に汗をかかせて立てた、手柄》戦場での兵士の労苦をいう。原文 今、蕭何未《しょうかいま》だ嘗《かつ》て汗馬の労あらず。徒《た》だ文墨《ぶんぼく》を持して議論し戦わず〔蕭何《しょうか》は、これまでに戦場で苦労したことがありません。ただ書類を持って議論しているだけで、実際に戦ったことはありません〕。〈史記《しき》・蕭相国世家《しょうしょうこくせいか》〉

雁《がん》は八百《はっぴゃく》 矢《や》は三文《さんもん》

八百文もする雁《がん》をわずか三文の矢で射て手に入れることから、わずかな元手で大きな利益を得ること。

看板《かんばん》に偽《いつわ》りあり

見かけは立派に見せているが、中身が伴っていないことを表わす言葉。例 色白になるクリームなどと宣伝しているが、看板に偽りありで、全く効き目がなかった。類句 ◆羊頭狗肉《ようとうくにく》

看板《かんばん》に偽《いつわ》りなし

看板に掲げてある内容と実際のものとが一致している。宣伝と実物とが合っていることをいう。

看板《かんばん》に傷《きず》がつく 《慣》

客の信用を失うようなことをして、店などの評判が落ちる。例 欠陥商品を売ったなどと言われたら、店の看板に

傷がつく。

看板《かんばん》にする《慣》

①何かを人目を引くためのスローガンや表向きの名目にする。例 二十四時間営業を看板にしたスーパーが近所にできた。②《閉店時に看板を中にしまうことから》飲食店や酒場などがその日の営業を終わりにする。例 客がみんな帰ったから、今日はこの辺で看板にしよう。

看板《かんばん》を下《お》ろす《慣》

⇩**暖簾《のれん》を下ろす**

看板《かんばん》を掲《かか》げる《慣》

《店先に看板を出す意から》世間に公然と名乗る。例 環境に配慮したという看板を掲げる企業が増えてきた。

完膚《かんぷ》無《な》きまで《慣》

《「完膚《かんぷ》」は、傷の無い皮膚の意》徹底的に相手を痛めつける様子。例 相手チームを完膚無きまでにやっつけた。

完璧《かんぺき》

《「璧《へき》」は、ドーナツ型で平たく、中央に穴のある宝玉。戦国時代に趙《ちょう》の国の「和氏《かし》の璧」という宝玉を秦《しん》の王がほしがり、十五の都城との交換を求めたので、藺相如《りんしょうじょ》が使者となって持参したが、秦の王は璧だけ取って都城をよこす意志がなかった。藺相如は王をあざむいて璧を取りもどし、無事に国に持ち帰った故事。もと、他人から預かったものを傷つけずに返す意》一つも欠点がなく、完全であること。⇩**和氏《かし》の璧《へき》**

原文 臣《しん》願わくは璧《へき》を奉じて往《ゆ》かん。城をして趙《ちょう》に入らしむれば璧は秦《しん》に留《とど》めん。城入らずんば臣請《こ》う完レ璧（璧を完《まっと》う）して趙に帰らん。〈史記《しき》・藺相如伝《りんしょうじょでん》〉

注意「璧」は宝玉で、「壁《かべ》」とは別の字。

管鮑《かんぽう》の交《まじ》わり

互いに十分に理解しあってする親密な交際。《春秋時代、斉《せい》の桓公《かんこう》をたすけて名宰相といわれた管仲《かんちゅう》と、その親友の鮑叔《ほうしゅく》との交際。若いころ二人は貧乏な書生どうしであったが、一緒に商売して、管仲が利益を余計に取っても、鮑叔は管仲がより貧乏であることを理解していたので、少しも不平を言わなかった。また管仲が戦場に出て逃げてばかりいても、管仲に老母のいることを知っていた鮑叔は、その卑怯《ひきょう》をとがめなかった。それに対して管仲は「我を生む者

は父母、我を知る者は鮑子《ほうし》なり」と感嘆し、二人の友情は厚い信頼と理解に満ちていた》〈史記《しき》・管仲伝《かんちゅうでん》〉

参考 「杜甫《とほ》」の「貧交行《ひんこうこう》」に「君《きみ》見ずや管鮑《かんぽう》貧時の交わりを、此《こ》の道、今人、棄《す》てて土の如《ごと》し」とある。

冠《かんむり》を曲《ま》げる《慣》
⇩旋毛《つむじ》を曲げる

歓楽極《かんらくきわ》まりて哀情多《あいじょうおお》し
楽しみが極点に達すると、かえって無限の悲しみが心に生じるものだ。原文 歓楽極まりて哀情多し。少壮幾時《いくとき》ぞ、老いを奈何《いかん》せん〔喜び楽しみが極まってくると、かえって哀《かな》しい気持ちが増してくるように思われる。この少壮の楽しい時がいつまで続くであろうか、やがて来る老年をどうしたらよいであろう〕。〈漢武帝《かんのぶてい》・秋風《しゅうふう》の辞《じ》〉

還暦《かんれき》
《満六十年めに、生まれた歳《とし》の干支《えと》に還《かえ》ることから》満六十歳のこと。「本卦還《ほんけがえ》り」と同じ。

類句 ◆華甲《かこう》

棺《かん》を蓋《おお》いて事定《ことさだ》まる
人は死んで初めて生前の事業や行ないの真価がわかるものである意で、死んで棺の蓋《ふた》をするまではその人の決定的な評価を下すことはできない、ということ。原文 丈夫《じょうふ》棺を蓋《おお》いて事始めて定まる。君今《きみいま》幸いに未《いま》だ老翁と成らず、何ぞ恨みん憔悴《しょうすい》して山中に在るを〔男子は死んで初めてその価値が決定する。君は現在まだ幸いに老人になっていない、やつれて山の中に居ることを気にすることはない〕。〈杜甫《とほ》の詩、君《きみ》見ずや蘇徯《そけい》に簡《かん》す〉

参考 杜甫《とほ》は「京より奉先県に赴き懐《かい》を詠ず五百字」の詩にも「棺を蓋《おお》えば事則《すなわ》ち已《や》まん、此《こ》の志常に豁《かつ》なるを覬《ねが》う」としている。

款《かん》を通《つう》じる《慣》
《「款」は「真心」の意》敵に内通する。例 祖国を裏切り、敵国に款を通じる。

歓《かん》を尽《つ》くす《慣》
互いに打ちとけて話し合うなどして、大いに楽しむ。「歓を極《きわ》める」とも。例 久しぶりに旧友が集まり、一夜の歓を尽くした。

眼《がん》をつける《慣》
因縁をつけるために相手の顔をじっと見る。不良仲間で用いる言葉。例 ちょっと目が合っただけなのに、「眼《がん》をつけたな」と不良に絡まれた。

管《かん》を鬻《ひさ》ぐ者《もの》は歳《さい》の疫《えき》ならんことを欲《ほっ》す
《棺桶《かんおけ》を売る者はその年に疫病が流行《はや》ることを願う意》
自分の利益だけを求めることのたとえ。〈漢書《かんじょ》・刑法志《けいほうし》〉

管《かん》を以《もっ》て天《てん》を窺《うかが》う
管《くだ》の穴から天をのぞいても狭い範囲しか見えない意で、見聞の狭いことのたとえ。
原文 これ直《た》だ管《かん》を用いて天を闚《うかが》い、錐《きり》を用いて地を指すなり。亦《また》小ならずや〔これこそ全く竹の管から天をのぞき、錐で大地の深さを測るというものである。なんとちっぽけな根性ではないか〕。〈荘子《そうじ》・秋水《しゅうすい》〉
類句 ◆管《くだ》の穴から天を覗《のぞ》く ◆葦《よし》の髄《ずい》から天井《てんじょう》覗く

き

気合《きあい》が入《はい》る《慣》
全力を出して事に当たろうとする気力がみなぎっている様子をいう。例 優勝を賭《か》けた一戦だけに、両チームとも気合が入った好プレーを見せてくれる。

気合《きあい》を入《い》れる《慣》
頑張れと声をかけたり、しっかりしろと叱《しか》りつけたりして、発奮させる。「気合を掛ける」とも。例「試合も近いのにだらだらした練習をするな」と気合を入れる。

利《き》いた風《ふう》《慣》
よく分かりもしないくせに、いかにもその面には通じているといった受け答えをする様子。例 素人《しろうと》のくせに利いた風な口をきくじゃないか。

聞《き》いて呆《あき》れる《慣》

まともに聞く気にはなれないほど馬鹿《ばか》げている。他人が言ったことを否定したりからかったりする場合に言う。一般に、相手の言った言葉をそのまま受けて、「〜が聞いて呆《あき》れる」の形で用いる。例 広告には新築の豪邸とあったが、あれが豪邸だなんて聞いて呆れるよ。

聞《き》いて極楽《ごくらく》見《み》て地獄《じごく》

話に聞いただけでは極楽のように思われるものも、実際を見れば地獄のようである。いろはがるた（江戸）の一。例 仕事が楽な割に賃金がいいと、工事現場に送られたが、過酷な労働はまさに聞いて極楽見て地獄だった。

類句 ◆聞くと見るとは大違い

忌諱《きい》に触《ふ》れる

⇩忌諱《きき》に触《ふ》れる

黄色《きいろ》い声《こえ》《慣》

若い女性のかん高い声。例 人気歌手の登場に女性ファンの黄色い声が上がる。

気炎《きえん》を上《あ》げる《慣》

他人の思惑《おもわく》など無視して、意気盛んに自説を主張する。例 ラグビー部の部員たちは、我々の力でかつての栄光を取り戻そうと気炎を上げた。

既往《きおう》は咎《とが》めず

過ぎてしまったことは、いまさら咎《とが》め立てしても仕方がない。むしろ将来を慎むことが大切である、ということ。

原文 子《し》、之《これ》を聞《き》きて曰《いわ》く、成事《せいじ》は説かず、遂事《すいじ》は諫《いさ》めず、既往《きおう》は咎《とが》めず〔孔子が（哀公《あいこう》と宰我《さいが》との問答を）聞いて言われた。できてしまったことは、とやかく言うまい。やってしまったことは、諫《いさ》めまい。過ぎてしまったことは咎めまい〕。〈論語《ろんご》・八佾《はちいつ》〉

参考 Let bygones be bygones.〔過ぎたことは過ぎたままにせよ〕

気《き》が合《あ》う《慣》

お互いに考え方や好みなどが似ていて、気兼ねすることなく一緒に何かをすることができる。例 気が合った仲間とする旅行ほど楽しいものはない。

気《き》が有《あ》る《慣》

何かに強い関心を抱き、積極的にかかわろうとする。特に、特定の異性に引かれて関心を抱くことをいう。例彼女はああ見えても役員のポストに気が有るんだよ。

気《き》がいい《慣》

素直で、言われたことに逆らおうとしない性質。例あいつは気がいい男で、頼まれるといやだとは言えないんだ。

気《き》が多《おお》い《慣》

興味や関心があれこれと移り変わり、一つの事に集中できない様子。例この子は気が多くて、何をやっても中途半端に終わる。

気《き》が大《おお》きい《慣》

度量が大きく、小さな事にとらわれたり動揺したりすることがない様子。例妻は気が大きい女で、私が会社を辞めたと言っても「あ、そう」と言っただけだった。反対気が小さい

奇《き》貨《か》居《お》くべし

《珍しい品物は、買っておいて時機を見て、高く売って儲《もう》けるべきであるという意》よい機会は、逃さずうまく利用すべきであるというたとえ。原文 子楚《しそ》は秦《しん》の諸庶孼孫《しょしょげっそん》にして、諸侯に質《ち》たり。車乗進用饒《ゆたか》ならず。居処困《きょしょくる》しみ、意を得ず。呂不韋《りょふい》、邯鄲《かんたん》に賈《こ》し、見て之《これ》を憐《あわれ》み、曰《いわ》く、此《こ》れ奇《き》貨《か》居《お》く可《べ》し、と〔子楚《しそ》は秦侯《しんこう》のめかけ腹の子で、他国に人質《ひとじち》になっていた。乗り物や日用品も十分でなく、住居にも困り、思うようにならなかった。呂不韋《りょふい》が趙《ちょう》の都の邯鄲《かんたん》に商売に出かけ、子楚を見て気の毒に思い、これは奇貨である、手に入れておくべきだ、と言った〕。〈史記《しき》・呂不韋伝《りょふいでん》〉類句◆好機逸《いっ》すべからず

気《き》が置《お》けない《慣》

互いに気心《きごころ》が通じていて、心から打ち解けることができる様子。「気心が知れず、安心して付き合えない」の意に用いるのは誤り。例今日集まったのは、子供の時から知っている、気が置けない仲間たちだ。参考「気が置ける」は何となく遠慮があって、心から打ち解けることができない意。

気《き》が重《おも》い《慣》

好ましくない結果が予想されたり何かを負担に感じたり

して、気持ちが沈む様子。例新居を手に入れたが、この先三十年もローンを返していくのかと思うと気が重い。

気《き》が勝《か》つ《慣》

気性が激しく、決して人に弱みを見せまいとする性格。例彼女は気が勝った人で、夫の葬儀でも決して涙を見せなかった。

気《き》が利《き》いた《慣》

センスがよくて、人を感心させるような趣向が凝らしてある様子。例あそこは若い人に人気の、気が利いた店だ。

気《き》が利《き》いて間《ま》が抜《ぬ》ける

注意が行き届いているようで、かえって落ち度がある。「気が利き過ぎて間が抜ける」とも。

気《き》が利《き》く《慣》

その場の状況や相手の意中などを敏感に察し、細かな点まで配慮したり臨機応変の対処をしたりすることができる。例やっと営業にも慣れて、少しは気の利いた受け答えができるようになった。

気《き》が気《き》でない《慣》

気がかりなことがあって、落ち着いていられない気持ち。例約束の時間に遅れはしないかと気が気でなかった。

気《き》が差《さ》す《慣》

自分の言動にやましい点があって、悪い結果になったのではないかと不安に思ったり責任を感じたりする。例彼女の心を傷つけたのではないかと気が差している。

気《き》が沈《しず》む《慣》

嫌なことや気にかかることがあって、暗い気持ちになる。例健康がすぐれないと、とかく気が沈んで、何をしても楽しめない。

機《き》が熟《じゅく》する《慣》

状況が変化して、計画を実行に移すのに、ちょうどよい時機になる。例世論に押されて政権交代を図る機が熟したようだ。

気《き》が知《し》れない《慣》

なぜそんなことをするのか、その人の気持ちが理解できない。例 あんな女のどこがいいのか、一緒になるというあいつの気が知れない。

気《き》が進《すす》まない《慣》

積極的にそれをしようという気持ちになれない。例 気が進まなければ、この縁談は断わってもかまわないよ。

気《き》が済《す》む《慣》

何かをすることによって、不満やいらだちなどが治まり、気持ちが落ち着く。例 僕の立場からすれば、君を殴ったぐらいで気が済むようなことではない。

気《き》が急《せ》く《慣》

急がなければいけないと、落ち着かない気分になる。例 早く完成しなければと気が急《せ》くばかりで、思うようにはかどらない。

気《き》がそがれる《慣》

何かに取り組もうとしていた意欲が、ちょっとしたきっかけで損なわれる。例 一緒にやろうと思っていたが、相手にその気がないことがわかって、気がそがれてしまった。

気《き》が立《た》つ《慣》

緊張が続いていらいらする。また、強い刺激を受けて興奮する。例 仕事が予定どおりに進まず、みんな気が立っている。

気《き》が散《ち》る《慣》

周りのことが気になって、当面する物事に集中できなくなる。例 弟と一緒の部屋では、気が散って勉強に身が入らない。

気《き》が付《つ》く《慣》

見落としたり忘れたりしてしまいがちな点に、注意が行き届く。例 君が異変に気が付いてくれたからよかったが、あやうく大事故になるところだった。

気《き》が詰《つ》まる《慣》

相手やその場の雰囲気に圧迫感を覚え、耐えがたい気持ちになる。例 深刻な話ばかりだと君たちも気が詰まるだろうから、話題を変えよう。

気《き》が強《つよ》い《慣》
気性が激しく、滅多《めった》なことではくじけない様子。例あの新入社員は気が強くて、係長に平然と言い返していた。

気《き》が遠《とお》くなるよう《慣》
（意識が失われていくような感じだの意から）普通の人の常識では想像もつかないほど、スケールが大きかったり遠く隔たっていたりすると感じられる様子。例一億光年とは、気が遠くなるような距離だ。

気《き》が咎《とが》める《慣》
自分の行動や態度にやましさを感じ、不快なしこりが残る。例先輩の好意に甘え過ぎたようで、気が咎《とが》める。

気《き》が無《な》い《慣》
そのことに興味や関心を示さず、消極的な態度をとる様子。例田中君も誘ってみたが、気が無い返事をしていた。

気《き》が長《なが》い《慣》
のんびりしていて、焦るということがない性格。また、焦らずに時間をかけて何かをする様子。例完成までに十年かかるとは、ずいぶん気が長い話だ。

気《き》が抜《ぬ》ける《慣》
①予定が狂うなどして、それまでの張り詰めていた気持ちが失われる。例突然降り出した雨で試合が中断し、選手たちは気が抜けてしまった。②ビールやウイスキーなどに特有の、味や香りが失われる。例気が抜けたビールなんか飲めたものじゃない。

気《き》が乗《の》らない《慣》
気になることがあったりして、何かを積極的にしようという意欲が湧《わ》かない。「気乗りがしない」とも。例今日は体調が悪いせいか、どうも仕事に気が乗らない。

気《き》が早《はや》い《慣》
状況の推移も見極めずに、こうしようと思ったことをし始める様子。例合格発表の前から住まいを探すとは、気が早いよ。

気《き》が張《は》る《慣》

気持ちを引き締めていなければならない状態に置かれ、緊張し続ける。例私がやらなければと気が張っていたので、夜も寝ずに看病できたのだ。

気《き》が晴《は》れる《慣》

何かをすることによって、それまでの不快な気分がぬぐい去られる。例姑《しゅうとめ》と折り合わず、実家に戻って愚痴をこぼしたが、一向に気が晴れない。

気《き》が引《ひ》ける《慣》

身にやましさを感じて、そうすることがためらわれる。例強がりを言ったてまえ、いまさら頼みに行くのも気が引ける。

気《き》がふさぐ《慣》

不快な気分をぬぐい去る術《すべ》がなく、暗い気持ちを抱き続ける。例体調がすぐれず、家にこもっていても気がふさぐばかりだから、少し散歩でもしてこよう。

気《き》が触《ふ》れる《慣》

〈「触れる」は、磁石の針などが正しい方向を示さず、少しずれている意の「振れる」からと言う〉精神に異常をきたす。例一人息子を交通事故で失ったショックで、母親は気が触れたようになった。

気《き》が紛《まぎ》れる《慣》

何かをすることで、不快な気分が一時忘れられる。例昼間は何かと気が紛れていたが、夜、一人になると、悲しみがどっと襲ってきた。

気《き》が回《まわ》る《慣》

細かな点に注意が行き届き、臨機応変の処置をしたり、相手の意向を敏感に察したりすることができる。例あわてていたので、帰りの指定券までは気が回らなかった。

気《き》が短《みじか》い《慣》

落ち着いて待つことができず、自分の予測よりも事の運びが遅れると、すぐにいらいらしたり怒りだしたりする。例気が短い人だから、待たずに先に行ってしまったに違いない。

気《き》が向《む》く《慣》

そのことをしたい、または、してもいいという気持ちになる。例 そのうち、気が向いたら行くかもしれない。

気《き》が滅入《めい》る《慣》 前途に夢も希望もないように感じられ、憂鬱《ゆううつ》になる。例 こう毎日雨ばかりでは気が滅入ってしまう。

気《き》が揉《も》める《慣》 どんな結果になるか心配で、落ち着かずにいる。例 あの二人が果たして結婚するのかどうか、気が揉《も》めることだ。

気《き》が休《やす》まる《慣》 何の心配事もなく、のんびりした気分になれる。例 このところ心配事続きで、気が休まる暇がない。

気《き》が緩《ゆる》む《慣》 緊張が解けてほっとし、物事に注意が行き届かない状態になる。例 難路を無事に越えて気が緩んだせいか、急に眠気に襲われて、追突事故を起こしそうになった。

気《き》が弱《よわ》い《慣》 他人の思惑《おもわく》などが気になって、思いどおりの言動ができない様子。例 我ながらどうも気が弱くて、嫌だと断ることができないのだ。

木《き》から落《お》ちた猿《さる》 本来の活動のよりどころを失って、得意な能力・技量を発揮することができない状態にあること、また、そうなった人、のたとえ。類句 ◇陸《おか》にあがった河童《かっぱ》 ◇水を離れた魚

気《き》が若《わか》い《慣》 年齢の割には気持ちの持ち方がいかにも若々しい様子。例 気が若い祖父は、孫と一緒にパソコンゲームに夢中になっている。

機関銃《きかんじゅう》のように《慣》 相手に口を挟む暇も与えず、次から次へと勢いよく言葉を発する様子。例 彼女は、喧嘩《けんか》となると機関銃のようにまくしたてて、相手に割り込むすきを与えない。

危機一髪《ききいっぱつ》

一本の髪の毛で千鈞《せんきん》の重さの物をつり上げるような、極めて危険なことのたとえ。一つ間違えば取り返しのつかない危険な目にさらされる意に用いる。例 彼女の機転で、危機一髪のところで大惨事を防ぐことができた。

聞《き》きしにまさる《慣》

うわさに聞いていた以上に、実際の程度がまさっていると実感する様子。例 富士山頂で初めて拝んだ御来光は、聞きしにまさる素晴らしさだった。

聞《き》き捨《ず》てならない《慣》

そのまま聞き流して、平気でいるわけにはいかない。「聞き捨てにならない」とも。例 裏で価格が操作されているという、聞き捨てならないうわさを耳にした。

忌諱《きき》に触《ふ》れる《慣》

立場が上の人の忌《い》み嫌っていることを言ったりしたりして、その人の機嫌を損じる。例 なまじ批判めいたことを口にしたのが、師匠の忌諱《きき》に触れ、破門された。

注意 「きい」と読むのは誤り。「諱」の字の音は「き」で「い」の音はない。

聞《き》き耳《みみ》を立《た》てる《慣》

話し声や物音をよく聞き取ろうとして、注意を集中する。例 隣室の話し声に、つい聞き耳を立ててしまう。

危急存亡《ききゅうそんぼう》の秋《とき》

《秋は一年中で穀物を収穫する大事な時であるから、「秋」の字で重大な時の意を表わす》危険の事態が目の前に迫っていることのたとえ。このまま生き残れるか滅びるかの、きわめて重大な瀬戸際。

原文 先帝創業未《いま》だ半ばならずして、中道に崩殂《ほうそ》す。今《いま》天下三分し、益州《えきしゅう》疲弊《ひへい》す。此《こ》れ誠に危急存亡の秋《とき》なり〔亡き天子は、手をおつけになった国造りの事業がまだ半分も完成しないうちに、途中でおかくれになりました。今は天下は三つに分かれ、わが益州の民は弱り疲れております。これこそまことに、乗るかそるかのせとぎわの重大な時であります〕。〈諸葛亮《しょかつりょう》の文、出師《すいし》の表《ひょう》〉

規矩準縄《きくじゅんじょう》

《「規」はコンパス。「矩《く》」は曲尺《かねじゃく》、直角に曲がった物差し。「準」は水盛り・水準器。「縄」は墨縄《すみなわ》、直線を引く道具》手本。標準。法則。

原文 聖人既《すで》に目の力を竭《つ》し、之《これ》に継《つ》ぐに規矩準縄を以《もっ》てし、以て方員《ほうえん》平直を為《つく》る〔上古の聖人は自分の目の力を十分に用い尽くした上で、さらに規・矩・準・縄を工夫して用いたので、正方形・円形・平面・直線を作ることができたのである〕。〈孟子《もうし》・離婁《りろう》上〉

聞《き》くと見《み》るとは大違《おおちが》い

話に聞いていたことと、実際に自分の目で確かめたこととの落差が甚だしいことをいう。例 豪華美邸と宣伝されていたが、聞くと見るとは大違いで、現地に建っていたのはごく普通の住宅だった。

類句 ◆聞いて極楽見て地獄

聞《き》くは一時《いっとき》の恥《はじ》聞《き》かぬは一生《いっしょう》の恥《はじ》

知らないことを人に聞くのは、その時は恥ずかしい思いをするかもしれないが、聞かずに一生そのことを知らないままでいれば、いざという時にかえって恥をかくことになる。知らないことは何でも知っている人にその場で聞くのがよい、ということ。「問うは一旦《いったん》の恥問わねば末代《まつだい》の恥」とも。

聞《き》く耳《みみ》を持《も》たない《慣》

人の意見を聞く気持ちなど一向にないの意で、相手の言を封じる場合などに用いる。例 そんなくだらない話など聞く耳を持たない。

気位《きぐらい》が高《たか》い《慣》

家柄がいいことや教養があることに優越感を抱き、下賤《げせん》の人たちとは付き合えないといった態度をとる様子。例 あの人は気位が高いから、私たちが行くような庶民的な店は見向きもしませんよ。

聞《き》けば聞《き》き損《ぞん》

知らなければ何事もなかったことを、聞いてしまったために腹立たしく思うこと。「聞けば聞き腹《ばら》」とも。例 聞けば聞き損で、嫌なことは知らないほうが幸せなものだ。

聞《き》けば気《き》の毒《どく》見《み》れば目《め》の毒《どく》

感覚や感情を刺激するものを見たり聞いたりすれば煩悩《ぼんのう》が生じ、欲望が起こって、心身の悩みや苦しみが多くなるものだ。

機嫌《きげん》が直《なお》る《慣》

慰めらるなどして、怒りがおさまり、穏やかな気持ちになる。例 おもちゃを買ってやると言った途端に、泣いていた子供の機嫌が直った。他 **機嫌を直す**

機嫌《きげん》を損《そこ》ねる《慣》

うっかり気に入らないことを言ってしまうなどして、その人の気分を害する。例 冗談に言ったつもりだったんだが、すっかり彼の機嫌を損ねてしまった。「機嫌を損《そん》じる」とも。

機嫌《きげん》を取《と》る《慣》

気に入られようとして、その人の喜ぶようなことを言ったりしたりする。例 彼は、仕事はできないのに、上役の機嫌を取ることだけは上手だ。

聞《き》こえよがし《慣》

問題にしている当人にも聞こえるように、わざと大きな声で悪口や皮肉を言う様子。例 隣の部屋で、聞こえよがしに嫁の悪口を言う。

気心《きごころ》が知《し》れる《慣》

長年付き合うなどして、その人の性格や好みなどがよく分かっている。例 年に一、二度は、気心の知れた友達と気ままな旅行をすることにしている。

気骨《きこつ》がある《慣》

周囲の圧力に屈することなく、自分の信念を貫こうとする強い意志を持つ。例 我が社は、学力よりも、気骨があるタフな人材を求めている。

類句 ◆骨《ほね》がある

騎虎《きこ》の勢《いきお》い

〔虎《とら》に乗って走ると、途中では降りようとしても降りられないことから〕物事にはずみがついて、途中でやめられないはげしい勢いをいう。成り行きにまかせる、という意にも用いられる。

原文 周の宣帝崩《せんていほう》ずるに及んで、高祖禁中に居《お》り、百揆《ひゃっき》を総《す》ぶ。后、人をして高祖に謂《い》わしめて曰《いわ》く、大事已《すで》に然《しか》り、騎獣《きじゅう》の勢い、必ず下《くだ》るを得ざらん。これを勉《つと》めよ〔北周の宣帝《せんてい》が亡くなった時、高祖（隋《ずい》の文帝の楊堅《ようけん》、当時北周に仕えていた）は、宰相として宮中にいた。皇后は人をやって高祖に言わせた。国家に大事が起きてしまいました。騎《き》虎《こ》の勢いというもので、（あなたが帝位に即《つ》くことは）きっとやめようにもやめられないでしょう。どうかしっかりやってください」。〈隋書《ずいしょ》・独孤皇后伝《どっここうごうでん》〉

参考 『五代史』郭崇韜伝《かくすうとうでん》に「虎《とら》に騎《の》る者は勢い下るを得ず」とある。

起死回生《きしかいせい》

《死にそうな人を生き返らせる意》思い切った手段をとって、絶望的な状態から立ち直らせること。例 九回裏、起死回生の一打を放って試合を逆転し、チームの勝利に大きく貢献した。

生地《きじ》が出《で》る《慣》

何かの拍子に、それまで隠していた、その人の持って生まれた性格が露見する。一般に、好ましくないととらえられる面について言う。「生地を出す」とも。例 共同事業の利益配分の場になったら、日ごろ紳士ぶって利害得失にはこだわらないと言っていた吉田君も目の色が変わって、すっかり生地が出た感じだった。

樹《き》静《しず》かならんと欲《ほっ》すれども風《かぜ》止《や》まず

風に吹かれる木は静かにしていたいと思っても、風のほうで吹くのをやめてくれない意で、物事がままにならないことを嘆く言葉。親孝行をしようと思っても、その時まで親は生きていてくれないから、親の生存中に孝養を尽くすように心掛けよ、ということ。「風樹《ふうじゅ》の嘆《たん》」とも。

原文 それ樹《き》静かならんと欲すれども風止《や》まず、子《こ》養わんと欲すれども親待たず。〈韓詩外伝《かんしげでん》・九〉

類句 ◆石に蒲団《ふとん》は着せられず ◆孝行のしたい時分に親はなし

雉《きじ》の隠《かく》れ

⇨頭《あたま》隠して尻《しり》隠さず

雉《きじ》も鳴《な》かずば撃《う》たれまい

《雉《きじ》も鳴かなかったら居場所を人に気付かれず、撃たれることもなかっただろう、の意》無用なことを口にしなかったら、災難に遭わずにすんだろうと、不用意の発言を戒める言葉。

喜寿《きじゅ》

（「喜」の字の草書「㐂」は、「七」と「十」と「七」とから成ることから）七十七歳の俗称。「喜の字の祝い」とも。

机上《きじょう》の空論《くうろん》 《慣》

理屈の上でそうなるというだけで、現実の役には立たない論。例 君の言っていることはアイディアとしては面白いが実現性はなく、机上の空論だ。

気色《きしょく》が悪《わる》い 《慣》

嫌いな物事に接したりして、不快な気分になる様子。例 心にもないお世辞を言われて気色が悪い。

疑心暗鬼《ぎしんあんき》 《慣》

一度疑いだすと、何もかもが疑わしく思われること。⇩次項 例 一度、偽物《にせもの》をつかまされて以来、どうも疑心暗鬼になって、骨董品《こっとうひん》を買う気にはならなくなった。

疑心暗鬼《ぎしんあんき》を生《しょう》ず

疑いの心があると、暗闇《くらやみ》の中にありもしない鬼の形が見えたりする。〈列子《れっし》・説符《せっぷ》〉

傷《きず》がつく 《慣》

その人・家や所属する組織などにとって不名誉だということで、世間の評価が下がる。例 名門チームの名に傷がつくような不様《ぶざま》な試合をしてしまった。他 **傷をつける**

傷口《きずぐち》に塩《しお》を塗《ぬ》る 《慣》

（傷口に塩を塗れば、一段と痛みが増すことから）苦痛や困難にあえいでいるところに、更に打撃が加えられる。例 失恋のショックから立ち直れないでいる男に、彼女の結婚のことを話すなんて、傷口に塩を塗るようなものだ。

帰《き》する所《ところ》 《慣》

結局のところの意で、あれこれ策を考えたものの、案外平凡な結果に落ち着くものだということを表わす言葉。例 諸案を検討してみたが、帰する所、第一案が最善の方法だということになった。

気勢《きせい》を上《あ》げる 《慣》

大勢の人が集まって、何かをしようと意気盛んなところを示す。例マンション建設反対派の人々が公園に集まって、気勢を上げている。

気勢《きせい》をそがれる《慣》

張り切ってやろうとしていた意気込みが、何かによってくじかれる。例対戦相手が弱過ぎて、何だか気勢をそがれてしまった。

犠牲《ぎせい》を払《はら》う《慣》

目的を達成するために、命を捨てたりかけがえのないものを失ったりする。例今日の平和を手に入れるためには、内戦という大きな犠牲を払わなければならなかった。

鬼籍《きせき》に入《い》る《慣》

《「鬼籍」は、過去帳の意》「死ぬ」意の婉曲《えんきょく》な表現。例学生時代の仲間も今では鬼籍に入った者のほうが多い。

期《き》せずして《慣》

全く予想もしていなかったことが起きる様子。例パリで別行動を取ることになった私と彼女は、期せずして帰りの飛行機で隣り合わせの席になった。

機先《きせん》を制《せい》する《慣》

相手が事を起こす前に、その意図をくじいたり、自分が有利な立場に立ったりする手段を講じる。例敵の機先を制して攻撃をしかけ、大勝を得る。

気息奄奄《きそくえんえん》《慣》

《息も絶え絶えで、今にも死にそうな意から》組織・団体や事業などが危機に直面し、かろうじて持ちこたえている状態にあること。例この地域ではコンビニが乱立し、どの店も、売り上げ不振で今や気息奄奄《えんえん》らしい。

驥足《きそく》を展《の》ぶ

《「驥《き》」は、一日に千里を走るという名馬。名馬が全力を出して走る意》優れた才能を持つ者が、存分に能力を発揮することのたとえ。

原文 先主、荊州《けいしゅう》を領せし時、統《とう》、従事を以《もっ》て耒陽《らいよう》の令を守る。県に在りて治まらず、官を免ず。呉の将魯粛《ろしゅく》、先主に書を遺《おく》りて曰《いわ》く、龐士元《ほうしげん》は百里の才に非《あら》ず。治中別駕《ちちゅうべつが》の任に処《お》らしめば、始めて当《まさ》に其《そ》の驥足《きそく》を展《の》ぶべきのみ、と

〔先主劉備《りゅうび》が、荊州《けいしゅう》の長官であった時、龐統《ほうとう》を耒陽《らいよう》県の長

官とした。しかし県がよく治まらなかったので免官した。呉の将の、魯粛《ろしゅく》が手紙を劉備にやって言った。龐士元《ほうしげん》（統の字《あざな》）は小さい県の長官には適しない。治中別駕《ちちゅうべつが》（州の長官の副官）とすれば、存分に才能を発揮することができる」。〈三国志《さんごくし》・蜀志《しょくし》・龐統伝《ほうとうでん》〉

危殆《きたい》に瀕《ひん》する《慣》
それまでの安定した状態が失われ、非常に危険な事態になる。例 各地でテロが頻発し、今や世界の平和は危殆《きたい》に瀕《ひん》している。

着《き》たきり雀《すずめ》《慣》
〈お伽話《とぎばなし》「舌切り雀《すずめ》」のもじり〉どこへ行くにも、いつも同じ服を着ていること、また、その人。自嘲《じちょう》したりそのような人をからかったりするのに用いる。例 晴れがましい席に、安月給の着たきり雀では何とも恥ずかしい。
類句 ◆替《か》え着なしの晴れ着なし

来《きた》る者《もの》は拒《こば》まず
自分のところを訪ねて来る者は、どんな人であれ受け入れて拒絶しない。「きたる」は「くる」とも読む。〈孟子《もうし》・尽心下《じんしんか》〉⇩去る者は追わず

気違《きちが》いに刃物《はもの》
狂人に刃物を持たせると、どんなことをしでかすかわからない意。判断力を失った者に、他人に危害を加える恐れのある力や材料を与えることは、非常に危険である、ということ。

機知《きち》に富《と》む《慣》
巧みな表現や気の利いた洒落《しゃれ》などをとっさに言える才能がある。また、言葉の端《はし》ばしにそれが感じられる。例 田中さんの機知に富んだ一言で、険悪になっていた空気が一瞬和んだ。

危地《きち》を脱《だっ》する《慣》
最悪の事態を無事に切り抜ける。例 何とか資金繰りのめどがついて、その会社もどうにか危地を脱した。

切《き》った張《は》った《慣》
喧嘩《けんか》などが、口論にとどまらず暴力沙汰《ざた》に及ぶ様子。例 隣の家のは夫婦喧嘩なんてものじゃあない、切った張った

の大騒ぎで、警官まで呼ぶ始末だ。

切《き》って捨《す》てる《慣》

情け容赦なく切り捨てる。例会社の新方針に対する意見を、社長は容赦なく切って捨てた。

切《き》っても切《き》れない《慣》

いくら切ろうとしても切れない強いつながりがある様子。例いろいろな事情があって、今ではあの二人は切っても切れない関係にある。

狐《きつね》につままれたよう

《「つままれる」は、化かされる意》どうしてそうなったのか全く分からず、ただあきれている様子。例上機嫌だった彼が、急に怒り出したものだから、みんな狐《きつね》につままれたようで唖然《あぜん》とした。

狐《きつね》の嫁《よめ》入《い》り

日が照っているのに雨が降る、奇妙な空模様をいう。

狐《きつね》を馬《うま》に乗《の》せたよう

いつも不安定で落ち着いていられない様子。また、言うことがとりとめなくて、信用のおけないこと。

木《き》強《つよ》ければ則《すなわ》ち折《お》る

堅くて強い樹木は強風などで折れやすいが、柔軟な木はしなやかで折れにくい。堅強なものよりは柔軟なもののほうが長く生き続けるということ。〈列子《れっし》・黄帝《こうてい》〉

類句 ◆柔《じゅう》能《よ》く剛《ごう》を制す

木《き》で鼻《はな》をくくったよう

《「くくる」は「こくる」の変化したもの。「こくる」は「こする」の意》相手にひどく冷淡な態度をとる様子。例彼に借金を頼んでみたが、木で鼻をくくったような答えしか返ってこなかった。

機転《きてん》が利《き》く《慣》

事に当たってとっさに頭が働き、その場にふさわしい行動がとれる。例交渉が行き詰まった時、彼の機転の利いた提案で道が開けた。他**機転を利かす**

軌道《きどう》に乗《の》る《慣》

何かをし始めて、当初の計画や予想のとおり、順調に事を進めて行ける状態になる。例 会社設立後三年で、経営がどうやら軌道に乗ってきた。

気《き》に入《い》る《慣》

何かを好ましく感じ、積極的に受け入れようとする気持ちになる。例 彼は誕生日に贈られたネクタイがよほど気に入ったのか、毎日のように締めている。

気《き》に掛《か》かる《慣》

好ましくない結果になるのではないかと心配で、そのことが心から離れないでいる。例 いつもと違う彼女の態度が、妙に気に掛かる。他 **気に掛ける**

気《き》に掛《か》ける《慣》

好ましくない結果を招いたりしてはいけないと、そのことを絶えず心に留めておく。例 母が亡くなってからは、叔母が何かにつけて私のことを気に掛けてくれる。

気《き》に食《く》わない《慣》

何かが自分の考えや好みに合わず、不快に思ったり不満を感じたりする様子。例 品質はいいが、値段が高いのが気に食わない。

気《き》に障《さわ》る《慣》

相手の言動を不快に感じ、機嫌が悪くなる。例 何が気に障ったのか、彼は急に黙り込んでしまった。

機《き》に乗《じょう》じる《慣》

その時の情勢を絶好の時機ととらえて、すかさず行動に出ることを表わす。例 機に乗じて相場に投資し巨額の利益を得た。

気《き》にする《慣》

何かに不安感や不快感を感じ、そのことに絶えずこだわっている。例 あの人の言ったことなど、気にしなくてもいい。

気《き》に染《そ》まない《慣》

満足できない点があって、それを積極的に受け入れる気持ちになれない様子。例 どんなに勧められようとも、気に染まない相手と結婚することはできない。

木《き》に竹《たけ》を接《つ》ぐ

《木と竹とは種類が違うので、木に竹を接《つ》ぎ木《き》することはできない意》前後のつじつまが合わないことをいう。また、調和のとれないものを組み合わせることをも指す。例 彼の言っていることは木に竹を接いだようなもので、全く説明になっていない。

機《き》に投《とう》じる《慣》

その時の情勢を、得がたい好機として抜け目なく利用する。例 機に投じて事業を一気に拡張し、巨万の富を得た。

気《き》にとめる《慣》

普通とは異なることとして、そのことに注意を払う。例 言い争っている声は聞こえたが、別に気にとめなかった。

気《き》になる《慣》

①新たな物事や未知の出来事などに接し、興味をそそられる。例 今年の新入社員はどんな人たちか気になる。②心配事があって、どんな結果になるかと、絶えずそのことが意識される。例 試験の結果が分からないうちは、どうも気になって落ち着かない。③何かから不快な刺激を受け、いらだちを覚える。例 隣の部屋の話し声が気になって寝つかれなかった。

気《き》に病《や》む《慣》

自分に責任があると感じたり、悪い結果を予想したりして、どう対処したものかと思い悩む。例 家の中で暴力を振るう子供のことを気に病んで、母親はノイローゼ気味だ。

木《き》に縁《よ》りて魚《うお》を求《もと》む

《木によじ登って魚を取ろうとする意》手段を誤っては、求めようとしても目的のものは得られない、ということ。原文 かくの若《ごと》く為《な》す所を以《もっ》て、かくの若く欲する所を求むるは、猶《な》お木《き》に縁《よ》りて魚《うお》を求むるがごとし。〈孟子《もうし》・梁《りょう》恵王《けいおう》上〉

類句 ◇畑《はたけ》にはまぐり

機《き》に因《よ》りて法《ほう》を説《と》け

よい機会をとらえて道理を説け、の意で、いかに優れた道理でも、いつも人に受け入れられるとは限らないから、最も適した機会に話をするのが一番だ、ということ。

類句 ◆人《にん》を見て法を説け ◆人《ひと》を見て法を説け

絹《きぬ》を裂《さ》くよう《慣》

《絹の布を裂くときに、高く鋭い音が出ることから》叫び声が非常にかん高く鋭い様子。例林の中から絹を裂くような女の悲鳴が聞こえてきた。

昨日《きのう》の今日《きょう》《慣》

昨日そのことがあって、まだ一日しかたっていない今日の意で、いくらも日がたっていないこと。例いくら仕事が早いといっても、昨日の今日では仕上がるはずがない。

昨日《きのう》の襤褸《つづれ》今日《きょう》の錦《にしき》

昨日は零落して襤褸《ぼろ》を身にまとっていた人が、今日は栄達して錦《にしき》で身を包んでいる意で、人の運命は変わりやすいものだ、ということ。

昨日《きのう》の友《とも》は今日《きょう》の敵《てき》

昨日まで親しかった友が今日はたちまち敵となる意で、人の関係は変わりやすく、離合集散は絶えず繰り返されるものだ、ということ。逆に「昨日の敵は今日の友」という言葉もある。

昨日《きのう》の淵《ふち》は今日《きょう》の瀬《せ》

⇩飛鳥川《あすかがわ》の淵瀬《ふちせ》

昨日《きのう》は人《ひと》の身《み》今日《きょう》は我《わ》が身《み》

昨日は他人の身の上に関することだと思っていたことが、気が付くと今日は自分の身に起こっている意で、人の運命はいつどのように変わるか予想できない、ということ。

類句 ◆今日《きょう》は人の上明日は我が身の上

昨日《きのう》や今日《きょう》《慣》

《一般に、後に否定表現を伴って》昨日、今日といった、ごく最近のこと。例この構想は、昨日や今日思いついたものとは訳が違うんだ。

気《き》のせい《慣》

気持ちの持ちように原因がある意で、事実でないことを事実であるかのように意識したり感知したりする心的状況をいう。例玄関に誰《だれ》か来たと思ったが気のせいだった。

木登《きのぼ》りは木《き》で果《は》てる

木登りの上手・名人と言われる人が、えてして木から落ちて命を落とすものだということ。
類句 ◆泳ぎ上手は川で死ぬ ◆川立ちは川で果てる

木《き》の股《また》から生《う》まれる

人情を解しない者、男女の情が分からない者を、人の子ではないとしていう言葉。例 あの男だってまさか木の股《また》から生まれたわけじゃあるまいし、そのくらいの情けはあるだろう。
類句 ◆木仏金仏石仏《きぶつかなぶついしぼとけ》

着《き》のみ着《き》のまま《慣》

着物を着替える余裕もなく、また、何一つ持たずに、家を出る様子。例 気が付いた時には火の海で、着のみ着のまま逃げ出すのがやっとだった。

木《き》の実《み》は元《もと》へ

木になった実はその木の根元に落ちる意で、物事はすべて、それが起こったそもそものところに返っていくものだ、ということ。

気《き》の病《やまい》《慣》

精神的な疲れや心配などで起こる病気。「気の煩《わずら》い」とも。例 あの人のは気の病だから、温泉にでも行ってのんびりするのが一番かもしれない。

起爆剤《きばくざい》になる《慣》

ちょっとした事が、大きな運動や事件などに発展するきっかけとなる。例 難民キャンプの悲惨な状況がテレビで報じられたことが起爆剤になって、難民救済運動がにわかに高まりを見せた。

気《き》は心《こころ》

《わずかなものでも思いが込められている意》特に、謝礼や贈り物の金額や量はわずかであっても、誠意が込められているということ。例 気は心だから、わずかでも謝礼をしておくほうがいい。

牙《きば》を研《と》ぐ《慣》

相手をやっつけようと、準備万端整えて機会をねらう様子をいう。例 彼らは牙《きば》を研いで、絶えず復讐《ふくしゅう》の機会をうかがっているのだ。

牙《きば》を鳴《な》らす《慣》

〔歯をがちがちと鳴らす意から〕歯ぎしりして悔しがる様子、また、相手に対し敵意をむき出しにする様子をいう。例 思わぬミスで試合に負け、牙《きば》を鳴らして悔しがる。

牙《きば》を剝《む》く《慣》

内に秘めていた敵対心をむき出しにする。また、何かが、狂暴な面をあらわにして襲いかかる。例 大雨で増水した濁流は、牙《きば》を剝《む》いて民家を襲った。

踵《きびす》を返《かえ》す《慣》

〔「踵《きびす》」は、かかとの意〕引き返す。また、後戻りする。「踵を廻《めぐ》らす」とも。例 父危篤の知らせを受け、急遽《きゅうきょ》旅先から踵を返した。

踵《きびす》を接《せっ》する《慣》

〔「踵《きびす》」は、かかとの意〕何かが次々と並んだり続いて行なわれたりする様子。例 彼の死を聞いて、踵を接して弔問客が訪れる。

驥尾《きび》に付《ふ》す

〔「驥尾《きび》」は、一日に千里を走るという名馬の尾。自分自身の力では遠くまで飛べない青蠅《あおばえ》も駿馬《しゅんめ》の尾に取り付けば、一日に千里を行くことができるという意から〕才能のない人が、優れた先輩のあとに付き従って、自分の力だけではできないような事を成し遂げること。また、後輩が、優れた先輩の引き立てで成功すること。多く、自分の業績などについて謙遜《けんそん》して言うのに用いる。「驥尾《きび》に付《つ》く」とも。

例 恩師の驥尾に付して、やっと一人前の研究者として認められるようになった。

原文 顔淵《がんえん》は篤学《とくがく》なりと雖《いえど》も、驥尾《きび》に付して行ない益々《ますます》顕《あらわ》る〔顔淵は篤学の士であったが、孔子という優れた人に従学したことによって、その行ないがますます世に明らかになったのである〕。〈史記《しき》・伯夷伝《はくいでん》〉

参考 『後漢書《ごかんじょ》』隗囂伝《かいごうでん》に「蒼蠅《そうよう》（あおばえ）の飛ぶや、数歩に過ぎず。即《も》し驥尾《きび》に託すれば、以《もっ》て群を絶《ぜっ》するを得《う》」とある。

機微《きび》に触《ふ》れる《慣》

対人関係における言動を通して、その時どきの人の心の微妙な動きや変化を感じとる。例 老夫婦のさりげないやりとりを聞いて、人生の機微に触れる思いがした。

機微《きび》をうがつ 《慣》

人間関係における、その時どきの微妙な心の動きや、それに伴う行動のしかたなどを鋭く見抜き、的確に指摘する。例 あの作家は、人情の機微をうがった作品を得意とする。

木仏金仏石仏《きぶつかなぶついしぼとけ》

人情を解さない人や男女の情が分からない人、また、融通のきかない人をたとえていう。

類句 ◆木の股《また》から生まれる

季布《きふ》の一諾《いちだく》

⇩一諾千金《いちだくせんきん》

希望《きぼう》は悲《かな》しい時《とき》の最上《さいじょう》の音楽《おんがく》

希望を持つことが、悲しいときには何よりの慰めになるものである。

気骨《きぼね》が折《お》れる 《慣》

あれこれと気を配らなければならないことが多く、精神的に疲れる。例 客相手の商売は、何かと気骨が折れる。

気前《きまえ》がいい 《慣》

出し惜しみすることなく人に金や物を与えたり、他人のために金を使ったりする様子。例 初対面なのに欲しければ何でも持っていけとは、ずいぶん気前がいい人だ。

決《き》まりが付《つ》く 《慣》

物事が何らかの結果に落ち着く。例 ああだこうだと議論ばかり続いて、いつまでも決まりが付かない。他 **決まりを付ける**

決《き》まりが悪《わる》い 《慣》

恥ずかしくて人に顔を合わせられないと思う気持ち。例 二度も同じ失敗をして、決まりが悪くてみんなの前に出られない。

気味《きみ》がいい 《慣》

好ましく思っていない人の失敗などを見て、当人の気持ちなど無視して、快感を覚える様子。例 いつも偉そうなことを言っていたあいつが、人前で失態を演じたとは気味がいい。

気味《きみ》が悪《わる》い《慣》
相手の正体や真意などが分からず、不安に感じる気持ち。例 いつもはろくに挨拶《あいさつ》もしない男にお世辞を言われると、かえって気味が悪い。

君君《きみきみ》たらずと雖《いえど》も臣《しん》は臣《しん》たらざるべからず
主君がたとえ主君としての道理をわきまえていなくても、臣下はあくまで臣下としての道を守って、忠義を尽くさなければならない、という儒教道徳の教え。
原文 君、君たらずと雖《いえど》も臣は以《もっ》て臣たらざるべからず、父、父たらずと雖も子《こ》は以て子たらざるべからず。〈孔安《こうあん》国《こく》・古文孝経序《こぶんこうきょうじょ》〉

君辱《きみはずかし》めらるれば臣死《しんし》す
主君が辱めを受ければ、家来は命を捨てても主君の恥をすすがなければならない意で、臣下は主君と苦楽生死を共にすべきであることをいう。
原文 范蠡《はんれい》曰《いわ》く、人臣たる者は、君憂《うれ》うれば臣労し、君辱《はずかし》めらるれば臣死す。〈国語《こくご》・越語《えつご》下〉

気脈《きみゃく》を通《つう》じる《慣》
《「気脈」は、血液の流れる道筋の意》目的達成のために、ひそかに連絡を取り合って、互いの意志を通じる。例 主君の側近でありながら敵方の者と気脈を通じて、謀反を企てていたのだ。

木目《きめ》が細《こま》かい《慣》
心遣いが細部まで行き届いている様子。例 今こそ社会的弱者を救済するための木目の細かい政策が望まれる。

決《き》めてかかる《慣》
まだ未確定な段階であるのに、間違いなくこうだと思い込む。例 窓ガラスを割ったのは私だと、先生は、端《はな》から決めてかかっていた。

鬼面人《きめんひと》を威《おど》す《慣》
《鬼の面をつけて人を威《おど》す意から》見せかけの威勢で人を威す。「鬼面人を驚かす」とも。例 あの人は何かにつけて鬼面人を威すようなパフォーマンスをする癖がある。

肝《きも》が据《す》わる
《慣》どんな場合にもあわてたり恐れたりすることのない、たくましい精神力が身に備わっている。例さすが政界の大物だけあって肝が据わっていて、政治生命が絶たれかねない事態に当面しても全く動じない。

肝《きも》が小《ちい》さい
《慣》思い切ったことをする度胸が無かったり、ちょっとしたことにすぐあわてふためいたりする様子。例彼のような肝が小さい男に、そんな大それたことができるはずがない。

肝《きも》が太《ふと》い
《慣》何事にも動じない、また、小さいことにこだわらず、思い切ったことをする性格。「肝っ玉が太い」とも。例富士山をスキーで滑り降りるなんて、よほど肝が太い人間でなければできるものではない。

気《き》もそぞろ
《慣》気に掛かることがあって、何かに注意を集中することができずにいる様子。例約束の時間に遅れそうで、母の話を気もそぞろに聞いていた。

気持《きも》ちが傾《かたむ》く
《慣》次第にそれが好ましく感じられてきて、積極的に働きかけたり受け入れたりしようという気持ちになる。例彼は初めは海外勤務を嫌がっていたが、近ごろは、だいぶ気持ちが傾いてきたようだ。

気持《きも》ちを汲《く》む
《慣》⇩心を汲《く》む

肝《きも》に銘《めい》じる
《慣》決して忘れないように深く心にとめる。例上役の忠告を肝に銘じて、二度と失敗しないように気を付けよう。

肝《きも》を据《す》える
《慣》何かをする際に、どんな事態になっても動揺するまいと覚悟を決める。例よほど肝を据えてかからないと、あの大国相手の外交交渉は失敗に終わるだろう。

肝《きも》を潰《つぶ》す
《慣》

ひどく驚いてうろたえる様子。「肝が潰《つぶ》れる」とも。例話もしないうちにいきなりどなりつけられて、肝を潰した。

肝《きも》を冷《ひ》やす《慣》

危うく危険な目に遭《あ》いそうになり、ぞっとする。例崖《がけ》っぷちで足をすべらせそうになり、肝を冷やした。

客《きゃく》が付《つ》く《慣》

買い手が決まる。特に、接客業などで得意客が決まる場合などに用いる。例彼女にもいい客が付いたようだ。

逆手《ぎゃくて》を取《と》る《慣》

相手の攻撃をうまく利用して、逆に攻め返す。「逆を取る」とも。例つまらぬ言いがかりをつけてくるから、逆手を取って言い負かしてやった。

客《きゃく》をする《慣》

客を招待して、もてなす。例日曜日に家で客をすることが多いから、週末は買い物で大変だ。

キャスチングボートを握《にぎ》る《慣》

（「キャスチングボート」は、賛否同数の場合に議長や委員長が行なう決定投票）最終的に、その人や一部少数の人々の判断が大勢を左右することになる。例我々の意見が二つに割れてしまったから、最終的に、今日欠席の石田さんがキャスチングボートを握ることになった。

脚光《きゃっこう》を浴《あ》びる《慣》

マスコミの話題になるなどして、その人の存在が世間の注目の的になる。多く、好ましい事柄について用いる。例芥川《あくたがわ》賞を受賞して、一躍脚光を浴びる。

杞憂《きゆう》

（昔、杞《き》の国の人が、天が崩れ落ちはしないかと憂えて、夜もおちおち眠れず、飯ものどを通らなかったという故事から）いらざる心配。取り越し苦労。例大会開催に当たって悪天候が危惧《きぐ》されたが、杞憂《きゆう》に終わった。

原文 杞国《きこく》に、人の天地崩墜《ほうつい》して、身の寄《よ》る所亡《な》きを憂えて、寝食を廃する者有り。〈列子《れっし》・天瑞《てんずい》〉

久闊《きゅうかつ》を叙《じょ》する《慣》

（「久闊《きゅうかつ》」は、久しく便りをしない意）久しぶりに会った旧知の人と、無沙汰《ぶさた》をわびる挨拶《あいさつ》をする。例 恩師の米寿の会は、旧友たちと久闊を叙する良い機会でもあった。

九牛《きゅうぎゅう》の一毛《いちもう》

《九頭の牛の毛の中の一本という意で、きわめて多くの中のごくわずかな部分をいう》取るに足らない小さなこと。ものの数ではないこと。

原文 仮令《たとい》、僕《ぼく》、法に伏して誅《ちゅう》を受くるも、九牛の一毛を亡《うしな》うが若《ごと》く、螻螘《ろうぎ》（螻は、けら、螘は蟻《あり》）と何ぞ異ならん〔たとえ私が法によって死刑に処せられても、九牛が一毛を抜かれた程度のことであって、虫けらが死んだのと違いがありません〕。〈漢書《かんじょ》・司馬遷伝《しばせんでん》〉

旧交《きゅうこう》を暖《あたた》める《慣》

旧友に久しぶりに会って、昔を懐かしむ。例 ゆうべは十年ぶりに彼と酒を酌み交わし、旧交を暖めた。

九死《きゅうし》に一生《いっしょう》を得《え》る

普通なら命を失っているはずの危ないところを、かろうじて助かる。例 手術が成功して、彼は九死に一生を得た。

類句 ◆万死《ばんし》に一生を得る

急所《きゅうしょ》を衝《つ》く《慣》

物事の核心となる部分を的確にとらえて、問題にする。例 野党の議員から外交政策の急所を衝《つ》いた質問を受け、外務大臣は答弁に窮した。

急所《きゅうしょ》を握《にぎ》る《慣》

相手の致命的な弱点を的確に見抜く。例 例の汚職事件では、さすがの政界の大物も検察側に急所を握られ、言い逃れができないようだ。

牛耳《ぎゅうじ》を執《と》る

《昔、中国の諸侯が集まって同盟を結んだ時、その同盟の中心となる者が、刀で牛の耳を切り、皆でその血をすって誓った故事から》団体や党派など組織の中心人物となる。また、組織を自分の思うままに動かす。「牛耳る」ともいう。〈左伝《さでん》・定公《ていこう》八年〉

九仞《きゅうじん》の功《こう》を一簣《いっき》に虧《か》く

《「仞《じん》」は、約一・六メートル、「簣《き》」は、土を盛るもっこ。高い築山《つきやま》を作るのに、あと一もっこというところでやめてしまったら、予定どおりに完成することはできない意》意図した事が成功間近になったのに、ちょっとした手抜きで失敗し、それまでの努力や苦労を無駄にすること。例ここで気を許したら、九仞の功を一簣に欠くことになる。

原文 山を為《つく》る九仞《じん》、功、一簣《いっき》に虧《か》く。〈書経《しょきょう》・旅獒《りょごう》〉

窮《きゅう》すれば通《つう》ず

事態が行き詰まってどうしようもなくなると、かえって苦境を打開する方法が考えられるものである。例英語は全く駄目だったが、窮すれば通ずで、何とかアメリカで過ごして来た。

原文 困《こん》は窮して通ず〈占いで困《こん》の卦《か》は、行き詰まっても切り抜けることができる〉。〈易経《えききょう》・繋辞伝《けいじでん》下〉

類句 ◆必要は発明の母

窮鼠猫《きゅうそねこ》を噛《か》む

《猫に追い詰められた鼠《ねずみ》が、逆に猫に噛《か》みつく意から》追い詰められて必死になれば、弱い立場の者も強い力をもつ者を苦しめることがあるものだということ。

原文 死すれば再びは生きず、窮鼠《きゅうそ》、狸《たぬき》を齧《か》む。〈狸《たぬき》も鼠《ねずみ》を捕るからいう〉〈塩鉄論《えんてつろん》・詔聖《しょうせい》〉

窮鳥懐《きゅうちょうふところ》に入《い》れば猟師《りょうし》も殺《ころ》さず

追い詰められて逃げ場を失った鳥が、猟師の懐に飛び込んでくれば、猟師でさえ殺しはしない。まして、逃げ場を失った人が救いを求めてくれば、どんな事情があったとしても助けるのが筋である、ということ。

原文 窮鳥懐《きゅうちょうふところ》に入《い》れば、仁人《じんじん》の憫《あわれ》む所なり、況《いわ》んや死《し》士我《しわれ》に帰す、当《まさ》にこれを棄《す》つべけんや〈追いつめられた鳥が、懐の中に飛び込んでくれば、情けある人ならば哀れに思う。まして命がけの男が自分に助けを求めてきたならば、知らぬ顔ができようか〉。〈顔氏家訓《がんしかくん》・省事《しょうじ》〉

急場《きゅうば》をしのぐ《慣》

何らかの方法で、差し迫った事態を一時的に切り抜ける。例友達に借金して、給料前の急場をしのいだ。

急病《きゅうびょう》に悪日《あくにち》なし

急病の際には、日の吉凶などにこだわらず、すぐに医者を呼び治療を受けなければならない、ということ。

朽木《きゅうぼく》は雕《え》る可《べ》からず

《腐った木には彫刻することができない意》やる気のない怠け者には教えようがない。性根の腐った人間には教育のしようがないことをいう。
原文 宰予《さいよ》、昼寝《ひるい》ぬ。子曰《しいわ》く、朽木《きゅうぼく》は雕《え》る可《べ》からず、糞土《ふんど》の牆《しょう》は杇《ぬ》る可からず〔宰予《さいよ》が昼間、寝室に入っていた。孔子が言われるには、腐った木には彫刻はできない。ぼろ土で作った壁には上塗りはできない〕。〈論語《ろんご》・公冶長《こうやちょう》〉
類句 ◆朽ち木は柱にならぬ ◆糞土《ふんど》の牆《しょう》は杇《ぬ》る可《べ》からず

窮余《きゅうよ》の一策《いっさく》 《慣》

困り果てたあげく、苦し紛れに思いついた方法。例 金繰りに詰まり、窮余の一策で、役員の給与をカットした。

笈《きゅう》を負《お》う

《「笈《きゅう》」は、旅行に用いた、物を入れて背負う竹製の箱》遊学するために郷里を出ること。また、郷里を離れて遠くの地に遊学すること。
原文 万里《ばんり》笈《きゅう》を負《お》い以《もっ》て師を尋ぬ。〈抱朴子《ほうぼくし》・祛惑《きょわく》〉

灸《きゅう》を据《す》える 《慣》

《患部にお灸《きゅう》をする意》二度と悪事や過ちを繰り返さないように、厳しく叱《しか》ったり罰を加えたりする。例 あのいたずら坊主たちには、一度灸を据えてやらなければならない。

今日《きょう》あって明日《あす》ない身《み》

世の中や人生の、うつろいやすく無常なこと、また、死期が迫ったことをいう。

興《きょう》が醒《さ》める 《慣》

何かがきっかけで、今まで抱いていた興味が失われたり、愉快な気分が損なわれたりする。例 せっかくの招待も、相手の魂胆がわかって、興が醒めてしまった。

今日考《きょうかんが》えて明日《あす》語《かた》れ

よくよく慎重に考えたうえで発言せよ、という意で、軽率な発言を戒めた言葉。
原文 Think today and speak tomorrow. の訳語。

行間《ぎょうかん》を読《よ》む 《慣》

文章では表現されていない筆者の真意を推しはかる。例 そこまで行間を読んでいただければ、作者としてこれに過ぎる喜びはありません。

行儀作法《ぎょうぎさほう》が人《ひと》を作《つく》る

行儀作法を心掛ける人は、初めはそうでなくても、だんだん立派な人格が形成されていくものだ。原文 Manners make the man. の訳語。

胸襟《きょうきん》を開《ひら》く《慣》

隠しだてをしないで、心の中をありのままに打ち明ける。例 彼とは胸襟を開いて話し合い、長年のわだかまりが解消できた。

狂人《きょうじん》走《はし》れば不狂人《ふきょうじん》も走《はし》る

《狂人が走り出すと、そうでない人までつられて走り出す意》人は自分にしっかりした考えがないと、他人に引きずられて雷同し、その言うがままに行動する傾向があるものだ、ということ。

兄弟《きょうだい》は他人《たにん》の始《はじ》まり

同じ血を分けた仲の良い兄弟でも、成長するとそれぞれ配偶者や子への愛情に引かれて自然に疎遠になり、ことに利害に関することでは、他人と同じようにいがみ合うようになるものだ、ということ。

今日《きょう》なし得《う》る事《こと》を明日《あす》まで延《の》ばすな

今できることは、先延ばしせず直ちに行え、という戒め。原文 Never put off till tomorrow what you can do today. の訳語。

京《きょう》に田舎《いなか》あり

繁華な都にも、必ず開けない田舎めいた所がある、ということ。いろはがるた（京都）の一。

興《きょう》に入《い》る《慣》

おもしろさや楽しさが最高潮に達する。例 宴もたけなわとなり、客は興に入って、座も乱れてきた。

興《きょう》に乗《の》る《慣》

何かをしているうちにおもしろさや楽しさが出て来て、ますます調子づく様子をいう。例 国際会議のレセプションで興に乗った参加者たちは自国の歌を披露し始めた。

今日《きょう》の後《あと》に今日《きょう》無《な》し

今日という日は今日一日しか無い意で、月日はひとたび過ぎ去ったら再び返って来ることはない、時間を大切にせよ、ということ。

京《きょう》の着《き》倒《だお》れ大坂《おおさか》の食《く》い倒《だお》れ

《古くは「大阪」を「大坂」と書いた》京都の人は着物道楽で、衣服に惜しみなく金を使い、大坂の人は食い道楽で、食物にやたら金を使う傾向がそれぞれにあり、そのためには家産を傾けることもある。

京《きょう》の夢《ゆめ》大坂《おおさか》の夢《ゆめ》

《古くは「大阪」を「大坂」と書いた》京にいて夢を見る時は、かえって大坂の夢を見る。また、夢の中では京都も見られ大坂も見られる。あるいは、京都の人の見る夢と大坂の人の見る夢はそれぞれに違う。各説あって定解がない。いろはがるた（江戸）の最後の句。

今日《きょう》は人《ひと》の上《うえ》明日《あす》は我《わ》が身《み》の上《うえ》

《今日は他人のことと思っていた災難も、明日は自分のこととなるかもしれない、という意》「今日は人の身明日は我が身」とも。

類句 ◆昨日《きのう》は人の身今日は我が身

器用貧乏《きようびんぼう》

器用な人は、何をしても一応は無難にこなせるので、他人には重宝がられて頼られるが、一つのことに打ち込めないので、当人は大成しない。「器用貧乏人宝《ひとだから》」とも。

教鞭《きょうべん》を取《と》る《慣》

《「教鞭《きょうべん》」は、教師が授業の時に持つむち》教職につく。

例 そのころ父は高校で教鞭を取っていた。

喬木《きょうぼく》は風《かぜ》に折《お》らる

高く伸びた木は風の当たりが強く、風害を受けることが多い意で、人も地位が高くなると批判や攻撃を受けることが多くなることのたとえ。「大木は風に折らる」「高木は風に折らる」とも。

類句 ◆出る杭《くい》は打たれる

狂瀾《きょうらん》を既倒《きとう》に廻《めぐ》らす

《「狂瀾《きょうらん》」は、荒れ狂う大波。崩れかかる大波を押し返す意》どうしようもないほどに傾いた形勢を、もとの状態に回復する意で、衰えた時勢を挽回《ばんかい》することのたとえ。

原文 百川《ひゃくせん》を障《ささ》えて之《これ》を東せしめ、狂瀾《きょうらん》を既倒《きとう》に廻《めぐ》らす〔諸方に流れようとする多くの川をせきとめて、すべてを東に流し変え、荒れ狂い、崩れてしまった大波を、もと通りにもどす〕。〈韓愈《かんゆ》の文、進学解《しんがくかい》〉

興《きょう》を添《そ》える《慣》

何かをすることで、その場の雰囲気をいっそう楽しいものにする。例 趣向を凝らしたアトラクションで園遊会に興を添える。

曲学阿世《きょくがくあせい》

《「阿《あ》」は、おもねる、迎合する意》真理を曲げて世間の人の気に入るような説を唱え、時勢や時の権力者に迎合しようとすること。学者としてとるべきではない態度をいう。「学を曲げ世に阿《おもね》る」とも読む。

原文 公孫子《こうそんし》、正学を務めて以《もっ》て言え、曲学して世に阿《おもね》ることなかれ〔公孫弘《こうそんこう》よ、正しい学問に努めて直言せよ。学問を曲げて世間にこびるな〕。〈史記《しき》・儒林伝《じゅりんでん》〉

参考 サンフランシスコ平和条約を結ぶに際し、ソ連などを含む全面講和を主張した、時の東京大学総長を、吉田茂首相が「曲学阿世《きょくがくあせい》の徒」ときめつけたのは、有名な話。

曲《きょく》が無《な》い《慣》

変化がなく、単調でおもしろみがない様子。例 いつも同じ料理で接待するのでは曲が無い。

玉石混淆《ぎょくせきこんこう》

《「玉《ぎょく》」は宝玉。高価な玉と、つまらない石とが混じって、区別がつかない意》良いものとつまらないもの、優れたものとそうでないものとが、入り混じっていて、区別がつかないこと。例 今回の応募作品は玉石混淆《こんこう》で、全体のレベルはあまり高くないようだ。

原文 真偽顛倒《てんとう》し、玉石混淆《こんこう》す〔本物と偽物《にせもの》とが逆になり、玉と石とが入り混じって区別がつかない〕。〈抱朴子《ほうぼくし》・尚博《しょうはく》〉

玉斧《ぎょくふ》を乞《こ》う

〈「玉《ぎょく》」は、美称で敬意を表わす。斧《おの》を振るって直してもらう意〉人に、詩や文章の添削《てんさく》を頼むこと。

類句 ◇斧正《ふせい》を乞《こ》う ◇雷斧《らいふ》を乞《こ》う

去就《きょしゅう》に迷《まよ》う《慣》

その地位や役職などにとどまるべきか否か決心がつかず、思い悩む。例 彼は、部長として新社長の経営方針になじめず、去就に迷っているようだ。

虚勢《きょせい》を張《は》る《慣》

自分の弱さを隠すために、うわべだけいかにも威勢のいいことを言ったりしたりする。例 あれはただ虚勢を張っているだけだから、ちょっと強く出れば、すぐ退散するよ。

挙措《きょそ》を失《うしな》う《慣》

〈「挙措」は、立ち居振る舞いの意〉精神的な打撃をこうむって平常心を失い、なりふり構わず取り乱す。例 上に立つものが、あの程度のことで挙措を失うとは情けない。

居《きょ》は気《き》を移《うつ》す

人は、地位や環境によってその気持ちも変わり、善くも悪くもなるということ。

原文 居は気を移し、養は体を移す。大なるかな居や〔地位や環境は、人の気持ちを変化させ、栄養は、肉体を変化させるものであるというが、なるほど地位や心構えは大切なものである〕。〈孟子《もうし》・尽心上《じんしん》〉

魚腹《ぎょふく》に葬《ほうむ》らる

〈水死して魚の餌《えさ》となる意〉水死すること。

原文 寧《むし》ろ湘流《しょうりゅう》に赴《おもむ》きて、江魚《こうぎょ》の腹中に葬られん〔いっそ湘水《しょうすい》の流れに身を投げて、江魚の腹の中に葬られよう〕。〈楚辞《そじ》・漁夫《ぎょふ》〉

漁父《ぎょふ》の利《り》

〈鷸《しぎ》が蚌《どぶがい》の肉を食べようとして貝にくちばしを入れると、はさまれてしまい、互いに争っているうちに、漁師が来て両方とも捕らえてしまった、という話から〉利をめぐって両者が互いに争っているすきに、第三者がその利益を横取りすること。例 島の領有権をめぐって両国が争っているところを、仲裁に入った第三国が委託統治をすることになり漁父の利を占めてしまった。

原文 趙《ちょう》、且《まさ》に燕《えん》を伐《う》たんとす。蘇代《そだい》、燕のために恵王に謂《い》いて曰《いわ》く、今日《こんにち》、臣来《きた》りて易水《えきすい》を過ぐ。蚌方《ぼうまさ》に出《い》でて曝《さら》す。而《しこう》して鷸《いつ》、その肉を啄《ついば》む。蚌合《がっ》してその喙《くちばし》を箝《はさ》む。……両方相舎《あいす》つるを肯《がえ》んぜず。漁者得て之《これ》を幷《あわ》せ擒《とら》う。今、趙且に燕を伐たんとす。燕趙久しく相支えば、以《もっ》て大衆を敝《つか》れさせん。臣、強秦の漁父とならんことを恐る。〈戦国策《せんごくさく》・燕《えん》策《さく》〉

参考「漁夫の利」と書いてあるものが多いが、原文に従えば「漁父の利」が正しい。

清水《きよみず》の舞台《ぶたい》から飛《と》び下《お》りる

〈京都の清水寺《きよみずでら》は懸崖《けんがい》に臨んで舞台（本堂の一部の板敷きをいう）を架してあるところから〉決死の覚悟で何かをしようと決意することのたとえ。例 貯金をすべてはたき、清水の舞台から飛び下りる気持ちで商売を始めた。

虚《きょ》を衝《つ》く《慣》

敵の防備の不十分な個所《かしょ》や、敵が油断しているすきを衝《つ》いて攻撃する。例 記者からの質問に虚を衝かれた大臣は、一瞬言葉を失った。

綺羅星《きらほし》の如《ごと》く《慣》

〈「綺羅《きら》」は、あや織りの絹と薄絹の意〉美しく着飾った人々が大勢集まっている様子の形容。誤って「綺羅星《きらぼし》の如《ごと》く」とも。例 政界の大物の御曹司の結婚式だけあって、各界の有名人が綺羅星の如く居並んだ光景は壮観だった。

切《き》りがいい《慣》

適当な切れ目があって、そこで何かを終わりにしたり、まとまりをつけたりするのに都合がいい様子。例 仕事の切りがいいところで一休みしよう。

義理《ぎり》が立《た》つ《慣》

相手から受けた恩恵に対し、こちらもそれ相応のことができて面目を保つことができる。例 君が引き受けてくれれば、先方に対して私の義理が立つというものだ。他 **義理を立てる**

切《き》りがない《慣》

どこまでも際限がないために、ある程度で打ち切ったりあきらめたりせざるを得ない様子。例 そんなことまでいちいち気にしていたら切りがない。一人や二人反対する者がいても決行するのみだ。

義理《ぎり》が悪《わる》い《慣》

社交儀礼上、相手に対してなすべきことをしていないことになり、具合が悪いと思う気持ち。例あの人にはお世話になっているので、何としてもお見舞いに行かなければ義理が悪い。

義理《ぎり》と褌《ふんどし》は欠《か》かされぬ

男子が常に褌《ふんどし》をつけているように、義理は一ときでも欠いてはいけない。いろはがるた（京都）の一。

義理《ぎり》にも《慣》

（打ち消しの形を伴って）そうするのが世間の付き合い上、当然であることは心得ていても、やはりそれはできない、という意を表わす。例彼女の料理は、義理にもおいしいとは言えない。

桐一葉《きりひとは》

桐《きり》はほかの木よりも早く秋の気配を感じて落葉する、ということから、一枚の桐の葉の散るのを、形勢の悪化、衰亡の兆しを暗示するものと見ていう言葉。

参考 坪内逍遥《つぼうちしょうよう》に豊臣《とよとみ》氏没落前の情景をテーマとした『桐一葉』という作品がある。桐は豊臣氏の紋所。

類句 ◆一葉《いちよう》落ちて天下の秋を知る

切《き》り札《ふだ》を出《だ》す《慣》

⇩**最後の切り札を出す**

器量《きりょう》を下《さ》げる《慣》

たいした人物ではないとみなされるようなことをして、男としての面目を失う。例自分の失敗を後輩のせいにしたことで、課長はすっかり器量を下げてしまった。

義理《ぎり》を立《た》てる《慣》

相手から受けた恩恵に対して、世間の付き合い上、こちらもそれ相応のことをする。「義理立てをする」とも。例就職の世話になった先輩には義理を立てて、今でも盆暮れの挨拶《あいさつ》は欠かさないことにしている。

切《き》りを付《つ》ける《慣》

物事を一段落させる。例時間も遅いことだし、このへんで仕事に切りを付けて帰ろう。自**切りが付く**

麒麟児《きりんじ》

《「麒麟《きりん》（雄を麒、雌を麟という）」は、中国で、聖人が出る時に現われるという想像上の霊獣》将来、大成する期待が持てる、非常に優秀な少年。

原文 徐卿《じょけい》の二子は生まれて奇絶、……並びに是《こ》れ天上の麒麟児《きりんじ》。〈杜甫《とほ》の詩、徐卿《じょけい》の二子《にし》を見る歌《うた》〉

参考 「麒麟」は、首の長いジラフではない。

騏驎《きりん》も老《お》いては駑馬《どば》に劣《おと》る

《「騏驎《きりん》」は、一日に千里を走るという駿馬《しゅんめ》》俊足を誇る駿馬も、年を取ると足の遅い駄馬にも負けるようになる意で、いかに優れた人でも、年を取るとその能力が落ちてきて、愚鈍な人にもかなわないようになる、ということ。

原文 騏驥《きき》の衰うるや駑馬《どば》これに先だつ。（「騏驎《きりん》」は「騏《き》驥《き》」に同じ）〈戦国策《せんごくさく》・斉策《せいさく》〉

参考 「腐っても鯛《たい》」は、この反対。

岐路《きろ》に立《た》つ《慣》

将来進むべき方向が二つに分かれ、どちらを選択するのがよいか迷わざるを得ない立場に置かれる。例 大学を出て就職するか、好きな演劇の世界に飛び込むか、今まさに彼は人生の岐路に立っているようだ。

機《き》を逸《いっ》する《慣》

事を運ぶのによい機会を逃がす。例 機を逸してなるものかと、各社目の色を変えて歳末商戦に乗り出した。

類句 ◆時を失う

軌《き》を一《いつ》にす

《「軌」は、車の両輪の間隔。どの車も両輪の幅を同じにする意》行き方・やり方などが他と同じである。例 彼の政治学説には、多くの点で生態学の理論と軌を一《いつ》にするものがある。

原文 涼朔《りょうさく》、文を同じくし、牂越《しょうえつ》、軌《き》を一《いつ》にす〈北方の涼《りょう》州と朔方《さくほう》は同じ文字を使い、南方の牂《しょう》と越《えつ》は、車の幅が同じである〉。〈北史《ほくし》・崔鴻伝《さいこうでん》〉

気《き》を入《い》れる《慣》

本気になってそのことに打ち込む。例 あの強豪チームとの試合に勝とうと思うなら、もっと気を入れて練習しなければ駄目だと思うよ。

気《き》を失《うしな》う《慣》

何かのショックで意識がなくなる。例ドカーンという音を聞いた途端に気を失い、気が付いた時は病院のベッドの上であった。

気《き》を落《お》とす《慣》

期待や希望をもてなくなって、沈んだ気持ちになる。例一度失敗したからといって、気を落とすことはない。

気《き》を利《き》かせる《慣》

相手の気持ちやその場の状況を適切に判断して、ふさわしい対応をみせる。例そこに居てはあの二人が気詰まりだろうと思って、私は気を利かせて先に席を立った。

気《き》を配《くば》る《慣》

間違いや失敗などがないように、細かいところにまで注意を払う。例我々売り場のマネージャーは、お客に失礼なことがないように、あれこれ気を配るのが仕事だ。

気《き》を静《しず》める《慣》

高ぶる感情を抑え、気持ちを落ち着かせる。例そう興奮していたのでは話にならない。気を静めてくれよ。

気《き》を確《たし》かに持《も》つ《慣》

襲ってくる不安や恐怖に堪えて、しっかりと意識を保つ。例たいした怪我《けが》ではないから、気を確かに持て。

気《き》を散《ち》らす《慣》

他のことに気をとられて、本来すべきことに集中できない。例手許が狂うと危ないから、仕事中は決して気を散らすな。

気《き》を使《つか》う《慣》

不都合なことが起こらないように、また、事がうまくいくように、あれこれに注意を行き届かせる。例私が病人だからといって、そんなに気を使わないでくれたまえ。

気《き》を付《つ》ける《慣》

見落とし・誤り・失敗などがないように、よく注意する。例車に気を付けて道を渡りなさい。

奇《き》を衒《てら》う《慣》
ことさらに変わったことをして、人の注意を引こうとする。例あの歌手は、歌はそれほどうまくないが、奇を衒《てら》った衣装や派手なパフォーマンスで、人気を得ようとしている。

気《き》を取《と》られる《慣》
他のことに注意が向けられ、当面なすべきことを忘れた状態になる。例野球中継に気を取られて、約束の時間に遅れそうになった。

気《き》を取《と》り直《なお》す《慣》
沈んだ、また、不快な気分を振り払って思い直し、再び何かをしようとする気力を起こす。例うまく行くと思っていた事業が失敗したのはショックだったが、気を取り直して一から始めることにしよう。

気《き》を抜《ぬ》く《慣》
これで一安心と、それまでの緊張感を緩める。例強打者を三振させた直後に、気を抜いて痛打を浴びてしまった。

気《き》を呑《の》まれる《慣》
相手やその場の雰囲気に威圧されて、気持ちが萎縮《いしゅく》する。例敵の猛攻に気を呑《の》まれ、選手たちは戦意を失ってしまったらしい。

気《き》を吐《は》く《慣》
威勢のいい言葉を発する。また、意気盛んなところを示す。例昔とった杵柄《きねづか》でまだまだ若い者には負けないと、八十歳を超えた祖父は一人気を吐いていた。

気《き》を晴《は》らす《慣》
不快な気分がぬぐい去られるだろうと思って何かをする。例散歩でもして気を晴らしてこよう。

気《き》を張《は》る《慣》
どんな事態になってもしっかりしていなければと、緊張を保った状態でいる。例父の死後、母は子供を大学まで行かせようと気を張って生きてきた。

気《き》を引《ひ》く《慣》

思わせぶりな、また、大げさな言動をして、相手の関心を向けさせようとする。例 あの店は、客の気を引く派手な宣伝で売り上げを伸ばしてきた。

気《き》を紛《まぎ》らす《慣》

不快な気分が忘れられるだろうと思って何かをする。例 心配で仕事をする気にもなれないので、行きつけの飲み屋で気を紛らした。

気《き》を回《まわ》す《慣》

他人の言動などから想像を働かせて当て推量をする。例 このあいだ一緒にいたライバル会社の男は、学生時代からの友人なので変な気を回さないでほしい。

義《ぎ》を見《み》てせざるは勇《ゆう》なきなり

人の道として当然行なうべきことと知りながら実行しないのは、その人に勇気がないからである。〈論語《ろんご》・為政《いせい》〉

木《き》を見《み》て森《もり》を見《み》ず

ものごとの、一部分にとらわれすぎて全体を見られないことのたとえ。

参考 Can not see the wood for the trees. の訳語。

機《き》を見《み》るに敏《びん》《慣》

今がまたとないチャンスであると判断して、素早く行動に移す様子。また、そのような事態を察知する能力がある様子。例 彼は機を見るに敏で、ここに残っていたらろくなことはないと、さっさと引き揚げて行った。

気《き》を持《も》たせる《慣》

いかにももっともらしいことを言うなどして、相手に期待や希望を抱かせる。例 今出資すれば必ず儲《もう》かると、気を持たせるような言葉で、しきりに勧誘する。

気《き》を揉《も》む《慣》

悪い事態ばかりを想定して心配する。例 子供の受験に親が気を揉《も》んでも始まらないのだが、やはり気がかりだ。

気《き》を許《ゆる》す《慣》

相手を信用したり危険なことはないと判断したりして、警戒心や緊張を解く。例 店員がちょっと気を許したすきに、客を装った男に宝石を盗まれていた。

気《き》をよくする《慣》

事態が自分に有利に展開して、いい気分になり、調子づく。例 あの子は先生に褒められたのに気をよくして、前よりも勉強するようになった。

気《き》を悪《わる》くする《慣》

自分に向けられた他人の言動などで不快な気分になる。例 冗談で言ったんだから、気を悪くしないで下さい。

金甌無欠《きんおうむけつ》

《少しも傷のない黄金の甌《かめ》という意》完璧《かんぺき》で、少しの欠点もないこと。特に、国家が強くしっかりしていて、外国の侵略を一度も受けたことがないことをいう。原文 武帝言う、我が国家は猶《な》お金甌《きんおう》の一傷欠無きがごとし〔梁《りょう》の武帝が言うのに、我が国家は、黄金のかめに一つの傷もないのと同じである〕。〈南史《なんし》・朱异伝《しゅいでん》〉

槿花《きんか》一日《いちじつ》の栄《えい》

《「槿花《きんか》」は、むくげの花。朝咲いて夕方にはしぼむので、はかないものにたとえる》この世の栄華のはかないことのたとえ。「槿花一朝《いっちょう》の栄」とも。原文 松樹千年終《つい》に是《こ》れ朽《く》ち、槿花《きんか》一日《いちじつ》自ら栄を成す〔松の木は千年の寿命を持っていてもついには枯れ、槿《むくげ》の花は一日ではあるが、自分の栄華をきわめる〕。〈白居易《はくきょい》の詩、放言《ほうげん》〉

金科玉条《きんかぎょくじょう》

《金や玉のように立派な法律の意》この上なく大切な法律や規則、また、絶対に守らなければならない重要な法律をいう。原文 懿律嘉量《いりつかりょう》、金科玉条《きんかぎょくじょう》〔標準となる音調と正しいます目、金や玉のように立派な法律〕。〈文選《もんぜん》・揚雄《ようゆう》・劇秦美新《げきしんびしん》〉

金魚《きんぎょ》の糞《ふん》《慣》

《金魚の糞《ふん》は長く続くことから》大勢の者が力のある人の後ろにぞろぞろと付き従って離れない様子や、むやみに長々と続いている様子をからかって言う言葉。例 大物議員の後ろには、いつも金魚の糞のようについて回る取り巻き連中がいる。

金銀《きんぎん》は回《まわ》り持《も》ち

⇩金《かね》は天下の回り物

緊褌一番《きんこんいちばん》
褌《ふんどし》をきつく締めてかかる意で、発奮して大いに心を引き締めて何かに取りかかること。

禁《きん》じ得《え》ない《慣》
どんなに抑えても、そういう気持ちが沸き起こるのを止めることができない状態。例その哀れな物語を聞いて、誰《だれ》もが涙を禁じ得なかった。

琴瑟相和《きんしつあいわ》す
〔「琴《きん》」も「瑟《しつ》」も楽器の「こと」で、「瑟」は大きな「こと」〕。琴と瑟が合奏すると非常に美しく調和することから夫婦仲がきわめてむつまじいことのたとえ。例二人は琴瑟相和し、めでたく金婚式を迎えた。
原文 妻子好《よ》く合うこと、琴瑟《きんしつ》を鼓《こ》するが如《ごと》し〔妻子の仲よくむつまじいことは、琴と大琴とを奏でるようなものである〕。〈詩経《しきょう》・小雅《しょうが》・常棣《じょうてい》〉

金城鉄壁《きんじょうてっぺき》
きわめて防備の堅固な城壁。物事がゆるぎなく堅固であることにたとえていう。
原文 金城破る可《べ》からず、鉄壁奪う可からず。〈徐積《じょせき》の詩、倪復《げいふく》に和《わ》す〉
類句 ◆金城湯池

金城湯池《きんじょうとうち》
《鉄で造った城壁と、熱湯をたたえた堀《ほり》の意》きわめて防備の堅固な城壁・城市。
原文 必ず将《まさ》に城を嬰《めぐ》らして固く守らんとす。皆、金城《きんじょう》湯池《とうち》と為《な》り、攻む可《べ》からざるなり〔必ず城壁をめぐらして固く守りましょう。皆、金城湯池となって、攻めることができません〕。〈漢書《かんじょ》・蒯通伝《かいとうでん》〉
類句 ◆金城鉄壁

錦上花《きんじょうはな》を添《そ》う
《華麗な錦《にしき》の上に美しい花を置く意》十分に美しいものや立派なことに、さらに美しいもの・立派なことを加えることをいう。例今回の祝賀会の席で先生のお祝辞を頂戴《ちょうだい》できましたら、錦上《きんじょう》花を添うことになりましょう。
原文 麗唱《れいしょう》仍《な》お添《そ》う錦上《きんじょう》の花〔美しい歌声は、錦《にしき》の織物の上に美しい花を添えたようにますます素晴らしくなる〕。

〈王安石《おうあんせき》の詩、即事《そくじ》〉
類句 ◆花を添える

琴線《きんせん》に触《ふ》れる《慣》

〔「琴線《きんせん》」は、琴《こと》の糸の意〕それを読んだり聞いたりした人の心をとらえて、感動を与え共鳴を呼ぶ。例 この物語には心の琴線に触れるものがある。

禁断《きんだん》の木《こ》の実《み》

〔エデンの園にある知恵の木の実。蛇にそそのかされたアダムとイブが、禁を破ってそれを食べたためにエデンの園から追放されたという、旧約聖書創世記にある話から〕求めてはならない快楽。例 二人は、やがて禁断の木の実をむさぼった報いを受けることになった。

金的《きんてき》を射落《いお》とす《慣》

誰《だれ》もが得たいと思いながら容易には手に入れられないものを、自分のものにする。「金的を射止める」とも。例 国内予選を勝ち抜き、世界大会出場の金的を射落とした。

金時《きんとき》の火事見舞《かじみま》い

〔「金時」は、金太郎のこと。のちに源頼光《みなもとのよりみつ》の四天王の一人となった坂田金時で、太って赤ら顔だったという。この金時が火事見舞いに行ったら、ますます顔が赤くなるという意から〕酒に酔って真っ赤になった顔の形容。例 コップ一杯のビールで金時の火事見舞いのような顔になる。

勤勉《きんべん》は成功《せいこう》の母《はは》

成功は、何であれ勤勉につとめることによって得られる。
原文 Diligence is the mother of good fortune. の訳語。

金蘭《きんらん》の契《ちぎ》り

〔交わりの堅いことは金を断つことができ、その美しいことは蘭《らん》が芳香を放つようである意〕きわめて仲のよい友だちどうしの交わり。
原文 二人《ににん》心を同じくすれば、その利《と》きこと金を断《た》つ。同心の言は、その臭《にお》い蘭《らん》の如《ごと》し〔二人が心を同じくすれば、その鋭利さは金をも断つことができる。心を合わせた者の言葉は、蘭のようにかぐわしい〕。〈易経《えききょう》・繋辞伝《けいじでん》上〉
参考 『小学《しょうがく》』嘉言《かげん》に「世を挙《こぞ》りて交遊を重んじ、金蘭《きんらん》の契りを結ばんと擬《ぎ》す」とある。
類句 ◆断金の交わり

く

苦《く》あれば楽《らく》あり

苦しいことの後には楽しいこともある。人生の苦楽は一概には言い切れない。⇩楽あれば苦あり

株《くいぜ》を守《まも》りて兎《うさぎ》を待《ま》つ

⇩株《かぶ》を守りて兎《うさぎ》を待つ

食《く》い足《た》りない《慣》

物事の内容に、期待していたほどのことがなく、不満が残る様子だ。例今日の講演は内容が一般向けで、今一つ食い足りない気がした。

食《く》い物《もの》にする《慣》

自分の利益のために他人を利用する。例養護施設とは名ばかりで、老人を食い物にしている経営実態が明らかになった。

食《く》うか食《く》われるか《慣》

相手を食うか自分が食われるかの意で、実力の伯仲した者どうしが、生き残りを賭《か》けて激しく戦うこと。例業界全体の売り上げが落ち込んでいる中で、エコカーの販売合戦においても、食うか食われるかの大激戦が予想される。

空谷《くうこく》の跫音《きょうおん》

《「空谷」は人のいない谷間、「跫音《きょうおん》」は足音。人のいない谷間にひびく、人の足音という意》さびしく暮らしているときに受ける、人の訪れ、または、うれしい便り。原文それ虚空《きょくう》に逃るる者は、……人の足音《あしおと》の跫然《きょうぜん》たるを聞いて喜ぶ〔一体、人気《ひとけ》のない山谷の中に逃げ込んだ人間は、ことりという、人の足音が聞こえてきただけでも、無上に嬉《うれ》しくなるものである〕。〈荘子《そうじ》・徐無鬼《じょむき》〉

空中楼閣《くうちゅうろうかく》

《もと、空中に見える高い建物、蜃気楼《しんきろう》のことをいった》空中に楼閣を築くような、実現性の無いこと、また、根拠の無い架空の物事。例資金の裏付けのない計画は、空中楼閣を描くに等しい。

原文 登州《とうしゅう》は四面海に臨み、春夏の時、遥《はる》かに空際に城市楼台《ろうだい》の状あるを見る。土人《どじん》これを海市という〔登州《とうしゅう》は四方が海に面する土地で、春や夏には、はるか水平線のあたりに都市や高い建物の形が見える。土地の人は、それを海市と呼んでいる〕。〈夢渓筆談《むけいひつだん》・異事《いじ》〉

ぐうの音《ね》も出《で》ない《慣》

《「ぐう」は、苦しいときなどに発する声の形容》他から非を指摘されるなどしたときに、一言の弁解も反論もできない様子。例 目の前に証拠をつきつけられて、容疑者はぐうの音《ね》も出なかった。

食《く》うや食《く》わず《慣》

満足に食事も取れないほど、生活が苦しい様子。例 今や売れっ子の彼も、長い下積み時代は食うや食わずの毎日だった。

食《く》えない《慣》

ずるがしこくて油断ならない感じがする様子。例 あいつは、のらりくらりと逃げ口上ばかり言っていて何とも食えない奴《やつ》だ。

苦髪楽爪《くがみらくづめ》

苦労の多いときは毛髪が早く伸び、楽をしているときは爪《つめ》が早く伸びるという、昔からの通説。「苦爪楽髪《くづめらくがみ》」とも。

釘付《くぎづ》けになる《慣》

目にした光景などに衝撃を受けて、その場から動けなくなる。例 富士を描いたその作品を見た途端、彼はその場に釘付けになった。他 **釘付《くぎづ》けにする**

釘《くぎ》をさす《慣》

《釘《くぎ》をさし込んで固定しておく意から》相手が後で約束をたがえたりすることがないように念を押しておく。「釘を打つ」とも。例 彼は時間にルーズなところがあるので、「司会役なんだから絶対に遅れるな」と、釘をさしておいた。

苦言《くげん》を呈《てい》する《慣》

相手のためを思って、当人の気に障るような意見をあえて言う。例 先輩として一言君に苦言を呈しておきたい。

愚公山《ぐこうやま》を移《うつ》す

《愚公という人が、自分の家の前にある大きな山がじゃまになるので取り除きたいと考え、家内一同を集め、山を移動することを相談し、子から孫、さらに、その子や孫の代までかかれば、きっと山を移すことができるといって働き始めた。天帝は愚公の真心に感じて山を他へ移したという故事から》たゆまずに努力すれば、ついには成功するということのたとえ。〈列子《れっし》・湯問《とうもん》〉

臭《くさ》い飯《めし》を食《く》う《慣》

罪を犯して刑務所に入れられる。例 そんなことをすれば、また臭い飯を食うことになるぞ。

臭《くさ》いものに蠅《はえ》がたかる

いやな臭気のあるものには、蠅《はえ》が好んでたかる意で、悪のにおいをかぎ付けて、よからぬ者が仲間を求めて集まることをいう。いろはがるた（京都）の一。

臭《くさ》いものに蓋《ふた》をする

内々の醜いことや不正を、抜本的に解決することなく、とりあえず隠すことで外部に漏れるのを防ぐこと。いろはがるた（江戸）の一。

臭《くさ》いもの身《み》知《し》らず

自分の放つ嫌なにおいは、自分ではあまり感じないように、自分の欠点は自分自身ではなかなか気付かないものだ。

草《くさ》木《き》も靡《なび》く《慣》

盛んな権勢を誇り、すべてのものがそれに従おうとする様子をいう。例 あの人は政権与党の実力者となり、今や草木も靡《なび》く勢いだ。

草《くさ》木《き》も眠《ねむ》る《慣》

真夜中になり、あたりがしんと静まり返っている状態をいう言葉。例 草木も眠る丑《うし》三つ時、どこからともなく怪しい笛の音が聞こえてきた。

腐《くさ》っても鯛《たい》

たとえ腐っても鯛《たい》は魚の王である意で、本当によいものは、一見駄目になったように見えても、本来の価値は失われないものだ、ということ。例 良家の出だという彼は貧乏暮らしをしているが、さすが腐っても鯛で、どこか気品がある。

参考「騏驎《きりん》も老いては駑馬《どば》に劣る」は、この反対。

草《くさ》の根《ね》を分《わ》けても《慣》

あらゆる手段を尽くして、目的のものを探し出そうとする様子。「草を分けても」とも。例 いくら逃げたって、草の根を分けても探し出してやる。

草葉《くさば》の陰《かげ》《慣》

⦅「草の葉の下」の意から⦆墓の下のことで、死後の世をいう。例 私の受賞を、両親も草葉の陰でさぞかし喜んでいることだろう。

楔《くさび》を打《う》ち込《こ》む《慣》

⦅「楔《くさび》」は、V字形の木片や鉄片。木や石に打ち込んで割り広げたり、重い物を押し上げたりするのに使う⦆①敵陣を分断するかたちで攻め入って、その戦力を二分する。例 中央から突き進んで敵陣に楔を打ち込み、戦意を喪失させた。②相手の組織に自分側の者を送り込み、将来、勢力を拡大するための足掛かりを作る。例 反乱を成功させるために、早くから軍部に楔を打ち込んでおいた。③仲を裂くために間に入ってじゃまをする。例 ねたんで、二人の仲に楔を打ち込もうとする。

臭味《くさみ》がある《慣》

接する人に不快感を抱かせるような、一種独特の癖がある。例 この小説は、臭味のある文章でかえって人気がある。

腐《くさ》るほど《慣》

有り余るほど数多くある様子。あまり価値を認めないものについて言う。例 この程度のニュースは腐るほどあるので、今更ことごとしく取り上げることもない。

腐《くさ》れ縁《えん》は離《はな》れず

すぐにも絶つことが望ましい、好ましくない縁に限って、切ろうとしてもなかなか絶ち切れないものである。

草《くさ》を打《う》って蛇《へび》を驚《おどろ》かす

ある一人を懲《こ》らしめることで、関係する他の人を戒めること。また、何気なくしたことが意外な結果を招くことのたとえ。

原文 汝《なんじ》、草を打つと雖《いえど》も、吾《わ》が蛇《へび》、已《すで》に驚く。〈開元天宝遺事《かいげんてんぼういじ》〉

櫛《くし》の歯《は》が欠《か》けたよう

すきまなく並んでいるはずのものが、ところどころ欠けている様子。例 地方の商店街の衰退はひどいもので、にぎやかだった通りも、まるで櫛《くし》の歯が欠けたようになってしまった。

櫛《くし》の歯《は》を引《ひ》くよう

〈櫛《くし》の歯を作る際に、次々に引くようにして削っていくことから〉同じような物事が次から次へと絶え間なく行なわれる様子。例 不穏な情勢を告げる知らせは櫛の歯を引くように各地から届いた。

愚者《ぐしゃ》も一得《いっとく》

愚か者の考えにも、一つぐらいは良い考えがある。

原文 智者《ちしゃ》も千慮には必ず一失あり〔知恵者でも、千の考えの中には必ず一つぐらいのはずれがあり〕、愚者も千慮には必ず一得あり。〈史記《しき》・淮陰侯伝《わいいんこうでん》〉

類句 ◆千慮《せんりょ》の一得

苦汁《くじゅう》を嘗《な》める《慣》

二度と味わいたくないような嫌な経験をする。例 相手の力を見くびったばかりに、とんだ苦汁を嘗《な》めさせられた。

薬《くすり》が効《き》く《慣》

ある人に与えた忠告や罰などの効果が現われる。例 今度練習をサボったら退部させるぞ、と脅したら、その薬が効いたのか、まじめに練習するようになった。

薬九層倍《くすりくそうばい》

薬の値段が高いことについて、原価は安いのに暴利をむさぼっていると、非難していう言葉。

類句 ◇呉服五層倍 ◇百姓百層倍

薬《くすり》にしたくも無《な》い《慣》

望んでも、それらしい要素は少しも認められない様子。

例 彼にはそんな親切心は薬にしたくも無い。

薬《くすり》にするほど《慣》

〈否定表現を伴って〉ほんの少ししかない様子。例 あんな自分勝手な人間がどんな目に遭おうとも、同情する気は薬にするほどもない。

薬《くすり》になる《慣》

その時の苦い経験などが、後にいい結果をもたらすものとなる。例 若い時の失敗や苦労は、本人にとって何よりの薬になる。

薬《くすり》人《ひと》を殺《ころ》さず薬師《くすし》人《ひと》を殺《ころ》す

《「薬師」は、医者》薬が人を殺すのではなく、それを扱う医者が人を殺すのだという意で、非はその物自体にあるのではなく、それを運用する人にある、ということ。

薬《くすり》も過《す》ぎれば毒《どく》となる

効くと言われて使用する薬も、その程度を過ごせばかえって害をもたらす。

類句 ◆過ぎたるは猶《な》お及ばざるがごとし

薬《くすり》より養生《ようじょう》

病気になってから薬を飲むよりも、病気にならないように平素の養生が大切であるということ。

癖《くせ》ある馬《うま》に能《のう》あり

一癖ある者には、また一面では、何らかの取り柄があるものである。

糞食《くそく》らえ《慣》

その人や物事の存在を全く意に介さなかったり、のろわしく思ったりする気持ちを表わす言葉。例 偏差値教育なんて糞《くそ》食らえだ。

管《くだ》の穴《あな》から天《てん》を覗《のぞ》く

管の細い穴から広大な天を覗《のぞ》いても全体を見ることはできないように、狭い見識で大局を判断することはできない意で、その人の見識の狭いことをいう。

類句 ◆管《かん》を以《もっ》て天を窺《うかが》う ◆針の穴から天を覗《のぞ》く ◆葦《よし》の髄《ずい》から天井《てんじょう》覗く

管《くだ》を巻《ま》く《慣》

酒に酔ってつまらないことをくどくどと言う。例 彼は酒が入ると管を巻く癖があるので嫌われている。

口裏《くちうら》を合《あ》わせる《慣》

前もって打ち合わせておき、お互いの話の内容が食い違わないようにする。「口を合わせる」とも。例あの二人は口裏を合わせて、自分たちのミスを隠そうとしている。

口《くち》がうまい《慣》

もっともらしいことを言って、人に取り入ったりごまかしたりするのが上手な様子。例すぐ人を喜ばせるようなことを言って、あの人はほんとに口がうまい。

口《くち》がうるさい《慣》

①他人のすることを黙って見ていないで、あれこれとうるさくうわさをする様子。例世間の口がうるさいから、せいぜい自重したほうがいい。②何かにつけてうるさく小言を言う様子。例あの部長は口がうるさいから、部下に敬遠されている。

口《くち》が多《おお》い《慣》

必要以上によくしゃべる様子。「口数が多い」とも。例ふだん無口な彼も、酔うと口が多くなる。

口《くち》が奢《おご》る《慣》

うまい物ばかり食べつけていて、よほどいい物でないとうまいと感じなくなる。例あの人は口が奢《おご》っているから、こんなごちそうでは喜ばないだろう。

口《くち》が重《おも》い《慣》

積極的に人と話をしようという態度を見せない様子。例おしゃべりも迷惑だが、彼のように口が重いのも困る。

口《くち》が掛《か》かる《慣》

〔芸人などに出演の申し込みがある意〕仕事の依頼があること。例指導教授を通して母校から私に専任講師の口が掛かってきた。他**口を掛ける**

口《くち》が堅《かた》い《慣》

言ってはいけないことを軽率に他言《たごん》することがない様子。例彼なら口が堅いから、会社の実情を話しても大丈夫だ。

口《くち》が軽《かる》い《慣》

べらべらとよくしゃべって、言ってはいけないことまで言ってしまう様子。例あんな口が軽い人に、うかつなことは言えない。

口《くち》が腐《くさ》っても《慣》

どんなことがあっても口外してはならないと思う様子。「口が裂けても」とも。例 いくら親友の君でも、彼と約束した以上は、口が腐っても言えない。

口《くち》が肥《こ》える《慣》 ⇩舌が肥える

口《くち》が寂《さび》しい《慣》

何か口に入れていないと物足りない気分がする様子。例 たばこをやめたら、しばらくは口が寂しくて仕方がない。

口《くち》が過《す》ぎる《慣》

身のほどをわきまえず、言うのを控えたほうがいいことや失礼なことを言う。例 目上に対してそこまで言うのは、口が過ぎると思うよ。

口《くち》が酸《す》っぱくなる《慣》

相手に十分に理解させようと、同じことを何度も繰り返して言う様子。「口を酸っぱくする」とも。例 車には注意しなさいと、子供たちには口が酸っぱくなるほど言い聞かせている。

口《くち》がすべる《慣》

言ってはいけないことや言う必要のないことをうっかり言ってしまう。「口をすべらす」とも。例 つい口がすべって、余計なことを言ってしまった。

口《くち》が干《ひ》上《あ》がる《慣》 ⇩顎《あご》が干上がる

口《くち》が減《へ》らない《慣》

(「減る」は、負ける意) あれこれと負け惜しみを言う様子。例 素直に負けを認めればいいものを、強がりばかり言って、一向に口が減らない奴《やつ》だ。

口《くち》が曲《ま》がる《慣》

恩を受けた人などの悪口を言うと罰が当たって口の形がゆがむという意で、そんな悪口は言えるはずがない、ということ。例 あんなに世話になったのだから、あの方《かた》の悪口を言ったら口が曲がりますよ。

口《くち》が回《まわ》る《慣》 ⇩舌が回る

口《くち》から先《さき》に生《う》まれる《慣》
おしゃべりな人をあざけっていう言葉。例 あの人は、まるで口から先に生まれてきたようによくしゃべる。

口《くち》が悪《わる》い《慣》
人をけなすようなことを遠慮なく言う様子。例 あの人は口は悪いが、根はいい人です。

朽《く》ち木《き》は柱《はしら》にならぬ
《腐った木は柱には使えない意》性根の腐った者は使いものにならないということ。⇩**朽木《きゅうぼく》は雕《え》る可《べ》からず**

口車《くちぐるま》に乗《の》せる《慣》
言葉巧みに言いくるめて、相手をだます。例 まんまと相手の口車に乗せられて、金をだまし取られた。自 **口車に乗る**
類句 ◇口三味線《くちじゃみせん》に乗せる

口添《くちぞ》えをする《慣》
ある人が交渉や依頼などをしているときに、うまくいくようにわきから言葉を添えて助勢する。「口を添える」とも。例 就職の件で後輩をお宅の会社に伺わせるから、君からもよろしく口添えをしてやってくれないか。

口叩《くちたた》きの手足《てた》らず
《「口叩《たた》き」は、口数が多い意》口の達者なわりには、肝心の仕事ができない者。または、口ほどには手が働かないこと。
参考 「物言わずの早細工《はやざいく》」は、この反対。

口《くち》で貶《けな》して心《こころ》でほめる
口ではわざと悪く言っているのだが、心の中では逆にほめていることなのだ、ということ。

口《くち》では大坂《おおさか》の城《しろ》も建《た》つ
現実にはそうはいかないが、口先では、どんなことでもたやすくできるように言うことができるものだ。
参考 明治四年に「大坂」を「大阪」と改めた。

口《くち》に合《あ》う《慣》
飲食物が好みの味である。例 お口に合うかどうか分かりませんが、召し上がってみて下さい。

口《くち》にする《慣》

①口に出して言う。例そんな下品な言葉を口にするな。②口に入れて味わう。例今まで口にしたこともない、珍しい料理をごちそうになった。

口《くち》に税金《ぜいきん》はかからない

何にでも税金がかかる世の中だが、ただしゃべっているだけなら、どんな儲《もう》け話にも税金はかからない。言葉だけなら勝手なことが何でも言えるということ。「口に年貢《ねんぐ》はいらぬ」とも。

類句◆口には関所がない

口《くち》に出《だ》す《慣》

思っていることを言葉に出して言う。例口には出さないけれども、内心は私だっておもしろくない。

口《くち》に出《で》る《慣》

思ってはいても言わずにいたことが思わず言葉で表わされることになる。例普段からそう感じているものだから、つい口に出てしまったのだ。

口《くち》に戸《と》は立《た》てられぬ

⇩人の口に戸は立てられぬ

口《くち》に上《のぼ》る《慣》

話題として取り上げられる。例別にそのことは彼の口に上らなかった。

口《くち》には関所《せきしょ》がない

人の口には、言葉をおし止める関所はない意で、何を言っても構わないことをいう。

類句◆口に税金はかからない

口《くち》に任《まか》せる《慣》

深く考えずに口から出るに任せてしゃべる。例すき放題なことを、口に任せてしゃべりまくる。

口《くち》に蜜《みつ》あり腹《はら》に剣《けん》あり

〔口では蜜《みつ》のような甘い言葉を言っているが、腹の中には剣のような心を持っている意〕口先ではうまいことを言いながら、心の中では人を害するたくらみを持つ、ということ。唐の玄宗《げんそう》の宰相、李林甫《りりんぽ》を評した語。一見柔和《にゅうわ》そうで、実は陰険な人のたとえにいう。

原文 李林甫《りりんぽ》相《しょう》と為《な》り、……尤《もっと》も文学の士を忌《い》み、或《あるい》は陽《よう》に之《これ》と善くし、啗《くら》わすに甘言を以《もっ》てし、陰《ひそか》に之を陥《おとしい》る。世に謂《い》う、李林甫は口に蜜有り、腹に剣有り、と〔李林甫《りりんぽ》が宰相となり、最も文学の士を嫌《きら》い、うわべは仲良くして、甘い言葉をかけ、陰で相手をおとし入れた。そこで世間では、李林甫は口に蜜《みつ》があり、腹に剣があると言った〕。〈資《し》治《じ》通鑑《つがん》・唐紀《とうき》・玄宗《げんそう》・天宝《てんぽう》元年〉

類句 ◇笑中《しょうちゅう》の刀《かたな》

口《くち》の下《した》から《慣》

言い終わるか終わらないかのうちに、矛盾《むじゅん》するようなことを言ったりしたりする様子。例 もうこれ以上文句は言わない、と言った口の下から、やはり反対だ、などと言う。

類句 ◆舌の根の乾かぬうち

口《くち》の端《は》に上《のぼ》る《慣》

〈「口の端《は》」は、言葉の端《はし》の意〉何かにつけて、人々の話題となる。例 このことが世間の人の口の端に上ると面倒なことになるから、内緒にしておいてくれ。

嘴《くちばし》が黄色《きいろ》い《慣》

〈鳥のひなは嘴《くちばし》が黄色いことから〉年が若くて経験が浅い様子。未熟な人を軽蔑《けいべつ》して言うのに用いる。⇩黄口《こうこう》 例 嘴が黄色いくせに生意気なことを言っている。

嘴《くちばし》を容《い》れる《慣》

他人の話に横から割り込んで意見などを言う。また、他人のすることに干渉する。「嘴《くちばし》を挟《はさ》む」「容喙《ようかい》する」とも。例 あの事件は学内の問題であって、警察が嘴を容《い》れるべきものではない。

口《くち》は重宝《ちょうほう》

口は便利なもので口先では何とでも言える、ということ。

口《くち》は閉《と》じておけ目《め》は開《あ》けておけ

言葉を慎んで活眼を開けの意で、余計なことは言わず、ただよく観察せよ、ということ。

原文 Keep your mouth shut and your eyes open. の訳語。

口《くち》は禍《わざわい》の門《かど》

うっかり口にしたことが原因で、思わぬ失敗を招いたりひどい目にあったりすることがある。言葉は慎まなければならない、という戒めとして使う。「口は禍《わざわい》の本《もと》、舌は禍の根」とも。

原文 口は是《こ》れ禍《わざわい》の門《かど》、舌は是《こ》れ身を斬《き》るの刀。〈宝鑑《ほうかん》・言語《げんご》〉

類句 ◆舌の根は命を絶つ ◆舌は禍の根 ◆病《やまい》は口より入《い》り禍《わざわい》は口より出《い》づ

唇《くちびる》亡《ほろ》びて歯《は》寒《さむ》し

《唇がなくなると歯が寒くなるように、一国が滅びるとその隣国も危なくなるという意》互いに助け合うものの一方が滅びれば、もう一方も危なくなることのたとえ。

原文 夫《そ》れ魯《ろ》は斉晋《せいしん》の脣《くちびる》なり。脣亡《ほろ》びて歯寒きは、君の知る所なり〔一体魯《ろ》の国は、斉国と晋国の唇に当たる。唇がなくなると歯がむき出しになって寒くなることは、君も御存知《ごぞんじ》のとおりである〕。（「唇」は「脣」の俗字）〈左伝《さでん》・哀公《あいこう》八年〉

類句 ◆唇歯輔車《しんしほしゃ》

唇《くちびる》を噛《か》む《慣》

悔しさや憤りをじっとこらえる。例 今回の事故で、非難攻撃の矢面《やおもて》に立たされた当人は、唇を噛《か》んでじっと下を向いていた。

口火《くちび》を切《き》る《慣》

《「口火」は、火縄銃や爆薬などの点火に使う火》新たな事態が次々と展開するきっかけになることを、他に先駆けて行なう。例 野党を代表して質問に立ち、政府攻撃の口火を切った。

口《くち》ほどにもない《慣》

能力などが、実際には当人が口で言うほどのものではない様子。例 柔道では人に負けないなどと言っていたが、試合では負けてばかりで、口ほどにもない奴《やつ》だ。

口《くち》も八丁《はっちょう》手《て》も八丁《はっちょう》《慣》

言うこともすることも達者でぬかりがない様子。「口八丁手八丁」とも。例 あの人は口も八丁手も八丁だから、営業マンとして重宝されている。

口《くち》を合《あ》わせる《慣》 ⇩口裏を合わせる

口《くち》を入《い》れる《慣》
他人が話をしているところへ割り込んで話に加わる。また、余計な口出しをする。例 人の話にすぐ口を入れるのは君の悪い癖だ。

口《くち》をきく《慣》
《話をする意から》両者の間に立って関係がうまくいくように取り計らう。例 こんないい土地が買えたのは、友だちが地主に口をきいてくれたお陰だ。

口《くち》を切《き》る《慣》
①まだ開けていない樽《たる》のふたや瓶の栓などを開ける。例 ブランデーは口を切ったらすぐに飲んでしまわないと味が落ちる。②大勢の中でまず最初に発言する。例 沈黙が続く中で、言いにくいことだが、と口を切ったのは彼だった。

口《くち》を極《きわ》めて《慣》
言葉を尽くして、何かを強調して言う様子。例 伯母《おば》は、口を極めて息子の嫁のことを褒めていた。

愚《ぐ》痴《ち》をこぼす《慣》
言ってもしようがないような不平・不満を、くどくどと言う。例 こんな所で愚痴をこぼしてばかりいないで、直接話し合ってみたらどうか。

口《くち》を揃《そろ》える《慣》
二人以上の者が同時に同じことを言う様子。例 あの人のことはみんな口を揃《そろ》えていい人だと褒める。

口《くち》を出《だ》す《慣》
他の人が話しているところに、わきから自分の意見などを差しはさむ。「口出しをする」とも。例 夫婦の話に、やたら他人が口を出すものではない。

口《くち》を衝《つ》いて出《で》る《慣》
①心に思っていることが、何かのきっかけで、ふいに言葉となって口から出る。例 日ごろの不満が思わず口を衝《つ》いて出た。②即座に、その場に応じた言葉を発する。例 あの雰囲気でよく気の利いた冗談が口を衝いて出てくるも

のだ。

口《くち》を慎《つつし》む《慣》
余計なことや不用意なことを言わないように気を付ける。例 そんなに偉そうなことばかり言ってないで、少しは口を慎んだらどうですか。

口《くち》を尖《とが》らせる《慣》
不平や不満を言いたそうに唇を突き出す様子や、そのような顔つきをする様子をいう。「唇を尖《とが》らせる」とも。例 彼女は承服しがたいと見えて、口を尖らせていた。

口《くち》を閉《と》ざす《慣》
ある事柄について、尋ねられても、何も言わずにいる。「口を噤《つぐ》む」とも。例 質問が核心に触れると、固く口を閉ざしてしまう。

口《くち》を拭《ぬぐ》う《慣》
《盗み食いをした後、口をふいてそ知らぬ顔をする意から》悪いことをしていながら、そ知らぬふりをしている。例 彼自身が言い出したことなのに、失敗したら、口を拭《ぬぐ》って知らん顔をしている。

口《くち》を糊《のり》する《慣》
《「糊《のり》」は粥《かゆ》の意で、粥をすすってやっと暮らしていく意から》極めて貧しく、かろうじて生計を立てていく様子をいう。「口に糊する」とも。例 両親の死後、我々兄弟は新聞配達などで口を糊する毎日だった。
類句 ◆糊口《ここう》を凌《しの》ぐ

口《くち》を挟《はさ》む《慣》
他人どうしの話や相手の話の途中に割り込んで言う。例 君には関係がないことだから、口を挟まないでくれ。

口《くち》を開《ひら》く《慣》
それまで黙っていた人が話し始める。例 やっと重い口を開いて、事件の真相を語り出した。

口《くち》を封《ふう》じる《慣》
自分にとって都合の悪いことなどを、それを知っている人に言わせないようにする。例 贈賄が問題になると、社長は金を握らせて秘書の口を封じようとした。

口《くち》を塞《ふさ》ぐ《慣》

⇩口を封《ふう》じる

類句◆口を塞《ふさ》ぐ

口《くち》を割《わ》る《慣》

警察などの取り調べで自白をする。例犯人は、事件の背後関係についてはなかなか口を割らない。

屈託《くったく》が無《な》い《慣》

物事にこだわらない性格で、逆境に置かれたり不快な目に遭わされたりしても一向に気にかけることがない様子だ。例友人たちがどんどん出世しても、僕は僕だからと屈託が無い。

食《く》ってかかる《慣》

激しい口調や態度で相手に反論したり抗議したりする。例ちょっと注意をしたら、相手は逆に「君に言われる筋合いはない」と食ってかかって来た。

苦爪楽髪《くづめらくがみ》

苦労の多いときは爪《つめ》が伸びやすく、楽をしているときには髪が伸びやすいという、昔からの通説。「苦髪楽爪《くがみらくづめ》」とも。

轡《くつわ》を並《なら》べて《慣》

（轡《くつわ》をはめた馬首をそろえる意から）多くの人が一緒にそろって行動する様子。例救助隊員の一行が被災地へと轡を並べて向かった。

靴《くつ》を隔《へだ》てて痒《かゆ》きを掻《か》く

⇩隔靴掻痒《かっかそうよう》

苦肉《くにく》の策《さく》《慣》

窮地を脱するために多少の犠牲を払うことを覚悟してとる、思い切った手段。例不況を乗り切る苦肉の策として管理職の給与をカットすることにした。

苦《く》にする《慣》

そのことが心から離れず思い悩む。「苦に病む」とも。例事故はあなたのせいではないのだから、苦にすることはない。

苦《く》になる《慣》

そのことが心の重荷に感じられる。例足が達者だから、駅までの三十分くらい、歩くのも大して苦にならない。

国《くに》に盗人《ぬすびと》家《いえ》に鼠《ねずみ》

国に盗賊がおり家に鼠《ねずみ》がいるように、物事には必ずこれを害するものがある、ということ。

国乱《くにみだ》れて忠臣《ちゅうしん》見《あらわ》る

国がよく治まっているときは、家来の誰《だれ》が忠臣で誰が不忠の臣であるか分からないが、国が乱れたときには、その忠・不忠のほどがはっきりして、誰が忠臣であるかが分かってくる。

原文 周市《しゅうふつ》曰《いわ》く、天下昏乱《こんらん》して、忠臣乃《すなわ》ち見《あらわ》る〔周市《しゅうふつ》が言った、天下が乱れると、初めて忠臣があらわれる〕。〈史《し》記《き》・魏豹伝《ぎひょうでん》〉

参考『老子』一八には「国家昏乱《こんらん》して忠臣有り」とある。

愚《ぐ》にもつかない《慣》

全く馬鹿《ばか》げていて、まともに応じる気になれない様子。

例 彼女は愚にもつかないことを長々としゃべっている。

国破《くにやぶ》れて山河《さんが》在《あ》り

《「国」は国都》戦乱などのために国都は破壊されても、自然の風物だけはもとのままである、という感慨の言葉。

原文 国破れて山河在り、城春にして草木深し〔国都は破壊されたけれども、山も河も昔のままであり、都城には春がおとずれて、草や木が青々と茂っている〕。〈杜甫《とほ》の詩、春望《しゅんぼう》〉

参考 芭蕉《ばしょう》の『奥の細道』で、平泉を訪れたところにこの句を引用している。

愚《ぐ》の骨頂《こっちょう》

どんな点からみても馬鹿《ばか》げていて、話にならない様子。

例 あんな事業に全財産を注《つ》ぎ込むなんて、愚の骨頂だ。

苦杯《くはい》を嘗《な》める《慣》

《「苦杯」は、にがい酒を入れた杯の意》思いどおりに事が運ばず、苦しく辛《つら》い経験をする。例 見通しが甘かったばかりに、販売競争では苦杯を嘗《な》めることとなった。

苦《く》は楽《らく》の種《たね》

今、苦労するのは、将来、楽をするための種をまくようなものである。「楽は苦の種、苦は楽の種」と使う。

首《くび》が危《あぶ》ない《慣》
解雇・解任されかねない状態をいう。例今年もリーグ最下位では、監督の首が危ない。

首《くび》がつながる《慣》
辛うじて免職されたり解雇されたりせずにすむ。「首をつなぐ」とも。例部長がかばってくれたお陰で、危うく首がつながった。

首《くび》が飛《と》ぶ《慣》
失敗を犯すなどして、免職になったり解雇されたりする。例これでは、部下に対する監督不行き届きで、課長の首が飛びかねない。

首《くび》が回《まわ》らない《慣》
借金が増えるなどして、やりくりがつかなくなる様子。例借金がかさんで、どうにも首が回らない。

首《くび》にする《慣》
免職にする。また、解雇する。⇩**首を切る** 例彼が社長の甥《おい》でなかったら、勤務態度が悪いので本当は首にしたいところなのだ。自首になる

首《くび》に縄《なわ》を付《つ》けても《慣》
嫌がる人を、無理やりに連れて行く、また、連れて来る様子。例今日という今日は、首に縄を付けてもあいつを連れて帰るぞ。

首根《くびね》っこを押《お》さえる
（相手の首筋を後ろから押さえて動けないようにすることから）相手の弱みなどを握って、有無を言わせないようにする。例証拠書類を見付けられ、首根っこを押さえられては、どうしようもない。

首《くび》の皮一枚《かわいちまい》《慣》
（昔、斬首《ざんしゅ》された者の首が皮一枚で胴体とつながっていたということから）ほんのわずかではあるが、まだ生き残ったり立ち直ったりする可能性が残っている様子。例あの会社は倒産寸前といわれながらも、今のところ首の皮一枚でつながっている。

首《くび》をかしげる《慣》

（「かしげる」は、傾ける意）不思議に思ったり疑問に思ったりして、考え込むような動作をする様子をいう。例 一体どうしてこんなことになってしまったのだろうと、みんな首をかしげている。

類句 ◆小首をかしげる

首《くび》を切《き》る《慣》

（打ち首にする意から）一方的に、免職にする、また、解雇する。⇩**首にする** 例 合理化の名目で、大量に従業員の首を切る時代になった。

首《くび》を括《くく》る《慣》

（自分の首に縄などを巻き付けて死ぬ意から）自ら破滅の道を選ぶしかない状況に追い込まれることをいう。例 再度チャンスが与えられたのだから、今度失敗したら、首を括《くく》らなければならない。

首《くび》をすげ替《か》える《慣》

（人形の首がすげ替えられることから）今までその地位・職にあった人を辞めさせ、代わりに他の人を就かせる。例 大臣の首をすげ替えてみたところで、問題は解決しない。

首《くび》を縦《たて》に振《ふ》る《慣》

賛成・承諾などの意志を表明する。例 移籍を勧められても、彼はよほどの好条件でなければ首を縦に振らないだろう。反対 **首を横に振る**

首《くび》を突《つ》っ込《こ》む《慣》

そうする必然性は必ずしもないのに、興味や関心を抱いてそのことに関係したり仲間に加わったりする。例 学者が政治の世界に首を突っ込んで、本業がおろそかになっている。

首《くび》を長《なが》くする《慣》

その実現を今か今かと待ち望む様子をいう。例 彼の復帰を、ファンは首を長くして待っている。

首《くび》を捻《ひね》る《慣》

疑問だ、また、すぐには賛成できないという気持ちを、態度や表情に表わす様子をいう。例 原因不明の奇病に、医者も首を捻《ひね》っている。

工夫《くふう》を凝《こ》らす《慣》

最善の方法を見いだしたり、最上の結果を得たりしようとして、あれこれと考えをめぐらす。例 一人でも多くの人の関心を引こうと、ポスターの表現に工夫を凝らす。

苦《く》もなく《慣》

苦労せずにたやすくやってのける様子。例 大きな石を彼は苦もなく持ち上げてみせた。

雲《くも》に梯《かけはし》

〔「梯《かけはし》」は、梯子《はしご》の意〕雲に梯子をかけることは不可能であるところから、実現できそうもない高望みのたとえ。多く、恋についていわれる。

蜘蛛《くも》の子《こ》を散《ち》らすよう

〔蜘蛛《くも》は袋の中に数百の卵を産み、その幼虫が袋を破ると多くの子が四方に散るところから〕大勢の人が一度にぱっと逃げて行く様子にたとえていう。例「こらっ」という声に、立ち入り禁止の芝生《しばふ》に入り込んでいた子供たちは蜘蛛の子を散らすように逃げて行った。

雲行《くもゆ》きが怪《あや》しい《慣》

〔天気が崩れそうな空模様の意から〕情勢が不穏になり、成り行きによっては一波乱ありそうな様子。例 不景気になり、行事が開催できるかどうか雲行きが怪しい。

雲《くも》を霞《かすみ》と

一目散に逃げて、あっという間に姿をくらましてしまう様子。例 この先に臨時の検問所があるとわかると、暴走族の一団は雲を霞《かすみ》と逃げてしまった。

雲《くも》をつかむよう《慣》

話の内容などがひどく漠然《ばくぜん》としていて、とらえどころがない様子。例 ここ一帯を開発して工業団地にすると言われても、雲をつかむような話でにわかには信じがたい。

雲《くも》を衝《つ》く《慣》

見上げるばかりに背が高い様子をいう。例 バスケットボールの選手だけに、雲を衝《つ》くばかりの大男が揃《そろ》っている。

位《くらい》人臣《じんしん》を極《きわ》める《慣》

《君主以外の者がなれる最高の位まで昇りつめる意から》その世界で最高の地位を得たり権力者になったりすることをいう。例 一国の首相となり、今や位人臣を極めた君が、これ以上何を望もうというのだ。

食《く》らえどもその味《あじ》わいを知《し》らず

《心が他の事に奪われている時は、何を食べてもその味がわからない意》精神を集中してやらないと、何事も身に付かないことのたとえ。原文 心焉《ここ》に在らざれば、視《み》れども見えず、聴けども聞こえず、食らえどもその味わいを知らず〔心が張りつめていないと、目では見ていても、見分けがつけられず、耳では聞いていても、聞き分けられず、口に入れていてもその味がわからない〕。〈大学《だいがく》〉

類句 ◆心ここに在らざれば視《み》れども見えず

倉《くら》が建《た》つ《慣》

大きな収入源があって、大金持ちになる。例 あれだけ商売熱心なら、今にいくつも倉が建つことだろう。

暗《くら》がりから牛《うし》

《暗がりから黒い牛が出て来てもよく分からないことから》物の形や色の区別がはっきりしない様子。また、動作がのろく、はきはきしない人についていう。「暗がりの牛」とも。

類句 ◆暗闇《くらやみ》から牛を牽《ひ》き出す

海月《くらげ》の骨《ほね》に逢《あ》う

海月《くらげ》には骨がないことから、あるはずのない物事に出会うことのたとえ。

類句 ◆優曇華《うどんげ》 ◆盲亀《もうき》の浮木《ふぼく》

暮《く》らしを立《た》てる《慣》

何らかの収入源を得て、それなりに生活していく。例 パートタイムの仕事をいくつか掛け持ちして、どうにか暮らしを立てている。自 暮らしが立つ

暗闇《くらやみ》から牛《うし》を牽《ひ》き出《だ》す

⇩暗がりから牛

暗闇《くらやみ》の鉄砲《てっぽう》

⇩闇夜《やみよ》に鉄砲

苦《くる》しい時《とき》に親《おや》を出《だ》せ
言いわけに困ったときは、親の病気などを持ち出すと何とかなるものである、ということ。

苦《くる》しい時《とき》の神頼《かみだの》み
《普段は信心を持たない者でも、窮地に立ったときだけ神仏に救いを求めることから》切羽詰まって、頼れるものには何にでもすがろうという気持ちを抱くこと。[例]苦しい時の神頼みで、神社に詣《もう》でて合格祈願をしてきた。
[類句]◆叶《かな》わぬ時の神頼み　◆切《せつ》ない時の神頼み

ぐるになる《慣》
悪事を働くために結託する。[例]原料の品不足を機に業界全体がぐるになって便乗値上げを図ろうとした。

車《くるま》の両輪《りょうりん》《慣》
双方が密接に関連し合っていて、そのどちらか一方が欠けても用をなさなくなることをいう。[例]基礎医学と臨床医学とは言わば車の両輪で、切り離しては考えられない。
[類句]◆唇歯輔車《しんしほしゃ》　◇鳥の両翼

来《く》る者《もの》は拒《こば》まず《慣》　⇩来《き》たる者は拒まず

紅《くれない》は園生《そのう》に植《う》えても隠《かく》れなし
《ベニバナは花の咲き乱れている庭園に植えても目を引くものである、の意》才能の優れた人は、どんな所にいてもおのずと目立つものである、ということ。

暮《く》れぬ先《さき》の提灯《ちょうちん》
日が暮れる前から提灯《ちょうちん》に明かりをつけて歩く意で、必要もないのに手回しだけよいこと、先回りしすぎてかえって間が抜けていることをいう。

食《く》わず嫌《ぎら》い
食べてもみないで嫌いだと決めてしまう。物事を実際にやろうともしないで、初めから拒絶してしまうことをいう。

君子《くんし》危《あや》うきに近寄《ちかよ》らず
教養のある立派な人は、むやみに危険なことに近づいて災難に遭うことを、初めから避けるものだということ。
[参考]「虎穴《こけつ》に入《い》らずんば虎子《こし》を得ず」は、この反対。

君子《くんし》の交《まじ》わりは淡《あわ》きこと水《みず》の如《ごと》し

教養のある立派な人どうしの交際は、あっさりとして水のようであるが、その友情は永久に変わらない。

原文 君子の交わりは淡きこと水の如《ごと》し、小人《しょうじん》の交わりは甘きこと醴《れい》の如し。君子は淡くして以《もっ》て親しみ、小人は甘くして以て絶つ〔……、無教養の人の交際はねちねちと甘ったるく、甘酒《あまざけ》のようである。教養人の付き合いは淡々としていよいよ親しみを増し、無教養の人の付き合いは甘ったるいのですぐに絶交することになる〕。〈荘子《そうじ》・山木《さんぼく》〉

君子《くんし》は憂《うれ》えず懼《おそ》れず

教養のある人は、いつも正しい道徳を実践していて何もやましいところがないので、少しも心配することもないし恐れることもない。

原文 司馬牛《しばぎゅう》、君子を問う。子曰《しいわ》く、君子は憂えず懼《おそ》れず。曰く、憂えず懼れざる、斯《すなわ》ち之《これ》を君子と謂《い》うか。子曰く、内《うち》に省《かえり》みて疚《やま》しからずんば、夫《そ》れ何《なに》をか憂い何をか懼れん〔弟子の司馬牛が君子のあり方について問うた。孔子が言われた、君子はくよくよしたり、恐れたりしないものだ。司馬牛が言った、くよくよしたり、恐れたりしなければ、それだけでもう、その人を君子と呼んでよいものでしょうか。孔子が言われた、自分に省みてやましいところがなければ、くよくよすることも、恐れることもないではないか〕。〈論語《ろんご》・顔淵《がんえん》〉

類句 ◇君子は終身の憂いありて一朝の患いなし

君子《くんし》は器《き》ならず

〔「器」は、特定の用途に応じる、うつわ〕教養のある人は、広い視野が必要である。〈論語《ろんご》・為政《いせい》〉

君子《くんし》は義《ぎ》に喩《さと》り小人《しょうじん》は利《り》に喩《さと》る

教養のある人は、すべての物事を、正しい道に合うかどうかと考えるが、徳のない無教養の人は、どうしたら利益を得られるかと、そればかりを考えるものである。〈論《ろん》語《ご》・里仁《りじん》〉

君子《くんし》は言《げん》に訥《とつ》にして行《おこ》ないに敏《びん》ならんと欲《ほっ》す

教養のある人は、口は重いが行動は機敏でありたいと願うものである。〈論語《ろんご》・里仁《りじん》〉

君子《くんし》はこれを己《おのれ》に求《もと》め小人《しょうじん》はこれを人《ひと》に求《もと》む

教養のある人は過ちがあると何事でもまず自分を反省し、徳のない無教養な人はその原因を他人のせいにしようとする。〈論語《ろんご》・衛霊公《えいれいこう》〉

君子《くんし》は独《ひと》りを慎《つつし》む

教養のある人は、人の見ていないところでも自分の行ないを慎む。

原文 これを、中《うち》に誠あれば、外《そと》に形《あらわ》ると謂《い》う。故に君子は必ず其《そ》の独りを慎む〔心のうちに誠があれば、それは外に善事となってあらわれるという。だから、君子は独居の時にも慎むのである〕。〈大学《だいがく》〉

君子《くんし》は豹変《ひょうへん》す

⸨「豹変《ひょうへん》」は、豹の毛が抜け変わってその文様があざやかになる意⸩教養のある人は、過ちと知ったらすぐに改めて善に移るのが、きわめてはっきりしている。現在では、主義・主張などをあっさりと一変する意に使うことが多い。

原文 大人《たいじん》は虎変《こへん》す。君子は豹変《ひょうへん》す。小人《しょうじん》は面《めん》を革《あらた》む〔大人が天下を変革するしかたは、虎《とら》の文様が秋に色を変じるようであり、君子たる士大夫《したいふ》は、変革が完成したあと、新しい文化の建設に貢献することが、豹《ひょう》の毛が抜け変わって文様が美しくなるように、あざやかである。小人は、結果を享受するだけであるから、ただ顔つきをあらためて、おとなしく従うだけである〕。〈易経《えききょう》・革卦《かくか》〉

君子《くんし》は交《まじ》わり絶《た》ゆとも悪声《あくせい》を出《いだ》さず

教養のある人は、絶交するようなことになっても決して相手の悪口を言わない。

原文 臣聞く、古《いにしえ》の君子は、交わり絶ゆとも悪声を出《いだ》さず、忠臣は、国を去るもその名を潔《きよ》くせず〔私が聞くところによれば、昔の君子は、絶交するようになっても、相手をあしざまには言わない、忠臣は仕えている国を去るようになっても、前の主君を悪く言って、自分を潔白であると言おうとはしない〕。〈史記《しき》・楽毅伝《がくきでん》〉

葷酒山門《くんしゅさんもん》に入《い》るを許《ゆる》さず

ねぎ・にんにく・にらなど臭《にお》いの強い野菜と酒とは、浄念を乱し、修行の妨げとなるから、寺に持ち込んではならない。禅寺などで、寺門のそばの戒壇石に刻んである標語。

参考 漢文では「不許可葷酒入山門」である。

君臣水魚《くんしんすいぎょ》

⇩水魚の交わり

軍配《ぐんばい》が上《あ》がる《慣》

《相撲で、行司の軍配が、勝った力士に上がることから》勝負に勝つ。また、勝ったと認められる。例 今回の工場建設をめぐる会社と地元住民との紛争では、住民側に軍配が上がった。他 軍配を上げる

軍配《ぐんばい》が返《かえ》る《慣》

相撲で制限時間が一杯になり、行事の軍配がひるがえって取組が始まる。例 軍配が返り、両者立ち上がってがっぷり四つに組む。

群盲象《ぐんもうぞう》を評《ひょう》す

《多くの盲人たちが一頭の象をなでて、それぞれ自分の触れたところだけで、桶《おけ》のようだ、太鼓のようだ、杖《つえ》のようだ、ほうきのようだ、と見当違いの批評をしたという故事から》凡人が大事業や大人物を評価しようとしても、その一面に触れるだけで、全体を見ることはできない、ということ。「群盲《ぐんもう》象を撫《な》づ」とも。〈六度経《ろくどきょう》〉

軍門《ぐんもん》に降《くだ》る《慣》

戦争や競技で、相手に負けて屈伏する。例 果敢に戦ったが、ついに力尽きて敵の軍門に降《くだ》った。

群《ぐん》を抜《ぬ》く《慣》

同種のものの中で、とび抜けて優れている。例 あの生徒の成績は、学年の中でも群を抜いている。

け

形影相弔《けいえいあいとむら》う

《我が身と影法師とが互いに慰め合うだけで、ほかに同情してくれる者が一人もいない意》よるべがなく、見るか

らにあわれな様子をいう。

原文 煢煢《けいけい》として孑立《げつりつ》し、形影相弔《あいとむら》う〔身寄りがなく、寂しくひとりぼっちであり、我が身と影法師とが、互いに慰め合うばかりである〕。〈李密《りみつ》の文、陳情《ちんじょう》の表《ひょう》〉

類句 ◇形影自《みずか》ら相憐《あいあわれ》む

敬遠《けいえん》

《尊敬はするけれども、あまり近よらない意》表面はうやまっているように見せて、実は近づくのを嫌って避けていること。「敬して遠ざける」とも。

原文 子曰《しいわ》く、民の義を務め、鬼神《きしん》を敬して之《これ》を遠ざくるは、知と謂《い》うべし〔孔子が言われた、自分の義務を果たすために力を尽くし、鬼や神を敬いはするがなれなれしく近づくことをしない。これならば知と呼んでよかろう〕。〈論語《ろんご》・雍也《ようや》〉

傾蓋旧《けいがいきゅう》の如《ごと》し

《「傾蓋《けいがい》」は、車の蓋《かさ》を傾けて寄りあって話し合う意》ちょっと会っただけで、旧《ふる》くからの友人のようにうちとけて語り合うこと。

原文 諺《ことわざ》に曰《いわ》く、白頭新《しん》の如《ごと》く、傾蓋故《けいがいこ》の如き有り〔ことわざに、少年時代から白髪の年まで交際しても、初対面のような冷たい交わりもあり、路傍で車の蓋《かさ》を傾けて語っただけでも、意気投合すれば昔からの友人のような、親密な交わりをするものもある〕。〈史記《しき》・鄒陽伝《すうようでん》〉

謦欬《けいがい》に接《せっ》す

《「謦《けい》」も「欬《がい》」も、咳払《せきばら》い。その人の咳払いを近くで聞くということで、親しく面会するという意になる》尊敬する人や貴人を敬って、その人に面会することをいう言葉。

例 師の謦欬に接することを無上の光栄に思う。

原文 久しいかな、真人の言を以《もっ》て吾《わ》が君の側《かたわら》に謦欬《けいがい》すること莫《な》きや〔思えば久しいことであったことよ。道の奥義を悟り得た人がいなくなって、我が主君のそばで近くで咳払《せきばら》いをしなくなってから〕。〈荘子《そうじ》・徐無鬼《じょむき》〉

注意 「せいがいに接する」と読むものがあるが、誤り。

芸《げい》が細《こま》かい 《慣》

《芸事で、細かい所まで注意がよく行き届いた演技をする意から》やり方が入念で、細部にまで工夫が凝らされている様子。例 このＳＬの模型は、走る時に煙まで出すようにできているのだから、実に芸が細かい。

芸《げい》が無《な》い《慣》

ありきたりのやり方で、面白みがない様子。例 忘年会だからといって、飲んで歌って騒いでばかりいるのも芸が無い。

芸《げい》が身《み》を助《たす》ける

⇩芸は身を助ける

挂冠《けいかん》

《「挂《けい》」は「掛」で、役人が、かぶっていた冠《かんむり》を脱いで掛けて去るという意》官職をやめること。
原文 時に王莽《おうもう》、其《そ》の子宇《こう》を殺す。萌《ほう》、友人に謂《い》いて曰《いわ》く、三綱《さんこう》絶《た》ゆ。去らずんば禍《わざわい》まさに人に及ばんとす、と。即《すなわ》ち冠を解き、東都の城門に挂《か》く。帰りて家属を将《ひき》いて海に浮かび、遼東《りょうとう》に客たり〔その時、王莽《おうもう》がその子の王宇《おうう》を殺した。逢萌《ほうほう》は友人に言った。人の道の大綱である君臣・父子・夫婦の道が絶えてしまった。ここを去らなければ必ず我が身に災禍がふりかかって来る、と。そこでかぶっていた冠のひもを解いて、洛陽《らくよう》の都の城門に掛けた。帰って一家の者を引き連れて海に乗り出し、遼東《りょうとう》地方へ旅立った〕。〈後《ご》漢書《かんじょ》・逢萌伝《ほうほうでん》〉

景気《けいき》を付《つ》ける《慣》

意気の上がらない状態にあるものに何らかの刺激を与えて、活気付ける。例 みんなで失敗を悔やんでばかりいても始まらないから、ひとつ酒でも飲んで景気を付けよう。

鶏群《けいぐん》の一鶴《いっかく》

《たくさんの鶏《にわとり》の中に一羽の鶴《つる》がいる意》多くの凡人の中に、一人の傑出した人物がいることのたとえ。
原文 昨《さく》、稠人中《ちゅうじんちゅう》に於《お》て始めて嵆紹《けいしょう》を見しに、昂昂然《こうこうぜん》として野鶴《やかく》の鶏群に在るが如《ごと》し〔昨日、人込みの中で初めて嵆紹《けいしょう》を見たが、非常に気高く、野生の鶴《つる》が鶏の群れの中にいるようなものであった〕。〈晋書《しんじょ》・嵆紹伝《けいしょうでん》〉
類句 ◆掃《は》き溜《だ》めに鶴《つる》 ◆野鶴《やかく》の鶏群に在るが如《ごと》し

経験《けいけん》は馬鹿《ばか》をも賢《かしこ》くする

どんな愚かな人間でも、経験を重ねることによってだんだんと賢くなる意で、経験は貴重なものであるということ。

鶏口《けいこう》となるとも牛後《ぎゅうご》となるなかれ

大きな団体で後ろのほうに付いているよりも、小さな団体でもその長となれということ。人に従属するよりも独立したほうがよいということのたとえ。《戦国時代の遊説《ゆうぜい》家の蘇秦《そしん》が、合従《がっしょう》の策を説いて、六か国が連合して強国の秦にあたるのがよい、六か国の王はそれぞれ小国であっても、一国の王であるから、秦の属国などにはなるべきではない、と説いた時の有名な句》 原文 臣聞く、鄙諺《ひげん》に曰《いわ》く、寧《むし》ろ鶏口と為《な》るとも牛後となる無《なか》れ。〈史記《しき》・蘇秦伝《そしんでん》〉

傾国《けいこく》

《「傾国」は「国を傾ける」と読み、国を危うくし滅ぼす意とも、国中の人が残らず出て見る意とも》絶世の美人をいう。例 傾国の美人〈王がその色香に迷って国を滅ぼすほどの美女〉。／傾国傾城《けいせい》〈美人。美女〉。
原文 北方に佳人《かじん》あり、絶世にして独り立つ。一顧すれば人の城を傾け、再顧すれば人の国を傾く〈北のほうに美人がいて、それが世にもまれな美女である。ちょっと振り向けば城を滅ぼし、また振り向けば国を滅ぼす〉。〈漢書《かんじょ》・外《がい》戚《せき》・李《り》夫人伝《ふじんでん》〉

荊妻《けいさい》

《後漢の梁鴻《りょうこう》の妻の孟光《もうこう》は、質素で、いつも荊釵《けいさい》（いばらのかんざし）と布裙《ふくん》（布のもすそ）を用いていたという故事から》自分の妻の謙称。例 荊妻《けいさい》からもよろしくとのことです。

計算《けいさん》に入《い》れる《慣》

何かをする際に、あらかじめそのことを考えに入れる。例 旅行計画を立てるなら、天候のことも計算に入れておかないとうまくいかないよ。

敬《けい》して遠《とお》ざける

⇩敬遠《けいえん》

閨秀《けいしゅう》

《「閨《けい》」は、女性の部屋》学問や芸術に特に優れた女性をいう。例 閨秀作家〈女流作家〉。／閨秀画家〈女流画家〉。
原文 顧家《こか》の婦《ふ》は、清心玉映《せいしんぎょくえい》、自《おのずか》ら是《こ》れ閨房《けいぼう》の秀なり〈顧家の妻は、清らかな心が玉のようにあたりに照り映えており、婦人の部屋の第一のものである〉。〈世説新語《せせつしんご》・賢媛《けんえん》〉

芸術《げいじゅつ》は長《なが》く人生《じんせい》は短《みじか》し

芸術を完成するのには長い年月がかかるが、それに耐えるには人間の命はあまりにも短い。また、芸術は永久に残るが人間の命ははかないものだ。ヒポクラテスの言葉。

傾城《けいせい》買《が》いの糠味噌汁《ぬかみそじる》

《「傾城《けいせい》」は遊女。「糠味噌汁《ぬかみそじる》」は古い糠味噌をすってこし、汁に仕立てたもの》遊女を買うためには多額の出費をする者が、普段の食事は粗末である意から、無駄なことに金を使う者が、本来必要なことには出費を惜しむこと。

傾城《けいせい》に誠《まこと》なし

遊女は多くの客を相手にする商売で、客を喜ばせるために言う言葉にはその場限りのうそが多い、遊女の甘い言葉には心せよということ。

蛍雪《けいせつ》

《晋《しん》の車胤《しゃいん》は、貧乏で灯火の油が買えないので蛍《ほたる》を集めてその光で読書し、孫康《そんこう》は貧しくて油がないので雪明かりで読書し、共に貧乏に負けずに勉強をした故事から》苦労して学問に励むこと。

[原文] 車胤《しゃいん》、……貧にして常には油を得ず。夏月には練嚢《れんのう》を以《もっ》て数十の蛍火《けいか》を盛り、書を照らして之《これ》を読み夜を以て日に継《つ》ぐ。〈晋書《しんじょ》・車胤伝《しゃいんでん》〉／孫康《そんこう》、……家貧にして油無し。嘗《つね》に雪に映じて書を読む。〈初学記《しょがくき》・巻二・宋斉語《そうせいご》〉

[参考] 「蛍の光、窓の雪……」の歌詞は、この故事をふまえたもの。

蛍雪《けいせつ》の功《こう》《慣》

《「蛍雪《けいせつ》」は前項参照》苦労して勉強した成果。[例] 蛍雪の功を積む。

兄《けい》たり難《がた》く弟《てい》たり難《がた》し

どちらもすぐれていて優劣がつけられないこと。

[原文] 陳元方《ちんげんぼう》の子《こ》長文《ちょうぶん》、英才有り。季方《きほう》の子孝先《こうせん》と、各々《おのおの》其《そ》の父の功徳を論じ、之《これ》を争うて決する能《あた》わず。太丘《たいきゅう》に咨《はか》る。太丘曰《いわ》く、元方は兄為《けいた》り難《がた》く、季方は弟為《ていた》り難し、と〔陳元方《ちんげんぼう》（陳紀）の子、長文（陳群）は、すぐれた才能があり、季方（陳諶《ちんしん》）の子、孝先（陳忠）を相手に、それぞれ自分の父の功績と徳行につき、優劣を争った。決着がつかず、祖父の太丘（陳寔《ちんしょく》）に尋ねた。すると太丘は言った、元方を兄とすることも難しく、季方を弟とすることも難しい〕。〈世説新語《せせつしんご》・徳行《とくこう》〉

[類句] ◆伯仲の間

逕庭《けいてい》

〈「逕《けい》」は「径」とも書き、狭い小路、「庭」は広い場の意〉非常な隔たり。大きな相違。例それぞれ形は違っているが、その価値に逕庭はない。

原文 大いに逕庭《けいてい》ありて人情に近からず〈（世間一般の話とは）ひどくかけ離れていて、現実離れがしている〉。〈荘《そう》子《じ》・逍遥遊《しょうようゆう》〉

兄弟牆《けいていかき》に鬩《せめ》げども外《そと》その侮《あなど》りを禦《ふせ》ぐ

〈「牆《かき》」は垣根《かきね》、「鬩《せめ》ぐ」はいさかい争う意〉兄弟は、たとえ内輪もめしていても、外部から侮辱を受けると心を合わせて防ぎ守るものだ。

原文 兄弟牆《けいていかき》に鬩《せめ》げども、外その務《あなどり》を禦《ふせ》ぐ。良朋《りょうほう》ありと毎《いえど》も、烝《つい》に戎《たすく》る無し〈兄弟は家の中で喧嘩《けんか》していても、外から侮りを受ければ一致協力して防ぎ守る。良い友があっても、このような時には、ついに助けることはない〉。〈詩《し》経《きょう》・小雅《しょうが》・常棣《じょうてい》〉

芸人《げいにん》に年《とし》なし

⇩役者《やくしゃ》に年なし

啓発《けいはつ》

〈「啓」も「発」も、開く・教える、の意〉無知の人を教え導いて確かな知識を与え、その不明を開いてやること。「啓蒙《けいもう》」とも。例この書物には啓発される点が多い。

原文 子曰《しいわ》く、憤《ふん》せずんば啓《けい》せず、悱《ひ》せずんば発《はっ》せず〈孔子が言われた、弟子が、何かに疑問を持ち悩みを持って、どうしてもわかりたいと、心がもだえる状態になったときに、はじめて開き導いてやる。何かを言いたくてもうまく言えず、もどかしい状態になったときに、はじめて開き導いてやる〉。〈論語《ろんご》・述而《じゅつじ》〉

芸《げい》は道《みち》によって賢《かしこ》し

技芸はその道をひたすら修業することによって詳しくなる意で、技芸については、それぞれ専門の者がその道に最も精通しているということ。

芸《げい》は身《み》を助《たす》ける

趣味で身に付けた芸が、暮らしに困ったときには生活を支える手段となる。「芸が身を助けるほどの不幸《ふしあわ》せ」とも。いろはがるた（江戸）の一。例 離婚した彼女は、芸は身を助けるで、娘時代に習ったピアノを近所の子供たちに教えて生活している。

桂馬《けいま》の高上《たかあ》がり

将棋の駒《こま》の桂馬《けいま》は、駒を一つ飛び越して斜め前に進むことができ、独特な働きをするかわりに真正面にも横や後ろへも動けないので、あまり前に出すぎると、頭に歩《ふ》を打たれてむざむざ死んでしまうことも多い意で、身分不相応な地位に上がったがために、もろくも失敗することがある、ということ。「桂馬の高飛び歩の餌食《えじき》」とも。

鶏鳴《けいめい》狗盗《くとう》

《鶏《にわとり》の鳴きまねをする者と、犬のようにこそこそと人の物を盗む者》卑しくつまらない者をいう。《戦国時代、斉《せい》の孟嘗君《もうしょうくん》が秦《しん》の昭王のとりことなった時、すでに王に贈ってあった狐《きつね》の白裘《はくきゅう》（狐の腋《わき》の白毛皮で作った皮衣《かわごろも》）を、狗《いぬ》のように忍び込む食客に盗み出させて、王の寵姫《ちょうき》に献じて釈放され、逃げて函谷関《かんこくかん》に来たが、深夜のため関は閉ざされていて、鶏が鳴かなければ門は開かれなかった。従者の中に鶏の鳴きまねの上手な者がおり、鶏の鳴きまねをすると、あたりの鶏どもが鳴き出したので、関門が開かれ、脱出することができた故事による》〈史記《しき》・孟嘗君伝《もうしょうくんでん》〉

参考 この故事をふまえて『枕草子』一三六段に「夜をこめて鶏《とり》のそらねははかるともよに逢坂《おうさか》の関は許さじ〈夜通しにわとりのうそ鳴きでだまそうたって、絶対に相会《あい》うことなどできますまいよ〉」という歌がある。

鶏肋《けいろく》

《鶏《にわとり》のあばら骨の意》大して役には立たないが、捨てるには惜しいもの。

原文 夫《そ》れ鶏肋《けいろく》は、之《これ》を食えば得る所無く、之を棄《す》つれば惜しむ可《べ》きが如《ごと》し。〈後漢書《ごかんじょ》・楊脩伝《ようしゅうでん》〉

毛色《けいろ》の変《か》わった《慣》

同種のものの中で、他とは異質なところが認められる様子。例 彼は作家としては、ちょっと毛色の変わった経歴の持ち主だ。

怪我《けが》の功名《こうみょう》

《「怪我《けが》」は、過ち・失敗の意》失敗したと思ったことや何げなくやったことが、思いがけなく良い結果を生むこと。「過ちの功名」とも。例 素晴らしい色合いだと褒められるが、あれは怪我の功名で、染料の調合を間違えただけだ。

毛《け》が生《は》えた《慣》

それより少しはましだという程度で、実質的には大差がない様子。例 別荘といっても、掘っ立て小屋に毛が生えた程度のものですよ。

逆旅《げきりょ》

《「逆」は、迎える意》旅人を迎える所。宿屋。旅館。
原文 今、虢《かく》、不道《ふどう》を為《な》し、逆旅《げきりょ》を保ちて、以《もっ》て弊邑《へいゆう》の南《なん》鄙《び》を侵《おか》せり〔今、虢国《かくこく》が無道を行なって客舎を固め、そこを根拠地として我が国の南部を侵略しております〕。〈左《さ》伝《でん》・僖公《きこう》二年〉

逆鱗《げきりん》に触《ふ》れる

《竜《りゅう》には、その喉《のど》の下に逆さについた鱗《うろこ》があり、これに人が触れると、普段はおとなしい竜が怒ってその人を殺すという。竜は、天子の象徴で、天子にも臣下が触れてはならない逆鱗《げきりん》がある意》天子の怒りを買う。現在では、目上の人を激しく怒らせることをいう。例 会社の経営方針を批判した部長は、社長の逆鱗に触れて、地方に飛ばされてしまった。
原文 夫《そ》れ竜《りゅう》の虫為《むした》る、柔《じゅう》なるときは狎《な》れて騎《の》る可《べ》きなり。然《しか》れども其《そ》の喉下《こうか》に逆鱗《げきりん》の径尺《けいしゃく》なる有り、若《も》し人之《これ》に嬰《ふ》るる者有らば、則《すなわ》ち必ず人を殺す。人主にも亦《また》逆鱗有り。説《ぜい》者《しゃ》能く人主の逆鱗に嬰るること無くば、則ち幾《ちか》からん〔あの竜という動物の性質は、おとなしい時は、近寄り慣れて乗ることができる。しかし、竜の喉《のど》の下に一尺ほどの鱗《うろこ》が逆さにうわっている。もし人がそこにさわったならば、必ず殺される。同様に人主にも逆鱗と言うべきものがある。意見を述べる人は、君主の逆鱗に触れるようなことがなければ、成功が期待できる〕。〈韓非子《かんぴし》・説難《ぜいなん》〉

檄《げき》を飛《と》ばす《慣》

《「檄《げき》」は、昔、中国で政府が人を呼び集めるために出した文書で、木札に記したもの》自分の主張・意見を書いて、広く人々に知らせ、賛同者の結束をうながす。例 同窓生に檄を飛ばして、母校の廃校反対運動に立ち上がった。

下戸《げこ》と化《ば》け物《もの》は無《な》し

酒の飲めない人と化け物は存在しない意で、この世に酒を飲めない人がいるはずはない、ということ。

類句 ◇下戸《げこ》と鬼《おに》は無《な》い

下戸《げこ》の肴荒《さかなあ》らし

宴席などで酒の飲めない人は、飲めない酒の分ほどに料理をやたらに食うものだ、ということ。

下戸《げこ》の建《た》てた蔵《くら》はない

酒を飲まない人が、酒代分を貯《た》めて蔵を建てたという話は聞かない意で、酒を飲まないからといって、そうそう金が残るものでもない、ということ。

袈裟《けさ》で尻《しり》をぬぐう

本来尊ぶべき僧の着る袈裟《けさ》で尻《しり》を拭《ふ》く意で、物事の見境《みさかい》がなく、だらしない振る舞いをする、ということ。

けじめを付《つ》ける 《慣》

社会的な規範や道義にのっとってどうすべきかを判断し、その場の状況や置かれた立場にふさわしい行動をとる。

例 役人である以上は厳しく公私のけじめを付けるべきだ。

下種《げす》と鷹《たか》とに餌《えさ》を飼《か》え

卑しい者や性質の荒い者には、心付けや好きな物などを与えて手なずけて使うのがよい。

下種《げす》の後知恵《あとぢえ》

思慮に欠ける者は、難問に直面したときには、とっさによい考えが浮かばず、事が終わったあとになってようやくああすれば良かったと気付くものだ。「下種《げす》のあと思案」「下種の知恵はあとから」とも。

参考 It is easy to be wise after the event.〔事件の後で賢くなるのは容易である〕

下種《げす》の一寸《いっすん》のろまの三寸《さんずん》馬鹿《ばか》の明《あ》けっ放《ぱな》し

〔「一寸」は、約三センチ〕戸や障子を閉める時、育ちの卑しい者は一寸ほど残し、のろまは三寸ほど残し、愚か者は明けっ放しにしたままにする。ちょっとした行為で、その人の注意力や品性の程度がわかるということ。

類句 ◆馬鹿《ばか》の三寸間抜けの一寸

下衆《げす》のかんぐり

品性の卑しい者は何かにつけて気を回しすぎ、邪推をしたがるものだということ。「下衆《げす》」は「下種」とも。例世間では、私が業者から賄賂《わいろ》をもらっているなどとうわさしているが、それは下衆のかんぐりというものだ。

下種《げす》の口《くち》に戸《と》は立《た》てられぬ

⇩人の口に戸は立てられぬ

下種《げす》の逆恨《さかうら》み

品性の卑しい者は、人が親切心から忠告しても、好意とは受け取らず、かえってその人を恨むものだ。

類句 ◇心無しの人怨《うら》み

下種《げす》の謗《そし》り食《ぐ》い

育ちの卑しい者は、まずいまずいと文句を言いながらもたくさん食べるものだ。

下種《げす》は槌《つち》で使《つか》え

育ちの卑しい者は、道理を説いて仕事をさせようとしてもなかなか理解しないので、叱《しか》りつけて使わなければならない、ということ。

外題学問《げだいがくもん》

《「外題」は、書物の表紙に記される書名》書名だけはあれこれと知っているが、肝心の内容はよく知らない意で、うわべだけの学問をからかっていう言葉。

桁《けた》が違《ちが》う《慣》

数量や規模などにおいて、両者に格段の差がある。「桁《けた》違いだ」とも。例自営業でいくら稼ぐといっても、巨大コンツェルンの総帥とは桁が違う。

桁《けた》が外《はず》れる《慣》

その程度・規模などが、常識的な尺度では測り切れないほど、普通とはかけ離れている。「桁《けた》外れだ」とも。例彼が描いている構想は桁が外れていて、どんな形で実現するのか我々には見当もつかない。

下駄《げた》と焼《や》き味噌《みそ》

《「焼き味噌《みそ》」は、味噌を板に塗りつけて遠火で焼いた料理。形が下駄《げた》に似ているところから》お互いに外形が似ていても、実質はそれぞれ全く違うことのたとえ。いろはがるた（京都）の一。

下駄《げた》を預《あず》ける《慣》

問題の処理をその人に一任する。例 教授会の結論として、学生の処分問題は学長に下駄《げた》を預けることになった。

下駄《げた》を履《は》かせる《慣》

物の値段を偽って高く言う。また、試験の成績を実際よりもよくつける。例 この学生は就職も決まっているというので、下駄《げた》を履かせ及第にした。

けちが付《つ》く《慣》

何かをする際に、先の見通しを暗くするような、嫌なことが起きる。例 同好会を作る計画に最初からけちが付いて、全員やる気をなくしてしまった。

けちを付《つ》ける《慣》

相手が何かをする際に、悪い予感を与えるようなことを言う。また、相手がすることの欠点を取り上げて、ことさらに悪く言う。例 仲間外れにされた彼は、我々のやることにけちを付けてばかりいる。

月下氷人《げっかひょうじん》

〔「月下老」と「氷人」との二つの故事をふまえた合成語〕男女の縁を取り持つ人。仲人《なこうど》。《唐の韋固《いこ》が旅行中、月夜に老人に会った。その老人は、袋の中の赤い縄《なわ》で、天下の男女の縁を結ぶ人であった。数年後、韋固はその老人の予言どおりに良縁があって結婚した。また、晋《しん》の令狐策《れいこさく》が、氷の上で氷の下の人と話をしたという夢を、占いの名人の索紞《さくたん》に占ってもらったところ、それは君が、結婚の仲人をする前兆だと言われた。後にその言葉のとおりに結婚の仲人をした》⇩赤縄《せきじょう》を結ぶ

原文 唐の韋固《いこ》、……宋城《そうじょう》に旅次し、異人に遇《あ》う。嚢《のう》に倚《よ》りて坐《ざ》し、月下に向かいて書を検す。……因《よ》りて嚢の赤《せき》縄子《じょうし》を問う。云《い》う、これ以《もっ》て夫妻の足を繋《つな》ぐ、仇家《きゅうか》異域と雖《いえど》も縄《なわ》一たび之《これ》を繋げば、終《つい》に易《か》うべからず、と。〈続幽怪録《ぞくゆうかいろく》〉／孝廉《こうれん》の令狐策《れいこさく》、夢に氷上に立ち、氷下の人と語る。紞曰《たんいわ》く、……君、氷上に在りて氷下の人と語る。陽、陰に語るを為《な》すは媒介の事なり。君当《まさ》に人の為《ため》に媒を作《な》し、氷泮《と》けて婚成るべし、と。〈晋書《しんじょ》・索紞伝《さくたんでん》〉

血気《けっき》に逸《はや》る《慣》

意気込みが盛んで、向こう見ずに何かをしようと勇み立つ。例 若者たちは、とかく血気に逸《はや》って暴挙に出ようとするものだ。

血気《けっき》の勇《ゆう》《慣》

一見、勇気ある行動のように思えるが、一時の激情にかられた向こう見ずな行動に過ぎないこと。例 血気の勇にはやって、首相官邸に乗り込もうなんて馬鹿《ばか》げている。

結構毛《けっこうけ》だらけ《慣》

《「毛だらけ」は「結構」と同音の語を重ねて調子をつけたもの》大いに結構だという意を多少ちゃかし気味に言う言葉。「結構毛だらけ猫灰だらけ」「結構毛だらけ灰だらけ」とも。例 それだけあれば、もう結構毛だらけだよ。

血相《けっそう》を変《か》える《慣》

ひどく怒ったり驚いたりして、顔色を変える。例 子供に怪我《けが》をさせたと言って、親が血相を変えて怒鳴り込んできた。

月旦評《げったんひょう》

《「月旦《げったん》」は、月のはじめの日。後漢の許劭《きょしょう》が従兄の許靖《きょせい》と毎月の一日に、郷党の人物評をしたという故事から》人物の批評をすること。

原文 初め劭《しょう》、靖《せい》と倶《とも》に高名あり。好んで共に郷党の人物を覈論《かくろん》す。毎月輒《すなわ》ち其《そ》の品題を更《あらた》む。故に汝南《じょなん》の俗に月旦《げったん》評《ひょう》有り。〈後漢書《ごかんじょ》・許劭伝《きょしょうでん》〉

尻《けつ》の穴《あな》が小《ちい》さい《慣》

小心で度量が狭いと、人を軽蔑《けいべつ》していう言葉。例 リスクを恐れて肝心のところで手を引くなんて、尻《けつ》の穴の小さい奴《やつ》だ。

血路《けつろ》を開《ひら》く《慣》

《敵の包囲網を破って逃げ道を作る意から》困難な事態を切り抜けるための思い切った方法・手段を見いだす。例 緊急融資を受けて何とか血路を開くことができた。

決《けつ》を採《と》る《慣》

議案の採否を賛成者の多少によって決める。例 決を採りますから、賛成の方は挙手をお願いします。

尻《けつ》をまくる《慣》 ⇩**尻《しり》をまくる**

外法《げほう》の下《くだ》り坂《ざか》

外法（妖術《ようじゅつ》や呪術《じゅじゅつ》）を用いて手に入れたものは、その妖術が破れると消えて無くなることから、一度失敗するとひとたまりもなくすべてが無に帰すること。または、不正な手段で得た富や権力は長続きしない、ということ。

毛《け》ほど《慣》

《後に打ち消しの語を伴って》ほんの少しも。例 彼には毛ほどの良心も見られない。

煙《けむ》に巻《ま》く《慣》

相手の意表を衝《つ》くようなことを一方的に言いたてて、話の要点をうやむやにしてしまう。例 責任の追及を逃れようとして、知事は記者団を煙《けむ》に巻いた。

煙《けむり》あれば火《ひ》あり

煙が立っていれば、必ずそこに火がある意で、うわさが立つのは何か根拠があるからだということ。

類句 ◆火の無い所に煙は立たぬ

外面《げめん》似《じ》菩薩《ぼさつ》内心《ないしん》如《にょ》夜叉《やしゃ》

顔は菩薩《ぼさつ》そっくりで美しくやさしく見えるが、その心根は夜叉《やしゃ》のように意地悪く恐ろしい。本来は、女性が仏道修行の妨げとなることを言ったもの。「外面如菩薩内心如夜叉」とも。〈華厳経《けごんきょう》・唯識論《ゆいしきろん》〉

けりが付《つ》く《慣》

《和歌・俳句などで、末尾を助動詞「けり」で結ぶものが多いことから》長い間結論が出ず、もめていた物事などに決着が付く。例 二人の意見は平行線をたどるばかりで、いつになっても話し合いにけりが付かない。他 **けりを付ける**

けれんみがない《慣》

《「けれん」は、歌舞伎《かぶき》などで俗受けをねらってする奇抜な演技》はったりやごまかしなどが全く見られない様子。例 あの新人女優は、マスコミへの対応もけれんみがなく、好感が持たれている。

毛《け》を吹《ふ》いて疵《きず》を求《もと》む

毛を吹き分けて、隠れた疵《きず》を捜すように、小さな過ちを見つけ出してはきびしく吟味することから、あら捜しをする、無理に他人の欠点や悪事をあばいて追及すること、また、他人の欠点や悪事を言い立てようとして、かえって自分の欠点や悪事をさらけ出すことをいう。

原文 毛を吹きて小疵《しょうし》を求めず、垢《あか》を洗いて知り難《がた》きを察せず。〈韓非子《かんぴし》・大体《だいたい》〉

類句 ◆藪《やぶ》をつついて蛇を出す

犬猿《けんえん》の仲《なか》《慣》

きわめて仲が悪い間柄にあること。例 あの二人は犬猿の仲だから、一緒に仕事をさせないほうがいい。

験《げん》がいい《慣》

縁起がいい。例 受験番号が一番だとは験《げん》がいい。反対 験《げん》が悪い

喧嘩《けんか》過《す》ぎての棒千切《ぼうちぎり》

《「千切」は「乳切」とも書き、両端を太く中央を少し細く削った棒》棒は、喧嘩《けんか》のときには必要だが終わった後は用がない意で、時機に遅れて役に立たないことをいう。「喧嘩過ぎての向こう鉢巻《はちま》き」「喧嘩過ぎての空威張《からいば》り」とも。

類句 ◆争い果てての棒千切

懸河《けんが》の弁《べん》

《「懸河」は、急流や滝の意》すらすらとよどみなく話すこと。また、そのよどみない弁舌。

原文 象《しょう》の語を聴くに、懸河の水を瀉《そそ》ぐが如《ごと》く、注げども竭《つ》きず〔郭象《かくしょう》の話すのを聞くと、急流を傾けて水をかけるようで、いくらつぎ込んでも尽きることがない〕。〈晋書《しんじょ》・郭象伝《かくしょうでん》〉

類句 ◆立て板に水

剣《けん》が峰《みね》に立《た》つ《慣》

《「剣が峰」は、噴火口の周り。転じて相撲の土俵の俵の一番高い所で、もう一歩も後に引けないことから》絶体絶命の窮地に追い込まれた状態になる。例 スキャンダルが発覚して、大統領は剣が峰に立たされた。

喧嘩両成敗《けんかりょうせいばい》

喧嘩《けんか》をした者はどちらがいいとか悪いとかを論ぜず、両方とも同じく罰すること。例 子供のころは兄と喧嘩すると、喧嘩両成敗で、二人ともおやつをもらえなかった。

喧嘩《けんか》を売《う》る 《慣》

相手を怒らせるような言動をして、喧嘩《けんか》をしかける。例 君は僕に喧嘩を売るつもりで、そんな失礼なことを言うのか。

牽強付会《けんきょうふかい》

道理に合わない理屈を無理にこじつけて、自分の都合のよいようにはかること。例 彼のこじつけの弁明は、牽強《けんきょう》付会の説としか言いようがない。

献芹《けんきん》

〈いなかの人が、野の芹《せり》を美味だとして身分の高い人に献上する意から〉人に物を贈るときに使う謙遜《けんそん》の言葉。また、君主に忠義を尽くすことをへりくだっていう。〈列《れっ》子《し》・楊朱《ようしゅ》〉

拳拳服膺《けんけんふくよう》

〈「拳拳《けんけん》」は、両手でささげ持つ意。「服膺《ふくよう》」は、胸につける意〉いつもそのことを心において、忘れずに守ること。

原文 子曰《しいわ》く、回《かい》の人と為《な》りや、中庸《ちゅうよう》を択《えら》び、一善を得《う》れば、則《すなわ》ち拳拳服膺《けんけんふくよう》して、之《これ》を失わず〔孔子が言われた、顔回の人柄は、中庸を択《えら》びとり、一つの善い事を知ると、それをいつも心に抱いて忘れずに守っていた〕。〈中庸《ちゅうよう》〉

健康《けんこう》は富《とみ》に優《まさ》る

どんなに金持ちでも、体が弱くては、楽しい生活も充実した人生も送ることができないということ。「健康は大いなる財産」とも。

原文 Health is better than wealth. の訳語。

言語《げんご》に絶《ぜっ》する 《慣》

言葉では言い表わせないほど、程度が甚だしい様子。例 今日の成功を収めるまでには、幾度も言語に絶する苦しみをなめさせられた。

乾坤一擲《けんこんいってき》

〈「乾坤《けんこん》」は天地。天地をかけて大勝負をする意〉自分の運命をかけて、思い切った勝負をすること。例 窮地に立ったその会社は、価格を下げて売り上げを伸ばそうという乾坤一擲《いってき》の大ばくちに打って出た。
原文 誰《たれ》か君主に勧めて馬首を回《めぐ》らし、真に一擲《いってき》を成して乾坤《けんこん》を賭《と》せん〈誰《だれ》が主君にお勧めして馬の向きを変え、ほんとうに一度に天地を投げ出して賭《か》けようか〉。〈韓愈《かんゆ》の詩、鴻溝《こうこう》を過《す》ぐ〉

賢者《けんじゃ》は中道《ちゅうどう》を取《と》る

賢者といわれる人は、どちらにもかたよらない中庸を守って、決して極端なことはしない。

賢者《けんじゃ》は長《なが》い耳《みみ》と短《みじか》い舌《した》を持《も》つ

賢者といわれる人は、他人の言うことをよく聞くが、自分から言葉を発することは少ないものだ。
類句 ◇賢者は九聞いて一しゃべる

献上《けんじょう》の鴨《かも》

《江戸時代、将軍へ献上する鴨《かも》の足を白紙で包んだところから》着物が汚いのに足袋《たび》や履物《はきもの》だけは新しくきれいにしている人を、けなしていう言葉。

健全《けんぜん》なる精神《せいしん》は健全《けんぜん》なる身体《しんたい》に宿《やど》る

精神と身体とは一体であって、身体が健康であると精神も健全である、ということ。
原文 ローマの詩人ユヴェナリスの、「健全な身体に健全な精神があるように祈るべきである」という言葉に基づく。A sound mind in a sound body. は英訳。

健啖《けんたん》

《「啖《たん》」は、食べる意》食欲旺盛で、盛んに食べること。多量の食物を平らげること。〈世説新語《せせつしんご》・軽詆《けいてい》〉 例 彼女はほっそりしているが、どうしてなかなかの健啖家だ。

軒輊《けんち》

《「軒」は前方が高く上がっている車、「輊《ち》」は前方が低く下がっている車》上がり下がり。高低。また、優劣。例 彼と私の力量に、さしたる軒輊があるわけがない。
原文 戎車《じゅうしゃ》既《すで》に安し、輊《ち》の如《ごと》く軒の如し〈兵車は安定して揺れ動かず、後ろから見れば輊車の伏せているように、

前から見れば軒車の仰いでいるように進んで行く」。〈詩《し》経《きょう》・小雅《しょうが》・六月《りくげつ》〉

言質《げんち》を取《と》る《慣》 約束事などで、後の証拠となる言葉を相手から得る。例 前回彼が断わった時に、次回は引き受けると言質を取っているので断われないはずだ。

けんつくを食《く》わせる《慣》 頭ごなしにしかりつける。また、とげとげしい言葉で拒否する。例 あまりにも虫のいい申し出に腹が立ったので、けんつくを食わせてやった。

原点《げんてん》に帰《かえ》る《慣》 目の前の現象にとらわれず、その問題の根本に戻って考え直す。「原点に戻る」とも。例 もう一度民主主義の原点に帰って議会政治のあり方を考えてみよう。

見当《けんとう》が付《つ》く《慣》 いろいろな観点から見て、大体こういうことだろうと推測できる。例 故障の原因は何なのか、全く見当が付かない。

見当《けんとう》を付《つ》ける《慣》 何かをするに当たって、大体こういうことだろうと予測する。例 町名や番地から彼の家はこの辺だろうと見当を付けて来たら、ぴたりと当たった。

捲土重来《けんどじゅうらい》 ⇨捲土重来《けんどちょうらい》

捲土重来《けんどちょうらい》 《砂ぼこりを巻き上げて再びやって来る意》一度敗れた者が、勢いを盛り返して再びやって来ること。「重来《ちょうらい》」は、「じゅうらい」とも読む。原文 江東の子弟才俊《さいしゅん》多し。捲土重来《けんどちょうらい》未《いま》だ知る可《べ》からず〔江東の地には優秀な子弟が多いから、勢力を盛り返して攻めて来ることができたかもしれない〕。〈杜牧《とぼく》の詩、烏江《うこう》亭《てい》に題《だい》す〉

堅白同異《けんぱくどうい》の弁《べん》 《堅くて白い石は、目で見て色の白いのが分かるが堅いことは分からない。手で触れると堅いことは分かるが色は分からない。だから、堅いことと色の白いこととは同時には成り立たないといった、戦国時代の公孫竜《こうそんりゅう》が唱えた説から》こじつけの論理。詭弁《きべん》。
原文 趙《ちょう》に亦《また》公孫竜《こうそんりゅう》有り、堅白同異《けんぱくどうい》の弁《べん》を為《な》す。〈史記《しき》・孟子荀卿伝《もうしじゅんけいでん》〉
類句 ◆白馬《はくば》は馬に非《あら》ず

犬馬《けんば》の心《こころ》

主君や親のために尽くす忠誠心をいう。
原文 臣窃《ひそか》に犬馬の心に勝《た》えず。〈史記《しき》・三王世家《さんのうせいか》〉

犬馬《けんば》の歯《よわい》

《「歯」は「齢」と同じ。犬や馬のように無駄な年齢を重ねる意》自分の年齢をへりくだっていう言葉。
原文 臣、位上卿《くらいじょうけい》に至り、爵、列侯《れっこう》と為《な》り、犬馬の歯《よわい》七十六「私は、位は上卿にまで進み、爵は諸侯となり、年齢はもう七十六歳でございます」。〈漢書《かんじょ》・趙充国伝《ちょうじゅうこくでん》〉

犬馬《けんば》の労《ろう》

主君または他人のために、力を尽くして奔走すること。他人に対してする自分の労苦を謙遜《けんそん》していう言葉。例 皆様のために微力ながら犬馬の労を尽くす所存であります。

けんもほろろ《慣》

《「けん」も「ほろろ」も雉子《きじ》の鳴き声で、「けん」に「権威」の「けん」をかけたものという》人の頼みなどを、全く取り合う気がなく冷たくはねつける様子。例 郷里の先輩を頼って上京したが、訪ねてみると、けんもほろろの挨《あい》拶《さつ》だった。

権輿《けんよ》

《はかりは権（おもり）から、車は輿《こし》（荷台）から作り始めるところから》物事のはじめ。おこり。起源。
原文 今や食うごとに余り無し、于嗟《ああ》、権輿を承《う》けつがず「（以前は私のために、大した御馳走《ごちそう》をせっせと下されたところが）今は、いつの食事にも余分がない。ああ、初めのとおりにはいかないものだ」。〈詩経《しきょう》・秦風《しんぷう》・権輿《けんよ》〉

言《げん》を構《かま》える《慣》

自分の立場を有利にするために、もっともらしい作り事を言う。例 彼は言を構えて借金を返そうとしない。

妍《けん》を競《きそ》う《慣》

《「妍《けん》」は、容貌《ようぼう》などが美しいこと》美女が数多く集まって華やかに人目を引く、また、花が美しく咲き乱れている様子をいう。例 四人のスターが妍を競う、華やかな舞台に目をうばわれる。

言《げん》を左右《さゆう》にする《慣》

あれこれ言い訳めいたことばかり言って、はっきりした返事をしないでいる。例 問題が核心に触れると、大臣は言を左右にしてまともに答えようとしない。

言《げん》を俟《ま》たない《慣》

分かりきったことで、いまさらわざわざ言う必要がない。例 子供のしつけは親の責任であることは言を俟《ま》たない。

こ

御愛嬌《ごあいきょう》だ《慣》

ちょっとした失敗などが、かえってその場の雰囲気を和ませることになる様子。例 素人芝居なんだから、セリフをとちるのも御愛嬌《ごあいきょう》だよ。

御挨拶《ごあいさつ》だ《慣》

相手の失礼な対応に、もっとほかの言い方があるだろうにと、あきれている様子。例 心配して見舞いに行ったのに、「どこも悪くないんだ」とは御挨拶《ごあいさつ》だね。

恋《こい》に上下《じょうげ》の隔《へだ》て無《な》し

恋に落ちた二人にとって互いの身分の上下は問題にならないものだ。

類句 ◇色に貴賤《きせん》の隔て無し

恋《こい》の鞘当《さやあ》て《慣》

《往来で武士どうしがすれ違った際に、刀の鞘《さや》の先が触れたといって喧嘩《けんか》を売ったことから》一人の女性をめぐって、二人の男性が意地を張って争うこと。例 彼は恋の鞘当てで、僕の悪口を彼女に言ったようだ。

恋《こい》の柵《しがらみ》《慣》

《「柵《しがらみ》」は、打ち並べた杭《くい》に木の枝や竹などを絡ませて、水の流れをせき止めるようにした仕掛け》恋のじゃまをするもの。例 年老いた両親の介護など、いくつもの恋の柵を乗り越えて、二人は結婚にこぎつけた。

鯉《こい》の滝登《たきのぼ》り
《中国の黄河の上流にある竜門《りゅうもん》の急流を登った鯉《こい》は、化して竜となるという伝説から》人の栄達、人が立身出世することにいう。⇩登竜門《とうりゅうもん》

恋《こい》の闇《やみ》
恋愛をすると相手のことにばかり夢中になって周囲が見えなくなり、思慮分別を失いがちになることを、闇《やみ》にたとえた言葉。
類句 ◆恋は思案の外《ほか》 ◆恋は盲目

恋《こい》は曲者《くせもの》
恋愛は人の理性を失わせ、人にとんでもないことをさせるものだ、ということ。

恋《こい》は思案《しあん》の外《ほか》
《「思案の外」は、思慮・分別の届かない所の意》こと恋愛に関しては、男女の取り合わせも、その経緯も結末も、常識を超えた想定外のことが起こるものだ。

恋《こい》は盲目《もうもく》
恋が、人の理性や分別を失わせることをたとえたもの。
参考 Love is blind. の訳語でもある。
類句 ◆恋の闇《やみ》 ◆恋は思案の外《ほか》

好一対《こういっつい》《慣》
よく似合った一対のもの、の意で、特に、似合いの夫婦をいう。例 新郎新婦は、まさに東男《あずまおとこ》に京女で、申し分のない好一対だ。

紅一点《こういってん》
《緑の草むらの中に、ただ一輪紅《あか》い花が咲いている意》多くの男性の中に、ただ一人女性がいること。例 荒くれ男どもの中の紅一点だから、彼女が目立つのも無理はない。
原文 万緑叢中《ばんりょくそうちゅう》紅一点、人を動かすの春色多きを須《もち》いず〔多くの青葉の中に一輪の紅《あか》い花が咲いている。人を感動させる春の景色は多くのものを必要とはしない〕。〈王安石《おうあんせき》の詩、石榴《せきりゅう》を詠《えい》ずる〉

光陰《こういん》人《ひと》を待《ま》たず

⇩歳月《さいげつ》人を待たず

光陰矢《こういんや》の如《ごと》し

《「光陰」は、年月・時間。「矢」は「箭《や》」とも書く》月日がどんどん過ぎていくのは、飛び去った矢のようであるという意で、年月のたつのは早いものだということのたとえ。「光陰流水の如《ごと》し」とも。例 卒業してはや三十年、まことに「光陰矢の如し」ですね。

参考 Time flies like an arrow.〔時は矢のように飛ぶ〕

類句 ◆烏兎匆匆《うとそうそう》 ◆月日《つきひ》に関守《せきもり》なし ◆白駒《はっく》の隙《げき》を過ぐるが如《ごと》し

行雲流水《こううんりゅうすい》

《空を行く雲と、川を流れる水》物事に執着することなく自然のままに行動すること。また、物事にとらわれないこと。例 退職した今は行雲流水の境地で暮らしている。

原文 嘗《かつ》て自ら謂《い》う、文を作ること行雲流水の如《ごと》く、初めより定質《ていしつ》なし。〈宋史《そうし》・蘇軾伝《そしょくでん》〉

甲乙《こうおつ》がつけがたい《慣》

二つのものの間に優劣の差がなく、どちらがいいとも決められない様子。「甲乙つけがたい」「甲乙がない」とも。例 妹も姉に劣らぬ美人で、甲乙がつけがたい。

後悔先《こうかいさき》に立《た》たず

事が済んだ後でいくら後悔してもどうにもならないのだから、始める前に十分に考えた上で行動に移すべきだということ。「あとの後悔先に立たず」とも。例 準備不足をいまさらとやかく言っても、後悔先に立たずだ。

後悔《こうかい》は平日《へいじつ》の油断《ゆだん》

後悔するようなことは、日ごろの油断が原因で起こるものだ。

口角泡《こうかくあわ》を飛《と》ばす

《「口角」は、口のわきの意》つばきを飛ばすほどの勢いで、激しくまくしたてる様子をいう。例 お互い口角泡を飛ばして言い争う。

高閣《こうかく》に束《つか》ぬ

《「高閣」は、高い棚《たな》》書物などを束《たば》ねて高い棚に載せたままにしておく意で、役立つものを放《ほう》ったままにして使用しないこと。

[原文] 毎《つね》に人に語りて曰《いわ》く、此《こ》の輩《はい》よろしくこれを高閣に束《つか》ね、天下の太平を俟《ま》ちて、然《しか》る後にその任を議すべきのみ。〈晋書《しんじょ》・庾翼伝《ゆよくでん》〉

浩瀚《こうかん》

《もと、広大の意》書物の分量が多いこと。

[原文] 夫《そ》れ経典《けいてん》は沈深《ちんしん》、載籍《さいせき》は浩瀚《こうかん》にして、実に群言の奥《おう》区《く》、才思《さいし》の神皐《しんこう》なり〔だいたい、経典の内容は深遠、多くの書籍は分量が膨大で、あらゆる言辞の無尽の宝庫であり、すぐれた思想の神聖な殿堂である〕。〈文心雕竜《ぶんしんちょうりょう》・事類《じるい》〉

好機《こうき》逸《いっ》すべからず

よい機会は決して逃がしてはならない。

剛毅木訥《ごうきぼくとつ》は仁《じん》に近《ちか》し

意志が強く、飾り気がなくて口べたな人は、仁者に近い美徳を持った人である。〈論語《ろんご》・子路《しろ》〉

[参考] これに対しては「巧言令色鮮《すくな》し仁《じん》」がある。

肯綮《こうけい》に当《あ》たる

《「肯《こう》」は骨についた肉、「綮《けい》」は筋と肉とがからみ合っているところ。体の急所をいう》議論がうまく核心をついていること。

[原文] 技《わざ》の肯綮《こうけい》を経《ふ》るだに未《いま》だ嘗《かつ》てせず。而《しか》るを況《いわ》んや大《たい》軱《こ》をや〔牛刀の使い方については、私の技《うで》は骨と肉との微妙に入り組んだ部分でも、刃を当てることなど決してありません。まして大きな骨に刃を打ち当てることのないのはもちろんです〕。〈荘子《そうじ》・養生主《ようじょうしゅ》〉

膏血《こうけつ》を絞《しぼ》る《慣》

《「膏血《こうけつ》」は、油と血の意》苦労して得た収益を権力者が搾取する。[例] どんな税でも庶民の膏血を絞る悪税と言われがちだ。

巧言令色鮮《こうげんれいしょくすくな》し仁《じん》

言葉をたくみに飾ったり、顔色をつくろったりする者には、人の道を心得た者が少ない、の意で、心にもないことを言っておべっかを使う八方美人には、誠実な人間は少ない、ということ。〈論語《ろんご》・学而《がくじ》〉

参考 これに対しては「剛毅木訥《ごうきぼくとつ》は仁《じん》に近し」がある。

黄口《こうこう》

《雛鳥《ひなどり》は、嘴《くちばし》が黄色いから》幼い子供、また、経験の浅い未熟な者をいう。

原文 古《いにしえ》の国を伐《う》つは、黄口《こうこう》を殺さず、二毛を獲ず〔昔の戦争においては、幼い子供を殺さず、白髪《しらが》まじりの老人を捕虜にしなかった〕。〈淮南子《えなんじ》・氾論訓《はんろんくん》〉

類句 ◆嘴《くちばし》が黄色い

孝行《こうこう》のしたい時分《じぶん》に親《おや》はなし

親の元気なうちは、親孝行をしなければならないと理屈ではわかっていても真に理解できていない。それが実感としてわかるのは、とかく親が死んでからあとのことであって、後悔する人が多いものだ。孝行は親の生きているうちにせよ、ということ。

参考 『柳多留《やなぎだる》』二十二篇《へん》に、この句がある。

類句 ◆石に蒲団《ふとん》は着せられず ◆樹《き》静かならんと欲《ほっ》すれども風止《や》まず ◆子養《こやしな》わんと欲《ほっ》すれども親待《おやま》たず

孝行《こうこう》も子《こ》による

親にとって孝行はありがたいが、孝行してくれるならどんな子でもよいというわけではない。または、悪事を犯してまでするような孝行ならば、むしろしてもらわないほうがよい。

後顧《こうこ》の憂《うれ》い 《慣》

自分のいなくなった後の心配や気遣い。例 会社を辞めるに当たって、後顧の憂いがないように、きちんと仕事の引き継ぎをしておこう。

後昆《こうこん》

〈「昆」も、後の意〉後の世の人。子孫。

原文 義を以《もっ》て事を制し、礼を以て心を制し、裕《ゆう》を後昆《こうこん》に垂《た》れよ〔義によって物事を定め、礼によって心を制御し、豊かな道を子孫に伝えよ〕。〈書経《しょきょう》・仲虺之誥《ちゅうきしこう》〉

功罪相半《こうざいあいなか》ばする 《慣》

なされた行為についてその是非を考えると、いい点もあるが反面悪い点もあって、評価が定まらない様子。例 前内閣の政策は、経済面では成果が上がったものの、外交面ではやや国際的に不信を買い、功罪相半ばするところだ。

光彩《こうさい》を放《はな》つ《慣》

《「光彩」は、美しい輝きの意》非常に優れていて、ひときわ目立つ様子をいう。例 芸達者ぞろいの中でも、彼女の演技は、ひときわ光彩を放っていた。

巧詐《こうさ》は拙誠《せっせい》に如《し》かず

上手にいつわるのは、下手でも誠実なのには及ばない。〈韓非子《かんぴし》・説林《ぜいりん》上〉

恒産《こうさん》なき者《もの》は恒心《こうしん》なし

定まった生業がなく経済的に不安定な者は、人間としての正しい心をもつことができないものだ。孟子《もうし》が、人民の生活安定の必要性を説いた言葉。

原文 恒産《こうさん》無くして恒心有る者は、惟《た》だ士のみ能《よ》くすることを為《な》す。民の若《ごと》きは則《すなわ》ち恒産無ければ、因《よ》りて恒心無し。〈孟子《もうし》・梁恵王《りょうけいおう》上〉

嚆矢《こうし》

《「嚆矢《こうし》」は、かぶら矢（矢じりにつけた、野菜のかぶに似た形の木に穴をあけ、飛んで行くときにうなりをたてるようにした矢）。戦争を開始する合図にこの矢を射るならわしがあったことから》物事のはじめ。

原文 焉《な》んぞ曽史《そうし》の桀跖《けっせき》の嚆矢《こうし》たらざるを知らんや（賢善の行為をもてはやせばもてはやすほど、その反動として人心が凶悪化する点から言えば）、どうして曽参《そうさん》・史鰌《ししゅう》の賢者や善人たちこそ、桀《けつ》や盗跖《とうせき》のごとき大悪党の始まりではないと言えようや）。〈荘子《そうじ》・在宥《ざいゆう》〉

行尸走肉《こうしそうにく》

《歩く尸《かばね》（死体のこと）と走る肉の意》無学・無能の人をあざけっていう言葉。

原文 夫《そ》れ人《ひと》、学を好めば、死すと雖《いえど》も存するが如《ごと》し、学ばざる者は、存すと雖も、之《これ》を行尸《こうし》走肉と謂《い》うのみ（いったい、人は学問を好めば、たとえ死んでもその名が残る。学問をしない者は、生きていても、歩く死体走る肉というに過ぎない）。〈拾遺記《しゅういき》・六〉

好事《こうじ》魔《ま》多《おお》し《慣》

物事が順調に進んでいるときには、意外なことで破綻《はたん》をきたす恐れがあるものだという戒めの言葉。例 好事魔多しだから、順風満帆《まんぱん》の今こそ何事も慎重に行なうべきだ。

類句 ◆月に叢雲《むらくも》花に風

好事《こうじ》も無《な》きに如《し》かず

人生は無事が何よりで、たとえよいことであっても、あればそれだけ煩わしいから、いっそ何事もないほうがよいということ。

好事《こうじ》門《もん》を出《い》でず

よい行ないはとかく世間に知られないものである。⇩悪事千里を走る

後車《こうしゃ》の戒《いまし》め

⇩前車《ぜんしゃ》の覆《くつがえ》るは後者の戒め

攻守所《こうしゅところ》を変《か》える

《慣》

攻める側と守る側とが入れ替わる意で、互いの立場が逆になること。例 今回の選挙では野党が大勝を収め、攻守所を変えることになった。

強情《ごうじょう》を張《は》る

《慣》

自分のほうに分《ぶ》がないのに、一度言い出したことを意地を張って押し通そうとする。例 そんなに強情を張っていないで、さっさと謝りなさい。

後塵《こうじん》を拝《はい》する

《「後塵《こうじん》」は、車馬が通り過ぎたあとに立つ塵《ちり》。「拝する」は、おがむ》地位や権力のある人に媚《こ》びへつらう、追従《ついじゅう》すること。また、人に先んじられて遅れをとること。例 今回の昇格に漏れて、同期の仲間の後塵を拝することになった。

後生畏《こうせいおそ》るべし

《「後生」は、あとから生まれた者、後輩、若輩の意》年少の者は努力次第で将来どのような立派な人物に成長するかわからないので、そのつもりで接しなければいけないし、また、自分もうかうかしてはいられないということ。原文 子曰《しいわ》く、後生畏《こうせいおそ》る可《べ》し。焉《いずく》んぞ来者《らいしゃ》の今に如《し》かざるを知らんや〔孔子が言われた、若い者はおそるべきものであり、将来どんな偉い者になるかわからない。彼ら若者の将来が、現在の水準に及ばないなどとどうして言えようや〕。〈論語《ろんご》・子罕《しかん》〉

類句 ◆若木《わかぎ》の下で笠を脱げ

孔席暖《こうせきあたた》まらず墨突黔《ぼくとつくろ》まず

道を伝えるために東奔西走すること。《孔子と墨子との二人は、どちらも自分の道を伝えるために、忙しく天下を歩きまわり自宅に落ち着いていなかったので、孔子の座席は暖まる暇がなく、墨子の家の煙突は煙で黒くなる暇がなかった》〈文選《もんぜん》・班固《はんこ》・答賓戯《とうひんぎ》〉

類句 ◆席暖まるに暇《いとま》あらず

黄泉《こうせん》の客《かく》

《「黄泉《こうせん》」は、地下にあるという泉で、死者の行くところとされている》死者をいう。

原文 之《これ》に誓いて曰《いわ》く、黄泉《こうせん》に及ばざれば、相見《あいまみ》ゆること無からん〔誓って言った、死んであの世に行った後でなければお会いしないであろう〕。〈左伝《さでん》・隠公《いんこう》元年〉

浩然《こうぜん》の気《き》

道義心にもとづいた勇気。また、くったくのない、おおらかな気持ち。例 浩然の気を養いに山へでも出かけよう。

原文 我《われ》善く吾《わ》が浩然《こうぜん》の気を養う。〈孟子《もうし》・公孫丑《こうそんちゅう》 上〉

公然《こうぜん》の秘密《ひみつ》《慣》

一部関係者の間では秘密とされているが、実際には世間に広く知れ渡っていること。例 近く大幅な人事異動があることは、社内では公然の秘密になっている。

巧遅《こうち》は拙速《せっそく》に如《し》かず

上手ではあるが時間がかかって遅いよりも、たとえ下手でも早いほうがよい。《本来、兵を動かすことについて言った言葉》

原文 故に兵に拙速を聞く、未《いま》だ巧の久しきを睹《み》ざるなり。〈孫子《そんし》・作戦《さくせん》〉

荒唐無稽《こうとうむけい》

《「荒唐」は、でたらめ、「無稽《むけい》」は、根拠がない意》とうていあるはずがない、でたらめ。例 彼の言っていることはあまりに荒唐無稽で、最初は誰《だれ》も信用しなかった。

参考 『荘子』天下篇《へん》に「謬悠《びゅうゆう》の説、荒唐の言、端崖《たんがい》なきの辞を以《もっ》て、時に恣縦《ししょう》にして儻《とう》せず」とある。

狡兎《こうと》死《し》して走狗《そうく》烹《に》らる

《すばしこい兎《うさぎ》がつかまれば、それを追っていた猟犬は不用だとして煮て食われてしまう意》戦いに勝って敵国が滅びると、戦功のあった知謀の臣は、じゃまになって殺される。利用価値がある間は重宝がられるが、価値がなくなると捨てられてしまうことのたとえ。

原文 信曰《いわ》く、果たして人の言の若《ごと》し。狡兎死して良狗《りょうく》烹《に》られ、高鳥尽きて良弓蔵せられ、敵国破れて謀臣亡《ほろ》ぶ。天下已《すで》に定まる。我固《もと》より当《まさ》に烹《に》らるべし〔韓信《かんしん》が言った、やっぱり人が言ったとおりである。すばやい兎が殺されると良い猟犬も煮殺され、大空をかける鳥が落とし尽くされると、立派な弓もしまい込まれ、敵国が破られると、知謀の臣は殺される、と。天下は平定されたのだから、わしが釜《かま》ゆでになるのは当然のことだろう〕。〈史記《しき》・淮陰侯伝《わいいんこうでん》〉

功成《こうな》り名《な》遂《と》げて身退《みしりぞ》くは天《てん》の道《みち》なり

手柄を立て名声を得たならば、いつまでもその地位にとどまっていないで引退するのは、自然の道にかなったやり方である。〈老子《ろうし》・九〉

参考『史記』蔡沢伝《さいたくでん》に「四時《しじ》の序、功を成す者は去る」とある。

功成《こうな》り名《な》を遂《と》げる《慣》

優れた業績を数多く残したり、立派な地位を得たりして、これ以上は望むべくもないような名声を得る。略して、「名を遂げる」とも。例 クラス会に招かれて、功成り名を遂げたかつての教え子たちに囲まれることほど、楽しいことはない。

郷《ごう》に入《い》っては郷《ごう》に従《したが》え

その土地にはいったら、その土地のやり方に従え、つまり、住んでいる土地の風習に従え、の意で、人は新しい環境に移ったら、その環境になじんで逆らわないのが世渡りのこつである、ということ。

参考 Do in Rome as the Romans do.〔ローマにいるときはローマ人のするようにせよ〕

効能書《こうのうが》きを並《なら》べる《慣》

それがいかに有用なものであるかと宣伝文句をいろいろ言い立てる。⇩能書きを並べる 例 彼は、早起きの効能書きを並べ立てた。

黄白《こうはく》

《「黄」は黄色の金、「白」は白色の銀》おかね。金銭。

孝《こう》は百行《ひゃっこう》の本《もと》

孝行はすべての善行の基本である。

原文 夫《そ》れ孝は百行の冠《かん》、衆善の始《はじめ》なり。〈後漢書《ごかんじょ》・江革《こうかく》伝《でん》〉

勾張《こうば》り強《つよ》うて家《いえ》倒《たお》す

〈「勾張《こうば》り」は、家屋が傾かないように支《か》う材木。「勾張り」が強すぎると、家を壊してしまうことから〉本来助けとなるべきものが強すぎると、かえって事態を悪化させかねない、ということ。

類句 ◇弱き家に強き勾張《こうば》り

光風霽月《こうふうせいげつ》

〈雨上がりの、明るいさわやかな風と光り輝く月という意〉人柄について、心が清らかで、わだかまりがなくさっぱりとしているさまをいう。

原文 庭堅称《ていけん》す。その人品甚《はなは》だ高く、胸懐灑落《さいらく》にして、光風霽月《せいげつ》の如《ごと》し〔黄庭堅が周敦頤《しゅうとんい》の人物をほめて言った。その人柄は非常に高潔で、胸の中はさっぱりしてわだかまりなく、雨の晴れ上がった空を吹く風と輝く月のようである〕。〈宋史《そうし》・周敦頤《しゅうとんい》伝《でん》〉

好物《こうぶつ》に祟《たたり》なし

好きな物はいくら食べても、案外からだに害がないものだ、ということ。

口吻《こうふん》を洩《も》らす

《慣》

内心思っていることが言葉のはしばしに表われる。例 山田さんは辞任したいような口吻《こうふん》を洩《も》らしていた。

弘法《こうぼう》は筆《ふで》を選《えら》ばず

書の名人である弘法大師《こうぼうだいし》は、字を書くのに筆を選《よ》り好みしない意で、真の達人は、道具や材料に文句を言わずに巧みにやりこなすものだ、ということ。

類句 ◆善書《ぜんしょ》は紙筆を選ばず ◆能書筆を選ばず ◆下手《へた》の道具調べ

弘法《こうぼう》も筆《ふで》の誤《あやま》り

〈弘法大師《こうぼうだいし》ほどの能書家でも時には書き損じることがあるの意から〉その道の達人でも失敗をすることはあるものだということのたとえ。

参考 Even Homer sometimes nods.〔ホーマーでさえ時には居眠りをする〕

類句 ◆河童《かっぱ》の川流れ　◆猿《さる》も木から落ちる　◆上手《じょうず》の手から水が漏れる

槁木死灰《こうぼくしかい》

〔「槁木《こうぼく》」は、枯れ木。「死灰」は、火の気がなく冷たくなった灰〕生気がなく意欲に乏しい様子のたとえ。

原文 何《なん》居ぞや、形は固《もと》より槁木《こうぼく》の如《ごと》くならしむ可《べ》く、心は固より死灰の如くならしむ可きか。〈荘子《そうじ》・斉物論《せいぶつろん》〉

高木《こうぼく》は風《かぜ》に折《お》らる

⇩喬木《きょうぼく》は風に折らる

小馬《こうま》の朝勇《あさいさ》み

〔小馬は、朝は元気いっぱい走りまわっているが、やがて疲れてしまうから〕何かをするのに、初めにあまり力を入れ過ぎて疲れてしまい、最後まで続かないことのたとえ。

「小馬の朝駆《あさが》け」とも。

高慢《こうまん》は出世《しゅっせ》の行《ゆ》き止《ど》まり

謙虚な心を忘れて自分の出世を自慢するようになったら、それ以上は出世も向上もできない、ということ。

功名《こうみょう》を竹帛《ちくはく》に垂《た》る

〔「竹」は竹簡、「帛《はく》」は絹布。中国で、紙が発明される前の書写の材料。よって書物や歴史の意に用いる〕手柄と名誉とを歴史に残す。

原文 禹曰《ういわ》く、但《た》だ願わくは明公の威徳、海内に加わり、禹その尺寸を効《いた》して功名を竹帛《ちくはく》に垂るるを得んのみ〔鄧禹《とうう》が光武帝に言った、ただ我が君の威徳が天下に加わり、私がそれに少しばかりのお手伝いをして、名前が歴史に残るのを希望するだけであります〕。〈後漢書《ごかんじょ》・鄧禹伝《とううでん》〉

蝙蝠《こうもり》も鳥《とり》のうち

蝙蝠《こうもり》も空を飛ぶことからいえば、鳥の仲間に入れることができる。取るに足らない者でも仲間に入っていれば、やはり人数のうちであるということ。

類句 ◆田作りも魚《うお》のうち

紺屋《こうや》の明後日《あさって》

〔「紺屋《こうや》」は、染め物屋の意〕染め物屋は、布を乾かすのに天候に左右され、仕上げがとかく延びがちで、催促すると「明後日にはできます」と言うばかりであることから、相手が言う約束の期日が当てにならないこと。「紺屋」は「こんや」ともいう。例あの人の言うことは紺屋の明後日で、あと一日、あと一日と代金の支払いを延ばしている。

紺屋《こうや》の白袴《しろばかま》

《「紺屋《こうや》」は染め物屋の意》染め物屋でありながら、自分は染めない袴《はかま》をはいている意で、他人のためにばかり忙しくしていて、自分のことをする暇がないことをいう。昔は紺屋は、普段、袴をはいていた。「紺屋」は「こんや」、「白袴」は「しらばかま」ともいう。例あの洋品店の主人は紺屋の白袴で身なりをちっともかまわない。

類句◆医者の不養生　◇髪結いの乱れ髪

甲羅《こうら》を経《へ》る《慣》

長年の経験を積み、物事に慣れて巧みになる。また、世間慣れをして、厚かましくなる。例あの人のような甲羅を経た人には、我々若造はとても太刀打ちできない。

甲羅《こうら》を干《ほ》す《慣》

うつぶせに寝そべるなどして、裸の背中を日光にさらす。例海へ行ったといっても砂浜で甲羅を干していただけだ。

黄粱一炊《こうりょういっすい》の夢《ゆめ》

⇩邯鄲《かんたん》の夢

紅涙《こうるい》を絞《しぼ》る《慣》

《「紅涙」は、美しい女性の流す涙のたとえ》悲劇に感動したり相手の立場に同情したりして、女性が涙を流すことをいう。例紅涙を絞る悲恋の物語。

稿《こう》を起《お》こす《慣》

原稿を書き始める。例稿を起こして半年が経《た》つが、いまだに脱稿していない。

香《こう》を聞《き》く《慣》

香をたいて、その香りを味わう。また、その香の種類をかぎ分ける。例一人静かに香を聞くのが無上の楽しみだ。

功《こう》を奏《そう》する《慣》

思いどおりに事が運び、期待した成果を収める。また、そのためにとった手段・方法が効果を発揮して事がうまく運ぶ。「功」は「効」とも書く。例彼の作戦が功を奏して、見事勝利を得た。

業《ごう》を煮《に》やす《慣》

なかなか埒《らち》が明かないことにいらだって、ひどく腹を立てる。例 相手の煮えきらない態度に業を煮やした彼は声を荒立てた。

声《こえ》が潤《うる》む《慣》

話している声が今にも泣き出しそうに震える。例 彼女は、亡くなった娘の話をしているうちに声が潤んできた。

声《こえ》が掛《か》かる《慣》

①一緒に何かをするようにと誘われる。例 友人から「君も来ないか」と声が掛かり、旅行に加わることになった。②上の立場の人から推薦されたり引き立てられたりする。例 演技力が認められ、新人ながら大河ドラマ主演の声が掛かった。

声《こえ》が潰《つぶ》れる《慣》

大声を出し過ぎて、声が出なくなる。例 立候補者は投票日近くのころには選挙演説でみんな声が潰《つぶ》れていた。

声《こえ》が弾《はず》む《慣》

いかにも嬉《うれ》しさを隠しきれないような、うきうきした声の調子になる。例 オーディションに合格したことを知らせる娘の電話は、声が弾んでいた。

呉越同舟《ごえつどうしゅう》

《春秋時代の呉の国と越の国とは、互いに仲が悪く激しく戦っていたが、両国の人が同じ舟に乗り合わせて暴風雨に遭った時、力を合わせて助けあったという故事から》仲の悪い者どうしが、はからずも同じ場所にいるはめになったり行動を共にしたりすること。

原文 夫《そ》れ呉人《ごひと》と越人《えつひと》とは相悪《あいにく》むなり。其《そ》の舟を同じくして済《わた》りて風に遇《あ》うに当たりては、其の相救《あいすく》うや、左右の手の如《ごと》し〔そもそも呉の国の人と越の国の人とは、互いに憎みあっていた。しかし、それらが同じ舟で川を渡り、暴風に遭った時には、互いに助け合うことが一人の人の左右の手のようであった〕。〈孫子《そんし》・九地《きゅうち》〉

類句 ◆同舟相救《あいすく》う

声《こえ》なきに聴《き》き形《かたち》なきに視《み》る

親に孝行するには、絶えず親のことを考え、親の声のないところでもその声を察して聞き、親のいないところでも親の行なおうとするところを察するようにしなければいけない。子は、心して親に仕えなければいけないということ。原文 人の子《こ》為《た》る者は、……声無きに聴《き》き、形無きに視《み》、高きに登らず、深きに臨《のぞ》まず。〈礼記《らいき》・曲礼上《きょくらい》〉

声《こえ》の高《たか》い者《もの》が勝《か》つ

言っていることが正しいかどうかということよりも、大きな声で相手を圧倒する者の意見が通ることが多いことをいう。

声《こえ》を落《お》とす《慣》

周囲の人に聞かれないように、また、迷惑にならないように、それまでより声の調子を下げる。例 妙な話を耳にしたんだがと、彼は声を落として語り出した。

声《こえ》を限《かぎ》りに《慣》

聴衆に訴えかけようとしたり、救助を求めたりするために、精一杯出せる限りの声を張り上げる様子。例 彼女は助けを求めて声を限りに叫んだ。

声《こえ》を掛《か》ける《慣》

何かをする際に、一緒にするように誘う。例 今度の試合には、後輩たちにも声を掛けて応援に行くつもりだ。

声《こえ》を嗄《か》らす《慣》

繰り返し大声で叫ぶなどしてかすれ声になる。例 立候補者は声を嗄《か》らして自分の名と公約を訴え続けた。

声《こえ》を曇《くも》らす《慣》

話し声が心配そうな、また、悲しそうな調子になる。例 娘は、入院後のはかばかしくない父の病状を声を曇らして語った。

声《こえ》を殺《ころ》す《慣》

他人に聞こえないように、声を低く抑えるようにする。例 仲間に意地悪され、家に帰ると声を殺して泣いた。

声《こえ》を絞《しぼ》る《慣》

①出ない声を無理に出す。例 病人は苦しい息の下から声を絞って訴えた。②⇩**声を落とす**

声《こえ》を大《だい》にする《慣》
大声を上げる意で、自分の考えを受け入れてもらおうと懸命に主張する。例 環境問題の深刻さを、私は声を大にして訴えたい。

声《こえ》を立《た》てる《慣》
出してはいけない所で、思わず声を出してしまう。例 録音中ですから、見学の方《かた》は声を立てないでください。

声《こえ》を作《つく》る《慣》
わざと普段の声とは違えた声を出す。例 お見合いの席で、彼女は声を作ってしとやかに挨拶《あいさつ》した。

声《こえ》を尖《とが》らせる《慣》
怒ったりして、きつい語調で言う。例 非難めいたことを言われるや、彼は声を尖《とが》らせて反論した。

声《こえ》を呑《の》む《慣》
強い感動や驚き・悲しみのために声が出なくなる。例 あまりの美しさに、みんな一瞬声を呑《の》んだ。

声《こえ》を弾《はず》ませる《慣》
喜びや興奮のため、明るくうきうきした声を出す。例 遠足から帰ってきた息子が、声を弾ませて様子を報告した。

声《こえ》を潜《ひそ》める《慣》
周囲の人に聞こえないように声を小さくして話す。例 内情は、と彼は一段と声を潜めて話し始めた。

声《こえ》を振《ふ》り絞《しぼ》る《慣》
それ以上は出ない声を精一杯に出す。例 声を振り絞って助けを求める。

小男《こおとこ》の腕立《うでた》て
《「腕立て」は、腕力の強いことを自慢すること》抵抗しても一向に問題にならないことのたとえ。

氷《こおり》と炭《すみ》 ⇩**氷炭相容《ひょうたんあいい》れず**

氷《こおり》に鏤《ちりば》め水《みず》に描《えが》く
《氷に彫刻してもすぐに溶けて形がなくなり、水に描いてもすぐに流れて跡をとどめないことから》せっかく苦労してもその甲斐《かい》がないこと。

類句 ◆脂《あぶら》に画《えが》き氷に鏤《ちりば》む ◆水に絵を描《か》く

呉下《ごか》の阿蒙《あもう》

《「呉下《ごか》」は呉の地方、「阿《あ》」は親しんで呼ぶときに添える語、日本語の「お」に当たる。三国時代の魯粛《ろしゅく》が久しぶりに会った呂蒙《りょもう》に対して、君は今では学問も上達していて、昔、呉にいた時の蒙君ではない、と言った故事から》昔のままで進歩のない人物をいう。

原文 吾謂《われおも》えらく、大弟は但《た》だ武略あるのみ、と。今に至りて学識英博、復《ま》た呉下《ごか》の阿蒙《あもう》に非《あら》ず、と。蒙曰く、士、別るること三日、即《すなわ》ち更に刮目《かつもく》して相待《あいま》て、と〔(魯粛《ろしゅく》が呂蒙《りょもう》の背を打って言った) 私はあなたがただ武略だけの人かと思っていたが、今ではあなたは学識が広く、もはや、もとの呉の国の蒙さんではありませんね。呂蒙は言った、士は別れて三日たてば、目をこすってその進歩をよく見て待遇してもらいたい〕。〈三国志《さんごくし》・呉志《ごし》・呂蒙伝注《りょもうでんちゅう》〉

古稀《こき》

《唐の杜甫《とほ》が「人生七十古来稀《まれ》なり」と詠じたところから》七十歳の称。昔は七十歳の長寿はめったになかった。「稀」が常用漢字表にないので「古希」と書く。

原文 酒債《しゅさい》は尋常行く処《ところ》に有り、人生七十《しちじゅう》古来稀《まれ》なり〔酒代の借りは、当たり前のことで、行く先々にあるが、古来七十まで生きる人はめったにいない〕。〈杜甫《とほ》の詩、曲江《きょっこう》〉

狐疑《こぎ》

疑ってためらうこと。迷って決心がつかないこと。嫌《けん》疑《ぎ》。旧説では、狐《きつね》は疑《うたぐ》り深い性質だからという。例 いたずらに狐疑逡巡《こぎしゅんじゅん》するばかりで、結論を出せないでいた。

原文 霊氛《れいふん》の吉占《きっせん》に従わんと欲すれども、心猶予《ゆうよ》して狐疑《こぎ》す〔占い師の霊氛の良い占いに従おうとするが、心はためらって進退にまどう〕。〈楚辞《そじ》・離騒《りそう》〉

御機嫌《ごきげん》を伺《うかが》う《慣》

何かをする際に相手の機嫌を損ねないように、また、気に入られるようにと、その機嫌のよしあしに気を使う。例 課長の御機嫌を伺いながら仕事をするのも楽じゃない。

小気味《こきみ》がいい《慣》

やり方がいかにも鮮やかで、見聞きしていて爽快な気分がする様子。また、胸のつかえがとれて快感を覚える様子。例 小気味のいい啖呵《たんか》を切る。

呼吸《こきゅう》が合《あ》う《慣》

何かを一緒にするとき、双方の気持ちがよく通じ調子が合う。例 彼とはどうも呼吸が合わず、一緒には仕事がしにくい。他 **呼吸を合わせる** 類句 ◆息が合う

呉牛《ごぎゅう》月《つき》に喘《あえ》ぐ

《「呉牛」は、水牛のこと。南方は暑さがひどいので、そこにいる水牛は暑さを非常に恐れ、月を見ても太陽かと思ってあえぐというところから》必要以上に恐れること、過度におびえることをいう。原文 満奮《まんふん》、風を畏《おそ》る。晋《しん》の武帝の坐《ざ》に在り、北窓に琉璃《るり》屏《へい》を作る、実は密なれども疎なるに似たり。奮、難色有り、帝之《これ》を笑う。奮答えて曰《いわ》く、臣は猶《な》お呉牛《ごぎゅう》の月を見て喘《あえ》ぐがごとし、と〔満奮は、ひどく風を恐れきらっていた。晋《しん》の武帝の側に座している時、北の窓がガラス張りになっており、実際はきっちり閉まっているのに、開いているように見えたので、満奮は困った顔をしていた。帝がその様子を見て笑うと、満奮は答えて言った、私は呉牛が月を見てあえぐのと同じです〕。〈世説新語《せせつしんご》・言語《げんご》〉

呼吸《こきゅう》を呑《の》み込《こ》む《慣》

物事をうまく行なうための微妙な調子やこつをわきまえる。例 聴衆を引き付ける話し方の呼吸を呑《の》み込んでいる。

呼吸《こきゅう》をはかる《慣》

物事をうまく行なうために必要な微妙な調子やこつを心得ていて、慎重にその時機をうかがう。例 魚が食いついても、焦らずに呼吸をはかって竿《さお》を上げないと、逃げられてしまう。

故郷《こきょう》に錦《にしき》を飾《かざ》る

故郷を出た者が、立身出世して晴れがましい思いで故郷に帰る。例 故郷に錦《にしき》を飾る日を夢見て、都会の片隅で辛《つら》く苦しい日々を過ごす。

極印《ごくいん》を押《お》される《慣》

《「極印」は昔、品質を保証し、また偽造を防ぐために金貨や銀貨に押した印》好ましくない人や物事に関して、間

違いなくそうであるとされる。「極印を打たれる」とも。
例 裏切り者の極印を押された彼は、その社会から姿を消した。
類句 ◆烙印《らくいん》を押される

虚空《こくう》を掴《つか》む《慣》

手を上に伸ばして、何かを掴《つか》もうとするかのような恰好《かっこう》をする。多く、断末魔《だんまつま》の苦しみの様子を表わす。例 仰向けに倒れ、体をそらして手は虚空を掴んだ。

告朔《こくさく》の餼羊《きよう》

〈「告朔《こくさく》」は、天子または諸侯が、毎月の初めに祖廟《そびょう》で先祖をまつり、そこに預けてあるその月の暦を発布すること。「餼羊《きよう》」は、その時に供える羊。後世、告朔の礼は行なわれずに、ただ羊を供え、あとで臣下たちがその肉を分けあう風習だけが残った〉形式ばかりで実質のない虚礼、意味もなく続いている昔からのしきたりのたとえ。
原文 子貢《しこう》、告朔《こくさく》の餼羊《きよう》を去らんと欲す。子曰《しいわ》く、賜《し》や、爾《なんじ》は其《そ》の羊を愛《お》しむ。我は其の礼を愛しむ〔子貢が告朔に用いる餼羊を、無駄と考えて廃止しようとした。孔子が言われるに、賜（子貢の名）よ、お前は羊を惜しむが、私はその礼がすたれるのが惜しいのだ〕。〈論語《ろんご》・八佾《はちいつ》〉

国手《こくしゅ》

優れた医者。名医。転じて、医師の敬称。また、芸術・技芸などの名人にもいう。
原文 文子曰《ぶんしいわ》く、医、国家に及ぶか。対《こた》えて曰く、上医は国を医《いや》す。その次は疾人、固《もと》より医の官なり〔趙《ちょう》文子が言った、医術は国政を正すことができるものか、と。医和《いか》が答えて言った、優れた医師は国政を治し、その次のものは病人を治す。いうまでもなく医者の職務であります〕。〈国《こく》語《ご》・晋語《しんご》八〉

国色《こくしょく》

〈国中でいちばん容色の優れた女性の意〉絶世の美人。〈公羊伝《くようでん》・僖公《きこう》十一年〉

黒白《こくびゃく》を争《あらそ》う《慣》

〈「黒」は悪、「白」は善を表わす〉どちらの言い分が正しいかを決めるために、相手と対決する。例 法廷に出て黒白を争う。
類句 ◆黒白《こくびゃく》をつける

黒白《こくびゃく》をつける《慣》

（「黒」は悪、「白」は善を表わす）どちらが正しいか、どちらが間違っているかを明らかにして決着をつける。例 出る所に出て、黒白をつけよう。

類句 ◇黒白《こくびゃく》を明らかにする ◆黒白を争う

小首《こくび》をかしげる《慣》

首をちょっと傾けて考える恰好《かっこう》をする意で、納得できないと思う様子を表わす。例 この絵のどこがいいのだろうと、彼も小首をかしげて見ていた。

類句 ◆首をかしげる

極楽蜻蛉《ごくらくとんぼ》

（「蜻蛉《とんぼ》」は、気楽で何もしない人の意）いい齢《とし》をして親の脛《すね》を嚙《かじ》っている息子や、働かずにぶらぶら遊び暮らしている者をからかっていう言葉。「極楽トンビ」とも。

極楽願《ごくらくねが》わんより地獄《じごく》作《つく》るな

幸福になることを願うよりも、むしろ不幸になる原因を作らないように注意せよ。

苔《こけ》が生《は》える《慣》

古めかしいというだけで、今となっては時代遅れであったり、役に立たなくなったりしている様子をいう。例 私の、苔《こけ》が生えたような論文は若い人の役には立たない。

虎穴《こけつ》に入《い》らずんば虎子《こし》を得《え》ず

（虎《とら》のすむ穴にはいらなければ、虎の子を生け捕りにすることはできない意で）危険を冒さなければ成功は得られないものだ、ということ。

原文 超曰《いわ》く、虎穴《こけつ》に入らずんば虎子を得ず。当今の計、独《た》だ夜に因《よ》って火を以《もっ》て虜《りょ》を攻むることあるのみ〔班超が言うには、現今の計略としては、夜に異民族（匈奴《きょうど》）の宿営を、火攻めにすることがあるだけである〕。〈後漢書《ごかんじょ》・班《はん》超伝《ちょうでん》〉

参考 「君子《くんし》危うきに近寄らず」は、この反対。

こけつまろびつ《慣》

転んだりつんのめったりしながら、あわてて走っていく様子。例 息子が大怪我《けが》をしたと聞いた母親は、髪を振り乱し、こけつまろびつして病院に駆け込んだ。

虚仮《こけ》にする《慣》

（「虚仮《こけ》」は、愚かなこと、また人）人を見下して、あなどった態度をとる。例あまり人を虚仮にするな。

虚仮《こけ》の一念《いちねん》

（「虚仮《こけ》」は、愚かなこと、また人）愚かな者でも一心にやれば何かを成し遂げられるものだということ。「虚仮の一心」「虚仮も一心」とも。例できるはずはないと思われていたようだが、虚仮の一念でとうとうやり遂げた。

後家《ごけ》の頑張《がんば》り《慣》

夫に先立たれた女性が一家を支えるために、奮闘すること。例後家の頑張りと言われてもいいから、子供を一人前にするまではどんなことだってするつもりだ。

後家《ごけ》を立《た》てる《慣》

夫の死後、ずっと再婚せずに通す。例再婚話には耳も貸さず、彼女は後家を立てて三人の子供を育ててきた。

沽券《こけん》にかかわる《慣》

（「沽券《こけん》」は、地所・家屋などの売買・所有を証明する文書。転じて、人間の価値や体面を傷つけることになる。例子供に馬鹿《ばか》にされるようでは父親の沽券にかかわる。ある行為がその人の品位や体面を傷つけることになる。例子供に馬鹿《ばか》にされるようでは父親の沽券にかかわる。

ここ一番《いちばん》《慣》

その後の運命を左右しかねない大事な局面。例練習ではうまくできていたのに、ここ一番という時に失敗し、優勝を逃してしまった。

虎口《ここう》

（猛獣である虎《とら》の口の意から）非常に危険な場所、または危険な場面をいう。⇩**虎口を逃れる**

原文 孔子曰《いわ》く、……丘《きゅう》は所謂《いわゆる》病《やまい》無くして自ら灸《きゅう》するものなり。疾走して虎頭《ことう》を料《な》で虎須《こしゅ》を編む、幾《ほと》んど虎口を免れざるかな〔孔子が言われた、私は、世にいうところの、病気でもないのに自分で灸《きゅう》をすえ、余計なことをして痛い目にあう者であった。駆け寄って虎《とら》の頭をなで、虎のひげを編もうとし、すんでのことでかみつかれるところであった〕。〈荘子《そうじ》・盗跖《とうせき》〉

股肱《ここう》の臣《しん》

《「股《こ》」はもも、「肱《こう》」は腕で、人の手足に相当し、最も頼りとなるもの、という意》いちばん頼みとする部下。原文 帝曰《いわ》く、臣は朕《わ》が股肱耳目《ここうじもく》たり、予有民《われゆうみん》を左右せんと欲す。汝翼《なんじたす》けよ〔舜《しゅん》帝が言われた、臣下は私の手足や耳目となって働くものである。私は人民を助けたい。汝らは私を助けよ〕。〈書経《しょきょう》・益稷《えきしょく》〉

類句 ◇股掌《こしょう》の臣

糊口《ここう》を凌《しの》ぐ《慣》

《「糊口《ここう》」は、かゆをすする意》収入といえるほどのものがなく、その日その日をやっと暮らしていく。例 失業後は日雇いの労働者になって辛くも糊口を凌《しの》いでいる。

類句 ◆口を糊《のり》する

虎口《ここう》を逃《のが》れる《慣》

非常に危険な目に遭いそうな状態から逃げ出すことができる。「虎口《ここう》を脱する」とも。例 テロリストの襲撃を受け、もう命はないと覚悟したが、仲間の機転で、どうにか虎口を逃れることができた。

ここで会《あ》ったが百年目《ひゃくねんめ》

《「百年目」は、決着の付く時の意》長い間探していた敵などを見つけた時に、この好機を逃さず打ち果たそうという決意を表わす言葉。例 ここで会ったが百年目、父の仇《かたき》、いざ尋常に勝負せよ。

呱呱《ここ》の声《こえ》を上《あ》げる《慣》

《「呱呱《ここ》」は、乳飲み子の泣き声の意》産声を上げる。新しい物事が誕生する。例 一八六八年、ここに明治の新政権が呱呱の声を上げた。

ここばかり日《ひ》は照《て》らぬ

この家だけに日が照るわけではなく、太陽はどこをもあまねく照らすの意で、世間のどこへ行っても生活することはできるものだ、ということ。

ここはひとつ《慣》

①「この場はどうか…してくれ」と相手に依頼するときに用いる言葉。例 ここはひとつ、この白髪《しらが》頭に免じて許して下さい。②どんなことになるか、ちょっと試しに何か

をしてみようというときに用いる言葉。例 ここはひとつ、気分転換に旅行でもしてみようか。

心内《こころうち》にあれば色外《いろそと》に現《あら》わる

心情は、その人の表情や振る舞いに自然出るものである。

類句 ◆言葉は心の使い

心《こころ》が動《うご》く《慣》

何かの力に引き付けられて、今までと気持ちや考え方が変わり、その気になる。「心を動かされる」とも。例 金を見せられて彼もつい心が動いたのだろう、悪事をはたらく仲間に入ってしまった。

心《こころ》が移《うつ》る《慣》

好ましく思う関心の対象が今までとは別のものになる。特に、男女間の愛情の対象についていう。例 長く離れていたので、外の男に心が移ってしまったのだろう。

心《こころ》が通《かよ》う《慣》

互いに気持ちが通じあう。例 親子でありながら心が通わないことの寂しさを嘆く。

心《こころ》がこもる《慣》

それをした人の真心がうかがわれる。例 心のこもった贈り物は、どんなものでもうれしいものだ。

心《こころ》が騒《さわ》ぐ《慣》

好ましくない事態が予想されて、不安な気持ちになる。例 夫の帰りが遅いのはいつものことなのに、今日ばかりは何だか心が騒ぐ。

心《こころ》が弾《はず》む《慣》

うれしさや希望などが心にあふれて、うきうきする。「気が弾む」とも。例 初めての海外旅行で心が弾む思いだ。

心《こころ》が乱《みだ》れる《慣》

あれこれのことが思われて、平静な気持ちでいられなくなる。例 リストラの噂《うわさ》に心が乱れ、仕事が手につかない。

心《こころ》ここに在《あ》らざれば視《み》れども見《み》えず

上の空の状態では、見ているようでも実際は何も見えてはいない意で、何事にも心を引き締めて、集中することが肝要であるということ。
原文 心焉《こころここ》に在らざれば、視《み》れども見えず、聴けども聞こえず、食らえども其《そ》の味わいを知らず〔心が張りつめていないと、目では見ていても見分けられず、耳では聞いていても聞き分けられず、口に入れていてもその味がわからない〕。〈大学《だいがく》〉

心《こころ》ここに有《あ》らず《慣》

他の物事に心を奪われていて、目の前の事に気持ちを集中できない様子。例 今日は息子の合格発表の日なので、彼は心ここに有らずといった様子でそわそわしている。

志《こころざし》ある者《もの》は事竟《ことつい》に成《な》る

しっかりした志があって、途中でくじけなければ、必ずいつかは成功する。
原文 常に以為《おも》えらく、落落として合い難し。志ある者は事竟《ことつい》に成る〔いつも思うには、不遇でうまくいかない。しかし、志さえあれば、何事もついには成し遂げることができるのである〕。〈後漢書《ごかんじょ》・耿弇伝《こうえんでん》〉

志《こころざし》は髪《かみ》の筋《すじ》

その贈り物に真心がこもっていれば、どんな些細《ささい》なものでも、その気持ちを汲《く》んで感謝されるものだ、ということ。

志《こころざし》は木《き》の葉《は》に包《つつ》め

贈り物はたとえ木の葉に包んだような粗末な品であっても、贈り主の真情が込められていればよい。贈り物の価値は何より贈り主の誠意にこそある、ということ。
類句 ◆志は髪の筋 ◇志は松の葉 ◇誠は韮《にら》の葉に包め

心《こころ》無《な》き子《こ》は親《おや》の故郷《ふるさと》を語《かた》る

思慮に欠ける子は、本来口にすべきではない親の素性や過失をしゃべる。

心《こころ》無《な》き者《もの》には乞《こ》うて食《く》え

相手を思いやる気持ちのない者に対しては、ただ待つのではなく、こちらから頼み込んで物を求めよ、ということ。
類句 ◇気の付かぬ人には貰《もら》うべし

心《こころ》に浮《う》かぶ《慣》

ふとあることを思い出したり、思い付いたりする。例この音楽を聴くたびに、あの時の情景が心に浮かんでくる。

心《こころ》に描《えが》く《慣》
期待をもって将来の様子などを想像する。例現実の都会暮らしは心に描いていたものとは全く違っていた。

心《こころ》に掛《か》ける《慣》
いつも念頭に置き、忘れないようにする。例いつも何かとお心に掛けていていただき、感謝いたしております。

心《こころ》に刻《きざ》む《慣》
受けた感動などを、忘れないように心に留めておく。「胸に刻む」とも。例学生たちは、恩師の励ましの言葉をしっかり心に刻んで社会に出て行った。

心《こころ》に留《と》める《慣》
大切なこととして、忘れないようにする。例ほかのことはともかく、このことだけは心に留めておいてほしい。

心《こころ》に残《のこ》る《慣》
何かから強い印象を受け、いつまでも忘れられずにいる。例結婚披露宴で、心に残るお祝いの言葉をいただいた。

心《こころ》にもない《慣》
口で言うだけで、実際にはそう思っていない様子。例心にもないお世辞を言われても、腹が立つばかりだ。

心《こころ》の仇《あだ》は心《こころ》
自分の心を傷つけるものは、ほかでもない、自分のよこしまな心や執着心である。

心《こころ》は二《ふた》つ身《み》は一《ひと》つ
二つのことを同時にしようと思っても、体は一つだから、どうにもならない。一度に多くを望んでも、結局どれも手に入れられないで終わる、ということ。
類句 ◆二兎《にと》を追う者は一兎をも得ず

心《こころ》安《やす》きは不和《ふわ》の基《もと》
あまり親しくなるとお互いに遠慮がなくなり、かえって仲《なか》が悪くなるものだ、ということ。
類句 ◆親しき中にも礼儀あり ◆近しき中にも垣を結え

◆狎《な》れ狎れしさは軽蔑《けいべつ》を生む

心《こころ》行《ゆ》くまで《慣》
十分に満足し、思い残すことがなくなるまで何かをする様子。例 友人と連れ立って十和田湖へ行き、心行くまで紅葉した秋の景色を楽しんだ。

心《こころ》ゆるめば財布《さいふ》もゆるむ
気持ちがゆるむと、つい不必要なことにお金を使いがちになる。

心《こころ》を致《いた》す《慣》
そのことの実現に、精一杯誠意を尽くす。例 我々大人が今何よりも心を致すべきことは、子供たちの将来ではないでしょうか。

心《こころ》を入《い》れ替《か》える《慣》
自分の今までの好ましくない考えや態度を改める。例 怠けてばかりいたが、今年は心を入れ替えて頑張ろう。

心《こころ》を打《う》つ《慣》
見聞きする人を感動させる。「胸を打つ」とも。例 いくら美辞麗句を並べても、心がこもっていなければ、人の心を打つスピーチにはならない。

心《こころ》を移《うつ》す《慣》
今までとは別の対象を好ましく思うようになる。特に、男女間の愛情についていう。例 別の女に心を移したからといって、彼だけが責められるものではない。

心《こころ》を奪《うば》われる《慣》
それに強く引き付けられて、他のすべてを忘れてしまうほど夢中になる。例 一目見た瞬間、彼女に心を奪われてしまった。

心《こころ》を鬼《おに》にする《慣》
かわいそうだとは思いながら、同情を示すことはその人のためにならないと考えて、わざと冷淡な態度をとる。例 行くのを嫌がる子供を、母親は心を鬼にして登校させた。

心《こころ》を砕《くだ》く《慣》
よい結果が出せるようにと、あれこれ苦心する。例 初心者にも理解しやすいように、特に表現には心を砕いた。

心《こころ》を配《くば》る《慣》

細かい点にまで注意が行き届くように心掛ける。「心配りをする」とも。例 監督は、選手の健康から精神状態にまで心を配らなければならない。

類句 ◆気を配る

心《こころ》を汲《く》む《慣》

人が心の中で思っていることを察する。「気持ちを汲《く》む」とも。例 喜んで引き受けると、口では言っているが、本心は断わりたいのだから、彼の心を汲んでやれよ。

心《こころ》を込《こ》める《慣》

真心・愛情をもってそのことをする。例 彼女が心を込めて編んでくれたセーターだから宝物だ。

心《こころ》を騒《さわ》がす《慣》

そのことが原因となって不安な気持ちを抱かせる。例 人の心を騒がせていた事件は、犯人の逮捕で落着した。

心《こころ》を澄《す》ます《慣》

邪心を払って心を静める。例 一礼し、心を澄まして弓を引きしぼった。

心《こころ》を捉《とら》える《慣》

相手の気持ちを強く引き付けて他へそらさないようにする。「心をつかむ」とも。例 観客の心を捉《とら》えて離さない、迫真の演技。

心《こころ》を残《のこ》す《慣》

あとあとまで気に掛かったり、あきらめきれなかったりする。例 家族に心を残しながら、彼は一人海外に赴任して行った。

心《こころ》を引《ひ》かれる《慣》

そのことに心が向き、もっと深く接したいという気持ちになる。例 草木染めの素朴な色合いに心を引かれる。

心《こころ》を乱《みだ》す《慣》

何かにショックを受けて心の平静を失い、物事を落ち着いて考えることができなくなる。例観客の野次に心を乱されて、ボールへの集中力をなくしてしまった。

心《こころ》を許《ゆる》す《慣》

全く警戒心などを抱かずに、心から親しみを持つ。また、緊張を解いて相手に接することから、油断する意にも用いる。例彼とは心を許して話し合える。／あいつはとかくうわさのある男だから心を許してはいけない。

心《こころ》を寄《よ》せる《慣》

ある人に好意や愛情を抱く。例あの人が息子が心を寄せている女性だ。

ここを先途《せんど》と《慣》

《「先途」は、運命の分かれ目の意》今こそが勝敗・運命の分かれ目とばかりに全力を尽くす様子。例この試合に敗れればシード権を失うとあって、ここを先途と戦った。

腰《こし》が重《おも》い《慣》

なかなか行動に立ち上がろうとしない様子。例あの人は腰が重くて未《いま》だに会長を引き受けるという返答がない。

腰《こし》が軽《かる》い《慣》

面倒がったりすることなく、身軽に行動する様子。例あの人は腰が軽く、頼めば何でも引き受けてくれる。

腰《こし》が砕《くだ》ける《慣》

《腰の力が抜け、倒れそうになる意から》困難な事態に出遭うなどして、終わりまでやり遂げようとする気力がなくなる。例このくらいの反対で腰が砕けるようなら、初めからやらないほうがましだった。

腰《こし》が据《す》わる《慣》

《腰がしっかりと安定している意》他に心を移さないで、一つの物事に専念すること。多く、否定の形で用いる。例一向に腰の据わらない男で、年がら年じゅう職場を変えている。

腰《こし》が強《つよ》い《慣》

餅《もち》や麺類などに粘りがある様子。また、紙などに張りがあって、しなやかで破れにくい様子。例この和紙は腰が強いから、ぬれてもすぐには破れない。

腰《こし》が抜《ぬ》ける《慣》
驚きや恐怖のために腰の力が抜け、立ち上がれなくなる意で、強いショックを受け茫然《ぼうぜん》自失する様子をいう。例 突然大きな揺れが来たものだから、腰が抜けて立ち上がれなくなってしまった。

腰《こし》が低《ひく》い《慣》
他人に対して謙虚な態度で接する様子。例 彼はセールスマンを長く続けたからか、誰《だれ》に対しても腰が低い。

腰《こし》が弱《よわ》い《慣》
①意気地がなく、物事を最後までやり抜く粘り強さがない様子。例 交渉半ばで折れてくるとは、意外に腰が弱い相手だった。②餅《もち》や麺類に粘りがない様子。また、紙などに張りがなくて、破れやすい様子。例 腰が弱い餅は、雑煮にするととろけてしまう。

乞食《こじき》が馬《うま》を貰《もら》う
身分不相応な物をもらったために、かえって有難《ありがた》迷惑であったり、始末に困ったりすることのたとえ。

乞食《こじき》に氏《うじ》なし
もともと乞食《こじき》という家柄はなく、不心得な者が落ちぶれて乞食になるのである、ということ。

乞食《こじき》にも門出《かどで》
乞食《こじき》でも、門出のときには幸多かれと祝いごとをする。つまらない者にも、それ相応に祝うことがある、ということ。
類句 ◆乞食《こじき》にも身祝い

乞食《こじき》にも身祝《みいわ》い
乞食《こじき》でも、それ相応に祝いごとがある、ということ。

乞食《こじき》の朝謡《あさうたい》
乞食《こじき》は、仕事がないから朝からでも謡をうたう意で、乞食のほうが、普通の人よりもかえって気楽な生活をしている、ということ。

乞食《こじき》の系図話《けいずばなし》
乞食《こじき》が、落ちぶれる前の自分の家柄の系図について自慢話をする意で、力説しても何の甲斐《かい》もないことのたとえ。

乞食《こじき》の断食《だんじき》

乞食《こじき》が食べ物にありつけずにいるのを、取り繕って断食の修行をしていると言ったことから、やせ我慢することをからかっていう言葉。「餓鬼《がき》の断食」とも。

乞食《こじき》も場所《ばしょ》

乞食《こじき》をするにも、場所によってもらいの多少がある。何事にも場所を選ばなければならない、ということ。

乞食《こじき》を三日《みっか》すればやめられぬ

乞食《こじき》を三日もすれば、働かないで暮らせるという気楽さを忘れられない意で、悪い習慣はすぐに身に付いて、なかなか捨てにくいものだ、ということ。

虎視眈眈《こしたんたん》

《虎《とら》が鋭い目つきで獲物をじっとうかがっている様子》

好機をねらってじっと様子を見ていること。

[原文] 虎視眈眈《こしたんたん》たり、其《そ》の欲逐逐《ちくちく》たり〔虎《とら》が恐ろしい目つきでじっとうかがっており、その飽くなき欲は、次から次へとあとを逐《お》って発せられる〕。〈易経《えききょう》・頤卦《いか》〉

五十歩百歩《ごじっぽひゃっぽ》

《戦場で退却する時、五十歩退却した者が百歩退却した者を臆病《おくびょう》だと笑ったが、恐れて逃げたということでは両者とも変わりがない、ということから》どちらも似たりよったりであること。わずかな違いだけで大差のないこと。

[原文] 孟子《もうし》対《こた》えて曰《いわ》く、王、戦《たたかい》を好む。請《こ》う戦を以《もっ》て喩《たと》えん。塡然《てんぜん》として之《これ》を鼓《こ》し、兵刃既《へいじんすで》に接す。甲《こう》を棄《す》て兵を曳《ひ》いて走る。或《あるい》は百歩にして後止《のちとど》まり、或は五十歩にして後止まる。五十歩を以て百歩を笑わば、則《すなわ》ち何如《いかん》、と。曰く、不可なり。直《た》だ百歩ならざるのみ。是《こ》れも亦《また》走るなり〔孟子が答えて言った、王様は戦争がお好きですから、戦争でたとえさせていただきましょう。今、ドンドンと進軍の太鼓を鳴らし刀で斬《き》り合いが始まると、甲《よろい》を脱ぎ捨てて身軽になり武器をひきずって逃げ出した者がいます。その時《とき》百歩逃げて止《とど》まった者もあれば、五十歩逃げてふみ止まった者もありました。五十歩の者が百歩の者を臆病者《おくびょうもの》と笑ったとしたら、いかがなものでしょうか。王は言った、それはいけない。ただ百歩逃げなかっただけで、五十歩でもやはり逃げたことに変わりはないのである〕。〈孟子《もうし》・梁恵王上《りょうけいおう》〉

腰《こし》に梓《あずさ》の弓《ゆみ》を張《は》る
年老いて、腰が弓のように曲がっている様子をいう。
類句 ◆大同小異

腰抜《こしぬ》けの居計《いばから》い
臆病者《おくびょうもの》は、事に当たって自分からは何も行動に移すことができず、ただ頭の中で計画を立てるばかりである、ということ。「腰抜け思案」とも。

五車《ごしゃ》の書《しょ》
〈五台の車に積んだ書物、の意〉蔵書が非常に多いことのたとえ。〈荘子《そうじ》・天下《てんか》〉

小姑一人《こじゅうとひとり》は鬼千匹《おにせんびき》に当《あ》たる
嫁の身にとっては、小姑《こじゅうと》つまり夫の兄弟姉妹は非常な苦労の種で、その一人一人が鬼の千匹にも思えるほどである、ということ。

後生大事《ごしょうだいじ》《慣》
〈死後の安楽を願い、生前一心に信仰を深める意から〉あるものを非常に大切にすることをいう。例 母は娘時代の着物まで後生大事に箪笥《たんす》の奥にしまっている。

御相伴《ごしょうばん》にあずかる《慣》
⇨お相伴にあずかる

後生《ごしょう》より今生《こんじょう》が大事《だいじ》
あるか無いか当てにならない来世よりも、今生きているこの世の生活のほうが大事である、ということ。
類句 ◆明日《あす》の百より今日《きょう》の五十

孤城落日《こじょうらくじつ》
〈援軍が来ず孤立している城が、沈みかかった夕日に照らされているという光景をいう〉勢いが衰えて、心細く頼りない状態にあることのたとえ。
原文 遥《はる》かに知る漢使蕭関《かんししょうかん》の外《ほか》、愁《うれ》え見る孤城落日の辺〈都からはるかに思い見る、漢の使者たる君が、蕭関《しょうかん》を越えたかなたの夕日の沈むあたりで、ただ一つ城壁に囲まれた小さい町を、憂わしげに眺めている姿を〉。〈王維《おうい》の詩、韋評《いひょう》事《じ》を送《おく》る〉

腰《こし》を浮《う》かす《慣》

立ち上がろうとして、腰を少し上げる。例帰ろうとして腰を浮かすとまた話が始まり、つい長居をしてしまった。

腰《こし》を落《お》ち着《つ》ける《慣》

落ち着いて一箇所に居続けるつもりで、その場所に身を置く。また、そこで生活する。例家族ともどもこの地に腰を落ち着けるつもりで移り住んだ。

腰《こし》を折《お》る《慣》

⇩**話の腰を折る**

腰《こし》を据《す》える《慣》

落ち着いて一つのことに専念する。例今年は腰を据えて制作に取り組むつもりだ。

類句 ◆尻《しり》を据《す》える

腰《こし》を抜《ぬ》かす《慣》

腰の力が抜け、動けなくなる意で、ひどく驚いて呆然《ぼうぜん》とする様子をいう。例突然イノシシが店に飛び込んできたので、腰を抜かさんばかりに驚いた。

古人《こじん》の糟粕《そうはく》

〔「糟粕《そうはく》」は、酒のしぼりかす。本当の精神は言葉や文字では伝えることができないものだから、昔の聖賢の教えを書いた書物は、しぼりかすに過ぎない、という意〕学問や書物を軽蔑《けいべつ》していう言葉。

原文 古《いにしえ》の人は其《そ》の伝うべからざるものと死せり。然《しか》らば則《すなわ》ち君の読む所のものは、古人の糟魄《そうはく》のみなるかな〔昔の聖人は、その伝えることのできない真理と共にすでに死んでおります。それならば、御主君の読んでおられるものは、昔の人のかすに過ぎません〕。（「糟魄」は「糟粕」に同じ）〈荘子《そうじ》・天道《てんどう》〉

姑息《こそく》

一時の間に合わせ。その場逃れ。例そんな姑息な手段でその場しのぎをするよりは、多少時間がかかっても抜本的な対策を講じるべきだ。

原文 君子の人を愛するは徳を以《もっ》てし、細人の人を愛するは姑息《こそく》を以てす〔教養ある人が人を愛するときは道徳により、無教養の人が人を愛するときはその場限りである〕。〈礼記《らいき》・檀弓《だんぐう》上〉

御託《ごたく》を並《なら》べる《慣》

〈神仏のお告げを並べるという意から〉いかにももっともらしく、自分勝手な理屈を述べたてる。例あれこれ御託を並べていないで、さっさと仕事をしなさい。

炬燵弁慶《こたつべんけい》 ⇩内弁慶《うちべんけい》

御多分《ごたぶん》に洩《も》れず《慣》

そのものも例外ではなく、他の大部分のものと同様である様子。いい意味には用いない。例私も御多分に洩《も》れず、休日には家でごろごろしているだけだ。

凝《こ》っては思案《しあん》に余《あま》る

物事に熱中しすぎると、まわりが見えなくなり、かえって思慮分別がつかなくなる。「凝っては思案に能《あた》わず」とも。

骨肉相食《こつにくあいは》む《慣》

親子・兄弟など、血を分けた者どうしが争う。例仲のよかった兄弟が、今では遺産相続で骨肉相食む争いをしている。

骨肉《こつにく》の親《しん》

親子・兄弟など、血のつながる親族。

原文 父母の子に於《お》けるや、子の父母に於けるや、一体にして形を分かつ。……生きては則《すなわ》ち相歓《あいよろこ》び、死しては則ち相哀《かな》しむ。此《こ》れをこれ骨肉の親《しん》と謂《い》う。〈呂氏春秋《りょししゅんじゅう》・精《せい》通《つう》〉

コップの中《なか》の嵐《あらし》《慣》

当事者が大騒ぎをしているだけで、大局的に見れば取るに足らない出来事。例党内の権力争いなど、所詮《しょせん》コップの中の嵐《あらし》に過ぎない。

後手《ごて》に回《まわ》る《慣》

相手に先を越されて、受け身の立場に立たされたり手遅れになったりする。例やることなすこと後手に回って、ライバル会社に市場を独占されてしまった。

小手《こて》を翳《かざ》す《慣》

まぶしい光などをさえぎるために、手を目の上に当てる。例晴れ渡った空のもと、山頂から小手を翳《かざ》してはるか遠くの山々を眺めた。

事《こと》が延《の》びれば尾鰭《おひれ》がつく

事が遅延すると、とかくいろいろな問題が起こってきて支障をきたすことになる意で、事が起きたらいち早く処理するのがよい、という戒め。

事《こと》が運《はこ》ぶ 《慣》

物事が予定どおりに進む。例 この経済状況では、計画どおりに事が運ぶとは思えない。

事《こと》ここに至《いた》る 《慣》

事態が差し迫り、非常手段に訴えざるを得ない状況になる。例 事ここに至っては、役員の更迭《こうてつ》もやむを得まい。

尽《ことごと》く書《しょ》を信《しん》ずれば則《すなわ》ち書《しょ》なきに如《し》かず

いくら立派な書物でも書かれていることのすべてが真実・真理ではないから、それをそのまま信じるくらいなら、書物などはないほうがまだましである。〈孟子《もうし》・尽心《じんしん》上〉

参考 「書」は本来『書経』を指したのであるが、広く一般の書物の意味で用いられる。

琴柱《ことじ》に膠《にかわ》する

〈琴を弾くときは、琴柱《ことじ》を動かして音の高低を調節する、これを膠《にかわ》づけにしたら音調が整わなくなることから〉融通がきかないこと、臨機の処置のとれないことをいう。

原文 王、名を以て括《かつ》を使う、柱《ことじ》に膠《にかわ》して瑟《しつ》を鼓《こ》するが若《ごと》きのみ〔王が名声だけによって、趙括《ちょうかつ》を将軍として用いるのは、ちょうど琴柱《ことじ》を膠づけにして瑟（大きな琴）を弾くようなものです〕。〈史記《しき》・藺相如《りんしょうじょ》伝《でん》〉

事《こと》と次第《しだい》によっては 《慣》

事情の如何《いかん》によってはその可能性があること。例 事と次第によっては会長を辞めていただかなければならない。

事《こと》ともせず 《慣》

⇩ものともせず 例 登頂隊のメンバーは少々の悪天候は事ともせず、山頂を目指して登り続けた。

事《こと》なきを得《え》る 《慣》

危ういところで、懸念される事故や災害にいたらずにすむ。例子供がストーブを倒したが、火を消したあとだったので事なきを得た。

事《こと》に当《あ》たる《慣》

自分の責任として、問題の解決や処理、また、物事の進行に取り組む。例司法当局は被害者の人権に十分に配慮して、事に当たる必要がある。

事《こと》に触《ふ》れて《慣》

何か事あるごとに、そうする様子。⇩**折に触れて** 例命の大切さを事に触れて子供たちに説いていこう。

事《こと》によると《慣》

一つの可能性としてあり得る様子。例事によると今夜は出張先に泊まることになるかもしれない。

言葉《ことば》が過《す》ぎる《慣》

相手の感情を害するような、言ってはならないことまで言う。例率直な意見を申しましたが、言葉が過ぎたのでしたらお許し下さい。

言葉尻《ことばじり》を捕《と》らえる《慣》

相手のちょっとした言い間違いや不用意な発言を取り上げて問題にする。例相手に言葉尻《ことばじり》を捕らえられないよう、慎重に言葉を選んで説明した。

言葉《ことば》の綾《あや》《慣》

解釈次第でいろいろの意味に受け取れる微妙な言い回しや比喩《ひゆ》的な表現など。特に、誤解されやすい表現についていう。例「ひとりよがりの論理」と言ったのは言葉の綾《あや》で、決して君個人の考えを非難したわけではない。

言葉《ことば》の先《さき》を折《お》る《慣》

相手の先を越して何かを言うなどして、それ以上話が続けられないようにする。例これからというところで田中さんに言葉の先を折られて、言いたいことも言えずじまいに終わった。

言葉《ことば》は心《こころ》の使《つか》い

心に考えたり思ったりしていることは、自然に言葉に表われるものだ、ということ。

類句 ◆心内《こころうち》にあれば色外に現わる

言葉《ことば》を返《かえ》す《慣》
相手の言ったことに対し、反対の意見を言う。例 お言葉を返すようですが、それはあなたの思い違いではありませんか。

言葉《ことば》を飾《かざ》る《慣》
美しい言葉で巧みに表現する。また、口先だけのきれいごとを言う。例 いくら言葉を飾ってみても、心がこもっていなければどうしようもない。

言葉《ことば》を尽《つ》くす《慣》
聞き手に理解させたり、相手を説得したりするために、思いつく限りの表現を用いて話をする。例 県の担当者は言葉を尽くして、村の住民にダム工事の必要性を説いた。

言葉《ことば》を濁《にご》す《慣》
明言することがためらわれる事情があって、曖昧《あいまい》な表現で済まそうとする。例 君自身は賛成なのか反対なのかと問うと、彼は言葉を濁してしまった。

言葉《ことば》を呑《の》む《慣》
①いったん言おうとした言葉を、言わずに我慢する。例 怒鳴りつけてやろうと思ったが、相手が幼い子供なので、言葉を呑《の》んだ。②強い驚きや感動によって、一瞬言うべき言葉を失う。例 あまりの惨状に、事故現場に駆けつけた人々は言葉を呑んだ。

五斗米《ごとべい》の為《ため》に腰《こし》を折《お》る
〔晋《しん》の陶淵明《とうえんめい》（名は潜）が、県知事となっていた時、若い後輩が上役として視察に来ることになり、礼服を着て出迎えよ、と言われたので、淵明は日俸《にっぽう》の五斗米（今の五升＝約九リットル）のために腰を折って若僧にぺこぺこするのはいやだと言って、即日に辞職して郷里に帰った故事から〕わずかばかりの食禄《しょくろく》のために卑屈な態度をとること。〈晋書《しんじょ》・陶潜伝《とうせんでん》〉

事《こと》もあろうに《慣》
自分の身に災難がふりかからなくてもよかっただろうに、の意。例 事もあろうに、大事な会議のある日に限って電車が事故を起こすとは。

事《こと》もなく《慣》

困難が予想されることを、何の支障もなくする様子。例新人の彼女が、あれだけの演技を事もなくやってのけたのには驚いた。

子供《こども》の喧嘩《けんか》に親《おや》が出《で》る

子供どうしのたわいない喧嘩《けんか》に、その親たちが出て来て、親どうしの喧嘩になり、収拾がつかなくなる。

子供《こども》の使《つか》い《慣》

頼まれたことを先方に伝えるだけで、肝心の事柄が抜け落ちており、何の役にも立たないこと。例先方の意向は何も聞いてこないなんて、まるで子供の使いじゃないか。

子供《こども》は風《かぜ》の子《こ》

子供は元気なので、寒さや風にめげずに戸外の遊びに夢中になるものだ、ということ。

事《こと》を起《お》こす《慣》

決意を新たにして、世間の注目を浴びるような事件を起こしたり、大事業を始めたりする。例同志の結束が不十分な今、へたに事を起こしても失敗に終わる公算が大きい。

事《こと》を欠《か》く《慣》

「事欠く」とも。①必要なものが不足している状態である。例その日の食事にも事を欠く始末だった。②他にもっと適当なやり方や言い方があるだろうに、なぜそうするのかと非難する気持ちを表わす。⇩**言うに事欠いて** 例言うに事欠いて、人を泥棒呼ばわりするとは許せない。

事《こと》を構《かま》える《慣》

些細《ささい》なことをさも重大なことのように扱って、わざわざ争い事を起こそうとする。例我々は会社側に対し事を構えるつもりなど毛頭ない、ただ話し合いをしたいだけだ。

事《こと》を好《この》む《慣》

普通とは違ったものを好む。特に、事件が起こることを期待し、事を荒立てたがること。例彼は常に平穏を望み、決して事を好まぬ性格だ。

事《こと》を運《はこ》ぶ《慣》

物事を予定に従って進めてゆく。例人の名誉に関することだから、慎重に事を運ばなければいけない。

事《こと》を分《わ》ける《慣》

相手がよく理解できるように、事柄の内容を筋道の通るものにする。「事を割る」とも。例怒り狂っている相手でも、穏やかに事を分けて話せば分かってもらえるだろう。

碁《ご》に凝《こ》ると親《おや》の死《し》に目《め》に会《あ》えない

囲碁は夢中になりやすいために、親の死に目にさえ会えないことがあるものだの意で、遊びごとにふけると、とかくやめられなくなるり、本来すべきことがおろそかになったり、分別を失ったりすることを戒める言葉。

子《こ》に過《す》ぎたる宝《たから》なし

親にとって、我が子はこの上ない宝である。

子《こ》にすることを親《おや》にせよ

親が我が子を慈しみ大事に育てるように、子は、親に対しては愛情をもって仕えるべきである。

類句 ◇子ほどに親を思え

碁《ご》に負《ま》けたら将棋《しょうぎ》で勝《か》て

あることで負けたら、他のことで償えの意で、新たに挑戦して、ともかく負けたままにはなるな、ということ。

小糠《こぬか》三合《さんごう》持《も》ったら婿《むこ》に行《ゆ》くな

婿《むこ》養子はとかく気苦労が多いものだから、たとえわずかでも自分の財産があったら、養子になど行くものではない、ということ。「小糠《こぬか》三合持ったら養子に行くな」とも。

子《こ》の心《こころ》　親《おや》知《し》らず

親は自身が考えているほど、自分の子の本当の気持ちを分かっていないものだ。⇩**親の心子知らず**

子《こ》は鎹《かすがい》

《「鎹《かすがい》」は、材木と材木をつなぐための両端が曲がった釘《くぎ》》子供の存在は夫婦の仲をつなぎ止める鎹のようなもので、子に対する愛情のお陰で、仲の悪い夫婦間の縁がつながり保たれることが多い、ということ。

子《こ》は三界《さんがい》の首《くび》っ枷《かせ》

（「首枷《くびかせ》」は、罪人の首にはめて体の自由を束縛する刑具）子供の存在は、親にとって過去・現在・未来にわたって首枷となるの意で、親は子供を思う心に縛られて生きていくものである、ということ。いろはがるた（江戸）の一。

御破算《ごはさん》にする《慣》

（「御破算」は、そろばんで、前に入れた数を払って零にすること）今までのことをすべて破棄して、最初の状態に戻す。例今までのことは御破算にして、もう一度初めからやり直そう。

御破算《ごはさん》になる《慣》

（「御破算」は、前項参照）今までのことがすっかり無駄になる。例監督官庁の許可がおりず、せっかくの計画も御破算になった。

小鼻《こばな》をうごめかす《慣》

（「小鼻」は、鼻の先の左右のふくらんだ部分）いかにも得意そうな表情をしている様子をいう。例小鼻をうごめかしながら彼は自慢話を始めた。

小鼻《こばな》をふくらませる《慣》

（「小鼻」は、前項参照）いかにも不満そうな様子を見せることをいう。例その子は、小鼻をふくらませながらも、一応はおとなしく僕の話を聞いていた。

胡馬《こば》北風《ほくふう》に依《よ》る

⇩越鳥《えっちょう》南枝に巣くう

小判《こばん》で面《つら》を張《は》る

⇩金《かね》で面を張る

媚《こび》を売《う》る《慣》

（水商売の女性などが色っぽい姿恰好《かっこう》をして客の相手をすることから）相手に気がある、また、へつらうような態度を示して、気に入られようとする。例何かにつけてあの政治家は、一般大衆に媚《こび》を売るような発言をする。

鼓舞《こぶ》

（鼓《つづみ》を打って人を舞わせる意）励まし奮い立たせること。元気づけること。

原文 万物を鼓舞する者は、それ雷風か、万民を鼓舞する者は、それ号令か〔万物を元気づけるものは、雷と風とで

あろうか。万民を奮い立たせるものは、号令であろうか」。〈法言《ほうげん》・先知《せんち》〉

五風十雨《ごふうじゅうう》

《五日目ごとに風が吹き、十日目ごとに雨が降る意》気候が順調なこと。農業に最適な気候をいう。原文 風、条《えだ》を鳴らさず、雨、塊《つちくれ》を破らず、五日にして一たび風吹き、十日にして一たび雨降る〔風は枝を鳴らすほど強く吹かず、雨は土のかたまりをこわすほど激しく降らず、五日めごとに一度風が吹き、十日めごとに一度雨が降る〕。〈論衡《ろんこう》・是応《しおう》〉

鼓腹撃壌《こふくげきじょう》

《人民が腹いっぱい食べて腹つづみを打ち、地面を打って調子をとりながら歌を歌う意》人々が平和な生活を楽しむ様子をいう。原文 老人有り、哺《ほ》を含み腹を鼓《つづみ》うち、壌《じょう》を撃って歌って曰《いわ》く〔老人が食物を口にほおばり、腹をたたき、大地を打ちながら歌っていた〕。〈十八史略《じゅうはっしりゃく》・一〉

御幣《ごへい》を担《かつ》ぐ《慣》

〔「御幣」は、細長い木に、紙や布を切って挟んだもの。神主がお祓《はら》いをするときなどに用いる〕

類句 ◆縁起を担ぐ

小骨《こぼね》を折《お》る《慣》

何かをするのに、多少の苦労をする。例 細かい細工が必要だったので、思いのほか小骨を折る仕事だった。

五本《ごほん》の指《ゆび》に入《はい》る《慣》

指を折って数え上げるときに、五本までに入るという意で、その存在が非常にきわだっていること。例 あの町工場が、今では業界で五本の指に入る会社に成長した。

小股《こまた》の切《き》れ上《あ》がった《慣》

女性の体つきがすらりとしていて、粋な感じを与える様子。例 さすがもと女優だけあって、小股《こまた》の切れ上がったいい女だ。

小股《こまた》を掬《すく》う《慣》

相撲の技で、相手の内股《うちまた》を掬《すく》って倒す意から、相手の隙《すき》に乗じて自分の利益を図ることをいう。例 実社会ではいつ人に小股を掬われるか分からないから、油断してはいけない。

独楽鼠《こまねずみ》のよう《慣》
こまめに動き回って忙しく立ち働く様子。例大家族の中で、母はいつも独楽鼠《こまねずみ》のように働いていた。

鱓《ごまめ》の魚《とと》交《ま》じり
（「鱓《ごまめ》」は、ごく小さい鰯《いわし》を素干しにしたもの）⇩雑魚《ざこ》の魚《とと》交じり

鱓《ごまめ》の歯軋《はぎし》り
（「鱓《ごまめ》」は、ごく小さい鰯《いわし》を素干しにしたもの。無力な鱓がくやしがって歯軋《はぎし》りをする意）力のない者が、憤慨したところでどうしようもないこと。
類句◆蟷螂《とうろう》の斧《おの》

小間物屋《こまものや》を広《ひろ》げる《慣》
（「小間物屋」は、日用品・化粧品などを売る店。小間物屋がいろいろの商品を広げて見せることから）へどを吐く。例酔っ払って、駅のホームで小間物屋を広げてしまった。

小回《こまわ》りがきく《慣》
（小さな円を描いて回ることができるという意から）①車などが狭い所でも自由に回れる。例小型車のほうが小回りがきいて街中では便利だ。②その時々の情勢に応じてうまく身を処することができる。例小企業だからか、何かと小回りがきいてどうにか不況を乗り切った。

駒《こま》を進《すす》める《慣》
（「駒《こま》」は、将棋の駒）当面の試合などに勝ち、次の段階に進む権利を得る。例我が校のチームは初出場ながら順調に勝ち進み、準決勝へと駒を進めた。

胡麻《ごま》を擂《す》る《慣》
（あちこちに付いてへつらう様子を、擂《す》り鉢《ばち》で胡麻《ごま》を擂ると、胡麻が鉢の内側に付いて離れなくなることにたとえたものという）自分の利益を図ろうと、他人にへつらい、取り入る。例社内の有力者に胡麻を擂って保身を図る。

小耳《こみみ》に挟《はさ》む《慣》
ちらりと聞く。例こんな話を小耳に挟んだのですが、

あなたは御存知ですか。

米《こめ》を数《かぞ》えて炊《かし》ぐ

《米粒を一つ一つ数えてから飯を炊《た》く意》こせこせと、つまらない枝葉末節《しようまっせつ》にばかりとらわれることのたとえ。

原文 髪《かみ》を簡《えら》んで櫛《くしけず》り、米を数えて炊《かし》ぐ。窃窃乎《せっせつこ》として又《ま》た何ぞ以《もっ》て世を済《すく》うに足らんや〔髪の毛を一本ずつ選《え》りわけて櫛《くし》を入れ、米を一粒ずつ数えて炊事する。こせこせとこんな小さなことにとらわれていて、どうして世の中を救うことができようや〕。〈荘子《そうじ》・庚桑楚《こうそうそ》〉

御免蒙《ごめんこうむ》る《慣》

《相手の許しを得る意から》相手からの依頼などを断わるときに用いる言葉。例 そんなつまらない役目は御免 蒙《こうむ》りたいね。

子持《こもち》の腹《はら》に宿無《やどな》しがいる

《「宿無し」は、食をあてがわれている居候《いそうろう》の意》妊婦や赤ん坊を育てている母親は自然たくさん食べるものである、ということ。

類句 ◇子持《こもち》二人《ににん》扶持《ぶち》

子養《こやしな》わんと欲《ほっ》すれども親待《おやま》たず

《子が一人前になって親を養おうと思っても、その時には親は死んでいて、それまで待ってはいてくれないものだ、の意》⇩**孝行のしたい時分に親はなし**

子故《こゆえ》に迷《まよ》う親心《おやごころ》

子供への愛情ゆえに迷い悩んで、冷静な判断・分別ができなくなるのが親の心というものだ。⇩**子故の闇《やみ》**

子故《こゆえ》の闇《やみ》

子供への愛情ゆえに親が分別を失い、善悪の判断がつかなくなった状態をいう。「子故の闇《やみ》に迷う」とも。⇩**子故に迷う親心**

子《こ》より孫《まご》が可愛《かわい》い

自分が生んで苦労して育てた子よりも孫のほうが、責任もなく、ただただ可愛《かわい》いだけだ。

五里霧中《ごりむちゅう》

《後漢の張楷《ちょうかい》は秘術で五里四方にわたる霧《きり》を起こし、人は深い霧の中にいて方角が分からなくなったという故事から》どうすべきか迷うばかりで、方針や見通しが立たない状態にあること。〈後漢書《ごかんじょ》・張楷伝《ちょうかいでん》〉
注意「五里夢中」と書くのは誤り。

これ幸《さいわ》いと《慣》その機会を絶好のチャンスとばかりに、やりたくてもできなかったことを実行する様子。例夫が一週間の出張となったので、これ幸いと実家に泊まりがけで帰った。

これと言《い》って《慣》《後に否定の表現を伴って》特別に取り立てて言うほどのことはない、の意を表わす。例今日は客も少なく、これと言って変わったことはなかった。

これに懲《こ》りよ道才坊《どうさいぼう》《「道才坊」の意は不明》「これで懲りよ」というときに、調子よく続けていう言葉。「恐れ入谷《いりや》の鬼子母神《きしもじん》」の類。いろはがるた（京都）の一。

これはしたり《慣》予想もしていなかった出来事に当面したときの、驚きあきれた気持ちを表わす言葉。例これはしたり、君がこの会社を辞めたいなんて言うとは夢にも考えなかった。

これ見《み》よがし《慣》これを見てもらいたいの意で、何かを人に見せつけようとして、ことさら目につきやすいようにする様子。例これ見よがしに、ダイヤの指輪をちらつかせる。

転《ころ》ばぬ先《さき》の杖《つえ》《何かにつまずいて転ばないように、杖《つえ》を突いて用心する意》失敗してしまってから後悔しないように、何事も先のことを考えて、用心してかかるべきだということ。

転《ころ》んでもただは起《お》きない《慣》どんなに困難な状況に追い込まれても何か利益を得ようとすることだけは忘れないの意で、貪欲《どんよく》な人の処世態度を評していう言葉。例彼は株で大損したらしいが、転んでもただは起きない男だから、すぐに立ち直るさ。

コロンブスの卵《たまご》

〈アメリカ大陸発見など誰《だれ》にでもできることだという陰口を聞いたコロンブスが、食卓の上のゆで卵を立ててみるようにと言ったが、誰《だれ》にもできなかった。そこでコロンブスは卵の尻《しり》をつぶして立ててみせ、アメリカ発見もこれと同じで、それなりの創意工夫や努力が必要だと言ったという逸話から〉何でも最初に考えたりやったりすることは難しいものだということ。例 コロンブスの卵と同じで、やり方が分かってしまえば簡単なことなのですがね。

恐《こわ》いもの見《み》たさ《慣》

恐いものは、不安を感じながらも好奇心にかられてかえって見たくなる、ということ。例 恐いもの見たさの野次馬が大勢、殺人事件の現場を遠巻きにしている。

子《こ》を知《し》るは父《ちち》に若《し》くは莫《な》し

子供の性質や長所・短所は、その父親が一番よく知っているものだ。

原文 鮑叔《ほうしゅく》曰《いわ》く、先人言える有り、子を知るは父に若《し》くは莫《な》く、臣を知るは君に若くは莫し〈鮑叔《ほうしゅく》が言った、昔の人の言葉にある、子供のことは誰《だれ》よりもその父親が知っており、臣下のことは誰よりもその主君が知っている〉。〈管《かん》子《し》・大匡《だいきょう》〉

類句 ◆子を見ること親に如《し》かず

子《こ》を捨《す》つる藪《やぶ》はあれど身《み》を捨《す》つる藪《やぶ》は無《な》し

困窮のために我が子を捨てることはあっても、自分の身を捨てることはできない。

子《こ》を一人《ひとり》育《そだ》てるとばば一升《いっしょう》食《く》う

〈「ばば」は、大便や不潔な物をさす幼児語〉子を育てるためには、親は幾度も汚いことを経験しなければならない。子を育て上げるには相当の苦心をする、ということ。

子《こ》を見《み》ること親《おや》に如《し》かず

⇩子を知るは父に若《し》くは莫《な》し

子《こ》を持《も》って知《し》る親《おや》の恩《おん》

自分が親になり、子を育てる立場になって初めて、身にしみて親の恩の偉大さ・有り難さが分かるものだ、ということ。

言語道断《ごんごどうだん》

《仏の道は言葉では言い表わせないという意。転じて、言葉では言い尽くせないほどひどい誤りである、の意》もってのほか。とんでもない間違いである。〈瓔珞経《ようらくきょう》〉

注意 「言語同断」と書くのは誤り。

今昔の感《こんじゃくかん》 《慣》

今と昔を思い比べ、その変化の激しさをいまさらのように思い知る気持ちをいう。例 近代都市に生まれ変わった故郷の町の三十年前を思うと、今昔の感に堪えない。

根性に似せて家を作る《こんじょうにいえつく》

《「根性」は生まれつきの性質の意》人はその性質に見合った生活を営むものである、ということ。

類句 ◆蟹《かに》は甲羅《こうら》に似せて穴を掘る

今生の別れ《こんじょうわか》

この世での最後の別れの意で、死別すること。

権兵衛が種蒔きゃ烏がほじくる《ごんべえたねまからす》

百姓の権兵衛《ごんべえ》が畑に種を蒔《ま》くと、蒔くそばから烏《からす》がほじくり出す意で、人がせっかく苦労してやったことを、すぐあとからこわすことをいう。

コンマ以下《いか》 《慣》

《「コンマ」は、小数点の意》その人の人柄や価値・能力などが標準以下であること。例 あんなコンマ以下の人間と言い争ってみたところで始まらない。

紺屋の明後日《こんやあさって》 ⇩紺屋《こうや》の明後日

紺屋の白袴《こんやしろばかま》 ⇩紺屋《こうや》の白袴

金輪際《こんりんざい》

《仏教で、厚い大地の最下底の金輪のある所の意》絶対に。断じて。例 君とは金輪際付き合わないからな。

根を詰める《こんつ》 《慣》

休む間も惜しんで、気を散らさずに一つのことに没頭する。例 そんなに根を詰めてやると、体をこわすよ。

さ

塞翁《さいおう》が馬《うま》

人の禍福・幸不幸は変転して定まりないものであることのたとえ。《昔、国境の塞《とりで》近くに住んでいた翁《おきな》の馬が胡《こ》の国に逃げてしまった。その後、数か月たって、その馬が胡国の名馬を連れて帰って来た。翁の子が喜んで乗っていると、落馬して足に負傷した。一年後に胡人が攻めて来た時、国中の若者は皆戦いに出て戦死したが、翁の子は足を引きずっていたために兵役を免れて無事であった、という故事から》「人間万事塞翁《さいおう》が馬」とも。

原文 塞上《さいじょう》に近き人、術を善くする者有り。馬、故《ゆえ》無くして亡《に》げて胡《こ》に入る。人皆之《これ》を弔《ちょう》す。其《そ》の父曰《いわ》く、此《こ》れ何遽《なん》ぞ福と為《な》らざらんや、と。居ること数月、其の馬、胡の駿《しゅん》馬《め》を将《ひき》いて帰る。人皆之を賀す。其の父曰く、此れ何遽ぞ禍と為る能《あた》わざらんや、と。家、良馬に富む。其の子《こ》、騎を好み、堕《お》ちて其の髀《ひ》（もも）を折る。人皆之を弔す。其の父曰く、此れ何遽ぞ福と為らざらんや、と。居ること一年、胡人大いに塞《さい》に入る。丁壮《ていそう》の者は弦《げん》を引きて戦い、塞に近き人、死する者十に九なり。此れ独り跛《は》の故《ゆえ》を以《もっ》て父子相保《あいほ》せり。故に福の禍と為り、禍の福と為るは、化、極む可《べ》からず、深、測る可からざるなり。〈淮南子《えなんじ》・人間訓《じんかんくん》〉

参考 曲亭馬琴《きょくていばきん》の『南総里見八犬伝《なんそうさとみはっけんでん》』に「いにしえの人いわずや、禍福は糾《あざな》う縄の如《ごと》し、人間万事往《ゆ》くとして塞翁が馬ならぬはなし」とある。

類句 ◆禍福《かふく》は糾《あざな》える縄《なわ》の如《ごと》し ◆善の裏は悪

才覚《さいかく》がつく《慣》

物事を進めて行くための知恵が働く意で、特に、何かに必要な金を工面することができることをいう。例 金の才覚がつかなければ、計画はお流れになってしまう。

細工《さいく》は流流《りゅうりゅう》仕上《しあ》げをご覧《ろう》じろ

入念に工夫を凝らしているので、あとは結果をご覧下さいの意で、自分の工夫に確信を抱き、その手腕を誇示していう言葉。例 これですべての仕掛けは完了した。後は、細工は流流仕上げをご覧《ろう》じろというわけだ。

細工貧乏《さいくびんぼう》

⇩器用貧乏

歳月《さいげつ》人《ひと》を待《ま》たず

年月が過ぎて行くのは非常に速くて人を待ってくれないから、今という時を大切にして努力せよ、ということ。

原文 時に及んで当《まさ》に勉励すべし、歳月は人を待たず。〈陶《とう》淵明《えんめい》の詩、雑詩《ざっし》〉

参考 Time and tide wait for no man.〈時と季節は人を待たない〉

類句 ◆光陰人を待たず ◆光陰矢の如《ごと》し ◆盛年《せいねん》重ねて来《きた》らず ◆時は人を待たず

最後《さいご》に笑《わら》う者《もの》の笑《わら》いが最上《さいじょう》

あまり早い段階でうまく行ったと喜んではいけない、「始めの勝ちはくそ勝ち」というくらいで、最後に勝利を収めて笑う者が真の勝者である、ということ。

原文 He laughs best who laughs last. の訳語。

最後《さいご》の切《き》り札《ふだ》を出《だ》す《慣》

〔「切り札」はトランプで、他の札を全部負かすことができると定めた札〕それを用いればまず負けることはない、取っておきの有効な手段を行使する。単に「切り札を出す」ともいう。例 住民が反対運動を続けていれば、政府は土地収用法という最後の切り札を出してくるに違いない。

最後《さいご》を飾《かざ》る《慣》

中途半端に終わることもなく最終的な段階を迎えた物事を、それに最もふさわしい形で締めくくる。例 次の一番は、いよいよ本日の最後を飾る好取組です。

類句 ◆掉尾《ちょうび》を飾る

最期《さいご》を遂《と》げる《慣》

残された人に何らかの感懐を抱かせるような状態で、死を迎える。どのような死に方をしたかを問題にしていう言葉。例 信長《のぶなが》は本能寺の変で非業《ひごう》の最期を遂げた。

幸先《さいさき》がいい《慣》

物事の初めに当たって何かいいことがあり、今後が期待できそうだと喜ぶ様子。例 試合が始まってすぐに得点できるとは幸先がいいじゃないか。反対 幸先が悪い

採算《さいさん》がとれる《慣》

収支を計算してみて、損をしない状態である。「採算が

合う」とも。例 この新製品は思ったより売り上げが伸びず、採算がとれそうもない。
類句 ◆算盤《そろばん》が合う

才子才《さいしさい》に倒《たお》れる

優れた才能の持ち主は、自分の才能を過信してそれに頼りすぎ、かえって失敗するものだ。
類句 ◆策士策に溺《おぼ》れる

才子多病《さいしたびょう》

優れた才能の持ち主であればあるほど神経が鋭敏で、肉体がそれについて行けず、とかく病気がちである。
類句 ◆佳人薄命《かじんはくめい》

最初《さいしょ》で最後《さいご》《慣》

たった一度きりの機会で、以後同様の機会は二度と得られないと思われること。例 七十歳を過ぎて、夫婦で初めて海外旅行をしたが、おそらくこれが最初で最後だろう。

采薪《さいしん》の憂《うれ》い

《薪《たきぎ》をとって来たその疲労のための病気。一説に、病気で薪をとりに行けない意とも》自分の病気をへりくだっていう言葉。
原文 昔者《きのう》王命有りしも、采薪《さいしん》の憂い有りて、朝《ちょう》に造《いた》る（朝廷へ行く）こと能《あた》わざりき。今は病小《すこ》しく愈《い》えたり。趨《はし》りて朝に造れり。〈孟子《もうし》・公孫丑《こうそんちゅう》下〉
参考 『礼記《らいき》』曲礼《きょくらい》下には「負薪《ふしん》の憂い」とある。

材大《ざいだい》なれば用《よう》を為《な》し難《がた》し

《材木が大き過ぎると利用されにくいことから》人物があまりに大きいと世に用いられない。世に用いられないのは、偉すぎるからで悲しむにはあたらない、ということ。
原文 志士幽人怨嗟《えんさ》すること莫《な》かれ、古来材大なれば用を為《な》し難し〈世に道を行なおうと志す人や、俗世を避けて道を守る人々は、世に用いられないことを恨み嘆いてはならない。古来、大きな材木は役に立ちにくい。人材も大きければ、任用されにくいものである〉。〈杜甫《とほ》の詩、古柏行《こはくこう》〉

細大《さいだい》漏《も》らさず《慣》

そのことに関する事柄は、事の大小にかかわりなくすべて取り上げる様子。例 事件の経緯を細大漏らさず関係者に報告した。

才《さい》に走《はし》る《慣》

自分の才能を過信して、地道《じみち》に事を運ぼうとする謙虚さを失う。例 彼は才に走って、経験者の意見に従わず、結局失敗した。

采配《さいはい》を振《ふ》る《慣》

（「采配《さいはい》」は昔、武将が兵を指揮するときに使った道具）先頭に立って、配下の者に指図をする。「采配を振るう」とも。例 八十歳の父は毎日店頭に立ち、元気に采配を振っている。

采《さい》は投《な》げられた

（「采《さい》」は、さいころの意。「賽」とも書く。シーザーがルビコン川を渡る時に言ったといわれる言葉）一度こうしようと決め、実行に移した以上、最後までやり抜くほかはないということ。例 立候補届けを出した以上、采は投げられたのだから、選挙戦を勝ち抜くしかない。

財布《さいふ》が軽《かる》けりゃ心《こころ》が重《おも》い

金がなければ心は憂鬱《ゆううつ》である、ということ。「財布重けりゃ心が軽い」「財《ざい》少なければ悲しみ少なし」とも。原文 A light purse makes a heavy heart. の訳語。

財布《さいふ》の底《そこ》をはたく《慣》

何かを購入するために、持っている金を全部使う。例 どうしても欲しくて、財布の底をはたいて求めた品だ。

財布《さいふ》の紐《ひも》が緩《ゆる》む《慣》

購買欲にかられたり気が大きくなったりして、つい無駄遣いをしてしまう。例 旅行に出ると解放的な気分になり、つい財布の紐《ひも》が緩んでしまう。

財布《さいふ》の紐《ひも》を首《くび》に掛《か》けんよりは心《こころ》に掛《か》けよ

金を盗まれないように用心するより、無駄遣いしないように注意せよ。

財布《さいふ》の紐《ひも》を締《し》める《慣》

無駄な金を使わないように気を付ける。「財布の口を締める」とも。例 給料前で、財布の紐《ひも》を締めてかからないと、昼食代も足りなくなりそうだ。

財布《さいふ》を握《にぎ》る《慣》

その家や組織などで、金の出し入れに関する権限を持つ。「財布の紐《ひも》を握る」とも。例あの家は、姑《しゅうとめ》が財布を握っていて、嫁さんは欲しい物も思うように買えないそうだ。

財宝《ざいほう》は地獄《じごく》の家苞《いえづと》

いくら多くの金や宝を貯《たくわ》えてみても、結局はあの世への土産《みやげ》となるにすぎない意で、蓄財も、所詮《しょせん》むなしいものだ、ということ。

財宝《ざいほう》は身《み》の敵《かたき》

なまじ財宝をもったためにかえって身を誤ることが多いことをいう。

類句 ◆宝は身の仇《あだ》 ◆匹夫《ひっぷ》罪なし璧《たま》を懐《いだ》いて罪あり

竿竹《さおだけ》で星《ほし》を打《う》つ

《竿竹《さおだけ》で天の星を叩《たた》き落とすことは不可能であることから》到底できそうにないことに挑もうとする愚かさ、また、思うように物事が進まないもどかしさのたとえ。「竿で星」とも。

竿《さお》の先《さき》に鈴《すず》

《細い竿《さお》の先に鈴を付けると、揺れて絶えず鳴り続けるところから》休みなくおしゃべりする人をいう。いろはがるた（京都）の一。「笹《ささ》の葉に鈴」とも。

棹《さお》は三年《さんねん》艪《ろ》は三月《みつき》 ⇩櫂《かい》は三年艪《ろ》は三月

座《ざ》が白《しら》ける《慣》

今までの楽しかった雰囲気がこわされ、気まずい状態になる。例彼のとげのある一言で、すっかり座が白けてしまった。

逆立《さかだ》ちしても《慣》

《後に否定表現を伴って》どんなに無理をして頑張っても思いどおりには実現しそうもないと思う気持ちを表わす。例記憶力の点では、逆立ちしても彼にはかなわない。

差《さ》がつく《慣》

他との間に明らかな違いが生じる。例ちょっと練習を怠けている間に、彼とはずいぶん差がついてしまった。

魚《さかな》は上﨟《じょうろう》に焼《や》かせろ餅《もち》は下衆《げす》に焼《や》かせろ

（「上﨟《じょうろう》」は高貴な女性。「下衆《げす》」は身分の低い者）魚は、あまりいじらずに焼くのがよいので、鷹揚《おうよう》な上﨟に焼かせるのがよい、反対に、餅《もち》は、しばしばひっくり返して焼くのがよいので、こせこせした下衆に焼かせるのがよい、ということ。

類句 ◇魚は大名に焼かせろ ◇餅《もち》は乞食《こじき》に焼かせろ

逆捩《さかねじ》を食《く》わせる《慣》

相手の非難・攻撃に対して、逆に手厳しい反論や反撃を加える。例 実態を知らないと言われたので、君こそ調査結果に頼っているだけだと逆捩《さかねじ》を食わせてやった。

座《ざ》がもたない《慣》

共通の話題がなかったり気まずい雰囲気になったりして、会話を続けることが無意味になる様子。例 初対面の者どうしの集まりだから、酒でもないと座がもたない。

酒屋《さかや》へ三里《さんり》豆腐屋《とうふや》へ二里《にり》

（酒屋へは三里、豆腐屋へは二里の道のりがある意）生活に不便な人里離れた場所・土地であることのたとえ。

参考 『続々鳩翁道話』にある狂歌「ほととぎす自由自在にきく里は」の下の句。

座柄《ざがら》に経《きょう》が読《よ》まれぬ

その場に集まった客の雰囲気次第では、本来読むべきお経も読めなくなる意で、周囲の状況によっては、うまく物事を行なうことができなくなることのたとえ。

盛《さか》りがつく《慣》

獣が発情する意で、性的な欲望が抑制できなくなることをいう。例 盛りがついた猫じゃあるまいし、きょろきょろと女性ばかり見るものじゃない。

先《さき》が見《み》える《慣》

将来どうなるか予想がつく。多く、悲観的な事態が予想される場合に用いる。例 この好景気に給料のベースアップもできないようでは、この会社も先が見えたね。

先立《さきだ》つ物《もの》《慣》
何かをしようとするときに、まず第一に必要とされる物。特に、資金を指す。例 計画は立てても、先立つ物が無くては実行に移せない。

先棒《さきぼう》を担《かつ》ぐ《慣》 ⇩**お先棒を担ぐ**

先《さき》を争《あらそ》う《慣》
自分こそが先頭に立とうと、互いに競い合う。例 開店と同時に、行列していた客は先を争って特売場へ走った。

鷺《さぎ》を烏《からす》
白い鷺《さぎ》を黒い烏《からす》だと言う意で、明らかに事実と違っていることを、いろいろとこじつけを言って強引に言いくるめること。「鷺を烏と言いくるめる」とも。
類句 ◆鹿《しか》を指して馬となす

先《さき》を越《こ》す《慣》
相手より優位に立とうと、先手を打って何かをする。「先《せん》を越す」とも。例 他社に先を越されては一大事と、新製品の開発に総力をあげた。

先《さき》を読《よ》む《慣》
将来の事態の変化などを予測する。例 先を読む目の無い者は、株式相場には手を出さないほうがよい。

先《さき》んずれば人《ひと》を制《せい》す
〔人より先に物事を行なえば他人を押さえて有利になるが、後れをとると人に押さえられて不利になる、の意〕何事も先手を打つことが肝要である、ということ。
原文 会稽《かいけい》の守《しゅ》の通《とう》、梁《りょう》に謂《い》いて曰《いわ》く、江西《こうせい》皆反す。此《こ》れ亦《また》天の秦《しん》を亡《ほろ》ぼすの時なり。吾《われ》聞く、先んずれば即《すなわ》ち人を制し、後《おく》るれば則《すなわ》ち人の制する所と為《な》る〔会稽《かいけい》郡の長官の殷通《いんとう》が項梁《こうりょう》に言った、江西地方は皆反乱を起こした。これは天が秦《しん》を滅ぼす時である。先んずれば人を制し、後れれば人に制せられるという言葉を知っている〕。〈史記《しき》・項羽《こうう》紀《き》〉

策士《さくし》策《さく》に溺《おぼ》れる
策略にたけた人は、策略を用いすぎて、かえって失敗するものだ。

類句◆才子才に倒れる

桜《さくら》切《き》る馬鹿《ばか》梅《うめ》切《き》らぬ馬鹿《ばか》

《桜は枝や幹を切るとそこから腐りやすいので、やたらに切ってはいけないが、梅は枝を切らないと無駄な枝が伸びて翌年花が咲かなくなる》桜と梅の剪定法《せんていほう》の違いを教える言葉。

探《さぐ》りを入《い》れる《慣》

話をしながら、話し相手の考えや気持ちなどをそれとなく知ろうとする。例彼女に結婚する気持ちがあるのかどうか、私がそれとなく探りを入れてみよう。

策《さく》を講《こう》じる《慣》

問題を解決するための対策を考え、実行する。例ますます深刻化するゴミ問題については、早急に地域全体で策を講じる必要がある。

策《さく》を弄《ろう》する《慣》

目的を達成しようと、手の込んだ方法を試みる。例下《へ》手《た》に策を弄《ろう》すると、かえってまずいことになるから、成り行きにまかせたほうがいい。

酒《さけ》に飲《の》まれる《慣》

酒を飲み過ぎたために、理性を失ったり健康を害したりする。例酒を飲むのもよいが、ほどほどにしておかないと、酒に飲まれてしまうぞ。

酒《さけ》飲《の》み本性《ほんしょう》違《たが》わず

いくら酒に酔っても、その人本来の性質が変わるものではない。「生酔《なまよ》い本性違わず」「上戸《じょうご》本性違わず」とも。例酒飲み本性違わずで、しまり屋の彼はどんなに酔っ払っていても、支払いのときには細かくチェックする。

酒《さけ》は憂《うれ》いの玉箒《たまははき》

《「玉箒《たまははき》」は、箒《ほうき》の美称》酒は心を悩ます物事を掃いて捨ててくれるほうきである、の意で、酒を飲めば、どんな心配事も忘れることができる、ということ。

酒《さけ》は天《てん》の美禄《びろく》

酒は、天が人間に与えてくれたありがたい賜わりものである。酒を褒《ほ》めていう言葉。⇩**天の美禄《びろく》**

酒《さけ》は飲《の》むとも飲《の》まるるな

酒を飲むのはよいが、そのために酒に飲まれて理性を失うようなへたな飲みかたはするな、という戒め。

酒《さけ》は飲《の》むべし飲《の》むべからず

酒は「百薬の長」と言われるくらいであるから、適量なら飲んだほうがよいが、一方「気違い水」とも言われていて、飲みすぎると理性を失ったり健康を害したりするから、飲むに当たっては注意しなければいけない、ということ。

酒《さけ》は百薬《ひゃくやく》の長《ちょう》

酒は、適度に飲めば、どんな良薬よりもからだによいものだ、という意で、酒を褒《ほ》めていう言葉。

原文 それ塩は食肴《しょっこう》の将、酒は百薬の長にして、嘉会《かかい》の好《こう》なり〔そもそも、塩は食物のかしらであり、酒はどんな薬よりもまさるものであり、めでたい宴会に必要なものである〕。〈漢書《かんじょ》・食貨志《しょっかし》〉

雑魚《ざこ》の魚交《ととま》じり

《「雑魚《ざこ》」は、つまらない小魚》地位の低い者が地位の高い者の中に、また、能力の劣った者が優れた者の中に交じっていたりする意で、分不相応なことのたとえ。

類句 ◆鱓《ごまめ》の魚交《とと》じり

笹《ささ》の葉《は》に鈴《すず》

《笹《ささ》の葉に鈴をつけると、風に揺れて絶えず鳴り続けるところから》多弁なことの形容。⇩**竿《さお》の先に鈴**

囁《ささや》き千里《せんり》

人にささやいただけの話が、すぐに遠くまで知れ渡ってしまう意で、秘密や内緒話はもれやすいことのたとえ。

座敷《ざしき》がかかる《慣》⇩**お座敷がかかる**

差《さ》しつ差《さ》されつ《慣》

相手の杯に酒を注《つ》いだり、相手から注いでもらったり、の意で、親しく酒を酌み交わす様子をいう。例 田舎《いなか》に帰って、昔の友達と差しつ差されつ飲み明かしたいものだ。

座《ざ》して食《く》らえば山《やま》も空《むな》し

何も働かないで暮らしていれば、どれほどたくさんの財産があっても、やがては使い果たしてしまう、ということ。
類句 ◇遊んで食らえば山も尽きる

刺身《さしみ》のつま《慣》
単なる添え物として他を引き立てるだけで、それ自体はほとんど価値がないもの。例 友達のデートに付き合わされた彼女は、どうせ私は刺身のつまだからとひがんでいた。

砂上《さじょう》の楼閣《ろうかく》《慣》
《砂の上に築いた構築物は、基礎が不安定で倒れやすいことから》見かけは立派でも基礎がしっかりしていないためにもろく崩れやすいこと、また、構想は壮大でも、実現性に欠けることをいう。例 ヒットラーの描いた帝国は、所詮《しょせん》砂上の楼閣に過ぎなかった。

匙《さじ》を投《な》げる《慣》
《「匙《さじ》」は薬の調合に使う匙で、医者が治る見込みがないと患者の治療を断念する意から》これ以上相手のために努力しても無駄なことで、もはや救いようがないと見放す。
例 プロの棋士を目指して入門した青年が一向に上達しないのは、素質がないからだと見て私もついに匙を投げた。

左遷《させん》
《中国では右を尊び左を卑しんだところから》低い官位・官職に落とすこと。例 支社長に栄転とはいっても、実質的には左遷だ。
原文 項王、諸将を近地に王とし、王独《ひと》り此《ここ》に遠居す。此《こ》れ左遷《させん》なり〔項王は諸将軍を都の近くの王に封《ほう》じ、大王だけをこんな遠くに置きました。これは左遷というものです〕。〈史記《しき》・韓王信伝《かんおうしんでん》〉

誘《さそ》い水《みず》になる《慣》 ⇩**呼び水になる**

沙汰《さた》の限《かぎ》り
《「沙汰《さた》」は、物事の是非を論じること》言語道断《ごんごどうだん》であることは明らかで、是非を論じる必要など全くないこと。例 警察官が酒気帯び運転で逮捕されるなんて、沙汰の限りだ。
類句 ◆沙汰の外《ほか》

沙汰《さた》の外《ほか》 ⇩**沙汰《さた》の限り**

左袒《さたん》

〈「左袒《さたん》」は、左の片肌を脱ぐこと。前漢の周勃《しゅうぼつ》が呂氏《りょし》一族の乱を平定しようとした時、天子（劉氏《りゅうし》）に味方する者は左袒せよ、と言った故事から〉味方すること。加勢すること。例どちらの陣営に左袒すべきか、状況を見守る。

原文 兵を以《もっ》て太尉《たいい》（周勃《しゅうぼつ》）に授《さず》く、太尉之《これ》を将《ひき》いて軍門に入り、行々《ゆくゆく》軍中に令して曰《いわ》く、呂氏《りょし》の為《ため》にする者は右《う》襢《たん》（「袒」の古字）せよ、劉氏《りゅうし》の為にする者は左襢せよ、と。軍中皆左襢し、劉氏の為にす。〈史記《しき》・呂后紀《りょこうき》〉

沙中《さちゅう》の偶語《ぐうご》

〈「偶語」は、向かい合って話をすること。漢の高祖が一部の功臣だけを取り立てて大名にした時、臣下たちが砂地の上に集まって、謀反の相談をしたという故事から〉臣下どうしがひそかに謀反の相談をすること。

原文 復道《ふくどう》従り諸将を望見するに、往往相与《あいとも》に沙中《さちゅう》に坐《ざ》して語る。上曰《しょういわ》く、これ何を語るか、と。留侯《りゅうこう》曰く、陛下知らざるか。此《こ》れ謀反するのみ、と〈高祖が、上下二重の廊下から諸将の様子を見ると、あちこちにかたまり、砂の中に座りこんで語り合っていた。高祖が留侯（張良）に、あれは何を相談しているのか、と尋ねた。留侯は言った、陛下は御存知《ごぞんじ》ないのですか。あれは謀反の相談をしているのです〉。〈史記《しき》・留侯世家《りゅうこうせいか》〉

雑音《ざつおん》を入《い》れる 《慣》

部外者が、わきからあれこれと無責任なことを言う。例当事者が話し合って解決すべき問題なのだから、周りの者が雑音を入れないほうがいい。自 **雑音が入《はい》る**

五月《さつき》の鯉《こい》の吹《ふ》き流《なが》し

〈端午《たんご》の節句に立てる鯉幟《こいのぼり》は、腹の中に何もないことから〉さっぱりして心にわだかまりのないことのたとえ。例あいつは五月《さつき》の鯉の吹き流しというやつで、実に嫌味のない男だ。

察《さっ》しが付《つ》く 《慣》

その場の状況や相手の表情・態度などから、わざわざ説明されなくてもそれが推察できる。例彼が借金を頼みに来たことは、すぐ察しが付いた。

札片《さつびら》を切《き》る 《慣》

大金を、これ見よがしに使う。例彼はよほど金があるとみえて、行く先々で派手に札片《さつびら》を切っている。

蹉跌《さてつ》

《「蹉《さ》」も「跌《てつ》」も、つまずき倒れる意》物事につまずくこと。失敗すること。例 今回のことは思わぬ蹉跌であったが、いい経験となった。原文 功曹《こうそう》、後に常に戦栗《せんりつ》して敢《あえ》て蹉跌《さてつ》せず〔功曹たちは、その後、いつもこわがって失敗することをしなかった〕。〈漢書《かんじょ》・朱博伝《しゅはくでん》〉

座頭《ざとう》に煮《に》え湯《ゆ》を浴《あ》びせる

《「座頭」は、昔、芸能や針・按摩《あんま》の治療に従事した盲人》抗《あらが》う力のない弱者をひどい目にあわせること。また、人に過酷な仕打ちをすることのたとえ。「座頭を川中で剝《は》ぐ」とも。

里心《さとごころ》が付《つ》く《慣》

遠く離れた故郷や親元を恋しく思う気持ちが起こる。例 夕方になって急に里心が付いたのか、預かっていた孫がしくしくと泣き出した。

鯖《さば》の生《い》き腐《ぐさ》れ

鯖《さば》は、非常にいたみ方が早い意。鯖は食べてあたることが多いので注意せよ、ということ。

鯖《さば》を読《よ》む

《腐りやすい鯖《さば》を数えるときには、早口で数えるために、数を飛ばすことが多いことによるといわれる》利益を得るために、実際の数よりも多く言う。単に、自分に有利なように数をごまかす意にも用いる。例 彼女は三十歳になったばかりだなんて、五つも鯖を読んでいる。

様《さま》になる《慣》

外見が整って、それにふさわしい様子になる。例 さすがは名優で、何を演じても様になる。／無精ひげを生やしたままでは、新調した服を着ても様にならない。

様《ざま》は無《な》い《慣》

《「ざま」は、ぶざまの意》みっともない様子・恰好《かっこう》をののしっていう言葉。例 いつも他人の深酒を叱《しか》っておいて自分がそんなに泥酔しているんじゃ、様《ざま》は無いね。

様《ざま》を見《み》ろ《慣》

《「ざま」は、ぶざまの意》日ごろ憎らしいと思っている相手が失敗したのを見て、痛快に思う気持ちを表わすのに用いる言葉。例様《ざま》を見ろ。あんまりいい気になっているからあんな目に遭うんだ。

さもありなん《慣》

何かを聞いたり読んだりして、いかにもありそうな話だ、確かにそうに違いないと思う気持ちを表わす言葉。例上役と大喧嘩《おおげんか》して退社したと聞いたが、気性の激しい彼女なら、さもありなんという感じだね。

鞘《さや》を取《と》る《慣》

売買の仲介をして、値段や利率の差の一部を自分の利益として取る。例土地を売ったが、不動産屋に結構鞘《さや》を取られた。

左《さ》右《ゆう》の手《て》を失《うしな》うが如《ごと》し

もっとも頼みにしていたものを失って落胆すること。原文 人、上《しょう》に言う有りて曰《いわ》く、丞相《じょうしょう》の何《か》亡《に》ぐと。上、大いに怒り、左右の手を失うが如《ごと》し〔天子に申し上げるものがあって言った、丞相《じょうしょう》の蕭何《しょうか》が逃げました、と。天子は大いに怒り、まるで左右の手をなくしたかのように落胆した〕。〈史記《しき》・淮陰侯伝《わいいんこうでん》〉

座《ざ》右《ゆう》の銘《めい》

《「座右」は、身近の意》絶えず心に留めておいて、自らの励ましや戒めとする言葉。例「初心忘るべからず」を座右の銘として、今日まで教師として生徒に向き合ってきた。

晒《さら》し者《もの》になる《慣》

《「晒《さら》し者」は、晒しの刑に処せられた罪人》大勢の人の前で恥をかかされる。例研究発表の席で受けた質問にうまく答えられず、みんなの前でとんだ晒し者になった。他晒し者にする

皿嘗《さらな》めた猫《ねこ》が科《とが》を負《お》う

魚を盗んだ猫は逃げてしまい、後から行って空《から》の皿をなめた猫が罪を負わされる意で、大罪を犯した張本人は捕まらず、小物ばかりが捕まることのたとえ。

去《さ》り跡《あと》へ行《ゆ》くとも死《し》に跡《あと》へ行《ゆ》くな

後妻に行くときには、先妻と離縁した人のもとへ行くの

はよいが、死別した人のもとへは行くな、死別した人には妻への未練が残っているから、ということ。「往《い》に跡《あと》へ行くとも死に跡へ行くな」とも。

猿《さる》が仏《ほとけ》を笑《わら》う

小才《こさい》は利くが、浅はかな者が、深い知恵のある人の真価を理解できずにあざ笑う、ということ。

猿知恵《さるぢえ》

一見気が利いているようで、実は浅はかで、こざかしい知恵をいう。

猿《さる》の尻笑《しりわら》い

猿が、他の猿の尻《しり》を見て、赤くておかしいと言って笑う意で、自分の欠点には気が付かず、他人の同じ欠点を言い立ててあざ笑うこと。

類句 ◆目糞鼻糞《めくそはなくそ》を笑う

猿《さる》も木《き》から落《お》ちる

《木登りの巧みな猿でも木から落ちることがあるの意から》その道の名人・達人でも時には失敗することがあるものだ、ということのたとえ。

類句 ◆河童《かっぱ》の川流れ ◆弘法《こうぼう》も筆の誤り ◆上手《じょうず》の手から水が漏れる

去《さ》る者《もの》は追《お》わず

自分のもとを去ろうとする者は無理に引き留めない。「行く者は追わず」とも。⇩来《きた》る者は拒まず

原文 夫《そ》れ予《われ》の科《か》を設くるや、往《ゆ》く者は追わず、来《きた》る者は拒まず。苟《いやし》くも是《こ》の心を以《もっ》て至らば、斯《ここ》に之《これ》を受くるのみ〔そもそも、私の教科の設け方は、去って行く者は追いかけず、やってくる者は拒みません。かりにも道を学ぶつもりで来る人間は、誰《だれ》でも引き受けるまでである〕。〈孟子《もうし》・尽心《じんしん》下〉

去《さ》る者《もの》は日々《ひび》に疎《うと》し

死んでしまった人は、日がたつにつれて世間から次第に忘れられてゆき、親しかった人も、遠く離れてしまうと次第に疎遠になるものだ、ということ。

原文 去る者は日々《ひび》に以《もっ》て疎く、来《きた》る者は日々に以て親しむ〔別れて去りゆく者には日一日と疎くなり、来て相《あい》接する者には日ごとに親しくなるのは世の常である〕。〈文選《もんぜん》・

古詩十九首《こしじゅうくしゅ》〉

参考 Out of sight, out of mind.〔目に見えなくなれば心から消えて行く〕

されば こそ《慣》

思ったとおりの結果になったという気持ちを表わす言葉。例 彼は気配りに欠けた人間だから、トラブルを起こすのではないかと心配していたのだが。さればこそだ。

騒《さわ》ぎではない《慣》

当面の問題に追われ、他のことにかかわる余裕など全くない状態だということを表わす。例 仕事が山積みしていて、映画を見に行くどころの騒ぎではない。

触《さわ》らぬ神《かみ》に祟《たた》りなし《慣》

なまじそのことにかかわり合わなければ災いを招くこともない意で、余計なことにはかかわらないようにと、戒めた言葉。例 社長はひどく機嫌が悪そうだから、触らぬ神に祟《たた》りなしで、今日は何も言わないほうがいい。

触《さわ》り三百《さんびゃく》

喧嘩《けんか》などに下手《へた》に口出しすると、とんでもない迷惑をこうむるものだ。

差《さ》をつける《慣》

他のものとの間に明らかな違いが生じるようにする。また、他よりも明らかに優位に立つ。例 次点との間に一万票近い差をつけて悠々当選した。

座《ざ》を取《と》り持《も》つ《慣》

あれこれ気配りをして、同席する人々に違和感を与えないよう、なごやかな雰囲気にする。例 今度の会は初対面どうしの人が多く、座を取り持つのが大変だった。

座《ざ》を外《はず》す《慣》

会合などに出ていた人が、一時その場から離れる。例 役員だけで相談することがあるから、君たちはしばらく座を外してくれ。

山雨《さんう》来《きた》らんとして風楼《かぜろう》に満《み》つ

《山から雨が降ってきそうなとき、一陣の風が高楼いっぱいに吹き込んで来るという意》何か事が起こる寸前に、何となく不穏な気配がただようこと。
原文 渓雲《けいうん》初めて起こりて日閣《ひかく》に沈み、山雨来《きた》らんと欲して風楼《かぜろう》に満つ〔谷間より今しも雲がわき起こり、日は閣《たかどの》の陰に沈み、山から雨が来ようとして、風が楼に吹き満ちる〕。〈許渾《きょこん》の詩、咸陽城《かんようじょう》の東楼《とうろう》〉

三界《さんがい》に家《いえ》なし

⇩女《おんな》は三界に家なし

三顧《さんこ》

《三国時代に、蜀《しょく》の劉備《りゅうび》が諸葛孔明《しょかつこうめい》を三度その草庵《そうあん》に訪ね、軍師として迎えた故事から》目上の人が、ある人を見込んで仕事を引き受けてほしいと、礼を尽くして頼むこと。
原文 先帝、臣の卑鄙《ひひ》なるを以《もっ》てせず、猥《みだ》りに自ら枉屈《おうくつ》して、臣を草廬《そうろ》の中《うち》に三顧し、臣に諮《はか》るに当世の事を以てす〔先帝は私をいやしい男とはお考えにならず、おそれ多くも御自身からへり下られて、あばらやまで三度も私を訪ねてお出《い》でになり、当面の問題について私に御相談になりました〕。〈諸葛亮《しょかつりょう》の文、出師《すいし》の表《ひょう》〉
類句 ◆三顧の礼

三国一《さんごくいち》

《日本・唐《から》（中国）・天竺《てんじく》（インド）の三つの国で、全世界を表わす》優れていて、天下第一であること。例 息子のためには、何としても三国一の花嫁を迎えたい。／三国一の花婿を迎えることができた。

三顧《さんこ》の礼《れい》《慣》

《「三顧《さんこ》」は、前前項参照》目上の人が、優れた人に礼を尽くして仕事などを頼むこと。例 彼女はまだ若いが、会長自ら三顧の礼を尽くして迎えた人材だ。

三歳《さんさい》の翁《おきな》 百歳《ひゃくさい》の童子《どうじ》

この世の中には、幼少でも大人の思慮分別を備えた人がおり、年をとっても子供のままの愚かな人がいるものだ。

三尺《さんじゃく》下《さ》がって師《し》の影《かげ》を踏《ふ》まず

師である人に随行するときは、三尺後ろに下がって従い、師の影も踏んではいけないの意で、尊敬すべき師に接するときの心得を説いた言葉。もと仏教の作法で、師僧に従って歩く場合の心得であった。
類句 ◆七尺《しちしゃく》去《さ》って師の影を踏まず

三舎《さんしゃ》を避《さ》く

《「一舎」は、軍隊の一日の行程で三十里（我が国の五里、約二〇キロメートル）相手に対して、三日の行程だけ退いて敬意を表する意》おそれはばかって相手を避けること。また、相手に一目《いちもく》おくこと。

[原文] 楚子之《そしこれ》を饗《きょう》して曰《いわ》く、……対《こた》えて曰く、若し君の霊を以て晋《しん》国に反るを得、晋・楚《そ》兵を治めて中原《ちゅうげん》に遇《あ》わば、其《そ》れ君を避くること三舎せん、と〔楚《そ》の成王は公子重耳《ちょうじ》を厚くもてなして言った、（公子がもし晋《しん》に帰られたら、私にどんな返礼をして下さるだろうか、と）重耳が答えて、もし殿様のお陰で晋に帰ることができてから、不幸にも晋と楚とが兵をひきいて、中原で戦うことがありますれば、私は殿様との戦いを避けて九十里退却しましょう、と言った〕。〈左伝《さでん》・僖公《きこう》二十三年〉

傘寿《さんじゅ》

《「傘《さん》」の略字を「仐」と書き「八十」に似るところから》八十歳の俗称。

三十《さんじゅう》後家《ごけ》は立《た》たぬ

⇨二十後家《はたちごけ》は立つが三十後家は立たぬ

三十六計《さんじゅうろっけい》逃《に》げるに如《し》かず

《数多くの戦略の中でも、分《ぶ》が悪い時は機を見て逃げ、身の安全を図るのが最上の策であるという、中国の古代の兵法から》面倒なことが起こりそうになったら、逃げ出すのが一番いいということ。[例] 喧嘩《けんか》に巻き込まれそうになり、三十六計逃げるに如《し》かずと、そっと席を抜け出した。

[類句] ◆三十六計走るを上計となす

三十六計《さんじゅうろっけい》走《はし》るを上計《じょうけい》となす

《「三十六計」は、昔の兵法にある三十六通りの計略》計略にはいろいろあるが、危ないときは何といっても逃げ出すのが最良だの意で、逃げるべきときには逃げて身の安全を図るのがよい、ということ。

[原文] 敬則曰《けいそくいわ》く、檀公《だんこう》の三十六策、走るは是《こ》れ上計。汝《なんじ》が父子、ただ応《まさ》に急ぎ走るべきのみ。〈南斉書《なんせいじょ》・王敬則伝《おうけいそくでん》〉

[類句] ◆三十六計逃げるに如《し》かず

山椒《さんしょう》は小粒《こつぶ》でもぴりりと辛《から》い

《山椒《さんしょう》の実はごく小さいがぴりっと辛いことから》体は

小さくても、才覚・手腕・気迫などには侮りがたいものがあることのたとえ。

蚕食《さんしょく》

蚕《かいこ》が桑の葉を食べるように、他国の領土を少しずつ侵略していくこと。

原文 繆公《ぼくこう》より以来、稍々《やや》諸侯を蚕食し、竟《つい》に始皇を成す〈秦《しん》の国は繆公《ぼくこう》よりこのかた、少しずつ諸侯の領地を侵略し、ついに始皇帝に至って天下を併呑《へいどん》した〉。〈史記《しき》・秦始《しんし》皇紀《こうき》〉

三寸《さんずん》の舌《した》に五尺《ごしゃく》の身《み》を亡《ほろ》ぼす

不用意な発言や失言のために、災いを招き身を滅ぼすことが多いから、口は慎むべきだと戒めた言葉。〈童子教《どうじきょう》〉

三省《さんせい》

〈「三」は、回数が多い意。孔子の弟子の曽子《そうし》が日に何回も自分の行ないを反省したことから〉たびたび反省すること。

原文 曽子《そうし》曰《いわ》く、吾《われ》日《ひ》に吾《わ》が身を三省す。人の為《ため》に謀《はか》りて忠ならざりしか。朋友《ほうゆう》と交《まじ》わりて信ならざりしか。習わざるを伝えしか〈曽子《そうし》が言われた、私は自分自身を、日に何回となく反省する。人から相談を受けたとき、誠意を尽くさないことがありはしなかったか。朋友と交際する場合に、うそをつくことがありはしなかったか。自分でも十分にわかっていないことを、人に教えたことがあったのではあるまいか〉。〈論語《ろんご》・学而《がくじ》〉

算段《さんだん》がつく《慣》

何かをするに当たって、それに必要な金や物のやりくりがつく。例 工事にかかろうにも、肝心の金の算段がつかない。

山中《さんちゅう》の賊《ぞく》を破《やぶ》るは易《やす》く心中《しんちゅう》の賊《ぞく》を破《やぶ》るは難《かた》し

〈山の中にたてこもる盗賊を討伐《とうばつ》するのはやさしいが、心の中に巣くう賊（邪念）を打ち破ることは難しい、の意〉心の中に起こる私欲や邪念を克服することは、なかなか容易ではない。精神修養の難しさを言った、明《みん》の王陽明《おうようめい》の言葉。〈陽明全書《ようめいぜんしょ》・一〉

山中暦日《さんちゅうれきじつ》なし

山の中に静かに暮らす身は、のんびりとしていて、歳月の過ぎゆくのも忘れてしまう、ということ。

原文 偶々《たまたま》松樹の下《もと》に来《きた》り、枕《まくら》を高くして石頭に眠る。山中、暦日無し、寒《かん》尽《つ》くれども年を知らず〔ふらりと来た松の木の下、石を枕に安らかに眠る。山の中のこととて暦もない。寒気が尽きて春になっても、今年が何年であるかさっぱり知らない〕。〈太上隠者《たいじょういんじゃ》の詩、人《ひと》に答《こた》う〉

サンドイッチになる《慣》

物と物との間に挟まれた状態になる。例 両隣にビルが建ち、我が家はサンドイッチになってしまった。

三度《さんど》の飯《めし》より好《す》き

そのことが何にもまして好きであること。非常に好むことのたとえ。例 ゴルフが三度の飯より好きという父は、休みの日に家にいたためしがない。

三度目《さんどめ》の正直《しょうじき》

何かをするとき、初めの一、二回は失敗しても、三回目ぐらいにはうまくいくものだ、ということ。例 三度目の正直で、今度は合格してほしい。

三人《さんにん》市虎《しこ》を成《な》す

⇩市《いち》に虎《とら》あり

三人《さんにん》寄《よ》れば公界《くがい》

人が三人集まれば、そこは公の場であるという意で、三人の人が集まって、話したり行なったりしたことは、秘密にしておくことは難しい、ということのたとえ。「三人寄れば人中《ひとなか》」とも。

三人《さんにん》寄《よ》れば文殊《もんじゅ》の知恵《ちえ》

〔「文殊《もんじゅ》」は、仏教で知恵の徳を受け持つという菩薩《ぼさつ》〕一人では無理でも、三人集まって考えれば、凡人といえども文殊菩薩のように優れた知恵が出てくるものだ。

参考 Two heads are better than one.〔二つの頭は一つにまさる〕

類句 ◇三人寄れば師匠のでき

三年《さんねん》飛《と》ばず鳴《な》かず

〔三年の間、飛びも鳴きもしないでいるが、ひとたび飛べば天高く上がり、鳴けば必ず人を驚かすという大鳥にたとえて》しばらくの間はじっと隠忍自重《いんにんじちょう》して、他日の雄飛の機会を待つこと。「三年鳴かず飛ばず」とも。

原文 伍挙曰《ごきょいわ》く、……鳥有り阜《ふ》に在り、三年蜚《と》ばず鳴かず、是《こ》れ何の鳥ぞや。荘王曰く、三年蜚ばず、蜚べば将《まさ》に天に冲《ちゅう》せんとす。三年鳴かず、鳴けば将に人を驚かさんとす〔伍挙《ごきょ》が言った、鳥が阜《おか》におり、三年の間飛びもせず鳴きもしない。これは何という鳥でしょうか。荘王が言った、三年間飛ばないが飛べば天まで上がるだろう。三年間鳴かないが鳴けば人を驚かすだろう〕。〈史記《しき》・楚世家《そせいか》〉

類句 ◆鳴かず飛ばず

三拝九拝《さんぱいきゅうはい》する

繰り返しお辞儀をする意で、何回も頭を下げて何かを頼むことをいう。例 先輩に三拝九拝して、やっと寄付金をもらうことができた。

三拍子揃《さんびょうしそろ》う

《小鼓《こつづみ》・大鼓《おおかわ》・笛など三つの楽器で拍子をとることから》その人の名を高めるのに必要な三つの条件がすべて揃《そろ》う。好ましいことにもそうでないことにも用いる。例 彼は、高校生ながら攻・走・守の三拍子揃った選手だ。

酸鼻《さんび》をきわめる 《慣》

戦争や災害などで、これが現実の世界の出来事かと思われるほどのむごたらしい様相を呈する。例 事故の現場は酸鼻をきわめ、爆発のすさまじさを物語っていた。

三遍回《さんべんまわ》って煙草《たばこ》にしょ

《夜回りが、三度見回って異状のないことを確かめてから、ひと休みしてたばこを一服することから》どんな仕事も、念を入れてよく調べて手落ちがないようにせよ、という戒め。いろはがるた（江戸）の一。

三昧《さんまい》

仏教で、精神を集中して雑念を退けること。また、それだけに夢中になって他を顧みない状態にあること。例 山荘にこもって読書三昧《ざんまい》の日々を送る。

三面六臂《さんめんろっぴ》

《顔が三つで腕が六本ある仏像の姿をいう》いろいろな方面の仕事を処理する能力をもち、その手腕を発揮して一人で何人分もの働きをすること。「臂《ひ》」は腕で、肘《ひじ》ではない。「八面六臂」とも。例 彼女の三面六臂の大活躍のお陰で、今回のイベントは成功裡《せいこうり》に終わった。

三余《さんよ》

勉学に最適と考えられる三つの暇な時期。冬（歳《とし》の余りで農事がない）・夜（一日の余りで働くことがない）・雨（時の余りで外で働くことができない）を指す。

原文 遇言《ぐう》う、当《まさ》に三余を以《もっ》てすべし。或《ある》ひと三余の意を問う。遇言う、冬は歳の余り、夜は日の余り、陰雨は時の余りなり〔（董遇《とうぐう》に従学する者が、勉強する時間が無いことにひどく苦しんでいます、と言った）董遇が三余の時に勉学すべきだと言うと、ある人が三余の意味を問うたので、董遇は、冬は年の余り、夜は一日の余り、雨天の日は時の余りであると言った〕。〈三国志《さんごくし》・魏志《ぎし》・王粛伝《おうしゅくでん》注〉

三楽《さんらく》

君子の三つの楽しみ。父母兄弟が健在であること、心にやましいことがないこと、英才を教育すること、の三つをいう。

原文 君子に三楽有り。而《しこう》して天下に王たるは与《あずか》り存《そん》せず〔……。王者になることは三楽の中に入らない〕。〈孟子《もうし》・尽心《じんしん》上〉

算《さん》を乱《みだ》す

〔「算」は、算木《さんぎ》で、数を数え、また占いに使う、積み木状の角棒。重ねてあったそれをかき乱した形状から〕隊列など整然とまとまっていたものが、ばらばらに散ること。例 敵に奇襲を掛けられて、兵たちは我先にと算を乱して逃げ出した。

し

仕上《しあ》げが肝心《かんじん》

何事も最後のまとめが大切であるということ。例 途中で余計なことを言わないでくれ、要は、仕上げが肝心なのだから。

思案投《しあんな》げ首《くび》《慣》

どうしたらよいか、いい考えもなく困り果てている様子をいう。例一向にうまい解決策は出てこず、集まった役員は思案投げ首の状態だ。

思案《しあん》に余《あま》る《慣》

いくら考えてもいい考えが浮かばず、問題をもてあます。例思案に余って先輩に相談したら、いい知恵を貸してくれた。

思案《しあん》に暮《く》れる《慣》

いくら考えてもいい案が浮かばず、どうしたものかと思い悩む。例うまい解決策が見つからず、思案に暮れている。

思案《しあん》の案《あん》の字《じ》が百貫《ひゃっかん》する

（「百貫」は大金で、非常に価値がある意）物事を行なうに当たっては、熟慮した上で進めることが大切である、ということ。「分別の分が百貫する」とも。

思案《しあん》の外《ほか》《慣》 ⇩**恋は思案の外**

尸位素餐《しいそさん》

（「尸位《しい》」は、何もしないで高い地位に就いていること。「素餐《そさん》」は、何もしないで食うこと）役職にありながら何もしないで給料をもらっていること。禄盗人《ろくぬすびと》。

原文 今、朝廷の大臣、上は主を匡《ただ》すこと能《あた》わず、下は以《もっ》て民に益する亡《な》し、皆尸位素餐《しいそさん》なり〔今、朝廷の大臣たちは、上は天子を正し助けることができず、下は少しも人民に益がなく、皆、尸位素餐の禄盗人《ろくぬすびと》ばかりである〕。〈漢書《かんじょ》・朱《しゅ》雲伝《うんでん》〉

潮時《しおどき》を見《み》る《慣》

何かを始めたりやめたりするのに適当な時機を見計らう。例パーティーのメインイベントも終わったので、潮時を見て引き上げよう。

四海兄弟《しかいけいてい》

世の中の人は、すべて兄弟のように仲よく、愛し合うべきである、ということ。

原文 子夏《しか》曰《いわ》く、……君子敬して失うこと無く、人と恭《うやうや》しくして礼有らば、四海の内、皆兄弟なり。君子何ぞ兄弟無きを患《うれ》えんや〔子夏が言った、あなたのような立派な人が、まじめで過失もなく、人に対して慎み深く礼儀正しく付き合ったならば、天下の人は、すべて兄弟のようなものである。あなたのような立派な人が、どうして兄弟が無いことを気にする必要があろうか」。〈論語《ろんご》・顔淵《がんえん》〉

四海《しかい》を家《いえ》となす

《天下を自分の家のように考える意》帝王の事業が盛んであることのたとえ。

原文 夫《そ》れ天子は四海を以《もっ》て家と為《な》す〔天子たるものは天下を我が家と考え、国家の事業が盛んなことを示すべきです〕。〈史記《しき》・高祖本紀《こうそほんぎ》〉

志学《しがく》

《孔子が「吾十有五而志二于学一（吾《われ》、十有五《じゅうゆうご》にして学に志す）」と言った語に基づく》十五歳の称。〈論語《ろんご》・為政《いせい》〉

⇩不惑《ふわく》

四角四面《しかくしめん》

きまじめで、決まりきった考え方しかできず、融通のきかないことのたとえ。

四角張《しかくば》った《慣》

ことさらにまじめくさった、堅苦しい態度をとる様子。例 四角張った挨拶《あいさつ》は抜きにして、早速契約の問題点を検討しましょう。

死活《しかつ》に関《かか》わる《慣》

《死ぬか生き残れるかに関係する、の意》今後の運命を左右する重大な問題であることをいう。例 長引く円高は、輸出業者にとっては死活に関わる問題だ。

地《じ》が出《で》る《慣》

《「地」は、そのものに生まれつき備わっている性質》気取ったり上品ぶったりしていたのが、何かの拍子につい本来の自分が出てしまう。「地を出す」とも。例 初めはおとなしかったが、つい地が出て、いつもの調子でしゃべり出した。

類句 ◆地金《じがね》が出る

自家撞着《じかどうちゃく》

《「撞着《どうちゃく》」は、突き当たること。「着」は助字》同じ人の言動が、前と後とでくい違っていること。自己矛盾すること。二律背反。〈禅林類聚《ぜんりんるいじゅう》〉⇩矛盾

歯牙《しが》にかける

《「歯牙《しが》」は、歯のこと。言葉を出すとき声が歯にかかるところから》論議の対象とする。取り上げて問題にする。多く否定の言い方で用いられる。例 彼女は自分が一番と思っているから、我々のことなど歯牙にもかけない。

原文 此《こ》れ特《ただ》に群盗・鼠窃《そせつ》・狗盗《くとう》なるのみ。何ぞ之《これ》を歯牙《しが》の間《かん》に置くに足らんや〔これはただ盗賊《とうぞく》の集団、鼠《ねずみ》や犬のような、こそ泥《どろ》に過ぎないものです。問題にする必要はありません〕。〈史記《しき》・叔孫通伝《しゅくそんとうでん》〉

地金《じがね》が出《で》る

《慣》

《「地金」は、めっきなどをかぶせる下地《したじ》の金属》隠していた好ましくない性質などが、何かの拍子に表に出てしまう。「地金を出す」とも。例 先程までの上品さもどこへやら、かっとなった彼女は地金が出て、つい「何をこの野郎」と口汚くののしってしまった。

類句 ◆地《じ》が出る ◆めっきが剝《は》げる

自家薬籠中《じかやくろうちゅう》の物《もの》

《「薬籠《やくろう》」は、薬箱》自分の家の薬箱にある薬は、いつでも自由に使えることから、完全に自分のものとして身に付け、必要に応じて意のままに扱える物事。「薬籠中の物」とも。例 あの人はまさに語学の天才で、数か国語を自家薬籠中の物としているそうだ。

鹿《しか》を逐《お》う者《もの》は山《やま》を見《み》ず

《鹿《しか》を捕らえようと追っている者は、獲物にばかり心を奪われて山全体を見ないから、深追いして危険な目に遭う》目先の利益を得ることに夢中になっている者は、他の事情を顧みることはない。「鹿を追う猟師山を見ず」とも。

原文 鹿《しか》を逐《お》う者は山を見ず、金《かね》を攫《つか》む者は人を見ず〔鹿を追いかける者は、山の深さが目に入らず、金をつかみ奪う者は、そこにいる人が目に入らない〕。〈虚堂録《きょどうろく》〉

鹿《しか》を指《さ》して馬《うま》となす

無理を押し通すこと。《秦《しん》の趙高《ちょうこう》が権力を握ろうとした時群臣を自分に従わせようとして、鹿《しか》を二世皇帝に献上して馬ですと申し上げた。皇帝は笑って、これは鹿ではないかと群臣に尋ねた。すると趙高にへつらって馬と答えた者が多かったが、中には正しく鹿と答えた者もあった。趙高は鹿と答えた者を皆殺してしまったので、群臣たちは趙高

をひどく恐れたという故事から》
原文 趙高《ちょうこう》乱を為《な》さんと欲し、群臣の聴《したが》わざるを恐る。乃《すなわ》ち先ず験を設け、鹿を持して二世に献じて馬なりと曰《い》う。二世笑いて曰《いわ》く、丞相《じょうしょう》誤れるか。鹿を謂《い》いて馬と為す。左右に問う、左右或《あるい》は黙し、或は馬と言い以《も》って趙高に阿順《あじゅん》す。或は鹿と言う者あり、……。〈史記《しき》・秦二世紀《しんにせいき》〉
類句 ◆鷺《さぎ》を烏《からす》

時間《じかん》の問題《もんだい》《慣》
事の成り行きから見て、近いうちにある結末に至ることが確実だと考えられること。例 交渉の妥結は、もう時間の問題だ。

時間《じかん》を稼《かせ》ぐ《慣》 ⇩時を稼ぐ

時間《じかん》を食《く》う《慣》
目的を達成するまでに、予想外のことで多くの時間を費やす。例 今日中に仕事を仕上げなくてはならないのに、突然の来客の応対で時間を食ってしまった。

時間《じかん》を割《さ》く《慣》
忙しいところを、やりくりして、そのための時間を作る。例 今日はお忙しい中、私のために時間を割いていただきましたこと、感謝にたえません。

敷居《しきい》が高《たか》い《慣》
義理を欠いたり、面目を失うようなことをしたりして、その人の家に行きにくい状態である。例 先生のところは、無沙汰《ぶさた》に無沙汰を重ねて、ますます敷居が高くなった。

敷居《しきい》を跨《また》ぐ《慣》
他人の家に入る。また、自分の家から外に出る。例 私の目の黒いうちは、あの男に二度とこの家の敷居を跨《また》がせないつもりだ。

敷居《しきい》を跨《また》げば七人《しちにん》の敵《てき》あり
⇩男《おとこ》は敷居を跨《また》げば七人の敵あり

児戯《じぎ》に等《ひと》しい《慣》
《子供の遊びは無心で、たわいもないことから》当人は大まじめで論じたり行なったりしていることが、客観的には何の価値もないことだとあざける気持ちを表わす言葉。

例 現状を無視した世界平和論なんて、児戯に等しい。

しくじるは稽古《けいこ》のため

失敗するのは、上達するための稽古《けいこ》を積んでいるようなもので、失敗を重ねてはじめて成功することができる。

四苦八苦《しくはっく》

（仏教で、人生の生・老・病・死の四苦に、愛別離苦《あいべつりく》・怨憎会苦《おんぞうえく》・求不得苦《ぐふとくく》・五陰盛苦《ごおんじょうく》の四苦を合わせたもの）ありとあらゆる苦しみ。堪えがたい、非常な苦しみ。例 円高不況の煽《あお》りを食って、会社は借入金の返済で、四苦八苦の状態だ。

自業自得《じごうじとく》

自分の犯した罪業《ざいごう》のために、自分自身にその報いを受けること。⇩**身から出た錆《さび》**

地獄《じごく》から火《ひ》を取《と》りに来《き》たよう

顔色がひどく悪く、痩《や》せさらばえた貧相な人の様子のたとえ。「地獄から火を貰《もら》いに来たよう」「地獄から飛脚に来たよう」とも。

地獄極楽《じごくごくらく》はこの世《よ》にあり

善行悪行の応報はこの世において明白であって、死を待たなくても、地獄・極楽の様は目の前に見えるものだ。

地獄《じごく》で仏《ほとけ》に会《あ》ったよう

ひどく危険な目に遭ったり困難な状況に陥ったりしているときに、思いがけない助けを得て心からうれしく思う気持ちをいう。

地獄《じごく》の沙汰《さた》も金次第《かねしだい》

（地獄に堕《お》ちて受ける閻魔《えんま》の裁定でさえ、結局は金次第である、の意で）この世の中はすべて金の力で左右されるものであり、どんなことでも金さえあればどうにでもなる、ということ。いろはがるた（京都）の一。

類句 ◆仏の沙汰《さた》も銭《ぜに》

地獄《じごく》は壁一重《かべひとえ》

正しい道を一歩踏みはずすと、すぐに地獄が待ち受けている意で、ほんのちょっとした心の緩みが悪の道に踏み込むきっかけになる、ということのたとえ。

地獄耳《じごくみみ》

①一度耳にしたことは二度と忘れないこと、また、その人。②他人の秘密や情報などをすばやく聞きつけて知っていること、また、その人。

地獄《じごく》も住処《すみか》 ⇩住《す》めば都《みやこ》

指呼《しこ》の間《かん》《慣》

呼べばすぐに答えが返ってくるほどの近い距離。例 北方領土の島影は、ここから指呼の間に望むことができる。

獅子吼《しし く》

《「獅子《しし》」はライオン。「吼《く》」はほえる。仏教で、獅子がほえて百獣を恐れさせるように、威力をもって悪魔や外道《げどう》を恐れ伏させ正しい道を明らかにする、仏の説法をいう》大いに雄弁を振るうこと。大演説。〈伝灯録《でんとうろく》〉

肉食《しし く》った報《むく》い

《「肉《しし》」は、鹿《しか》や猪《いのしし》の肉のことで、伊勢《いせ》神宮ではこれを忌《い》んだ》禁制になっている獣肉を食った報いの意。自分だけがいい目を見たり、道義に反する悪事を働いたりしたことに対して当然受けなければならない報い。

獅子《しし》身中《しんちゅう》の虫《むし》

《「獅子《しし》」はライオン。獅子の体内に寄生して恩恵を受けている虫が、かえって獅子を死に至らしめる意から》仏徒でありながら仏道を害するもの、また、内部にあって災いを起こすもの、味方でありながら味方を害するもの、にたとえる。〈梵網経《ぼんもうきょう》〉

類句 ◆城狐社鼠《じょうこしゃそ》

事実《じじつ》は小説《しょうせつ》よりも奇《き》なり

この世に実際に起こる出来事には、虚構の小説以上に不思議で変わったことがある。

原文 Truth is stranger than fiction. の訳。

死《し》して後《のち》已《や》む

死ぬまで努力してやまない。生きている限り努力し続けるということ。

原文 曽子《そうし》曰《いわ》く、士は以《もっ》て弘毅《こうき》ならざるべからず。任重くして道遠し。仁《じん》以て己《おの》が任と為《な》す、亦《また》重からずや。死して後已《のちや》む、亦遠からずや〔曽子《そうし》が言われた、士は度量広く、意志が強くなければならない。荷物は重く道は遠いのである。仁の実行を自己の荷物とするのだから、なんと重いことではあるまいか。死ぬまで努力してやめないのだから、なんと遠いことではあるまいか〕。〈論語《ろんご》・泰伯《たいはく》〉

類句 ◆斃《たお》れて後已《のちや》む

死屍《しし》に鞭打《むちう》つ

〔父と兄を殺した楚《そ》の平王の墓をあばき、死体にむち打って生前の恨みをはらした伍子胥《ごししょ》の故事から〕死んだ後までもその人の悪口をいう。死んだ人を非難し攻撃する。

原文 伍子胥《ごししょ》、昭王を求む。既に得ず。乃《すなわ》ち楚《そ》の平王の墓を掘《あば》き、其《そ》の尸《し》を出《いだ》し、之《これ》を鞭《むちう》つこと三百。然《しか》る後已《や》む。〈史記《しき》・伍子胥伝《ごししょでん》〉

類句 ◆死者に鞭打《むちう》つ

獅子《しし》の子落《こお》とし

〔「獅子《しし》」はライオン〕獅子は子を産むと、その子の強弱をためすために、深い谷に投げ込み、自力で這《は》い上がるものだけを育てるという言い伝えから、自分の子にわざと辛苦をなめさせて、その力をためすことにいう。

獅子《しし》の歯嚙《はが》み

獅子《しし》が恐ろしい形相で歯嚙《はが》みすることから、激しく怒る様子のたとえ。

死児《しじ》の齢《よわい》を数《かぞ》える

⇩死んだ子の年を数える

獅子《しし》の分《わ》け前《まえ》

〔「獅子《しし》」はライオン〕強い者が利益を独占することのたとえ。ライオンは弱い動物たちを働かせて、その獲物を独り占めし、彼らには分け前を与えない。イソップの話から出た言葉。

獅子奮迅《ししふんじん》

〔「獅子《しし》」はライオン。獅子が猛烈な勢いで暴れまわること〕ものすごい勢いで奮闘する様子をいう。〈法華経《ほけきょう》〉

死者《ししゃ》に鞭打《むちう》つ 《慣》

死んだ人の生前の言動を取り上げ、あれこれと悪口を言う。死者に対する礼を欠いた、心ないしわざとして非難する気持ちを込めて用いる。「死者を鞭《むち》打つ」とも。例 死者に鞭打つような発言は慎んでもらいたい。

類句 ◆死屍《しし》に鞭《むち》打つ

私淑《ししゅく》

〈「私」は、ひそかに、「淑」は、よくする、の意。その人の言行や著書を通じて、ひそかに我が身をよくすること。孟子《もうし》が百五十年ほど昔の孔子に私淑した故事から〉過去の人であったり遠方にいたりして直接には教えを受けられない人を尊敬し慕って、その人の著書などを通して間接に学び、その言行を模範として修養すること。⇩親炙《しんしゃ》

原文 孟子《もうし》曰《いわ》く、……予未《われいま》だ孔子の徒為《とた》るを得《え》ざるなり。予私《われひそ》かに諸《これ》を人《ひと》に淑《よ》くするなり〈孟子《もうし》が言った、私は生まれることが遅くて、孔子の直接の弟子になることができなかった。私は孔子の遺沢《いたく》を伝えた人から、学んで身を修めることができたのである〉。〈孟子《もうし》・離婁《りろう》下〉

注意 会って教えを受けることができる人に「私淑する」と使うのは誤り。その場合は「親炙《しんしゃ》」という。

耳順《じじゅん》

〈孔子が「六十而耳順（六十にして耳順《みみしたが》う）」と言った語に基づく〉六十歳の称。〈論語《ろんご》・為政《いせい》〉⇩不惑《ふわく》

爾汝《じじょ》の交《まじ》わり

〈「爾」も「汝」も、「なんじ」と読み、お前、きさまの意。互いに相手を呼び捨てにして「お前」「きさま」と呼び合えるような親しい交友関係という意〉非常に親しい間柄。

原文 禰衡《でいこう》は逸才あり、孔融《こうゆう》と爾汝《じじょ》の交わりを為《な》す。時に衡は年二十、融は年已《すで》に四十なり〈禰衡《でいこう》には優れた才能があり、孔融と、お前きさまの交わりをなした。その時、禰衡は二十歳、孔融は四十歳であった〉。〈文士伝《ぶんしでん》〉

地震《じしん》　雷《かみなり》　火事《かじ》親父《おやじ》

この世で恐ろしいものを、順に並べて言った言葉。

沈《しず》む瀬《せ》あれば浮《う》かぶ瀬《せ》あり

人生には浮き沈みがあって、苦境に陥るときもあれば栄えるときもあり、人の盛衰は定めないものである。

沈《しず》めば浮《う》かぶ

人は苦境に陥るとそのうちまた幸運に恵まれるもので、人生の浮き沈みは変転し定めないものである、ということ。

市井《しせい》の徒《と》

（昔は井戸のある場所に人が集まり市ができたので、町のことを市井といった）町のならず者。

原文 樊噲《はんかい》は市井の徒、蕭何《しょうか》は刀筆《とうひつ》の吏《り》。一朝《いっちょう》時運《じうん》に会い、千古、名謚《めいし》（名とおくり名）を伝う〔漢の高祖の功臣の樊《はん》噲《かい》は、もと、町のならず者であり、蕭何《しょうか》は書記の小役人であった。ひとたび良い時勢にめぐり会い、千年の後までもその名を伝えることになった〕。〈旧唐書《くとうじょ》・李密伝《りみつでん》〉

死生命《しせいめい》あり

人の生き死には天命によって決まっており、人の力ではどうすることもできない、ということ。

原文 司馬牛《しばぎゅう》憂えて曰《いわ》く、人は皆兄弟《けいてい》有り、我《われ》独り亡《な》し、と。子夏《しか》曰く、商之《しょうこれ》を聞けり、死生命有り、富貴《ふうき》天に在り、と〔司馬牛が悲しんで言った、人にはだれも兄弟があるのに、私だけにはいない、と。子夏（商）が言った、私はこんな言葉を聞いた、死ぬか生きるか、富貴になるかならないかは、すべて天命によるものである〕。〈論語《ろんご》・顔淵《がんえん》〉

姿勢《しせい》を正《ただ》す《慣》

心構えを新たにし、今までのやり方を反省して、本来のあるべき姿にする。例 派閥解消に向けて、関係者一人一人が姿勢を正して取り組むべきだ。

咫尺《しせき》

①（昔の尺度で、「咫《し》」は八寸、「尺《せき》」は十寸。転じて、わずか、少し、狭い、の意）わずかの距離。例 咫尺を弁ぜず〔暗くて一寸先も見えない〕。②貴人の前近く進み出てお目にかかる意。例 天顔《てんがん》に咫尺す〔天子にお目にかかる〕。

原文 臣聞く、尭《ぎょう》に三夫《さんぷ》の分《ぶん》無く、舜《しゅん》に咫尺《しせき》の地無く、以《もっ》て天下を有《たも》つ〔私が聞いた言葉に、尭《ぎょう》は三人分の田もなく、舜《しゅん》はわずかの土地もなくして、天子となって天下を保有したとあります〕。〈史記《しき》・蘇秦伝《そしんでん》〉

死《し》せる孔明《こうめい》生《い》ける仲達《ちゅうたつ》を走《はし》らす

（「走」は、逃げる・退却する意）三国時代、蜀《しょく》の諸葛孔明《しょかつこうめい》（名は亮《りょう》）が、魏《ぎ》の司馬仲達《しばちゅうたつ》（名は懿《い》）と対戦中、五丈原《ごじょうげん》で陣没《じんぼつ》したので、蜀軍は陣営を引き払って帰ろうとした。司馬仲達はこれを追撃したが、蜀軍が反撃の勢いを示したので、仲達は孔明が死んだというのも計略だと思い、恐れて退却したという故事を、死んでいる諸葛孔明が生きている司馬仲達を退却させた、と言ったもの。
原文 亮《りょう》、軍中に卒《しゅっ》す。長史楊儀《ようぎ》、軍を整えて出《い》づ。百姓犇《はし》りて司馬懿《しばい》に告ぐ。懿、之《これ》を追う。姜維《きょうい》、儀をして旗を反《かえ》し鼓《つづみ》を鳴らし、将《まさ》に懿に向かわんとするが若き者ならしむ。懿、軍を斂《おさ》めて退き敢《あえ》て偪《せま》らず。是《ここ》に於《おい》て儀、陳《じん》を結びて去り、谷に入り、然《しか》る後に喪《も》を発す。百姓之《これ》が諺《ことわざ》を為《な》して曰《いわ》く、死せる諸葛、生ける仲達を走らす。〈資治通《しじつ》鑑《がん》・魏紀《ぎき》四〉

死線《しせん》をさまよう《慣》

〈「死線」は、牢獄《ろうごく》などの周囲に設けられた、それを越えると銃殺される境界線〉病気などで、生死が危ぶまれる状態が続く。例 高熱で三日間死線をさまよったが、どうにか持ち直した。

地蔵《じぞう》の顔《かお》も三度《さんど》

⇨**仏《ほとけ》の顔も三度**

士族《しぞく》の商法《しょうほう》《慣》

〈明治維新後、もと武士であった人が、生計を立てるために慣れない事業に手を出して失敗したことから〉商売を知らない人がいきなり事業を始めても、結局は失敗するものだということ。例 脱サラを図って会社を作ったが、所詮《しょせん》士族の商法で、二年ともたずに倒産してしまった。

児孫《じそん》のために美田《びでん》を買《か》わず

良い田を買って子孫のために財産を残しても本人たちのためにならないから、あえてそのようなことはしない。
原文 一家の遺事人《ひと》知るや否《いな》や、児孫の為《ため》に美田を買わず〈わが一家の遺訓を人は知っているかどうか、児孫のために立派な田地を買い残すことはしないのである〉。〈西郷隆盛《さいごうたかもり》の詩、偶成《ぐうせい》〉

時代《じだい》がつく《慣》

年月を経て古びたために、かえって古風で重厚な雰囲気が備わる。例 さすが旧家だけあって、時代がついた家具・調度が目立つ。

舌《した》が肥《こ》える《慣》

うまい物を食べつけていて、味のよしあしを即座に感じ取る。「口が肥える」とも。例 あの人は舌が肥えているから、なまじの料理では満足しないだろう。

舌《した》が回《まわ》る《慣》

よどみなく、また、巧みに物を言う。「舌先が回る」「口が回る」とも。例 さすが営業マンだけに、次から次へと効能を並べ立てて、よく舌が回るものだと感心する。

舌《した》がもつれる《慣》

舌が自由に動かず、発音がはっきりしない状態になる。例 彼もだいぶ酒が回ったらしく、舌がもつれてきた。

類句 ◆呂律《ろれつ》が回らない

舌先三寸《したさきさんずん》《慣》

口先だけの巧みな話術。例 今まで彼は舌先三寸でうまく世を渡ってきたが、世間はそうそう甘いものではない。

親《した》しき中《なか》にも礼儀《れいぎ》あり

人と人とが付き合っていく上で、どんなに親しい間柄でもお互いに礼儀は守らなければならない、ということ。

類句 ◆心安きは不和の基《もと》 ◆近しき中にも垣を結《ゆ》え

親《した》しき中《なか》は遠《とお》くなる

親しい間柄であっても、その親しさに狎《な》れて、本来守るべき礼儀がおろそかになり、それが原因で疎遠になる。

下地《したじ》は好《す》きなり御意《ぎょい》はよし

ある物事について、根が好きなうえに他からも是非にと勧められる意。物事を行なうのに必要なすべての条件が、よい具合に揃《そろ》っていること。

舌《した》たらず《慣》

《幼児などの発音が、舌がよく回らないためはっきりしない意から》表現力に欠け、言うべきことがきちんと言い尽くされていないことをいう。例 私の舌たらずな説明で、お分かりいただけましたでしょうか。

滴《したた》り積《つ》もりて淵《ふち》となる

一滴一滴のしずくも集まればいつか深い淵《ふち》となる意で、ごくわずかなものでも数多く集まれば大きな存在となる、ということ。

舌鼓《したづつみ》を打《う》つ《慣》

《正しくは「舌鼓《したつづみ》を打つ」》うまい物を食べて思わず舌を

鳴らす意で、料理を味わって満足する様子。例 海外出張を終えて帰国し、久しぶりの日本料理に舌鼓を打った。

下手《したて》に出《で》る《慣》
相手に対し、へりくだった態度で接する。「下に出る」とも。例 こちらが下手に出れば、奴《やつ》はいい気になって付け上がる。反対 **上手《うわて》に出る**

自他共《じたとも》に許《ゆる》す《慣》
そのような評価を誰《だれ》もが異論なく認める。例 彼は今や自他共に許す政界の実力者だ。

耳朶《じだ》に触《ふ》れる《慣》
（「耳朶《じだ》」は、耳たぶ）何かの機会に偶然に聞く。例 折々に耳朶に触れたことを、軽妙な筆致で書きつづった随筆。

舌《した》の根《ね》の乾《かわ》かぬうち《慣》
そう言ったばかりなのに、すぐそれに反するような言動をする様子。例「二度と迷惑はかけない」と言ったその舌の根の乾かぬうちに、金の無心をするのにはあきれた。
類句 ◆口の下から

舌《した》の根《ね》は命《いのち》を絶《た》つ
言葉の過ちのために人は命を落とすことさえもある。
類句 ◆口は禍《わざわい》の門《かど》 ◆舌《した》は災《わざわ》いの根《ね》

舌《した》は災《わざわ》いの根《ね》 ⇩**口は禍《わざわい》の門《かど》**

下《した》へも置《お》かない《慣》
（「下」は、下座《しもざ》の意）客などを非常に丁重に扱う様子。「下にも置かない」とも。例先輩の家に招かれ、下へも置かないもてなしを受けて恐縮した。

舌《した》を出《だ》す《慣》
口から舌を突き出す。また、そうしたくなるような感情を抱く。①陰で人を馬鹿《ばか》にしたりそしったりする動作をいう。例 みんなが陰で舌を出しているのも知らずに、またいつもの自慢話をしている。②自分の失敗に照れる動作をいう。例 うっかり読み間違えてぺろりと舌を出した。

舌《した》を鳴《な》らす《慣》
舌打ちをする意で、相手に対する軽蔑《けいべつ》や不満などの気持ちを露骨に示す動作をいう。例議長の暴言に、参会者は一斉に舌を鳴らし、非難の声を浴びせた。

舌《した》を巻《ま》く

ひどく驚いて口がきけない様子。ひどく感心する様子を表わすのにも用いる。例まだ幼い子なのに、その堂々たる演奏に聴衆は舌を巻いた。

原文 礼官博士はその舌を巻いて談ぜず〔礼官博士たちは、びっくりして口もきけなくなった〕。〈漢書《かんじょ》・揚雄伝《ようゆうでん》〉

地団駄《じだんだ》を踏《ふ》む《慣》

《地面を何度も激しく踏み鳴らす意》身もだえしながら悔しがる様子。例一番違いでくじに外れた彼は、地団駄を踏んで悔しがっていた。

四知《しち》

《後漢の楊震《ようしん》が、王密からの謝礼の金を断わった故事から》二人の間だけの秘密であっても、天と神と相手と自分の四者が知っているから、誰《だれ》も知らないとはいえない。

原文 夜、金《きん》十斤を懐《ふところ》にして以《もっ》て震に遺《おく》る。……密曰《みついわ》く、暮夜《ぼや》知る者無し、と。震曰く、天知る、神《しん》知る、我《われ》知る、子《し》知る、何ぞ知る無しと謂《い》わんや、と。〈後漢書《ごかんじょ》・楊震伝《ようしんでん》〉

類句 ◆天知る神《しん》知る我知る子《し》知る

七尺《しちしゃく》去《さ》って師《し》の影《かげ》を踏《ふ》まず

⇨三尺下《さんじゃくさ》がって師の影を踏まず

七転八倒《しちてんばっとう》

《何度も転んだり倒れたりする意》非常な苦しみのあまり、のたうち回ること。または、混乱の様子の甚だしいことのたとえ。「しってんばっとう」とも。

死地《しち》に赴《おもむ》く《慣》

生きて帰れる望みがないような危険なところに出向く意で、いざという時には一命をなげうつ覚悟で任務に就いたり事に当たったりすること。例国家の安全を守るために、死地に赴く覚悟で国際会議に臨んだ。

七歩《しちほ》の才《さい》

《三国魏《ぎ》の文帝（曹丕《そうひ》）が弟の曹植《そうしょく》の才を憎み、七歩歩く間に詩を作らなければ処刑すると言った時、曹植は即座に兄弟の不和を嘆いた詩を作って文帝を赤面させたという故事から》詩文の才に優れていることをいう。
原文 文帝、嘗《かつ》て東阿王《とうあおう》をして七歩の中《うち》に詩を作らしめ、成らざれば大法を行なわんとす。声に応じて便《すなわ》ち詩を為《つく》りて曰《いわ》く、豆を煮て持って羹《あつもの》と作《な》し、豉《し》を漉《こ》して以《もっ》て汁と為《な》す。萁《まめがら》は釜下《ふか》に在って燃え、豆は釜中《ふちゅう》に在って泣く。本《もと》同根より生じたるに、相《あい》煎ること何ぞ太《はなは》だ急なる、と。帝深く慙《は》じる色有り〔魏《ぎ》の文帝が、ある時、東阿王《とうあおう》（曹植）に、七歩歩く間に詩を作れと命じ、もしできなかったならば、極刑に処すと言った。曹植はすぐに詩を作った。豆を煮て、羹《あつもの》とし、豉《みそ》を漉《こ》して汁《しる》とする。萁《まめがら》は釜《かま》の下で燃え、豆は釜の中で泣いている。本《もと》は同じ根から生まれたものを、どうしてそんなに煎《い》りつけるのか、と。文帝は深く恥じる様子があった〕。〈世説新語《せせつしんご》・文学《ぶんがく》〉
参考 唐の史青は、曹植は七歩だが、自分は五歩のうちに詩を作れると自薦し、玄宗に試みられて賞揚された。

死中《しちゅう》に活《かつ》を求《もと》める

絶体絶命の状況にあっても、あきらめず生きのびる道を見いだす意で、絶望的な状況にありながらも、切り抜ける方法を探し求めることをいう。「死中に生を求む」とも。
原文 岑曰《しんいわ》く、男児当《まさ》に死中に生を求むべし、坐《ざ》して窮す可《べ》けんや〔延岑《えんしん》が言った、男子は死ぬばかりのところで活路を求めねばならないものである。なにもしないで窮してよいものであろうか〕。〈後漢書《ごかんじょ》・公孫述伝《こうそんじゅつでん》〉

実《じつ》がある《慣》

その人の言動や態度に誠意が感じられる。例 役所の窓口で実《じつ》がある応対をしてもらった。反対 **実《じつ》がない**

十指《じっし》に余《あま》る《慣》

十本の指では数え切れないほどある、の意で、一つ一つ数え上げていくと、少なからざる数になる。例 人災ともいうべき災害の件数は、この一年だけでも十指に余る。

十指《じっし》の指《さ》す所《ところ》《慣》

多くの人が指摘するところ、の意で、多くの人が同じような見解を抱くことをいう。例 十指の指す所、事故の責任は安全対策を怠った当局にある。
類句 ◆十目《じゅうもく》の見る所

失笑《しっしょう》を買《か》う《慣》

当人はまともだと思っている言動が、他人には馬鹿《ばか》げているとしか見えず、笑わずにはいられない気持ちにさせる。例 麻薬所持が明らかになった今では、彼のどんな言い訳も失笑を買うだけだ。

失態《しったい》を演《えん》じる《慣》

人前で、物笑いの種になるようなみっともないことをしでかす。例 パーティー会場で酔っぱらって演壇から転げ落ち、とんだ失態を演じてしまった。

知《し》った道《みち》に迷《まよ》う

知り尽くした方面のことで失敗する意で、人は得意とする分野で、かえってしくじるものである、ということ。

失敗《しっぱい》は成功《せいこう》の本《もと》

失敗したとき、その原因を究明し反省することによって成功への道が開かれる、ということ。「失敗は成功の母」とも。例 一度や二度の失敗を気にすることはない、失敗は成功のもとなのだから。

十把一《じっぱひと》からげ

いい悪いなどの区別をせずに、全部を一まとめにして扱うこと。特に、価値のないものとして粗雑に扱うこと。例 国産の品は駄目だと、当社の製品まで十把一からげにされては迷惑だ。

疾風迅雷《しっぷうじんらい》

《激しい風と激しい雷》敏速な行動や、事態が急変する様子のたとえ。例 彼の活動は疾風迅雷、事件のある所には必ず彼の姿がある。

原文 若《も》し疾風迅雷甚雨《しっぷうじんらいじんう》あれば即《すなわ》ち必ず変ず。夜と雖《いえど》も必ず興《お》き、服を衣《き》て冠して坐《ざ》す〔もし激しい風や雷や大雨があれば、必ず居ずまいを改める……〕。〈礼記《らいき》・玉藻《ぎょくそう》〉

類句 ◇電光石火

櫛風沐雨《しっぷうもくう》

〔「風に櫛《くしけず》り雨に沐《かみあら》う」と読む。〈家にいる暇がなく〉風を櫛《くし》として髪を梳《と》き、雨で髪を洗う意〕戸外で雨風にさらされながら活動し苦労を重ねること。

原文 甚雨《じんう》に沐《もく》し、疾風《しっぷう》に櫛《くしけず》り、万国を置《た》てたり。禹《う》は大聖なり。〈荘子《そうじ》・天下《てんか》〉

類句 ◆雨に沐《かみあら》い風に櫛《くしけず》る

尻尾《しっぽ》を出《だ》す《慣》
隠し事やごまかし・悪事などが、何かの拍子に露見してしまう。例 巧みな誘導尋問に引っ掛かって、容疑者はついに尻尾《しっぽ》を出した。

尻尾《しっぽ》を掴《つか》む《慣》
動かぬ証拠を押さえて、他人の秘密やごまかしを見破る。「尻尾《しっぽ》を掴《つか》まえる」とも。例 彼は、その件に関係していないと言っているが、今に必ず尻尾を掴んでやる。

尻尾《しっぽ》を振《ふ》る《慣》
《犬が餌《えさ》をくれた人に尾を振るところから》権力者などに取り入ろうとして、媚《こ》びへつらう。例 あの男は上役に尻尾《しっぽ》を振ったのが功を奏したのか、今回、課長に昇進した。

尻尾《しっぽ》を巻《ま》く《慣》
《喧嘩《けんか》に負けた犬は尻尾《しっぽ》を巻いておとなしくなることから》これ以上争っても勝ち目がないと見て、相手の言いなりになったり逃げ出そうとしたりする。例 彼は散々に言い負かされて、ついに尻尾を巻いて逃げて行った。

実《じつ》を挙《あ》げる《慣》
計画どおりに実行したことが、実質的な成果を得る。例 機構改革の実《じつ》を挙げるべく、関係各方面に協力を要請する。
自 実《じつ》が挙がる

実《じつ》を取《と》る《慣》 ⇩**名《な》を捨てて実《じつ》を取る**

湿《しつ》を悪《にく》んで下《ひく》きに居《お》る
《湿気を嫌いながら、それでも湿気の多い低地にいる意》悪いと知りながら抜け出すことができず、なお悪いことをしていることのたとえ。原文 孟子《もうし》曰《いわ》く、仁なれば則《すなわ》ち栄え、不仁なれば則ち辱《はずかし》めらる。今、辱めらるるを悪《にく》んで不仁に居《お》るは、是《こ》れ猶《な》お湿《しつ》を悪んで下《ひく》きに居るがごとし〔孟子《もうし》が言った、仁政を行なえば国は栄え、不仁なれば国が衰え乱れて恥辱を受ける。今、恥辱を嫌いながら不仁の行ないの中に居るのは、それは湿気を嫌いながら、低地に居るのと同じである〕。〈孟《もう》子《し》・公孫丑《こうそんちゅう》上〉

地《じ》で行《い》く《慣》

物語や小説の世界でしか起こり得ないようなことを実際にやる。例 彼女は、自作の小説を地で行くような、波瀾《はらん》の人生を送った。

自転車操業《じてんしゃそうぎょう》

《自転車はペダルを踏むのをやめれば倒れてしまうことから》無理にでも仕事を続けて資金のやりくりをしていかなければ倒産してしまうような、不安定な経営状態。例 彼の会社も自転車操業とみえて、次々とつまらぬ新商品を売り出している。

舐犢《しとく》の愛《あい》

《「舐《し》」は、なめる、「犢《とく》」は、子牛。親牛が子牛をなめてかわいがること》親が我が子を溺愛《できあい》することのたとえ。また、自分の子を愛することの謙辞にも用いる。
原文 対《こた》えて曰《いわ》く、愧《は》ずらくは日磾《じってい》先見の明なく、猶《な》お老牛舐犢《しとく》の愛を懐《いだ》けり〔楊彪《ようひょう》が曹操《そうそう》に答えて言うには、お恥ずかしいことに、私は、前漢の金日磾《きんじってい》が、その子が武帝のためにならないことを予見して殺したような先見の明もなく、なお、老いた牛が子牛をなめてかわいがるような溺愛《できあい》の情を、我が子に対して持っております〕。〈後漢書《ごかんじょ》・楊《よう》彪伝《ひょうでん》〉

死《し》なば諸共《もろとも》《慣》

死ぬ時は一緒だの意で、行動を共にする者どうしが、最後まで運命を共にしようと覚悟する気持ちを表わす言葉。例 死なば諸共《もろとも》の覚悟で、全員一丸となって戦おう。

嬌態《しな》を作《つく》る《慣》

女性が男性に対して、媚《こ》びるような表情や態度を見せる。例 彼女は酒に酔うと、男の気を引こうとするかのような嬌態《しな》を作る癖がある。

死馬《しうま》に鍼《はり》

死んだ馬に治療のための鍼《はり》を打っても、効果がない意で、何の効も得られないことのたとえ。または、万が一、何らかの効果が得られるかも知れないと期待して、最後の手段を用いることのたとえ。「死馬に鍼をさす」とも。

死《し》に金《がね》を使《つか》う

効果が上がらない金の使い方をする。例 あんな会社に投資するのは死に金を使うようなものだからやめておけ。

死《し》に花《ばな》を咲《さ》かせる

死ぬまぎわに、死後その人の名誉になるようなことをする。例 せめて命のあるうちに研究を完成し、死に花を咲かせたいものだ。

死《し》に水《みず》を取《と》る《慣》

臨終に際し、唇を湿してやる意で、誰《だれ》かの身近に居て死ぬまで世話をすることをいう。例 晩年はずっと独りぼっちで、死に水を取る人もない孤独な最期だった。

死人《しにん》に口《くち》なし

死んでしまった人は、何か言いたくても言うことができない意で、死んだ人に罪を着せるのは抗弁できないから容易である、また、死人を証人に立てようとしても無駄である、ということ。

死《し》ぬ者貧乏《ものびんぼう》

一緒に何か事に当たっても、途中で死んだ人は気の毒なもので、生きている者だけがその利益をものにできるということ。

鎬《しのぎ》を削《けず》る

（「鎬《しのぎ》」は、刀身の刃と背との境界の小高くなっている部分）刀で激しく斬《き》り合う意で、相手に負けまいと激しく争う。例 時代の流れを受けて、各社は遅れをとるまいと、ソーラーカーの開発に鎬を削っている。

四《し》の五《ご》の言《い》う《慣》

相手のやり方に不満があって、あれこれとうるさいことを言う。例 四の五の言わずに、ついて来ればいいんだ。

死《し》の商人《しょうにん》《慣》

兵器などの軍需産業によって利益を上げている資本家を、非難の気持ちを込めて言う言葉。例 彼等のような死の商人の存在が、世界各地の戦争や内乱を助長しているとも言える。

篠《しの》を突《つ》く《慣》

（「篠《しの》」は、幹の細いシノタケ。篠を束ねて突き立てる意）大粒の雨が激しい勢いで降る様子を表わす言葉。「篠突く」とも。例 篠を突く雨の中を、びしょぬれになって帰って来た。

芝《し》居《ば》気《いぎ》を出《だ》す《慣》

大げさなことをして、世間の注目を集めてやろうという気を起こす。話し言葉では「しばいっけを出す」とも。例 芝居気を出して、ビルの壁をよじ登ろうとする。

芝《しば》居《い》は無《む》筆《ひつ》の早学問《はやがくもん》

本を読めない者でも、芝居を見れば、歴史上の事実や義理人情・理非曲直について教えられ、手っ取り早く学問できる、ということ。テレビや映画でも同じことが言える。

芝《しば》居《い》を打《う》つ《慣》

人をだまそうとして、いかにも本当らしく言ったりしたりしてみせる。例 頑固な社長を納得させ新プロジェクトを発足させるために、会議の席で部長と芝居を打った。

類句 ◆一芝居打つ

士《し》は己《おのれ》を知《し》る者《もの》のために死《し》す

立派な男子は、自分の真価を知ってくれる人のためには、命を捨てることを惜しまない。「知己《ちき》」という語はここから出た。

原文 予譲《よじょう》山中に遁逃《とんとう》す。曰《いわ》く、嗟乎《ああ》、士は己《おのれ》を知る者の為《ため》に死し、女は己を説《よろこ》ぶ者の為に容《かたち》づくる。今、智伯《ちはく》、我を知る〔予譲は山の中に逃れて言った、ああ、士たる者は自分の真の理解者のために命を捨て、女は自分を愛する者のためにみめかたちを飾るのである。いま、智伯《ちはく》は自分の真の理解者であった〕。〈史記《しき》・刺客《せっかく》・予譲伝《よじょうでん》〉

死《し》馬《ば》の骨《ほね》を買《か》う

役に立たないものをまず高く買って、役立つものがやってくるのを待つ意で、とるに足らぬ人材でも優遇すれば、自然に優れた人材が集まってくる、ということ。〈一日に千里を走る名馬を求めに行った使者が、死んだ名馬の骨を五百金もの大金を出して買って来た。王がその使者を叱《しか》ると、使者は死馬の骨さえ買ったのだから、生きている名馬をきっと売り込みに来ますと言った。果たして、一年たたないうちに名馬の売り手が三人も来たという故事から〉⇩**隗《かい》より始めよ**

原文 郭隗《かくかい》先生曰《いわ》く、臣聞く、古《いにしえ》の君人に千金を以《もっ》て千里の馬を求むる者あり。……涓人《けんじん》対《こた》えて曰く、死馬すら且《か》つ之を五百金に買う。況《いわ》んや生馬をや。天下必ず王を以て能《よ》

く馬を市《か》うと為《な》し、馬今至らん、と。是《ここ》に於《お》いて朞年《きねん》(満一か年)なる能わざるに、千里の馬の至る者三ありき。〈戦《せん》国策《ごくさく》・燕策《えんさく》〉

自腹《じばら》を切《き》る 《慣》

本来公的な経費として支出できる費用を、自分が個人で負担する。例 教授が自腹を切ってゼミの学生に必要な本を揃《そろ》える。

字引《じびき》と首《くび》っ引《ぴ》き 《慣》

辞書を絶えず引きながら、本などを読み進める様子。例 今字引と首っ引きで源氏物語を読んでいるところだ。

四百四病《しひゃくしびょう》の外《ほか》

(「四百四病」は、人間のかかる一切の病気。仏教では、すべての物質を構成する四つの要素、地・水・火・風を四大《しだい》という。人間の病気はこの四大の不調により生じ、四大のそれぞれに百一病があるという。恋の病だけはこの中に入らないことから)恋の病をいう。

四百四病《しひゃくしびょう》より貧《ひん》の苦《くる》しみ

(「四百四病」は、前項参照)人間にとっては、いかなる病気よりも、貧乏が最も苦しく辛《つら》いものである、ということ。

痺《しび》れを切《き》らす 《慣》

待ちくたびれて、我慢できなくなる。例 返事がいつになっても来ないので、とうとう痺《しび》れを切らして先方に問い合わせた。

渋皮《しぶかわ》が剝《む》ける 《慣》

容貌《ようぼう》があか抜けするなど、洗練された感じになる。例 三年ぶりに出会った彼女は、すっかり渋皮が剝《む》けて都会的になっていた。

雌伏《しふく》

(雌鳥が雄鳥のもとに従い伏すこと)将来に活躍する日を期し、今の境遇に辛抱していること。例 アシスタントとして雌伏三年、ついに彼女は服飾業界に打って出た。

原文 大丈夫当《だいじょうふまさ》に雄飛すべし、安《いずく》んぞ能《よ》く雌伏せんや。〈後《ご》漢書《かんじょ》・趙典伝《ちょうてんでん》〉

参考 「雄飛《ゆうひ》」は、この反対。

私腹《しふく》を肥《こ》やす《慣》

公的な地位や職権を利用して、不当に利益を得る。例係長は、会社の製品を横流しして私腹を肥やしていた。

類句◆懐《ふところ》を肥やす

自暴自棄《じぼうじき》

〔「自暴」は自分でやりたい放題のことをやる無法者、「自棄」は投げやりな怠け者〕自分の身をそまつにあつかい、投げやりな行動をすること。

原文 孟子《もうし》曰《いわ》く、自暴者は、与《とも》に言う有るべからざるなり。自棄者は、与に為《な》す有るべからざるなり。言、礼義を非《そし》る、之《これ》を自暴と謂《い》う。吾が身仁に居《お》り義に由《よ》ること能《あた》わざる、之を自棄と謂う〔孟子《もうし》が言った、自暴する者とは、一緒に話し合うことができないし、自棄する者とは、一緒に仕事をすることができない。口で礼義をそしる者を自暴といい、自分は仁義によって行動することができないという者を自棄というのである〕。〈孟子《もうし》・離婁《りろう》上〉

揣摩《しま》

推し測る。推量をする。例確実な情報が得られないので、関係者は揣摩臆測《しまおくそく》をたくましくするばかりだった。

原文 乃《すなわ》ち夜、書を発《ひら》き、篋《きょう》を陳《つら》ぬること数十、太公の陰符《いんぷ》の謀《はかりごと》を得、伏して之《これ》を誦《しょう》し、簡練《かんれん》して以《もっ》て揣摩《しま》を為《な》す〔そこで、夜に書物を取り出し、本箱を数十も並べて、太公望の陰符という兵法の書物を見つけ、頭をたれて読みふけり、これを暗誦《あんしょう》し、その要点を選択熟練して、君主の心を推し測って、これに適合することを研究した〕。〈戦国策《せんごくさく》・秦《しん》策《さく》〉

始末《しまつ》に負《お》えない《慣》

どうやってもうまく処理できず、うんざりさせられる様子。「始末が悪い」とも。例あの男はのらりくらりと言い逃ればかり言っていて、始末に負えない。

始末《しまつ》を付《つ》ける《慣》

物事にきちんと決着を付けたり、最終的な処理を行なったりする。例もめごとに始末を付けて、すっきりした気分で新年を迎えたいものだ。自始末が付く

締《し》まりが無《な》い《慣》

顔つきや服装、ものの言い方などにきりっとしたところ

がなく、だらけているといった印象を与える様子。また、異性関係にルーズな様子。例 ショックから立ち直れない彼女は、締まりが無い表情で、うつろな目を向けていた。

自慢高慢馬鹿《じまんこうまんばか》のうち

自分で自分のことを自慢するのは、馬鹿《ばか》の仲間である。「自慢高慢馬鹿の行き止まり」とも。

自慢《じまん》は知恵《ちえ》の行《ゆ》き止《ど》まり

自慢をするようになるのは、その人の謙虚な探究心が止まった証拠で、それ以上の向上は見込めない、ということ。

自明《じめい》の理《り》《慣》

当然のこととして分かりきっており、いまさら証明したり説明したりする必要がないこと。例 誰《だれ》しもが平和を望んでいることは自明の理だ。

死命《しめい》を制《せい》する

相手の生死を意のままに左右できる立場に立つ。例 制空権を握り、敵の死命を制する。

原文 今陛下能《よ》く項籍《こうせき》の死命を制するか〔いま陛下には項籍（項羽）の死命を制するだけの自信がありますか〕。〈史記《しき》・留侯世家《りゅうこうせいか》〉

しめこの兎《うさぎ》

（「しめた」と、兎《うさぎ》を「締める」を掛けた洒落《しゃれ》）物事がうまく運んだときにいう言葉。しめしめ。「しめこのうさうさ」とも。

示《しめ》しが付《つ》かない《慣》

監督・指導する立場の者が自ら規律を破ったりミスを犯したりして、模範を示すことができない。例 先生が遅刻ばかりしていては、生徒に示しが付かない。

四面楚歌《しめんそか》

（楚《そ》の項羽《こうう》が、垓下《がいか》において漢《かん》の高祖の軍に包囲された時、四方の漢軍の中から、故郷である楚の歌声があがるのを耳にし、楚の地がすでに漢軍に降伏したかと驚いて絶望した故事から）助けてくれるものがなく、周りは敵や反対者ばかりであること。孤立無援な様子をいう。

原文 項王の軍、垓下《がいか》に壁《へき》す。兵少なく食尽く。漢軍及び諸侯の兵、これを囲むこと数重《すうちょう》なり。夜、漢軍の四面、皆楚《そ》歌《か》するを聞く。項王乃《すなわ》ち大いに驚きて曰《いわ》く、漢皆已《すで》に楚を得たるか。是《こ》れ何ぞ楚人《そひと》の多きや〔垓下にたてこもる項王の軍は、兵力は少数で食糧も底をついた。漢軍と諸侯の兵は、これを幾重にも包囲した。夜、四方をとりまく漢軍から楚《そ》の民歌が聞こえた。すると項王は非常に驚いて言った、漢はすっかり楚の地を手に入れたな、なんと楚の者が多いことだろう〕。〈史記《しき》・項羽紀《こううき》〉

紙面《しめん》をにぎわす《慣》

新聞や雑誌などの記事として大きく取り扱われ、世間の話題となる。例 ひところ振り込め詐欺事件が紙面をにぎわしていた。

下《しも》いびりの上《かみ》へつらい

自分よりも下の者をいじめて、上の者にはぺこぺこして媚《こ》びへつらうこと。

耳目《じもく》となる《慣》

自分がその人の耳や目の働きをになって、補佐する。例 大統領の耳目となって国際舞台で活躍する。

耳目《じもく》に触《ふ》れる《慣》

自然に耳や目に入ってくる。多く、それによって何らかの感興をそそられた場合に用いる。例 初めて異国を訪れ、耳目に触れるものすべてが珍しく感じられた。

耳目《じもく》を集《あつ》める《慣》

人々の注意や関心を引き付ける。例 人気女優と売れっ子作家の結婚は日本中の耳目を集めた。

耳目《じもく》を驚《おどろ》かす《慣》

世間に衝撃を与え、人々の関心を集める。例 前人未到の大記録を達成して、世の耳目を驚かした。

駟《し》も舌《した》に及《およ》ばず

〔「駟《し》」は、四頭《しとう》だての馬車で、昔の一番速い乗り物〕一度言ってしまった言葉は、四頭だての馬車で追っても追い付けない意で、一度口に出したことは取り消しがきかないことをいう。

原文 子貢《しこう》曰《いわ》く、惜しいかな、夫子《ふうし》の君子を説けるや。駟《し》も舌に及ばず〔子貢が棘子成《きょくしせい》に言った、あなたの君子についての説は、残念ながら間違っています。そんな軽率な失言は、四頭だての馬車で追っても取りもどすことはできません」。〈論語《ろんご》・顔淵《がんえん》〉

霜《しも》を履《ふ》んで堅氷《けんぴょう》至《いた》る

霜が降りると、間もなく堅い氷が張る寒い冬がやってくる。少しでも災いの兆しがあれば、必ず大きな災難がやってくる意。物事は、最初の時期に用心することが大切である、ということ。

原文 初六《しょりく》、霜を履《ふ》んで堅氷至る。〈易経《えききょう》・坤卦《こんか》〉

類句 ◆履霜《りそう》の戒《いまし》め

社会《しゃかい》の木鐸《ぼくたく》

〔「木鐸《ぼくたく》」は、昔中国で、法令などを人民に知らせて歩くときに鳴らした、舌が木製の鈴。転じて、世人に警告を発し教え導く人の意〕世論を導く大切な役割をになうものとして、ジャーナリズムの重要性を指摘した言葉。例 新聞は社会の木鐸としての使命を忘れてはいけない。

社会《しゃかい》の窓《まど》《慣》

男のズボンの前の開きを表わす婉曲《えんきょく》な言い方。例 彼の耳元で、「社会の窓を閉め忘れているよ」と教えてやった。

釈迦《しゃか》に説法《せっぽう》

その方面のことによく通じている人に、いまさら何かを教えたり説明したりするのは無意味であるということ。⇩**釈迦《しゃか》に説法《せっぽう》孔子《こうし》に悟道《ごどう》** 例 君のような山登りのベテランには釈迦に説法だろうが、装備の点検だけは怠るなよ。

釈迦《しゃか》に説法《せっぽう》孔子《こうし》に悟道《ごどう》

釈迦《しゃか》に仏法を説いたり、孔子に人の道を説いたりする意で、自分よりもよく知っている人に対して教えること。説明する必要のないことをくどくどと言うこと。「釈迦に説法」とも。

視野《しや》が広《ひろ》い《慣》

物の見方や考え方が広い範囲に及び、大局をとらえた判断ができる様子だ。例 あの人は視野が広く、国際感覚を身に付けている。反対 **視野が狭い**

杓子定規《しゃくしじょうぎ》《慣》

〔柄《え》の曲がった杓子《しゃくし》を定規にする意から〕ただ一つの尺

度で、すべてを判断しようとする、融通のきかないやり方や態度。例 役所の杓子定規な対応には全く腹が立つ。

杓子《しゃくし》は耳《みみ》掻《か》きの代《か》わりにならず

大きなものは小さなところでは使えず、役に立たない。必ずしも大きければいいというわけではない、ということ。参考 「大は小を兼ねる」は、この反対。

弱肉強食《じゃくにくきょうしょく》

弱い動物の肉が強い獣の食べ物になる意で、弱い者はどうしても強い者にしいたげられ、征服されるものだ、ということ。原文 夫《そ》れ獣は深居して簡出す。物の己《おのれ》に害を為《な》さんことを懼《おそ》るればなり。猶《な》お且《か》つ免れず。弱の肉は、強の食なり〈だいたい獣は奥深く隠れすんで、時期をうかがっては出てくるものである。これは他のものが自分を害するのを恐れるからである。それでさえ、害を逃れることができない。弱いものは、強いものの餌食《えじき》となる〉。〈韓愈《かんゆ》の文、浮屠文《ふとぶん》暢師《ちょうし》を送《おく》るの序《じょ》〉

癪《しゃく》に障《さわ》る 《慣》

思いどおりにならないことや不快に感じることがあって、腹立たしい気分になる。例 あいつに人前で恥をかかされたのが癪《しゃく》に障ってたまらない。

癪《しゃく》の種《たね》 《慣》

意のままにならなかったり気に入らなかったりして、腹が立つ原因となる物事。例 せっかくの好意を無にされたのが癪《しゃく》の種だ。

尺《しゃく》を枉《ま》げて尋《じん》を直《なお》くす

《「尺」は一尺、「尋」は八尺。「尋」は両手を左右に伸ばした長さで「ひろ」ともいう。小を押さえて大を伸ばす意》大きなことのために小さいことを犠牲にする。原文 且《か》つ志《し》に曰《いわ》く、尺《しゃく》を枉《ま》げて尋《じん》を直《なお》くすと。宜《ほと》んど為《な》す可《べ》きが若《ごと》し〈それに古い記録にも、わずか一尺を枉げて、八尺を真《ま》っ直《す》ぐに伸ばすとありますが、先生もそのようになされるがよろしいと思います〉。〈孟子《もうし》・滕文公《とうぶんこう》下〉

類句 ◆寸《すん》を詘《くつ》して尺《しゃく》を伸《の》ぶ

車軸《しゃじく》を流《なが》す 《慣》

車の心棒ほどもある大粒の雨が激しく降る意で、雨が異常なまでに激しく降る様子を表わす文章語的な言葉。「車軸を下《くだ》す」とも。例 雨車軸を流し、瞬時にして河川の氾《はん》濫《らん》をみる。

社稷《しゃしょく》の臣《しん》

《「社」は土地の神、「稷《しょく》」は穀物の神。天子や諸侯が必ず祭った国家の守護神であったので、国家の意味となった》国の運命を左右する重要な臣。国家の重臣。

原文 公曰《いわ》く、……臣柳荘《りゅうそう》なる者有り。寡人《かじん》の臣に非《あら》ず、社稷《しゃしょく》の臣《しん》なり〔御主君が言われた、……家来に柳荘という者がありります。それは自分個人の家来ではなく、国家の重臣であります〕。〈礼記《らいき》・檀弓《だんぐう》下〉

尺蠖《しゃっかく》の屈《くっ》するは伸《の》びんがため

《「尺蠖《しゃっかく》」は、尺取り虫》尺取り虫が体を曲げて縮まるのは、次に伸びようとするためであるの意で、将来の発展を期して、一時の屈従を忍ぶことをいう。

原文 尺蠖《しゃっかく》の屈《くっ》するは、以《もっ》て信《の》びんことを求むるなり。竜蛇《りょうだ》の蟄《ちっ》するは、以て身を存《そん》せんとなり〔尺取り虫が身を屈するのは、屈することによって次に大きく伸びようとしてである。竜《りゅう》や蛇《へび》が冬の間、穴にひそむのは、それによって長く生き延びようとしてである〕。〈易経《えききょう》・繋辞伝《けいじでん》下〉

弱冠《じゃっかん》

《男は二十歳を「弱」といい、元服して冠をかぶったので》男子の二十歳。転じて、年が若いことをいう。

原文 人《ひと》生まれて十年を幼と曰《い》う、学ぶ。二十を弱と曰う、冠す。〈礼記《らいき》・曲礼《きょくらい》上〉

注意 「若冠」と書くのは誤り。

シャッポを脱《ぬ》ぐ《慣》

《「シャッポ」は、帽子》自分の負けを認める。例 彼の頭の回転の速さにはみんながシャッポを脱いだ。

射程距離《しゃていきょり》に入《はい》る《慣》

《目標に弾丸が届く距離になる意から》いよいよ自分の力が目指す対象に及んだり目指すものが手中に収められたりする範囲に入る。例 苦しい選挙戦だったが、どうやら当選も射程距離に入ったと見ていい。

斜《しゃ》に構《かま》える《慣》

《刀を斜めに構える意から》相手にすきを見せない身構

えをする。誤って、まともに向き合わず、皮肉な見方やからかい半分の態度で物事に臨む意にも用いる。例初めからそう斜に構えられては話がしにくくなるよ。

蛇《じゃ》の道《みち》は蛇《へび》

大蛇《だいじゃ》の通る道は、蛇ならばおのずからわかるはずだ、の意で、同類のものは互いにその世界の事情に通じている、ということ。「蛇《じゃ》の道はくちなわが知る」とも。例ライバル会社が今どんな商品を開発しようとしているか、蛇の道は蛇で、大体見当が付いている。

蛇《じゃ》は寸《すん》にして人《ひと》を呑《の》む

大蛇《だいじゃ》は一寸くらいの小さいころから、自分よりはるかに大きな人間を呑《の》むほどの勢いがある意で、偉人や英雄には、既に幼いころから普通の人とは違った気概が見られる、ということのたとえ。⇩牛《うし》を食《く》らうの気

娑婆《しゃば》っ気《け》が多《おお》い《慣》

世俗の名声や金銭的な利益を求めたり世間体を飾ろうとしたりする気持ちが強い様子だ。例謹厳な先生だが意外に娑婆《しゃば》っ気が多く、しきりにテレビに出たがっている。

邪魔《じゃま》が入《はい》る《慣》

途中で何かに邪魔されて、物事が順調に進まなくなる。例邪魔が入るといけないから、この計画は我々だけの秘密にしておこう。

三味線《しゃみせん》を弾《ひ》く《慣》

相手の調子に合わせて適当に相づちを打ったり、本心を見破られまいとして心にもないことを言ったりする。例全く別のことを考えていて、「そう、それもいいね」と上の空で三味線《しゃみせん》を弾いていた。

舎《しゃ》を道傍《どうぼう》に作《つく》れば三年《さんねん》にして成《な》らず

家を道のほとりに造り始め、往来の人に相談する場合は、道を行く人がそれぞれ勝手なことを言うから、三年たっても完成しない意で、異論が多くてまとまらないことのたとえ。〈後漢書《ごかんじょ》・曹褒伝《そうほうでん》〉

類句 ◆船頭多くして船山へ上る

衆寡敵《しゅうかてき》せず

多人数には小人数はかなわない意。人数の差がありすぎて勝ち目がないこと。[例]衆寡敵せず、敵の大軍に敗れる。

[原文]然《しか》らば則《すなわ》ち小は固《もと》より以《もっ》て大に敵す可《べ》からず。寡《か》は固より以て衆に敵す可からず。弱は固より以て強に敵す可からず〔それならば小はもちろん大に敵《かな》わず、寡はもちろん衆に敵わず、弱はもちろん強に敵わないというわけである〕。〈孟子《もうし》・梁恵王《りょうけいおう》上〉

[類句]◆多勢《たぜい》に無勢《ぶぜい》

習慣《しゅうかん》は第二《だいに》の天性《てんせい》なり

習慣はその人の性行に大きく影響するものである。

[原文]Custom is a second nature. の訳語。

[類句]◆習い性《せい》となる

秋毫《しゅうごう》

《「毫《ごう》」は、にこ毛。秋になって抜けかわったばかりの、柔らかく先の細い、獣のにこ毛の意》極めてわずかであること。[例]今回の新法は、秋毫も国民に益するところのない愚策としか言いようがない。

[原文]沛公《はいこう》曰《いわ》く、吾《わ》れ関に入りて、秋毫《しゅうごう》も取る所無し〔沛公が言うに、私は函谷関《かんこくかん》に入ってから、ほんのわずかでも、取って自分のものとしたものはない〕。〈漢書《かんじょ》・高帝紀《こうていき》〉

[参考]『孟子《もうし》』梁恵王《りょうけいおう》上に「明は以《もっ》て秋毫《しゅうごう》の末を察するに足れども、輿薪《よしん》（車に積んだ薪《たきぎ》）を見ず」とある。

衆口《しゅうこう》金《きん》を鑠《とか》す

《多くの人が一致して言う言葉には、金属をもとかすほどの力があるという意》讒言《ざんげん》の恐ろしいことのたとえ。

[原文]積羽《せきう》舟《ふね》を沈め、群軽《ぐんけい》軸《じく》を折り、衆口金を鑠《とか》し、積毀《せきき》骨を銷《け》す〔軽い羽もたくさん積めば舟を沈め、多くの軽い荷物も車の軸を折り、人の言葉も多くなれば金属をもとかし、非難もたくさん集まれば骨をもとかしてしまう〕。〈史《し》記《き》・張儀伝《ちょうぎでん》〉

[類句]◆千人の指さす所病なくして死す　◆虎狼《とらおおかみ》より人の口畏《おそ》ろし

十字架《じゅうじか》を負《お》う《慣》

生涯逃れることのできない罪や苦難を、一身に負う。[例]友人を裏切り、死に追いやったからには、一生十字架を負って生きていくしかない。

十七《じゅうしち》八《はち》は藪力《やぶぢから》
十七、八歳のころは血気盛んで、藪《やぶ》の竹を引き抜くほどのとてつもない力が出る、ということ。

終止符《しゅうしふ》を打《う》つ《慣》
結論を出さずにいた物事に決着を付ける。また、それまで続いてきた物事をそこで終わりにする。例 大政奉還によって、徳川三百年の歴史に終止符が打たれた。
類句 ◆ピリオドを打つ

宗旨《しゅうし》を変《か》える《慣》
今までの主義や主張、また趣味などを変える。例 これまで他人のことばかり考えて生きてきたが、宗旨を変えて、自分の生活を第一にすることにした。

修身斉家治国平天下《しゅうしんせいかちこくへいてんか》
天下を治めるには、まず自分の身を修め、次に家庭を平和にし、次に国を治め、最後に天下を平定統治するという順序に従わなければならないという、儒教の根本理念。
原文 古《いにしえ》の明徳を天下に明らかにせんと欲する者は、先《ま》ず其《そ》の国を治む。其の国を治めんと欲する者は、先ず其の家を斉《ととの》う。其の家を斉えんと欲する者は、先ず其の身を修む〔古代の英明な徳を天下に明らかにしようとした者は、それに先だってその国を安らかに治めた。その国を安らかに治めようとした者は、それに先だってその家族をよく和合させた。家族をよく和合させようとした者は、それに先だって自分自身を修めた〕。〈大学《だいがく》〉

秋霜《しゅうそう》烈日《れつじつ》
《秋の冷たい霜《しも》と、夏の強烈な日ざし、の意》刑罰や威力などが、非常に厳しくて容赦がないことのたとえ。

集大成《しゅうたいせい》 ⇩集めて大成す

醜態《しゅうたい》を演《えん》じる《慣》
気配りを欠き、人前で恥さらしなことをする。例 酒に酔った勢いで、パーティーの席でとんだ醜態を演じてしまった。

衆知《しゅうち》を集《あつ》める《慣》
何かを立案・計画するに当たって、多くの人々に意見を求める。例 専門家から住民代表に至るまで、衆知を集めて都市計画の構想を練る。

重点《じゅうてん》を置《お》く《慣》 ⇩重きを置く

舅《しゅうと》の酒《さけ》にて相婿《あいむこ》もてなす

《「相婿」は、姉妹の夫どうしが互いを言う言葉》妻の父の酒で、自分の姉妹の夫をもてなす意。本来自分自身の才覚で果たすべきことを、他人のものを利用して済ませること。

類句 ◆人の褌《ふんどし》で相撲を取る

十人《じゅうにん》十色《といろ》《慣》

好みや考えなどは、人によってそれぞれ異なるものだということ。例 味の好みは十人十色だから、皆が皆満足することはあり得ない。

十年《じゅうねん》一日《いちじつ》の如《ごと》く《慣》

長い期間に亘《わた》って同じ状態を続けたり、同じことを飽きずに繰り返したりしている様子。例 あの先生は十年一日の如《ごと》く、毎年同じ講義を繰り返している。

十年《じゅうねん》一剣《いっけん》を磨《みが》く

十年の間ひとふりの剣を磨《みが》き続けるということから、長い間武術の技を磨き、武勇が発揮できる日に備えるということ。転じて復讐《ふくしゅう》の機会をうかがう意にも用いる。〈賈島《かとう》詩・剣客《けんかく》〉

十年《じゅうねん》一昔《ひとむかし》《慣》

十年たてば世の中は変わらないようでも何らかの変化が見られ、今から見れば昔ととらえられるということ。例 十年一昔で、この辺りの町並もすっかり変わってしまった。

秋波《しゅうは》

《美人の目の澄んでいることは秋の水波のようであるということから》媚《こ》びを含んだ目つき。色目《いろめ》。

原文 佳人未《かじんいま》だ肯《あえ》て秋波を回《めぐ》らさず〈美人がこちらを見ようとはしてくれなかった〉。〈蘇軾《そしょく》、百歩洪《ひゃっぽこう》〉

類句 ◆秋波を送る

重箱《じゅうばこ》で味噌《みそ》を擂《す》る

大まかなこと、大ざっぱなこと、のたとえ。「重箱で擂《す》り粉木を洗う」とも。

重箱《じゅうばこ》の隅《すみ》をつつく《慣》

全体から見れば取り上げるに値しない些細《ささい》なことを問題として取り上げる。例 この重箱の隅をつつくような論文は先行研究のあら探しに終始している。

類句 ◆重箱の隅を楊枝《ようじ》でほじくる

重箱《じゅうばこ》の隅《すみ》を楊枝《ようじ》でほじくる

⇩重箱の隅をつつく

秋波《しゅうは》を送《おく》る《慣》

相手の気を引こうとして、媚《こ》びを含んだ目で見る。多く、女性について言う。例 彼女はしきりに秋波を送るのだが、彼のほうは一向に気が付いていない様子だ。

類句 ◆秋波 ◆流し目を送る

愁眉《しゅうび》を開《ひら》く

〔「愁眉《しゅうび》」は、心配そうな顔つき〕状況が好転して、ほっと一安心する。例 ようやく長年の懸案が解決し、関係者一同愁眉を開いた。

類句 ◆眉《まゆ》を開く

衆望《しゅうぼう》を担《にな》う《慣》

多くの人の信望を得、期待をかけられる。例 地元の衆望を担って衆議院選に立候補する。

衆目《しゅうもく》の一致《いっち》する所《ところ》《慣》

多くの人の観察が同じであること。例 彼が人並みはずれた努力家であることは、衆目の一致する所だ。

十目《じゅうもく》の見《み》る所《ところ》《慣》

多くの人が見るところの意で、多くの人の意見や判断が同じであることをいう。「衆目の見る所」とも。例 十目の見る所、今年の優勝候補は投打のバランスがとれた我がチームだ。

類句 ◆十指《じっし》の指す所 ◆衆目の一致する所

柔能《じゅうよ》く剛《ごう》を制《せい》す

柔軟性のあるやり方によって、かえって力の弱い者が剛強な者を押さえつけることができる、ということ。

原文 軍讖《ぐんしん》に曰《いわ》く、柔は能《よ》く剛を制し、弱は能く強を制す

〔兵法の書にいう、柔軟な者がかえって剛強な者を押さえつけ、弱い者がかえって強い者を押さえつける〕。〈三略・上略《じょうりゃく》〉

類句 ◆木《き》強ければ則《すなわ》ち折る

雌雄《しゆう》を決《けっ》する

戦って勝敗を決める。例 賜杯をかけて全勝の横綱どうしが雌雄を決する大一番。

原文 願わくは漢王と戦いを挑《いど》み雌雄を決せん〔漢王に戦争を仕掛けて勝敗を決めたいものだ〕。〈史記《しき》・項羽紀《こううき》〉

衆《しゅう》を頼《たの》む《慣》

人数の多いことをいいことに、強引に何かをする。例 政権与党が、衆を頼んで強行採決した。

祝杯《しゅくはい》を上《あ》げる《慣》

祝賀の酒宴を催す意で、勝負に勝ったり念願を成就したりして、してやったりと大喜びすること。例 一位入賞の報に接して、仲間と祝杯を上げた。

菽麦《しゅくばく》を弁《べん》ぜず

〔「菽麦《しゅくばく》」は、豆と麦〕豆と麦との違いも見分けられない意で、愚か者・大馬鹿者《おおばかもの》であることをいう。

原文 周子《しゅうし》、兄有りて恵無《けいな》し。菽麦《しゅくばく》を弁ずること能《あた》わず、故に立つ可《べ》からず〔周子には兄があったが知恵がなく、大豆と麦とを見分けることができなかった。だから君主として立つことができない〕。〈左伝《さでん》・成公《せいこう》十八年〉

祝融《しゅくゆう》の災《わざわ》い

〔「祝融」は、火をつかさどる神の名〕火災、火事をいう。

原文 祝融《しゅくゆう》は顓頊《せんぎょく》の孫、……高辛氏《こうしんし》の火正《かせい》と為《な》り、号して祝融と為す。死して火神と為る。〈淮南子《えなんじ》・時則訓《じそくくん》、注〉

類句 ◆回禄《かいろく》の災い

趣向《しゅこう》を凝《こ》らす《慣》

何かを行なったり作ったりするときに、今までにはない新鮮味やおもしろみを出そうといろいろ工夫する。例 趣向を凝らした数々の料理で遠来の客をもてなした。

守株《しゅしゅ》

⇩株《かぶ》を守りて兎《うさぎ》を待つ

主従《しゅじゅう》は三世《さんせ》

主人と家来との契り・結び付きは、過去・現在・未来の三世にわたるほど堅いものである、ということ。

参考「親子は一世、夫婦は二世、主従は三世」という。

数珠《じゅず》つなぎ《慣》

〈数珠《じゅず》が一続きにつながっていることから〉次から次へと、途切れることなく連なっている様子。例 連休中の高速道路はどこも渋滞で、車が数珠つなぎになっていた。

守銭虜《しゅせんりょ》

金をためることだけを考え、少しでも減らすまいとする金持ちを、ののしっていう語。「守銭奴《しゅせんど》」とも。

原文 嘆じて曰《いわ》く、凡《およ》そ財産を殖貨《しょっか》するは、其《そ》の能《よ》く施し賑《にぎわ》すことを貴《たっと》べばなり。否《しから》ずんば則《すなわ》ち銭を守る虜《とりこ》とならんのみ〈嘆いて言うには、そもそも財産をふやすのは、他人に施すことを尊ぶからである。そうでなければ、ただ金銭の番をする奴隷となるだけである〉。〈後漢書《ごかんじょ》・馬援伝《ばえんでん》〉

手足《しゅそく》となる《慣》

⇩手足《てあし》となる

手足《しゅそく》を措《お》く所《ところ》なし

気を許して手や足を置くところもない、の意で、不安で、とても安心してはいられない気持ちであることをいう。

原文 刑罰中《あた》らざれば、則《すなわ》ち民手足《たみしゅそく》を措《お》く所無し〈刑罰が適正でないようでは、人民は不安でどうしてよいかわからなくなる〉。〈論語《ろんご》・子路《しろ》〉

首鼠両端《しゅそりょうたん》

〈鼠《ねずみ》が壁の穴から頭を出したり引っこめたりして様子をうかがっていること。一説に、「首鼠《しゅそ》」は進退の意、また躊躇《ちゅうちょ》の音がなまったものともいう〉形勢をうかがうこと。態度がはっきりしないこと。例 どちらの陣営につくか、今は首鼠両端を持すこととしよう。

原文 何ぞ首鼠両端を為《な》すや。〈史記《しき》・魏其武安侯伝《ぎきぶあんこうでん》〉

酒池肉林《しゅちにくりん》

〈殷《いん》の紂王《ちゅうおう》が、酒をたたえて池とし、肉を林のようにかけ並べて酒宴をしたという故事から〉贅沢《ぜいたく》をきわめた宴会。

原文 酒を以《もっ》て池と為《な》し、肉を縣《か》(懸)けて林と為し、男女をして倮《はだか》にして其の間に相逐《あいお》わしむ。〈史記《しき》・殷紀《いんき》〉

手中《しゅちゅう》に収《おさ》める《慣》

欲しいと思っていたものを確実に自分のものにする。例業績を好転させた功績で、彼は次期社長の座を手中に収めたといえよう。

術中《じゅっちゅう》に陥《おちい》る《慣》
相手の計略に引っ掛かる。例まんまと敵の術中に陥り、思わぬ惨敗を喫した。

出藍《しゅつらん》の誉《ほま》れ
⇩**青《あお》は藍《あい》より出《い》でて藍よりも青し**

朱《しゅ》に交《まじ》われば赤《あか》くなる
人間は交際する友達や身を置く環境の影響を受けやすく、それによって良くも悪くもなるものだということ。友人の感化力の大きさ、友人を選ぶことの重要さをいう言葉。
参考 He who touches pitch will be defiled.〔ピッチ（石油やコールタールから精製物を取った残りかすで、黒褐色の物質）に触れる者はよごれる〕

寿命《じゅみょう》が縮《ちぢ》まる《慣》
これ以上はないという驚きや恐怖感などを味わうことのたとえ。例君がよく確かめもしないで、息子が事故に巻き込まれたようだなどと言うから、こちらは十年も寿命が縮まったよ。

手腕《しゅわん》を振《ふ》るう《慣》
物事の解決などに、優れた腕前を発揮する。例今度の仕事では、君たちが大いに手腕を振るってくれることを期待している。

朱《しゅ》を入《い》れる《慣》
《「朱」は、朱墨の略》詩歌・文章などの訂正や添削をする。「朱筆を入れる」とも。例先生に朱を入れていただいたお陰で、見違えるようにいい文章になった。自**朱が入《はい》る**

朱《しゅ》を注《そそ》ぐ《慣》 ⇩**満面朱《まんめんしゅ》を注《そそ》ぐ**

春秋《しゅんじゅう》に富《と》む
《「春秋」は、年月の意》これから先の年月がたくさんあるという意で、まだ年が若く、先が長いこと、また将来に期待が持てることをいう。「春秋鼎《まさ》に盛んなり」とも。例愚かな戦争で、春秋に富む若者を無駄に死なせてはならない。

原文 陛下春秋に富みて大業を纂承《さんしょう》す〔陛下はまだ年がお若いのに、天子としての大業を受け継がれました〕。〈後漢《ごかん》書《じょ》・楽恢伝《がくかいでん》〉

春秋《しゅんじゅう》の筆法《ひっぽう》

《孔子が編纂《へんさん》したといわれる『春秋』に見られる独特な論理に基づいた歴史批判から》間接の原因としかなり得ない些細《ささい》なことをも大事に結び付く直接の原因として述べる表現形式。また、そのような表現形式を通して示される厳正な批判。

春宵一刻直千金《しゅんしょういっこくあたいせんきん》

《「宵」は、夜の意》春の夜は何ともいえずよいものであって、その興趣はごく短い時間が一千金にも相当するほどの価値があるものだ。

原文 春宵《しゅんしょう》一刻直《あたい》千金、花に清香有り月に陰《かげ》有り〔春の夜の一時《ひととき》は、千金のあたいがある。花は清らかな香気を放ち、月はおぼろにかすんでいる〕。〈蘇軾《そしょく》の詩、春夜《しゅんや》〉

順風《じゅんぷう》に帆《ほ》を上《あ》げる《慣》

《追い風のときに帆を上げて出航すれば、船が快調に進むことから》時機を得て、万事好都合に事が運ぶこと。例 彼が成功したのは、事業を起こしたのが高度成長期で、まさに順風に帆を上げるにふさわしい時代だったからだ。

春眠《しゅんみん》暁《あかつき》を覚《おぼ》えず

春の夜は寝心地がよく、夜明けも知らず眠り続ける。

原文 春眠暁を覚えず、処処啼鳥《しょしょていちょう》を聞く〔春の夜は寒からず暑からず、寝心地よく夜明けも知らず、うつらうつらしていると、あちこちで鳥のさえずる声が聞こえる〕。〈孟浩《もうこう》然《ねん》の詩、春暁《しゅんぎょう》〉

背負《しょ》い投《な》げを食《く》う《慣》

もう少しで事が成就するというときになって相手に背かれ、ひどい目に遭う。「しょいなげ」は「せおいなげ」とも。

例 いざ契約という段になって、気が変わったからやめたと背負《しょ》い投げを食わされた。

宵衣旰食《しょういかんしょく》

《「宵衣」は、夜がまだ明けないうちに起きて衣服を着ること。「旰食《かんしょく》」の旰は、日暮れで、日が暮れてからおそい食事をすること》天子が政務に精励すること。

原文 敢《あえ》て怠荒《たいこう》せず、賢に任じて惕厲《てきれい》、宵衣旰食《しょういかんしょく》す〈決して怠けて投げやりにせず、賢者を任用して恐れ慎み、夜の明けぬうちに起きて衣服を着、日が暮れてから食事をとって、政務に励んだ〉。〈唐書《とうじょ》・劉蕡伝《りゅうふんでん》〉

小異《しょうい》を捨《す》てて大同《だいどう》につく

多少の考え方の違いがあっても、大局的な見地から大勢の支持する意見に従う。例 党内の統一をはかるためには、小異を捨てて大同につくべきである。

性《しょう》が合《あ》う《慣》

互いに気持ちの上で通じ合うところがあって、心を許して接することができる。例 私は山本さんのような気取り屋とは性が合わない。

情《じょう》が移《うつ》る《慣》

関係が深まるにつれ、相手に対して親愛感を抱くようになる。例 一緒に暮らしていると自然に情が移って、自分の子でなくても可愛《かわい》くて仕方がない。

情《じょう》が強《こわ》い《慣》

意地っ張りで、容易に気持ちを変えたり人と妥協したりしない様子。特に、女性についていう。例 彼女は情が強《こわ》いから、付き合っていて時々もてあますことがある。

城下《じょうか》の盟《ちかい》

敵に城下まで攻め込まれて降伏し、やむなく結ぶ講和の盟約。もっとも屈辱的な降伏。原文 楚《そ》、絞《こう》を伐《う》つ、……大いに之《これ》を敗《やぶ》り、城下の盟《ちかい》を為《な》して還《かえ》る〈楚《そ》の国が絞の国を討った。大いに絞を討ち破り、絞の国都のもとで盟約を結んで帰った〉。〈左伝《さでん》・桓公《かんこう》十二年〉

情《じょう》が深《ふか》い《慣》

一度相手が気に入ると、惜しみなく愛情を注ぎ、献身的に尽くす様子。特に、男女の間柄についていう。例 彼女は情が深い反面、嫉妬心《しっとしん》も人一倍強い。

将棋倒《しょうぎだお》し

《すきまをあけて立てて並べた将棋の駒《こま》の一つを倒すと次々と倒れる遊びから》物の一端がくずれると、それに続くものが次々とくずれ、全体に及ぶこと。

常軌《じょうき》を逸《いっ》する《慣》

常識では考えられないような言動をする。例 あそこまで冷酷な仕打ちをするとは、常軌を逸しているとしか言いようがない。

城狐社鼠《じょうこしゃそ》

《城にすむ狐《きつね》と社《やしろ》に巣くう鼠《ねずみ》は、城や社をこわさなければ退治することができないことから》主君を後ろ盾にして悪事をはたらくので容易に排除できない臣、主君のそばにいる奸臣《かんしん》をたとえていう。「狐鼠《こそ》」とも。

原文 鯤《こん》に謂《い》いて曰《いわ》く、劉隗《りゅうかい》は奸邪《かんじゃ》なり、吾《われ》、君側の悪を除かんと欲す、と。対《こた》えて曰く、隗は誠に禍《わざわい》を始む、然《しか》れども城狐社鼠《じょうこしゃそ》なり〔謝鯤《しゃこん》に言った、劉隗《りゅうかい》は悪いやつである。私は主君の側にいる悪人を除こうと思う。鯤が答えて言うには、隗は本当に禍《わざわい》の根源である。しかし、あいつは城狐社鼠で取り除くことが困難である〕。〈晋書《しんじょ》・謝鯤伝《しゃこんでん》〉

参考 『説苑《ぜいえん》』善説篇《ぜんぜいへん》には「稷狐社鼠《しょくこしゃそ》」とある。

類句 ◆獅子《しし》身中の虫

上戸《じょうご》の額《ひたい》と盆《ぼん》の前《まえ》

酒を飲んだ人の額は血行がよくなるために熱く、お盆の前のころは暑いことから、熱いもののたとえ。

性懲《しょうこ》りもなく《慣》

何度も失敗したり痛い目に遭ったりしても懲りずに大して意味があるとは思えないことを繰り返すのを見て、あきれ果てたという気持ちを表わす言葉。例 上役に厳しく叱《しか》られたのに、まだ性懲りもなく賭《か》け事をやっている。

笑殺《しょうさつ》

《「殺」は、意味を強める助字》大笑い。笑って問題にしないこと。

原文 制詔《せいしょう》下り、命じて相《しょう》と為《な》す。嘆じて曰《いわ》く、万一然《まんいちしか》らば天下の人を笑殺せん〔詔勅が下され、宰相に命じられた。すると嘆息して言った、万が一にもそうだったら天下の人々を大笑いさせるだろう〕。〈唐書《とうじょ》・鄭綮伝《ていけいでん》〉

尚歯《しょうし》

《「尚」は尊ぶ、「歯」は年齢》高齢の人を敬うこと。敬老。

原文 朝廷に尊を尚《たっと》び、郷党《きょうとう》に歯《よわい》を尚び、行事に賢を尚ぶ〔朝廷では地位の高い者を尊び、村では高齢の老人を尊び、

事を行なうときには賢者を尊ぶ」。〈荘子《そうじ》・天道《てんどう》〉

上梓《じょうし》

《「梓」は、あずさ（正しくは、とうきささげ）、版木や棺を作るのに用いる良材。昔の書物は版木に彫って刷ったところから》書物を出版すること。

正直《しょうじき》の頭《こうべ》に神《かみ》宿《やど》る

正直な人には常に神仏の加護がある、ということ。

正直《しょうじき》は一生《いっしょう》の宝《たから》

正直であることは、他からの信用を得るだけでなく、自らも満ち足りるから、一生を通して守るべき宝である。

参考 Honesty is the best policy.〔正直は最良の策である〕

正直者《しょうじきもの》が馬鹿《ばか》を見《み》る

正直者は、悪賢い者のようにずるく立ち回ることができないので、かえって損をすることがある。例 正直者が馬《ば》鹿《か》を見るようでは、この世はおしまいだ。

盛者《じょうしゃ》必衰《ひっすい》

権勢が盛んで栄えている者も、いつかは必ず衰えるものだ、ということ。この世の無常をいう言葉。「せいじゃひっすい」とも読む。〈仁王経《におうきょう》〉

参考 「しょうじゃひっすい」は古文の読みくせ。

生者《しょうじゃ》必滅《ひつめつ》

生ある者は必ずいつかは死ぬものだ、ということ。この世の無常をいう言葉。「せいじゃひつめつ」とも読む。

参考 「生者必滅、会者定離《えしゃじょうり》」と使う。

類句 ◆生き身は死に身 ◆生《せい》ある者は必ず死あり

上昇《じょうしょう》気流《きりゅう》に乗《の》る《慣》

運が上向いてきて、物事が順調に運ぶ状態になる。例 海外の需要が高まった上昇気流に乗って、輸出産業もようやく息を吹き返してきた。

霄壌《しょうじょう》の差《さ》

《「霄《しょう》」は空《そら》、「壌」は土地》天と地ほどの非常に大きな違い。「天地霄壌《しょうじょう》の差」とも。⇩雲泥《うんでい》の差

従心《しょうしん》

《孔子が「七十而従㆓心所㆒㆑欲、不㆑踰㆑矩（七十にして心の欲する所に従えども、矩《のり》を踰《こ》えず）」といった語に基づく》七十歳の称。〈論語《ろんご》・為政《いせい》〉⇩**不惑**《ふわく》

小人《しょうじん》閑居《かんきょ》して不善《ふぜん》をなす

品性の劣った小人物は、暇な時間があるとよくないことをする。

原文 小人は閑居して不善を為《な》す。至らざる所無し〔……。どんな善からぬことでもするものである〕。〈大学《だいがく》〉

小人《しょうじん》罪《つみ》なし璧《たま》を懐《いだ》いて罪《つみ》あり

⇩**璧《たま》を懐《いだ》いて罪あり**

上手《じょうず》の手《て》から水《みず》が漏《も》れる

どんなに上手な人でも、時には失敗することがある。普段は全く危なげなく何かをしている人が、たまたま失敗したときにいう言葉。例 掛けた技が決まらず、上手の手から水が漏れて、大事な試合を失ってしまった。

上手《じょうず》の猫《ねこ》が爪《つめ》を隠《かく》す

⇩**能《のう》ある鷹《たか》は爪《つめ》を隠す**

消息《しょうそく》を絶《た》つ《慣》

連絡が途絶えて行方不明になる。例 頂上直下からの交信を最後に、登山隊は消息を絶ってしまった。

正体《しょうたい》が無《な》い《慣》

酒に酔うなどして、正常な意識が失われた状態。例 ひどく酔って正体が無い同僚に手を焼く。

掌中《しょうちゅう》に収《おさ》める《慣》

それを確実に自分のものにし、意のままに扱うことができるようにする。例 開戦後一か月足らずのうちに、敵国の制空権・制海権を掌中に収めた。

掌中《しょうちゅう》の珠《たま》

いつも手のひらの中に持っている珠《たま》（真珠《しんじゅ》）の意で、最愛の子または妻をいう。また、最も大切にしているものの意にも使う。例 掌中の珠といつくしんだ娘を事故で亡くした。

原文 昔、君、我を視《み》ること、掌中の珠の如《ごと》し。〈傅玄《ふげん》の詩、短歌行《たんかこう》〉

焦点《しょうてん》を合《あ》わせる《慣》
人々の注意や関心が向けられている点にねらいを定めて何かをする。例 来月号は、公害対策に焦点を合わせた特集号にしよう。

焦点《しょうてん》を絞《しぼ》る《慣》
問題点を整理して、重要なものだけに限定する。例 もっと問題の焦点を絞って議論しよう。

性《しょう》に合《あ》う《慣》
その人の性格に合っていて、違和感や抵抗感を感じないでそれを受け入れることができる。例 人見知りする弟は、一人でこつこつする仕事が性に合っているようだ。

衝《しょう》に当《あ》たる《慣》
①重要な地点に位置を占める。例 交通の衝に当たる町。
②重要な任務を受け持つ。例 条約調印の衝に当たる。

枝葉《しよう》に走《はし》る《慣》
本質にかかわりのない、どうでもよいことに目が向き、肝心なことがおろそかになる。例 彼の講演は話が枝葉に走る嫌いがあり、聴衆に散漫だという印象を与えがちだ。

情《じょう》に引《ひ》かされる《慣》
相手の立場に同情するなどして、判断に迷いが生じる。例 その学生の家庭の事情を知っているだけに、情に引かされて厳しい処分ができなくなる。

情《じょう》にほだされる《慣》
〈「ほだされる」は、身の自由を束縛される意〉人情に引かれて、そうあってはいけないと思いながらも、つい甘い態度を取る。例 親子の情にほだされて、つい我が子をかばってしまう。

情《じょう》に脆《もろ》い《慣》
思いやりがあって、相手の立場にすぐ同情して厳しい態度がとれなくなる性質。例 情に脆《もろ》いもので、涙ながらに窮状を訴えられると借金の取り立てができなくなった。

性根《しょうね》を据《す》えてかかる《慣》
いかなる苦難にも耐え抜こうと覚悟を決めてその事に打

ち込もうとする。例 難事業に挑む以上は、性根を据えてかからねばならない。

少年《しょうねん》老《お》い易《やす》く学《がく》成《な》り難《がた》し

月日がたつのは早く、若いと思っていてもすぐ年を取って、学問はなかなか成就しない、の意で、寸暇を惜しんで勉強しなければならない、ということ。〈朱熹《しゅき》の作とされる詩、偶成《ぐうせい》〉⇩**一寸《いっすん》の光陰軽《かろ》んずべからず**

少年《しょうねん》よ大志《たいし》を抱《いだ》け

若者に対し、未来に向かって大きな志を持て、と激励する言葉。原文 Boys, be ambitious! の訳語。クラークが札幌《さっぽろ》農学校を去るにあたって述べた言葉。

小《しょう》の虫《むし》を殺《ころ》して大《だい》の虫《むし》を助《たす》ける

重要な目的を達成するためには、多少の犠牲を払うのはやむを得ないの意で、一部を犠牲にしても全体を助けること。「小の虫を殺して大の虫を生かす」とも。⇩**大の虫を生かして小の虫を殺せ**

商売《しょうばい》は道《みち》によりて賢《かしこ》し

⇩**芸は道によって賢し**

情張《じょうは》りは棒《ぼう》の下《した》

強情を張る者は、憎まれて人に打たれることになる意で、すなおにしているほうが得だ、ということ。

焦眉《しょうび》の急《きゅう》 《慣》

《眉《まゆ》を焦がすほどに火が迫る意》事態が切迫して、一刻の猶予もならない状態にあること。例 石油に代わるエネルギー源の開発が今や焦眉《しょうび》の急である。類句 ◆轍鮒《てっぷ》の急

正札付《しょうふだつ》き 《慣》

うそいつわりなくそのとおりである、という定評がある様子。⇩**札付き** 例 正札付きの珍品を手に入れた。

勝負《しょうぶ》は時《とき》の運《うん》

勝ち負けはその時の運によって左右されるものだから、勝ったからといっておごることも、負けたからといって落

胆することもない。負けた人を慰めるときにいう言葉。

正法《しょうほう》に不思議《ふしぎ》なし

正しい教えには、不思議なことは何もない。不思議があるのは邪教である。

正面切《しょうめんき》って《慣》

相手に向かって言うべきことを口に出して言う様子。例 あなたがいては迷惑だと、正面切っては言いにくい。

しょうもない《慣》

何でそんなくだらないことをするのだ、とあきれかえる気持ちを表わす言葉。例 深酒《ふかざけ》して、平気で遅刻してくるとは全くしょうもない奴《やつ》だ。

証文《しょうもん》の出《だ》し遅《おく》れ

《その時、証拠になる書類を提出すれば自分が有利になるのに、出し遅れて無効になる意》時機に遅れて、肝心の役に立たないことのたとえ。

醤油《しょうゆ》で煮締《にし》めたよう

白い布などが汚れて黒くなっている様子をいう。例 男は醤油《しょうゆ》で煮締めたような手ぬぐいを取り出した。

将《しょう》を射《い》んとせば先《ま》ず馬《うま》を射《い》よ

敵将を討ち取ろうとするならば、まずその乗っている馬を射て倒せ、の意で、目的のものを獲得するためには、その周囲にあるものから攻めて掛かるのが早道である、ということ。「人を射んとせば先ず馬を射よ」とも。原文 弓を挽《ひ》くには当《まさ》に強きを挽くべし、箭《や》を用いるには当に長きを用うべし。人を射んとせば先《ま》ず馬を射よ、敵を擒《とりこ》にせんとせば先ず王を擒にせよ〔弓を引くには強い弓を引くべきであり、矢を用いるには長い矢を用いるべきである。人を射るには先ずその人の乗っている馬を射よ、敵を擒《とりこ》にするなら先ず王を擒にせよ〕。〈杜甫《とほ》の詩、前出塞《ぜんしゅつさい》〉

小《しょう》を捨《す》てて大《だい》に就《つ》く

大局を見渡して、瑣末《さまつ》なことは無視し、重要なことに力を注ぐ。例 小を捨てて大に就く、と口では言っているが、本音は既得権を失うことのないことを願っている。

情《じょう》を通《つう》じる《慣》

①敵に内通する。例政府の要職にありながら、敵国に情を通じていた。②夫婦関係にない男女が関係を結ぶ。例妻子のある男性とひそかに情を通じる。

諸行《しょぎょう》無《む》常《じょう》

この世のすべてのものは絶えず変転し、いつかは消滅するもので、一刻も同じ状態が保たれることがない、ということ。仏教の根本的な考え方の一つで、人生のはかなさをいう言葉。〈涅槃経《ねはんぎょう》〉

参考『平家物語』の冒頭に「祇園精舎《ぎおんしょうじゃ》の鐘の声、諸行無常の響きあり……」とある。

食《しょく》が進《すす》む《慣》

食欲が出て、なんでもおいしく食べることができる。例このところ、暑さで食が進まない。

食《しょく》が細《ほそ》い《慣》

体質的にたくさん食べることができない様子。例この子は小さい時から食が細くて、いくつになっても太れない。

食牛《しょくぎゅう》の気《き》

⇩牛《うし》を食らうの気

食言《しょくげん》

《一度口から出した言葉をまた口に入れる、という意》うそをつく。前に言ったことと違ったことを言うこと。

原文 爾《なんじ》、信ぜざる無《なか》れ、朕《われ》、言を食《は》まず〔汝《なんじ》らは疑って信用しないことがあるな、我が言ったからにはうそをつくことはないぞよ〕。〈書経《しょきょう》・湯誓《とうせい》〉

食指動《しょくしうご》く

《「食指」は人差し指。鄭《てい》の公子宋《こうしそう》が、自分の食指が何となく動くのを見て、おいしい御馳走《ごちそう》にありつける前兆だと言った故事から》食べたいと思う気が起こる。また、ある事を求めようとする心が起こること。

原文 楚人《そひと》、黿《げん》を鄭《てい》の霊公に献ず。公子宋《こうしそう》と子家と、将《まさ》に入りて見《まみ》えんとす。子公の食指動く。以《もっ》て子家に示して曰《いわ》く、他日、我《われ》此《か》くの如《ごと》くなれば、必ず異味を嘗《な》めり〔楚《そ》の国で大きなすっぽんを鄭《てい》の霊公に献上した。時に公子宋《こうしそう》と公子家の二人が御殿に参上して霊公に面会しようとした。ところが子公（公子宋）の人差し指がぴくぴくと動き出した。子公はそれを子家に見せながら、今までに、こうしたことがあると、きまって珍しい御馳走《ごちそう》にありついたものだ、

と言った」。〈左伝《さでん》・宣公《せんこう》四年〉

食指《しょくし》が動《うご》く《慣》
ある物事に関心を抱き、それを手に入れたい、行動に移したいという気持ちが起こる。⇩**食指《しょくし》動く** 例 この古九谷の皿は珍品だと言われると、つい食指が動く。他 **食指を動かす**

触手《しょくしゅ》を伸《の》ばす《慣》
それを得ようとして積極的に働きかける。例 かつて、欧米諸国はこぞってアジアに触手を伸ばして来た。

食膳《しょくぜん》に供《きょう》する《慣》
何かを料理して、食事のときに出す。例 取れたばかりの魚を食膳《しょくぜん》に供する。

食膳《しょくぜん》に上《のぼ》る《慣》
何かが料理として、食事のときに出る。例 マツタケなどというものは、めったに庶民の食膳《しょくぜん》に上らない。

食膳《しょくぜん》を賑《にぎ》わせる《慣》
珍しい料理などが数多く出て、食事を豪華な感じにする。例 地元でとれる新鮮な魚や野菜が食膳《しょくぜん》を賑《にぎ》わせた。

曙光《しょこう》を見出《みいだ》す《慣》
《「曙光《しょこう》」は、夜明けの光》前途にかすかながら希望を感じる。例 停戦協定の締結に人々は平和の曙光を見出した。

所在《しょざい》が無《な》い《慣》
これといってすることがなく、退屈だ。「所在無い」とも。例 病後の静養に山奥の温泉に来たが、所在が無くて閉口している。

如才《じょさい》が無《な》い《慣》
《「如才」は「如在《じょさい》」の変化で、手抜かりの意》相手の気持ちをそらさないように、要領よく振る舞う様子。「如才無い」とも。例 田中君は如才が無い人だから、誰《だれ》とでもうまく付き合っていける。

諸式《しょしき》が上《あ》がる《慣》
《「諸式」は、いろいろな品。また、その値段の意》物価が上がること。例 近ごろは諸式が上がって、庶民の生活は楽でない。

女子《じょし》と小人《しょうじん》は養《やしな》い難《がた》し

家に使役している女子と小人《しょうじん》は、節度を知らず道理を理解することができないから、馴《な》れ馴れしくなったり、少しのことで恨んだりして、扱いにくい。〔「小人」には①徳のない人。人格の劣った人。②地位のない人。下賤《げせん》の人。③男の使用人。の三つの意味があり、ここは③の意。「女子」は家庭内で使役している女子をいう〕

原文 子曰《しいわ》く、唯々《ただ》女子と小人とは養い難しと為《な》す。之《これ》を近づくれば則《すなわ》ち不孫《ふそん》なり。之を遠ざくれば則ち怨《うら》む〔孔子が言われた、女と召し使いだけは、どうも取り扱いにくいものだ。近づけるとつけあがって無遠慮になるし、遠ざけると恨むものだ〕〈論語《ろんご》・陽貨《ようか》〉

初心《しょしん》に返《かえ》る《慣》

そのことを始めようと思い立ったときの純粋で真剣な気持ちを思い出し、改めて、その気持ちで事に当たる。例 定年で大学を退職するのを機に、初心に返って自分の研究に打ち込もう。

初心《しょしん》忘《わす》る可《べ》からず

何事によらず習い初めのときの、謙虚で真剣な気持ちを失ってはならないということ。世阿弥《ぜあみ》が能楽の修業について言った言葉に基づく。

所帯《しょたい》を畳《たた》む《慣》

一家を構えていたのをやめる。例 夫に死別し、所帯を畳んで実家に戻った。

所帯《しょたい》を持《も》つ《慣》

一家を構えて、独立した生計を営む。特に、結婚して親元から独立する意に用いる。例 所帯を持つと、独身時代と違って何かと出費がかさむものだ。

助長《じょちょう》

助けようとして、かえってそのものを害する意。力を添えることが、好ましくない傾向や性質などを強めることになってしまうこと。例 行き過ぎた安値競争は、デフレをさらに助長することになりかねない。

原文 宋人《そうひと》に其《そ》の苗《なえ》の長ぜざるを閔《うれ》えて、之《これ》を揠《ぬ》く者有り。

芒芒然《ぼうぼうぜん》として帰り、其《そ》の人に謂《い》いて曰《いわ》く、今日病《つか》れたり。予《われ》苗《なえ》を助けて長ぜしむ、と。其の子趨《こはし》りて往《ゆ》きて之を視《み》れば、苗は則《すなわ》ち槁《か》れたり〔宋《そう》の国の人に、自分の畑の苗が生長しないのを気に病んで、苗の芯《しん》を引っぱって抜いた者があった。へとへとになって家に帰り、その家人に、今日はすっかりくたびれた。私は苗の伸びるのを手伝ってやった、という。息子が驚いて走って行って見ると、苗はみな枯れてしまっていた〕。〈孟子《もうし》・公孫丑《こうそんちゅう》上〉

蜀犬《しょっけん》日《ひ》に吠《ほ》ゆ

《蜀《しょく》は山地で雨が多いので日を見ることが少なく、たまに太陽を見ると犬が怪しんでほえたということから》見識の狭い者が賢人の優れた言行を怪しみ疑って、非難することのたとえ。

原文 庸蜀《ようしょく》の南、恒《つね》に雨ふりて日少なし。日出《い》づれば則《すなわ》ち犬吠《ほ》ゆ。〈柳宗元《りゅうそうげん》の文、韋中立《いちゅうりつ》に答《こた》えて師道《しどう》を論《ろん》ずるの書《しょ》〉

背負《しょ》って立《た》つ《慣》

組織などで、自ら運営の全責任を負う立場に立つ。例 彼は会社を一人で背負って立っているような気でいる。

初日《しょにち》が出《で》る《慣》

相撲の本場所で、負け続けていた力士が初めて勝つ。「初日を出す」とも。例 三日間負け続けた横綱に四日目でやっと初日が出た。

緒《しょ》に就《つ》く《慣》

《「緒」は、いとぐちの意》仕事に着手して、うまく進み出す。「しょ」は「ちょ」とも。例 研究がようやく緒に就いたばかりのところで彼は病に倒れた。

白河夜船《しらかわよふね》

《「白河」は、京都の北にある地名。京都の白河のことを聞かれて、川の名だと思い、夜舟で通ったから何も見えなかったと言ったために、京見物に行ったというそがばれてしまったことから生まれた言葉》ぐっすり眠りこんでいて、何があったかを全く知らないこと。

知《し》らざるを知《し》らずとなせこれ知《し》るなり

知らないことは知らないとせよ、知っていることと知らないこととを区別する、それがほんとうに物事を知っていることであるの意で、知らないことを知っているように繕っていては、知識も学問も進まない、ということ。

原文 子曰《しいわ》く、由《ゆう》、女《なんじ》に之《これ》を知るを誨《おし》えんか。之を知るを之を知ると為《な》し、知らざるを知らずと為す。是《こ》れ知るなり。〈論語《ろんご》・為政《いせい》〉

知《し》らずば人真似《ひとまね》

自分の知らないことをやるときは、人のする事を見てまねるのが無難である。

知《し》らぬ顔《かお》の半兵衛《はんべえ》

《「半兵衛」は、擬人化した言い方》知っていながら、わざと全く知らないふりをしている様子。また、そのような様子をしている人。**例** あいつは貸した金を返せと催促されるまでは知らぬ顔の半兵衛を決め込んでいる。

知《し》らぬが仏《ほとけ》

何かを知ればこそ腹も立つが、知らなければ仏のように穏やかな気持ちでいられるものだの意で、当人だけがそのことを知らずにのんきに構えているのをあざけっていう言葉。いろはがるた（江戸）の一。**例** だまされたとも気がつかず、当人は知らぬが仏で笑っている。

類句 ◆見ぬは極楽《ごくらく》知らぬは仏　◆見ぬ物清《きよ》し

知《し》らぬ京物語《きょうものがたり》

見たこともない都のことを、実際に見てきたように人に話す意で、知らない物事について、いかにもよく知っているかのようにほらを吹くこと。「見ぬ京の物語」とも。

知《し》らぬは亭主《ていしゅ》ばかりなり

まわりの者はみな知っているのに、女房の情事を知らないのは当の亭主だけである。浮気され、肝心なことを知らないでいる夫の間抜けさ加減をあざけっていう言葉。「町内で知らぬは亭主ばかりなり」という川柳の一部。

参考 『柳多留《やなぎだる》』七篇《へん》には「店中《たなじゅう》で知らぬは亭主《ていしゅ》一人なり」とある。

知《し》らぬ仏《ほとけ》より馴染《なじ》みの鬼《おに》

たとえ悪人でも懇意な人のほうが、近づきのない善人よりも、いざというとき心強く思われるものだ。

白羽《しらは》の矢《や》が立《た》つ《慣》
（神が人身御供《ひとみごくう》として望む娘の家の屋根に人知れず白羽の矢を立てたということから）何かの候補として大勢の中からまず第一に選び出される。例 国連の親善大使として、英語が堪能の人気歌手に白羽の矢が立った。

調《しら》べがつく《慣》
必要なことがすべて調べてある。例 とぼけたって駄目だ。君の行状はとっくに調べがついているんだ。

虱《しらみ》つぶし《慣》
（虱《しらみ》を見つけ次第、一匹ずつつぶしていくことから）関係するものを片端から一つ残らず処理していく様子。例 捜査員は、目撃者がいなかったかどうか、村中の家々を一軒一軒虱つぶしに尋ねて回った。

白《しら》をきる《慣》
自分を守るために、知っていることでも全く知らないというふりをする。例 容疑者は最初のうちは白をきっていたが、厳しく追及されてとうとう犯行を自供した。

尻馬《しりうま》に乗《の》る《慣》
他人の言動に無批判に従って、自分もそのまねをしたり、一緒になって何かをしたりする。例 彼は実情は知らないくせに、人の尻馬《しりうま》に乗って合理化反対と騒いでいる。

尻馬《しりうま》に乗《の》れば落《お》ちる
自分で考えないで、無批判に他人の言動をまねたり他人のすることに便乗して何かをしたりすると、必ず失敗する。
⇩**尻馬《しりうま》に乗る**

尻押《しりお》しをする《慣》 ⇩**尻《しり》を押す**

尻《しり》が青《あお》い《慣》
（幼児のうちは尻《しり》に青いあざがあることから）まだ年が若く、何事につけても経験が乏しい様子。例 まだ尻が青いくせに、よくそんな生意気なことが言えるな。

尻《しり》が暖《あたた》まる《慣》
居心地がよかったりして同じ場所に長い間とどまる。例 山間の湯治場が気に入って、つい尻《しり》が暖まり、長逗留《ながとうりゅう》してしまった。

尻《しり》が重《おも》い《慣》

何かしようと思っても、つい面倒になって、なかなか行動に移せない様子。例夫は、家族旅行しようと口では言うが、尻《しり》が重くて実現させる気がないようだ。

類句◆腰が重い

尻《しり》が軽《かる》い《慣》

①物事を気軽に引き受けてする様子。特に、慎重さを欠いた行動をとる様子。例事の是非も考えずに引き受けるとは、尻《しり》が軽いにもほどがある。②女の浮気な様子を軽蔑《けいべつ》していう言葉。例彼女は尻が軽いといううわさだ。

類句◆腰が軽い

尻《しり》が来《く》る《慣》

他人がしたことについての苦情や非難を自分のところに持ち込まれ、後始末などに当たらされる。「尻《しり》を持ち込まれる」とも。例あの部長は、思い付きでいい加減な企画を立ててばかりいて、いつも部下にその尻が来るのだからたまらない。

尻《しり》がこそばゆい《慣》

丁重に扱われ過ぎたり褒められ過ぎたりして、照れ臭くてその場に落ち着いていられなくなる様子だ。「尻《しり》の下がこそばゆい」とも。例謝りに行ったつもりなのに、思いもよらず下へも置かぬもてなしを受け、ひどく尻がこそばゆかった。

尻《しり》が据《す》わる《慣》

一か所に落ち着いて、仕事などに専念する様子だ。多く、否定の形で用いる。例あの男はいくつになっても尻《しり》が据わらず、職場を変えてばかりいる。

尻《しり》が長《なが》い《慣》

他人の家を訪問して話し込み、なかなか帰らない様子。「長尻《ながしり》」「長《なが》っ尻《ちり》」とも。例年の瀬の忙しいときに、尻の長い客にはほとほと迷惑する。

尻《しり》から抜《ぬ》ける

学んだこと、見たり聞いたりしたことを、すぐ忘れることをいう。

尻《しり》が割《わ》れる《慣》
隠していた悪事やごまかしがばれる。例 すぐ尻《しり》が割れるようなうそをつく。

尻切《しりき》れ蜻蛉《とんぼ》
物事が中途でとぎれて、後が続かないまま終わっていること。

尻毛《しりげ》を抜《ぬ》く《慣》
他人が油断しているすきに、意外なことをやってのけて驚かす。「尻《しり》の毛を抜く」とも。例 あの男は尻毛を抜くようなことを平気でやるから、油断も隙《すき》もない。

而立《じりつ》
《孔子が「三十而立（三十にして立つ）」と言った語に基づく》三十歳の称。〈論語《ろんご》・為政《いせい》〉⇩**不惑《ふわく》**

尻《しり》に敷《し》く《慣》
妻のほうが主導権を握っていて、何かにつけて夫を従わせる。例 あんなに気が強い女と結婚すると、君のほうが尻《しり》に敷かれると思うよ。

尻《しり》に火《ひ》が付《つ》く《慣》
物事が非常に切迫して、落ち着いてはいられない状態になる。例 原稿の締め切りまであと一週間、いよいよ尻《しり》に火が付いた。

尻《しり》に帆《ほ》を掛《か》ける《慣》
具合の悪いことがあって、大あわてで逃げ出す様子をいう。例 悪事が露見しそうになり、尻《しり》に帆を掛けて国外に逃亡した。

尻拭《しりぬぐ》いをする《慣》
他人のした不始末の処理をする。「尻《しり》を拭《ぬぐ》う」とも。例 四十を過ぎて、父親に借金の尻拭いをしてもらうとは情けない。

尻《しり》の持《も》って行《い》き場《ば》がない《慣》
不平や不満があっても、文句を言って行く所がない。例 自分の不注意で起こした事故だから、どこへも尻《しり》の持って行き場がない。

支離滅裂《しりめつれつ》

統一もなく、ばらばらに乱れていること。話などの筋が通らず、聞くに堪えない様子。例 痛いところを衝《つ》かれ、冷静な彼女もさすがに気が動転したのか、支離滅裂なことを言っていた。

尻目《しりめ》に掛《か》ける《慣》

〔「尻目《しりめ》」は「後目」とも書き、ひとみだけ動かして後ろを見やること〕人を小馬鹿《こばか》にして、まともに相手にしないような態度をとる。例 あえぎあえぎ登っている人々を尻目に掛けて、彼は軽い足取りで頂上に向かって行った。

尻餅《しりもち》をつく《慣》

後ろに倒れて地面に尻《しり》をつく。例 スキーを始めたころは尻餅《しりもち》をついてばかりいた。

尻《しり》も結《むす》ばぬ糸《いと》

玉留めをしていない縫い糸の意で、物事の締めくくりがきちんとしていないこと、また、すぐに露見するうそや隠し事のたとえ。

尻焼《しりや》け猿《ざる》

猿の尻《しり》が赤く、その動作に落ち着きのないことを、尻に火傷《やけど》を負った猿に見立て、落ち着きのない人や物事に飽きやすい人をからかっていう言葉。

時流《じりゅう》に乗《の》る《慣》

その時の社会の動きに巧みに便乗して、順調に物事を進める。例 あの店はうまく時流に乗って、大いに売り上げを伸ばした。

尻《しり》を上《あ》げる《慣》

座っていた人が何かをするために立ち上がる意で、訪問先を去ろうとすること。「腰を上げる」とも。例 客がなかなか尻《しり》を上げないので、こちらも出かけることができず弱った。

尻《しり》を押《お》す《慣》

背後から援助をする。「尻《しり》押しをする」とも。例 友人・知人に尻を押してもらって、ささやかながら会社を起こすことができた。

尻《しり》を落《お》ち着《つ》ける《慣》

話が弾むなどして、訪問先に長居をする。また、あちこち移り住んでいた人がその地に落ち着いて、生活することにする。例 家族ぐるみの歓待を受け友人の家に尻《しり》を落ち着けてしまい、帰りが遅くなった。

類句 ◆腰を落ち着ける

尻《しり》を絡《から》げる

走りやすくするために着物の裾《すそ》をまくり上げて帯に挟む意で、その場から早々と逃げ出すことをいう。

尻《しり》を据《す》える《慣》

ゆっくりとそこに落ち着いて、何かを行なう。例 この問題は後にしこりを残さないように、尻《しり》を据えてじっくり話し合う必要がある。

類句 ◆腰を据える

尻《しり》を叩《たた》く《慣》

相手の尻《しり》を叩《たた》いて何かをさせる意で、励ましたり催促したりすること。例 その子は母親に尻を叩かれて、しぶしぶ宿題を始めた。

尻《しり》をはしょる《慣》

説明の文章や言葉などの最後の部分を、簡単にすませる。例 時間が足りなくなり、尻《しり》をはしょって講演を終わりにした。

尻《しり》をまくる《慣》

今までの穏やかな応対をやめ、敵対する気持ちを露骨に表わす。「尻《けつ》をまくる」とも。例 そっちが態度を改めないなら、こっちも尻《しり》をまくるしかない。

尻《しり》を持《も》ち込《こ》む《慣》

本人が解決できない問題について、代わりに責任を取ったり後始末をしたりするよう、直接は関係のない人に迫る。例 子供が壁に落書きをしたからといって、町内会長の私に尻《しり》を持ち込まれても困る。

知《し》る人《ひと》ぞ知《し》る《慣》

一般の人は知らなくても、その道の人にはその存在や価値が認められていることをいう。例 彼は知る人ぞ知る政界の黒幕だ。

知《し》る者《もの》は言《い》わず言《い》う者《もの》は知《し》らず

深く事情に通じた人や知識のある人は、みだりにそれを口にしないが、未熟な者は知らないことでもわけも分からず口にするものである。「言う者は知らず知る者は黙す」とも。〈老子《ろうし》・五六〉

知《し》る由《よし》もない《慣》

行く手にどんな運命が待ち構えているか、予知することはできない。例 いつ何どき、どんな災害に見舞われるか、神ならぬ身には知る由もない。

白《しろ》い歯《は》を見《み》せる《慣》

にっこりと笑顔を見せる様子をいう。例 いつもは無愛想な彼女がその時ばかりは白い歯を見せて笑った。

白《しろ》い目《め》で見《み》る《慣》

その人を、敵意を含んだ目つきで冷ややかに見る。例 私が上役に胡麻《ごま》を擂《す》っていると、同僚に白い目で見られるのは心外だ。

白旗《しろはた》を掲《かか》げる《慣》

《白旗は敵に降伏の意志を示す合図に用いられることから》降伏する。例 我が軍の猛攻の前に、敵はあっさりと白旗を掲げた。

白星《しろぼし》をあげる《慣》

《相撲の星取り表で勝った印を白い丸で表わし、黒星に対し白星ということから》勝負に勝つ。例 あの投手は今日の試合に勝つと、すべての球団から白星をあげたことになる。

吝《しわ》ん坊《ぼう》の柿《かき》の種《たね》

《「吝《しわ》ん坊」は、けちんぼうの意》けちな人は、何でも持っていればよいと考えて、役に立たない柿の種さえも捨てようとはしない。いろはがるた（京都）の一。

地《じ》を出《だ》す《慣》

人前では見せたくないものが、何かの拍子におもてに出るようなことをする。例 彼は興奮してしゃべっているうちについ地を出し、下品な言葉を口にしたのだろう。

刺《し》を通《つう》じる《慣》

（「刺」は、名刺）名刺を出して面会を求める意で、自ら名や素性を明かして、面会を申し込むこと。例彼の学識や人柄を慕って、刺を通じる者が跡を絶たなかった。

詩《し》を作《つく》るより田《た》を作《つく》れ

詩作などという実生活に直接関係のない風流なことより、田を耕すといった実利のある仕事をせよ。類句◇碁《ご》を打つより田を打て

辞《じ》を低《ひく》くする《慣》

あらたまった態度で言葉遣いを丁寧にして、十分に敬意を表わす。例自宅まで日参して、会長を引き受けていただきたいと、辞を低くして頼む。

深淵《しんえん》に臨《のぞ》んで薄氷《はくひょう》を踏《ふ》む《慣》

⇩薄氷を踏む

人間到《じんかんいた》る処《ところ》青山《せいざん》あり

⇩人間到《にんげんいた》る処《ところ》青山あり

心肝《しんかん》に徹《てっ》する《慣》

何かから、決して忘れることのできないような強い衝撃を受ける。例その折の恩師のひと言が心肝に徹し、学問の道を志すようになった。

心肝《しんかん》を砕《くだ》く《慣》⇩肝胆を砕く

心肝《しんかん》を寒《さむ》からしめる《慣》

⇩心胆を寒からしめる

心機一転《しんきいってん》《慣》

あることをきっかけに、気持ちを新たにして何かに取り組もうと思い立つこと。例定年退職を機に心機一転、老骨に鞭《むち》打って、難民救済のボランティア活動に加わることにした。

新紀元《しんきげん》を画《かく》する《慣》

状況が大きく変わり、新しい時代の出発点となる。例石油に代わるエネルギー源が出現すれば、新紀元を画することになるだろう。

新規蒔《しんきま》き直《なお》し《慣》
それまでのいきさつなどにこだわらず、物事を最初からやり直すこと。例 今までの失敗にくじけることなく、この辺で新規蒔《ま》き直しと行こう。

仁義《じんぎ》を切《き》る《慣》
〔博徒《ばくと》や香具師《やし》の間で、初対面の際に、型にはまった特殊な挨拶《あいさつ》を交わすことから〕交渉や相談に入る前に、儀礼的に初対面の挨拶をしておく。例 あとで面倒なことが起きないように、地元の世話役には仁義を切っておくほうがいい。

神経《しんけい》が高《たか》ぶる《慣》
何かに強い刺激を受け、興奮状態になる。例 昼間の事件のショックが大きく、神経が高ぶって眠れない。

神経《しんけい》が太《ふと》い《慣》
細かいことは気にせず、よほどのことでなければ驚かない性格をいう。例 外交交渉は、神経が太い人でなければ勤まらない。反対 **神経が細い**

神経《しんけい》に触《さわ》る《慣》
不快に感じられて、気持ちをいらだたせる。例 若者たちの傍若無人な振る舞いが神経に触る。

神経《しんけい》を使《つか》う《慣》
不都合が起こらないように、気持ちを引き締めて細かいところにまで注意を払う。例 高齢者の集まりだったので、怪我《けが》がないようにと主催者側は神経を使った。

神経《しんけい》を尖《とが》らす《慣》
損失や災害を事前に食い止めようと、緊張を持続させる。例 出漁を控え、漁民は台風の進路に神経を尖《とが》らしている。

心血《しんけつ》を注《そそ》ぐ《慣》
他を犠牲にすることをいとわず、一つのことに全力を集中する。例 彼はすべてをなげうって福祉事業に心血を注いだ。

人口《じんこう》に膾炙《かいしゃ》す
〔「膾《かい》」は、さしみ、「炙《しゃ》」は、焼き肉。共においしい御《ご》馳走《ちそう》で、広く一般に賞味されるところから》詩文などが、多くの人にもてはやされて、広く知れわたること。例この詩は、コマーシャルにその一節が引かれて、人口に膾炙するところとなった。

原文 一篇一詠《いっぺんいちえい》、人口に膾炙《かいしゃ》す。〈林嵩《りんすう》の文、周朴詩集《しゅうぼくししゅう》序《じょ》〉

沈香《じんこう》も焚《た》かず屁《へ》もひらず

《「沈香《じんこう》」は、香の一種》香を焚《た》くほど風流でもなく、人前でおならをするほど無風流でもない意で、特に人の役に立つこともないが害にもならない平々凡々な様子、また、可もなく不可もないタイプの人をいう。

人後《じんご》に落《お》ちない《慣》

《人のうしろに下がる意から》そのことに関しては他の人に負けない自信や実績がある様子をいう。例健康管理という点では、私も人後に落ちないつもりだ。

人後《じんご》に落《お》つ

《人のうしろに下がる意から》他人に負ける、他人より劣ること。⇩人後に落ちない

原文 気岸遥《きがんはる》かに凌《しの》ぐ豪士の前、風流肯《あえ》て落ちんや他人の後《しりえ》に〔盛んな心意気は豪傑をはるかにしのぎ、風流は人後に落ちなかった〕。〈李白《りはく》の詩、夜郎《やろう》に流《なが》されしとき辛判官《しんはんがん》に贈《おく》る〉

辛酸《しんさん》を嘗《な》める《慣》

数多くの辛《つら》い経験をする。例幼い時両親に死なれ、その後、筆舌に尽くしがたい辛酸を嘗《な》めた。

唇歯輔車《しんしほしゃ》

《唇（くちびる）と歯、輔（ほお骨）と車（歯ぐき）との切っても切れない関係をいう》両者の利害関係が密接で、互いに助け合う関係にあること、また一方が滅びれば他方も立ちゆかないことのたとえ。一説に「輔車《ほしゃ》」は、車の荷台と添え木で、添え木があって荷台に荷物を積み込むことができる意ともいう。

原文 諺《ことわざ》に所謂《いわゆる》、輔車相依《ほしゃあいよ》り、脣亡《くちびるほろ》ぶれば歯寒しとは、其《そ》れ虞《ぐ》・虢《かく》の謂《い》いなり〔諺に言っている、輔と車とは互いに助けあい、唇がなくなると歯が寒い、というのは、虞《ぐ》と虢《かく》との二国の関係を指すものである〕。〈左伝《さでん》・僖公《きこう》五年〉

類句 ◆車の両輪　◇鳥の両翼

親炙《しんしゃ》

《「炙《しゃ》」は、火であぶる意》肉を火で焼くように、尊敬する立派な人に近づき、その人から直接に教えを受けたり感化を受けたりすること。⇩私淑《ししゅく》

原文 聖人に非《あら》ずんば、能《よ》く是《かく》の如《ごと》くならんや。而《しか》るを況《いわ》んや之《これ》に親炙《しんしゃ》する者に於《お》いてをや〈聖人でなくしてどうしてこのようにできようか。当時、直接に教化を受けた人々はいうまでもないことである〉。〈孟子《もうし》・尽心《じんしん》下〉

参考 その人の著書などによって、間接的に教えを受ける場合には「私淑《ししゅく》」という。

仁者《じんしゃ》は山《やま》を楽《たの》しむ

人の道を心得た人は、静かで動かない山を愛し好む。それは天命に安んじていて、山のように動じないからである。

原文 子曰《しいわ》く、知者は水を楽しみ、仁者は山を楽しむ。知者は動き、仁者は静かなり。知者は楽しみ、仁者は寿《いのちなが》し〈孔子が言われた、知者は流れる川の姿を楽しみ、仁者は動かぬ山の姿を楽しむ。知者は動的で、仁者は静的である。知者は人生を楽しみ、仁者は寿命を全《まっと》うする〉。〈論語《ろんご》・雍《よう》也《や》〉

神出鬼没《しんしゅつきぼつ》

鬼神のように忽然《こつぜん》と現われたり姿が見えなくなったりして、その所在が容易に知れないこと。

針小棒大《しんしょうぼうだい》

針ほどの小さいことを棒ほどに大きく言う意で、物事を大げさに言うこと。

心証《しんしょう》を害《がい》する

《慣》その人の言動が相手に不快な印象を与える。例 何げない一言《ひとこと》が彼女の心証を害したらしく、その後はひどく素っ気ない応対をするようになった。

身上《しんしょう》をつぶす

《慣》《「身上」は、生活の基盤となる資産の意》全財産を使い果たす。「身上をはたく」とも。例 あそこのどら息子はギャンブルで身上をつぶしてしまった。

寝食《しんしょく》を忘《わす》れる

《慣》《「寝食」は、食べることと寝ること》食事や睡眠を忘れ

るほど夢中になって、一つのことに打ち込む様子をいう。例 寝食を忘れて研究に専念し、博士論文を完成させた。

人事《じんじ》を尽《つ》くして天命《てんめい》を待《ま》つ

できる限りのことを行なった上で、その結果の如何《いかん》は天に任せる意で、全力を尽くしたのだから、どんな結果になろうと悔いはないという心境を表わす言葉。

信心《しんじん》は徳《とく》の余《あま》り

信心も生活にゆとりができてからのことで、毎日の生活に追われていては信心の起こる暇もない、ということ。

薪水《しんすい》の労《ろう》

《薪《たきぎ》を取り、水を汲《く》む苦労》炊事をすることの苦労。例 恩師のためなら、薪水《しんすい》の労をとることもいとわない。

原文 一力《いちりき》を送りて其《そ》の子《こ》に給す。書に曰《いわ》く、汝《なんじ》旦夕《たんせき》の費、自ら給すること難しと為《な》す。今、此《こ》の力《りき》を遣《つか》わし汝の薪水《しんすい》の労を助く。此《これ》れも亦《また》人の子なり。善く之《これ》を遇すべし〔陶潜は〕一人のしもべを自分の息子に送った。その手紙に言うには、朝夕の仕事を自分でするのは大変だろう。今、このしもべをやってお前の薪を取ったり水を汲《く》む仕事を助けさせよう。しかし、このしもべもまた人の子である。いたわって扱うべきである〕。〈南史《なんし》・陶潜伝《とうせんでん》〉

人生意気《じんせいいき》に感《かん》ず

人間は金銭や名誉のためではなく、相手の心意気に感じて行動をするものである意で、心と心との触れあいが何ものよりも尊いことをいう。

原文 人生意気に感ず、功名誰《たれ》かまた論ぜん〔人間は意気にこそ感じるものである。功を立て名を揚げようなどということは、誰《だれ》が問題にするものか〕。〈魏徴《ぎちょう》の詩、述懐《じゅっかい》〉

人生七十《じんせいしちじゅう》　古来稀《こらいまれ》なり

⇩古稀《こき》

人生字《じんせいじ》を識《し》るは憂患《ゆうかん》の始《はじ》め

人間は字を覚え学問をしてものの道理が分かるようになると、そのためにいろいろ心配することが多くなる。むしろ無学で何も知らないほうが気楽である。

原文 人生字を識《し》るは憂患の始め、姓名粗《ほぼ》記すれば以《もっ》て休《や》む可《べ》し〔人間は文字を覚えると、世の中のいろいろの事を知って心配事が多くなる。自分の姓名をおおかた書けたら外《ほか》はいらない事ではあるまいか〕。〈蘇軾《そしょく》の詩、石蒼舒《せきそうじょ》の酔《すい》

墨堂《ぼくどう》〉

人生朝露《じんせいちょうろ》の如《ごと》し

人の一生は、日が出ればすぐに消えてしまう朝の露のようなものである意。人生のはかないことをいう言葉。

原文 人生は朝露《ちょうろ》の如《ごと》し、何ぞ自ら苦しむこと此《か》くの如《ごと》くなるや〔人の一生は朝露《あさつゆ》のようにはかないものである。してみれば、なぜこのように自分から苦しんでいるのであるのか〕。〈漢書《かんじょ》・蘇武伝《そぶでん》〉

人生僅《じんせいわず》か五十年《ごじゅうねん》

古く、人間の寿命を五十歳として言ったときの語。⇩古《こ》稀《き》

心臓《しんぞう》が強《つよ》い《慣》

物怖《ものお》じすることがなく、普通の人ならためらうようなことを、平気でやってのける様子。例 さすがに心臓が強い男だけあって、彼は言葉もろくに通じないのに、自転車でヨーロッパ横断旅行を成し遂げた。

心臓《しんぞう》に毛《け》が生《は》えている《慣》

あきれるほど恥知らずで厚かましい様子をいう。例 初対面の女性に言い寄るなんて、あの男は心臓に毛が生えているとしか思えない。

深窓《しんそう》に育《そだ》つ《慣》

《「深窓」は、邸内の奥まった部屋》良家の子女、特に女の子が、世間の風にも当てられずに、家の中で大切に扱われて育つ。例 彼女は、深窓に育ったお嬢様で、世間知らずだ。

進退《しんたい》これ谷《きわ》まる

《「谷」は、窮まるの意》進むことも退くこともできない状態の意で、困難極まりない状況にある。例 新企画に失敗をするは、借金の返済期日は迫るはで、我が社もついに進退（これ）谷《きわ》まった。

原文 人も亦《また》言うあり、進退維《こ》れ谷《きわ》まる〔世間の人もまた言っている。進むことも退くこともならず動きがとれない〕。〈詩経《しきょう》・大雅《たいが》・桑柔《そうじゅう》〉

参考 『日本外史』巻一に「忠ならんと欲すれば孝ならず、孝ならんと欲すれば忠ならず、重盛《しげもり》の進退此《ここ》に窮まれり」とある。

類句 ◇進退両難

身体髪膚《しんたいはっぷ》これを父母《ふぼ》に受《う》く

体はもちろん、髪の毛や皮膚に至るまで、すべて父母からもらったものだから、傷つけないよう大切にせよ、ということ。

原文 身体髪膚これを父母に受く、あえて毀傷《きしょう》せざるは孝の始めなり。〈孝経《こうきょう》・開宗明義章《かいそうめいぎしょう》〉

死《し》んだ子《こ》の年《とし》を数《かぞ》える

死んだ子が生きているとすれば今は幾つになっているだろうか、とその子の年を数える意で、いまさら言っても仕方がない過去のことについて、思い出したり、愚痴をこぼしたりすること。

類句 ◆死児《しじ》の齢《よわい》を数える

心胆《しんたん》を寒《さむ》からしめる《慣》

それを見聞きした人を、心の底から恐れさせる。「心肝を寒からしめる」とも。例 地球温暖化が原因と見られる自然災害は、人類の未来を思うと、心胆を寒からしめるものがある。

死《し》んでの長者《ちょうじゃ》より生《い》きての貧乏《びんぼう》

死んだのちに長者と言われるよりは、貧しくても生きているほうがよい、ということ。

死《し》んで花実《はなみ》が咲《さ》くものか

《「花実」は、名声と実利》生きているからこそいいこともあるので、死んでしまっては何にもならない、無駄に命を捨ててはならない、ということ。「死んで花実がなるものか」とも。例 死にたいなんて馬鹿《ばか》言うんじゃない、死んで花実が咲くものか、きっとまたいい事があるさ。

死《し》んでも死《し》に切《き》れない《慣》

どうにも未練が残って、このままでは死んでこの世をあとにすることができない気持ちだ。例 子供が一人前になるのを見届けるまでは、わたしは死んでも死に切れない。

心頭《しんとう》を滅却《めっきゃく》すれば火《ひ》もまた涼《すず》し

いかなる苦痛であっても、これを超越して心に留めなければ、その苦痛を感じない。

原文 安禅《あんぜん》必ずしも山水を須《もち》いず、心中を滅し得れば火も自《おのずか》ら涼し〔安らかに座禅をするには、必ずしも山水を必要としない。心の動きをとどめて無念無想になれば、火でも自然と涼しい〕。〈杜荀鶴《とじゅんかく》の詩、夏日悟空上人《かじつごくうしょうにん》の院《いん》に題《だい》す〉

参考 甲州慧林寺《えりんじ》の禅僧快川《かいせん》が織田《おだ》勢に寺を焼き討ちされた時、火炎の中でこの句を唱えたというので有名。

神《しん》に入《い》る《慣》

技芸などが群を抜いて優れていて、人間技とは思えないほどの冴《さ》えを見せること。例 名優と言われる役者は多いが、鏡獅子《かがみじし》を演じて神《しん》に入る技を見せるのは彼一人だ。

真《しん》に迫《せま》る《慣》

演技や絵画・彫刻・文章などに、現実の世界そのものと思わせるものがある。例 真に迫る名演技に魅せられて、観客は声もなかった。

しんにゅうを掛《か》ける《慣》

〔「しんにゅう」は、漢字の部首の一つで「辶」〕程度をいっそう甚だしくする意で、並外れて程度がひどいものであることをいう。例 山田君はお人好しにしんにゅうを掛けたような男だから、だまされるのも無理はない。

信《しん》は荘厳《しょうごん》より起《お》こる

寺や神社などのおごそかで美しい建築や装飾・儀式などの形に感動したことによって、信仰心は起こる。信仰には、形が大切であるということ。

類句 ◇仏《ほとけ》も金色に御衣《ぎょい》を更《あらた》む

親《しん》は泣《な》き寄《よ》り他人《たにん》は食《く》い寄《よ》り

不幸に際して、身内の者は心から悲しんで集まって来るが、他人は食べ物が目的で集まる。

神仏《しんぶつ》は見通《みとお》し

⇨神《かみ》は見通し

辛抱《しんぼう》する木《き》に金《かね》がなる

何事も辛抱して励む木には、やがて金《かね》がなるようになる意で、成功するには辛抱強さが大切である、ということ。

身命《しんめい》を賭《と》する《慣》

一身を犠牲にする覚悟で事に臨む。例 我が社の命運にかかわるプロジェクトに身命を賭《と》するつもりだ。

人面獣心《じんめんじゅうしん》

《人間の顔をしているが心は獣に等しい意》人の道にはずれていて、恩義を知らない者をののしっていう語。原文 夷狄《いてき》の人は被髪左衽《ひはつさじん》、人面獣心なり〔未開の異民族の人は、髪を結ばず、着物を左前に着、人間の顔をしているが心は獣と同じである〕。〈史記《しき》・匈奴伝《きょうどでん》〉

森羅万象《しんらばんしょう》

《「森羅」は、限りなく並びつらなる、「象」は、形のあるものという意》この宇宙間に存在する、ありとあらゆるもの。〈法句経《ほっくぎょう》〉

信《しん》を問《と》う《慣》

自分が信頼されているかどうか、相手に尋ねる。例 経済政策をめぐって政局が混乱し、首相は国民に信を問うため、解散総選挙を行なうことにした。

陣《じん》を取《と》る《慣》

戦争のために陣地《じんち》を構える意で、他と争ってそれをするのに条件の良い場所を確保すること。「陣を構える」「陣取《じんど》る」とも。例 枝振りのいい木の下に陣を取って、花見を楽しむ。

す

粋《すい》が身《み》を食《く》う

遊里や芸人社会の事情に通じていて粋《いき》を誇る人は、必ずいつかはその道におぼれて財産をなくし、身を滅ぼす。「粋《すい》は身を食う」は、いろはがるた（江戸）の一。

水火《すいか》も辞《じ》さない《慣》

どんな苦しみや危険をも恐れずに力を尽くそうと決意する様子を表わす。例 民族独立のために水火も辞さない覚悟で奔走する。

随喜《ずいき》の涙《なみだ》を流《なが》す《慣》

心からありがたいことだと思い、感極まって涙を流す。例 高僧のありがたいお説教を、聴衆は随喜の涙を流しながら聞き入った。

水魚《すいぎょ》の交《まじ》わり

魚は水がなければ生きてゆけないように、切っても切れない非常に親密な関係をいう。もとは君臣の関係について言ったが、今では、夫婦・友人など一般に使う。

原文 関羽《かんう》・張飛《ちょうひ》悦《よろこ》ばず、先主之《これ》を解きて曰《いわ》く、孤《こ》の孔明《こうめい》有るは、猶《な》お魚《うお》の水有るがごときなり〔(先主劉備《りゅうび》と諸葛《しょかつ》孔明とが親密になったので)前からいた関羽と張飛がおもしろく思わなかった。先主がそれを説明して言うには、私にとって孔明が必要なのは、ちょうど魚にとって水が欠くことのできないものであるのと同じである〕。〈三国志《さんごくし》・蜀《しょく》志《し》・諸葛亮伝《しょかつりょうでん》〉

類句 ◆君臣水魚 ◆水と魚《うお》

推敲《すいこう》

《唐の詩人の賈島《かとう》が、「僧は敲《たた》く月下の門」と「僧は推《お》す月下の門」といずれが良いかと夢中で考えているうちに、有名な文豪であり長安の知事である、韓愈《かんゆ》の行列につきあたって、捕らえられ、そのわけを話したところ、韓愈は「敲《こう》」のほうがよいと教えたという故事から》詩や文章の作成に当たって、字句を幾度も練り直して苦心すること。

例 これは、半年以上推敲《すいこう》に推敲を重ねて、ようやく脱稿した作品だ。

原文 島、挙《きょ》に赴《おもむ》き京《けい》に至る。驢《ろ》に騎《の》りて詩を賦《ふ》し、僧は推す月下の門の句を得たり〔賈島《かとう》は受験のために都にやって来た。驢馬《ろば》の上で詩を作り、僧は推す月下の門という句ができた〕。推を改めて敲《こう》と作《な》さんと欲し、手を引きて推敲の勢いを作《な》し未《いま》だ決せず、覚えず大尹韓愈《たいいんかんゆ》に衝《あた》る。乃《すなわ》ち具《つぶ》さに言う。愈曰《いわ》く、敲の字佳《よ》し、と。遂に轡《たづな》を並べて詩を論ず。〈唐詩紀事《とうしきじ》・四〇〉

彗星《すいせい》の如《ごと》く《慣》

前触れなしに突然現われ、世間の注目を浴びる様子。例 まだ若い天才ゴルファーが、プロゴルフ界に彗星《すいせい》の如《ごと》く現われた。

酔生夢死《すいせいむし》

《酒に酔ったり夢を見たりしているような状態で一生を終えるという意》これといったこともせず、ただ無自覚に生きているというだけの一生で終わること。無意味な一生であること。

原文 高才明智《めいち》と雖《いえど》も、見聞に膠《こう》して、酔生夢死して、自ら覚《さと》らざるなり〔才の高く知の明らかな人でさえも、誤った見聞にとらわれて、この道を知らず、一生を酔生夢死して無自覚のうちに過ごしてしまっている〕。〈小学《しょうがく》・嘉言《かげん》〉

垂涎《すいぜん》

《御馳走《ごちそう》を見て、涎《よだれ》を垂らす意》その物が欲しくてたまらないと思うこと。⇩**垂涎《すいぜん》の的**

原文 一国これを聞く者、これを見る者、涎《よだれ》を垂れて相《あい》告げん〔国中でそのことを聞いたり見たりする者は、涎を垂らして互いに知らせ合うでしょう〕。〈賈誼新書《かぎしんじょ》・匈奴《きょうど》〉

注意 「すいえん」と読むのは誤り。

類句 ◆涎《よだれ》を垂《た》らす

垂涎《すいぜん》の的《まと》 《慣》

〔「垂涎《すいぜん》」は、前項参照〕どんなに欲しくても簡単には手に入らないもの、また、誰《だれ》もがうらやむものであることをいう。例 このような名品はめったに市場に出ないので、収集家にとっては垂涎の的である。

粋《すい》は身《み》を食《く》う

いろはがるた（江戸）の一。⇩**粋《すい》が身を食う**

推輓《すいばん》

〔「推」は押す、「輓《ばん》」は引く。車を押したり引いたりする意〕人を引き立てて推薦すること。

原文 衛君《えいくん》は必ず入らん。夫《か》の二子なる者、或《あるい》は之《これ》を輓《ひ》き、或は之を推《お》す。入ること無からんと欲するも得んや〔衛の君はきっと自国にもどるであろう。あの子展《してん》と子鮮《しせん》の二人は、主君を前から引いたり、後ろから押したりするように補佐している。もどるまいとしてもできないことである〕。〈左伝《さでん》・襄公《じょうこう》十四年〉

水泡《すいほう》に帰《き》する 《慣》

今まで努力して得たことが、すべて無駄になる。例 計画の中止が発表され、これまでの労苦が水泡に帰した。

類句 ◆水《みず》の泡《あわ》になる

酸《す》いも甘《あま》いも噛《か》み分《わ》ける

豊かな人生経験を積んで、世間の裏表や人情の機微に通じている。例 石井さんは酸いも甘いも噛《か》み分けた苦労人だから、よい相談相手になってくれるだろう。

垂簾《すいれん》の政《まつりごと》

〔「垂簾《すいれん》」は、簾《すだれ》（みす）を垂れる意。昔は男女の別が厳しく言われ、皇太后が群臣たちと会うときには、前面にみすを垂らしたことから〕天子が幼少の際、皇太后が代わって政治を行なうこと。

原文 太后《たいこう》、簾《れん》を（天子の）御座の後ろに垂れて、政事の大小、皆これを預かり聞く。〈旧唐書《くとうじょ》・高宗紀《こうそうき》〉

粋《すい》を利《き》かす

《慣》恋愛関係などについて、物分かりがよく、人情味のある扱いをしてやる。例 高校時代の恩師の粋を利かした計らいで、二人は無事に結婚することができた。

数《すう》奇《き》

〔「数」は運命、「奇」は時世に合わない意〕不幸せであること。不遇。「さっき」とも読む。例 高貴な生まれながら、彼女ほど数奇な運命をたどった人はいないだろう。

原文 李広《りこう》老いて数奇なり。単于《ぜんう》に当たらしむること毋《なか》れ。恐らくは欲する所を得ざらん〔李広《りこう》は年をとっていて不遇である。匈奴《きょうど》の単于《ぜんう》と対決させてはならない。たぶん思うようにはならないであろう〕。〈史記《しき》・李将軍伝《りしょうぐんでん》〉

数《すう》を頼《たの》む

《慣》⇩数《かず》を頼む

据《す》え膳《ぜん》食《く》わぬは男《おとこ》の恥《はじ》

〔「据え膳《ぜん》」は、すぐ食べられる状態で、人の前に出された食膳〕女のほうからしかけてきた誘惑に尻込《しりご》みして乗らないのは、男として恥であるということ。

末《すえ》の露《つゆ》本《もと》の雫《しずく》

葉先に宿る露と根元に残る雫《しずく》とは、早い遅いの違いはあっても、どちらも消えるのは同じである意で、人の寿命も、長短の違いはあっても、やがていつかは尽きるものである、ということ。

末《すえ》は野《の》となれ山《やま》となれ

⇩後《あと》は野となれ山となれ

素顔《すがお》を見《み》せる

《慣》いい面も悪い面もさらけ出した、ありのままの状態を見せる。例 教室ではめっぽう厳しい先生が、コンパの席で意外な素顔を見せてくれて、親近感を覚えた。

頭《ず》が高《たか》い《慣》

頭の下げ方が足りないの意で、態度が傲慢《ごうまん》で、目上の人に対しても礼を欠く振る舞いをする様子。例 親の七光りとやらで入社したあの男は、誰《だれ》に対しても頭《ず》が高く、謙虚なところが見られない。

姿《すがた》は俗性《ぞくしょう》を現《あら》わす

人の身なりや振る舞いで、その人の育ちや品位が分かる、という意。

姿《すがた》を消《け》す《慣》

今まで存在していた物事や、意識されていた事柄などが全く認められなくなる。例 携帯電話の普及に伴い、いつの間にか街角から公衆電話が姿を消した。

すかを食《く》う《慣》

〔「すか」は肩すかしの意という〕期待はずれの目にあう。例 彼女を誘ういいチャンスだったのに、じゃまが入り、すかを食ってしまった。

頭寒足熱《ずかんそくねつ》

頭を冷やし足もとを暖かにすること。健康を保つコツの一つ。

好《す》きこそ物《もの》の上手《じょうず》なれ

そのことが好きであれば人一倍努力しようとするので自然と上達し、その道で認められるようになる、ということ。例 弟子入りしたころは一番不器用であったが、好きこそ物の上手なれで、十年たった今では一目置かれる職人になった。

過《す》ぎたるは猶《な》お及《およ》ばざるがごとし

程度を過ぎたものはそれに達していないものと同じで、共に中正をはずれている。どちらも正しい中庸の道ではなく、かたよっているということ。

原文 子貢《しこう》問う、師と商とは孰《いず》れか賢《まさ》れる。子曰《しいわ》く、師や過ぎたり。商や及ばず。曰く、然《しか》らば則《すなわ》ち師は愈《まさ》れるか。子曰く、過ぎたるは猶《な》お及ばざるがごとし〔子貢が問うた、師（子張）と商（子夏）とどちらが優れているのでしょうか。孔子が言われた、師は過ぎているし、商は足りない。

子貢が言った、それでは師のほうが優れているのですか。孔子が言われた、行き過ぎているのは足りないのと同じである」。〈論語《ろんご》・先進《せんしん》〉
類句 ◆薬も過ぎれば毒となる

好《す》きに赤烏帽子《あかえぼし》

本来は黒い烏帽子《えぼし》をわざわざ赤くした異様な赤烏帽子であっても、当人が好むものは、平気でかぶっていられるということから、物好きなこと。

好《す》きに身《み》をやつす

好む道楽などに熱中するあまりに、身がやつれるほどの苦労をしても、当人自身は全く意に介さず、平気である。「好きには身をやつす」とも。
類句 ◇好きの道には薦《こも》かぶる

空《す》き腹《はら》にまずい物《もの》なし

空腹のときには、うまいまずいを言わず何でも食べられるものだ。「ひもじい時にまずい物なし」とも。
参考 Hunger is the best sauce.〔空腹は最上のソースである〕

隙間風《すきまかぜ》は冷《つめ》たい

戸・障子《しょうじ》・壁などの隙間《すきま》から入ってくる風は、特に身に冷たく感じられる意で、義理のある間柄などで何となくしっくりいかないような場合にいう。

数寄《すき》を凝《こ》らす《慣》

建物や道具などにいろいろ工夫をして、風流な感じを出す。例 彼は数寄を凝らした茶室が自慢の豪邸を建てた。

頭巾《ずきん》と見《み》せて頬被《ほおかぶ》り

当人は頭巾《ずきん》を被《かぶ》っているつもりでも、他からは頬《ほお》被りしているようにしか見えないという意から、表面上はうまく取り繕っても、内実が伴わない様子のたとえ。

救《すく》いが無《な》い《慣》

前途に希望がなく、接する人にどうにもやりきれないといった感じを与える様子。例 このところ、親殺し・子殺し、無差別殺人など救いの無い事件が相次いでいる。

すこぶる付《つ》き《慣》

《「すこぶる」という副詞が付けられるほどだの意から》同類の中でも、その程度が一段とまさっていること。甚だしいこと。例あの人はすこぶる付きの秀才とうわさされている。

凄《すご》みをきかせる《慣》

思いどおりに事を運ぼうとして、相手を怖がらせるような言動をとる。例「馬鹿《ばか》なまねはやめろ」と凄《すご》みをきかせたら、チンピラは一目散に逃げて行った。

杜撰《ずさん》

《宋《そう》の詩人の杜默《ともく》の詩は、詩の規則に合わないものが多かったので、人々がいい加減なできのものを杜撰《ずさん》（杜默が作ったものという意味）というようになった故事から》著作などに誤りが多いこと。転じて、やり方がいい加減で、ぞんざいなこと。

原文 杜默《ともく》詩を為《つく》るに、多く律に合わず。故に事の格に合わざるものを言いて杜撰《ずさん》と為《な》す〔杜默が作った詩は、韻律の規則に合わないものが多かった。そこで、物事の法式に合わないものを杜撰というようになった〕。〈野客叢書《やかくそうしょ》〉

注意「杜」を「ず」と読むのは呉音。「ずざん」ともいう。

筋《すじ》がいい《慣》

今の段階では未熟だが、将来優れた技量を発揮する素質があると判断される様子。例この子はなかなか筋がいいから、本格的に舞踊を習わせたらどうだ。

筋書通《すじがきどお》り《慣》

事の進み具合が、計画したとおりであること。例金融恐慌の煽《あお》りを受け、会社の経営が筋書どおりにいかなくなってしまった。

筋《すじ》が立《た》つ《慣》

道理にかなっていて、その言動が納得できる。例君の言っていることは全く筋が立たない屁理屈《へりくつ》で、聞く気になれない。

筋《すじ》が違《ちが》う《慣》

物の道理に合わないことを言ったりしたりする。例そんな苦情を私のところへ持ち込むのは筋が違うと思う。

筋《すじ》が通《とお》る《慣》

論理が一貫していたり、道理にかなっていたりして、その言動が納得できる。例そんな筋が通らない要求は受け入れられない。

筋金入《すじがねい》り《慣》

《「筋金」は、物を補強するための細長い金属片》十分に鍛え抜かれていて、相手に対して容易に妥協したり屈服したりすることがないこと。例さすが筋金入りの論客だけあって、論旨に説得力がある。

筋《すじ》を通《とお》す《慣》

何かをする際に、道理にかなったやり方を貫いたり、踏むべき手続きをきちんと守ったりする。「筋道を通す」とも。例工場建設に当たっては、事前に地域住民の了解を求めるなど、きちんと筋を通してほしい。

涼《すず》しい顔《かお》《慣》

自分が関係していながら、何も知らないといった顔つきでいる様子。例人にさんざん迷惑をかけておきながら、当人は涼しい顔をしている。

雀《すずめ》の涙《なみだ》

小さい雀《すずめ》が流す涙程度ということから、相手に提供する物や金額がごくわずかなことのたとえ。「蚊の涙」とも。例奉仕活動なので、謝礼は雀の涙ほどしか出せないことを了承してほしい。

雀《すずめ》百《ひゃく》まで踊《おど》り忘《わす》れず

雀《すずめ》は死ぬまで飛びはねる癖が抜けない意で、幼時から身にしみ込んだ習慣は、年を取っても改めにくいものだ。年を取っても道楽の癖がなおらないことなどにいう。いろはがるた（京都）の一。

鈴《すず》を転《ころ》がすような《慣》

女性の声が澄んでいて美しく響く様子。例彼女の鈴を転がすようなソプラノにしばし聞きほれる。

類句　◆玉を転がすような

頭痛《ずつう》の種《たね》《慣》

悩み・心配などの原因となる物事。例子供の進学の問題が親にとっては頭痛の種だ。

すったもんだ《慣》

（「擦ったり揉《も》んだり」の意）意見の違いなどがあって、話し合いがもめたり物事が滞ったりすること。例 あの会社は、次期の役員人事をめぐってすったもんだしたあげく、全員留任ということになった。

捨《す》て石《いし》になる《慣》

他日の役に立てるために、当座は無駄に見えるようなことをしたり、関係者が犠牲になったりする。例 彼は会社再建の捨て石となるべく、自ら進んで職を辞した。

捨《す》てたものではない《慣》

一見役にも立たなくなったように見えても、まだまだいい点があり、それなりの価値がある様子だ。例 あの選手は、体力は衰えたものの、ベテランとしての味のあるプレーは、なかなか捨てたものではない。

捨《す》てる神《かみ》あれば拾《ひろ》う神《かみ》あり

自分を見捨てる神があるかと思うと、その捨てられた自分を助ける神もある意で、人間の運命はそれぞれの神まかせであり、運は必ずついてくるものだ、ということ。「捨てる神あれば助ける神あり」とも。

類句 ◆渡る世間に鬼はない

砂《すな》を嚙《か》むよう《慣》

心に響いてくるものが何もなく、うんざりさせられる様子。例 会社代表の空疎な言葉を並べただけの弔辞を、事故犠牲者の遺族たちは砂を嚙《か》むような思いで聞いていた。

図《ず》に当《あ》たる《慣》

予測が的確で、計画どおりに事が運ぶ。例 作戦が図に当たり、大差をつけてライバルチームに勝った。

図《ず》に乗《の》る《慣》

思いどおりに事が運び、いい気になって付け上がる。例 順調な売り上げに気をよくして、図に乗って販路を広げ過ぎたのが、つまずきの原因となった。

脛《すね》に傷《きず》あれば笹原《ささはら》走《はし》る

悪事を犯してうしろ暗いことがあるときには、風にそよぐ笹原《ささはら》の葉音にさえびくびくして自然小走りになる。心にやましいことのある者は、胸を張って世間を渡れない、ということ。「脛《すね》に傷あれば萱原《かやはら》走らぬ」とも。

脛《すね》に疵《きず》を持《も》つ

自分の身に、隠している過去の悪事ややましいことがあること。「脛《すね》」は「臑」とも、「疵《きず》」は「傷」とも書く。例何を隠そう私自身脛に疵を持つ身だから、人にあまり偉そうなことは言える立場ではない。

脛《すね》をかじる《慣》 ⇩親の脛《すね》をかじる

滑《すべ》ったの転《ころ》んだの《慣》

つまらないことですぐ騒ぎ立て、あれこれうるさく言う様子。例あのおしゃべりが大げさに滑ったの転んだのと言うのを、まともに聞いていたらきりがない。

すべての道《みち》はローマに通《つう》ず

（ローマ帝国の盛んであった時代には、広大な勢力範囲の各地からローマに道路が通じていたことから）一つの真理にあらゆることが適用される、また、ある目的を達するのに手段は幾つもある、という意に用いる。

原文 All roads lead to Rome. の訳語。

類句 ◇百川《ひゃくせん》海に朝《ちょう》す

滑《すべ》り道《みち》とお経《きょう》は早《はや》い方《ほう》がよい

滑る泥道《どろみち》は人より先に歩くほうが転ばないし、僧侶《そうりょ》の読《ど》経《きょう》も早く終えたほうがありがたいものだ。

図《ず》星《ぼし》を指《さ》す《慣》

相手の弱点や隠し事を見抜き、ぴたりと言い当てる。例欠席届けを出しにいったら、ずる休みをしたのだろうと図星を指されて、どぎまぎした。

スポットライトを浴《あ》びる《慣》

何かでその名が広まり、世間の注目を一身に受けるようになる。例一度でいいからあの新人歌手のように、スポットライトを浴びる存在になってみたい。

スポットを当《あ》てる《慣》

（「スポット」は、スポットライトの略）特にその点に注目して問題にする。例石油危機をきっかけに、海底油田開発にスポットが当てられることになった。

すまじきものは宮仕《みやづか》え

官庁や会社などに勤めると、何かと制約が多く、人間関係の気苦労も絶えないので、できることならすべきでない。例「すまじきものは宮仕え、たとえ小さくても一国一城の主《あるじ》でいたい」と、彼は脱サラしてラーメン屋を始めた。

澄《す》ました顔《かお》《慣》

つまらない事にかかわってはいられないといった、気取った顔つきをしている様子。また、自分にはかかわりがないといった、平然とした顔つきをしている様子。例人の物を無断で使っておいて、澄ました顔をしているとは厚かましい。

隅《すみ》から隅《すみ》まで《慣》

ある範囲全体にわたって残すところなく何かが及ぶ様子。例大事なイヤリングが見当たらなくて、家じゅう隅から隅まで捜したがどこにもなかった。

隅《すみ》に置《お》けない《慣》

意外な知識があったり案外世間に通じていたりして、無視することのできない存在だと思われる様子。例堅いのだけが取り柄かと思っていたのに下世話《げせわ》なことまで知っているとは、隅に置けない人だ。

墨《すみ》は餓鬼《がき》に磨《す》らせ 筆《ふで》は鬼《おに》に持《も》たせよ

墨は力を入れずに磨るのがよいので、痩《や》せ衰えた餓鬼《がき》に磨らせ、筆使いには力が必要なので、鬼に筆を持たせるのがよい意。墨はやさしく磨り、筆は力を込めて勢いよく書くのがよい、という教え。

類句 ◇墨を磨るは病夫の如《ごと》くし筆を把《と》るは壮夫の如くす

住《す》めば都《みやこ》

長く住んでいると、どんな所でも住み慣れて居心地がよいと思われるようになるものだ、ということ。「地獄《じごく》も住《すみ》処《か》」とも。例転勤して来た当初はなじめない町だと思っていたが、住めば都で、だんだん愛着がわいてきた。

相撲《すもう》に勝《か》って勝負《しょうぶ》に負《ま》ける

いい相撲をとっていながら、最後の土壇場で負けてしまう意で、いい経過をたどりながら、最終的には失敗してしまうこと。例終始押しぎみに試合を進めていたのだから、相撲に勝って勝負に負けたというべきだ。

相撲《すもう》にならない《慣》

両者の間に力の差があり過ぎて勝負にならない様子だ。例相手がプロの棋士じゃ、いくら君が腕自慢だと言っても、相撲にならないよ。

擂《す》り粉木《こぎ》で芋《いも》を盛《も》る

〈先端の丸い擂《す》り粉木《こぎ》で芋を盛りつけようとする意〉不可能なことをしようとすることのたとえ。類句◇杓子《しゃくし》で腹《はら》を切《き》る

巣《す》を食《く》う《慣》

良識ある人々からは歓迎されない連中が、そこに活動の本拠地を構える。「巣食う」とも。例盛り場に巣を食う暴力団の撲滅に乗り出す。

寸《すん》が詰《つ》まる《慣》

長さ・高さなどが規準や標準より短くなる。特に、洗濯をした後などに衣服の丈が短くなること。「寸詰《すんづ》まりになる」とも。例ウールのズボンを水洗いしたものだから、寸が詰まってはけなくなってしまった。

寸暇《すんか》を惜《お》しむ《慣》

休む間も惜しんで熱心に何かにはげむ様子をいう。例寸暇を惜しんで作品の制作に打ち込んだ。

寸暇《すんか》を盗《ぬす》む《慣》

ちょっとの暇さえ利用して熱心に何かをする様子をいう。例毎日仕事に追われる中、寸暇を盗んで、税理士の資格を取るために勉強した。

寸善尺魔《すんぜんしゃくま》

〈一寸の「善」と一尺の「魔」の意〉この世の中には善い事が少なくて、悪い事が多いものだ、ということ。

寸鉄人《すんてつひと》を殺《ころ》す

〈小さい刃物で人を殺す意〉短いけれども人の心をえぐる言葉で、相手の急所を突くことのたとえ。

原文 曽子《そうし》の守り約なるは、寸鉄人を殺す者なり〔曽子の、

身を慎み守ることに要点を得ていることは、寸鉄人を殺すというものである」。〈鶴林玉露《かくりんぎょくろ》・地《ち》・殺人手段《さつじんしゅだん》〉

類句 ◆寸鉄人を刺す

寸鉄人《すんてつひと》を刺《さ》す

《「寸鉄」は小さい刃物》事の本質を言い当てた短い言葉で、相手の急所を突いたり人に感銘を与えたりする。

類句 ◆寸鉄人を殺す

寸分違《すんぶんたが》わず

《一寸と一分《いちぶ》のような、わずかな長さ》少しも違わない。全く同じさまをいう言葉。

寸《すん》を詘《くっ》して尺《しゃく》を伸《の》ぶ

小さな利益を捨てて大きな利益を取る。

原文 寸を詘《くっ》して尺を伸ばすは、聖人之《これ》を為《な》す。小を枉《ま》げて大を直《なお》くするは君子之を行なう〈短い一寸のものをかがめて一尺のものを伸ばすのは、聖人にして初めてできることで、小さいものを曲げて大きなものをまっすぐにするのは、君子にしてできることである〉。〈淮南子《えなんじ》・氾論訓《はんろんくん》〉

類句 ◆尺《しゃく》を枉《ま》げて尋《じん》を直《なお》くす

せ

井蛙《せいあ》は以《もっ》て海《うみ》を語《かた》るべからず

⇩井《い》の中《なか》の蛙《かわず》大海を知らず

生《せい》ある者《もの》は必《かなら》ず死《し》あり

命ある者にはいつか必ず死がおとずれる、の意で、生命は永遠のものではないことをいう。「生者《しょうじゃ》必滅」「生ある者は必ず滅《めっ》す」とも。

原文 生《せい》有る者は必ず死有り、始め有る者は必ず終わり有るは、自然の道なり。〈法言《ほうげん》・君子《くんし》〉

類句 ◆生き身は死に身 ◆生者必滅《しょうじゃひつめつ》

青雲《せいうん》の志《こころざし》

《「青雲」は高い空をいい、高い地位にたとえる》立身出世して高い地位につこうと思う強い気持ち。例 青雲の志をいだいて故郷を後にする。

原文 窮して且《まさ》に益々《ますます》堅からんとして、青雲の志を墜《おと》さず〔貧乏している時は、ますますその志を堅くして屈しないようにして、高位高官に栄進しようとする志を、いつまでも落とさず維持する〕。〈王勃《おうぼつ》の文、滕王閣《とうおうかく》の序《じょ》〉

青雲《せいうん》の士《し》

高い徳をそなえ、世に知られた人。また、高位高官に立身した人。

原文 閭巷《りょこう》の人、行ないを砥《みが》き名を立てんと欲する者、青雲の士に附《つ》くに非《あら》ずんば、悪《いずく》んぞ能《よ》く後世に施さんや〔田舎に住む人で、行ないを立派にし、名声を得ようと望む者は、学問・徳行が高く、世に知られた人に附《つ》かなければ、どうしてその名を後世に伝えることができようや〕。〈史《し》記《き》・伯夷伝《はくいでん》〉

青眼《せいがん》

〔晋《しん》の阮籍《げんせき》は、歓迎する人に会う時は青眼（黒目）で、気に食わない人に会う時は白眼で対したという故事から〕人を歓迎する気持ちを表わした、好意に満ちた目つき。

原文 籍《せき》、礼教に拘《かかわ》らず、能《よ》く青白眼を為《な》す。礼俗の士を見るに、白眼を以《もっ》てこれに対す。……嵆康《けいこう》、酒を齎《もたら》し琴を挾《わきばさ》みて造《いた》る。籍大いに悦《よろこ》び、乃《すなわ》ち青眼を見《あらわ》す〔阮籍《げんせき》は礼法や名教にとらわれず、青い目つきと白い目つきとを使いわけた。礼儀作法を守る堅苦しい人には白い目つきで会った。……嵆康《けいこう》が酒と琴とを持ってやって来た。籍は非常に喜び、青い目つきをした〕。〈晋書《しんじょ》・阮籍伝《げんせきでん》〉

正鵠《せいこく》を射《い》る《慣》

〔「正鵠《せいこく》」は、的の中心の黒い点〕その提言などが物事の急所をついたり要を得ていたりする。「正鵠《せいこく》を得《え》る」とも。

例 彼は深刻化する公害問題に関して、正鵠を射た論文を発表した。

精根《せいこん》を傾《かたむ》ける《慣》

すべての気力をその事のために注ぎ込む。例 博士論文の完成に精根を傾ける。

生彩《せいさい》がない《慣》

内からあふれる活力が感じられない様子。「生彩を欠く」とも。例 主力選手の欠場がひびいたのか、チーム全体に何となく生彩がない。

生彩《せいさい》を放《はな》つ《慣》

他と比べて、一段とその良さが目立つと感じられることをいう。例 彼の躍動感にあふれた作品は、今回の美術展の中で生彩を放っていた。

青史《せいし》

〔昔の書物は、青竹を火であぶって油を出しその青味を取り去って書きやすくした竹の札を用いたところから〕歴史。記録。

原文 青史、旧名伝う。〈李白《りはく》の詩、四皓《しこう》の墓《はか》を過《す》ぐ〉

西施《せいし》の顰《ひそみ》に倣《なら》う《慣》

⇩顰《ひそみ》に倣《なら》う

盛者必衰《せいじゃひっすい》

⇩盛者必衰《じょうしゃひっすい》

生者必滅《せいじゃひつめつ》

⇩生者必滅《しょうじゃひつめつ》

精神一到何事か成《な》らざらん《せいしんいっとうなにごと》

精神を集中して努力すれば、どんな困難なことでもできないことがあろうか、の意で、精神力の大切なことをいった言葉。

原文 陽気の発する処《ところ》、金石も亦透《またとお》る。精神一到何事か成らざらん〔陽の気が発動するところでは、金や石も突き通してしまう。精神を集中して行なえば、どんなことでも成し遂げることができる〕。〈朱子語録《しゅしごろく》・八〉

参考 Where there's a will there's a way.〔意志のある所には道がある〕

類句 ◆石に立つ矢 ◆思う念力岩をも通す

清水《せいすい》に魚棲《うおす》まず

⇩水清《みずきよ》ければ魚棲《うおす》まず

清濁併《せいだくあわ》せ呑《の》む

〔「清濁」は、正と邪、また善人と悪人、の意〕度量が広く、事の善し悪しにかかわりなく受け入れて対応する。例 さすが大企業の経営者だけあって、清濁併せ呑《の》む大物だ。

清談《せいだん》

〔魏晋《ぎしん》時代に、社会の道徳や礼儀などを超越し、自分たちだけが俗世間から逃れて清い生活をしようとした人たちが話し合った談話をいう〕浮き世離れをした、趣味・芸術・学問などに関する話。

原文 終日清談すれども、県務も亦理《またおさ》まる。〈晋書《しんじょ》・王衍《おうえん》伝《でん》〉

成竹《せいちく》

〈画家が竹を描く際に、まず竹の様子を胸の中に想像し、その後で筆をとるという意〉何かをする際に、まず計画を立てること。また、その計画。

原文 竹を画《えが》くには、必ず先ず成竹を胸中に得《う》。〈蘇軾《そしょく》の文、篔簹谷偃竹《うんとうこくえんちく》の記《き》〉

掣肘《せいちゅう》

わきからよけいな口出しをして、自由な行動をさせないこと。〈孔子の弟子の宓子賤《ふくしせん》が任地に行く時、魯《ろ》の哀公《あいこう》の側近の書記二人を借りて行き、書類を書かせた。二人が書き始めると宓子賤は、そばから二人の肘《ひじ》を引っ張って邪魔し、字の出来が悪いと叱《しか》った。二人が帰って魯公にその事情を話すと、魯公は、自分（魯公）が、任に当たる者を信じて任せずいろいろと口出しする不明を宓子賤が諫《いさ》めようとしているのだ、と悟り、早速使者をやって宓子賤の思うとおりに任地を治めさせた、という故事による〉

原文 宓子賤《ふくしせん》、亶父《せんぶ》を治む。魯君《ろくん》の讒人《ざんじん》（悪く告げ口をする人）に聴きて己をして其《そ》の術を行なうを得ざらしむるを恐る。……宓子賤、二史をして書せしむ。史方《まさ》に将《まさ》に書せんとするや、宓子賤、旁《かたわら》より時に其の肘《ひじ》を掣揺《せいよう》す。史、書して善からざれば則《すなわ》ち宓子賤、之が為《ため》に怒る。史甚《はなは》だ之を患《うれ》い、辞して帰らんと請う。……二史帰りて君に報ず。……魯君太息して嘆じて曰《いわ》く、宓子此《こ》れを以《もっ》て寡人《かじん》の不肖《ふしょう》を諫《いさ》むるなり。寡人、宓子の政を乱し、宓子をして其の術を行なうを得ざらしめしこと、必ず数々之有《しばしばこれあ》りしならん。〈呂氏春秋《りょししゅんじゅう》・具備《ぐび》〉

類句 ◆掣肘《せいちゅう》を加える

掣肘《せいちゅう》を加《くわ》える《慣》

そばからあれこれと干渉して、その者の行動の自由を束縛する。例 父親といえども、我が子に対してむやみに掣肘《せいちゅう》を加えることは慎むべきだ。

類句 ◆掣肘《せいちゅう》

井底《せいてい》の蛙《あ》

⇩井《い》の中の蛙《かわず》大海を知らず

急《せ》いては事《こと》をし損《そん》ずる

あせって事を急ぐと、しなくてもよい失敗をするものだ、の意で、いたずらに功をあせることを戒める言葉。例 今が好機かもしれないが、急《せ》いては事をし損ずるだ、しばらく情勢を見よう。

参考 Haste makes waste.〔急ぐことは無駄を作る〕

類句 ◆急がば回れ

青天《せいてん》の霹靂《へきれき》

《晴れた青空に突然とどろく雷鳴の意》突然起こった衝撃的な出来事・大事件。例 まだ若い彼の死は、私にとってまさに青天の霹靂《へきれき》であった。

原文 放翁病みて秋を過ごす。忽《たちま》ち起《た》ちて酔墨《すいぼく》を作《な》す。正に久蟄《きゅうちつ》の竜《りょう》の如《ごと》く、青天に霹靂《へきれき》を飛ばす〔陸放翁《りくほうおう》（放翁は陸游《りくゆう》の号）は病気になり秋が過ぎてしまった。たちまち起き出して、酔った勢いで筆を揮《ふる》った。それはちょうど、長い間地中に潜んでいた竜《りゅう》のように、青空に雷鳴をとどろかせる勢いであった〕。〈陸游《りくゆう》の詩、九月四日《くがつしじつ》 鶏《にわとり》未だ鳴《な》かず起《お》きて作《つく》る〉

青天白日《せいてんはくじつ》

心にやましいところが全くないこと。また、身に少しも疑われることが無く、潔白であること。例 裁判で無罪が証明されて、ようやく青天白日の身となった。

原文 孟子《もうし》の若《ごと》きは則《すなわ》ち青天白日の如《ごと》く、垢《こう》の洗うべきなく、瘢《はん》の索《もと》むべきなし〔孟子《もうし》のような人は、晴れわたった日の太陽のようで、洗うべき垢《あか》もなく、捜すべき傷あともない〕。〈朱子全書《しゅしぜんしょ》・諸子《しょし》〉

盛年《せいねん》重《かさ》ねて来《き》らず

元気にあふれた若い時は一生のうちに二度とは来ないから、その時を無駄に過ごしてはいけない、ということ。

原文 盛年重ねては来《きた》らず、一日再び晨《あした》なり難し、時に及んで当《まさ》に勉励すべし、歳月は人を待たず〔若い盛んな時代は二度とやって来ない。一日に二度の朝はない。この機会に努力すべきである。時の流れは人を待ってはくれない〕。〈陶淵明《とうえんめい》の詩、雑詩《ざっし》〉

類句 ◆歳月人を待たず

生《せい》は難《かた》く死《し》は易《やす》し

苦難に耐えて生きていくことはむずかしいけれども、死ぬことは極めてやさしい。だから命を軽く考えてはいけないということ。

生《せい》は死《し》の始《はじ》め

人がこの世に生まれた時は、すでに死に向かって歩み始めた最初の時でもある、ということ。

生命《せいめい》ある所《ところ》 希望《きぼう》あり

生きていさえすれば必ず何らかの希望がある。希望と忍耐をもって、人生を生きるべきである、ということ。

精《せい》も根《こん》も尽《つ》き果《は》てる《慣》

苦労が重なって、体力も精神力も使い果たしてしまう。例 この十年というもの祖母の介護に明け暮れる毎日で、家族全員、精も根も尽き果ててしまった。

声涙《せいるい》ともに下《くだ》る《慣》

感きわまって涙ながらに話す。例 彼は民族の独立を訴え、声涙ともに下る演説をした。

正論《せいろん》を吐《は》く《慣》

他人の思惑などを気にせず、道理にかなった正しい意見を述べる。例 会議の席で彼は常に正論を吐くが、なかなか受け入れられない。

精《せい》を出《だ》す《慣》

一生懸命に励む。例 クラブ活動もいいが、もっと勉強に精を出さないと、就職はおろか卒業も危なくなるぞ。自 **精が出る**

贅《ぜい》を尽《つ》くす《慣》

この上なくぜいたくなことをする。例 一代で財を築いた彼の家は、内装といい調度といい、贅《ぜい》を尽くしたものであった。

背負《せお》い投《な》げを食《く》う《慣》

⇩**背負《しょ》い投げを食う**

是《ぜ》が非《ひ》でも《慣》

あらゆる手段を尽くしてそのことを実現させようという強い気持ちを表わす言葉。例 是が非でも今回のプロジェクトを成功させたいものだ。

積悪《せきあく》の家《いえ》には必《かなら》ず余殃《よおう》あり

悪行を重ねた家には、その報いとして必ず子々孫々まで災いが及ぶ。⇩**積善《せきぜん》の家には必ず余慶あり**

席暖《せきあたた》まるに暇《いとま》あらず

《東奔西走して一つ所に落ち着いていることがないから、その人の席が暖まる時がないという意》非常に忙しく立ち働く様子の形容。

原文 故に禹《う》は家門を過ぐるも入らず、孔席《こうせき》は暖まるに暇《いとま》あらず、墨突《ぼくとつ》は黔《くろ》むを得ず〔だから禹は家の門前を通り過ぎたのに中へ入らず、孔子の敷物は暖まるひまもなく、墨子の家の煙突は黒くならなかった〕。〈韓愈《かんゆ》の文、争臣論《そうしんろん》〉

類句 ◆孔席《こうせき》暖まらず墨突黔《ぼくとつくろ》まず ◆席の暖まる暇《ひま》もない

積羽舟《せきうふね》を沈《しず》む

《羽のように軽いものでも、たくさん積めば舟を沈めるほどになる、の意》どんな小さい事でも、積み重なれば大事をひき起こすもとになる、ということ。〈史記《しき》・張儀伝《ちょうぎでん》〉

⇩衆口金を鑠《とか》す

尺蠖《せきかく》の屈《くっ》するは伸《の》びんがため

⇩尺蠖《しゃっかく》の屈するは伸びんがため

関《せき》ヶ《が》原《はら》の戦《たたか》い

《慶長五年（一六〇〇年）、美濃《みの》の関ヶ原で、徳川家康《とくがわいえやす》の東軍と石田三成《いしだみつなり》を中心とする西軍とが、覇権を争って戦い、東軍が大勝した結果、家康が天下を握ったことから》勝敗や今後の運命が決まる、大事な戦い。「関が原」とも書く。

例 この新製品の売り込みは、我が社の生き残りを賭《か》けた関ヶ原の戦いだと肝に銘じて頑張って欲しい。

類句 ◆天下分け目の戦い

赤縄《せきじょう》を結《むす》ぶ

夫婦の縁を結ぶこと。「赤縄の契り」とも。〈続幽怪録《ぞくゆうかいろく》〉

⇩月下氷人《げっかひょうじん》

積善《せきぜん》の家《いえ》には必《かなら》ず余慶《よけい》あり

《「余慶」は、先祖の善行のお陰で子孫が受ける幸福》善行をたくさん積んだ家には、その報いとして必ず子孫にまで及ぶ幸福がある。

原文 積善の家には必ず余慶有り、積不善の家には必ず余《よ》殃《おう》有り〔善を積んだ家では必ず福が子孫に及び、不善を積んだ家では必ず災いが子孫に及ぶ〕。〈易経《えききょう》・坤卦《こんか》〉

石塔《せきとう》の赤《あか》い信女《しんにょ》が又孕《またはら》み

《夫が死ぬと、墓石に夫婦の戒名を並べて刻み、生きている未亡人の戒名には朱を塗る風習があった。戒名では女は大姉《だいし》か信女となる》未亡人となった人が男と通じて妊娠すること。

席《せき》の暖《あたた》まる暇《ひま》もない《慣》

ゆっくり席についていられないほど忙しく立ち働いている様子。例 会議や来客の応対で、一日中席の暖まる暇もなかった。

類句 ◆席暖まるに暇《いとま》あらず

跖《せき》の狗《いぬ》尭《ぎょう》に吠《ほ》ゆ

大盗賊の盗跖《とうせき》に飼われている犬は、聖人の尭《ぎょう》であっても主人ではないから吠《ほ》えかかる意で、人は誰《だれ》でもそれぞれの主人のために忠義を尽くす、ということのたとえ。

原文 跖《せき》の狗《いぬ》、尭《ぎょう》に吠《ほ》ゆるは、跖を貴んで尭を賤《いや》しむに非《あら》ざるなり。狗は固《もと》より其《そ》の主に非ざるに吠ゆるなり〔盗跖《とうせき》の飼い犬が、尭《ぎょう》を見て吠えるのは、跖を貴び尭を卑しんでそうするのではありません。犬はもともと、自分の主人でないものには吠える習性を持っております〕。〈戦国策《せんごくさく》・斉《せい》策《さく》〉

関《せき》の山《やま》《慣》

いくらうまくいっても、そのくらいが限度だということ。例 頑張ってみたところで、優勝など夢のまた夢で、全国大会に出場するのが関の山だ。

赤貧《せきひん》洗《あら》うが如《ごと》し

《「赤」は何もない意で、「赤貧」は、何一つ家財と言える物がないほど貧乏な状態をいう。「洗うが如《ごと》し」は洗い流したように何もないという意》無一物といっていいほどの貧しい暮らしをしている様子をいう。

赤面《せきめん》の至《いた》り《慣》

ひどく恥ずかしくて顔が赤くなる意で、不名誉な結果になり、深く恥じ入る気持ちを表わすのに用いる言葉。例 私としたことが、とんだ初歩的なミスを犯してしまい、赤面の至りです。

席《せき》を改《あらた》める《慣》

会議などで一堂に会している人が、何かをするために別の場所に席を移す。例 会議が終わったら、席を改めて懇親会を開く予定だ。

堰《せき》を切《き》ったよう《慣》
それまでたまっていたものが、何かをきっかけに一度にどっとあふれ出る様子。例 彼女の目から堰《せき》を切ったように涙があふれ出た。

席《せき》を蹴《け》って《慣》
何か不愉快なことがあって、憤然として席を立ってその場から出て行く様子。例 議長の暴言に怒り、彼は席を蹴《け》って部屋を出て行った。

席《せき》を外《はず》す《慣》
勤務先の自分の席や会合の場などから、何かの都合で一時離れる。例 君が席を外している間に、何本か電話があったよ。

世間《せけん》がうるさい《慣》
世間の人々にあれこれ取り沙汰《ざた》され、内々の問題としてすましてはいられなくなる様子。例 三十を過ぎたというのに家でごろごろしていては世間がうるさい。

世間《せけん》が狭《せま》い《慣》
社交性がなく、交際範囲が狭い様子。また、ひけ目を感じることがあって、人と付き合うのを避けている状態。例 あちこちに不義理をしているうちに世間が狭くなってしまった。

世間《せけん》が広《ひろ》い《慣》
社交性があって、交際範囲が広く、また、諸方面で活躍している様子。例 あの人なら世間が広いから、誰《だれ》かいい人を紹介してくれると思いますよ。

世間知《せけんし》らずの高枕《たかまくら》
世間の厳しい実情を知らないで、のんきに暮らしていることのたとえ。

世間《せけん》の口《くち》に戸《と》は立《た》てられぬ
⇩人《ひと》の口に戸は立てられぬ

世間《せけん》は張《は》り物《もの》
人は、内情は苦しくても何とかして世間体を取り繕うものである、ということ。

世間《せけん》は広《ひろ》いようで狭《せま》い
思いもかけない人に偶然出会ったり、一部の人しか知らないと思っていた情報が意外なところに伝わっていたりして驚いたときに用いる言葉。例 君のお父さんとうちのおやじが幼な友達だなんて、世間は広いようで狭いものだ。

世間《せけん》を騒《さわ》がせる《慣》
誰《だれ》も予想していなかったことをやってのけたり事件を起こしたりして、世間の興味や関心を集め、人々の話題となる。例 彼は派手な選挙違反で世間を騒がせ、議員を辞めざるを得なくなった。

世間《せけん》を狭《せま》くする
不祥事などを起こして世間の信用をなくし、人との付き合いも少なくなる。例 あいつは借金を踏み倒してばかりいて、自分から世間を狭くしている。

世故《せこ》に長《た》ける《慣》
世の中の事情によく通じ、巧みに世渡りをする能力がある。「世知《せち》に長《た》ける」とも。例 彼はまだ若いが世故に長《た》けていて、商売するにはうってつけだ。

世事《せじ》に疎《うと》い《慣》
世間的な常識や社交上のしきたりなどに通じていない様子だ。例 あの先生は、研究者としては立派だが、世事に疎く、学会の理事にはおよそ向かない。

背筋《せすじ》が寒《さむ》くなる《慣》
恐ろしくてぞっとする。例 どうしたことか、背筋が寒くなるような通り魔殺人事件が続けざまに起きた。

是是非非《ぜぜひひ》
公平無私に、善いことは善いとして肯定し、悪いことは悪いとして否定すること。
原文 是を是とし非を非とする、之《これ》を智《ち》と謂《い》い、是を非とし非を是とする、之を愚と謂う〔善いことは善いとし、悪いことは悪いとするのを智といい、善いことを悪いとし、悪いことを善いとするのを愚という〕。〈荀子《じゅんし》・修身《しゅうしん》〉

折檻《せっかん》

《漢の朱雲が悪臣の張禹《ちょうう》を殺させてほしいと成帝に願い出た時、帝は大いに怒って朱雲を死罪にしようとした。御史《し》が朱雲を殿上から引きおろそうとしたが、朱雲が檻《てすり》にしがみついて動かないので檻が折れたという故事から。君主を強く諫《いさ》める意》厳しく意見して戒めること。また、体罰を加えるなどしてこらしめることにもいう。

原文 臣《しん》願わくは尚方《しょうほう》の斬馬剣《ざんばけん》を賜わり、佞臣《ねいしん》一人を断ち、以《もっ》て其《そ》の余を厲《はげ》まさん、と。……上《しょう》、大いに怒りて曰《いわ》く、……罪、死するも赦《ゆる》さず、と。御史《ぎょし》、将《まさ》に雲を下《くだ》さんとす。雲、殿檻《でんかん》に攀《よ》ず。檻《かん》折る。……上《しょう》の意《い》解け、然《しか》る後に已《や》むを得《う》。後、当《まさ》に檻を治むべきに及び、上曰く、易《か》うる勿《なか》れ、と。因《よ》りて之《これ》を輯《あつ》め以《もっ》て直臣を旌《あらわ》す。〈漢書《かんじょ》・朱雲伝《しゅうんでん》〉

席巻《せっけん》

《「席」は「蓆」と同じく、むしろ》むしろやござを巻くように、片はしから他国の領土を攻略すること。「席捲」とも書く。

原文 兵甲《へいこう》を出す無しと雖《いえど》も、常山の険を席巻し、天下の脊《せき》を折《くじ》かば、天下後《おく》れて服する者は先ず亡《ほろ》びん〔軍隊を出さなくとも、常山の堅固な地を、むしろを巻くように片はしから収め取って、天下の背骨に当たる部分を折ってしまったならば、天下の、あとから降服するものは、先に滅びることになりましょう〕。〈戦国策《せんごくさく》・楚策《そさく》〉

舌耕《ぜっこう》

《農夫が田畑を耕して食糧を得て生活するのと同じく、弁舌をもって生活の糧を得ることを、耕すといった語》講義や演説などをして得た金で生活をすること。

原文 賈逵《かき》、……門徒の来《きた》り学ぶ者、万里を遠しとせず。……贈献《ぞうけん》する者、粟《ぞく》を積みて倉に盈《み》つ。或《ある》ひと云《い》う、賈逵は力耕の得る所に非《あら》ず、経を誦《しょう》して口倦《くちう》む、世に所謂《いわゆる》舌耕なり、と〔賈逵《かき》は、弟子達の来り学ぶ者が万里の道も遠しとしなかった。謝礼として贈られた穀物が倉にいっぱいになっていた。ある人が言った、賈逵は力を出して耕作して得たものではなく、経書《けいしょ》を読んで口がくたびれているのであり、世にいうところの舌で耕すというものである〕。〈拾《しゅう》遺記《いき》・六〉

参考 同種の語「筆耕」は、報酬をとって字を筆写すること。また、それによって生活することをいう。

切磋琢磨《せっさたくま》

《玉や石や象牙《ぞうげ》の類を、切ったり、磋《と》いだり、琢《う》ったり、磨《みが》いたりして、立派に完成する意》学問や道徳の修得にひたすら努め励むこと。また、友人どうしが互いに励まし合って向上をはかること。

原文 匪《ひ》たる有る君子は、切するが如《ごと》く磋《さ》するが如く、琢《たく》するが如く磨《ま》するが如く、瑟《しつ》たり僴《かん》たり、赫《かく》たり咺《けん》たり〔教養に富んだ我が君子は、骨や象牙《ぞうげ》をきざむように、また玉や石を磨きあげるように、人格を磨かれ、おごそかに心広く、立派で堂々としています〕。〈詩経《しきょう》・衛風《えいふう》・淇奥《きいく》〉

切歯扼腕《せっしやくわん》

《歯ぎしりをし、自分の腕を強く握りしめる意》非常にくやしがったり、怒ったりする様子をいう。

原文 樊於期《はんおき》、偏袒搤《へんたんやく》（扼）腕《わん》し、進みて曰《いわ》く、此《こ》れ臣の日夜切歯腐心せしところなり。乃《すなわ》ち今、教《きょう》を聞くを得たり、と。遂《つい》に自剄《じけい》す〔樊於期《はんおき》は、袖《そで》をたくし上げ、腕を強く握りしめつつ、進み出て言った、それこそ私が朝に夕に歯ぎしりして、心をくだいていたことであります。今はじめてお教えを聞くことができました、と。そして、自ら首をはねた〕。〈史記《しき》・刺客伝《せっかくでん》・荊軻《けいか》〉

折衝《せっしょう》

利害の相反する相手との、政治的な談判・かけひき。⇩樽俎《そんそ》折衝

節制《せっせい》は最良《さいりょう》の薬《くすり》なり

暴飲暴食を避けて、健康を維持していくことが、体のためにいちばんいいことである。

原文 Temperance is the best physic. の訳語。

類句 ◆腹八分目に医者いらず

舌端火《ぜったんひ》を吐《は》く《慣》

議論などの場で、反駁《はんばく》の余地がないほど激しい口調で自説を主張する。例 彼は自説が批判されると、舌端火を吐き、とどまるところを知らぬ勢いで反論を展開した。

雪中《せっちゅう》の松柏《しょうはく》

《松や柏《かしわ》（このてがしわ）は常緑樹で、寒い雪の中でも葉の色を変えないことから》困難な中にあっても節操を変えない人。また、節操がきわめて堅いこと。

原文 雪中の松柏《しょうはく》愈々《いよいよ》青青たり〔雪の中の松や柏《かしわ》は、その葉の色が一層あざやかに青々としている〕。〈謝枋得《しゃぼうとく》の詩、初《はじ》めて建寧《けんねい》に到《いた》りしとき賦《ふ》す〉

雪隠《せっちん》で米《こめ》を嚙《か》む

《「雪隠《せっちん》」は、便所》何かを一人だけで、何の気兼ねもなくゆっくり楽しむこと。また、利益を独り占めすることのたとえ。

類句 ◆雪隠《せっちん》で饅頭《まんじゅう》

雪隠《せっちん》で饅頭《まんじゅう》

《「雪隠《せっちん》」は、便所》きたない場所でうまいものを食べる意で、手段・方法を選ばず利益を独り占めすること。

類句 ◆雪隠《せっちん》で米を嚙《か》む

Z《ゼット》旗《き》を掲《かか》げる

《「Z旗」は、日露戦争で、日本海海戦の際、戦艦三笠《みかさ》に掲げられた「皇国の興廃この一戦にあり各員一層奮励努力せよ」の意を表わす信号旗》非常事態に当たって、関係者全員に一層の奮闘を促すことをいう。例 業績不振を打開するために、社長は「我が社は今まさにZ旗を掲げる時だ」と訓辞した。

切《せつ》ない時《とき》の神頼《かみだの》み

⇩苦《くる》しい時の神頼み

節《せつ》を折《お》る

やむを得ない事情で、自分の主義・主張を貫くことをあきらめ、他人に従う。「節を屈する」「変節」とも。例 党の分裂を避けるため、節を折って大勢に従う。

原文 主は節を折りて以《もっ》て其《そ》の臣に下り、臣は体を推《お》して以て死士に下る〔君主はその節をまげて臣下にへりくだり、家臣は身を卑《ひく》くして決死の士にへりくだる〕。〈戦国策《せんごくさく》・秦《しん》策《さく》〉

節《せつ》を曲《ま》げる《慣》

利欲にとらわれたり外部からの圧力に耐えかねたりして、自分の主義・主張を変える。例 彼は、国家の弾圧を受けても、決して節を曲げなかった。

節《せつ》を全《まっと》うする《慣》

自分の主義・主張を最後まで変えずに守り通す。例 彼は、いかなる迫害にも屈することなく、自由主義者として節を全うしたのだ。

背中《せなか》を向《む》ける《慣》

⇩背を向ける

背《せ》にする
《慣》①その方に背中を向ける。例湖を背にして集合写真を撮った。②背負う。例小さなザックを背にして自転車に乗る。

背《せ》に腹《はら》は代《か》えられぬ
《「背」は他者を、「腹」は自分を意味する》背中にかかわることのために腹を代わりにすることはできない意で、当面する重大事や危機を乗り切るためにはそれ以外のことをかえりみる余裕がなく、場合によっては何かを犠牲にすることもやむを得ない、ということ。いろはがるた（江戸）の一。

是非《ぜひ》に及《およ》ばない
《慣》事態が切迫していて、それがいいかどうかなど論じている余裕がない様子。例事ここに至っては、人員を整理し、事業を縮小することも是非に及ばない。

是非《ぜひ》も無《な》い
《慣》本来そうあってほしくないことだが、それを認めざるを得ないと思われる様子。例君に今辞められるのは痛手だが、事情を聞けば是非も無いことだ。

狭《せま》き門《もん》
《慣》《キリスト教で天国に至る道の険しさを言うことから》競争が激しく、入学・就職するのが難しいこと。また、そのような難関。例今年も医学部は、受験生にとって相変わらずの狭き門らしい。

狭《せま》き門《もん》より入《い》れ
事を成就するためには、楽な方法をとるよりは、かえって克服が容易ではない方法をとるほうが、自分を鍛え上げるのにはよい。新約聖書にある言葉。⇩狭き門

責《せ》めを負《お》う
《慣》すべてを自分一人の責任だとして、処罰などを甘んじて受ける。例外交上の不手際で、外相自ら責めを負って辞任することになった。

世話《せわ》がない
《慣》①扱いが簡単で、手間のかからない様子。例御飯を炊

くといっても、電気釜《がま》なのだから世話がない。②いい気なものだとか処置なしだとか、あきれる気持ちをいう。例自分でやって自分で褒めていれば世話がない。

世話《せわ》が焼《や》ける《慣》

手数がかかり、何かをしてやるのが負担に感じられる。例身の回りのことも自分一人ではできないのだから、全く世話が焼ける夫だ。

世話《せわ》をかける《慣》

自分や自分にかかわりのあることで、他人に負担や迷惑をかける。例弟の就職のことで、君にはすっかり世話をかけてしまった。

世話《せわ》を焼《や》かせる《慣》

その人の不始末が原因で、他人に余計な負担を負わせる。例今どきコンピューターの操作も一人ではできないなんて、世話を焼かせるにもほどがある。

世話《せわ》を焼《や》く《慣》

進んで他人の面倒を見る。例合宿中は宿舎の管理人のおばさんが、いろいろと我々の身の回りの世話を焼いてくれた。

背《せ》を向《む》ける《慣》

《何かに対して後ろ向きになる意から》その事に無関心でいたり、反抗的な態度を取ったりする。「背中を向ける」とも。例政治に背を向ける若者が多くなったことは由々しい問題だ。

善悪《ぜんあく》は友《とも》による

人はその付き合う友人によって、良くもなり悪くもなる、ということ。

類句◆朱に交われば赤くなる

先覚者《せんかくしゃ》

《世間の人に先んじて、物事の道理を覚《さと》った人、の意》学問に優れ、高い見識をもつ人。

原文 予《われ》は天民の先覚者なり。予将《われまさ》に此《こ》の道を以《もっ》て此の民を覚《さと》さんとす〔わしは天の生じた人間の中で、先に目覚めた者である。わしはこの堯舜《ぎょうしゅん》の道を以て、この人民を指導してやろう〕。〈孟子《もうし》・万章《ばんしょう》上〉

線《せん》が太《ふと》い《慣》

小事にこだわらず、決断力・実行力が備わっており、たくましく感じられる様子。例 不安定な国際情勢のなかで、信頼される国家を保つためには、線が太い政治家の出現が望まれる。

線《せん》が細《ほそ》い《慣》

見るからに繊細で、ちょっとしたことにも、すぐにくじけてしまいそうな感じのする様子。例 あの人は線が細くて、管理職には向いていないようだ。

千貫《せんがん》のかたに編《あ》み笠一蓋《がさひとがい》

千貫という多額の貸し金の担保に、編み笠がたった一つということから、元手の多額なのに比べて、利益がきわめて少額で、損益の差が甚だしく釣り合わないことのたとえ。

類句 ◇百貫のかたに猿一匹

千鈞《せんきん》の重《おも》み《慣》

〔「鈞《きん》」は、重さの単位〕非常に尊い値打ちがあること。

例 利益の追求を第一義とする社会にあって、「地の塩たれ」という亡父の言葉には千鈞の重みが感じられる。

千金《せんきん》の子《し》は市《いち》に死《し》せず

金持ちは、身の安全を第一と考えるから、町なかで人と争って死ぬような馬鹿《ばか》なことはしない。転じて、大望のある者は、つまらぬ者の手にかかって死ぬような愚かなまねをしない、ということ。

原文 諺《ことわざ》に曰《いわ》く、千金の子《し》は市《いち》に死せず、と。これ空言にあらざるなり〔諺に、金持ちは、町なかで死ぬようなことはない、とあるのは、決してそらごとではない〕。〈史《し》記《き》・貨殖伝《かしょくでん》〉

参考 蘇軾《そしょく》の文「留侯論」に「千金の子《し》は盗賊に死せず。何となれば、其《そ》の身の愛す可《べ》くして、盗賊の以《もっ》て死するに足らざればなり」とある。

類句 ◆金持ち喧嘩《けんか》せず ◆千金の子《し》は堂に垂せず

千金《せんきん》の子《し》は堂《どう》に垂《すい》せず

〔「垂」は「陲《すい》」で、端の意〕金持ちは、身の安全を第一と思うから、ころげ落ちる危険のある建物の端にはいない。

原文 臣聞く、千金の子《し》は坐《ざ》するに堂に垂《すい》せず、百金の子《し》は衡《こう》に騎《き》せず、聖主は危うきに乗じて徼幸《きょうこう》せず〔私は、千金の金持ちは建物の端に座らず、百金の金持ちは欄干《らんかん》に寄りかからず、聖明なる君主は危険を冒《おか》して万一の幸いを願うことはしない、という言葉を聞いております」。〈史記《しき》・袁盎伝《えんおうでん》〉

類句 ◆千金の子《し》は市《いち》に死せず

先見《せんけん》の明《めい》《慣》

今後の成り行きを前もって見通すことのできる、優れた判断力。例 父親が地価の安いうちにこの土地を買っておいたのは、先見の明があったからだろう。

線香《せんこう》も焚《た》かず屁《へ》もひらず

⇩沈香《じんこう》も焚《た》かず屁《へ》もひらず

千石万石《せんごくまんごく》も飯一杯《めしいっぱい》

千石万石の俸禄《ほうろく》を受ける富んだ人でも、一日に食う米の量は普通の量である、の意で、人が生きていくのに必要な食糧は、富の多寡《たか》とは関係なく、一定の限りがある、ということ。「千石万石も米五合」とも。

千石《せんごく》を取《と》れば万石《まんごく》を羨《うらや》む

人は千石の俸禄《ほうろく》を手にすれば、次は更に万石の俸禄の人を羨《うらや》むようになる、の意から、人間の欲望にはきりがない、ということ。

類句 ◆隴《ろう》を得《え》て蜀《しょく》を望《のぞ》む

前後《ぜんご》の見境《みさかい》もなく《慣》

ひどく興奮して、どんな結果になるかを考えることもなく、衝動的に行動する様子。例 かっとなって、前後の見境もなく、相手を殴りつけてしまった。

前後《ぜんご》を忘《わす》れる《慣》

ひどく興奮したりショックを受けたりして、その場の状況がまともに判断できなくなる。正体なく酔う意にも用いる。例 津波で一瞬にして家を失った人々は、前後を忘れてただそこに立ち尽くしていた。

千載一遇《せんざいいちぐう》

《千年目に一度出会う機会、の意》めったにない、よい機会に巡り会うこと。例 社長のお伴でヨーロッパに行けるなんて、まさに千載一遇のチャンスだ。

原文 千載《せんざい》の一遇は、賢聖の嘉会《かかい》なり〔千年に一度の出会

いは、賢者と聖人のめでたい出会いである」。〈文選《もんぜん》・袁《えん》宏《こう》・三国名臣序賛《さんごくめいしんじょさん》〉

前座《ぜんざ》を勤《つと》める《慣》

《「前座」は、落語や講談などの席で、まだ修業中の芸人がその興行の本番に先立って行なう口演》その催しの中心となる出し物や講演に先立って、何かを演じる。例 僭越《せんえつ》ながら私が博士の講演の前座を勤めさせていただきます。

前車《ぜんしゃ》の覆《くつがえ》るは後車《こうしゃ》の戒《いまし》め

《前を行く車がひっくり返るのを見たら、後から行く車はそうならないように注意せよ、という意》前の人の失敗は後の人の戒めとなる、ということ。

原文 前車の覆るは後車の戒め、……秦《しん》の世の亟《すみやか》に絶てる所以《ゆえん》の者は、その轍迹《てっせき》見るべし〔前に行く車がひっくり返るのを見たら、後に行く車は注意しなければならない。秦《しん》の国が滅びた理由については、そのことを、秦の通って来た轍《わだち》の跡ではっきり見ることができる〕。〈漢書《かんじょ》・賈誼伝《かぎでん》〉

類句 ◆覆轍《ふくてつ》

前車《ぜんしゃ》の轍《てつ》を踏《ふ》む

《「轍《てつ》」は、車の通ったあとに残る車輪の跡。ひっくり返った前の車のあとをその通りに行ったために、その車も同じようにひっくり返る意》前の人がしたのと同じ失敗を、後の人が繰り返すことのたとえ。「前轍を踏む」とも。

千秋《せんしゅう》の思《おも》い《慣》 ⇩一日《いちにち》千秋の思い

千秋楽《せんしゅうらく》

《寺院の法会《ほうえ》の時に演奏する雅楽の曲名。それを最後に奏する習慣があったところから》相撲や演劇などの興行の最後の日をいう。

千丈《せんじょう》の堤《つつみ》も螻蟻《ろうぎ》の穴《あな》を以《もっ》て潰《つい》ゆ

《堅固な堤も、蟻《あり》のあける小さな穴がもとでこわれる、の意》ほんの小さな欠陥を見逃したために、取り返しのつかない結果となる。ごくわずかな手ぬかりから大事が起こることのたとえにいう。「千里の堤も蟻の穴から」とも。

原文 千丈の堤も螻蟻《ろうぎ》の穴を以《もっ》て潰《つい》ゆ、百尺《ひゃくせき》の室《しつ》も突隙《とつげき》の烟《けむり》を以て焚《や》く〔千丈もある大きな堤防も、螻蛄《ろうこ》（けら）や蟻《あり》の小さな穴から崩れ、百尺の高さの家屋も、煙突の隙間《すきま》から漏れる煙がもとで、焼ける〕。〈韓非子《かんぴし》・喩老《ゆろう》〉

類句 ◆蟻《あり》の穴から堤も崩れる

善書《ぜんしょ》は紙筆《しひつ》を選《えら》ばず ⇩弘法《こうぼう》は筆を選ばず

先陣《せんじん》を争《あらそ》う《慣》

《敵陣に一番乗りをしようと争う意から》自分が一番先に行なったという栄誉を勝ち取ろうと互いに争う。例 一昔前にはエベレストを目指して、各国の登山隊が先陣を争ったものだ。

先生《せんせい》と言《い》われる程《ほど》の馬鹿《ばか》でなし

先生と言われていい気になるほどの馬鹿《ばか》ではない、の意で、先生という言葉は気軽に使う言葉で、言うほうにはそれほど敬う気がないのだから、それを真に受けて大きな顔をするのは愚かである、ということ。

前世《ぜんせ》の約束事《やくそくごと》

先の世での善因・悪因によって、現世における運命が決まっているのだ、という考え方。

戦戦競競《せんせんきょうきょう》

恐れてびくびくし、自らをつつしむ様子。例 会社の機構改革でリストラに遭うのではないかと、従業員はみな戦《せん》戦競競《せんきょうきょう》としている。

原文 戦戦競競《せんせんきょうきょう》として、深淵《しんえん》に臨むが如《ごと》く、薄冰《はくひょう》を履《ふ》むが如し〔いつも恐れ慎んでいることが、まるで、深い淵《ふち》のそばに立ったり、薄い氷の上を歩くときのようである〕。〈詩経《しきょう》・小雅《しょうが》・小旻《しょうびん》〉

栴檀《せんだん》は二葉《ふたば》より芳《かんば》し

《栴檀《せんだん》という香木は芽ばえた時から既によい香気を発している意》将来大成する人物は、子供の時から優れたところが認められる、ということのたとえ。「双葉《ふたば》」とも書く。いろはがるた（京都）の一。〈観仏三昧海経《かんぶつさんまいかいきょう》〉

前轍《ぜんてつ》を踏《ふ》む ⇩前車《ぜんしゃ》の轍《てつ》を踏む

先手《せんて》を打《う》つ《慣》

相手に先んじて事を行ない、自分の立場を有利にする。「先手を取る」とも。例 こっちが先手を打って謝ってしまったので、相手は何も言えなくなってしまった。

類句 ◆機先《きせん》を制する

船頭《せんどう》多《おお》くして船山《ふねやま》へ上《のぼ》る

〔「船頭」は、「船長」〕物事を進めるに当たって、指図をする人が多いために統一がとれず、見当違いのほうに事が進んでしまう。
参考 Too many cooks spoil the broth.〔料理人が多すぎると肉汁《にくじゅう》ができそこなう〕

先頭《せんとう》を切《き》る《慣》

そのことに関して、他の誰《だれ》よりも先にする。例 後続のランナーに大差をつけ、先頭を切ってゴールインした。

千日《せんにち》に刈《か》った萱《かや》一日《いちにち》に亡《ほろ》ぼす

千日かかって刈り取った萱《かや》をたった一日で焼いてしまう意で、長い時間をかけて蓄え、築き上げた成果を一度に失うことをいう。「千日に刈った萱《かや》一時に亡ぼす」とも。
類句 ◇千日の功名も一時に亡ぶ

千日《せんにち》の勤学《きんがく》より一時《いちじ》の名匠《めいしょう》

千日もの長い時間をかけて独学するよりも、短い間でも、その道のしかるべき専門家の指導を受ける方が効果が大きい、という意で、専門家の指導はたとえ時間は短くとも、独学にはまさるものである、ということ。

千《せん》に一《ひと》つ《慣》

その事態は、皆無とはいえないが、ごくまれにしか起こり得ないものであること。例 明日の試合は、千に一つも負けることはないだろう。

先入主《せんにゅうしゅ》となる

最初に頭に入ったことが自分の考えを支配し、自由な思考が妨げられる意で、いったん固定観念が作られてしまうとなかなかそこから抜け出せない。先入観・固定観念にとらわれること。
原文 唯《た》だ陛下、古《いにしえ》の戒めを観覧し、反覆《はんぷく》参考し、先入の語を以《もっ》て主と為《な》すこと無《なか》れ〔ただ陛下よ、昔の人の戒めをよく見て、くり返し参考にし、最初に頭に入った言葉を第一としないように願います〕。〈漢書《かんじょ》・息夫躬伝《そくふきゅうでん》〉

千人《せんにん》の指《ゆび》さす所《ところ》病《やまい》なくして死《し》す

世間の大勢の人々に後ろ指を指されると、たとえ病気がなくても死んでしまう、ということ。

原文 四方皆同じく之《これ》を怨《うら》む。里諺《りげん》に曰《いわ》く、千人の指さす所病無くして死す、と。臣常に之が為《ため》に寒心《かんしん》す。〈漢書・王嘉伝《おうかでん》〉

類句 ◆衆口金《しゅうこうきん》を鑠《とか》す ◆虎狼《とらおおかみ》より人《ひと》の口畏《くちおそ》ろし

善《ぜん》の裏《うら》は悪《あく》

良いことがあると、きっとその後から悪いことが巡ってくるもので、良いことばかりは続かない、ということ。「吉のあとは凶」とも。

類句 ◆禍福《かふく》は糾《あざな》える縄のごとし ◆塞翁《さいおう》が馬

善《ぜん》は急《いそ》げ

良いと思ったことは、先延ばしにせず、ただちに実行に移すのがよい、ということ。例 君が言い出した夜桜見物のこと、善は急げだ、早速今夜にも出掛けよう。

参考 Make hay while the sun shines.〔日の照っているうちに干し草を作れ〕

千篇一律《せんぺんいちりつ》

《多くの詩篇《しへん》がみな同じ調子で作られている意》物事に個性がなく、どれもこれも一様で変わりばえがせず、面白味がないこと。

原文 白楽天の詩は、千篇《せんぺん》一律、詩道未《いま》だ成らず。慎んで軽々《かるがる》しく省《み》る勿《なか》れ、最も能《よ》く人の心手を易《か》う〔白楽天の詩は、千篇一律のものが多く、詩の作法がまだ完成していない。だから気安くその詩を見てはいけない。それは読む人の気持ちや作法を変えてしまうからである〕。〈芸苑卮言《げいえんしげん》〉

先鞭《せんべん》を着《つ》ける

《「先鞭《せんべん》」は、馬に鞭《むち》打って、さきがけの功名を立てる意》他に先んじて着手すること。例 無公害車開発の先鞭を着けたのは、先代の社長だ。

原文 常に祖生《そせい》の吾《われ》より先《さき》に鞭《むち》を著《つ》けんことを恐る〔いつも、祖逖《そてき》が私より先に手柄をたてやしないかと心配していた〕。〈秦書《しんじょ》・劉琨伝《りゅうこんでん》〉

千万人《せんまんにん》と雖《いえど》も我往《われゆ》かん

自分自身に何らやましいところがなければ、たとえ反対する者が千万人いたとしても、わたしは自分の意志を主張し、向かって行ける。

原文 自ら反《かえ》りみて縮《なお》からずんば、褐寛博《かつかんぱく》と雖《いえど》も、吾惴《われおそ》れざらんや。自ら反りみて縮くんば、千万人と雖も吾往《ゆ》かん

〈自ら反省して正しいと思えないときは、だぶだぶの褐《かつ》の服を着た賤《いや》しい男に対してさえ、恐れを感じないわけにはいかない。自ら反省して正しいとならば、相手が千万人あろうとも後へはひかない〉。〈孟子《もうし》・公孫丑《こうそんちゅう》上〉

千三つ《せんみつ》

①《取り引きがまとまるのは千件に三件ぐらいということから》土地建物の売買や周旋を商売とする人をいう。千三つ屋。②《千のうち真実は、三つしかないということから》うそつき・ほらふきをいう。例 あの男は千三つだから、何を言われても信じないほうがいい。

前面《ぜんめん》に押《お》し出《だ》す《慣》

はばかるところなく、ある事柄を表面にはっきりと出す。例 経営に行き詰まった経営陣は、いよいよ人員整理を前面に押し出してきた。

前門《ぜんもん》の虎《とら》後門《こうもん》の狼《おおかみ》

《表門で虎《とら》を防いだと思うと、裏門に狼《おおかみ》が襲ってくる意》一つの災難を逃れたかと思うと、すぐまた他の災難に襲われること。相前後して次々と危難が襲ってくることのたとえ。
原文 前門虎《とら》を拒《ふせ》げば、後門に狼《おおかみ》を進む。〈趙雪航《ちょうせっこう》、評史《ひょうし》〉
類句 ◆一難去ってまた一難

先憂後楽《せんゆうこうらく》

天下を治める人は、世の人がまだ気付かないうちから先々心配される問題を心にとめてその対策に配慮し、楽しみは、世の人が楽しむのを見届けた後に楽しむ、ということ。政治家の心掛けを表わした、宋《そう》の名臣范仲淹《はんちゅうえん》の有名な言葉。東京と岡山にある名園「後楽園」は、この精神によって名付けられたもの。
原文 其《そ》れ必ず天下の憂いに先んじて憂え、天下の楽しみに後《おく》れて楽しむと曰《い》わん〔必ず天下の人々が心配するに先だって心配し、天下の人々が楽しむよりも後れて楽しむ、と言うであろう〕。〈范仲淹《はんちゅうえん》の文、岳陽楼《がくようろう》の記《き》〉

千羊《せんよう》の皮《かわ》は一狐《いっこ》の腋《えき》に如《し》かず

千匹の羊からとった千枚の毛皮も、一匹の狐《きつね》のわきの下の白い毛皮に及ばない意で、価値的には数多くの凡人も、一人の賢人には及ばないことのたとえ。
原文 千羊の皮は、一狐《いっこ》の腋《えき》に如《し》かず。諸大夫《たいふ》の朝《ちょう》する、徒《た》だ唯唯《いい》を聞くのみ。周舎《しゅうしゃ》の鄂鄂《がくがく》を聞かざるなり〔千匹の羊の毛皮は、一匹の狐《きつね》の腋《わき》の下の毛皮にも及ばないということがあるが、多くの大夫たちが出仕しても、ただ、はいはいという言葉を聞くだけで、周舎のような直言する言葉を聞くことがない〕。〈史記《しき》・趙世家《ちょうせいか》〉

千里眼《せんりがん》

千里の先までも見とおす眼《め》の意で、遠いところの出来事や人の心などを、直覚的に察知することができる能力。《後魏《こうぎ》の楊逸《よういつ》は、民衆のための政治を心掛け、耳目の役目をする者を広く配置して遠方の情報をよく知ったので、人が千里眼を持っていると言った》

原文 咸《みな》言う、楊使君《ようしくん》に千里眼あり、那《なん》ぞこれを欺くべけんや〔皆が言った、楊長官は千里眼をもっておられる。どうしてだますことができようか〕。〈魏書《ぎしょ》・楊逸伝《よういつでん》〉

千里同風《せんりどうふう》

《遠い千里の先までも同じ風が吹いている意》天下が統一されて平和な状態にあることをいう。

原文 夫《そ》れ千里風《かぜ》を同じくせず、百里雷を共にせず〔（太平でない世は）そもそも、千里にわたって同じ風は吹かず、百里にわたって同じ雷は鳴らない〕。〈論衡《ろんこう》・雷虚《らいきょ》〉

類句 ◆万里同風

千里《せんり》の行《こう》も足下《そっか》より始《はじ》まる

《千里も遠いところに行く旅も、その第一歩は足もとから始まる、という意》どんなに遠大な事業も、最初はその第一歩を踏み出したところから始まる、ということ。

原文 合抱《ごうほう》の木も、毫末《ごうまつ》より生じ、九層の台《うてな》も、累土《るいど》より起こり、千里の行も、足下より始まる〔両手でかかえるほどの大木も、もとは毛の先ほどの小さい芽ばえから生ずるものであり、九階建ての高い台も、小さな土を累《かさ》ねるところから起こるものであり、千里の遠い道も、一歩一歩の足もとから始まるのである〕。〈老子《ろうし》・六四〉

類句 ◇九層《きゅうそう》の台《うてな》も累土《るいど》より起こる ◆千里の道も一歩から

千里《せんり》の堤《つつみ》も蟻《あり》の穴《あな》から

⇨千丈の堤も螻蟻《ろうぎ》の穴を以《もっ》て潰《つい》ゆ

千里《せんり》の道《みち》も一歩《いっぽ》から

⇨千里の行《こう》も足下《そっか》より始まる

千里《せんり》も一里《いちり》

恋しい人のもとに会いに行く時は、どんなに遠い所でも近く感じられて、まったく苦にならない、ということ。「惚《ほ》れて通えば千里も一里、会わず帰ればまた千里」という俗謡による。

千慮《せんりょ》の一失《いっしつ》

《賢い人でも千に一つくらいは失策もある意》十分に注意していたにもかかわらず、思いがけない失敗をしてしまうこと。⇩千慮《せんりょ》の一得《いっとく》 例 慎重に事を運んだつもりだったのに、それに気づかなかったのは千慮の一失だった。原文 広武君曰《こうぶくんいわ》く、臣聞く、智者《ちしゃ》も千慮に必ず一失有り、愚者も千慮に必ず一得あり、と〔広武君が言った、私は聞いております、知恵者でも必ず千に一つの考え損ないはあり、愚か者でも必ず千に一つのうまい知恵は出ます〕。〈史《し》記《き》・淮陰侯伝《わいいんこうでん》〉 類句 ◆弘法《こうぼう》も筆の誤り ◆猿《さる》も木から落ちる ◆上手《じょうず》の手から水が漏《も》れる

千慮《せんりょ》の一得《いっとく》

愚かな人でも千に一つくらいはよい考えを思いつくものだ、ということ。⇩千慮《せんりょ》の一失

先《せん》を越《こ》す《慣》

相手がしようとする前に何かをしてしまう。「先《さき》を越す」とも。例 文句を言おうと思ったら先《せん》を越されて謝られてしまった。

善《ぜん》を責《せ》むるは朋友《ほうゆう》の道《みち》なり

善を行なうようにと互いに強く相手に要求するのは、友人としての正しい在り方である。原文 善を責むるは朋友《ほうゆう》の道なり。父子善を責むるは、恩を賊《そこな》うの大なる者なり〔互いに善を行なえと責め合うのは友人間の道である。親子の間で善行を責め合うのは、親子の恩愛を傷つけるものであるから、よくないことである〕。〈孟子《もうし》・離婁《りろう》下〉

線《せん》を引《ひ》く《慣》

限られた枠の中に入るかどうかを区別するための仕切りを設ける。例 入試関係者の間で、何点で合格の線を引いたものかと激しい議論が行なわれる。

そ

創痍《そうい》未《いま》だ癒《い》えず

《「創痍《そうい》」は、刀による傷》傷がまだなおりきらない意で、戦後まだ日が浅く、戦争による傷手《いたで》から十分に立ち直っていないこと。

[原文] 今において創痍《そうい》未《いま》だ瘳《い》えず、噲《かい》また面諛《めんゆ》して、天下を動揺せんと欲す〔今、戦後まだ日が浅いのに、樊噲《はんかい》はまた主君の面前でへつらい、天下を動揺させようとしております〕。〈史記《しき》・季布伝《きふでん》〉

滄海《そうかい》変《へん》じて桑田《そうでん》となる

《「滄海《そうかい》」は、青々とした海》大海原が一変して桑畑《くわばたけ》となる意で、世の中の移り変わりの激しいことのたとえ。「桑《そう》田《でん》変じて滄海《そうかい》となる」「滄桑の変」とも。

[原文] 麻姑《まこ》、王方平に謂《い》いて曰《いわ》く、接待より以来、東海の三変して桑田《そうでん》と為《な》るを見る〔仙女《せんにょ》の麻姑《まこ》が王方平に言った、おもてなしを受けてから、東の海が三度も変化して桑畑となったのを見ました〕。〈神仙伝《しんせんでん》・麻姑《まこ》〉

喪家《そうか》の狗《いぬ》

《葬式のあった家の犬は、かまってもらえず食物を与えられないのでやせ衰えるところから。一説に、家を失った宿なし犬とも》元気がなく見る影もなくやつれている人のたとえ。

[原文] 或《ある》ひと子貢《しこう》に謂《い》いて曰《いわ》く、東門に人有り、……纍纍《るいるい》として喪家《そうか》の狗《いぬ》の若《ごと》し〔ある人が子貢に言った、東の門の外に一人の人がいます。やせ衰えて、まるで喪家の犬のようでした〕。〈史記《しき》・孔子世家《こうしせいか》〉

造詣《ぞうけい》が深《ふか》い 《慣》

学問や芸術などについて、深い知識を身につけ優れた理解を示す様子。[例]あの先生は西洋美術史に造詣《ぞうけい》が深い。

総毛《そうけ》立《だ》つ 《慣》

恐ろしさやひどい寒さのために、全身の毛が逆立つような感じがする。[例]我々が通り過ぎた後だからよかったものの、あの雪崩《なだれ》がもう少し早く起こっていたらと、総毛立つ思いがした。

象牙《ぞうげ》の塔《とう》《慣》

《〈la tour d'ivoire〉の訳語。サントブーブがロマン派の作家ヴィニーを評して言った言葉で、俗世間を離れて、もっぱら高邁《こうまい》な芸術を楽しむ境地》現実から逃避した、観念的な学究生活。また、その研究室。例あの先生は、定年近くなってから、象牙《ぞうげ》の塔を出て政界に足を踏み入れた。

双肩《そうけん》に担《にな》う《慣》

自分が果たさなければならない任務であると心得て、そのことについて責任を負う。例君たち若者は、国家の将来を双肩に担っているのだ。

糟糠《そうこう》の妻《つま》は堂《どう》より下《くだ》さず

《「糟糠《そうこう》」は、酒のかすと糠《ぬか》で、粗末な食べ物。「糟糠の妻」は、それを食べて共に苦労をしてきた妻、の意。「堂」は座敷。後漢の光武帝が宋弘《そうこう》に富貴になったら妻をかえたらどうかと言った時に、宋弘が答えた言葉》貧しい時から連れ添って苦労を共にしてきた妻は、自分が立身出世した後も座敷に置いて大切にし、まして他の女性に心を動かすようなことなどはしない。

原文 帝……弘に謂《い》いて曰《いわ》く、諺《ことわざ》に言う、貴くしては交わりを易《か》え、富みては妻を易うと、人情か、と。弘曰く、臣聞く、貧賤《ひんせん》の知は忘る可《べ》からず、糟糠《そうこう》の妻は堂より下《くだ》さず、と〔光武帝が宋弘《そうこう》に言った、諺に地位が貴くなると交友を変え、富むと妻を変える、とあるが、それは当たり前の人の心であろうか、と。弘が言うには、私はこう聞いております、貧乏時代の友人は忘れてはいけない、貧乏時代の妻は離縁してはいけない〕。〈後漢書《ごかんじょ》・宋弘伝《そうこうでん》〉

相好《そうごう》を崩《くず》す《慣》

《「相好《そうごう》」は、顔つきの意》急ににこにこして、いかにもうれしいという表情をする。例いつもしかつめらしい顔をしている祖父も、孫の話になると相好を崩して聞いている。

造作《ぞうさ》も無《な》い《慣》

手数がかからず、簡単にできる様子。例これっぽっちの荷物を運ぶなんて造作も無いことです。

造作《ぞうさ》をかける《慣》

面倒なことを頼んで、人に手数をかけさせる。例息子の就職のことでは、君にまでとんだ造作をかけて、まことに申し訳ない。

桑梓《そうし》

《自分の家の宅地に植えた桑《くわ》と梓《あずさ》の木で、蚕を飼い、器具を作ったので、桑と梓とは故郷を思い出すよすがとなったことから》故郷。郷里。

[原文] 維《こ》れ桑《そう》と梓《し》と、必ず恭敬《きょうけい》せん。瞻《み》るに父に匪《あら》ざる靡《な》く、依《よ》るに母に匪ざる靡し〔この桑と梓《あずさ》とは、ぜひとも大切にしよう。これらを見ると、父にお会いするようであり、母によりすがるような気持ちになる〕。〈詩経《しきょう》・小雅《しょうが》・小《しょう》弁《ばん》〉

宋襄《そうじょう》の仁《じん》

無用のあわれみ、不必要な情けをかけること。《春秋時代、宋《そう》の襄公《じょうこう》が楚《そ》の国と戦った時、公子は敵の陣が整わないうちにお撃ちなさいと勧めたが、襄公は君子は人が困っているときに苦しめることはしないものだと言って攻撃せず、敵に十分の準備をさせてから戦って負けてしまったという故事から》

[原文] 後世春秋に至り、襄公《じょうこう》茲父《じほ》という者有り、諸侯に覇《は》たらんと欲し、楚《そ》と戦う。公子目夷《もくい》、其《そ》の未《いま》だ陣せざるに及んで之《これ》を撃たんと請う。公曰《いわ》く、君子は人を阨《やく》に困《くる》しめず、と。遂《つい》に楚の敗る所と為《な》る。世笑いて以《もっ》て宋襄《そうじょう》の仁《じん》と為す〔後世、春秋時代になり、襄公《じょうこう》、名は茲父《じほ》という者があった。諸侯の旗頭《はたがしら》になろうと思い、まず楚《そ》の国と戦った。時に公子の目夷《もくい》という者が、敵がまだ陣を布《し》かないうちに攻撃したい、と申し出た。すると襄公は、君子は人の難儀につけ込まないものであると、聞き入れなかった。（正々堂々と戦って）結局、楚に敗れてしまった。世間の人は、これを宋襄の仁と言って笑った〕。〈十八史略《じゅうはっしりゃく》・一〉

騒人《そうじん》

《「騒」は、憂い。心に憂いをいだく人、の意》詩文を作る人。風流の士。

[原文] 遷客《せんかく》騒人、多く此《ここ》に会す〔左遷された人や風雅の士が、多くここに集まった〕。〈范仲淹《はんちゅうえん》の文、岳陽楼《がくようろう》の記《き》〉

総好《そうす》かんを食《く》う《慣》

関係者全員から嫌われ、何かにつけて拒絶反応に遭う。

[例] 病気で休講した二か月分の補講を夏休みにすると言ったら、学生から総好かんを食ってしまった。

滄桑《そうそう》の変《へん》 ⇩滄海《そうかい》変じて桑田となる

相談《そうだん》に乗《の》る《慣》
相手から持ちかけられた相談に積極的に応じる。例 内容によっては相談に乗らないわけでもないが、借金の話なら断わるよ。

総嘗《そうな》めにする《慣》
①対抗する相手を全部打ち負かす。例 彼は圧倒的な強さで、向かってくる対戦相手を総嘗《そうな》めにした。②被害を、ある範囲の全体に及ぼす。例 昨夜の火事は、市の中心部を総嘗めにした。

相場《そうば》が決《き》まる《慣》
世間の慣習や社会通念として、そうであるとされている。例 日本人は英語が下手だと相場が決まっていたが、近ごろはそうでもなくなった。

糟粕《そうはく》を嘗《な》める《慣》
先人の模倣や追従に終始し、独創的な点が全く認められないことをいう。例 先生が偉大であり過ぎたためか、弟子はその糟粕《そうはく》を嘗《な》める者ばかりであった。

そうは問屋《とんや》が卸《おろ》さない
問屋は客の期待するような安値では卸してくれないの意で、自分に好都合なことばかりを考えても、物事はそう期待どおりにはうまくいかない、ということ。例 おれたちをさんざんこき使っておいて、利益は独り占めしようだなんて、そうは問屋が卸さない。

双璧《そうへき》
〔「璧《へき》」は、円型で中央に穴があいているドーナツ型の宝玉。一対の立派な宝玉の意〕どちらが優れているとも定めかねる、二つの優れたもの。甲乙つけがたいもの。
原文 凱《がい》の子、暐《い》と弟の恭之《きょうし》と、並びに時誉《じよ》あり。洛陽《らくよう》の令賈禎《れいかてい》、その兄弟《けいてい》を見、歎じて曰《いわ》く、僕《ぼく》老年を以《もっ》て、更に双璧《そうへき》を観《み》る〔陸凱《りくがい》の子の暐《い》と弟の恭之《きょうし》とは、共にその時代の秀才としての名声が高かった。洛陽《らくよう》県の長官の賈禎《かてい》は、その兄弟に会い、感嘆して、私は長生きをしたので、さらに一対の宝玉を見た、と言った〕。〈北史《ほくし》・陸凱伝《りくがいでん》〉

草莽《そうもう》の臣《しん》

《「草莽《そうもう》」は、草むら、民間の意》仕官しないで民間にいる人。在野《ざいや》の人。

原文 国に在るを市井《しせい》の臣と曰《い》い、野に在るを草莽《そうもう》の臣と曰《い》う。皆庶人を謂う〔君に仕えずして町に住む者を市井《しせい》の臣といい、郊外に住む者を草莽の臣というが、臣とはいっても、どちらも庶民のことである〕。〈孟子《もうし》・万章《ばんしょう》下〉

総領《そうりょう》の甚六《じんろく》

《「総領」は、家の跡目を継ぐ者。「甚六」は、「順禄《じゅんろく》」のなまりで、総領息子は愚鈍でも順序として父の世禄《せろく》を継ぐ意という》総領息子は大事に育てられるので他の兄弟に比べておっとりしていること。いろはがるた（江戸）の一。

倉廩《そうりん》実《み》ちて礼節《れいせつ》を知《し》る

《「倉廩《そうりん》」は、米蔵》人は、生活が安定し余裕ができて初めて礼儀や節度をわきまえるべきことを知る意で、生活に困っていては、礼儀作法を守れない、ということ。

原文 倉廩《そうりん》実《み》つれば則《すなわ》ち礼節を知り、衣食足れば則ち栄辱を知る〔人は財産が豊かになれば礼儀や節度をわきまえ、生活が安定すれば、名誉・不名誉のけじめがわかる〕。〈管《かん》子《し》・牧民《ぼくみん》〉

俗耳《ぞくじ》に入《はい》りやすい《慣》

《「俗耳」は、世間一般の人々の耳の意》世間一般の人々に受け入れられ、理解されやすい様子。例 あの心理学の先生は、専門的なことも分かりやすく話すので、俗耳に入りやすいとマスコミで重宝されている。

束脩《そくしゅう》

《昔、入門の時に先生に贈り物として持参した、束《たば》にした脩《しゅう》（ほし肉）》入門料。転じて、月謝。授業料。

原文 子曰《しいわ》く、束脩《そくしゅう》を行なえるより以上は、吾未《われいま》だ嘗《かつ》て焉《これ》を誨《おし》うること無くんばあらず〔孔子が言われた、束脩を持って来て教えを請いさえすれば、私は誰《だれ》にでも教えてやった〕。〈論語《ろんご》・述而《じゅつじ》〉

底《そこ》が浅《あさ》い《慣》

見かけがいいだけで、内容に深みがない様子。例 相手が素人だから通用するのかもしれないが、あの人の講演はいつも底が浅いものだ。

底《そこ》が知《し》れない《慣》
際限が見極められないほど深い様子。「底知れない」とも。例あの役者の芸の深さには底が知れないものがある。

底《そこ》が割《わ》れる《慣》
うそをついていることが見破られたり、真意を見透かされたりする。例彼はすぐに底が割れるような言い訳をして、責任を免れようとした。

底《そこ》に底《そこ》あり ⇩裏には裏がある

そこへ行《い》くと《慣》
今述べたことと比べて、の意で、前述の事柄に比べ、後述の事柄が対照的であることを表わすのに用いる。例従来の製品は耐久性の面で若干の不安があった。そこへ行くと、我が社の新製品は十年間使用しても大丈夫だ。

そこへ持《も》ってきて《慣》
今述べたことに加えて、の意で、前述の事柄に、更に同じような傾向の事柄が付け加わることを表わすのに用いる。例彼女は英会話が上手で、そこへ持ってきてコンピューターの扱いにも慣れているのだから、貿易会社にうってつけだ。

底《そこ》を突《つ》く《慣》
①貯《たくわ》えておいた物を出し尽くして、ほとんど皆無の状態になる。例生産が追い付かず、在庫が底を突いた。②相場が底値になる。例政情不安で株の相場が底を突いた。

底《そこ》を払《はら》う《慣》
貯《たくわ》えていた物を使い尽くすなどして、何も残っていない状態になる。例夫の介護でわずかな貯えさえ底を払ってしまった。

底《そこ》を割《わ》る《慣》
①心中の思いなどを包み隠さずに打ち明ける。例彼と底を割って話したら、誤解がとけた。②相場が底値よりもなお下がる。例相場が底を割る。

俎上《そじょう》に載《の》せる《慣》
〔「俎《そ》」は、まな板〕あることを議論や批判の対象として取り上げる。「俎《まないた》に載せる」とも。例 今後の国際情勢の動向を俎上に載せて、若手の論客が舌戦を交わす。

俎上《そじょう》の魚《うお》 《慣》

《「俎《そ》」は、まな板。俎《まないた》の上に載せられた魚、の意》⇩俎《まないた》の鯉《こい》

俎上《そじょう》の肉《にく》

《「俎《そ》」は、まな板。俎《まないた》の上に載せられた肉、の意》相手の思いどおりになるより仕方のない状況に置かれること。

原文 俎上《そじょう》の肉は膾截《かいせつ》に任せるが如《ごと》きのみ〔まな板の上の肉は細かく切られるも、大きく切られるも、料理人の気のむくままにまかせるだけである〕。〈晋書《しんじょ》・孔坦伝《こうたんでん》〉

類句 ◆俎《まないた》の鯉《こい》

誹《そし》りを免《まぬか》れない 《慣》

当然のこととして、非難されても仕方がない状態だ。例 会議に諮《はか》りもしないで部長一人の判断で契約を結んだことは、軽率の誹《そし》りを免《まぬか》れないところだ。

育《そだ》ちが育《そだ》ち

その人が育った境遇や環境の影響は、大きくなっても何かにつけて自然に言葉や物腰などに現われるものだということ。例 彼女は育ちが育ちだから、お嬢様気分がいくつになっても抜けないようだ。

類句 ◆氏《うじ》より育ち

そちら向《む》けといえば三年《さんねん》も向《む》いている

人から命じられたことに、愚直なまでに従順な性格であることのたとえ。

そつが無《な》い 《慣》

細かいところまで配慮が行き届いていて、やることに不都合な点や無駄な点が見られない様子。例 あの人は、何をやらせてもそつが無いので、上役から信頼されている。

卒寿《そつじゅ》

《「卒」の字の略字は「卆」で、「九」と「十」とから成っていることから》九十歳の俗称。

参考「卒」の字は、本来「終わる」「死ぬ」という意味である。

啐啄同時《そったくどうじ》
⦅卵の中の雛《ひな》が成熟し、孵化《ふか》しようとして殻《から》を内側からつつく音が「啐《そつ》」、それに応じて母鶏《ははどり》が外から殻をつつき破って孵化を助けるのが「啄」。「啐」の音は「サイ」、「ソツ」は俗音⦆禅で、師と弟子の気持ちが相応じてぴたりと合うこと。〈禅林宝訓音義《ぜんりんほうくんおんぎ》〉

ぞっとしない 《慣》
その物事に対してあまりいい感じがしないことをいう。例この暑い時に鍋《なべ》料理なんて、ぞっとしないね。

そっぽを向《む》く 《慣》 ⇩横を向く

袖《そで》すり合《あ》うも他生《たしょう》の縁《えん》
⇩袖触《そでふ》り合うも多生の縁

袖《そで》に縋《すが》る 《慣》
哀願し、助けを求める。例義父の袖《そで》に縋《すが》ってマンション購入資金の一部を出してもらった。

袖《そで》にする 《慣》
⦅袖《そで》を身《み》ごろから切り離すことから⦆今までの親密な関係を絶って、冷淡な扱いをする。例ああ酒癖が悪くては、恋人に袖にされても仕方がない。

袖《そで》の下《した》 《慣》
⦅他人に気づかれないように袖《そで》の下からそっと渡すことから⦆賄賂《わいろ》。例この役所は袖の下がきくなどとうわさされているのは、綱紀粛正上由々しい問題だ。

袖触《そでふ》り合《あ》うも多生《たしょう》の縁《えん》
⦅見知らぬ人どうしが、道を歩いていて袖《そで》を触れ合う程度の些細《ささい》なことも、前世からの因縁によるという、仏教に由来する言葉⦆ふとしたきっかけで作られた人間関係というものは大切にすべきだということ。「触り合う」は「振り合う」「すり合う」、「多生」は「他生」とも書く。「袖の振り合わせも他生の縁」は、いろはがるた（京都）の一。例同じ宿に泊まり合わせた人が熱を出して苦しそうだったので、袖触り合うも多生の縁と思って一晩看病した。参考「多生」は、何度も生まれ変わる意。「他生」は現世からみて過去・未来の生をいう。
類句 ◆一樹《いちじゅ》の陰一河《いちが》の流れも他生の縁

袖《そで》を絞《しぼ》る《慣》
涙でぬれた袖《そで》を絞る意で、ひどく悲しんで泣くこと。例 今度の韓国ドラマは、多くの女性の袖を絞る悲恋の物語だ。

袖《そで》を連《つら》ねる《慣》
何人かの人が同じような立場・資格で行動や進退を共にする。例 新閣僚が袖《そで》を連ねて、認証式の席に臨む。

袖《そで》を通《とお》す《慣》
まだ着ていない着物や服を、初めて着る。例 結婚の時持ってきたこの訪問着は、まだ袖《そで》を通していないので仕付け糸がついたままだ。

袖《そで》を引《ひ》く《慣》
袖《そで》を引いて相手の注意を促す意で、他人に気づかれないように、そっと注意を与えたり誘ったりすること。例 我々は先に帰ろうと思って、高橋君の袖を引いて席を立ったが、彼は気が付かないようだった。

外面《そとづら》がいい《慣》
家族や内々の者に対するときより、外部の者に対するときのほうが愛想がいい様子。例 父は家ではむっつりしているが、外面《そとづら》がいいのか、会社では部下に受けがいいそうだ。

外堀《そとぼり》を埋《う》める《慣》
《城を攻略するために、まず外堀を埋めたことから》目的を達成するための手段として、まず周辺の障害を取り除く。例 暴力団壊滅のためには、資金源を断って敵の外堀を埋めるのがいい。

備《そな》えあれば憂《うれ》いなし
平素から非常事態に備えて十分の準備をしておけば、いざという場合になっても心配がない、ということ。
原文 書《しょ》に曰《いわ》く、安きに居《お》りて危うきを思う、と。思えば則《すなわ》ち備え有り、備え有れば患《うれ》い無し〔書経に、安らかな今日にあって危うき明日を思う、とあるが、その危うい時のことを思えば、それに処する備えができ、その備えができると心配もなくなる〕。〈左伝《さでん》・襄公《じょうこう》十一年〉

備《そな》わるを一人《いちにん》に求《もと》む

《「備わる」は、完備する意》一人の人間に、あらゆる能力・条件が備わっていることを要求する。「求むるなかれ」と打ち消しの形で使用する。

原文 周公、魯公《ろこう》に謂《い》いて曰《いわ》く、……備わるを一人に求むる無《な》かれ〔周公旦《しゅうこうたん》が魯公に言われた、一人の人間に完全さを要求してはいけない〕。〈論語《ろんご》・微子《びし》〉

その足《あし》で《慣》

ある所に行き、そこから直接別の場所に向かう様子。例 銀行に行き、その足でデパートに寄って帰って来た。

その手《て》は食《く》わない《慣》

事前に相手の策略を見抜き、それには乗せられないように用心する様子をいう。例 泣き落とし戦術で来たって、その手は食わないぞ。

その手《て》は桑名《くわな》の焼《や》き蛤《はまぐり》

「その手は食わない」という語を、三重県桑名の名物、焼き蛤《はまぐり》にかけた洒落《しゃれ》。

その右《みぎ》に出《い》づる者《もの》なし

⇩右に出づる者なし

側杖《そばづえ》を食《く》う

《他人が喧嘩《けんか》をしているそばにいて、誤って杖《つえ》で打たれる意から》自分には直接関係のないことから思いがけない災難を受ける。例 喧嘩の仲裁に入ったばかりに、とんだ側杖を食ってしまった。

素封家《そほうか》

《「素」はむなしいこと、「封」は領地。領地や官位を持っていないが、非常な資産を持っている者という意》財産家。大金持ち。

原文 今、秩禄《ちつろく》の奉《ほう》、爵邑《しゃくゆう》の入《にゅう》無くして、楽しんで之《これ》と比する者有り、命《な》づけて素封と曰《い》う〔今、朝廷からの俸禄《ほうろく》や爵位、領地からの収入もなくして、楽しみがこれと匹敵するものがある。これを素封という〕。〈史記《しき》・貨殖伝《かしょくでん》〉

空目《そらめ》を使《つか》う《慣》

①見て見ないふりをする。例 顔を合わせたくないので、

空目を使って通り過ぎる。②上目《うわめ》づかいに何かを見る。例あの子はおもちゃを取り上げられ、泣き顔になって恨めしそうに空目を使っている。

空《そら》を使《つか》う《慣》
とぼけて知らないふりをする。また、何食わぬ顔でうそをつく。例後難《こうなん》を恐れてか、事件の目撃者はみな空を使って、本当のことを話してくれない。

反《そ》りが合《あ》わない《慣》
気心が合わず、一緒にうまくやっていけない様子だ。例夫婦の反りが合わず、喧嘩《けんか》が絶えない。

それ来《き》た《慣》
待ち構えていたものが来たり、事態が予想どおりになったりした時などに発する言葉。例「手に切符を持っていたら、どこかで落としてしまった」「それ来た、言わないことじゃない。ポケットに入れておけと言ったろう」。

それにつけても金《かね》の欲《ほ》しさよ
何事につけても金さえあればうまくいくのだが、金がないばかりに苦労するということ。どんな上の句に付けても、それらしく聞こえる下の句としてよく知られる。

それはそれは《慣》
①相手の言葉に対して、驚きや感嘆の気持ちを表わす相づちの言葉。例「実は今度結婚することになりまして」「まあ、それはそれは」。②言葉では表わせないほど素晴らしいという気持ちを表わす。例名人の作品だけあって、それはそれは見事なできばえだった。

それ見《み》たことか《慣》
「それ、思い知ったか」の意で、忠告を無視して失敗した相手に対し、軽蔑《けいべつ》の気持ちを込めて言う言葉。例途中で脱落しただって、それ見たことか。君にはフルマラソンは無理だとあれだけ言ったのに。

揃《そろ》いも揃《そろ》って《慣》
同種の、また、同程度のものが、ずらりと揃《そろ》っている様子を強調した言い方。多く、好ましくないものや価値のないものについていう。例このチームの連中は揃いも揃って練習嫌いだ。

算盤《そろばん》が合《あ》う《慣》⇩採算がとれる

算盤高《そろばんだか》い《慣》⇩勘定高い

算盤《そろばん》をはじく《慣》
何かをする前に損得試算をする。例どう算盤《そろばん》をはじいても、この仕事は割に合わない。

損《そん》がいく《慣》
損をする結果になる。例野菜や果物は取れ過ぎてもかえって損がいくのだから、農家の経営は難しいものだ。

損《そん》して得《とく》取《と》れ
目先のわずかな利益を捨てても、先々で大きな利益を得るほうがよい、ということ。

樽俎折衝《そんそせっしょう》
〔「樽俎《そんそ》」は、酒だると肉を載せる台。「折衝」は、敵の衝車（攻撃用の車）を折《くじ》くこと。酒や料理が並ぶ宴会の席で、なごやかに談笑しながら、相手の攻勢をくじいて自国に有利な交渉をすすめるという意〕外交上の談判。
原文 夫れ尊《そん》（樽）俎《そ》の間を出《い》でずして、千里の外を知るとは、其《そ》れ晏子《あんし》の謂《い》いなり、折衝すと謂うべし〔そもそも酒宴の席だけで、千里も遠い所のことを知るとは、晏子《あんし》のことである。敵の攻撃をくじくといってよい〕。〈晏子《あんし》春《しゅん》秋《じゅう》・内篇《ないへん》・雑《ざつ》上〉

忖度《そんたく》
〔「忖《そん》」も「度《たく》」も、はかる意〕他人の気持ちを推し量ること。例今は相手の心中を忖度してそっとしておこう。
原文 他人心あり、予《われ》これを忖度《そんたく》す〔他の人は別な心を持っているが、自分はこれを推し量って知ることができる〕。〈詩経《しきょう》・小雅《しょうが》・巧言《こうげん》〉

存養《そんよう》
人間が生まれつき持っている善の心を養い育てること。
原文 その心を存し、その性を養うは、天に事《つか》うる所以《ゆえん》なり〔人間が生まれながらにして持つ善なる心を失わないようにし、その本性を育ててゆくのは天の意志にかなったことである〕。〈孟子《もうし》・尽心《じんしん》上〉

た

たあいがない《慣》⇩たわいがない

大隠《たいいん》は市《いち》に隠《かく》る
真に悟りを得た隠者は、もう俗事に心を乱されることがないから山林に隠れる必要はなく、町の中に住んでいる。原文 小隠は陵藪《りょうそう》に隠れ、大隠は朝市《ちょうし》に隠る〔普通の隠士は山野にひきこもって住むが、真に道に達した隠者は町中の人の群集するところに隠れる〕。〈文選《もんぜん》・王康琚《おうこうきょ》・反招《はんしょう》隠《いん》の詩〉

大概《たいがい》にする《慣》
ほどほどのところでやめておくべきだの意で、度が過ぎているのを戒めるときの言葉。「大概にしろ」の形で用いることが多い。例 悪ふざけも大概にしろ。

大海《たいかい》は芥《あくた》を選《えら》ばず ⇩**河海《かかい》は細流《さいりゅう》を択《えら》ばず**

大喝一声《たいかついっせい》
《「喝」は、禅宗《ぜんしゅう》で、死者に引導《いんどう》を渡すときに、大きな掛け声を掛けること》大きな声で叱《しか》りつけること。

大廈《たいか》の顚《たお》れんとするや一木《いちぼく》の支《ささ》うるところに非《あら》ず
《「大廈《たいか》」は、大きな建物。大きな家が倒れそうな時には、とても一本の突《つ》っかい棒で支えられるものではない、という意》国家が滅びかかった時には、一人の力では、もはやどうすることもできないことのたとえ。〈文中子《ぶんちゅうし》・事君《じくん》〉

対岸《たいがん》の火事《かじ》《慣》
自分には関係がないこととして、少しも苦痛や危機感を感じないこと。「対岸の火災」とも。例 我が国にとっても食糧危機は、対岸の火事だなどとは言っていられない時代が来るおそれがある。

大姦《たいかん》は忠《ちゅう》に似《に》たり
大悪人は、うまく表面をつくろって正体を現わさないから、いかにも忠誠な人のように見える、ということ。

原文 大姦《たいかん》は忠に似たり、大詐《たいさ》は信《しん》に似たり〔大悪人はいかにも忠誠の人のように見え、ひどい詐欺師《さぎし》はいかにもうそがないように見える〕。〈宋史《そうし》・呂誨伝《りょかいでん》〉

大義親《たいぎしん》を滅《めっ》す

《春秋時代、衛の君主を殺した公子州吁《こうししゅうく》が、石厚《せきこう》と共に陳《ちん》の国に行った時、厚の父の石碏《せきさく》が二人を反逆者として殺した故事から》君臣間の大義を全《まっと》うするためには、父子兄弟の情愛を犠牲にすることがある、の意で、大きな道義のためには私情を捨てる、ということ。

原文 君子曰《いわ》く、石碏《せきさく》は純臣なり。州吁《しゅうく》を悪《にく》みて厚与《こうあずか》る。大義親《しん》を滅すとは、其《そ》れ是《これ》を之《こ》れ謂《い》うか、と〔君子は評して言った、石碏《せきさく》は実に二心のない立派な臣である。州吁《しゅうく》の大逆をにくんで、これを除こうとしたが、我が子の石厚がそれに関与していたので、我が子までも殺した。昔から大義のためには、肉親までも殺すといわれるが、それは石碏のこうしたことをいうものであろうか〕。〈左伝《さでん》・隠公《いんこう》四年〉

大吉《だいきち》は凶《きょう》に還《かえ》る

あまりにも良いことがありすぎると、かえって凶になる。易《えき》で陽の卦《か》が最上になると陰の卦になることをいう。

大疑《たいぎ》は大悟《たいご》の基《もとい》

大いに疑うことで、それをきっかけにして大きな悟りを得ることができる意で、疑いを持たなければ悟りを開くことはできない、ということ。

大器晩成《たいきばんせい》

《大きな器物は簡単にはできない意で、器物を人物にたとえた語》優れた器量の持ち主は、若いころは目立たないが、年をとってから大成するものだ、ということ。

原文 大方《たいほう》（大きな四角）は隅《ぐう》無く、大器は晩成なり。〈老《ろう》子《し》・四一〉

大義名分《たいぎめいぶん》

《臣下が君主に対して守らなければならない道義と分限の意から》自分のすることを正当化するための、表面は筋の通った理由付け。例 国土開発という大義名分のもとに、これ以上自然を破壊するのは許されない。

大魚《たいぎょ》を逸《いっ》する《慣》

何かの事情で、大きな手柄や利益になる絶好の機会をつかみ損なう。[例]その日は株価の動きを読み誤ったばっかりに、大魚を逸したと彼はぼやいていた。

乃公《だいこう》出《い》でずんば《慣》

《「乃公《だいこう》」は、自分自身を尊大に言う代名詞で、「おれ」「吾輩《わがはい》」といった意》このおれ自身がやろうとしなければ、一体誰《だれ》にできるというのか、の意で、自ら難局に当たろうとする心意気を表わす言葉。[例]乃公出でずんばと気負い立ったのはいいが、自分には荷が重過ぎるようだ。

大行《たいこう》は細謹《さいきん》を顧《かえり》みず

《鴻門《こうもん》の会の宴会の半ばで、身の危険を感じた沛公《はいこう》（漢の高祖）が便所に立ち、そのまま逃げ出そうと思って、項《こう》羽《う》に対する暇乞《いとまご》いの挨拶《あいさつ》をどうしたものかと言った時、家来の樊噲《はんかい》がそのまま立ち去らせるために言った言葉》大事を成そうと志す者は、ささいな慎みなどは気にしないものだ、ということ。

[原文]樊噲曰《はんかいいわ》く、大行《たいこう》は細謹を顧みず、大礼は小譲を辞せず。如今《じょこん》、人は方《まさ》に刀俎《とうそ》たり、我は魚肉たり。何ぞ辞するを為《な》さん、と〔樊噲《はんかい》が言った、大事を行なう場合には小さな慎みなどは気にしない、大礼を行なう場合には小さな遠慮などはしないものである。ただいま、相手は刀とまな板であり、こちらは魚の肉である。別れの挨拶《あいさつ》などする必要がありますか〕。〈史記《しき》・項羽紀《こううき》〉

[類句]◆大事の中の小事なし　◆大事の前の小事

大巧《たいこう》は拙《せつ》なるが若《ごと》し

本当に巧みに作られたものは、俗人にはかえって下手《へた》に見えるものだ、ということ。

[原文]大直は屈するが若《ごと》く、大巧は拙《せつ》なるが若く、大弁《たいべん》は訥《とつ》なるが若し〔真にまっすぐなものは、かえって一見曲がっているように見え、真に巧みなものは一見下手なように見え、真に雄弁なものはかえって一見訥弁《とつべん》のように見える。すべて俗人の目から見たものとは反対の姿を持つ〕。〈老《ろう》子《し》・四五〉

太公望《たいこうぼう》

《周の武王の軍師となって殷《いん》を滅ぼし、天下を統一した太公望は、武王の父の文王に見出《みいだ》される前は、世を逃れて渭水《いすい》のほとりで魚釣りをしていたという故事から》釣りをする人、釣り好きな人をいう。[例]鮎《あゆ》の解禁日、両岸には朝早くからずらりと太公望が並ぶ。

原文 太公望呂尚《たいこうぼうりょしょう》は、東海《とうかい》の上《ほとり》の人《ひと》なり。……漁釣《ぎょちょう》を以《もっ》て周《しゅう》の西伯《せいはく》に奸《もと》む。……周の西伯猟《りょう》し、果たして太公に渭水《いすい》の陽《きた》に遇《あ》う。与《とも》に語りて大いに説《よろこ》びて曰《いわ》く、吾《わ》が先君太公自《よ》り曰く、当《まさ》に聖人有りて周に適《ゆ》くべし、周以て興らん、と。子《し》は真《しん》に是《これ》なるか。吾が太公、子を望むこと久し、と。故に号して太公望と曰う「太公望呂尚《りょしょう》は東海のほとりの人である。魚釣りをして周の西伯に仕えようと求めた。周の西伯が猟に出かけ、果たして渭水《いすい》の北で、釣りをしている呂尚に出会った。共に語って大いに悦《よろこ》んでいうには、わが亡き太公（父君）が日ごろから言われることには、必ず聖人が出て周に来られるに違いない。周はその人によって大いに興るであろう、と。あなたは、まさしくその人ではあるまいか。わが太公があなたの来るのを待ち望まれたことは久しいことであった、と。そこで名づけて太公望と言った」。〈史記《しき》・斉太公世家《せいのたいこうせいか》〉

太鼓判《たいこばん》を捺《お》す《慣》

《「太鼓判」は、大型の印判》絶対に間違いないと保証する。

例 これは、店の主人が最高級品だと太鼓判を捺《お》した品だ。

醍醐味《だいごみ》

《「醍醐《だいご》」は、牛乳・羊乳を精製した濃くて甘い食品。昔は、めったに口にすることができず、最高の味覚として、仏法の真髄にたとえた》そのものの持つ、独特の深い味わい、また最高の楽しさ。〈涅槃経《ねはんぎょう》〉

例 常識の壁に挑戦する、そこに研究の醍醐味があるのだ。

太鼓《たいこ》を持《も》つ《慣》

他人の言うことなどに無批判に同調し、気に入られようとする。「太鼓を叩《たた》く」とも。

例 うちの課長は、我々の意向を無視して、すぐに部長の太鼓を持つから困ったものだ。

泰山《たいざん》は土壌《どじょう》を譲《ゆず》らず

《泰山があれほど高いのは、どんな土くれも自分のものとしたからだ、という意》⇩河海《かかい》は細流《さいりゅう》を択《えら》ばず

大山鳴動《たいざんめいどう》して鼠《ねずみ》一匹《いっぴき》

大変なことが起きる、と前宣伝が大きく、あれこれ騒ぎ立てた割には、大した結果に至らなかった様子。「大山」は「泰山」とも書く。

例「改革」をスローガンとした新政

権に国民も期待を寄せたが、大山鳴動して鼠《ねずみ》一匹、旧体制の一部手直しに終わった。

大事《だいじ》の中《なか》の小事《しょうじ》なし

大きな事を成し遂げようとする際には、小さな事をいちいち問題にすることはない、ということ。

類句 ◆大行《たいこう》は細謹《さいきん》を顧みず

大事《だいじ》の前《まえ》の小事《しょうじ》《慣》

大きな事を成し遂げようとする際には、小さな事は犠牲にしてもやむを得ないということ。また、大きな事を行なう前には、どんな小さな事にも油断をしてはならないの意にも用いる。例 ここは大事の前の小事で、無責任な批判など気に掛けないようにしよう。

類句 ◆大行《たいこう》は細謹《さいきん》を顧みず

大上段《だいじょうだん》に構《かま》える《慣》

《剣術で、刀を頭上に振りかざし、真っ向から相手に対する構えをとることから》相手を恐れず、居丈高《いたけだか》な態度で対することをいう。例 問題が問題だけに、そう大上段に構えられては、話がまとめにくい。

大将《たいしょう》を射《い》んとせば先《ま》ず馬《うま》を射《い》よ

⇩将《しょう》を射んとせば先ず馬を射よ

大事《だいじ》を取《と》る《慣》

万一のことを考えて慎重に構える。例 熱は下がったが、大事を取って今日一日は会社を休もう。

大声《たいせい》は里耳《りじ》に入《い》らず

《「大声」は、高尚な音楽、「里耳」は、俗人の耳、の意》

高尚な道理は、一般の人には理解されがたいものだ。

原文 大声は里耳に入らず。折楊皇荂《せつようこうか》には則《すなわ》ち嗑然《こうぜん》として笑う〔きわめて高尚な音楽は、俗人の耳には受け入れられないものであるが、折楊《せつよう》や皇荂《こうか》という俗曲流行歌になると、誰《だれ》にでもわかるから、歌曲を聞くと俗人は大きな口をあけて笑う〕。〈荘子《そうじ》・天地《てんち》〉

大層《たいそう》もない《慣》

考えることが本気だとは思えないほど、馬鹿《ばか》げていたり見当違いであったりする様子。例 一昔前までは月旅行がしたいなどと言うと、大層もないことを言うと笑われたが、今では現実のものになった。

大智《たいち》は愚《ぐ》の若《ごと》し

本当に知恵のある人は、凡人にはその偉大さが分からなくて、愚か者のように見えるものだ。

原文 大勇は怯《きょう》なるが若《ごと》く、大智《たいち》は愚なるが若し〔非常に勇気のある者は、一見して臆病《おくびょう》のようであるし、本当の知恵ある者は、一見して愚か者のように見える〕。〈蘇軾《そしょく》の文、欧陽少師《おうようしょうし》の致仕《ちし》を賀《が》するの啓《けい》〉

類句 ◇大賢《たいけん》は愚に似たり

大抵《たいてい》にする《慣》

適当なところでやめる意で、好ましくないことを長く続けたり繰り返したりするのをやめさせようとする時に用いる言葉。多く命令形で用いる。例 冗談を言うのも大抵にしろ。／おしゃべりも大抵にして、仕事に戻ったらどうだ。

大敵《たいてき》と見《み》て恐《おそ》れず小敵《しょうてき》と見《み》て侮《あなど》らず

強大な勢力を誇る敵であっても恐れてはならないし、わずかな敵であっても侮ってはならない、ということ。

泰斗《たいと》

〔泰山《たいざん》と北斗星《ほくとせい》とは、人々から尊ばれているものであるから〕最高の権威者。その道の大家。例 故博士は、考古学の泰斗と仰がれる存在であった。

原文 愈《ゆ》没してより、その言《げん》大いに行なわれ、学者のこれを仰ぐこと、泰山北斗《たいざんほくと》の如《ごと》しと云《い》えり〔韓愈《かんゆ》が死んでから、その言葉が世間に大いに行なわれ、学者がこれを仰ぐことが泰山と北斗星のようであったという〕。〈唐書《とうじょ》・韓愈《かんゆ》伝賛《でんさん》〉

大同小異《だいどうしょうい》

比べ合わせて、細かい点でわずかな違いはあっても、全体的に見ればほとんど変わりがないこと。

原文 大同にして小同と異なる、此《これ》を之《こ》れ小同異と謂《い》う。万物の畢《ことごと》く同じく畢く異なる、此を之れ大同異と謂う。〈荘子《そうじ》・天下《てんか》〉

類句 ◆五十歩百歩

大道《たいどう》廃《すた》れて仁義《じんぎ》あり

道徳が世に行なわれている時は人情が醇朴《じゅんぼく》で仁義を唱える必要はないが、道徳が行なわれなくなると世の中に虚偽が多くなって仁義を唱える必要が生じてくる。また、世の中が退廃すると、義理・人情という美徳が表われてくる。原文 大道廃《すた》れて仁義あり、智慧《ちえ》出でて大偽《たいぎ》あり〔真の大道が廃れて行なわれなくなってから、仁義が説かれるようになり、人が知恵を持つようになってから、世の中にひどい偽りが行なわれるようになった〕。〈老子《ろうし》・一八〉

大徳《たいとく》は小怨《しょうえん》を滅《ほろ》ぼす

大きな恩恵がほどこされると、少々の怨《うら》みは自然に消えてなくなってしまうものだ。原文 王曰《いわ》く、大徳あるときに小怨《しょうえん》を滅ぼすは道なり。〈左《さ》伝《でん》・定公《ていこう》五年〉

台所《だいどころ》を預《あず》かる《慣》

家庭や組織などで、金銭の収支を任される。例 一家の台所を預かる主婦にとって、公共料金の値上げは頭が痛い。

大《だい》なり小《しょう》なり《慣》

程度の差はあっても、全般にそのような傾向が認められる様子。例 誰《だれ》でも五十を過ぎれば、大なり小なり体のどこかに異状が見られるものだ。

大《だい》の虫《むし》を生《い》かして小《しょう》の虫《むし》を殺《ころ》せ

やむを得ない場合には、少々の犠牲を払っても一番大事だと思われるものを救え、ということ。「大を生かして小を殺す」とも。⇩**小の虫を殺して大の虫を助ける**

大《だい》は小《しょう》を兼《か》ねる

大きいものは小さいものの効用を合わせ持つ意で、大きいものは小さいものの代わりに使うことができる、ということ。例 大は小を兼ねるで、買うなら大きめの旅行かばんを買っておくほうがいい。原文 その已《すで》に大なる者あり、小なる者を兼ぬ。〈春秋繁《しゅんじゅうはん》露《ろ》・度制《どせい》〉

台風《たいふう》の目《め》《慣》

《台風の中心の意》社会的な旋風を巻き起こす事件の中心をなすと考えられる人や物事を指していう言葉。例 激動する世界情勢の台風の目となっているのは、中近東の産油国だと言えよう。

大仏《だいぶつ》の柱《はしら》を蟻《あり》がせせる
大仏殿の巨大な柱を蟻《あり》がつつく意で、どう試みても力の及ばないこと。「大黒柱を蟻がせせる」とも。

大木《たいぼく》に蟬《せみ》の止《と》まったよう
巨大なものにごく小さなものがつかまっていることの形容で、大小の差があまりに大きくて問題にならないことのたとえ。

大木《たいぼく》は風《かぜ》に折《お》らる ⇩喬木《きょうぼく》は風に折らる

鯛《たい》も一人《ひとり》はうまからず
鯛《たい》のようにうまいものでも、一人で食べたのではうまくない。食事は大勢でするほうがよい、ということ。

大欲《たいよく》は無欲《むよく》に似《に》たり
大きな望みをいだく者は、小さな利益は問題にしないから一見欲がないように見える、ということ。また、強欲《ごうよく》な者はとかく欲のために目がくらんで損を招くことが多く、結局は無欲な者と同じことになる、という意もある。

体《たい》を交《か》わす《慣》
相手の攻撃をまともに受けたり、何かと衝突したりするのを避けるために、体の位置を変える意で、巧妙な話術などによって、相手の非難・追及などを交わすこと。例事故の責任を追及された彼は、世の中には不可抗力ということもあると、うまく体《たい》を交わしてしまった。

体《たい》を成《な》す《慣》
見られて恥ずかしくない形を整える。「体《てい》を成す」とも。例一応は論文の体《たい》を成しているといえるが、内容は感想文程度のものだ。

斃《たお》れて後《のち》已《や》む
倒れて死ぬまでやり通す意で、生きている限り最大限の努力をし続ける、ということ。原文俛焉《べんえん》として日に孶孶《しし》たるあり、斃《たお》れて后《のち》已《や》む〔努力して毎日励み、死ぬまでやり通す〕。〈礼記《らいき》・表記《ひょうき》〉
類句◆死して後已《や》む

高《たか》が知《し》れる《慣》

たいした程度ではないと分かっている。例 模造品だから、値が張るといっても高が知れている。

箍《たが》が緩《ゆる》む《慣》

〔「箍《たが》」は、桶《おけ》の胴《どう》の周囲にはめて緩まないようにする、金属や竹で作った輪〕年を取ったり緊張が緩んだりして、することに締まりがなくなる。例 こう不祥事が続発するのは、組織の箍が緩んでいる証拠だ。

高《たか》くつく《慣》

普通よりは出費が小さくて済むだろうと思ってしたことが、予想外の出費がそれに加わり、かえって多額の出費になる。例 中古車を安く買ったが、修理代がかさみ、結局は新車以上に高くついてしまった。

高嶺《たかね》の花《はな》《慣》

欲しいけれどもただ眺めているだけで、手に入れることのできないもの。特に、自分とは格が違い過ぎて結婚を望めない女性。例 いくら惚《ほ》れ込んでも、彼女は社長の姪《めい》なんだから、所詮《しょせん》君たちには高嶺《たかね》の花だよ。

類句 ◆花は折りたし梢《こずえ》は高し

鷹《たか》は飢《う》えても穂《ほ》を摘《つ》まず

鷹《たか》はどんなに飢えていても、烏《からす》や雀《すずめ》のように農民が汗水たらして育てた稲の穂をつついて食べるようなことはしない意で、志の高い人は窮しても不正な金品を受け取ったりはしないことのたとえ。

高飛車《たかびしゃ》に出《で》る《慣》

相手に対し有無を言わせないような高圧的な態度を取る。例 ああいうずうずうしい奴《やつ》には少し高飛車に出たほうがいい。

高見《たかみ》の見物《けんぶつ》《慣》

事件の成り行きなどを、第三者の立場に立って興味本位に傍観すること。例 政界を引退してからは、党内の派閥争いがどうなろうと、高見の見物を決め込んでいられる。

宝《たから》の持《も》ち腐《ぐさ》れ

役に立つものを持っていながら、しまい込んで使わないこと。また、才能や技量がありながらそれを活用しないこと。例 いくら本を買い込んでも、読まずに積んでおくだけでは宝の持ち腐れだ。

宝《たから》の山《やま》に入《い》りながら空《むな》しく帰《かえ》る

大きな利益を手に入れられる絶好の機会に恵まれながら、何も得られないで空しく終わってしまう。例 父親が苦労して収集した刀剣類を、二束三文で売ってしまうとは、宝の山に入りながら空しく帰るということだ。

宝《たから》は身《み》の仇《あだ》

本来なら、人を幸福にするはずの財宝だが、それを手にしたために、かえって身を滅ぼす結果になる、ということ。

類句 ◆財宝は身の敵《かたき》

高《たか》を括《くく》る《慣》

たいしたことはあるまいと、見くびる。例 半日もあれば済むだろうと高を括《くく》っていたら意外に手間取って、仕事が終わったのは夕方だった。

箍《たが》を外《はず》す《慣》

調子に乗って、守るべき規律や社会的な制約を無視した行動をする。例 試合に勝った勢いで、箍《たが》を外して飲み食いし、顰蹙《ひんしゅく》を買ってしまった。

薪《たきぎ》を抱《いだ》きて火《ひ》を救《すく》う

〔火を消すのに、薪《たきぎ》を持って行き、かえって火勢を強くしてしまう意〕害悪を除こうとしても、手段を誤るとかえって被害を大きくしてしまうものだということ。

原文 法出《い》でて姦生《かんしょう》じ、令下《れいくだ》りて詐《さ》起こる。湯を以《もっ》て沸《ふつ》を止め、薪《たきぎ》を抱《いだ》きて火《ひ》を救うが如《ごと》し。愈々甚《いよいよはなは》だしくして益亡《えきな》きなり〔法律が公布されてから、人民の心に法律から免れようとする悪い心が起こり、命令が下されてから、うまくごまかそうとする風潮が起こる。これは熱湯を加えて湯の沸くのを止め、薪を抱いて火を消そうとするようなもので、かえってその勢いを増すことになり、少しも益がないのである〕。〈漢書《かんじょ》・董仲舒伝《とうちゅうじょでん》〉

類句 ◆火を以《もっ》て火を救う

多岐亡羊《たきぼうよう》

〔逃げた羊を捜しに行ったが、枝道が多くてついに見失ってしまったことから〕学問の道が多方面に分かれていて、なかなか真理をとらえることができないこと、また、方針がいろいろあって、どうしてよいか迷うことのたとえ。

原文 楊朱《ようしゅ》の隣人、羊を亡《に》がせり。既に其《そ》の党を率《ひき》い、又《ま》た楊子の竪《じゅ》を請いて、之《これ》を追う。楊子曰《いわ》く、嘻《ああ》、一羊を亡がすに何ぞ追う者の衆《おお》きや、と。隣人曰く、岐路《きろ》多し、と。……心都子曰く、大道は多岐を以《もっ》て羊を亡がし、学者は多方を以て生を喪《うしな》う〔楊子《ようし》の隣の人が、羊を逃がしてしまった。そこで自分の家の者を引き連れた上に、さらに楊子の下僕《げぼく》を頼んで、羊を追いかけた。楊子が、ああ、たった一匹の羊を逃がしたというのに、どうしてそんなに大勢で追いかけるのか、というと、隣人は、枝道が多いので、という。……心都子が言った、大きな道は、わき道が多いために、とうとう羊を逃がしてしまったが、それと同じように学問をする者は、やり方がいろいろあるために、生き方がわからなくなってしまうのである〕。〈列子《れっし》・説符《せっぷ》〉

類句 ◆亡羊の嘆《たん》

多芸《たげい》は無芸《むげい》

器用でいろいろな芸に通じている人は、これといって傑出した芸がないので、無芸と変わりがない。

参考 Jack of all trades, and master of none.〔何にでも手を出すが一芸にも優れない〕

類句 ◆何でも来いに名人なし

竹《たけ》の子生活《こせいかつ》《慣》

家計が苦しいため、竹の子の皮を一枚ずつはぐように、衣類などを少しずつ売りながら暮らしていく生活。特に、第二次世界大戦直後の窮乏生活をいう。例 終戦直後の竹の子生活を思うと、年末年始は海外で過ごすなどと、世の中も変わったものだ。

抱《だ》けばおんぶ

親切に抱いてやれば、次は背負ってくれとせがむ意で、恩情に慣れて付け上がることをいう。

竹屋《たけや》の火事《かじ》

竹は燃えるとパンパンとはじけて大きな音を立てることから、怒ってぽんぽんと激しく言う様子をいう。例 彼はかっとなると竹屋の火事で、すぐに大声でまくし立てる。

竹《たけ》を割《わ》ったよう《慣》

《竹はまっすぐ縦に割れることから》さっぱりとした気性で、物事にこだわらない様子。例 あの親爺《おやじ》は竹を割ったような気性で、喧嘩《けんか》をしても後に尾を引かない。

蛸《たこ》は身《み》を食《く》う

蛸《たこ》は空腹のとき自分の足を食うといわれることから、収入が無くて自分の財産を食いつぶすことのたとえ。

他山《たざん》の石《いし》

《よその山から出た粗悪な石でも、宝玉を磨《みが》くのに使える、の意》どんなつまらないこと、また、自分より劣っている人の言行でも、自分の才能や人格を磨く反省の材料とすることができるということ。例 海外で起きた暴動事件も他山の石とすべきである。

原文 他山の石、以《もっ》て玉を攻《おさ》む可《べ》し〔よその山から出た石も、それで自分の持っている玉を磨《みが》いて立派にすることができる〕。〈詩経《しきょう》・小雅《しょうが》・鶴鳴《かくめい》〉

多士済済《たしせいせい》《慣》

それぞれに優れた人材が数多く集まっている様子。「せいせい」は「さいさい」とも。例 学界を挙げての論文集とあって、執筆陣も実に多士済済《たしせいせい》だ。

出《だ》しにする《慣》

《かつおぶし・昆布などを出し汁として用いる意から》自分の利益のために、何かを不当に利用する。「出しに使う」とも。例 芸能人を出しにして宣伝し、金儲《もう》けを図るとはあきれた話だ。

出《だ》すことは舌《した》を出《だ》すも嫌《きら》い

物惜しみの甚だしいことのたとえ。

類句 ◇けちん坊の柿《かき》の種《たね》 ◆吝《しわ》ん坊の柿の種 ◇袖《そで》から手を出すも嫌い

多勢《たぜい》に無勢《ぶぜい》

少人数で大勢に向かったところで、とてもかなわないこと。例 何といっても多勢に無勢、勝負は初めからついているようなものだ。

類句 ◆衆寡《しゅうか》敵せず

蛇足《だそく》

《楚《そ》の国で数名の者が酒を賭《か》けにして、蛇《へび》を早く描《か》きあげる競争をした。早くできた一人が得意になり、不必要な足まで描き加えたために、酒をもらい損なったという故事から》余計な付け足し。無用のもの。例 この問題はすでに言い尽くされており、今さら何を言っても蛇足でしかない。

原文 楚《そ》に祠《まつ》る者有り。其《そ》の舎人《しゃじん》に卮酒《ししゅ》（大杯に盛った酒）を賜う。舎人相《あい》謂《い》って曰《いわ》く、数人にて之《これ》を飲めば足らず、一人之を飲めば余り有り。請う地に画《えが》きて蛇《へび》を為《な》し、先《ま》ず成らん者酒を飲まん、と。一人、蛇先ず成る。酒を引いて且《まさ》に飲まんとす。乃《すなわ》ち左手に卮《し》を持ち、右手に蛇を画《えが》きて曰く、吾《われ》能《よ》く之が足を為さん、と。未《いま》だ成らざるに、一人の蛇成る。其の卮を奪いて曰く、蛇は固《もと》より足無し。予《われ》安《いずく》んぞ能く之が足を為さん、と。遂《つい》に其の酒を飲む。蛇足《だそく》を為す者、終《つい》に其の酒を亡《うしな》えり。〈戦国策《せんごくさく》・斉策《せいさく》〉

闘《たたか》う雀《すずめ》人《ひと》を恐《おそ》れず

普段は人が近づけば逃げる雀《すずめ》でも、闘わなければならないときには、逃げないの意で、弱小な者でも、決死のときは、相手が強い者であっても恐れない、ということのたとえ。「闘雀《とうじゃく》人を恐れず」とも。

叩《たた》けば埃《ほこり》が出《で》る

どんな人や物事でも細かい点を探り出せば、他人には知られたくないような弱みがあるものだ、ということ。「新しい畳も叩《たた》けば埃《ほこり》が出る」とも。

叩《たた》けよさらば開《ひら》かれん

《新約聖書に「求めよ、さらば与えられん。叩《たた》けよ、さらば開かれん」とある》何事であれ、自分から積極的に働きかけていきなさい、そうすれば、先は開けていくだろうから、ということ。

ただでは置《お》かない《慣》

《「ただ」は、何もしない意》この仕返しは必ず何らかの形でするから覚悟しろの意で、脅し文句や捨てぜりふに用いる言葉。例 今日は大目に見てやるが、今度またこんなまねをしたら、ただでは置かないぞ。

ただの鼠《ねずみ》ではない《慣》

善きにつけ悪《あ》しきにつけ、油断のならない人間だの意で、その人を甘く見ないほうが賢明だということを表わす言葉。例 いつもとぼけたことばかり言っているのに、あれだけの商談をまとめるとは、彼もただの鼠《ねずみ》ではないな。

多多《たた》益《ますます》辨《べん》ず

《漢の名将の韓信《かんしん》が、高祖に対して、わたくしは兵力は多ければ多いほど上手に使いこなしますと言った故事から》仕事が多ければ多いほどかえって意欲を燃やし、優れた力量を発揮する様子を表わす言葉。また、何かが多ければ多いほど好都合だの意をも表わす。例彼女のようなスーパーレディーは多多益《ますます》辨《べん》ずで、この程度の仕事は難なくこなすはずだ。

原文 上《しょう》(高祖)常《かつ》て従容《しょうよう》として信(韓信《かんしん》)と諸将の能不《のうふ》を言う。各《おのおの》差有り。上問いて曰《いわ》く、我の如《ごと》きは能《よ》く幾何《いくばく》に将たる、と。信曰く、陛下は能く十万に将たるに過ぎず、と。上曰く、君に於《おい》ては何如《いかん》、と。曰く、臣は多多にして益《ますます》善きのみ、と。上笑いて曰く、多多益善きに、何為《なんす》れぞ我が禽《とりこ》と為《な》る、と。信曰く、陛下は兵に将たる能《あた》わずして、善く将に将たり。此《こ》れ乃《すなわ》ち信の陛下の禽と為る所以《ゆえん》なり。(「多多益辨ず」は、『十八史略』の文である)〈史記《しき》・淮陰侯伝《わいいんこうでん》〉

参考 The more, the better.〔多ければ多いほどよい〕

畳《たたみ》の上《うえ》で死《し》ぬ《慣》

旅先で死んだり事故に遭って死んだりするのではなく、自分の家で家族に看取《み》られながら穏やかに死ぬこと。例若い時分は考えたこともなかったが、年を取ると気が弱くなって、畳の上で死にたいと思うようになってきた。

畳《たたみ》の上《うえ》の怪我《けが》

本来、怪我《けが》をするはずの無い畳の上で怪我をする意から、怪我や災難は、場所を選ばずに起こるものである、ということ。または、あり得ないことのたとえ。

畳《たたみ》の上《うえ》の水練《すいれん》

畳の上でする水泳の練習の意で、理論や方法を知識として詳しく知っているだけで、実際の役には立たないこと。「畳水練」「畑《はたけ》水練」とも。

ただより高《たか》い物《もの》はない

ただで物をもらうと、返礼に金がかかったり、恩恵が負担となって相手の要求を断われなかったりするから、かえって高いものにつく、ということ。

踏鞴《たたら》を踏《ふ》む《慣》

《「踏鞴《たたら》」は、数人で踏んで空気を送る大きなふいご》何かに向かって走っていた人が、目標から外れたり相手にかわされたりして、勢い余ってよろめくのをなんとか踏みとどまろうとする。例逃げる犯人を追いかけていた警官は、曲がり角でその姿を見失い、思わず踏鞴を踏んだ。

駄駄《だだ》をこねる《慣》

幼児が親などに甘えて、わがままを言い張る。例あのおもちゃが欲しいと、駄駄をこねて、売り場の前から動こうとしない。

太刀打《たちう》ちができない《慣》

相手の力量がまさっていて、張り合っても勝ち目がない。「太刀打ちできない」とも。例大型量販店には地元の小売店は到底太刀打《たちう》ちができないといって、店じまいをする古い商家が続出している。

立往生《たちおうじょう》する《慣》

《弁慶《べんけい》が立ったまま死んだということから》途中で止まったまま、先に進むことも引き返すこともできなくなる。例大雪で何本もの列車が立往生している。

立場《たちば》が無《な》い《慣》

その人自身の役割が果たせないことになり、面目が失われた状態。例君にそんな不始末をされては、推薦者としての私の立場が無い。

立《た》ち回《まわ》りを演《えん》じる《慣》

《「立ち回り」は、芝居で乱闘を演じる場面》派手に、つかみ合いの喧嘩《けんか》をする。例酒に酔った勢いで、若い者相手に立ち回りを演じてしまった。

立《た》ち寄《よ》らば大樹《おおき》の陰《かげ》 ⇩**寄《よ》らば大樹《たいじゅ》の陰**

田作《たづく》りも魚《うお》の中《うち》

《「田作り」は、鱓《ごまめ》ともいい、ごく小さな鰯《いわし》を素干しにしたもの》小魚《こざかな》といえども魚の仲間である。取るに足らない者でも仲間に入っていれば、数のうちであるということ。類句◆蝙蝠《こうもり》も鳥のうち

立《た》つ瀬《せ》が無《な》い《慣》

その人自身の立場がなくなり、面目をつぶされた状態だ。例みんなのためを思ってやったのに、点数稼ぎだなんて言われたのでは、立つ瀬が無い。

タッチの差《さ》《慣》
《「タッチ」は、競泳で、ターンやゴールの際にプールの内壁に手などを触れること》ほんのわずかの差。惜しいところで間に合わなかったり好機を逸したりしたときに用いる。例途中の渋滞が響いて、タッチの差で列車に乗り遅れてしまった。

立《た》っているものは親《おや》でも使《つか》え
自分の用に親を使うなどとは、本来はとんでもない話だが、火急の場合には、そばに立っている人なら誰《だれ》かまわず、たとえ親でも手伝ってもらえ、ということ。

脱兎《だっと》の勢《いきお》い《慣》
《「脱兎《だっと》」は、逃げ出したウサギ》何かを目指して、また何かから逃げようとして、追いかけようもないほど速く駆ける様子。例「こらっ」と一喝《いっかつ》され、いたずらっ子たちは脱兎の勢いで逃げて行った。

脱兎《だっと》の如《ごと》し
《「脱兎《だっと》」は、逃げ出したウサギ》動作がすばやいことのたとえ。〈孫子《そんし》・九地《きゅうち》〉⇩始《はじ》めは処女の如《ごと》く終わりは脱兎《だっと》の如し

立《た》つ鳥跡《とりあと》を濁《にご》さず
水鳥は水を濁さずに飛び立って行くの意で、そこを去るに当たっては、不名誉な汚点を残したり、残る人に迷惑がかかったりしないように心する、ということ。例立つ鳥跡を濁さずで、身辺をきれいに整理して政界を引退した。
参考「後足《あとあし》で砂をかける」は、この反対。
類句◆飛ぶ鳥跡を濁さず

手綱《たづな》を締《し》める《慣》
勝手な行動を取ったり怠けたりしないように、相手に厳しい態度で接する。例このところ勝ち続けて選手たちが慢心しているようだから、手綱を締めてかかろう。反対手綱を緩《ゆる》める

立《た》つより返事《へんじ》
人から呼ばれたら、立ち上がる前にまず返事をせよ。

立《た》て板《いた》に水《みず》

立てかけた板に水を流すようだという意で、弁舌が、流れるようにすらすらとよどみのないことのたとえ。いろはがるた(京都)の一。

類句 ◆懸河《けんが》の弁《べん》

蓼食《たでく》う虫《むし》も好《す》き好《ず》き

苦い蓼《たで》の葉を好んで食う虫があるように、人の好みはさまざまで、それぞれ意外な嗜好《しこう》があり、一概にはいえないものだ、ということ。

参考 There is no accounting for tastes.〔人の好みは説明できないものだ〕

盾《たて》に取《と》る《慣》

自分の言動を正当化するための、また、相手の攻撃をかわすための手段として、それを利用する。例 窮状を訴えたが、相手は契約書を盾に取って、返済を迫った。

伊達《だて》の薄着《うすぎ》《慣》

恰好《かっこう》が悪いからといって厚着を嫌い、寒い時期も我慢をして薄着でいること。例 コート無しで颯爽《さっそう》としているつもりだろうが、伊達《だて》の薄着で風邪を引いても知らないぞ。

盾《たて》の半面《はんめん》

物事の一面だけを見て、隠れた半面に気付かないこと。視野が狭く、一面的なものの見方をする態度をいう。例 君の言っているのは盾の半面で、双方の言い分を聞かないことには是非の判断は下せない。

類句 ◆盾の両面を見よ

縦《たて》のものを横《よこ》にもしない

物の向きを変えるという簡単なことさえしない意で、面倒に思って何もしようとしないこと。また、非常に無精《ぶしょう》で怠慢な性質であることのたとえ。

盾《たて》の両面《りょうめん》を見《み》よ

盾は、その表側だけでなく裏側も見よ、の意で、物事には裏表があることを十分承知したうえで、是非の判断を下すよう心掛けよ、ということ。

原文 Look on both sides of the shield. の訳語。それぞれ反対方向からやって来た二人の騎士が道端の木につるしてあった盾を見て、「これは金の盾だ」「いや銀の盾だ」と言い争って、今にも一騎打ちになろうとしているところへ、別の騎士が通りかかって「二人とも早まってはいけない。この盾は一面は金で一面は銀である」と言ったという昔話から出たことわざ。

類句 ◆盾の半面

立《た》てば芍薬《しゃくやく》座《すわ》れば牡丹《ぼたん》

美しい女性の容姿を形容する言葉。「歩く姿は百合《ゆり》の花」と続けて言う。

盾《たて》を突《つ》く《慣》

上に立つ人や権力者に従わず、対抗しようとする。さからう。「盾突く」とも。例 いったんは親に盾を突いて家を飛び出したものの、結局は家業を継ぐことになった。

多《た》とする《慣》

その功を無視できないものとして、高く評価する。例 本大会の開催を見るに至ったについては、関係者のご尽力を多とするものである。

棚上《たなあ》げにする《慣》

問題の解決・処理を一時保留する。例 時間がかかりそうだから、この問題は一時棚上げにして、次の議題を先に審議しよう。自 棚上げになる

棚卸《たなおろ》しをする《慣》

《商店で、期末決算や資産評価のため在庫品などの数量・価格を調べる意》他人の過失や欠点を一つ一つ数えあげて悪口を言う。例 彼は酒が入ると決まって同僚の棚卸しをする。

棚《たな》から牡丹餅《ぼたもち》

棚の下に寝ていたら牡丹餅《ぼたもち》が落ちてきて、ちょうど開《あ》いていた口へはいる意で、何の苦労もなく、思いがけない幸運に巡り合う、ということ。「たなぼた」「開《あ》いた口へ牡丹餅」とも。

掌《たなごころ》を返《かえ》すよう《慣》

《手のひらを裏返すのが極めて容易なことから》①何の苦もなく何かをやってのける様子。例 あの程度のトリックを見破るのは、私にとっては掌《たなごころ》を返すようなものだ。②考えや態度が簡単に変わる様子。例 長年の友が、こちらに利用価値がないとなると、掌を返すように冷淡になった。

類句 ◆手の裏を返す

掌《たなごころ》を指《さ》す《慣》

手のひらにあるものを指差す意で、明白で疑う余地のないこと。例あの男が犯人であることは、掌《たなごころ》を指すがごとく明らかなことだ。

棚《たな》に上《あ》げる《慣》

問題として取り上げず、そのままにしておく。特に、自分の不利になる事柄に触れないでおくこと。例自分の失敗は棚に上げて、人の仕事に難癖をつける。

他人行儀《たにんぎょうぎ》《慣》

もっと親しくしてよいはずの人たちが、他人どうしのようによそよそしく振る舞う様子。例他人行儀の挨拶《あいさつ》は抜きにして、早速話し合いに入りましょう。

他人《たにん》の疝気《せんき》を頭痛《ずつう》に病《や》む

《「疝気《せんき》」は、漢方で腸や腰などが痛む病気》他人の腹痛を心配して自分も頭痛になる。直接自分に関係のないことに、余計な心配をする愚かしさをいう言葉。「人の（隣の）疝気を頭痛に病む」とも。

他人《たにん》の空似《そらに》

全く血のつながりがないのに、親子か兄弟のように顔つきなどがよく似ていること。例他人の空似とはいえ、世の中には田中君とよく似た人がいるものだ。

他人《たにん》の飯《めし》を食《く》う《慣》

親元を離れ、他人の間でもまれて実社会の経験を積む。例大学を出て親元を離れ、他人の飯を食って初めて、実社会の厳しさが分かった。

類句 ◇他人の飯には骨がある

他人《たにん》の飯《めし》を食《く》わねば親《おや》の恩《おん》は知《し》れぬ

親元を離れ他人の間でもまれて苦労しないと、親の有り難みは分からない、ということ。

他人《たにん》は食《く》い寄《よ》り

⇩**親《しん》は泣き寄り他人は食い寄り**

他人《たにん》は時《とき》の花《はな》
咲いた花は時期が過ぎれば散るように、他人の助けも、長く続くとは限らないものである、ということ。

種《たね》を明《あ》かす《慣》
手品などの仕掛けを人に教える意で、相手が不審に思う点について、事実を説明すること。例このアイディアは、種を明かせば、最近読んだ本からヒントを得たものだ。

種《たね》を蒔《ま》く《慣》
新たな事態を引き起こしたり何かを広めたりする原因となるようなことをする。例第三者が下手《へた》に介入すると、かえって新たな紛争の種を蒔《ま》くことになる。

種《たね》を宿《やど》す《慣》
その人の子をはらむ。例番頭の種を宿したその女中は、奉公先から帰された。

頼《たの》みの綱《つな》《慣》
いざという時に当てにして頼ることのできる人や物事。例大学の先輩を頼みの綱にスウェーデンに留学する。

束《たば》になってかかる《慣》
大勢の人が一緒になって、一人に対抗したり一つの物事に対処したりする。例あのような策略家には、君たちが束になってかかったところで、とうてい勝てっこない。

旅路《たびじ》の命《いのち》は路用《ろよう》の金《かね》
〔「路用」は、旅行の費用〕旅先で頼りとなるのは、何よりも所持しているお金であるということ。

荼毘《だび》に付《ふ》す《慣》
死者を火葬にする。例遭難者の遺体は現地で荼毘《だび》に付され、遺骨にして持ち帰られた。

旅《たび》の恥《はじ》は掻《か》き捨《す》て
旅先では、知っている人もいないし、そこに長くいるわけでもないから、平生《へいぜい》ならはばかられるような恥ずかしいことをしてもかまわないの意で、日常生活からの解放感も加わって、恥さらしな行動があまり気にならなくなる旅行者特有の気分を表わした言葉。

旅《たび》は憂《う》いもの辛《つら》いもの

《交通機関が発達していなかった昔の旅は、歩かなければならず、途中の危険も多かったことから》旅というものは、とかく思うようにならず、苦しく辛《つら》いものであると、旅することの苦痛を嘆いた言葉。

旅《たび》は道連《みちづ》れ世《よ》は情《なさ》け

辛《つら》い旅には道連れのあるのが心強く、辛い世の中を渡るには互いの思いやりが大切である、ということ。いろはがるた（江戸）の一。

足袋屋《たびや》の看板《かんばん》

昔、足袋屋《たびや》の看板は足袋の形をした木製のもので、片方だけであったことから、①自分だけは十分に納得していても、相手にはそのことが伝わらず理解されないことのたとえ。②京阪地方で、不始末なことをしでかしたりした雇い人・職人などが、勤め先を解雇されたり、出入りを止められたりすることを「足が上がる」ということから、上にかけてある足袋の看板をその意にかけて、地位が危うい、ということ。

多弁能《たべんのう》なし

普段から口数の多い人ほど、いざというときには役に立たないものだ、ということ。

卵《たまご》に目鼻《めはな》《慣》

つるんとした卵に目と鼻を書いたような、色白のかわいらしい顔を形容する言葉。反対 炭団《たどん》に目鼻

卵《たまご》を見《み》て時夜《じや》を求《もと》む

早計にすぎること、また、早合点すること、をいう。原文 長梧子曰《ちょうごしいわ》く、……且《か》つ汝《なんじ》も亦太《またはなは》だ早計なり。卵《たまご》を見《み》て時夜《じや》を求《もと》め、弾《たま》を見て鴞炙《きょうしゃ》を求むとは〔長梧子《ちょうごし》が言った、君も気が早すぎるよ。まだ鶏にもならない卵を見て暁を告げさせようとし、鳥を撃つ弾丸を見て、焼き鳥を注文するとは〕。〈荘子《そうじ》・斉物論《せいぶつろん》〉

魂《たましい》が抜《ぬ》けたよう《慣》

ひどいショックを受けて虚脱状態にある様子をいう。例 あの人は一人息子を交通事故で失って、魂が抜けたようになってしまった。

騙《だま》す騙《だま》すで騙《だま》される

人を騙《だま》そうとした者が反対に騙されること。「誑《たら》しが誑《たら》しに誑《たら》される」とも。

騙《だま》すに手《て》なし

相手が騙《だま》そうという意図を持って巧みに仕掛けてきたら、いくら用心してもそれを食い止める手段は無いということ。また、ある問題に直面し、切り抜けるには騙す以外に方法が見つからないこと。

玉《たま》に瑕《きず》

申し分のないほど完全ではあるが、ほんのわずかばかり欠点があること。例 あの男は、あえて言えば、まじめすぎて融通がきかないのが玉に瑕《きず》だ。

類句 ◆白璧《はくへき》の微瑕《びか》

玉《たま》の汗《あせ》《慣》

したたり落ちる大粒の汗を美化していう言葉。例 彼は額に玉の汗を浮かべ、人工呼吸を続けていた。

玉《たま》の輿《こし》に乗《の》る

《「玉の輿《こし》」は、貴人の乗る立派な乗り物》普通の女性が、望まれて地位や財力のある人と結婚し、人もうらやむ境遇に身をおくことになる。

類句 ◆氏《うじ》無《な》くして玉の輿《こし》

玉《たま》の巵《さかずき》当《そこ》なきがごとし

《「巵《さかずき》」は杯、「当《そこ》」は底》玉《ぎょく》で作った立派な杯でも底がなくては役に立たない意で、見掛けは立派でも実際の役には立たないもののたとえ。

原文 堂谿公《どうけいこう》曰《いわ》く、……今、人の主と為《な》りて、其《そ》の群臣の語を漏らすは、是《こ》れ猶《な》お当《そこ》無き玉巵《ぎょくし》のごとし〔堂谿公《どうけいこう》が言った、今、人君たる者が臣下たちから聞いたことを他に漏らすならば、それは底のない玉杯と同じである〕。〈韓非子《かんぴし》・外儲説右上《がいちょせつ》〉

参考 『徒然草《つれづれぐさ》』第三段に「万《よろず》にいみじくとも、色このまざらん男は、いとそうぞうしく、玉の巵《さかずき》の当《そこ》なき心地ぞすべき」とあるのはこれに基づく。

玉磨《たまみが》かざれば器《き》を成《な》さず

《「器」は、うつわ、道具の意で、役に立つ立派な人物にたとえる》どんなによい玉でも加工し磨いて初めて価値のある玉の器物になるように、優れた素質を持って生まれた人でも、学問・修養を積まなければ立派な人物になることはできない。

原文 玉琢《たまみが》かざれば器《き》を成さず、人学ばざれば道を知らず。是《こ》の故に……教学を先と為《な》す。〈礼記《らいき》・学記《がっき》〉

類句 ◆玉磨かざれば光なし

玉磨《たまみが》かざれば光《ひかり》なし

どんなによい玉でも、磨かなければ光らないのと同じように、生まれつき優れた才能を持っていても、学問や修養で鍛えなければ立派な人物になることはできない。

類句 ◆玉磨かざれば器《き》を成さず

たまるものか《慣》

《「たまる」は、我慢できる意》そのようなことがあってはならない、また、そのような状態のままにしておいてよいはずがない、などの意を表わす。例 身に覚えのない濡《ぬ》れ衣《ぎぬ》まで着せられ、このままあいつの言いなりになってたまるものか。

璧《たま》を懐《いだ》いて罪《つみ》あり

身分不相応な宝を持つことは、とかく災いやトラブルを招くもとになるものだ。

原文 周の諺《ことわざ》に之《こ》れ有り、匹夫《ひっぷ》罪無し。璧《たま》を懐《いだ》けば其《そ》れ罪あり、と〈周の諺に、いやしい男にはもともと何の罪もないが、身分不相応な宝玉を持つと、人からねらわれて禍《わざわい》を受ける、とある〉。〈左伝《さでん》・桓公《かんこう》十年〉

玉《たま》を転《ころ》がすような

声が高く澄んで、非常に美しい様子の形容。例 彼女の玉を転がすようなコロラチュラソプラノに、聴衆はうっとりと聞きほれていた。

類句 ◆鈴《すず》を転がすような

民《たみ》の口《くち》を防《ふせ》ぐは水《みず》を防《ふせ》ぐよりも甚《はなは》だし

人々の言論を抑制することは、川の流れをせき止めるよりも重大な影響がある。抑圧された人々の憤りが爆発すると、堤防が決壊して洪水《こうずい》になるどころの騒ぎではないから。

原文 民の口を防ぐは、水を防ぐよりも甚《はなは》だし。水壅《ふさ》がりて潰《つい》ゆるときは、人を傷《そこな》うこと必ず多し。民も亦之《またかく》の如《ごと》し。是《こ》の故に、水を為《おさ》むる者は、之《これ》を決して導かしめ、民を為むる者は、之を宣《の》べて言わしむ〔民の口を塞《ふさ》ぐということは、水を塞ぎ止めるよりも甚だしく危険である。水が塞がれていて、一時に決壊するときは、人を傷つけ害することは必ず大きい。民の口を塞ぐこともこれと同じである。それゆえ、水を治めて水害を無くそうとする者は、水の流れを開き導いて、水の決壊氾濫の害を無くし、民を治める者は、民が口を開いて自由に議論ができるようにしてやるのである〕。〈史記《しき》・周紀《しゅうき》〉

惰眠《だみん》を貪《むさぼ》る《慣》

〔「惰眠」は、怠けて眠ってばかりいること〕すべきことを何もせず、ただ漫然と怠惰に過ごす様子をいう。例伝統にあぐらをかいて惰眠を貪《むさぼ》っていた企業が、目まぐるしく変わる経済情勢についていけなくなるのは当然だ。

矯《た》めつ眇《すが》めつ《慣》

いろいろと見る角度を変えて、丹念に何かを観察する様子。例祖父は、ご自慢の盆栽を矯《た》めつ眇《すが》めつ眺めては、日々の手入れを怠らない。

駄目《だめ》で元元《もともと》《慣》

初めから成功を期待せず、失敗して当然だという気持ちでやってみること。略して「だめもと」ともいう。例駄目で元元と思って彼女を食事に誘ったら、意外にも快く承知してくれた。

駄目《だめ》を押《お》す《慣》

〔碁で、自分の地をはっきりさせるために、あえて駄目を詰める意から〕間違いないと分かっていても、なお念のために確かめる。「駄目押しをする」とも。例彼には、今日の会は六時からだと、駄目を押しておいた。

駄目《だめ》を出《だ》す《慣》

演劇などで、俳優の演技について悪い点を指摘し、やり直しを要求する。例監督から何度も駄目を出され、演技に自信を失ってしまった。

ダモクレスの剣《けん》

〔紀元前四〇〇年ごろ、シチリア島にディオニュシオスという非常に疑《うたぐ》り深い王がいた。ある日、廷臣のダモクレスに、王とはどういうものか知ってもらいたい、と言い、彼を一日限りの王位につけた。ダモクレスは、王の椅子《いす》に座って王位を満喫していたが、祝宴の最中にふと自分の頭上を見て、一本の馬の毛でつるされた抜き身の剣が垂れ下がっているのに胆《きも》をつぶし、ただちに王位の返上を申し出たという故事から》生命をおびやかす危険が、いつも身に迫っていること、常に危険にさらされている状態にあることのたとえ。

袂《たもと》を連《つら》ねる《慣》

利害・得失を同じくする仲間が行動を共にする。例 腐敗しきった党の上層部に愛想を尽かした若手党員は、袂《たもと》を連ねて脱党した。

袂《たもと》を分《わ》かつ《慣》

何かが原因で、それまで一緒に行動していた人と別れたり、それまで続いた親密な関係を絶ったりする。例 営業方針で意見が対立し、共同経営者と袂《たもと》を分かった。

田《た》も遣《や》ろう畦《あぜ》も遣《や》ろう

田ばかりか畦《あぜ》までも与える意で、相手を可愛《かわい》がるあまりに、何もかも無分別に与えようとすることのたとえ。

便《たよ》りのないのはよい便《たよ》り

《人は、身辺に困ったことや異変があったときには必ず便りをするから》手紙が来ないのは当人が無事でいる証拠であると安心していてよい、ということ。原文 No news is good news. の訳語。

他力本願《たりきほんがん》《慣》

《阿弥陀仏《あみだぶつ》の本願の力に頼って成仏《じょうぶつ》する意から》何かをする際に、もっぱら他人の力に頼るばかりで、自分で努力しようとしないこと。例 そんな他力本願の考えでは、何をやっても成功しないぞ。

達磨《だるま》の目《め》を灰汁《あく》で洗《あら》う

達磨《だるま》の黒くて大きな目を灰汁《あく》で洗ってきれいにする意で、物事を更にはっきりさせることのたとえ。

足《た》るを知《し》る者《もの》は富《と》む

満足することを知っている者は、いたずらに欲しがらないから、たとえ貧しくても精神的には豊かである。

原文 足るを知る者は富み、強《つと》めて行なう者は志有り〔足ることを知る者は富者であると言えるし、努力して道を行なおうとする者は志ある者と言える〕。〈老子《ろうし》・三三〉

誰《たれ》か烏《からす》の雌雄《しゆう》を知《し》らん

《烏《からす》の雌《めす》と雄《おす》とはどちらも黒くて同じような形だから、誰《だれ》が見分けられるだろうか、の意》人の善悪は外から見ただけではわからない意で、是非・善悪の判断はむずかしいものだ、ということ。

原文 彼《か》の故老《ころう》を召《よ》び、之《これ》に占夢《せんむ》を訊《と》う。具《とも》に予《われ》を聖なりと曰《い》う。誰《たれ》か烏《からす》の雌雄《しゆう》を知らん〔あの物知りの故老を招いて、それに夢占いを尋ねた。ところが皆お互いに自分が聖人であるという。しかし、一体誰《だれ》が烏の雌と雄との区別が付くだろうか〕。〈詩経《しきょう》・小雅《しょうが》・正月《せいげつ》〉

誰《だれ》でも自分《じぶん》の荷《に》が一番《いちばん》重《おも》いと思《おも》う

他人のしていることは楽そうに見えるが、実際にやってみるとそう簡単なものではない、ということ。

原文 Every one thinks his sack heaviest. の訳語。

誰《だれ》とはなしに《慣》

広まったうわさなどの出所がはっきりしないことをいう。例 近く大幅な人事異動があるという話が、誰《だれ》とはなしに社内に広まっている。

たわいがない《慣》

まともに応じる気になれないほど、馬鹿《ばか》げていたり、いい加減であったりする様子。「たわい」は「たあい」とも。例 いい年をして、たわいがないことばかり言っているから、みんなに馬鹿にされるのだ。

俵《たわら》を割《わ》る《慣》

相撲で、相手の攻めに屈して土俵の外に出る。例 相手の激しい突っ張りに、ひとたまりもなく俵を割った。

類句 ◆土俵を割る

弾劾《だんがい》

罪や不正を調べてことごとくあばき、訴えること。

原文 南台将《まさ》に弾劾を加えられんとす。尚書《しょうしょ》の辛雄《しんゆう》に頼りて言を為《な》し、乃《すなわ》ち解かる〔南台は弾劾を加えられそうになっ

たが、尚書の辛雄の口添えによって助かった〉。〈北史《ほくし》・魏《ぎ》収伝《しゅうでん》〉

啖呵《たんか》を切《き》る《慣》

鋭く歯切れのいい口調で、思い切ったことを言ったり脅し文句を並べたりする。例 必ずやってみせると啖呵《たんか》を切ったてまえ、いまさら引っ込みがつかない。

談義説法《だんぎせっぽう》は出家《しゅっけ》の生計《せいけい》

仏法のありがたい談義や説法も、結局は、僧侶《そうりょ》が暮らしを立てていくための一手段に過ぎない、ということ。「談《だん》義説法《ぎせっぽう》は出家の身過ぎ」とも。

断機《だんき》の戒《いまし》め

《孟子《もうし》が勉学の途中で家に帰った時、その母が機《はた》で織りかけた織物を断ち切って、学問を中途でやめるのはこれと同じであると戒め、再び師のもとに帰らせたという故事から》物事は中途でやめては何もならないという戒め。原文 孟母《もうぼ》、刀を以《もっ》てその織《しょく》を断つ。孟子懼《おそ》れて其《そ》の故《ゆえ》を問う。孟母曰《いわ》く、子《し》の学を廃するは、吾《わ》が斯《こ》の織を断つが若《ごと》きなり。……孟子懼れ、旦夕《たんせき》学を勤めて息《や》まず。〈孔子の孫の〉子思に師事し、遂《つい》に天下の名儒となれり。〈列女《れつじょ》伝《でん》・母儀伝《ぼぎでん》〉

類句 ◆孟母《もうぼ》断機

談義《だんぎ》の場《ば》の嫁謗《よめそし》り

僧侶《そうりょ》が説く仏法の慈悲についての説法を聞くために集まった老婆たちが、あろうことか、互いに嫁の悪口を言い合う意で、矛盾した行ないのたとえ。

短気《たんき》は損気《そんき》

《「損気」は、「短気」にごろを合わせたもの》短気を起こすと、うまくいくはずの物事も失敗に終わることが多くなり、結局自分が損をするの意で、短気を戒めた言葉。例 短気は損気だから、結論を出すのを急がないほうがいい。

短気《たんき》は未練《みれん》の初《はじ》め

短気を起こすと、うまくいくはずだった物事も失敗に終わることが多く、後悔し、未練が残ることになる。

断金《だんきん》の交《まじ》わり

《硬い金属をも切断するほどに強い交友の意》きわめて

堅く結ばれた友情。

原文 二人心を同じくすれば、其《そ》の利《と》きこと金を断つ〔二人が心を合わせれば、鋭利な刃物で金属を断ち切るほどの強い力となる〕。〈易経《えききょう》・繋辞伝《けいじでん》上〉

類句 ◆金蘭《きんらん》の契《ちぎ》り

端倪《たんげい》すべからず

《「端」は山頂、「倪《げい》」は水のほとりで、物事の始めと終わり、また、限界の意》物事の成り行きや奥の深さを見通すことができない様子。計り知ることができない。

原文 反覆終始《はんぷくしゅうし》、端倪《たんげい》を知らず〔一切の存在の生滅変化は、寄せては返す波のごとく、終わって始まる円周の無限の循環のごとく、その端《はじ》めをとらえることも、その倪《おわ》りを究めることもできない〕。〈荘子《そうじ》・大宗師《だいそうし》〉

団結《だんけつ》は力《ちから》なり

一人一人の力は小さくても、大勢が一致団結して事に当たれば強い力を持つ。

原文 Union is strength. の訳語。

断《だん》じて行《おこ》なえば鬼神《きしん》もこれを避《さ》く

堅く決意したうえで迷わずに決行すれば、鬼神も恐れてこれを避け、何ものも妨げることはできない。

原文 狐疑猶予《こぎゆうよ》すれば、後に必ず悔い有り。断じて敢行すれば鬼神も之《これ》を避け、後に成功有り〔疑いためらってぐずぐずしていれば、あとで必ず後悔する。決断して行なえば、鬼神もそれをよけて、結果は成功する〕。〈史記《しき》・李斯伝《りしでん》〉

男子《だんし》の一言金鉄《いちごんきんてつ》の如《ごと》し

男子たるものが一たび口にした言葉や約束事は、金や鉄のように堅く、絶対に守らなければならない。

男女七歳《だんじょしちさい》にして席《せき》を同《おな》じゅうせず

七歳ともなれば男女のけじめをつけて、みだりになれ親しんではいけない、ということ。

原文 六年にして之《これ》に数と方の名とを教え、七年にして男女は席を同じゅうせず、食を共にせず。〈礼記《らいき》・内則《だいそく》〉

注意 「席」は部屋ではなく、「ござ・むしろ」のこと。昔は、土間にござを敷き、一枚に四人まで座った。一枚のござの上に一緒に座らないということ。

丹精《たんせい》をこめる《慣》

何かを作ったり育てたりするに際し、労を惜しまず、心をこめて行なう。例 丹精をこめて育てた菊が、今年も見事な花をつけた。

旦夕《たんせき》に迫《せま》る《慣》

〔「旦夕《たんせき》」は、朝夕の意〕今夕か明朝かというほどに、危機が間近に迫る。多く、「命《めい》旦夕に迫る」の形で、死期が迫ることを表わす。例 命旦夕に迫ることを悟った今、一体何を望もうか。

断腸《だんちょう》

はらわたがちぎれそうに、辛《つら》く悲しいことの形容。

原文 桓公《かんこう》、蜀《しょく》に入り、三峡中《さんきょうちゅう》に至る。部伍《ぶご》中に猨子《えんし》を得たる者あり。其《そ》の母岸に縁《よ》りて哀号《あいごう》し、行くこと百余里、去らず。遂《つい》に跳《おど》りて船に上り、至れば便《すなわ》ち即《すなわ》ち絶ゆ。其《そ》の腹中を破りて視《み》れば、腸皆《ちょうみな》寸寸に断つ〔晋《しん》の桓温《かんおん》が舟で三峡を通った時、従者が猿《さる》の子を捕らえて舟に乗せた。母猿が悲しい鳴き声を上げながら、岸に沿ってどこまでもあとを追いかけて来て、ついに舟に飛び込んで悶死《もんし》した。その腹を裂いて見ると腸が細かくちぎれていた〕。〈世説新語《せせつしんご》・黜免《ちゅつめん》〉

類句 ◆断腸の思い

断腸《だんちょう》の思《おも》い《慣》

こらえきれないほど、悲しく辛《つら》い気持ちを抱くこと。例 教え子たちを次々と戦場に送らなければならないのは、断腸の思いであった。

類句 ◆断腸

単刀直入《たんとうちょくにゅう》《慣》

〔単身で敵陣に切り込む意から〕前置きを言ったり遠回しの表現を用いたりせず、直接問題の核心に触れること。

例 単刀直入に言って、非は君のほうにあったと思う。

注意 「短刀直入」と書くのは誤り。

短兵急《たんぺいきゅう》

〔「短兵」は、短い武器、刀剣の類。刀剣を手にして敵の間近に迫り急襲する意〕何の前触れもなく、だしぬけであること。無遠慮で唐突な、行動や表現をいう。例 そんなに短兵急に回答を迫られても、即答しかねる。

原文 乃《すなわ》ち騎をして皆《みな》馬を下《くだ》りて歩行せしめ、短兵を持して接戦す。〈史記《しき》・項羽紀《こううき》〉

弾力《だんりょく》に富《と》む《慣》

状況の変化に応じて適切に対応できる能力がある。例 弾力に富んだ外交政策が望まれる。

談論風発《だんろんふうはつ》

（「風発」は、風が吹き起こるように発言が活発だの意）談話や議論などがさかんにおこなわれること。

断《だん》を下《くだ》す《慣》

こうしろ、また、こうするなと最終的に決める。また、その決定を言い渡す。例 役員会では結論が出ず、最後に社長が断を下した。

短《たん》を捨《す》てて長《ちょう》を取《と》る

短所や欠点を捨てて、よいところだけを選び取る。是非を見きわめ、優れた点だけを自分のものとする。

原文 若《も》し能《よ》く六芸《りくげい》の術を修めて、この九家の言を観《み》、短を舍《す》（捨）てて長を取らば、則《すなわ》ち万方《ばんぽう》の略に通ずべし〔かりに儒学の六芸を修得し、この諸子九家の思想を読み、短所を捨てて長所を取ったならば、あらゆる方面の大略に通じることができる〕。〈漢書《かんじょ》・芸文志《げいもんし》〉

暖《だん》を取《と》る《慣》

火などに当たって、冷えた体を暖める。例 寒中水泳を終えた子供たちが海岸のたき火で暖を取っている。

端《たん》を発《はっ》する《慣》

そこから何かが始まる。例 海軍の真珠湾攻撃に端を発し、アメリカとの戦争が始まった。

端《たん》を開《ひら》く《慣》

新たに何かが起こるきっかけを作る。例 前野良沢《まえのりょうたく》・杉田玄白らの手になる『解体新書』が日本の近代医学の端を開いた。

短《たん》を護《まも》る

（「短」は、短所。「護《まも》る」は、かばう意）人に不得手なことを強要せず、人の短所や欠点をかばうこと。また、自分の短所をさらけ出さないようにすること。

類句 ◇人の短を道《い》うなかれ己《おのれ》の長を説《と》くなかれ

ち

小《ちい》さくなる《慣》

遠慮がちに、またひどくかしこまって、身をすくめるようにしている。例 新人賞の祝賀会だというのに、当人は錚々《そうそう》たる文壇の先輩に囲まれ、小さくなっていた。

知音《ちいん》

〈琴《きん》の名人が、親友の死後、自分の琴の音を知る者がいないと嘆いて琴をこわしたという故事から〉自分の心をよく知ってくれる友。心の通じあった友。

原文 伯牙《はくが》琴《きん》を鼓し、鍾子期《しょうしき》之《これ》を聴く、……鍾子期死す。伯牙琴を破り絃《げん》を絶ち、終身復《ま》た琴を鼓せず。以為《おも》えらく、世復た為《ため》に琴を鼓するに足る者無し、と。〈呂氏春秋《りょししゅんじゅう》・本味《ほんみ》〉

類句 ◆伯牙絶絃《はくがぜつげん》

知恵《ちえ》がない《慣》

機転がきかなかったり工夫が足りなかったりして、その場に応じた対処ができない様子。例 年末年始の列車の混《こ》む時期に旅行に出るのも、知恵がない話だ。

知恵《ちえ》が回《まわ》る《慣》

頭の回転が早く、その場その場に応じた適切な解決策や処理法を思い付くことができる。例 年を取ったせいか、肝心なところで若い人のように知恵が回らなくて、間の抜けたことをしてしまった。

知恵《ちえ》と力《ちから》は重荷《おもに》にならぬ

知恵と体力は、あればあるだけ役に立ち、いくらあっても重荷になることがない、ということ。

知恵《ちえ》を借《か》りる《慣》

名案が浮かばないときに、人に相談してよい案や有効な方法などを教えてもらう。例 ひとつあなたの知恵をお借りしたいと思ってお訪ねしました。

知恵《ちえ》を絞《しぼ》る《慣》

最善の策を見いだそうと、あれこれ考え抜く。例 私なりに知恵を絞ってみたが、これはといういい考えが浮かばなかった。

知恵《ちえ》をつける《慣》

何かがうまくいくように、いい考えや策を教えてやる。例相手のことはよく知っているから、交渉がうまくいくように、少し知恵をつけてやろう。

血《ち》が騒《さわ》ぐ《慣》

その場に臨んで活躍している自分の姿などを想像して、思わず興奮してくる。例祭りが近くなって、神輿《みこし》を担いでいる様子を思い浮かべると、血が騒いでくる。

近《ちか》しき中《なか》にも垣《かき》を結《ゆ》え

親しい間柄であってもお互いに礼儀は守るべきであって、そうなれなれしくしてはいけない、という戒め。

類句◆心安きは不和の基《もと》 ◆親しき中にも礼儀あり

血《ち》がたぎる《慣》

ここで何が何でも頑張らねばと、激しい感情がわき上がる。例革命運動に加わった若者たちは、正義感に燃え、血がたぎる思いだったことだろう。

血《ち》がつながる《慣》

血縁関係にある。例あの二人は血がつながっていなくても、本当の親子以上に仲睦《むつ》まじい。

地下《ちか》に眠《ねむ》る《慣》

死んで、墓に納められている。例金メダルを取ったことを、地下に眠る両親に一番に報告したい。

地下《ちか》に潜《もぐ》る《慣》

非合法な政治活動や社会運動などを行なうために、世間の目から姿を隠す。例独裁政権に抵抗して、地下に潜ってゲリラ活動を行なう。

近火《ちかび》で手《て》を焙《あぶ》る

目先の小さな利益を得ようとすることのたとえ。「近い火の手あぶり」とも。

力《ちから》及《およ》ばず《慣》

精一杯頑張ったにもかかわらず、力不足で好ましくない結果に終わる様子。例 善戦したが、力及ばず敗れた。

力瘤《ちからこぶ》を入《い》れる《慣》

その点を特に重視し、その実現に力を尽くす。例 政府はもっと減税対策に力瘤《ちからこぶ》を入れるべきだ。

力《ちから》に余《あま》る《慣》

自分の力量で処理できる限度を越えている。例 その患者の手術は、この病院の力に余るもので、手術の可能な病院を紹介した。

類句 ◆手に余る

力《ちから》にする《慣》

困ったときや苦しいときなどに助けてもらえることを期待して、頼りにする。例 多くの人々のあたたかい励ましや支援を力にして、震災から立ち直ることができた。

力《ちから》になる《慣》

相手が困ったときなどに、労を惜しまずに助力したり援護したりしてやる。例 ロンドンに行ったら木村さんを訪ねてごらんなさい。きっと、何かと力になってくれますよ。

力《ちから》は正義《せいぎ》なり

力を持った者が結局は正しいということになる。一方、「力は必ずしも正義ならず」という言葉もある。

原文 Might is right. の訳語。

類句 ◆勝てば官軍

地《ち》から湧《わ》いたよう《慣》

今まで全く影も形もなかったものが、突如としてどこからともなく現われる様子。例 深夜、暴走族の一団が、地から湧《わ》いたように街道筋に現われた。

力《ちから》を入《い》れる《慣》

他のことはひとまずおいても、そのことを特に努力して行なう。例 新内閣は、景気回復に力を入れた経済政策を打ち出した。

力《ちから》を得《え》る《慣》

激励されて一段と意欲的になる。また、援助を受けて活力を取り戻す。例 スタンドからの声援に力を得て、タイムアウト寸前に決勝のゴールを決めることができた。

力《ちから》を落《お》とす《慣》

不幸な目にあったり、期待に反する結果になったりして、気力を失う。例一度ぐらい失敗したからといって、何もそんなに力を落とすことはない。

力《ちから》を貸《か》す《慣》

独力では目的が達せられないでいる人を援助する。例君が困ったときには、いつでも力を貸すよ。

力《ちから》を付《つ》ける《慣》

①そのことに関する知識や技能を十分に身に付け、必要に応じて役立たせることができるようにする。例若手の選手が力を付けてくれれば、我がチームの優勝も夢ではないだろう。自**力が付く** ②落胆している人を励まし、元気を取り戻させる。「力付《づ》ける」とも。例試験に失敗して落ち込んでいる彼に、なんとか力を付けてやりたい。

血《ち》が沸《わ》く《慣》

感激や興奮のあまり、じっとしていられない気持ちになる。⇩**血湧《わ》き肉躍る** 例オリンピック開会式の入場行進を見ていると、思わず血が沸いてくる。

知己《ちき》

真の親友。自分の才能や人柄をよく知ってくれる人。また、知り合い、知人の意にも使う。⇩**士《し》は己《おのれ》を知る者のために死す**

原文 士は己《おのれ》を知る者の為《ため》に死し、女は己を説《よろこ》ぶ者の為に容《かたち》づくる。〈史記《しき》・刺客《せっかく》・予譲伝《よじょうでん》〉

池魚《ちぎょ》の殃《わざわい》

〈城の門が火事になった時、消火のために池の水をくみほしたので、池の魚が全部死んだという故事による。一説に、宝珠《ほうしゅ》を池に投げ込んで亡命した者があり、王が池の水をさらって珠《たま》を捜させたが珠は得られず、魚が死んだという〉まきぞえを食って災難に遭《あ》うこと。また、その思いがけない災難。

原文 楚国猿《そこくさる》を亡《に》がして、禍《わざわい》林木に延《およ》び、城門火を失して、殃《わざわい》池魚に及ぶ〔楚《そ》の国の人が猿を逃がしたので、それを捕まえるために林の木が切られ、城門が火災を出したので、その消火のために池の魚が死んだ〕。〈杜弼《とひつ》の文、梁《りょう》に檄《げき》する文《ぶん》〉

契《ちぎ》りを結《むす》ぶ《慣》

夫婦や主従などの約束を交わす。また、男女の関係を結ぶことにも言う。「契りを交《か》わす」とも。例 夫婦《めおと》の契りを結ぶ。

竹帛《ちくはく》の功《こう》

《紙が発明される以前は、竹の札や帛《きぬ》（絹）に文字を書いたので、書物や記録・歴史のことを竹帛といった》歴史に残るような大きな功績。

原文 李陵《りりょう》、置酒して武を賀《が》して曰《いわ》く、今、足下還帰《かんき》せば、名を匈奴《きょうど》に揚げ、功、漢室に顕《あらわ》る。古《いにしえ》の竹帛の載《の》する所、丹青《たんせい》の画《えが》く所と雖《いえど》も、何を以《もっ》て卿《けい》に過ぎん〔李陵《りりょう》が酒宴を設け、蘇武《そぶ》を祝って言った、今、あなたが帰国したら、その名を匈奴《きょうど》にあげ、功績は漢の王室に明らかになります。昔の史書にその名を残した人や、絵画にその肖像を描かれている人でも、どうしてあなたの功績に勝るものがあろうか〕。〈漢書《かんじょ》・蘇武伝《そぶでん》〉

竹馬《ちくば》の友《とも》

共に竹馬に乗って遊んだ幼い時の友だち。例 二十年ぶりに郷里に帰り、竹馬の友と再会した。

原文 殷侯《いんこう》既に廃せらる。桓公《かんこう》諸人に語りて曰《いわ》く、少《わか》き時淵源《えんげん》と共に竹馬に騎《の》るに、我《われ》棄《す》て去れば、已《すで》に輒《すなわ》ち之《これ》を取る。故《もと》より当《まさ》に我が下に出《い》づべし、と〔殷侯《いんこう》（殷浩）が免官されて庶人とされた時、桓公《かんこう》（桓温）は人々に語った、幼いころ淵源《えんげん》（殷浩）と一緒に竹馬に乗って遊んだが、私が乗り捨てると、殷侯はいつもそれを拾いあげて乗っていた。だから私に頭が上がらないのは当然である〕。〈世説新語《せせつしんご》・品藻《ひんそう》〉

逐鹿《ちくろく》

政権や地位を得ようとして争うこと。選挙戦にもいう。

原文 秦《しん》、其《そ》の鹿《しか》を失い、天下共に之《これ》を逐《お》う。〈史記《しき》・淮陰侯伝《わいいんこうでん》〉

類句 ◆中原《ちゅうげん》に鹿《しか》を逐《お》う

知行合一《ちこうごういつ》

《明《みん》の王陽明《おうようめい》が唱えた学説》真に知ることには必ず実行が伴わなければならず、知と行とは表裏一体で、別ものではないということ。

原文 知は行《こう》の始め、行は知の成れるなり。聖学は只《た》だ一《いっ》箇《こ》の功夫《くふう》。知行《ちこう》は分かって両事と作《な》す可《べ》からず〔知ることは行なうことの始めであり、行なうことは知ることの完成であって、それは一つである。聖人の学問にあっては修業はただ一つあるのみで、知ることと行なうことを分けて二つの事とすることはできないのである〕。〈伝習録《でんしゅうろく》・巻上〉

知識《ちしき》は力《ちから》なり

知識を持っている人は何かをなし得る力を持っている。

原文 Knowledge is power. の訳語。

知者《ちしゃ》は惑《まど》わず勇者《ゆうしゃ》は恐《おそ》れず

知者は事物の道理に通じているから、事に当たって迷うことがないし、勇気のある者は果敢に行動するので、事に当たって恐れることがない、ということ。

原文 子曰《しいわ》く、知者は惑わず、仁者《じんしゃ》は憂えず、勇者は懼《おそ》れず〔孔子が言われた、知者は判断に迷うことがない。仁者は理に基づいて行動するのでくよくよしない。勇者は恐れるものがない〕。〈論語《ろんご》・子罕《しかん》〉

知者《ちしゃ》は水《みず》を楽《たの》しむ

知者の臨機応変の態度は、水が滞《とどこお》ることなく流れて行くようなものである。だから知者は水を好み愛する。

原文 知者は水を楽しみ、仁者《じんしゃ》は山を楽しむ〔知者は、流れてやまない川の姿を好み、仁者は、動かない山の姿を好む〕。〈論語《ろんご》・雍也《ようや》〉

智者《ちしゃ》も千慮《せんりょ》に一失《いっしつ》あり

⇩千慮《せんりょ》の一失

痴人《ちじん》の前《まえ》に夢《ゆめ》を説《と》く

愚かな者に夢の話をすると、勝手な判断をしたり、本気にして騒いだりする意で、馬鹿《ばか》馬鹿しいことのたとえ。また、話が通じないことのたとえ。

原文 淵明《えんめい》の詩を観《み》、其《そ》の人を相見するに、豈弟慈祥《がいていじしょう》、戯《ぎ》謔《ぎゃく》観《み》る可《べ》きなり。俗人便《すなわ》ち謂《い》う、淵明の諸子は皆不肖《ふしょう》、淵明の愁嘆詩に見《あらわ》ると、痴人の前、夢を説くを得ずと謂う可きなり〔陶淵明《とうえんめい》の詩を読み、その人柄を想像するに、なごやかで慈愛深く、おどけている様子が認められる。ところが俗人は淵明の詩の字句をそのまま受け取り、淵明の子供たちは皆愚かであったから、淵明の愁嘆が詩に現われていると言っている。これは、痴人の前に夢を説くことができないというべきものである〕。〈黄庭堅《こうていけん》の文、陶淵明《とうえんめい》の子を責《せ》むるの詩の後《のち》に書《しょ》す〉

痴人夢《ちじんゆめ》を説《と》く

愚かな者が自分の見た夢の話をする意で、言うことにまとまりがなく、要領を得ないことのたとえ。

血筋《ちすじ》は争《あらそ》えない《慣》

血のつながりは強く、隠そうとしても隠せないものであるの意で、親から受け継いだ性質などは何らかの形で子供に現われるものであることをいう。「血は争えない」とも。

例 血筋は争えないものだね。この子も父親に似て機械をいじるのが大好きなのだから。

父父《ちちちち》たらずと雖《いえど》も子《こ》は子《こ》たらざるべからず

たとえ父親が父親らしくなくても、子は子らしくなければならない意で、子は、あくまでも子としての務めを果たさなければならない、ということ。〈孔安国《こうあんこく》・古文孝経序《こぶんこうきょうじょ》〉

⇩君君《きみきみ》たらずと雖《いえど》も臣《しん》は臣《しん》たらざるべからず

父《ちち》の讐《あだ》は倶《とも》に天《てん》を戴《いただ》かず

⇩不倶戴天《ふぐたいてん》

父《ちち》の恩《おん》は山《やま》よりも高《たか》く母《はは》の恩《おん》は海《うみ》よりも深《ふか》し

父母の恩は、子にとってはかりしれないほど大きい。

類句 ◆父母《ふぼ》の恩は山よりも高く海よりも深し

血《ち》で血《ち》を洗《あら》う《慣》

①相手から受けた暴力に対し、暴力をもって報復する。

例 やくざどうしの血で血を洗う抗争。②血縁関係にある者どうしが利害関係で激しく対立し、殺し合いなどをする。

例 遺産の配分をめぐって血で血を洗う惨劇を演じるなんて、浅ましいことだ。

血《ち》と汗《あせ》の結晶《けっしょう》《慣》

非常に苦しい努力と忍耐を重ねた末に得た輝かしい成果。例 今回のノーベル化学賞の受賞は、彼の三十年にわたる血と汗の結晶だ。

血《ち》となり肉《にく》となる《慣》

習得した知識や技能が十分に身について、将来意義のある仕事をするための根源的な力となる。例この過酷な自然条件に身を置いた体験は、必ずや血となり肉となって、将来君たちの役に立つだろう。

治《ち》に居《い》て乱《らん》を忘《わす》れず

世の中が平和な時でも、世が乱れた時のことを考えてその用意を忘れない意で、常に万一の時の用意を怠らないようにする。

原文 是《こ》の故に君子は安くして危うきを忘れず、存《そん》して亡《ぼう》を忘れず。治にして乱を忘れず〔だから君子は安泰な時にも危急の時を忘れず、長らえている時も亡《ほろ》びることを忘れず、よく治まっている時も乱れる道を忘れない〕。〈易経《えききょう》・繫辞伝《けいじでん》下〉

類句 ◇安《あん》に居て危を思う

血《ち》に飢《う》える《慣》

人を傷つけたり殺したりしたいという衝動が抑えられない状態にある。例あの一連の殺人事件は、血に飢えた者の犯行としか思えない。

地《ち》に落《お》ちる《慣》

権威や名声などが失墜し、救いがたい状態になる。例盗作問題を起こし、あの人気作家の評価も地に落ちたね。

知《ち》に働《はたら》けば角《かど》が立《た》つ 情《じょう》に棹《さお》させば流《なが》される 意地《いじ》を通《とお》せば窮屈《きゅうくつ》だ とかく人《ひと》の世《よ》は住《す》みにくい

理知的に動けば他人との間に角が立って穏やかに暮らせなくなるし、感情に走って世間を渡れば思わぬところに行ってしまう。さりとて、自分の意地を通せば何かと不自由する、と世間を生きることの厄介さをいった言葉。〈夏《なつ》目《め》漱石《そうせき》・草枕《くさまくら》〉

地《ち》に塗《まみ》れる《慣》

⇩一敗地《いっぱいち》に塗《まみ》れる

血《ち》の雨《あめ》を降《ふ》らす《慣》

殺し合ったり傷つけ合ったりして、多数の死傷者を出す。例新撰組《しんせんぐみ》と浪士とが幕末の京都を舞台に血の雨を降らした。

智嚢《ちのう》

《知恵袋の意》優れた知恵を持っている人。原文 樗里子《ちょりし》は滑稽多智《こっけいたち》、秦人《しんびと》号して智囊《ちのう》と曰《い》う〈樗里子《ちょりし》は滑稽が上手で、知恵も多かった。秦国《しんこく》の人たちは、彼を知恵袋と呼んだ〉。〈史記《しき》・樗里子伝《ちょりしでん》〉

血《ち》の通《かよ》った《慣》
人間的な思いやりがあると感じられる様子。特に、権力者や役所などのやり方について言う。例 社会的弱者の救済という観点で、今こそ血の通った行政が求められる。

血《ち》の気《け》が多《おお》い《慣》
活力に満ち、ちょっとしたことにもすぐ興奮して、過激な言動をする様子。例 血の気が多い連中の集まりだけに、ちょっとしたことで、すぐに喧嘩《けんか》が始まる。

血《ち》の気《け》が引《ひ》く《慣》
恐ろしさや驚きのあまり、極度に緊張して顔が青ざめる。例 息子の乗ったバスが事故に遭《あ》ったと聞いた時は、一瞬血の気が引く思いがした。

血《ち》の涙《なみだ》《慣》
悲しみや憤りのあまりに流す悲痛な涙を、誇張していう言い方。例 駅頭で我が子の無実を訴えて血の涙を流す母親の姿が通行人の胸を打った。

血《ち》の滲《にじ》むよう《慣》
言葉では言い尽くせないほどの苦労や努力をする様子。「血の出るよう」とも。例 血の滲《にじ》むような辛苦を重ねて、ようやく研究を完成させた。

血《ち》の巡《めぐ》りが悪《わる》い《慣》
頭の働きが鈍く、物事の理解や判断が遅い様子。例 そこまで言っても分からないとは、君も血の巡りが悪いね。

地《ち》の利《り》を得《え》る《慣》
その場所の位置や地形が、ある事をするのに有利な条件を備えている。例 飲食店を始めるなら、まず地の利を得た所を探すことだ。

血《ち》は争《あらそ》えない《慣》
⇩**血筋《ちすじ》は争えない** 例 両親ともオペラ歌手だったが、血は争えないもので、子供たちもみな音楽家になった。

血《ち》は水《みず》よりも濃《こ》い

親子・兄弟などといった血縁によって結ばれた人間関係は、いざという時になると大きな力を発揮するものだということ。また、血筋は争えないことをいう。原文 Blood is thicker than water. の訳語。

地歩《ちほ》を占《し》める《慣》

自分の立場や地位を確たるものとする。例 かつて異端と言われた彼は、今や斯界《しかい》の権威として確たる地歩を占めている。

血祭《ちまつ》りに上《あ》げる《慣》

〈古代中国で、戦いの前に、いけにえの血をささげて軍神を祭ったことから〉出陣に際し、敵のスパイや捕虜を殺して気勢を上げる。また、当たるを幸い、敵を容赦なくたたきのめし、味方の士気を奮い立たせる。例 人質が血祭りに上げられる前に、何とか救出の手を打たねばならない。

血道《ちみち》を上《あ》げる《慣》

色恋沙汰《ざた》や道楽に夢中になり、分別を失う。例 学生時代には近くのコーヒーショップのウエートレスに血道を上げ、毎日のように通ったものだ。

知命《ちめい》

〈孔子が「五十而知㆓天命㆒（五十にして天命を知る）」と言った語に基づく〉五十歳の称。〈論語《ろんご》・為政《いせい》〉⇩**不惑《ふわく》**

血《ち》も涙《なみだ》もない《慣》

非常に冷酷で、人間的な思いやりが全く感じられない様子。例 この寒空に一文無しの人間をアパートから追い出すなんて、ここの家主は血も涙もない人間なのか。

茶茶《ちゃちゃ》を入《い》れる《慣》

人が話をしている時に、わきから冗談を言ったり冷やかしたりして、話のじゃまをする。例 今はまじめな話をしているんだから、茶茶を入れないでくれ。

茶《ちゃ》にする

適当なことを言って取り合わなかったり、茶化したり、はぐらかしたりすることのたとえ。例 せっかく忠告したのに人の話を茶にして、まじめに聞こうとしない。

茶《ちゃ》に酔《よ》うたふり

茶を飲んで酒に酔ったふりをする意で、知っているのにそ知らぬ顔をすること。「茶に酔ったよう」とも。

茶腹《ちゃばら》も一時《いっとき》

お茶を飲んだだけでもしばらくは空腹をしのげる意で、わずかばかりのものでも口に入れれば、少しは空腹感をおさえることができる、ということ。

茶《ちゃ》を濁《にご》す《慣》 ⇩お茶を濁す

中原《ちゅうげん》に鹿《しか》を逐《お》う

〔「鹿《しか》」は、天子の位のたとえ。多くの猟師が一頭の鹿を射止めようと中原を走り回るように、多くの英雄たちが帝位を争うこと〕目標とする一つの物を得ようと、互いに競争する。政権の争いや選挙戦についていう。

原文 中原還《ま》た鹿《しか》を逐《お》う、筆を投じて戎軒《じゅうけん》を事《こと》とす〔天下はまたも大いに乱れ、群雄並び起こって、帝位を奪い取ろうとして互いに争っている。私もまた大志をいだき、筆を捨てて戦いに従う身となった〕。〈魏徴《ぎちょう》の詩、述懐《じゅっかい》〉

類句 ◆逐鹿《ちくろく》

忠言《ちゅうげん》は耳《みみ》に逆《さか》らう

忠告の言葉は自分のためになるのだが、気にさわることも多く素直に聞き入れにくいものだ、ということ。

原文 孔子曰《いわ》く、良薬は口に苦けれども病に利あり。忠言は耳に逆らえども行ないに利あり〔孔子が言われた、良い薬は口には苦いけれども、病気にはよくきく。……〕。〈孔《こう》子家語《しけご》・六本《りくほん》〉

類句 ◆良薬は口に苦し

仲裁《ちゅうさい》は時《とき》の氏神《うじがみ》

喧嘩《けんか》や争いの仲裁を買って出てくれる人は、その場にとって氏神さまと同じようにありがたい存在である。「挨《あい》拶《さつ》は時の氏神」とも。

忠臣《ちゅうしん》は二君《にくん》に事《つか》えず

本当に忠実な臣下は、一人の主君にしか仕えない、ということ。

原文 忠臣は二君に事《つか》えず、貞女は二夫を更《か》えず。〈史記《しき》・田単伝《でんたんでん》〉

柱石《ちゅうせき》

《柱と土台石とは、家屋を支える最も重要なものであるから》頼りになる大切な人。組織を支える重要な人物。

原文 位《くらい》、将相《しょうしょう》を歴《へ》、国家の柱石の臣なり。〈漢書《かんじょ》・元《げん》后伝《こうでん》〉

宙《ちゅう》に浮《う》く《慣》

計画・構想などが決まらないまま放置され、いつ決着が付くのか分からない状態になる。例 バブル景気の崩壊で、都市計画が宙に浮き、この一帯は空き地のままだ。

宙《ちゅう》に舞《ま》う《慣》

空中に浮き上がって舞うように動く。例 選手に胴上げされた監督の巨体は、三回、四回と宙に舞った。

宙《ちゅう》に迷《まよ》う《慣》

物事の行き着く先が決まらないままの状態が続く。例 首相発言をめぐって国会の審議が中断し、法案が宙に迷う。

注文《ちゅうもん》をつける《慣》

物事を頼んだり引き受けたりするときに、相手に自分の希望をうるさく言う。例 そんな難しい注文をつけられたら、とても期日までに間に合わせることはできないよ。

昼夜《ちゅうや》をおかず《慣》

昼夜の区別なく絶えず何かが行なわれる様子。例 嫌がらせの電話は昼夜をおかず掛かってきて、彼を悩ませた。

昼夜《ちゅうや》を分《わ》かたず《慣》

昼はもちろん夜までも一生懸命に何かをする様子。例 懸命の救出作業は、昼夜を分かたず行なわれた。

宙《ちゅう》を飛《と》ぶ《慣》

目にも止まらないほど速く走る様子をいう。例 行方不明になっていた娘が保護されたという知らせを受けて、両親は宙を飛んで駆けつけた。

寵愛《ちょうあい》高《こう》じて尼《あま》にする

親が娘を可愛《かわい》がるあまり手放すことをためらっているうちに、嫁にやる機会を失って、とうとう尼にしてしまう意で、あまり可愛がり過ぎると、かえって当人を悲しませる結果になる、ということ。

類句 ◆贔屓《ひいき》の引き倒し

朝三《ちょうさん》暮四《ぼし》

《猿《さる》にどんぐりの実を、朝三つ夕方四つ与えようとしたら怒ったので、朝四つ夕方三つ与えようといったら喜んだという故事から》人を口先でうまくだますこと。また、目先の利益にとらわれて本質を見失うこと。

原文 宋《そう》に狙公《そこう》という者有り。狙《さる》を愛し、之《これ》を養って群を成す。能《よ》く狙の意を解し、狙も亦《また》公の心を得たり。其《そ》の家《か》口《こう》（家族の食料）を損して、狙の欲を充《み》たせり。俄《にわか》にして匱《とぼ》し。将《まさ》に其の食を限らんとす。衆狙《しゅうそ》の己に馴《な》れざるを恐れ、先《ま》ず之を誑《たぶらか》して曰《いわ》く、若《なんじ》に芧《しょ》（どんぐりの実）を与えんに、朝《あした》に三にして暮れに四、足らんか、と。衆狙皆起《た》って怒《いか》る。俄にして曰く、若に芧を与えんに、朝に四にして暮れに三、足らんか、と。衆狙皆伏《ふ》して喜ぶ。〈列子《れっし》・黄帝《こうてい》〉

張三《ちょうさん》李四《りし》

《「張」と「李《り》」とは中国にありふれた姓。張家の三男、李家の四男といった、身分も低く、名もない人たち、の意》世間のどこにでもいる平凡な人々。〈伝灯録《でんとうろく》〉

調子《ちょうし》が合《あ》う《慣》

物事に対する態度や考え方が一致して、相手とうまくやっていくことができる。例 彼は慎重過ぎて、どうも周りのみんなと調子が合わない。

調子《ちょうし》がいい《慣》

相手の言動に合わせて、気をそらさないようにするのが巧みな様子だ。また、実行する気もないのに、人の気を引くようなことを平気で言う様子。例 彼は口先で調子のいいことを言っているだけで、何一つ実行したことがない。

調子《ちょうし》がつく《慣》

次第に勢いがついて物事が順調に進むようになる。「調子づく」とも。例 試合の後半になってから調子がついて、一気に得点を重ねた。他 **調子をつける**

調子《ちょうし》に乗《の》る《慣》

何かのはずみで勢いづき、節度を失った言動をする。例 久しぶりの同窓会で、つい調子に乗って飲み過ぎた。

長者《ちょうじゃ》二代《にだい》なし

長者の富は二代と続かない意。金持ちの二代目は贅沢《ぜいたく》に慣れてしまうために、その代で親の財産を使い果たし、没落する家が多い、ということ。

類句 ◇長寿三代

長者《ちょうじゃ》に貧《ひん》を語《かた》るな

金持ちに向かって、自分の貧乏の話をするなの意。金持ちに自分は貧乏だと愚痴をこぼしても、親身になって話を聞くどころか、かえって何かを無心に来たのではないかと邪推されるということ。

長者《ちょうじゃ》の脛《はぎ》に味噌《みそ》を付《つ》ける

物が有り余っている状態のところに、更に余分な物を加えること。また、必要のないことをすること。「長者の脛《はぎ》に味噌《みそ》を塗る」とも。

類句 ◇大黒《だいこく》の尻《しり》に味噌《みそ》

長者《ちょうじゃ》の万灯《まんとう》より貧者《ひんじゃ》の一灯《いっとう》

長者のささげる一万の灯明《とうみょう》よりも、貧乏人がささげる、たった一つの灯明のほうを仏様はお喜びになる意で、金持ちの儀礼的なたくさんのささげ物よりも、貧しい人の真心のこもったささげ物は、たとえわずかでも価値がある、ということ。「貧者の一灯」とも。

長所《ちょうしょ》は短所《たんしょ》

長所もあまり当てにしすぎると、そのためかえって失敗することがある、また、長所も別な見方をすれば、それがその人の欠点になることもある、ということ

帳尻《ちょうじり》が合《あ》う《慣》

（「帳尻《ちょうじり》」は、会計帳簿の最後に記す収支の最終計算）①決算の結果、収支が正しく合う。例 たった一度の計算で、ぴったり帳尻が合うなんて珍しい。②過不足なく、物事の決着が付く。例 遅れをどこかで取り戻さないと、帳尻が合わなくなる。

帳尻《ちょうじり》を合《あ》わせる《慣》

（「帳尻」は、前項参照）①帳簿上の操作などによって、収支が正しく合うようにする。例 損金を多めに計上して、何とか帳尻を合わせた。②相手に調子を合わせるなどして、

うまく話の結末がつくようにする。例 あの人はこちらの意向を無視して勝手に話すから、帳尻を合わせるのに苦労した。

調子《ちょうし》を合《あ》わせる《慣》

相手のやり方に合わせた言動をとる。また、相手にさからわないような応対をする。例 あの人は誰《だれ》とでも調子を合わせてうまくやっていける。

調子《ちょうし》を下《さ》げる《慣》

相手の程度が低いのを見て、また、俗受けをねらって、いつもより程度を落とす。例 あの先生は、高校生だからと言って調子を下げて話すようなことはなさらなかった。

調子《ちょうし》を取《と》る《慣》

ほどよくバランスのとれた状態が保てるようにする。例 腰でうまく調子を取りながら天秤棒《てんびんぼう》を担いで行く。

長蛇《ちょうだ》を逸《いつ》する《慣》

惜しいところで、得がたい大物を取り逃がす。例 あと一息というところで大物選手を他球団に取られ、惜しくも長蛇を逸した。

丁丁発止《ちょうちょうはっし》《慣》

《刀などで互いに激しく打ち合う音を表わす》互いに譲らず激しく論じ合う様子。例 防衛問題をめぐって、与野党が丁丁発止と渡り合った。

提灯《ちょうちん》に釣《つ》り鐘《がね》

二つのものが、大小・軽重などがひどく違っていて、比較にならないこと、また、つりあわないこと、のたとえ。類句 ◆月とすっぽん ◆瓢箪《ひょうたん》に釣《つ》り鐘《がね》 ◆雪と墨《すみ》

提灯《ちょうちん》を持《も》つ《慣》

《提灯《ちょうちん》を持って先頭に立つ意から》頼まれもしないのに、その人の手先となって動き回る。「提灯持ちをする」とも。例 あの男は上役の提灯を持つことしか能がない人間だ。

掉尾《ちょうび》を飾《かざ》る《慣》

物事の最後を立派に仕上げる。「ちょうび」は「とうび」とも。例 大会の掉尾《ちょうび》を飾るにふさわしい、見事な閉会式の演出だった。

類句 ◆最後を飾る

長鞭《ちょうべん》 馬腹《ばふく》に及《およ》ばず

《どんな長い鞭《むち》でも馬の腹までは届かない、の意》強大な勢力でも及ばないところがあるということのたとえ。
原文 古人言えること有り、曰《いわ》く、鞭《むち》長しと雖《いえど》も、馬腹に及ばず、と〔古人の言葉に、いかに鞭が長くとも、馬の腹には届かない、とあります〕。〈左伝《さでん》・宣公《せんこう》十五年〉

帳面《ちょうめん》づらを合《あ》わせる《慣》

数字をごまかして記入し、帳簿に記載された収支決算が合うようにする。例いくら帳面づらを合わせて使い込みを隠そうとしても、隠し切れるものではない。

頂門《ちょうもん》の一針《いっしん》

《頭の上に針をさす意》人の痛いところをついた適切な忠告。例あの時の先生のお言葉は、まさに頂門の一針だった。

長夜《ちょうや》の飲《いん》

夜が明けても戸を締めたままにして、夜の延長として灯火のもとで酒宴を続けること。
原文 紂《ちゅう》は長夜の飲を為《な》し、懽《たのし》んで以《もっ》て日を失う。〈韓非《かんぴ》子《し》・説林《ぜいりん》上〉

蝶《ちょう》よ花《はな》よと

良家で娘を非常に可愛《かわい》がって大切に育てる様子。例あの子は蝶《ちょう》よ花よと育てられた、世間知らずのお嬢様だ。

朝令《ちょうれい》暮改《ぼかい》

《朝に出した法令を夕方には改める意》法令や命令が次々と変わり、当てにならないこと。
原文 賦斂《ふれん》時《とき》ならず、朝《あした》に令して暮れに改む〔税金を取り立てるのに時期を守らず、朝、命令を出して夕方にはそれを改める〕。〈漢書《かんじょ》・食貨志《しょっかし》〉

直情《ちょくじょう》径行《けいこう》

他人の思惑《おもわく》や周囲の事情などを考えずに、その時の思いつきや感情のままに行動する。
原文 直情にして径行する者有り、戎狄《じゅうてき》の道〔未開の異民族のやり方〕なり。〈礼記《らいき》・檀弓《だんぐう》下〉

ちょっかいを出《だ》す《慣》

〔「ちょっかい」は、猫などがじゃれて前足で物をかき寄せるような動作をすること〕わきから余計な口出しをしたりして干渉する。また、ふざけ半分に女性に手を出すことをも言う。例 関係のない人は横からちょっかいを出さないでくれ。

ちょっとした《慣》

①取り立てて言うほどのものではないことを表わす。例 ちょっとした誤解がもとで、あの二人は口をきかなくなった。②一応の評価に値する程度であることを表わす。例 日曜画家の絵とはいえ、これはちょっとした芸術作品だ。

ちょっとやそっと《慣》

〔後に打ち消しの語を伴って〕意外に手ごわかったり程度が甚しかったりして、なまじの対応では済まされない状態だ、という意を表わす。例 ちょっとやそっとの練習であんな素晴らしい記録が出るはずがない。

緒《ちょ》に就《つ》く《慣》

⇩緒《しょ》に就く

ちょんになる《慣》

〔「ちょん」は、芝居の幕切れに打つ拍子木《ひょうしぎ》の音〕何かの事情で、予定されていたことなどが駄目になる。例 先方の都合で、せっかくまとまりかけていた契約がちょんになった。

塵《ちり》も積《つ》もれば山《やま》となる

ごくわずかなものでもたくさん積み重なると、ついには無視できないほどの大きな存在となる。いろはがるた（江戸）の一。

参考 Many a little makes a mickle.〔多くの少しずつがたくさんを作る〕

血《ち》湧《わ》き肉《にく》躍《おど》る《慣》

戦い・試合などを前にして、気持ちが高ぶり、全身に力がみなぎったような感じになる。また、命がけの戦いなどを目にして、自分もそれに参加しているかのような興奮を覚える。例 前回オリンピックでの日本チームの血湧《わ》き肉躍る活躍は、今でも鮮明に記憶に残っている。

類句 ◆血が沸《わ》く

血《ち》を受《う》ける《慣》

先祖や親の性格的な、また身体的な特徴を受け継ぐ。例 妹は母方の血を受けたとみえて、私と違って気性が激しい。

血《ち》を吐《は》く思《おも》い《慣》

やむを得ない事情で何かをせざるを得ないときの、耐え難いほどつらい、また悲しい気持ちをいう。例 かつて母親たちは、血を吐く思いで我が子を戦場に送り出した。

地《ち》を掃《はら》う

ほうきで地上を掃《は》いたように、それまであったものがすっかりなくなることをいう。例 地方の都市化が進み、伝統的な慣習が地を掃《はら》ってしまったところが多い。

原文 秦《しん》、六国を滅ぼし、上古の遺烈《いれつ》、地を掃《はら》いて尽く〔秦《しん》の国が他の六国を滅ぼしてしまい、古代からの人が残した功績が残らずあとかたもなくなってしまった〕。〈漢《かん》書《じょ》・魏豹田儋韓信伝賛《ぎひょうでんたんかんしんでんさん》〉

血《ち》を引《ひ》く《慣》

その家やその人の血筋を受け継ぐ。また、先祖や親の持つ優れた素質を受け継ぐ。例 彼女は絵描《か》きだった祖父の血を引いたとみえて、子供のころから絵が上手だ。

血《ち》を見《み》る《慣》

喧嘩《けんか》や暴動などで死傷者が出るような事態になる。例 暴力団どうしの対立が激化し、繁華街で血を見る事件が起きるに至った。

血《ち》を以《もっ》て血《ち》を洗《あら》う

〔血を洗うために血を用いれば、ますます汚れるばかりである、の意〕親子・兄弟など血縁関係にある者どうし、また一国の同胞どうしが流血の争いをすること。「血で血を洗う」とも。

原文 可汗《こくかん》、休《きゅう》に謂《い》わしめて曰《いわ》く、……汝《なんじ》が国已《すで》に突董《とっとう》等を殺す。吾《われ》また汝を殺さば、猶《な》お血を以《もっ》て血を洗うがごとく、汚《お》益々《ますます》甚《はなは》だしきのみ〔回紇《ウイグル》の王は源休に言った、お前の国では、すでに自分のおじの突董《とっとう》らを殺した。わしがまたお前を殺せば、まるで血で血を洗うのと同じく、ますます汚れてしまう〕。〈旧唐書《くとうじょ》・源休伝《げんきゅうでん》〉

血《ち》を分《わ》ける《慣》

実の親子・兄弟など、血のつながった関係にある。例金にだらしない彼は、血を分けた兄弟からも見放された。

沈魚落雁《ちんぎょらくがん》

《美人のあまりの美しさに圧倒され、泳ぐ魚が水底深く隠れ、飛ぶ雁《がん》が地に落ちる、という意》美人の容貌《ようぼう》が優れてあでやかであることの形容。『荘子《そうじ》』斉物論《せいぶつろん》の語をもじったもので、元の意味は、魚や鳥に美人の美しさがわかるはずもなく、ただ逃げてしまうということ。

枕席《ちんせき》に侍《はべ》る

《「枕席《ちんせき》」は、枕《まくら》と敷き物で、寝床の意》女が男の寝所に侍《はべ》る意で、伽《とぎ》をすることをいう。

沈黙《ちんもく》は金《きん》雄弁《ゆうべん》は銀《ぎん》

⇩雄弁《ゆうべん》は銀沈黙は金

沈黙《ちんもく》を破《やぶ》る《慣》

《今まで黙っていた人が話し始める意から》一時活動を停止していた人が、再び活動を始める。例病気を理由に文壇から遠ざかっていた作家が、沈黙を破って大作を発表した。

つ

追従《ついしょう》ほどうまき物《もの》なし

お世辞やおべっかを言われると、ご機嫌取りだとは知りつつも気分のよいもので、つい本気にしてしまうものであるから、用心しなければならないということ。

付《つ》いて回《まわ》る《慣》

ぬぐい去ることができず、不本意ながらそれがどこまでも付きまとう意を表わす。例若いころの良からぬ噂《うわさ》が付いて回って、この年になっても白い目で見られる。

終《つい》のすみか《慣》

死ぬまでここに住もうと思い定めた場所。例ブラジルを終《つい》のすみかと定めて移住する。

つうと言《い》えばかあ

互いに気心が知れていて、ひとこと言えばすぐその話の内容が通じ合う状態。略して「つうかあ」ともいう。例二人はつうと言えばかあの仲だ。

痛棒《つうぼう》を食《く》らわす《慣》

〔「痛棒」は、座禅の際、雑念の去らない者を打つのに用いる棒〕手厳しく叱責《しっせき》したり非難したりする。例彼はいい気になり過ぎているから、痛棒を食らわしてやろう。

痛痒《つうよう》を感《かん》じない《慣》

⇩痛《いた》くも痒《かゆ》くもない

杖《つえ》とも柱《はしら》とも頼《たの》む《慣》

その人の人柄や能力を信じ、全面的に頼る。例杖《つえ》とも柱とも頼む人に死なれる。

杖《つえ》に縋《すが》るとも人《ひと》に縋《すが》るな

他人はむやみに頼るべきではなく、自立して生きるべきである、という戒め。

杖《つえ》の下《した》に回《まわ》る犬《いぬ》は打《う》てぬ

なついてすがってくる者には、むげにむごい仕打ちはできないものだ、ということ。

類句◆尾を振る犬は叩《たた》かれず　◇袖《そで》の下に回る子は打たれぬ

使《つか》う者《もの》は使《つか》われる

人を使う者は、かえって人に使われている意で、人に仕事をしてもらうには、それなりに心を使わなければならないことが多いから、苦労が絶えない、ということ。

付《つ》かず離《はな》れず《慣》

近づき過ぎも離れ過ぎもせず、ほどよい距離をおいた関係を保つ様子。例彼女とは、ずっと付かず離れずの関係で来たから、長く付き合っていられるのだ。

付《つ》かぬこと《慣》

それまでの話とは関係のないことの意で、相手が予想もしていないようなことを突然問いかける場合に用いる。例付かぬことを伺いますが、お嬢様のお相手はもうお決まりでしょうか。

掴《つか》み所《どころ》が無《な》い《慣》

そのものの本質や価値などを知る手掛かりが、それ自身からは全く得られない様子。「摑《つか》まえ所が無い」とも。例 あの新入社員はのらりくらりしていて、何とも摑み所が無い人だ。

付《つ》きが回《まわ》る《慣》

運が自分に向いてくる。例 博士号も取れたし、大学に就職もできたし、私にも付きが回ってきたようだ。

類句 ◆運が向く

月《つき》とすっぽん

《月とすっぽんはどちらも丸いが、全く異なるものであることから》見かけは似ていたり関係があったりするような二つのものが、実質的には全く違うことをいう。例 あの二人は実の兄弟なのに、性格は月とすっぽんほどの違いがある。

類句 ◆提灯《ちょうちん》に釣《つ》り鐘《がね》 ◆天道様《てんとうさま》とすっぽんほど違う ◆瓢簞《ひょうたん》に釣り鐘 ◆雪と墨《すみ》

月《つき》に叢雲《むらくも》花《はな》に風《かぜ》

名月には雲がかかり、桜の花には風が吹いて、その観賞をさまたげる意で、よいことにはとかく邪魔がはいりやすく、この世は思うにまかせないものである、ということ。

月日《つきひ》に関守《せきもり》なし

月日には、その運行を止める関所番はいない、の意で、年月のたつのは早いものだということのたとえ。

類句 ◆光陰《こういん》矢の如《ごと》し

月満《つきみ》つれば則《すなわ》ち虧《か》く

《月は満月になると欠けて次第に細くなってゆく、の意》物事が盛りに達し勢い盛んになれば、やがて衰えてゆくものである、ということのたとえ。

原文 語《ご》に曰《いわ》く、日中《ひちゅう》すれば則《すなわ》ち移り、月満つれば則ち虧《か》く、と。物盛んなれば則ち衰うるは、天地の常数なり〔古語にも、日は中天に来れば移り、月は満月になると欠ける、とある。そのように物は盛んになればやがて衰えるのは、天地の定まった道理である〕。〈史記《しき》・蔡沢伝《さいたくでん》〉

類句 ◆盈《み》つれば虧《か》く ◆物《もの》盛んなれば則《すなわ》ち衰う

月夜《つきよ》に釜《かま》を抜《ぬ》かれる

明るい月夜に釜《かま》を盗まれる意で、油断のはなはだしいことのたとえ。いろはがるた（江戸・京都）の一。

月夜《つきよ》に米《こめ》の飯《めし》

いつも明るい月夜で、不自由なく米の飯を食べていられたら、こんなよいことはない意で、日々憂いなく、のどかに過ごすことができる幸福な生活のたとえ。また、決して飽きることがないもののたとえ。

月夜《つきよ》に提灯《ちょうちん》

明るい月夜に提灯《ちょうちん》をともす意で、無駄なこと、不必要なことのたとえ。また、その存在がはっきりしないこと。

月夜《つきよ》に提灯《ちょうちん》も外聞《がいぶん》

明るい月夜に提灯《ちょうちん》を掲げる必要はないのだが、そのような無駄なことも、世間体をつくろうためには時としてしなければならない、ということ。

月夜《つきよ》に夜仕事《よしごと》

美しい月夜に、月見を楽しむこともなく仕事に励む意で、勤勉なことのたとえ。「月夜に夜なべ」とも。

月《つき》を指《ゆび》させば指《ゆび》を認《みと》む

月を指でさして教えると、教えられた人は月を見ないでその指を見る意。道理を説明しても、文字や言葉にこだわってその本質を理解しようとしない、ということ。

付《つ》けが回《まわ》って来《く》る《慣》

（「付け」は、勘定書きの意）してはならないことをしたり、すべきことを怠ったりした結果、ひどい目に遭う事態に至る。例 いくら酒が好きでもそんなに飲んでばかりいたら、いずれ付けが回って来るぞ、と医者に言われた。

辻褄《つじつま》が合《あ》う《慣》

（着物の縫い目がきちんと合う意から）話の内容などに矛盾が無く、筋道が通っている。例 それでは、最初に言ったことと辻褄《つじつま》が合わないじゃないか。他 **辻褄《つじつま》を合わせる**

土《つち》がつく《慣》

力士が相撲で負ける。また、広く、勝負に負けることをもいう。例 優勝候補の横綱に早くも土がついた。

土《つち》となる《慣》

死んで、その土地に埋葬されることを美化した表現。特に、異郷で死ぬことについて言う。例 彼女は留学中に病に冒され、異国の土となった。

鼓《つづみ》を鳴《な》らして攻《せ》む

大きな声で公然と非難する。その罪を大きく言い立てて攻撃する。
原文 季氏《きし》は周公より富めり。而《しか》るに求《きゅう》や之《これ》が為《ため》に聚斂《しゅうれん》して之に附益《ふえき》す。子曰《しいわ》く、吾《わ》が徒《と》に非《あら》ざるなり。小子、鼓を鳴らして之を攻めて可なり〔魯《ろ》の家老の季氏《きし》は、周の天子の家老の周公よりも富裕であった。それなのに、冉求《ぜんきゅう》は季氏のために、人民から重く税金を取り立てて、季氏の富の増加をはかった。孔子が言われた、彼は我々の同志ではない。若い弟子たちよ、公然と彼を攻撃してよろしい〕。〈論《ろん》語《ご》・先進《せんしん》〉

繋《つな》ぎ馬《うま》に鞭《むち》を打《う》つ

繋《つな》いである馬を、鞭《むち》で打って走らせようとしても不可能であることから、いくら試みても無駄であること、また、到底無理なことをいう。

綱渡《つなわた》りをする《慣》

一歩誤れば身の破滅を招くような危険を冒して物事を行なう。例 取り引きが成功したからいいものの、全く危ない綱渡りをしたものだ。

綱《つな》を張《は》る《慣》

相撲で、横綱になる。また、横綱の地位を守る。例 十年間綱を張った名力士。

常《つね》に来《く》る客《きゃく》は歓迎《かんげい》されず

たまに来るから客として歓待されるが、いつも来る客はいい顔をされないものだ。

角突《つのつ》き合《あ》わせる《慣》

一緒に居ながら仲が悪く、何かにつけていがみ合う。例 嫁と姑《しゅうとめ》が一つ屋根の下で、よくもまあ十数年も角突き合わせて暮らしていけるものだ。

角《つの》を折《お》る《慣》

今までの強い態度を引っ込めて、協調的になる。例 強硬だった相手もついに角を折って、話し合いに応じる姿勢を示してきた。

角《つの》を出《だ》す《慣》

〔能《のう》で、嫉妬《しっと》した女性の生霊《いきりょう》が角の生えた鬼になることから〕女性が嫉妬心を起こす。「角を生やす」とも。例君もそろそろ帰らないと、奥さんが家で角を出しているんじゃないか。

角《つの》を矯《た》めて牛《うし》を殺《ころ》す

〔牛の角が曲がっているのを直そうとして、牛を殺してしまう意〕少しの欠点を直そうとして、かえってそのもの自身を駄目にしてしまうこと、末端のどうでもいい事柄にこだわって肝心な根本を損なうこと、のたとえ。

鍔迫《つばぜ》り合《あ》いを演《えん》じる《慣》

〔「鍔迫《つばぜ》り合い」は、互いの刀を鍔の所で打ち合わせ押し合うこと〕互角の力で激しく争う。例選挙戦の最後の最後まで対立候補と激しい鍔迫り合いを演じた。

燕《つばめ》の幕上《ばくじょう》に巣《す》くうがごとし

〔燕《つばめ》が幕《まく》の上に巣を作っていて、いつ落ちるかわからない状態である意〕非常に危険な状態にあることのたとえ。

原文 夫子《ふうし》の此《ここ》に在るや、猶《な》お燕《つばめ》の幕上《ばくじょう》に巣くうがごとし〔あの方がこの地に住んでいるのは、ちょうど燕が幕の上に巣を作っているのと同じく、不安この上もないことである〕。〈左伝《さでん》・襄公《じょうこう》二十九年〉

唾《つば》も引《ひ》っかけない

⇩鼻も引っかけない

唾《つば》をつける《慣》

①欲しい物を確実に自分のものにしようと、前もって、自分が手に入れたものだということを明示する行動を取る。例美術展の入賞作品が気に入り、初日に唾《つば》をつけておいた。②⇩眉《まゆ》に唾《つば》をつける

粒《つぶ》が揃《そろ》う《慣》

集まったものの質がみな同じように優れている様子をいう。例あのチームは選手の粒が揃《そろ》っている。

潰《つぶ》しがきく《慣》

〔金属製品は溶かして地金《じがね》にすれば、また役立つことから〕本来の職種以外のことでも、うまくやりこなす能力がある。例経理に明るいと言うだけでは潰《つぶ》しがきかないか

ら、公認会計士の資格を取っておこう。

壺《つぼ》にはまる《慣》
〘「壺《つぼ》」は、さいころ賭博《とばく》で振る壺を指し、思いどおりの目が出る意〙①⇩壺《つぼ》を押さえる ②⇩思う壺にはまる

壺《つぼ》を押《お》さえる《慣》
発言・意見などが、その物事の一番肝心な点を押さえていたり核心を突いていたりする。「壺《つぼ》にはまる」とも。例 彼の美術批評は、平易な表現ながらきちんと壺を押さえていて好評だった。

壺《つぼ》を心得《こころえ》る《慣》
物事をうまく行なうための一番肝心な点を会得《えとく》している。例 さすが長年大学の先生をしていただけあって、聴衆を引き付ける話し方の壺《つぼ》を心得ている。

詰《つ》まる所《ところ》《慣》
あれこれ論じた末に落ち着く結論だということを表わす。例 詰まる所、業績不振の原因は社員一人一人のやる気の無さにある、と社長は言い切った。

罪《つみ》がない《慣》
無邪気で、憎めない様子。例 罪がない冗談を言って笑わせ、気まずい雰囲気を和ませる。

罪《つみ》なことをする《慣》
相手を苦しめたり傷つけたりするような思いやりのないことをする。例 人前で新入社員に恥をかかせるなんて、君も罪なことをしたもんだ。

罪《つみ》を着《き》せる《慣》
自分が負うべき罪を他人に負わせる。「罪をかぶせる」とも。例 支店長は、部下に一切の罪を着せて責任を免れるつもりだったらしい。

罪《つみ》を悪《にく》んで人《ひと》を悪《にく》まず
犯した罪そのものを憎むが、犯した人のことは憎まない。罪を犯した人間を憎んではならない、ということ。
原文 孔子曰《いわ》く、可なるかな、古《いにしえ》の訟《うったえ》を聴く者は、その意を悪《にく》み、その人を悪まず〔孔子が言われた、よいことであったなあ、昔の訴えを裁いた人は、その罪を犯した心を憎ん

だが、犯人その人を憎まなかった」。〈孔叢子《くぞうし》・刑論《けいろん》〉

旋毛《つむじ》を曲《ま》げる《慣》

何かで気分を害して、意地になって相手にまともに応じようとしなくなる。例 彼は自分だけ除《の》け者にされたと思って、旋毛《つむじ》を曲げているようだ。

類句 ◆お冠《かんむり》 ◆冠を曲げる

爪《つめ》で拾《ひろ》って箕《み》で零《こぼ》す

《「箕《み》」は、大きなちり取り状の農具。穀物をあおって、殻《から》・ごみなどをふるい分けるもの》爪の先で少しずつ拾ってためたものを箕でごっそり零《こぼ》す意で、せっかく苦心して手に入れたものを無造作に使ってしまうことのたとえ。

類句 ◆升《ます》で量って箕《み》で零《こぼ》す

爪《つめ》に爪《つめ》なく瓜《うり》に爪《つめ》あり

⇨瓜《うり》に爪《つめ》あり爪に爪なし

爪《つめ》に火《ひ》をともす

爪《つめ》をろうそくの代わりにしてそれに火をともす意で、極端に倹約すること、ひどくけちなことのたとえにいう。例 爪に火をともす生活をして、やっと家を建てた。

爪《つめ》の垢《あか》ほど《慣》

きわめて量が少ない様子。例 あなたに盾を突こうなんて気持ちは爪《つめ》の垢《あか》ほどもありません。

爪《つめ》の垢《あか》を煎《せん》じて飲《の》む

《優秀な人物のものなら、爪《つめ》の垢《あか》のような汚いものでもありがたくいただいて薬として飲むという意から》優れた人に少しでもあやかろうと、その言動を見習うよう心掛けることのたとえ。例 一軍選手でも黙々と練習しているではないか、君も怠けてばかりいないで、あの選手たちの爪の垢を煎《せん》じて飲んだらどうだ。

詰《つ》め腹《ばら》を切《き》らせる《慣》

《「詰め腹」は、やむを得ずする切腹《せっぷく》》責任を取るように強要して辞職させる。例 部長は、課長に詰め腹を切らせて、部内の不祥事にけりを付けた。

爪《つめ》を立《た》てるところもない

足のつま先で立っている場所もないくらい、その場が人でぎっしりと埋まっていること。

類句 ◆立錐《りっすい》の地無し ◆立錐の余地も無い

爪《つめ》を研《と》ぐ《慣》

《獣が、獲物を捕らえようと爪《つめ》を鋭くして待ち構える意から》野心を抱いて、それを実現させる機会を油断なくねらう。例 日ごろから爪を研いで、虎視眈眈《こしたんたん》と好機をうかがう。

露《つゆ》の命《いのち》

露のように消えやすい、はかない命。露命《ろめい》。

梅雨《つゆ》の宵晴《よいば》れ

梅雨《つゆ》の雨続きの間に、時として、夕方ごろに晴れることがあること。「梅雨の夕晴れ」とも。

強《つよ》き木《き》はむず折《お》れ

《「むず折れ」は、大して力を加えなくても簡単に折れること》堅く強い木は風などには案外もろく折れる意で、剛強に見える者ほど、かえって簡単に挫折《ざせつ》しがちである、ということ。

面《つら》で人《ひと》を切《き》る

横柄で、人を見下したような顔や態度をとることをいう。

面《つら》の皮《かわ》が厚《あつ》い《慣》

恥知らずで、ずうずうしい様子。例 平気で一時間も遅れて来るとは、面の皮が厚い奴《やつ》だ。

面《つら》の皮《かわ》を剥《は》ぐ《慣》

ずうずうしい人をやり込めて、恥をかかせることをいう。「面の皮をひんむく」とも。例 力もないくせにあまり偉そうなことを言うから、面の皮を剥《は》いでやった。

類句 ◆面皮《めんぴ》を剥《は》ぐ

釣《つ》り合《あ》わぬは不縁《ふえん》の元《もと》

生まれ育った環境や境遇が違いすぎる者どうしが結婚しても、やがては別れるようになることが多い、ということ。

釣《つ》り落《お》とした魚《さかな》は大《おお》きい

釣り上げたのに落として逃がしてしまった魚は、実際より大きく思える意で、手に入れかけて失ったもの、逃がしたチャンスなどを惜しんで悔しく思うときにいう。

類句 ◆逃がした魚は大きい

釣《つ》りして綱《こう》せず

〔「綱《こう》」は、長い綱《つな》に多くの針と糸をつけて大量に魚をとる仕掛け〕ほどをわきまえ、むやみに生物を殺生しないということ。

原文 子《し》は釣りして綱せず、弋《よく》して宿《しゅく》を射《い》ず〔先生（孔《こう》子《し》）は釣りをしても、大きな仕掛けで大量に魚をとることはせず、狩りをしても鳥の巣ごと打ち落とすことはなかった〕。〈論語《ろんご》・述而《じゅつじ》〉

吊《つ》るし上《あ》げを食《く》う《慣》

そこに集まった人々から、きびしく問い詰められたり非を責められたりする。例 責任をとるべきは課長自身ではないかと、部員から吊《つ》るし上げを食った。

鶴《つる》の脛《はぎ》も切《き》るべからず

鶴《つる》の脛《はぎ》が自《おの》ずから長いからといってそれを切って短くするわけにはいかない意。ものにはそれぞれ自然に備わった性質があり、むやみに人の手を加えて変えることはできない、ということ。「鴨《かも》の足も継ぐべからず」とも。

鶴《つる》の一声《ひとこえ》

その場にいる多くの人を従わせるような、権威や権力のある人の一言。例 工場移転をめぐって紛糾していた会議は、社長の鶴《つる》の一声で決着がついた。

鶴《つる》は千年《せんねん》亀《かめ》は万年《まんねん》

鶴《つる》と亀《かめ》とは寿命が長くめでたいものとされるところから、縁起を祝う言葉として用いられる。

弦《つる》を放《はな》れた矢《や》

物事が実行に移されてしまってからでは、もう取り返しがつかない、再び元に戻らないことをいう。

連《つ》れがな三里回《さんりまわ》らん

〔「がな」は、…があってほしい、という願望の意を表わす〕道連れがあれば、三里の遠回りも苦にならないということ。また、旅には道連れがあったほうがよい、ということ。「連れがあれば三里回らん」とも。

聾《つんぼ》の早耳《はやみみ》
耳の不自由な人は、用談のときにはよく聞こえないのに、聞こえなくてもよいようなことはちゃんと聞いているものだ、また、耳の不自由な人は、人の話が聞こえもしないのに聞こえたふうをして早合点するものだ、ということ。

て

手垢《てあか》がつく《慣》
手の汚れがついて汚なくなる意で、長年使い込まれたもの、また、使い古されたものであることを表わす。例 父が遺した手垢《てあか》のついた辞書をめくってみる。／彼の文章は手垢のついた決まり文句が多く新鮮味が感じられない。

手足《てあし》となる《慣》
上に立つ人の出す指示・命令どおり忠実に動く。「てあし」は「しゅそく」とも。例 恩義を感じた男たちは、何一つ文句も言わずに彼の手足となって働いた。

手足《てあし》を伸《の》ばす《慣》
束縛から解放されて、ゆっくりとくつろぐ。例 一か月の出張を終え、久しぶりに我が家で手足を伸ばした。

庭訓《ていきん》
〔孔子の子の伯魚《はくぎょ》が、孔子がいる前の庭を通り過ぎた時、孔子から教えを受けた故事から〕家庭における教訓。家庭での教育。
原文 嘗《かつ》て独り立てり。鯉《り》趨《はし》りて庭《にわ》を過ぐ。曰く、詩を学びたりや、と。対《こた》えて曰く、未だし、と。詩を学ばざれば、以《もっ》て言う無し、と。鯉退きて詩を学べり〔ある時、父（孔子）が一人で立っていました。私（鯉《り》は伯魚の名）が小走りに庭を通り過ぎようとしますと、父が言いました、詩経を習ったかね、と。私が、まだです、と答えますと、父が言いました。詩経を学ばないようでは一人前に物が言えないぞ、と。私は父の前を退くと、さっそく詩経の勉強をしました〕。〈論語《ろんご》・季氏《きし》〉
参考 室町《むろまち》時代成立の、初学者の書簡文例集である『庭訓《ていきん》往来《おうらい》』の書名は、これに由来する。

亭主《ていしゅ》の好《す》きな赤烏帽子《あかえぼし》

烏帽子《えぼし》は黒塗りが普通であるが、赤いのが亭主の好みとあれば、人から笑われても家族は受け入れなければならないの意。絶大な権力を握っている者には我意を曲げてでも従っておくほうが無難だ、ということ。いろはがるた（江戸）の一。

亭主《ていしゅ》の好《す》きを客《きゃく》に出《だ》す

客のもてなしに、客を招いた主人の好む物を用意するという意で、人は他人の好みも自分の好みと同じだと錯覚しがちである、ということ。

亭主八杯客三杯《ていしゅはっぱいきゃくさんばい》

客を酒でもてなすのに、客が遠慮せずに飲めるように、その家の主人が気を利かして客よりも多く酒を飲むということ。また、主人が客のもてなしを口実にして多く飲むこと。「亭主三杯客一杯」とも。

亭主《ていしゅ》を尻《しり》に敷《し》く

家庭の中では夫に仕えるものとされる妻が、仕えるどころか、夫をないがしろにして、好き勝手な振る舞いをすることのたとえ。

貞女《ていじょ》は両夫《りょうふ》に見《まみ》えず

貞操の堅固な女性は、一生に一人の夫しか持たない。「貞女は二夫《にふ》に見《まみ》えず」とも。

原文 忠臣は二君に事《つか》えず、貞女は二夫を更《か》えず。〈史記《しき》・田単伝《でんたんでん》〉

泥酔《でいすい》

《「泥」は、どろではなく、骨のない虫の名であるという》正体なく酒に酔うこと。

原文 傍人借問《ぼうじんしゃもん》す何事《なにごと》をか笑う、と。笑殺《しょうさつ》す山翁《さんおう》酔いて泥《どろ》に似たるを〔そばで見ている人が、一体何をそんなに笑っているのかと尋ねてみたところ、（子供たちは）山翁老人が酒に酔って、泥のように正体をなくしているのがおかしくて、ひどく笑っているだ、と答えた〕。〈李白《りはく》の詩、襄陽歌《じょうようか》〉

泥中《でいちゅう》の蓮《はす》

《泥沼《どろぬま》の中に生えながら清らかに咲く蓮《はす》の花、の意》周囲の汚れた環境に染まらずに、心の清らかさを保って正しく生きることのたとえ。
原文 予《よ》独り蓮《はす》の淤泥《おでい》より出《い》でて染まらざるを愛す〔(世間の人々の愛好とは違って)私一人は、蓮が泥の中から咲き出ても、その汚れに染まらないのを愛する〕。〈周敦頤《しゅうとんい》の文、愛蓮《あいれん》の説《せつ》〉

鼎沸《ていふつ》

〔「鼎」は青銅製の、物を煮る大釜《がま》。鼎《かなえ》の中で湯が煮えたぎる意〕大勢の人がやかましく騒ぎ立てること。また、議論が熱を帯び沸騰すること。
原文 今、群下鼎沸《ぐんかていふつ》して、社稷《しゃしょく》将《まさ》に傾かんとす〔今、多くの臣下たちが、鼎《かなえ》の沸《わ》き立つように大騒ぎをしており、国家が傾きかかっております〕。〈漢書《かんじょ》・霍光伝《かくこうでん》〉
類句 ◆鼎《かなえ》の沸《わ》くが如《ごと》し

鼎立《ていりつ》

〔「鼎」は青銅製の、物を煮る大釜《がま》。鼎《かなえ》には、普通、足が三本あるから〕三者、また三つの勢力が対立すること。
原文 近者《ちかごろ》漢の衰末、三家鼎立《ていりつ》す〔近ごろ漢が衰えた末年に、魏《ぎ》・呉《ご》・蜀《しょく》の三家が鼎《かなえ》の足のように三方に割拠した〕。〈三国志《さんごくし》・呉志《ごし》・陸凱伝《りくがいでん》〉
参考 三者会談のことを「鼎談《ていだん》」という。

手《て》が上《あ》がる《慣》

技量が上達する。俗に、飲める酒の量が増えることにもいう。例 練習の甲斐《かい》があって、自分でも手が上がったのが分かる。
類句 ◆腕が上がる

手《て》があく《慣》

仕事が一段落して、時間に余裕ができる。「手がすく」とも。例 手伝ってあげたいが、こちらも頼まれた仕事があって当分手があかない。

手《て》が後《うし》ろに回《まわ》る《慣》

〔昔、罪人は後手《うしろで》に縛られたことから〕悪事を働いて警察に捕まる。例 何をするのも君の自由だが、手が後ろに回るようなことだけはするなよ。

手《て》がかかる《慣》

何かと面倒なことが多く、対処に多くの時間や労力が必要な状態になる。例 幼い子供たちに手がかかって、当分旅行どころではない。

出《で》かかった小便《しょうべん》は止《と》まらない

いったん何かを始めてしまうと、途中でやめたくてもやめることができないことになってしまうものだ。

手《て》書《か》きあれども文書《ふみか》きなし

文字を上手に書ける人は多いが、文章をうまく書ける人は少ないものだ。

手《て》が切《き》れるよう《慣》

紙幣が真新しく、しわなどが全くない様子の形容。特に、高額の紙幣についていう。例 財布から取り出したのは、手が切れるような一万円札だった。

手《て》が込《こ》む《慣》

細かいところまで手間をかけ、念入りに仕上げられている様子。例 この蒔絵《まきえ》の文箱《ふばこ》は手が込んだ、見事な細工が施されている。／これは、入念に計画された手の込んだ詐欺事件だ。

手《て》が付《つ》かない《慣》

時間的な余裕などが無く、そのことを始めることができない様子。例 締め切りまで十日なのに、まだ仕事に手が付かない。

手《て》が付《つ》く《慣》

何かが始まったり処理されたりした状態になる。例 テーブルの上には、たくさんのご馳走《ちそう》が手が付かないまま残されていた。

手《て》が付《つ》けられない《慣》

あまりにもひどい状態で、扱いかねる様子。例 あのおとなしそうな人が、若いころは手が付けられない乱暴者だったとは信じられない。

類句 ◆手の施しようがない

手《て》が出《で》ない《慣》

自分の力では扱いきれず、積極的な行動に出られない様子。例 めったにお目にかかれない骨董品《こっとうひん》だが、値段が高すぎて私には手が出ない。

手《て》が届《とど》く《慣》①見落としがちな点まできちんと世話することができる。⇩**痒《かゆ》い所に手が届く** 例 仕事が忙しくて、庭の手入れまでは手が届かない。②もう少しで、何かを手に入れることができたり、ある年齢に到達したりするところにまできていることをいう。例 先生は八十に手が届くというのに、若者顔負けの活躍ぶりだ。

手《て》が長《なが》い《慣》盗み癖があることをいう。例 どこへ行っても、あの男には手が長いといううわさが付きまとっている。

手《て》が入《はい》る《慣》①捜査のために警官がそこに踏み込む。例 麻薬所持の疑いで警察の手が入った。②作品などを、他人が訂正したり補ったりする。例 この論文には指導教授の手が入っているようだ。

手《て》が離《はな》せない《慣》仕事の最中で、中断するわけにはいかない状態にある様子。例 揚げ物をしていて今は手が離せないから、電話は後にして下さい。

手《て》が早《はや》い《慣》①すぐに女性と関係を持つ様子。例 もう新入りの女子社員とデートをしたとは、手の早い男だ。②すぐ相手を殴るなど、暴力を振るう性向がある様子。例 からかわれた彼は、手が早い男で、何も言わずに相手に殴りかかった。

手《て》が塞《ふさ》がる《慣》現在差し迫った仕事などをしていて、これ以上他のことをやる余裕がない状態にある。多く、何かを頼まれたときに断わる言葉として用いられる。例 あいにくただ今、別の用事で手が塞《ふさ》がっており、お引き受けいたしかねます。

手《て》が回《まわ》らない《慣》忙しかったり仕事が多過ぎたりして、そのことまで処理する余裕がない。例 今週は外出することが多くて、庭の掃除までは手が回らなかった。

手《て》が回《まわ》る《慣》

犯人逮捕の手配がすでになされていることを、犯人の側からいう言葉。例アジトにはもう当然警察の手が回っているだろうから、危なくて近寄れない。

手柄《てがら》はし勝《が》ち

手柄は立てた者が勝ちの意で、手柄は、誰《だれ》にはばかることなく立てるのがよい、ということ。

出来《でき》ない相談《そうだん》《慣》

とてもまとまるはずのない無理な相談の意で、もちかけられた話を断わるときにいう言葉。例いくら親友であっても、百万円貸してくれとは出来ない相談だ。

敵《てき》に糧《かて》 ⇩寇《あだ》に兵《へい》を藉《か》し盗《とう》に糧《かて》を齎《もたら》す

敵《てき》に塩《しお》を送《おく》る

《戦国時代、甲斐《かい》の武田《たけだ》信玄が遠江《とおとうみ》の今川と相模《さがみ》の北条両氏から経済封鎖をされて困っていた時、戦場では敵対する仲であった越後《えちご》の上杉謙信が、信玄に塩を送ってこれを助けた、という話に基づく》普段は相争《あいあらそ》っているライバルが、競合分野でない方面で困っている時、援助の手をさしのべること。

敵《てき》のさする功名《こうみょう》

闘っている相手の失敗によって、結果的に思いがけない手柄や利益を得ること。「敵のさする高名《こうみょう》」とも。

敵《てき》は本能寺《ほんのうじ》に在《あ》り

《天正十年（一五八二年）、明智光秀《あけちみつひで》が備中の毛利《もうり》勢を攻めに行くと見せかけて、京都の本能寺に宿泊中の織田信長《おだのぶなが》を襲ったことから》本当の目的は別のところにあるということ。

参考「敵本主義」という語は、この故事に基づく。「本」は「本能寺」を略したもの。

敵《てき》もさる者《もの》《慣》

《「さる者」は、そのような評判の者の意》敵も相当に手ごわい者であるということ。「さる者」の「さる」を「猿」にかけて、「敵もさる者引っ掻《か》く者」とも。例かなり追い詰めたと思ったのだが、敵もさる者で、そう簡単には尻尾《しっぽ》をつかませない。

敵《てき》を見《み》て矢《や》を矧《は》ぐ

⇩泥棒《どろぼう》を捕らえて縄《なわ》を綯《な》う

手《て》ぐすね引《ひ》く《慣》

〔「くすね」は、松やにに油を入れて煮、練り合わせたもので、弓弦などの補強剤として用いる〕準備を十分に整え、その機会の来るのを今か今かと待つ。「手ぐすねを引く」とも。例今度こそ生意気な彼の鼻を明かしてやろうと、みんなで手ぐすね引いて、やって来るのを待っていた。

手癖《てくせ》が悪《わる》い《慣》

物を盗む癖がある様子。また、女性に目を付けては、すぐにものにしたがる癖がある様子。例手癖が悪いといううわさがある人に店番は任せられない。

梃子《てこ》入《い》れをする《慣》

〔相場で、価格を人為的に操作すること。特に、下落の傾向にある相場を引き上げることから〕下り坂の状態にあるものに有効な手立てをほどこして、復調させる。例政府が梃子《てこ》入れをして景気の回復を図る。

手心《てごころ》を加《くわ》える《慣》

相手やその場の状況に応じて、寛大な対処をする。例子供だからといって手心を加えずに厳しく鍛えてほしい。

梃子《てこ》でも動《うご》かない《慣》

他人がいくら動かそうとしても絶対にその場から動かない。また、絶対に意志を変えることがない。例彼は一度こうだと言い出したら、梃子《てこ》でも動かない。

手塩《てしお》にかける《慣》

自分が世話をしてその子供を一人前に育て上げることをいう。例手塩にかけて育てた我が子の晴れ姿に、両親は感激の面持ちだった。

出《で》たとこ勝負《しょうぶ》《慣》

前もって予定や計画を立てたりせず、その場その場の成り行き次第で行動すること。例対戦相手が無名の新人では作戦の立てようもなく、出たとこ勝負でいくしかない。

手玉《てだま》に取《と》る《慣》

相手を思いのままに操る。例変幻自在の投球で強打者を次々と手玉に取って、無得点に押さえた。

出遣《でづか》いよりも小遣《こづか》い

《「出遣い」は、浪費する意》浪費による多額の出費よりも、日頃《ひごろ》の大した額でもない無駄な出費のほうが、結果的には大きな額になるものだ、ということ。「大遣《おおづか》いよりも小遣い」とも。

手付《てつ》けを打《う》つ《慣》

契約の履行を保証させるために、いくらかの金を相手に渡す。例いい部屋が見つかったので、一応手付けを打って来た。

鉄心石腸《てっしんせきちょう》

《鉄のように堅固な心と石のように堅いはらわたの意》きわめて意志が堅いこと。「鉄腸石心」「鉄石心腸」とも。
原文 新詩を示及《しきゅう》す。皆《みな》遠別惘然《ぼうぜん》の意有り。兄《けい》の我を愛すること厚しと雖《いえど》も、然《しか》れども僕本《ぼくもと》鉄心石腸を以《もっ》て公を待つ。何ぞ乃《すなわ》ち爾《しか》るや〔新作の詩を示されたが、すべて皆ひどく別れを悲しむ意がある。あなたが私を愛する心が深いためであろうけれども、私はあなたを鉄心石腸の人として期待していました。それなのにどうしてこんなに悲しい言葉を贈られたのですか〕。〈蘇軾《そしょく》の文、李公択《りこうたく》に与《あた》う〉

鉄中《てっちゅう》の錚錚《そうそう》

《「錚錚《そうそう》」は、鉄のやや堅く強いもの。鉄の中では少しは堅いものという意》普通よりはいくらか優れた程度の人。
原文 帝曰《いわ》く、卿《けい》は所謂《いわゆる》鉄中の錚錚《そうそう》、庸中《ようちゅう》の佼佼《こうこう》たる者なり〔光武帝が言われた、おんみは、世にいう凡人の中では少しは優れている人である〕。〈後漢書《ごかんじょ》・劉盆子伝《りゅうぼんしでん》〉
注意 我が国では「錚錚《そうそう》たる人物」などと、傑出したの意に誤用している。

鉄槌《てっつい》を下《くだ》す《慣》

《「鉄槌《てっつい》」は、かなづち》有無を言わせず厳しく処断する。例悪質な金融業者に業務停止の鉄槌を下した。

徹頭徹尾《てっとうてつび》

《頭から尾まで貫き通すという意》最初から最後まで。どこまでも。例下流の人達は、上流にダムを造る案には徹頭徹尾反対してきた。

【原文】蓋《けだ》し聖賢の学は、徹頭徹尾、ただこれ一の敬の字なり〔つまり、聖人や賢人の説かれた学問は、終始一貫ただ敬という一字に尽きる〕。〈朱子全書《しゅしぜんしょ》・学《がく》〉

鉄《てつ》は熱《あつ》いうちに打《う》て

人間は、若くて心が純粋なうちに鍛えないと効果が上がらない。また、物事は関係者の熱意が薄れないうちに対策を立てないと、そのうち問題にされなくなる。何事も時機を逃してはならない、ということ。

【原文】Strike while the iron is hot. の訳語。

轍鮒《てっぷ》の急《きゅう》

《車の轍《わだち》(車輪が通った跡)にできた水たまりにいる鮒《ふな》が、水がなくなって今にも死にそうである意》危機が目前に迫り、一刻の猶予もならない状態にあることのたとえ。

【原文】(荘)周、昨来《さくきた》るとき、中道にして呼ぶ者有り。周、顧視《こし》すれば、車轍《しゃてつ》中に鮒魚《ふぎょ》有り。周、之《これ》に問いて曰《いわ》く、鮒魚来《きた》れ、子《し》は何為《なんす》る者ぞや、と。対《こた》えて曰く、我は東海の波臣《はしん》なり。君豈《あ》に斗升《としょう》の水有りて我を活《い》かさんか、と。周曰く、諾《だく》。我且《まさ》に南のかた呉越の王に遊ばんとす。西江の水を激《げき》(水をせき止めて押し流す)して子を迎えん、可ならんか、と。鮒魚、忿然《ふんぜん》として色《いろ》を作《な》して曰く、吾《われ》は我が常与《じょうよ》(いつも居るところ、水をいう)を失い、我、処《お》る所無し。吾、斗升の水を得ば然《しか》も活きんのみ。君乃《すなわ》ち此《こ》れを言う。曽《すなわ》ち早く我を枯魚《こぎょ》の肆《し》(乾物屋)に索《もと》めんには如かず、と。〈荘子《そうじ》・外物《がいぶつ》〉

【類句】◆焦眉《しょうび》の急 ◆干潟《ひがた》の鰯《いわし》

鉄砲玉《てっぽうだま》の使《つか》い

使いに出したものの、行ったきりで帰って来ないこと。また、その使い。

鉄面皮《てつめんぴ》

《面《つら》の皮がまるで鉄でできているように、恥を恥とも思わない人の意》恥知らずで、厚かましい様子。〈虚堂録《きょどうろく》〉

手蔓《てづる》を求《もと》める 《慣》

目的を達成するために、頼りにすることができる縁故を探し求める。【例】何とかその方面に手蔓《てづる》を求めて、商社に就職したいと思っている。

轍《てつ》を踏《ふ》む 《慣》

⇩前車《ぜんしゃ》の轍《てつ》を踏む

出《で》て失《う》せろ《慣》

顔も見たくない相手をその場から追い出そうとして言う言葉。例 お前のような無礼な奴《やつ》は出て失《う》せろ、二度とおれの前に現われるな。

手《て》取《と》り足《あし》取《と》り《慣》

一つ一つ親切に、また、丁寧に教える様子。例 先輩が手取り足取り指導してくれたお陰で、営業マンとして通用するようになった。

手鍋《てなべ》下《さ》げても

好きな男と夫婦になれるなら、自分で煮炊きをするような貧乏暮らしにも甘んじるという気持ち・態度をいう。例 結婚しようと思ったときは、手鍋《てなべ》下げてもという殊勝な気持ちだった。

手《て》に汗《あせ》を握《にぎ》る

緊迫した事態を前にして、一体どうなるのかと、はらはらしながら推移を見守る様子。「手に汗握る」とも。例 決勝戦では、両雄の、手に汗を握る熱戦が繰り広げられた。

手《て》に余《あま》る《慣》

自分の力で扱いうる限度を越えている様子をいう。例 チームを優勝に導くなんてことは、私の手に余る仕事だ。

類句 ◆力に余る

手《て》に入《い》れる《慣》

欲しいと思うものなどを自分のものとする。例 こんな素晴らしい品をどこで手に入れたのですか。

手《て》に負《お》えない《慣》

自分の力ではどうにも扱いかね、処置に困る様子。例 この子はいたずらで、手に負えない。

手《て》に落《お》ちる《慣》

その人が所有したり支配したりするものとなる。例 オークションで、この名画を最後まで彼と競り合ったが、ついに我が手に落ちた。

手《て》にかかる《慣》

その人によって直接扱われることになる。また、その人に直接殺される。例あんなペテン師の手にかかったら、彼のようなお人好しはすぐにだまされてしまう。／賊の手にかかって非業《ひごう》の最期《さいご》を遂げた。

手《て》にかける《慣》

自分自身直接手を下して何かをする。特に、人を殺すこと。例あの映画の、愛する人を手にかける非情なシーンでは、思わず目を背けた。

手《て》にする《慣》

①自分の手にそれを持つ。例ペンを手にしたまま、じっと考え込んでいる。②自分のものとする。例宝くじの一等に当たり、大金を手にすることになった。

手《て》に付《つ》かない《慣》

何かに心を奪われて、落ち着いて物事を行なうことができない。例選挙の結果が気になって、仕事が手に付かない。

手《て》に唾《つばき》する《慣》

《力仕事にかかるときに、手に唾《つば》をかけることから》何かを前にして、大いに力を発揮してみせようと意気込んでいる様子をいう。例ベンチには、手に唾《つばき》して試合開始を待つ選手たちの姿があった。

手《て》に手《て》を取《と》って《慣》

手を取りあって仲よく行動をする様子。特に、相愛の男女が連れ立って行く場合に用いる。例将来を誓った若い二人は、手に手を取って故郷を後にした。

手《て》に取《と》るよう《慣》

物事の細かいところまで眼前に展開するかのように明確に思い描ける様子。例巧みな話で、その時の彼の狼狽《ろうばい》ぶりが私にも手に取るように分かった。

手《て》に成《な》る《慣》

作品などがその人の手によって作られる。例あの作品集が高校生の手に成るものだと聞いて驚いた。

手《て》に乗《の》る《慣》

相手の仕掛けたわなにはまり、だまされる。例うまいことを言って仕事を押し付けようとしても、その手には乗らないよ。

手《て》に入《はい》る《慣》
欲しいと思っていたものなどが自分のものとなる。例 骨董市《こっとういち》で、思いがけず古伊万里《こいまり》の名品が手に入った。

手《て》に渡《わた》る《慣》
何かの事情でその物が別の人の所有になる。例 盗まれた絵はすでに画商の手に渡っていた。

てにをはが合《あ》わない
《「てにをは」は、助詞を表わし、それが正しく使われていないという意から》話のつじつまが合わないことのたとえ。「てにはが合わない」とも。例 あの男の言っていることは、全くてにをはが合わない。
類句 ◆平仄《ひょうそく》が合わない

手《て》の内《うち》を見《み》せる《慣》
①腕前のほどを相手に見せる。例 そこまで君が自慢するなら、手の内を見せてもらおうじゃないか。②心中に抱いている計画などを明かす。例 探りを入れても、のらりくらりと躱《かわ》して、なかなか手の内を見せない。

手《て》の裏《うら》を返《かえ》す《慣》
その時々の情勢で、露骨に態度を一変させる様子をいう。「手を返す」「掌《てのひら》を返す」とも。例 事業に失敗した途端に、誰《だれ》もが手の裏を返すように寄りつかなくなった。
類句 ◆掌《たなごころ》を返《かえ》すよう

手《て》のない将棋《しょうぎ》は負《ま》け将棋《しょうぎ》
攻めるにも守るにも指す手が全くない将棋は負けるのが当然の意。方策のないところに成算はない、ということ。

手《て》の施《ほどこ》しようがない《慣》
全く処置の方法がないほどひどい状態。例 消火に駆けつけた時は、火は家中に燃え広がり、もはや手の施しようがない状態だった。
類句 ◆手が付けられない

手《て》の舞《ま》い足《あし》の踏《ふ》む所《ところ》を知《し》らず
うれしさのあまり、跳《と》んだり跳《は》ねたりして喜ぶ様子。
原文 之《これ》を嗟嘆《さたん》（ほめる）して足らず。故に手の舞い足の踏むを知らざるなり。〈礼記《らいき》・楽記《がっき》〉

手《て》は千里《せんり》の面目《めんぼく》

文字を書く技量に秀でることは、千里の遠方にまで評判となるほどの誉れである、ということ。「尺牘書疏《せきとくしょそ》は千里の面目」とも。「尺牘」「書疏」は、共に手紙の意。

出端《ではな》をくじく《慣》

相手が何かを始めようとするところを妨害して、その意欲をなくさせる。「ではな」は「でばな」ともいう。また、「出端」は「出鼻」とも書く。「出端を折る」とも。例 試合開始早々、相手に出端をくじかれて苦戦を強いられる。

手不調《てぶっちょう》の口八丁《くちはっちょう》

《「手不調」は、手先の不器用なこと》えてして不器用な者ほど口が達者であるということ。また、口先だけで実行の伴わないこと。

類句 ◆口叩《くちたた》きの手足《てた》らず

出船《でふね》に船頭《せんどう》待《ま》たず

船が出港するのに適した風が吹き始めた時には、上陸している船頭が船に戻って来るのを待っていられないということから、機会を得たら、迷わずすぐに事に取りかかるべきであることのたとえ。

手前味噌《てまえみそ》《慣》

自分のしたことを大げさに自慢する。例 私がタイミングよく企画したから成功したと、彼は手前味噌《みそ》を並べる。

手回《てまわ》しがいい《慣》

事前に必要な準備を抜かりなくしておく様子。例 ロケ隊が到着した時にすぐに撮影が始められるとは、ずいぶん手回しがいい。

手《て》も足《あし》も出《で》ない《慣》

何一つなすべき手段も方法もなく、困り果てている状態。例 こんなに原料価格が上がってしまっては、我々中小企業は手も足も出ない。

手《て》もなく《慣》

手をかけるまでもなく、の意で、何かを全く苦労することなく行なう様子。例 我々がいくら額を集めて考えても解けなかった難問を、彼は手もなく解いてしまった。

出《で》物《もの》腫《は》れ物《もの》所《ところ》嫌《きら》わず

おならは厳粛な場所であろうと、またおできは顔のまん中であろうと、それぞれ場所を選ばず出てしまう、まことに困ったものである。

寺《てら》から里《さと》へ

《檀家《だんか》から寺へ物を贈るのが普通であるのに、寺から檀家へ物を贈る意》物事があべこべであることのたとえ。いろはがるた（京都）の一。

出《で》る杭《くい》は打《う》たれる

他より高く突き出た杭《くい》は同じ高さに打ちこまれる意で、差し出た振る舞いをする者、また、頭角を現わした有能な者は、他から憎まれたり妨げられたりする、ということ。

類句 ◆喬木《きょうぼく》は風に折らる

出《で》る所《ところ》に出《で》る《慣》

どちらの言い分が正しいか決着をつけるために、警察や法廷などへ訴え出る。例 そんなに言い張るなら、出る所に出て決まりをつけてもらおう。

出《で》る船《ふね》の纜《ともづな》を引《ひ》く

出航して行く船の纜《ともづな》（係留索《けいりゅうさく》）を引っ張ってとどめようとする意で、もはやどうしようもないことに対して未練な振る舞いをすることをいう。

出《で》る幕《まく》ではない《慣》

その場に出て行って、問題の処理などにかかわるのは避けるほうがよい状況である。例 この問題の決着は先生に任せるべきで、保護者の出る幕ではなさそうだ。

手《て》を上《あ》げる《慣》

①相手を殴ろうとこぶしを振り上げる。暴力を振るおうとする。例 妻や子供に手を上げるなんて、父親として最低だ。②自分の力が及ばず、降参する。また、自分の力ではどうしようもなくなって、途中で投げ出す。例 善戦したものの、もはやこれまでと手を上げた。

手《て》を合《あ》わせる《慣》

①両方の手のひらを合わせて拝む意で、感謝したり懇願したりする様子を表わす。例 手を合わせて頼まれては、

むげに断わるわけにもいかない。②相手になって勝負をする。手合わせをする。例 彼は、しょっちゅう手を合わせている碁仲間だから、お互いの実力の程は分かっている。

手《て》を入《い》れる《慣》

でき上がっているものに修正などを加える。例 一度書き上げた文章に何度も手を入れて練り上げる。

類句 ◆手を加える

手《て》を打《う》つ《慣》

①問題を解決するために手段を講じる。例 今のうちに何か有効な手を打たないと事態はますます悪化する。②《商談や契約などが成立した際に双方がその証《あか》しとして拍手することから》双方が妥協して、話し合いなどに決着をつける。例 こちらとしても精一杯サービスしたのだから、この値段で手を打ってくれないか。

手《て》を替《か》え品《しな》を替《か》え《慣》

次から次へと、いろいろな方法で試みる様子。例 手を替え品を替え新商品の売り込みをするが、なかなか買ってもらえない。

手《て》を返《かえ》す《慣》 ⇩**手の裏を返す**

手《て》をかける《慣》

何かをするのに、面倒がらずに労力や時間を費やす。例 素材を吟味し手をかけた料理は、やはり味が違う。

手《て》を貸《か》す《慣》

当事者ではないのに人の仕事を手伝う。例 一人じゃ持てないから、ちょっと手を貸してくれないか。

手《て》を借《か》りる《慣》

人に仕事を手伝ってもらう。例 それぐらいのことは、人の手を借りないで自分でやりなさい。

手《て》を切《き》る《慣》

今までの関係を絶つ。特に、男女の関係を清算すること。例 結婚するなら、これまで付き合っていた女性とは手を切っておけよ。自 **手が切れる**

手《て》を下《くだ》す《慣》

他人に任せず、自分が直接それを行なう。例これは私の責任で処理すべき事だから、君が手を下すことはない。

手《て》を組《く》む《慣》

何かを成功させるために仲間になり、互いに協力して事に当たること。例ライバル会社だが、この際手を組んで外国資本に対抗しよう。

手《て》を加《くわ》える《慣》

①何らかの処置を施す。例ここは都内でも珍しい、人が手を加えない自然のままの姿を残した公園だ。②他人のした仕事の不足を補ったり、でき上がっているものに修正を施したりする。例彼の立てた計画に少し手を加えれば、十分採算がとれると思う。

類句 ◆手を入れる

手《て》を拱《こまぬ》く

《「拱《こまぬ》く」は、敬礼のために左右の手の指を胸の前で組み合わせる意》腕組みをしたままでいる。転じて、何も手出しをしないで、ただその様子を見ていることをいう。「こまぬく」は「こまねく」ともいう。例現地の悲惨な状況に手を拱いている場合ではない、直ちに救援隊を送ろう。

原文 先生に道に遭えば趨《はし》りて進み、正立《せいりつ》して手を拱《こまぬ》く〔先生に道で出会ったならば、走って前に行き、正しく立って両手を前に組み合わせる〕。〈礼記《らいき》・曲礼《きょくらい》上〉

類句 ◇拱手《きょうしゅ》傍観

手《て》を差《さ》し伸《の》べる《慣》

困っている人を積極的に援助する。例難民に救いの手を差し伸べるのは当然だ。

手《て》を染《そ》める《慣》

自分の仕事として、何かを実際にし始める。例この研究に手を染めたのは大学院生の時だった。

類句 ◆指を染める

手《て》を出《だ》す《慣》

自分から進んでそのことにかかわりを持つ。普通、好ましくないことに用いる。例相場に手を出して大損した。

手《て》を尽《つ》くす《慣》

何かの実現や解決を図ろうと、できる限りの努力をする。

例 大切な書類をうっかりごみとして捨ててしまい、八方手を尽くして探したが、見付からなかった。

手《て》を付《つ》ける《慣》

①何らかの対処が必要なことに取りかかる。例 やることがいっぱいあり過ぎて、何から手を付けたらよいのか分からなかった。②必要に迫られて、何かを使い始める。例 生活に窮して、なけなしの貯金に手を付けざるを得なくなった。③目下の女性と関係を持つようになる。例 若旦《だん》那《な》が女店員の一人に手を付けたといううわさだ。

手《て》をつなぐ《慣》

人と人とが手を取り合う意で、互いに仲よくし、協力し合うことをいう。例 アジアの国々は互いに手をつなぎ、発展を図るべきだ。

類句 ◆手を結ぶ

手《て》を取《と》って《慣》

そばについていて、実際にやって見せるなどして教える様子。例 先生が手を取って教えてくれたお陰で、すぐに覚えられた。

手《て》を握《にぎ》る《慣》

和解する。また、互いに協力して事に当たる。例 対立する野党とも手を握って、この国家の未曽有《みぞう》の危機を乗り越えるべきだ。

類句 ◆手を結ぶ

手《て》を抜《ぬ》く《慣》

しなければならないはずのことを、しないままに済ませる。例 専門家の調査によると、今回の事故の原因は、手を抜いた杜撰《ずさん》な工事によるものだという。

手《て》を濡《ぬ》らさず《慣》

自分では少しも骨を折らずにいて、好ましい結果を得ようとする様子。例 自分は手を濡《ぬ》らさずに利益だけは得ようとするのは虫がいい。

手《て》を延《の》ばす《慣》

活動の場をさらに広げ、別の新しい場や方面に進出して行く。例 化粧品メーカーが食品の分野にまで手を延ばしてきた。

手《て》を離《はな》れる《慣》

その人の役目が終わり、責任が他に移ることになる。例子供が親の手を離れるまでは、なんとしても元気で働かなくてはならない。

手《て》を引《ひ》く《慣》

今までやってきたことをやめ、それとの関係を絶つ。例今後この仕事から、いっさい手を引かせてもらいます。

手《て》を広《ひろ》げる《慣》

関係する範囲を別の方面にまで広げる。例ファストフード店が販路拡張を図って、海外にまで手を広げる。

手《て》を回《まわ》す《慣》

そのことを意図どおりに実現させるために、前もって関係する各方面に適切な対策を講じる。例しかるべき筋に手を回しておいたから、間違いなく許可が下りるだろう。

手《て》を結《むす》ぶ《慣》

仲よくし、互いに協力し合う。また、その約束をする。例アジア諸国が手を結んで、自分たちの手でアジアの平和を図ろうとする。

類句◆手をつなぐ。◆手を握る

手《て》を焼《や》く《慣》

どうやってもうまくいかず、その取り扱いや処置に困り果てる。例嫌がる彼を説得するのには手を焼いた。

手《て》を緩《ゆる》める《慣》

それまでとってきた厳しいやり方や態度をいくぶん和らげる。例警備の手を緩めた途端、また同じ手口で窃盗団に宝石を盗まれてしまった。

手《て》を汚《よご》す《慣》

①自分自身でかかわって、面倒なことをする。多く、法に反するようなことをするのに用いる。例手を汚さないで大金を得る方法などめったにあるものではない。②恥も外聞も捨てて、今まで軽蔑《けいべつ》していたようなことをする。例落ちぶれたとはいえ、こんないかがわしい商売に手を汚すことになろうとは思いもしなかった。

手《て》を煩《わずら》わす《慣》

やむなく手伝ってもらうなどして、人に面倒をかける。例お忙しいところお手を煩わしてすみませんが、今日中に仕上げていただけませんでしょうか。

天《てん》衣《い》無《む》縫《ほう》

《天上の織り姫が着ている着物は縫い目が一つもないということから》詩歌などが、技巧をこらした跡がなく、自然に作られていながら見事なこと。転じて、性格や言動に飾ったところやわざとらしさがなく、無邪気な様子をいう。例子供の描いた絵には、天衣無縫でのびのびとした良さがある。原文郭翰《かくかん》、暑月に庭中に臥《が》す。仰いで空中を視《み》るに、人あり冉冉《ぜんぜん》として下《くだ》りて曰《いわ》く、吾《われ》は織女《しょくじょ》なり、と。徐《おもむろ》にその衣を視るに並びに縫い無し。翰之《これ》を問う。曰く、天衣は本《もと》針線《しわざ》の為に非《あら》ず、と〔郭翰《かくかん》が夏に庭で寝ていた。空を見ると、人がそろそろと降りて来て、私は織女であると言った。その着ている着物をよく見ると、すべて縫い目がない。翰がそのわけを尋ねると、天人の着物は、もともと針や糸で作ったものではありません、と言った〕。〈霊怪録《れいかいろく》〉

伝家《でんか》の宝刀《ほうとう》を抜《ぬ》く

大事な場面で、取っておきの手段を使う。例道路建設に反対して立ち退きに応じない一部住民に対して、最後には土地収用法という伝家の宝刀を抜くことになろう。

天下《てんか》は回《まわ》り持《も》ち

この世の中では、好運や富貴は、すべての人々の上を順に巡っていくものであって、不変ではない、ということ。

天下《てんか》晴《は》れて《慣》

何をするにも、世間にはばかることなくできる状態にある様子。例内縁関係にあった二人は、このほど婚姻届を出し、天下晴れて夫婦となった。

天《てん》から降《ふ》ったか地《ち》から湧《わ》いたか

それまで無かったものが忽然《こつぜん》と現われ、なんとも不可解に思われることをいう。

天下《てんか》分《わ》け目《め》の戦《たたか》い

勝敗や今後の運命が決まる大切な戦い。例どちらが主導権を握るのか、二派間で天下分け目の戦いが始まった。
類句 ◆関ケ原《せきがはら》の戦い

天機《てんき》泄《も》らすべからず

天の深遠な秘密は、漏らしてはならない意で、重大な秘密は漏らしてはいけない、ということ。

天空海闊《てんくうかいかつ》

《天や海が果てしなく広々としている意》度量が広く、包容力が大きいことのたとえ。
原文 海は闊《ひろ》くして魚の躍《おど》るに従い、天は空《むな》しくして鳥の飛ぶに任す。〈古今詩話《ここんしわ》〉

天狗《てんぐ》になる《慣》

《天狗は鼻が高いことから》能力や技量が人より優れているとうぬぼれて、人を見下した態度をとる。例 あの男は、先生にちょっと褒められて天狗《てんぐ》になっている。

電光石火《でんこうせっか》

《稲妻の光や火打ち石を打ち合わせたときに出る火》非常に短い時間のたとえ。特に行動が敏速に行なわれること。例 電光石火の早技《はやわざ》で敵を倒す。

天高肥馬《てんこうひば》

⇩天《てん》高く馬肥《うまこ》ゆ

天寿《てんじゅ》を全《まっと》うする《慣》

《「天寿」は、天から授かった寿命の意》病気や事故で死ぬのではなく、老衰して自然に死ぬことを美化していった言葉。例 祖父は、天寿を全うし、九十歳で大往生を遂げた。

天井知《てんじょうし》らず《慣》

相場や物価が高騰を続け、どこまで上がるか見当がつかない様子。例 株価が天井知らずの値上がりを続ける。

天上天下唯我独尊《てんじょうてんがゆいがどくそん》

《釈迦《しゃか》が誕生した時、四方に七歩ずつ歩き、右手で天を左手で地を指し唱えたという言葉》この宇宙でただ自分一人が尊いの意で、成仏と救済の決意を示した言葉とされる。仏教語では「てんじょうてんげゆいがどくそん」と読む。

天井《てんじょう》を突《つ》く《慣》

相場が最高の値になる。「天井を打つ」とも。例 今が天井を突いた時と見て、売りに回ろう。

天知《てんし》る神知《しんし》る我知《われし》る子知《しし》る

⇩四知《しち》

天真爛漫《てんしんらんまん》

無邪気で、何のこだわりもなく明るく振る舞う様子。例 彼女は、よく言えば天真爛漫《てんしんらんまん》、知っていることは何でもぺらぺらしゃべってしまう。

原文 嘗《かつ》て自ら一幅を写《うつ》す。長さ丈余、高さ五寸許《ばかり》なる可《べ》し。天真爛漫《てんしんらんまん》、物表《ぶっぴょう》に超出《ちょうしゅつ》す〔ある時自身で一幅の絵を描いた。横の長さは一丈余り、高さは五寸ばかりであり、その絵は極めて純粋で、はるかに俗世間から抜け出ている〕。〈輟耕録《てっこうろく》・狷潔《けんけつ》〉

点数《てんすう》を稼《かせ》ぐ《慣》

自分の立場をよくするために、相手に気に入られるようなことをする。例 損な役割だがここで点数を稼いでおくのも悪くないと、名乗りを上げた。

類句 ◆ポイントを稼ぐ

転石苔《てんせきこけ》を生《しょう》ぜず

しばしば職業や財産を変える人には財産ができない。アメリカでは、活動している人は常に新鮮でさびつかない意に用いる。「転石（に）苔むさず」とも。

原文 A rolling stone gathers no moss. の訳語。

椽大《てんだい》の筆《ひつ》

（椽《たるき》のように大きな筆、という意）堂々たる文章をいう。

原文 珣《じゅん》、人の大筆《だいひつ》の椽《たるき》の如《ごと》きを以《もっ》てこれに与《あた》うるを夢む。珣、人に語りて曰《いわ》く、此《こ》れ当《まさ》に大手筆《だいしゅひつ》の事なるべし〔晋《しん》の王珣《おうじゅん》が、たるきのように大きな筆を与えられた夢を見た。珣は、人に語って、これは大文章を書くきざしだろうと言った〕。〈晋書《しんじょ》・王珣伝《おうじゅんでん》〉

天高《てんたか》く馬肥《うまこ》ゆ

（秋になると大気も澄みわたって天も高く感じられ、馬糧の草も実って馬が肥えてたくましくなる意）好ましい秋の季節をいう言葉。中国でこの季節は、遊牧民族である匈《きょう》奴《ど》が馬を駆って国境に侵入してくるいやな時期であった。

原文 雲浄《くもきよ》くして妖星《ようせい》落ち、秋高《あきたか》くして塞馬《さいば》肥えたり。〈杜《と》審言《しんげん》の詩、蘇味道《そみどう》に贈《おく》る〉

類句 ◆天高肥馬《てんこうひば》

天地《てんち》は万物《ばんぶつ》の逆旅《げきりょ》

《「逆旅《げきりょ》」は旅人を逆《むか》える所、宿屋》天地は万物が仮に宿る宿屋のようなもので、人間をはじめ万物はあっという間に通り過ぎて行く、ということ。人生の、あまりにも短く憂いの多いことを嘆いた言葉。

[原文] 夫《そ》れ天地は万物の逆旅《げきりょ》にして、光陰は百代の過客《かかく》なり〔いったい天地は万物にとって宿屋のようなものであり、また時間は永遠に休むことなくこの天地の間を過ぎて行く旅人のようなものである〕。〈李白《りはく》の文、春夜従弟《しゅんやじゅうてい》の桃花園《とうかえん》に宴《えん》するの序《じょ》〉

[参考] 芭蕉《ばしょう》の『奥の細道』の始めに、「月日は百代の過客《かかく》にして、行きかう年も又旅人也《なり》」とある。

天長地久《てんちょうちきゅう》

天地は尽きることなく長久である意。天地が不変であるように、物事がいつまでも変わることなく続くこと。

[原文] 天は長く地は久し、天地の能《よ》く長く且《か》つ久しき所以《ゆえん》の者は、其《そ》の自ら生ぜざるを以《もっ》て、故に能く長生す〔天と地とは永久に尽きないものである。天地が長久の生命を保つのは、自分から生きようという意識を持たないからである。だから長く生きられるのである〕。〈老子《ろうし》・七〉

天道様《てんとうさま》とすっぽんほど違《ちが》う

《「天道様」は、太陽》お日様とすっぽんほどの隔たりがある。比較にならないことのたとえ。

[類句] ◆提灯《ちょうちん》に釣《つ》り鐘《がね》 ◆月とすっぽん ◆瓢箪《ひょうたん》に釣り鐘

天道様《てんとうさま》はお見通《みとお》し

《「天道様」は、天を支配する神》天はすべてのものを見通しているから、悪いことをしてはいけない、という戒めの言葉。「神は見通し」とも。

[類句] ◆天は見通し

天道様《てんとうさま》は正直《しょうじき》

《「天道様」は、天を支配する神》天は正直で、すべてに、そのはからいは公平であるということ。

天道《てんどう》是《ぜ》か非《ひ》か

善いことをすれば善い報いを得、悪いことをすれば悪い報いを受けるのが天の道理であるのに、現実の世の中は必ずしもそうではない。すると、天の道は正しいのか間違っているのか、甚だ迷う、という意。物事の判断に迷ったときに使われる言葉。

原文 余甚《はなは》だ惑《まど》う。儻《もし》くは所謂《いわゆる》天道は是《ぜ》か非《ひ》か〈史記《しき》・伯《はく》夷伝《いでん》〉

天道人《てんどうひと》を殺《ころ》さず

天の慈悲は広大なので人を見捨てたりはしない、ということ。

天《てん》に口《くち》なし人《ひと》をもって言《い》わしむ

天には口がないので何も言わないが、その考えを人の口を借りて言わせる意で、大衆の間に自然と広まる声こそ、天の意志の表われである、ということ。

天《てん》に跼《せぐくま》り地《ち》に蹐《ぬきあし》す

《天は高いけれども、頭がつかえはせぬかと恐れて身をかがめ、地は厚いけれども、突き抜けはせぬかと心配して抜き足でそっと歩く、意》非常に恐れ慎む様子の形容。「跼天蹐地《きょくてんせきち》」とも。

原文 天を蓋《けだ》し高しと謂《い》う、敢《あえ》て局《きょく》（跼）せずんばあらず。地を蓋《けだ》し厚しと謂う、敢て蹐《せき》せずんばあらず。〈詩経《しきょう》・小《しょう》雅《が》・正月《せいげつ》〉

天《てん》に唾《つばき》す

空を仰いで唾《つば》を吐いても、天を汚すことはできず、かえって自分に降りかかってくる。悪意をもって人に接すると、かえって自分が損をする、ということ。「天に向かって唾《つばき》す」「天を仰いで唾す」とも。〈四十二章経《しじゅうにしょうきょう》〉

天《てん》にも昇《のぼ》る心地《ここち》《慣》

非常にうれしくて、浮き浮きする気持ちであること。例 新人賞受賞の知らせを受けた時は、天にも昇る心地だった。

点《てん》の打《う》ち所《どころ》が無《な》い《慣》

《「点」は、和歌・連歌などに評価を示すために打つ記号。「点を打つ」で、問題の箇所や欠点を指摘する意を表わす》

⇩非の打ち所が無い

天《てん》の時《とき》は地《ち》の利《り》に如《し》かず

敵を攻める時、いかに季節や天候の条件に恵まれようとも、地の利を得た要害堅固な地勢に恵まれていることには

及ばない。（その地の利は、人々が一致団結していることには及ばない）

原文 孟子《もうし》曰《いわ》く、天の時は地の利に如《し》かず、地の利は人の和に如かず。〈孟子《もうし》・公孫丑《こうそんちゅう》下〉

天《てん》の配剤《はいざい》

（天の行なう薬の調合の意で、天は善い事をした者には果報を与え、悪い事をした者には罰を加え、それぞれにかなった報いを配するものだということから）偶然、または人間技《わざ》とは思われないほど取り合わせが妙で、その物事がうまくできあがっていること、をいう。例この素晴らしい景観を、天の配剤と言わずして何と言おう。

天《てん》の火《ひ》で尻《しり》を炙《あぶ》る

非常に遠く離れた太陽の火で尻《しり》を炙《あぶ》って暖めようとする意で、まわりくどくて何の効果もないこと。

類句 ◆二階から目薬

天《てん》の美禄《びろく》

（天の神から賜わったうまいもの、という意）酒の別称。

原文 酒は天の美禄《びろく》、帝王の天下を頤養《いよう》する所以《ゆえん》にして、……百礼の会、酒にあらざれば行なわれず〔酒は天の神が賜わったうまいもので、天子が天下の万民を養っていくところのものであり、いろいろの礼を行なう集まりも、酒がなければ、うまくいかないものである〕。〈漢書《かんじょ》・食貨志《しょっかし》〉

類句 ◆酒は天の美禄《びろく》

天馬《てんば》空《くう》を行《ゆ》く

天に住むという馬が大空を駆ける意で、自由自在で、何ものにもとらわれたり妨げられたりすることがない様子をいう。「てんば」は「てんま」とも。

天罰覿面《てんばつてきめん》

（「覿面《てきめん》」は、目の前・即座の意）悪事の報いが、すぐ確実に現れること。

天《てん》は二物《にぶつ》を与《あた》えず

（天は一人の人間に長所や美点をいくつも与えはしないという意から）いいところばかりがそろっている人はいないものだ、ということ。例天は二物を与えずとはよく言ったもので、彼は秀才だが、体が弱くて無理がきかない。

天《てん》は人《ひと》の上《うえ》に人《ひと》を造《つく》らず人《ひと》の下《した》に人《ひと》を造《つく》らず

《福沢諭吉の『学問ノススメ』にある言葉》天はすべての人間を平等にこの世に送り出したのであって、人間には本来貴賤《きせん》上下の別はない、ということ。

天《てん》は自《みずか》ら助《たす》くるものを助《たす》く

他人を当てにせず自らの努力で人生を切りひらこうとする人には、自然に幸福がめぐってくるものだ、ということ。
原文 Heaven helps those who help themselves. の訳語。

天《てん》は見通《みとお》し

天の目は逃れようがなく、人は善悪それぞれの報いを必ず受けるものだ、ということ。
類句 ◆天道様《てんとうさま》はお見通し

天秤《てんびん》にかける 《慣》

どちらを選んだ方が賢明であるか、優劣・損得などを比べる。例 公務員と会社勤めとを天秤《てんびん》にかけ、定年までの安定した生活が望めそうだと思って公務員を選んだ。
類句 ◆秤《はかり》にかける

天網恢恢疎《てんもうかいかいそ》にして漏《も》らさず

《天が張りめぐらした網の目は粗いが、悪いことをした人は一人も漏らすことなく処罰する意》天道は厳正であって、悪いことをすれば、いつか必ず悪い報いがあり、天罰は免れられないものだ、ということ。〈老子《ろうし》・七三〉

天籟《てんらい》

《「籟《らい》」は笛。木の枝を渡る風の音を、天の響き、すなわち自然の奏でる音楽とした言葉》自然の調子にかなった巧妙な詩文のたとえ。
原文 女《なんじ》、人籟《じんらい》（楽器の音）を聞くも、未《いま》だ地籟《ちらい》（大地の発する響き、風の音）を聞かず。女、地籟を聞くも、未だ天籟（空に鳴る自然の響き）を聞かざるかな。〈荘子《そうじ》・斉《せい》物論《ぶつろん》〉

天《てん》を仰《あお》いで唾《つばき》す

⇩天に唾《つばき》す

天《てん》を怨《うら》みず人《ひと》を尤《とが》めず

不遇にあっても、天を恨んだり他人をとがめたりせず、ただ安らかに我が身を修め心を養うべきである。

原文 子曰《しいわ》く、天を怨《うら》みず、人を尤《とが》めず、下学《かがく》して上達《じょうたつ》す。我を知る者は其《そ》れ天なるか〔孔子が言われた、天を恨んだり、人をとがめることはしない。身近な生活の中で着実に学んで、高遠な真理に到達しよう。私を理解してくれるのは、人ではなく天であろうか〕。〈論語《ろんご》・憲問《けんもん》〉

天《てん》を衝《つ》く 《慣》

高くそびえ立っている様子、また、勢いの盛んな様子の形容にいう。例 街の一角には天を衝《つ》く高層ビルが立ち並んでいる。／その意気たるや天を衝くばかりだ。

と

どういう風《かぜ》の吹《ふ》き回《まわ》しか 《慣》

普段のその人からは想像できない言動に接し、驚くと共に、どんな心境の変化があったのかと、いぶかしく思う気持ちを表わす。例 あのけちな男が、どういう風の吹き回しか、我々にご馳走《ちそう》してくれるそうだ。

頭角《とうかく》を見《あらわ》す

〈「頭角」は頭の先、多くの中で、頭がひときわ高く抜き出ている、という意〉すぐれた才能・技能が群を抜いて目立ってくること。例 卓球部に入った彼女は、優秀な先輩たちの中でもまれ、めきめきと頭角を見《あらわ》してきた。

原文 子厚《しこう》少《わか》くして精敏、通達せざるは無し。其《そ》の父の時に逮《およ》んで、少年と雖《いえど》も、已《すで》に自《おのずか》ら成人なり。能《よ》く進士の第を取り、嶄然《ざんぜん》として頭角を見《あらわ》す〔柳子厚は若い時から優秀で、何事にもよく通じていた。その父親の存命中、少年ではあったが、もはや一人前の風格を備えていた。よく進士の試験に合格して、はるかに飛び抜けた成績を示した〕。〈韓愈《かんゆ》の文、柳子厚墓誌銘《りゅうしこうぼしめい》〉

灯火《とうか》親《した》しむべし

〈秋の夜はさわやかで、灯火の下で読書がよくできることから〉秋を、読書に適したよい時節だとしていう言葉。

原文 時《とき》秋にして積雨霽《は》れ、新涼郊墟《こうきょ》に入る。灯火稍《やや》親しむ可《べ》く、簡編巻舒《かんぺんけんじょ》す可し〔今や時候は秋で、長い雨がはれて、新涼の気が城外の村に入り込み、灯火もようやく親しめるようになったので、書物をひもとくのによい時節になった」。〈韓愈《かんゆ》の詩、符《ふ》、書《しょ》を城南《じょうなん》に読《よ》む〉

注意 「灯下」と書くのは誤り。

薹《とう》が立《た》つ《慣》

〈菜類の食べごろが過ぎて、花茎が伸びる意から〉人、特に女性が盛りの時期を過ぎていることをいう。例 今度入社した女性は薹《とう》が立っているようだが、いたって気さくな人柄だ。

冬瓜《とうが》の花《はな》の百一《ひゃくひと》つ

《「とうが」は「とうがん」とも》冬瓜《とうが》は、花こそ多いが、実《み》はわずかであることから、数ばかり多くて本物がないこと。また、役に立つものがほとんどないこと。「冬瓜の百一《ひゃくいち》」とも。

堂《どう》がゆがんで経《きょう》が読《よ》まれぬ

お勤めの読経を怠けた僧が、仏堂がゆがんでいるからと言い訳する意で、自分の過失を他のことにかこつけて言い訳すること。また、言い訳ばかりで実行が伴わないことのたとえ。「寺が曲がって経が読まれぬ」とも。

等閑《とうかん》に付《ふ》する《慣》

大して重要ではないとして、注意を払わないでいる。「等閑視する」とも。例 ここ数年の青少年犯罪の増加は、教育者の立場からも等閑に付するわけにはいかない。

同《どう》気《き》相《あい》求《もと》む

〈同じ気持ちを持つ者は互いに求め合う、の意〉気の合った仲間は自然に集まってくるものだ、ということ。

原文 子曰《しいわ》く、同声相応《あいおう》じ、同気相求《もと》む。〔孔子が言われた、同じ音に調律した弦は互いに共鳴し、声気を同じくするものは、互いに感応し引き合うものである〕。〈易経《えききょう》・乾卦《けんか》〉

峠《とうげ》を越《こ》す《慣》

勢いが最も盛んな時期や、危険・緊張が最も高まる時期を過ぎる。「峠を越える」とも。例 風もだいぶおさまり、台風もどうやら峠を越したようだ。

桃源《とうげん》

〈晋《しん》の太元年中、武陵《ぶりょう》の人が川をさかのぼって水源の桃林に迷い込むと、秦《しん》の乱を避けた人々が、世の変遷を知らず、平和に静かに暮らしていたということから》俗世間を離れた別天地。理想郷。「武陵桃源」とも。〈陶淵明《とうえんめい》の文、桃花源記《とうかげんき》〉

同工異曲《どうこういきょく》

《音楽のうまいことは同じでも、その演奏する曲調は異なるということから、詩文などの手ぎわは同じでも、表現の仕方によって趣が違う、という意》一見それぞれ違っているようであるが、実はどれも同じようなものであること。

原文 下《しも》は荘騒《そうそう》、太史の録する所、子雲《しうん》・相如《しょうじょ》の、同工異曲なるに逮《およ》ぶ〔下は荘子《そうじ》や屈原《くつげん》の離騒《りそう》の文、太史公の司馬《しば》遷《せん》が書いた史記、漢の揚子雲《ようしうん》や司馬相如《しばしょうじょ》の賦《ふ》などの、文の趣はそれぞれ異なっても、すべて同じように上手な、曲は違っても、同じく巧みな音楽のような、それらの詩文にまで及んでいる〕。〈韓愈《かんゆ》の文、進学解《しんがくかい》〉

東西《とうざい》を失《うしな》う《慣》

《東か西か方角が分からなくなる意》どうしたらよいか分からなくなり、途方に暮れる。例 九分通り完成したところで資金源を断たれ、東西を失った。

東西《とうざい》を弁《わきま》えない《慣》

《東と西との区別もできない意》ものの道理が少しも分からない様子。「東西を弁ぜず」とも。例 いい年をして東西を弁《わきま》えない輩《やから》が多いのには困ったものだ。

同日《どうじつ》の談《だん》ではない《慣》

両者の違いがあまりにも大きくて、同一の基準や観点では論じることができない。「同日の論ではない」「同日には論じられない」とも。例 両者の力量の差は、到底同日の論ではない。

類句 ◆同日《どうじつ》の論にあらず

同日《どうじつ》の論《ろん》にあらず

《身分や程度が違い過ぎて、同じ日に論じることができない意》両者の違いがあまりにも大きくて、比べものにならない。

原文 誠《まこと》に郷曲《きょうきょく》の俠《きょう》をして、季次《きじ》・原憲《げんけん》と権を比《くら》べ力を量《はか》り、功を当世に効《いた》さしむるも、日を同じくして論ぜざるなり〔本当に、田舎の男だてなどに、季次や原憲と権力を比べさせ、手柄を今の世に立てさせようとしても、あまりに

も違い過ぎて、同じ日に論ずることはできない〕。〈史記《しき》・游俠伝《ゆうきょうでん》〉
類句 ◆同日《どうじつ》の談ではない

冬至《とうじ》冬中《ふゆなか》冬《ふゆ》はじめ

冬至は暦の上では冬の最中であるが、実際は、冬の寒さはこれからである、ということ。

陶朱《とうしゅ》猗頓《いとん》

〈陶朱《とうしゅ》公と猗頓《いとん》とは、有名な財産家であったことから〉大金持ち。富豪。
原文 仲尼《ちゅうじ》・墨翟《ぼくてき》の賢、陶朱《とうしゅ》・猗頓《いとん》の富あるにあらず。〈仲尼は孔子の字《あざな》、墨翟は墨子《ぼくし》〉〈賈誼《かぎ》の文、過秦論《かしんろん》〉

銅臭《どうしゅう》

〈財貨で官位を得た者は、銅貨のにおいがするの意〉金銭で官位を得た者をそしっていう言葉。
原文 烈、時に傅母《ふぼ》に因りて銭《ぜに》五百万を入れて司徒と為《な》るを得たり〔崔烈《さいれつ》は乳母の手づるによって銭五百万を入れて司徒となることができた〕。……其《そ》の子鈞曰《こきんいわ》く、……論者其の銅臭を嫌《きら》う、と。〈後漢書《ごかんじょ》・崔烈伝《さいれつでん》〉

同舟《どうしゅう》相救《あいすく》う

〈見ず知らずの者でも、同じ舟に乗り合わせて危難に遭えば互いに助け合う、という意〉同じ境遇に置かれれば、人は自然とお互いに助け合うものである。
原文 胡《こ》と越人《えつじん》と、言語相知《あいし》らず、志意相通《あいつう》ぜず。舟を同じくして波を陵《しの》げば、其の相《あい》救助するに至っては一の如《ごと》きなり〔胡《こ》の国の人と越《えつ》の国の人とは、言葉が分からないし、意志も通じない。しかし、同じ舟に乗って大波にあった時には、その助け合うことが自分の国の人と同じようである〕。〈戦国策《せんごくさく》・燕策《えんさく》〉
類句 ◆呉越《ごえつ》同舟

同床《どうしょう》異夢《いむ》

〈一つの寝床に寝ながら、それぞれ別の夢を見ている、という意〉一緒に仕事をしていながら、あるいは同じ環境や条件のもとにありながら、それぞれの考えが違うことのたとえ。

灯心《とうしん》で首《くび》くくり麻《あさ》がらで腹切《はらき》る

灯心は灯心《あんどん》やランプなどの芯《しん》、麻《あさ》がらは皮を取り去った麻の茎。短い灯心で首をくくったり、切れるはずもない麻がらで腹を切ったりするということから、とてもできるはずのないことのたとえ。

唐人《とうじん》の寝言《ねごと》

《「唐人」は、唐土の人、中国人。また、外国人の意》訳の分からない言葉、また、筋の通らないことをくどくどと言うこと。例 そんな唐人の寝言を言っていないで、やるべきことをきちんとやれ。

冬扇夏炉《とうせんかろ》

⇨夏炉冬扇《かろとうせん》

灯台下暗し《とうだいもとくら》

《「灯台」は、油皿に灯心を入れて火をともす燭台《しょくだい》で、燭台のすぐ下は暗いことから》身近にある物事には意外に疎いものだ、ということ。例 灯台下暗しで、会社の近くにこんな静かな公園があるとは、今まで知らなかった。

参考 The darkest place is under the candlestick.〔最も暗い場所はろうそく立ての下だ〕

道聴塗説《どうちょうとせつ》

《「塗」は「途」と同じ。道で聞いた話を、道を行く途中ですぐにまた人に話すこと》いい加減な受け売りの話。

原文 子曰《しいわ》く、道《みち》に聴きて塗《みち》に説くは、徳を之《これ》棄《す》つるなり〔孔子が言われた、道で聞いたことを、途中ですぐにまた他の人に説いて聞かせるのは、身につけるべきはずの徳を捨てるものである〕。〈論語《ろんご》・陽貨《ようか》〉

尊《とうと》い寺《てら》は門《もん》から

信仰を集める寺であることは、その立派な門構えを見ただけですぐ分かる意で、徳の高い人は、ひと目その顔を見れば分かるものだということ。

類句 ◇はやる稲荷《いなり》は鳥居から知れる

東道《とうどう》の主《しゅ》

道案内人のたとえ。また、主人となって来客を案内し世話する人。《春秋時代に鄭《てい》の国が、秦《しん》と晋《しん》との両国に包囲されて滅びそうになった時、鄭の燭之武《しょくしぶ》が秦伯《しんぱく》に会い、鄭を滅ぼしても秦には何の利益もないので、鄭をこのまま残しておき、殿様が東にお出かけの時、道案内役になされたらいかがですか、と言った故事から》

原文 若《も》し鄭《てい》を舍《お》きて以《もっ》て東道の主と為《な》し、行李《こうり》の往来に、其《そ》の乏困《ぼうこん》に供せしめば、君も亦《また》害する所無からん〈（秦《しん》・晋《しん》の二大国が我が鄭《てい》の国を囲み、鄭はもはや滅亡を覚悟しております）もしも鄭を攻め取らずにこのままにして、殿様が東にお出かけの時の道案内役にし、使者の往来の際に、不足の物資を供給させるようになさるならば、殿様の方にも損はございませんでしょう」。〈左伝《さでん》・僖公《きこう》三十年〉

唐土《とうど》の虎《とら》は毛《け》を惜《お》しみ日本《にほん》の武士《ぶし》は名《な》を惜《お》しむ

唐土（中国）の虎《とら》はその毛を大切にし、日本の武士は武士としての名誉を重んじ、それを傷つけぬように心掛ける。「鷹《たか》は羽を惜しみ武士は名を惜しむ」とも。

堂《どう》に入《い》る

学問や技芸などが、高い水準に達していて申し分がないことをいう。例 大学の弁論部で鍛えただけあって、彼の演説は堂に入ったものだ。⇩**堂に升《のぼ》りて室に入《い》らず**

問《と》うに落《お》ちず語《かた》るに落《お》ちる 《慣》

⇩**語るに落ちる**

どうにかこうにか 《慣》

不十分ながらも一応は目的を達成できる様子。例 思わぬアクシデントに見舞われたが、どうにかこうにか約束の期日に間に合わせることができた。

盗《とう》に食《しょく》を齎《もたら》す

《盗人に食物を持って行ってやる意》敵側の利益になるような愚かな行為をすることのたとえ。〈戦国策《せんごくさく》・秦策《しんさく》〉
⇩**冦《あだ》に兵を藉《か》し盗《とう》に糧《かて》を齎《もたら》す**

堂《どう》に升《のぼ》りて室《しつ》に入《い》らず

《「堂」は客間、「室」は奥の間》学問・芸術などが、相当高い水準には達しているが、まだその真髄を極めるまでには到《いた》っていない。⇩**堂に入る**
原文 子曰《しいわ》く、由《ゆう》の瑟《しつ》、奚為《なんす》れぞ丘《きゅう》の門に於《お》てせん、と。門人、子路を敬せず。子曰く、由や堂に升《のぼ》れり。未《いま》だ室に入《い》らず〔孔子が言われた、由（子路の名）の瑟（大きな琴）は、私の家で弾けるようなものではない、と。それ以来、門人たちが子路に敬意を払わなくなった。孔子が言われた、由は堂にはのぼっている。まだ室に入れないだけであるの

だ」。〈論語《ろんご》・先進《せんしん》〉

どうにもこうにも 《慣》

〈後に打ち消しの語を伴って〉対処・解決の方法がなく、困り果てたり、耐えきれなくなったりする様子。例 水害で陸の孤島と化し、救助隊が来るまではどうにもこうにもならなかった。

問《と》うは一旦《いったん》の恥《はじ》問《と》わぬは末代《まつだい》の恥《はじ》

⇩聞《き》くは一時《いっとき》の恥聞かぬは一生の恥

刀筆《とうひつ》の吏《り》

〈紙が発明されていない古代は、竹の札に筆で文字を書き、誤りがあれば小刀で削って書き直した。記録にたずさわる役人は小刀と筆を持って仕事をしたことから、文字を書き写すだけの役人、の意〉小役人。書記。

原文 蕭相国何《しょうしょうこくか》（宰相の蕭何）は秦《しん》の時に於《おい》て刀筆吏《とうひつり》と為《な》り、録録として未《いま》だ奇節有らず。〈史記《しき》・蕭相国世家《しょうしょうこくせいか》〉

同病相憐《どうびょうあいあわれ》む

〈同じ病気にかかっている者どうしは、同情し合う意〉同じように苦労をしている者どうしが、互いに相手を思いやり、助け合うこと。「相身互《あいみ》い」とも。

原文 同病相憐《あいあわれ》み、同憂相救《どうゆうあいすく》う〔……。同じ悩みをもった者は助け合う〕。〈呉越春秋《ごえつしゅんじゅう》・闔閭内伝《こうりょないでん》〉

掉尾《とうび》を飾《かざ》る 《慣》

⇩掉尾《ちょうび》を飾る

豆腐《とうふ》に鎹《かすがい》

豆腐に鎹《かすがい》を打ち込むのと同じように、相手にいくら働きかけても全く手ごたえがないこと。どんなに意見をしても一向に効き目がないことなどにもいう。いろはがるた〈京都〉の一。

類句 ◆糠《ぬか》に釘《くぎ》 ◆暖簾《のれん》に腕押し

陶冶《とうや》

陶工が陶器を造り、鍛冶屋《かじや》が鋳物を造るように育て上げる意。その人が持って生まれた性質や才能を、育て練り上げること。例 人格を陶冶《とうや》する。

原文 或《あるい》は仁《じん》或は寿《じゅ》、陶冶《とうや》して之《これ》を成す。〈漢書《かんじょ》・董仲舒《とうちゅうじょ》伝《でん》〉

桃李《とうり》言《ものい》わざれども下《した》自《おのずか》ら蹊《けい》を成《な》す

〈「蹊《けい》」は小道。桃《もも》や李《すもも》は花も実も美しいので、自然に人が集まって来て、下に小道ができる意〉立派な人格者のもとには、招かなくてもたくさんの人々が集まって来るものだ、ということのたとえ。

原文 諺《ことわざ》に曰《いわ》く、桃李言《とうりものい》わざれども、下自《したおのずか》ら蹊《けい》を成す、と。此《こ》の言《げん》小なりと雖《いえど》も、以《もっ》て大に諭《たと》う可《べ》きなり。〈史記《しき》・李《り》将軍伝《しょうぐんでん》〉

登竜門《とうりゅうもん》

〈黄河の上流にある竜門は流れが非常に急で、ここを登ることができた鯉《こい》は化して竜になるという伝説がある〉そこを通り抜けることができれば立身出世につながるという関門のこと。例 彼女は若くして、文壇の登竜門といわれる賞をとった作家だ。

原文 膺《よう》、独り風裁を持し、声名を以《もっ》て自ら高くす。士、其《そ》の容接を被《こうむ》れる者有れば、名づけて登竜門と為《な》す〔李膺《りよう》は自身で見識を高く持ち、世間から高い評判を得ていた。当時の士人で、その近づきを受けた者は、それを登竜門と名づけた〕。〈後漢書《ごかんじょ》・李膺伝《りようでん》〉

棟梁《とうりょう》の器《うつわ》

〈「棟梁《とうりょう》」は、屋根を支える棟木《むなぎ》や梁《はり》〉国家の重職にあって重い責務を負い、その任に堪える力量を備えた人物。例 ゆるぎない意志、度量、覚悟があれば、棟梁の器と言えるだろう。

原文 今《いま》、公輔《こうほ》（宰相）の臣は、皆《みな》、国の棟梁《とうりょう》なり。〈三《さん》国志《ごくし》・魏志《ぎし》・高柔伝《こうじゅうでん》〉

蟷螂《とうろう》の斧《おの》

〈「蟷螂《とうろう》」は、「螳螂《とうろう》」とも書き、かまきりのこと〉斧《おの》のような前足を振り立てて相手に立ち向かうかまきりのように、自分の力の弱さを顧みずに、大敵に立ち向かうこと。向こう見ずな、はかない抵抗のたとえ。例 国家権力の前には蟷螂の斧に過ぎないかもしれないが、反対運動はやめない。

原文 斉《せい》の荘公、出猟《しゅつりょう》せんとす。螳螂《とうろう》有り、足を挙げて将《まさ》に其《そ》の輪《りん》を搏《う》たんとす。其の御《ぎょ》に問いて曰《いわ》く、此《こ》れ何の虫ぞや、と。御曰く、此れは是れ螳螂なり。其の虫為《むした》る、進むを知りて退くを知らず、力を量らずして軽々しく敵に就《ちか》づけり、と。公曰く、以《もっ》て人為《ひとた》らば必ず天下の勇士為らん、と。是《ここ》に於《おい》て車を廻《めぐ》らして之《これ》を避く。〈韓詩外伝《かんしげでん》・八〉

類句 ◆鱓《ごまめ》の歯軋《はぎし》り

当《とう》を得《え》る《慣》

道理にかなっていて、適切である。また、時機を得て好都合である。例 駆けつけた医師の当を得た処置で、怪我《けが》人《にん》は一命をとりとめた。反対 当を失する

十日《とおか》の菊《きく》

⇩六日《むいか》の菖蒲《あやめ》十日の菊

遠《とお》きに行《ゆ》くは必《かなら》ず邇《ちか》きよりす

《遠くに行くには、まず近いところから歩き始める意》

物事を行なうには、しかるべき順序を追って手近なところから堅実に進めなければならない、無理をして先を急ぐと失敗する、ということ。

原文 君子の道は、譬《たと》えば遠きに行くに、必ず邇《ちか》きよりするが如《ごと》く、譬えば高きに登るに、必ず卑《ひく》きよりするが如し。〈中庸《ちゅうよう》〉

類句 ◆千里の行《こう》も足下《そっか》より始まる ◇高きに登るは卑《ひく》きよりす

遠《とお》きは花《はな》の香《か》

遠い所にある物事は、素晴らしく思われ、身近な物事はつまらなく思われるものだということ。「遠きは花の香、近くは尿《しと》の香」とも。

遠《とお》くて近《ちか》きは男女《だんじょ》の仲《なか》

親しくなりにくいようで、案外簡単に親しくなってしまうのが男女の間柄である。

参考『枕草子』一六七段に「遠くて近きもの、極楽。舟の道。人の中」とある。（能因本・前田本は、「男女の中」）

遠《とお》くの親類《しんるい》より近《ちか》くの他人《たにん》

遠くに住んでいる親類よりも近くにいて親しい他人のほうが、いざという時に頼りになるものだ。

類句 ◆遠水近火《えんすいきんか》を救わず

十《とお》で神童《しんどう》十五《じゅうご》で才子《さいし》二十《はたち》過《す》ぎればただの人《ひと》

《十歳の時神童と言われた人が、十五歳になると才子程度となり、二十歳を過ぎると平凡な人になってしまう意》小さい時は教え込めば何でも覚えるが、それは真の才能ではなく、ただ人より先に覚えたというだけのことで、ほかの人もだんだん追い付いてくるから、大人になれば結局は普通の人と同じになってしまう、ということ。

遠目《とおめ》ばかりの箒木《ははきぎ》

《遠くからは箒《ほうき》を逆さにしたような木が見えるが、近づくと見えなくなったという箒木《ははきぎ》の伝説を踏まえた言葉》目には見えるが、実際には手に取ることができないもののたとえ。

参考「園原《そのはら》や伏屋《ふせや》に生《お》ふる箒木《ははきぎ》のありとてゆけどあはぬ君哉《きみかな》」（『古今六帖』五・雑思）という古歌がある。

通《とお》りがいい《慣》

①一般の人々に、価値のある、また信用できるものとして認められやすい。例ホームレスというより路上生活者というほうが世間の通りがいい。②その社会の人々に分かりやすい。例この会社では、営業部長はあだなで呼んだほうが通りがいいそうだ。

とかげの尻尾切《しっぽき》り《慣》

組織などで、不祥事の責任などを下位の者になすりつけて始末し、上位の者や組織全体にその影響が及ばないようにすること。例課長・課長補佐を懲戒免職にして事を済まそうとするのは、どう見てもとかげの尻尾《しっぽ》切りだ。

度《ど》が過《す》ぎる《慣》

程度が許容される範囲を越えていて、好ましくない結果を招く。例相手を泣かすようないたずらは、いくらなんでも度が過ぎる。

時知《ときし》らぬ山伏《やまぶし》は夜《よる》も頭巾《ずきん》

《毎日が修行の山伏は、夜寝る時にも頭巾を着けている意から》何かをするに当たって、適切な時や場所・場合であるかどうかの判断がつかないことのたとえ。「時知らぬ山伏は寝ていて貝を吹く」とも。

時《とき》に遇《あ》う《慣》

いい時機に巡り合って幸運を得る。例時に遇《あ》って事業に成功し、一代で巨万の富を築いた。

時《とき》に臨《のぞ》む《慣》

今まさに何かが行なわれようとしていて、気持ちを引き締めなければならない事態に直面する。例国家存亡の時に臨み、国民の奮起を促す。

時《とき》によりけり《慣》

時と場合によって異なるの意で、ある時にうまくいったからといって、それがいつも通用するとは限らないということ。例冗談も時によりけりで、通夜の席で言うなんてあまりにも不謹慎だ。

時《とき》の氏神《うじがみ》　⇩**仲裁《ちゅうさい》は時の氏神**

時《とき》の用《よう》には鼻《はな》をそげ

目の前の緊急な用件を処理するためには、手段を選ばず、鼻をそぐような非情なことまで行なえ、ということ。「時の用には鼻」とも。

時《とき》は金《かね》なり

時間は金銭と同じ価値がある意で、時間はかけがえのない貴重なものだから、ひと時でも無駄に過ごさず、常によく励み努めるべきである、ということ。原文Time is money. の訳語。

時《とき》は人《ひと》を待《ま》たず　⇩**歳月《さいげつ》人を待たず**

度胆《どぎも》を抜《ぬ》く《慣》

まさかと思うようなことをやって、人をひどく驚かせる。例超高層ビルの屋上からスカイダイビングを試みて、観衆の度胆を抜いた。

類句◆生き肝を抜く

度胸《どきょう》が据《す》わる《慣》

何事をも恐れず、いざというときでもうろたえない気力がそなわる。例自分の地位を失うことも恐れず社長に進言するとは、度胸が据わった男だ。他**度胸を据える**

時《とき》を争《あらそ》う《慣》

①⇩**一刻《いっこく》を争う**　②その時になるのを待ちかねて、互いに先を争う。例春の遅いこの地方では、五月になると時を争うように花ばなが一斉に咲き乱れる。

時《とき》を失《うしな》う《慣》
何かをする好機を逃す。例引き抜きの話があったが、ぐずぐずしているうちに時を失い、立ち消えになった。類句◆機を逸する

時《とき》を移《うつ》さず《慣》
何かが行なわれた後、引き続いてすぐに、次になすべきことをする様子。例工場建設用地が決まり次第、時を移さず着工する予定だ。

時《とき》を得《え》る《慣》
好機を逃さずとらえて、栄える。例海外市場に販路を広げ、時を得て業界の実力者にのし上がった。

時《とき》を稼《かせ》ぐ《慣》
有利な情勢に転じるまでの時間を、何かをして持ちこたえる。「時間を稼ぐ」とも。例牛歩戦術で時を稼ぎ、会期切れ廃案をねらう。

鬨《とき》を作《つく》る《慣》
（鶏が暁に鳴いて時を告げる意から）戦闘開始の時や戦いに勝利した際、自軍の士気を鼓舞するために、一斉に大声をあげる。「鬨の声をあげる」とも。例総崩れで退散する敵を目にして、我が軍は一斉に鬨を作った。

時《とき》を待《ま》つ《慣》
好機の訪れるのを待つ。例今は我慢の時だ。あわてずに、じっくり時を待とう。

徳《とく》孤《こ》ならず
徳のある人のもとには、自然に多くの人が慕って集まってくるから、孤立することがない。
原文 子曰《しいわ》く、徳孤ならず、必ず隣《りん》有り。〈論語《ろんご》・里仁《りじん》〉
参考『易経《えききょう》』坤卦《こんか》に「敬義立ちて徳孤ならず」とある。

読書百遍《どくしょひゃっぺん》義《ぎ》自《おのずか》ら見《あらわ》る
どんな難しい書物でも、何度も繰り返して読めば、意味・内容が自然に分かってくるものだ、ということ。「読書百遍意自ら通ず」とも。
原文 人《ひと》、従い学ぶ者有り。（董《とう》）遇《ぐう》教うるを肯《がえん》ぜずして云《い》う、必ず当《まさ》に先《ま》ず読むこと百遍《ひゃっぺん》なるべし、と。言うここ

ろは読書百編にして義自《おのずか》ら見《あらわ》るればなり。〈三国志《さんごくし》・魏《ぎ》志《し》・王粛伝《おうしゅくでん》注〉

得心《とくしん》が行《い》く《慣》

他人の言動をもっともだと、心から納得することができる。例 彼の提案の意図が分からなかったが、具体的な説明を聞いて、やっと得心が行った。

毒《どく》にも薬《くすり》にもならない

その存在が邪魔にもならない代わりに何の役にも立たない様子。害を及ぼすこともない代わりに何の感動もない意にも用いる。例 彼は気がいいだけで、毒にも薬にもならない男だ。

毒薬変《どくやくへん》じて薬《くすり》となる

本来、人の命を害する毒薬がかえって人の命を救う薬にもなるということから、有害なものが、一変して有益なものになるというたとえ。また、物はその用い方次第で、害を与えたり益を与えたりする、というたとえ。「毒薬変じて甘露となる」とも。

とぐろを巻《ま》く《慣》

〈蛇が体を渦巻き状に巻いてじっとしている様子から〉これといった用もなさそうな人たちが、長時間一か所にたむろしている様子をいう。例 あの喫茶店には、近くの大学生が、いつもとぐろを巻いている。

毒《どく》を仰《あお》ぐ《慣》

自ら命を絶つために、毒薬を一気に飲む。例 逃れられぬと悟った男は、もはやこれまでと毒を仰いだ。

櫝《とく》を買《か》いて珠《たま》を還《かえ》す

〈「櫝《とく》」は木の箱。昔、珠玉《しゅぎょく》を売る人が、あまりにも立派に飾った箱に入れて売ったために、買い手は中の珠《たま》の値打ちを知らず、箱だけを買って中の珠を返したという故事から〉中身の本当の価値を知らないで、飾られた外面だけに執着すること。「櫝を買いて珠を還《かえ》す」とも。

原文 楚人《そひと》に其《そ》の珠《たま》を鄭《てい》に売る者有り。木蘭《もくらん》の櫃《ひつ》を為《つく》り、薫《くん》ずるに桂椒《けいしょう》を以《もっ》てし、綴《つづ》るに珠玉を以てし、飾るに玫瑰《まいかい》を以てし、輯《つら》ぬるに翡翠《ひすい》を以てす。鄭人《ていひと》其の櫝《とく》を買いて其の珠を還《かえ》す。〈韓非子《かんぴし》・外儲説《がいちょせつ》左上〉

毒《どく》を食《く》らわば皿《さら》まで

毒を食べてしまった以上は、その毒を盛った皿までもなめる意で、いったん悪事を犯したからには、徹底的に悪事を重ねる、ということ。[例]一度公金に手を付けた彼は、毒を食らわば皿までとばかりに、結局五千万円も使い込んだということだ。

犢《とく》を舐《ねぶ》る

⇩舐犢《しとく》の愛

毒《どく》を以《もっ》て毒《どく》を制《せい》す

ある悪事を押さえるために別の悪事をもってする。また、ある悪人を除くために他の悪人を利用する。〈普灯録《ふとうろく》〉

刺《とげ》を含《ふく》む 《慣》

⇩針を含む

床《とこ》に就《つ》く 《慣》

①寝るために床に入る。[例]明日は朝が早いので、夕食を済ませると早めに床に就いた。②病気で寝込む。「床に臥《ふ》す」とも。[例]転んで足の骨を折った祖父は、そのまま床に就いたきりになってしまった。[反対]**床を上げる**

どこの馬《うま》の骨《ほね》 《慣》

素姓の分からない人をあざけっていう言葉。「馬の骨」「どこの牛の骨」とも。[例]大事な娘を、どこの馬の骨とも分からない男と結婚させるわけにはいかないと頑固な父は言い張っている。

どこ吹《ふ》く風《かぜ》 《慣》

自分とは無関係である、と全く気にかけない様子。[例]息子たちは、親の心配などどこ吹く風と遊び回っている。

所《ところ》変《か》われば品《しな》変《か》わる

場所が違うと、品物の名称・形状も違う意で、それぞれの土地によって、風俗・習慣や言語も変わるものである、ということ。

[類句]◆難波《なにわ》の葦《あし》は伊勢《いせ》の浜荻《はまおぎ》

所嫌《ところきら》わず 《慣》

他人の迷惑など考えないで、どこでも構わず勝手なことをする様子。「所構わず」とも。[例]所嫌わずたばこの吸い殻を投げ捨てるのはやめたまえ。

ところてん式《しき》《慣》
（ところてんは筒から突き出されて作られることから）後ろから押される形で、何の苦労もなく、自然に先へと進んでいくこと。例大学の付属小学校に入学してから、たいした勉強もしないうちに、ところてん式に大学まできてしまった。

所《ところ》に似《に》せて絵《え》をかく
その場所に行けばそこの風物を写した絵を描く意で、その場に適した行動をすること。「所に従う絵をかく」とも。
類句 ◇時世《ときよ》の絵をかく

所《ところ》を得《え》る《慣》
その人の能力にふさわしい地位や職を得る。例彼女は経理から営業に移って、ようやく所を得た感じで、目覚ましい活躍を始めた。

床《とこ》を上《あ》げる《慣》
寝床を片付ける意で、長く寝込んでいた人が、病気が治って普通の生活に戻ることをいう。例手術後三か月たって、やっと床を上げることができた。反対床に就《つ》く
類句 ◆床《とこ》を払《はら》う

床《とこ》を取《と》る《慣》
いつでも寝られるように、布団を敷く。例体調がすぐれないと見え、「すぐに床を取ってくれ」と、帰宅した父は元気のない声で言った。

床《とこ》を払《はら》う《慣》
寝床を取り払う意で、病気が治って、寝たきりの状態から脱することをいう。例病気が長引き、床を払ったのはつい最近のことだ。
類句 ◆床《とこ》を上げる

鶏冠《とさか》に来《く》る《慣》
「頭に来る」の強調表現。⇩頭に来る 例あの男の無責任さ加減は全く鶏冠《とさか》に来る。

どさくさに紛《まぎ》れる《慣》
取り込みがあったりしてごたごたしているのに乗じて、勝手なことをする。例会社倒産のどさくさに紛れて、コ

ンピューターを失敬してくるなんて、泥棒じゃないか。

年《とし》が改《あらた》まる《慣》

新年になる。また、年号が改まる。例平成に年が改まってから生まれた子供たちも、成人式を迎える年になった。

年《とし》が行《い》く《慣》

ある程度の年齢にまで達する。例あの奥さんは、話しぶりからして、見かけよりかなり年が行っているようだ。

年《とし》には勝《か》てない《慣》

年を取ると、たとえ気持ちは元気でも体力が衰え、若い時と同じようにはいかないものだ、ということ。例さすがの横綱も年には勝てないと見えて、取りこぼしが目立つようになった。

年《とし》は争《あらそ》えない《慣》

いくら若いつもりでいても、ある年齢に達すれば、体力が衰えてくるものだ、ということ。例やっぱり年は争えないね。若いころは徹夜なんて平気だったのに最近は無理がきかなくなった。

年端《としは》も行《い》かぬ《慣》

《「年端」は、年齢の程度の意》まだ幼い年ごろである様子。例年端も行かぬ子供までが武器を手にしている民族紛争を見ると、胸が痛む。

斗筲《としょう》の人《ひと》

《「斗」は一斗入りのます、「筲《しょう》」は一斗二升入りの竹製の器。ますで量れるくらいの小さな人物、という意》取るに足らない、つまらない人間。器量の小さい人物。

原文 曰《いわ》く、今の政《まつりごと》に従う者は何如《いかん》。子曰《しいわ》く、噫《ああ》、斗筲《としょう》の人、何《なん》ぞ算《かぞ》うるに足らんや〔子貢《しこう》が言った、今の政治家たちはどうでしょうか。孔子が言われた、彼らは、ますで量れるようなつまらぬ人間どもで、取り立てて問題にするほどの値打ちもない〕。〈論語《ろんご》・子路《しろ》〉

屠所《としょ》の羊《ひつじ》

《屠殺場《とさつば》にひかれて行く羊、の意》死期が迫ったことを悟った者の、うちしおれた様子の形容。〈摩訶摩耶経《まかまやきょう》〉

年寄《としよ》りと紙袋《かんぶくろ》は入《い》れねば立《た》たぬ

《年寄りは腹に食い物を入れないと元気が出ない、紙袋は中に物を入れなければ立たない、の意》まずは腹ごしらえが大事だということ。

年寄《としよ》りの冷《ひ》や水《みず》

《「冷や水」は、冷やした水。年寄りが、身体に悪い冷たい水を飲む意》老人には不相応な無謀なことをすることのたとえ。いろはがるた（江戸）の一。例「寒中水泳とは大したものですね」と言うと、その老人は「いや、年寄りの冷や水ですよ」と苦笑いした。

年寄《としよ》りは二度目《にどめ》の子供《こども》

人は年を取ると子供に返ったように、わがままになったり甘えたりするものである、ということ。
原文 Old men are twice children. の訳語。

年《とし》を追《お》う《慣》

ある傾向が歳月の流れに従って強まったり弱まったりするのが認められる様子をいう。例 彼女は年を追うごとに美しくなっていく。

年《とし》を食《く》う《慣》

予想されるよりも年を取っている。また、他と比べた際に、それよりも年を取っている。例 彼は、大学新卒の社員にしてはずいぶん年を食っている。

年《とし》を問《と》わんより世《よ》を問《と》え

他人に年齢を尋ねるよりは、その人の過ごしてきた人生を尋ねなさい、の意で、その人の年齢の多い少ないは問題ではなく、それまでその人がどのような人生を過ごしてきたか、その中身が大切である、ということ。

どじを踏《ふ》む《慣》

間の抜けた失敗をする。例 とんだところでどじを踏んで、犯人を取り逃がしてしまった。

どすがきく《慣》

《「どす」は、短刀》話し方や声の調子に相手を脅すようなすごみが感じられる様子をいう。例 警備員に「お前らは何者だ」と、どすのきいた声で誰何《すいか》された二人組みは、一目散に逃げ去った。

どすを呑《の》む《慣》

《「どす」は、短刀》やくざなどが懐中に短刀を隠し持つ。例どすを呑《の》んでいるような連中に盛り場をうろつかれるのは迷惑だ。

塗炭《とたん》の苦《くる》しみ

《「塗」は泥《どろ》、「炭」は火》泥にまみれ火に焼かれるような、ひどい苦しみ。天災・戦火・悪政などによってこうむる、非常な苦しみのたとえ。例第二次世界大戦中に我々がなめた塗炭の苦しみは、一生忘れられない。

原文有夏昏徳《ゆうかこんとく》、民塗炭《たみとたん》に墜《お》つ〈夏《か》の桀王《けつおう》は悪い徳の持ち主で、人民は泥《どろ》や火の中に落ちたように苦しい目に遭っている〉。〈書経《しょきょう》・仲虺之誥《ちゅうきしこう》〉

取《と》っ替《か》え引《ひ》っ替《か》え《慣》

一つに決められず、次々とあれこれ取り替えては試みる様子。例彼女は洋服だんすから服を取り出しては取っ替え引っ替え胸に当てている。

毒気《どっけ》に当《あ》てられる《慣》

相手のずうずうしい態度や、人を馬鹿《ばか》にしたような言動に、唖然《あぜん》とさせられる。例きわどいギャグを連発する芸人たちの毒気に当てられて、早々に退散した。

毒気《どっけ》を抜《ぬ》かれる《慣》

相手を痛めつけようと意気込んでいた人が、逆に激しく攻撃されたり意表を衝《つ》かれたりして、茫然《ぼうぜん》とさせられる。「どっけ」は「どっき」とも。例こわもてだと評判の彼に低姿勢で応対され、毒気を抜かれた。

どっちもどっち《慣》

どちらにも同じように短所や欠点があり、優劣を論じるに値しない様子。例二人の言い分を聞いていると、どっちもどっちという感じだね。

取《と》って付《つ》けたよう《慣》

よそから持ってきてただ取り付けたようだ、の意で、言動がいかにもわざとらしく不自然な様子。例取って付けたようなお世辞を言わないでほしい。

突拍子《とっぴょうし》もない《慣》

常識では考えられないような、変わった言動をする様子。例 彼女は、時々突拍子もないことを言い出して会議を混乱させる。

トップを切《き》る《慣》
①首位に立つ。例 打率はリーグのトップを切っている。②他の者の先に立って何かを始める。例 業界のトップを切って値下げを決定した。

土手《どて》っ腹《ぱら》に風穴《かざあな》をあける《慣》
〔「土手っ腹」は、腹を強調した言い方〕刃物で突いたり銃で撃ったりして、腹に穴をあける意で、やくざなどが脅し文句として用いる言葉。例 男は、「つべこべ言うと土手っ腹に風穴をあけるぞ」とすごんだ。

途轍《とてつ》もない《慣》
〔「途轍《とてつ》」は、筋道の意〕物の道理や常識とはひどくかけ離れている様子。例 店主は、宝石を買いに来た客の身なりを見て、途轍もない値をつけた。

とてもじゃないが《慣》
〔多く後に不可能の意を表わす表現を伴って〕どんな点から見ても、そのようなことを期待するのは無理だという判断を表わす言葉。例 あれだけ実力に差があっては、とてもじゃないが彼に勝ち目はないね。

徒党《ととう》を組《く》む《慣》
良からぬことをたくらむ連中が、一団となって行動するために寄り集まる。例 徒党を組んでオートバイを乗り回す暴走族に、この辺りの住民は悩まされている。

とどのつまり《慣》
〔魚のボラは成長に応じて呼び名が変わり、最後はトドと呼ばれることから〕いろいろな経過をたどってきた末に行き着くところ。多く、思わしくない結果になる場合に用いる。例 ノルマ最優先の会社ではどんなに誠実に仕事をしたところで、とどのつまりは使い捨てにされるだけだ。

止《とど》めを刺《さ》す《慣》
〔人を殺す際、のどを刺して息の根を止める意から〕①最後の一撃を加えて、再び立ち上がれないようにする。例 あの大臣は不用意な発言で自らの政治生命に止《とど》めを刺すことになった。②あとから文句が出ないように、要所を押さえて念を押す。例 期日までに完成しなければ責任を取ってもらうと、先方にひとこと止めを刺しておいた。③同種のものの中で最も優っている。例 桜と言えば何と言っても吉野に止めを刺す。

隣《となり》厳《きび》しくして宝《たから》儲《もう》ける

近所の人が勤勉であれば、いつの間にかそれに感化されて勤勉になり、その結果裕福になる、ということ。

隣《となり》の家《いえ》の宝《たから》を数《かぞ》える

⇩人の宝を数える

隣《となり》の疝気《せんき》を頭痛《ずつう》に病《や》む

⇩他人《たにん》の疝気《せんき》を頭痛に病む

隣《となり》の糠《ぬか》はたき

《「糠《ぬか》はたき」は、他人のあらさがしをして触れ回ること》自分に無関係なことに、むやみに口出しすること。お節介。

隣《となり》の花《はな》は赤《あか》い

他人の物は何でもよく見えて、うらやましく思うのが人の常である、ということ。

類句 ◇隣の芝生は青く見える ◇隣の薔薇《ばら》は赤い

隣《となり》の貧乏《びんぼう》雁《がん》の味《あじ》

隣の家が貧乏なのは、雁《がん》の肉を味わうように快い意で、他人の不幸は自分の優越感を満足させるものだ、ということ。「隣の貧乏鴨《かも》の味」とも。

図《と》南《なん》の翼《つばさ》

《想像上の大鳥大鵬《たいほう》が、大きな翼を広げて南の海に向かって飛び立つという話から》大志をいだいて大事業を計画すること。「図南の鵬翼《ほうよく》」とも。

原文 北冥《ほくめい》に魚有り。其《そ》の名を鯤《こん》と為《な》す。鯤の大いさ、其の幾千里なるを知らざるなり。化して鳥となる。其の名を鵬《ほう》と為《な》す。鵬の背、其の幾千里なるを知らざるなり。怒《ど》して（奮い立って）飛べば、其の翼、天に垂るるの雲の若《ごと》し。……而《しか》る後乃《のちすなわ》ち今将《いままさ》に南《みなみ》を図らんとす。〈荘子《そうじ》・逍遥遊《しょうようゆう》〉

どの面《つら》下《さ》げて 《慣》

どんな顔をしての意で、身にやましいことがあって来られないはずの人が、厚かましくやってくる様子をののしっていう言葉。例 さんざん迷惑をかけておいて、どの面下げてのこのこやって来たんだ。

殿《との》の犬《いぬ》には食《く》われ損《ぞん》

殿様の飼い犬に噛《か》まれても、相手が殿様では文句も言えない意で、権力のある者が相手では、面と向かって争うこともできず、泣き寝入りするよりほかはない、ということ。

駑馬十駕《どばじゅうが》

〔「駑馬《どば》」は、歩みののろい馬。「十駕《じゅうが》」は、十日間馬に乗って走らせること〕駑馬も十日の日程をかければ、一日千里を行くという駿馬《しゅんめ》に追いつくことができる意で、才能の乏しい者も、たゆまず努力を続けるならば、才能のある者に追いつくことができるということのたとえ。

原文 騏驥《きき》も一躍《いちやく》にて十歩なる能《あた》わず、駑馬《どば》も十駕《じゅうが》するは、功《こう》舎《お》かざるに在り〔一日に千里を走る駿馬も一跳《ひとは》ねでは十歩を行くことはできない。のろい馬だとて十日も歩き続ければ千里に至ることができるのは、何事によらず仕事の成果は止《や》めずに続けていくところにある〕。〈荀子《じゅんし》・勧学《かんがく》〉

怒髪冠《どはっかん》を衝《つ》く

〔はげしい怒りのために髪の毛が逆立《さかだ》ち、かぶっている冠を突き上げる意〕激怒する様子のたとえ。

原文 王、璧《へき》を相如《しょうじょ》に授く。因《よ》りて璧を持《じ》し、却立《きゃくりつ》して柱に倚《よ》る。怒髪上《のぼ》りて冠を衝《つ》く〔秦王《しんおう》が約束の十五城を渡そうとしないので、藺相如《りんしょうじょ》は璧《へき》にきずがあると言って欺き〕秦王が璧を藺相如に渡した。そこで藺相如は璧を持ってあとずさりして立ち、柱を背にした。その怒った髪の毛は逆立《さかだ》って冠を突き上げた〕。〈史記《しき》・藺相如伝《りんしょうじょでん》〉

類句 ◆怒髪天を衝《つ》く

怒髪天《どはってん》を衝《つ》く

怒りで髪の毛が逆立《さかだ》つ意で、激怒する様子のたとえ。〔前項『史記』の語句から〕例 その老人はあらぬ疑いをかけられ、怒髪天を衝《つ》かんばかりに怒った。

類句 ◆怒髪冠《かん》を衝《つ》く

駑馬《どば》に鞭打《むちう》つ

〔「駑馬《どば》」は、歩みののろい馬〕才能の乏しい者に能力以上のことを無理にさせる意で、労苦をいとわず何かをすることを謙遜《けんそん》していう言い方。

鳶《とび》が鷹《たか》を生《う》む

平凡な親から傑出した子供が生まれること。「とび」は「とんび」とも。

参考 「瓜《うり》の蔓《つる》に茄子《なすび》はならぬ」「蛙《かえる》の子は蛙」は、この反対。

鳶《とび》も居《い》ずまいから鷹《たか》に見《み》える

鳶《とび》も威厳のある姿勢でいれば鷹《たか》に見える意で、起居・動作がきちんとしていれば、身分が低い者でも高貴な人に見える、ということ。

土俵《どひょう》を割《わ》る《慣》 ⇩俵《たわら》を割る

飛《と》ぶ鳥跡《とりあと》を濁《にご》さず ⇩立《た》つ鳥跡を濁さず

飛《と》ぶ鳥《とり》を落《お》とす勢《いきお》い《慣》

その人にとって不可能なことがないと思われるほど、権勢の盛んな様子であること。「飛ぶ鳥も落とす勢い」とも。

例 あの男は、今や巨大コンツェルンの総帥として飛ぶ鳥を落とす勢いだ。

吐哺握髪《とほあくはつ》

《食事中に人が来訪すれば、一度口に入れた食べ物を吐き出してすぐに会い、髪を洗っている時に人が来訪すれば、ぬれた髪を握ったまま、すぐさま出迎えたという周公《しゅうこう》の故事から》優れた人材を求めるのに熱心なこと。

原文 周公、伯禽《はくきん》（周公の子）を戒めて曰《いわ》く、……然《しか》れども我一沐《われいちもく》に三たび髪を捉《にぎ》り、一飯に三たび哺《ほ》を吐き、起《た》ちて以《もっ》て士を待てり。猶《な》お天下の賢人を失わんことを恐る。〈史記《しき》・魯世家《ろせいか》〉

参考 『史記』は「吐哺捉髪《とほそくはつ》」であるが、『韓詩外伝《かんしげでん》』巻三と『十八史略』巻一とには「吐哺握髪」とある。

土崩瓦解《どほうがかい》

《土が崩れ、瓦《かわら》が崩れ落ちるという意》物事が根本から崩れて手のつけようがない状態にあること。

原文 秦《しん》の積衰《せきすい》は、天下土崩瓦解《どほうがかい》す。周旦《しゅうたん》の材《さい》有りと雖《いえど》も、復《ま》た其《そ》の巧を陳《の》ぶる所無し〈秦《しん》がどんどん衰えてゆき、天下がめちゃめちゃに崩れ乱れてしまった。そうなってしまっては、周公旦《しゅうこうたん》のような優れた才能があったとしてもその手腕を発揮することができない〉。〈史記《しき》・秦始皇紀賛《しんしこうきさん》〉

途方《とほう》に暮《く》れる《慣》
《「途方」は、向かうべき方向》どうやって事態を解決してよいか分からず困りきる。例 異国の街中でツアーの仲間とはぐれ、言葉も地理も分からず途方に暮れてしまった。

途方《とほう》も無《な》い《慣》
《「途方」は、向かうべき方向》どう考えても理屈に合わない様子。また、常識では考えられないほど程度がかけ離れている様子。例 途方も無く大きな夢を描く。

止《と》め処《ど》が無《な》い《慣》
一度始まると、とどまるところがなく、あとからあとから続いていく様子。「止め処《ど》なく」の形で副詞としても用いられる。例 彼女がしゃべり出すと止め処が無い。

朋《とも》有《あ》り遠方《えんぽう》自《よ》り来《きた》る
志を同じくする友達が遠方からやって来る。人生の楽しみの一つ。〈論語《ろんご》・学而《がくじ》〉

倶《とも》に天《てん》を戴《いただ》かず
⇩不倶戴天《ふぐたいてん》

土用布子《どようぬのこ》に寒帷子《かんかたびら》
《夏の土用の綿入れと寒中の単衣《ひとえ》の意》時節に役に立たないもの、物事が転倒していることのたとえ。

虎狼《とらおおかみ》より人《ひと》の口《くち》畏《おそ》ろし
凶暴な虎《とら》や狼《おおかみ》よりも、うわさや悪口を言う人間の口のほうがおそろしい意で、世間の人々のうわさや悪口から身を守ることの難しさをいう言葉。
類句 ◆衆口金《しゅうこうきん》を鑠《とか》す ◆千人の指さす所病なくして死す

虎《とら》に翼《つばさ》
《強い虎《とら》に翼をつける意》もともと勢いが盛んなものに更に勢いをつけて強くすることのたとえ。
原文 虎《とら》の為《ため》に翼を傅《つ》くること毋《なか》れ、将《まさ》に飛びて邑《まち》に入り、人を択《と》りて之《これ》を食らわんとす。〈韓非子《かんぴし》・難勢《なんせい》〉
類句 ◆鬼《おに》に金棒《かなぼう》

取《と》らぬ狸《たぬき》の皮算用《かわざんよう》
《まだ狸《たぬき》を捕まえないうちから皮を売って儲《もう》ける計算を

する意》不確実な事柄の実現に期待して、計画を立てること。単に「皮算用」ともいう。「儲《もう》けぬ前の胸《むな》算用」とも。
参考 Don't count your chickens before they are hatched.〔孵《かえ》らないうちにひよこを数えるな〕

虎《とら》の威《い》を仮《か》る狐《きつね》

《虎《とら》に捕まった狐《きつね》が「天の神が私を百獣の長にしたのである。だから私を食べると天の神の命令に背くことになりますよ。うそだと思ったら、私のあとについて来て見てごらんなさい。百獣は私を見てみな逃げますよ」と言った。虎が狐のあとについて行くと、けものたちはみな逃げて行った。虎は、けものたちが自分を恐れて逃げたのには気づかず、狐を恐れたものと思った、という故事から》有力者の権勢をかさに着て威張る者のたとえ。
原文 ……子、我を以《もっ》て信ならずと為《な》さば、吾《わ》れ子の先行を為さん。子、我が後に随《したが》いて観《み》よ。百獣の我を見て敢《あえ》て走らざらんや、と。虎以て然《しか》りと為す。故に遂《つい》に之《これ》と行く。獣之を見て皆走る。虎、獣の己を畏《おそ》れて走るを知らざるなり。以て狐を畏ると為す。〈戦国策《せんごくさく》・楚策《そさく》〉

虎《とら》の尾《お》を踏《ふ》む

《猛獣の虎《とら》の尾を踏めば、怒った虎に殺されることから》きわめて危険なことをすることのたとえ。
原文 心の憂危《ゆうき》、虎《とら》の尾《お》を踏み、春の氷を渉《わた》るが若《ごと》し〔私の心が憂えあやぶむことは、虎の尾を踏んだり、春の氷の上を渡ったりするようなものである〕。〈書経《しょきょう》・君牙《くんが》〉
類句 ◆薄氷《はくひょう》を履《ふ》むが如《ごと》し

虎《とら》の子《こ》

《虎《とら》は我が子を非常に可愛《かわい》がるということから》いつも手元から離さないほど大切にしているもの。**例** 老後の生活費にと貯めておいた、虎の子の退職金をだまし取られて、泣くに泣けない。

虎《とら》は死《し》して皮《かわ》を留《とど》め人《ひと》は死《し》して名《な》を残《のこ》す

⇩豹《ひょう》は死して皮を留《とど》め人は死して名を留む

虎《とら》は千里《せんり》を行《い》って千里《せんり》を帰《かえ》る

虎《とら》のような猛獣でも、子のためには一日に千里行って、また千里の道のりを子のところに戻って来る意で、親が子を思う気持ちがいかに強いかをいう言葉。

類句 ◆焼け野の雉子《きぎす》夜の鶴《つる》

虎《とら》を描《えが》いて狗《いぬ》に類《るい》す

《勇猛な虎《とら》を描いたつもりなのにつまらない狗《いぬ》のようになってしまう意》素質のない者が優れた人の真似をすると、かえって軽薄な感じになる、ということ。真に物事を学び得ないことのたとえ。

原文 所謂《いわゆる》虎《とら》を画《えが》きて成らず、反《かえ》って狗《いぬ》に類する者なり。〈後漢書《ごかんじょ》・馬援伝《ばえんでん》〉

虎《とら》を野《の》に放《はな》つ

《恐ろしい虎《とら》を広い野に放して自由にさせる意》猛威を振るうもの、または危険だと判断されるものを自由にさせて、ますます勢いを振るわせること。取り除くべき危険を放置したままで、あとに災いを残すことをいう。

取《と》り付《つ》く島《しま》が無《な》い《慣》

相手がひどく冷淡で、何か頼んだり相談したりしたいと思っても、そのきっかけがつかめない様子。例 親元に金の無心に行ったが、お前も一人前になったのだからと、取り付く島が無かった。

取《と》り留《と》めが無《な》い《慣》

一貫性がなく、つかみどころが無い様子。例 彼の話は、あちこちに飛んで取り留めが無く、何を言いたいのかさっぱりわからない。

鳥《とり》無《な》き里《さと》の蝙蝠《こうもり》

鳥がいない村里の蝙蝠《こうもり》は、鳥でもないのに大きな顔をして飛び回る意で、優れた人のいない所で、つまらない者が幅をきかせて威張ることをいう。

参考 In the country of the blind, the one-eyed man is king.〔盲人の国では片目の人は王様である〕

類句 ◆鼬《いたち》の無《な》き間《ま》の貂誇《てんぼこ》り

鳥《とり》の将《まさ》に死《し》なんとする その鳴《な》くや哀《かな》し

鳥が、死に瀕《ひん》して鳴く声は悲しげである。

原文 曽子《そうし》言いて曰《いわ》く、鳥の将《まさ》に死せんとする、其《そ》の鳴くや哀《かな》し。人の将に死せんとする、其の言や善し。〈論語《ろんご》・泰伯《たいはく》〉

鳥肌《とりはだ》が立《た》つ《慣》

寒気に触れたり恐怖を感じたりしたときなどに、皮膚が収縮して毛穴がぶつぶつ盛り上がる。また、見聞きするだけで、神経を逆なでされるような不快感を覚える様子にいう。例現地で、鳥肌が立つような恐ろしい話を聞いた。

取《と》りも直《なお》さず《慣》

上に述べたことはそのまま次のようなことに通じるという意で、先に取り上げた事柄を説明する場合に副詞的に用いる。例勝敗を分けたものは、取りも直さず両者の気迫の違いであった。

取《と》るに足《た》らない《慣》

問題にするだけの値打ちがない様子。「取るに足りない」とも。例あの方は私のような取るに足らない者にまで心をかけて下さった。

取《と》る物《もの》も取《と》り敢《あ》えず《慣》

《取るべき物も取ることができないという意》急を要することで、非常にあせって行動する様子をいう。例事故の知らせに、取る物も取り敢えず現場に駆けつけた。

泥棒《どろぼう》に追《お》い銭《せん》

泥棒に金を取られたうえ、更に帰りの足代として金をやる意で、自分に害をなす相手に利益を与えたり、損の上に損を重ねたりするような、愚かな行為をいう。

類句◆盗人《ぬすびと》に追い銭

泥棒《どろぼう》を捕《と》らえて縄《なわ》を綯《な》う

事が起こったり危険が身に迫ったりしてから、慌てて準備に取り掛かったり対策を考えたりする意で、事前の準備を怠っていては、いざというときに間に合わないということ。略して、「泥縄」ともいう。「泥棒を見て縄を綯《な》う」とも。例明日が試験だというのに今から勉強を始めるとは、まったく泥棒を捕らえて縄を綯うようなものだ。

類句◆戦《いくさ》を見《み》て矢を矧《は》ぐ◆渇《かつ》に臨みて井《い》を穿《うが》つ◆盗《ぬす》人《びと》を捕らえて縄を綯《な》う◆盗人《ぬすびと》を見て縄を綯う

泥《どろ》を打《う》てば面《つら》へはねる

人を困らせようとすると、その報いが必ず自分に返ってくるものである、ということ。

泥《どろ》をかぶる《慣》

他人が負うべき責任までを、その人が一身に負う。例 万一失敗に終わったときには、責任者である私が泥をかぶるから、君たちは思い切ってやってくれ。

泥《どろ》を吐《は》く《慣》

厳しく追及され、隠していた悪事を白状する。例 彼は警察で厳しい取り調べを受け、ついに泥を吐いた。

どろんを決《き》める《慣》

〔「どろん」は、芝居で幽霊が出たり消えたりする際に出す効果音〕人知れずその場から姿をくらます。例 もうあの連中と旅行を続けるのがいやになったので、一人どろんを決めてここへ来たというわけだ。

度《ど》を失《うしな》う《慣》

ひどく慌てて、どうしていいか分からなくなる。例 野党議員の意表を衝《つ》いた質問に、大臣は一瞬度を失って返答に窮した。

度《ど》を過《す》ごす《慣》

適当な程度を越える意で、限度をわきまえずに行ない、好ましくない結果を招くこと。例 酒もそう度を過ごしては身体に毒だ。

団栗《どんぐり》の背競《せいくら》べ

〔団栗《どんぐり》は大きさを比べ合っても大差がないことから〕どれもみな同じ程度の能力で、優れて抜きん出たものがいないこと。例 オーディションに集まってきた人はみな団栗の背競べで、主役にふさわしい者は見つからなかった。

豚児《とんじ》

愚かな子供の意で、自分の息子の謙称。

原文 子を生まば当《まさ》に孫仲謀《そんちゅうぼう》（孫権）の如《ごと》くなるべし。劉景升《りゅうけいしょう》（劉表）の児子《じし》の如《ごと》きは豚犬《とんけん》の若きのみ。〈三国《さんごく》志《し》・呉志《ごし》・孫権伝《そんけんでん》注〉

呑舟《どんしゅう》の魚《うお》

〔舟を丸《まる》呑《の》みにするほどの大きな魚、の意〕大人物・大物のたとえ。善人悪人共にいう。例 汚職の追及は詰めを誤って、呑舟《どんしゅう》の魚《うお》をむざむざ逃がしてしまった。原文 呑舟《どんしゅう》の魚《うお》は、枝流に游《およ》がず、鴻鵠《こうこく》は高く飛んで、汚《お》池《ち》に集まらず〔舟を一呑《ひとの》みにするような大きな魚は、小さな支流の川などでは泳がないし、大鳥《おおとり》の類は、空の高い所を飛んで、地上の水たまりなどには集まってこない〕。〈列《れっ》子《し》・楊朱《ようしゅ》〉

飛《と》んで火《ひ》に入《い》る夏《なつ》の虫《むし》

自分から進んで危険や災難に身を投じる意で、向こうから危険を承知でやってくる様子をいう。例 一人で敵陣に乗り込んでくるとは、飛んで火に入る夏の虫だ。

鳶《とんび》が鷹《たか》を生《う》む

⇩鳶《とび》が鷹《たか》を生む

鳶《とんび》に油揚《あぶらげ》を攫《さら》われる

苦心の末、手中に収めかけた大切なものを、不意に横合いから奪われて茫然《ぼうぜん》とすることのたとえ。

丼勘定《どんぶりかんじょう》 《慣》

《「丼《どんぶり》」は、職人が着る腹掛けに付いている袋で、そこに金を入れておき、無造作に使ったことから》帳簿にきちんとつけたりせず、手元にある金を無計画に使うこと。例 金の出し入れは丼勘定で、赤字になっていることに気が付かなかった。

蜻蛉《とんぼ》の鉢巻《はちま》きで目先《めさき》が見《み》えぬ

とんぼの目は頭に付いているので、鉢巻《はちま》きをすると目が隠れてしまうことから、目先のきかないことをいう。

貪欲《どんよく》は必《かなら》ず身《み》を食《く》う

欲が深すぎると、そのためにかえって身を誤ることになる、ということ。

な

無《な》いが意見《いけん》の総《そう》じまい

放蕩者《ほうとうもの》にいくら意見をしても無駄であるが、その者が財産を使い果たしてしまえば、いやでも遊べなくなり意見することもなくなる。

内助《ないじょ》
対外的なことを推し進めていくに際し、内部にあってそれをしっかり支えること。⇩**内助の功**
原文 在昔《むかし》、帝王の天下を治むるは、唯《た》だに外輔《がいほ》のみならず、亦《また》内助有り〔昔、帝王が天下をよく治めたのは、ただ朝廷の表向きの大臣たちの助けがあるばかりでなく、内部における妻の援助があったからである〕。〈三国志《さんごくし》・魏志《ぎし》・郭后伝《かくこうでん》〉

内証《ないしょう》は火《ひ》の車《くるま》
外からはそうは見えないが、内輪《うちわ》の事情はきわめて貧しく苦しい経済状態であること。

内助《ないじょ》の功《こう》
妻が、部外者には知られないところで、夫の活躍を支え、その成功を助けること。例 彼が研究に専念できたのも、奥さんの内助の功によるところが大きい。

無《な》い袖《そで》は振《ふ》れぬ
袖《そで》が無ければ振りたくても振れないように、実際に無いものはどうしようもないの意で、特に金を持ち合わせていなければ、力になりたくてもなれない、ということ。

無《な》い知恵《ちえ》を絞《しぼ》る《慣》
難問に直面して、それを解決するいい考えはないかと必死になって考える。例 皆で無い知恵を絞って、やっと解決策を見つけた。

泣《な》いて暮《く》らすも一生《いっしょう》笑《わら》って暮《く》らすも一生《いっしょう》
同じ一生を送るのなら、辛《つら》いからと嘆いて過ごすよりも、たとえ辛くても笑って明るく過ごしたほうがはるかによい、ということ。

泣《な》いて馬謖《ばしょく》を斬《き》る
〈三国時代、蜀《しょく》の諸葛孔明《しょかつこうめい》は、親友の息子で腹心の部下だった馬謖《ばしょく》が、戦場で命に背いて大敗を喫した際、涙を流しながらも軍法に則《のっと》って馬謖を斬《き》ったという故事から〉全体の秩序を守るためには、信頼する部下や身内であっても、掟《おきて》に背けば厳正に処分する。

原文 馬謖素《ばしょくもと》より亮《りょう》（孔明）の知る所と為《な》る。軍を敗《やぶ》るに及び、流涕《りゅうてい》して之《これ》を斬《き》り、而《しこう》して其《そ》の後《のち》を卹《あわれ》む〈馬謖《ばしょく》は平素から孔明の知遇を受けていたが、孔明の指揮に従わないで敗戦を招いたので、孔明は泣いて馬謖を斬った。そしてその遺族に手厚く情けをかけた〉。〈十八史略《じゅうはっしりゃく》・三国《さんごく》〉

参考『三国志』蜀志《しょくし》、諸葛亮伝《しょかつりょうでん》には「謖《しょく》を戮《りく》して以《もっ》て衆に謝す」と記し、『三国志通俗演義《さんごくしつうぞくえんぎ》』第九六回には「涙を揮《ふる》って馬謖を斬る」とある。

泣《な》いても笑《わら》っても《慣》

今さらどんなにあがいてもどうしようもないところまで追い詰められる様子。例 泣いても笑っても、原稿の締め切りまであと一日だ。

無《な》いものねだり《慣》

無いものを欲しがる意で、望んでも得られない物事を無理に求めようとすること。例 予算に限度があるのだから、無いものねだりをされても困る。

無《な》い物《もの》は金《かね》と化《ば》け物《もの》

金は、お化けと同じように、あるように見えても実際は無いものである。

内憂外患《ないゆうがいかん》

〈国内に起こる心配ごとと、国外から起こる心配ごと〉

内外ともに身辺に心配ごとが多いこと。

原文 文子曰《ぶんしいわ》く、……唯《た》だ聖人は能《よ》く外内患《がいないうれ》い無し。聖人に非《あら》ざるよりは、外寧《そとやす》ければ必ず内憂《ないゆう》有り〈文子が言った、ただ聖人だけは国の内外を問わずに心配はないものである。聖人でない者には、外敵の心配がないと、必ず国内のもめごとがある〉。〈左伝《さでん》・成公《せいこう》十六年〉

直《なお》き木《き》に曲《ま》がれる枝《えだ》

真っ直ぐな木にも曲がった枝があるの意で、正しい人にも欠点や短所は必ずある、ということ。また、清廉潔白な親から心掛けの悪い子が生まれることのたとえ。「直き木に曲がる枝」とも。

なおのこと《慣》

そうする、また、そうなることによって、一層その必然性が増したり程度が強まったりする様子。例 君だけでなく奥さんも来てくれるなら、なおのことうれしいよ。

長居《ながい》する鷺蟇目《さぎひきめ》にあう

一か所に長くいる鷺《さぎ》は目立つために人間から狙《ねら》われ、蟇《ひき》目《め》の矢（矢の一種の鏑矢《かぶらや》）で射られる、の意で、人の家などに長くいるのは慎んだほうがよい、という教え。
類句 ◇珍客《ちんきゃく》も長座《ちょうざ》に過ぎれば厭《いと》われる

長《なが》い目《め》で見《み》る 《慣》

当面の状態だけでこうだと決め付けないで、将来に期待をかけて見守る。例 今回の出資も、長い目で見れば必ず当社のプラスになろう。

長《なが》い物《もの》には巻《ま》かれろ

権力者や時の流れには、たとえ不満があっても逆らわないで従っておいたほうが、世を渡っていく上で無難だ、ということ。例 長い物には巻かれろといった生き方は、私にはできない。

長《なが》い草鞋《わらじ》を履《は》く

⇩草鞋《わらじ》を履く

名《な》が売《う》れる 《慣》

関係者の注目を浴びるようなことをして、その世界で名前がよく知られる。例 彼は若手実業家として、業界ではかなり名が売れている。

長口上《ながこうじょう》は欠伸《あくび》の種《たね》

長たらしい話は、聞き手を飽きさせるもとである。

流《なが》し目《め》を送《おく》る 《慣》

異性の気を引こうとして思わせぶりに横目で見る。例 あの役者は、色気たっぷりに流し目を送って女性客を酔わせている。
類句 ◆秋波《しゅうは》を送る

鳴《な》かず飛《と》ばず

実力を発揮する機会に恵まれず、これといった活躍を見せないでいる様子。例 彼は営業部にいる間は鳴かず飛ばずだったが、開発部に移ってからは目覚ましく活躍した。
類句 ◆三年飛ばず鳴かず

名《な》が高《たか》い 《慣》

その方面での価値や能力が高く評価され、世間にその名が知られている。例 考古学の田中博士は美術品収集家としても名が高い。

名《な》が立《た》つ《慣》
評判になり何かにつけて世間の噂《うわさ》にのぼる。。例 中学生で国際コンクールに入賞し、一躍ピアニストとして名が立った。

名《な》が通《とお》る《慣》
何らかの点でその存在が高く評価され、世間に広く名が知られている。例 本学は就職率の高い大学として名が通っている。

名《な》が泣《な》く《慣》
その名声・評判にふさわしくないことをして評価が下がる。例 この程度の山でへばっているようでは、山男の名が泣くぞ。

仲《なか》に立《た》つ《慣》
双方の関係がうまくいくように仲介役をつとめる。例 田中君が仲に立って今の家を世話してくれた。

仲《なか》に入《はい》る《慣》
中立的な立場の第三者が、対立している双方の間に入って関係の修復を図る。例 国連が仲に入って民族紛争を収めた。

流《なが》れに棹《さお》さす《慣》
《棹《さお》を水底に突いて舟を進める意から》時流にうまく乗り、目的に向かって順調に進む。また誤って、時流や大勢に逆らう意にも用いる。例 先見の明がある彼は、巧みに流れに棹さして、一躍業界の寵児《ちょうじ》となった。

流《なが》れに枕《まくら》し石《いし》に漱《くちす》ぐ
⇩石《いし》に漱《くちす》ぎ流れに枕《まくら》す

流《なが》れる水《みず》は腐《くさ》らず
《流れている水は腐ることはないが、よどんだ水は腐ることから》常に活動し、活躍している者は、活気があって、駄目になることがない。

流《なが》れを汲《く》む《慣》

その家系や流派・流儀を受け継ぐ。例 源氏の流れを汲《く》む家柄。／裏千家の流れを汲む茶道の一派。

仲《なか》を裂《さ》く《慣》

愛し合っていたり親友であったりする者どうしを無理に別れさせたり仲たがいをするように仕向けたりする。例 ロミオとジュリエットは両家の親に仲を裂かれた。

仲《なか》を取《と》り持《も》つ《慣》

直接、接することのできない人の間に入って、双方の関係がうまくいくように取り計らう。特に、縁談をまとめる意に用いる。例 僕たちが結婚することができたのは、部長が仲を取り持ってくれたからだ。

亡《な》き数《かず》に入《い》る《慣》

死者の仲間になる意で、人が死ぬことの婉曲《えんきょく》な言い方。例 妻や友もとうに亡き数に入《い》ったというのに、一人長生きしているのは淋《さび》しいものだ。

泣《な》き出《だ》しそう《慣》

〔今にも目から涙がこぼれ落ちそうだの意から〕すぐにも雨が降り出しそうな空模様を言う。例 今にも泣き出しそうな空模様だから、花火大会ができるか心配だ。

泣《な》きっ面《つら》に蜂《はち》

〔泣いてむくんでいる顔を蜂《はち》が刺す意〕よくないことがあった上に更に別の不幸・不運が重なる、という意。いろはがるた（江戸）の一。参考 Misfortunes seldom come singly.〔不幸は単独で来ることはまれだ〕

類句 ◆弱《よわ》り目《め》に祟《たた》り目

無《な》きにしも非《あら》ず《慣》

そうなる可能性は少ないが、全く無いとは言い切れない様子。例 依然苦戦が続いているが、今後の流れ次第では当選の可能性も無きにしも非ずだ。

泣《な》きの涙《なみだ》で《慣》

辛《つら》くてたまらないことを、あえてする様子。例 相手のためを思って、泣きの涙で身を退《ひ》いた。

泣《な》きべそをかく《慣》

子供などが今にも泣き出しそうな顔をする意で、どうしようもない事態に追い込まれ、途方に暮れる様子を表わす。「べそをかく」とも。例試験に落ちてから泣きべそをかいても始まらない。

亡《な》き者《もの》にする《慣》

自分にとってじゃまな存在として殺してしまう。例主君織田信長《おだのぶなが》を亡き者にした明智光秀《あけちみつひで》も所詮《しょせん》は三日天下に終わった。

泣《な》きを入《い》れる《慣》

①泣きついて頼み込む。また、こちらの事情を察してほしいと嘆願する。例形勢不利と見て相手は泣きを入れてきたが、その手には乗らない。②相場の暴騰または暴落の際に、売り手または買い手が相手に対し、適当な値段で折り合ってくれるように頼む。

泣《な》きを見《み》せる《慣》

自分のせいで、身内の者などに辛《つら》く悲しい思いをさせる。例あまり賭《か》け事《ごと》にばかり凝っていると、最後には家族に泣きを見せることになるぞ。

泣《な》きを見《み》る《慣》

苦しい立場に立たされたり、辛《つら》く悲しい思いをしたりする結果になる。例今、勉強をサボっていると、後で泣きを見るよ。

泣《な》く子《こ》と地頭《じとう》には勝《か》てぬ

泣いてだだをこねる子供と、横暴な地頭（平安時代の荘《しょう》園《えん》の管理者）には、どんなに正しいことを言っても聞き入れてはもらえない。道理の分からない者には何を言っても通じない意。「泣く子と地頭には勝たれぬ」とも。

泣《な》く子《こ》は育《そだ》つ

丈夫な赤ん坊は大きな声でよく泣くものだから、元気に泣く赤ん坊は丈夫に育つ、ということ。

泣《な》く子《こ》も黙《だま》る《慣》

泣いている子供も、恐ろしさのあまりぴたりと泣きやむ意で、その人が関係者からひどく恐れられている存在であることを表わす。例彼は、本校の野球部では「泣く子も黙る鬼監督」と怖がられている。

泣《な》く子《こ》も目《め》を開《あ》く

泣きわめいている子供も、時々目を開いては、周りの状況を窺《うかが》っている意で、分別もなく行動する者も、いくらかは周りの状況を窺っているものである、ということ。「泣く子も目を見る」とも。

無《な》くて七癖《ななくせ》

人は誰《だれ》でも癖を持っているもので、癖の無いように思われる人でも七つくらいは癖がある。「無くて七癖あって四十八癖《しじゅうはちくせ》」とも。

泣《な》くに泣《な》けない《慣》

泣こうとしても涙も出ないほど痛手が大きく、無念でたまらない様子。例 五年もかけて完成した作品が一瞬のうちに灰になり、泣くに泣けない思いだ。

鳴《な》く猫《ねこ》は鼠《ねずみ》を取《と》らぬ

よく鳴く猫は鼠《ねずみ》が逃げてしまい鼠を捕まえられない。よくしゃべる者は、言うだけで実行はしない意。

鳴《な》くまで待《ま》とう時鳥《ほととぎす》

《「鳴かぬなら」という上《かみ》の句に添えた、徳川家康《とくがわいえやす》の作と伝えられる句から》忍耐と度量の大きさで、最後の勝ちを得ることを暗示する言葉。これに対して織田信長《おだのぶなが》は、「殺してしまえ時鳥」、豊臣秀吉《とよとみひでよし》は「鳴かしてみよう時鳥」と言ったと伝えられ、戦国時代の三人の武将の性格を端的に示す言葉として引かれる。

鳴《な》く虫《むし》は捕《と》らる

美しい声で鳴く虫は観賞用につかまえられてしまう意で、特技があるために、かえって身を誤ることのたとえ。

無《な》けなしの無駄遣《むだづか》い

わずかしかない小遣いを無駄に使ってしまう。また、十分に金銭を持たぬ者ほど浪費しがちである、ということ。

仲人口《なこうどぐち》は半分《はんぶん》に聞《き》け

仲人は縁談をうまくまとめ上げたい一心から、実際よりも何かとよいように話をしがちで、事実とは異なることが多いから、話半分に聞くのがよい、ということ。

類句 ◇仲人《なこうど》の嘘《うそ》七駄《しちだ》片荷《かたに》

仲人《なこうど》は宵《よい》の中《うち》

《昔の結婚式は夜になって行われたから、仲人は、式が終わったら、若夫婦のじゃまにならないよう夜が更けないうちに帰ったほうがよい、の意》何事でも、引き揚げ時を心得ることが大事であることをいう。

情《なさ》けが仇《あだ》

相手のために善意でしたことが、かえって悪い結果を招いてしまうこと。「恩が仇《あだ》」とも。

情《なさ》けに刃《はむ》向かう刃《やいば》なし

情けに対してはどんな剣でも刃向かうことはできない意で、情けを掛けられて反抗できる人はいない、ということ。

類句 ◇仁者《じんしゃ》に敵無し

情《なさ》けは質《しち》におかれず

同情だけでは質種《しちぐさ》にもならない。どんなに同情したり同情してもらったりしても、それは所詮《しょせん》、気持ちの上だけのことで、現実の生活の助けにはならない、ということ。

情《なさ》けは人《ひと》の為《ため》ならず

人に情けを掛けるのは、相手のためだけではない。自分もいつ他人から情けを掛けられる立場になるかしれないのだから、人に施した善行・親切がいつか巡り巡って自分にも返って来ると思って、人には親切にせよ、という教え。

注意 近ごろは、「人に情けを掛けることは、自分または相手のためにならない」と誤った解釈をする向きがある。

類句 ◆人を思うは身を思う

情《なさ》け容赦《ようしゃ》もなく《慣》

相手に対して少しの同情や手加減もしないで何かを強行する様子。例 あの部長は、情け容赦もなく部員を叱《しか》りつけるので、下の者から嫌われている。

情《なさ》けを掛《か》ける《慣》

相手に哀れみや、いたわりの気持ちを持って親切にする。例 あんな身勝手な男に、情けを掛けてやる必要はない。

情《なさ》けを知《し》る《慣》

こまやかな人情の機微を理解している。特に、男女間の情に通じている。例部長は酸《す》いも甘いもかみ分けた、情けを知る男だから、きっと相談に乗ってくれるよ。

生《な》さぬ仲《なか》《慣》

(「生さぬ」は、生まないの意) 血のつながりのない親子の間柄。特に、うまくいかないことが多い、まま母とまま子との間柄について用いる。例あの子とは生さぬ仲だけれど、精一杯愛情を注いで育ててきたつもりだ。

梨《なし》の礫《つぶて》

(投げた礫《つぶて》は返ってこないので、「梨《なし》」を「無《な》し」に掛けて語呂を合わせたもの) 便りを出しても何の返事もないこと。例先方にいくら手紙を出しても梨の礫だ。

済《な》す時《とき》の閻魔顔《えんまがお》

いろはがるた(京都)の一。⇩**借《か》りる時の地蔵顔済《な》す時の閻魔顔《えんまがお》**

為《な》せば成《な》る

実現が不可能に思えることでも、強い意志をもってやれば必ず成就できるものだ、ということ。米沢《よねざわ》藩主上杉鷹山《うえすぎようざん》が家臣に示した歌に「為《な》せば成る為さねば成らぬ何事も成らぬは人の為さぬなりけり」とある。

謎《なぞ》を掛《か》ける《慣》

遠回しに言って相手に考えさせ、真意などを分からせようとする。例本代に金がかかると、親父《おやじ》に謎《なぞ》を掛けたが、節約しろと言われただけだった。

雪崩《なだれ》を打《う》つ《慣》

雪崩《なだれ》のように、大勢の人が大変な勢いでどっとばかりに押し寄せる様子。例待ちかねた客は、開店と同時に雪崩を打ってバーゲン会場に殺到した。

鉈《なた》を振《ふ》るう《慣》 ⇩**大鉈《おおなた》を振るう**

なっていない《慣》

期待される程度よりもはるかに劣っていて、腹立たしくさえ感じられる様子。例最近の学生の文章力ときたら、まるでなっていない。

七重《ななえ》の膝《ひざ》を八重《やえ》に折《お》る

下手《したて》に出て、それ以上無いほど丁寧に頼んだり謝ったりする。⇩**膝《ひざ》を折る** 例 もと部下だった者に、七重の膝《ひざ》を八重に折って融資を頼んだが、駄目だった。

七転《ななころ》び八起《やお》き

七たび転んで八たび起きる意で、人生は長いから、何度失敗しても屈せず、そのつど奮起してさらに努力せよ、そうすれば最後には成功する、ということ。

七度《ななたび》尋《たず》ねて人《ひと》を疑《うたが》え

物が無くなったときは何度も自分で捜してから人に尋ねるべきであって、軽々しく人を疑ってはならない。

七《なな》つ道具《どうぐ》《慣》

⦅武蔵坊弁慶《むさしぼうべんけい》が常に背負っていたという七種類の武器から⦆常時身近にそろえておいたり持ち歩いたりする、何かをするために必要な一そろいの道具。例 冬山に備えて、ピッケル・アイゼンなど登山の七つ道具を点検する。

七《なな》つ八《やっ》つは憎《にく》まれ盛《ざか》り

七、八歳のころの男の子は悪戯《いたずら》盛りであるから、おのずと近所の人に迷惑をかけ、憎まれることが多い、という意。

類句 ◇七《なな》つ七里《ななさと》に憎まれる

七光《ななひか》り《慣》

⇩**親の七光り**

何《なに》かと言《い》うと《慣》

何かにつけて同じことを話題にする様子。「何かと言えば」とも。例 祖父は何かと言うと戦時中の苦労話をする。

何《なに》が何《なん》でも《慣》

どんな困難な事情があっても、自分の意志や欲求を実現しようとする様子。例 三年も浪人したから、今年は何が何でも大学に入らなければならない。

何《なに》かにつけて《慣》

折あるごとにそのことが行なわれたり、その状態が認められたりする様子。例 僕は子供の時から理屈っぽくて、何かにつけて母を困らせたそうだ。

何《なに》から何《なに》まで《慣》

ある状態が、例外なく関係するすべてにわたる様子。⇩

一から十まで　例 生まれて初めて外国へ行った時は、何から何まで珍しかった。

なにくれと無《な》く《慣》

あれこれと細かい点まで気を配って世話をする様子。例 母の死後、伯母《おば》がなにくれと無く私達の世話をしてくれた。

何食《なにく》わぬ顔《かお》《慣》

自分は全く関知しないことだという顔をして平然としている様子。例 会社の金を使い込みながら、何食わぬ顔で会計課で働いていた。

名《な》にし負《お》う《慣》

〔「名に負う」の強調表現〕そのような評判で、世間に名が知られている様子。例 名にし負う黒部川の急流も、黒《くろ》四《よん》ダムができてからは、だいぶ緩やかになった。

何《なに》するものぞ《慣》

強敵だなどと言って相手を恐れることなく、果敢に立ち向かおうとする心意気を表わす言葉。例 日ごろから体を鍛えているから、インフルエンザなど何するものぞだ。

名《な》に背《そむ》く《慣》

そうすることが、それまでの名声・評判を裏切る結果になる。例 年金支給年齢の引き上げは、福祉国家の名に背く政策だ。

何《なに》はさておき《慣》

他のことはすべて後回しにして、そのことをまず第一に取り上げることを表わす。例 パリに着いたら、何はさておきルーブル美術館を見学しよう。

名《な》に恥《は》じない《慣》

その人の社会的な地位や名声にふさわしい実質を備えている様子。例 一流企業の名に恥じない製品を作り続ける。

何《なに》はともあれ《慣》

他のことはひとまずおいて、当面そのことを一番の重要事として問題にすることを表わす。例 土砂崩れの被害は甚大だが、何はともあれ家族が無事でほっとした。

何《なに》は無《な》くとも《慣》

他には特にこれといったものがなくても、それだけあれば十分満足できる様子。例何は無くとも健康でありさえすればよい。

何分《なにぶん》にも《慣》

《「何分」を強調した言い方》①いろいろな観点があるにせよ、その点だけは変わることがないという気持ちを表わす。例何分にも子供のしたことだから、大目に見てやってほしい。②相手に、事情を察した上での配慮を期待する気持ちを表わす。例我々を助けると思って、今度のことは何分にもよろしくお願いします。

何《なに》もせずにいる事《こと》は悪《あく》を為《な》している事《こと》なり

人はこの世に生まれてきた以上、何もしないでいることは人の道に反することであり、自ら進んで良い事をすべきである、ということ。

難波《なにわ》の葦《あし》は伊勢《いせ》の浜荻《はまおぎ》

難波《なにわ》（今の大阪）で葦《あし》と呼ばれる植物は、伊勢《いせ》（今の三重県）では浜荻《はまおぎ》と呼ぶ。同じものでもその土地その土地で呼び名が変わることを言ったもの。参考『菟玖波集《つくばしゅう》』に「草の名も所によりて変《か》わるなり難波《なにわ》の蘆《あし》は伊勢《いせ》の浜荻《はまおぎ》」とある。類句◆所変われば品《しな》変わる

浪花節的《なにわぶしてき》《慣》

《浪花節《なにわぶし》は多く義理人情を主題とすることから》考え方が古風で、筋が通るか通らないかなどより、義理や人情を重んじた考えを優先させる様子。例社長の浪花節的な発想が人事の合理化を阻むもとになっている。

何《なに》をか言《い》わんや《慣》

《今さら何を言おうか、何も言うことがない、の意》事態があまりにもひどいので、あきれて言うべき言葉もない様子。例一日や二日ならまだしも十日も無断欠勤をしているんですから、もう何をか言わんやですよ。

何《なに》を隠《かく》そう《慣》

《今さら何を隠すだろうか、何も隠しはしない、の意》そのことを隠し立てするつもりは全くないの意で、秘密な

どを明かすときの前置きに使う。例何を隠そう、あの事件の首謀者は実はこの私だったのだ。

名《な》のない星《ほし》は宵《よい》から出《で》る

つまらない者ほど好んで人の先に立ちたがり、目立とうとするものだ。

名《な》の下《もと》虚《むな》しからず

人の名声や評判には、必ずそれを裏付けるような実質があるものである、ということ。

類句 ◇名下《めいか》に虚士《きょし》無《な》し

名《な》乗《の》りを上《あ》げる《慣》

《武士が戦場で敵と戦う前の作法として、自分の家系や名を大声で告げる意から》①当人や当人にかかわることについて、世間に公表する。例国産原子炉第一号の名乗りを上げる。②立候補する。また、何かの競争に加わる意思を表明する。例次期オリンピックの開催地として名乗りを上げる。

名《な》は体《たい》を表《あら》わす

人や物に付けられた名は、そのものの実体をよく表わすものだということ。例名は体を表わすと言うから、生まれる子が男の子だったら名前は強そうなほうがいい。

ナポリを見《み》てから死《し》ね

風光明媚《めいび》なナポリを見ないうちは死ぬべきでない。イタリアのナポリの風景の美しさを称《たた》えていう言葉。

原文 See Naples and then die. の訳語。

類句 ◆日光を見ずして結構と言うな

生木《なまき》を裂《さ》く《慣》

地に生えたままの木を裂く意で、愛し合っている男女をむりやりに別れさせることをいう。例今になって、二人に別れろなんて言うのは、生木を裂くようなものだ。

怠《なま》け者《もの》の足《あし》から鳥《とり》が起《た》つ

平素怠けている者は、何か事が起こった時などには、それに対処する覚悟がないために、うろたえて騒ぎ立てる。

怠《なま》け者《もの》の節供《せっく》働《ばたら》き

平素怠けている者に限って、ほかの人が仕事を休んで祝う節供に、働こうとしたり、働かざるを得なかったりすることをいう。「節供働き」とも。「節供」は「節句」とも書く。例 日曜日なのに精が出ますねと言われるけれど、怠け者の節供働きでお恥ずかしい次第です。
類句 ◆野良《のら》の節供働き

生唾《なまつば》を飲《の》み込《こ》む《慣》

《うまそうなものを見たときに、自然に口の中にたまってくる唾《つば》を飲み込む意から》手に入れたいと思うものを目の前にして、欲しくてたまらない気持ちになる。例 街で憧《あこが》れのスポーツカーを見かけて、思わず生唾を飲み込んだ。

生《なま》の声《こえ》《慣》

《肉声の意》表立った発言の場もない人の率直な意見。例 政治家は国民の生の声に、もっと耳を傾けるべきだ。

生兵法《なまびょうほう》は大怪我《おおけが》のもと

《少しばかりの兵学・武術の心得は、身を守るどころか、それに頼ってかえって大怪我《けが》の原因となる意》なまじその道を知っていることが妙な自信となって、大失敗を招くことになる、ということ。「生兵法は大傷のもと」とも。

参考 A little learning is a dangerous thing.〔わずかばかりの学問は危険なものである〕

生身《なまみ》を削《けず》られる《慣》

《生きた肉体を削られる意から》何かの事情で、身を切られるほどつらい思いをする。例 息子たちを戦場に送り出すたびに、生身を削られる思いがした。

生酔《なまよ》い本性《ほんしょう》違《たが》わず

少しぐらい酒に酔ったからといって、正気を全く失ったり、その人の生まれつきの性質が変わったりするものではない。⇩酒飲み本性違《たが》わず

訛《なま》りは国《くに》の手形《てがた》

《「手形」は、昔の身元証明書》話す言葉の訛《なま》りで出身地がすぐにわかるということ。

波風《なみかぜ》が絶《た》えない《慣》

家庭内や仲間うちなどに絶えず争いごとやもめごとがある様子。例 嫁と姑《しゅうとめ》の折り合いが悪く、家の中に波風が絶えない。

波風《なみかぜ》が立《た》つ《慣》

（強い風が吹いて、静かだった水面に波が立つ意から）それまで平穏だったところにもめごとが生じる。例 夫の両親と同居するかどうかで、夫婦の間に波風が立った。他 波風を立てる

涙《なみだ》にくれる《慣》

悲しみにうちひしがれてただ泣いてばかりいる。例 恋人が不慮の事故で死んでからは、涙にくれる毎日だった。

涙《なみだ》に沈《しず》む《慣》

嘆き悲しむあまり、何をする気力もなくしてただ泣いてばかりいる。例 たび重なる不幸にうちひしがれ涙に沈む彼女を、なんとか元気づけたいと思った。

涙《なみだ》に咽《むせ》ぶ《慣》

こみ上げる涙を抑えきれず、声がとだえがちになる。例 二十年ぶりに再会した兄弟は、抱き合って涙に咽《むせ》んだ。

涙《なみだ》を誘《さそ》う《慣》

かわいそうで、見聞きする人がつい涙を流してしまう様子。例 戦火のなかで生き別れになってしまった兄弟の話は、人々の涙を誘った。

涙《なみだ》を呑《の》む《慣》

残念な、また、無念な気持ちをじっと我慢する。例 試合直前に病に倒れ、涙を呑《の》んで出場をあきらめた。

涙《なみだ》を振《ふ》るう《慣》

流れ出る涙を振り払う意で、私情としてはかばってやりたくても、あえてそうせずに、相手に対し厳しい態度をとることをいう。例 二年以上授業料の滞納が続いた学生を、涙を振るって除籍処分にする。

並並《なみなみ》ならぬ《慣》

一般に予測し得る程度をはるかに越えている様子。例 女手一つで三人の子供を育てた母の苦労には並々ならぬものがあった。

波《なみ》に乗《の》る《慣》

その時の勢いに調子づいて、ますます勢いを得る。例

好調の波に乗って一気に決勝まで勝ち進む。

蛞蝓《なめくじ》に塩《しお》

すっかりしょげてしまうことをいう。また、苦手の前で萎縮《いしゅく》してしまうこと。

嘗《な》めてかかる 《慣》

《「嘗《な》める」は、無礼の意の形容詞「なめし」が動詞化したもの》たいしたものではないと相手を見くびる。例 新人だからと相手を嘗めてかかるとひどい目に遭うぞ。

習《なら》い性《せい》となる

習慣がいつのまにか第二の天性となる意で、悪い習慣を繰り返していると、それが生まれつきの性格のようになってしまうものだということ。

原文 伊尹曰《いいんいわ》く、茲《こ》れ乃《なんじ》の不義、習い性と成る〔殷《いん》の賢臣の伊尹《いいん》が皇太子の太甲《たいこう》に言った、そなたの不義に習うことが、生まれつきの性格となってしまった〕。〈書経《しょきょう》・太甲《たいこう》上〉

類句 ◆習慣は第二の天性なり

習《なら》うは一生《いっしょう》

人はいくつになっても学ぶべきことがあり、人間にとっては一生が勉強である。

習《なら》うより慣《な》れよ

物事を習得するには、知識を教えてもらうより実地に練習を重ねるほうが効果的だということ。

参考 Practice makes perfect.〔練習は完全にする〕

奈落《ならく》の底《そこ》

「奈落《ならく》」は地獄の意。二度と立ち直れないような打撃を受けたり、悲惨な境遇に陥ったりして、絶望的な気持ちになっている状態。例 莫大《ばくだい》な負債を抱えて、奈落の底に落ちる。

ならず者《もの》の振《ふ》り飄石《ずんばい》

《「振り飄石《ずんばい》」は、糸を棒の先端に付け、その糸に小石を引っかけて振り飛ばして遊ぶ玩具《がんぐ》》暮らしに困っている者が、振り飄石を振り回しているかのように、威勢よく見せかけたり、虚勢を張ったりしている様子。また、無能な者が、身の程をわきまえずに自分の力量に過ぎたことをするたとえ。「腕無しの振り飄石」とも。

ならぬうちが頼《たの》み
物事は、それが成就しないうちは、いい結果を思い描くものであるが、一旦《いったん》成就してしまうと、実際はそれほどではない、ということ。「ならぬうちが楽しみ」とも。

ならぬ堪忍《かんにん》するが堪忍《かんにん》
もうこれ以上は我慢できない、というところを我慢するのが真の我慢強さである。

並《なら》ぶ者《もの》がない《慣》
匹敵する者がないほど抜きんでて優れている様子。例あの男は釣り仲間の中でも並ぶ者がない鯛《たい》釣りの達人だ。
類句 ◆右に出る者がない

習《なら》わぬ経《きょう》は読《よ》めぬ
素養のないことは、急にやれと言われてもそうそうできるものではない。
参考「門前の小僧習わぬ経を読む」は、この反対。

鳴《な》り物入《ものい》り《慣》
《歌舞伎《かぶき》などで、伴奏音楽として、鼓・太鼓など鳴り物を鳴らして拍子をとることから》宣伝が大げさになされる様子。例まれに見る逸材と、鳴り物入りで入団した選手。

鳴《な》りを静《しず》める《慣》
物音を立てずに静かにしている。例新チャンピオンの誕生を期待し、観客は鳴りを静めて判定を待った。

鳴《な》りをひそめる《慣》
物音をたてず静かにする。また、外に対して積極的な活動をせずに、じっとしている。例一時鳴りをひそめていた過激派が、またゲリラ活動を始めた。

狎《な》れ狎《な》れしさは軽蔑《けいべつ》を生《う》む
親しいからといって過度になれなれしいのは、いつか軽《けい》蔑《べつ》の対象となるものである。
原文 Familiarity breeds contempt. の訳語。
類句 ◆心安きは不和の基 ◆親しき中にも礼儀あり

なれの果《は》て《慣》
以前は勢いの盛んだった者が落ちぶれて、最後に行き着いたみじめな状態。例 麻薬売買の現行犯で逮捕された男は、かつてのアイドル歌手のなれの果てだそうだ。

縄《なわ》に掛《か》かる《慣》

《「縄」は捕《と》り縄の意》犯人が捕らえられる。「縄目《なわめ》に掛かる」「お縄に掛かる」とも。例 国外逃亡の寸前、犯人が縄に掛かった。

類句 ◆お縄になる

縄目《なわめ》の恥《はじ》を受《う》ける

罪人として縄で縛られる意で、世間から犯罪者として軽《けい》蔑《べっ》され、屈辱を受ける。例 生きて縄目の恥を受けるよりはと、彼は自ら死を選んだ。

名《な》を揚《あ》げる《慣》

優れた業績をあげて世間の評判になり、有名になる。例 この新製品の開発によって、当社は大いに名を揚げた。

名《な》を著《あら》わす《慣》

立派な業績をあげて、世間にその存在が知られるようになる。例 難病の病原体を発見したことで、その若い細菌学者は一躍名を著わした。

名《な》を売《う》る《慣》

自分の名が世間に知れ渡るように努める。例 次の選挙に出るために、ここで会長を引き受けて名を売っておこう。

名《な》を得《え》る《慣》

優れた業績などによって、その世界で名声を得る。例 彼はこの画期的な論文によって学界に名を得た。

名《な》を惜《お》しむ《慣》

自分の名誉を大切にしてそれを傷つけるような言動を慎む。また、他人の名誉が傷つくのを残念に思う。例 彼の名を惜しむだけに、あの不祥事に関与していたことが残念でならない。

名《な》を借《か》りる《慣》

何かをする場合の表向きの理由にする。例 視察調査に名を借りて、世界各地を旅行する。

名《な》を汚《けが》す《慣》

名誉を傷つける。例何をしようと君たちの自由だが、学校の名を汚すようなことだけはしてくれるな。

名《な》を捨《す》てて実《じつ》を取《と》る

自分の名誉や世間の評価にこだわらず、実質的な利益につながる道を選ぶ。単に「実を取る」ともいう。例あの人が大学教授を辞めて民間会社の招きに応じたのは、名を捨てて実を取ったということか。

名《な》を立《た》てる《慣》

何かで評判をとり、その名が世間の人々の話題にされるようになる。例成功して名を立てるのが夢で、故郷を出た。

名《な》を竹帛《ちくはく》に垂《た》る ⇩**竹帛《ちくはく》の功《こう》**

名《な》を連《つら》ねる《慣》

公の場で関係者の一員として名前を並べる。例彼は、会長職を退いた後も他のいくつかの団体の役員に名を連ねていた。

名《な》を遂《と》げる《慣》 ⇩**功成り名を遂げる**

名《な》を留《とど》める《慣》

優れた業績によって得た名声が、後世まで消えないで残る。例漱石《そうせき》は文学史上に名を留《とど》める数々の作品を残した。

名《な》を取《と》る《慣》

何かで有名になる。また、それを端的に言い表わしたような名前を付けられる。例あの男は、若いころは容赦ない取り調べをして鬼検事の名を取るほどだった。

名《な》を取《と》るより得《とく》を取《と》れ

名誉よりは実利を取ったほうがよい。これに対して「得を取ろうより名を取れ」という言葉もある。

名《な》を成《な》す《慣》

優れた業績をあげ、ゆるぎない名声を得る。例この本の著者はトルストイの研究で名を成した人だ。

名《な》を残《のこ》す《慣》

のちのちまでその名が伝えられる。例エジソンは発明王としてその名を残した。

名《な》を辱《はずかし》める《慣》
不名誉なことをしてかつて得た名声を汚す。例 薬物に手を出すとは、オリンピック金メダリストの名を辱めること以外の何ものでもない。

名《な》を馳《は》せる《慣》
優れた業績をあげたり、めざましい活躍をしたりして、広くその名が知れ渡る。例 彼は二十世紀初頭、前衛的な画風で名を馳《は》せた人物だ。

名《な》を広《ひろ》める《慣》
世間から注目されるようなことをして、その名が広く知られるようになる。例 詐欺まがいの商法でマスコミをにぎわし、その会社は一躍名を広めた。

南柯《なんか》の夢《ゆめ》
《唐の淳于棼《じゅんうふん》が酔って槐《えんじゅ》の木の下に寝て夢を見た。二人の使者に迎えられて大槐安国《だいかいあんこく》に行き、王命によって南柯《なんか》郡守となり、善政を行ない、王に重んぜられて高官となり、栄華を極めた。夢からさめて槐の木の下を見ると二つの穴があり、一つの穴には大きな蟻《あり》が王として住み、一つの穴は南の枝（南柯）のほうを向いていたという故事から》夢をいう。また、人生のはかないことのたとえ。「槐安《かいあん》の夢」とも。〈李公佐《りこうさ》・南柯太守伝《なんかたいしゅでん》〉

難癖《なんくせ》をつける《慣》
取るに足らない欠点を問題にして非難する。例 あの課長は部下の意見には何かと難癖をつけたがる。

南山《なんざん》の寿《じゅ》
《「南山」は、長安の南にある終南山。終南山がその姿を長く変えないことから》人の長寿を祝う言葉。原文 月の恒《ゆみはり》の如《ごと》く、日の升《のぼ》るが如く、南山の寿《じゅ》の如く、騫《か》けず崩れず。〈詩経《しきょう》・小雅《しょうが》・天保《てんぽう》〉

汝《なんじ》自身《じしん》を知《し》れ
自分自身についてよく知るべきである意で、自分のことを忘れるな、分際をわきまえよ、思慮深くあれ、ということ。ギリシアの賢人の言葉。

爾《なんじ》に出《い》づるものは爾《なんじ》に反《かえ》る

自分が行なったことの報いは必ず自分に返ってくる意で善悪禍福《かふく》はすべて自身が招いたものである、ということ。
原文 曽子《そうし》曰《いわ》く、之《これ》を戒めよ、之を戒めよ〔曽子《そうし》が言った、戒めなさい、戒めなさい〕。爾《なんじ》に出《い》づるものは爾に反《かえ》る者なり。〈孟子《もうし》・梁恵王《りょうけいおう》下〉
類句 ◆身《み》から出た錆《さび》

汝《なんじ》の敵《てき》を愛《あい》せよ

人間はみな兄弟であるから、たとえあなたの敵であっても愛さなければいけない。新約聖書にある言葉。

難色《なんしょく》を示《しめ》す《慣》

相手の申し出や提案に対し、受け入れがたいという意思を表わす。例 父は当初私の留学には難色を示していた。

南船北馬《なんせんほくば》

〔中国の南部は川や湖沼が多いから船が、北部は陸地続きだから馬が、第一の交通機関であったところから〕各地を忙しく旅してまわること。東奔西走。
原文 胡人《こじん》は馬を便とし、越人《えつじん》は舟を便とす〔北方の胡の国の人は交通に馬を便利だとし、南方の越の国の人は舟を便利だとする〕。〈淮南子《えなんじ》・斉俗訓《せいぞくくん》〉

何《なん》でも来《こ》い《慣》

どんなことでも引き受ける覚悟があること。また、その面に関することなら、どんなことにでも応じられる能力や技術を身に付けているという自信がある様子。「何《なん》でもござれ」とも。例 矢でも鉄砲でも、何でも来いといった破れかぶれの戦法で、勝利を収める。

何《なん》でも来《こ》いに名人《めいじん》なし

さあ何でも来い、と言うような人に名人はいない。器用な人は、何でも一応やってのけるが、一つとして名人といえるほどの腕前は持っていないものである。
類句 ◆多芸は無芸

何《なん》と言《い》っても《慣》

いろいろ考えた末に、それが最善だ、また最高だと判断することを表わすのに用いる言葉。例 都会暮らしもいいが、何と言っても私には田舎《いなか》暮らしが一番だ。

何《なん》とかして《慣》

意図することを実現させるために、考えられるあらゆる方法・手段を尽くそうという気持ちを表わす言葉。例何とかして今年中に住宅ローンを返済してしまいたい。

何《なん》としても《慣》

どのような困難にも耐え、意図することを実現しようという強い決意を表わす言葉。例今年こそは何としてもマイホームを手に入れるつもりだ。

何《なん》の気《き》なしに《慣》

これと言った理由もなく、半ば無意識に何かをする様子。例何の気なしに口にした一言が、彼女をひどく傷つけてしまったようだ。

何《なん》の事《こと》は無《な》い《慣》

重大な事態かと思ったことが、その実体が分かってみれば取り立てて問題にするほどの事でもなかったと安心する様子。例妹が突然腹痛を訴えて、すわ食中毒かと大騒ぎになったが、何の事は無い、単なる食べ過ぎだった。

何《なん》のその《慣》

障害や困難に屈することなく、たくましく行動する心意気を表わす言葉。例祖母は九十歳を過ぎても、雨風も何のその、一年三百六十五日朝の散歩を欠かしたことがない。

南風《なんぷう》競《きそ》わず

（「南風」は、南方の国の詩の調子。その声調に活気が無い意）南方の国の勢力が振るわないこと。

原文 師曠《しこう》曰《いわ》く、……吾《われ》驟々《しばしば》北風を歌い、又《ま》た南風を歌う。南風競《きそ》わずして死声多し。楚《そ》は必ず功《こう》無からん〈楽師の師《し》曠《こう》が言った、私はたびたび北の歌を歌い、また南の歌を歌った。南の歌には活気がなく、悲しい音調が多い。楚《そ》はきっと失敗するであろう〉。〈左伝《さでん》・襄公《じょうこう》十八年〉

参考『日本外史』の楠氏《なんし》の論に「南風競わず、倶《とも》に傷つき共に亡《ほろ》び、終古以《もっ》て其《そ》の労を恤《あわれ》む莫《な》し。悲しいかな」とあり、南朝の衰微をいう。

南面《なんめん》

（王者は南、臣下は北に向かって座る定めであったことから）君主または天子の位に就くこと。

原文 子曰《しいわ》く、雍《よう》や南面せしむ可《べ》きなり〈孔子が言われた、

雍《よう》（弟子の仲弓《ちゅうきゅう》の名）は王様の地位に就いてもよい人物である」。〈論語《ろんご》・雍也《ようや》〉

に

煮《に》え切《き》らない《慣》
決断力に欠け、接する人などがじれったくなるほど態度が曖昧《あいまい》な様子。例 結婚したいのかしたくないのか一向に煮え切らない男に、彼女はついに愛想を尽かした。

煮《に》え湯《ゆ》を飲《の》まされる《慣》
信用していた人に裏切られて、ひどい目に遭わされる。例 詐欺師と知らずに彼を信用したばかりに、とんだ煮え湯を飲まされた。

匂《にお》い松茸味《まつたけあじ》しめじ
きのこの中で、匂《にお》いのよいのは松茸《まつたけ》、味のよいのはしめじである。

二階《にかい》から目薬《めぐすり》
二階から階下にいる人に目薬をさすように、もどかしいばかりで、思うような効果がないことをいう。「天井《てんじょう》から目薬」とも。いろはがるた（京都）の一。
類句 ◆天の火で尻《しり》を炙《あぶ》る

荷《に》が重《おも》い《慣》
責任や負担が大きく、耐え切れるかどうか不安を抱く様子。例 こんな大役は荷が重くて、務まりそうもない。

荷《に》が下《お》りる《慣》 ⇩肩の荷が下りる

荷《に》が勝《か》つ《慣》
能力に比して負担が大き過ぎる。例 病気の母親の世話は、まだ幼い娘には荷が勝つ仕事だった。

逃《に》がした魚《さかな》は大《おお》きい
⇩釣《つ》り落《お》とした魚は大きい

苦虫《にがむし》を嚙《か》み潰《つぶ》したよう《慣》

ひどく不機嫌な、また、不快そうな顔をしている様子。例 部下が収賄罪で逮捕されたニュースを、局長は苦虫を噛《か》み潰《つぶ》したような顔で聞いていた。

憎《にく》い憎《にく》いは可愛《かわ》いの裏《うら》

男女の仲で、相手を「憎い、憎い」と言うのは、言葉と感情とは裏腹で、かえって愛《いと》しいという真情を告白しているのに等しい、ということ。

肉《にく》が落《お》ちる《慣》

痩せて、ふっくらとした感じがなくなる。例 心労が重なって頬《ほお》の肉が落ちてしまった。

憎《にく》さも憎《にく》し《慣》

いくら憎んでも憎みきれないほど憎い。例 我が子を死なせたひき逃げ犯は憎さも憎し、八つ裂きにしてやりたい。

肉食《にくしょく》の者《もの》

《常に贅沢《ぜいたく》をして肉を食べることのできる者、という意》厚禄《こうろく》を食《は》む、地位の高い者。

原文 斉《せい》の師《し》、我を伐《う》つ。公将《まさ》に戦わんとす。曹劌《そうけい》見《まみ》えんことを請う。其《そ》の郷人《きょうじん》曰《いわ》く、肉食の者之《これ》を謀る。又何《またなん》ぞ間《かん》せん、と。曹劌《そうけい》曰く、肉食の者は鄙《いや》し。未《いま》だ遠謀すること能《あた》わず、と〔斉《せい》の軍が魯《ろ》に攻め入った。魯の荘公《そうこう》は一戦しようとした。曹劌《そうけい》が荘公に面会を申し出た。村の人々は、位にある偉い方々が考えていることである、口出しをする必要はあるまい、と言った。曹劌は、偉い方々は思慮や見識がなく、遠い先を考えることができない、と言った〕。〈左伝《さでん》・荘公《そうこう》十年〉

肉付《にくづ》けをする《慣》

全体の構成ができ上がっているものの各部分に手を加えて、内容をより充実させる。「肉を付ける」とも。例 計画の基本構想は一応まとまったので、あとは細部の肉付けをするだけだ。

憎《にく》まれ口《ぐち》を叩《たた》く《慣》

相手に生意気だとか憎らしいとかいう印象を与えるようなことを遠慮なく言う。例 上役の前で憎まれ口を叩《たた》いているから、彼は煙たがられるんだ。

憎《にく》まれっ子《こ》の端米《はしまい》

〔「端米」はわずかな量の飯〕日ごろ人から疎んじられている子供は、食事もわずかな量しか与えられず、のけ者にされる、ということ。「憎まれっ子の端采《はなざい》」とも。

憎《にく》まれっ子世《こよ》に憚《はばか》る

人に憎まれるような者が、世間ではかえって幅をきかせるものである。いろはがるた（江戸）の一。

逃《に》げ腰《ごし》になる《慣》

責任や負担を負わされるのを恐れ、何とかして逃《のが》れようとする態度をみせる。例町内会の役割については立派なことを言いながら、いざ役員選出となると皆逃げ腰になる。

逃《に》げも隠《かく》れもしない《慣》

責任を回避したり追及を逃《のが》れようとしたりせずに、潔く堂々と対決しようとする様子。例身にやましい点は一つもないのだから、今さら逃げも隠れもしないつもりだ。

逃《に》げるが勝《か》ち《慣》

まともに相手になっても勝ち目がなさそうなときには、逃げてしまうのが一番得だということ。例酔っ払いにからまれたときなどは逃げるが勝ちだ。

類句◆三十六計逃げるに如《し》かず

逃《に》げを打《う》つ《慣》

逃げじたくをする意で、自分に責任を負わされることがないような手段を前もって講じること。「逃げを張る」とも。例あの市役所の担当者は予算がないと逃げを打つばかりで、積極的に防災対策に取り組もうとしない。

二間《にけん》の所《ところ》で三間《さんげん》の槍使《やりつか》う

〔「二間」は、約三・五メートル〕二間四方の狭い場所で、それよりも長い三間の長さの槍《やり》を振るということから、周りが窮屈なため、思うように行動できないことのたとえ。

類句◇雪隠《せっちん》で槍《やり》を使《つか》う

錦《にしき》の御旗《みはた》

赤地の錦《にしき》に金銀で日月を刺繡《ししゅう》した官軍の旗をいう。大義名分として掲げる、誰《だれ》にも反対できないような都合のいい口実。例国家の安全を錦の御旗《みはた》に、軍事力の増強を図る。

錦《にしき》を飾《かざ》る《慣》

⇩故郷に錦《にしき》を飾る

錦《にしき》を着《き》て郷《きょう》に還《かえ》る

〔「錦《にしき》」は、二色以上の色糸や金糸銀糸を使って模様を織り出した厚地の高価な織物〕立身出世して故郷に帰ること。
原文 雍州《ようしゅう》の刺史《しし》となる。帝、新亭《しんてい》に餞《せん》し、謂《い》いて曰《いわ》く、卿《けい》、錦《にしき》を衣《き》て郷に還《かえ》る、朕《ちん》、西顧《せいこ》の憂い無し。〈南史《なんし》・柳《りゅう》慶遠伝《けいえんでん》〉
参考 立身出世しても故郷に帰らないのを「錦《にしき》を着て夜行くが如《ごと》し」という。
類句 ◆故郷に錦《にしき》を飾る

西《にし》と言《い》うたら東《ひがし》と悟《さと》れ

人の言葉の裏にある本当の意味や意図を察することが必要だ、ということ。

西《にし》の海《うみ》へさらり

〔「西の海」は、西方にあるという冥界《めいかい》〕一年の災難や悪い事を払ってさっぱりと忘れようという、厄払《やくばら》いの文句。

西《にし》も東《ひがし》も分《わ》からない《慣》

その土地に来たのが初めてで、何も様子が分からず不安に思う様子。例 上京したばかりで西も東も分からない私を、郷里の先輩が親切に案内してくれた。

二豎《にじゅ》

〔春秋時代、晋《しん》の景公が病中に見た夢で、病気の神が二人の豎子《じゅし》（子供）の姿となってあらわれた故事から〕病気。病魔。〈左伝《さでん》・成公《せいこう》十年〉例 二豎に侵《おか》される。／二豎の訪《おとな》うところとなる。
類句 ◆病膏肓《やまいこうこう》に入《い》る

二世《にせ》を契《ちぎ》る《慣》

〔「二世」は、この世と死後の世界の意〕夫婦として末長く連れ添うことを誓う。「二世の契りを結ぶ」とも。例 二世を契った夫に先立たれる。

二千石《にせんせき》

〔漢代の郡の長官の年俸《ねんぽう》は二千石《せき》の穀物であったことから〕地方長官をいう。
原文 我と此《これ》を共にする者は、其《そ》れ惟《た》だ良二千石《せき》か〔漢の宣帝が言った、今、庶民が平穏に暮らして愁嘆の声がない〕私に協力して、このようにしてくれたのは、善良な地

方長官たちではあるまいか」。〈漢書《かんじょ》・循吏伝序《じゅんりでんじょ》〉

二束三文《にそくさんもん》

《金剛《こんごう》ぞうり（いぐさ・わらなどで作った丈夫なぞうり）が二束（二足）で三文だったことから》数量が多くても値段が非常に安いこと。

二足の草鞋を履く《にそくのわらじをはく》

《江戸時代、ばくち打ちで捕吏《ほり》（罪人をつかまえる役人）を兼ねる者があったことから》同じ人が両立しがたい二つの職業や立場を兼ねること。例最近は医者で作家というような二足の草鞋《わらじ》を履く人が多くなった。

似た者夫婦《にたものふうふ》《慣》

仲の良い夫婦は性質や好みが似ているものだということ。また、そのような夫婦。例似た者夫婦とはよく言ったもので、二人ともあきれるほどのお人好《ひとよ》しだ。

似たり寄ったり《にたりよったり》《慣》

どれもこれも大体同じ程度の内容や性質で、特に目立った違いが認められない様子。例この展覧会に出展された絵はどれもこれも似たり寄ったりで、個性が感じられない。

日光を見ずして結構と言うな《にっこうをみずしてけっこうというな》

日光の東照宮を見ないうちに他の建築物を「けっこう」だと言うべきではない、その言葉に値するのは東照宮だけだからと、東照宮の美しさを称賛していった言葉。

類句◆ナポリを見てから死ね

二進も三進も行かない《にっちもさっちもいかない》《慣》

《「二進《にっち》」「三進《さっち》」は、もと算盤《そろばん》の割り算の用語から出た言葉》窮地に追い込まれて、どうにもならない様子。特に、金銭の融通がつかないで困り果てた状態をいう。例借金だらけで、もう二進も三進も行かない。

煮て食おうと焼いて食おうと《にてくおうとやいてくおうと》《慣》

どのように扱うのもその人の勝手で、他人にとやかく言わせない様子。例私にとってこの家具はもう不要なのだから、煮て食おうと焼いて食おうと、あなたの勝手だ。

似て非なるもの《にてひなるもの》

外見はそれに似ているが、実質的な内容は全く異なるもの。例 我が子を可愛《かわい》がることと甘やかすこととは、似て非なるものである。

原文 孔子曰《いわ》く、似て非なる者を悪《にく》む。莠《ゆう》を悪《にく》むは、其《そ》の苗の乱るを恐るればなり〔孔子が言った、真なるものに似ていて実はそうでないものを憎む。莠《はぐさ》（稲に似た悪草）を憎むのは、穀物の苗によく似てまぎらわしいからである〕。〈孟子《もうし》・尽心《じんしん》下〉

似《に》ても似《に》つかない《慣》

予想を裏切って、似ている点が何一つとして認められない様子。「似てもつかない」とも。例 現実の月は、お伽《とぎ》話《ばなし》の月とは似ても似つかない荒涼たるものだった。

煮《に》ても焼《や》いても食《く》えない《慣》

世間ずれしていてずる賢く、どうにも扱いかねる様子。例 あの男は世故に長《た》けていて、煮ても焼いても食えない。

二度《にど》ある事《こと》は三度《さんど》ある

同じことが二度起これば、更にもう一度起こることが多いものだ、ということ。例 今日は午前中に二度も危ない目に遭った。二度あることは三度あるというから、午後は気をつけよう。

二兎《にと》を追《お》う《慣》

《「二兎《にと》を追う者は一兎をも得ず」から》一度に二つのことをしようとしたり、二つの利益を得ようとしたりする意で、結局どちらも失敗に終わる可能性が大きいということ。例 インフレ抑制と景気回復を同時に図ろうとしても、二兎を追うようなものでうまく行くとは思えない。

二兎《にと》を追《お》う者《もの》は一兎《いっと》をも得《え》ず

《二匹の兎《うさぎ》を同時に捕まえようと追いかけても、結局一匹も捕まえられないで終わる意》同時に二つのことをしようと欲ばっても、どちらもうまくいかないのがおちだ、ということ。ローマの古いことわざ。

原文 If you run after two hares, you will catch neither.〔二匹の兎《うさぎ》を追えば一匹の兎も捕まえないだろう〕

類句 ◆虻蜂《あぶはち》取らず ◆心は一つ身は二つ

二人口《ににんぐち》は過《す》ごせるが一人口《ひとりぐち》は過《す》ごせない

⇩一人口《ひとりぐち》は食《く》えぬが二人《ふたり》口は食える

二《に》の足《あし》を踏《ふ》む《慣》
《先に進めず、足踏みする意から》悪い結果が予想され、決断するのをためらう様子。例安いアパートを紹介してもらったが、駅から遠過ぎるので二の足を踏んでいる。

二《に》の句《く》が継《つ》げない《慣》
相手の言葉にあきれたり気後れしたりして、次に言うべき言葉が出てこない様子。例あまりにも無責任な返事に、二の句が継げなかった。

二《に》の次《つぎ》にする《慣》
それほど大事な、または急ぐことではないとして、後回しにする。例文句を言うのは二の次にして、まずは仕事を片付けてくれ。

二《に》の舞《まい》《慣》
《舞楽で、「案摩《あま》」という舞の次に、それをまねて演じる滑稽《こっけい》な舞を「二の舞」ということから》前の人がやった失敗をもう一度繰り返すこと。例賭《か》け事《ごと》で財産を失った祖父の二の舞を演じるまいと、父は地道に働いた。

二番煎《にばんせん》じ《慣》
《一度煎《せん》じた薬や茶をもう一度煎じたもの、の意》同じようなことの繰り返しで、新鮮味が感じられないこと。例新番組のドラマは前作の二番煎じで、おもしろくない。

にべも無《な》い《慣》
《「にべ」は、魚の鮸《にべ》から作る膠《にかわ》》相手に対する思いやりが全く感じられないほど、ひどく冷淡な対応をされる様子。例協力を求めたが、にべも無く断わられた。

二枚舌《にまいじた》を使《つか》う《慣》
一方で、あることを言っておきながら、その時どきの都合でそれと矛盾するようなことを平気で言う。例国連で軍縮を提案しながら国内では軍事力の増強を図るのは、二枚舌を使う行為だ。

乳臭《にゅうしゅう》
《赤ん坊のようにまだその口が乳臭い若者、という意》未熟者。青二才。
原文 漢王曰《いわ》く、是《こ》れ口尚《くちな》お乳臭、吾《わ》が韓信《かんしん》に当《あ》たる能《あた》わ

ず〈漢王が言った、これは口がまだ乳臭い青二才だ。とても、わが韓信《かんしん》に太刀打《たちう》ちはできない〉。〈史記《しき》・高祖紀《こうそき》〉

入木道《にゅうぼくどう》

〔「入木」は、書跡・筆跡の意。晋《しん》の王羲之《おうぎし》が文字を書いた板を後で削ったところ、墨が三分もしみ込んでいたという故事から〕書道のこと。「じゅぼくどう」とも読む。

原文 王羲之《おうぎし》、晋帝《しんてい》の時、北郊《ほっこう》を祭り、祝版《しゅくはん》を更《あらた》む。工人これを削れば、筆木《ふでき》に入ること三分。〈書断《しょだん》〉

女房《にょうぼう》と畳《たたみ》は新《あたら》しい方《ほう》が良《よ》い

畳は新しいのが気持ちがよいように、男にとって女房は新しいほうがよいということ。反対に「女房と味噌《みそ》は古いほどよい」と、長年連れ添って、女房のよさがわかるものだということを表わす言葉もある。

類句 ◇女房と茄子《なす》は若いがよい

女房《にょうぼう》の妬《や》く程亭主《ほどていしゅ》もてもせず

女房が嫉妬《しっと》するほど、よそで亭主は女にもてないものだ。男は、とかく誇張して女自慢をしたがるもので実際は話ほどのことはない、という江戸時代の川柳《せんりゅう》。

女房《にょうぼう》の悪《わる》いは六十年《ろくじゅうねん》の不作《ふさく》

悪妻は男にとって一生の不幸であり、自分の代だけでなく子孫の代まで悪い影響を及ぼすものだということを、男の立場から言ったもの。「悪妻は百年の不作」とも。

睨《にら》みが利《き》く《慣》

他を威圧して、勝手なことをさせない様子。例 あの先生は生徒に睨《にら》みが利くので、指導係にうってつけだ。他 睨《にら》みを利かす

俄《にわ》か雨《あめ》と女《おんな》の腕《うで》まくり

どちらも大してこわくないことのたとえ。

鶏《にわとり》を割《さ》くに焉《いず》くんぞ牛刀《ぎゅうとう》を用《もち》いん

鶏を料理するのに、どうして牛を料理する大きな包丁を用いる必要があろうか、の意で、小さなことを処理するのに大掛かりな方法を用いる必要はない、ということ。

原文 子《し》、武城《ぶじょう》に之《ゆ》きて弦歌《げんか》の声を聞く。夫子莞爾《ふうしかんじ》として笑いて曰《いわ》く、鶏を割《さ》くに焉《いず》んぞ牛刀を用いん〔孔子が、門人の子游《しゆう》が長官をしている武城へ行かれた時、子游が礼楽

をもって教化を行なっていて、音楽が聞こえて来た。孔子はにっこりと笑いながら言われた、鶏（武城のこと）を料理するのに牛刀（礼楽の教え）を用いる必要はあるまい」。〈論語《ろんご》・陽貨《ようか》〉

任重《にんおも》くして道遠《みちとお》し

《「任」は、背に負う荷物。重い荷物を背負って遠い道を行く、という意》責任は重く、前途は長く困難である。

原文 曾子《そうし》曰《いわ》く、士は以《もっ》て弘毅《こうき》ならざる可《べ》からず。任重くして道遠し〔曾子《そうし》が言った、士は広い度量と強固な意志との持ち主でなければならない。荷物は重く、その道は遠いのである〕。〈論語《ろんご》・泰伯《たいはく》〉

人間到《にんげんいた》る処《ところ》 青山《せいざん》あり

《「青山」は墓地、「人間」は本来「じんかん」と読み、人の住むこの世》この世には骨を埋める場所ならどこにでもある意で、故郷を出て広く活動の場を求めようとする心意気を表わした言葉。

参考 幕末の僧月性《げっしょう》の詩に「骨を埋むるに何《なん》ぞ期せん墳墓の地、人間到《いた》る処《ところ》 青山あり」とある。

人間万事金《にんげんばんじかね》の世《よ》の中《なか》

何と言っても、この世の中は結局金の力によって動くのだ、ということ。

人間万事塞翁《にんげんばんじさいおう》が馬《うま》

⇩塞翁《さいおう》が馬

人三化七《にんさんばけしち》

人間らしいのは三分で、七分は化け物のような顔だという意で、非常に容貌《ようぼう》の醜いことをいう。

人参飲《にんじんの》んで首《くび》くくる

病気の治療のために、非常に高価な朝鮮人参《にんじん》を無理をして手に入れたものの、その支払いができずに、かえって首をくくることになる意で、身の程をわきまえずに、分不相応な物事に手を出すのは、身を滅ぼす原因にもなりかねない、という戒めの言葉。

人《にん》を見《み》て法《ほう》を説《と》け《慣》

⇩人《ひと》を見て法を説け

ぬ

糠《ぬか》に釘《くぎ》

米糠《こめぬか》に釘《くぎ》を打ち込むのと同じように、全く手ごたえがないこと。いくら意見しても、少しもその効果がないことなどにいう。いろはがるた（京都）の一。

類句 ◆豆腐《とうふ》に鎹《かすがい》 ◆暖簾《のれん》に腕押《うでお》し

抜《ぬ》かぬ太刀《たち》の高名《こうみょう》

①太刀《たち》を抜いて闘って手柄を立てることよりも、ある時はじっと堪えて忍ぶことのほうが意義がある、ということ。②口ではあれこれというものの、その力量を示したことのない者をからかっていう言葉。

糠味噌《ぬかみそ》が腐《くさ》る《慣》

聞くに耐えないほど歌が下手《へた》だということをからかって、また自ら謙遜《けんそん》して言うときの言葉。例 私が歌うと糠《ぬか》味噌《みそ》が腐るんじゃないかと言われるから、やめておこう。

抜《ぬ》き差《さ》しならない《慣》

これといった対処の方法がなく、どうしようもない事態に追い込まれる様子。例 早めに対策を講じないと、抜き差しならない事態になる恐れがある。

抜《ぬ》きつ抜《ぬ》かれつ《慣》

力の伯仲する者どうしが、互いに優位に立とうと、激しく争う様子。例 国際マラソンで、抜きつ抜かれつの接戦を制して優勝したのは、日本人選手だった。

抜《ぬ》け駆《が》けの功名《こうみょう》

《戦場でひそかに陣地を抜け出し、敵を攻めて手柄を立てる意》仲間を出し抜いて、手柄を一人占めにすること。

抜《ぬ》け目《め》がない《慣》

何事につけても損をしないように気を配り、要領よく振る舞う様子。例 彼は一見お人よしに見えるが、あれでなかなか抜け目がない商売人だ。

抜《ぬ》けるよう《慣》

空がすっかり晴れ渡り、青く澄み切っている様子。また、肌が透き通るように白く美しい様子。例 抜けるような青空の下で秋の運動会が行なわれた。

盗人《ぬすっと》猛猛《たけだけ》しい

悪いことをしていながら平然としていて、とがめられると逆に食ってかかったり居直ったりする態度を、非難していう言葉。例 人の物を盗んでおきながら、ちょっと拝借しただけだとは、盗人猛猛《ぬすっとたけだけ》しいにも程がある。

盗人《ぬすびと》上戸《じょうご》

甘い菓子も酒も両方とも好きな人をいう。両刀使い。また、いくら酒を飲んでも顔や態度に出ない人をいう。

盗人《ぬすびと》と言《い》えば手《て》を出《だ》す

盗人と人からそしられ、それに腹を立てて暴力を振るえば、そのこと自体当人が盗人である何よりの証拠である。

盗人《ぬすびと》に追《お》い銭《せん》

⇩泥棒《どろぼう》に追い銭

盗人《ぬすびと》に鍵《かぎ》を預《あず》ける

知らないうちに、悪事の手助けをしているという意。「盗人に鍵《かぎ》」とも。

盗人《ぬすびと》にも三分《さんぶ》の理《り》

盗人にも、盗みを正当化する少しばかりの理屈はある意で、どんなことでも理屈は何とか付けられるものだ、ということ。「泥棒《どろぼう》にも三分の理」とも。

盗人《ぬすびと》の隙《ひま》はあれど守《まも》り手《て》の隙《ひま》はない

盗人は、自分の都合で盗みを働くので、ひまな時間があるが、守る側は始終見張っていなければならないので、ひまな時間が無い。盗むのは簡単だが、守ることは困難であること。また、盗人を防ぐ手立ては無いということ。「守り手の隙《ひま》はなくとも盗人の隙はある」とも。

盗人《ぬすびと》の昼寝《ひるね》

盗人が、夜働くために昼のうちは寝ておく意。何げないふりをしているが、実はちゃんと目的がある、ということ。いろはがるた（江戸）の一。

盗人《ぬすびと》を捕《と》らえて縄《なわ》を綯《な》う

⇩泥棒《どろぼう》を捕らえて縄を綯《な》う

盗人《ぬすびと》を捕《と》らえて見《み》れば我《わ》が子《こ》なり

事があまりにも意外で、どう対処してよいか苦しむこと。また、身近な者であっても油断は禁物だということ。

盗人《ぬすびと》を見《み》て縄《なわ》を綯《な》う

⇩泥棒《どろぼう》を捕らえて縄を綯《な》う

盗《ぬす》みする子《こ》は憎《にく》からで縄《なわ》かくる人《ひと》が恨《うら》めしい

親は我が子が盗みを犯しても、子が悪いとは思わず、かえって縄をかけた人を逆恨みする。我が子可愛《かわい》さの余りに分別を失うこと。また、親の、子に対する愛情は、身びいきになりがちであるということのたとえ。「盗みする子は憎からで縄付《なわつ》くる人が恨めしい」とも。

ぬるま湯《ゆ》につかる《慣》

これといって不快なこともなく居心地がいいので、その環境に甘んじて、のんきに構えている。例 親方日の丸で、ぬるま湯につかったような企業体質が今日の経営破綻《はたん》を招いた要因だ。

濡《ぬ》れ衣《ぎぬ》を着《き》せられる《慣》

《「濡《ぬ》れ衣《ぎぬ》」は、無実の罪》策略にはまるなどして、無実の罪を負わされる。例 公金横領の濡れ衣を着せられた。

濡《ぬ》れ手《て》で粟《あわ》

濡《ぬ》れた手で粟《あわ》を摑《つか》むと、手に粟粒が付いてたくさん摑めるように、大した苦労もしないで多くの利益を得ることをいう。「濡れ手で粟の摑み取り」とも。

類句 ◆一攫千金《いっかくせんきん》

濡《ぬ》れぬ先《さき》こそ露《つゆ》をも厭《いと》え

《濡《ぬ》れないうちは草の露に触れることさえいやがるが、いったん濡れてしまえば、後はいくら濡れても気にしなくなる意》男女の間も、一線を越えてしまえば後はずるずると深みにはまる、また、一度過ちを犯すと、もっとひどいことでも平気でするようになる、という意。

ね

寝息《ねいき》を窺《うかが》う《慣》

よく眠っているかどうかを探ってみる意で、相手が眠っている間にこっそり何かをしようとすること。例 同室の者に気付かれまいと、寝息を窺《うかが》いながら部屋を抜け出す。

寧馨児《ねいけいじ》

〔「寧馨《ねいけい》」は、晋《しん》代の俗語で「このような」という意味。のち、他人の子をほめる語となった〕優れた子供。

原文 衍《えん》……総角《そうかく》の時、嘗《かつ》て山濤《さんとう》に造《いた》る。濤、嗟嘆《さたん》すること良《や》や久し。既に去るや、目《もく》して之《これ》を送りて曰《いわ》く、何物の老嫗《ろうう》、寧馨児《ねいけいじ》を生めるや〔王衍《おうえん》は幼い時、山濤《さんとう》のところへ行った。濤はややしばらく感嘆していた。王衍が立ち去ろうとすると、じっと目で追いながら言った、いったい、どういうばあさんが、このような立派な子供を生んだのか〕。〈晋書《しんじょ》・王衍伝《おうえんでん》〉

類句 ◆麒麟児《きりんじ》

寧日《ねいじつ》が無《な》い《慣》

絶えず不安や焦燥にかられ、心の安まる日が一日もない。例 政情不安が続き、寧日が無い日々を過ごす。

寝返《ねがえ》りを打《う》つ《慣》

味方を裏切って敵側につく。例 信頼していた部下が寝返りを打って、ライバル会社に情報を流していた。

願《ねが》ったり叶《かな》ったり《慣》

相手の意向が自分の希望と一致して、心から満足する様子。例 業界のトップを走る会社に就職できた上に本社勤務になるとは、願ったり叶《かな》ったりだ。

願《ねが》ってもない《慣》

望んでもなかなか得られないような機会が思いがけず与えられ、非常にありがたいと思う様子。例 公費で海外研修とは、願ってもない話だ。

根《ね》がなくとも花《はな》は咲《さ》く

事実無根であっても、噂《うわさ》はちょっとしたことから広がるものだということ。

根《ね》が生《は》えたよう《慣》

その場に踏みとどまって、一歩も動かない様子。例 彼女は一枚の絵の前で足をとめ、根が生えたように立ち尽くしていた。

値《ね》が張《は》る《慣》

品質がよかったり、得難いものであったりして、並のものより値段が高くなる。例 多少は値が張っても、いい物を買っておくほうが結局は得だ。

根《ね》が深《ふか》い《慣》

問題になっている事柄の背後には複雑な事情があり、容易には解決することが期待できない様子。例 あの両民族の対立には根が深いものがある。

寝首《ねくび》を掻《か》く《慣》

《人が寝ているところを襲って、その首を切り取る意から》相手が油断しているすきをねらって、致命的な打撃を与える。例 あんな男を信用すると、今に寝首を掻《か》かれることになるぞ。

猫《ねこ》に追《お》われた鼠《ねずみ》

猫に追いつめられた鼠《ねずみ》のように、相手に圧倒され、すっかり萎縮《いしゅく》する様子。また、絶体絶命の困難な状況にあることをいう。「猫に会った鼠」とも。

猫《ねこ》に鰹節《かつおぶし》

猫の近くに鰹節《かつおぶし》を置く、また、猫に鰹節の番をさせる意で、好物が近くにあると、つい手を出したくなるものだから、置かないように気を付けるほうがよいということ。

猫《ねこ》に小判《こばん》

どんなに貴重なものを与えてもその価値がわからない人には何の意味もないことをいう。いろはがるた(京都)の一。

類句 ◆豚《ぶた》に真珠

猫《ねこ》にまたたび

《「またたび」は猫の好物として知られるつる性の植物》その人の大好物の意で、それをあてがえば機嫌がよくなるような場合に用いる言葉。

猫《ねこ》にまたたびお女郎《じょろう》に小判《こばん》

〔「またたび」は前項参照〕猫にまたたびを、遊女に小判を与えると、大喜びするように、気を引いたり機嫌を取ったりするのにきわめて効果があること。

猫《ねこ》の首《くび》に鈴《すず》を付《つ》ける

〔鼠《ねずみ》が、猫の襲来を察知できるいい方法はないかと話し合った結果、猫の首に鈴を付ければいいという名案が出たが、では誰《だれ》が付けに行くのかと言われるとみな黙ってしまったというイソップの寓話《ぐうわ》から〕そうすることが最上の策だと分かっていても、それを実行に移すことができなければ意味がないわけで、目上の人に容易には受け入れてもらえそうもない進言・勧告などをしなければならないとき、誰がその役目を引き受けるかが一番の問題であることをいうのに用いる。

猫《ねこ》の子《こ》一匹《いっぴき》いない

《慣》その場のどこにも人の姿がまったく認められない様子。例かつては炭鉱で栄えたこの町も、今は猫の子一匹いないゴーストタウンと化している。

猫《ねこ》の手《て》も借《か》りたい

《慣》非常に忙しくて、一人でも多く人手が欲しいと望む様子。例年末は商品の注文が殺到し、猫の手も借りたいほどの忙しさだ。

猫《ねこ》の額《ひたい》

《慣》土地や庭などが非常に狭い様子。例猫の額ほどの庭だが、無いよりはましだ。

猫《ねこ》の目《め》のよう

《慣》〔猫の瞳《ひとみ》が明暗によって大きさを変えることから〕物事がその時どきの事情によって目まぐるしく変わる様子。例為替相場が猫の目のように変わり、輸入品の販売価格が決めにくい。

猫糞《ねこばば》

〔「糞《ばば》」は、大便など汚いもの。猫は糞《ふん》に土をかけて隠すことから〕拾った物などを交番に届けたりせず、自分の物にしてしまうこと。例拾った財布を猫糞《ねこばば》してしまうとは許せない。

猫《ねこ》も杓子《しゃくし》も

《慣》

世間の誰《だれ》も彼もが、みんな一様に同じようなことをする様子。例 今は猫も杓子《しゃくし》も大学へ行きたがる時代だ。

猫《ねこ》を追《お》うより皿《さら》を引《ひ》け

（魚をねらう猫を追い払うより、魚をしまうことが肝心だ）物事は根本を正すことが大事であることをいう。

猫《ねこ》を被《かぶ》る

《慣》

本性を隠して、おとなしそうに振る舞う。例 彼は上役の前では猫を被《かぶ》っているが、意外に気が短く喧嘩《けんか》っ早い男だ。

寝覚《ねざ》めが悪《わる》い

《慣》

自分のしたことが好ましくない結果に終わって、心がすっきりしない様子。例 心にもないことを言って彼女を傷つけてしまい、ひどく寝覚めが悪い。

ねじが弛《ゆる》む

《慣》

緊張が失われて、散漫になる。例 最近つまらないミスが多いのは、ねじが弛《ゆる》んでいる証拠だ。

ねじり鉢巻《はちま》きで

《慣》

（「ねじり鉢巻《はちま》き」は、手ぬぐいをねじって巻いた鉢巻き）懸命に事に取り組んでいる様子。例 入学試験が迫り、息子は毎晩ねじり鉢巻きで勉強をしている。

ねじを巻《ま》く

《慣》

もっと気持ちを引き締めるようにと、強く注意する。例 連休明けで気がゆるんでいるようだから、ねじを巻いてやろう。

ねたが上《あ》がる

《慣》

（「ねた」は「たね（種）」を逆に読んだ隠語）犯罪の証拠が見つかる。例 警察にはちゃんとねたが上がっているのだから、いくら犯行を否認しても無駄だ。

ねたが割《わ》れる

《慣》

（「ねた」は前項参照）隠していた裏の事情が知られてしまう。例 君がそんな作り話をして自分のミスを取り繕おうとしたって、とうにねたが割れているんだから無駄だよ。

寝《ね》た子《こ》を起《お》こす《慣》

事態がどうにか治まっていたところに余計な口出しや手出しをして、再び面倒な事態にする。例 もう諦《あきら》めているのだから、寝た子を起こすようなことを言わないでくれ。

類句 ◇泣かぬ子を泣かす　◆平地に波瀾《はらん》を起こす

根《ね》絶《だ》やしにする《慣》

好ましくないものとして残らず絶やし、二度と活動できないようにする。例 老人を食い物にする悪徳業者を根絶やしにすることは困難だ。

熱《ねつ》が冷《さ》める《慣》

何かに打ち込んでいた情熱が失われる。例 一時はゴルフに夢中だったが、今はすっかり熱が冷めてしまった。

熱《ねつ》が無《な》い《慣》

積極的にそれに取り組もうとする意気込みが感じられない様子。例 彼女を旅行に誘ったが、熱が無い返事だった。

熱《ねつ》が入《はい》る《慣》

自分自身の関心の深まりやその場の雰囲気などから、そのことに一段と熱中する。例 次第に話に熱が入り、こぶしを振り上げながら人類の危機を訴えていた。

熱《ねっ》気《き》を帯《お》びる《慣》

全力でそのことに臨んでいるという意気込みが感じられ、緊迫感のある状態になる。例 計画の具体化の検討に入って、討論は次第に熱気を帯びてきた。

熱《ねっ》しやすく冷《さ》めやすい《慣》

物事に熱中するのも早いが、飽きてしまうのも早い様子。例 この子は熱しやすく冷めやすい性格で、何をしても長続きしない。

熱《ねつ》に浮《う》かされる《慣》

（高熱のため、うわごとを言う意から）何かに夢中になって、見境がなくなる。例 父は一時期、熱に浮かされたようにゴルフに凝っていた。

熱《ねつ》を上《あ》げる《慣》

①他のことを忘れて、そのことにばかり熱中する。例

マージャンに熱を上げる。②異性に恋心を抱き、夢中になる。例 いくら君が熱を上げても、彼女にはその気がないようだよ。

熱《ねつ》を吹《ふ》く《慣》

調子に乗って、あたり構わず大きなことを言い散らす。例 酒が入った勢いで、会社を動かしているのはこの私だ、などと勝手な熱を吹く。

寝《ね》ていて人《ひと》を起《お》こすな

人を働かせようとするなら、まず率先して自ら働き、範を示せ、ということ。

寝《ね》ても覚《さ》めても《慣》

毎日の生活の中で絶えずそのことを考えている様子。例 現役選手時代は、寝ても覚めても野球のことが頭から離れなかった。

根《ね》に持《も》つ《慣》

人から受けたひどい仕打ちが忘れられず、いまだにそのことを恨み続けている。例 彼は人前で恥をかかされたことを根に持って、何かにつけて私の悪口を言う。

根掘《ねほ》り葉掘《はほ》り《慣》

《「葉掘り」は「根掘り」に語調を合わせたもの》細かいことまでしつこく聞き出そうとする様子。例 事件のいきさつについて、記者たちに根掘り葉掘り質問された。

根回《ねまわ》しをする《慣》

物事が思いどおりに運ぶように、あらかじめ関係する各方面に働きかけて賛同や了解などを得る。例 この件は次回審議されるだろうから、早めに根回しをしておこう。

寝耳《ねみみ》に水《みず》

《「寝耳」は、睡眠中に夢うつつに聞くこと。眠っているところに突然、「大水だ」という叫び声が聞こえた、という意》不意の出来事に驚きあわてること。例 彼が死んだという知らせは全く寝耳に水で、すぐには信じられなかった。

眠《ねむ》れる獅子《しし》《慣》

あなどれない実力がありながら、いまだそれを自覚せず、十分に力を出し切っていない人や国のたとえ。例 日清戦《にっしん》争以前の清国は、眠れる獅子《しし》と言われて、欧米諸国からも恐れられる存在であった。

根《ね》も葉《は》もない《慣》

それが事実であることを裏付ける根拠が何もない様子。例 根も葉もないうわさを立てられて、こんな不愉快なことはない。

狙《ねら》いをつける《慣》

目的を達成するために、働きかける対象を決める。例 プロジェクトを立ち上げるに当たって、前々から狙《ねら》いをつけていた山本さんに協力を要請した。

寝《ね》る子《こ》は育《そだ》つ

よく眠る子は健康な証拠だから、丈夫に育つ。

音《ね》を上《あ》げる《慣》

弱音を吐く意で、困難に耐えきれず、弱気なことを言ったり気力を失ったりすること。例 野球部に入ったものの、練習の厳しさに音を上げて半年で辞めてしまった。

根《ね》を下《お》ろす《慣》

何かがそこにしっかりと定着し、存続する。例 外来文化が日本の風土に根を下ろし、独自の発達を遂げた。

根《ね》を断《た》つ《慣》

好ましくない事態を終わらせるために、その原因を根本から取り除く。例 職員の意識改革がなければ、悪しき慣例の根を断つことはできない。

根《ね》を絶《た》やす《慣》

長く存続させてきた物事が何らかの事情で失われる。例 伝統芸能の根を絶やさないためには、何をおいても後継者の養成が急がれる。

根《ね》を生《は》やす《慣》

同じ場所に居座り続ける。また、人々の間に、ある観念・思想などが定着する。例 徳川三百年の間に根を生やした封建的なものの考え方は、今も一部の組織に色濃く見られる。

念《ねん》が入《い》る《慣》

手落ちがないように、十分注意が行き届いている。必要以上に手数をかけていることを皮肉って言うことが多い。例 たいした品物でもないのに、念が入《い》った包装だ。

年季《ねんき》が入《はい》っている《慣》

《「年季」は昔の奉公人の雇用期限で、一年を一季と数えた》長年経験を積み、そのことに習熟している様子。例 彼のダンスは年季が入っているから、なかなかのものだ。

年貢《ねんぐ》の納《おさ》め時《どき》《慣》

悪事をし続けた者が捕らえられ、罪に服さなければならない時が来たということ。嫌だからといってこれ以上逃げてばかりもいられない、と観念したときにもいう。例 全国に指名手配され、逃亡資金も底をついて、いよいよ年貢の納め時が来たようだ。

拈華微笑《ねんげみしょう》

《釈迦《しゃか》が霊鷲山《りょうじゅせん》で大衆に向かって説法をした時、黙って蓮《はす》の華《はな》を拈《ひね》って見せたところ、八万の大衆のうち、迦葉《かしょう》だけがその真意を理解して微笑したので、心印を授けられた、ということから》言葉では説明できないことが伝えられること。心から心へと伝えること。原文 世尊、霊山会上《りょうせんえじょう》に在り、華《はな》を拈《ひね》って衆に示す。この時、衆皆寂然《じゃくねん》たり。惟《た》だ迦葉《かしょう》尊者のみ破顔微笑す。〈五《ご》灯会元《とうえげん》〉

類句 ◆以心伝心《いしんでんしん》

懇《ねんご》ろになる《慣》

男女が親密な関係、特に肉体関係を結ぶような間柄になる。例 あの二人が懇ろになっていたことには、周りの誰《だれ》も気付かなかった。

燃犀《ねんさい》の明《めい》

《犀《さい》の角《つの》を燃やした光は、水中深くの普通は見えないところが見えるという言い伝えから》物事を明確に見抜く才知のたとえ。〈晋書《しんじょ》・温嶠《おんきょう》伝〉

念頭《ねんとう》に置《お》く《慣》

そのことをいつも考慮に入れて行動する。例 我々は追われる立場にあるということを念頭に置いて、更に先を行く技術を開発して欲しい。

念《ねん》には念《ねん》を入《い》れよ

注意したうえに更に注意せよの意で、物事はどこまでも慎重に行なえと注意を喚起する言葉。いろはがるた(江戸)の一。

年年歳歳人同《ねんねんさいさいひとおな》じからず

花は毎年時期が来ると同じように咲くが、人の身の上は毎年変わって同じではない。人の世が時とともに移り変わるのに対して、自然はいつまでも変化しないことをいう。

原文 年年歳歳花相似《あい》たり、歳歳年年人同じからず〔毎年桃《もも》や李《すもも》は春に同じ花を咲かせるが、年を追うごとにそれをめでる人のほうは同じであるというわけにはいかない〕。〈劉廷芝《りゅうていし》の詩、白頭《はくとう》を悲《かな》しむ翁《おきな》に代《か》わる〉

念力岩《ねんりきいわ》を通《とお》す

⇩思《おも》う念力《ねんりき》岩をも通す

念《ねん》を入《い》れる《慣》

手落ちがないように注意を払い、手数を惜しまずに何かをする。例 十分に念を入れて、最後の仕上げをする。

類句 ◆念には念を入れよ

念《ねん》を押《お》す《慣》

間違いがないように、相手に十分確かめたり重ねて注意したりする。例 集合時間は八時だとあれだけ念を押したのに、一時間も遅れて来たのには、あきれ返った。

の

能《のう》ある鷹《たか》は爪《つめ》を隠《かく》す

有能な鷹《たか》は、平素は獲物を捕まえるための鋭い爪《つめ》を隠しておく。本当に実力・才能のある人物は、普段は謙虚にしているが、いざというときにはその真価をいかんなく発揮するものだ、ということ。「上手《じょうず》の猫が爪を隠す」とも。

能《のう》書《が》きを並《なら》べる《慣》

〔「能書き」は、薬の効能書き〕他人が見ればそれほどでもない、自分の長所や得意技などを、あれこれ並べ立てて宣伝する。例 彼は面接試験で、語学が堪能だとか協調性があるだとか、能書きを並べて自己宣伝に懸命だった。

能《のう》が無《な》い《慣》

人や物を積極的に役立てることができないでいる様子。例 金をただ寝かせておくのも能がない話だから、何かに投資しようと思っている。

能事《のうじ》畢《おわ》る

〔「能事」は、成すべきこと、成し遂げるべきことがら〕なすべき仕事はすべて終わった。

原文 引いて之《これ》を伸べ、類に触れてこれを長ずれば、天下の能事《のうじ》畢《おわ》る〔八卦《はっか》を引き伸ばして六十四卦とすると、この世の中の事は類例をほぼ尽くすことができ、互いに触れあって広がっていけば、天下に起こり得るすべての事は、この易《えき》の中に完結している〕。〈易経《えききょう》・繫辞伝《けいじでん》上〉

能《のう》じゃない《慣》

多く、「〜だけが能じゃない」「〜ばかりが能じゃない」の言い方で、もっと大きな能力や価値があるのだから、そのことだけで満足していては駄目だ、の意を表わす。例 金は使うためにあるもので、貯《た》めるばかりが能じゃない。

能書筆《のうしょふで》を選《えら》ばず

⇩弘法《こうぼう》は筆を選ばず

囊中《のうちゅう》の錐《きり》

〔錐《きり》を袋の中に入れておくと、その先端が袋を破って突き出るところから〕才能があれば何かの折に必ず外にあらわれるものであることのたとえ。

原文 平原君曰《いわ》く、夫《そ》れ賢士の世に処《お》るや、譬《たと》えば錐《きり》の囊《のう》中《ちゅう》に処るが若《ごと》し。其《そ》の末《すえ》立《たちどころ》に見《あらわ》る〔平原君が言った、そもそも、賢士が世に居るのは、たとえば錐が囊《ふくろ》の中にあるようなもので、その先端がすぐに現われるものである〕。〈史記《しき》・平原君伝《へいげんくんでん》〉

囊中《のうちゅう》の物《もの》を探《さぐ》るが如《ごと》し

袋の中の物を手で探るようである、の意で、何の苦労もなく簡単にできることのたとえ。

原文 李穀《りこく》曰《いわ》く、中国、吾《われ》を用《も》って相《しょう》と為《な》さば、江南を取ること囊中《のうちゅう》の物を探るが如《ごと》きのみ〔李穀《りこく》が言った、中国が私を宰相にしたならば、揚子江《ようすこう》以南の地を手に入れることは、袋の中の物を捜すように易しいものである〕。〈五代《ごだい》

史《し》・南唐世家《なんとうせいか》〉

脳味噌《のうみそ》を絞《しぼ》る《慣》

〔「脳味噌《のうみそ》」は、「脳」の俗称〕難問を解決しようと、あらん限りの知恵を出して考える。例店の経営状態を改善しようと脳味噌を絞ってみたが、これといった考えが浮かばなかった。

能面《のうめん》のよう《慣》

感情が全く表われず、どこまでも無表情な様子。例従業員が待遇改善を求めてどんなに窮状を訴えても、経営者たちは能面のように冷ややかな表情で聞くだけだった。

脳裏《のうり》に焼《や》き付《つ》く《慣》

強烈な印象として忘れられないものとなる。例郷里を出る時、見送ってくれた母の泣き顔が脳裏に焼き付いて離れない。

軒《のき》が傾《かたむ》く

経営不振に陥る。例親から引き継いだ時は軒が傾きかけていた店を、彼女は見事に立て直した。

軒《のき》を争《あらそ》う《慣》

家がぎっしりと立ち並んでいる様子。「軒を並べる」「軒を連ねる」とも。例表通りはいろいろな店が軒を争っているが、一歩裏に入れば静かな住宅街だ。

退《の》けば長者《ちょうじゃ》が二人《ふたり》

〔「退《の》く」は、そこから離れる意〕不仲な者や貧しい者どうしが一緒に行動するよりも、独立して事に当たったほうが、それぞれの長所を活かすことができ、結果的に成果が得られる、ということ。

残《のこ》り物《もの》に福《ふく》がある

みんながめぼしい物を持ち去ったあとに、意外にもよい物が残っている意で、がつがつ争わなくても、かえってあとで思わぬ幸運を拾うことが多いものだ、ということ。「余り物に福がある」とも。

熨斗《のし》を付《つ》ける《慣》

〔贈り物に熨斗《のし》を付けることから〕あればかえってじゃまになるようなものなので、もらってくれる相手がいれば喜んで進呈する、という意。例 多少は値の付く骨董品《こっとうひん》だと言うが、こんな場所ふさぎの大皿は、君が欲しいなら熨斗を付けて進呈するよ。

望《のぞ》みを託《たく》す《慣》

絶望に近い状況の中で、わずかにそのものの可能性に期待して希望をつなぐ。例 夫の死後、彼女はただ我が子の成長に望みを託して生きてきた。

後《のち》の百《ひゃく》より今五十《いまごじゅう》

⇩明日《あす》の百より今日の五十

のっぴきならない《慣》

《「のっぴき」は「退《の》き引き」の変化》避けることも退《しりぞ》くこともできない、の意で、自分の責任で何とかしなければならない立場に立たされる様子。例 当てにしていた銀行に融資を断わられて、会社は今やのっぴきならない事態に陥っている。

喉《のど》が鳴《な》る《慣》

おいしそうな食べ物・飲み物を見て、早く食べたり飲んだりしたくてうずうずする様子。例 パーティー会場に用意されたご馳走《ちそう》を目の前にして、思わず喉《のど》が鳴った。

喉《のど》から手《て》が出《で》る《慣》

何かが欲しくてたまらない様子。例 そんな金は要らないと言ったものの、実は喉《のど》から手が出るほど欲しかった。

喉元《のどもと》過《す》ぎれば熱《あつ》さを忘《わす》れる

《どんなに熱いものを飲んでも、喉《のど》を通り過ぎればその熱さを忘れる意》人は、苦しい経験も時が過ぎればけろりと忘れてしまうし、苦しい時に恩を受けても楽になるとそのありがたさを忘れてしまうものだ、ということ。いろはがるた（江戸）の一。
類句 ◆病《やまい》治りて医師忘る

のべつ幕《まく》なし《慣》

もうやめてほしいと思っていることが、いやになるほど繰り返される様子。例 あの男はどこへ行っても、のべつ幕なしに文句を言っている。

上《のぼ》り知《し》らずの下《くだ》り土産《みやげ》

京の都に上ったこともない者が、あたかも京へ行ってきたような土産話《みやげばなし》をすること。

類句 ◇知らぬ京の物語 ◇見ぬ京物語

上《のぼ》り大名《だいみょう》下《くだ》り乞食《こじき》

京へ上る旅は、行きは十分に金があってぜいたくができるが、帰りは金を使い果たしてみじめな状態になること。

鑿《のみ》と言《い》えば槌《つち》

《鑿《のみ》をと言われたら、鑿だけを持って来ないで、一緒に槌《つち》を持って来る意》心遣いが適切で気がきいていることのたとえ。いろはがるた（京都）の一。

蚤《のみ》の皮《かわ》を剝《は》ぐ

取るに足らない些細《ささい》なことに、打ち込むことのたとえ。

蚤《のみ》の夫婦《ふうふ》

《蚤《のみ》は雌のほうが大きいことから》妻のほうが夫より体格がよく大きい夫婦。例 あそこの家は蚤の夫婦だが、実に仲がいい。

飲《の》む打《う》つ買《か》う

大酒を飲み、ばくちを打ち、女を買うこと。男の代表的な三道楽と言われていた。

飲《の》めや歌《うた》え《慣》

宴会などがにぎやかに盛り上がっている様子。例 地元チームの初優勝に、市民は昼間から飲めや歌えの大騒ぎだ。

野良《のら》の節供働《せっくばたら》き

⇩怠《なま》け者の節供《せっく》働き

乗《の》りかかった船《ふね》

《乗ってすでに出航してしまった船》船に乗ってしまえば目的地に着くまでは降りられないように、いったんやりだした以上は、途中で事態や条件が悪化しても、途中でやめるわけにはいかないことをいう。例 こうなったら乗りかかった船だから、最後まで頑張ろう。

類句 ◇渡りかけた橋

矩《のり》を踰《こ》える《慣》

その社会の一員として守るべき道徳や規範を無視した行

動をとる。例 権力をほしいままにできる立場にあるとはいえ、矩《のり》を踰《こ》えた言動は厳に慎むべきである。

伸《の》るか反《そ》るか《慣》

（「伸《の》る」は、長く伸びる意）どんな結果になるか分からないが、運を天に任せて思い切ったことをする様子。例 株の損失を取り返そうと、伸るか反るかの大勝負に出た。

暖簾《のれん》に腕押《うでお》し

垂れている暖簾《のれん》を押しても何の手ごたえもないように、こちらが積極的に働きかけても、期待したほどの反応が見られず、張り合いがないことをいう。例 いくら市役所に手続きの改善を申し入れても、暖簾に腕押しで、市民のほうが根負けしてしまった。

類句 ◆豆腐《とうふ》に鎹《かすがい》 ◆糠《ぬか》に釘《くぎ》

暖簾《のれん》を下《お》ろす《慣》

商店が廃業する。特に老舗《しにせ》の廃業をいう。例 時代の流れに押され、江戸時代から続いたあの老舗もついに暖簾《のれん》を下ろさざるを得なくなった。

類句 ◆看板を下ろす

暖簾《のれん》を分《わ》ける《慣》

商店や飲食店で、長く勤めた奉公人に独立の店を出させてやり、主人の店と同じ屋号を名乗ることを許すとともに、得意先なども分け与えること。例 すし屋に十五年勤めて、去年暖簾《のれん》を分けてもらったばかりだ。

狼煙《のろし》を上《あ》げる《慣》

（昔、戦争などの開始の合図に狼煙《のろし》を上げたことから）革命や暴動など、大事件に発展するきっかけとなる行動を起こす。例 一研究会の学生たちが、まず最初に大学改革運動の狼煙を上げた。

呑《の》んでかかる《慣》

争いや試合などで、相手の力を見くびって高圧的な態度に出る。例 我々を弱小チームと見て、相手は呑《の》んでかかっているようだ。

のんべんだらりと《慣》

無駄としか思えないような話をだらだらと続けていて、一向にやめる気配がない様子。

は

肺肝《はいかん》を摧《くだ》く

《「肺肝」は肺臓と肝臓であるが、心の意味に用いる。もとは、ひどく失望して心が打ち砕かれるという意》心を尽くして考える。苦慮する。

原文 蓬室《ほうしつ》の居《きょ》を棄絶《きぜつ》し、塌然《とうぜん》として肺肝を摧《くだ》く〔あばらやの住みかをきっぱりと捨てて、さっさと出て行くことにしたが、ぐったりとして心が打ち砕かれる思いであった〕。〈杜甫《とほ》の詩、垂老別《すいろうべつ》〉

敗軍《はいぐん》の将《しょう》は兵《へい》を語《かた》らず

《戦争に負けた将軍は、兵法についてかれこれ言い訳をする資格がない意》失敗をした者は、その事について意見を述べる資格がない、ということ。

原文 敗軍の将は以《もっ》て勇を言う可《べ》からず。亡国の大夫《たいふ》は以て存《そん》を図る可からず〔（広武君が断わって言った）戦争に負けた将軍は勇気について語る資格がなく、滅んだ国の家老は国家の存立を考えることができない〕。〈史記《しき》・淮陰侯《わいいんこう》伝《でん》〉

売国《ばいこく》

《「国を売る」意で、自分の国を他国に売り渡すこと》自分個人の利益のために、自国に不利で他国の利益になるようなことをすること。自国の内情や秘密を敵国に通報して利益を得ること。「売国奴《ばいこくど》」は、売国的行為をする人間をののしって言う語。

原文 人《ひと》、蘇秦《そしん》を毀《そし》る者有りて曰《いわ》く、左右に国を売る反覆《はんぷく》の臣なり、将《まさ》に乱を作《な》さんとす〔蘇秦《そしん》の悪口を言う人がいて、あちらこちらに国を売り、心に裏表のある信用のできない臣である。やがて乱を起こすであろう、と言った〕。〈史記《しき》・蘇秦伝《そしんでん》〉

背水《はいすい》の陣《じん》

《兵法では、山を背にし、川（水）を前にして陣を構え、敵が渡ってくるところを撃つのが常法であるが、漢の韓信《かんしん》は、川を背にして軍陣を布《し》き、退けば水、進めば敵、同じ死ぬなら敵中にと、奮戦してついに敵を破って大勝したという故事から》退路を断って一歩も後へは引かない覚悟で事に当たること。「背水の陣を布《し》く」とも。例 二場所負け越して角番に立たされた大関は、まさに背水の陣でこの場所にのぞまなければならない。

原文 信《しん》乃《すなわ》ち万人をして先《ま》ず行きて出《い》で、水を背にして陣せしむ〔そこで韓信《かんしん》は一万人の兵を先にやって、進み出て川を背にして陣を構えさせた〕。〈史記《しき》・淮陰侯伝《わいいんこうでん》〉

類句 ◇河《かわ》を済《わた》り舟《ふね》を焼く ◆舟を沈め釜《かま》を破る

吐《は》いた唾《つば》は飲《の》めぬ

一度口にした言葉は、取り返しがつかないこと。

杯中《はいちゅう》の蛇影《だえい》

《壁に掛けてある角《つの》に彩色をして蛇《へび》の模様にしたものが、杯《さかずき》の中にうつったのを見て本物の蛇だと思い、神経を病んで病気となったが、説明を聞いて納得し治った、という故事から》何かをひどく気に病むことのたとえ。

原文 方《まさ》に飲まんと欲して、盃中《はいちゅう》に蛇《へび》有るを見、意《こころ》甚《はなは》だ之《これ》を悪《にく》む。既に飲みて疾《や》む、と。時に河南の聴《ちょう》（庁）事（役所のこと）の壁上に角《つの》有り、漆画《しつが》して蛇と作《な》す。広意《おも》うに盃中の蛇は即《すなわ》ち角の影ならん、と。〈晋書《しんじょ》・楽広伝《がくこうでん》〉

類句 ◆疑心暗鬼《ぎしんあんき》を生ず

掃《は》いて捨《す》てる程《ほど》《慣》

あり余る程たくさんあって、さほど価値があるとも珍しいとも思われない様子。例 昔と違って今は、大学出の人間など掃いて捨てる程いる。

灰《はい》になる《慣》

①死んで荼毘《だび》に付される。「灰となる」とも。例 人間みな灰になってしまえば同じだ。②⇩灰燼《かいじん》に帰《き》す

杯盤狼藉《はいばんろうぜき》

酒宴たけなわとなり、席が乱れて杯《さかずき》や盤《さら》などが散らかっている様子をいう。⇩狼藉《ろうぜき》

原文 日暮れて酒闌《さけたけなわ》、尊《そん》（樽）を合わせ坐《ざ》を促《うなが》し、男女席を同じくし、履舃《りせき》交錯し、杯盤狼藉《はいばんろうぜき》、堂上燭滅《しょくめつ》す〔日が暮れて酒宴はまっ盛り、酒樽《さかだる》を合わせ座を前に進め、男女が同じ席に座り、履物も入り乱れ、杯《さかずき》や皿《さら》がとり散らかり、堂のともし火が消える〕。〈史記《しき》・滑稽伝《こっけいでん》〉

灰吹《はいふ》きから蛇《じゃ》が出《で》る

《「灰吹き」は、たばこ盆の中に立ててある竹の筒。きせ

るたばこの吸い殻を吹き落としたり、叩《たた》き入れたりする》予期しない所から予期しない物が現われること。また、些《さ》細《さい》なことがきっかけとなり、思いがけない大事が起ること。「灰吹きから大蛇が出る」とも。

肺腑《はいふ》を衝《つ》く《慣》

《「肺腑《はいふ》」は、心の奥底》接する人の心に深い感銘や強い衝撃を与える。「肺腑《はいふ》を抉《えぐ》る」とも。例 公害の被害者の肺腑を衝《つ》く訴えに、関係者は声もなかった。

売文《ばいぶん》の徒《と》《慣》

小説家・評論家・ルポライターなど文筆によって生計を立てている人。軽蔑《けいべつ》して、また自嘲《じちょう》気味に用いる。例 作家などと気取っていても、所詮《しょせん》は売文の徒ではないか。

売名《ばいめい》

自分の利益のために、自分の名前を世間に広めようとすること。例 彼のやっていることは、慈善事業に名を借りた売名行為でしかない。

原文 子《し》は夫《か》の博学以《もっ》て聖を擬《ぎ》し、於于《おう》して以て衆を蓋《おびや》かし、独弦哀歌《どくげんあいか》、以て名声を天下に売る者に非《あら》ざるか〈あなたは、あの物知りで聖人面《づら》をし、でたらめを言って民衆をまどわし、世の乱れを嘆いては独り琴《きん》を奏で、哀れっぽい声で歌をうたって、世間に名声を売り込んでいる者ではないか〉。〈荘子《そうじ》・天地《てんち》〉

灰《はい》を飲《の》み胃《い》を洗《あら》う

《灰を飲んで胃の中の汚れを洗い清める、という意》心の底から悔い改めて善人となる。

原文 若《も》し某《ぼう》に自ら新たにするを許さば、必ず刀を呑《の》み腸を刮《えぐ》り、灰を飲み胃を洗わん〈もし私に過失を改めることを許して下さるならば、必ず刀を飲み込んで腸をえぐり、灰を飲んで胃袋の中を洗い、汚い心をすっかりきれいにします〉。〈南史《なんし》・荀伯玉伝《じゅんはくぎょくでん》〉

枚《ばい》を銜《ふく》む

《「枚《ばい》」は、箸《はし》に似た形のもので、両端にひもを付け口にくわえて頭の後ろでしばり、声を立てないようにしたもの。兵士や馬が夜襲の時に用いた》声を立てないさま。

原文 章邯《しょうかん》（秦《しん》の将軍）、夜枚《よるばい》を銜《ふく》みて、項梁《こうりょう》を定陶《ていとう》に撃つ〈章邯《しょうかん》は、夜になって兵や馬に枚《ばい》を銜《ふく》ませて、項梁《こうりょう》を定陶の地に攻撃した〉。〈漢書《かんじょ》・高帝紀《こうていき》〉

パイを分《わ》ける《慣》

《「パイ（pie）」は平たい円筒形の洋菓子。配分のもととなる全体量をいう》関係者や関係する組織・国家などの間で、獲得した利益をそれぞれに分ける。例 数か国で海底資源の共同開発に成功したが、いかにパイを分けるかで意見が対立した。

這《は》えば立《た》て立《た》てば歩《あゆ》めの親心《おやごころ》

健やかな子供の成長を願う親の心を表わした言葉。

破瓜《はか》

《「瓜《うり》」の字を二つに割ると「八」の字が二つできるところから》女子の十六歳をいう。原文 碧玉《へきぎょく》破瓜《はか》の時、郎為《ろうため》に情顛倒《てんとう》す〔碧玉は年が十六、彼はそのために心の平静を失ってうろたえた〕。〈玉台新《ぎょくだいしん》詠《えい》・孫綽《そんしゃく》・碧玉情人歌《へきぎょくじょうじんか》〉参考「破瓜期《はかき》」は女性の思春期のこと。

歯《は》が浮《う》くよう《慣》

聞いた人が不快に思うほど、言葉がきざであったり軽薄であったりする様子。例 歯が浮くようなお世辞を、よくも平気で言えるものだ。

量《はか》が行《い》く《慣》

仕事が順調に進み、能率が上がる。例 機械の調子が悪くて、予定していたほどには量《はか》が行かなかった。

馬革《ばかく》屍《しかばね》を裹《つつ》む

《昔、戦場で死んだ時には、その死体を馬の皮で包んで送り返したので》兵士が戦場で討ち死にすること。原文 援曰《えんいわ》く、……男児、要《よう》は当《まさ》に辺野《へんや》に死し、馬革《ばかく》を以《もっ》て屍《しかばね》を裹《つつ》み、還《かえ》りて葬らるべきのみ。何《なん》ぞ能《よ》く牀上《しょうじょう》に臥《ふ》し、児女子の手中に在らんや〔馬援《ばえん》が言った、男子たるものは当然国境の野で戦死し、死体を馬の皮で包んで送り帰されて葬られるべきである。なんで寝台の上に寝て、子供や女どもの手にかかってよかろうや〕。〈後漢書《ごかんじょ》・馬援伝《ばえんでん》〉

場数《ばかず》を踏《ふ》む《慣》

実地に数多くの経験を積み、場慣れする。例 さすが場数を踏んだベテラン刑事だけに、凄惨《せいさん》な現場でも冷静に対応していた。

歯《は》が立《た》たない《慣》

《堅くて嚙《か》めない意》相手が強すぎてとてもかなわない。例アマチュアはプロの棋士《きし》にはとても歯が立たない。

馬鹿《ばか》と鋏《はさみ》は使《つか》いよう

切れない鋏《はさみ》も使い方次第で役に立つように、愚かな者でも相応の仕事を与えれば役に立つものだ。類句◇阿呆《あほう》と剃刀《かみそり》は使いようで切れる

馬鹿《ばか》と餅《もち》には強《つよ》くあたれ

餅《もち》は力を込めて強くつくのがよいように、愚か者には、強い態度で接するのがよい、ということ。

馬鹿《ばか》にする《慣》

相手を能力のない者として見下したり、そのことを軽視したりしている気持ちを言動や態度に表わす。例あんなやつに負けるわけがないと、馬鹿《ばか》にしてかかったのが間違いだった。

馬鹿《ばか》に付《つ》ける薬《くすり》はない

愚かな者はどんなに注意しても分かろうとしないから、良くする方法はない。

馬鹿《ばか》にできない《慣》

迂闊《うかつ》に無視したり侮ったりできない様子。例毎日五十本も吸っていたらたばこ代も馬鹿《ばか》にできない額になる。類句◆馬鹿《ばか》にならない

馬鹿《ばか》にならない《慣》

大したことはないと甘く見ていると、とんでもないことになりかねない様子。例携帯電話の料金が毎月馬鹿《ばか》にならない額に上《のぼ》っている。類句◆馬鹿《ばか》にできない

馬鹿《ばか》になる《慣》

①そのものの本来の機能が失われて役に立たなくなる。例ねじが馬鹿《ばか》になって、きちんと締まらない。②組織などで無用の摩擦を避けるために、相手に批判的な態度をとったりせず、控え目に振る舞う。例ここは、部長の顔を立てて君が馬鹿になってくれないと、話がまとまらなくなるよ。

墓《はか》に蒲団《ふとん》は着《き》せられず

《親が死んでしまってから、墓石に蒲団《ふとん》を掛けても無駄《むだ》である》親が生きているうちに孝行をしなければ、死んでからではいくら後悔しても間に合わない、ということ。

類句 ◆孝行のしたい時分に親はなし

馬鹿《ばか》の一念《いちねん》

愚かな者でも一つ事に熱中すると、他のことに気をとられないから、思いも寄らない素晴らしいことを成し遂げることがあるものである。

馬鹿《ばか》の大足《おおあし》

足の大きい人をあざけっていう言葉。

参考 「馬鹿《ばか》の大足、のろまの小足《こあし》、ちょうどいいのは俺《おれ》の足」と続ける。

馬鹿《ばか》の大食《おおぐ》い

能も無いのに飯だけは人並み以上に食う、と大食漢をあざけっていう言葉。

類句 ◆馬鹿《ばか》の三杯汁《さんばいじる》

馬鹿《ばか》の三寸間抜《さんずんまぬ》けの一寸《いっすん》

⇩下種《げす》の一寸のろまの三寸馬鹿《ばか》の明けっ放し

馬鹿《ばか》の三杯汁《さんばいじる》

食事のとき何杯も汁のお代わりをする大食漢を、能も無いのにとあざけっていう言葉。

類句 ◆馬鹿《ばか》の大食い

馬鹿《ばか》の一《ひと》つ覚《おぼ》え

何か一つ覚えると、いつも得意げにそればかり振り回すこと。また、その様子をあざけっていう言葉。例 馬鹿《ばか》の一つ覚えで、宴会ではいつも同じ歌ばかり歌っている。

馬鹿程怖《ばかほどこわ》いものはない

世の中で何が怖いといって愚か者がいちばん恐ろしい。常軌を逸した人間は、常人の考えも及ばない無鉄砲なことをするから、きわめて危険である、ということ。

袴《はかま》の襠《まち》に雑魚《ざこ》たまる

袴《はかま》の内股《うちまた》の所の襠《まち》に小魚がたまるなどということは起こ

りえないことから、あり得ないこと。また、予期しない幸運に恵まれることのたとえ。

馬鹿《ばか》も休《やす》み休《やす》み言《い》え《慣》

そんな馬鹿《ばか》なことを言うなと、相手のあまりにも非常識な言に腹を立てて言うときの言葉。例 馬鹿も休み休み言え。いい年をして親に小遣いをくれとはなんだ。

測《はか》り難《がた》きは人心《ひとごころ》

人の心ほど分からないものはない、何より当てにならないのが人の心である、ということ。

謀《はかりごと》は密《みつ》なるを貴《たっと》ぶ

計略は秘密にしておくことが大切である。内容が漏れるとその備えをされ、成功がおぼつかなくなる危険性が大きい。

秤《はかり》にかける《慣》

⇩天秤《てんびん》にかける

馬鹿《ばか》を言《い》え《慣》

そんなことがあるものかと、相手の言うことを強く否定する言葉。例 馬鹿《ばか》を言え。今どきそんな安い土地があるものか。

馬鹿《ばか》を見《み》る《慣》

つまらない目に遭ったり損な立場に立たされたりする様子。例 近くの店でも買えたのに、わざわざ送料まで払って製造元から取り寄せて馬鹿《ばか》を見た。

吐《は》き気《け》を催《もよお》す《慣》

何かからひどく不快な感じを受ける。例 彼の、あのにやけた顔ときざな態度を見ると、吐き気を催す。

吐《は》き出《だ》すよう《慣》

我慢しきれないとばかりに、不愉快に思う気持ちを一言ぶっきらぼうに言う様子。「噛《か》んで吐き出すよう」とも。例 勝手にしろ、と吐き出すように言うと、ドアを蹴《け》って部屋を出て行った。

掃《は》き溜《だ》めに鶴《つる》

《掃《は》き溜《だ》めに舞い降りた清らかな姿の鶴《つる》、の意》優れたもの、貴いものが、全く不似合いなむさくるしい場所に存在する、ということ。「掃き溜めの鶴」「ごみために鶴」「掃き溜めに鶴が降りる」とも。
類句 ◆鶏群《けいぐん》の一鶴《いっかく》

馬脚《ばきゃく》を露《あら》わす

《芝居で、馬の足に扮《ふん》している役者の姿が、何かのはずみに見えてしまうこと》ごまかしていた素性や実力の程度が分かってしまう。〈元曲《げんきょく》・陳州《ちんしゅう》 糶米劇《ちょうまいげき》〉
類句 ◆化けの皮が剝《は》がれる

破鏡《はきょう》

《陳《ちん》の徐徳言《じょとくげん》夫妻が戦乱のために別れる時、後日の証拠にと鏡を破ってその一片ずつを持ったという故事から》夫婦の離別、離婚をいう。例 破鏡の憂き目に遭う。
原文 乃《すなわ》ち一鏡を破り、各々《おのおの》其《そ》の半ばを執り、約して曰《いわ》く、他日必ず正月の望（十五日）を以《もっ》て都市に売らん、と。陳《ちん》亡《ほろ》ぶるに及び、その妻果たして越公楊素《えっこうようそ》の家に入る。徳言、京に至り、遂《つい》に正月の望を以て都市を訪《と》う。蒼頭《そうとう》（下男）の半鏡を売る者有り。徳言半鏡を出《いだ》して以て之を合し、乃《すなわ》ち詩を題して曰く、鏡は人と倶《とも》に去り、鏡帰るも人帰らず。〈太平広記《たいへいこうき》・気義《きぎ》〉

破鏡《はきょう》再《ふたた》び照《て》らさず

⇩落花《らっか》枝に上《のぼ》り難し破鏡再び照らさず

歯切《はぎ》れがいい《慣》

《発音が明瞭《めいりょう》で、語尾などが聞き取りやすい意》物言いがきびきびして曖昧《あいまい》なところがなく、論旨が明快な様子。例 問題の核心について歯切れのいい答弁は得られなかった。反対 歯切れが悪い

伯牙絶絃《はくがぜつげん》

⇩知音《ちいん》

箔《はく》が付《つ》く《慣》

《「箔《はく》」を装飾に用いることから》優れた業績を上げるなどして、その方面で一段と重きを置かれるようになる。「箔を付ける」とも。例 あの学者も博士号を取って箔が付いた。

白眼《はくがん》

《晋《しん》の阮籍《げんせき》は、自分の気に合った人は青眼（黒眼）で迎え、気にいらない人は白眼で迎えたという故事から》冷ややか

な目つき。「白眼視する」の形で用いる。〈晋書《しんじょ》・阮籍伝《げんせきでん》〉
⇩青眼《せいがん》 例 この国では異教徒を白眼視する傾向が著しい。

莫逆《ばくぎゃく》の友《とも》

《「莫逆《ばくぎゃく》」は「逆《さか》らうこと莫《な》し」と読み、互いの心がぴったり合って、逆らうことがない意》意気投合した友。きわめて親しい友。
原文 四人相視《あいみ》て笑い、心に逆らうこと莫《な》し。遂《つい》に相与《あいとも》に友と為《な》れり。〈荘子《そうじ》・大宗師《だいそうし》〉

白玉楼《はくぎょくろう》

《「楼」は、高い建物》文人が死んでから行くという楼。
例 将来に期待を抱かせながら、若くして病魔に冒され、白玉楼中の人となる〈文芸に携わっていた人が、年若くして死ぬ〉。
原文 長吉《ちょうきつ》（李賀《りが》の字《あざな》）将《まさ》に死せんとする時、或《あ》る昼《ひる》、一緋衣《ひい》の人、赤虯《せききゅう》（赤い竜《りゅう》）に駕《が》し、一版書《いちはんしょ》を持《じ》するを見る。……云《い》う、当《まさ》に長吉を召すべし、と。……賀、去《ゆ》くを願わず。緋衣の人笑って曰《いわ》く、帝、白玉楼を成す。立《たちどころ》に君を召して記を為《つく》らしむ。天上は差《やや》楽し、苦しからざるなり、と。〈唐詩紀事《とうしきじ》・李賀《りが》〉

白日《はくじつ》の下《もと》に晒《さら》す《慣》

隠し通そうとしていた事柄が、世間の人の知るところとなる。例 検察陣の取り調べで、汚職事件の全貌《ぜんぼう》が白日の下に晒《さら》されることとなった。

白紙《はくし》で臨《のぞ》む《慣》

事前に対策を立てたり先入観を抱いたりせずに、事に当たる。例 交渉の場には白紙で臨み、相手の出方を待つことにする。

白紙《はくし》に戻《もど》す《慣》

それまでのいきさつをすべて無かったことにして、もとの状態に戻す。「白紙に返す」とも。例 用地の買収でつまずき、工場の移転計画を白紙に戻さざるを得なくなった。

拍車《はくしゃ》をかける《慣》

《「拍車」は、乗馬靴のかかとに付ける金具。馬の腹を蹴《け》って速く走らせるのに用いる》それがきっかけとなって、何かの進行を一段と早める。例 相次ぐ公共料金の値上げが、インフレに拍車をかけることになった。

白寿《はくじゅ》

《「百」の字の「一」を除くと「白」の字になるところから》九十九歳の別称。

麦秋《ばくしゅう》

《麦が熟する時期を、一般に穀物が実る秋に擬して言った語》麦の収穫期の初夏のころ。むぎあき。

原文 孟夏《もうか》（初夏）の月、……麦秋《ばくしゅう》至る。〈礼記《らいき》・月令《がつりょう》〉

麦秀《ばくしゅう》の嘆《たん》

《殷《いん》の王族の箕子《きし》が、滅びた殷の都の跡を通り過ぎそこが麦畑となっているのを見て、悲しみのあまり麦秀の歌を作った故事から》亡国の嘆き。

原文 箕《き》子《し》周《しゅう》に朝《ちょう》し、故《もと》の殷《いん》の虚《きょ》（墟）に過《よぎ》る。宮室毀壊《きかい》し、禾黍《かしょ》を生ずるに感じ、箕子之《これ》を傷《いた》む。……乃《すなわ》ち麦秀の詩を作り、以《もっ》て之を歌詠す。其《そ》の詩に曰《いわ》く、麦秀《むぎひい》でて漸漸《ぜんぜん》たり、禾黍油油《ゆうゆう》たり、彼《か》の狡童《こうどう》、我と好《よ》からざりき〔箕子《きし》は周の国に行く時、もとの殷《いん》の都を通ると、宮殿はこわれ、稲や黍《きび》が生えているのを見て悲しんだ。そこで麦秀の詩を作ってその気持ちを歌った。殷の都の跡は、麦の穂が出そろい、稲や黍はつややかに茂っている。あのいたずらな小せがれ（紂王《ちゅうおう》）は私とうまくいかなかったな〕。〈史記《しき》・宋微子世家《そうびしせいか》〉

莫大《ばくだい》

《「（これより）大なるは莫《な》し」の意》極めて大きいこと。

原文 徳沢加わること有るすら猶《な》お尚《な》お是の如《ごと》し、況《いわ》んや莫大《ばくだい》の諸侯の権力且《か》つ此《こ》れを十にする者をや。〈漢書《かんじょ》・賈誼伝《かぎでん》〉

伯仲《はくちゅう》の間《かん》

《兄弟の順を「伯《はく》・仲《ちゅう》・叔《しゅく》・季《き》」というが、長兄の「伯」と次兄の「仲」とでは年齢があまり違わないところから》どちらも共に優れていて、優劣がつけにくいこと。

原文 傅毅《ふき》の班固《はんこ》に於《お》ける、伯仲の間のみ〔後漢の文人である傅毅《ふき》と班固《はんこ》は、その実力に優劣がつけられない〕。〈魏《ぎ》文帝《ぶんてい》の文、典論《てんろん》〉

博打《ばくち》を打《う》つ

《慣》万に一つの成功を期待して、失敗の危険が大きいにもかかわらず思い切ってやってみる。例 博打《ばくち》を打って海外に生産拠点を移したのが見事に当たった。

白頭新《はくとうしん》の如《ごと》く傾蓋故《けいがいこ》の如《ごと》し

⇩傾蓋《けいがい》旧の如《ごと》し

白髪三千丈《はくはつさんぜんじょう》

《「三千丈」は、長さを誇張した表現》長年の憂いで、頭髪が白くなり、とてつもなく長く伸びた、と嘆じた表現。大げさな表現のたとえにいう。

原文 白髪三千丈、愁《うれい》に縁《よ》りて箇《かく》の似《ごと》く長し。〈李白《りはく》の詩、秋浦《しゅうほ》の歌《うた》〉

白馬《はくば》は馬《うま》に非《あら》ず

戦国時代の公孫竜《こうそんりゅう》が唱えた説。馬は白馬だけに限らない、白馬を馬といえば、他の黒馬や赤馬は馬ではないことになる。馬という抽象的概念と白馬という具体的概念とは違うのだから白馬は馬ではないのである、という論。詭弁《きべん》（こじつけの議論）の意に用いられる。〈公孫竜子《こうそんりゅうし》・白馬論《はくばろん》〉

参考 『韓非子《かんぴし》』外儲説《がいちょせつ》左上に、宋国《そうこく》の弁論家の児説《げいえつ》が、白馬は馬に非ず、を持論として、斉《せい》の国都に集まっていた天下一流の弁論家たちを抑えつけ、得意になり白馬に乗って関所を通ったところが、あっさり馬の税を取られてしまった、というひやかしの話がある。

類句 ◆堅白同異《けんぱくどうい》の弁

白眉《はくび》

《三国時代、蜀《しょく》の馬氏《ばし》に優秀な五人の子がいたが、中でも馬良《ばりょう》が最も優れていた。その馬良の眉《まゆ》に白い毛がまじっていたので、世人は五人兄弟のうち白眉《はくび》の者が一番よいと言った、という故事から》多くの優れたものの中でも特に優れているもの、傑出した存在をいう。

原文 馬良《ばりょう》……兄弟《けいてい》五人、並びに才名有り。郷里之《これ》が諺《ことわざ》を為《つく》りて曰《いわ》く、馬氏の五常、白眉《はくび》最も良し、と。良は眉中に白毛有り、故に以《もっ》て之を称す〈馬良は兄弟五人が皆秀才であった。村の人々がことわざを作り、馬さんの家の五人の子（五人とも字《あざな》に常の字がついていた）は、白い眉のが一番よいと言った。というのは良の眉毛の中には白い毛があったからである〉。〈三国志《さんごくし》・蜀志《しょくし》・馬良伝《ばりょうでん》〉

薄氷《はくひょう》を踏《ふ》む

非常に危険な状況に身を置く様子。例 不況下で商売を続けてきたが、薄氷を踏む思いだった。

類句 ◆深淵《しんえん》に臨んで薄氷を踏む

薄氷《はくひょう》を履《ふ》むが如《ごと》し

《薄く張った氷の上を歩くように、きわめて危険であるという意》非常に危険な状況に身を置くことのたとえ。

原文 戦戦兢兢《せんせんきょうきょう》（びくびくする）として、深淵《しんえん》に臨むが如《ごと》く、薄氷《はくひょう》を履《ふ》むが如し。〈詩経《しきょう》・小雅《しょうが》・小旻《しょうびん》〉

類句 ◆虎《とら》の尾を踏む

白璧《はくへき》の微瑕《びか》

《「白璧《はくへき》」は、輪の形をした平たく白い宝玉》ほぼ完璧《かんぺき》といえるものに認められる、ごくわずかな欠点。

原文 白璧《はくへき》の微瑕《びか》は、惟《た》だ閑情《かんじょう》の一賦《いっぷ》に在り〔（陶淵明《とうえんめい》の作品の中で、あまり出来がよくなくて）玉にきずと言うべきものは、『閑情の賦』一つだけである〕。〈昭明太子《しょうめいたいし》の文、陶淵明集序《とうえんめいしゅうじょ》〉

類句 ◆玉《たま》に瑕《きず》

白面《はくめん》の書生《しょせい》

年が若くて経験に乏しい学者。青二才。

原文 国を伐《う》たんと欲して白面の書生と之《これ》を謀る。事何《ことなに》に由《よ》りてか済《な》らん。〈宋書《そうじょ》・沈慶之伝《しんけいしでん》〉

伯楽《はくらく》

《「伯楽」は、天帝の馬をつかさどる星の名》馬の良否をよく見分ける人。

原文 伯楽に至るに及んで曰《いわ》く、我善く馬を治む、と。〈荘《そう》子《じ》・馬蹄《ばてい》〉

歯車《はぐるま》が噛《か》み合《あ》わない《慣》

協調・協力が必要な者どうしの考えや意気がうまく合わず、スムーズに事が運ばない様子。例 理事と教職員との歯車が噛《か》み合わず、大学運営に支障をきたすまでになった。

化《ば》けの皮《かわ》が剝《は》がれる《慣》

隠していた正体が見破られる。「化けの皮が現われる」とも。例 闇《やみ》金融をしていたことが暴かれ、投資コンサルタント会社の化けの皮が剝《は》がれた。他 **化けの皮を剝《は》がす**

類句 ◆馬脚《ばきゃく》を露《あら》わす

歯応《はごた》えがある《慣》

こちらがしたことにそれ相応の反応があり、十分に報い

られたと感じられる様子。例このクラスは熱心な学生が多く、講義をしても歯応えがある。反対 **歯応えがない**

箸《はし》が転《ころ》んでもおかしい

箸《はし》が転がるような何でもないことでもおかしくて笑う、十代後半の年ごろの女の子を指す言葉。例箸が転んでもおかしい年ごろの女子高生は、まじめな話でも笑い出す。

梯子酒《はしござけ》をする 《慣》

次から次へと店を変えて酒を飲み続ける。「梯子をする」とも。例誘われるままについ梯子酒をしてしまい、今朝《けさ》は二日酔いだ。

梯子《はしご》を外《はず》される 《慣》

(上で仕事をしているのに、かけてある梯子《はしご》を外される意から)何かに取り組んで気付かずにいる間に、上役や仲間に裏切られ、逆境に立たされる。例海外出張中に梯子を外され、帰国したら閑職に回されていた。

馬耳東風《ばじとうふう》

(「東風」つまり春風が吹いても、馬には何の感慨もない意)人の意見や批評などを気にもとめずに聞き流すこと。例よほど面《つら》の皮が厚いとみえて、どんなに非難されても馬耳東風と聞き流している。原文 世人《せじん》これを聞いて、みな頭《こうべ》を掉《ふ》り、東風《とうふう》の馬耳《ばじ》を射るが如《ごと》きあり(世間の人たちは、これを聞くとみな頭を振って否定し、春風が馬の耳に吹きつけているようなものであった)。〈李白《りはく》の詩、王十二《おうじゅうに》の寒夜独酌《かんやどくしゃく》し懐《おも》い有《あ》るに答《こた》う〉

類句 ◇兎《うさぎ》に祭文《さいもん》 ◆馬の耳に念仏 ◆豚《ぶた》に真珠

端《はし》なくも 《慣》

全くの偶然で予想もしていなかった事態に遭遇する様子。例抽選の結果、端なくも前回の優勝校と対戦することになった。

箸《はし》に目鼻《めはな》

体の痩《や》せ細った人のたとえ。

箸《はし》にも棒《ぼう》にもかからない

あまりにも劣っていて、何とも扱いようがない様子。

箸《はし》の上《あ》げ下《お》ろし 《慣》

そのマナーが問題にされる、日常生活の中でのちょっとした動作。例 亡き母には箸《はし》の上げ下ろしまで厳しくしつけられた。

恥《はじ》の上塗《うわぬ》り《慣》

恥をかいた上に、それを取り繕おうとしてさらに恥になるようなことをすること。例 いまさら見苦しい弁解をするのは恥の上塗りだ。

始《はじ》まらない《慣》

今になって何かをしても、すでに時機を失していて何の役にも立たない様子。例 あの時、私の忠告を聞かなかったのだから、いまさら後悔しても始まらないよ。

始《はじ》めあるものは終《お》わりあり

物事には必ず始めと終わりがあり、永久に続くことはない。

原文 生ある者は必ず死あり、始めある者は必ず終わりあるは、自然の道なり。〈法言《ほうげん》・君子《くんし》〉

参考 『詩経《しきょう》』大雅・蕩《とう》に「初め有らざるは靡《な》し、克《よ》く終わり有ること鮮《すくな》し」とある。

初《はじ》めの囁《ささや》き後《のち》のどよみ

噂《うわさ》は、初めはほんのちょっとしたことであっても、やがては世間に広まって大騒ぎになるものだ、ということ。

始《はじ》めは処女《しょじょ》の如《ごと》く終《お》わりは脱兎《だっと》の如《ごと》し

《最初は、処女のように弱々しく見せて敵を油断させ、のちには、逃げる兎《うさぎ》のように俊敏に行動して、敵を、なすすべがない状態にする》初めはぱっとしないが、あとになって手腕を発揮することのたとえ。

原文 是《こ》の故に始めは処女の如《ごと》く、敵人戸《てきじんこ》を開く。後《のち》は脱《だっ》兎《と》の如く、敵拒《ふせ》ぐに及ばず〔だから、初めは乙女《おとめ》のように弱々しく見せるから、敵は戸を開いて警戒しない。あとでは逃げ出す兎《うさぎ》のように、すばやく攻撃し、敵は防ごうとしても間に合わない〕。〈孫子《そんし》・九地《きゅうち》〉

恥《はじ》も外聞《がいぶん》も無《な》い《慣》

事態が切迫していて、そんなことをしては恥ずかしいとか、みっともないなどということを気にしてはいられない様子。例 あまりの痛さに恥も外聞も無く泣きわめいた。

馬車馬《ばしゃうま》のよう《慣》

《馬車を引く馬には、わき見をしないように目の両側におおいをつけることから》他のことにはいっさい目を向けてはいられない状況で、ただがむしゃらに行動する様子。例 この二十年朝から晩まで馬車馬のように働いて、やっとマイホームを手に入れた。

橋渡《はしわた》しをする《慣》

直接交渉するすべのない両者の間に立って、仲を取り持つ。「橋をかける」とも。例 中立国が橋渡しをして、停戦協定を締結させる。

恥《はじ》を言《い》わねば理《り》が聞《き》こえぬ

自分の事情を相手によく理解してもらうには、普通ならば言うに忍びないような自分の恥をも敢《あ》えて打ち明けなければならないものである、ということ。

恥《はじ》をかく《慣》

人前で失敗などをして、恥ずかしい思いをする。例 知ったかぶりをして、とんだ恥をかいた。⇩赤恥《あかはじ》をかく

恥《はじ》を曝《さら》す《慣》

恥ずべきことをして、世間のもの笑いになる。例 由緒正しい名家も、身内の醜い遺産争いが長引いて、世間に恥を曝《さら》した。

恥《はじ》を知《し》れ《慣》

自分のしたことがどんなに恥ずべき行為であるかをよく考えてみよの意で、相手の行為に反省を求めるときの言葉。例 酒に酔って醜態をさらすとは何たることか、少しは恥を知れ。

恥《はじ》を雪《すす》ぐ《慣》

失った面目や名誉を取り戻す。例 何としても裏切り者の汚名を着せられて死んだ父の恥を雪《すす》ぎたい。

箸《はし》をつける《慣》

出された料理を食べる。例 姑《しゅうとめ》は私が作った料理には箸《はし》をつけようとしなかった。

バスに乗《の》り遅《おく》れる

世間の動きから取り残されてしまう。例 祖母は、バスに乗り遅れまいと、七十歳を過ぎてからパソコン教室に通い始めた。原文 miss the bus という語からの訳語。

蓮《はす》の台《うてな》の半座《はんざ》を分《わ》かつ

二人が死んでも共に極楽に往生して、同じ蓮《はす》の花に身を託す意で、夫婦の仲がよいことをいう。類句 ◆一蓮托生《いちれんたくしょう》

弾《はず》みがつく《慣》

何かの刺激を受けて、物事に勢いが生じ、その傾向が一層強まる。例 地区予選を通過したことで、全国大会に向けて練習に一段と弾みがついた。他 **弾みをつける**

弾《はず》みを食《く》う《慣》

何かの影響をまともに受けて思いがけない目に遭う。「弾みを食らう」とも。例 親会社倒産の弾みを食って、下請け会社も次々と倒産してしまった。

旗色《はたいろ》が悪《わる》い《慣》

形勢が不利な状況にある。例 反対運動が高まるにつれ、マンション建設業者の旗色が悪くなってきた。反対 **旗色がいい**

肌《はだ》が合《あ》う《慣》

考えや好みが一致し心を許して付き合える。例 これといった理由はないのだが、あの人とはどうも肌が合わない。

裸一貫《はだかいっかん》《慣》

何か仕事を始めようとするときに、自分の才覚や体以外には何の元手もない様子。例 裸一貫から身を起こして、今日の大会社を築き上げた人物。

裸《はだか》で道中《どうちゅう》はならぬ

無一文では旅行はできない意で、何をするにも相応の準備が必要であるということ。

裸《はだか》で物《もの》を落《お》とす例《ためし》なし

何一つ身につけていない者が物を落とすわけがないよう

に、無一物の者は損をしたり、物を落としたりする心配がないということ。「裸で物を落とした例《ためし》なし」とも。
類句 ◇裸馬《はだかうま》に怪我《けが》無し

裸《はだか》になる《慣》
①見栄《みえ》を捨てて、率直な態度をとる。例 ここはひとつ裸になって話し合おうじゃないか。②⇩**丸裸になる**

裸百貫《はだかひゃっかん》
男というものは、いつどんな優れた働きをするか分からないから、たとえ無一物でも百貫文《もん》の値打ちはある、ということ。

畑《はたけ》が違《ちが》う《慣》
専門とする領域が違う。例 理論物理学のことは畑が違うので、私には分からないことが多い。

肌触《はだざわ》りがいい《慣》
肌に触れたときの感じが快い意で、その人から受ける感じが好ましい様子。例 あの人とは一度会っただけだが、穏やかで肌触りがいい人だった。

裸足《はだし》で逃《に》げる
その分野の専門家でさえも、その人の力量が非常に優れているのに驚いて、履物も履かずに逃げ出す。ある分野に飛び抜けて優れていることのたとえ。
参考「玄人裸足《くろうとはだし》」は、ある技術・芸能に熟達した専門家でさえも、裸足《はだし》で逃げ出す意。

旗印《はたじるし》にする《慣》
〔「旗印」は、昔の戦いで旗に紋所などを書いて部隊の目印としたもの〕団結して事に当たる際に、あることをその行動目標として掲げる。例 明治維新後、日本は欧米に追い着き追い越せを旗印にして走り続けてきた。

二十後家《はたちごけ》は立《た》つが三十《さんじゅう》後家《ごけ》は立《た》たぬ
それほど結婚生活を経験しないうちに若くして夫に死なれた女性は、操を立てて再婚しないで通せるが、長く生活を共にして夫婦間の喜びなどを知ってから夫に死なれた女性は、再婚することが多い。

肌《はだ》で感《かん》じる《慣》 実際に身をもって体験する。例 実際に被災地に赴き、その悲惨さを肌で感じなければ、真の救済活動はできない。

肌身離《はだみはな》さず《慣》 大切なものとして、それを常時携行している様子。例 単身で海外へ赴任した彼は、家族の写真を肌身離さず持ち歩いている。

旗《はた》を揚《あ》げる《慣》《兵を集め、戦いを始める意から》目標を掲げ、活動を始める。「旗揚げする」とも。例 前衛的な演劇活動の旗を揚げ、精力的に公演を行なう。

肌《はだ》を合《あ》わせる《慣》 異性との肉体的関係を持つ。例 名ばかりの結婚式は挙げたものの、肌を合わせることもなく夫は戦地へ飛び立って行った。

旗《はた》を掲《かか》げる《慣》 理想や目標を広く世間に示して、それに向かって進む。例 核廃絶の旗を掲げて、平和運動を展開する。

旗《はた》を巻《ま》く《慣》《掲げていた軍旗を巻いて納める意から》それ以上続けても勝算または成功の見込みがないと判断して、やめることにする。例 形勢我に利あらずと見て、旗を巻いて業界から撤退することにした。

肌《はだ》を許《ゆる》す《慣》 女性が男性の気持ちを受け入れて肉体関係を持つ。例 ちょっと気が合ったぐらいで、安易に肌を許すものではない。

罰《ばち》が当《あ》たる《慣》 神仏の懲らしめが下されるの意で、悪事や思い上がりを戒めたり、当然の報いだと決めつけたりして言う言葉。例 あんなに世話になった人の悪口を言うと、罰《ばち》が当たるぞ。

破竹《はちく》の勢《いきお》い 《竹《たけ》は初めの一節を割れば、あとは一気に割れることから》とどまることを知らないほど、勢いよく進む様子。例優勝決定戦まで破竹の勢いで勝ち進んだ。

原文 今《いま》、兵威《へいい》已《すで》に振るう、譬《たと》えば竹を破るが如《ごと》し、数節の後、刃《やいば》を迎えて解け、復《ま》た手を著《つ》くる処《ところ》無し〔今こちらの兵威は盛んになっており、例えば、竹を割るようなもので、数節の先までも刃が行くなりに割れてしまい、全く手をつける場所がないくらいである〕。〈晋書《しんじょ》・杜預伝《どよでん》〉

八十八夜《はちじゅうはちや》の別《わか》れ霜《じも》

〔八十八夜は、立春から数えて八十八日目、五月二、三日ごろ。「別れ霜」は、春の終わりに降りる霜〕八十八夜を過ぎると、霜はもう降りなくなる。

八《はち》の字《じ》を寄《よ》せる《慣》

⇩額《ひたい》に八の字を寄せる

蜂《はち》の巣《す》のよう《慣》

〔蜂《はち》の巣は穴が多いことから〕小さな穴が無数にあいている様子。例 機銃掃射を浴びたトタン屋根は蜂の巣のように穴だらけだった。

蜂《はち》の巣《す》をつついたよう《慣》

騒ぎが大きくなって収拾がつかなくなっている様子。例 ピストルを持った犯人が逃げ込んだといううわさが流れて、町は蜂《はち》の巣をつついたような騒ぎになった。

八面六臂《はちめんろっぴ》

⇩三面六臂《さんめんろっぴ》

ばつが悪《わる》い《慣》

自分にやましい点があるなどして、その場にいるのを気まずく思う様子。例 図書館へ行くといって家を出たのにパチンコ屋にいるのを見られて、ばつの悪い思いをした。

罰金《ばっきん》ものだ《慣》

〔罰金を支払うべき行為だという意で〕規則違反や他人の迷惑になるような行為を、そのまま許すわけにはいかないと決めつける様子。例 約束の時間に三十分も遅れて来るなんて罰金ものだ。

白駒《はっく》の隙《げき》を過《す》ぐるが如《ごと》し

人の一生は、隙間《すきま》から白い馬が走り過ぎるのを見るような、ほんの一瞬のものである、という意で、年月のたつのが非常に早いことのたとえ。

原文 人の天地の間に生《い》くるは［人間が天地の間に生きながらえている時間は］、白駒《はっく》の隙《げき》を過《す》ぐるが若《ごと》く、忽然《こつぜん》たるのみ。〈荘子《そうじ》・知北遊《ちほくゆう》〉
類句 ◆烏兎匆匆《うとそうそう》 ◆光陰矢の如《ごと》し

跋扈《ばっこ》
《「扈《こ》」は、魚を捕らえるために水中に設けた竹かご。大きい魚は扈を躍り越えて逃げてしまうことから》我がもの顔に振る舞うこと。のさばりはびこること。
原文 往年《おうねん》、赤眉《せきび》（賊の名）長安に跋扈《ばっこ》す。〈後漢書《ごかんじょ》・朱《しゅ》浮伝《ふでん》〉

抜山蓋世《ばつざんがいせい》
《「山を抜き世を蓋《おお》う」と読む》山をも引き抜くほどの力と、一世をおおうほどの壮大な気力。勇壮な気性の形容。〈史記《しき》・項羽紀《こううき》〉⇩**蓋世**《がいせい》**の雄**《ゆう》

はったりをかける《慣》
自分に有利に事を進めようと、事実でもないことをもっともらしく言ったり大げさに言ったりして相手を恐れさせる。例 警察関係の者だとはったりをかけたら、言い掛かりをつけてきた男は恐れをなして逃げていった。

はったりを利《き》**かせる**《慣》
物事を大げさに言ったりもっともらしく言ったりして、自分を実際より優れているように見せかける。例 あいつは生意気な奴《やつ》だから、お宅の社長とは昵懇《じっこん》の仲だと、はったりを利かせておいた。

ぱっとしない《慣》
人目を引く、また、人に自慢できるような、優れた点が認められない様子。例 あの人は真面目なだけであまりぱっとしないが、宴会となると盛り上げるのがうまく、欠かせない存在だ。

発破《はっぱ》**をかける**《慣》
《「発破」は、鉱山や土木工事で用いる爆破装置》何かを頑張ってやるようにと、強い口調で励ます。例 ここでチームの意地を見せろと、監督が選手に発破をかける。

八方美人《はっぽうびじん》
《どこから見ても文句の付けようがない美人の意》誰《だれ》か

らもよく思われようとして、相手に合わせて自分の意見や態度を無節操に変え、人と対立しないようにと振る舞う人。

八方塞《はっぽうふさ》がり《慣》

《陰陽道《おんようどう》で、どの方角に向かって事を行なっても不吉な結果を招く状態にあることから》現在の行き詰まった状態を打開しようとしても、種々の障害に妨げられ、どうにも動きがとれない様子。例 売り上げは落ちる、原料は値上がりする、銀行融資は断わられると、八方塞《はっぽうふさ》がりで、倒産寸前の状態だ。

八方破《はっぽうやぶ》れ《慣》

相手に対して構えたところがなく、どこからでも攻め込まれそうな、すきだらけの状態である様子。また、生活態度が自由奔放な様子。例 振り返ってみると八方破れの人生で、立身出世とはおよそ縁がなかった。

抜本塞源《ばっぽんそくげん》

《「本《もと》を抜き源《みなもと》を塞《ふさ》ぐ」と読み、一番もとになる原因を抜きとって、根本から弊害を取り除く意》問題のある物事を、根本にまでさかのぼって処置すること。明《みん》の王陽明は「抜本塞源《そくげん》論」を唱えた。多く「抜本的」と用いられる。例 対処療法では間に合わない。抜本的な改革が必要だ。

原文 伯父《はくふ》、若《も》し冠《かん》を裂き冕《べん》を毀《やぶ》り、本《もと》を抜き原《みなもと》を塞《ふさ》ぎ、専ら謀主を弃《す》つれば、戎狄《じゅうてき》と雖《いえど》も、其《そ》れ何ぞ余一人に有らんや〔《私と伯父《おじ》との関係は、衣服に冠冕《かんべん》があり、木に根、水に源があり、人民に一族の長老があるようなものです》我が周室と親しいあなたまでが、冠冕を破り、木の根を抜き取り、水源をふさぎ、一途《いちず》に長老を追い払うように、我が周室をないがしろにするならば、いやしい異民族までも、きっと天子である私をないがしろにするでしょう〕。〈左《さ》伝《でん》・昭公《しょうこう》九年〉

初物七十五日《はつものしちじゅうごにち》

《「初物」は、その季節に初めて収穫された穀物・野菜・果実や出盛りに先駆けて市場に出る走りの魚など》初物を食べると、寿命が七十五日延びる、ということ。

撥乱反正《はつらんはんせい》

《「乱を撥《おさ》め正に反《かえ》す」と読む》世の乱れを直して、もとの正しい状態に戻すこと。

原文 乱世《らんせい》を撥《おさ》めて、これを正《せい》に反《かえ》すは、春秋より近きは

なし〔乱れた世を治めて、これを正しい道に戻すのは、『春秋』の精神に基づくのが早道である〕。〈公羊伝《くようでん》・哀公《あいこう》十四年〉

ばつを合《あ》わせる《慣》

相手の発言などに適当につじつまを合わせて、その場を取り繕う。例 部長の発言の真意がよく分からなかったが、ばつを合わせて、はいはいと言っておいた。

破天荒《はてんこう》

〔「天荒」は、未開の地の意。今まで人材が出たことがない地方から初めて人材が出たとき、天荒を破ったと言われたことから〕今まで誰《だれ》もやらなかったことをする様子。例 三十代の社員を大企業のトップに据える破天荒な人事で、世間をアッと言わせた。

原文 劉蛻《りゅうぜい》……荊解《けいかい》を以《もっ》て及第す。破天荒と為《な》す〔劉蛻《りゅうぜい》が初めて、今まで合格者を出したことのない荊州《けいしゅう》から、都へ送り出されて、官吏登用試験に合格したので、人々は破天荒であると言った〕。〈北夢瑣言《ほくぼうさげん》〉

鳩《はと》が豆鉄砲《まめでっぽう》を食《く》ったよう《慣》

突然の出来事にあっけにとられ、きょとんとしている様子。例「お前が張本人だな」といきなり言われて、彼は訳《わけ》が分からず、鳩《はと》が豆鉄砲を食ったような顔をしていた。

鳩《はと》に三枝《さんし》の礼《れい》あり 烏《からす》に反哺《はんぽ》の孝《こう》

〔鳩《はと》は親鳥のいる枝から三本下の枝に止まり、烏《からす》は成長してからは親鳥の口にえさを含ませる〕子は親に礼儀を尽くし、養育の恩に報いるべきであることをたとえた言葉。

バトンを渡《わた》す《慣》

地位や職務などを後の人に引き継ぐ。例 この辺で若い者にバトンを渡して実業界から引退しようと思う。

鼻息《はないき》が荒《あら》い《慣》

気負って激しい意気込みを見せる様子。例 相手が誰《だれ》だろうと必ず勝つなどと、鼻息が荒い。

鼻息《はないき》を窺《うかが》う《慣》

目上の人に接するときに、その表情から、機嫌の良《よ》し悪《あ》しなどをそれとなく察する。例 上役の鼻息を窺《うかが》いながら、恐る恐る意見を具申する。

鼻歌《はなうた》まじり《慣》

鼻歌を歌いながら何かをする意で、浮き浮きした気分で調子よく仕事などをする様子。例何かいいことがあったとみえて、母は鼻歌まじりで部屋の掃除をしている。

花多《はなおお》ければ実少《みすく》なし

花が多く咲く木は、その花の数ほどには実をつけないものである、の意で、うわべを飾る者は誠実さに欠ける、ということのたとえ。

類句 ◆巧言令色鮮し仁《こうげんれいしょくすくなしじん》

鼻《はな》が胡座《あぐら》をかく《慣》

〔胡座《あぐら》をかくと両ひざが横に張った形になることから〕

鼻が低く、小鼻が横に広がっているのが目立つ様子。

鼻《はな》が利《き》く《慣》

匂《にお》いを敏感に嗅《か》ぎ分ける意で、秘密などを敏感に察知する様子。例私がここに居るのを突き止めたとは、よくよく鼻の利く奴《やつ》だ。他鼻を利かす

鼻《はな》が高《たか》い《慣》

人に自慢できるようなことがあって、得意になっている様子。例卒業生からノーベル賞受賞者が出て、我が校も鼻が高い。

鼻《はな》がつかえる《慣》

前の方がつかえていて先に進めない様子。また、部屋などが非常に狭い様子。例水害で家を失い、今は鼻がつかえるような六畳一間に、親子四人が寝起きしている。

鼻《はな》が曲《ま》がる《慣》

耐えがたい悪臭が鼻を刺激する様子。例裏通りには生ごみが放置され、鼻が曲がるほどの悪臭が漂っていた。

鼻薬《はなぐすり》を嗅《か》がせる《慣》

ちょっとした賄賂《わいろ》を贈る。「鼻薬を利《き》かせる」とも。例営業担当のしかるべき人に鼻薬を嗅《か》がせておいたから、この取り引きはうまくいくだろう。

鼻糞丸《はなくそまる》めて万金丹《まんきんたん》

《「万金丹」は、胃腸病・解毒など諸病に効くとされた薬》売薬の効き目が当てにならないのを冷やかしていった言葉。また、薬の原料には、案外いかがわしいものが多かったということ。

鼻毛《はなげ》を数《かぞ》える《慣》

相手を見くびって巧みにあしらう。特に、女性が自分に惚《ほ》れている男性の弱みにつけ込んで、面白半分に思いのままにあしらうこと。例 彼はのぼせあがっていて、相手の女に鼻毛を数えられていることに一向に気付く様子がない。

類句 ◆鼻毛を読む

鼻毛《はなげ》を抜《ぬ》く《慣》

相手を見くびって、だましたり出し抜いたりする。例 クラブの女に鼻毛を抜かれて喜んでいるのだから、彼も救いようがないよ。

鼻毛《はなげ》を伸《の》ばす《慣》 ⇩**鼻の下を長くする**

鼻毛《はなげ》を読《よ》む《慣》 ⇩**鼻毛を数える**

鼻声《はなごえ》を出《だ》す《慣》

女性が、甘えて鼻にかかった声を出す。例 恋人に鼻声を出してねだられ、つい高い物を買わされてしまった。

話《はなし》が合《あ》う《慣》

お互いの好みが似ていたり、共通の関心事があったりして、楽しく話ができる。例 彼とは初対面だが、同郷ということで話が合い、夜遅くまで話し込んでしまった。

話《はなし》がうま過《す》ぎる《慣》

あまりにも条件がいい話で、かえって信じがたいと思う。例 百万円出資すれば一年後には二倍以上の収益が保証されるなんて、どうも話がうま過ぎる。

話《はなし》がこわれる《慣》

まとまりかけていた交渉などがうまく行かなくなり駄目になる。特に、縁談についていう。例 相手の経歴詐称が分かって結婚の話がこわれた。他 **話をこわす**

話《はなし》が違《ちが》う《慣》

取り決めてあった約束や条件が守られていないと、相手に対して非難していう言葉。例一週間で仕上がると言ったのに十日たってもできないとは、話が違うじゃないか。

話《はなし》が付《つ》く《慣》

交渉や相談がまとまって決着する。また、もめごとなどが話し合いで解決する。例垣根の費用を折半することで隣の家と話が付いた。他話を付ける

話《はなし》が弾《はず》む《慣》

話題が尽きることなく、楽しい会話が続く。例二人は初対面どうしだが、話が弾んでいるようだ。

話《はなし》が早《はや》い《慣》

自分が話そうとしている事柄を相手が既に察知しているなどして、今さらくどくど言う必要がない様子。例我が社の経営状況をご存知なら話が早い。少し運転資金を都合していただけませんか。

話《はなし》が分《わ》かる《慣》

物事の道理や人情の機微をわきまえていて、相手の気持ちや立場をよく理解できる。例彼女の父親が実に話の分かる人で、私たちの学生結婚を気持ちよく許してくれた。

話《はなし》上手《じょうず》の聞《き》き下手《べた》

話すことがうまい人は、自分だけいい気持ちになってしゃべってしまい、相手の言うことを謙虚に聞くのが下手《へた》なものである。

話《はなし》にならない《慣》

①まともに話し合おうにも、話し合える状態ではない様子。例そう興奮していては話にならない。②あまりにもひど過ぎて、何とも言いようがない様子。例その部屋の汚いのなんのって、話にならないよ。

話《はなし》に乗《の》る《慣》

相手から持ちかけられた相談などに応じる。例計画を実現させるためには、君にも参加してもらいたいのだ。

話《はなし》に花《はな》が咲《さ》く《慣》

話が弾んで、次から次へと興味ある話題が続く。例同窓会では、高校生のころの話に花が咲いて盛り上がった。

話《はなし》に実《み》が入《い》る《慣》

互いに話題に興味や関心を抱き、話に熱中する。例 年金問題のことになると話に実が入って、誰《だれ》も席を立とうとしなかった。

話《はなし》の腰《こし》を折《お》る《慣》

話の途中で口をはさむなどして、当人の話し続ける気持ちをなくさせてしまう。例 田中君の冷やかしに話の腰を折られて、あとはいい加減な話になってしまった。

話半分《はなしはんぶん》

話は誇大になりがちであるから、実際のところは半分ぐらいに割引して考えよ、という意。「話半分絵そらごと」とも。例 仲人はいいことばかり言うが、話半分に聞いておいたほうがよさそうだ。

鼻筋《はなすじ》が通《とお》る《慣》

鼻が高く形もすっきりと整っている様子。例 今年、うちの課に入った大学卒の新入社員は、鼻筋が通ったなかなかの美男子だ。

鼻《はな》っ柱《ぱしら》が強《つよ》い《慣》

向こう意気が強く、容易にくじけたり妥協したりしない性格である様子。例 あの男は鼻っ柱が強くて、自説を主張して絶対に譲らない。

鼻《はな》っ柱《ぱしら》を折《お》る《慣》

相手を痛めつけて、思い上がった気持ちを打ち砕く。「鼻っ柱をへし折る」とも。例 あの男は付け上がっているから、一つ鼻っ柱を折ってやろう。

類句 ◆鼻を折る

鼻《はな》であしらう《慣》

相手を馬鹿《ばか》にして、いい加減な応対をする。「鼻の先であしらう」「鼻先であしらう」とも。例 お前などが頼みに行っても、鼻であしらわれて追い返されるのがおちだ。

鼻《はな》で笑《わら》う《慣》

相手をさも軽蔑《けいべつ》したように笑う。「鼻の先で笑う」「鼻先で笑う」とも。例 いくら抗議しても、先方は鼻で笑うだけで、まったく相手にされなかった。

花《はな》に嵐《あらし》

桜の花がせっかく美しく咲いても、強い風が吹くと散ってしまう。物事は、順調に進んでいてもいつか必ずじゃまがはいって思うようにはいかない、ということ。「月に叢《むら》雲《くも》花に風」とも。

鼻《はな》にかける《慣》

人より優れている点を自慢して、何かにつけて得意気に振る舞う。例 あのセールスマンは営業成績がいいことを鼻にかけるから同僚に嫌われている。

鼻《はな》に付《つ》く《慣》

嫌なにおいが鼻に付いて離れなくなる意で、同じことが何度も繰り返され、うんざりした気分になること。例 彼女の甘えも、初めは可愛《かわい》かったが次第に鼻に付いてきた。

鼻《はな》の下《した》が長《なが》い《慣》

女性に甘く、すぐにでれでれする様子。例 あの課長は、鼻の下が長いと評判だ。

鼻《はな》の下《した》を長《なが》くする《慣》

女性に甘く、すぐにでれでれした態度をとる。「鼻の下を伸ばす」とも。例 ちょっときれいな女性に会うとすぐ鼻の下を長くするから軽蔑《けいべつ》されるのだ。

類句 ◆鼻毛を伸ばす

花《はな》は折《お》りたし梢《こずえ》は高《たか》し

花の咲いている枝を折って取りたいが、その梢《こずえ》はあまりにも高い。欲しいけれども、それを自分のものにする方法がない、ということ。

類句 ◆高嶺《たかね》の花

花《はな》は桜《さくら》木《ぎ》人《ひと》は武士《ぶし》

花の中では桜が最も優れているように、人の中では武士が最も優れている、ということ。「花は三吉野《みよしの》人は武士」とも。

花《はな》は根《ね》に鳥《とり》は故巣《ふるす》に

咲いた花は散って根元に落ち、鳥は必ずもとの巣に帰るように、物事はすべてその根本に立ち帰るものである。

花道《はなみち》を飾《かざ》る《慣》

〔「花道」は、歌舞伎《かぶき》などの劇場で、観客席を縦に貫いて下手《しもて》側に設けた、役者の出入りに使う通路〕引退するに際して、それまでの活躍を印象付けるような、立派な仕事をしたり業績を上げたりする。例 その選手は最後の試合に見事優勝して、引退の花道を飾った。

鼻持《はなも》ちならない《慣》

臭くて我慢できない意で、その人の言動が見え透いていて、なんとも不愉快に感じられる様子。例 大した仕事もできないくせに上役の前では調子のいいことばかり言って、全く鼻持ちならない奴《やつ》だ。

花《はな》も恥《は》じらう

〔美しい花でさえもかなわず、恥ずかしく思うほど、の意〕年ごろの女性の、初々しい美しさを表わす言葉。例 彼女は花も恥じらう十八歳、まぶしいばかりの美しさであった。

鼻《はな》も引《ひ》っかけない《慣》

〔「鼻」は、鼻汁の意〕相手を軽蔑《けいべつ》しきって全く問題にしない様子。例 秀才気取りの彼は、我々劣等生などには鼻も引っかけない。

花《はな》も実《み》もある

名実共に備わっていて申し分ない様子。また、言動が理にかなっているだけでなく人間味もある様子。例 あの人は裸一貫から身を起こし、花も実もある人生を送った。

花《はな》より団子《だんご》

見て美しい桜の花よりも、おいしくて腹のふくれる団子のほうがよい、の意で、風流よりは実利、外観よりは実質を重んじる、ということ。いろはがるた（江戸）の一。

類句 ◆色気より食い気　◇花の下より鼻の下

鼻《はな》を明《あ》かす《慣》

自分より優位に立っている相手を出し抜いて、してやられたという感を抱かせる。例 今回は先回りして情報をつかみ、先輩記者の鼻を明かしてやった。

鼻《はな》をうごめかす《慣》

鼻をひくひくさせる意で得意げな様子をいう。例 自慢の盆栽《ぼんさい》を褒められて、彼は得意そうに鼻をうごめかした。

鼻《はな》を打《う》つ《慣》

⇩鼻を突く

鼻《はな》を折《お》る《慣》

得意になっている相手を痛めつけ恥をかかせる。例あの男は少し増長しているから鼻を折ってやろう。

類句◆鼻っ柱《ぱしら》を折る

花《はな》を咲《さ》かせる《慣》

①めざましい活躍をして、世間の注目を浴びる。⇩一花《ひとはな》咲かせる 例私も年だから、この辺で最後の花を咲かせて引退したいものだ。②興を感じて、みなでにぎやかに話をする。例十年ぶりに再会した友と、一晩思い出話に花を咲かせた。

花《はな》を添《そ》える《慣》

すばらしいことや立派なことに、さらに同じような晴れがましいことが付け加えられる。例古稀《こき》の祝いの席に叙勲の知らせが届き、宴《うたげ》に一層の花を添えた。

類句◆錦上《きんじょう》花を添う

鼻《はな》を高《たか》くする《慣》

面目を施すようなことをして、得意になる。例決勝の一打を放って鼻を高くする。

鼻《はな》を突《つ》き合《あ》わせる《慣》

互いに顔を近づける意で、面と向かい合っていたり、狭い所に密集していたりすること。「鼻突き合わせる」とも。例狭い一角に、小さな家が鼻を突き合わせて建ち並んでいる。

鼻《はな》を突《つ》く《慣》

においが鼻を強く刺激する。例付近に、鼻を突く悪臭が立ち込めている。

類句◆鼻を打つ

鼻《はな》をつままれても分《わ》からない《慣》

一寸先も見えないほど真っ暗な様子。例鼻をつままれても分からない暗やみの中を、手探りで進んだ。

鼻《はな》を鳴《な》らす《慣》

甘えたりすねたりして鼻にかかった声を出す。例 子供は「おもちゃを買って」と鼻を鳴らして親にせがんでいた。

花《はな》を持《も》たせる《慣》

相手を喜ばせようと、わざと負けたり功績や名誉が相手のものになるようはからったりする。例 勝ちを譲って、後輩に花を持たせた。

歯《は》に衣着《きぬき》せぬ《慣》

相手の立場や気持ちを無視して、思っていることを遠慮なく言う様子。例 歯に衣着《きぬ》せず、政府の政策を批判する。

羽《はね》が生《は》えて飛《と》ぶ《慣》

商品の売れ行きが非常に好調である様子。例 新製品は発売と同時に羽が生えて飛ぶように売れた。

羽《はね》を伸《の》ばす《慣》

束縛から解放され、自由に行動する。例 久しぶりに休暇を取って、思い切り羽を伸ばそう。

歯《は》の抜《ぬ》けたよう《慣》

そこにあってほしいものが欠けていて、まばらでふぞろいになっている様子。例 客の入りが悪く、場内は歯の抜けたように空席が目立つ。

歯《は》の根《ね》が合《あ》わない《慣》

寒さや恐ろしさで、がたがた震える様子。例 火の気のない無人の山小屋は歯の根が合わないほどの寒さだった。

母方《ははかた》より食《く》い方《かた》

親類のことをあれこれと心配するよりも、自分自身の生活をまず心配せよ、という戒めの言葉。

祖母育《ばばそだ》ちは三百安《さんびゃくやす》い

《「三百」は三百文で、安いことのたとえ》祖母に育てられた子は、可愛《かわい》がられるのに慣れ、えてして他人に頼りがちで自立心に欠けるなど、他の子供より評価が低い、ということ。「祖母育《ばばそだ》ちは銭《ぜに》が安い」とも。

類句 ◇年寄りの育てる子は三百文安くなる

幅《はば》を利《き》かせる《慣》

その社会で実力者と認められ、大きな発言力を持つ。例

この会社では、どちらかといえば、技術系の人のほうが幅を利かせている。［自］幅が利く

幅《はば》を持《も》たせる《慣》

厳しく枠を決めてしまわずに、一定の範囲内で融通がきくように配慮する。［例］プロジェクトチームは、年齢に幅を持たせた人員構成にする。

羽振《はぶ》りがいい《慣》

財力や権力を得て、人前で派手に振る舞う様子。［例］同期生の中では、貿易商の彼が一番羽振りがいいようだ。

歯《は》亡《ほろ》びて舌《した》存《そん》す

《堅い歯は先に抜けるが、柔らかい舌はいつまでも残る意》堅いもの・剛なるものは案外簡単に滅びるが、柔らかいもの、柔弱なものは長く生き延びる。

［原文］韓平子《かんへいし》、叔向《しゅくきょう》に問いて曰《いわ》く、剛《ごう》と柔《じゅう》と孰《いず》れか堅き、と。対《こた》えて曰く、臣《しん》年八十、歯は再び堕《お》ちしも舌は尚《な》お存せり。……此《こ》れに因《よ》りて之《これ》を観《み》れば、柔弱は生の徒なり、剛強は死の徒なり。〈説苑《ぜいえん》・敬慎《けいしん》〉

浜《はま》の真砂《まさご》

浜辺の砂粒は数が多くて数えきれないことから、無数・無限であることのたとえ。

羽目《はめ》になる《慣》

《「羽目」は、「馬銜《はみ》」の変化という。「馬銜」は轡《くつわ》の馬の口にくわえさせる部分で、それにつけた手綱で馬を御することから》不本意ながらもそうせざるを得ない立場に立たされる。「羽目に陥る」とも。［例］みんな酔いつぶれてしまったから、僕が勘定を引き受ける羽目になった。

羽目《はめ》を外《はず》す《慣》

《「羽目」は前項参照》調子に乗って度を過ごす。［例］試験が終わった解放感から、みんなで海に出掛けて、思い切り羽目を外して騒いだ。

波紋《はもん》を投《とう》ずる《慣》

そのことが無視できない問題となり、平穏だったところに動揺を与える。「波紋を起こす」「波紋を投げる」とも。［例］彼のユニークな論文は、学界に大きな波紋を投ずると

ころとなった。

波紋《はもん》を広《ひろ》げる《慣》

ある出来事がそのままおさまらず、その影響が関係各方面に次々と及んで大きな問題に発展する。例 首相の発言は、政界ばかりでなく財界にまで波紋を広げていった。

早《はや》いが勝《か》ち《慣》

やり方や出来ばえのいい悪いよりも、とにかくそのことを早くすることが大切だということ。例 新製品の開発は早いが勝ちだ。

早《はや》いばかりが能《のう》ではない

物事は早く仕上がったほうがよいが、出来がいい加減では意味がない、ということ。

早《はや》い話《はなし》が《慣》

要点を手っ取り早く言えばの意で、話を手短に済ませようとするときに用いる言葉。例 あれこれ説明したが、早い話が、君にもぜひこのプロジェクトに加わってもらいたいということだ。

早《はや》い者《もの》勝《が》ち《慣》

先着順でそのことが行なわれるので、確実に権利を得るためには他人に先駆けて行動しなければならないということ。例 さあ、現品限りの特価セール、早い者勝ちだよ。

早《はや》い者《もの》に上手《じょうず》なし

仕事が早い人に、本当に腕のいい人はいない意で望ましい条件をすべて備えるのは難しい、ということ。

早起《はやお》きは三文《さんもん》の徳《とく》

早起きすると必ず何かよいことがあるの意で、朝寝坊することを戒めた言葉。「朝起きは三文の徳」とも。

参考 The early bird catches the worm.〔早起きの鳥は虫を捕らえる〕

早寝《はやね》早起《はやお》き病《やまい》知《し》らず

早寝早起きの規則正しい生活は健康のもとで、病気などとは無縁でいられる。

流行物《はやりもの》は廃《すた》り物《もの》

今それがどんなに流行していても、やがてすたれて、人から顧みられなくなるものである。流行は一時的なもので長続きはしない、ということ。

腹《はら》が大《おお》きい《慣》

度量が広く、細かいことにこだわらない様子。例腹の大きい人物でないと全体のまとめ役は務まらない。

腹《はら》が腐《くさ》る《慣》

⇩腸《はらわた》が腐る

腹《はら》が黒《くろ》い《慣》

見かけと違って心の中でよくないことばかり考えているととらえられる様子。例あの男は、人当たりはいいが腹が黒いと言われているから、気を付けたほうがいい。

腹《はら》が据《す》わる《慣》

いざという時の覚悟ができていて、何事にも動じなくなる。例窮地に追い込まれても、さすがに百戦練磨の強者《つわもの》だけあって腹が据わっている。

腹《はら》が立《た》つ《慣》

許しがたいことに接し、怒りがこみ上げてくる。例恩を仇《あだ》で返すようなことをされ、ひどく腹が立った。

腹《はら》が立《た》つなら親《おや》を思《おも》い出《だ》せ

腹が立った時には、自分をいつくしんでくれた親のことを思い浮かべるのがよい。自然に気持ちもなごやかになり気分が静まる。

腹《はら》が出来《でき》る《慣》

覚悟を決め、いざという時にもあわてない心構えができる。例自分が立案したプロジェクトに失敗したら辞表を出すだけの腹が出来ている。

腹《はら》が煮《に》え返《かえ》る《慣》

⇩腸《はらわた》が煮え返る

腹《はら》が膨《ふく》れる《慣》

満腹する。また、言いたいことを言わずにいて、心の中が不快な気分で満たされる。例気兼ねして黙っていたら腹が膨れるばかりだから、思い切って言ってしまおう。

腹《はら》が太《ふと》い《慣》

度胸があって、思い切ったことができる様子。また、度量が広く、細かいことを気にかけない様子。例 あとはすべて私が責任を取るから君たちは思い切ってやってみるがよいと、部長は腹の太いところを見せた。

腹《はら》が減《へ》っては戦《いくさ》ができぬ

空腹では力が出ないから、何事も腹ごしらえをしてからだと、何か事を始めるに当たっていう言葉。

腹《はら》が減《へ》ると腹《はら》が立《た》つ

人間は空腹になると怒りっぽくなるものだ。

腹《はら》に一物《いちもつ》《慣》

心の中に何かたくらむことがある様子。例 今回の人事に関して、社長は腹に一物あるような物の言い方をした。

類句 ◆胸に一物

腹《はら》に納《おさ》める《慣》

見聞きしたことなどを、自分だけが心得ておいて、一切他言しないこととする。例 今の話は君の腹に納めておいてもらいたい。

類句 ◆胸三寸に納める ◆胸に納める

腹《はら》に据《す》えかねる《慣》

ひどく腹が立って、何としても許せないという気持ちになる。例 相手の誠意のない態度が腹に据えかねて、法廷で決着をつけることにした。

薔薇《ばら》に刺《とげ》あり

きれいな花を咲かせる薔薇《ばら》には、手を刺す痛い刺《とげ》がある。外見が美しくても、裏に危険が隠されているかもしれないから、用心せよ、ということ。男性を魅惑する美人などについていう。

腹《はら》に持《も》つ《慣》

恨みやわだかまりを抱き続ける。例 彼はさっぱりした気性だから、今度のことをいつまでも腹に持つことはないだろう。

腹《はら》の皮《かわ》が張《は》れば目《め》の皮《かわ》が弛《たる》む

腹いっぱい食べて腹がふくれると、反対に目の皮が弛《たる》んでくる。満腹感を抱くと自然に眠くなる、ということ。

腹《はら》の皮《かわ》が捩《よじ》れる《慣》

おかしくてたまらず、笑い続けて苦しくなるほどである様子。例彼の失敗談にみな腹の皮が捩《よじ》れるほど笑った。

腹《はら》の筋《すじ》を縒《よ》る《慣》

おかしくてたまらず、苦しくなるまで笑い続ける様子。「腹筋を縒《よ》る」とも。例話があまりおかしくて、誰《だれ》もが腹の筋を縒って笑いころげた。

類句◆腹の皮が捩《よじ》れる ◇腹の皮を縒《よ》る ◇腹の筋を捩る ◆腹を縒る

腹《はら》の虫《むし》が治《おさ》まらない《慣》

ひどく腹が立って、どうにも我慢できない様子。例あれだけ恥をかかされたのだから、謝られたぐらいでは腹の虫が治まらない。

腹《はら》は借《か》り物《もの》

母親の腹は一時借りただけで、生まれた子の貴賤《きせん》は、母親ではなく、父親によって決まるということ。

腹八分目《はらはちぶんめ》に医者《いしゃ》いらず

食事は八分目ぐらいでやめておけば腹をこわす心配もなく、医者に掛からないですむ。暴飲暴食を戒める言葉。

類句◆節制は最良の薬なり ◆腹も身の内

腹《はら》も身《み》の内《うち》《慣》

腹も大事な自分の体の一部だ、の意で、暴飲暴食は健康を害するもとだから慎むようにと戒める言葉。例腹も身の内というから、それくらいで酒はやめておけよ。

腸《はらわた》が腐《くさ》る《慣》

精神が堕落し切って正義感などを失う。「腹が腐る」とも。例詐欺まがいの商法で老人から金を巻き上げる輩《やから》は、腸《はらわた》が腐っているとしか言いようがない。

腸《はらわた》がちぎれる《慣》

ひどい悲しみや後悔のために、耐えがたいほどつらく苦しい思いをする様子。例一人息子を事故で亡くした時は、腸《はらわた》がちぎれる思いだった。

類句◆断腸の思い

腸《はらわた》が煮《に》え返《かえ》る《慣》
ひどく腹が立って、冷静ではいられない様子。「腹が煮えくり返る」「腸《はらわた》が煮えくり返る」とも。例彼らの卑劣なやり方には腸が煮え返る思いだ。
類句 ◆腹が煮え返る

腸《はらわた》が見《み》え透《す》く《慣》
うわべを取り繕っていても、邪心や悪意を抱いていることがはっきり分かる。「腹が見え透く」とも。例口先でどんなにうまいことを言っても、腸《はらわた》が見え透いている。

腹《はら》を痛《いた》める《慣》
出産の苦しみを経験する意で、自分がその子を生んだ親である、ということ。例腹を痛めた可愛《かわい》い我が子。

腹《はら》を抱《かか》える《慣》
おかしくてたまらず、大笑いをする様子。例田中君の滑稽《こっけい》なしぐさに、みんな腹を抱えて笑いころげた。

腹《はら》を決《き》める《慣》
こうするしかないと堅く決心する。例事ここに至った上は最後まで戦うしかないと腹を決めた。自**腹が決まる**

腹《はら》を括《くく》る《慣》
最悪の事態になってもうろたえるまいと覚悟を決める。
例かくなる上は倒産も致し方なしと腹を括《くく》った。

腹《はら》を拵《こしら》える《慣》
仕事などに備えて先に食事をする。「腹拵《ごしら》えをする」とも。
例徹夜の作業に取り掛かる前に、まず腹を拵えよう。

腹《はら》を探《さぐ》る《慣》
それとなく相手の意中をうかがう。例両首脳は、互いに冗談を交わしながら、相手の腹を探ろうとしていた。

腹《はら》を据《す》える《慣》
いざという時の覚悟を決める。例この事業に失敗は許されないのだから、腹を据えて掛からなければいけない。

腹《はら》を立《た》てる《慣》
許しがたいことだと、怒りの気持ちを抑えきれず、言葉や態度に表わす。例 あまりのいたずらに腹を立てた父親は子供をどなりつけた。

腹《はら》を見透《みす》かす《慣》

相手のたくらみや思惑を、言動などから察知する。例 彼をうまく利用してやろうと思っていたが、こちらの腹を見透かされてしまってどうしようもない。

腹《はら》を見抜《みぬ》く《慣》

相手の言動をよく観察して、本心を探り当てる。例 質問してものらりくらりとかわすので、彼の腹を見抜くのは難しい。

腹《はら》を読《よ》む《慣》

相手の言動などから、考えていることを推察する。例 腹を読まれまいと、会見中はポーカーフェイスで通した。

腹《はら》を縒《よ》る《慣》 ⇩**腹の筋を縒《よ》る**

腹《はら》を割《わ》る《慣》

本心を包み隠さずに打ち明ける。例 お互い腹を割って話し合えば、解決の道も見つかるだろう。

張《は》り合《あ》いが無《な》い《慣》

努力してもその効果や手ごたえが無くて、続ける意欲が失《う》せる様子。例 相手に上達する気が無いのだから、一生懸命指導しても張り合いが無い。反対 **張り合いがある**

張《は》り合《あ》いが抜《ぬ》ける《慣》

努力しても甲斐《かい》がないということが分かって、一生懸命にやろうとしていた気持ちがすっかり失《う》せる。例 連日猛練習に明け暮れていた選手たちは、大会の中止が発表されて、いっぺんに張り合いが抜けてしまった。

張《は》りがある《慣》

①間伸びしたところや、だらだらしたところがなく、見るからに活力や緊張感にあふれている様子。例 謡《うたい》の師匠の声は相変わらず張りがあって、一向に歳《とし》を感じさせない。②明確な目的や意義を見いだし、仕事などに意欲的に取り組むことができる様子。例 退職後もボランティア活動に参加して張りのある生活を送っている。反対 **張りが無い**

馬力《ばりき》を掛《か》ける《慣》

能率を上げるために、そのことに一段と力を注ぐ。例納入期限も近いので、今まで以上に馬力を掛けよう。

張《は》り子《こ》の虎《とら》《慣》

実力がないのに、外見をよそおったり虚勢を張りたがったりする人を、あざけっていう言葉。例所詮《しょせん》あの男は、親の威光を笠《かさ》に着た張り子の虎《とら》だ。

針《はり》の穴《あな》から天《てん》を覗《のぞ》く

自分だけの狭い見識で大きな物事を判断しようとするたとえ。いろはがるた（京都）の一。

類句 ◆管《くだ》の穴《あな》から天を覗《のぞ》く ◆葦《よし》の髄《ずい》から天井《てんじょう》覗《のぞ》く

針《はり》の筵《むしろ》

《針の刺してあるむしろの意》いつも苦しめられ、非常につらい思いをしなければならない境遇。また、絶えず気を使っていて、一時も心の休まることがない立場。例事故の責任者として世間の非難を一身に浴び、針の筵《むしろ》に座る日々だった。

針《はり》は小《ちい》さくても呑《の》まれぬ

針はたとえどんなに小さくても、呑《の》み込むことなどできない意で、小さいからといって、侮ってはならない、ということ。「小さくとも針は呑《の》まれぬ」とも。

針程《はりほど》の事《こと》を棒程《ぼうほど》に言《い》う

大したことでもないことを大げさに言いふらすこと。

類句 ◆針小棒大《しんしょうぼうだい》

針《はり》を蔵《くら》に積《つ》む

長い年月をかけて小金を貯《た》めること。また、蔵に小さな針をいくら積んでも、蔵をいっぱいにはできないことから、物が一向に貯まらないこと、また、いくらあっても足りないことをいう。

針《はり》を含《ふく》む《慣》

言葉や目つきなどに相手を刺すような意地の悪さが感じられる様子。例針を含んだ質問で、ちくりちくりと相手の失敗を責める。

類句 ◆刺《とげ》を含む

馬齢《ばれい》を重《かさ》ねる《慣》
〔「馬齢」は、自分の年齢を謙遜《けんそん》して言う言葉〕大したこともせずに無駄に年を取る意で、自分を謙遜して、また自嘲《じちょう》して言うのに用いる。「馬齢を加える」とも。例私などいたずらに馬齢を重ねてきただけですのに、こんな賞をいただいて恐縮しております。

晴《は》れの舞台《ぶたい》《慣》
世間の注目を集めるような、華やかな場。「晴れ舞台」とも。例国際試合という晴れの舞台で、優勝の栄誉に輝く。

晴《は》れの身《み》《慣》
身の潔白が証明され、世間をはばかる必要がない状態になること。例真犯人が捕まり、容疑者は晴れの身となった。

腫《は》れ物《もの》に触《さわ》るよう《慣》
取り返しのつかないことになるのを恐れて、非常に慎重に取り扱う様子。特に、気難しい人の機嫌を損ねないように気を使う様子。例みんなが腫《は》れ物《もの》に触るように扱うから、あの男はますますいい気になるんだよ。

覇《は》を争《あらそ》う《慣》
権力の座につこうとして互いに争う。また、競技などで優勝を目指して争う。「覇を競《きそ》う」とも。例当時、植民地獲得をめぐってドイツとフランスがアフリカの地で覇を争っていた。

歯《は》を食《く》いしばる《慣》
怒り・苦しみなどを必死にこらえる。例歯を食いしばって頑張り、目指す大学に合格することができた。

葉《は》を截《た》ちて根《ね》を枯《か》らす
木を枯らすには、まず枝葉を切り落とすの意で、何かを滅ぼすには、助けとなっている部分をまず排除し、次いで本体の息の根を止める、ということ。「枝を切って根を枯らす」とも。

覇《は》を唱《とな》える《慣》
権力の座につき、多くの者を従える。また、競技などで優勝する。例十三世紀、蒙古《もうこ》は中国から西アジアにかけて覇を唱えていた。

挽歌《ばんか》

《葬式の時、柩《ひつぎ》を載せた車を挽《ひ》く者が歌った歌のこと》死者を悼む歌。「輓歌《ばんか》」とも書く。原文 張驎《ちょうりん》、酒後の挽歌《ばんか》甚《はなは》だ悽苦《せいく》なり。〈世説新語《せせつしんご》・任誕《にんたん》〉

反間《はんかん》

間者。スパイ。敵国に入って敵状を探ったり、敵方に不利な言いふらしをする者。また、敵の間者を逆に利用し、味方に引き入れて敵側の情報を得たり、偽りの状況を示して敵方に誤った報告などをさせたりすることもいう。例 反間苦肉の計を用いる〔(間者が)敵を欺くために、自らを苦しめるような計略を用いる〕。原文 反間とは、其《そ》の敵の間《かん》に因《よ》りて之《これ》を用う。〈孫子《そんし》・用間《ようかん》〉

万感《ばんかん》交交《こもごも》到《いた》る 《慣》

何かがきっかけとなって、さまざまな思いが心に浮かび、胸がいっぱいになる。例 花嫁の父は、娘の晴れ姿を前に、万感交交到《こもごもいた》って言葉が出なかった。

判官贔屓《はんがんびいき》

⇩判官贔屓《ほうがんびいき》

反感《はんかん》を買《か》う 《慣》

自分の言動がもとになって相手に反感を抱かれる。例 部長の発言は女性差別につながると、女子社員の反感を買った。

叛旗《はんき》を翻《ひるがえ》す 《慣》

それまでの体制に不満を抱き、体制側に反抗する行動に出る。例 組織の改革を求めて、若手の会員が幹部に叛旗《はんき》を翻した。

盤根錯節《ばんこんさくせつ》

《わだかまった根と入り組んだ節《ふし》の意。後漢の虞詡《ぐく》が盗賊の横行する朝歌県の長に任ぜられた時、気の毒がった友人に対して答えた語》紛糾《ふんきゅう》して解決困難な事件や事柄。原文 詡《く》笑いて曰《いわ》く、志は易《やす》きを求めず、事は難きを避けざるは、臣の職なり。槃《ばん》（盤）根錯節《こんさくせつ》に遇《あ》わずんば、何を以て利器を別《わか》たんや〔(虞詡《ぐく》を朝歌県の長とした)詡が笑って言うには、易しいことを求めようとは思わず、難しい仕事を避けようとはしないのが私の職分である。わだかまった根と、入り組んだ節に遭わなければ、どうしてよく切れる道具を見分けられようか〕。〈後漢書《ごかんじょ》・虞詡伝《ぐくでん》〉

万歳《ばんざい》の後《のち》

貴人の死を忌んでいう言葉。⇩**百歳の後**

原文 吾《われ》、関中《かんちゅう》に都すと雖《いえど》も、万歳《ばんざい》の後《のち》、吾《わ》が魂魄《こんぱく》は猶《な》お沛《はい》を楽思《らくし》せん〔（漢の高祖が沛《はい》の父兄たちに言った、旅人は故郷を思うものである）わしは関中に都を定めたが、わしが死んだ後には、我が魂魄は、なお沛を懐かしく思うことだろう〕。〈史記《しき》・高祖紀《こうそき》〉

万策《ばんさく》尽《つ》きる《慣》

もうこれ以上取るべき方法・手段が見いだせず、どうすることもできない状態に追い込まれる。例 精一杯、経営の建て直しに努力したが、万策尽きて店を手放すに至った。

万事休《ばんじきゅう》す

すべてが終わりになる意で、もはや手の施しようがないことをいう。例 ここで資金援助を打ち切られたのでは、万事休すだ。

原文 一飽百情足《いっぽうひゃくじょう》り、一酣《いっかん》万事休す〔腹いっぱい食べれば心は満足であり、十分に酔えば、すべて終わりである〕。〈白居易《はくきょい》の詩、老熱《ろうねつ》〉

万死《ばんし》に一生《いっしょう》を得《う》る

とても助かる見込みのなかった危機的状況から、かろうじて逃れる。

原文 太宗曰《たいそういわ》く、玄齢《げんれい》昔我《われ》に従いて天下を定め、備《つぶさ》に艱苦《かんく》を嘗《な》め、万死《ばんし》を出《い》でて一生に遇《あ》えり〔唐の太宗が言った、房玄齢《ぼうげんれい》は昔わたくしに従って天下を平定し、あらゆる艱難《かんなん》辛苦《しんく》を経験し、危ないところをやっと助かった〕。〈貞観政要《じょうがんせいよう》・君道《くんどう》〉

半寿《はんじゅ》

〔「半」の字が八と十と一とに分けられることから〕八十一歳の別称。

万乗《ばんじょう》の君《きみ》

〔「乗」は、兵車一台をいう語。天子は一万台の兵車を常備したので〕天子のこと。

原文 万乗《ばんじょう》の国《くに》、その君《きみ》を弑《しい》する者は、必ず千乗の家なり。

千乗の国、その君を弑する者は、必ず百乗の家なり。〈孟《もう》子《し》・梁恵王《りょうけいおう》上〉

半畳《はんじょう》を入《い》れる《慣》

〈芝居小屋で、役者の演技に対する不満を表わすために、観客が敷いていた半畳のござを舞台に投げたことから〉相手が話をしている途中で、まぜかえしたりちゃかしたりする。例 そう半畳を入れないで、話を最後まで聞いてくれ。

伴食宰相《ばんしょくさいしょう》

〈唐代、宮中に毎日出勤する高官には食事を賜わったが、そこで会食をするだけで、実力も実権もない大臣の意〉無能な大臣を、あざけっていう語。原文 懐慎《かいしん》自ら以為《おも》えらく、吏道《りどう》は崇《すう》に及ばず、と。事ごとにこれを推譲《すいじょう》す。時人これを伴食宰相と謂《い》う〔懐慎《かいしん》は行政の手腕は姚崇《ようすう》には及ばないと思い、何事でも姚崇に譲ったので、時の人は伴食宰相と言った〕。〈旧唐書《くとうじょ》・盧懐慎《ろかいしん》伝《でん》〉

パンチがきく《慣》

〈「パンチ」は、ボクシングで相手を打つこと〉迫力があり、相手に強烈な印象を与える様子。例 あの歌手はパンチがきいた独特の歌い方をする。他 **パンチをきかせる**

番茶《ばんちゃ》も出花《でばな》

⇩**鬼も十八番茶も出花**

パンチを食《く》う《慣》

〈「パンチ」は、ボクシングで相手を打つこと〉相手から痛烈な打撃を加えられる。「パンチを食らう」とも。例 打者一順のパンチを食って、先発投手は這《ほ》う這《ほ》うの体《てい》で降板した。

判《はん》で押《お》したよう《慣》

型にはまったことの繰り返しで、少しも変化が認められない様子。「判こで押したよう」とも。例 何度役所に陳情に行っても、予算がないと判で押したような返事しかもらえない。

万難《ばんなん》を排《はい》する《慣》

そのことを実行するために、あらゆる困難や障害を押しのけて立ち向かう。例 約束した以上は、万難を排して協力するつもりだ。

般若湯《はんにゃとう》

《「般若《はんにゃ》」は、仏語で知恵のこと。適量の酒は、血のめぐりを良くするので知恵のもととなる湯といったことから》仏寺で酒をいう。昔、僧は酒を飲んではいけないことになっていたので、酒の隠語として用いた。

万能《ばんのう》足《た》りて一心《いっしん》足《た》らず

あらゆる事に精通しているが、たった一つ、一番大事な真心が足りない。

半面《はんめん》の識《しき》

《後漢の応奉《おうほう》は、ある時、戸の間から顔を半分出している人を見たが、数十年後に道で会った時、その人を覚えていたという故事から》ちょっとした知り合い。

原文 奉《ほう》、年二十の時、嘗《かつ》て彭城《ほうじょう》の相袁賀《しょうえんが》に詣《いた》る。賀時《とき》に出行して門を閉ず。造車匠《ぞうしゃしょう》、内に於《おい》て扇《せん》（門の扉）を開き半面を出《いだ》して奉を視《み》る。奉即《すなわ》ち委《す》て去る。後数十年、路《みち》に於て車匠を見、識《し》りて之《これ》を呼ぶ。〈後漢書《ごかんじょ》・応奉伝《おうほうでん》注〉

類句 ◇一面識

蛮勇《ばんゆう》を振《ふ》るう《慣》

事の是非や結果の良し悪《あ》しは考えないで、一見無茶と思われることをためらわずに行なう。例 反対意見も多かったが、この際、蛮勇を振るって実行することにした。

万里同風《ばんりどうふう》

天下が統一されて平和な状態をいう。

原文 今天下一《いつ》となり万里風《ふう》を同じくす。〈漢書《かんじょ》・終軍伝《しゅうぐんでん》〉

類句 ◆千里同風

万緑叢中紅一点《ばんりょくそうちゅうこういってん》

⇨紅一点《こういってん》

範《はん》を仰《あお》ぐ《慣》

手本として見習う。「～を範と仰ぐ」とも。例 明治時代に制定された法律の多くは、欧米のそれに範を仰いだものであった。

範《はん》を垂《た》れる《慣》

下の者の手本となるように、その人自身が率先して行なう。例 我が社では社長自ら勤倹力行《きんけんりっこう》の範を垂れている。

ひ

贔屓《ひいき》の引《ひ》き倒《たお》し

贔屓《ひいき》し過ぎて、かえって当人のためにならない結果にしてしまうこと。例 褒め過ぎるのは贔屓の引き倒しだ。

類句 ◆寵愛《ちょうあい》高じて尼にする

贔屓目《ひいきめ》に見《み》る《慣》

物事を相手に好意的な立場に立って判断する。例 この作品は、どう贔屓目《ひいきめ》に見ても上手だとは言えない。

日《ひ》が浅《あさ》い《慣》

そのことが行なわれてから、また、その状態になってから、まだそれほど日時が経過していない。例 結婚してまだ日が浅いので、慣れない家事に苦労しています。

火《ひ》が消《き》えたよう《慣》

活気が失われて、寂しくなる様子。例 息子たちの家族が帰ってしまい、家の中は火が消えたようになった。

日陰《ひかげ》の梨《なし》

見かけは立派だが中身が悪いもののたとえ。見かけ倒し。

日陰《ひかげ》の豆《まめ》も時《とき》が来《く》ればはぜる

日陰で育った豆も、時期が来れば自然にさやが割れて豆がはじける。人間も、成長の早い・遅いはあっても、一定の年齢になればそれぞれ一人前になる、ということ。

類句 ◇陰裏《かげうら》の豆もはじけ時

日陰《ひかげ》の身《み》《慣》

世間をはばかって生活しなければならない身の上。前科のある者や妾《めかけ》などを指す。例 刑期を終えて刑務所を出たものの、日陰の身で一生を送らねばならなかった。

日陰《ひかげ》の桃《もも》の木《き》

〔日陰で育った桃の木は枝が張らず丈だけが伸びるところから〕細くてひょろひょろしている人のたとえ。

日《ひ》が高《たか》い《慣》

太陽が高い位置にある日中の時間帯であることをいう。例祭りは夜からだというのに、日が高いうちから神社の境内は人であふれていた。

干潟《ひがた》の鰯《いわし》

《潮が引いて水のないところにいる鰯《いわし》》どうにもならず、自滅を待つばかりの状態・運命にあることのたとえ。類句◆轍鮒《てっぷ》の急

火《ひ》が付《つ》いたよう《慣》

幼児などが、突然激しく泣き出す様子。例どこかが痛むのか、赤ん坊は火が付いたように泣きだした。

火《ひ》が付《つ》く《慣》

何かの影響が及んで、事件や騒動が持ち上がる。⇩足下に火が付く・尻《しり》に火が付く・眉毛《まゆげ》に火が付く　例軍事政権がデモ隊を弾圧したことから、市民の自由化運動に火が付いた。

日《ひ》が西《にし》から出《で》る

絶対にあり得ないことのたとえ。

光《ひかり》を放《はな》つ《慣》

かけがえのない価値を有するものとして、他に抜きんでて、その存在が目立つ。例漱石《そうせき》と鷗外《おうがい》は、近代文学史上に燦然《さんぜん》と光を放っている。

引《ひ》かれ者《もの》の小唄《こうた》

刑場に引かれる罪人が、わざと平気を装って小唄《こうた》を歌う意で、負け惜しみに強がりを言うこと。

引《ひ》き合《あ》いに出《だ》す《慣》

相手を納得させるに足る証拠や参考として、例に引く。例『論語』の文言《もんごん》を引き合いに出して、人の道を説く。

引《ひ》き金《がね》になる《慣》

《「引き金」は小銃やピストルなどに付いている、指で引いて弾丸を発射させるための装置》ある事態を引き起こす直接のきっかけとなる。例公共料金の値上げが、物価上昇の引き金になったようだ。

引《ひ》きも切《き》らず《慣》

あとからあとから続いて、途絶えることがない様子。例 彼の死を悼む弔問客の列は、引きも切らず続いていた。

低《ひく》き所《ところ》に水《みず》溜《た》まる

低い土地には、まわりから流れ込んでくる水が自然に溜《た》まる意で、物事は良い条件が備わっている所に集まる、ということ。転じて、人は利益の得られそうな所に集まる、という意に用いられる。「窪《くぼ》い所に水溜まる」とも。

引《ひ》く手《て》あまた《慣》

就職や縁談などで、多くの所から誘いがかかる様子。例 君のような優秀な技術者なら引く手あまただろう。

びくともしない《慣》

どんなことがあっても、驚いたり動じたりしない、また、物が少しも動いたり揺らいだりしない様子。例 多くの修羅場をくぐり抜けてきた彼は、このくらいの中傷記事ではびくともしないよ。

引《ひ》くに引《ひ》けない《慣》

自分の置かれた立場や周囲の状況から、引き下がりたいと思っても簡単にはそうできない状態である。例 強硬に自説を主張した以上、反対者が多いからと言っていまさら引くに引けない。

日《ひ》暮《く》れて途遠《みちとお》し

〈日が暮れてしまったが、目的地はまだ遠い、という意〉老いた今、まだ目的が達せられないことのたとえ。原文 伍子胥《ごしし》曰《ょいわ》く、我が為《ため》に申包胥《しんぽうしょ》に謝して曰《い》え、吾《われ》、日《ひ》莫《く》（暮）れて途《みち》遠し、吾、故に倒行して之《これ》を逆施《ぎゃくし》す、と〔伍子胥《ごししょ》が言うには、わしのために申包胥《しんぽうしょ》に挨拶《あいさつ》しておいてくれ。わしは、日が暮れて道が遠いという心境である。だから常道に外れたことをやったのである〕。〈史記《しき》・伍子《ごし》胥伝《しょでん》〉

日《ひ》暮《ぐ》れと大晦日《おおみそか》はいつでも忙《いそが》しい

暮らしの中で、夕方と大晦日《おおみそか》は例外なく忙しいものだ。

鬚《ひげ》の塵《ちり》を払《はら》う

〈中国の宋《そう》の丁謂《ていい》が、宰相寇準《さいしょうこうじゅん》の鬚《ひげ》が吸い物で汚れたのをふいて、寇準にたしなめられたという故事から〉目上の者にこびへつらうことをいう。

原文 初め丁謂《ていい》、準《じゅん》の門に出《い》づ。参政に至り、準に事《つか》うること甚《はなは》だ謹めり。嘗《かつ》て中書に会食し、羹《こう》、準の鬚《ひげ》を汚《けが》す。謂《い》起《た》ちて徐《おもむ》ろにこれを払う。準笑いて曰《いわ》く、参政は国の大臣たり、乃《すなわ》ち官長の為《ため》に鬚を払うか、と。謂甚だこれを愧《は》ず〔初め丁謂《ていい》は寇準《こうじゅん》の門下であった。参政の地位についたが、寇準に対して非常に丁寧であった。ある時中書省で会食し、汁《しる》が準のひげについた。丁謂は立ち上がってひげについたものを取り除いてやった。準が笑って、参政は国の大臣である。それなのに上役のためにひげを払うのか、と言った。謂は非常に恥じた〕。〈宋史《そうし》・寇準伝《こうじゅんでん》〉

卑下《ひげ》も自慢《じまん》の中《うち》

表面は謙遜《けんそん》して言っているようであるが、実はそのことを自慢しているのだ、ということ。「卑下自慢」とも。

引《ひ》けを取《と》る《慣》

相手に劣る。一般に、打ち消しの形で、相手に劣ることがない意に用いる。例店の構えはぱっとしないが、味の点ではどの店にも引けを取らないと自負している。

飛語《ひご》

根のない噂話《うわさばなし》。誰《だれ》が言い出したかわからない根拠のない言葉。「蜚語《ひご》」とも書く。一般に「流言飛語」の形で用いられる。例流言飛語に迷わされるな。

原文 乃《すなわ》ち蜚語《ひご》有り、悪言を為《な》して上《しょう》に聞《ぶん》す〔すると根もない噂《うわさ》が伝わり、悪口となって天子の耳に入った〕。〈史《し》記《き》・魏其武安侯伝《ぎきぶあんこうでん》〉

非細工《ひざいく》の小刀《こがたな》減《べ》らし

《「非細工」は、細工の下手《へた》な人》細工の下手な人は、小刀をすり減らすばかりで、満足な物は作れない意で、手間ばかりかかって成果の上がらないことをいう。

膝《ひざ》が抜《ぬ》ける《慣》

和服やズボンの膝《ひざ》の当たる部分の生地がすり切れて、薄くなったり穴があいたりする。例膝が抜けたジーンズも若者にとってはファッションの一つだ。

膝《ひざ》が笑《わら》う《慣》

歩き疲れたために、膝《ひざ》が小刻みに震え、力が入らなくなる。例山頂からの長い下りで膝が笑い出し、歩けなくなってしまった。

庇《ひさし》を貸《か》して母家《おもや》を取《と》られる

《ほんの軒先《のきさき》を貸したのに、しまいには家全体を取られてしまう意》親切心から自分の持ち物の一部を貸したために、ついには全部を取られてしまうこと。「軒を貸して母《おも》家《や》を取られる」とも。

膝《ひざ》とも談合《だんごう》

《考えあぐねたときは、自分の膝《ひざ》でも相談相手になるという意から》相手が誰《だれ》であっても、相談してみればそれなりの益はあるものだということ。例 膝とも談合ということもあるから、私に話すだけは話してごらん。

膝元《ひざもと》を離《はな》れる《慣》

父母の保護を離れて生活する。例 小学生のころから、その子は親の膝元《ひざもと》を離れて暮らさなければならなかった。

膝《ひざ》を打《う》つ《慣》

座っているときに、思わず膝《ひざ》のあたりをてのひらでたたく。急に何かを思いついたり、ひどく感心したりしたときの動作を表わす。例 なんだ、そういうことだったのかと、彼ははたと膝を打って立ち上がった。

膝《ひざ》を折《お》る《慣》

《膝《ひざ》を曲げて姿勢を低くする意》相手に心ならずも屈服する。「膝を屈する」とも。⇩**七重《ななえ》の膝を八重《やえ》に折る** 例 いやな相手だが、ここは膝を折って頼み込むしかない。

膝《ひざ》を崩《くず》す《慣》

正座していた状態から、楽な座り方に変える。例 どうぞ膝《ひざ》を崩して、お楽になさって下さい。

膝《ひざ》を進《すす》める《慣》

相手の話に興味を抱くなどして、身を乗り出すようにして相手に近づく。また、相手が持ち掛けた話などに乗り気になる。例 絶対に儲《もう》かる話だと言われて、ぐっと膝《ひざ》を進めていた。

膝《ひざ》を抱《だ》く《慣》

《自分の膝《ひざ》を抱《かか》えてうつむく姿勢を取ることから》話をする相手もなく、たった一人寂しくしている様子。例 友だちもできず、アパートの一室で膝を抱いて過ごした。

膝《ひざ》を正《ただ》す《慣》
足を崩さず、きちんとした姿勢で座る。例 先生の話を膝《ひざ》を正して聞く。

膝《ひざ》を突《つ》き合《あ》わせる《慣》
一か所に集まった関係者が問題解決などのために、互いの膝《ひざ》が触れ合わんばかりの状態で話し合う様子。例 不祥事をどう処理するか、会の役員が膝を突き合わせて話し合う。

膝《ひざ》を乗《の》り出《だ》す《慣》
上体を前へ突き出すようにする意で、そのことに興味を覚えて、積極的に見たり聞いたり、また話したりしようとする姿勢になることを表わす。例 講師の話に興味を引かれて、思わず膝《ひざ》を乗り出して聞き入った。

膝《ひざ》を交《まじ》える《慣》
互いに近くに寄って、親しく打ち解けて話し合う様子。例 今の仕事が一段落したら、職場の仲間と膝《ひざ》を交えてゆっくり話し合いたいものだ。

飛耳長目《ひじちょうもく》
《遠くのことをよく聞く耳と、よく見る目、の意》物事を鋭く観察し、正しく認識すること。
原文 一《いっ》に曰《いわ》く長目、二に曰く飛耳。〈管子《かんし》・九守《きゅうしゅ》〉

肘鉄砲《ひじでっぽう》を食《く》う《慣》
《肘《ひじ》で強く突きのけられる意から》こちらからの誘いや要求などをすげなく拒絶される。略して、「肘鉄を食う」とも。例 彼女をお茶に誘ってみたが、あっさり肘鉄砲を食った。

秘事《ひじ》は睫《まつげ》の如《ごと》し
《「秘事」は、秘密とされた芸道などの奥義の意》自分の睫《まつげ》が近すぎて見えないように、秘事・秘伝というものは、気が付かないだけで案外手近なところにあるものだ、ということ。「秘事は睫」とも。

美人《びじん》に年《とし》なし
美人はいくつになっても、若く美しく見える。

美人薄命《びじんはくめい》

美人は、美貌《びぼう》に恵まれていても病弱であったり、美しいが故にとかく男性とのトラブルがもとで運命を狂わされたりして必ずしも幸せではない、という意。

類句 ◆佳人《かじん》薄命

尾生《びせい》の信《しん》

《尾生という男が、橋の下で女と会う約束をしたが、女は来ず、大雨で川が増水しても立ち去らず、とうとう橋の柱を抱いて死んだという故事から》融通のきかない、馬鹿《ばか》正直なこと。

原文 信なること尾生《びせい》の如《ごと》きは、女子と梁下《りょうか》（橋の下）に期す。女子来《きた》らず。水至るも去らず、柱を抱《いだ》きて死す。〈史記《しき》・蘇秦伝《そしんでん》〉

類句 ◇抱柱《ほうちゅう》の信

鼻祖《びそ》

《「鼻」は、始めという意》元祖《がんそ》。

原文 有周氏《ゆうしゅうし》の蟬嫣《せんえん》たる、或《あるい》は汾隅《ふんぐう》を鼻祖とす〔周の王室が長く続くのは、汾水《ふんすい》（黄河に注ぐ川の名）の片辺《かたほとり》を発祥地としているからである〕。〈揚雄《ようゆう》の文、反離騒《はんりそう》〉

皮相《ひそう》の見《けん》

《「皮相」は、表面の形相《けいそう》の意》うわべだけ見て、内容については考えないこと。

原文 延陵子《えんりょうし》、其《そ》の賢者為《た》るを知り、姓字を請問《せいもん》す。牧者曰《いわ》く、子《し》は乃《すなわ》ち皮相の士なり。何ぞ姓字を語るに足らんや〔延陵子《えんりょうし》はその人が賢人であることを知り、姓名を尋ねた。牧者が言った、あなたは物事の表面だけを見る人である、どうして姓名を告げる必要があろうか〕。〈韓詩外《かんしげ》伝《でん》・十〉

顰《ひそみ》に効《なら》う

《「顰《ひそみ》」は、顔をしかめること。西施《せいし》という美人が胸を病んで、顔をしかめていると、その顔がまた美しいのを見て、村の醜い女がそのようにすれば美人に見えると思い、自分も胸を押さえて顔をしかめたら、恐ろしい顔になったという故事から》むやみに他人の真似《まね》をすること。「西施の顰に倣《なら》う」とも。

原文 西施《せいし》、心《むね》を病みて其《そ》の里《さと》に顰《ひん》す。其の里の醜人《しゅうじん》、見て之《これ》を美とし、帰りて亦《また》心《むね》を捧《ささ》げて其の里に顰せり。其の

里の富人は之《これ》を見て、堅く門を閉ざして出《い》でず、貧人は之を見て、妻子を挈《たずさ》えて之を去《す》てて走る。〈荘子《そうじ》・天運《てんうん》〉

類句 ◆鵜《う》の真似《まね》をする烏《からす》水に溺《おぼ》れる

額《ひたい》に汗《あせ》する《慣》

骨身を惜しまず働く様子。例 この土地は祖父が額に汗して切り開いたものだ。

額《ひたい》に皺《しわ》を寄《よ》せる《慣》

深刻に考え込む様子。例 議長はものも言わず、額に皺《しわ》を寄せて考え込んでいる。

額《ひたい》に八《はち》の字《じ》を寄《よ》せる《慣》

不機嫌だったり考え込んだりして、眉《まゆ》を八の字の形にしかめる様子。例 契約を取り損なったという報告を受け、社長は額に八の字を寄せた。

尾大《びだい》掉《ふる》わず

《獣の尾があまりにも大きいと、自分の力で振り動かすことができない意》上が弱小で下が強大なときは、バランスを失し、全体を制御することができないということ。

原文 末《すえ》大なれば必ず折れ、尾《お》大なれば掉《ふる》わざるは、君の知る所なり〔木の枝が大きすぎると、その本がきっと折れるし、獣の尾が大きすぎると、その尾を自由に振るい動かすことができないことは、主君もよく御存知のことです〕。〈左伝《さでん》・昭公《しょうこう》十一年〉

額《ひたい》を集《あつ》める《慣》

関係者が集まって、方策などを熱心に話し合う。例 社の幹部が額を集めて、事故の善後策を協議していた。

額《ひたい》を曇《くも》らせる《慣》

心配事のために暗い顔をする。例 先生が入院なさったと聞いて、弟子たちは額を曇らせた。

左《ひだり》うちわ

《のんびりと左手でうちわを使いながら好きなことをしていられるという意》金に困らず、働かなくても安楽に暮らせる様子。例 あの老人は株で大儲《もう》けして、今は左うちわで孫の相手などをしている。

左《ひだり》が利《き》く

酒好きで、酒が強いこと。「左が強い」とも。

左前《ひだりまえ》になる

《「左前」は、着物の前を逆に合わせて着ること》仕事がうまくいかなくなり経済的に苦しくなる。例 放漫経営がたたって、商売が左前になる。

ひだるさ欠伸《あくび》寒《さむ》さ小便《しょうべん》

腹が減っているときは、あくびが多く出がちで、寒いときは、尿意を催しがちである、ということ。

引《ひ》っ込《こ》みがつかない 《慣》

大きなことを言ってしまったてまえ、無責任に逃げ出すわけにはいかなくなる様子。例 みんなの前であまり強気なことを言ったので、いまさら引っ込みがつかない。

筆削《ひっさく》

《紙が発明される以前の書物は、木や竹の札に文字を書いたもので、字を消すには小刀で削《けず》ったことから》文章などの語句を書き加えたり書き改めたりすること。

原文 孔子……春秋を為《おさ》め、筆《ひっ》するは則《すなわ》ち筆《ひっ》し、削るは則ち削る〔孔子は、『春秋』に手を加えて、書いたり、削ったりした〕。〈史記《しき》・孔子世家《こうしせいか》〉

筆舌《ひつぜつ》に尽《つ》くしがたい 《慣》

文章や言葉ではとても表現できない意で、程度がはなはだしい様子。「筆紙《ひっし》に尽くしがたい」とも。例 目の前に広がる景色の美しさは、筆舌に尽くしがたい。

ピッチを上《あ》げる 《慣》

速度を速める意で、少しでも早く目標を達成しようと、物事を一層精力的に行なうこと。例 約束の期限が迫っているから、工事のピッチを上げてくれ。自 **ピッチが上がる**

匹夫《ひっぷ》罪《つみ》なし璧《たま》を懐《いだ》いて罪《つみ》あり

⇩**璧《たま》を懐《いだ》いて罪あり**

匹夫《ひっぷ》の勇《ゆう》

《「匹夫」は、身分の卑しい、つまらない男》思慮もなく、単に血気にはやるだけの勢いまかせの勇気。例 そんな馬《ば》鹿《か》げた冒険に挑むのは、匹夫の勇に過ぎない。

原文 夫《そ》れ剣を撫《ぶ》し疾視《しっし》（にらみつける）して曰《いわ》く、彼《かれ》悪《いずく》んぞ敢《あえ》て我に当《あ》たらんや、と。此《こ》れ匹夫《ひっぷ》の勇、一人《いちにん》に敵《てき》する者なり。〈孟子《もうし》・梁恵王《りょうけいおう》下〉

匹夫匹婦《ひっぷひっぷ》

身分の低い男と女。教養のない者たち。

原文 天下の民、匹夫匹婦《ひっぷひっぷ》も、堯舜《ぎょうしゅん》の沢《たく》を被《こうむ》らざるを思う〔（為政者は）天下の人民の匹夫匹婦の末までも、堯舜《ぎょうしゅん》のような厚い恩沢に浴さないのではないかと思う〕。〈孟子《もうし》・万章《ばんしょう》上〉

匹夫《ひっぷ》も志《こころざし》を奪《うば》うべからず

〔「匹夫」は、身分の低い男の意〕つまらない男でも志が堅固であるならば、誰《だれ》もそれを動かすことはできない。

原文 子曰《しいわ》く、三軍も帥《すい》を奪う可《べ》し。匹夫も志を奪う可からず〔孔子が言われた、敵がどのような大軍であっても、総大将をとりこにし、その指揮権を奪い取ることはできる。しかし、たった一人の人間でも、その志を奪い取ることはできない〕。〈論語《ろんご》・子罕《しかん》〉

必要《ひつよう》の前《まえ》に法律《ほうりつ》なし

必要に迫られてどうしてもというときには、法律や規則などを気にしてはいられなくなるものである。

原文 Necessity knows no law. の訳語。

必要《ひつよう》は発明《はつめい》の母《はは》

必要に迫られると、自然に新しい工夫や発明がなされるものである。

原文 Necessity is the mother of invention. の訳語。

類句 ◆窮すれば通ず

櫃《ひつ》を買《か》いて珠《たま》を還《かえ》す

⇩櫝《とく》を買いて珠《たま》を還《かえ》す

人《ひと》当《あ》たりがいい 《慣》

⇩当たりがいい

一泡《ひとあわ》吹《ふ》かせる 《慣》

人の意表を衝《つ》いて、驚きあわてさせる。「泡を吹かせる」とも。例 油断しているすきに、敵に一泡吹かせてやろう。

一息《ひといき》入《い》れる 《慣》

仕事の途中などで一休みする。「息を入れる」「一息吐《つ》く」

とも。例 だいぶ根《こん》を詰めてやったから、この辺で一息入れよう。

人衆《ひとおお》ければ天《てん》に勝《か》ち 天定《てんさだ》まれば人《ひと》に勝《か》つ

人が多くてその勢いが激しいと、天の道理もその力に負けて一時的に悪が栄えることになるが、やがて世の中がおさまり、天の道理が正しく行なわれるようになれば、必ず悪は滅びるものである、ということ。

原文 吾《われ》、之《これ》を聞く、人衆《ひとおお》ければ天に勝ち、天定《さだ》まれば亦《また》能《よ》く人を破る、と〔私は、人の運が盛んなときは天理に打ち勝つこともできるが、天理が安定すれば必ず人を破滅させることができる、と聞いている〕。〈史記《しき》・伍子胥伝《ごししょでん》〉

類句 ◆人盛《ひとさか》んにして天に勝つ

人《ひと》が好《い》い《慣》

物事を善意にしか考えることのできない性質で、他人に利用されたり不利な立場に置かれたりしやすい様子。例 いくら人が好《い》いからといって、そんなことで彼がだまされるとは信じがたいことだ。

人《ひと》が変《か》わる《慣》

まるで別人かと思われるほど、人格や顔つきが変わる。例 数年ぶりに再会した彼は、すっかり人が変わっていて、話が全く嚙《か》み合わなかった。

一方《ひとかた》ならず《慣》

湧《わ》き起こる感情などが非常に激しい様子。また、その人の努力や献身が並並ではない様子。例 子供の就職のことでは一方ならぬお世話になりました。

一皮剝《ひとかわむ》く《慣》

取り繕っているうわべの部分を取り除く。例 勇敢だと称《たた》えられた英雄も、一皮剝《む》けば単なる野心家だったのだ。

一皮剝《ひとかわむ》ける《慣》

経験や試練を経て、一段階成長を遂げたことが認められる。例 スキャンダルからはい上がって舞台に復帰した彼女の演技には、一皮剝《む》けた感があった。

人《ひと》が悪《わる》い《慣》

他人が困るのを見ておもしろがるような、意地の悪いところのある様子。例会議が延期になったことを教えてくれないなんて、君も人が悪いよ。

人聞《ひとぎ》きが悪《わる》い《慣》

知らない人に聞かれたら、とんでもない誤解を受けそうで具合が悪い様子。例私が彼女をいじめて泣かせただなんて、人聞きの悪いことを言うな。

一癖《ひとくせ》も二癖《ふたくせ》もある《慣》

〔「一癖ある」を強調した言い方〕その人の言動から奇策に類するようなことをするのではないかと感じられ、油断のできない様子。例今度の対戦相手は一癖も二癖もある業師《わざし》だから、心してかかれよ。

一口《ひとくち》に言《い》う《慣》

何かの内容や性質の特徴を端的に表現する。例被害者の思いを一口に言えば、何としてもこの無念を晴らしたい、ということだ。

一口《ひとくち》乗《の》る《慣》

何人かで金を出し合ってする金儲《もう》けの仕事などに自分も加わる。例君もよかったらこの話に一口乗らないか。

人心地《ひとごこち》がつく《慣》

疲労・飢え・恐怖など、極度の不安におびえていた状態から解放されて、無事生きているという実感を得る。例吹雪《ふぶき》の中から助け出された人々は、熱い飲み物で体も温まり、ようやく人心地がついたようだ。

人事《ひとごと》言《い》えば影《かげ》がさす ⇩噂《うわさ》をすれば影

一言多《ひとことおお》い《慣》

言わないほうがいいような皮肉などを話の終わりに付け加えて、相手に嫌がられる様子。例大学合格おめでとうはいいが、何度目の正直だったかねとは一言多いよ。

人事《ひとごと》でない《慣》

その問題に対して、自分には関係のないことだと無関心ではいられない様子。「人事」は「他人事《ひとごと》」とも書く。例年金問題はすべての国民にとって人事ではない。

人盛《ひとさか》んにして天《てん》に勝《か》つ

⇩人衆《ひとおお》ければ天に勝ち天定まれば人に勝つ

人酒《ひとさけ》を飲《の》む　酒酒《さけさけ》を飲《の》む　酒人《さけひと》を飲《の》む

酒を飲むとき、初めは人が酒を飲んでいるが、そのうちに、酔っ払って酒が酒を飲んでいるようなありさまとなり、しまいには、酒が人の理性分別を奪ってしまう。

一芝居《ひとしばい》打《う》つ

《慣》⇩芝居を打つ

一筋縄《ひとすじなわ》ではいかない

《慣》扱いがやっかいで、普通のやり方では思うようにはいかない。例一筋縄ではいかない奴《やつ》だから、用心してかかるほうがよい。

一《ひと》たまりもない

《慣》他から加えられる強い力に対して、わずかの間も持ちこたえることができない様子。例大地震が来れば、老朽化したこの橋など一たまりもなく崩落するだろう。

一《ひと》つ穴《あな》の狢《むじな》

⇩同じ穴の狢《むじな》

一粒種《ひとつぶだね》

両親にとって、たった一人の大切な子供。例夫婦にとって、一粒種の息子の成長が何よりの楽しみだ。

一《ひと》つ間違《まちが》えば

《慣》一つでも悪い条件が加わっていた場合にはの意で、最悪の結果になることが十分にあり得ることを表わす。例一つ間違えば、大事故を起こしていたかもしれなかったぞ。

一《ひと》つ屋根《やね》の下《した》に住《す》む

《慣》それぞれが同じ一つの家に住む。例震災で家を失った三家族が一つ屋根の下に住むようになった。

人手《ひとで》が無《な》い

《慣》仕事を手伝ってくれる人がいない様子。例お盆休みで人手が無いから、事務所の仕事を何から何まで自分でやらなければならない。

人手《ひとで》にかかる《慣》

他人の手によって殺される。例悪の道に走ったあの男は、人手にかかって死んでしまった。

人手《ひとで》に渡《わた》る《慣》

それまでの所有者の手を離れて他人の所有物になる。例破産して家屋敷も人手に渡ってしまった。

人《ひと》と入《い》れ物《もの》は有《あ》り次第《しだい》

人と道具とは使い方次第で、それが多くても多すぎることはなく、また、少なくても用は足りるものだ。

人《ひと》と契《ちぎ》らばよく見《み》て語《かた》れ

人と深い交際を始めるならば、相手の人となりをよく見極めてから親しくせよ、ということ。

人《ひと》と屏風《びょうぶ》は直《す》ぐには立《た》たぬ

屏風《びょうぶ》は折り曲げなければ立たないのと同じように、人もただ正直なだけでは世の中を渡っていけない。道理だけを通していては生きていけない、ということ。

類句 ◆屏風《びょうぶ》と商人《あきんど》は直《す》ぐには立たぬ

人並外《ひとなみはず》れる《慣》

程度が世間一般の標準からひどくかけ離れている。例彼は人並外れて背が高いから、どこにいてもよく目立つ。

人《ひと》に勝《か》たんと欲《ほっ》する者《もの》は必《かなら》ず先《ま》ず自《みずか》ら勝《か》つ

人に勝とうと思う者は、まず自分のわがままな心に打ち勝たねばならない。克己心の大切なことを説いた言葉。

原文 故に人に勝たんと欲する者は、必ず先《ま》ず自ら勝つ。人を論ぜんと欲する者は、必ず先ず自ら論ず。人を知らんと欲する者は、必ず先ず自ら知る。〈呂氏春秋《りょししゅんじゅう》・先己《せんき》〉

人《ひと》に七癖《ななくせ》我《わ》が身《み》に八癖《やくせ》

どのような人にも癖はあるが、己自身には更に多くの癖があると心得て、注意しなければならない、ということ。「人に七癖我が身に十癖《とくせ》」とも。

類句 ◆人の七難《しちなん》より我が十難

人《ひと》には添《そ》うてみよ馬《うま》には乗《の》ってみよ　⇩馬《うま》には乗ってみよ人には添うてみよ

人《ひと》の痛《いた》いのは三年《さんねん》でも辛抱《しんぼう》できる

他人の苦痛は、三年でも平気でいられる。自分に関係のないことならば、他人がどのように苦しんでも、気にならない、ということ。

人《ひと》の一生《いっしょう》は重荷《おもに》を負《お》うて遠《とお》き道《みち》を行《ゆ》くが如《ごと》し

人の一生は、それぞれに負わされた任務を遂行すべく、果てしなく続く苦難の道だから、決して楽なものではない、ということ。〈徳川家康《とくがわいえやす》の遺訓《いくん》〉

参考　『論語』の「任重くして道遠し」に基づいたもので、遺訓は「人の一生は重荷を負うて遠き道を行くが如《ごと》し、急ぐべからず、不自由を常と思えば不足なし」と続く。

人《ひと》の噂《うわさ》も七十五日《しちじゅうごにち》

世間の噂《うわさ》というものは、いつまでも続くものではなく、時がたてばいずれ忘れられてしまうということ。

参考　Wonders last but nine days.〔驚嘆は九日間しか続かない〕

人《ひと》の噂《うわさ》を言《い》うは鴨《かも》の味《あじ》がする

他人の噂話《うわさばなし》をするのは、美味な鴨《かも》の肉を味わうように、快く感じられるものである。「人を誹《そし》るは鴨の味」とも。

人《ひと》の己《おのれ》を知《し》らざるを患《うれ》えず人《ひと》を知《し》らざるを患《うれ》う

他人が自分の真価を認めてくれないことよりも、自分が他人の力量・才能を見抜けないことを憂えるべきである。〈論語《ろんご》・学而《がくじ》〉

人《ひと》の皮《かわ》を被《かぶ》る《慣》

見た目は人間だが、人間らしい思いやりや優しさなどを持っていない人だと、ののしっていう言葉。例　家賃が払えないならすぐ出ていってくれと、この寒空に年寄りを追い出すなんて、人の皮を被《かぶ》った獣のすることだ。

人《ひと》の口《くち》に戸《と》は立《た》てられぬ

噂《うわさ》や風評はすぐに人の口から口へと世間に広がるものであって、それを封ずる手段はない、という意。

類句 ◆下種《げす》の口に戸は立てられぬ　◆世間の口に戸は立てられぬ

人《ひと》の事《こと》より我《わ》が事《こと》

他人の世話を焼くより、我が身を反省することが先である。また、人のことを考える前に自分の利益を優先する。

人《ひと》の七難《しちなん》より我《わ》が十難《じゅうなん》

《「難」は、短所・難点の意》他人の短所をとやかく言う前に、自分自身にはもっと多くの短所があることを自覚しなければならないという意。他人の短所はわずかでも気が付くが、自分自身の短所には気が付かないものである、ということ。「人の七難より我が八難」とも。

類句 ◆人に七癖《ななくせ》我が身に八癖《やくせ》　◇人の一寸我が一尺

人《ひと》の十難《じゅうなん》より我《わ》が一難《いちなん》

《「難」は、災難・難儀の意》人はえてして、他人が災難に遭っても、所詮《しょせん》他人事で何とも思わないが、一つでもそれが我が身に降りかかると大問題に感ずるものである、ということ。

人《ひと》の疝気《せんき》を頭痛《ずつう》に病《や》む

⇩他人《たにん》の疝気《せんき》を頭痛に病む

人《ひと》の空言《そらごと》は我《わ》が空言《そらごと》

《「空言」は、嘘《うそ》の意》たとえ他人がついた嘘であっても、それを受け売りすれば、自分自身が嘘をついたことになる。他人の言ったことをうかつに人に話すものではない、という戒めの言葉。「人の嘘は我が嘘」とも。

人《ひと》の宝《たから》を数《かぞ》える

他人の財産をうらやんで計算してみても意味がないように、そうしたところで何の利益にもならないことをする。

類句 ◆隣《となり》の家の宝を数える

人《ひと》の情《なさ》けは身《み》の仇《あだ》 人《ひと》の辛《つら》きは身《み》の宝《たから》

他人からかけられた情けには甘えてしまうので、当人のためにならないが、他人から厳しくされるのは、将来の自分にとってはありがたいものだ、ということ。

人《ひと》の蠅《はえ》を追《お》うより自分《じぶん》の頭《あたま》の蠅《はえ》を追《お》え

⇩頭の上の蠅《はえ》を追え

人《ひと》のふり見《み》て我《わ》がふり直《なお》せ

他人の行動のよい点悪い点をよく観察して、自分の行動を反省し、良くないところを改めよ。

人《ひと》の褌《ふんどし》で相撲《すもう》を取《と》る 《慣》

他人の物をうまく利用して、自分の利益を図る。例 田中さんの開拓した客筋を利用して商売しようなんて、人の褌《ふんどし》で相撲を取るようなまねはよせ。

人《ひと》の将《まさ》に死《し》せんとする その言《げん》や善《よ》し

人は死ぬ間際《まぎわ》には、どんな悪人でも立派なことや良いことを言うものである。また、誰《だれ》でも死ぬ間際には本当の気持ちを言う、という意味にも使う。原文 曽子《そうし》言いて曰《いわ》く、鳥の将《まさ》に死せんとする、其《そ》の鳴くや哀《かな》し。人の将に死せんとする、其の言や善し。〈論語《ろんご》・泰伯《たいはく》〉

人《ひと》は一代《いちだい》名《な》は末代《まつだい》

人間の一生は一代限りのものであるが、その間に築いた業績や名誉は長く後世に残るものである。

人《ひと》は善悪《ぜんあく》の友《とも》による

人は、その人が交わる友人次第で、よくも悪くもなる。

類句 ◆朱に交われば赤くなる

一旗《ひとはた》揚《あ》げる 《慣》

新しく事業などを始めて成功させ、社会的に認められる存在になる。例 一旗揚げようと故郷を捨てて上京してきたのだが、かなわぬ夢だった。

一肌《ひとはだ》脱《ぬ》ぐ 《慣》

その人の立場に同情して、力になってやる。例 福祉施設を作ろうという話なら、資金不足の彼のために僕も一肌脱いでやろう。

類句 ◆片肌脱ぐ

一花咲《ひとはなさ》かせる 《慣》

沈滞した状態から抜け出し、めざましい活躍をして、社会的な地位や名声を得る。例 引退する前にもう一花咲かせたいものだ。

人《ひと》はパンのみにて生《い》くるにあらず

人は、パン（食物）を食べるだけに生きるのではない。人間にとって、精神生活がいかに大切であるか、ということを教えたもの。新約聖書にある言葉。

人《ひと》は人我《ひとわれ》は我《われ》

他人は他人、自分は自分の意で、他人のすることにかかわらず、自分の信ずるところを行なえ、ということ。

人《ひと》は見掛《みか》けによらぬもの

人の人柄や性質は、外見だけでは判断がつかない。その人の真の姿や性格の良し悪《あ》しは、一見した印象とは必ずしも一致しない、という意。「人はうわべによらぬもの」とも。例 あんなまじめな人が公金に手をつけるなんて、人は見掛けによらぬものだ。

類句 ◇あの声でとかげ食うかやほととぎす

人《ひと》はみめよりただ心《こころ》

人間は、顔かたちよりも心の持ち方が大切である。

人一《ひとひと》たびして之《これ》を能《よ》くすれば己之《おのれこれ》を百《ひゃく》たびす

優れた才能を持つ人が一度でできるならば、才能のない自分はそれに百倍する努力を重ねて目的を達成する。努力を重ねることの大切さを言う。

原文 人一《ひとひと》たびして之《これ》を能《よ》くすれば、己《おのれ》之を百《ひゃく》たびす。人十《と》たびして之を能くすれば、己之を千《せん》たびす。〈中庸《ちゅうよう》〉

人前《ひとまえ》を繕《つくろ》う 《慣》

他人の前では真実を隠して体裁よく見せる。例 あの夫婦は人前を繕って仲良さそうにしているが、実は離婚寸前まできているそうだ。

人前《ひとまえ》を憚《はばか》る《慣》

はしたないこととして、他人の前ではそのような言動をしないように気を付ける。例 人前を憚《はばか》らず大あくびをするとは無作法にも程がある。

人増《ひとま》せば水増《みずま》す

家族が多くなれば、それに応じてかかる費用は増大するものだ。「口増せば水増す」とも。

瞳《ひとみ》を凝《こ》らす《慣》

目を一転に集中させて、よく見る。例 なおも瞳《ひとみ》を凝らすと、闇《やみ》の中で何やらうごめくものがあった。

人目《ひとめ》がうるさい《慣》

他人のことについて、世間の人が好奇の目で見て、あれこれ批評したりうわさしたりしたがる様子。例 昼間だと隣近所の人目がうるさいから、夜になってから会おう。

人目《ひとめ》に余《あま》る《慣》

言動や服装などが良俗に反していて、許容できる限界を越えている様子。例 一部の若者のマナーの悪さには人目に余るものがある。

人目《ひとめ》にさらす《慣》

本来隠しておくようなものを、公然と人の目に触れる状態におく。例 人生に失敗したみじめな姿を人目にさらしたくない。

人目《ひとめ》に立《た》つ《慣》

それだけが特に目立って、人々の注意を引く。例 成人式だからといって、人目に立つ派手な服装をするのはいかがなものか。

人目《ひとめ》につく《慣》

それがひときわ目立っていて、特に注意しなくてもすぐに分かる状態にある。例 注意書きは人目につく所に貼《は》っておくべきだ。

人目《ひとめ》を忍《しの》ぶ《慣》

人に見られたり気付かれたりすることを恐れて、そのようなことがないように行動する。例 師弟の関係にありながら、二人は人目を忍ぶ仲になった。

人目《ひとめ》を盗《ぬす》む《慣》
人に見つからないように、こっそりと何かをする。例今となっては馬鹿《ばか》なことをしたと思うが、高校生のころは、人目を盗んでたばこを吸ったり酒を飲んだりしたものだ。

人目《ひとめ》を憚《はばか》る《慣》
何かうしろめたいことがあって、他人に見られるのを避けるようにする。例夫が汚職事件で逮捕されてから、妻子は人目を憚《はばか》って暮らさなければならなかった。

人目《ひとめ》を引《ひ》く《慣》
他に抜きん出て目立つところがあって、人々の注目を集める。例美しく着飾った娘たちの中でも、彼女はひときわ人目を引く存在だった。

一役買《ひとやくか》う《慣》
ある役目を自分から進んで引き受けて行なう。例地域の環境整備運動には、老人会の人たちも一役買うことになった。

一山当《ひとやまあ》てる《慣》
投機がうまくいってひと儲《もう》けする。例相場の高騰で一山当て、海外旅行に出かける。

一人歩《ひとりある》き《慣》
①人の助けを借りずに、自分の力で生きていくこと。例親方から独立して店を持ち、ようやく一人歩きを始めたところだ。②物事が当初の予想や意図に反して思わぬ方向に進んでいくこと。例設立当初の目的を離れて規約だけが一人歩きをし、形式にこだわるようになってしまった。

一人口《ひとりぐち》は食《く》えぬが二人口《ふたりぐち》は食《く》える
同じ少ない収入でも、二人なら何とか生活していくが、一人では生活が苦しいとだけ感じるものだ。
類句◆二人口は過ごせるが一人口は過ごせぬ

一人相撲《ひとりずもう》を取《と》る《慣》
他人が関心を示さないようなことに自分一人が気負って取り組み、むなしい結果に終わる様子。例計画を実行に移す段になったら誰《だれ》も協力してくれず、一人相撲を取るはめになった。

人我《ひとわれ》に辛《つら》ければ我《われ》また人《ひと》に辛《つら》し

他人が自分に辛《つら》く当たれば、その反動で自分もまた他人にひどい仕打ちをするようになるものだ。人間関係は相対的なもので、相手の出方次第で自分の態度も変わる、という意。

人《ひと》を射《い》んとせば先《ま》ず馬《うま》を射《い》よ

⇩**将《しょう》を射んとせば先《ま》ず馬を射よ**

人《ひと》を得《え》る《慣》

ある地位や役目に、それにふさわしい有能な人材に就いてもらうことができる。例 それぞれのポストに人を得て、本会はますます発展することだろう。

人《ひと》を思《おも》うは身《み》を思《おも》う

他人を思いやることは、自分を思いやることでもある意で、他人にかけた思いやりは、いずれ自分に返ってくるということ。

類句 ◆情《なさ》けは人の為《ため》ならず

人《ひと》を食《く》う《慣》

相手を馬鹿《ばか》にしたような言動や態度をとる。例 あいつの人を食った態度には腹が立ってたまらない。

人《ひと》をそらさない《慣》

相手の気持ちをうまくとらえて対処する言動で、接する人を引き付ける様子。例 あの講師の人気の秘密は、人をそらさない巧みな話術にある。

人《ひと》を立《た》てる《慣》

双方の間に人を立てる意で、交渉などの際に仲介者を頼む。例 直接対決するより、間に人を立てて話をしたほうが穏便に解決するだろう。

人《ひと》を使《つか》うは苦《く》を使《つか》う

人を使うということは何かと気苦労が多いものである。

⇩**使う者は使われる**

人《ひと》を呪《のろ》わば穴二《あなふた》つ

人を呪《のろ》い殺そうとすれば、その人を埋める穴のほかに、自分を埋める穴も用意する必要がある、の意で、人に危害を加えれば、自分もまたその報いを受ける、ということ。

人《ひと》を人《ひと》とも思《おも》わぬ《慣》

他人の思惑を無視して、好き勝手に振る舞う様子。例 人を人とも思わぬワンマン社長の横暴な態度に、さすがの重役陣も叛旗《はんき》を翻した。

人《ひと》を見《み》たら泥棒《どろぼう》と思《おも》え

他人は信用できないものだから、すべて泥棒《どろぼう》だと思うくらいに、まず疑ってかかれ。「人を見たら泥棒と思え、火を見たら火事と思え」と続けて、用心を呼びかける言葉。参考「渡《わた》る世間《せけん》に鬼《おに》はない」は、この反対。

人《ひと》を見《み》て法《ほう》を説《と》け《慣》

〔「人」は、人柄の意〕人に何かを言って聞かせたり働きかけたりするときには、その人柄や性格などをよく見極めたうえで相応の対処をせよ、ということ。「ひとを見て」は「にんを見て」ともいう。例 子供相手にそんな難しい理屈を言っても仕方がない。人を見て法を説けだ。類句 ◆機に因《よ》りて法を説け

人《ひと》を以《もっ》て鏡《かがみ》となす

他人の言動を見て、自分の行ないの善悪当否を正す判断基準とする。原文 太宗嘗《たいそうかつ》て侍臣《じしん》に謂《い》いて曰《いわ》く、夫《そ》れ銅を以《もっ》て鏡と為《な》せば、以て衣冠を正す可《べ》し。古《いにしえ》を以て鏡と為せば、以て興替《こうたい》を知る可し。人を以て鏡と為せば、以て得失を明らかにす可し〔唐の太宗が、ある時侍臣たちに語って言われた、そもそも銅を鏡とすれば、姿を映して人の服装を正すことができる。昔を鏡とすれば、歴史によって世の興亡盛衰を知ることができる。人を鏡とすれば、その人を手本として善悪当否を知ることができる〕。〈貞観政要《じょうがんせいよう》・任賢《にんけん》〉 類句 ◆人のふり見て我がふり直せ

人《ひと》を以《もっ》て言《げん》を廃《はい》せず

どんな人の意見でもそれが良い意見であれば捨てずに採用する。原文 子曰《しいわ》く、君子《くんし》は言を以《もっ》て人を挙げず、人を以て言を廃せず〔孔子が言われた、教養のある人は、立派な意見を持っているからといって、その人を挙用することはしない。善くない人だからということで、正しい意見までも採り上

げないことはしない」。〈論語《ろんご》・衛霊公《えいれいこう》〉

火《ひ》に油《あぶら》を注《そそ》ぐ

燃えている火に油を注ぐと火の勢いが一気に増すように、勢いが盛んであったり感情がたかぶっていたりするところに、さらにそれをあおるような働きかけをすること。「油を注ぐ」とも。

微《び》に入《い》り細《さい》を穿《うが》つ

非常に細かい点まで漏らさずに、詳しく調べたり説明したりする。例 彼は微に入り細を穿《うが》って、その時の模様を話してくれた。

髀肉《ひにく》の嘆《たん》

《「髀」は股《もも》。三国時代、蜀《しょく》の劉備《りゅうび》が長い間馬に乗って戦場に出ないので、股に肉がついて太ってしまったのを嘆息した故事から》功名を立てる機会が長らく無いことを嘆き、くやしがること。例 実力を発揮する機会に恵まれないままに、この十年間、髀肉《ひにく》の嘆をかこってきた。

原文 備《び》、荊州《けいしゅう》に住《とど》まること数年、嘗《かつ》て表《ひょう》の坐《ざ》に於《お》て起《た》ちて廁《かわや》に至り、髀裏《ひり》に肉生《しょう》ずるを見、慨然《がいぜん》として流涕《りゅうてい》して坐に還《かえ》る。表怪しみて備に問う。備曰《いわ》く、平常、身鞍《みくら》を離れず、髀肉皆消《ひにくみなき》ゆ。今、復《ま》た騎せず、髀裏に肉生ず〔劉備《りゅうび》は荊州《けいしゅう》の劉表《りゅうひょう》のもとに身を寄せること数年、ある時劉表と同座し、立って便所に行き、股《もも》の肉が太ったのを見て、ひどく悲しんで涙を流してもとの席に戻った。劉表はいぶかってそのわけを尋ねた。劉備が言った、自分はいつも馬の鞍《くら》から離れたことがなかったから、股の肉がすっかりそげてなくなっていた。今は、全く馬に乗らないので、股に肉が付いてしまった。（月日は過ぎ、自分は老いているのに功名を立てることができないのが悲しい）〕。〈三国志《さんごくし》・蜀志《しょくし》・先主伝《せんしゅでん》注〉

日《ひ》に就《な》り月《つき》に将《すす》む

《「就」は成、「将」は進の意》学業が、日に日に目に見えて進歩すること。「日進月歩」と同趣の言葉。

原文 維《こ》れ予小子《よしょうし》、敬《けい》に聡《そう》ならず。日に就《な》り月に将《すす》み、学、光明に緝熙《しゅうき》するあらん〔わたくし（成王）は賢くなく、慎み深くない。毎日毎日努め励み、学んで徳の光が輝きわたるようにしよう〕。〈詩経《しきょう》・周頌《しゅうしょう》・敬之《けいし》〉

日《ひ》に焼《や》ける《慣》

日光に当たって皮膚の色が黒くなる。また、物が長い間日光にさらされて、変色したり色あせたりする。例この絨毯《じゅうたん》も、窓に近い部分はずいぶん日に焼けているね。

非《ひ》の打《う》ち所《どころ》が無《な》い《慣》

完璧《かんぺき》であって、全く非難すべき点が見られない様子。例彼の作品はすばらしいできばえで、非の打ち所が無い。

類句◆点の打ち所が無い

檜舞台《ひのきぶたい》《慣》

〘「檜《ひのき》舞台」は、檜の板で張った大劇場の立派な舞台〙自分の技量を広く世間に示す晴れの場所や機会。例あの展覧会は無名画家にとっては檜舞台だそうだ。

火《ひ》の車《くるま》《慣》

〘罪人を地獄へ運ぶための火の燃えている車の意で、乗せられている者が獄卒に責め苦しめられることから〙危機的な経済状態にあって、金のやりくりに苦しむ様子。例最近の物価高で、庶民の台所は火の車だ。

火《ひ》の粉《こ》がふりかかる《慣》

直接関係のない所で起きた事件などの影響が自分にまで及んで、災害や迷惑を受ける。例隣国で内戦が起これば、我が国にも火の粉がふりかかってくるのは必定《ひつじょう》だ。

火《ひ》の手《て》が上《あ》がる《慣》

〘火事が発生して、火が燃え上がる意から〙激しい抗議の運動などが起こる。例高層マンション建設計画に、地元の住民から反対運動の火の手が上がる。

日《ひ》の出《で》の勢《いきお》い《慣》

短い間に勢力を著しく伸ばし、今後の発展が測り知れないほど、勢いが盛んな様子。例経営陣が入れ代わって、売り上げは急速に伸び、あの会社は今や日の出の勢いだ。

火《ひ》の無《な》い所《ところ》に煙《けむり》は立《た》たぬ

火の気のない所には煙が立たないように、よくない噂《うわさ》が立つのは、何かしらそれなりの根拠があるのだろう、ということ。

原文 There is no smoke without fire. の訳語。

日《ひ》の目《め》を見《み》る《慣》

うずもれていたものがやっと世間に知られて、価値が認められるようになる。例 長らく棚上げされていたこの企画も、社内の情勢が変わって、日の目を見ることになった。

火花《ひばな》を散《ち》らす《慣》

〔刀で激しく斬《き》り合う時、刃と刃がぶつかる瞬間に火花が飛び散ることから〕互いに激しく戦ったり、争ったりする様子。例 両軍の火花を散らす戦いは一昼夜に及んだ。

疲馬《ひば》は鞭箠《べんすい》を畏《おそ》れず

〔「鞭箠《べんすい》」は、むち〕疲れた馬は、鞭《むち》打たれても動けないのだから、もはや鞭をこわいと思わないように、人もひどく困窮すれば罪を犯すこともいとわなくなり、その結果受ける厳しい刑罰も恐ろしいとは思わない、ということ。

原文 疲馬《ひば》は鞭箠《べんすい》を畏《おそ》れず、罷民《ひみん》は刑法を畏れず。〈塩鉄《えんてつ》論《ろん》・詔聖《しょうせい》〉

火《ひ》は火元《ひもと》から騒《さわ》ぎ出《だ》す

何か事があったとき、それを起こした本人が最初に騒ぎ出すものだ。一番初めにその事を言い出した人を、やった張本人と思えば間違いない、ということ。

類句 ◇屁《へ》と火事は元から騒ぐ

ひびが入《はい》る《慣》

何かがきっかけとなって、それまでうまくいっていた人間関係に破綻《はたん》をきたす。例 心無い中傷を真に受けて、二人の友情にひびが入ってしまった。

蚍蜉《ひふ》大樹《たいじゅ》を撼《うご》かす

〔「蚍蜉《ひふ》」は、大きな蟻《あり》〕大蟻が自分の力の程も考えず大木を動かそうとする意で、身の程を知らないことのたとえ。

原文 蚍蜉《ひふ》大樹《たいじゅ》を撼《うご》かす、笑うべし自ら量《はか》らざるを〔大蟻《おおあり》が大木を揺り動かしているのだ、身の程知らずを笑ってやるがよい〕。〈韓愈《かんゆ》の詩、張籍《ちょうせき》を調《あざけ》る〉

類句 ◆蟷螂《とうろう》の斧《おの》

火蓋《ひぶた》を切《き》る《慣》

〔「火蓋《ひぶた》」は、火縄銃の火皿をおおう蓋〕その時をもって、戦いや競技を開始する。「火蓋を切って落とす」とも。例 本日の公示をもって、選挙戦は火蓋を切った。

干《ひ》ぼしになる《慣》

食べ物がなくて飢える。例 補給路を断たれては、兵士たちが干ぼしになってしまう。

暇《ひま》に飽《あ》かす《慣》

暇があるのをいいことに、好きなだけ時間をかけて何かをする様子。例 退職後の父は、暇に飽かして盆栽作りに精を出している。

隙《ひま》ほど毒《どく》なものはない

人は毎日忙しく働いていれば何事もないが、時間があって体を持て余すようになると、ろくなことはしない。

類句 ◆小人《しょうじん》閑居して不善をなす

暇《ひま》を出《だ》す《慣》

主人が奉公人を解雇する。また、夫が妻を離縁する。例 店の金を盗んだのが発覚して主人に暇を出された。

暇《ひま》を潰《つぶ》す《慣》

何か気を紛らすようなことをして、暇で退屈な時間を過ごす。例 開場まで時間があるから、その辺でコーヒーでも飲んで暇を潰《つぶ》そう。

暇《ひま》を取《と》る《慣》

奉公人が自分の都合で奉公先を辞める。例 郷里の母を看《み》なくてはならないので、お暇を取らせていただきます。

暇《ひま》を盗《ぬす》む《慣》

忙しい中をなんとかやりくりして、何かをするための時間を作る。例 彼は若いころから、仕事に追われながらも、暇を盗んでは本を読んでいた。

暇《ひま》を貰《もら》う《慣》

①奉公人が主人から休暇を与えてもらう。例 一週間暇を貰《もら》って郷里に帰った。②⇩暇を取る

美味《びみ》も喉《のど》三寸《さんずん》

物がうまいといっても喉《のど》を通るまでのわずかな時間だけのことで、腹に入ってしまえば、うまいもまずいもない。

悲鳴《ひめい》を上《あ》げる《慣》

〔恐ろしいことに出あった時などに思わず叫び声を上げて助けを求める意から〕仕事が多過ぎるなどして、困り果

てる様子の形容。例 新製品に注文が殺到して、スタッフ一同うれしい悲鳴を上げている。

ひもじい時《とき》のまずい物《もの》なし

腹の減っているときには、どんなまずいものでもおいしく食べられるものだ。類句 ◆空《す》き腹にまずい物なし

紐付《ひもつ》きの金《かね》 《慣》

他から援助してもらった金で、使途に条件の付いているもの。例 この補助金は紐《ひも》付きの金だから人件費以外には使えない。

冷《ひ》や汗《あせ》ものだ 《慣》

その時の自分の行為を後になって思い返すと、冷や汗が出るほど恥ずかしいと思う様子。例 あの大先生の前で得々として自説を述べたのは、今考えると全く冷や汗ものだ。

冷《ひ》や汗《あせ》をかく 《慣》

取り返しがつかないことになったり、恥さらしな結果になったりしないかと心配するあまり、ひどく緊張する。例 予定よりだいぶ遅れているんで、社長から工事の進捗《しんちょく》状況を聞かれた時は全く冷や汗をかいたね。

百歳《ひゃくさい》の後《のち》

《人の寿命が百歳を越すのは稀《まれ》なことから、死んだ後の意》人の死後を遠まわしにいう言葉。「百年の後《のち》」「万歳《ばんざい》の後《のち》」とも。

原文 百歳の後、其《そ》の居《きょ》に帰《き》せん〔やがて死んだら、お墓で一緒になりましょう〕。〈詩経《しきょう》・唐風《とうふう》・葛生《かっせい》〉

百尺竿頭一歩《ひゃくしゃくかんとういっぽ》を進《すす》む

《登りつめた百尺もある竿《さお》の上にあって、更にもう一歩進める意》頂点を極めても、それに満足しないで更に上を目指したり、工夫をこらした上に更に新たな工夫を加えたりすること。〈五灯会元《ごとうえげん》〉

百《ひゃく》で買《か》った馬《うま》のよう

百文という安値で買えるような馬は、所詮《しょせん》ものの役に立たない、という意から、食べては寝、食べては寝しているばかりで働こうとしない者や、これといった能力もなく何の役にも立たない者などのたとえ。

百日《ひゃくにち》に百杯《ひゃっぱい》は盛《も》れども一日《いちにち》には盛《も》られず

日々わずかずつ積み重ねた努力は、やがて大きな成果をもたらすが、それは一日でできるものではない。大事業は日々の努力の積み重ねがあって、はじめて可能になる。

百日《ひゃくにち》の説法《せっぽう》屁《へ》一《ひと》つ

百日間の厳粛な説教が、説教者の漏らした一つのおならでぶちこわしになる。長い間の努力や苦労が、ちょっとしたしくじりで駄目になってしまう、ということ。

百日《ひゃくにち》の旱《ひでり》には飽《あ》かねど一日《いちにち》の雨《あめ》には飽《あ》く

晴れの日が百日続いてもいやになることはないが、雨の日は一日だけでもうんざりする、ということ。「百日の旱《ひでり》には飽《あ》かねど三日雨には飽く」「千日の晴れに飽かで一日の雨に飽く」とも。

百年《ひゃくねん》河清《かせい》を俟《ま》つ

《いつも濁っている黄河《こうが》の水が澄むのを、待ち望んでいても不可能である意》いくら望んでも実現できないことのたとえ。「河清を俟《ま》つ」とも。例 嘆かわしいことだが、百年河清を俟つとも汚職がなくなることはない。原文 周詩《しゅうし》に之《これ》有り、曰《いわ》く、河《か》の清《す》むを俟《ま》つも、人寿幾何《じんじゅいくばく》ぞ〔周の詩に言っている、濁っている黄河《こうが》の澄むのを待ったところで、人の寿命は短くて、とても待てるものではない〕。〈左伝《さでん》・襄公《じょうこう》八年〉

百年《ひゃくねん》の不作《ふさく》《慣》

自分が以前にしたことが一生取り返しのつかない失敗だったと、自省していう言葉。特に、妻との結婚について言う。例 私と結婚したのは百年の不作だと夫はいうけれど、お互いさまだと思う。

類句 ◇悪妻は百年の不作 ◆一生の不作

百年目《ひゃくねんめ》《慣》

《百歳まで生き、寿命が尽きたの意から》もうこれ以上は逃れられない決定的な場面を迎えた様子を表わす。例ここで会ったが百年目、もうこれ以上は逃げられないとあきらめろ。

百年《ひゃくねん》 論定《ろんさだ》まる

人物や業績についての評価は、長い年月がたってようやく定まるものである。

百聞《ひゃくぶん》は一見《いっけん》に如《し》かず

何かを知ったり理解したりするには、人の話を何度も聞くよりも、一度でも実際に自分の目で見て確かめたほうがよい。経験の大切さを説いた言葉。例百聞は一見に如《し》かず、とにかく現地へ行ってみよう。

原文 充国曰《じゅうこくいわ》く、百聞は一見に如《し》かず、兵《へい》は隃《はる》かに度《はか》り難し。臣《しん》願わくは馳《は》せて金城に至り、図《ず》して方略を上《たてまつ》らん〔趙充国《ちょうじゅうこく》が言った、百聞は一見に如かずである。前線の状態は、遠くからでは詳しくわかりません。私は馬を走らせて金城に行き、現地の状況を見、図に描いて作戦計画を奉りましょう〕。〈漢書《かんじょ》・趙充国伝《ちょうじゅうこくでん》〉

百《ひゃく》も承知《しょうち》《慣》

そのことは今さら言われなくてもすでに十分知っている、という意。例それがハイリスク・ハイリターンの投資だということは、百も承知だ。

百里《ひゃくり》を行《ゆ》く者《もの》は九十里《くじゅうり》を半《なか》ばとす

百里の道を行こうとする者は、九十里行ってやっと半分まで来たと考えよ。何事も完成に近づくと気がゆるみ失敗しやすいから、九分どおり済んだあたりを半分と心得て努力せよ、という意。

原文 詩に云《い》わく、百里を行く者は、九十を半ばとす、と。此《こ》れ末路の難きを言うなり〔昔の詩に、百里の道を行く者は、九十里を半ばとするとある。これは最後の道程の困難なことを述べたものである〕。〈戦国策《せんごくさく》・秦策《しんさく》〉

冷《ひ》や酒《ざけ》と親《おや》の意見《いけん》は後《あと》で利《き》く

冷や酒は初めのうちは酔わないが、後になって酔いがまわる。親の意見もその当座はうるさく思うが、後になってから成る程と思い当たるものである。

類句 ◆親の意見と茄子《なすび》の花は千に一つも無駄はない

百家争鳴《ひゃっかそうめい》

いろいろな立場の学者や文化人が、自由に意見を出し合い論争するさまをいう。

百貫《ひゃっかん》の鷹《たか》も放《はな》さねば知《し》れぬ

大金で手に入れた鷹《たか》も、空に放って獲物を捕らえさせ、その働きぶりを見なければ、真価のほどは分からないの意から、何事も実際に使ってみなければ、その真価は判断できない、ということ。

百歩譲《ひゃっぽゆず》っても《慣》

相手の言い分などをある程度受け入れて考えたところで、基本的な部分には変わりがないということを表わす言葉。「百歩譲って…としても」の形でも用いられる。例 事故は不可抗力に近かったと言っているが、今までの調査では百歩譲っても、会社は責任を免れないだろう。

冷《ひ》や水《みず》を浴《あ》びせる

得意の絶頂にある者に、当人の気付いていない欠点を指摘するなどして、思い上がった気持ちを抑えさせようとする。⇩冷水《れいすい》を浴びせる

冷《ひ》や飯《めし》を食《く》う《慣》

職場などで不当に冷遇される。例 あの部長の下でこの五年間ずっと冷や飯を食わされてきた。

氷山《ひょうざん》の一角《いっかく》《慣》

《氷山は、ほんの一部分が海面上に現われているだけで、大部分は海中に隠れていることから》明るみに出たのはごく一部分に過ぎず、その背後に大きな問題が隠されている様子。例 今回摘発された汚職事件などは氷山の一角で、根はもっと深いに違いない。

拍子《ひょうし》を取《と》る《慣》

歌や音楽のリズムに調子を合わせて、手を打ったり体を動かしたりする。例 若者たちはつま先で拍子を取りながらジャズを聴いている。

平仄《ひょうそく》が合《あ》わない

《漢詩を作るには、字の配置に音声の上から一定の規則があり、それに合わないと調子が外れることから》前後のつじつまが合わないことのたとえ。

類句 ◆てにをはが合わない

氷炭《ひょうたん》相容《あいい》れず

《氷と炭火とは、一つ所に置くことができない意》それぞれの性質が互いに正反対で、調和・一致しない。

原文 夫《そ》れ氷炭は器を同じくして久しからず、寒暑は時を兼ねて至らず〔そもそも、氷と炭火とは一つの器の中で長くはもたない、寒さと暑さとは同じ時期には共に訪れない〕。〈韓非子《かんぴし》・顕学《けんがく》〉

瓢箪《ひょうたん》から駒《こま》が出《で》る

瓢箪《ひょうたん》の中から本物の馬が飛び出す意で、意外なところから意外な事物が現われる、また、実際には考えられないようなことから、思いがけない結果が生ずることをいう。いろはがるた（京都）の一。

瓢箪《ひょうたん》鯰《なまず》

丸い瓢箪《ひょうたん》で鯰《なまず》を捕まえようとする意で、のらりくらりして捕まえどころがないことのたとえ。また、さっぱり要領を得ないことをいう。「瓢箪で鯰を押さえる」とも。

瓢箪《ひょうたん》に釣《つ》り鐘《がね》

⇩提灯《ちょうちん》に釣《つ》り鐘《がね》

瓢箪《ひょうたん》の川流《かわなが》れ

瓢箪が川を流れていくように、浮かれていて、落ち着きのない様子、また、軽はずみな態度のたとえにいう。

豹《ひょう》は死《し》して皮《かわ》を留《とど》め人《ひと》は死《し》して名《な》を留《とど》む

豹《ひょう》は死んだ後に美しい皮を残すように、人も後世にまで伝わる名誉・功績を残すべきである、ということ。

原文 常に俚語《りご》（俗な言葉）を為《な》して人に謂《い》いて曰《いわ》く、豹《ひょう》は死して皮を留《と》め、人は死して名を留む、と。其《そ》の忠義に於《お》けるは、蓋《けだ》し天性なり。〈五代史《ごだいし》・王彦章伝《おうげんしょうでん》〉

類句 ◆虎《とら》は死して皮を留め人は死して名を残す

屏風《びょうぶ》と商人《あきんど》は直《す》ぐには立《た》たぬ

屏風《びょうぶ》が折り曲げないと立たないのと同じように、商人も正直なばかりでは商売にならず、時と場合によっては客を相手に自分の気持ちを曲げるようなこともしなければならない、ということ。

類句 ◆人《ひと》と屏風《びょうぶ》は直《す》ぐには立たぬ

豹変《ひょうへん》 ⇩君子《くんし》は豹変《ひょうへん》す

秒読《びょうよ》みに入《はい》る《慣》

〔「秒読み」は、何かの開始または終了までのわずかに残った時間を秒単位で読み上げること〕決定的な瞬間に至るまでの残された時間がわずかしかないことをいう。例首相の退陣はすでに秒読みの段階に入っている。

比翼連理《ひよくれんり》

〔「比翼の鳥と連理の枝」のこと。「比翼の鳥」は、雌雄が目と翼が一つずつしかなく、常に一体となって飛ぶ鳥、「連理の枝」は、根元は別々の二本の木が途中で合体して、木目《もくめ》が連なった木〕男女の相思相愛の仲をいう。また、夫婦の情愛の深いことのたとえ。

原文 天に在りては願わくは比翼の鳥とならん。地に在りては願わくは連理の枝とならん。〈白居易《はくきょい》の詩、長恨歌《ちょうごんか》〉

参考 相愛の男女を一緒に葬った墓を「比翼塚《ひよくづか》」という。

平蜘蛛《ひらぐも》のよう《慣》

〔「平蜘蛛《ひらぐも》」は、平たい蜘蛛〕恐れ入って平身低頭する様子。例店主は平蜘蛛のようにはいつくばって、店員の不行き届きを客に謝っていた。

平《ひら》たく言《い》えば《慣》

難しい言葉や専門語を使わずに分かりやすく言えば。例一流選手であっても学生の本分を忘れずに、というのは平たく言えば勉強もしっかりしろということだ。

ピリオドを打《う》つ《慣》 ⇩終止符を打つ

広《ひろ》い世界《せかい》を狭《せま》くする ⇩世間を狭くする

日《ひ》を改《あらた》めて《慣》

その日できなかったことを、後日、新たに機会を得て行なおうとする様子。例今日はお忙しいご様子なので、また日を改めて伺います。

火《ひ》を落《お》とす《慣》

その日はもう使う必要がなくなり、かまどやストーブなどの火床から火の気をすっかり取り除く。例もう客も来ないだろうから、火を落として店を閉めよう。

火《ひ》を出《だ》す《慣》

不注意で自分の家から火事を発生させる。例 うちから火を出したとあっては隣近所に申し訳ない。

火《ひ》を付《つ》ける《慣》

論議を巻き起こしたり騒動を引き起こしたりするきっかけを作る。例 工場廃水の処理を問題にして住民運動に火を付けた。

火《ひ》を通《とお》す《慣》

生の食べ物に熱を加えて調理する。また、調理済みの食べ物に、腐敗を防ぐなどの目的で、熱を加える。例 豚肉は中までよく火を通してから食べるほうがいい。

非《ひ》を鳴《な》らす《慣》

他をあれこれと激しく非難する。例 政府の強引な国会運営に対して、野党は一斉に非を鳴らした。

火《ひ》を見《み》たら火事《かじ》と思《おも》え

火の気があったら火事だと思うくらいに、注意せよ。「人を見たら泥棒《どろぼう》と思え、火を見たら火事と思え」と続けて、用心を呼びかける言葉。

火《ひ》を見《み》るよりも明《あき》らかだ《慣》

明白な事実であって、どんな点からも疑いを差し挟む余地がない様子。例 現状のままでは、近い将来年金制度が破綻《はたん》するのは火を見るよりも明らかだ。

火《ひ》を以《もっ》て火《ひ》を救《すく》う

火を消そうとして、さらに火に勢いをつけてしまう意で、弊害を除こうとして、かえって弊害を助長する結果になることのたとえ。

原文 是《こ》れ火を以《もっ》て火を救い、水を以て水を救うなり。之《これ》を名づけて益多《えきた》と曰《い》う〔まるで、火を消そうとして火を加え、水を防ごうとして水を注ぐことになるのである。これを益多《えきた》すなわち輪に輪をかけるというのである〕。〈荘子《そうじ》・人間世《じんかんせい》〉

類句 ◆薪《たきぎ》を抱《いだ》きて火を救う　◇火を救うに薪を投ず

ピンからキリまで

〔「ピン」は、ポルトガル語のpinta（点）の変化という。

かるた・さいころの目で一の数》同種のものの、最上等のものから最低のものまで。例 二口にマンションと言っても、ピンからキリまである。

牝鶏《ひんけい》の晨《あした》す

〔「晨《あした》す」は、鶏《にわとり》が夜明けを告げて鳴くこと。牝鶏《めんどり》が時をつくるのは、家や国家が滅びる前ぶれであり、不吉なこととされたところから〕女性が勢力を振るうことのたとえ。原文 古人言える有り、曰《いわ》く、牝鶏《ひんけい》は晨《あした》する無し。牝鶏の晨するは、惟《こ》れ家の索《つ》くる（家が滅びる）なり。〈書経《しょきょう》・牧誓《ぼくせい》〉

貧者《ひんじゃ》の一灯《いっとう》

寄付などで、わずかな金額であっても真心がこもっていることが大切だということ。⇩**長者《ちょうじゃ》の万灯《まんとう》より貧者の一灯** 例 私の献金は貧者の一灯に過ぎないが、福祉施設建設の一助になれば幸いだ。

顰蹙《ひんしゅく》を買《か》う 《慣》

〔「顰蹙《ひんしゅく》」は、顔をしかめること〕見る人に不快感を与えるような行為をして、嫌がられる。例 列車の中で酔っぱらって騒ぎ、乗客の顰蹙を買った。

貧《ひん》すれば鈍《どん》する

人は、貧乏すると、日々の暮らしにあくせくするあまり、才知の働きも鈍り、やがては品性も卑しくなるものである、ということ。

ピントが外《はず》れる 《慣》

物事のとらえ方が、肝心な点を押さえていなかったり、的外れだったりする。例 ぼんやり聞いていたので、ピントが外れた答えをしてしまった。

ぴんと来《く》る 《慣》

物事の真相を、筋道を立てて考えるより先に、その場の状況などから直感的に感じ取る。例 指名手配中の逃走車だと、その車を見たとたんにぴんと来た。

貧《ひん》にして楽《たの》しむ

貧しいながらも生活を楽しんで、心豊かに日を送る。原文 未《いま》だ貧にして楽しみ、富みて礼を好む者に若《し》かざるなり。〈論語《ろんご》・学而《がくじ》〉

貧《ひん》の盗《ぬす》みに恋《こい》の歌《うた》
貧乏で苦しいから盗みをするし、恋に悩むあまり歌を歌う。満たされないものを他の何かで補おうとするのが、人情の常である。

貧《ひん》の楽《らく》は寝楽《ねらく》
楽しいことに縁が無い貧乏人にとっては、寝ることが唯一の楽しみである。また、貧乏人は盗まれる財物などが無いので、盗難を心配することもなく、安眠できるということ。「貧の楽しみは寝楽《ねらく》」とも。

貧《ひん》は諸道《しょどう》の妨《さまた》げ
金がなければ何もできないから、貧乏こそは何をするにも障害となる第一のものである。

ピンはねをする《慣》
⇩頭をはねる・上前《うわまえ》をはねる

貧乏人《びんぼうにん》が灰《はい》を撒《ま》けば大風《おおかぜ》が吹《ふ》く
貧乏人が畑の肥やしに灰を撒《ま》くと、折悪《あ》しく大風が吹いて灰を吹き散らしてしまう意で、貧乏人が更につらい目に遭うこと。また、世の中は皮肉なものであるということ。
類句 ◆泣きっ面《つら》に蜂《はち》 ◆弱り目に祟《たた》り目《め》

貧乏人《びんぼうにん》の子沢山《こだくさん》
子供を養育する金のない貧乏人に限って、どういうものか子供がたくさんいる。
類句 ◇貧乏柿《びんぼうがき》の核沢山《さねだくさん》 ◆律義者《りちぎもの》の子沢山

貧乏暇《びんぼうひま》なし
貧乏な者は毎日の生活に追われるので、忙しくて時間的なゆとりがない、自由な時間を楽しむ暇がない、ということ。いろはがるた（江戸）の一。

ふ

不意打《ふいう》ちを食《く》う《慣》
予期していない時に、突然、攻撃を仕掛けられたり、思わぬ災難に見舞われたりする。「不意打ちを食らう」とも。
例 ゲリラの不意打ちを食って部隊は大混乱に陥った。

ふいになる《慣》

せっかく得たチャンスや今までの努力の成果などが、ちょっとしたことですべて失われたり無駄になったりする。例 期日までに金が用意できなかったばかりに、せっかくの儲《もう》け話がふいになってしまった。他 **ふいにする**

不意《ふい》を打《う》つ《慣》

相手が油断しているすきをねらって攻撃を仕掛ける。例 突然の質問に不意を打たれて、しどろもどろの返事しかできなかった。

不意《ふい》を突《つ》く《慣》

相手が油断しているすきを好機としてねらう。例 男は突然ナイフを出して暴れ出し、不意を突かれた警官は思わず拳銃《けんじゅう》に手を伸ばした。

風雲急《ふううんきゅう》を告《つ》げる《慣》

戦争や革命など、大きな社会変動が今にも起こりそうな緊迫した情勢になる。例 両国の対立は緊張の度合いを増し、今や風雲急を告げる事態となった。

風采《ふうさい》が上《あ》がらない《慣》

容姿や服装などの外見が、やぼったく、また貧相な印象を与える様子。例 風采《ふうさい》が上がらない男だが、セールスマンとして非常に優秀だ。

風樹《ふうじゅ》の嘆《たん》

⇩**樹《き》静かならんと欲すれども風《かぜ》止《や》まず**

風《ふう》する馬牛《ばぎゅう》も相及《あいおよ》ばず

⇩**風馬牛《ふうばぎゅう》**

風声鶴唳《ふうせいかくれい》

〈淝《ひ》水《すい》の戦いで、東晋《とうしん》の軍に負けた苻堅《ふけん》の兵が、風の音や鶴《つる》の鳴き声を聞いても、敵が来たのだと思って逃げ出したという故事から〉おじけがついて、ちょっとした物音にも驚きびくびくすること。

原文 堅《けん》の衆《しゅう》奔潰《ほんかい》し、甲《よろい》を棄《す》て宵遁《よるのが》る。風声鶴唳《ふうせいかくれい》を聞き、皆以《もっ》て王師と為《な》す〈苻堅《ふけん》の軍兵は総崩れとなり、よろいを脱ぎ捨て、夜に逃げた。風の音や鶴の鳴き声を聞いても、みな晋《しん》の軍だと思って恐れた〉。〈晋書《しんじょ》・謝玄伝《しゃげんでん》〉

類句 ◇水鳥の羽音《はおと》に驚く

風雪《ふうせつ》に耐《た》える《慣》

長年にわたる幾多の労苦や困難にくじけず、じっと我慢する。例 ようやく作品が世に認められるようになり、長年風雪に耐えてきた甲斐《かい》があった。

風前《ふうぜん》の灯《ともしび》《慣》

《風の当たる所に置かれた灯火が今にも消えそうになることから》窮地に追い込まれ、存続の危機に直面している状態にあること。例 新事業の失敗から立ち直るきっかけがつかめず、あの会社は今や風前の灯《ともしび》だ。

風馬牛《ふうばぎゅう》

《「風」は、さかりがつくこと。「風する馬牛も相及《あい》ばず」で、さかりがついた雌雄の牛や馬は、遠く離れていても互いに誘い合うが、それもできないほど遠く隔たっている意》互いに無関係であること。

原文 君は北海に処《お》り、寡人《かじん》は南海に処り、唯《た》だ是《こ》れ風する馬牛も相及《あい》ばざるなり〔あなた（斉侯《せいこう》）は北海の地におり、私（楚侯《そこう》）は南海の地におり、遠く隔たっておりますから、雌雄誘って駆けまわる馬牛も、お互いの領土に駆け入ることはなく、互いに全く無関係である。（あなたが我が領土に攻め入るとは、どのような理由があってのことか）〕。〈左伝《さでん》・僖公《きこう》四年〉

夫婦喧嘩《ふうふげんか》は犬《いぬ》も食《く》わぬ

夫婦喧嘩《げんか》は何でもよく食う犬でさえ見向きもしない意。夫婦はどんなに争っていてもすぐ仲直りするから、他人がなまじ気を使って仲裁などすることはない。

夫婦喧嘩《ふうふげんか》は貧乏《びんぼう》の種蒔《たねまき》

夫婦仲が悪いと、共に支え補い合って成り立つ家庭の経済も安定せず、結果として貧乏の原因となるということ。

夫婦《ふうふ》は二世《にせ》

夫婦のつながりはこの世だけでなく、死後の来世まで続く、という仏教の説。夫婦の絆《きずな》の強さをいう言葉。

参考 「親子は一世《いっせ》、夫婦は二世、主従は三世《さんぜ》」という。

笛吹《ふえふ》けども踊《おど》らず

《新約聖書マタイ伝十一章にある言葉》人に何かをさせ

ようといくら仕向けても、少しも応じない様子。例店長がいくら売り上げを増やすために頑張ろうと訴えても、安月給の従業員たちは笛吹けども踊らずだ。

分《ぶ》がある《慣》

勝負などで勝ち目がある。例今日の試合は地元だけに我がチームの方に分がある。反対**分がない**

付会《ふかい》

《ばらばらのものを無理にくっつけて一つにする意》こじつけること。また、無理に理屈をつけること。「附会」「傅会《ふかい》」とも書く。例牽強《けんきょう》付会の説をなす。原文易《えき》の道は深し。汨《こつ》として明らかならざる者は、諸《しょ》儒《じゅ》、附会《ふかい》の説を以《もっ》て之《これ》を乱せばなり〔易の道理は奥深い。真理が深く隠れて明らかでないのは、多くの学者たちがこじつけの説によって、これを乱しているからである〕。〈欧《おう》陽脩《ようしゅう》の文、故覇州文安県《こはしゅうぶんあんけん》の主簿《しゅぼ》蘇君《そくん》の墓誌銘《ぼしめい》〉

分《ぶ》がいい《慣》

勝負などで、相手より有利な条件を備えている様子。例今日の国会論議では世論に後押しされた野党のほうが分がいいと思った。反対**分が悪い**

不覚《ふかく》の涙《なみだ》《慣》

泣くべきでないところで、思わず流してしまう涙。例大関は、千秋楽で負け越し、不覚の涙を流した。

不覚《ふかく》を取《と》る《慣》

油断して、思わぬ失敗をしたり恥をかいたりする。例対戦相手の力を見くびって不覚を取るようなことがないように気持ちを引き締めよう。

分《ぶ》がない《慣》

試合や勝負事で、勝ち目がない。例今度の対校試合は、どう考えても、総合力で劣る我が校には分がない。反対**分がある**

不可能《ふかのう》という言葉《ことば》は我《わ》が辞書《じしょ》にはあらず

どんなことでも、できないということはない。どんな事でも必ずできる。ナポレオンが言った言葉として有名。

深《ふか》みにはまる《慣》

何かに深入りし過ぎて、そこから抜け出せなくなる。特に、好ましくないことにいう。例 遊び半分に賭《か》け事《ごと》に手を出しているうちにずるずると深みにはまってしまった。

分《ぶ》が悪《わる》い《慣》

自分のほうが不利な立場に立たされている様子。例 新製品の開発に後れを取り、業界の中で分が悪い立場に立たされる。反対 **分がいい**

不刊《ふかん》の書《しょ》

《「刊」は削る・改めるで、「不刊」は滅びない、の意》後世まで残る優れた書物。

原文 諸《これ》を日月に懸《か》く、不刊の書なり〔これは、日と月とに並んで懸けることのできる、永久に滅びない書物である〕。〈劉歆《りゅうきん》の文、揚雄《ようゆう》に答《こた》うる書《しょ》〉

不帰《ふき》の客《きゃく》となる《慣》

再びこの世に帰って来ることがない意で、人が死ぬことを婉曲《えんきょく》にいう言葉。例 あの世界的なルポライターも内戦を取材中に流れ弾に当たり、不帰の客となった。

俯仰天地《ふぎょうてんち》に愧《は》じず

《天の神に対しても、地上の人々に対しても、少しも恥じるところがない意》公明正大であり、何に対してもいささかもやましい心を持っていない。〈孟子《もうし》・尽心上《じんしん》〉⇩**仰《あお》いで天に愧《は》じず**

不興《ふきょう》を買《か》う《慣》

目上の人の機嫌を損ねる。「不興をこうむる」とも。例 方針の変更を進言したことで社長の不興を買い、地方に飛ばされるはめになった。

吹《ふ》く風《かぜ》枝《えだ》を鳴《な》らさず

吹く風も静かで木の枝も動かない。世の中がよく治まって太平無事であることをいう。

覆車《ふくしゃ》の戒《いまし》め

⇩**前車《ぜんしゃ》の覆《くつがえ》るは後車の戒め**

腹心《ふくしん》

《腹となり胸（心）となる者の意》深く信頼できる人。

多く「腹心の部下」の形で用いる。
原文 赳赳《きゅうきゅう》（強くたくましい）たる武夫《ぶふ》は、公侯の腹心。〈詩経《しきょう》・周南《しゅうなん》・兎罝《としゃ》〉

覆水盆《ふくすいぼん》に返《かえ》らず

《太公望《たいこうぼう》が、若いころ貧乏なのに読書ばかりしていたので、妻が離縁して去った。後に出世して諸侯となった時、去った妻が再婚を願ったが、太公望は盆に入っている水をこぼし、その水をもとに返すことができたら願いを聞いてやろう、といったという故事から》離婚した夫婦の仲は、再び元どおりにならない、また、一度してしまったことはとり返しがつかない、ということ。〈類林《るいりん》〉
参考 It is no use crying over spilt milk.〔こぼれたミルクを嘆いても仕方がない〕
類句 ◆落花《らっか》枝に上《のぼ》り難《がた》し破鏡再び照らさず

伏線《ふくせん》を張《は》る《慣》

小説・戯曲などで、意図する筋の展開に備え、前もってある事柄をそれとなく示しておく意。後々事がうまく運ぶように、あらかじめ有効な手段を講じておく。「伏線を敷く」とも。例 大臣の今の発言は、憲法改正へ向け伏線を張ったものだとしか思えない。

腹蔵無《ふくぞうな》い《慣》

思っていることを隠さずにすべて打ち明ける様子。「腹蔵の無い」とも。例 この問題について諸君の腹蔵無い意見を聞かせてほしい。

不倶戴天《ふぐたいてん》

《「倶《とも》に天《てん》を戴《いただ》かず」の音読。一緒にこの天の下に生きていることはできない、という意》どうしても生かしておけない深い恨みがあること。本来は、父が殺されたときは、その子は必ず、そのかたきを討つべきであることを言ったものであるが、後には父に限らず、主君のかたきにもいう。「不倶戴天の敵」の形で用いる。
原文 父《ちち》の讎《あだ》は、与《とも》に共《とも》に天《てん》を戴《いただ》かず、兄弟の讎は、兵に反《かえ》らず、交遊の讎は、国を同じくせず〔父のあだは、……。兄弟のあだは、そのかたきを見つけたならば、武器を取りに帰るようなことはしない。友人のあだは、そのかたきと同じ国に住んでいるようなことはしない〕。〈礼記《らいき》・曲礼上《きょくらい》〉

覆轍《ふくてつ》

車がひっくりかえること、また、ひっくりかえった前の車の轍《わだち》のあと、の意で、前の人が失敗したあと、の意に用いる。

原文 故に能《よ》く阪《さか》に登り険《けん》に赴《おもむ》き、覆轍《ふくてつ》の敗《はい》なく、危うきに乗じ遠きに渉《わた》り、越軌《えっき》の患《うれい》なし〔だから、よく坂に登り危険な場所に行っても、車がひっくりかえることなく、危ういものに乗り遠くへ行っても、わだちを外すような心配はない〕。〈桓譚《かんたん》の新論《しんろん》・法術《ほうじゅつ》〉

類句 ◆前車《ぜんしゃ》の覆《くつがえ》るは後車の戒め

河豚《ふぐ》は食《く》いたし命《いのち》は惜《お》しし

河豚《ふぐ》料理は、うまいから食べたいが、中毒の危険があり、命が惜しくもある。快楽は得たいけれど、危険が付きものであるから、こわくてためらう、ということ。

類句 ◇蜜《みつ》は甘いが蜂《はち》が刺す

復辟《ふくへき》

《「辟《へき》」は、君の意》退位した君主が再び位につくこと。

原文 伊尹《いいん》既に政《まつりごと》を厥《そ》の辟《きみ》に復し、将《まさ》に告げ帰らんとす〔伊尹《いいん》は政をその君の太甲《たいこう》に返し、その郷里に帰ろうとした〕。〈書経《しょきょう》・咸有一徳《かんゆういっとく》〉

含《ふく》む所《ところ》がある《慣》

ある人に対して怒りや恨みなどをひそかに抱いている。

例 彼が欠席したのは、我々に対して何か含む所があるからに違いない。

袋叩《ふくろだた》きにあう《慣》

大勢に取り囲まれて、さんざんに叩《たた》かれる意で、大勢から一斉に非難・攻撃を受けること。例 組織の改革を提案したら、党の方針を批判するつもりかと幹部から袋叩きにあった。

袋《ふくろ》の鼠《ねずみ》《慣》

どんなにあがいても逃げることのできない状態。「袋の中の鼠《ねずみ》」とも。例 周囲を完全に包囲した、君はもう袋の鼠だと、警官は容疑者に呼び掛けた。

吹《ふ》けば飛《と》ぶよう《慣》

取るに足らない存在だということを、強調していう言葉。

例 社長と言っても、吹けば飛ぶような小さい会社です。

不《ふ》幸《こう》中《ちゅう》の幸《さいわ》い

不幸な出来事の中でも、いくぶん慰めになるようなこと。例 隣家にまで火が移らなかったのは不幸中の幸いだった。

塞《ふさ》ぎの虫《むし》《慣》

《憂鬱《ゆううつ》は虫によって引き起こされるとするところから》憂鬱で、何をする気も起こらない状態。例 彼女は塞《ふさ》ぎの虫にとりつかれ、家にこもってばかりいる。

巫山《ふざん》の夢《ゆめ》

《楚《そ》の懐王《かいおう》が高唐に遊んだ時、昼寝の夢で、巫山《ふざん》の神女と契《ちぎ》りを結んだ、という故事から》男女の情交のたとえ。

原文 昔、先王（楚《そ》の懐王《かいおう》）嘗《かつ》て高唐に遊び、怠りて昼寝《ひるい》ぬ。夢に一婦人を見る。曰《いわ》く、妾《しょう》は巫山《ふざん》の女なり。高唐の客と為《な》る。君が高唐に遊ぶと聞く、願わくは枕席《ちんせき》に薦《すす》めん、と。王因《よ》りて之《これ》を幸す。去りて辞するとき曰く、妾は巫山の陽《みなみ》、高丘の阻《そ》に在り、旦《あした》に朝雲と為り、暮れに行雨と為る。朝朝暮暮、陽台の下《もと》、と。〈文選《もんぜん》・宋玉《そうぎょく》の高唐《こうとう》の賦《ふ》〉

武士《ぶし》に二言《にごん》はない

武士は、いったん言ったことは必ず守り通して、背くことがない。武士が何よりも信義を重んじることを、武士の立場から言った言葉。

富士《ふじ》の山《やま》ほど願《ねご》うて擂鉢《すりばち》ほど叶《かな》う

《富士山ほど沢山願っても、叶《かな》えられるのは、擂鉢《すりばち》ほどである意》望みや願いは、なかなか叶えられないことのたとえ。「富士山ほど願うて擂鉢ほど叶う」「富士の山ほど願うて蟻塚《ありづか》ほど叶う」とも。

類句 ◆棒ほど願って針ほど叶《かな》う

武士《ぶし》は相身互《あいみたが》い

武士という同じ立場にある者どうし、お互いに思いやり助け合わなければならない、そうして、その好意・援助は遠慮なく受けるべきものだ、という意。

武士《ぶし》は食《く》わねど高楊枝《たかようじ》

武士は体面を重んじるので、たとえ食事をしていなくても、食べたかのようにゆうゆうと楊枝《ようじ》を使う。貧しい境遇にあっても、自らの誇りを失ってはならない、ということ。いろはがるた（京都）の一。

不肖《ふしょう》

《父に肖《に》ない愚か者という意》愚かなこと。また、自分のことを謙遜《けんそん》していう語。[例]不肖《ふしょう》の息子だと言われ続けていたのに、見事新人賞をとるまでに成長した。／不肖この私に今回の大役が務まるかどうか不安です。

[原文]子曰《しいわ》く、……道の明らかならざるや、我之《われこれ》を知れり。賢者は之に過ぎ、不肖《ふしょう》者は及ばざるなり。〈中庸《ちゅうよう》〉

夫唱婦随《ふしょうふずい》

夫が言い出し、妻がそれに従う。夫婦がよく和合していること。

[原文]天の理は、夫《ふ》は唱《とな》え、婦《ふ》は随《したが》い、牡《ぼ》は馳《は》せ、牝《ひん》は逐《お》い、雄《ゆう》は鳴き、雌《し》は応《おう》ず。〈関尹子《かんいんし》・三極《さんきょく》〉

負薪《ふしん》の憂《うれ》い

《薪《たきぎ》を背負《せお》った疲れによる病気。また、病気で薪が背負えなくなった状態の意》自分の病気を謙遜《けんそん》していう言葉。

[原文]君《きみ》、士をして射《しゃ》せしむるに、能《あた》わざれば則《すなわ》ち辞《じ》するに疾《やまい》を以《もっ》てす。言って曰《いわ》く、某《ぼう》、負薪《ふしん》の憂い有り、と。〈礼記《らいき》・曲礼下《きょくらいか》〉

[類句]◆采薪《さいしん》の憂い

不世出《ふせいしゅつ》

めったに世に現われないほど、優れていること。[例]あのピアニストは、不世出の天才だともてはやされている。

[原文]此《こ》れ所謂《いわゆる》功《こう》天下に二《に》無くして、略々《ほぼ》不世出《ふせいしゅつ》なる者なり。〈史記《しき》・淮陰侯伝《わいいんこうでん》〉

浮世夢《ふせいゆめ》の如《ごと》し

人生、また、この世は、夢のようにはかないものである。

[原文]浮世《ふせい》は夢の如《ごと》し、歓《かん》を為《な》すこと幾何《いくばく》ぞ。古人燭《しょく》を秉《と》って夜《よる》遊びしは、良《まこと》に以有《ゆえ》るなり。〈李白《りはく》の文、春夜《しゅんや》従弟《じゅうてい》の桃花園《とうかえん》に宴《えん》するの序《じょ》〉

符節《ふせつ》を合《がっ》するが如《ごと》し

《「符節」は、竹や木の札に文字を書いて二つに割った割り符で、二人がそれぞれ一つずつ持ち、他日の証拠とする》割り符を合わせたように、ぴったりと一致すること。

[原文]志を得て中国に行なうは符節を合するが若《ごと》し。先聖《せんせい》

後聖《こうせい》、其《そ》の揆一《きいつ》なり〔志を得て天下の中央に立って道を行なったという点で、この二人の聖人は割り符を合わせたように全く一致しており、先の聖人舜《しゅん》も後の聖人文王《ぶんおう》も、その考えや行ないは全く同一である〕。〈孟子《もうし》・離婁《りろう》下〉

布《ふ》施《せ》無《な》い経《きょう》に袈裟《けさ》を落《お》とす

法事などでお布施が無いと、僧は本来着けるべき袈裟《けさ》を着けないで読経する意で、人は報酬が少ないと、自然仕事にも身が入らず、いい加減になる、ということ。

扶桑《ふそう》

《東海の日の出る所にあるという神木、また、その土地、の意》日本を指していう語。原文 湯谷《とうこく》の上に扶桑《ふそう》有り、十日《じゅうじつ》の浴する所、黒歯の北に在り、水中に居《お》る。大木《たいぼく》有り、九日《きゅうじつ》（九つの太陽）は下枝に居り、一日《いちじつ》（一つの太陽）は上枝に居る。〈山海経《せんがいきょう》・海《かい》外東経《がいとうけい》〉

不足《ふそく》はない《慣》

《「…に不足はない」の形で》①その点ではすべての条件を満たしている様子。例 彼は教授候補として、年に不足はないが、業績の点で問題がある。②対戦相手として、自分と伯仲する実力があり、戦い甲斐《がい》のある相手だととらえられる様子。例 今度の対戦相手は昨年の優勝チームで、我々としても相手に不足はない。

不退転《ふたいてん》

《仏教語。修行を積んで、もはや退歩・後戻りすることがない意》決して後に引かないで、頑張り抜くこと。例 担当大臣として不退転の決意で事に当たる覚悟だ。

札付《ふだつ》き《慣》

《「札」は、正札の意》何らかの点で好ましくない存在だという定評を得ていること。例 あの温厚な紳士が、若いころは近所でも評判の札付きの悪《わる》だったとは信じられない。

類句 ◆正札付《しょうふだつ》き

二《ふた》つと無《な》い

それに匹敵するものが他にはない、唯一の〔価値ある〕ものである様子。例 これだけ当時の様式を伝える仏像は世に二つと無いだろう。

二《ふた》つに一《ひと》つ《慣》
両立させることができず、二つのうち、どちらか一つを選ばなければならない様子。例このまま会社にとどまるか、独立して起業を志すか、道は二つに一つだ。

二《ふた》つ返事《へんじ》で《慣》
相手から依頼されたことなどを「はいはい」とすぐさま快く承知する様子。例山田さんは私の頼みを、二つ返事で引き受けてくれた。

豚《ぶた》に真珠《しんじゅ》
高価なものでも、その価値を知らない者には何の役にも立たないことのたとえ。
参考 新約聖書に、To cast pearls before swine.〔豚の前に真珠を投げる〕とある。
類句 ◆猫《ねこ》に小判《こばん》

豚《ぶた》に念仏《ねんぶつ》猫《ねこ》に経《きょう》
豚に向かって念仏を、猫に向かってお経を唱えてみても少しもありがたがらないこと。⇩**馬《うま》の耳《みみ》に念仏**

豚《ぶた》の軽《かる》わざ
太った豚が、身の軽さを要求される曲芸を演ずる意で、みっともなく、見てはいられないほど危なっかしい様子のたとえ。「豚の木登り」とも。

二股膏薬《ふたまたごうやく》 ⇩**内股膏薬《うちまたごうやく》**

二股《ふたまた》をかける《慣》
どちらであっても自分が不利にならないように、両方に関係をつけておく。例公務員と民間企業の二股《ふたまた》をかけて就職活動をする。

二目《ふため》と見《み》られない《慣》
二度と見たくないほど、ひどく醜かったり悲惨だったりする様子。例頰《ほお》にやけどをして、二目と見られない顔になるのではないかと心配したが、幸いきれいに治った。

二人口《ふたりぐち》は過《す》ごせるが一人口《ひとりぐち》は過《す》ごせぬ ⇩**一人口《ひとりぐち》は食えぬが二人口は食える**

二人《ふたり》は伴侶《はんりょ》三人《さんにん》は仲間《なかま》割《わ》れ
二人なら仲よくやっていけるが、三人になると、とかく一人が仲間外れになってうまくいかなくなることが多い。[原文] Two is company, but three is none. の訳語。

蓋《ふた》を開《あ》ける《慣》
何かが始まる。また、何かが始まって、その実情や結果が分かる状態になる。[例]今回の選挙は混戦状態で、結果は蓋《ふた》を開けてみなければ分からない。

淵《ふち》に臨《のぞ》みて魚《うお》を羨《うらや》むは退《しりぞ》いて網《あみ》を結《むす》ぶに如《し》かず
〈淵《ふち》にいてただ魚をほしいと思っているよりは、家に帰って魚を取る網を編んだほうがよい、の意〉他人の幸福をうらやむよりは、自分で幸福を得る工夫をすべきである、という教訓。〈漢書《かんじょ》・董仲舒伝《とうちゅうじょでん》〉

淵《ふち》は瀬《せ》となる
世の中の移り変わりや、人の身の浮き沈みの激しいことのたとえ。
[類句]◆飛鳥川《あすかがわ》の淵瀬《ふちせ》

釜中《ふちゅう》の魚《うお》
〈魚がやがて煮られるのも知らないで、釜《かま》の中で泳いでいる意〉死の危険が間近に迫っていることのたとえ。[原文]遂《つい》に復《ま》た相聚《あいあつま》りて生《せい》を偸《ぬす》むは、魚の釜中《ふちゅう》に遊ぶが若《ごと》く、喘息《ぜんそく》するは須臾《しゅゆ》の間《かん》のみ〔結局のところ、人が互いに集まってかりそめに生きているのは、魚が釜《かま》の中で泳いでいるようなもので、息をしているのもわずかの間のことである〕。〈後漢書《ごかんじょ》・張綱伝《ちょうこうでん》〉

物議《ぶつぎ》をかもす《慣》
それがもとになって論争やもめごとを引き起こす。[例]お互い物議をかもすような発言は慎もう。

物色《ぶっしょく》
〈人相書きによって人を捜し求める、という意〉適当と思われるものを捜し求めること。[原文]帝、その賢を思い、乃《すなわ》ち物色を以《もっ》て之《これ》を訪《と》わしむ。〈後漢書《ごかんじょ》・厳光伝《げんこうでん》〉

ぶっつけ本番《ほんばん》《慣》

《「本番」は、映画やテレビ・ラジオなどで、練習ではなく、本式に行なう演技や放送》打ち合わせや練習など何の準備もしないまま、その場に臨んで行なうこと。例 突然の指名を受け、ぶっつけ本番で祝辞を述べることとなった。

降《ふ》って湧《わ》いたよう《慣》

信じられないようなことが突然起こる様子。例 降って湧《わ》いたような海外勤務の話にひどく戸惑う。

仏法《ぶっぽう》と藁屋《わらや》の雨《あめ》は出《で》て聞《き》け

仏の教えは寺に出かけて行かなければ聞くことができないし、藁葺《わらぶ》きの屋根に降る雨の音は、家の外に出なければ聞こえない。仏の教えは、自ら進んで求めよ、ということ。「仏法と茅屋《ぼうおく》の雨は出て聞け」とも。

筆《ふで》がすべる《慣》

書くべきでないようなことを軽率に書いてしまう。例 筆がすべって、先学の業績を非難するかのようなことを書いてしまった。

筆《ふで》が立《た》つ《慣》

優れた文章を書く能力がある。例 筆の立つ人に趣意書の草案を頼む。

筆《ふで》に任《まか》せる《慣》

あらかじめ構想を練ったりせず、興に任せて思いつくままに自由に書く。例 筆に任せて書き連ねた随想を一冊の本にまとめる。

筆《ふで》を擱《お》く《慣》

そこで文章を書き終える。「擱筆《かくひつ》する」とも。例 論ずべきことは多々あるが、ひとまず筆を擱《お》くこととする。

筆《ふで》を起《お》こす《慣》

著作物を書き始める。例 長年構想を練っていた歴史小説の筆を起こすことにした。

筆《ふで》を染《そ》める《慣》

筆に墨や絵の具を含ませる意で、新たに何かを書き始める。例 短編の得意な彼が、今度は長編小説に筆を染めた。

というので話題を集めている。

筆《ふで》を断《た》つ《慣》

今まで文筆活動を続けていた人が、何かの事情でその活動をやめる。「筆を折る」とも。例連載記事がプライバシーの侵害だとされ、心ならずも筆を断つことにした。

類句 ◆ペンを折る

筆《ふで》を執《と》る《慣》

文章や書画を書く。例一言御礼を申し上げたく、筆を執った次第です。

筆《ふで》を走《はし》らせる《慣》

すらすらと調子よく書き進む。例差し出された色紙に、彼は一気に筆を走らせた。

筆《ふで》を揮《ふる》う《慣》

文章や書画の面で優れた腕前を発揮する。例この寺の襖絵《ふすまえ》は、江戸時代、狩野派《かのうは》の絵師が筆を揮《ふる》ったものだ。

筆《ふで》を曲《ま》げる

わざと事実を曲げて書くこと。

原文 昔、晏嬰《あんえい》は志を白刃《はくじん》に降《くだ》さず、南史《なんし》は筆を曲げて以《もっ》て存《そん》せんことを求めず〔昔、春秋時代、斉《せい》の宰相の晏嬰《あんえい》は白刃でおどされても志を変えることなく、史官の南史氏は事実を曲げて書いて、一家を存立させようとはしなかった〕。〈後漢書《ごかんじょ》・臧洪伝《ぞうこうでん》〉

不徳《ふとく》の致《いた》す所《ところ》《慣》

ある事態について、それを引き起こした原因が自分の至らなさのためであると、責任者などが謝罪する際に使う言葉。例このたびの社内の不祥事は社長である私の不徳の致す所であります。

太《ふと》く短《みじか》く《慣》

たとえ短い期間であっても、したいことを思う存分したほうがいい、ということ。例太く短く生きるのも人生、細く長く生きるのも人生というものだ。反対 **細く長く**

懐《ふところ》が暖《あたた》かい《慣》

所持金が十分にあって当面心配がない様子。例ボーナスをもらったばかりで、今日は珍しく懐が暖かい。

懐《ふところ》が痛《いた》む《慣》

予定外の出費で所持金が少なくなる。例 大雪で列車が止まり、現地で余分に二泊した分、懐が痛んだ。

懐《ふところ》が寒《さむ》い《慣》

所持金が乏しく、心細く感じる様子。「懐が寂しい」とも。例 いくら誘われても、今は懐が寒いから付き合えない。

懐《ふところ》が深《ふか》い《慣》

①度量が大きく、相手の過失などにこだわらない様子。例 あの部長は穏やかな人柄でしかも懐が深いから、部下に慕われている。②相撲で、上背があり腕の長い力士の特徴で、四つに組んだときに相手が容易にはまわしが取れない様子。例 あの大関は懐が深くて、簡単にはまわしをとらせない。

懐《ふところ》を痛《いた》める《慣》

好ましい結果を期待して、それほど余裕があるわけでもないのに、自分の金を使う。例 自分の懐を痛めて手に入れた割には、役に立たなかった。

懐《ふところ》を肥《こ》やす《慣》

不正なことをして利益を得る。例 不心得な公務員が職権を乱用して懐を肥やすとは情けない。

類句 ◆私腹《しふく》を肥やす

腑《ふ》に落《お》ちない《慣》

〔「腑《ふ》」は、内臓の意で、精神の宿る所とされる〕いくら考えても納得できない点がある様子。例 事故の責任が彼一人に負わされたことはどうも腑に落ちない。

舟《ふね》に刻《きざ》みて剣《けん》を求《もと》む

《川を渡る途中で舟から剣を落としたとき、舟べりの剣を落とした位置に印を付け、舟が止まったところで、その印の所から水に入って剣を捜したが見つからなかったという故事から》時勢の移り変わりに配慮せず、古い考えや習慣をかたくなに守ろうとする愚かしさのたとえ。

原文 楚人《そひと》に江《こう》を渉《わた》る者有り。其《そ》の剣舟中《しゅうちゅう》より水に墜《お》つ。遽《にわか》に其の舟《ふね》に契《きざ》みて曰《いわ》く、是《こ》れ吾《わ》が剣の従《よ》りて墜ちし所なり、と。舟止《とど》まる。其の契む所の処《ところ》より、水に入りて之《これ》を求む。〈呂氏春秋《りょししゅんじゅう》・察今《さっこん》〉

類句◆株《かぶ》を守りて兎《うさぎ》を待つ

舟《ふね》は帆《ほ》でもつ帆《ほ》は舟《ふね》でもつ

帆《ほ》掛《か》け舟は帆がなくては走れないし、帆も舟があってこそ役に立つ。世の中はお互いに助け合って初めて何かができるのだ、という意。

舟《ふね》は帆任《ほまか》せ帆《ほ》は風任《かざまか》せ

帆《ほ》掛《か》け舟の進むのは帆によってであり、その帆がうまく働くか否かは風次第である。人の意志や努力ではどうにもならないことは、成り行きに任せるしかない、という意。

舟《ふね》を漕《こ》ぐ《慣》

体を揺らしながら居眠りをする。例 講演はひどく退屈なもので、聴衆の中には舟を漕いでいる人もいた。

舟《ふね》を沈《しず》め釜《かま》を破《やぶ》る

決死の覚悟で事に当たること。

類句◆背水《はいすい》の陣《じん》

腑《ふ》の抜《ぬ》けたよう《慣》

〔「腑《ふ》」は、心臓の意〕魂が抜けたように、すっかり気力を失っている様子。例 長年連れ添った妻に先立たれてからというもの、彼は腑の抜けたようになってしまった。

不発《ふはつ》に終《お》わる《慣》

〔弾丸などが発射しなかったり爆発しなかったりする意から〕予定していた計画が、何かの事情で実行されないままになる。例 事前に発覚して、クーデターは不発に終わった。

不評《ふひょう》を買《か》う《慣》

多くの人から好ましくないという評価を受ける。例 あの新築の賃貸マンションは、狭い上に家賃が高いため不評を買っている。

不平《ふへい》を鳴《な》らす《慣》

あれこれと不平を言い立てる。例 社員の多くは夏のボーナスがカットされたと不平を鳴らしていた。

不偏不党《ふへんふとう》

〔「偏」は、一方に片寄る、「党」は、仲間になる意〕どの主義や党派にも属さない。公正中立の立場をとること。

原文 偏《へん》無く党無く、王道蕩蕩《とうとう》たり。党無く偏無く、王道平平たり〔片寄ることなく、仲間を作ることなく、王道は大きなものである。仲間を作ることなく、片寄ることなく、王道は平らかなものである〕。〈書経《しょきょう》・洪範《こうはん》〉

父《ふ》母《ぼ》の恩《おん》は山《やま》よりも高《たか》く海《うみ》よりも深《ふか》し

両親から受けた恩は、何物にも比べることができないほど大きく深いものである。

類句 ◆父の恩は山よりも高く母の恩は海よりも深し

踏《ふ》み台《だい》にする 《慣》

目的達成のための足掛かりとして、一時的に利用する。

例 この苦い経験を踏み台にして、大きく飛躍してほしい。

文《ふみ》はやりたし書《か》く手《て》は持《も》たぬ

恋文を出したいが、文字は書けないし、かといって誰《だれ》かに代筆を頼むわけにもいかないという、読み書きができない女性の嘆きをいう。いろはがるた（江戸）の一。

不《ふ》問《もん》に付《ふ》する 《慣》

当然問題にすべきことを問いただざず、そのまま見逃す。

例 会社の信用にかかわるからと、事件は不問に付された。

冬《ふゆ》来《きた》りなば春《はる》遠《とお》からじ

暗い冬のあとに、やがて明るい春が来るのは天地の理である。現在は不幸でも、前途には明るい希望が見えているから元気を出そう、という励ましの意に使う。

原文 イギリスの詩人シェリーの「西風に寄する歌」に、If Winter comes, can Spring be far behind? とある。

プラスアルファ 《慣》

定まった数量にいくらか付け加えて付加価値を与えること。例 賃上げ交渉は経営者側の回答に若干のプラスアルファをつけて妥結した。

降《ふ》らぬ先《さき》の傘《かさ》

雨が降らないうちに傘を用意しておく。何事も先のことを考え、用心してかかることが大事だということ。

類句 ◆転ばぬ先の杖《つえ》

振《ふ》られて帰《かえ》る果報者《かほうもの》

遊郭などで遊女に冷たくあしらわれて帰る者は、なまじ入れあげて散財することもないから、かえって幸せであるということ。また、女に振られた人をからかったり、しばしば負け惜しみの気持ちを込めて口にする言葉。

降《ふ》りかかる火《ひ》の粉《こ》は払《はら》わねばならぬ

自分に降りかかってくる火の粉は、払わなければ自分の身が危険になる。人から理不尽な危害を加えられたときには、それを防ぐ手段を講じ、果敢に行動する、ということ。

振《ふ》り出《だ》しに戻《もど》る《慣》

最初から出直そうと、出発点に戻る。例途中まで進んだ計画は、振り出しに戻って検討し直すことになった。

武陵桃源《ぶりょうとうげん》 ⇩桃源《とうげん》

無聊《ぶりょう》をかこつ《慣》

《「無聊《ぶりょう》」は、暇で時間を持て余す意》不遇な状態に置かれた我が身を嘆く。例あれだけ権力をほしいままにした男が、今では閑職にあって無聊をかこっている。

篩《ふるい》にかける《慣》

多くの中から、いいものだけを選び出す。例展示されているのは厳しい審査で篩《ふるい》にかけられた作品だけに、どれも見ごたえがある。

古川《ふるかわ》に水絶《みずた》えず

一見涸《か》れているように見える古い川も、実は地下の流れがあったりして、水が絶えることはない。もと金持ちであった家は、落ちぶれてもなお何らかの形で財産や利権が残っているので持ちこたえる、という意。

古傷《ふるきず》に触《さわ》られる《慣》

《傷跡に触られると痛む意から》思い出したくないような、過去に犯した罪や辛《つら》い経験を話題にされるなどして、嫌な思いをする。例私の過去を知らない人たちばかりの集まりだから、古傷に触られることもないだろう。

古傷《ふるきず》は痛《いた》み易《やす》い

昔の傷は、治ったようでも陽気の変わり目などに痛む。過去に犯した悪事は、簡単に忘れられるものではなく、何かにつけて後々までたたるものである、ということ。

故《ふる》きを温《たず》ねて新《あたら》しきを知《し》る

⇩温故知新《おんこちしん》

振《ふ》るっている《慣》

風変わりな点があって、意表を衝《つ》いたおもしろさが感じられる様子。例 落第したくせに言うことが振るっているよ、時間をかけてじっくり勉強するんだ、なんて。

ブレーキをかける《慣》

物事の進行を止めたり、行き過ぎを抑えたりする。例 円高にブレーキをかけるために、日本銀行が介入する。

触《ふ》れなば落《お》ちん《慣》

（「な」は完了の助動詞「ぬ」の未然形）少しでも触《さわ》ったらもろくも落ちてしまいそうな様子。また、こちらがちょっと誘ったらすぐにでもなびいてきそうな様子。例 肩を震わせて泣く彼女は、まさに触れなば落ちん風情だった。

風呂《ふろ》と客《きゃく》とは立《た》ったがよい

客は宴席で余興の芸などを求められたら、拒んだりせず、さっと立って一さし舞うのがよい。また、客は、長居せず早めに辞去するのがよい、ということ。「立つ」に、風呂を「立てる」の「立つ」を掛けている。

不惑《ふわく》

（孔子が「四十而不レ惑（四十にして惑《まど》わず）」といった語に基づく）四十歳の称。⇩志学《しがく》・而立《じりつ》・知命《ちめい》・耳順《じじゅん》・従《しょう》心《しん》

原文 子《し》曰《いわ》く、吾《われ》、十有五《じゅうゆうご》にして学に志し、三十にして立つ。四十《しじゅう》にして惑わず。五十にして天命を知る。六十にして耳《みみ》順《したが》う。七十《しちじゅう》にして心の欲する所に従えども、矩《のり》を踰《こ》えず（孔子が言われた、私は十五歳で、学問で立って行こうと決心した。三十歳で学問が一通りでき上がった。四十歳で、理論と実際との間に惑うことがなくなった。五十歳で、天から与えられた使命を知った。六十歳で、何を聞いても素直に理解できるようになった。七十歳で、自分のしたいよう

にしても、人間の法則を越えることがないという境地に達した」。〈論語《ろんご》・為政《いせい》〉

付和雷同《ふわらいどう》

自分にしっかりした考えがなく、容易に他人の意見に同調すること。⇩雷同 例 マスコミに踊らされ、付和雷同しがちなのが世間の風潮だ。

踏《ふ》ん切《ぎ》りがつかない《慣》

〈「踏ん切り」は「踏《ふ》み切《き》り」の変化〉思い切って何かをしようとする決心がつかない様子。例 周囲では再婚を勧めるのだが、子供のことを思うと踏ん切りがつかない。

刎頸《ふんけい》の交《まじ》わり

〈お互い生死を共にし、その友人のためなら頸《くび》を刎《は》ねられても悔いないほどの交わり、の意〉決して変わることのない、友人どうしの深い交わり。「刎頸《ふんけい》の友」とも。
原文 卒《つい》に相与《あいとも》に驩《よろこ》びて刎頸《ふんけい》の交わりを為《な》せり。〈史記《しき》・廉頗藺相如伝《れんぱりんしょうじょでん》〉

粉骨砕身《ふんこつさいしん》

〈骨を粉にし身を砕《くだ》いて働くという意〉力の続く限り努力すること。

踏《ふ》んだり蹴《け》ったり《慣》

ひどい目にあった上に、また重ねてひどい目にあう様子。例 サービスの質を落とした上に値上げをするとは、利用者にとってはまさに踏んだり蹴《け》ったりだ。

褌《ふんどし》を締《し》めてかかる《慣》

十分に気を引き締めて事に当たる。例 よほど褌《ふんどし》を締めてかからないと、合格できないぞ。

糞土《ふんど》の牆《しょう》は杇《ぬ》る可《べ》からず

〈「杇《お》」は壁を塗る、こて。転じて、こてで塗ること。はきだめの土で造った土壁は、こてで上塗りをすることはできない、の意〉性根《しょうね》の駄目な者には、いくら教えても無駄であるということ。〈論語《ろんご》・公冶長《こうやちょう》〉
類句 ◆朽木《きゅうぼく》は雕《え》る可《べ》からず ◆朽《く》ち木《き》は柱にならぬ

文《ぶん》は人《ひと》なり

文は、その人の思想を表わしたものであるから、筆者の全人格がそこに現われている、ということ。

分別過《ふんべつす》ぐれば愚《ぐ》に返《かえ》る

あまり考え過ぎると、かえってつまらない考えに陥ってしまうものである。

へ

平気《へいき》の平左《へいざ》

《慣》《「平気の平左衛門」の略。「平気」の「平」に語呂《ごろ》を合わせて「平左衛門」と擬人化したもの》どんなことに出あっても平気で、少しも動じない様子。例 先輩にいくら注意されても、平気の平左でけろりとしている。

平行線《へいこうせん》をたどる

《慣》双方の意見などが一致しないままの状態が続く。例 最後まで両者の主張は平行線をたどり、決着がつかないままに終わった。

米寿《べいじゅ》

《「米」の字は分けると八十八となることから》八十八歳の俗称。

平地《へいち》に波瀾《はらん》を起《お》こす

《平らかなところに、波を立てる意》穏やかな状態であるところに、わざわざもめごとを起こす。「平地に波風《なみかぜ》を起こす」とも。

原文 長く恨《うら》む人心の水に如《し》かざるを、等閑《とうかん》に平地に波瀾《はらん》を起こす〔人の心は水の無心さには及ばずして、いい加減に、何ごともない平穏なところに波風を起こすことを、いつまでも恨みに思う〕。〈劉禹錫《りゅううしゃく》の詩、竹枝《ちくし》の詞《し》〉

丙丁《へいてい》に付《ふ》す

《「丙」は十干《じっかん》の、ひのえ、「丁」はひのと。共に五行《ごぎょう》で火に配当するから、火の意味となり、他人に見られては困る手紙や書類を焼くことをいう》焼いて捨てる。火中に投じる。

原文 同志諸友に会し、共に丙丁《へいてい》に付し、克剛《こくごう》の為《ため》にこの魔障《ましょう》を焚《や》く〔同志諸君と会い、一緒に従来の不要なものを

焼き捨て、童克剛《どうこくごう》のために、この修養の妨げとなるものを焼き捨てた」。〈王陽明《おうようめい》の文、童克剛《どうこくごう》に復《ふく》するの書《しょ》〉

兵《へい》は凶器《きょうき》

《「兵」は武器の意。武器は、人を殺傷する凶器である、の意》戦争は、悪であるということ。

原文 范蠡《はんれい》進んで諫《いさ》めて曰《いわ》く、夫《そ》れ勇は逆徳《ぎゃくとく》なり、兵は凶器なり、争いは事の末なり〔〈越王勾践《こうせん》が呉を伐《う》とうとするのを〉范蠡《はんれい》が諫《いさ》めて言った、そもそも、勇気は道理にそむいた行ないであり、兵器は悪い道具であり、争いは物事の最も末のやり方である〕。〈国語《こくご》・越語《えつご》下〉

参考『老子』三一に「兵は不祥《ふしょう》の器なり、君子の器に非《あら》ず」とある。

兵《へい》は神速《しんそく》を貴《たっと》ぶ

軍隊を動かすのには、素早くやるのをよしとする。迅速・機敏であることが大切である、という意。

原文 太祖将《たいそまさ》に袁尚《えんしょう》を征《せい》せんとす、……嘉《か》言いて曰《いわ》く、兵は神速《しんそく》を貴ぶ。〈三国志《さんごくし》・魏志《ぎし》・郭嘉伝《かくかでん》〉

兵《へい》を挙《あ》げる《慣》

反乱や革命などのために軍隊を組織して軍事行動を起こす。例 源頼朝《みなもとのよりとも》は一一八〇年に平氏追討の兵を挙げた。

辟易《へきえき》

《「辟《へき》」は避ける、「易《えき》」は場所を変える意で、相手を恐れて道をあけて避けること》相手の勢いに押されて、しりごみすること。また、閉口すること。例 恐ろしい剣幕で一方的にまくしたてる彼にはいささか辟易《へきえき》した。

原文 赤泉侯《せきせんこう》騎将《きしょう》となり、項王《こうおう》を追う、項王目《め》を瞋《いか》らして之《これ》を叱《しっ》す。赤泉侯人馬倶《とも》に驚き、辟易《へきえき》すること数里〔赤泉侯は騎兵の将となり、項王を急追した。項王は目を怒らして大声で怒鳴りつけた。すると赤泉侯は人も馬も共に驚いて、数里も後退してしまった〕。〈史記《しき》・項羽紀《こううき》〉

ベストを尽《つ》くす《慣》

目標を達成させるために最大限の努力をする。例 医師としてベストを尽くしたが、患者の命は救えなかった。

臍《へそ》で茶《ちゃ》を沸《わ》かす

ひどく馬鹿《ばか》げていたり子供じみていたりする言動に対して、おかしくてたまらないと思う気持ちを表わす言葉。

「臍《へそ》が茶を沸かす」とも。例 今度は優勝してみせるだなんて、臍で茶を沸かすようなことを言うね。

べそをかく《慣》

子供などが泣き顔になる。「泣きべそをかく」とも。例 弟は父にゲームを取り上げられ、べそをかきながら宿題をしている。

臍《へそ》を曲《ま》げる《慣》

機嫌を悪くし、意固地《いこじ》になる。例 彼は自分の意見が無視されて、臍《へそ》を曲げてしまった。

下手《へた》があるので上手《じょうず》が知《し》れる

物事はすべて比較するものがあってこそ上手・下手、巧拙が明らかになる。世の中には下手もいなければならないと、下手な人をなぐさめていう言葉。

類句 ◆下手《へた》は上手《じょうず》の飾り物

下手《へた》な大工《だいく》で飲《の》み一丁《いっちょう》

酒を飲むだけが芸で、ほかに何もとりえがないということ。「鑿《のみ》」を「飲み」に掛けた洒落《しゃれ》。

下手《へた》な鉄砲《てっぽう》も数撃《かずう》てば中《あた》る

下手な鉄砲打ちでも、何発も撃っていれば、たまたま命中することもある。数多くの中には、まぐれ当たりもあるということ。

下手《へた》の大連《おおづ》れ

①役に立たぬ者は、とかく大勢でぞろぞろ繋《つな》がって歩きたがるものである。②人があまりに大勢いるために、かえって仕事がはかどらないこと。

下手《へた》の考《かんが》え休《やす》むに似《に》たり

愚か者がよい考えも浮かばないのに、いつまでも考えるのは時間の無駄で、ただ休んでいるのも同然だ、ということ。

下手《へた》の思案《しあん》は後《あと》に付《つ》く

愚か者は、とかく事が終わった後になって、良い考えが浮かぶものである、ということ。時期後れで役に立たない知恵をあざけっていう言葉。

類句 ◆下種《げす》の後知恵《あとぢえ》 ◇下手《へた》の後知恵

下手《へた》の道具調《どうぐしら》べ

未熟な職人に限って、あれこれと道具を選びたがる。

参考 A bad workman quarrels with his tools.〔へたな職人は道具に難癖をつける〕

下手《へた》の長談義《ながだんぎ》

話の下手な人が長々と話をするのには閉口する、また、話の下手な人に限ってくどくどと長話をするものだ、ということ。いろはがるた（京都）の一。

下手《へた》の横好《よこず》き

下手なくせにそれが好きで熱心なこと。多く、自分の趣味などを謙遜《けんそん》して言うのに用いる。「下手の物好き」とも。例絵を描いているといっても、下手の横好きで人に見せられるようなものではありません。

下手《へた》は上手《じょうず》の飾《かざ》り物《もの》

下手な者は、技の拙劣さゆえに、上手な者を一層上手にみせるための飾り物のような存在である、という意。

類句 ◆下手《へた》があるので上手《じょうず》が知れる

下手《へた》をすると《慣》

事態への対処のしかたを誤ると、成り行きによっては悪い結果を招きかねないと懸念される様子。「下手すると」とも。例彼はひどいショックを受けたようなので、下手をすると自殺しかねない。

ぺてんにかける《慣》

言葉巧みに人をだます。例もっともらしいことを言って人をぺてんにかけようとしたって、だまされないぞ。自ぺてんにかかる

反吐《へど》が出《で》る《慣》

その物事に対し、非常な嫌悪感を覚える様子。例あの男の卑劣なやり方には反吐《へど》が出る思いだ。

屁《へ》とも思《おも》わない《慣》

そのことを取るに足らないこととして、全く気に掛けない様子。例口さがない人のうわさなど屁《へ》とも思わない。

ペナントを握《にぎ》る《慣》

《「ペナント」は、野球の優勝旗》野球で、優勝する。例 今シーズンは甲乙つけがたい強豪ぞろいだから、ペナントを握るのは果たしてどのチームか。

屁《へ》の河童《かっぱ》《慣》

《「木端《こっぱ》の火」から転じたといわれる「河童《かっぱ》の屁《へ》」が、さらに変化したものという。木の削りくずは燃えやすいことから》物事がたやすくできる様子。また、取るに足らない様子。例 君たちが相手なら、何人かかってきても屁の河童だ。

屁《へ》放《はな》って後《のち》の尻窄《しりすぼ》め

⇩屁《へ》をひって尻窄《しりすぼ》める

蛇《へび》に蛙《かえる》

⇩蛇ににらまれた蛙《かえる》のよう

蛇《へび》に嚙《か》まれて朽《く》ち縄《なわ》に怖《お》じる

《蛇に嚙《か》まれた恐怖から、腐った縄を見ても蛇かと思って怖《こわ》がる意》危険な体験をした時の恐怖心から、何かにつけて病的に臆病《おくびょう》になってしまうこと。

類句 ◆羹《あつもの》に懲《こ》りて膾《なます》を吹く

蛇《へび》ににらまれた蛙《かえる》のよう

圧倒的に強い相手の前で、怖さや苦手意識が先に立って身がすくんでしまう様子をいう。

類句 ◆蛇《へび》に蛙《かえる》 ◇蛇に見込まれた蛙のよう

蛇《へび》の生殺《なまごろ》し《慣》

完全に活動の場を断たれたわけではないが、本人にとってきわめて不満足な状態に置かれていること。例 会長の不興を買って営業の第一線から閑職に追いやられ、蛇の生殺しにあったような状態だ。

減《へ》らず口《ぐち》を叩《たた》く《慣》

分《ぶ》が悪いと分かっていながら、素直に降参しようとせず、負け惜しみや屁理屈《へりくつ》を言う。例 どうあがいたって君の負けなのだから、減らず口を叩《たた》いていないで負けを認めなさい。

屁《へ》理《り》屈《くつ》をこねる《慣》

筋の通らない理屈をいろいろと言う。例 役員会で決まったことだからといっても、屁理屈《へりくつ》をこねて承知しない。

屁《へ》をひって尻窄《しりすぼ》める

人前でおならをしてしまってから、尻《しり》を窄《すぼ》める意で、不調法をしてから、あわてて人前を取り繕おうとすること。いろはがるた（江戸）の一。
類句 ◆屁《へ》放って後《のち》の尻窄《しりすぼ》め

弁《べん》が立《た》つ《慣》

話し方がうまく、聴衆を引き付ける演説や説得力のある話ができる。例 弁の立つ人だから、交渉にはうってつけだ。

弁慶《べんけい》の泣《な》き所《どころ》

《そこを打つと弁慶ほどの強者でも泣くほど痛い所の意で、向うずねのこと》強大な力を持つものにとって、ただ一つある致命的な弱点。例 あれだけの大打者であっても、外角低めの変化球は弁慶の泣き所だ。

ベンチを暖《あたた》める《慣》

《「ベンチ」は、野球場内の選手や監督の控え席の意》運動選手が補欠として控えの席に待機したままで、活躍する出番が与えられずにいる。例 先発メンバーの怪我《けが》で、ベンチを暖めているだけの僕にもチャンスがめぐってきた。

変哲《へんてつ》もない《慣》

これといって変わったところがなく、ありふれている様子。例 一部の専門家は国宝級だというが、見たところは何の変哲もない茶碗だ。

弁当《べんとう》を使《つか》う《慣》

外出先で、適当な所を見つけて弁当を食べる。例 なじみの行商人らしい男が農家の縁先で弁当を使っていた。

ペンは剣《けん》よりも強《つよ》し

学問や文学の力は武力よりも偉大である、という意。
原文 The pen is mightier than the sword. の訳語。ブルワー・リットンの戯曲「リシュリュー」の中の言葉。

辺幅《へんぷく》を飾《かざ》る

《「辺幅」は布などの、へり》うわべを飾ること。見栄《みえ》を張ること。

ぺんぺん草《ぐさ》が生《は》える《慣》

何かの跡地が、活用されることのないままに荒れ果てた状態になる。例 化学工場の跡地が、土壌汚染を受けているとかで、ぺんぺん草が生えるに任せている。

片鱗《へんりん》

（魚の一枚の鱗《うろこ》の意）優れた才能や学識の持ち主であることをうかがわせる、その人の言動の一端。例 学生新聞に連載した小説に彼の文才の片鱗《へんりん》が見られた。

ペンを折《お》る《慣》

文筆活動を続けていた人が、何かの事情で活動をやめる。例 彼は戦時中、政府の弾圧でペンを折らざるを得なかった。

類句 ◆筆を断つ

ほ

ポイントを稼《かせ》ぐ《慣》

（運動競技で、得点する意から）何かをするに当たって、他から高く評価されるような言動をして、競争相手より有利な立場を得る。例 大統領は外交政策の成功により、再選に向けて大きくポイントを稼いだ。

類句 ◆点数を稼ぐ

方位家《ほういか》の家潰《いえつぶ》し

方角の吉凶にこだわってばかりいると、身動きできなくなり、その家は栄えないということ。

方外《ほうがい》

（「方」は、世間の礼儀や教えなどの規範をいう。世の中の規範の外に身を置くこと、の意）世捨て人の境遇。

原文 孔子曰《いわ》く、彼は方の外に遊ぶ者なり。而《しこう》して丘《きゅう》は方の内に遊ぶ者なり〔孔子が言われた、彼《か》の子桑戸《しそうこ》・孟子《もうし》反《はん》・子琴張《しきんちょう》は、世俗の礼教の規範の外に生活する者である。そして丘《きゅう》（孔子の名）は世俗の礼教の規範の内で生活する者である〕。〈荘子《そうじ》・大宗師《だいそうし》〉

判官贔屓《ほうがんびいき》

（九郎判官《ほうがん》 源 義経《みなもとのよしつね》が悲運の英雄として民衆から愛惜さ

れ同情を集めたことから》弱い者や負けた者に同情し、味方しようとする、第三者の気持ち。「ほうがん」は「はんがん」ともいう。例古豪と対戦する初出場のチームには、判官贔屓《びいき》もあって盛んな声援が送られた。

蜂起《ほうき》

《蜂《はち》の巣をつくと蜂が一斉に飛び立つように、何かが一時に起こる意》大勢の人が一斉に立ち上がり反乱を起こすこと。

原文 今《いま》、君《きみ》、江東に起こり、楚《そ》の蠭起《ほうき》の将、皆争いて君に附《つ》きしは、君世世《よよ》楚の将たりて、能《よ》く復《ま》た楚の後《のち》を立つと為《な》すを以《もっ》てなり〔いま君が、江南で旗上げをし、蜂《はち》の巣をつついたように起《た》ちあがった楚《そ》の武将たちが、皆われがちに君に帰属したのは、代々楚の将軍をつとめた家の君ならば、楚王の子孫を復興する力があると思ったからである〕。（蠭は蜂の古字）〈史記《しき》・項羽紀《こううき》〉

奉公《ほうこう》は仕《し》勝《が》ち恩《おん》は取《と》り勝《が》ち

奉公をするときに、どのような主人に仕えるか、主人からどのような恩顧を受けるかは、奉公する人それぞれの心構えや働き次第である、ということ。

暴虎馮河《ぼうこひょうが》

《「暴虎《ぼうこ》」は、虎《とら》を素手で討つ。「馮河《ひょうが》」は、黄河を歩いて渡る》血気にはやった、向こう見ずで危険な行為をいう。

原文 子曰《しいわ》く、暴虎馮河《ぼうこひょうが》、死して悔ゆる無き者は吾《われ》与《とも》にせざるなり〔孔子が言われた、虎《とら》に素手《すで》で打ちかかり、黄河を徒歩で渡ろうとするような、無鉄砲な勇気を出し、死んでも後悔しないような者とは、行動を共にしない〕。〈論《ろん》語《ご》・述而《じゅつじ》〉

法三章《ほうさんしょう》

《漢の高祖《こうそ》が秦《しん》を破った後、秦の煩雑で過酷な法律を排除して、人を殺した者は死刑、人を傷つけた者と盗みを働いた者は処罰する、という三箇条だけにしたという故事から》きわめて簡単な法律。

原文 父老と約するは、法三章のみ。人を殺す者は死し、人を傷つくるもの、及び盗むものは、罪に抵《あた》る。余《よ》は悉《ことごと》く秦の法を除き去らん〔長老たちと約束を取り決めるのは、三条の法令だけである。殺人犯は死刑、傷害犯と強窃盗犯《ごうせっとうはん》は処罰する。その他は残らず秦の法を取り除く〕。〈史記《しき》・高祖紀《こうそき》〉

傍若無人《ぼうじゃくぶじん》

《「傍」は「旁」とも書く。「傍《かたわら》に人なきが若《ごと》し」と読み、そばに人がいないかのように、勝手に振る舞うこと》周囲の者は眼中になく、勝手気ままに振る舞うこと。

原文 高漸離《こうぜんり》、筑《ちく》を撃ち、荊軻《けいか》、和《わ》して市中に歌い、相楽《あいたの》しむなり。已《すで》にして相泣《あいな》き、旁《かたわら》に人《ひと》無き者の若《ごと》し〔高漸離《こうぜんり》が筑（琴に似た楽器）をかきならし、荊軻《けいか》がこれに合わせて町中を歌い歩き、皆で楽しんだ。やがて皆でわっと泣き出し、まるでそばに人などいないような振る舞いであった〕。〈史記《しき》・刺客伝《せっかくでん》・荊軻《けいか》〉

望蜀《ぼうしょく》

⇩隴《ろう》を得て蜀《しょく》を望む

方図《ほうず》がない《慣》

《「方図」は、際限の意》限度を越えて、どこまでもとどまることがない様子。例 弟は「今に大金持ちになって宇宙旅行をするんだ」などと方図のないことを言っている。

坊主《ぼうず》憎《にく》けりゃ袈裟《けさ》まで憎《にく》い

《坊主が憎いと、その身に着けている袈裟《けさ》まで憎く思える、の意》その人を憎む心があると、その人に関係あるすべてのものまで憎らしくなる、ということ。

参考「屋烏《おくう》の愛」は、この反対。

坊主《ぼうず》の鉢巻《はちま》き

①僧侶《そうりょ》の締める鉢巻《はちま》きは、髪が無いのですべり耳で止めることから、耳から聞いて知っている、という洒落《しゃれ》。②坊主頭の鉢巻きはきりりと締められないことから、しまりがない、という洒落。また、できないことのたとえ。

方寸《ほうすん》

《心臓は胸の中にあり、一寸四方の大きさであると考えられていたから》心。心の中。例 思いを方寸におさめる。

原文 嘻《ああ》、吾《われ》、子《し》の心《しん》を見たり。方寸の地虚《むな》し〔ああ、私はあなたの心臓を見た。一寸四方の場所が、からになっている〕。〈列子《れっし》・仲尼《ちゅうじ》〉

忙中閑《ぼうちゅうかん》あり《慣》

忙しくて全く暇の無いはずの時でも、何かの折にちょっとした暇はあるものだ、ということ。「忙中おのずから閑あり」とも。例 連載小説を執筆中の彼女も、忙中閑ありで、久しぶりに美術館に出掛けた。

蓬頭垢面《ほうとうくめん》

《蓬《よもぎ》のようにもじゃもじゃに乱れた頭髪と、垢《あか》でよごれた汚い顔の意》汚い身なりをしていること。

原文 君子はその衣冠を整え、その瞻視《せんし》を尊ぶ。何ぞ必ずしも蓬頭垢面《ほうとうくめん》にして然《しか》る後《のち》に賢となさんや〈教養ある人は、衣や冠をきちんと整え、視線を正しくすることを尊ぶものである。どうして乱れた頭髪と汚い顔をして、それで賢人であると言えようか〉。〈魏書《ぎしょ》・封軌伝《ほうきでん》〉

法《ほう》に照《て》らす《慣》

物事の是非などについて、法律に基づいて考え、判断する。例 今回の不祥事は、法に照らすまでもなく明らかに犯罪だ。

棒《ぼう》に振《ふ》る

今まで努力して得たものや、これから得られるはずのものなどを無駄にしてしまう。例 麻薬なんかに手を出したら一生を棒に振ることになるよ。

類句 ◆水泡《すいほう》に帰する ◆水の泡《あわ》になる

忘年《ぼうねん》の交《まじ》わり

互いの年齢の差を越えた親しい交わり。「忘年の友」とも。

原文 禰衡《でいこう》、逸才有り、少《わか》くして孔融と交わる。時に衡は未《いま》だ二十に満たずして融は已《すで》に五十なり。衡の才秀を敬し、年を忘れて殷勤《いんぎん》（ていねい）なり。〈初学記《しょがっき》・人部《じんぶ》〉

捧腹絶倒《ほうふくぜっとう》

《腹をかかえ、ひっくり返って大笑いする意》体をよじらんばかりに大笑いすること。例 巧みな物まねに客は捧《ほう》腹《ふく》絶倒、場内は笑いの渦に包まれた。

原文 司馬季主《しばきしゅ》、捧腹大笑《ほうふくたいしょう》して曰《いわ》く。〈史記《しき》・日者伝《にっしゃでん》〉

注意 「抱腹」とも書くが、「捧腹」が正しい。

這《ほ》う這《ほ》うの体《てい》《慣》

あわてふためいて、かろうじて逃げ出す様子。例 爆発事故の現場から這《ほ》う這《ほ》うの体で避難した。

棒《ぼう》ほど願《ねが》って針《はり》ほど叶《かな》う

《大きなことを願っても、小さいことしか叶《かな》えられない意》願いや望みは、なかなか叶えられないものである。

類句 ◆富士の山ほど願《ねご》うて擂鉢《すりばち》ほど叶《かな》う

報本反始《ほうほんはんし》

《「本《もと》に報い始めに反《かえ》る」と読む》天地や父祖の恩に報いる意。自らの根本を忘れないこと。

原文 唯《た》だ社には丘乗《きゅうじょう》粢盛《しせい》を共す。本《もと》に報い始めに反《かえ》る所以《ゆえん》なり〔ただ土地の神を祭るときには、丘と乗〔丘も乗も土地の面積〕との区画の土地では、器に盛った穀物を供える。それは、土地のお陰でできたという根本にかえって、お礼をするためである〕。〈礼記《らいき》・郊特牲《こうとくせい》〉

亡命《ぼうめい》

《「命」は、名で名簿。逃亡して名簿から削除される意。他国へ逃げ隠れること》政治上の理由で、本国を脱出して他国へ逃れること。

原文 張耳嘗《ちょうじかつ》て亡命して外黄《がいこう》に游《あそ》ぶ。〈史記《しき》・張耳伝《ちょうじでん》〉

法網《ほうもう》を潜《くぐ》る

《慣》法律に触れないような方法で巧みに悪事を行なう。例 うまく法網を潜《くぐ》って手形詐欺を働いてきた男が、ついに逮捕された。

忘憂《ぼうゆう》の物《もの》

《憂いを忘れさせるもの、の意》酒の異称。

原文 秋菊佳色《しゅうきくかしょく》あり、露に裛《うるお》えるその英《はなぶさ》を掇《つ》み、この忘憂の物に汎《うか》べて、我が世を遺《わす》るるの情を遠くす〔秋の菊は美しい色をして咲いている。しっとりと露にぬれたその花びらを摘み、この、憂いを忘れる物といわれる酒の上に浮かべて飲むと、世俗から遠ざかった私の気持ちを、いっそう深くさせる〕。〈陶淵明《とうえんめい》の詩、飲酒《いんしゅ》〉

類句 ◆酒は憂いの玉箒《たまははき》

亡羊《ぼうよう》の嘆《たん》

⇨多岐亡羊《たきぼうよう》

蓬萊《ほうらい》

中国の神仙思想で、東海の中にあって、不老不死の仙人《せんにん》が住むといわれる山。

原文 又た徐福《じょふく》をして海に入りて神異物を求めしむ。還《かえ》りて偽辞《ぎじ》を為《な》して曰《いわ》く、……臣を従えて東南蓬萊山《ほうらいざん》に至る。〈史記《しき》・淮南衡山伝《わいなんこうざんでん》〉

棒《ぼう》を吞《の》んだよう

棒を呑《の》み込んだように、まっすぐで動かないことから、意外なことに驚くなどして、体を固くして立ちすくむ様子。

吠《ほ》え面《づら》をかく《慣》

困って泣きごとを言うことになるぞと、相手をののしっていう言葉。例生意気なことを言って、あとで吠《ほ》え面をかくなよ。

頬被《ほおかぶ》りをする《慣》

自分のしたことが、都合の悪いことなので、知らぬふりを通す。「ほっかぶりをする」とも。例自分のミスでこれだけみんなに迷惑をかけてしまったのだから、頬被《ほおかぶ》りをするわけにはいかない。

頬《ほお》がゆるむ《慣》

うれしい出来事に接するなどして、思わず笑みをもらす。例初孫を抱いた母は頬《ほお》がゆるみっ放しだった。

頬《ほお》を染《そ》める《慣》

恥ずかしさで顔を赤らめる。例頬《ほお》を染め、はにかみながら、彼女は小さな声で答えた。

頬《ほお》を膨《ふく》らます《慣》

不満がありありと現われた表情をする。例学校から帰った娘に手伝いを頼むと、ぷうっと頬《ほお》を膨らませた。

他《ほか》でもない《慣》

問題にするのは、他の事ではなく、まさにその事についてである、の意で、その後に話す事柄を特に強調して訴えたいときに用いる言葉。例集まってもらったのは他でもない、会の運営について皆に相談したかったからだ。

墨守《ぼくしゅ》

（墨子が宋《そう》にいて楚《そ》の攻撃を受けた時、新兵器による数度に及ぶ攻撃を撃退して、ついに城を守り通した故事から）あくまでも従来のやり方や自説を守り通すこと。原文公輸盤《こうしゅはん》、楚《そ》の為《ため》に雲梯《うんてい》の械《かい》（城を攻めるための高いはしご）を造りて成る。将《まさ》に以《もっ》て宋《そう》を攻めんとす。……公輸盤九たび城を攻むるの機変《きへん》を設けしも、子墨子《しぼくし》九たび之《これ》を距《ふせ》ぐ。公輸盤の攻械《こうかい》尽きて子墨子の守圉《しゅぎょ》（守禦《しゅぎょ》に同じ）余り有り。〈墨子《ぼくし》・公輸《こうしゅ》〉

木石《ぼくせき》に非《あら》ず

感情を持っていない木や石とは違って、人間は感情の動物であるという意。

原文 人《ひと》は木石に非《あら》ず皆情《みなじょう》有り。〈白居易《はくきょい》の詩、李夫人《りふじん》〉

木鐸《ぼくたく》

《「木鐸《ぼくたく》」は、法令を人民に触れて歩く時に鳴らした、木製の舌がついている鈴》世の中の人を教え導く人。社会の指導者。先達。例 新聞は、社会の木鐸であるはずだ。

原文 二三子《にさんし》、何《なん》ぞ喪《うしな》えるを患《うれ》えんや。天下の道無きや久し。天将《まさ》に夫子《ふうし》を以《もっ》て木鐸《ぼくたく》と為《な》さんとす〔儀《ぎ》の封人《ほうじん》が言った、皆さん、先生が位を失っておられるのを心配する必要はありません。天下の道義が地に落ちて久しい。天は先生を天下の木鐸としようとしているのです〕。〈論語《ろんご》・八佾《はちいつ》〉

参考 「金鐸〔金属の舌がついた鈴〕」は、軍事の命令を出すときに用いた。

木訥《ぼくとつ》

⇩**剛毅木訥《ごうきぼくとつ》は仁《じん》に近し**

墓穴《ぼけつ》を掘《ほ》る《慣》

自ら原因を作って、自分自身を破滅に導く。例 帳簿に手を加えて使い込みをごまかそうなんて、自ら墓穴を掘るようなものだ。

矛先《ほこさき》が鈍《にぶ》る《慣》

相手を攻撃したり非難したりする言葉に鋭さがなくなる。例 証拠を隠蔽《いんぺい》した事実がなさそうだとわかり、検察側は急に追及の矛先が鈍った。

矛先《ほこさき》を転《てん》じる《慣》

話の途中で、攻撃・非難の対象をそれまでとは別の相手や事柄に変える。例 喧嘩《けんか》の仲裁に入ったら、相手は私に矛先を転じてきた。

反故《ほご》にする《慣》

《「反故《ほご》」は、書き損じて不用になった紙》以前に決めたことを一方的に破る。例 彼は平気で約束を反故にした。

矛《ほこ》を納《おさ》める《慣》

戦争や争いをやめることにする。例 和平交渉が実現し、ひとまず闘争の矛を納めることになった。

矛《ほこ》を交《まじ》える《慣》
戦争を始める。例 外交交渉が決裂すれば、隣国と矛を交えることとなろう。

星《ほし》が割《わ》れる《慣》
（「星」は犯人の意）何かが手掛かりとなって、犯人が判明する。例 現場に残された足跡から星が割れた。

星《ほし》を挙《あ》げる《慣》
（「星」は犯人の意）犯罪容疑者を検挙する。例 警察の地道な捜査で、ついに星を挙げた。

星《ほし》を戴《いただ》きて往《ゆ》く
（朝早く、空に星が見える暗いうちに家を出る、という意）朝早くから仕事などに出かけること。転じて、仕事に精励すること。
原文 巫馬期《ふばき》も亦単父《またぜんぽ》を治む。星を以《もっ》て出《い》で、星を以て入り、日夜居《お》らず、身を以て之を親《みずか》らす。而《しこう》して単父亦治まる〔巫馬期《ふばき》もまた単父《ぜんぽ》の地を治めた。星と共に家を出、星と共に家に帰り、昼も夜も、じっとしておらず、人に任せずして、自分自身で仕事に精を出して働いた。そして単父の地は良く治まった〕。〈呂氏春秋《りょししゅんじゅう》・察賢《さつけん》〉

星《ほし》を戴《いただ》く《慣》
まだ星が出ている明け方の暗いうちから、また、星が出る夜遅い時刻まで、何かをすることを表わす。例 山頂で日の出を見ようと、星を戴《いただ》いて山道を登った。

星《ほし》を稼《かせ》ぐ《慣》
（「星」は、相撲の勝敗を示す白と黒の丸い印）勝負に勝つ。また、勝って勝率をよくする。例 今日も勝ってまた一つ星を稼ぎ、ますます優勝に近づいた。

星《ほし》を分《わ》ける《慣》
（「星」は前項参照）対戦した双方の勝ち負けが等しくなる。例 両チームは三勝三敗と星を分ける結果となった。

細《ほそ》く長《なが》く《慣》
一時期、華やかに世間の脚光を浴びるよりも、堅実に安定した生き方を続けていくほうがよいということ。例 君と違って僕は、細く長く生きるほうが向いているようだ。

反対 太く短く

臍《ほぞ》を固《かた》める《慣》
いざというときにあわてたりうろたえたりしないよう、覚悟を決める。例 大物相手の交渉だから、臍《ほぞ》を固めて事に臨んでほしい。

臍《ほぞ》を噛《か》む
（自分の臍《へそ》を噛《か》もうとしても噛めないことから）事が済んでから後悔してもどうしようもないこと。例 今それをやっておかなければ、必ずや後《のち》に臍《ほぞ》を噛むことになるだろう。
原文 鄧国《とうこく》を亡《ほろ》ぼす者は、必ず此《こ》の人ならん。若《も》し早く図らずんば、後に君斉《ほぞ》（臍《ほぞ》）を噬《か》まん。〈左伝《さでん》・荘公《そうこう》六年〉

菩提《ぼだい》を弔《とむら》う《慣》
死者の冥福《めいふく》を祈る。また、そのために仏事などを行なう。例 盛大な法要を営んで、先代の菩提《ぼだい》を弔った。

ボタンを掛《か》け違《ちが》える《慣》
双方の間で物事がうまく進展しない原因が、それまでの段階における状況認識や見解の相違にあることに気づいていう言葉。例 どこでボタンを掛け違えたのか、和平交渉が成立するどころか、両国の対立を深める結果になった。

歩調《ほちょう》を合《あ》わせる《慣》
何人かが一緒に行動するとき、進み具合などの調子を合わせる。例 君に歩調を合わせていては、期日までに仕上がらなくなる。自 **歩調が合う**

没《ぼつ》にする《慣》
（「没」は「没書《ぼっしょ》」の略）投書や投稿を不採用にする。例 私の原稿を理由も言わず没にするとはひどいじゃないか。自 **没になる**

ほっぺたが落《お》ちそう《慣》
⇩**顎《あご》が落ちそう**

程《ほど》がある《慣》
物事には許容できる限度というものがあるという意で、「～にも程がある」の形で、常識的な程度を越えている物事に対して、驚きあきれたり、非難したりするときに用いる。例 三度も約束をすっぽかすとは、人を馬鹿《ばか》にするにも程がある。

仏作《ほとけつく》って魂《たましい》入《い》れず

立派な仏像を作り上げても、それに魂を入れない意で、九分九厘でき上がってはいるが、最後の最も肝心な点が欠けている、ということ。

仏《ほとけ》の顔《かお》も三度《さんど》

《円満の徳を備えている仏でも、その顔を三度なで回されれば腹を立てるという意から》いかに穏やかな人でも、礼儀知らずな仕打ちを繰り返されれば腹を立てる。たび重なる侮辱は我慢できない、という意。「地蔵の顔も三度」とも。いろはがるた（京都）の一。

類句 ◆兎《うさぎ》も七日なぶれば噛《か》み付く

仏《ほとけ》の沙汰《さた》も銭《ぜに》

《仏によって救われるか否かも、寄進する金の多少によって違ってくる意》世の中のことはすべて金の力でどうにでもなるものだ、というたとえ。

類句 ◆地獄《じごく》の沙汰《さた》も金次第

仏《ほとけ》も無《な》き堂《どう》へ参《まい》る

拝むべき本尊の無い寺の堂で祈る意で、やっても甲斐《かい》の無いことや無駄な努力のたとえ。

ほとぼりが冷《さ》める《慣》

《「ほとぼり」は、余熱の意》事件が終わったあとしばらく続いていた人々の興奮もおさまり、関心も薄れる。例 事件のほとぼりが冷めるまで、しばらく身を隠していよう。

他 ほとぼりを冷ます

骨惜《ほねお》しみをする《慣》

⇩骨を惜しむ

骨折《ほねお》り損《ぞん》のくたびれ儲《もう》け

《無駄に骨を折るだけで全く効果がない意》せっかく何かをやっても何の利益もなく、くたびれただけで終わるということ。いろはがるた（江戸）の一。

骨《ほね》がある《慣》

⇩気骨《きこつ》がある

骨《ほね》が折《お》れる《慣》

そのことをやり遂げるのが非常に困難で、労力を要する。例相手があれこれ注文をつけるので、交渉をまとめるのに骨が折れた。

骨《ほね》が舎利《しゃり》になっても

《「舎利」は、火葬にした骨》たとえ死んでも、どんな苦労があっても、という強い決意を表わした言葉。例この仕事は、骨が舎利になっても必ずやり遂げてみせる。

骨《ほね》と皮《かわ》《慣》

非常に痩《や》せていて、肉がほとんどついていない体つきである様子。例胃潰瘍《いかいよう》の手術をした父は、骨と皮になってしまった。

骨《ほね》に刻《きざ》む

そのことを、しっかりと記憶にとどめておくこと。例原爆投下の日のことは、骨に刻んで決して忘れない。

骨抜《ほねぬ》きにされる《慣》

①考えや計画などの肝心な部分が抜かれて、特色や価値がなくなる。例委員会にかけられて、原案は骨抜きにされてしまった。②その人としての信念や気概がなくなってしまう。例あいつは硬骨漢だったのに、惚《ほ》れた弱みですっかり彼女に骨抜きにされてしまった。

骨《ほね》の髄《ずい》まで《慣》

徹底してそういう心持ちになること。例大震災を体験して、地震の恐ろしさが骨の髄まで沁《し》みた。

骨《ほね》の髄《ずい》までしゃぶる《慣》

徹底的に人を利用する。例骨の髄までしゃぶったあげく、その男に用がなくなると放り出して知らん顔とはひどい話だ。

骨身《ほねみ》にこたえる《慣》

苦痛などを強く感じ、もうこりごりだと思う。「骨にこたえる」とも。例熱帯での過酷な体験が骨身にこたえたせいか、二度と行きたくないようだ。

骨身《ほねみ》に沁《し》みる《慣》

いつまでも忘れることができないほど、心に深く残る。例異国で受けた、人々の温かい心遣いが骨身に沁《し》みてありがたかった。
類句◆身に沁《し》みる

骨身《ほねみ》を惜《お》しまず《慣》
苦労を少しもいとわず、一生懸命に働く様子。例彼女は文句一つ言わないで、骨身を惜しまず働いてくれた。

骨身《ほねみ》を削《けず》る《慣》
非常な苦労や心痛で体がやせ細るほどの思いをする。例夫の死後、女手一つで骨身を削った甲斐《かい》があって、子供たちはみな立派に成人した。

骨《ほね》を埋《うず》める《慣》
その職場や土地にとどまって、一生を終える。例村民の願いが叶《かな》って、その若い医師は骨を埋《うず》める覚悟でこの無医村の診療所へ赴任してきた。

骨《ほね》を惜《お》しむ《慣》
苦労することを嫌がって、なすべき事を怠る。例若い時は、何事にも骨を惜しむな。
類句◆骨惜しみをする

骨《ほね》を折《お》る《慣》
目的を達成するためにあれこれ苦心したり労力を費やしたりする。例就職のために先輩には何かと骨を折っていただいた。

骨《ほね》を拾《ひろ》う《慣》
仕事半ばにして倒れた人の、後のことを引き受ける。例何かあったときは俺《おれ》が骨を拾ってやるから、心配するな。

炎《ほのお》を燃《も》やす《慣》
怒りや嫉妬《しっと》などの感情を相手に対して強く抱く。例自分を裏切った相手に、彼は復讐《ふくしゅう》の炎を燃やし続けた。

誉《ほ》める人《ひと》には油断《ゆだん》するな
必要以上にほめる人は、何か下心があるに違いないから気を許してはならない。

洞《ほら》ヶ《が》峠《とうげ》をきめる
(「洞ヶ峠」は、京都府と大阪府との境にある峠。山崎の合戦(一五八二年)で筒井《つつい》順慶《じゅんけい》がこの峠に陣して、羽柴《はしば》秀吉《ひでよし》と明智光秀《あけちみつひで》のどちらにつくのが有利かと形勢を観望したという故事から》両者をはかり比べて、有利なほうに付こうと形勢をうかがうこと。「洞ヶ峠をきめ込む」とも。

法螺《ほら》を吹《ふ》く《慣》
実際にはあり得ないようなことを、さも本当らしく、また大げさに言う。例 あの男は自分一人の手柄のように法螺《ほら》を吹いている。

彫《ほ》りが深《ふか》い《慣》
額が張り、目はへこみ、鼻は高く、古代ギリシャの彫刻を思わせる端正な顔立ちである様子。例 その青年は、彫りの深い端正な横顔を見せて、椅子《いす》に腰掛けていた。

掘《ほ》り出《だ》し物《もの》《慣》
偶然に手に入った珍しい物や思いがけず安く買えた価値ある品。例 中途採用した男が意外な掘り出し物だった。

蒲柳《ほりゅう》の質《しつ》
《「蒲柳《ほりゅう》」は川柳《かわやなぎ》。松や柏《このてがしわ》に比して弱くしなやかであるところから》ひ弱な体質であること。体が弱いこと。

原文 顧悦《こえつ》、簡文《かんぶん》と同年にして、髪蚤《かみつと》に白し。簡文曰《いわ》く、卿《けい》何を以《もっ》て先《ま》ず白きや、と。対《こた》えて曰く、蒲柳《ほりゅう》の姿《し》は秋を望んで落ち、松柏《しょうはく》の質は霜を凌《しの》いで猶《な》お茂る、と〈顧悦は簡文帝と同年であったが、髪は早くも白かった。簡文帝が言った、君はどうしてわしよりも早く白くなったのかね、と。顧悦が答えて言った、蒲柳の身は秋が近づくと葉が落ちますが、松柏の質を備えたものは、霜にもめげずに葉を茂らせるものです〉。〈世説新語《せせつしんご》・言語《げんご》〉
参考 『晋書《しんじょ》』顧悦之《こえつし》伝には「蒲柳の常質」とある。

惚《ほ》れたが因果《いんが》
惚《ほ》れたのは、前世の因縁によるものであるから、惚れて苦労をしたり、不幸な目に遭ったりするのは、仕方のないことである、ということ。

惚《ほ》れた腫《は》れた《慣》
恋にうつつを抜かしている状態をからかっていう言葉。
例 惚《ほ》れた腫《は》れたで仕事に身が入らないようでは困る。

惚《ほ》れた腫《は》れたは当座《とうざ》のうち
互いに惚《ほ》れたと言って夢中になっているのは結婚当初の

ことだけで、やがては熱も冷め、いやでも現実の生活に対処していかないといけなくなるものである、ということ。

惚《ほ》れた病《やまい》に薬《くすり》なし

恋愛にのぼせあがっている状態は一種の病気だといってもよいが、こればかりは治す薬がない、ということ。

惚《ほ》れた欲目《よくめ》

惚《ほ》れてしまうと、相手の欠点までも良く見えてしまう。

惚《ほ》れて通《かよ》えば千里《せんり》も一里《いちり》

恋人に逢《あ》いたい一心は、遠い道のりも問題にしない。好きですることは、少しも苦労に感じないことのたとえ。

襤褸《ぼろ》を出《だ》す《慣》

何かがきっかけで、人に見せられないまずい点をうっかり見せてしまう。例 説明の途中で先輩がうまく助け舟を出してくれたので、なんとか襤褸《ぼろ》を出さないですんだ。自 襤褸が出る

歩《ほ》を進《すす》める《慣》

目的の場所に向かって一歩一歩進む意で、物事をある段階から次の段階に進めること。例 今回の予備交渉の成功で、両国は首脳会談実現に向けて大きく歩を進めた。

歩《ほ》を運《はこ》ぶ《慣》

一足ずつ歩いて行く意で、目的の場所まで労をいとわず出かけて行くこと。例 資料を探し求めて、地方の図書館まで歩を運んだ。

歩《ほ》を回《めぐ》らす《慣》

どこかへ向かう途中で、もと来た方向へ引き返す。例 旅の途中で家族の事故を知らされ、急遽《きゅうきょ》歩を回《めぐ》らして家に帰った。

本腰《ほんごし》を入《い》れる《慣》

今までのいい加減な態度を改め、本格的に物事に取り組むことにする。例 浪人はできないので、クラブ活動をやめて受験勉強に本腰を入れることにした。

盆《ぼん》と正月《しょうがつ》が一緒《いっしょ》に来《き》たよう

《盆と正月は古来日本人の生活の中で最も重要な行事で、

何かと忙しく、また楽しい時期であることから》あれこれと非常に忙しい様子。また、うれしいことが重なる様子。例 初孫の誕生と次女の結婚式とが重なって、盆と正月が一緒に来たようだ。

本音《ほんね》を吐《は》く《慣》

思わず本心を口に出して言う。例 穏やかに問いただしたら、彼はとうとう本音を吐いた。

煩悩《ぼんのう》の犬《いぬ》は追《お》えども去《さ》らず

欲望が人につきまとって離れない状態を、犬が人にしつこくまといつく様子にたとえた言葉。

本場仕込《ほんばじこ》み《慣》

技術や技能が、それが生まれた土地や最も正式に行なわれている土地に行ってそこで習得したものであること。例 本場仕込みのフランス料理の腕をふるう。

奔命《ほんめい》

《主君の命令によって走りまわる意》忙しく立ち働くこと。

原文 爾讒慝貪淋《なんじざんとくたんらん》を以《もっ》て君に事《つか》えて、多く不辜《ふこ》を殺せり。余《われ》必ず爾をして奔命《ほんめい》に罷《つか》れて以て死せしめん〈お前たちは、よこしまと貪欲《どんよく》な心で君に仕えて、罪のない人をたくさん殺した。私はきっとお前らが君命に走り疲れて死ぬようにさせてやろう〉。〈左伝《さでん》・成公《せいこう》七年〉

ま

枚挙《まいきょ》に遑《いとま》がない《慣》

数えきれないほどたくさんの例があげられる様子。例 このような事例は枚挙に遑《いとま》がない。

前景気《まえげいき》をつける《慣》

事が順調に運ぶように、それに着手するに先立って何か勢いづけるようなことを行なう。例 開店を明日に控え、前景気をつけようと、夜みんなで飲みに出かけた。

前向《まえむ》きの姿勢《しせい》で《慣》

過去のことにとらわれず、将来に期待をかけて、積極的な態度で事に当たる様子。例政府は、地球温暖化の問題に前向きの姿勢で取り組むと約束した。

間《ま》がいい《慣》
何かをするのにちょうど頃《ころ》合いの時である様子。例皆さんがお揃《そろ》いのところに来合わせるとは、何と間がいいことでしょう。

魔《ま》が差《さ》す《慣》
悪魔が突然心の中に入り込む意で、悪事を働いたのは、その時たまたま悪い考えに取り付かれたからだとすることを表わす。例まじめそのもののあの男が社の金を持ち逃げしただなんて、魔が差したとしか考えようがない。

間《ま》が抜《ぬ》ける《慣》
大切な点が欠けているために、全体が引き締まらず、馬《ば》鹿《か》げて見える様子。例夏休み近くになって入学祝いを届けるなんて、間の抜けた話だ。

蒔《ま》かぬ種《たね》は生《は》えぬ
種を蒔《ま》かなければ、収穫が得られないように、何であれ実行しなければ、何も得ることはできない。いろはがるた（京都）の一。

間《ま》が持《も》てない《慣》
何かが終わって次のことを始めるまでの間や会話のとぎれた時などに、その時間をどうやって埋めるか分からず困惑する様子。例来賓の到着が遅れて、司会者として、間がもてなくて弱った。

曲《ま》がりなりにも《慣》
内容的にはまだ不十分な点はあるが、形式的には一応なんとか整っている様子。例私がここの職員として曲がりなりにも勤まっているのは、職場の皆様のお陰です。

間《ま》が悪《わる》い《慣》
①何かしようとするタイミングがうまく合わない様子。例せっかく立ち寄ってみたのに、間が悪いことに先輩は外出中だった。②その場に居るのが何となく恥ずかしかったり気まずかったりする様子。例昼休みにパチンコ屋に入ったら課長がいて間が悪い思いをした。

巻《ま》き添《ぞ》えを食《く》う《慣》

自分には直接かかわりのない事件に巻き込まれ、被害や損失を受ける。例 喧嘩《けんか》の巻き添えを食って怪我《けが》をした。

紛《まぎ》れもない《慣》

それが疑いのないことだととらえられる様子。例 いくら信じたくないと思っても、彼の死は紛れもない事実だ。

幕《まく》があく《慣》

〔舞台の幕があいて芝居が始まる意から〕①催しなどが始まる。例 いよいよ夏の甲子園大会の幕があいた。②今後の展開が期待されるような物事が新たに始まる。例 独立を勝ち取って新しい時代の幕があいた。他 **幕をあける**

類句 ◆幕が切って落とされる

幕《まく》が下《お》りる《慣》

〔芝居が終わって舞台の幕が閉まる意から〕①催しなどが終わりとなる。例 横綱どうしの優勝決定戦をもって、秋場所の幕が下りた。②事態の決着がつく。例 今回の判決で永年の紛争の幕が下りた。他 **幕を下ろす**

幕《まく》が切《き》って落《お》とされる《慣》

〔歌舞伎《かぶき》で開演の際、幕が上から一気に落とされることから〕その時から、大がかりな行事や注目を浴びる事件が始まることとなる。例 一九六四年一〇月一〇日、東京オリンピックの幕が切って落とされた。

類句 ◆幕があく ◆幕を切って落とす

枕《まくら》を扇《あお》ぎ衾《ふすま》を温《あたた》む

親に孝行を尽くすことのたとえ。夏は親の枕《まくら》もとに居てうちわであおいで涼しくしてやり、冬は自分の体温で親の寝床をあたためる。

類句 ◆温凊定省《おんせいていせい》

枕《まくら》を交《か》わす《慣》

男女が肉体関係を持つ意のやや古風な言い方。例 二人はひそかに枕《まくら》を交わした仲だった。

枕《まくら》を欹《そばだ》てる《慣》

寝床に入ったまま、話し声や物音を神経を集中して聞き取ろうとする。例 その宿では、虫の音に枕《まくら》を欹《そばだ》てて一夜を過ごした。

枕《まくら》を高《たか》くして寝《ね》る

安心して眠れること。不安や危険を感じることなく、寝床に入って落ち着いていられる様子。例 放火魔が捕まったから、今夜からは枕を高くして寝られそうだ。原文 楚韓《そかん》の患《うれ》い無ければ、則《すなわ》ち大王枕を高くして臥《ふ》し、国必ず憂い無からん〔楚《そ》と韓《かん》との両国から攻撃される心配がなければ、大王は高所に枕して眠り、国はきっと何の心配もなくなりましょう〕。〈史記《しき》・張儀伝《ちょうぎでん》〉

枕《まくら》を並《なら》べて討《う》ち死《じ》にする

〈戦場で敵に討たれた人々が皆同じように倒れている様子から〉勝負事などで、挑戦者が次々に敗れる。また、病気や酒の飲み過ぎなどで、仲間がそろってダウンする。例 とんだ番狂わせで、優勝候補が次々と枕を並べて討ち死にした。

枕《まくら》を濡《ぬ》らす 《慣》

夜、布団に入ってから悲しみに耐えられずに一人で泣く。例 恋人を失った悲しみに、夜毎枕《ごとまくら》を濡《ぬ》らす日が続いた。

幕《まく》を切《き》って落《お》とす 《慣》

⇩幕が切って落とされる

幕《まく》を閉《と》じる 《慣》

〈芝居が終わって舞台の幕をしめる意から〉①催しなどが終わる。例 催しは盛会のうちに幕を閉じた。②続いてきた物事が終結する。例 彼は眠るがごとき大往生で、その波瀾《はらん》に富んだ人生の幕を閉じた。

類句 ◇幕を下ろす　◆幕を引く

幕《まく》を引《ひ》く 《慣》

⇩幕を閉じる

負《ま》け惜《お》しみの減《へ》らず口《ぐち》

相手に負けたことを素直に認めるどころか、悔しがって言い訳すること。

負《ま》けが込《こ》む 《慣》

勝負事で、負けた回数が勝った回数よりも多くなる。例 角番の大関は、終盤になって負けが込んで、関脇《せきわけ》陥落の恐れが出てきた。

負《ま》けるが勝《か》ち

当座負けておくことが、究極には勝つこととなる。無理して争うより、相手に、いったん勝ちを譲っておいたほうが結果は得になる、という意。いろはがるた（江戸）の一。

紛《まご》う方《かた》もない《慣》

他のものと間違えようもないほどはっきり識別される様子。例 専門家に鑑定してもらうと、紛《まご》う方もない本物のダイヤモンドだった。

孫飼《まごか》わんより犬《いぬ》の子《こ》を飼《か》え

孫はいくら可愛《かわい》がっても、その気持ちに応えるとは限らないし、また孫が恩返しをするころまで生きていられるかも分からないので、三日飼えば終生恩を忘れないという犬を飼うほうがよい。「孫飼わんより犬飼え」とも。

孫子《まごこ》の代《だい》まで《慣》

あることがその人だけに止《とど》まらず、子孫の代までずっと続いていく様子。例 そんな馬鹿《ばか》げたことをしたら、孫子の代まで恥になる。

馬子《まご》にも衣装《いしょう》

〔「馬子」は昔、馬を引いて人や荷物を運ぶことを職業とした者〕馬子でも立派な衣装を着れば、相応な人物に見える意で、身なりだけ繕っていることを、皮肉をこめて、また好意的にいう語。「馬子にも衣装髪形《かみかたち》」とも。

参考 Fine feathers make birds.〔美しい羽毛が美しい鳥を作る〕

孫《まご》は子《こ》より可愛《かわい》い

孫の可愛《かわい》さはまた格別であるということ。

摩擦《まさつ》を生《しょう》じる《慣》

周囲の人々との間に意見や感情の対立が生じ、いざこざを起こす。例 生活習慣の違いから、土地の人と外国人との間で摩擦を生じることがよくある。

勝《まさ》るとも劣《おと》らぬ《慣》

勝ることがあっても劣ることはないの意で、それを何かと比較すると少なくとも同程度、あるいは勝っていると評価できる様子。例 弟も兄に勝るとも劣らぬ秀才だ。

間尺《ましゃく》に合《あ》わない《慣》

〔「間尺」は、建物や建具などの寸法の意〕損益が釣り合わない。割に合わない。例安い手間賃の仕事に時間をかけていたのでは間尺に合わない。

交《まじ》わり絶《た》ゆとも悪声《あくせい》を出《いだ》さず

⇩君子《くんし》は交わり絶ゆとも悪声を出《いだ》さず

先《ま》ず隗《かい》より始《はじ》めよ

⇩隗《かい》より始めよ

升《ます》で量《はか》って箕《み》で零《こぼ》す

〔「箕《み》」は、大きなちりとり状の農具〕収穫のときには一升《しょう》二升と升《ます》で量っていたものを、箕で一度にどっとこぼしてしまう。苦労して少しずつためた物を一度に無駄に使ってしまうたとえ。

類句◆爪《つめ》で拾って箕《み》で零《こぼ》す

またと無《な》い《慣》

同じようなことは二度と無いだろうと思われるほど、良い条件を備えている様子。例友と仲直りできるまたと無いチャンスを逃がしてしまった。

股《また》に掛《か》ける《慣》

広く各地を歩き回る。また、広い地域にまたがって活躍する。例彼女は世界を股《また》に掛けて演奏活動を続けている。

まだ早《はや》いが遅《おそ》くなる

まだ早いと思ってのんびりしていると、すぐに手遅れになってしまうこと。

待《ま》たるるとも待《ま》つ身《み》になるな

待たれる立場になることはあっても、人を待つ立場にはなるものではない。

待《ま》たれる身《み》より待《ま》つ身《み》は辛《つら》い

早く来ないかと相手に待たれているのも気が気ではないが、それ以上に来ない人を待つほうが辛《つら》いものだ。反対**待つ身より待たるる身**

類句◆待たるるとも待つ身になるな

間違《まちが》っても《慣》

《一般に後に否定や禁止の表現を伴って》たとえうっかり間違ったとしてもの意で、そういうことは絶対にしてはいけないと注意を促すときに用いる言葉。例 女性に向かって、間違ってもそんな心を傷付けるようなことを言ってはいけない。

待《ま》ちぼうけを食《く》う《慣》
待っていた相手がとうとう来なくて、時間を無駄にさせられる。例 先方が約束の日を勘違いしていたとかで、待ちぼうけを食ってしまった。

麻中《まちゅう》の蓬《よもぎ》
⇩**蓬《よもぎ》麻中《まちゅう》に生ずれば扶《たす》けずして直し**

松《まつ》かさよりも年《とし》かさ
年長者の経験は貴重であるということ。
類句 ◆亀《かめ》の甲より年の劫《こう》

抹香臭《まっこうくさ》い《慣》
《「抹香」は、仏前に用いる香》話の内容などが説教じみていて、堅苦しい様子。例 課長のいつもながらの抹香臭いお説教はうんざりだ。

末席《まっせき》を汚《けが》す《慣》
仲間に連なって、その地位や職などにいることを謙遜《けんそん》していう言葉。例 このたび重役の末席を汚すことになりました山田です。

待《ま》ったなし《慣》
待ったをかけることができない意で、少しの猶予もないこと。例 手形の期限が迫り、我が社も待ったなしの状態に追い込まれた。

待《ま》ったをかける《慣》
《勝負事で、相手が仕掛けるのを待ってもらう意から》相手のすることに対し、しばらくの間中止を求める。例 環境保全のために地元住民が工場建設に待ったをかけた。
自 待ったがかかる

待《ま》つ間《ま》が花《はな》
物事は、結果を予想して待っているうちが楽しみで、実際その場になってみると期待したほどでもないものだ。
類句 ◆ならぬうちが頼み

待《ま》つ身《み》より待《ま》たるる身《み》

来ない人を待つのも辛《つら》いものであるが、待たれるほうも相手が待っているのにと気が気ではないものだ。[反対] **待たれる身より待つ身は辛い**

祭客《まつりきゃく》は井戸《いど》覗《のぞ》く

祭り見物の客は、目当ての祭りが始まるまでは、することがないので、井戸を覗《のぞ》くなどの暇つぶしをする意で、祭りが始まる前の、手持ちぶさたの様子のたとえ。

待《ま》て暫《しば》しがない

「しばらく待てよ」と自分の行動を反省してみるゆとりがないことから、気が短いこと、せっかちなことをいう。

待《ま》てば海路《かいろ》の日和《ひより》あり

今は荒天でも、そのうち必ず航海に適した天気になる。辛抱強く時期を待っていれば、いつか好機がめぐってくる、ということ。「待てば甘露《かんろ》の日和《ひより》あり」の転という。

待《ま》てば甘露《かんろ》の日和《ひより》あり

いくら日照りが続いていても、待っていればいつかは、甘い露のような恵みの雨が降る日もある。あせらずに時期を待つのがよいというたとえ。⇩**待てば海路《かいろ》の日和《ひより》あり**

的《まと》が外《はず》れる《慣》

《矢が的を外れる意から》意見や論評が、問題となる物事の核心を衝《つ》いていないことをいう。[例] それは末梢的《まっしょうてき》な問題で、君の質問は的が外れている。[他] **的を外す** [反対] **的を射る**

的《まと》になる《慣》

目立つことをして、多くの人からの賞賛や非難・攻撃を一身に受ける立場に立たされる。[例] 国会の答弁で失言した大臣がマスコミの報道で非難の的になった。

的《まと》を射《い》る《慣》

意見や論評が問題の核心を鋭く衝《つ》いている。[例] 的を射た指摘を受け、原案を再検討することにした。[反対] **的が外れる**

的《まと》を絞《しぼ》る《慣》

問題として取り上げる対象を特にそれと限定する。例 日本語の表現を問題にするわけですが、今日は慣用句に的を絞って考えてみたいと思います。

俎《まないた》に載《の》せる《慣》
あることを議論や批判の対象として取り上げる。⇩**俎《そ》上《じょう》に載せる** 例 今回は、うちの課の成績不振が俎《まないた》に載せられるそうだ。

俎《まないた》の鯉《こい》
俎《まないた》の上に載せられて料理されようとしている鯉《こい》のように相手のなすがままになっているよりほかに仕方がない状態にあること。また、いまさらじたばたしても仕方がないと覚悟することをいう。「俎の上の鯉」とも。例 すべては私自身の不徳の致すところ、俎の鯉の心境でどんな厳罰も甘んじて受けるつもりです。
類句 ◆俎上《そじょう》の魚《うお》 ◆俎上の肉

眦《まなじり》を決《けっ》する《慣》
《「眦《まなじり》」は、「目のしり（後）」の意》怒りなどで目を大きく見開く。「眦を裂く」とも。例 今の発言は女性を馬鹿《ばか》にしたものだと、彼女は眦を決して詰め寄ってきた。

学《まな》びて思《おも》わざれば則《すなわ》ち罔《くら》し
先生について勉強するだけで、自分で考えようとしないと、本当に理解したり真理を悟ったりすることはできない。原文 学びて思わざれば則《すなわ》ち罔《くら》し。思いて学ばざれば則ち殆《あやう》し〔ただ学ぶだけで、その学んだことをよく考えてみないと、知識は確かなものにならない。自分ひとりで考えるだけで、学ぶことをしなければ、独断に陥って危険である〕。〈論語《ろんご》・為政《いせい》〉

学《まな》びて時《とき》にこれを習《なら》う亦説《またよろこ》ばしからずや
何かを学んで、それを機会あるごとに繰り返して練習すると、今までできなかったことができるようになる。何とうれしいことではなかろうか。〈論語《ろんご》・学而《がくじ》〉

学《まな》ぶに暇《いとま》あらずと謂《い》う者《もの》は暇《いとま》ありと雖《いえど》も亦学《またまな》ぶ能《あた》わず

時間がないから勉強できないという者は、たとえ時間があっても勉強をしないものだ。勉強する時間がないと弁解する者を戒めた言葉。

原文 夫《そ》れ其《そ》の母の死を欲する者は、死すと雖《いえど》も亦《また》悲哭《ひこく》すること能《あた》わざらん。学ぶに暇《いとま》あらずと謂《い》う者は、暇ありと雖も亦学ぶこと能わず。〈淮南子《えなんじ》・説山訓《せつざんくん》〉

真《ま》に受《う》ける 《慣》

相手の言動をそのまま素直に信じ、本当のことだと受け取る。例 こちらの冗談を真に受けて、彼は怒りだした。

招《まね》かざる客《きゃく》

こちらから呼ばないのにやって来た客。歓迎されない客。

原文 速《まね》（招）かざるの客《かく》三人有って来《きた》る。之《これ》を敬《つつし》むときは終《つい》に吉《きつ》なり〔こちらから招かない客が三人やって来る。敬意を尽くして応対すれば、終わりにはよくなる〕。〈易《えき》経《きょう》・需卦《じゅか》〉

招《まね》かれざる客《きゃく》 《慣》

相手が一方的にやって来て、迷惑や災害を受けることを表わす。例 やれ台風だ、やれ地震だと、何かと招かれざる客の多い一年だった。

継子《ままこ》抓《づめ》り

〔「抓《づめ》り」は、つねること〕血のつながりのない子を憎みつねること。また、他人にひどく辛《つら》く当たること。

豆《まめ》を煮《に》るにその萁《まめがら》を焚《た》く

兄弟の不和をいうたとえ。⇩七歩《しちほ》の才

眉毛《まゆげ》に火《ひ》がつく 《慣》 ⇩焦眉《しょうび》の急

眉唾《まゆつば》もの 《慣》

真偽が疑わしく、用心してかからなければいけないもの。略して「眉唾《まゆつば》」とも。⇩眉《まゆ》に唾《つば》をつける 例 そんなうまい儲《もう》け話は眉唾ものだ。

眉《まゆ》に唾《つば》をつける 《慣》

〔俗に、眉《まゆ》に唾《つば》をつければキツネやタヌキに化かされないということから〕だまされないように十分用心する。例 あいつの話は眉に唾をつけて聞いたほうがいいよ、大ぼら吹きなのだから。

眉一《まゆひと》つ動《うご》かさない《慣》

それなりのショックを受けたと思われるのに、全く表情を変えず、動揺したそぶりを見せない様子。例 証拠の品を突きつけられても、男は眉《まゆ》一つ動かさなかった。

眉《まゆ》を曇《くも》らせる《慣》

心配事のために暗い表情をする。例 お兄さんの病状が思わしくないという知らせを受けて、彼は眉《まゆ》を曇らせた。

眉《まゆ》を伸《の》ぶ

（人は心配事があると、眉《まゆ》をひそめるところから）心配事がなくなってほっとすること。

原文 君《きみ》の自ら進退を図らんことを欲す。復《ま》た眉《まゆ》を後《のち》に伸ばすべし〔私は、あなたが自分から進退を考えられることを望みます。そうすれば、またあとで眉を伸ばすことができるでしょう〕。〈漢書《かんじょ》・薛宣伝《せつせんでん》〉

類句 ◆愁眉《しゅうび》を開く ◆眉《まゆ》を開く

眉《まゆ》を顰《ひそ》める《慣》

心配事があったり他人の言動に不快を感じたりして、顔をしかめる。例 幹部の不祥事を社員は眉《まゆ》を顰《ひそ》めて語り合っている。

眉《まゆ》を開《ひら》く

⇩愁眉《しゅうび》を開く

眉《まゆ》を寄《よ》せる《慣》

意に添わないことや不快なことがあって、気難しい表情を示す。例「困ったことになったな」と、彼はつぶやいて眉《まゆ》を寄せた。

眉《まゆ》を読《よ》む

（孤狸《こり》が人の眉毛《まゆげ》の数を読んで、人を化かすということから転じて）相手の表情から、相手の考えや能力を推測すること。「眉毛を読む」とも。

迷《まよ》わんよりは問《と》え

自分一人であれこれと迷っているよりも、思い切って人に尋ねるほうがよい。

丸《まる》い卵《たまご》も切《き》りようで四角《しかく》

「物は言いようで角《かど》が立つ」と続け、同じことでも話し方によってよくも悪くも受け取られることをいう。

丸《まる》くおさまる《慣》

もめていた物事が円満に解決する。例ここで君が折れてくれれば、八方丸くおさまるのだが。他**丸くおさめる**

丸《まる》くなる《慣》

角《かど》が取れて、穏やかで円満な人柄になる。例昔は厳格だった父も年を取ったせいか、このごろではすっかり丸くなった。

丸裸《まるはだか》になる《慣》

持っていたすべての財産を失う。単に「裸になる」ともいう。例火事で焼け出され、丸裸になってしまった。

真綿《まわた》で首《くび》を締《し》める《慣》

じわじわと痛めつける様子。例インフレに加えて公共料金が値上がりし、低所得者にとって、真綿で首を締められるようなものだ。

真綿《まわた》に針《はり》を包《つつ》む

言われた言葉の表面はやさしいが、内に悪意や底意地の悪さがある様子のたとえ。

回《まわ》れ右《みぎ》をする《慣》

（体を回して後ろを向く意）もと来た方向に逆戻りする姿勢をとる。例こっそり柿《かき》の実を採りに来た悪童連は、先生の姿を見ると回れ右をして一目散に逃げて行った。

間《ま》を持《も》たせる《慣》

あることが終わって、次のことが始まるまでの間、何か適当なことをしてその場にいる人を退屈させないようにする。例料理の出るのが遅れ、会食を始めるまで間を持たせるのに幹事は一苦労だった。

満更捨《まんざらす》てたものでもない《慣》

まだそれなりに利用価値が残っており、全く駄目だとは言い切れない様子。例若い者にまじってフルマラソンを完走したのだから、私も満更捨てたものでもない。

満更《まんざら》でもない《慣》

全くよい点がないと評価したり全面的に拒否したりする

わけではない意で、かなり好意的に受け止めている様子を婉曲《えんきょく》にいう言葉。「満更でない」とも。例 乗り気でないようだったが、お見合いをしてみたら、娘は満更でもない様子だった。

まんじりともしない《慣》

不安や気がかりなどのために一晩中眠れない様子。例 帰って来ない子供の安否を気遣って、まんじりともしないで朝を迎えた。

万《まん》に一《ひと》つも《慣》

《後に否定表現を伴って》そうなる可能性はどう考えてもあり得ないと確信していることを表わす。例 今日の試合に負けることは万に一つもないと思う。

満面朱《まんめんしゅ》を注《そそ》ぐ《慣》

怒りにかられて興奮し、顔を真っ赤にしている様子。「朱を注ぐ」とも。例 報告を聞いて逆上した社長は、満面朱を注いで部下を怒鳴りつけた。

満《まん》を持《じ》す

《弓を引き絞って構える意》いつでも取り掛かれるように十分に準備をして、時機の来るのを待つ。例 今はあせらず、満を持して時節到来を待つことにしよう。

原文 漢の矢且《やまさ》に尽きんとす。広乃《こうすなわ》ち士をして満を持して発する毋《なか》らしむ〔漢軍の矢は無くなりそうになった。李広《りこう》は、兵士たちに、弓を十分に引き絞ったまま、矢を放たないようにさせた〕。〈史記《しき》・李将軍伝《りしょうぐんでん》〉

み

見上《みあ》げたものだ《慣》

心の持ち方や言動が優れていて、賞賛に値する様子。例 女性の身で単身アフリカに行き難民救済活動をしているとは、実に見上げたものだ。

木乃伊《みいら》取《と》りが木乃伊《みいら》になる

ミイラを取りに行った者が、ミイラを取って来るどころか、自分がミイラになってしまう意。人を連れ戻しに行った人が戻って来ないで、同じように連れ戻される立場になる、また、説得に行った者が、かえって相手に説得されて、向こう側の者になってしまう、ということ。例 おじさんの家に弟を迎えに行ったのに自分も上がり込んで長居してしまい、ミイラ取りがミイラになってしまった。類句 ◇木菟《ずく》引きが木菟に引かれる

見得《みえ》を切《き》る《慣》（役者が演技の中で感情の高ぶりなどを表わすために、ことさらに大仰《おおぎょう》な表情やしぐさをして見せる意）相手に対し、自信ありげに自己を誇示するような態度を取る。⇩大見得を切る 例 おれに任せろと見得を切ったからには、一人で何とかしなければならない。

見栄《みえ》を張《は》る《慣》無理をして体裁をつくろい、人によく思われようとする。例 金も無いのについ見栄《みえ》を張って高い料理をご馳走《ちそう》する。

身《み》が軽《かる》い《慣》動作が軽快な様子。また、行動の自由を束縛するものが何もない様子。例 我々所帯持ちと違って、君のような独り者は身が軽いから、気楽に旅行ができてうらやましい。

磨《みが》きがかかる《慣》修練を積んだり経験を重ねたりして、芸などが一層優れたものとなる。例 あの役者も年と共に芸に磨きがかかってきた。他 磨きをかける

見《み》かけ倒《だお》し《慣》外見は立派に見えるが、実質はそれほどでもないこと。例 体が大きくて見るからに丈夫そうだが、実は見かけ倒しで、年中風邪《かぜ》を引いてばかりいる。

身《み》が入《はい》らない《慣》気がかりなことがあって、そのことに集中することができない。例 母親の病気のことが気になって、仕事に身が入らない。

身《み》が持《も》たない《慣》過労などで健康が保てなくなる。例 こう毎晩のように徹夜が続いては身が持たない。

身《み》が持《も》てない《慣》

道楽が過ぎたり品行が悪かったりして、まともな暮らしをしていくことができない様子。また、そのために身代《しんだい》が保てない様子。例 家業そっちのけで競馬にうつつを抜かしていたのでは、身が持てないね。

身《み》から出《で》た錆《さび》

刀身に自然に生じた錆《さび》の意で、自分のした悪い行ないや過失のために、あとで自分が苦しんだり災難を受けたりすることをいう。いろはがるた（江戸）の一。

未完《みかん》の大器《たいき》《慣》

まだ未完成で欠点もあるが、将来大成し得る素質を備えていると思われている人物。例 入団当初は未完の大器と言われた選手だったが、結局鳴かず飛ばずで終わった。

右《みぎ》から左《ひだり》へ《慣》

手に入れたものが自分の手元にとどまらず、すぐ他に移ってしまう様子。また、依頼に応じて何かをすぐに融通できる様子。例 月給は家賃や食費で右から左へ出て行ってしまう。

右《みぎ》といえば左《ひだり》《慣》

何事によらず他人の言うことにさからう様子。例 彼は右といえば左で、我々の提案に素直に同意したことは一度もない。

右《みぎ》に出《い》づる者《もの》なし

昔、右を上席としたことから、それより右にいる者がない、つまり最上位・一番であることをいう。〔日本の上代は左を尊んだ〕

原文 上尽《しょうことごと》く召見し、与《とも》に語る。漢廷《かんてい》の臣能《よ》く其《そ》の右に出《い》づる者毋《な》し〔天子は全部召し出して会い、いっしょに話をしたが、漢の朝廷の臣下には勝る者がなかった〕。〈史記《しき》・田叔伝《でんしゅくでん》〉

右《みぎ》に出《で》る者《もの》がない《慣》

その組織・集団で、またその分野で、一番優れた者である様子。例 計算の速さにかけては、この課で彼の右に出る者がない。

類句 ◆並ぶ者がない

右の耳《みみ》から左《ひだり》の耳《みみ》
右の耳から聞いた言葉が、すぐに左の耳から抜け出てしまう意で、聞いた事が少しも頭や心に残らないことをいう。例彼には何度注意しても、右の耳から左の耳で、一向に効き目がない。

右《みぎ》へ倣《なら》え《慣》
他人の言動を無批判に受け入れ、その真似《まね》をする様子。例自然食品が健康にいいと言う者があると、右へ倣《なら》えですぐ皆がとびつく。

見切《みき》り発車《はっしゃ》《慣》
（バス・電車などが定時運行を守るために、乗客が乗り切らないうちに発車する意から）十分な条件が整わないうちに、物事を次の段階に進めること。例十分な審議を尽くさぬまま、見切り発車で消費税の税率アップが実施された。

見切《みき》りをつける《慣》
これ以上やっても見込みがないと判断する。例この仕事にもそろそろ見切りをつけて、何か新しい仕事を探そう。

右《みぎ》を見《み》ても左《ひだり》を見《み》ても《慣》
ある状態がその辺り一帯に認められる様子。例この町の商店街は右を見ても左を見ても、一日中シャッターを下ろした店ばかりだ。

御輿《みこし》を上《あ》げる《慣》
（「輿《こし》」を「腰」に掛けた言葉）それまでじっとしていた者が、何かをしようという気になって行動を始める。「お御輿を上げる」とも。例再三の要請に、やっとのことで御輿を上げて会の顧問を引き受けてくれた。

御輿《みこし》を担《かつ》ぐ《慣》
代表者などに担ぎ出して、ちやほやする。「お御輿《みこし》を担ぐ」とも。例若い連中に御輿を担がれて、会長を引き受けるはめになったのだ。

御輿《みこし》を据《す》える《慣》
（「輿《こし》」を「腰」に掛けた言葉）そこに腰を落ち着けて動かずにいる。「お御輿を据える」とも。例輿が乗って、つい御輿を据えて遅くまで話し込んでしまった。

操《みさお》を立《た》てる《慣》

信義を重んじ、相手を裏切ることのないように振る舞う。特に、女性が貞操を守ることを表わす。例 彼女は亡き夫に操を立てて、再婚話には一切耳を傾けなかった。

見《み》ざる聞《き》かざる言《い》わざる

《見ない、聞かない、言わない、の意》自分に関係のない物事や他人の欠点などについては、一切無関心な態度を取り、それについて批判的な言葉を述べない。「……しないこと」の意の「ざる」に「猿《さる》」を掛け、目・耳・口をそれぞれ両手でふさいでいる三匹の猿の像にかたどって、それぞれの戒めを表わすことが多い。

見知《みし》らずの口叩《くちたた》き

分際も弁《わきま》えずに、相手に尊大な態度をとり、大言《たいげん》を吐くこと。また、立場も弁えずに余計な口出しをすること。

微塵《みじん》もない《慣》

そのような気持ち・考えなどが少しもない意を強調した言い方。例 他人の不幸を喜ぶ気持ちなど微塵《みじん》もない。

水到《みずいた》りて渠成《きょな》る

《「渠《きょ》」は、みぞ。水が流れると自然にみぞができることから、学問を積めばおのずと道が深まり徳が身に付くことにたとえた》時期が来れば、物事は自然に成就するということ。

原文 水到《みずいた》りて魚行《うおゆ》き、水到りて渠《きょ》成るは、其《そ》の意同じきなり。〈余冬序録《よとうじょろく》〉

水《みず》が合《あ》わない《慣》

その土地の人たちの気質や自分の属している組織などの体質が自分には合わなくて、うまくいかない様子。例 この土地は、どうも私には水が合わない。

身過《みす》ぎと死病《しびょう》に徒《あだ》な事《こと》はない

生計を立てる苦労と回復の見込みのない病《やまい》に対処する苦しみは、あだやおろそかなものではない。

類句 ◇銭儲《ぜにもう》けと死《し》に病《やまい》に徒《あだ》はない

水清《みずきよ》ければ魚棲《うおす》まず

水があまり清らかに澄んでいると魚がすみつかないように、人もあまりに清廉潔白に過ぎると、人に敬遠され、孤立してしまうものだ。

原文 水至りて清ければ即《すなわ》ち魚無く、人至りて察《さつ》なれば則《すなわ》ち徒《と》無し〔水があまりに清らかだと魚がすまないし、人がひどく潔白だと仲間がいない〕。〈孔子家語《こうしけご》・入官《にゅうかん》〉

類句 ◆清水《せいすい》に魚棲《うおす》まず　◇水清くして大魚なし

水際《みずぎわ》立《だ》つ 《慣》

技量などが際立って見事に見える様子。例 さすが名優だけあって、水際立った演技を見せた。

水心《みずごころ》あれば魚心《うおごころ》あり ⇩魚心《うおごころ》あれば水心

水積《みずつ》もりて魚集《うおあつ》まる

水の深く豊かなところには、自然にたくさんの魚が集まってくるように、利益のあるところには、人も自然に集まってくるものだ、ということ。

水積《みずつ》もりて川《かわ》を成《な》す

小さな流れが集まって川になる。小さなものでもたくさん集まれば大きなものになる、ということ。

水《みず》と油《あぶら》 《慣》

両者の性質が正反対で、うまく融和しない様子。「水に油」とも。例 あの二人は性格が水と油で、何かにつけて対立している。

水《みず》と魚《うお》

切っても切れない密接な間柄のたとえ。

類句 ◆水魚《すいぎょ》の交わり

水鳥陸《みずとりくが》に迷《まよ》う

水鳥が水辺を離れて陸《おか》に上がると迷う意で、勝手が違ってまごつくことのたとえ。

水《みず》に絵《え》を描《か》く

水に絵を描《か》いてもあとに残らないように、せっかくしたことが無駄になること、骨折り損であることをいう。

類句 ◆脂《あぶら》に画《えが》き氷に鏤《ちりば》む　◆氷に鏤め水に描《えが》く

水《みず》に流《なが》す 《慣》

今までのいざこざなどをすべて無かったことにして、こだわらない。例 過去のことは水に流して、協力しよう。

水《みず》に馴《な》れる《慣》

新しい土地の風土、暮らしに馴《な》れる。例 夫の転勤でこの土地に来て一年、ようやくこちらの水に馴れてきた。

水《みず》の泡《あわ》になる《慣》

それまでの努力や苦労がすべて無駄になる。例 ここであきらめては今までの苦労が水の泡になってしまう。

類句 ◆水泡《すいほう》に帰する

水《みず》は方円《ほうえん》の器《うつわ》に随《したが》う

（水には固有の形はなく、四角な器に入れれば四角に、円い器に入れれば円くなる）もと、人民の善悪は為政者の善悪によって決まるものだの意で、人は、交友や環境によって善くも悪くもなるたとえ。

原文 孔子曰《いわ》く、人君たる者は猶《な》お盂《う》のごときなり。民は猶お水のごときなり。盂方《ほう》なれば水《みず》方に、盂圜《えん》なれば水圜なり。（盂は盆《ぼん》のこと）〈韓非子《かんぴし》・外儲説《がいちょせつ》左上〉

類句 ◆人は善悪の友による

水《みず》もしたたる《慣》

若々しい上に容姿が際立って美しく、魅力的である様子。特に、役者や若い女性について言う。「水のしたたる」とも。例 水もしたたるいい男が舞台に登場し、観客から歓声が湧《わ》く。

水《みず》も漏《も》らさぬ《慣》

①警戒が厳重で、少しのすきも見せない様子。例 外国要人の警護は水も漏らさぬ厳重さで、人を一切寄せ付けなかった。②二人、特に男女がきわめて親密な間柄で、他人が割って入るすきがない様子。例 あの二人はいつの間にか水も漏らさぬ仲になっていた。

水《みず》をあける《慣》

（ボートレースや競泳で相手に差をつける意から）競争相手に大きく差をつけて優位に立つ。例 他社に大きく水をあけて業界トップを行く会社。自 **水があく**

水《みず》を打《う》ったよう《慣》

その場に集まった大勢の人たちが物音一つ立てないでい

る様子。例 場内は水を打ったように静まり返っていた。

水《みず》を得《え》た魚《うお》のよう《慣》
自分に合った活動の場を得て、生き生きとしている様子。例 デザイナーに転身した彼女は、水を得た魚のように元気に活躍している。

水《みず》を掛《か》ける《慣》
物事がうまく運んでいるのに、その進行や展開の邪魔になるようなことをする。例 あの人なりに一生懸命に取り組んでいるのだから、横から水を掛けるようなことはしないほうがいい。

水《みず》を差《さ》す《慣》
①仲のいい二人をわざと仲たがいさせるように仕向ける。例 野暮な忠告は二人の仲に水を差すようなものだ。
②途中で邪魔をして、何かをし続ける気を無くさせる。例 せっかくの話に水を差されて、嫌気がさす。

水《みず》を向《む》ける《慣》
それとなくほのめかして、相手に関心を持たせようとする。例 ゴルフもおもしろいよと水を向けてみたが、彼は気の無さそうな返事をするだけだった。

身銭《みぜに》を切《き》る《慣》
本来、自分の金を出す筋合いではないものに自分の金を使う。例 昨夜は、身銭を切って部下にご馳走《ちそう》してやった。

見《み》せ物《もの》にする《慣》
わざと他人から興味本位の目で見られるような場に立たせる。例 他人の不幸を見せ物にする一部のマスコミには腹が立つ。

店《みせ》を畳《たた》む《慣》
それまで続けてきた商売をやめる。例 新設のスーパーに押されて、店を畳まざるを得なくなった。

店《みせ》を張《は》る《慣》
店舗を構えて、商売をする。例 女手一つで銀座に店を張っているとは大したものだ。

店《みせ》を広《ひろ》げる《慣》

①店の構えや商売の規模を大きくする。例店を広げるためには、銀行から金を借りなければならない。②品物などを辺り一面に広げる。例部屋いっぱいに店を広げて自慢の収集品を見せびらかす。

未曽有《みぞう》

《「未《いま》だ曽《かつ》て有《あ》らず」と読み、歴史上、今までに一度も起こらなかった、という意》今までに一度もなかった珍しいこと。例今や未曽有《みぞう》の経済危機に直面している。

原文 賢は緩《ゆる》くし士を忘れて、能《よ》く其《そ》の国を以《もっ》て存する者は、未《いま》だ曽《かつ》て有らざるなり〔賢士をおろそかにして、国が滅びないものは、有ったためしがない〕。〈墨子《ぼくし》・親士《しんし》〉

溝《みぞ》ができる《慣》

何かの原因で感情的な隔たりができ、それまでうまくいっていた関係がしっくりしなくなる。例一子《いっし》を失って以来、夫婦の間に溝ができてしまった。

味噌《みそ》に入《い》れた塩《しお》はよそへは行《ゆ》かぬ

味噌《みそ》を作るときに入れた塩は、やがて溶けてしまうが、味を調《ととの》える役を果たしている意で、人のために尽くしたことは、実は自分自身のためになっている、ということ。

味噌《みそ》の味噌《みそ》臭《くさ》きは食《く》われず

職業や技能などについて、専門家ぶったり、いかにもそれに通じているように振る舞ったりする者は、真にその職業や技能を究めた者とはいえない。また、そのような振舞いは、人に嫌われる、ということ。「味噌《みそ》の味噌臭きは上味噌にあらず」とも。

味噌《みそ》も糞《くそ》も一緒《いっしょ》にする《慣》

価値のあるものも無いものも同一視し、大したものではないとみなして扱う。例私の会社はまともな商売をしているのに、悪徳商人が多いからといって味噌《みそ》も糞《くそ》も一緒にされては迷惑だ。

味噌《みそ》をつける《慣》

失敗して恥をかかされたり信用を失ったりする。例必ず契約を取り付けてみせると言っていたのに先方に断られ、彼も味噌《みそ》をつけたな。

見《み》た目《め》がいい《慣》

その内容や機能はともかくとして、外から見た感じがいい様子。例 このかばんは見た目がいいけれど、実用的とはいえない。

道《みち》が開《ひら》ける《慣》

問題を解決する方法や進むべき方向が見いだせて、将来に希望が持てるようになる。例 資金調達の当てがつき、我が社の今後の道が開けたように思われる。

道草《みちくさ》を食《く》う《慣》

本来の目的に向かってまっすぐ進まず、別のことで時間を費やす。例 在学中、演劇に夢中になって、二年ほど道草を食った。

道無《みちな》き道《みち》《慣》

そこを行くのに道と言えるような道がないことの意で、未開の土地や未開の分野を新たに切り拓《ひら》く苦労をいうのに使う言葉。例 新理論を模索して一人道無き道を行く苦しさは口では言えない。

道《みち》に遺《お》ちたるを拾《ひろ》わず

道を行く人が落ちている物を拾って自分のものにしようとしない意で、世の中が平和で民の暮らしが豊かな形容。原文 子産《しさん》退《しりぞ》いて政《まつりごと》を為《な》すこと五年、国に盗賊無く、道《みち》に遺《お》ちたるを拾わず。〈韓非子《かんぴし》・外儲説《がいちょせつ》左上〉

道《みち》を付《つ》ける《慣》

先に立って、後に続く人々に進むべき方向を示す。例 今日の段階まで医学が進歩したのも、先学が苦労を重ねて道を付けてくれたお陰だ。

三日天下《みっかてんか》

《明智光秀《あけちみつひで》が織田信長《おだのぶなが》を倒して天下を取ったが、わずか十二日間で滅亡したことから》短期間だけ政権や地位を得ること。

三日《みっか》にあげず《慣》

三日と間をおかない意で、毎日のように何かをする様子。例 話がしたいと、彼は三日にあげず私を訪ねて来た。

三日坊主《みっかぼうず》

《僧になることを志して出家したものの、修行と戒律の厳しさに耐え切れずすぐに還俗《げんぞく》してしまう意》転じて、飽きやすく、一つのことに長続きしない人を、あざけっていう言葉。

三日見《みっかみ》ぬ間《ま》の桜《さくら》

たった三日見ない間に、つぼみであった桜は満開になり桜の花は散ってしまう。物事の状態がわずかな間にどんどん変化する。また、この世のはかないことをいう言葉。

三《み》つ子《ご》に習《なら》いて浅瀬《あさせ》を渡《わた》る

《「三つ子」は、三歳の子供》三歳の子供に教えられて、浅瀬を渡るということから、年少の未熟な者からも、教わることも時にはある、ということ。「三つ子に浅瀬」とも。

類句 ◆負《お》うた子に教えられて浅瀬を渡る

三《み》つ子《ご》の魂《たましい》百《ひゃく》まで

《「三つ子」は、三歳の子供》幼いころの性格や気質は一生変わらないものだということ。

参考 The child is father of the man.〔子供はおとなの父である〕

類句 ◆雀百《すずめひゃく》まで踊り忘れず

三《み》つ子《ご》の横草履《よこぞうり》

子供が、慣れない草履《ぞうり》を履《は》こうとして、縦横もかまわずに履く意で、手順や仕方などを考えずに、しさえすればよいという態度で事を行なうこと。また、自分の力量の及ばない事をすること。

盈《み》つれば虧《か》く

⇩月《つき》満つれば則《すなわ》ち虧《か》く

身《み》でないものは骨膾《ほねなます》

《「骨膾《ほねなます》」は、骨ごと調理した魚の膾》魚の骨も、膾にすれば食べられることから、物は、その用い方次第で有効に使える、というたとえ。また、膾は冷たい料理なので、魚の「身」を肉親の意に掛けて、身内でない者はとかく冷淡である、というたとえにも用いる。

見《み》ての通《とお》り《慣》

説明されるまでもなく、見ればどんな程度・状態かが分かる様子。例 うちは見ての通りの小さな個人商店です。

見《み》ては極楽《ごくらく》住《す》んでは地獄《じごく》

外部から見ていると極楽のように見えるが、実際に経験してみると地獄のような苦しみであること。
類句 ◆聞いて極楽《ごくらく》見て地獄《じごく》

見《み》て見《み》ぬ振《ふ》り《慣》
実際にはその場を見たのに、相手の心情を思ったり、かかわり合いになるのを恐れたりして、見なかったかのように振る舞うこと。例電車の中で子供たちが大声を出して騒いでいても、周りの人は見て見ぬ振りをしていた。

見所《みどころ》がある《慣》
将来が期待されるような優れた点や素質がある。例彼はまだ若いが、なかなか見所があって末頼もしい青年だ。

源《みなもと》清《きよ》ければ流《なが》れ清《きよ》し
川は源流が清く澄んでいれば、自然と下流も清くなる意で、根本が正しければ結果もよいということのたとえ。
原文 君子は原《もと》を養う。源《みなもと》清ければ則《すなわ》ち流れ清し、源濁れば則ち流れ濁る。〈荀子《じゅんし》・君道《くんどう》〉

身《み》に余《あま》る《慣》
今の自分の身分や立場からみて、分を越えていると思われる様子。例過分のお褒めをいただいて身に余る光栄です。

身《み》に覚《おぼ》えがある《慣》
確かにそのことをした、そのことにかかわったという記憶がある。普通、好ましくない行為について言う。例盗みの疑いをかけられ、警察で「身に覚えがあるだろう」と追及された。

身《み》に沁《し》みる《慣》
何かを体験して、ある感情が心に強くわき上がる。また、寒さなどを強く感じる。例困っているところを助けられ、人の情けが身に沁《し》みる。
類句 ◆骨身《ほねみ》に沁《し》みる

身《み》に過《す》ぎた果報《かほう》は災《わざわ》いの基《もと》
分《ぶん》不相応の幸せは災難を招く原因になる。

身《み》につく《慣》
知識・技術や作法などが自分のものとなって、自由に活用できる状態になる。例 茶道の稽古《けいこ》を通して若い者たちもようやく礼儀作法が身についてきた。

身《み》につける《慣》

必要に応じて活《い》かせるように技術や学問などを修得する。例 若い時に身につけた語学力が、海外出張では大いにものを言った。

身《み》につまされる《慣》

他人の気の毒な境遇が、自分自身の経験に照らし合わせ、人ごとでなく思われる。例 山口さんは親の介護のため仕事を辞めたということだが、年取った親と暮らす私には身につまされる話だ。

身《み》になる《慣》

①心身のためになる。例 そんな本を読んでも身にならない。②その人の立場になって考える。例 入院した人の身になると、見舞い客が押しかけるのは迷惑なことだ。

身《み》に勝《まさ》る宝《たから》無《な》し

人は何よりも我が身を一番大切に思うものである、というたとえ。「身に勝る物なし」とも。

類句 ◇身《み》ほど可愛《かわい》いものは無い

見《み》ぬ商《あきな》いはならぬ

現品を見ないで取り引きすることは危険である。

見《み》ぬは極楽《ごくらく》知《し》らぬは仏《ほとけ》

見れば腹の立つことでも、見なければ心安らかにしていられる。事と場合によっては、むしろ実際や真実を知らないほうがいい、ということ。

類句 ◆知らぬが仏　◆見ぬ物清し

見《み》ぬ物清《ものきよ》し

実際に見なければ、汚いのに気付かずに平気でいられるが、実際を見たら汚いのが気になってたまらない。事と場合によっては、むしろ実際や真実を知らないほうがいい、ということ。「見ぬ事清し」とも。

類句 ◆知らぬが仏　◆見ぬは極楽知らぬは仏

見《み》ぬ世《よ》の人《ひと》を友《とも》とす

昔の人の書き残した書物を読んで、古人を友とする意で、古典を楽しむことをいう。

身《み》の置《お》き所《どころ》がない《慣》
厳しい非難を受けるなどして、耐えがたい思いをする様子。「身の置き所もない」とも。例 公衆の面前で罵倒《ばとう》され、身の置き所がないほど恥ずかしい思いをした。

身《み》の毛《け》がよだつ《慣》
体の毛がさかだつように感じられるほど恐ろしいと思う様子。「身の毛もよだつ」とも。例 身の毛がよだつ猟奇《りょうき》的な事件が起きた。

身《み》の縮《ちぢ》む思《おも》い《慣》
ひどく緊張したり恐縮したりする様子。例 役員会の席では、私一人が若造で身の縮む思いをした。

身《み》の程《ほど》を知《し》らない《慣》
自分の身分・立場や能力の程度をわきまえず、それ以上のことを望んだりしようとしたりする様子。例 二、三度勝っただけで今度はチャンピオンに挑戦しようとは、身の程を知らないのも甚だしい。

見《み》果《は》てぬ夢《ゆめ》《慣》
実現しそうもない望みや手の届きそうもない理想を求め続ける。例 退職したら世界一周旅行をしようというのも、ついに見果てぬ夢に終わった。

身《み》は習《なら》わし
人は、身に付いた習慣によって行動や考え方が左右されるものである、ということ。「身は習わしもの」とも。参考 古歌に「人の身も習はしものを逢《あ》はずしていざ心見むこひや死ぬると」（『古今和歌集』巻十一恋歌一）

身《み》は身《み》で通《とお》る裸《はだか》ん坊《ぼう》
人間は本来無一物で、生まれた時も裸ならば、死んで焼かれる時もまた裸である。体一つあれば何としても生きてゆけるものだということ。いろはがるた（京都）の一。

身《み》二《ふた》つになる《慣》
月満ちて、妊婦が出産する。例 妻は身二つになるまで実家に帰っている。

未亡人《みぼうじん》

《夫と共に死ぬべきであったのに、まだ死なない人の意》もとは、夫に死なれた婦人の自称であったが、後に他称となった。寡婦。後家《ごけ》。

原文 今《いま》、令尹《れいいん》、諸《これ》を仇讎《きゅうしゅう》に尋《もち》いずして、未亡人の側《かたわら》に於《お》てするは、亦異《またい》ならずや〔今や令尹《れいいん》は、この武の舞を敵を伐《う》つために用いずして、事もあろうに、この後家のそばに用いているとは、なんと奇怪なことではないか〕。〈左伝《さでん》・荘公《そうこう》二十八年〉

耳《みみ》が痛《いた》い《慣》

人の言うことが自分の弱点や欠点を指摘しているようで、聞いていて恥ずかしさを感じる様子。例 彼が先生に注意されているのを聞いて、私も耳が痛かった。

耳《みみ》が汚《けが》れる《慣》

不愉快な話を聞かされて、腹立たしくなる。例 人の悪口ばかり聞かされて、全く耳が汚れる思いだった。

耳《みみ》が肥《こ》える《慣》

よい音楽などをたくさん聞くことによって、優れた鑑賞能力が身につく。例 あの人は子供のころから演奏会に連れて行かれていたためか、非常に耳が肥えている。

耳《みみ》が遠《とお》い《慣》

聴力が弱くて、声や音がよく聞こえない様子。例 父は年を取ったせいか最近耳が遠くなった。

耳《みみ》が早《はや》い《慣》

人のうわさなどを聞きつけるのが早い様子。例 そのことをもう知っているのか。君は全く耳が早いね。

耳《みみ》から口《くち》

人から聞いたことを、すぐそのまま人に告げること。受け売りすること。

類句 ◆道聴塗説《どうちょうとせつ》

みみずののたくったよう《慣》

筆づかいにしまりがなく、下手な字というほかない様子。「みみずの這《は》ったよう」とも。例 こんなみみずののたくったような字で書かれた報告書では誰《だれ》も読めない。

耳《みみ》取《と》って鼻《はな》かむ
ついている自分の耳を取って、それで鼻をかむ意で、突拍子もないことや常識では考えられないことのたとえ。
類句 ◇目を取って鼻へ押っ付ける

耳《みみ》に入《い》れる《慣》
うわさや情報などを告げ知らせる。例 その件に関して、ちょっとお耳に入れておきたいことがあるのですが。

耳《みみ》に逆《さか》らう《慣》
自分に対する批判などが素直に聞けず、不愉快に感じる。
⇩忠言は耳に逆らう

耳《みみ》に障《さわ》る《慣》
人の言葉を聞いて不快に感じる。例 ひとりよがりの自慢話がひどく耳に障り、途中で席を立ってしまった。

耳《みみ》にする《慣》
意識せざるを得ないような声や音、話などを偶然聞く。
例 町なかでふと故郷のなまりを耳にして立ち止まった。

耳《みみ》に胼胝《たこ》ができる《慣》
同じことを何度も聞かされて、もううんざりだと思う。
例 君のその自慢話は耳に胼胝《たこ》ができるほど聞かされたよ。

耳《みみ》につく《慣》
①同じことを何度も聞かされて、聞き飽きる。例 彼の成功談は、もういい加減耳についてきた。②声や物音がいつまでも耳に残っている。例 あの時の悲鳴が、今も耳について離れない。

耳《みみ》に留《と》める《慣》
人から言われたことを、心して覚えておく。例 これはお前の一生の大事なのだから、よく耳に留めておくことだ。

耳《みみ》に残《のこ》る《慣》
誰《だれ》かの言葉や何かの音などが、聞いた時のままに生々しく記憶に残る。例 故郷を去る時の母の言葉が今も耳に残っている。

耳《みみ》に入《はい》る《慣》

うわさや情報などが、聞こうと思ったわけではないが、自然に聞こえてくる。例近々人事異動があるといううわさが耳に入ったので、君にだけは教えておこう。

耳《みみ》に触《ふ》れる《慣》

話し声や物音などが自然に聞こえてくる。例初めての海外旅行では、目に触れ耳に触れるものすべてがおもしろく珍しかった。

耳《みみ》を疑《うたが》う《慣》

思いがけないことを聞かされて、すぐにはそれを信じられないと感じる。例自分の作品が一位入賞だと言われた時には一瞬耳を疑った。

耳《みみ》を打《う》つ《慣》

一つの音だけが聞こえて強い印象を受ける。例森の中に響く甲高い鳥の鳴き声が耳を打った。

耳《みみ》を掩《おお》いて鐘《かね》を盗《ぬす》む

《盗んだ鐘《かね》を壊そうとしたが、大きな音がするので思わず自分の耳をふさいだという話から》犯した悪事は、隠そうとしても、人に知れ渡ってしまうことのたとえ。原文 范氏《はんし》の亡《ほろ》ぶるや、百姓《ひゃくせい》其《そ》の鐘《かね》を得たる者有り。負《お》いて走らんと欲すれば、則《すなわ》ち鐘大《だい》にして負うべからず。椎《つち》を以《もっ》て之《これ》を毀《こぼ》つ。鐘況然《きょうぜん》として声有り。人の之を聞きて己《おのれ》より奪わんことを恐れ、遽《にわか》に其の耳を掩《おお》う。〈呂氏春秋《りょししゅんじゅう》・自知《じち》〉

類句 ◆目《め》を掩《おお》うて雀《すずめ》を捕らう

耳《みみ》を貸《か》す《慣》

相手の話をまじめに聞いてやろうとする。例誰《だれ》一人として私の意見に耳を貸そうとはしてくれなかった。

耳《みみ》を傾《かたむ》ける《慣》

興味を持って、熱心に聞く。例講師の話にじっと耳を傾ける。

耳《みみ》を汚《けが》す《慣》

つまらないことや嫌なことを聞かせ、相手に不快感を与える意で、相手には直接関わりのない話を聞かせることを謙遜《けんそん》していう言葉。例つまらない話でお耳を汚してあいすみません。

耳《みみ》を澄《す》ます《慣》

声や音を聞き取ろうとして、精神を集中させて、じっと聞く。例秋の夜、耳を澄まして虫の音《ね》を聞く。

耳《みみ》を欹《そばだ》てる《慣》

物音や話し声のする方に耳を向けて、聞き取ろうとする。例壁を隔てて聞こえる陰《いん》に籠《こ》もった話し声に、つい耳を欹《そばだ》てる。

耳《みみ》を揃《そろ》えて《慣》

金額に少しの不足もなく、全額を一まとめにしてという意で、借金を返すときにいう言葉。例残りの金は月末に耳を揃《そろ》えて必ずお返しします。

耳《みみ》を貴《たっと》び目《め》を卑《いや》しむ

人から聞いたことは尊重するが、自分で見たことは軽んずる。また、昔のことを尊び、今のことを軽視する。類句◇耳を信じて目を疑う

耳《みみ》をつんざく《慣》

鼓膜を突き破る意で、途方もなく大きな音がする様子。例耳をつんざくばかりの金属音を残して、ジェット戦闘機は次々と飛び立った。

耳《みみ》を塞《ふさ》ぐ《慣》

他人の言うことを聞こうとしない、かたくなな態度をとる様子。例彼は周りの人の忠告に耳を塞《ふさ》いで、荒《すさ》んだ生活を続けていた。

耳《みみ》を聾《ろう》する《慣》

耳が聞こえなくなる意で、すさまじい物音がする様子。例耳を聾《ろう》する爆発音と共に窓ガラスが飛び散った。

身《み》も蓋《ふた》も無《な》い《慣》

表現が露骨過ぎて味わいも含みもなく、うんざりする様子。例何事も金のためだと言ってしまえば身も蓋《ふた》も無い。

身《み》も細《ほそ》る《慣》 ⇩**身を削られる**

身《み》も世《よ》も無《な》い《慣》

ひどく嘆き悲しみ、絶望感を抱く様子。例愛児を失っ

た母親は身も世も無く嘆き悲しんでいた。

脈《みゃく》がある《慣》

《まだ生命を保っているの意から》期待どおりの望ましい結果が得られる見込みがまだあると思われる様子。例 はっきり断わられたわけではないから、まだ脈がある。反対 脈がない

脈《みゃく》を取《と》る《慣》

《診察のために脈拍を調べることから》病人の診察をする。例 あの人の家は先祖が徳川将軍の脈を取ったこともあるという医家の名門だ。

都《みやこ》は目《め》恥《は》ずかし田舎《いなか》は口《くち》恥《は》ずかし

都の人は、良し悪《あ》しを見分けることに長《た》けているので、その人たちが自分をどう見るかと恥ずかしく思われ、一方、田舎の人は、口さがないので、その人たちが自分を何と言うかが気にかかるものである。

都《みやこ》も旅《たび》は憂《う》し

旅をしていると、離れて来た故郷を思う寂しさから、楽しみ事の多い都で過ごすのさえ、時として辛《つら》く感ぜられることもある、というたとえ。

冥利《みょうり》に尽《つ》きる《慣》

《「冥利《みょうり》」は、神仏の加護によって身に受ける利益や恩恵》これ以上の幸せはないとありがたく思う。「冥利に余る」とも。例 立派になったかつての教え子に囲まれて、教師冥利に尽きるとしみじみ思った。

見《み》られたものではない《慣》

恰好《かっこう》が悪かったり内容がひどかったりして、まともに見ることができる状態ではない。例 素人《しろうと》の集まりのような劇団で、初公演は見られたものではなかった。

見《み》る穴《あな》へ落《お》ちる

そこに穴があることを承知していながら、その穴へ落ちる意で、分かっていながらも、しくじることのたとえ。

見《み》る影《かげ》もない《慣》

以前とはすっかり違ってしまって、ひどく哀れな状態になっている様子。例 久しぶりに会った姉は、長患いのせ

いか見る影もなくやつれていた。

見《み》るからに 《慣》

一見しただけで、すぐにそういう印象を受ける様子。例 彼女は見るからに育ちがよさそうな人だ。

見《み》る事《こと》は信《しん》ずる事《こと》なり

何事も実際に自分の目で見れば、納得がいく。原文 Seeing is believing. の訳語。

見《み》るに忍《しの》びない 《慣》

あまりに気の毒で見ているのが辛《つら》く思われる様子。例 友人を見舞いに行ったが、苦しそうに息をしている様子は見るに忍びなかった。

見《み》るに見《み》かねる 《慣》

人ごとだと言ってそのまま見過ごしているわけにはいかなくなる。例 近所の子供たちのいたずらが過ぎるので、見るに見かねて注意した。

見《み》るに目《め》の欲《よく》触《さわ》るに煩悩《ぼんのう》

人には、見たり触ったりすれば、その物を手に入れたくなるどうしようもない欲望がある、ということ。

見《み》るは法楽《ほうらく》

（「法楽」は、神楽《かぐら》をしたり経を上げたりして神仏の心を慰めると同時に、自分も慰められ、楽しい気持ちになること）いろいろのものを見ることは慰みであり楽しみである意で、ただで、また買わずに見ることの楽しみをいう。

見《み》るは目《め》の毒《どく》

見なければ欲望も起こらないが、見てしまえばそれなりに心も動くから、余計なものは見ないに越したことはない、ということ。「聞くは気の毒見るは目の毒」とも。

見《み》る目《め》がある 《慣》

何かを的確に判断したり評価したりする能力がある。例 彼は人を見る目があるから、確かな人物を推薦してくれるだろう。反対 見る目が無い

身《み》を入《い》れる 《慣》

真剣になって事に当たろうとする。例 息子も最近自覚

してきたのか、店の仕事に身を入れるようになった。

身《み》を起《お》こす《慣》
恵まれない境遇にあった人が、社会的に認められる地位を得る。例 彼は貧しい工員から身を起こして、大臣にまでなった男だ。

身《み》を落《お》とす《慣》
落ちぶれて、みじめな境遇に身を置く。例 バブル景気のころはあれだけ羽振りのよかった男が、路上生活者にまで身を落とした。

身《み》を固《かた》める《慣》
①しっかりと身じたくを整える。例 機動隊が防弾チョッキに身を固めて出動する。②結婚して所帯を持つ。例 そろそろ君も身を固めたらどうだ。

身《み》を切《き》られる《慣》
辛《つら》さ・苦しさや寒さなどが耐えがたいまでに強く感じられる様子。例 夫の死後、働くために身を切られる思いで子供を親戚《しんせき》に預けた。

身《み》を切《き》るよう《慣》
寒さや冷たさ、また辛《つら》さなどが耐えがたいものである様子。例 身を切るような寒さの中、バスを三十分も待った。

身《み》を削《けず》られる《慣》
体がやせ細るほど、ひどい苦労や心配をする。例 出稼ぎ先での身を削られる苦労にも、家族のために耐え抜いた。
類句 ◆身も細る

身《み》を焦《こ》がす《慣》
恋慕の情が抑えきれず、もだえ苦しむ。例 恋の炎に身を焦がす。

身《み》を粉《こ》にする《慣》
骨惜しみをせず、ある限りの力を出して働く様子。例 身を粉にして働き、やっとマイホームを手に入れた。

身《み》を晒《さら》す《慣》
避けたり隠れたりせず、まともに災害などを被る状態に身を置く。例 彼は危険に身を晒《さら》して、果敢に被災者の救出に当たった。

身を持する《みじ》《慣》

誘惑に負けたり怠惰に流れたりしないように、厳しい生活態度を守り通す。例あの男は、清廉潔白に身を持して孤高の生涯を送った。

身を捨ててこそ浮かぶ瀬もあれ《み》《す》《う》《せ》

絶体絶命の困難な局面に当面した際でも、命を捨ててもいいという強い覚悟で立ち向かえば、必ず何とか活路を見いだせるのである、という意。

身を立てる《み》《た》《慣》

①社会的に認められるような立派な人になる。例学者として身を立てるのは容易なことではない。②何かの技術を身につけ、それによって生計を立てていく。例母は夫の死後ピアノを教えて身を立ててきた。

身を挺する《み》《てい》《慣》

〔「挺身《ていしん》」の訓読みから〕自分自身を犠牲にする覚悟で、危険な事に当たる。例母親はとっさに我が子に覆いかぶさり、身を挺して炎から命を守ろうとした。

身を投じる《み》《とう》《慣》

困難や危険を恐れず、その事業や運動などの一員に加わる。例彼は若くして祖国の独立運動に身を投じた。

身を投げる《み》《な》《慣》

海や川などに飛び込んで自殺する。例世の中に絶望して崖《がけ》から身を投げた。

身を退く《み》《ひ》《慣》

自分はもう遠慮すべき立場にあると考えて、今までの地位を離れたり関係を絶ったりする。例若い君に後を託して、私はこの辺で身を退《ひ》こう。

身を任せる《み》《まか》《慣》

感情のおもむくままに、女性が男性と性的な関係を結ぶ。例その夜、彼女は激情にかられ、彼に身を任せた。

実を結ぶ《み》《むす》《慣》

努力した甲斐《かい》があって、好ましい結果を得る。例たゆまぬ努力が実を結んで、大関に昇進した。

身《み》を持《も》ち崩《くず》す《慣》
品行が悪くなり、荒《すさ》んだ生活を送るようになる。例 賭《か》け事《ごと》にうつつを抜かして身を持ち崩した彼は、誰《だれ》からも相手にされなくなった。

身《み》を以《もっ》て《慣》
単に知識としてではなく、自分自身の実践や経験を通して、何かを体得したり人に示したりする様子。例 自ら実践することで、先生は日ごろのトレーニングがいかに大切かを身を以《もっ》て教えてくれた。

身《み》をやつす《慣》
身なりを変え、みすぼらしく目立たない姿になる。例 革命軍に追われた国王一家は、農民姿に身をやつして国外へ逃れ出ようとした。

身《み》を寄《よ》せる《慣》
他人の家に同居させてもらい、世話を受ける。例 上京してしばらくは、伯父《おじ》の所に身を寄せていた。

む

六日《むいか》の菖蒲《あやめ》十日《とおか》の菊《きく》
《五月五日端午の節句の翌日、六日の菖蒲《あやめ》と九月九日 重陽《ちょうよう》の節句の翌日、十日の菊の意》いずれも、飾るべき時機に遅れて役に立たないこと、転じて肝心な時に間に合わなくては意味が無いことをいう。「六菖十菊《ろくしょうじっきく》」とも。
類句 ◆十日の菊

向《む》かう鹿《しし》には矢《や》が立《た》たず
おとなしく顔をこちらに向けている鹿《しか》を射るようなむごいことはできない意で、どんなに冷酷な人間であっても、従順な相手に無慈悲なことはできないものだということ。「向かう顔に矢が立たず」とも。

向《む》かう所《ところ》敵《てき》なし《慣》
対戦相手を次々と打ち負かしていき、強さを誇る様子。例 今場所の横綱は連戦連勝、まさに向かう所敵なしだ。

昔《むかし》操《と》った杵柄《きねづか》

かつて修得した得意のわざ・腕前の意。いろはがるた（京都）の一。例 ボウリングなら昔操《と》った杵柄《きねづか》で、まだまだ君たちには負けないと思うよ。

昔《むかし》の因果《いんが》は皿《さら》の端《はた》を回《まわ》り 今《いま》の因《いん》果《が》は針《はり》の先《さき》を回《まわ》る

遠い昔にしたことの報いは、皿の端に沿って回るように、ゆっくりとめぐって来るが、今したことの報いは、針の先を回るように、すぐに来るものである、ということ。

類句 ◇昔は車の輪今は銭《ぜに》の輪

昔《むかし》の剣《つるぎ》 今《いま》の菜刀《ながたな》

昔は刀剣として用いられたものが、今では菜切り包丁にしかならない意で、昔は優れた能力を誇っていた者も、年を取った今は大した役に立っていないということ。また、昔は価値のあったものでも、今すぐに有用なものには及ばない、ということ。

昔《むかし》は今《いま》の鏡《かがみ》

昔あったことは現在の様相を反映していることが多いから、過去を知ることは将来を考える上での参考になり、見通しを立てることができる、ということ。

昔《むかし》は昔《むかし》 今《いま》は今《いま》

昔と今とでは世の中の情勢・考え方などが違うから、今は今の時点で考えるべきであるということ。例 昔は昔今は今だ、創業者の遺訓だからといって縛られるのはどうかと思う。

向《む》かっ腹《ぱら》を立《た》てる《慣》

大した理由もないのに、腹が立って、誰《だれ》にともなく怒りをぶつける様子。例 店員のやる気の無さそうな態度に向かっ腹を立てた彼は、いきなり大声で怒鳴りつけた。

無何有《むかゆう》の郷《さと》

《何もなく果てしなく広々とした所の意》作為の無い、自然のままの理想郷。「むかうのさと」とも読む。

原文 何《なん》ぞ之《これ》を無何有《むかゆう》の郷《きょう》、広莫《こうばく》の野《や》に樹《う》え、彷徨乎《ほうこうこ》としてて其《そ》の側《かたわら》に無為《むい》にし、逍遥乎《しょうようこ》として其《そ》の下《した》に寝臥《しんが》せざる〔なぜ、これを何もない土地や広々とした野原に植え、のんびりと何もせずにその側に居《お》り、屈託なくその木の下に寝そべろうとなさらないのですか〕。〈荘子《そうじ》・逍遥遊《しょうようゆう》〉

無冠《むかん》の帝王《ていおう》《慣》

特別な地位はないが実力のある者。特に、権力に迎合しないというところから、ジャーナリストが自負して言う言葉。また、その世界で実力はありながらタイトルがとれない人をからかい気味に言う。例 私も記者のはしくれ、無冠の帝王の誇りは失っていないつもりだ。

向《む》きになる《慣》

ちょっとしたことでも軽く考えずに、本気になって逆らったり否定したりする。例 ちょっと冗談を言ってからかったら、向きになって怒った。

麦飯《むぎめし》で鯉《こい》を釣《つ》る

少しの元手で大きな利益を手に入れること。「麦飯《むぎいい》で鯉《こい》を釣る」「飯粒《めしつぶ》で鯛《たい》を釣る」とも。
類句 ◆蝦《えび》で鯛《たい》を釣る

無患子《むくろじ》は三年《さんねん》磨《みが》いても黒《くろ》い

《無患子《むくろじ》はムクロジ科の落葉高木で、黒く固い種子は、追《お》い羽根《ばね》の玉にする》無患子の種子は三年磨いても黒いままである意で、物に生来備わっている性質は変えようがないこと。また、どんなに努力しても、効果の無いことのたとえ。「無患子は百年磨いても白くならぬ」とも。

無芸大食《むげいたいしょく》

大飯を食うだけで、人に見せられるような芸が何も無い、つまり何のとりえも無い様子。

無下《むげ》にする《慣》

相手の好意などを、自分の都合で無視する。例 あまり乗り気になれないのだが、誘ってくれた人の親切を無下にするわけにもいかない。

向　脛《むこうずね》から火《ひ》が出《で》る

ひどく貧乏な様子のたとえ。

向《む》こうに回《まわ》す《慣》

まともに対抗して張り合う相手にする。例 チャンピオンを向こうに回して一歩も引けをとらなかった。

向《む》こうを張《は》る 《慣》

相手が何かをしたのに対抗して、負けずに張り合う。例 大手メーカーの向こうを張って、我が社も画期的な新製品を開発した。

婿《むこ》は座敷《ざしき》から貰《もら》え嫁《よめ》は庭《にわ》から貰《もら》え

⇩嫁《よめ》は下《した》から婿《むこ》は上《うえ》から

虫《むし》がいい 《慣》

独善的で、何でも自分に都合がいいようにしか考えない様子。例 名ばかりの協力者であったのに、仕事もしないで分け前だけをもらおうなんて、随分虫がいい話だ。

虫《むし》が起《お》こる 《慣》 ⇩疳《かん》の虫が起こる

虫《むし》が知《し》らせる 《慣》

何か不幸な出来事が起こるような、嫌な予感がする意で、これといった理由もなくいつもとは違った行動をとったことを、後に思い起こしていう言葉。例 今にして思えば虫が知らせたのだろうか、予定の列車に乗り遅れたお陰で事故に巻き込まれなくてすんだ。

虫《むし》が好《す》かない 《慣》

はっきりした理由はないが、何となく嫌だと思う様子。例 あの人はどうも虫が好かない。

虫《むし》がつく 《慣》

《草木や衣類・書画などが虫に食われて損なわれる意から》未婚の女性に、第三者の目からは好ましくないと見られる恋人ができる。例 うちの娘も悪い虫がつかないうちに早く嫁にやらなければ。

虫食歯《むしくいば》にもの触《さわ》る

痛い所には、物が当たりやすいということ。痛む所に更に痛みが加わる。また、弱点を突かれて、更に苦しい目に遭うこと。

虫食《むしくい》も蚤選《のみえ》りの便《たよ》り

犬の虫食い歯でも、犬にとっては毛から蚤《のみ》を選《え》り出す程度の用をなす。どんなものでも何かの役に立つ、ということ。

類句 ◆鋸屑《おがくず》も取《と》り柄《え》　◇腐《くさ》り縄《なわ》にも取《と》り柄《え》

虫酸《むしず》が走《はし》る《慣》

《「虫酸」は、胃から口に出てくる酸っぱい液体》不快なものに接して、嫌でたまらない感じがする。例 隠れて何をしているかわからないのに、いかにも善人ぶったあいつの顔を見ると虫酸が走るよ。

貉《むじな》と狸《たぬき》

どちらも負けず劣らずずる賢い者どうしが、あらゆる手段を用いて対抗すること。

類句 ◇狐《きつね》と狸《たぬき》の化かし合い

虫《むし》の息《いき》《慣》

息も絶え絶えで、今にも死にそうな状態。例 崖《がけ》下に倒れていた彼を発見した時は、すでに虫の息であった。

虫《むし》の居所《いどころ》が悪《わる》い《慣》

機嫌が悪く、ちょっとしたことにでもすぐ腹を立てる状態にある様子。例 課長は今日は虫の居所が悪いらしく、部下に当たり散らしている。

虫《むし》も殺《ころ》さない《慣》

見るからに優しそうで、殺生《せっしょう》なことなどとてもできないと思われる様子。例 彼女は虫も殺さないような顔をしているが、意外に残忍なことを平気でやってのける。

矛盾《むじゅん》

前後のつじつまが合わないこと。《昔、盾《たて》と矛《ほこ》とを売る人があり「自分の盾は非常に堅くて、どんなに鋭い矛でも、突き通すことはできない」と言い、また「自分の矛は非常に鋭く、どんなに堅い盾でも、必ず突き通すことができる」と自慢した。そこで、ある人が「お前の矛でお前の盾を突いたらどうなるのか」と言うと、その人は返事ができなかったという故事から》

原文 楚人《そひと》に楯《たて》（盾）と矛《ほこ》とを鬻《ひさ》ぐ者《もの》有り、之《これ》を誉《ほ》めて曰《いわ》く、吾《わ》が楯の堅きこと、能《よ》く陥《とお》すもの莫《な》し、と。又《ま》た其《そ》の矛を誉めて曰く、吾が矛の利《と》きこと物に於《おい》て陥さざるは無し、と。或《ある》ひと曰く、子《し》の矛を以《もっ》て、子の楯を陥さば何如《いかん》、と。其の人、応《こた》うること能《あた》わざりき。〈韓非子《かんぴし》・難《なん》一〉

無尽蔵《むじんぞう》

〔「尽くること無《な》き蔵《くら》」と読み、いくら取り出しても、なくなることのない蔵の意〕いくら取ってもなくなることがないこと。例地球の資源は無尽蔵《むじんぞう》というわけではない。

原文 之《これ》を取るも禁ずる無く、之を用うるも竭《つ》きず。是《こ》れ造物者〔天地万物を創造した神〕の無尽蔵《むじんぞう》なり。〈蘇軾《そしょく》の文、前赤壁《ぜんせきへき》の賦《ふ》〉

娘《むすめ》三人《さんにん》あれば身代《しんだい》が潰《つぶ》れる

結婚適齢期の娘が三人いると、その嫁入り支度のために財産がなくなってしまう、それほど、娘を持つと金がかかるものだということ。「身代」は、「身上《しんしょう》」ともいう。「女三人あれば身代が潰《つぶ》れる」とも。

娘《むすめ》一人《ひとり》に婿《むこ》八人《はちにん》

一人の娘に、その婿になることを望む者が大勢いること。また、一つの物事について、希望者が非常に多いことのたとえ。「娘三人婿十人」「一人娘に婿八人」「女一人に婿八人」とも。

無駄足《むだあし》を踏《ふ》む《慣》

わざわざ出かけて行ったのに、目的を果たせずに終わる。例銀行に行ったのに印鑑を忘れたので、無駄足を踏んでしまった。

無駄口《むだぐち》を叩《たた》く《慣》

くだらないことをあれこれと言う意で、他人のおしゃべりを非難していう言葉。例無駄口を叩《たた》いていないで、さっさと仕事をしなさい。

無駄骨《むだぼね》を折《お》る《慣》

一生懸命やったことが何の役にも立たない結果となる。例相手に全くその気がないのだから、口を利いてやったところで無駄骨を折るだけだ。

無駄飯《むだめし》を食《く》う《慣》

仕事もせずにぶらぶらと暮らす。例無駄飯を食ってばかりいないで、少しは働くことを考えろ。

鞭《むち》を投《とう》じて流《なが》れを断《た》つ

《川を渡る騎馬兵の数が非常に多くて、彼らが鞭《むち》を投げ込めば揚子江《ようすこう》の流れをせき止めることができるほどだ、の意》軍勢が多くて圧倒的な勢いを誇る様子をいう。
原文 堅曰《けんいわ》く、吾《われ》の衆旅《しゅうりょ》（軍勢）を以《もっ》て、鞭《むち》を江に投ずれば、その流れを断つに足る。〈晋書《しんじょ》・苻堅載記《ふけんさいき》〉

胸糞《むなくそ》が悪《わる》い《慣》

《「胸糞《むなくそ》」は、胸を卑しめて言った俗語》何かがしゃくにさわったり、不愉快だったりして、気分がむしゃくしゃする様子。例 あんな奴《やつ》につまらない言いがかりをつけられて、胸糞が悪いといったらない。

胸《むな》ぐらをつかむ《慣》

《「胸ぐら」は、着物の左右の襟が重なり合うあたり》怒りの余り、相手の胸のあたりをつかんで詰め寄る。例 医療ミスではないかと、家族は医師の胸ぐらをつかまんばかりに詰め寄った。

胸騒《むなさわ》ぎがする《慣》

不吉な予感がして、ひどく不安な気持ちになる。「胸が騒ぐ」とも。例 妙に胸騒ぎがしてならない。夫が出張先で事故にでも遭ったのではないだろうか。

無《む》に帰《き》する《慣》

そのものが全くなくなってしまう。また、すべて無駄になる。例 たとえ失敗に終わったとしても、今までの努力が無に帰するというわけではない。
類句 ◆無になる

無《む》にする《慣》

相手が示してくれた厚意などが無駄になるようなことをする。例 そんなことをしては、あの人のせっかくの親切を無にすることになる。

無《む》になる《慣》

一生懸命にしたことなどが無駄になってしまう。例 ここで失敗したら、今までの苦労が無になる。
類句 ◆無に帰する

胸《むね》が熱《あつ》くなる《慣》

胸に熱いものがこみあげてくるような感動を覚える。例 抱き合って優勝を喜ぶ選手たちの姿に、観客席の私も胸が熱くなった。

胸《むね》が痛《いた》む《慣》

悲しみや心配で耐えがたい気持ちになる。「胸を痛める」とも。例 時折海外ニュースなどで紹介される、飢えに泣く難民の子供たちを思うにつけ胸が痛む。

胸《むね》が一杯《いっぱい》になる《慣》

こみあげてくる喜びや悲しみなどを抑えきれず、我を忘れた状態になる。例 優勝の感激で胸が一杯になる。

胸《むね》が躍《おど》る《慣》

喜びや楽しみ、期待などで興奮し、落ち着いていられなくなる。例 明日は待ちに待った鮎《あゆ》釣りの解禁日だと思うと、今から胸が躍る。

胸《むね》がすく《慣》

胸のつかえが取れる意で、痛快な気分が味わえて、今までの不快な気持ちがぬぐい去られることをいう。例 苦節十年やっと長年の宿敵に勝つことができて、胸がすく思いだった。

胸《むね》が高鳴《たかな》る《慣》

期待どおりのことが実現する時が迫り、興奮を抑え切れない状態になる。例 初舞台を踏む日が迫り、胸が高鳴るのを禁じ得なかった。

胸《むね》がつかえる《慣》

食べた物が途中でつかえて苦しく感じる意で、心配事が心にかかって気が晴れない状態をいう。例 父親の経営する会社が倒産したという知らせに、胸がつかえて仕事が手につかない。

胸《むね》が潰《つぶ》れる《慣》

何かを見聞きして、心の平静を失うような衝撃を受ける様子。例 現地に赴き、被災者の惨憺《さんたん》たる様子に胸が潰《つぶ》れる思いだ。

胸《むね》が張《は》り裂《さ》ける《慣》

悲しみや悔しさで、耐えがたいほど苦しい思いをする様子。「胸が裂ける」とも。例 親友の訃報《ふほう》に接し、胸が張り裂けんばかりであった。

胸《むね》が塞《ふさ》がる《慣》

悲しみや苦しみなどで気持ちが暗くなり、ふさぎ込んでしまう。例彼女の苦難に満ちた一生を思いやると、胸が塞《ふさ》がる思いがする。

胸《むね》が焼《や》ける《慣》

みぞおちのあたりに焼けつくような感覚や、けいれん性の痛みに近い感じを覚えたりする。「胸焼けがする」とも。例このごろは油っこいものを食べると胸が焼ける。

胸三寸《むねさんずん》に納《おさ》める《慣》

〔「胸三寸」は、胸を強めた言い方〕見聞きしたことを誰《だれ》にも言わず、表立って問題にすることを避ける。「胸三寸に畳む」とも。例あの話は私の胸三寸に納めておこう。

類句 ◆胸に納める ◆胸に畳む

胸《むね》に一物《いちもつ》

⇩腹に一物

胸《むね》に納《おさ》める《慣》

見聞きしたことや感じたことを、自分だけが心得ておいて、誰《だれ》にも言わずにおく。例今言ったことは、君の胸に納めておいてもらいたい。

類句 ◆腹《はら》に納める ◆胸三寸に納める

胸《むね》に刻《きざ》む《慣》

そのことを忘れまいとしっかりと記憶にとどめる。「心に刻む」とも。例母の臨終の言葉を胸に刻む。

胸《むね》に迫《せま》る《慣》

胸が締め付けられるような強い感動を受ける。例三十年ぶりに故国の土を踏み、万感胸に迫るものがあった。

胸《むね》に畳《たた》む《慣》

⇩胸三寸《むねさんずん》に納める

胸《むね》に手《て》を当《あ》てる《慣》

犯した誤りや失敗などを反省するように促すときに用いる言葉。例君がしたことでどれだけ人が迷惑を受けたか、自分の胸に手を当てて考えてみたまえ。

胸《むね》のつかえが下《お》りる《慣》

何かをきっかけに、心のわだかまりや気にかかっていた事が解消してすっきりした気分になる。例 日ごろの不満を思い切ってぶちまけ、やっと胸のつかえが下りた。

胸《むね》を痛《いた》める《慣》
解決や処理の方法が見いだせず、一人で思い悩む。例 両親のいざこざを何とかしたいと彼女は子供ながらに小さな胸を痛めていた。

胸《むね》を打《う》つ《慣》
見聞きする人を感動させる。「心を打つ」とも。例 彼の勇気ある行動には誰《だれ》しも胸を打たれた。

胸《むね》を躍《おど》らせる《慣》
喜びや期待感で、じっとしていられないような気分になる。例 集まった人々は、胸を躍らせて地元チームの活躍を見守った。

胸《むね》を貸《か》す《慣》
《相撲で、上位の力士が下位の力士の稽古《けいこ》の相手になってやる意から》実力が上の者が下の者に力をつけるために、相手をしてやることをいう。例 若いころはプロの棋士に胸を貸してもらって勉強したものだ。反対 **胸を借りる**

胸《むね》を借《か》りる《慣》
《相撲で、下位の力士が上位の力士に稽古《けいこ》の相手をしてもらう意から》実力が上の相手に、力をつけてもらう気持ちで積極的に戦いをいどむことをいう。例 今日の試合は名だたる強豪が相手だから、胸を借りるつもりで戦おう。反対 **胸を貸す**

胸《むね》を焦《こ》がす《慣》
何かに思い焦がれる。特に、異性に恋い焦がれること。例 恋に胸を焦がした青春時代の思い出を語り合った。

胸《むね》を突《つ》く《慣》
①突然何かが心に強い衝撃を与える。例 あの人の最後の手紙を手に取ると、不意に悲しみが胸を突き、涙がこみ上げてきた。②道の勾配《こうばい》が急である様子。例 胸を突く坂道にさしかかる。

胸《むね》を撫《な》で下《お》ろす《慣》
危険や心配がなくなり、ひと安心する。例 台風が通り過ぎ、乗組員一同ほっと胸を撫《な》で下ろした。

胸《むね》を張《は》る《慣》

《胸を反らせ、大きく構えた姿勢をとる意で》自信のある堂々とした態度を示す様子。例 どんなに貧しくても胸を張って生きていこう。

胸《むね》を膨《ふく》らませる《慣》

喜びや期待感が心中に満ちあふれる。例 新入生の私は希望に胸を膨らませて校門をくぐった。

むべなるかな《慣》

背後にひそむ事情などから考えれば、それは確かに道理であると納得する気持ちを表わす言葉。例 貧しい家に育った父が倹約を心掛けろと言うのも、むべなるかなと思う。

無用《むよう》の長物《ちょうぶつ》《慣》

そこにあっても役に立たないばかりか、邪魔になるもの。例 雪山でもないのに、ピッケルなどは無用の長物だ。

無用《むよう》の用《よう》

世の中で無用とされているものも、見方を変えれば、かえって大いに役に立つ。また、一見したところ用途のないものが実際は人間の知見を超えた働きがある、という意。原文 山木は自ら寇《こう》し、膏火《こうか》は自ら煎《や》く。桂《けい》は食う可《べ》きが故に之《これ》を伐《き》り、漆《うるし》は用う可きが故に之を割《さ》く。人は皆《みな》有用の用を知りて無用の用を知ること莫《な》し。〈荘子《そうじ》・人間世《じんかんせい》〉

無理《むり》が通《とお》れば道理《どうり》引《ひ》っ込《こ》む

道理に外れたことが公然と世の中に行なわれると、道理にかなったことが行なわれなくなる。道理に合わないことのほうが、世に行なわれやすいことをいう。いろはがるた（江戸）の一。

無理《むり》に行《ゆ》かずの癖馬《くせうま》を責《せ》むる

進もうとしない癖の悪い馬を歩かせようとして責める意で、やる気がない者や人の言うことを聞かない者を、無理に動かそうとしても無駄である、ということのたとえ。

無理《むり》もない《慣》

一見納得しかねるようなことが、よく考えれば十分に道理があり、当然であると認められる様子。例 前にミスをしたからといって今度も彼のせいにされたのでは、怒るのも無理はない。

め

目《め》明《あ》き千人盲千人《せんにんめくらせんにん》

世間には物の道理のわかる人が数多くいるが、同時にわからない人もまた多くいる、の意。人々の考え・価値観などはさまざまであるということ。

明暗《めいあん》を分《わ》ける《慣》

幸不幸、勝ち負けなどが、それによってはっきり分けられる。例 今回の販売合戦の成否が、我が社の明暗を分けることになるだろう。

命運《めいうん》が尽《つ》きる《慣》

かろうじて持ちこたえていた運に見放され、これ以上生き延びる手立てがなくなる。例 さすがの信長も命運が尽きて本能寺の炎の中で果てた。

明鏡止水《めいきょうしすい》

《きれいに磨《みが》かれた鏡と、よく澄んだ水という意》邪念がなく、落ち着いた静かな心。

原文 仲尼曰《ちゅうじいわ》く、人は流水を鑑《かがみ》とすること莫《な》く、止水《しすい》を鑑とす。……申徒嘉《しんとか》曰く、鑑明らかなるときは則《すなわ》ち塵垢止《じんこうとど》まらず、止まるときは則ち明らかならざるなり。〈荘子《そうじ》・徳《とく》充符《じゅうふ》〉

名実共《めいじつとも》に《慣》

世間の評判と同時に、それを裏付ける内容・実質も十分に備わっている様子をいう。例 彼は名実共に世界一のゴルファーだ。

名状《めいじょう》しがたい《慣》

何かにたとえることもできず、何とも言葉では言い表わせない様子。例 この鍾乳洞《しょうにゅうどう》の内部には、名状しがたい景観が広がっている。

名将《めいしょう》に種《たね》無《な》し

先祖に優れた武将がいたからといって、その子孫から、同じような優れた武将が出るとは限らない。血統よりも環境や本人の努力が大切である、ということ。
類句 ◆氏《うじ》より育ち ◇王侯将相《おうこうしょうしょう》寧《いずく》んぞ種《しゅ》有《あ》らんや

名人《めいじん》は人《ひと》を謗《そし》らず

ある分野の深奥を究めた人は、他人の短所を咎《とが》め立てするようなことはしない。「名人は人を叱《しか》らず」とも。

命旦夕《めいたんせき》に迫《せま》る《慣》

⇩旦夕《たんせき》に迫る

明哲保身《めいてつほしん》

聡明《そうめい》で道理に従って物事を処理し、その身を全《まっと》うする。広く事理に通じ、賢明なやり方で出処進退を誤らなかった賢人の処世術にいう。例 彼は明哲保身の術に長《た》けている。
原文 既に明《めい》にして且《か》つ哲《てつ》、以《もっ》て其《そ》の身を保つ。〈詩経《しきょう》・大雅《たいが》・烝民《じょうみん》〉

冥土《めいど》の道《みち》には王《おう》無《な》し

人が死後行くとされる冥土《めいど》では、王や庶民という身分の上下はなく、皆が平等である。また、死はすべての人におとずれるもので、逃れ得ないものである、ということ。

冥土《めいど》の土産《みやげ》《慣》

それさえ実現できれば、心おきなく死んでいけると思えるような、その人にとって喜ばしい物事。例 冥土《めいど》の土産に初孫の顔を見ておきたいと、生前父はよく言っていた。

名馬《めいば》に癖《くせ》あり

名馬といわれるほどの馬は、どこか扱いにくい癖があるものである。優れた能力を持った人は強い個性を持っている、ということ。

名物《めいぶつ》にうまい物《もの》なし

その土地の名物だと人がもてはやす物に、実際にうまい物はない。どこの土地にも、そこの名物があるが、宣伝文句どおりとは言えず期待外れのことが多いから注意せよ、ということ。

明眸皓歯《めいぼうこうし》

美人の形容。目がぱっちりと美しく、歯が真っ白なこと。
原文 明眸皓歯《めいぼうこうし》今《いま》何《いず》くにか在る。血汚《けつお》の遊魂《ゆうこん》帰ることを得ず〔あのすずしげな瞳《ひとみ》と、真っ白い歯をした美しい方（楊《よう》貴妃《きひ》）は、今どこにおられるだろうか。血に汚れたさまよえる魂は、落ち着くところへ帰ることができないでいる〕。〈杜甫《とほ》の詩、哀江頭《あいこうとう》〉

命脈《めいみゃく》を保《たも》つ《慣》 どうにかこうにか命を保つ。「命脈を繋《つな》ぐ」とも。例 枯れかかっていた松並木も、住民の保護活動のお陰で命脈を保っている。

メートルを上《あ》げる《慣》 酒を飲んだ勢いで、意気盛んになる。例 気の合った者どうしがビヤホールでメートルを上げている。

目《め》がある《慣》 ⇩見る目がある

目《め》がいい《慣》 普通の人以上の視力があって物がよく見える意で、細かい点まで見逃さずにとらえることができる様子。例 こんな小さなミスに気が付くとは、君はさすがに目がいいね。

目顔《めがお》で知《し》らせる《慣》 視線を移すなどして、目の表情でそれとなく相手に何かを伝える。例 それ以上しゃべるなと、目顔で知らせようとしたが、彼には通じなかった。

目《め》が利《き》く《慣》 鑑識眼が優れ、本物か偽《にせ》物か、いい物か悪い物かなどが見分けられる。例 目の利く人にこの絵の鑑定を頼もう。

目《め》が眩《くら》む《慣》 欲望などにとらわれて分別がなくなる。例 まじめだと評判のあの男も、金に目が眩《くら》んで犯行に加担したようだ。

目《め》が肥《こ》える《慣》 優れた美術品などを数多く見ているうちに、おのずから鑑賞力が備わる。例 美術館通いをしているうちに目が肥えてきた。

目《め》が冴《さ》える《慣》 眠けが一向に起こらず、眠ろうとしても眠れずにいる。

例 明日は朝が早いから眠らなければと焦れば焦るほど目が冴《さ》えてくる。

目《め》が覚《さ》める《慣》
何かがきっかけとなって本来の自分を取り戻し、歩むべき道やなすべきことなどを自覚する。例 弟はギャンブルに明け暮れていたが、妻に逃げられてやっと目が覚めたようだ。他 目を覚ます

目《め》が覚《さ》めるような《慣》
見る人の目を驚かすような、きわめて鮮やかで強い印象を与える様子。例 洋蘭《ようらん》展の会場には、目が覚めるような華麗な花が展示されていた。

目頭《めがしら》が熱《あつ》くなる《慣》
何かに感動するなどして、涙が出そうになる。例 三十年ぶりの親子再会の場面を見て、目頭が熱くなった。

目頭《めがしら》を押《お》さえる《慣》
目頭を指で押さえて、涙がこぼれ落ちそうになるのを止めようとする。例 花嫁姿の娘のかげで、そっと目頭を押さえる母親の姿が印象的であった。

目《め》が鋭《するど》い
目つきが人を刺すように厳しく、心の中を見透かされるような感じを受ける様子。例 彼女の弟は目が鋭く、精悍《せいかん》な感じの青年である。

目《め》が据《す》わる《慣》
一点を見つめたまま、目を動かさずにいる意で、激怒したり酒に酔ったりした時の様子にいう。例 彼はいつも酒を飲むほどに目が据わってくる。

目《め》が高《たか》い《慣》
優れた鑑識力を持ち、芸術作品・商品などのいい悪いを的確に見分けられる様子。例 この品をお選びになるとは、お客様はさすがにお目が高くていらっしゃる。

目《め》が近《ちか》い《慣》
視力が弱く、遠くの物をはっきり見ることができない。例 大学受験のころから急に目が近くなって、眼鏡《めがね》をかけ始めた。

目《め》が潰《つぶ》れる《慣》

①事故などで視力を全く失う。例ガス爆発の際の怪我《けが》で目が潰《つぶ》れてしまった。②めったに見ることのできない高価な物や貴重な物を見た時の驚きを表わす言葉。例二十カラットのダイヤモンドなんて見ただけで目が潰れるよ。

目《め》が出《で》る《慣》

⇩いい目が出る

芽《め》が出《で》る《慣》

運が向いてきて、不遇な状態から抜け出せる。例あの芸人は、実力はありそうなのに、なかなか芽が出ない。

目《め》が点《てん》になる《慣》

意外なもの、思いもよらない珍しいものなどを見て、驚きの余り、茫然《ぼうぜん》とする様子。例テレビの画面に映し出される昆虫の不思議な生態に、思わず目が点になった。

目《め》が届《とど》く《慣》

監視が行き届く。例この子たちは親の目が届かない所で何をやっているのか分かったものではない。

目《め》が飛《と》び出《で》る《慣》

①値段が高くてびっくりする様子。例このレストランには目が飛び出るほど高いワインもある。②ひどい剣幕で叱《しか》られ、恐ろしい思いをする様子。例目が飛び出るほどこっぴどく叱られた。

類句◆目玉が飛び出る　◆目の玉が飛び出る

目《め》が留《と》まる《慣》

思わず注意を引かれたり興味をそそられたりして、そのものを注視する。例花屋の店先に飾られた今まで見たこともない花に目が留まった。

目《め》が無《な》い《慣》

それが好きで、それを見ると抑制が利かなくなる様子。例彼女は甘いものに目が無い。

眼鏡《めがね》が狂《くる》う《慣》

判断を誤って、実質以上の評価をしてしまう。例眼鏡《めがね》が狂ったのか、とんでもない男を雇ってしまった。

眼鏡《めがね》にかなう《慣》 ⇩お眼鏡《めがね》にかなう

目《め》が離《はな》せない《慣》 いつ思いもよらない事態が起こるか分からないので、常に注意して見守っていなければならない様子。例 この年ごろの子は何でも口に入れるから、危なくて目が離せない。

目《め》が光《ひか》る《慣》 厳しい監視が行き届いている。例 これだけ至るところに警察の目が光っていては犯人も逃げきれまい。

目《め》が節穴《ふしあな》だ《慣》 ただ目をあけているというだけで、物事を十分に観察したり洞察したりする力がない様子。例 この作品の良さが分からないようじゃ、君の目は節穴だね。

目《め》が回《まわ》る《慣》 目まいがする意で、非常に忙しい様子をいう。例 来客が重なって目が回るほど忙しい一日だった。

目《め》から鱗《うろこ》が落《お》ちる 《新約聖書に出てくる言葉で、失明していた人が突然視力を回復する意》何かがきっかけで、分からなかったことや疑問に思っていたことが一気に明らかになり、納得できる状態になること。例 一見無秩序な現象に意外な法則性があることを発見し、目から鱗《うろこ》が落ちる思いだった。

目《め》から鼻《はな》へ抜《ぬ》ける《慣》 とっさの判断に優れ、物事に素早く対応できる様子。例 彼は目から鼻へ抜けるような才能があったために、職場ではかえって疎んじられた。

目《め》から火《ひ》が出《で》る《慣》 頭や顔面を何かに強く打ちつけたときに一瞬感じる衝撃を表わす言葉。例 曲がり角で出会いがしらに人とぶつかって、目から火が出た。

目《め》くじらを立《た》てる《慣》 《「くじら」は「すまくじら」の略で、隅っこの意》些細《ささい》なことを取り立ててとがめる。例 そんな細かいことにいちいち目くじらを立てるのも大人気《おとなげ》ない。

目糞鼻糞《めくそはなくそ》を笑《わら》う

（目糞《めくそ》が鼻糞のことを、汚いといってあざ笑う意）自分の欠点には気が付かず、互いに相手の欠点をあざ笑うこと。例 めっぽう仕事の遅い君が彼の仕事は杜撰《ずさん》だなどと言うのは、目糞鼻糞を笑うようなものだ。

参考 The pot calls the kettle black.〔なべはやかんを黒いと笑う〕

類句 ◆猿《さる》の尻《しり》笑い

盲《めくら》が杖《つえ》を離《はな》れたよう

頼りにするものがなくなって途方に暮れるたとえ。

類句 ◇盲《めくら》の杖《つえ》を失うが如《ごと》し

盲《めくら》に道《みち》を教《おそ》わる

本来教えるべき相手から、逆にものを教えられる意で、あべこべなこと。また、教わるには不適当な相手にものを尋ねることのたとえ。

盲《めくら》の垣覗《かきのぞ》き

（盲人が垣根のすきまから中を覗《のぞ》く意）覗いても中は見えないことから、そうしたところで気休めなだけで何の甲斐《かい》もないことをいう。いろはがるた（京都）の一。

盲蛇《めくらへび》に怖《お》じず

（盲人は、それが蛇だとわからないので怖がらない意）無知な者はその怖さがわからないので、平気で向こう見ずなことをする、ということのたとえ。

参考 Fools rush in where angels fear to tread.〔天使が入ることを恐れる場所に、愚か者は飛び込んで行く〕

盲《めくら》も京《きょう》へ上《のぼ》る

強い意志さえあれば、困難と思われるような物事でも、成し遂げることができる、ということのたとえ。

目先《めさき》が利《き》く 〈慣〉

先を見通すことができ、気転のきいた行動が取れる。例 彼は目先が利く男で、株の売買で損をしたことがない。

類句 ◆目端《めはし》が利く

目先《めさき》を変《か》える 〈慣〉

違った印象を与えるために見た目の趣向を変える。例 新メニューといってもちょっと目先を変えただけだ。

飯《めし》の上《うえ》の蠅《はえ》

飯の上にたかる蠅《はえ》のように、追い払ってもうるさく群がるもの。また、追い払っても払いきれないもののたとえ。

飯《めし》の種《たね》《慣》

生活の支えとなる収入を得るための仕事。例 人の不幸を書き立てて飯の種にするような稼業から足を洗いたい。

目《め》じゃない《慣》

問題にするに値しないの意で、何かを軽蔑《けいべつ》して無視する気持ちを表わす言葉。例 君たちが何と言おうと目じゃない、私の思うようにやるだけだ。

目尻《めじり》を下《さ》げる《慣》

気に入った女性や好物を見て表情がゆるみ、締まりのない顔つきになる様子。例 あの男はちょっときれいな女性を見ると、すぐにでれでれとだらしなく目尻《めじり》を下げるくせがある。

飯《めし》を食《く》う《慣》

生計を立てる。例 文筆一本で飯を食っていくには相当の覚悟が必要だ。

飯《めし》を食《く》ってすぐ横《よこ》になると牛《うし》になる

食事のあとにすぐに横になるという不作法な振る舞いを戒めた言葉。

メスを入《い》れる《慣》

抜本的な解決を図るために、隠されていた事実を明らかにし、問題点を徹底的に批判したり追及したりする。例 気鋭の評論家が、豊富な資料に基づいて政界の腐敗にメスを入れる。

目玉《めだま》が飛《と》び出《で》る《慣》 ⇩目が飛び出る

めっきが剝《は》げる《慣》

人前を取り繕いきれなくなって、大したことのない中身が露呈してしまう。例 料理の世界のカリスマ的存在であった彼も、つまらないミスを犯し、すっかりめっきが剝《は》げてしまった。

類句 ◆地金《じがね》が出る

滅相《めっそう》もない《慣》

あり得ないことだの意で、相手の言を強く否定する場合に用いる。例 僕が君にうそをついたなんて、滅相もない。誰《だれ》がそんなことを言ったんですか。

目《め》で見《み》て口《くち》で言《い》え

物事は実際に目で見て、よく確認した上で、そのことについて語るべきである、ということ。

目《め》で物《もの》を言《い》う《慣》 ⇩**目に物言わせる**

めどが付《つ》く《慣》

〔「めど」は「目処《めど》」で、目標とするところの意〕当面する問題を解決するための見通しが立つ。「めどが立つ」とも。例 資金調達のめどが付いた。他 **めどを付ける**

類句 ◆目鼻が付く

目《め》と鼻《はな》の先《さき》《慣》

二地点の間の距離が非常に近い様子。「目と鼻の間」とも。例 お互い目と鼻の先に住んでいながら顔を合わせたことがなかった。

目《め》に余《あま》る《慣》

あまりにも度が過ぎていて、黙って見逃すわけにはいかないと思われる様子。例 今回の会社ぐるみの不当表示事件は目に余る。

目《め》に一丁字《いっていじ》なし ⇩**一丁字《いっていじ》を識《し》らず**

目《め》に浮《う》かぶ《慣》

その時の様子や姿などが目の前に見えるように感じられる。例 孫の誕生を喜んでいる故郷の母の顔が目に浮かぶ。

目《め》に映《うつ》る《慣》

その光景を見て、何らかの印象を受ける。例 彼女は心から喜んでいるように私の目に映ったが、そうでもないのかね。

目《め》に角《かど》を立《た》てる《慣》
怒りを表情に表わし、鋭い目つきでにらむ。例子供のいたずらに、そんなに目に角を立てることもないだろう。

目《め》に障《さわ》る《慣》
見たいとも思わないものが視野に入り、不愉快な気分になる。例道路沿いに目に障る野立《のだ》て看板が増えてきた。

目《め》に染《し》みる《慣》
色彩が鮮やかで、印象深く感じられる様子をいう。例町中を歩いても、青葉が目に染みるようになった。

目《め》にする《慣》
見たい、見ようなどと思わなくても、自然にそのものが視野に入る。例近ごろは、東南アジアでも、日本のコンビニエンスストアをよく目にするようになった。

目《め》に立《た》つ《慣》
何かの存在が、回りのものからはっきり区別されて見える。目立《めだ》つ。例注意書きを人の目に立つところに掲示する。

目《め》にちらつく《慣》
何かが心に浮かび、目の前にあるかのようにその形や姿が現われたり消えたりする。「目の前にちらつく」とも。例あの時の惨状が今も目にちらついて胸が痛む。

目《め》に付《つ》く《慣》
見て、すぐその存在に気付く。例その塔は街のどこからも目に付くから、目立っていて目印として都合がいい。
類句◆人目に付く

目《め》に留《と》まる《慣》
何かが目に入って、それに関心が引かれる。例散歩中、ふとおもしろい看板が目に留まった。

目《め》に留《と》める《慣》
何かの存在に気が付いて、それに注意を向ける。例大勢の人が目に留めることを願って本の装丁を明るくした。

目《め》に入《はい》る《慣》
何かの存在が視野に入る。例その花はあまりにも小さくて目に入らなかった。

目《め》には目《め》を歯《は》には歯《は》を

相手の仕打ちに対しては、相手のしかけてきたと同じような手段で対抗せよ。旧約聖書に「(相手に傷を負わせた時には)……目には目を、歯には歯を……(相手と同じように自分の身を傷付けて)償わなければならない」とある。

目《め》に触《ふ》れる《慣》

何かの折に、その存在が自然と視野の中に入ってくる。例 砂に埋もれて、久しく人の目に触れることの無かった遺跡が発掘された。

目《め》に見《み》えて《慣》

何らかの変化が目ではっきりととらえられる様子。例 特効薬のお陰で、傷も目に見えてよくなってきた。

目《め》に見《み》えるよう《慣》

話を聞くなどするだけで、その時の情景がありありと思い浮かべられる様子。例 優勝候補と言われながら、一回戦で敗退した彼女の悔しがる顔が目に見えるようだ。

目《め》にも留《と》まらぬ《慣》

その動きをはっきりととらえることができないほど、すばやく何かが行なわれる様子。例 その浪人は、剣を抜くや目にも留まらぬ早わざで群がる敵を斬《き》り伏せた。

目《め》に物言《ものい》わせる《慣》

黙ったまま、目くばせなどによって意志や感情を伝える。例 部長は目に物言わせて、部長案に反対しそうな課長の発言を封じた。

類句 ◆目で物を言う

目《め》に物見《ものみ》せる《慣》

憎い相手をひどい目にあわせて、思い知らせてやる。例 今は引き下がるが、そのうち必ず目に物見せてやるからな、と口の中でつぶやいた。

目《め》に焼《や》き付《つ》く《慣》

一度見たものの印象が強く、いつまでも消えずに残る。例 あの時の母の悲しげな顔が目に焼き付いて離れない。

目《め》の色《いろ》を変《か》える《慣》

目つきを変える意で、興奮して表情が変わる様子、また、何かに熱中する様子をいう。例 馬券を握りしめ、目の色を変えてレースを見守る。

目《め》の上《うえ》の瘤《こぶ》

《目の上にあって、始終気になる瘤《こぶ》の意》自分より立場や実力が上で、何かにつけて邪魔に思われる存在。「目の上のたんこぶ」とも。いろはがるた（江戸）の一。例 先代からの番頭は、若主人にとっては目の上の瘤だった。

目《め》の敵《かたき》にする《慣》

許しがたい相手だとして、何かにつけて敵対視する。例 内部告発した私を、部長は目の敵にして辛《つら》く当たった。

目《め》の皮《かわ》がたるむ《慣》

眠けを催してきて、とろんとした目つきになる。例 食事が済むと目の皮がたるみ、居眠りを始めた。

目《め》の黒《くろ》いうち《慣》

その人がまだ生きている間。「目の玉の黒いうち」とも。例 私の目の黒いうちは、この家の財産を君たちの自由にはさせない。

目《め》の正月《しょうがつ》

《「正月」は一年中で最も楽しい時であることから》珍しいもの、美しいものなどを見て楽しむことをいう。例 花形役者の競演で、いい目の正月をさせてもらった。

類句 ◆目の保養

目《め》の玉《たま》が飛《と》び出《で》る《慣》 ⇩目が飛び出る

目《め》の付《つ》け所《どころ》《慣》

何かの中で、特に注意を向ける点。例 あの人はちょっとしたアイデアマンで、産業廃棄物を再利用するとは、さすがに私とは目の付け所が違う。

目《め》の毒《どく》《慣》

それを見ると欲しくなったり悪い影響を受けたりするもの。例 このお菓子は子供には目の毒だから、見えない所にしまっておこう。

目《め》の中《なか》に入《い》れても痛《いた》くない

可愛《かわい》くてたまらなく思う様子。例 一人娘なので、目の中に入れても痛くないほどの可愛がりようだ。

目《め》の保養《ほよう》《慣》

美しいものや珍しいものを見て、楽しい思いをすること。例 美しい庭を見せてもらい、目の保養になった。
類句 ◆目の正月

目《め》の前《まえ》が暗《くら》くなる《慣》

ひどく落胆し、将来に希望が持てない気持ちになる。「目の前が真っ暗になる」とも。例 共同経営者に運転資金を持ち逃げされて、目の前が暗くなった。

目《め》の遣《や》り場《ば》に困《こま》る《慣》

それを正視するわけにはいかず、どこを見ていたらいいのか困惑する。例 目の前に座った若い女性の肌を露出したファッションには、目の遣り場に困った。

目《め》の寄《よ》る所《ところ》へは玉《たま》も寄《よ》る

視線が動くにつれて瞳《ひとみ》も動くように、同類の者は自然に集まるものだ、ということ。

目《め》は臆病《おくびょう》 手《て》は千人《せんにん》

目で見ることには控えめに、手を働かせることは進んで行なえの意。目に見えるものに惑わされず、一心に働くべきである、という教え。「目は臆病手は蚰蜒《げじげじ》」とも。

目《め》は口程《くちほど》に物《もの》を言《い》う

口に出して言うのと同じくらい、目の表情で気持ちを相手に伝えることができるものだ。

目《め》は心《こころ》の鏡《かがみ》

目はその人の心を映し出す鏡であり、目を見ればその人の心の正邪が知れる。心が清ければその瞳《ひとみ》も澄んでおり、心が明るければその目も輝いている、ということ。「目は心の窓」とも。
原文 孟子曰《もうしいわ》く、人に存《そん》する者は、眸子《ぼうし》より良きは莫《な》し、眸子は其の悪を掩《おお》うこと能《あた》わず。胸中正しければ、則《すなわ》ち眸子瞭《あきら》かなり。胸中正しからざれば、則ち眸子眊《くら》し〔孟子《もうし》が言う、人の心の中にある善悪は、その眼《め》の眸《ひとみ》にもっとも率直に現われるものである。眸はその心の悪をおおい隠すことができない。心が正しければ、眸は明るく澄んでいる。心が正しくないと、眸は暗くくもってしまう」。〈孟子《もうし》・離《り》婁《ろう》上〉

目端《めはし》が利《き》く《慣》 ⇩**目先が利く**

目鼻《めはな》が付《つ》く《慣》 今後の成り行きや結果についての見通しが立つ。例最終工程にはいり、ようやく工事完成の目鼻が付いた。他**目鼻を付ける**

類句 ◆めどが付く

目鼻立《めはなだ》ちが整《ととの》う《慣》 目や鼻の恰好《かっこう》がよく、顔立ちが整って美しい様子。例宿の女将《おかみ》は目鼻立ちの整った、色白の人だった。

目引《めひ》き袖引《そでひ》き《慣》 目で合図をしたり相手の袖《そで》を引っ張ったりして、自分の意向を相手に伝えようとすること。特に、仲間どうしで他人をあざける様子をいう。例何とも奇抜なファッションの男を、道行く人々は目引き袖引き笑っていた。

目星《めぼし》を付《つ》ける《慣》 目標をどこに置けばいいか、おおよその見当を付ける。例犯人の目星を付ける。自**目星が付く**

目《め》も当《あ》てられない《慣》 あまりにもひどい状態で、まともには見ていられない様子。例津波が引いたあとは、何もかも破壊し尽くされていて、目も当てられない状態だ。

目《め》もあやに《慣》 目が覚めるほど美しい様子。例目もあやに紅葉した山は、折からの夕日に燃え立つばかりだ。

目《め》もくれない《慣》 その物事を無視して、全く関心や興味を示さない。例群がるファンには目もくれないで、彼はテレビ局の中に入って行った。

目《め》もとが涼《すず》しい《慣》

きれいに澄んだ目をしていて、さわやかな印象を与える様子。例 目もとが涼しくて、清潔な感じのする青年だった。

目安《めやす》が付《つ》く《慣》

この程度の結果は得られるだろうというおおよその見当が付く。例 新事業に何とか目安が付くまでは何としても頑張らなければならない。他 目安を付ける

目病《めや》み女《おんな》に風邪《かぜ》引《ひ》き男《おとこ》

目を患っている女は、そのうるんだ目つきが色っぽく見え、ちょっと風邪を引いて、のどに白い布でも巻いている男は粋《いき》に見えて、共に魅力的である。

目《め》を欺《あざむ》く《慣》

何かに見せかけて相手をだます。例 敵の目を欺くために一時攻撃を中止する。

目《め》を射《い》る《慣》

まともに目があけられないほどの強い光を浴びる意で、見る人に強い刺激を与えることを表わす。例 ヨーロッパの古い町には、見る人の目を射る巨大な塔が建っている。

目《め》を疑《うたが》う《慣》

全く予想外の物事に接し、これが事実かと、自分の目が信じられないように思う。例 その病みやつれた姿に、これがあの元気だった先輩かと、一瞬自分の目を疑った。

目《め》を奪《うば》う《慣》

思わず見とれさせるほどの強い印象を与える。例 彼女のあまりの美しさに目を奪われ、しばし茫然《ぼうぜん》としていた。

目《め》を覆《おお》う《慣》

直視することがためらわれ、思わず目を閉じたくなる。例 事故現場は目を覆うばかりの惨状だった。

目《め》を掩《おお》うて雀《すずめ》を捕《と》らう

〈雀《すずめ》が逃げるのを恐れるあまり、逃げるのが見えないようにと、自分の目を隠して捕らえようとする意〉馬鹿《ばか》げた、つまらない策を用いることをいう。

原文 諺《ことわざ》に目を掩《おお》うて雀《すずめ》を捕らう、と有り。〈後漢書《ごかんじょ》・何《か》進伝《しんでん》〉

類句 ◆耳《みみ》を掩《おお》いて鐘《かね》を盗む

目《め》を掛《か》ける《慣》

見込みがあると思って、引き立ててやったり面倒を見てやったりする。例 指導教授に目を掛けられ、息子は大学院に進むことにした。

目《め》を掠《かす》める《慣》

人に気付かれないように、してはいけないことをする。例 あのころは親の目を掠《かす》めては煙草《たばこ》を吸ったものだ。

目《め》を配《くば》る《慣》

見落としがないように、全体に渡って注意を行き届かせる。例 事故がないよう、現場監督は作業現場の隅々にまで目を配っていなければならない。

目《め》を晦《くら》ます《慣》

人の目をごまかして、本当の姿を知られないようにする。例 変装して、警察の目を晦《くら》ます。

目《め》を凝《こ》らす《慣》

よく見ようと、目を一点に集中させる。例 目を凝らして船長の指さすほうを見たが、島影は見えなかった。

目《め》を皿《さら》にする《慣》

目を大きく見開いて、何かをよく見ようとする。ものを探したり、驚いたときの様子にいう。例 古書展で、掘り出し物はないかと目を皿にして探し回る。

目《め》を三角《さんかく》にする《慣》

怒ってこわい目つきをする様子。例 怒り心頭に発した社長は、目を三角にして部下を怒鳴りつけた。

目《め》を白黒《しろくろ》させる《慣》

目の玉を激しく動かす意で、ひどく苦しがったり驚いたりしたときの様子にいう。例 餅《もち》がのどにつかえて、目を白黒させていた。

目《め》を据《す》える《慣》

目の玉を動かさないで一点をじっと見詰める。例 その男は一枚の抽象画の前に、目を据えて立ち尽くしていた。

目《め》を注《そそ》ぐ《慣》

どんな小さなことも見落とすまいと、注意して何かを見る。例親は子供の行動にたえず目を注いでいなければならない。

目《め》を背《そむ》ける《慣》

あまりにひどい様子で、見ているのが辛《つら》く、視線を他の方へ向ける。例被災地の惨状は、思わず目を背けたくなるものだった。

目《め》をそらす《慣》

そのまま見続けるのが具合が悪かったりして、視線を外す。例彼は何か身にやましいところでもあるのか、私と目が合うと、慌てて目をそらした。

目《め》を付《つ》ける《慣》

目を離さずに見続ける意で、何かに関心を抱いたりねらいを付けたりして、それに注意を払うことをいう。例外食産業の将来性に目を付けて、多額の投資をする。

目《め》をつぶる《慣》

過失や欠点に気が付いても、黙って見逃す。例悪気はなかったようだから、今度だけは目をつぶってやろう。

芽《め》を摘《つ》む《慣》

大きく育つ前に、その生長を断つ。伸びる可能性のある才能のような好ましい状態についても、また、ほうっておけば大事になるような好ましくない状態についても言う。例うるさく干渉し過ぎると子供の才能の芽を摘むことになる。／早いうちに悪の芽を摘んでしまうことが大切だ。

目《め》を吊《つ》り上《あ》げる《慣》

目尻《めじり》を上げて怒った顔つきをする。例私のせいじゃないと、彼女は目を吊り上げてヒステリックに叫んだ。

目《め》を通《とお》す《慣》

文書や書類を一通り見る。例前もってこの書類に目を通しておいて下さい。

目《め》を留《と》める《慣》

興味をひかれ、よく見ようとして、そのものにしばらく視線を向ける。例私はふらりと立ち寄った店で、一つの木彫り人形に目を留めて、しばし見入った。

目《め》を盗《ぬす》む《慣》

人に見つからないように、こっそりと何かをする。例 あいつは勤務中、上役の目を盗んではパソコンで株の売買をしていたそうだ。

目《め》を離《はな》す《慣》

注意を怠って、見守り続けるべきものから他に視線を移す。例 ちょっと目を離したすきに、犯人に逃げられてしまった。

目《め》を光《ひか》らせる《慣》

悪いことができないように、厳しく監視する。例 サミット開催中は、要所要所に監視の目を光らせる。

目《め》を引《ひ》く《慣》

目立つ点があり、人の注意を引きつける。例 展示品の中で、彼女の奇抜な作品はひときわ目を引いた。

目《め》を塞《ふさ》ぐ《慣》

積極的に対処すべき事柄であるにもかかわらず、見て見ぬふりをする。例 医者仲間であっても院内の医療ミスに目を塞《ふさ》ぐことはできない。

目《め》を伏《ふ》せる《慣》

恐縮したり恥じらったりしてうなだれ、視線を下に落とす。例「うそをついたことは分かっているのよ」と妻に言われて、思わず目を伏せた。

目《め》を細《ほそ》くする《慣》

うれしくてたまらず、笑みを浮かべる。「目を細める」とも。例 気難しい彼も孫の話となると目を細くする。

目《め》を丸《まる》くする《慣》

何かに驚いて目を大きく見開く。例 妻に転職の話をしたら、まさかと、目を丸くしていた。

目《め》を回《まわ》す《慣》

①予期しない出来事などに接し、ひどくびっくりする。例 上京した当初は、あわただしい人の動きに目を回したものだ。②失神する。例 男は傷口からほとばしる血を見たとたんに目を回してしまった。

目《め》を見張《みは》る《慣》
目を大きく開く意で、すばらしいものなどを見て驚く様子。例眼下に広がる景色のすばらしさに目を見張った。

目《め》を剝《む》く《慣》
怒ったり驚いたりして、目を大きく開く様子をいう。例怒った主人は目を剝《む》いて無断で店を休んだ店員をにらみつけた。

目《め》を向《む》ける《慣》
そちらの方を見る意で、その方面に関心を向けること。例君も社会人になったのだから、もっと政治や経済の動向に目を向けるようにしなさい。

目《め》を遣《や》る《慣》
そちらに目を向けて見る。例何気なく庭に目を遣《や》ると、椿《つばき》が一輪咲いていた。

面《めん》が割《わ》れる《慣》
相手に誰《だれ》であるかが分かる。特に、捜査関係者の間で犯人の顔と名前が分かることをいう。例地道な聞き込み捜査で、ようやく加害者の面が割れた。

面従後言《めんじゅうこうげん》
その人の目の前では服従しているように見せかけているが、陰で悪口を言ったり非難したりすること。「面従腹背《めんじゅうふくはい》」とも。原文予違《われたが》えば汝弼《なんじたす》けよ。汝、面従し、退いて後言すること有る無《な》かれ〔私がもし道に違ったならば、汝はその誤りを正し助けよ。汝は面前では我の失に従い、退いてから非難するようなことがあってはならぬ〕。〈書経《しょきょう》・益稷《えきしょく》〉

面子《メンツ》に賭《か》けても《慣》
〔「面子《メンツ》」は、体面の意の中国語〕失敗したら面目《めんぼく》を失うことは覚悟の上でという意で、意地でも絶対にそれをやり抜かなければならないと決意する様子。「面目に賭《か》けても」とも。例あれだけ豪語した以上、面子に賭けても期日までに仕上げてみせるぞ。

面子《メンツ》を立《た》てる《慣》
〔「面子《メンツ》」は、体面の意の中国語〕その人の名誉や体面が傷つけられないように取り計らう。例家族の手前、私が一歩譲って兄の面子を立ててやった。

面倒《めんどう》をかける《慣》

いろいろ煩わしいことをしてもらったりして、世話になる。例君にもいろいろ面倒をかけたが、お陰で事件も片が付いたよ。

面倒《めんどう》を見《み》る《慣》

労をいとわずにいろいろと世話をする。例私が働きに出ると、家の年寄りの面倒を見てくれる人がいなくなる。

面《めん》と向《む》かって《慣》

遠慮せず、相手に直接何かを言う様子。例先輩に面と向かっては頼みにくいから、すまないが君から話してくれ。

雌鳥《めんどり》歌《うた》えば家《いえ》滅《ほろ》ぶ

妻の勢力が強い家はやがて滅びる。⇩**牝鶏《ひんけい》の晨《あした》す**

雌鳥《めんどり》勧《すす》めて雄鳥《おんどり》時《とき》を作《つく》る

主人が、妻の意見に左右されることのたとえ。

面皮《めんぴ》を剝《は》ぐ

（面《つら》の皮をむく、という意）恥知らずで厚かましい人の悪事を暴くこと。原文 賈充《かじゅう》、孫皓《そんこう》に謂《い》いて曰《いわ》く、何を以《もっ》て人の面皮を剝《は》ぐや。皓曰く、其《そ》の顔の厚きを憎めばなり。〈裴氏語林《はいしごりん》〉

類句 ◆面《つら》の皮《かわ》を剝《は》ぐ

面目《めんぼく》が立《た》つ《慣》

評判を落とすようなこともなく、体面を保つことができる。例生徒に理解できないような教え方をしていたのでは、教師としての面目が立たない。

類句 ◆顔が立つ

面目《めんぼく》が潰《つぶ》れる《慣》

世間の嘲笑《ちょうしょう》を買うような結果になり、名誉や体面が傷つけられる。例社内の不祥事が明るみに出れば会社の面目が潰《つぶ》れるからと言って、隠蔽《いんぺい》しようとしたようだ。他**面目を潰す**

面目《めんぼく》が無《な》い《慣》

自分のしたことを恥ずかしく思い、ひたすら恐縮する様子。「面目無い」、また、強調して「面目次第もない」ともいう。例 こんな結果に終わってしまい、全く面目が無い。

面目丸潰《めんぼくまるつぶ》れ《慣》

ひどく体面を傷つけられ、恥ずかしい思いをさせられること。例 子供に聞かれた算数の問題が解けないようでは、親の面目丸潰《つぶ》れだ。

面目《めんぼく》を失《うしな》う《慣》

思わぬ失敗などで世間の評価を落とし、恥ずかしい思いをする。例 絶対に優勝すると大言壮語していたのに、一回戦で敗退し、すっかり面目を失ってしまった。反対 面目を保つ

面目《めんぼく》を施《ほどこ》す《慣》

立派なことをして一段と評価を高める。例 何とか上位入賞できて、先輩として面目を施すことができた。

面目躍如《めんもくやくじょ》たるものがある《慣》

いかにもその人らしいと感じられるものが言動によく表われている。例 この、同窓会の会報に寄せてくれたエッセイはユーモアにあふれていて、彼の面目躍如たるものがある。

面目《めんもく》を一新《いっしん》する《慣》

古いものが改まって、これが同じものかと思われるほど新しくなる。また、新しくする。例 あの会社は若い社長のもと、女性客に的を絞った品揃《しなぞろ》えで面目を一新して再スタートを切った。

面友《めんゆう》

とおりいっぺんの友人。表面だけの軽い付き合いの友達。原文 朋《ほう》にして心からならざるものは面朋なり。友にして心からならざるものは面友なり〔同じ先生に師事している者でも、心から親しまない者を面朋といい、友人でも心を許し合うことのない友を面友という〕。〈法言《ほうげん》・学行《がっこう》〉

面《めん》を取《と》る《慣》

木材・器具などの角や、四角に切った野菜の角を少し削り取って、丸みをつける。面取りをする。例 煮崩れを防ぐために大根の面を取る。

も

盲亀《もうき》の浮木《ふぼく》

《大海中にすみ百年に一度水面に浮かび出るという盲目の亀《かめ》が、海上を漂う一本の穴のあいている木に出会い、その穴に入るという話から》出会うことが容易でないこと、また、めったにない幸運に巡り会うこと、のたとえ。「盲《もう》亀の浮木《ふぼく》、優曇華《うどんげ》の花《はな》」と続ける。〈涅槃経《ねはんぎょう》〉
類句 ◆優曇華《うどんげ》 ◆海月《くらげ》の骨に逢《あ》う

儲《もう》け物《もの》だ《慣》

全く期待していなかったのにいい結果となり、得をしたと思われる様子。例 選手たちは疲労困憊《こんぱい》していたから、雨で試合が延期となったのは儲《もう》け物だ。

申《もう》し分《ぶん》が無《な》い《慣》

これといって非難すべき点がなく、十分満足できる様子。
例 彼は仕事がよくできる上に人柄も申し分がない。

申《もう》し訳《わけ》ばかり《慣》

一応することはするが、形だけを整えたという程度にすぎない様子。例 あれだけお世話になりながら、申し訳ばかりのお礼で恐縮に存じます。

蒙塵《もうじん》

《天子が外出するときには、あらかじめ道を清めてから行くのであるが、急に逃げ出すときには塵《ちり》を蒙《こうむ》る（かぶる）から》天子が難を避けて、都から逃げ出すこと。
原文 臧文仲《ぞうぶんちゅう》対えて曰《いわ》く、天子外に蒙塵《もうじん》す。敢《あえ》て奔《はし》りて官守に問わざらんや〔魯《ろ》の臧文仲《ぞうぶんちゅう》がお答えをして言った、天子は外に難を避けておられます。どうして、すぐお伺いしてお役人方のお指図を受けないでおられましょうや〕。〈左伝《さでん》・僖公《きこう》二十四年〉

盲点《もうてん》を衝《つ》く《慣》

当人が気付かずにいる点を攻撃する。また、その点を悪用する。例 あれは完全に法の盲点を衝《つ》いた犯罪だった。

孟母三遷《もうぼさんせん》

《「三」は、三回ではなく、たびたびの意。孟子《もうし》の母は、初め墓地の近くに住んだが、孟子が葬式のまねをして遊ぶので、市場の近くに引っ越した。すると、商売のまねをして遊ぶので、学校のそばに引っ越した。孟子は礼儀作法など学習のまねごとをするので、母は初めて安心して住居を定めたという故事から》子供の教育によい環境を選ぶこと。「三遷の教え」とも。〈列女伝《れつじょでん》・母儀伝《ぼぎでん》・鄒《すう》の孟軻《もうか》の母《はは》〉

孟母断機《もうぼだんき》 ⇩**断機《だんき》の戒め**

蒙《もう》を啓《ひら》く《慣》

《「蒙《もう》」は、知識がなく道理に暗いこと》無知の人々に必要な知識を与える。「啓蒙する」とも。例 本書は世人の蒙を啓《ひら》かんがために書かれたものである。

モーションをかける《慣》

相手に働きかける。特に、気のある異性の関心を引こうとして、積極的な行動に出る。例 山田君はしきりに彼女にモーションをかけているが、相手にされないらしい。

目算《もくさん》を立《た》てる《慣》

何かをするに先立って全体の計画を立て、費用や時間のおおよその見通しをつける。例 博士論文を一年以内に完成させようと目算を立ててみた。自 **目算が立つ**

藻屑《もくず》となる《慣》

海難事故や海戦などで死ぬ。例 第二次世界大戦では多くの兵士が海の藻屑《もくず》となった。

木像《もくぞう》もの言《い》わず

どんなに有り難い仏の木像でも、ものを言うことはないこと。また、無口な人をからかっていう言葉。

文字通《もじどお》り《慣》

その文字によって表わされる言葉通りの意で、表現に少しの誇張もない様子。例 夏の海は文字通り芋《いも》を洗うような混雑ぶりだ。

もしものこと《慣》

万が一の出来事の意で、特に、死など好ましくない出来事をいう。例 私にもしものことがあったら、あとのことはお願いします。

持《も》ちがいい《慣》

品質などが劣化せず、そのままの好ましい状態を長く保つことができる。例ペンキを厚く塗っておいたほうが板壁の持ちがいいですよ。

持《も》ち出《だ》しになる《慣》

費用の足りない部分は自分が負担しなければならなくなる。例タクシーで往復したりしたら、少しばかりの謝礼では持ち出しになる。

持《も》ちつ持《も》たれつ《慣》

互いに足りない部分を補い合って何かをする様子。例困ったときはお互い様だ、持ちつ持たれつ仲良く暮らしていこう。

餅《もち》は餅屋《もちや》

餅《もち》は、本職の餅屋の搗《つ》いたものが一番うまい。物事はそれぞれに専門家がいて素人はそれに及ばない、ということ。「餅屋は餅屋」とも。いろはがるた（京都）の一。例餅は餅屋で、法律関係のことは弁護士に任せるのがいい。

類句 ◇船は船頭に任せよ

勿怪《もっけ》の幸《さいわ》い《慣》

予想もしていなかった幸運がもたらされること。例電話がかかってきたのを勿怪《もっけ》の幸いと、訪問販売員にお引き取りいただいた。

沐猴《もっこう》にして冠《かん》す

《「沐猴《もっこう》」は猿《さる》》猿が着物を着て冠をつけている、という意で、人君の地位につく資格のない野人だということ。野《や》卑《ひ》な人をあざけっていう言葉。

原文 項王《こうおう》……曰《いわ》く、富貴《ふうき》にして故郷に帰らざるは、繡《しゅう》を衣《き》て夜行くが如《ごと》し。誰《たれ》か之《これ》を知る者ぞ、と。説者《ぜいしゃ》曰く、人言う、楚人《そひと》は沐猴《もっこう》にして冠するのみ、と。果たして然《しか》り、と。項王之を聞き、説者を烹《に》る〔項王は言った、富貴の身になりながら、故郷に帰らないのは、刺繡《ししゅう》した晴れ着を着て、やみ夜を歩くようなものだ。誰《だれ》が認めてくれようか。ある遊説家《ゆうぜいか》が言った、楚《そ》の人間は、冠をつけた猿《さる》だと言った人があるが、なるほどそうだ。これを聞いた項王は、その遊説者を釜《かま》ゆでの刑に処した〕。〈史記《しき》・項羽紀《こううき》〉

類句 ◇猿《さる》に烏帽子《えぼし》

勿体《もったい》をつける《慣》

ことさらに重々しい態度や意味ありげな様子を見せる。例どんな話か、勿体《もったい》をつけないで早く教えてくれ。

持《も》って生《う》まれた《慣》

生まれつき身に備わっている様子。例喧嘩《けんか》っぱやいのは持って生まれた性分だから、何とも仕方がない。

以《もっ》ての外《ほか》《慣》

①思いも寄らぬほど程度が甚だしい様子。例部長の提案に社長は以《もっ》ての外《ほか》の立腹で、部下たちは弱り果てた。②道理や礼儀に反していて許しがたい様子。例高校生のくせに授業をサボって映画を見に行ったとは、以ての外だ。

持《も》って回《まわ》った言《い》い方《かた》《慣》

問題の核心になかなか触れないで、わざと遠回しに言うこと。特に当てこすりや嫌味《いやみ》を言うときの言い方。例上役が、持って回った言い方で失敗を責めるのには閉口した。

以《もっ》て瞑《めい》すべし《慣》

《「瞑《めい》す」は、安らかに死ぬ意》それで十分満足すべきである。例子供たちも独立し、孫もできた。以《もっ》て瞑すべしだ。

もっぱらにする《慣》

①ひたすらその事に力を注ぐ。例週に三日の勤務で、社史編纂《へんさん》をもっぱらにしている。②独り占めする。例長い間権力をもっぱらにした王も、ついに命運が尽きた。

持《も》つべきものは子《こ》

我が子というものは何よりも有り難いもので、かけがえのないものだ、ということ。

持《も》てる者《もの》の悩《なや》み《慣》

財産があるばかりに心を悩まさなければならないことが何かとある、ということ。例土地の管理が大変だなんて、持てる者の悩みと言うべきだ。

元《もと》が取《と》れる《慣》

《商売で、元手を回収できる、の意から》労力に見合っただけの利益を得ることができる。例原料が高騰して、値上げしなければ到底元が取れない。

本木《もとき》に勝《まさ》る末木《うらき》なし

《最初に伸びた幹以上に太く育つ枝はない、の意》初めに関係したもの以上に優れたものはない。次々に妻を替えてみても、結局最初の妻が一番よい、という意味で使うことが多い。

元手《もとで》無《な》しの唐走《とうはし》り

商いの元手もないのに、遠い唐（中国）にまで仕入れに行く意で、身の程知らずのこと、また、無意味なことのたとえ。

類句 ◇銭《ぜに》無《な》しの市立《いちだ》ち

旧《もと》の鞘《さや》に収《おさ》まる《慣》

仲たがいしていた人が再びもとの親しい関係に戻る。特に、喧嘩《けんか》別れをしていた夫婦が元どおり仲よく暮らすようになることをいう。例 あの夫婦は派手な喧嘩をしていたが、結局は旧《もと》の鞘《さや》に収まったようだ。

元《もと》の木阿弥《もくあみ》

状況を好転させようとせっかく努力したのに、その甲斐《かい》もなく以前の状態に戻ってしまうこと。いったん良くなったものが、再び元のつまらない状態に帰ること。《一説に、昔、大和《やまと》の国の郡山《こおりやま》の城主筒井《つつい》順昭《じゅんしょう》が病死した時、嗣子《しし》の順慶《じゅんけい》が幼かったので、容姿や声が似ていた盲人の木阿弥《もくあみ》を替え玉とし、薄暗い寝所に寝かせて、順昭が病気で寝ているように見せかけた。順慶が成人したのちは、その替え玉は再び元の身分に戻ったという故事による》例 せっかく事業が軌道に乗ってきたというのに、ここで融資を打ち切られたのではすべてが元の木阿弥だ。

もとはと言《い》えば《慣》

もともとの原因やきっかけについて言及するときに使う言葉。例 今回の事故は、もとはと言えば、会社側が安全管理を怠っていたからだ。

求《もと》めよさらば与《あた》えられん

ひたすら神に祈り求めなさい。そうすれば神は正しい心と正しい信仰とを与えて下さるでしょう、の意で、何かを得ようと真剣に努力すれば、必ずそれにふさわしい結果が得られる、ということ。新約聖書に「求めよ、さらば与えられん。叩《たた》けよ、さらば開かれん」とある。

元《もと》も子《こ》も無《な》い《慣》

元金も利息もなくなる意で、今までの努力がすべて無駄になってしまうこと。例 体をこわしてしまったら元も子も無いから、そんなに無理をしないで少しは休みなさい。

もとを正《ただ》す《慣》

当面する事態を招くに至った原因やきっかけを明らかにする。例 この事業に失敗したのは、もとを正せば、協力者の人選を誤まったからだ。

もぬけの殻《から》《慣》

《抜け殻の意》逃げたりして、そこにいるはずの人の姿がない様子をいう。例 警官が容疑者の隠れ家に踏み込んだ時は、もぬけの殻だった。

物言《ものい》いがつく《慣》

《相撲で、行司の判定に検査役が異議を申し入れる意から》一度決定されたことなどに異議が出される。例 政府原案に野党から物言いがつく。

物言《ものい》えば唇《くちびる》寒《さむ》し秋《あき》の風《かぜ》

《人の欠点をあげつらったあとは、自分が不快な気分になり、対人関係も気まずくなる、という意。松尾芭蕉《まつおばしょう》の句》不用意に余計なことを言うと、とかく人の恨みを買って災いを招く、ということ。

物言《ものい》わずの早細工《はやざいく》

無口な者が手早く細工物を仕上げる意で、仕事がよくできる者は、無用のおしゃべりなどはしない、ということ。参考「口叩《くちたた》きの手足《てた》らず」は、この反対。

物《もの》が分《わ》かる《慣》

物事の道理や人情をわきまえていて、相手に対し理解ある態度をとることができる。例 あの人は物が分かる人だから、一度相談してごらんなさい。

物狂《ものぐる》いの水《みず》こぼさず

正気を失った人でも、水の入った器を手にすれば、こぼさないよう気を付ける意で、正気を失ったとはいえ、理性を全く失ったわけではない、ということ。「物狂《ものぐる》いの物こぼさず」とも。

物心《ものごころ》がつく《慣》

幼児期を過ぎ、世の中のことが分かり始める年ごろになる。例物心がついたころには父親はもう亡くなっていた。

物盛《ものさか》んなれば則《すなわ》ち衰《おとろ》う

盛んなものは、必ずいつかは衰えるのが自然の道理であり、世の常である。「盛者必衰《じょうしゃひっすい》」と同じ。〈史記《しき》・蔡沢伝《さいたくでん》〉

類句 ◆月満《つきみ》つれば則《すなわ》ち虧《か》く

物種《ものだね》は盗《ぬす》まれず

子供は必ずその親に似るものであるということ。

類句 ◇子供《こども》と芋種《いもだね》は隠《かく》されぬ ◆血筋《ちすじ》は争えない

物《もの》ともせず《慣》

危険や困難などを少しも問題とせず突き進んで行く様子。例猛火を物ともせず取り残された人の救出に当たる。

物《もの》にする《慣》

①技術などを習得して実際の役に立つようにする。例しっかり勉強して必ず英語を物にしてみせるつもりだ。②意中の女性を手に入れて、思いを遂げる。例田中君はついに彼女を物にしたようだ。

物《もの》になる《慣》

世間に通用する立派なものとして仕上がる。例大金を投じながら、結局その計画は物にならなかった。

物《もの》の数《かず》でない《慣》

特に取り立てて問題にするほどのものではない。例君たちの二人や三人が一度にかかってきても物の数でない。

物《もの》の弾《はず》み《慣》

その場の成り行きから思いがけない事態になる様子。例物の弾みで、言わずもがなのことを言ってしまった。

物《もの》の見事《みごと》に《慣》

やり方が鮮やかで感心させられる様子。例さすが名匠だけあって、物の見事に作り上げた。

物《もの》は言《い》いよう《慣》

同じ事柄でも、言い方によってまるで受け取る印象が違ってくるものだということ。例そんな露骨な言い方はしないほうがいい。物は言いようで、まとまる話もまとまらなくなってしまう。

物《もの》は考《かんが》えよう

物事は考え方次第で、どのような見方でもすることができる。世の中の幸不幸も視点を変えれば別の解釈ができるし、一つの考えにとらわれて悩むことはない、ということ。例転勤が多いから大変だろうというが、物は考えようで、各地に友達ができると思えば楽しいものだ。

物《もの》は相談《そうだん》《慣》

自分一人では解決できないことでも、誰《だれ》かに相談してみればよい考えが生まれるかもしれないから、まずは相談してみることが大切だという意で、相手に相談をもちかけるときに用いる言葉。例物は相談だが、僕と一緒に商売をやってみないか。

物《もの》は試《ため》し《慣》

実際やってみなければその結果は分からないのだから、あれこれ迷っているよりまずは試しにやってみるべきだということ。例君はまだ実力不足だとは思うが、物は試しだ、一度オーディションを受けてみたらどうだ。

物《もの》は使《つか》いよう《慣》

どんな物でも使い方次第で、意外なものが役に立ったり、役立つはずのものが無駄になったりするものだということ。例物は使いようで、粗大ごみの中から拾ってきた深なべで植木鉢を作った。

物《もの》も言《い》いようで角《かど》が立《た》つ

同じことでも言い方次第では不快感を与えて、相手の感情を害してしまうものだ。「丸い卵も切りようで四角、物も言いようで角が立つ」という。

物《もの》を言《い》う《慣》

何かをする際に力を発揮し、役に立つ。例海外に出張した時には、何といっても語学力が物を言う。他**物を言わせる**

物《もの》を言《い》わせる《慣》

何かをする際に、その力を大いに利用し役立たせる。例 帝政期ロシアはその財力に物を言わせてヨーロッパの絵画を買い集めた。

紅葉《もみじ》を散《ち》らす《慣》 若い女性が恥ずかしさなどで顔を赤くする。例「結婚するんだってね」と課長に言われて、彼女は顔にぱっと紅葉《もみじ》を散らした。

木綿《もめん》買《か》おうよりも絹《きぬ》買《か》おう 木綿を買おうとする人より、絹を買おうとする人についたほうが利益が多い意で、貧乏な人より金持ちにつくほうが何かと得である、ということ。

桃栗三年柿八年《ももくりさんねんかきはちねん》 桃と栗《くり》は芽が出てから三年、柿《かき》は八年たてば実を結ぶ。

股《もも》を刺《さ》して書《しょ》を読《よ》む 《眠くなると、錐《きり》で股《もも》を刺して眠気をさましながら読書に励んだ、蘇秦《そしん》の故事から》一心に勉学に励むこと。原文 書を読み睡《ねむ》らんと欲すれば、錐《きり》を引いて自ら其《そ》の股《もも》を刺す。血流れて足に至る。〈戦国策《せんごくさく》・秦策《しんさく》〉

貰《もら》う物《もの》は夏《なつ》も小袖《こそで》 ⇩戴《いただ》く物は夏も小袖《こそで》

諸手《もろて》を挙《あ》げて《慣》 全面的に、賛成する気持ちを表わす言葉。例 その提案には、諸手《もろて》を挙げて賛成するというわけにはいかない。

両刃《もろは》の剣《つるぎ》《慣》 ⇩両刃《りょうば》の剣《つるぎ》

門外漢《もんがいかん》 《「漢」は、男の意》直接それに関係のない人。専門外の人。〈五灯会元《ごとうえげん》〉例 法律に関しては、私は全くの門外漢だ。

門戸《もんこ》を開《ひら》く《慣》 鎖国の状態をやめる。また、特定の資格などのない人にもその施設の利用を認める。例 これからの大学の在り方として、市民講座などのかたちで一般の人々にも門戸を開くことが求められよう。

門前市《もんぜんいち》を成《な》す《慣》

権力を握ったり何かで評判を得たりした人の家は絶えず来訪者でにぎわっている意で、訪問客が絶えないことをいう。「市《いち》を成す」とも。例名医の評判高い彼のもとには診察を請う人が押し寄せて、門前市を成していた。

門前雀羅《もんぜんじゃくら》を張《は》る

《「雀羅《じゃくら》」は雀《すずめ》をとる羅《あみ》。退官すると訪問客がなくなって門の外には雀が群がり、網を張って雀を捕らえることができる、という意》権勢が衰えるなどして訪ねる人もなくなり、その家がさびれている様子をいう。例要職を退いてからというもの、門前雀羅を張るありさまであった。

原文 始め翟公《てきこう》廷尉《ていい》と為《な》る。賓客門に闐《み》つ。廃せらるるに及び、門外雀羅《じゃくら》を設《もう》く可《べ》し。〈史記《しき》・汲鄭《きゅうてい》伝賛《でんさん》〉

門前《もんぜん》の小僧《こぞう》習《なら》わぬ経《きょう》を読《よ》む

寺の門前に住む小僧は、ひとりでに聞き覚えてお経を読む。日常的に見たり聞いたりしていると、習わなくてもそれを覚えるものである。いろはがるた（江戸）の一。

類句 ◆勧学院《かんがくいん》の雀《すずめ》は蒙求《もうぎゅう》を囀《さえず》る

門前払《もんぜんばら》いを食《く》う《慣》

面会に行ったが、会ってももらえないままに帰る。例取引先の部長に謝罪に行ったが、すげなく門前払いを食わされてしまった。

問題《もんだい》にならない《慣》

批評の対象として取り上げる価値が全くなかったり、比較の対象とはならないほど両者がかけ離れていたりする様子。例この町で少々歌がうまいと言われても、全国大会に出ると問題にならない。

問答無用《もんどうむよう》《慣》

話し合う必要はないという意で、相手の意見などを一切聞こうともせず、また弁解する余地を与えようともしないこと。例役員たちは会社側の考えを言い終えるや、問答無用とばかりに部屋を出て行った。

もんどりを打《う》つ《慣》

宙返りをする意で、頭からぐるりと一回転するようにして転ぶ様子。例一塁ベースを駆け抜けた途端に勢い余ってもんどりを打った。

門《もん》に入《い》らば笠《かさ》を脱《ぬ》げ

他人の家を訪《と》い、門に入ったら、笠《かさ》を脱ぐのが礼儀である。常に礼儀正しい振る舞いを心掛けるべきである、ということ。また、挨拶《あいさつ》すべき時には、その機を逃してはならないということ。

類句 ◆会った時《とき》は笠《かさ》を脱《ぬ》げ

門《もん》に倚《よ》りて望《のぞ》む ⇩倚門《いもん》の望《ぼう》

門《もん》を叩《たた》く《慣》

自ら志願して、その先生の門人になる。例 プロの棋士を引退した後もその人の評判は衰えず、門を叩《たた》いて教えを請う者があとを絶たなかった。

や

刃《やいば》に掛《か》かる《慣》

敵対する者に刀で斬《き》られて死ぬ。例 敵将の刃に掛かって果てた。

矢面《やおもて》に立《た》つ《慣》

非難や攻撃を集中的に受ける立場に身を置く。例 地元の化学工業の社長は、公害問題の責任者として非難の矢面に立つこととなった。

野鶴《やかく》の鶏群《けいぐん》に在《あ》るが如《ごと》し ⇩鶏群《けいぐん》の一鶴《いっかく》

焼《や》きが回《まわ》る《慣》

《刃物に焼きを入れる時、焼き過ぎて切れ味が悪くなる意から》年を取って、優れた頭脳の働きや腕前が鈍る。例 八十歳を過ぎ、さすがの名人も焼きが回ったようだ。

焼《や》き餅《もち》焼《や》くとて手《て》を焼《や》くな

餅《もち》を焼いても、手をやけどしないようにせよの意で、他人をねたむと、自ら処理に困るような災いを招くことになるから注意せよ、ということ。「焼き餅」に「嫉妬《やきもち》」、また「手を焼く」に「もて余す」の意を掛けたもの。

焼《や》き餅《もち》を焼《や》く《慣》

嫉妬《しっと》する。例 僕の課には若い女性が多いので、女房が焼き餅《もち》を焼いて困る。

焼《や》きを入《い》れる《慣》

《刃物を熱したり冷やしたりして鍛える意から》規律に反した者などに制裁を加える。例 クラブ活動を無断で休み、先輩から焼きを入れられた。

薬餌《やくじ》に親《した》しむ《慣》

病気がちで、絶えず医者にかかったり薬を飲んだりしている様子。例 晩年の彼は、薬餌《やくじ》に親しむ身でありながら、研究への意欲は少しも衰えなかった。

役者《やくしゃ》が一枚上《いちまいうえ》《慣》

相手のほうが、身の処し方や駆け引きが一段と上手なこと。例 相手のほうが役者が一枚上で、こちらの策略は簡単に見破られてしまった。

役者《やくしゃ》が揃《そろ》う《慣》

何かをするのに必要な人々が全部そこに集まる。また、それぞれにユニークな面を持った人々が何かの関係者として名を連ねる。例 役者が揃《そろ》ったところで、具体案の検討に入ろう。

役者《やくしゃ》に年《とし》なし

役者の芸に、年齢による衰えはない意。役者は、年齢と共にいよいよ芸に磨《みが》きがかかり円熟の域に達して、芸の上では年を取ることはないものだということ。

類句 ◆芸人に年なし

薬石《やくせき》

《「石」は、中国で古く治療に用いた「石鍼《いしばり》」、あるいは石を材料とした薬剤》薬剤の総称。転じて、人の身のためになる忠告の言葉。

原文 臧孫曰《ぞうそんいわ》く、季孫《きそん》の我を愛せるは、疾疢《しっちん》なり。孟孫《もうそん》の我を悪《にく》みしは薬石なり〔臧孫《ぞうそん》が言った、季孫《きそん》が私を愛するのは、私を害する病気である。孟孫が私を憎むのは、私にとって役に立つ薬石というべきものである〕。〈左伝《さでん》・襄公《じょうこう》二十三年〉

薬石効《やくせきこう》無《な》く 《慣》

（「石」は、中国で古く治療に用いた「石鍼《いしばり》」、あるいは石を材料とした薬剤）せっかくの手当てや投薬の甲斐《かい》も無くの意で、しばらく病床にあった人が死に至ったことについて用いる言葉。例 入院していた父は、薬石効無く昨日永眠いたしました。

益体《やくたい》もない 《慣》

全く何の役にも立たないと、人の言動を非難し軽蔑《けいべつ》する言葉。例 そんな益体もない事ばかり言ってないで、まじめに仕事をしたらどうだ。

役《やく》に立《た》たずの門立《かどだ》ち

無能な者は、えてして門口に立つなどという無意味なことをするものである、ということ。

役人風《やくにんかぜ》を吹《ふ》かせる 《慣》

役人であることをことさらにひけらかして、威張った態度をとる。例 あの人は本省に三十年も勤めながら、役人風を吹かせたことが一度もない。

疫病神《やくびょうがみ》 《慣》

疫病をはやらせるという神の意で、接する人に不幸をもたらしたり迷惑をかけたりするものとして忌み嫌われる人。例 疫病神にでも取り付かれたのか、このところろくでもないことばかりが続く。

疫病神《やくびょうがみ》で敵《かたき》を取《と》る

敵《かたき》に疫病神が取り付いてその命を奪い、結果的に敵討ちができた、ということ。自分が手を下さなくとも好機に恵まれて、目的が達成されることのたとえ。「疫病の神で敵を取る」とも。

類句 ◇風邪《かぜ》の神で敵《かたき》を取る

薬籠中《やくろうちゅう》の物《もの》

（「薬籠《やくろう》」は、薬箱の意）⇩**自家薬籠中《じかやくろうちゅう》の物**

原文 （狄《てき》）仁傑《じんけつ》笑いて曰《いわ》く、君は正《まさ》に我が薬籠中《やくろうちゅう》の物なり。一日として無かるべからざるなり。〈唐書《とうじょ》・元行沖伝《げんこうちゅうでん》〉

焼《や》け跡《あと》の釘拾《くぎひろ》い

火事で家が焼けた後で、残った釘《くぎ》を拾っても仕方がない。

大きな散財をした後に少しばかりの節約をすること。

焼《や》け石《いし》に水《みず》

そのことにかけた労力や他からの援助がわずかで、事態を好転させる効果がほとんど期待できないこと。例この災害に対し、五千万円程度の補助金では焼け石に水だ。

焼《や》け野《の》の雉子《きぎす》夜《よる》の鶴《つる》

雉《きじ》は、巣のある野を焼かれると身の危険を冒して雛《ひな》を救い、鶴《つる》は、霜の降りた寒い夜には巣にいる雛を羽で暖める。子を思う親の情がきわめて深いことをいう。

自棄《やけ》のやん八《ぱち》《慣》

《「やけ」を、同音で始まる「やん八」という人名と重ねて言った強調表現》物事が思うようにならないため、もうどうにでもなれと投げやりな気持ちになっている様子。例負け続けた彼は自棄《やけ》のやん八で、有り金を全部その勝負に賭《か》けた。

焼《や》けぼっくいに火《ひ》が付《つ》く

《「焼けぼっくい」は「焼け棒杭《ぼうくい》」の変化》一度切れたはずの縁が再びつながって、元の関係に戻る。特に、男女関係について言う。「燃《も》え杭《ぐい》には火がつき易《やす》い」とも。例同窓会で十年ぶりに再会した二人は、焼けぼっくいに火が付いたようだ。

自棄《やけ》を起《お》こす《慣》

物事が思うようにならず、もうどうにでもなれと投げやりな気持ちになる。例高校生の息子が自棄《やけ》を起こして路上で暴れ回り、警察の補導を受けた。

野狐禅《やこぜん》

《「野狐《やこ》」は、野にすむキツネ》禅を学び、まだ深い境地に達していないのに、自分だけは悟り切ったような気持ちになる生半可《なまはんか》な禅。「生禅《なまぜん》」とも。

夜叉《やしゃ》が嫁入《よめい》り

《「夜叉《やしゃ》」は、仏教の醜怪・猛悪な鬼神》夜叉が嫁入りのために、厚化粧するという見立てから、醜い女が化粧することをからかっていう言葉。

安《やす》かろう悪《わる》かろう《慣》

値段が安ければ、それ相応に品質も悪いこと。例 長く使う品だから、安かろう悪かろうでは困る。

易《やす》きにつく《慣》

安直な方法を選ぶ。例 人間とかく易《やす》きにつくもので、合格しやすい学部を選んだのが失敗のもとだった。

安《やす》く見《み》られる《慣》

相手から不当に軽視され、侮られる。例 親身になって就職の世話をしてやったのに、電話一本の挨拶《あいさつ》で済ませるとは、私も安く見られたものだ。

安物買《やすものか》いの銭失《ぜにうしな》い

安物を買うことは金を失うことである。安い物は品も粗悪で長持ちしないから、かえって高いものにつく、ということ。いろはがるた（江戸）の一。

痩《や》せ馬《うま》に重荷《おもに》

能力に釣り合わない大きな任務を負わせたり、負ったりすること。「痩《や》せ馬に十駄《じゅうだ》」とも。

類句 ◇小船に荷が勝ったよう

痩《や》せ馬《うま》に鍼立《はりた》てる

弱者を更に苦しめるようなことをすること。また、見るからに痛々しい様子のたとえ。

類句 ◇痩《や》せ馬に鞭《むち》を加《くわ》う

痩《や》せ馬《うま》の道急《みちいそ》ぎ

力量の無い者に限って、功を立てようとあせるものである、ということ。

類句 ◆弱馬《よわうま》道を急ぐ

痩《や》せ我慢《がまん》は貧《ひん》から

好んで痩《や》せ我慢をする者などはいないもので、実際に貧乏だから、やむなく痩せ我慢をするのである、ということ。「痩せ我慢は貧乏から」とも。

類句 ◇伊達《だて》の素足《すあし》も無《な》いから起《お》こる

痩《や》せても枯《か》れても《慣》

どんなに落ちぶれたり衰えたりしてもの意で、今はどうであろうと、元を正せば人から軽蔑《けいべつ》されるようなことは何一つないという気概を表わす言葉。例 うちは痩《や》せても枯れても江戸時代から続く老舗《しにせ》だから、そんな安物を置くわけにはいかない。

痩《や》せの大食《おおぐ》い

痩《や》せている人は、からだに似合わず案外大食いである。

痩《や》せ法師《ほうし》の酢好《すごの》み

飲むと痩《や》せるという酢を、痩せた人が好んで飲む意で、人はとかく、自分にふさわしくないものや必要のないものを好みがちである、ということ。「痩《や》せの酢好《すごの》み」「痩せ子《ご》の酢好《すごの》み」とも。

屋台《やたい》が傾《かたむ》く《慣》

財産を使い尽くし、その家を維持しきれなくなる。例さすがの大企業も、放漫経営がたたって屋台が傾いてきた。

厄介《やっかい》になる《慣》

生活面でいろいろ世話になる。例学生のころ厄介になった下宿のおばさんが懐かしい。

厄介払《やっかいばら》い《慣》

何かと迷惑をかけられていて、一緒には居たくない者を追い払うこと。例こうるさい私が居なくなれば、厄介払いができたと言ってみんなが喜ぶだろう。

躍起《やっき》になって《慣》

いらだって、むきになる様子。例昨日はお楽しみのご様子だったねとからかったら、彼は躍起になって弁解した。

雇人《やといど》は日限《ひかぎ》り

日雇いの使用人は、雇用関係もその日限りで、主人との結び付きもおのずと浅い、ということ。「雇人《やといど》と北風は日限り」とも。

類句 ◇日傭取《ひようと》りと西の風はその日限り

雇人身《やといどみ》にならず

雇われ人は、所詮《しょせん》期限つきの使用人で、主人に対する忠義は期待できない。また、いつまでも雇われ人でいるのは、本人のためにならない、ということ。

柳《やなぎ》に風《かぜ》

《柳の枝が風になびきやすいことから》他人の文句など

にまともに応じないで、巧みに受け流す様子。「風に柳」とも。例 社長から非難めいたことをあれこれ言われたが、柳に風と受け流しておいた。

柳《やなぎ》に雪《ゆき》折《お》れなし

しなやかな柳は雪が積もっても、他の木のように折れることはない。柔軟なものは剛直なものよりも、かえってよく事に耐えることができる。一見弱そうな人のほうが、重い試練に耐え抜くものであることをいう。

柳《やなぎ》の下《した》にいつも泥鰌《どじょう》はいない

⇩いつも柳の下に泥鰌《どじょう》はいない

柳《やなぎ》は緑《みどり》花《はな》は紅《くれない》

柳は青く芽を吹き花は赤く咲く意で、春の景色の美しさをいった言葉。また、物にはそれぞれ、自然にその物にふさわしい特性がそなわっているということ。

野《や》に遺賢《いけん》なし

賢者はすべて朝廷に任用されて、民間に埋もれている賢人がいないこと。理想的な治政の状態をいう。

原文 帝曰《いわ》く、兪《しか》り、允《まこと》に茲《かく》の若《ごと》くんば、嘉言《かげん》伏《ふ》す攸《ところ》罔《な》く、野に遺賢無く、万邦咸寧《ばんぽうみなやす》からん〔舜帝《しゅんてい》が言われた。そうだ、本当にそのようにしたならば、善い意見は隠れていることがなく、賢者はすべて任用されて、民間に埋もれている者はなく、すべての国々は皆安らかに治まるであろう〕。〈書《しょ》経《きょう》・大禹謨《たいうぼ》〉

野《や》に下《くだ》る《慣》

公職を退き、一私人としての立場に立つ。例 野に下って、官僚機構の問題点を鋭く指摘する。

矢《や》の催促《さいそく》《慣》

厳しい催促をひっきりなしに繰り返すこと。例 先方からは早く金を返せと、連日矢の催促だ。

やはり野《の》に置《お》け蓮華草《れんげそう》

蓮華草《れんげそう》のような野の花は、自然の野に咲いているからこそ美しいのであって、家の中に飾っても、周囲と調和せず、さほど美しく感じられない。野人は野人らしい生活・環境にあってこそ、良さも真価も発揮できるものだ、という意。「手に取るなやはり野に置け蓮華草」とも。

藪《やぶ》医《い》者《しゃ》の玄関《げんかん》

腕に自信の無い医者は、患者を信用させようと、とかく建物の玄関を立派に造りたがるものだ、という意。

藪《やぶ》医《い》者《しゃ》の手《て》柄話《がらばなし》

力量の無い者はとかく自慢話をしたがる、ということ。

藪《やぶ》から棒《ぼう》

予想もしていなかったことを突然言われて驚く様子。例 すぐに立ち退いてくれだって、藪《やぶ》から棒にそんなことを言われても返事のしようがない。

藪蛇《やぶへび》

「藪《やぶ》をつついて蛇を出す」から。例 こちらにも弱味があるから、先方に下手なことを言うとかえって藪蛇になる。

破《やぶ》れかぶれ 《慣》

追い詰められて、もうどうにでもなれとやけくそになって行動する様子を表わす言葉。例 破れかぶれになって全品半額にしたら、在庫品が全部捌《さば》けた。

藪《やぶ》をつついて蛇《へび》を出《だ》す

余計なことをして、思いがけない災難や不利益をこうむるはめになること。略して、「藪蛇《やぶへび》」とも。例 よその部署の不正経理を問題にすると、我々のほうも藪をつついて蛇を出すことになりかねない。

類句 ◆毛を吹いて疵《きず》を求む

病膏肓《やまいこうこう》に入《い》る

治る見込みがない重い病にかかる意で、救済の見込みが全く立たないまでに事態が悪化することをいう。〔「膏《こう》」は、肩胛骨《けんこうこつ》の脊髄側《せきずいがわ》の下部、「肓《こう》」は、膏のやや下部で外側、そこは薬も鍼《はり》も及ばないところで、病気がそこにあると治らないという。昔、晋《しん》の景公《けいこう》が病んだ時、秦《しん》の名医を呼んで診察させた。医師がまだ到着しないうちに景公が見た夢に、病気が二人の童子となり、その一人が「彼は良医だから恐らく我々を害するだろう、どこに隠れたらよかろうか」と言うと、他の一人が「肓の上、膏の下にいれば鍼も薬も届かない」と言った。やがて医師が来て診察し「この病気は、膏肓にあるから治療の道がありません」と言ったので、景公は名医であると感心し、手厚くもてなして帰したとい

う故事から》

原文 公疾病《やまい(へい)》なり。医を秦《しん》に求む。秦伯《しんぱく》、医緩《いかん》をして之《これ》を為《おさ》めしむ。未《いま》だ至らず。公夢む。疾《やまい》、二豎子《にじゅし》と為《な》りて曰《いわ》く、彼は良医なり。懼《おそ》らくは我を傷つけん。焉《いずく》にか之を逃れん、と。其の一曰く、肓《こう》の上、膏《こう》の下に居《お》らば、我を若何《いかん》せん、と。医至る。曰く、疾は為《おさ》む可《べ》からず。肓の上、膏の下に在り。之を攻むるも可ならず。之に達せんとするも及ばず。薬は至らず。為む可からず、と。公曰く、良医なり、と。厚く之が礼を為して之を帰す。〈左伝《さでん》・成公《せいこう》十年〉

注意「肓《こう》」は「盲《もう》」とは別字。従って、「膏肓」を「膏盲」とするのは誤り。

類句 ◆二豎《にじゅ》

病《やまい》治《なお》りて医師《いし》忘《わす》る

人は苦しい時が過ぎると、その時に助けてもらった人への感謝も恩も忘れてしまう、ということ。「病《やまい》治りて薬師《くすし》忘る」とも。

類句 ◆喉元《のどもと》過ぎれば熱さを忘れる

病《やまい》に主《しゅう》なし

病気は誰《だれ》であろうとかかるもので、人は病気からは逃れがたいものである、ということ。

病《やまい》は気《き》から

病気は心の持ち方次第で起こり、また、良くも悪くもなるものだということ。

類句 ◇病気は気で勝つ

病《やまい》は口《くち》より入《い》り禍《わざわい》は口《くち》より出《い》づ

病気は口に入れる飲食物から起こり、災難は口から出る言葉から起こる、の意で、言葉には気を付けて、軽率な発言をしてはならない、という戒め。〈太平御覧《たいへいぎょらん》・三六七・人事部《じんじぶ》〉

病《やまい》は少《すこ》しく癒《い》ゆるに加《くわ》わる

病気が重いときはよく養生するから治るが、少し治りかけると油断してかえって病気を悪化させてしまう意で、災難は用心しているときには起こらず、気がゆるんだときに起こるということ。

原文 官は成る有るに怠り、病は小《すこ》しく愈《い》（癒に同じ）ゆるに加わり、禍《わざわい》は懈惰《かいだ》に生じ、孝は妻子に衰う。〈韓詩外《かんしげ》伝《でん》・八〉

病《やまい》は身《み》の惚《ほう》け

病気にかかると、身体に影響するのみならず耄碌《もうろく》することもある、ということ。

疾《やまい》を護《まも》りて医《い》を忌《い》む

病気なのに医者にかかるのをいやがる意で、自分に過ちがあるのに、人の忠告を聞こうとしないことのたとえ。

原文 今人《きんじん》は過《あやまち》有るも人の規《ただ》すを喜ばず、疾《やまい》を護《まも》りて医を忌《い》むが如《ごと》し。〈小学《しょうがく》・嘉言《かげん》〉

山《やま》が当《あ》たる《慣》

〔「山」は、鉱山の意〕大体の見当をつけてやったことが、予想どおりうまくいく。例 期末試験では山が当たり、満点に近い点が取れた。反対 **山が外《はず》れる**

山《やま》が見《み》える《慣》

難関を乗り切って、先の見通しがつく。例 新築工事も外装が済んで内装を残すだけとなり、ようやく山が見えてきた。

山雀《やまがら》の胡桃《くるみ》回《まわ》す

小鳥の山雀《やまがら》が胡桃《くるみ》の実を扱いかねて、むやみにいじり回す意で、自分の力に余り、持て余すことのたとえ。

山師《やまし》の玄関《げんかん》

《はったりをきかせたがる山師は、玄関の構えを立派にすることから》見かけだけを立派に飾ることのたとえ。

山高《やまたか》きが故《ゆえ》に貴《たっと》からず樹《き》有《あ》るを以《もっ》て貴《たっと》しとなす

山は高いからといって貴いわけではなく、そこに木が生えているから貴い、の意。人も見かけが立派だからといって貴いのではなく、人格・知恵など内容が伴って初めて立派だといえるのである、ということ。

原文 ……人《ひと》肥えたるが故に貴からず、知あるを以《もっ》て貴しと為《な》す。〈実語教《じつごきょう》〉

山《やま》に躓《つまず》かずして垤《てつ》に躓《つまず》く

大事は誰《だれ》でも用心するから失敗しないが、小事は注意しないからかえって失敗するということ。

原文 故に先聖言える有り、曰《いわ》く、山に躓《つまず》かずして、垤《てつ》（蟻塚《ありづか》）に躓く、と。山は大なり、故に人之《これ》を順む。垤《つつし》は微小なり、故に人之《あなど》を易る。〈韓非子《かんぴし》・六反《りくはん》〉

山《やま》の芋《いも》の鰻《うなぎ》になる

物事が考えられないような変化を遂げること、非常な出世を遂げることのたとえ。「山の芋の鰻《うなぎ》に化ける」とも。

山《やま》は浅《あさ》し隠家《かくれが》は深《ふか》し

人里に近い山中に暮らしていても、心の持ち方次第で深山に隠棲《いんせい》する境地に至ることができる、ということ。

山場《やまば》を迎《むか》える《慣》

物事が進行し、今後の成り行きを決める上で最も重要な局面になる。例 投票日を三日後に控え、選挙戦が山場を迎えた。

山見《やまみ》えぬ坂《さか》を言《い》う

先の見通しも立たないうちから、それに対処する手立てを、あれこれと思いめぐらしたりする、ということ。

山山《やまやま》だ《慣》

「〜たいのは山山だ」の形で、そうしたい気持ちは非常に強いが、実際にはそうはいかない様子。例 買いたいのは山山だが、金の工面がつかない。

山《やま》を当《あ》てる《慣》

《鉱脈をうまく掘り当てる意から》万一の可能性をねらってやったことがうまくいく。例 相場で山を当て、一財産を築いた。

山《やま》をかける《慣》

相手の出方などに見当をつけ、そこにねらいを定める。「山を張る」とも。例 カーブに山をかけていたら直球で攻められ三振した。

闇討《やみう》ちを食《く》う《慣》

《「闇討《やみう》ち」は、闇に乗じて不意打ちをする意》相手の予想外の卑怯《ひきょう》なやり方によって苦境に追い込まれる。「闇討ちに遭う」とも。例 知事の突然の退任に、我々職員は闇討ちを食わされた感じだ。

闇《やみ》に葬《ほうむ》る《慣》

世間に知られては都合の悪いことをこっそり処理してしまう。「闇《やみ》から闇に葬る」とも。例 国際問題に発展することを恐れ、事件は闇に葬られた。

闇夜《やみよ》に鉄砲《てっぽう》

何も見えないまっ暗な夜に鉄砲を撃つ意で、当てもないのに何かをすること、やっても効果のないこと、また、用心しても危険を避けられないこと、をいう。「闇《やみ》に鉄砲」「闇夜に礫《つぶて》」「暗闇《くらやみ》の鉄砲」とも。いろはがるた（京都）の一つ。

止《や》むに止《や》まれず《慣》

やめようとしても、どうしてもそうせずにはいられないと思う様子。例 話し合いで解決しようとしたが物別れに終わり、止むに止まれず司法の判断を仰ぐことにした。

病《や》む身《み》より見《み》る目《め》

病気の本人もつらいが、その看病をしている人は、もっとつらい思いをしているものだ、ということ。

病《や》む目《め》に突《つ》き目《め》

病んでいる目を突かれて苦痛が重なる意で、不運に不運が加わることのたとえ。「病目《やまいめ》に突き目」とも。

類句 ◆泣きっ面《つら》に蜂《はち》 ◆弱り目に祟《たた》り目

止《や》むを得《え》ない《慣》

他に方法・手段がなく、心ならずもそうするしかない様子。例 不況でこのまま受注が減り続ければ、廃業も止むを得ない。

矢《や》も楯《たて》もたまらず《慣》

思い詰めてじっとしていられなくなる様子。例 留学中の恋人に会いたくて矢も楯《たて》もたまらずフランスに飛んだ。

遣《や》らずの雨《あめ》《慣》

帰ろうとする客を引き止めるかのように降ってくる雨。例 もう帰らなければと思いながら、遣《や》らずの雨で、つい長居をしてしまった。

遣《や》らずぶったくり《慣》

自分ではそれに見合うことを何もせずに、一方的に相手に金を払わせたり何かをさせたりする様子。例 大した指導もせずにこんな高い受講料を取るとは、遣《や》らずぶったくりもいいところだ。

槍玉《やりだま》に上《あ》げる《慣》

非難・攻撃などの対象として取り上げる。例 公共事業の在り方を槍玉《やりだま》に上げて、政府を追及する。

夜郎自大《やろうじだい》

《「夜郎」は、昔、中国の西南部にいた野蛮族。「自大」は、自分を偉いと考えること。漢が広大で文化が進んでいることを知らず、自分の勢力の強いことを頼みにして威張っていたことから》自分の力量の程を知らない人間が、仲間の中で大きな顔をして、いい気になっていること。

原文 西南夷《せいなんい》の君長《くんちょう》、什《じゅう》を以《もっ》て数う、夜郎《やろう》最も大なり。……滇王《てんおう》、漢の使者と言いて曰《いわ》く、漢は我の大に孰与《いずれ》ぞ、と。夜郎侯に及ぶも亦然《またしか》り、道《みち》通ぜざるを以ての故に各々《おのおの》自ら一州の主為《た》るを以て漢の広大を知らず〔西南夷《い》の君長は十人ほどあり、その中で夜郎国が最も大きい。滇《てん》国の王が漢の使者に、漢と我が国とはどちらが大きいかと言った。夜郎侯に行った時も同じことを尋ねられた。道路が通じないので、それぞれ、一州の地の主となっているから、漢の広大なのを知らないのである〕。〈史記《しき》・西南夷伝《せいなんいでん》〉

注意 「野郎自大」と書くのは誤り。

矢《や》を向《む》ける《慣》

攻撃の矛先《ほこ》をそちらに向ける。例 彼の失言に対し、会場の人々は一斉に非難の矢を向けた。

ゆ

唯我独尊《ゆいがどくそん》

① ⇩天上天下唯我独尊《てんじょうてんがゆいがどくそん》 ②自分だけが優れていると自負すること。ひとりうぬぼれること。例 親父《おやじ》は母の苦労も知らず唯我独尊で一生を終えた幸せな男だった。

有終《ゆうしゅう》の美《び》を飾《かざ》る《慣》

最後まできちんとやり遂げて立派な成果を上げる。例シーズン最後の試合は善戦健闘して有終の美を飾りたい。

勇将《ゆうしょう》の下《もと》に弱卒《じゃくそつ》なし

《原文は「強将の下に弱卒なし」》勇気ある立派な将軍の部下に臆病《おくびょう》な兵士はいない意で、指導者の勇気や力量が、その集団の性格や力を大きく左右することをいう。

原文 俗諺《ぞくげん》に云《い》う、強将の下に弱兵なし、と。真に信ずべし。吾《われ》安国連公の子孫を観《み》るに、一《いつ》の事（勇気）を好まざる者なし。〈蘇軾《そしょく》の文、連公《れんこう》の壁《へき》に題《だい》す〉

融通《ゆうずう》が利《き》く《慣》

その場その場に応じた適切な応対・処理ができる。困った時などに形式・慣習にとらわれない考え方や気転の利いた判断ができたり、経済的に余裕があって不時の出費などにもあわてずに応じられることを表わす。例 役所というものは、前例や予算に縛られて融通が利かないところとされていた。他 融通を利かせる

夕立《ゆうだち》は馬《うま》の背《せ》を分《わ》ける

夕立は、馬の背の片側を濡《ぬ》らしても他の片側は濡らさないほど、きわめて局地的なものだというたとえ。

雄弁《ゆうべん》に物語《ものがた》る《慣》

何かが疑いのない事実であることを端的に表わしている。例 この写真は核兵器の恐ろしさを雄弁に物語る貴重な資料として、永く後世に残すべきである。

雄弁《ゆうべん》は銀《ぎん》 沈黙《ちんもく》は金《きん》

上手によどみなく話すことは大事だが、いつ、どの場面で沈黙すべきかを心得ているのは更に大事なことである。

原文 Speech is silver, silence is gold. の訳語。

類句 ◆沈黙は金雄弁は銀

幽明境《ゆうめいさかい》を異《こと》にする

〔「幽」は暗い意味で、あの世を、「明」はこの世をいう〕死んであの世に行く。死別する。ある人と死に別れる意の文章語的な言い方。弔辞や追悼文などに多く用いる。「境」は「界」とも書く。例 君と幽明境を異にして既に十年。

原文 君と幽明道別《みちわか》る。〈晋書《しんじょ》・温嶠伝《おんきょうでん》〉

類句 ◇幽明相隔《ゆうめいあいへだ》つ ◇幽明処《ところ》を隔つ

勇名《ゆうめい》を馳《は》せる《慣》

勇敢なことをやったと世間に名が知れ渡る。多少皮肉な気持ちを込めて用いることがある。例 彼は大学生のころには、大学改革運動の指導者として先頭に立ち、勇名を馳《は》せた人物だ。

夕焼《ゆうや》けに鎌《かま》を研《と》げ

西の空に夕焼けを見たら、明日は晴天だから、鎌を研いで草刈りや稲刈りの準備をせよということ。

悠悠自適《ゆうゆうじてき》《慣》

煩わしい俗世間を離れ、のんびりと気ままに暮らす様子。例 定年後は田舎に帰って悠悠自適の生活を送りたい。

悠揚迫《ゆうようせま》らず《慣》

切迫した事態や困難な状況にあっても、平生と変わらず落ち着き払っている様子。例 避難勧告が出されても、悠揚迫らず読書を続けていた。

幽霊《ゆうれい》の浜風《はまかぜ》

幽霊も、塩気を含んだ強い浜風に吹きまくられてはかなわない意。「青菜に塩」と同じ。いろはがるた(京都)の一。

勇《ゆう》を鼓《こ》して《慣》

困難な場面で勇気を奮い起こして何かをする様子。例 弱腰な役員の中で彼は一人勇を鼓して社長に諫言《かんげん》した。

行《ゆ》き当《あ》たりばったり《慣》

先の見通しを立てず、成り行きにまかせて行動すること。例 そんな行き当たりばったりのやり方で商売を始めても、うまくいくはずがない。

往《ゆ》きがけの駄賃《だちん》

馬子が問屋へ空馬を引いて行くついでに、荷物を載せて運び、運賃を自分のものとすることから、本来の仕事のついでに一稼ぎすることをいう。

雪《ゆき》と墨《すみ》

両者が正反対であることのたとえ。

類句 ◇鷺《さぎ》と烏《からす》 ◆提灯《ちょうちん》に釣《つ》り鐘《がね》 ◆月とすっぽん

雪《ゆき》は豊年《ほうねん》の瑞《しるし》

雪が多く降るのは、その年が豊作になる良い兆しである、ということ。「雪は豊年の例《ためし》」「雪は豊年の貢《みつぎ》」とも。

類句 ◇雪は五穀の精

雪《ゆき》を欺《あざむ》く《慣》

雪のように真っ白な様子。特に、女性の肌の白さを言う。

例 彼女の雪を欺く白い肌はまぶしいばかりだった。

行《ゆ》くに径《こみち》によらず

道を行くのに大通りを歩き、近道を通るようなことをしない意。いつも正しい道を行なって、よこしまな行為はしないたとえ。

原文 子游《しゆう》、武城《ぶじょう》の宰《さい》となる。……曰《いわ》く、澹台滅明《たんだいめつめい》という者有り。行くに径《こみち》に由《よ》らず、公事に非《あら》ざれば、未《いま》だ嘗《かつ》て偃《えん》の室に至らず〔子游《しゆう》が武城の町の長になった。澹台滅明《たんだいめつめい》という者が居《お》ります。この男は、近道を行くことをしません。公用でない限りは、私（偃《えん》は子游の名）の室に来たことがありません、と言った〕。〈論語《ろんご》・雍也《ようや》〉

湯気《ゆげ》を立《た》てる《慣》

ひどく腹を立て、怒りや興奮のあまり顔が上気する様子。

例 君がうそをついたといって、彼は頭から湯気を立てて怒っていたよ。

揺《ゆ》さぶりをかける《慣》

相手の気持ちを動揺させたり相手側に混乱を起こさせたりするようなことをわざと仕掛ける。例 ダブルスチールやスクイズで相手の守備陣に揺さぶりをかけてやろう。

油断大敵《ゆだんたいてき》

自分の心の中の油断は、相手以上に恐ろしい敵である、という意で、油断は失敗や事故の原因になることが多いので、大いに慎まなければならない、とさとしたもの。いろはがるた（江戸）の一。

油断《ゆだん》も隙《すき》もならない《慣》

少しでも油断したり隙《すき》を見せたりすると何をされるか分からないと、強く警戒する様子。「油断も隙もない」とも。

例 交渉相手はなかなかの策士で、油断も隙もならない。

ゆっくり急《いそ》げ

急ぐ時こそ、落ち着いてあせらずに行動しなければならない。

茹《ゆ》で蛸《だこ》のよう《慣》
酒に酔ったり長湯をしたりして、顔や体がすっかり赤くなる様子。例 鈴木さんは酒が弱いのか、コップ一杯のビールで顔が茹《ゆ》で蛸《だこ》のようだ。

湯《ゆ》の辞儀《じぎ》は水《みず》になる
風呂《ふろ》を勧められたときに遠慮していると、せっかくの湯が冷めて水になってしまう意で、辞退するのも時と場合による、過度の遠慮はかえって失礼になる、ということ。

湯《ゆ》の山《やま》の道連《みちづ》れ
山中の湯治場に連れ立って来るのは病人や老人であることから、役に立たない者ばかりの意。また、旅はどのような者でも道連れがいたほうがよい、ということ。
類句 ◇有馬《ありま》の道連れ

指一本《ゆびいっぽん》も指《さ》させない《慣》
他人からの非難や干渉などは断じて許さないという態度をとる様子。例 私たち二人だけの問題なのだから、世間はもちろん親類にも指一本も指させない。

指折《ゆびお》り数《かぞ》える《慣》
何かの実現する日が待ち遠しく、あと何日と数えながら待つ。例 父の帰国を子供たちは指折り数えて待っている。

指《ゆび》をくわえる《慣》
うらやましいと思っても自分ではどうすることもできず空しくそばで見ている。例 仲間に入れてもらえず、みんなが楽しそうに遊んでいるのを指をくわえて見ていた。

指《ゆび》を染《そ》める《慣》 ⇩手を染める

弓《ゆみ》折《お》れ矢《や》尽《つ》きる《慣》
戦いに敗れて散々な目に遭う意で、力尽きて、どうにもならない状態になる。例 あらゆる手段を尽くしたが経営は悪化する一方で、もはや弓折れ矢尽きた感じだ。
類句 ◆刀折れ矢尽きる

湯《ゆ》水《みず》のように使《つか》う《慣》
金を、あるにまかせて無駄に使う。例 今は交際費を湯水のように使える時代ではなくなった。

弓《ゆみ》を引《ひ》く《慣》
恩を受けた人などを裏切って、敵側に回る。「弓を向ける」とも。例 いくら金を積まれても、今の社長に弓を引く気はない。

夢《ゆめ》から覚《さ》めたよう《慣》
物に憑《つ》かれたように何かに夢中になっていた人が、ふと我に返って本来の自分を取り戻す様子。例 女房を泣かせてまで競馬にうつつを抜かすとは何事だという恩師の一言で、夢から覚めたように我に返った。

夢《ゆめ》に見《み》る
このようであればいいのにと将来の理想の姿を思い描く。例 夢に見たオリンピックの表彰台に立てるなんて、何と運が良かったのだろう。

夢《ゆめ》の夢《ゆめ》《慣》
ただ想像するだけの、ひどく現実離れしたはかない事柄。また、過ぎ去った日の遠くはかない思い出。「夢のまた夢」とも。例 こう土地の価格が高騰しては、サラリーマンにとって庭付きの一戸建て住宅など夢の夢だ。

夢《ゆめ》は五臓《ごぞう》の煩《わずら》い
夢は体内の五臓（肺臓・肝臓・腎臓《じんぞう》・心臓・脾臓《ひぞう》）の疲れによって生ずるものであるという漢方医の説。

夢《ゆめ》は逆夢《さかゆめ》
夢と事実は、反対になって現れることが多いから、悪い夢を見ても気にすることはない。不吉な夢を見たときに慰めにいう言葉。これに対して、よい夢を見たときは「夢は正夢《まさゆめ》（事実と一致する夢）」という。

夢枕《ゆめまくら》に立《た》つ《慣》
夢の中に神仏や死んだ人が現われて、何かを告げ知らせる。例 死んだ父が夢枕《ゆめまくら》に立って、ひどく寂しげな顔をしていたのが気になって仕方がない。

夢《ゆめ》を描《えが》く《慣》
自分の将来や社会の未来像などについて、こんなことが実現できたらすばらしいと想像をめぐらす。例 今の子供たちが将来にどんな夢を描いているのか知りたいと思う。

夢《ゆめ》を追《お》う《慣》

実現の可能性がないに等しいにもかかわらず、こうしたいと思う理想を追い求める。例 夢を追うのもいいが、まず目の前の問題を解決するほうが先だ。

夢《ゆめ》を託《たく》す《慣》

こうしたいと思いながらも実現できなかったことを、代わりに成し遂げてくれるよう他の人に期待する。例 あの親方は自分が果たせなかった横綱への夢を託して、弟子に激しい稽古《けいこ》をさせている。

夢《ゆめ》を見《み》る《慣》

現実を忘れて、何かに心を奪われたり、とりとめもない空想にふけったりする。例 君も子供じゃないのだから、夢を見るようなことばかり言っていては駄目だ。

夢《ゆめ》を結《むす》ぶ《慣》

眠る意の雅語的な言い方。例 波の音、松風の音を聞きながら海辺の宿で一夜の夢を結ぶのも、旅ならではの楽しみだ。

よ

酔《よ》いが回《まわ》る《慣》

酒に酔って、正常な判断力や運動感覚が失われた状態になる。例 睡眠不足のせいか、今夜は酔いが回るのが早い。

良《よ》い事《こと》は真似《まね》でもせよ

人真似《まね》はよくないとされるが、良い事ならば人の真似でもよいから進んでせよ、ということ。

宵《よい》っ張《ぱ》りの朝寝坊《あさねぼう》

普通の人とは違って、夜は遅くまで起きていて、朝はいつまでも寝ていること。また、そういう習慣の人。

用《よう》が足《た》りる《慣》

それで、用件を処理したり必要を満たしたりすることができる。例 電話では用が足りないようですから、そちらにお伺いして説明いたします。

要求《ようきゅう》をのむ《慣》

相手の要求を認め、そのまま受け入れる。例 交渉の結果、経営者側は組合の要求をのんで大幅な賃上げに応じた。

楊枝《ようじ》で重箱《じゅうばこ》の隅《すみ》をほじくる

⇩重箱《じゅうばこ》の隅《すみ》をつつく

用舎行蔵《ようしゃこうぞう》

《優れた君主に用いられた時は役人となって自分の理想を行ない、捨てられて用いられなければ身を隠し時節の到来を待つ意》出処進退が適切で道に適っていること。

原文 子《し》、顔淵《がんえん》に謂《い》いて曰《いわ》く、之《これ》を用うれば則《すなわ》ち行ない、舎《す》（捨）つれば則ち蔵《かく》る。惟《た》だ我と爾《なんじ》と是《こ》れ有るかな。〈論語《ろんご》・述而《じゅつじ》〉

用心《ようじん》は臆病《おくびょう》にせよ

万事、用心するに越したことはなく、臆病《おくびょう》だと言われるほどに用心するのがよい。

用心《ようじん》は勇気《ゆうき》の大半《たいはん》なり

何かをするに際して十分に用心するのは、勇気の現われであって、卑怯《ひきょう》な振る舞いではない。勇気のある者ほど用心深いものである、ということ。

様子《ようす》ありげ《慣》

その人の表情・態度やその場の雰囲気から、いつもと違う特別な事情があるらしいと感じられる様子。「子細《しさい》ありげ」とも。例 田中さんはさっきから様子ありげに窓の方ばかり見ている。

夜討《ようう》ち朝駆《あさが》け《慣》

夜に人の家を訪問し、翌朝また同じ家を訪れる意で、急ぎの用事などがあって、時間に構わず何度も同じ家を訪れること。例 夜討ち朝駆けで原稿をもらいに行った。

羊腸《ようちょう》

《羊《ひつじ》は草食動物で、腸が長く、曲がりくねっているところから》山道などが、幾重にも曲がりくねっている様子。

原文 昔、魏《ぎ》、趙《ちょう》を伐《う》ち、羊腸を断ち、閼与《えんよ》を抜く〔昔、魏《ぎ》の国は趙《ちょう》の国に攻め込んで、羊腸の坂道を断ち切り、閼《えん》与《よ》を奪い取った〕。〈史記《しき》・魏世家《ぎせいか》〉

参考 唱歌の「箱根山」に「羊腸の小径《しょうけい》は苔滑《こけなめ》らか」とある。

膺懲《ようちょう》

《「膺《よう》」は撃つ、「懲《ちょう》」はこらす意》悪い者を撃ってこらしめること。

原文 戎狄《じゅうてき》は是れ膺《う》ち、荊舒《けいじょ》は是れ懲《こ》らす〔北の戎狄《じゅうてき》、南の荊舒《けいじょ》を撃ちこらしめた〕。〈詩経《しきょう》・魯頌《ろしょう》・閟宮《ひきゅう》〉

羊頭狗肉《ようとうくにく》

《「羊頭を懸けて狗肉《くにく》を売る」、すなわち、羊《ひつじ》の頭を看板に出しておいて狗《いぬ》の肉を売る意から》見かけは立派だが、内容がそれに伴わないこと。例 店構えの立派な割には品揃《ぞろ》えがお粗末で、羊頭狗肉も甚だしい。

類句 ◆看板に偽りあり

羊頭《ようとう》**を懸**《か》**けて狗肉**《くにく》**を売**《う》**る**

見かけだけ立派にして、実質が伴わないことのたとえ。「羊頭を懸けて馬肉を売る」とも。〈恒言録《こうげんろく》〉⇨**羊頭狗肉**《ようとうくにく》

杳《よう》**として**《慣》

事情などが全く分からない様子。特に、行方が分からなくなった人について言う。例 彼の行方は杳《よう》として知れない。

用《よう》**に立**《た》**つ**《慣》

何かと応用がきき、いざというときに役に立つ。例 山本君は昼行灯《あんどん》などと言われているようだが、仕事をさせてみると、案外用に立つ男だよ。

洋《よう》**の東西**《とうざい》**を問**《と》**わず**《慣》

《「洋の東西」は、東洋と西洋の意》東洋とか西洋とかいった区別なく、世界中どこにでも認められる様子。例 民族と国家の問題は、洋の東西を問わず、絶えず対立・紛争の種となっている。

漸《ようや》**く佳境**《かきょう》**に入**《い》**る**

《砂糖黍《さとうきび》を食べるのに、しっぽのほうから食べ始めるので、人がそのわけを聞くと、だんだんうまくなるからであると答えたという故事から》物事がだんだんと面白くなってくること、次第に興味が深まることをいう。

原文 顧長康《こちょうこう》、甘蔗《かんしゃ》を噉《くら》うに、先《ま》ず尾を食う。人、所以《ゆえん》を問う。云《い》う、漸《ようや》く（だんだんと）佳境に至る、と。〈世《せ》

説新語《せつしんご》・排調《はいちょう》〉

揺籃の地《ようらんのち》《慣》

〔「揺籃《ようらん》」は、揺りかごの意〕新たな文物がそこに起こり、後の発展の基礎を築いた所。例 長崎は日本の近代医学にとって、揺籃の地だといってよい。

要領がいい《ようりょう》《慣》

〔要点を的確にとらえ、能率よく物事が処理できる意から〕何事にもうまく立ち回り、自分の立場を有利にする才能がある様子。例 彼は実に要領がいい男で、面倒な仕事は引き受けたことがない。反対 **要領が悪い**

要領を得ない《ようりょうえ》《慣》

相手が何を言おうとしているのか、肝心な点がはっきりしない様子。例 ああでもないこうでもないと言うばかりで、彼の話は一向に要領を得ない。

要を得る《ようえ》《慣》 ⇨**簡《かん》にして要を得る**

用を足す《ようた》《慣》

用事を済ませる。また、大小便を済ませることの婉曲《えんきょく》な表現。例 都心に出たついでに、二、三用を足してこよう。

俑を作る《ようつく》

〔「俑《よう》」は、葬式のとき墓に埋める、木で作った人形。顔かたちが、よく人間に似ており、これが殉死《じゅんし》の風習の起こるもととなったというので、孔子がその創始者を憎んだという故事から〕悪い前例になることを始めること。

原文 仲尼曰《ちゅうじいわ》く、始めて俑《よう》を作る者は、其《そ》れ後無《のちな》からんか、と。其《そ》の人に象《かたど》りて之《これ》を用うるが為《ため》なり〔孔子は、初めて俑を作り出した者こそは、天罰によって子孫が絶えるだろう、と言ったが、それはあまりに、人間に似たものを作ってこれを葬ったからである〕。〈孟子《もうし》・梁恵王《りょうけいおう》上〉

用をなさない《よう》《慣》

そのものの機能が正常に発揮されず、役に立たない。例 こんなに切れなくなっては、ハサミの用をなさない。

余殃《よおう》

祖先が悪いことを行なった報いとして、子孫の代に巡ってくる凶事。あとあとまでたたる災い。反対 **余慶**《よけい》

原文 積善《せきぜん》の家には、必ず余慶《よけい》あり、積不善《せきふぜん》の家には必ず余殃《よおう》あり。〈易経《えききょう》・坤卦《こんか》〉

夜《よ》が明《あ》けたら巣《す》を作《つく》ろう

《梟《ふくろう》が夜のうちに巣作りをせずに、朝になったら始めることにしたが、朝になると目が見えず、結局巣作りの機会を失ったという話から》怠け者のたとえにいう。

世《よ》が世《よ》ならば《慣》

現在が昔と同じように自分にとっていい時代だったならの意で、今の恵まれない境遇を嘆いていう言葉。例 世が世ならば、こんな貧乏暮らしとは縁がなかったのに。

余儀《よぎ》なくされる《慣》

他にどうしようもなく、心ならずもその方法を選ばざるを得なくなる。例 マスコミにスキャンダルを暴かれて、市長は辞任を余儀なくされた。

よく言《い》う《慣》

大それた物言いをした相手に対して、よくもぬけぬけと厚かましくそんなことが言えたものだと、あきれた気持ちを表わす言葉。例 あなたが出世できたのはこの私がいたからだなんて、女房もよく言うよ。

善《よ》く游《およ》ぐ者《もの》は溺《おぼ》る

《泳ぎのうまい者はとかく溺《おぼ》れて命を落とす意》人は得意とする方面のことでかえって取り返しの付かない失敗をすることが多い、ということのたとえ。

原文 夫《そ》れ善く游《およ》ぐ者は溺《おぼ》れ、善く騎《の》る者は堕《お》つ。各々《おのおの》其《そ》の好む所を以《もっ》て反《かえ》って自ら禍《わざわい》を為《な》す。〈淮南子《えなんじ》・原道訓《げんどうくん》〉

類句 ◆川立ちは川で果てる

欲《よく》が出《で》る

何かを達成した段階で、さらに上の段階に挑戦しようという意欲がわく。例 日本選手権で勝ちを収め、次は世界選手権へと欲が出る。

欲《よく》が深《ふか》い《慣》

欲求や願望の度合いが並はずれていて、何事につけても利害得失にひどく執着する様子。例 みんなの協力があったから成功した事業なのに、君一人が利益を独占しようなんて欲が深い。

よくしたもの《慣》

世の中は不合理なことばかりのように見えて、案外うまく釣り合いがとれているものだということ。例世間はよくしたもので、正直者が常に馬鹿《ばか》を見るわけでもない。

欲《よく》と二人《ふたり》連《づ》れ《慣》

欲につられて何かを一生懸命にすること。例社会福祉事業だと口では言うが、欲と二人連れで、一儲《ひともう》けしようという魂胆があるに違いない。

欲《よく》には目見《めみ》えず

欲に目がくらむとものの道理が分からなくなること。

欲《よく》の皮《かわ》が張《は》る《慣》

むやみに欲張る。「欲の皮が突っ張る」「欲が張る」とも。例彼は欲の皮が張っていて、儲《もう》け話にはすぐ飛び付く。

欲《よく》の熊鷹《くまたか》股《また》裂《さ》ける

〔二頭の猪《いのしし》を両足でつかんだ熊鷹《くまたか》が、左右に分かれて逃げようとする猪を離さなかったために、股《また》が裂けて死んでしまったという昔話から〕欲張るのは、身を滅ぼすもとである、ということ。

類句 ◇蛇《じゃ》は口の裂くるを知らず ◆貪欲《どんよく》は必ず身を食う

欲《よく》も得《とく》も無《な》い《慣》

窮地に追い込まれるなどして、利害得失を考える余裕がない状態。例連日深夜まで仕事が続き、もう欲も得も無くただ眠りたいだけだった。

欲《よく》を言《い》えば《慣》

今のままでも不足は無いが、なお一層望ましい状態を期待するとすれば。「欲を言うと」とも。例よく描《か》けている絵だが、欲を言えば、彩色に一工夫ほしいところだ。

欲《よく》を掻《か》く《慣》

その状態で満足すべきなのに、もっともっとと欲張る。例欲を掻《か》いて無理をし、体をこわしてしまった。

欲《よく》を知《し》らねば身《み》が立《た》たぬ

せち辛いこの世の中で人が生きて行くには、ある程度の欲心は必要である、ということ。

欲《よく》を出《だ》す

その段階では満足できないで、更に欲しがる。例 あの時日本円に替えておけばよかったのに、もっと米ドルが下がるだろうと欲を出したのがいけなかった。

余慶《よけい》

祖先が善いことを行なった報いとして、子孫の代に巡ってくる喜ばしい出来事。〈易経《えききょう》・坤卦《こんか》〉反対 余殃《よおう》

予言者《よげんしゃ》郷里《きょうり》に容《い》れられず

優れた先覚者も、郷里の人からは尊ばれないことが多い。新約聖書にある言葉。

横紙破《よこがみやぶ》り《慣》

〈和紙は縦に漉《す》き目が通って、横に裂けにくいことから〉無理を承知で、自分の考えを押し通そうとすること。例 部長の横紙破りに、下の者はいつも泣かされてきた。

横車《よこぐるま》を押《お》す《慣》

〈後ろから押すべき車を横から押す意〉筋の通らないことを無理に押し通そうとする。例 かつて、軍部が横車を押して政府の外交方針を変えさせることがあった。

横《よこ》になる《慣》

身を横たえて休む。例 気分が悪いなら、向こうの部屋で少し横になっていたほうがいい。

横《よこ》の物《もの》を縦《たて》にもしない《慣》

ちょっとしたことでも面倒に思って、自分でしようとしない様子。「縦の物を横にもしない」とも。例 彼は会社では勤勉だが、家に帰ると横の物を縦にもしないそうだ。

横道《よこみち》に逸《そ》れる《慣》

話題などが本筋から外れる。例 君が余計な口を挟むから、話が横道に逸《そ》れてばかりいる。

横目《よこめ》を使《つか》う《慣》

他人に気付かれずに何かを観察したり合図を送ったりするために、顔を前に向けたまま目だけ動かして横の方を見る。例 その講師は予定時間を超えて話をしながら、時々横目を使って司会者の反応をうかがっていた。

横槍《よこやり》を入《い》れる《慣》

他人の話や仕事にわきから口を出して、非難したり注文をつけたりする。例 委員会で決めたことに理事会が横槍《よこやり》を入れてきた。自 横槍が入《はい》る

横《よこ》を向《む》く《慣》

相手の言うことを拒否したり無視したりする。例 趣旨が理解してもらえず、みんなに横を向かれてしまった。類句 ◆そっぽを向く

葦《よし》の髄《ずい》から天井《てんじょう》覗《のぞ》く

葦《よし》の茎の細い管の穴から天井を見ても、全体を見ることができない意。狭い見聞に基づいて大局を判断することはできない、とその人の見識の狭さをいう言葉。いろはがるた（江戸）の一。類句 ◆管《かん》を以《もっ》て天を窺《うかが》う ◆管《くだ》の穴から天を覗《のぞ》く

誼《よしみ》を通《つう》じる《慣》

親しい関係を結ぼうと働きかける。多く、打算的な目的がある場合にいう。例 業界の一部に、政界の実力者とひそかに誼《よしみ》を通じて利権の独占を図ろうとする者がいる。

余勢《よせい》を駆《か》る《慣》

何かをやり遂げた勢いに乗って、次の行動に一気に突き進む様子。例 一回戦に大勝した余勢を駆って、決勝戦まで勝ち進んだ。

余喘《よぜん》を保《たも》つ《慣》

〔「余喘《よぜん》」は、今にも絶えそうな息の意〕今にも絶えそうな息をしながらやっと生き続けている意から、何かがかろうじて存続していること。例 この地の主要産業であった養蚕も、二、三の業者で余喘を保つ状態だ。

装《よそお》いを新《あら》たにする《慣》

今までとは違った印象を与えるように外観や内装などを新しく作り変える。例 しばらく閉店し、来年三月、装いを新たにして再び営業を始めるつもりだ。

余所《よそ》に聞《き》く《慣》

傍観者の立場で何かを聞く。例 世間の出来事を余所《よそ》に聞いて、彼はひたすら研究に打ち込んできた。

余所《よそ》にする《慣》

自分には関係がないことだと考えて無視する。例 勉強を余所《よそ》にしてアルバイトにばかり精を出すのは困る。

余所《よそ》に見《み》る《慣》

傍観者の立場で何かを見る。例 我が社も足元に火が付き、次々に廃業に追い込まれる同業者を余所《よそ》に見ている訳にはいかなくなった。

余所《よそ》の花《はな》はよく見《み》える

何事につけても、余所《よそ》の物はよく見えてうらやましく思うのが人の常である。類句 ◆隣の花は赤い

涎《よだれ》が出《で》る《慣》

何かを見て、それを手に入れたくてたまらない気持ちになる。例 今度の古書展には、近代文学の研究者にとっては涎《よだれ》が出るような本がたくさん出されている。

涎《よだれ》を垂《た》らす《慣》

非常にうらやましく思ったり欲しくてたまらなく思ったりしながら、それを見たり聞いたりしている様子。「涎《よだれ》を流す」とも。例 あんな高級車は涎を垂らして見ているだけだ。類句 ◆垂涎《すいぜん》の的《まと》

与太《よた》を飛《と》ばす《慣》

ふざけて、冗談やでたらめなことを口にする。いい加減なことを言う。例 そんな与太を飛ばしている暇があったら、さっさと仕事を片付けろ。

予断《よだん》を許《ゆる》さない《慣》

事態が深刻で、楽観的な見通しは期待できない様子。例 高齢の祖父は肺炎を併発し、予断を許さない状況だ。

四《よっ》つの目《め》は二《ふた》つの目《め》より多《おお》くを見《み》る

何事も、一人だけで見たり判断したりするよりは、大勢で見たり判断したりするほうが確かである。原文 Four eyes see more than two. の訳語。

因《よ》って来《きた》る《慣》その事柄の背後にひそむ、元々の原因に言及するときに用いる言葉。例今回の騒動の因《よ》って来《きた》るところは、ひとえに彼女の被害妄想にあった。

寄《よ》ってたかって《慣》大勢の人が我も我もと一つのことに取りかかる様子。例みんなが寄ってたかって私を除《の》け者にしようとする。

四《よ》つに組《く》む《慣》(「四つ」は、相撲で力士が両手を指し合って組むこと)双方が正面から堂々と勝負をいどむ。また、ある問題にまともに取り組む。例我が社のような中小企業は、あの大手メーカーと四つに組んでも勝ち目がないから、作戦を考えなければいけない。

四《よ》つに渡《わた》り合《あ》う《慣》(「四つ」は前項参照)相手と互角の勝負をする。また、堂々と応戦する。例負けたとは言え、最後まで強敵と四つに渡り合ったのだから大したものだ。

世《よ》に逢《あ》う《慣》時機を得て世間にもてはやされたり、得意な時を過ごしたりする。例彼女は優れた才能を持ちながら、世に逢《あ》うこともなく一生を終えた。

世《よ》に入《い》れられる《慣》その存在が広く世間に認められ、人々にもてはやされたり、高い評価を得たりする。例あの作家の小説はあまりにも晦渋《かいじゅう》なため、一部の評論家からは認められながらも、ついに世に入れられることがなかった。

世《よ》に聞《き》こえる《慣》誰《だれ》一人知らない人がいないほど、世間に広く知れ渡る。例これが世に聞こえた左甚五郎《ひだりじんごろう》作の眠り猫だ。

類句 ◆音《おと》に聞く

世《よ》に出《で》る《慣》一人前の社会人として認められる存在になる。また、立身出世する意にも用いる。例彼は、ベンチャービジネスの若手の旗手として世に出た。

世《よ》に問《と》う《慣》

論説や芸術作品などを通して、世間に何らかの問題を提起し、人々の反応や評価を得ようとする。例彼の受賞作は人間いかに生きるべきかを世に問うた、宗教的な香りさえ感じられる小説であった。

余《よ》念《ねん》が無《な》い《慣》

一心に一つのことに打ち込んで、他のことは念頭に無い様子。例あの人は、表向きは学者だが、研究はそっちのけで、金儲《もう》けに余念が無いようだ。

世《よ》の取《と》り沙汰《ざた》は人《にん》に言《い》わせよ

噂《うわさ》というものは、止めようとしても止めることのできるものではなく、噂をしたがる者の好きにさせておくのが賢明である、ということ。

世《よ》の中《なか》は相持《あいも》ち

世の中は、人と人とが助け合い支え合ってはじめて円満に成り立つものである。「世は相持ち」とも。

類句 ◆持ちつ持たれつ　◇世は相身互《あいみたが》い

世《よ》の習《なら》い《慣》

たとえ理不尽だと思っても、それが世間で当然のことだとされていること。例出る杭《くい》は打たれるのが世の習いだ。

夜《よ》の目《め》も寝《ね》ずに《慣》

夜寝る間も惜しんで何かに打ち込む様子。例母は夜の目も寝ずに父の看病を続けた。

世《よ》は七下《ななさ》がり七上《ななあ》がり

人生は、とかく浮き沈みの多いものであるということ。

類句 ◇浮き沈み七度《ななたび》

呼《よ》び声《ごえ》が高《たか》い《慣》

何かの有力な候補として、噂《うわさ》される様子。例彼は若手ながら、次期社長の呼び声が高い。

呼《よ》び水《みず》になる《慣》

そのことが何かを引き起こすきっかけになる。例一通の投書が呼び水になってリサイクル運動が盛んになった。

類句 ◆誘《さそ》い水になる

予防線《よぼうせん》を張《は》る《慣》

不利な立場に立たされたり責任を負わされたりするのを防ぐために、前もってうまく逃れる手段を講じる。例 幹事役を頼もうとしたら、忙しくて寝る間もないほどだと、予防線を張られてしまった。

予防《よぼう》は治療《ちりょう》に勝《まさ》る

事が起きてからそれに対処しようとするより、事が起きないうちに手を打っておくほうが有効である。

原文 Prevention is better than cure. の訳語。

類句 ◆転《ころ》ばぬ先の杖《つえ》

輿望《よぼう》を担《にな》う《慣》

世間から信頼や期待を寄せられて何かをする。例 国民の輿望《よぼう》を担って新内閣が発足する。

読《よ》みが深《ふか》い《慣》

書物などを読んで、言外に込められた意味や作者の意図まで読み取れるほど理解力に優れる意で、物事に対する洞察力に優れている様子を表わす。例 五十年以上も前に、エネルギー危機に警鐘を鳴らしていたのだから、博士はさすがに読みが深い。反対 読みが浅い

夜道川立《よみちかわだ》ち馬鹿《ばか》がする

賢明な人は、夜道を行ったり危険な川で泳いだりはしない、ということ。

夜道《よみち》に日《ひ》は暮《く》れぬ

夜道ではもはや日の暮れることを心配する必要はない、の意で、どうせ遅くなったのだから今さら急ぐことはない、また遅くなりついでにもっとゆっくりしていきなさいと、人に勧めるときの言葉。

夜目遠目笠《よめとおめかさ》の内《うち》

夜であったり、遠くからであったり、笠《かさ》（かぶりがさ）をかぶっていたりすると、女の人は実際よりもずっと美しく見えるものだ。いろはがるた（京都）の一。

類句 ◇遠目《とおめ》山越し笠《かさ》の内

嫁《よめ》と姑《しゅうとめ》 犬《いぬ》と猿《さる》

嫁と姑《しゅうとめ》の仲は、犬と猿の間柄と同じように悪い意。

嫁《よめ》と姑《しゅうとめ》の仲《なか》のよいのは物怪《もっけ》の不《ふ》思議《しぎ》

嫁と姑《しゅうとめ》の仲が悪いのは当たり前で、二人の仲が円満なのは珍しいという意。「嫁と姑の仲のよいのは物怪《もっけ》のうち」とも。

類句 ◇嫁と姑《しゅうとめ》の仲がよかったら釜《かま》が割れる

嫁《よめ》の三日《みっか》褒《ぼ》め

とかく嫁のあら探しをしがちな姑《しゅうとめ》が嫁を褒めるのは、嫁入りした当初のごく短い間だけである、ということ。

嫁《よめ》は下《した》から婿《むこ》は上《うえ》から

嫁は、自分の家より低い家柄から迎えるのが、婿は、自分の家よりよい家柄から迎えるのが、その家にとって都合がよい。「婿は座敷から貰《もら》え嫁は庭から貰え」とも。

蓬《よもぎ》麻中《まちゅう》に生《しょう》ずれば扶《たす》けずして直《なお》し

《「蓬《よもぎ》」は横に伸びる草だが、まっすぐに伸びる麻畑の中ではまっすぐに育つ意》良い友人の中にいれば、自然に善人となるというたとえ。〈荀子《じゅんし》・勧学《かんがく》〉

類句 ◆麻《あさ》の中の蓬《よもぎ》 ◆麻中《まちゅう》の蓬

世《よ》も末《すえ》《慣》

このような状態では未来に明るいことが期待できないと、現状を嘆いたり悲観したりしていう言葉。例 警察官が飲酒運転をするようでは世も末だ。

夜《よ》も日《ひ》も明《あ》けない《慣》

それがないと一時も我慢できないの意で、何かに非常に執着する様子。例 携帯電話がないと夜も日も明けない若者が多いようだ。

由《よ》らしむ可《べ》し知《し》らしむ可《べ》からず

《人民には、為政者の定めた方針に従わせることはできるが、なぜこのような道を定めたかという理由をいちいち分からせるのはむずかしい、という意》人民に、為政者の意図をすべて理解させることは困難で、無理なことだ。

原文 子曰《しいわ》く、民は之《これ》に由《よ》らしむ可《べ》し、之を知らしむ可か

らず。〈論語《ろんご》・泰伯《たいはく》〉
注意 「可《べ》し」はできる、「可からず」はできないの意。これを、民はただ法令によらしむべきもので、知らせてはいけないと解き、愚民政策として説かれたこともあったが、そのように解するのは誤りである。

寄《よ》らば大樹《たいじゅ》の陰《かげ》

《身を寄せるならば、小さな木より大きな木の下のほうがよい意》勢力のある者のほうが、安全で利益も多い、ということ。「立ち寄らば大樹の陰」とも。

選《よ》りに選《よ》って《慣》

最悪の事態に遭遇して、もう少しましな状況もあるだろうに、なぜこんな不運な目に遭うのだと嘆く気持ちを表わす言葉。例 娘の結婚式だというのに、選《よ》りに選ってこんな季節外れの大雪が降るとは。

縒《よ》りをかける《慣》 ⇩**腕に縒《よ》りをかける**

縒《よ》りを戻《もど》す《慣》

仲たがいなどをして切れていた関係を、再び元に戻す。特に、男女の関係について言う。例 別居していた夫婦が縒《よ》りを戻した。自 **縒りが戻る**

寄《よ》ると触《さわ》ると《慣》

人が集まるごとにの意で、どこでも同じことが話題にされる様子。例 寄ると触ると事故の話で持ちきりだ。

寄《よ》る年波《としなみ》には勝《か》てぬ

いつまでも若い者に負けないつもりでも、年を取ると体力や気力が衰えてくるのはどうしようもない。例 久しぶりに山登りをしたが、途中で歩けなくなってしまい、つくづく寄る年波には勝てないと思った。

夜《よる》の鶴《つる》 ⇩**焼《や》け野《の》の雉子《きぎす》夜の鶴《つる》**

宜《よろ》しきを得《え》る《慣》

方法などが適切で、好ましい結果を得ることができる。例 先輩のご指導宜《よろ》しきを得て、無事に検定試験に合格することができました。

弱馬道《よわうまみち》を急《いそ》ぐ ⇩**痩《や》せ馬の道急ぎ**

弱《よわ》き者《もの》よ汝《なんじ》の名《な》は女《おんな》なり

女とはすぐ心変わりのする、なんともろいものであろうかということ。シェークスピアの「ハムレット」で、母親ガートルードが、夫の死後間もなくその弟のクローディアスと結婚したことについて、ハムレットが言うせりふ。

弱音《よわね》を吐《は》く 《慣》

苦しさや困難に耐えかねて、意気地がないことを言う。例 二年浪人したぐらいで大学進学をあきらめるなどと弱音を吐くな。

弱《よわ》みに付《つ》け込《こ》む 《慣》

相手の弱点を見抜き、自分の利益を図るために、うまくそれを利用する。例 利用者の弱みに付け込んで法外な利子を取る金融業者に司法のメスが入る。

弱《よわ》り目《め》に祟《たた》り目《め》

悪い状況の時に追い討ちをかけるように災いが発生する。不運な上に不運が重なることをいう。

類句 ◆泣きっ面《つら》に蜂《はち》 ◆病《や》む目に突き目

世《よ》を去《さ》る 《慣》

死ぬ意の婉曲《えんきょく》な言い方。例 不世出の天才と言われながら、あの画家は二十五歳の若さで世を去った。

世《よ》を忍《しの》ぶ 《慣》

事情があって、自分の本当の姿を知られないようにする。例 行商人は世を忍ぶ仮の姿で、あの人は、実は親の仇《かたき》を探して今日まで諸国を巡っていたのだ。

世《よ》を捨《す》てる 《慣》

出家したりどこかに身を隠したりして、俗世間との付き合いを断つ。例 戦争の不条理を体験した彼は、戦地から帰り、世を捨てて山奥にこもってしまった。

世《よ》を拗《す》ねる 《慣》

世の中が自分の思いどおりにならないことに不満を抱き、ことさらに反社会的な態度を取ったり無関心を装ったりする。例 あの男は自説が否定されてからというもの、世を拗《す》ねてしまったかのように、学界と縁を切ってしまっている。

夜《よ》を徹《てっ》する《慣》 一晩中、寝ずに何かをする。例 捜索は夜を徹して行なわれたが、手がかりはつかめなかった。

世《よ》を憚《はばか》る《慣》 後ろめたいことなどがあって、表立つ所には現われないようにする。例 彼は、汚職事件で有罪判決を受けてからは、世を憚《はばか》って家にこもってしまった。

夜《よ》を日《ひ》に継《つ》ぐ 夜も休まず、ひたすら何かをし続ける様子。例 国元に急を知らせるべく、夜を日に継いで早馬を走らせた。原文 其《そ》の合《がっ》せざる者有れば、仰ぎてこれを思い、夜《よ》を以《もっ》て日に継ぐ〔今の社会に合わないことがあると、天を仰いで思い悩み、昼夜の別なく考え続けた〕。〈孟子《もうし》・離婁《りろう》〉

世《よ》を渡《わた》る《慣》 生計の道を立てながら社会人として生活する。例 幼子を抱えて女がひとり世を渡るのは生易しいことではない。

ら

雷同《らいどう》 《雷が鳴ると、万物が同時にこの響きに応じる意》 むやみに他人の説に同調すること。⇩**付和《ふわ》雷同**
原文 勦説《そうせつ》すること毋《なか》れ、雷同《らいどう》すること毋《なか》れ〔人の説を取って自分の意見としてはならない。むやみに人の意見に同調してはならない〕。〈礼記《らいき》・曲礼《きょくらい》上〉

来年《らいねん》の事《こと》を言《い》えば鬼《おに》が笑《わら》う 未来を予知することのできる鬼は、来年どのような悪運が待ち構えているのかも知らないで、楽しい夢などを口にする人をあざ笑う意で、将来はどうなるか分からないのだから、何事も今から決めることはできない、ということ。いろはがるた（京都）の一。

磊落《らいらく》 度量が大きく、性格がさっぱりしていて、小さいことにこだわらないこと。例 先の首相は豪放磊落《ごうほうらいらく》な人物として知られた。
原文 辞気磊落《らいらく》、観《み》る者志を忘る。〈北史《ほくし》・李謐伝《りひつでん》〉

楽《らく》あれば苦《く》あり

楽しいことの後には苦しいこともある。人生の苦楽は一概には言い切れない、ということ。「楽あれば苦あり、苦あれば楽あり」と使う。いろはがるた（江戸）の一。
類句 ◆楽《らく》は苦の種《たね》苦は楽の種

烙印《らくいん》を押《お》される 《慣》

《「烙印《らくいん》」は、昔、刑罰として罪人の額などに押した焼き印》ぬぐい去ることのできない不名誉な評価を受ける。例 偽物作りの烙印を押されたばかりに、二度と彼の作品が日の目を見ることはなかった。
類句 ◆極印《ごくいん》を押される

楽《らく》する悪《わる》かろう苦《く》をする良《よ》かろう

人はとかく安楽を好み、労苦を厭《いと》いがちであるが、安楽は身を滅ぼす原因ともなりかねないので、進んで労苦に親しむべきである、という戒めの言葉。

落魄《らくはく》

落ちぶれること。零落《れいらく》。
原文 家貧しく落魄《らくはく》、以《もっ》て衣食の業を為《な》す無し。〈史記《しき》・酈生伝《れきせいでん》〉
注意 「魄」は、落ちぶれる意味の音は「タク」だが、普通に「ハク」と読み習わしている。

楽《らく》は苦《く》の種《たね》苦《く》は楽《らく》の種《たね》

楽の後には苦が生じ、苦の後には楽が生じる意。苦と楽とは相伴うものであるから、今楽だからといって油断するな、今苦しいからといって希望を捨てるな、ということ。
類句 ◆楽あれば苦あり

楽《らく》は身《み》の毒《どく》

何の苦労もせず安楽をのみ求めるのは、身を滅ぼす原因にもなりかねない、という戒めの言葉。

洛陽《らくよう》の紙価《しか》を貴《たか》む

《晋《しん》の時代、左思《さし》が十年かかって作った「三都《さんと》の賦《ふ》」という文章が人々に賞賛され、大いに評判が上がり、都の洛《らく》陽《よう》の人々は争ってこれを写して（当時はまだ印刷の技術がなかった）読んだ。そのため洛陽では、紙の値段が高騰したという故事から》著書の売れ行きがよいこと。[原文]賦《ふ》成るに及び、時人《じじん》未《いま》だ之《これ》を重んぜず。……皇甫謐《こうほひつ》高誉《こうよ》有り、（左）思《し》造りて之を示す、謐《ひつ》善しと称して其《そ》の賦の序を為《つく》る。……是《ここ》に于《おい》て豪貴の家、競いて相《あい》伝え写し、洛陽《らくよう》これが為《た》めに紙貴《たっと》し。〈晋書《しんじょ》・文苑《ぶんえん》・左思《さし》伝《でん》〉

ラストスパートをかける《慣》

目標達成を目前にして、いよいよ最終段階だと、全力を出して頑張る。[例]大学入試を一か月後に控え、受験勉強にラストスパートをかける。

埒《らち》が明《あ》かない《慣》

何かの事情で事が進まず、決着が付かない。[例]君が相手じゃ埒《らち》が明かないから責任者に会わせなさい。

埒《らち》も無《な》い《慣》

取るに足らないことを言ったりしたりする様子。[例]ほろ酔い気分で、埒《らち》も無いことを語り合う。

落花《らっか》枝《えだ》に上《のぼ》り難《がた》し破鏡《はきょう》再《ふたた》び照《て》らさず

いったん散った花は枝に戻って咲くことはなく、割れた鏡は元のように物を映すことはない。一度別れた夫婦は、二度と元どおりにならないことなどにいう。〈伝灯録《でんとうろく》〉

[類句]◆覆水《ふくすい》盆に返らず

落花流水《らっかりゅうすい》の情《じょう》

《落花に水の流れのままに流れたいという心があれば、流水にもこれを浮かべて流れて行きたいという心がある、という意》男女互いに相手を思う心が通じ合うこと。

らっぱを吹《ふ》く《慣》

実現できる当てもないのに、大きなことを言う。[例]あまりらっぱを吹くと、引っ込みがつかなくなるぞ。

爛柯《らんか》

碁や、好きな遊びごとなどに心を奪われて、時の移るのを忘れること。晋《しん》の王質《おうしつ》がきこりをしながら山奥に入ると、二人の童子《どうし》が碁を打っているのを見た。童子のくれた棗《なつめ》の実に似たものを食べると腹が減らず、いつの間にか、わきに置いた斧《おの》の柄《え》（柯）が腐ってしまっており、知らぬ間に長い年月が経《た》っていたという故事から。〈述異記《じゅついき》・上〉

濫觴《らんしょう》

（「濫」は、あふれる。もとは、浮かべると解した。「觴《しょう》」は杯《さかずき》。揚子江《ようすこう》のような大河でも、その源は、杯にあふれる（旧説では、杯を浮かべる）ほどの小さい流れである、という意）物事の始まり。起源。例 歌舞伎《かぶき》は、遠く慶長のころの阿国《おくに》歌舞伎、これが濫觴だという。

原文 昔、江《こう》は岷山《びんざん》に出《い》づ。その始めて出づるや、その源は以《もっ》て觴《さかずき》に濫《あふ》る可《べ》し。〈荀子《じゅんし》・子道《しどう》〉

乱臣賊子《らんしんぞくし》

国を乱す臣と親をそこなう子。社会秩序を乱す悪人。

原文 孔子、春秋を成して、乱臣賊子懼《おそ》る〔孔子が『春秋（魯《ろ》の国の歴史書）』を作ったので、世の中の善と悪とが明らかになり、悪人どもは恐れた〕。〈孟子《もうし》・滕文公《とうぶんこう》下〉

乱世《らんせい》の英雄《えいゆう》

世の乱れに乗じて活躍をする英雄。三国時代の魏《ぎ》の曹操《そうそう》は、その青年時代に乱世の英雄といわれた。

原文 劭《しょう》已《や》むを得ずして曰《いわ》く、君は清平の姦賊《かんぞく》、乱世の英雄なり、と。操大いに悦《よろこ》びて去る〔許劭《きょしょう》は、（曹操《そうそう》から強く人物評を求められて）やむを得ずして、あなたは平和の世の悪漢、乱世に活躍する英雄である、と言った。曹操は非常に喜んで立ち去った〕。〈後漢書《ごかんじょ》・許劭伝《きょしょうでん》〉

り

梨園《りえん》

演劇界。歌舞伎《かぶき》役者の社会。（唐《とう》の玄宗《げんそう》が、宮中の梨園《りえん》（梨《なし》の木を植えた庭）に音楽の教習所を設けて、三百人の子弟を教えたという故事から。昔の劇は即興劇で、音楽との区別がなかった）

原文 玄宗既に音律を知り、又《ま》た酷《はなは》だ法曲を愛す。坐部伎《ざぶぎ》（堂上に列座して、音楽を奏する人たち）の子弟三百を選びて梨園《りえん》に教う。声に誤り有る者は、帝必ず覚《さと》りて之《これ》を正

す。皇帝梨園の弟子《ていし》と号す。〈唐書《とうじょ》・礼楽志《れいがくし》十二〉

理解《りかい》に苦《くる》しむ

《慣》どうしてそのようなことになったのか、納得できる理由が見いだせず考えあぐねる。例 彼が、どうして海外勤務を断わったのか、理解に苦しむ。

李下《りか》に冠《かんむり》を整《ただ》さず

《李《すもも》の木の下で手をあげて冠を直すと、李の実を盗んでいるように疑われるから》他人から疑いを受けやすい行為は、しないほうがよい、ということ。⇩瓜田《かでん》に履《くつ》を納《い》れず

原文 君子は未然に防ぎ、嫌疑《けんぎ》の間に処《お》らず。瓜田《かでん》に履《くつ》を納《い》れず、李下《りか》に冠を整《ただ》さず。〈古詩源《こしげん》・君子行《くんしこう》〉

理《り》が非《ひ》になる

道理の上では正しいことでも、数や力で押されたり意図を誤解されたりして、誤りとされることがあるものだ。

理屈《りくつ》と膏薬《こうやく》は何処《どこ》へでも付《つ》く

どんなことにも理屈を付けようとすればもっともらしい理屈が付けられる、ということ。

理屈《りくつ》を捏《こ》ねる

《慣》何とかして自分の言動を正当化しようと、他者が見れば無理な理由付けをする。「理屈を捏《こ》ね回す」とも。例 この生徒は理屈を捏ねて、自分の非を認めようとしない。

理屈《りくつ》を付《つ》ける

《慣》自分の主張を正当化しようとして、いかにももっともらしい理由を述べる。例 何とか理屈を付けて、代金の支払い期限を一週間延ばしてもらった。

利口《りこう》の猿《さる》が手《て》を焼《や》く

利口だと自負している者が、己の力量に余る困難な仕事に手を出し、うまくいかずに途方に暮れることのたとえ。

利根《りこん》かえって愚痴《ぐち》になる

《「利根」は、もって生まれた賢さの意》なまじ利発で才知の利く者は、時として、愚者に及ばないこともある。

履霜《りそう》の戒《いまし》め

⇩霜《しも》を履《ふ》んで堅氷至る

律義者《りちぎもの》の子沢山《こだくさん》

きまじめな人は、夜遊びに出掛けることもなく、夫婦仲も良いので、自然子供が多く生まれる。いろはがるた（江戸）の一。

類句 ◆貧乏人の子沢山

立錐《りっすい》の地《ち》無《な》し

錐《きり》を立てるほどのわずかの空いた土地も無いという意。少しのすきまもないこと。

原文 夫《そ》れ欲無き者は、……其《そ》の天下を有《たも》つを視《み》るや、立《りっ》錐《すい》の地無きと同じ〔そもそも欲の無い者は、……天下を保有しているのを見ても、錐を立てるほどのわずかな土地も持ってないのと同じに見る〕。〈呂氏春秋《りょししゅんじゅう》・為欲《いよく》〉

類句 ◆立錐《りっすい》の余地も無い

立錐《りっすい》の余地《よち》も無《な》い《慣》

その場所に人がぎっしり詰まって、わずかの空間も残っていない様子。例 朝の通勤ラッシュとあって、車内は立錐の余地も無かった。

類句 ◆爪《つめ》を立てるところもない ◆立錐《りっすい》の地無し

立派《りっぱ》な口《くち》をきく《慣》

それだけの実質を備えていないのに、偉そうなことを言う。例 あの男は、命を賭《か》けてもなどと立派な口をきいていたが、失敗したらどうするつもりだろうね。

理《り》に落《お》ちる《慣》

話などが理屈っぽくなる。例 何だか話が理に落ちて堅苦しくなってきたから、話題を変えよう。

理《り》に勝《か》って非《ひ》に落《お》ちる

道理の上では正しいと認められながら、実際の場では負けてしまう。「理をもって非に落ちる」とも。

類句 ◆無理が通れば道理引っ込む

理《り》に適《かな》う《慣》

話などが道理に合っている。例 彼の言うことはいちいち理に適《かな》っていて、反論のしようがなかった。

利《り》に走《はし》る《慣》

利益を追求することにのみ熱中する。例 利に走って道義を忘れた商法がまかり通ることは許されない。

柳暗花明《りゅうあんかめい》

〈柳の葉は茂って暗く、桃の花は明るく咲いている意〉美しい春の景色の形容。

原文 山重《さんちょう》水複《すいふく》路《みち》無きかと疑う、柳暗《りゅうあん》花明《かめい》又《ま》た一村〔山が重なりあい、川が幾重にも折れ曲がって、路《みち》はもう行き止まりかといぶかっていると、柳がほの暗く茂る中に、桃の花がぽっと明るく咲き出たところに、また一つの村がある〕。〈陸游《りくゆう》の詩、山西《さんせい》の村《むら》に遊《あそ》ぶ〉

溜飲《りゅういん》が下《さ》がる 《慣》

〔「溜飲《りゅういん》」は飲食物が不消化のまま胃の中にたまっているときに出る、酸性のおくび〕わだかまりや不満が一気に解消して、さっぱりとした気分になる。「溜飲を下げる」とも。例 日ごろ言いたかったことをぶちまけて、溜飲が下がる思いだった。

柳営《りゅうえい》

〈漢の将軍の周亜夫《しゅうあふ》が、細柳《さいりゅう》という所に陣営を構えた故事から〉将軍の陣営。また、幕府。

原文 亜夫《あふ》、将軍と為《な》り、細柳に軍して胡《こ》に備う。……文帝曰《いわ》く、嗟乎《ああ》、此《こ》れ真の将軍なり。〈漢書《かんじょ》・周亜夫伝《しゅうあふでん》〉

流血《りゅうけつ》の惨事《さんじ》 《慣》

事故や争乱などによって、死傷者が出るような事態になること。例 群衆と軍隊との間で流血の惨事が起きた。

流言《りゅうげん》

誰《だれ》言うとなく世間に広まった、根も葉もないうわさ。デマ。例 流言飛語《ひご》が飛び交う。

原文 武王既に喪《そう》し、管叔《かんしゅく》及び其《そ》の群弟乃《すなわ》ち国に流言して曰《いわ》く、公将《こうまさ》に孺子《じゅし》に利あらざらんとす〔武王が亡くなられると、周公の兄の管叔《かんしゅく》とその弟たちが、うわさを広めて、周公は幼い成王のためにならないであろう、と言った〕。〈書経《しょきょう》・金縢《きんとう》〉

竜虎《りゅうこ》相《あい》搏《う》つ 《慣》

〔「竜虎《りゅうこ》」は、天下を二分する、互いの力の伯仲した英雄のたとえ〕その世界における二大強豪が、優劣を競って対決する。例 今場所の千秋楽は、全勝で勝ち進んだ東西両横綱どうしが竜虎相搏《あいう》つことになった。

竜頭蛇尾《りゅうとうだび》

《頭は竜で尾は蛇《へび》という意》初めは勢いが盛んであるが、終わりは振るわないこと。〈五灯会元《ごとうえげん》〉

類句 ◆頭でっかちの尻《しり》すぼみ

柳眉《りゅうび》を逆立《さかだ》てる《慣》

《「柳眉《りゅうび》」は、美人の眉《まゆ》》美人が激しく怒る様子。例 そんなことを言ったら、彼女は柳眉を逆立てて怒るよ。

粒粒辛苦《りゅうりゅうしんく》

《ご飯の一粒《ひとつぶ》一粒が、すべて農民の苦労のたまものであるという意》苦労し、こつこつと努力すること。

原文 禾《いね》を鋤《す》きて日午《ひご》に当たる、汗は滴《したた》る禾下《かか》の土。誰《たれ》か知らん盤中の飧《そん》、粒粒皆《みな》辛苦なるを〈稲を耕して、日はちょうど真昼、流れる汗は稲の下の土に落ちる。誰《だれ》があの皿の中のご飯の一粒一粒が、皆こうした辛苦の結果であることを知ろうか〉。〈李紳《りしん》の詩、農を憫《あわれ》む〉

類句 ◇粟《あわ》一粒は汗一粒

流連荒亡《りゅうれんこうぼう》

《「流連」は、舟に乗って上流に行ったり下流に行ったりして、帰るのを忘れること、「荒」は狩猟にふけること、「亡」はとめどなく酒を飲むこと》遊びにふけってその場に居続け家に帰るのを忘れること。身を滅ぼすような行ないをすること。「荒亡の行ない」とも。

原文 流れに従いて下《くだ》り、而《しこう》して反《かえ》るを忘る、之《これ》を流と謂《い》う。流れに従いて上《のぼ》り、而して反るを忘る、之を連と謂う。獣に従いて厭《あ》く無き、之を荒と謂う。酒を楽しみて厭く無き、之を亡と謂う〈川の流れのままに舟を浮かべて下り、遊蕩《ゆうとう》して帰ることを忘れてしまうのを流といい、川の流れをひき舟して上り、帰ることを忘れてしまうのを連といい、獣を追ってあきもせず狩り暮らすことを荒といい、酒を飲んで飽くことがないのを亡というのである〉。〈孟子《もうし》・梁恵王《りょうけいおう》下〉

凌雲《りょううん》の志《こころざし》

《「凌雲《りょううん》」は「雲《くも》を凌《しの》ぐ」と読み、雲よりも高く抜け出る意。世の中の煩わしさを離れて高い境地に抜け出ることをいう》俗世間を遥かに超越した心。

原文 飄飄《ひょうひょう》として凌雲《りょううん》の志あり。〈漢書《かんじょ》・揚雄伝《ようゆうでん》〉

類句 ◇超俗の志

燎原《りょうげん》の火《ひ》

《「燎原《りょうげん》」は、原を燎《や》く意。野火が野原にどんどんと燃え広がり、その勢いが盛んなことから》勢いが強くて防ぎようのないことのたとえ。[例]学生・労働者による革命の火の手は、燎原の火のごとく広がっていった。

[原文]火の原《げん》に燎《も》えるが若《ごと》く、嚮《むか》い邇《ちか》づく可《べ》からざるも、其《そ》れ猶《な》お撲滅《ぼくめつ》す可し〈火が原野に燃え広がるように、向かい近づくことができないようであっても、なお、撲滅することはできる〉。〈書経《しょきょう》・盤庚《ばんこう》〉

良賈《りょうこ》は深《ふか》く蔵《ぞう》して虚《むな》しきが若《ごと》し

大商人は、品物を奥にしまっておいて店頭に飾らず、たいして物がないように見せかけるの意で、賢者は、自分の才能を隠して外に表わさないということ。

[原文]吾之《われこれ》を聞く、良賈《りょうこ》は深く蔵して虚《むな》しきが若《ごと》く、君子は盛徳ありて容貌《ようぼう》愚《ぐ》なるが若し。〈史記《しき》・老子伝《ろうしでん》〉

梁山泊《りょうざんぱく》

《山東省梁山《りょうざん》のふもとに大湿地帯があり、宋《そう》代に、宋江《そうこう》らの大盗賊がたてこもったといわれ、それが『水滸伝《すいこでん》』に記述されて有名になった》豪傑どもの集まり。〈水滸伝《すいこでん》〉

領袖《りょうしゅう》

《「領袖《りょうしゅう》」は、着物の領《えり》と袖《そで》。領と袖とをつかむと着物が持ち上がることから、そのように人々を掌握して引き連れる人、の意》頭《かしら》だつ人。集団のかしら。

[原文]文帝……これを目送して曰《いわ》く、魏舒《ぎじょ》は堂堂として人の領袖《りょうしゅう》なり。〈晋書《しんじょ》・魏舒伝《ぎじょでん》〉

梁上《りょうじょう》の君子《くんし》

《後漢の陳寔《ちんしょく》が、家の梁《はり》の上に隠れていた盗賊を指して言った故事から》泥棒。盗賊。

[原文]時に歳荒《としこう》して民倹《たみけん》、盗有りて夜其《そ》の室に入り、梁《りょう》上《じょう》に止《とど》まる。寔陰《しょくひそ》かに見、乃《すなわ》ち起《た》ちて自ら整払《せいふつ》〈服装を整える〉し、呼んで子孫に命じ、色を正して之《これ》に訓《おし》えて曰《いわ》く、夫《そ》れ人は自ら勉《つと》めざる可《べ》からず。不善の人も未《いま》だ必ずしも本《もと》より悪ならず、習いて以《もっ》て性と成り、遂《つい》に此《ここ》に至る。梁上の君子は是《こ》れなり。〈後漢書《ごかんじょ》・陳寔伝《ちんしょくでん》〉

両造《りょうぞう》

《「造」は、至る。原告と被告との両人が裁判の場所へ至る意》裁判の原告と被告。

原文 両造具《つぶさ》に備わり、師は五辞を聴く〈原告と被告とが共にそろった上で、師（司法官）が五刑に当たるそれぞれの訴えごとを聞く〉。〈書経《しょきょう》・呂刑《りょけい》〉

両端《りょうたん》を持《じ》す

どちらか有利なほうに付こうとして、両方の形勢をうかがい、どっちつかずの態度を取ること。日和見《ひよりみ》。

原文 晋《しん》、楚《そ》の鄭《てい》を伐《う》つを聞くや、兵を発して鄭を救う。その来《きた》るや両端を持す。故に遅し。〈史記《しき》・信陵君伝《しんりょうくんでん》〉

類句 ◆首鼠《しゅそ》両端 ◆洞ヶ峠《ほらがとうげ》をきめる

両手《りょうて》に花《はな》

価値ある二つのものを同時に手に入れること。多く、同時には得がたいものを独り占めにした場合に言う。例 新大関は優勝と結婚と、まさに両手に花で得意満面だ。

両天秤《りょうてんびん》をかける《慣》

どちらか一方が駄目になっても不利をこうむらないように、同時に二つのものに働きかける。「両天秤《りょうてんびん》にかける」とも。例 両天秤をかけて二つの大学を受験する。

類句 ◆天秤《てんびん》にかける ◆二股《ふたまた》をかける

両刀使《りょうとうづか》い《慣》

〈大小二本の刀を持って戦う剣術、またその剣士〉相入れないような二つの物事を、やってのけること。また、その人。特に、酒が好きな上に甘い物も好きなことに言う。

例 あの酒豪が両刀使いだとは意外だった。

遼東《りょうとう》の豕《いのこ》

〈遼東《りょうとう》の人が白い頭の豚《ぶた》の子が生まれたので、たいへん珍しいと思い、献上しようとして河東《かとう》へ行ったところが、その地の豚は皆白かったので、恥ずかしくなって帰ったという故事から〉見識の狭さから、他人から見れば少しも価値のないものを自慢すること。

原文 往時《おうじ》遼東《りょうとう》に豕《いのこ》（豚）有り、子を生むに白頭なり。異《い》として之《これ》を献ぜんとす。行きて河東に至り、群豕《ぐんし》を見るに皆白し、慙《はじ》を懐《いだ》きて還《かえ》る。若《も》し子《し》の功を以《もっ》て朝廷に論ずれば則《すなわ》ち遼東の豕《いのこ》たるなり。〈後漢書《ごかんじょ》・朱浮伝《しゅふでん》〉

諒《りょう》とする《慣》

相手の事情を察して、その言い分をもっともなことだとして受け入れる。例君の提案は諒《りょう》とするものの、具体化するにはなお慎重な検討が必要だ。

猟《りょう》は鳥《とり》が教《おし》う

狩猟のやり方は、猟師が、鳥を捕まえようとあれこれ試みるうちにわかってくる意で、物事は実際に繰り返し行なううちに、自然身に付くものである、ということ。「猟は鳥がなす」とも。

両刃《りょうば》の剣《つるぎ》《慣》

《両側に刃の付いた剣は振り上げた時に自分をも傷つける危険があることから》一方では非常に役に立つが、使い方を誤ったりすると害になる危険性も持っているもの。「両刃《もろは》の剣」とも。例原子力の開発は、人類にとってまさに両刃の剣である。

良薬《りょうやく》は口《くち》に苦《にが》し

《良い薬は苦くて飲みにくいが病気にはよく効く意》自分の身のためになる忠告は、聞く本人にとってはとかく不快でつらい、ということのたとえ。いろはがるた（江戸）の一。

原文　孔子曰《いわ》く、良薬は口に苦けれども病《やまい》に利あり、忠言は耳に逆らえども行ないに利あり。〈孔子家語《こうしけご》・六本《りくほん》〉

類句　◆忠言は耳に逆らう

両雄《りょうゆう》並《なら》び立《た》たず

同じような力を持つ二人の英雄は、必ず一方が倒れるまで争うものであって、同時に存在することはあり得ない。

原文　臣窃《ひそ》かに以《もっ》て過《あやま》つと為《な》す。且《か》つ両雄は倶《とも》には立たず〈私は、失礼ながら、それが間違っていると思います。その上、両雄は並んで立っていくことはできません〉。〈史《し》記《き》・酈生伝《れきせいでん》〉

類句　◇両虎《りょうこ》共に闘えば其《そ》の勢い倶《とも》には生きず

両両相俟《りょうりょうあいま》って《慣》

《「相俟《あいま》つ」は、互いに期待する意》それぞれに期待されるいい面が互いに重なることによって優れた力が発揮される様子。例専務の綿密な計画と業務部長の果敢な行動力とが両両相俟って、この事業は成し遂げられたのだ。

緑林《りょくりん》

《漢の時代に、盗賊が緑林という山にこもったことから》

盗賊の異称。
原文 新市の人王匡《おうきょう》・王鳳《おうほう》、……遂《つい》に推《お》されて渠帥《きょすい》〔悪者のかしら〕と為《な》り、衆数百人。是《ここ》に於《おい》て諸《もろもろ》の亡命《ぼうめい》、馬武《ばぶ》・王常《おうじょう》・成丹《せいたん》等、往《ゆ》いて之《これ》に従い、……緑林中に臧《かく》れ、数月の間に七八千人に至る。〈後漢書《ごかんじょ》・劉玄伝《りゅうげんでん》〉

輪奐《りんかん》

《「輪」は高大、「奐《かん》」は盛大、の意》建築物が大きくて立派なこと。例 城郭の中には輪奐の美を極めた壮麗な宮殿が配置されていた。
原文 晋《しん》、文子の室を成せるを献ず。晋の大夫《たいふ》発す。張老曰《いわ》く、美なる哉輪《かなりん》たり。美なる哉奐《かん》たり〔晋君《しんくん》は趙文子《ちょうぶんし》の家ができたのを賀した。晋の大夫たちも従って行って賀した。張老が言った、まことに高大で美麗であることよ〕。〈礼記《らいき》・檀弓下《だんぐう》〉

臨機応変《りんきおうへん》

《「機《き》に臨《のぞ》み変《へん》に応《おう》ず」と読む》その場に臨み、状況の変化に応じて適切な処置をすること。
原文 吾《われ》自ら機に臨みて変を制す。多言すること勿《なか》れ。〈南《なん》史《し》・梁宗室伝《りょうそうしつでん》〉

悋気《りんき》は女《おんな》の慎《つつし》み

女が嫉妬《しっと》深いのは、女の本性でもあるが、焼き餅《もち》を焼くのは慎んだほうがよいということ。「悋気《りんき》は女の嗜《たしな》み」とも。

悋気《りんき》は少《すこ》しは愛想《あいそ》

ほどほどの焼き餅《もち》は、愛想のようなもので、かえって好ましいものである。

綸言汗《りんげんあせ》の如《ごと》し

《「綸《りん》」は太い糸で、「綸言」は、王・天子の命令》「綸言」は、一度出てしまうと体内に戻すことができない汗と同じだ、という意。君主（天子）の命令は、いったん発せられたならば決して取り消すことができない。いろはがるた（京都）の一。
原文 王言、糸の如《ごと》く、其の出《い》づること綸《りん》の如し。王言綸の如く、其の出づること綍《ふつ》の如し〔王の言葉は絹糸のように細くとも、それが人々には太い糸のように伝わり、王の言葉は太い糸のようであっても、それが綱のように伝わる〕。〈礼記《らいき》・緇衣《しい》〉／令を出《いだ》すこと汗を出《いだ》すが如《ごと》くす。汗は出《い》でて反《かえ》らざるものなり。〈漢書《かんじょ》・劉向伝《りゅうきょうでん》〉

臨池《りんち》
《後漢《ごかん》のころの草書の達人、張芝《ちょうし》は、池のほとりで書の練習に励んだ。その結果、池の水が墨《すみ》で真っ黒になったという故事から》習字。書道。

る

類が無い《るいがない》《慣》
それが特別であって、似ているもの、同じようなものが他にはない様子。「類を見ない」とも。例 ハイチの大地震は、今までに類が無いほどの被害をもたらした。

類は友を呼ぶ《るいはともをよぶ》
同じ傾向や志、趣味を持った者どうしは、互いに呼び合ったかのように自然に集まるものである。
参考 Birds of a feather flock together.〔同じ羽の鳥は一緒に集まる〕

類句 ◆同気相求《どうきあいもと》む ◆類を以《もっ》て集まる

累卵《るいらん》 ⇩危《あや》うきこと累卵の如《ごと》し

累を及ぼす《るいをおよぼす》《慣》
自分のしたことが原因で、他人にまで迷惑をかける。例 子供じゃないのだから何をしてもいいが、親や兄弟に累を及ぼすようなことだけはするなよ。

塁を摩す《るいをます》
《敵の塁の近くに攻め寄せる意》技量や地位が上がって、相手とほぼ同等なところにまで迫ること。
原文 許伯曰《きょはくいわ》く、吾《われ》聞く、師を致す者は、御《ぎょ》は旌《せい》を靡《なび》かし塁《るい》を摩《ま》して還《かえ》る〔許伯は言った、私は、挑戦する者は、御者は旗をなびかせて疾駆し、敵陣に迫り近づいて引き返すものだと、聞いている〕。〈左伝《さでん》・宣公《せんこう》十二年〉

類を以て集まる《るいをもってあつまる》
同じような人間どうしは自然に集まって仲間になる。善い人の周囲には特に集めなくとも善良な人が集まり、悪人は悪人どうしで仲間になる。いろはがるた（京都）の一。

原文 方は類を以《もっ》て聚《あつ》まり、物は群を以て分かれて、吉凶生ず〔善い方向に向かう者は善い者どうし集まり、悪い方向に向かう者は悪い者で集まる。すべて善い者は善い者ばかり、悪い者は悪い者ばかり、群をなして分かれる。ここに易《えき》の卦《か》に吉と凶とが生じたのである〕。〈易経《えききょう》・繋辞伝《けいじでん》上〉

類句 ◆同気相求《どうきあいもと》む ◆類は友を呼ぶ

坩堝《るつぼ》と化《か》す《慣》

《多く、「興奮の坩堝《るつぼ》と化す」の形で用いて》一か所に集まった多くの人々が興奮して、その場が混乱状態になることをいう。例 リング上で世紀の対決が始まり、場内は興奮の坩堝と化した。

流人《るにん》の伏笠《ふせがさ》

昔、島流しに処せられた囚人は、自らを恥じ、顔を隠すために、笠《かさ》を前かぶりにかぶる意で、犯罪者が顔を隠したがるのは当然である、ということ。

瑠璃《るり》も玻璃《はり》も照《て》らせば光《ひか》る

《「瑠璃《るり》」は、七宝の一つで紺色のもの、「玻璃《はり》」は、七宝の一つで水晶。瑠璃も玻璃も、光を受ければ共に美しく輝く意》優れた素質を持つ者は、よい機会を与えれば、その真価を発揮する、ということ。いろはがるた（江戸）の一。

れ

例外《れいがい》のない規則《きそく》はない

どんな規則にも必ず例外がある意で、物事は理屈だけでは解決できないことが多い、ということ。

原文 There is no general rule without some exception. の訳語。

冷水《れいすい》を浴《あ》びせる

相手の気分が高揚している時や物事に夢中になっている時などに、その気持ちを一気に冷ましたりくじいたりするようなことを言う。例 彼の指摘は、成功を信じて疑わなかった提案者に冷水を浴びせた。

礼《れい》は急《いそ》げ

返礼はできるだけ早くするのがよい。機会を失すると間が抜け、また、きっかけをなくして気まずい思いをする。

礼《れい》も過《す》ぎれば無礼《ぶれい》になる

馬鹿《ばか》丁寧なのは、かえって相手を馬鹿にすることになり失礼である。

類句 ◆慇懃《いんぎん》無礼

レールを敷《し》く《慣》

順調に物事が進むように、前もって対策を立てたり準備をしたりする。例 第三国の仲介で和平交渉実現へのレールが敷かれた。

類句 ◆路線を敷く

歴史《れきし》は繰《く》り返《かえ》す

およそ過去にあった世の中の事柄は、また同じような経過をたどって再び起こるものである。

原文 History repeats itself. の訳語。

烈火《れっか》の如《ごと》く《慣》

非常に激しく怒る様子。例 信頼していた弟子に裏切られたことを知って、師匠は烈火の如《ごと》く怒った。

レッテルを貼《は》る《慣》

一面的な見方で、型にはめた評価を下す。特に、一方的に悪い評価を下す。例 些細《ささい》な欠陥を大仰《おおぎょう》に取り上げ、粗悪品のレッテルを貼《は》る。

列《れつ》に入《はい》る《慣》

ある地位・資格などを得て、他の仲間と同じ立場になる。例 第二次世界大戦の敗戦国でありながら、日本と西ドイツはいち早く先進工業国の列に入った。

連木《れんぎ》で腹《はら》を切《き》る

《「連木」は、擂《す》り粉木《こぎ》》実現不可能なことのたとえ。いろはがるた（京都）の一。

輦轂《れんこく》の下《もと》

《「輦《れん》」は、人が引く車、特に天子が乗る車。「轂《こく》」は、車のこしき（軸が通る部分）。天子の御車《みくるま》の下ということから》天子のおひざもと。皇居がある都。「輦下《れんか》」とも。

原文 僕《ぼく》、先人の緒業《しょぎょう》に頼《よ》りて、罪を輦轂《れんこく》の下《もと》に待つを得たること二十余年なり〈私は亡父の遺業のお陰によって、天子のおそばにお仕えすることが、二十余年にもなります〉。〈文選《もんぜん》・司馬遷《しばせん》の文、任少卿《じんしょうけい》に報《ほう》ずるの書《しょ》〉

連枝《れんし》

貴人の兄弟。枝《えだ》を連《つら》ね幹《みき》を同じくする意からという。

原文 況《いわ》んや我は連枝の樹《じゅ》、子《し》と一身を同じくす。〈文選《もんぜん》・蘇武《そぶ》の詩、従弟《じゅうてい》に別《わか》る〉

参考 『太平記《たいへいき》』巻十九に「春宮《とうぐう》は連枝の御兄弟……」とある。

連城《れんじょう》の壁《へき》 ⇩**和氏《かし》の壁《へき》**

連理《れんり》の枝《えだ》

《「連理」は、根元が別々の二本の木が、途中で合体し木目が連なったもの》男女の相思相愛の仲をいう。〈白居易《はくきょい》の詩、長恨歌《ちょうごんか》〉⇩**比翼連理《ひよくれんり》**

連理《れんり》の仲《なか》にも切《き》るる期《ご》

《「連理」は、前項参照》いかに相思相愛の仲であっても、いつかは別れる時が来るものである、ということ。

ろ

老牛《ろうぎゅう》犢《とく》を舐《ねぶ》るの愛《あい》 ⇩**舐犢《しとく》の愛**

老骨《ろうこつ》に鞭打《むちう》つ《慣》

年を取って気力・体力共に衰えた身を自ら励まして、何かのために努力しようとする。例 支持者に推され、老骨に鞭《むち》打って参院選に出馬することにした。

労《ろう》して功《こう》無《な》し

無駄に骨を折るばかりで、一向にその効果が無いこと。

原文 是《こ》れ猶《な》お舟を陸に推《お》すがごときなり。労して功無く、身に必ず殃《わざわい》有り〔これは、ちょうど舟を陸地で無理に動かそうとするのと同じである。骨折り損のくたびれ儲《もう》けであるばかりでなく、災いの本である〕。〈荘子《そうじ》・天運《てんうん》〉

類句 ◆骨折り損のくたびれ儲《もう》け

老醜《ろうしゅう》を晒《さら》す《慣》

なまじ人目につくようなことをしたために、老いた姿や頑迷な考え方などを人前に晒《さら》し、恥をかく結果になる。老人が自らを謙遜《けんそん》するときに用いる。例 八十歳を過ぎて会長の座にとどまっていても、老醜を晒すだけだ。

老少不定《ろうしょうふじょう》

この世では、老人が先に死に、若者が長く生きるとは決まっていない。人間の寿命は、定めの無いものである。

狼藉《ろうぜき》

〈狼《おおかみ》が草を藉《し》いて寝たあとが、散らかって乱れている意〉散らかっている様子。また、乱暴な行ないをいう。〈史《し》記《き》・滑稽伝《こっけいでん》〉⇩杯盤狼藉《はいばんろうぜき》 例 狼藉を働く。

壟断《ろうだん》

〈「壟《ろう》」は、丘、「断」は、丘が断ち切ったようになっている所の意〉昔の市場は露店であり、市場の中の一番高い場所を見つけて、市場全体を眺め、値段を見比べて利益を独占することから、利益や権利を独占すること。

原文 賤丈夫《せんじょうふ》有り。必ず龍《ろう》（壟に同じ）断《だん》を求めて之《これ》に登り、以《もっ》て左右望して市利を罔《あみ》せり（心の卑しい男があって、必ず小高い丘の断崖《だんがい》を探してそこに上り、左右を見渡して利益のありそうな所を探し、市場の利益を独占した）。〈孟《もう》子《し》・公孫丑《こうそんちゅう》下〉

老婆心《ろうばしん》

〈老婆はあれこれと心遣いをするものであるから〉親切の度が過ぎて、必要以上に世話を焼くこと。「婆心」「老婆心切」とも。〈伝灯録《でんとうろく》〉

老馬の智《ろうばのち》

〈昔、斉《せい》の管仲《かんちゅう》が桓公《かんこう》に従った遠征からの帰途雪の中で道に迷った時、老馬を放ってその後について行って道が分かったという故事から〉経験の豊かな者は、物事の方針を誤らないということのたとえ。

原文 管仲《かんちゅう》・隰朋《しゅうほう》、桓公《かんこう》に従って孤竹《こちく》を伐《う》ち、春往《ゆ》きて冬反《かえ》る。迷惑して道を失う。管仲曰《いわ》く、老馬の智用う可《べ》し、と。乃《すなわ》ち老馬を放ちて之《これ》に随《したが》い、遂《つい》に道を得たり。〈韓非《かんび》子《し》・説林《ぜいりん》上〉

類句 ◆老いたる馬は道を忘れず

隴《ろう》を得《え》て蜀《しょく》を望《のぞ》む

《「隴《ろう》」も「蜀《しょく》」も国名。後漢の光武帝が、隴を平らげた後に蜀をも手に入れようとした故事から》一つの望みを遂げ、更にその上を望むこと。人間の欲望にはきりがないことをいう。「望蜀《ぼうしょく》」とも。

原文 彭《ほう》に勅《みことのり》するの書に曰《いわ》く、……人は足るを知らざるに苦しむ。既に隴《ろう》を平らげて復《ま》た蜀《しょく》を望む〔光武帝が岑彭《しんぼう》に勅書を下されて言われた、人というものは、満足することを知らないことに苦しむものだ。隴を平らげてしまうと、また、蜀がほしくなるものである〕。〈後漢書《ごかんじょ》・岑彭伝《しんぼうでん》〉

参考『十八史略』巻三に「隴を得て蜀を望む」とある。

労《ろう》を多《た》とする《慣》

何かに苦労したことを評価するの意で、相手の働きに感謝する気持ちを表わす言葉。例この計画の成功に当たって、諸君の労を多とするものであります。

労《ろう》をとる《慣》

面倒がらずに、何かのために骨を折る。例友人が仲介の労をとってくれたので、先方の幹部に会うことができた。

ローマは一日《いちにち》にして成《な》らず

偉大なローマ帝国は、長期にわたる努力と歴史の結果建設されたもので、すべての大事業の完成には、長い年月を要する。物事は一朝にしては成らない。

原文 Rome was not built in a day. の訳語。

櫓櫂《ろかい》の立《た》たぬ海《うみ》もなし

《「櫓櫂《ろかい》」は、舟を漕《こ》ぐのに用いる櫓と櫂》櫓も櫂も使えない海はない意で、いかなる困難があっても、それに対処する方法は必ずあるはずだ、ということ。

魯魚《ろぎょ》の誤《あやま》り

《「魯《ろ》」と「魚」の字は形が似ていて書き誤りやすいところから》よく似た漢字どうしの、文字の誤り、書き誤り。

原文 諺《ことわざ》に曰《いわ》く、書三たび写せば、魚、魯《ろ》と成り、虚、虎《こ》と成る〔諺に、書物は三度書き写されると、魚は魯になり、虚は虎になるとある〕。〈抱朴子《ほうぼくし》・内篇《ないへん》・遐覧《からん》〉

類句 ◇焉馬《えんば》の誤り ◇虎虚《こきょ》の誤り ◇魯魚亥豕《ろぎょがいし》の誤り

六十年《ろくじゅうねん》は暮《く》らせど六十日《ろくじゅうにち》は暮《く》らしかねる

ただ生きていくだけならば、六十年という長い年月でも、何とか暮らしていけるが、人並みの体面を保ちながら暮らしていくのは、たとえ六十日でも、難しいものである。

類句 ◇六十年は送りて六日の事《こと》暮らし難《がた》し

六十《ろくじゅう》の手習《てなら》い

《六十歳になって文字を習い始める意》年を取ってから学問や稽古《けいこ》事を始めること。晩学。多く、自嘲《じちょう》やからかいの気持ちを込めていう。例六十の手習いと笑われそうだが、定年を機に陶芸を習い始めたよ。

類句 ◆老いの学問

六菖十菊《ろくしょうじっきく》

⇩六日《むいか》の菖蒲《あやめ》十日《とおか》の菊

禄《ろく》を盗《ぬす》む《慣》

大した働きもせずに高給を取る。非難の気持ちを込めて用いる。例禄《ろく》を盗むだけだなどと言われないようにせよ。

類句 ◆尸位素餐《しいそさん》

禄《ろく》を食《は》む《慣》

俸給を得ることによって生計を立てる。特に、公務員について言う。例市役所の職員として禄《ろく》を食《は》むからには、もっと市民サービスを心掛けてほしい。

盧生《ろせい》の夢《ゆめ》

⇩邯鄲《かんたん》の夢

路線《ろせん》を敷《し》く《慣》

今後の方針を定め、そのとおり進めるような対策を立てる。例インフラを整備し、工業化社会への路線を敷く。

類句 ◆レールを敷く

路頭《ろとう》に迷《まよ》う《慣》

収入の道を断たれたり住む家を失ったりして、生活に困窮する。例今、解雇されたら路頭に迷うことになる。

路傍《ろぼう》の人《ひと》《慣》

《たまたま路上ですれ違っただけの人の意》自分とは何のかかわりもない人。例被災者の苦しみを思えば、路傍の人に過ぎないなどと放ってもおけない。

露命《ろめい》を繋《つな》ぐ

かろうじて命を保っているの意で、わずかな収入で細々と暮らすことを表わす。例 定年退職後は、病気の妻を抱え、何とか露命を繋《つな》ぐ毎日だ。

呂律《ろれつ》が回《まわ》らない《慣》

《「呂律《ろれつ》」は、言葉の調子》酒に酔ったりして舌がよく回らず、言葉が不明瞭《ふめいりょう》になる様子。例 飲み過ぎて挨拶《あいさつ》しようにも呂律が回らないていたらくだった。

論語《ろんご》読《よ》みの論語《ろんご》知《し》らず

《論語の文章だけはすらすら読めるが、その説くところの精神は、少しも分かっていない意》書物を読んで言葉の上では理解するが、その真髄を体得せず、まして実行などできないことをいう。いろはがるた（京都）の一。

論陣《ろんじん》を張《は》る《慣》

相手の反論まで十分に予想してそれを封じ得る堅固な論理を組み立てた上で議論を展開する。例 彼女は、大物政治家を相手に堂々と論陣を張っている気鋭の政治学者だ。

論《ろん》ずる者《もの》は中《なか》から取《と》る

両者が互いに言い争っている間に、第三者が利益を手に入れるということ。また、物事を論ずるには、片寄らぬ中正な立場に立つのがよいということ。

論《ろん》より証拠《しょうこ》

何かを証明するには、口先で論じるよりも証拠を示したほうが早いし確かである。いろはがるた（江戸）の一。
参考 Seeing is believing.〔見ることは信じることである〕

論《ろん》を俟《ま》たない《慣》

今さら論じるまでもないの意で、事実であることが誰《だれ》の目にも明らかな様子。例 まだ年は若いが、彼が脳外科の権威であることは論を俟《ま》たない。

わ

若《わか》い時《とき》の辛労《しんろう》は買《こ》うてでもせよ

若い時に経験する苦労は、その人を人間として成長させ、将来のためになるから、進んで苦労を経験するのがよい。

「若い時の苦労（難儀・辛抱）は買うてでもせよ」とも。
類句 ◆艱難汝《かんなんなんじ》を玉《たま》にす

我《わ》が意《い》を得《え》る《慣》

物事が自分の思いどおりになり、気をよくする様子。例 実験結果が仮説と一致し、我が意を得た思いだ。

我《わ》が門《かど》にて吠《ほ》えぬ犬《いぬ》なし

自分の家では、どんな臆病《おくびょう》な犬でも吠《ほ》えないものはない、という意から、弱者も、自分の家の中では、強がってみせるものである、というたとえ。「我が家に鳴かぬ犬なし」とも。
類句 ◆内弁慶《うちべんけい》 ◇旅の犬が尾を窄《すぼ》める

若木《わかぎ》の下《した》で笠《かさ》を脱《ぬ》げ

若い木がどんなに伸びるかは分からないように、若者は将来どのように成長するかは分からないから、若いからといって侮らずに、礼をもって接するべきである。
類句 ◆後生畏《こうせいおそ》るべし

若気《わかげ》の至《いた》り《慣》

若い者にありがちな血気にはやる気持ちでやってしまったことだ、の意。多く、若いころの思慮を欠いた自分の行為を反省するときにいう言葉。例 若気の至りとはいえ、暴力を振るったのは許されることではない。

我《わ》が心石《こころいし》に匪《あら》ず転《まろ》ばす可《べ》からず

自分の心は少しも動じないことをいう。
原文 我が心石《いし》に匪《あら》ず、転《まろ》ばす可《べ》からず、我が心席《せき》に匪ず、巻く可からず〔自分の心は石ではないから、転がすことはできない。また、席《むしろ》ではないから、くるくると巻くことはできない〕。〈詩経《しきょう》・邶風《はいふう》・柏舟《はくしゅう》〉

我《わ》が事《こと》と下《くだ》り坂《ざか》に走《はし》らぬものなし

自分にかかわることは、誰《だれ》に言われなくとも、身を入れて対処しようとするものである。

我《わ》が田《た》に水《みず》を引《ひ》く

⇩我田引水《がでんいんすい》

我《わ》が仏《ほとけ》尊《たっと》し

《自分の寺の仏が一番尊いと思う意》自分が大切にしているものは他人のそれよりも尊いと思うこと、人は身びいきをするものであることをいう。

我《わ》が身《み》を抓《つね》って人《ひと》の痛《いた》さを知《し》れ
ほかならぬ自分の身に感じる苦しみとして、他人の苦しみを思いやらなければいけない、ということ。

我《わ》が物《もの》食《く》って主《しゅう》の力持《ちからも》ち
自分の金で飯を食って、主人のために尽力する意で、自分の利益にもならないのに、進んで他人のために世話をやくことをいう。「手飯《てめし》で力持《ちからも》ち」とも。

我《わ》が物《もの》と思《おも》えば軽《かる》し笠《かさ》の雪《ゆき》
笠《かさ》に降り積もった重い雪も、自分のものと思うならば軽く感じられる意で、自分の利益となることならば、多少の困難も苦にはならない、ということ。
参考 江戸中期の俳人、宝井《たからい》（榎本《えのもと》）其角《きかく》の句「我が雪と思へば軽し笠の上」による。

我《わ》が物《もの》ゆえに骨《ほね》を折《お》る
自分の生活のためだからこそ苦労する。または、自分のこととなれば、骨折りも仕方のないことである。

我《わ》が世《よ》の春《はる》《慣》
物事がすべて順調にいき、得意の絶頂にある時期。例 今にして思えば、報道記者として各国を飛び回っていたあのころがまさに我が世の春であった。

脇《わき》が甘《あま》い《慣》
《相撲で、腕で脇《わき》を締めつける力が弱く、すぐに相手にまわしを取られてしまう様子をいうことから》隙《すき》が多くて、相手に付け入られやすく、守りが弱い様子。例 彼の論文はなかなか目の付けどころは良いが、少々脇が甘い。

脇道《わきみち》に逸《そ》れる《慣》
本来進むべき道から外れて、別な方向に行ってしまう。好ましくない方面に足を踏み入れたり、話が本筋から逸《そ》れたりした場合に用いる。例 話が脇道《わきみち》に逸れてしまったから、本題に戻そう。

脇目《わきめ》も振《ふ》らず《慣》
よそ見もしないで何かをする意で、一つのことに心を集中して打ち込む様子。例 弁護士を目指して、脇目《わきめ》も振らずに司法試験の勉強をする。

類句 ◆面《おもて》も振らず

わけが無《な》い《慣》

そのことの実現に、大して時間や労力を要しない様子。

例 顔の広い彼にとっては、資金を調達することなどわけが無い。

和光同塵《わこうどうじん》

《知恵の光を和《やわ》らげて塵《ちり》（俗世間）の中にまじっている、という意》自分の才能を表に出さないで一般の平凡な人と一緒になって俗世間に住まうこと。

原文 其《そ》の光《ひかり》を和《やわ》らげ、其の塵《ちり》に同じくす。〈老子《ろうし》・四・五六〉

わさびを利《き》かせる《慣》

問題の核心を鋭くえぐり出すなどして、相手に強い印象を与えるような話をする様子。例 彼は、話の要所要所にわさびを利かせた。自 わさびが利く

殃池魚《わざわいちぎょ》に及《およ》ぶ

⇩池魚《ちぎょ》の殃《わざわい》

禍《わざわい》は口《くち》から

災いは自分の口から生まれるものである。ちょっとした不用意な発言が問題の引き金になることが多いから、ものを言うときにはくれぐれも慎重にせよ、ということ。

禍《わざわい》も三年《さんねん》たてば用《よう》に立《た》つ

今は災難だと思われることも、時がたてば幸せの種となることがあるということ。

禍《わざわい》を転《てん》じて福《ふく》となす

災難であってもそれにうまく対処して、かえって幸福を得るようにすること。

原文 所謂《いわゆる》禍《わざわい》を転じて福と為《な》し、敗《はい》に因《よ》りて功を成す者なり。〈戦国策《せんごくさく》・燕策《えんさく》〉

和《わ》して同《どう》ぜず

他人と調和するように心掛けるが、むやみに他人の意見に引きずられたり妥協したりはしない。人との付き合いで協調は大切であるが、道理に外れたことにはあくまでも反対しなければいけない、ということ。

原文 子曰《しいわ》く、君子は和して同ぜず、小人《しょうじん》は同じて和せず〔孔子が言われた、君子は、人と協調はするが雷同はしない。小人は、人に雷同はするが協調はしない〕。〈論語《ろんご》・子路《しろ》〉

私《わたし》としたことが《慣》

間違いや失敗をしたとき、自分としては常日ごろそのようなことが無いよう気を付けていたはずであったのにと、意外さや悔しさを表わす言葉。例 私としたことが会議に使う資料を家に忘れて来るとは、どうしたことだろう。

綿《わた》のよう《慣》

非常に疲れ、体中の力が抜けてしまったように感じられる様子。例 一日中歩き回り綿のように疲れて帰ってきた。

渡《わた》りに船《ふね》《慣》

何かをしようとする時に、好都合なことが起こり、さっそく利用すること。例 出掛けようとしていたら友達が車で来たので、渡りに船と便乗させてもらった。

渡《わた》りをつける《慣》

面識のない相手と交渉を持とうとして、関係をつける。例 知人を介して、政界に渡りをつける。

渡《わた》る世間《せけん》に鬼《おに》はない

世間は薄情な人ばかりだと思われがちであるが、必ず情け深い人がいて、助けられながら生きていくものだ。参考「人を見たら泥棒《どろぼう》と思え」は、この反対。

割《わ》って入《はい》る《慣》

何かの中へ、かき分けるようにして強引に入る。特に、人込みの中や喧嘩《けんか》をしている双方の間に入る意に用いる。例 取っ組み合いの喧嘩になったので、あわてて割って入って、二人を引き離した。

話頭《わとう》を転《てん》じる《慣》

話題をそれまで進んで来た話の方向とは別のものに変える。例 これまでは企業の戦略の話だったが、ここで話頭を転じて、世界の経済状況を見ていくことにしよう。

罠《わな》に掛《か》ける《慣》

計略をめぐらして、うまく相手をだます。「罠《わな》に落とす」とも。例 撤退すると見せて敵を罠に掛け、敵陣の背後に

回って攻撃を仕掛けた。自 罠に掛かる

罠《わな》にはまる《慣》

相手の計略を見破れず、まんまとだまされる。「罠《わな》に落ちる」とも。例 囮《おとり》捜査の罠にはまり、麻薬密売組織の一味が逮捕された。

罠《わな》を掛《か》ける《慣》

相手を陥れようとして、計略をめぐらす。例 政敵を失脚させようとして、巧妙な罠《わな》を掛ける。

輪《わ》に輪《わ》をかける

輪をかけた上に更に輪をかけるということで、甚だしく誇張することをいう。例 少しばかりの手柄を、記者会見では輪に輪をかけて得意げに吹聴《ふいちょう》していた。

詫《わ》びを入《い》れる《慣》

自分の非を認め、相手に謝る。例 先方が詫《わ》びを入れて来るまでは、絶対に会わないつもりだ。

笑《わら》いが止《と》まらない《慣》

予想以上に大きな利益を得るなどして、うれしくてたまらない状態にあることをいう。例 彼の会社は、新製品が売れに売れて笑いが止まらないようだ。

笑《わら》い事《ごと》ではない《慣》

第三者から見れば笑って済まされることかもしれないが、当人には深刻な問題であると、相手に訴える言葉。例 いかにして痩《や》せるかは、私には笑い事ではないのだ。

類句 ◇笑い事では済まされない

笑《わら》いを噛《か》み殺《ころ》す《慣》

笑い出しそうになるのを一生懸命こらえる。「笑いを殺す」とも。例 部長の調子っぱずれの歌を聞かされて、みんなは笑いを噛《か》み殺すのに苦労した。

笑《わら》う顔《かお》に矢《や》立《た》たず

笑顔で接してくる人に対しては、たとえ敵意を抱いていても、敵対心を無くしてしまう、ということ。

類句 ◇怒れる拳《こぶし》笑顔に当たらず ◇笑う顔は打たれぬ

笑《わら》う門《かど》には福《ふく》来《きた》る

いつもにこにこしている人、笑い声の絶えない家には、自然と幸運がやってくる。いろはがるた（京都）の一。

草鞋《わらじ》を脱《ぬ》ぐ《慣》

〔もと、渡世人《とせいにん》などが旅の途中で、その土地の親分の家などに一時身を落ち着けたこと〕長旅を終えて、身を落ち着ける。また、旅の途中で旅館などに宿をとる。例 長らく放浪生活を続けてきたが、この辺でそろそろ草鞋《わらじ》を脱ぐことにしよう。

草鞋《わらじ》を穿《は》く《慣》

〔もと、渡世人《とせいにん》や凶状持《きょうじょうも》ちが追及の手を逃れるために長い旅に出たことから〕諸国をめぐり歩く、長い旅に出る。例 各地に伝わる民話を採集するために草鞋《わらじ》を穿《は》く。

藁千本《わらせんぼん》あっても柱《はしら》にならぬ

ものの役に立たないものが、たとえどれほど集まったとしても、頼りにならないものである、ということ。

藁苞《わらづと》に黄金《こがね》

粗末な藁《わら》包みの中に黄金が入っている意で、外見は粗末であるが、中身は非常に価値があること、また、人の真価は、その外見からだけでは、推し量ることはできないことをいう。

類句 ◇外襤褸《そとぼろ》の内錦《うちにしき》

藁《わら》で束《たば》ねても男《おとこ》は男《おとこ》

頭髪を藁《わら》で束ねているような身分の低い男でも、男としての威厳や価値があるのだから、馬鹿《ばか》にしてはいけない、ということ。「藁で束ねても男一匹」とも。

類句 ◇箸《はし》に目鼻付けても男は男 ◇藁《わら》でしても男

藁《わら》にも縋《すが》る《慣》

追い詰められて苦しいときには、頼りにならないようなものまでも頼りにしたくなる。例 彼は藁《わら》にも縋《すが》る思いで、年金暮らしの私のところにまで借金に来たのだろう。

藁《わら》の上《うえ》から育《そだ》て上《あ》げる

〔「藁《わら》」は、産婦の床に敷いた藁のこと〕生まれ落ちたときから手塩にかけて育て、一人前にすること。

藁《わら》をも掴《つか》む

⇩**溺《おぼ》れる者は藁《わら》をも掴《つか》む**

割《わり》が悪《わる》い《慣》

他と比べて損な立場に置かれている様子。例 いやな仕事に限って僕のところに持ち込まれ、全く割が悪いよ。

割《わ》り切《き》れない《慣》

十分に納得できないところがあって、気持ちがすっきりしない様子。例 今回の事故は不可抗力として処理されたが、何か割り切れないものがある。

割《わり》に合《あ》わない《慣》

苦労しただけの効果が上がらず、損になる様子。「割が合わない」とも。例 こんなに一生懸命やっているのに誰《だれ》も認めてくれないなんて、割に合わない話だ。

割《わり》を食《く》う《慣》

損な立場に立たされる。例 相手の言うとおりにしていたら、こっちが割を食うことになる。

悪《わる》い親《おや》もいい子《こ》を望《のぞ》む

親は悪人でも、我が子だけはよい人間になることを望む。我が子が立派な人間になることを願うのは、世の親の常であって、たとえ悪人でも例外ではない、ということ。

悪《わる》い虫《むし》がつく《慣》

年ごろの娘に、親の目から見ると好ましくないと思われる男が近づいて、交際相手となる。⇩**虫がつく** 例 悪い虫がついたら困ると、父親は娘の海外留学に反対した。

悪《わる》いようにはしない《慣》

決して損にならないようにするから自分に任せてくれと、相手を説得するときに用いる言葉。例 改築なら当社にお任せください。決して悪いようにはいたしません。

我《われ》思《おも》う故《ゆえ》に我《われ》在《あ》り

考える自分がいるから、自分が存在する。考える自我がすべての哲学の基礎である、という意。フランスの哲学者デカルトの言葉。ラテン語でそのまま「コギト　エルゴスム」としてもよく言われる。

破《われ》鍋《なべ》に綴《とじ》蓋《ぶた》

《破損した鍋《なべ》に合う繕った蓋《ふた》がある、という意》とかく似た者どうしが結婚するし、誰《だれ》にでも相応の配偶者がいる、ということ。いろはがるた（江戸）の一。

我《われ》に返《かえ》る《慣》

意識を失っていた人が正常な意識を取り戻したり、何かに心を奪われていた人が平常心を取り戻したりする。例 夢中になってミステリー小説を読んでいたが、ふと我に返ると夜明けが近かった。

我《われ》にも無《な》く《慣》

日ごろの自分からは予測できないようなことをする様子。「我知らず」とも。例 純愛を描いた映画を観ているうちに、我にも無く泣けてきた。

我人《われひと》に辛《つら》ければ人《ひと》また我《われ》に辛《つら》し

自分が他人を冷たく扱えば、相手も自分に対して、同じように冷たい仕打ちで応えるものである。自分のしたことは、結局、自分に戻ってくるものである、という戒め。「人のために辛《つら》ければ必ず身にも報う」とも。

我《われ》を忘《わす》れる《慣》

何かに心を奪われ、自分の置かれた立場やなすべきことなどが意識されない状態になる。例 急に開けた風景のあまりの美しさに、我を忘れてその場にたたずんだ。

輪《わ》をかける《慣》

一回り大きくする意で、一段と程度がまさる様子。例 お姉さんも美人だが、妹さんは更に輪をかけて美しい。

和《わ》を以《もっ》て貴《とうと》しとなす

何事も、人々がお互いになごやかに調和して行なうことが大切である。聖徳太子《しょうとくたいし》が制定した「十七条憲法」の第一条にある言葉。

ワンクッション置《お》く《慣》

事がうまく運ぶように、間に一段階を置いて当たりを和《やわ》らげる。例 あの人に直接話を持っていくより、ワンクッション置いて私の友人から話をしてもらうほうが無難だ。

東西いろはがるた一覧……各句は現代かなづかいで掲げました。

江戸

い　犬《いぬ》も歩《ある》けば棒《ぼう》に当《あ》たる
ろ　論《ろん》より証拠《しょうこ》
は　花《はな》より団子《だんご》
に　憎《にく》まれっ子《こ》世《よ》に憚《はばか》る
ほ　骨《ほね》折《お》り損《ぞん》のくたびれ儲《もう》け
へ　屁《へ》をひって尻窄《しりすぼ》める
と　年寄《としよ》りの冷《ひ》や水《みず》
ち　塵《ちり》も積《つ》もれば山《やま》となる
り　律義者《りちぎもの》の子沢山《こだくさん》
ぬ　盗人《ぬすびと》の昼寝《ひるね》
る　瑠璃《るり》も玻璃《はり》も照《て》らせば光《ひか》る
を　老《お》いては子《こ》に従《したが》え
わ　破鍋《われなべ》に綴蓋《とじぶた》
か　癩《かったい》の瘡《かさ》うらみ

京都

い　一寸先《いっすんさき》は闇《やみ》
ろ　論語《ろんご》読《よ》みの論語《ろんご》知《し》らず
は　針《はり》の穴《あな》から天《てん》を覗《のぞ》く
に　二階《にかい》から目薬《めぐすり》
ほ　仏《ほとけ》の顔《かお》も三度《さんど》
へ　下手《へた》の長談義《ながだんぎ》
と　豆腐《とうふ》に鎹《かすがい》
ち　地獄《じごく》の沙汰《さた》も金次第《かねしだい》
り　綸言汗《りんげんあせ》の如《ごと》し
ぬ　糠《ぬか》に釘《くぎ》
る　類《るい》を以《もっ》て集《あつ》まる
を　鬼《おに》も十八《じゅうはち》
わ　笑《わら》う門《かど》には福来《ふくきた》る
か　蛙《かえる》の面《つら》に水《みず》

大阪—名古屋

い　一《いち》を聞《き》いて十《じゅう》を知《し》る
ろ　六十《ろくじゅう》の三《み》つ子《ご》
は　花《はな》より団子《だんご》
に　憎《にく》まれっ子《こ》神直《かみなお》し
ほ　惚《ほ》れたが因果《いんが》
へ　下手《へた》の長談義《ながだんぎ》
と　遠《とお》い一家《いっけ》より近《ちか》い隣《となり》
ち　地獄《じごく》の沙汰《さた》も金次第《かねしだい》
り　綸言汗《りんげんあせ》の如《ごと》し
ぬ　盗人《ぬすびと》の昼寝《ひるね》
る　類《るい》を以《もっ》て集《あつ》まる
を　鬼《おに》の女房《にょうぼう》に鬼神《きしん》
わ　若《わか》い時《とき》は二度《にど》ない
か　陰裏《かげうら》の豆《まめ》もはじけ時《どき》

よ　葦《よし》の髄《ずい》から天井《てんじょう》覗《のぞ》く
た　旅《たび》は道《みち》連《づ》れ世《よ》は情《なさ》け
れ　良薬《りょうやく》は口《くち》に苦《にが》し
そ　総領《そうりょう》の甚六《じんろく》
つ　月夜《つきよ》に釜《かま》を抜《ぬ》かれる
ね　念《ねん》には念《ねん》を入《い》れよ
な　泣《な》きっ面《つら》に蜂《はち》
ら　楽《らく》あれば苦《く》あり
む　無理《むり》が通《とお》れば道理《どうり》引《ひ》っ込《こ》む
う　嘘《うそ》から出《で》た真《まこと》
ゐ　芋《いも》の煮《に》えたも御存知《ごぞんじ》ない
の　喉元《のどもと》過《す》ぎれば熱《あつ》さを忘《わす》れる
お　鬼《おに》に金棒《かなぼう》
く　臭《くさ》いものに蓋《ふた》をする
や　安物《やすもの》買《か》いの銭失《ぜにうしな》い
ま　負《ま》けるが勝《か》ち
け　芸《げい》は身《み》を助《たす》ける
ふ　文《ふみ》はやりたし書《か》く手《て》は持《も》たぬ

よ　夜目《よめ》遠目《とおめ》笠《かさ》の内《うち》
た　立《た》て板《いた》に水《みず》
れ　連木《れんぎ》で腹《はら》を切《き》る
そ　袖《そで》の振《ふ》り合《あ》わせも他生《たしょう》の縁《えん》
つ　月夜《つきよ》に釜《かま》を抜《ぬ》かれる
ね　猫《ねこ》に小判《こばん》
な　済《な》す時《とき》の閻魔顔《えんまがお》
ら　来年《らいねん》の事《こと》を言《い》えば鬼《おに》が笑《わら》う
む　昔《むかし》操《と》った杵柄《きねづか》
う　氏《うじ》より育《そだ》ち
ゐ　鰯《いわし》の頭《あたま》も信心《しんじん》から
の　鑿《のみ》と言《い》えば槌《つち》
お　負《お》うた子《こ》に教《おし》えられて浅瀬《あさせ》を渡《わた》る
く　臭《くさ》いものに蠅《はえ》がたかる
や　闇夜《やみよ》に鉄砲《てっぽう》
ま　蒔《ま》かぬ種《たね》は生《は》えぬ
け　下駄《げた》と焼《や》き味噌《みそ》
ふ　武士《ぶし》は食《く》わねど高楊枝《たかようじ》

よ　よこ槌《つち》で庭《にわ》をはく
た　大食上戸《たいじきじょうご》の餅食《もちく》い
れ　連木《れんぎ》で腹《はら》を切《き》る
そ　袖《そで》の振《ふ》り合《あ》わせも他生《たしょう》の縁《えん》
つ　爪《つめ》に火《ひ》をともす
ね　寝耳《ねみみ》に水《みず》
な　習《なら》わぬ経《きょう》は読《よ》めぬ
ら　楽《らく》して楽《らく》知《し》らず
む　無芸大食《むげいたいしょく》
う　牛《うし》を馬《うま》にする
ゐ　炒豆《いりまめ》に花《はな》が咲《さ》く
の　野良《のら》の節供働《せっくばたら》き
お　陰陽師《おんようじ》身《み》の上《うえ》知《し》らず
く　果報《かほう》は寝《ね》て待《ま》て
や　闇《やみ》に鉄砲《てっぽう》
ま　待《ま》てば甘露《かんろ》の日和《ひより》あり
け　下戸《げこ》の建《た》てた蔵《くら》はない
ふ　武士《ぶし》は食《く》わねど高楊枝《たかようじ》

こ　子《こ》は三界《さんがい》の首《くび》っ枷《かせ》
え　得手《えて》に帆《ほ》を揚《あ》ぐ
て　亭主《ていしゅ》の好《す》きな赤烏帽子《あかえぼし》
あ　頭隠《あたまかく》して尻隠《しりかく》さず
さ　三遍回《さんべんまわ》って煙草《たばこ》にしょ
き　聞《き》いて極楽《ごくらく》見《み》て地獄《じごく》
ゆ　油断大敵《ゆだんたいてき》
め　目《め》の上《うえ》の瘤《こぶ》
み　身《み》から出《で》た錆《さび》
し　知《し》らぬが仏《ほとけ》
ゑ　縁《えん》は異《い》なもの味《あじ》なもの
ひ　貧乏暇《びんぼうひま》なし
も　門前《もんぜん》の小僧《こぞう》習《なら》わぬ経《きょう》を読《よ》む
せ　背《せ》に腹《はら》は代《か》えられぬ
す　粋《すい》は身《み》を食《く》う
京　京《きょう》の夢大阪《ゆめおおさか》の夢《ゆめ》

こ　これに懲《こ》りよ道才坊《どうさいぼう》
え　縁《えん》の下《した》の力持《ちからも》ち
て　寺《てら》から里《さと》へ
あ　足下《あしもと》から鳥《とり》が立《た》つ
さ　竿《さお》の先《さき》に鈴《すず》
き　義理《ぎり》と褌《ふんどし》は欠《か》かされぬ
ゆ　幽霊《ゆうれい》の浜風《はまかぜ》
め　盲《めくら》の垣覗《かきのぞ》き
み　身《み》は身《み》で通《とお》る裸《はだか》ん坊《ぼう》
し　吝《しわ》ん坊《ぼう》の柿《かき》の種《たね》
ゑ　縁《えん》の下《した》の舞《まい》
ひ　瓢箪《ひょうたん》から駒《こま》が出《で》る
も　餅《もち》は餅屋《もちや》
せ　栴檀《せんだん》は二葉《ふたば》より芳《かんば》し
す　雀百《すずめひゃく》まで踊《おど》り忘《わす》れず
京　京《きょう》に田舎《いなか》あり

こ　志《こころざし》は松《まつ》の葉《は》
え　閻魔《えんま》の色事《いろごと》
て　天道人《てんどうひと》を殺《ころ》さず
あ　阿呆《あほう》につける薬《くすり》はない
さ　触《さわ》らぬ神《かみ》に祟《たた》りなし
き　義理《ぎり》と褌《ふんどし》
ゆ　油断大敵《ゆだんたいてき》
め　目《め》の上《うえ》の瘤《こぶ》
み　箕売《みう》りが古箕《ふるみ》
し　尻食《しりく》らえ観音《かんのん》
ゑ　縁《えん》の下《した》の力持《ちからも》ち
ひ　貧僧《ひんそう》の重《かさ》ね食《ぐ》い
も　桃栗三年柿八年《ももくりさんねんかきはちねん》
せ　背戸《せと》の馬《うま》も相口《あいくち》
す　墨《すみ》に染《そ》まれば黒《くろ》くなる
京　（なし）

故事の背景

故事には「背水《はいすい》の陣《じん》」や「四面楚歌《しめんそか》」のように、有名な歴史上の話が由来になったものがあるが、中には「蛇《だ》足《そく》」「漁父《ぎょふ》の利《り》」のような作り話に基づくものがある。「蛇足」は、昔、楚《そ》の国で褒美《ほうび》に酒を貰《もら》った家来たちが、一人で飲めば十分だが数人で飲むには足りないので、酒を賭《かけ》にして蛇《へび》を早く書き上げる競争をし、早くできた一人が調子に乗って不必要な足までも書き加えたために、足があっては蛇ではないと言われて、酒を貰いそこなったという話である。

どうして、こんなつまらない話が有名な故事となり、今でも使われているのかと不思議に思うであろうが、それには大きな理由がある。

中国の戦国時代（前四〇三―前二二一）、中国本土が七つの大国に分かれて戦争がうち続いていた時、軍事はもちろんのこと、外交ということも重要な役割を果たしていた。いわゆる「樽俎折衝《そんそせっしょう》」の間に一国の運命が決せられた例も少なくない。弁舌だけで諸国を説いてまわり、舌先の力で戦争を始めたりやめさせたりした、蘇秦《そしん》とか張儀《ちょうぎ》とかいう人々が出て来たのはこの頃《ころ》である。蘇秦が「鶏口《けいこう》となるとも牛後《ぎゅうご》となるなかれ」という卑近なたとえ話で諸侯を説き勧め、強大な秦に対抗する六国《りっこく》の軍事同盟を結ばせたことは有名な話である。このように、自分の意見を相手にわからせるには、ただ正面から難しい理屈を並べるだけでは効果がない。上手なたとえ話を使って説得すれば相手も納得し、敵も味方にすることができるのである。

「蛇足《だそく》」は、戦国時代の話で、楚《そ》の国の昭陽《しょうよう》という将軍が、魏《ぎ》の国を攻める命令を受け、大勝利の末、魏の都まで攻め入って降服させた。昭陽将軍は大得意になり、自分の強さを示そうとして、さらにその東の斉《せい》の国までも攻撃しようとした。そのうわさを聞いて斉の国では大騒ぎとなり、何とかしてその侵略を阻止しようとした。その時、陳軫《ちんしん》という者が昭陽に面会して「蛇足」のたとえ話をし、「あなたは魏の国を降服させて大手柄を立て最高の爵位をもらいました。この上、斉の国に勝っても、もはやもらう爵位はなく、場合によってはせっかく得た爵位も人のものになる恐れがあります。それは蛇足と同じことではありませんか」と言った。昭陽将軍はその話を聞いて、なるほどもっともなことであると考え、斉の国を攻めることをやめて引き返した。つまり「蛇足」の話によって、斉は敵軍の侵略をはばみ、一国を戦争の惨《さん》禍《か》から救うことができたわけである。

「漁父《ぎょふ》の利《り》」は、どぶ貝が川辺で口をあけてひなたぼっこをしていると、鷸《しぎ》がその肉をついばんだ。すると、どぶ貝は殻《から》を閉じて鷸のくちばしをはさんだ。互いに離さず頑張《がんば》っているうちに漁師が見つけて両方とも捕らえてしまったという話である。

これもやはり戦国時代のことで、趙《ちょう》の国が燕《えん》の国を攻めようとした。燕では戦争になっては大変と、蘇秦《そしん》の弟の蘇代《そだい》を趙につかわした。蘇代は趙王に会って、鷸とどぶ貝のたとえ話をして、「今、趙では燕を攻めようとしていますが、燕と趙との両大国が戦争をして持久戦を続け国力を弱めたら、あの強い秦《しん》が漁父となってやすやすと両国を取ってしまうことになりはしないでしょうか」と言った。その話を聞いて趙王は燕に戦争をしかけることをやめにした。「漁父の利」のたとえ話によって燕は趙との戦いを未然に防ぐことができたのである。

かれらは相手を説得するために、まさに命がけで弁舌をふるったのである。これを、ただ「戦争は人道に反する行為である」とか、「無益な戦争はやめるべきである」などという議論を展開し、真正面から百万言を費やして説得してみたところで効果はない。わかりやすい卑近なたとえ話が相手をなるほどと納得させるのである。

そして、これらのたとえ話は時代の波に洗われながら今日まで残り、故事として利用されているのである。

出典略解……故事・成語の出典書名・人名のうち、主なものをまとめました。

晏子春秋《あんししゅんじゅう》（書名）
八巻。春秋時代、斉《せい》の景公に仕えた賢宰相晏嬰《あんえい》の言行を、後人がまとめた書。略して『晏子』ともいう。

易経《えききょう》（書名）
経《けい》二篇《へん》とその解釈展開である十翼《じゅうよく》とから成る。『周易《しゅうえき》』ともいい、単に『易』ともいう。五経《ごきょう》の一。もと吉凶禍福を占うのに用いた古代の書であるが、深遠な人生哲理が説かれている。十翼は孔子の作といわれるが、後世の仮託である。

淮南子《えなんじ》（書名）
二一巻。前漢の淮南王劉安《わいなんおうりゅうあん》（漢の高祖の孫）が幕下に命じて作らせた書。一学派にかたよらずにいろいろの説がはいっており、百科全書的な書。

袁宏《えんこう》（人名）三二八―三七六
晋《しん》代の詞人。字《あざな》は彦伯《げんぱく》。

塩鉄論《えんてつろん》（書名）
一二巻。漢の桓寛《かんかん》の編著。漢の武帝の時、政府の塩や鉄の専売制度について、その是非を議論した書。

王安石《おうあんせき》（人名）一〇二一―一〇八六
北宋《ほくそう》の大政治家で文人、学者。字《あざな》は介甫《かいほ》、号は半山。神《しん》宗《そう》の時、国政をつかさどり、青苗《せいびょう》・保甲《ほこう》などの新法を主張し、改革を行なったが、急激であったのと部下がよくなかったため世の悪評を受けた。経書《けいしょ》の解釈法にも新しい説が多く、その文章は唐宋古文八大家の一として数えられる。

王維《おうい》（人名）六九九―七五九
盛唐の詩人で画家。玄宗《げんそう》の時、尚書右丞《しょうしょゆうじょう》となったから王右丞ともよばれる。詩は自然を詠じ、書は草書・隷書をよくし、画は南宗の祖といわれ、また、仏教にも造詣《ぞうけい》が深かったので字《あざな》は摩詰《まきつ》とした。

王勃《おうぼつ》（人名）六四九―六七六（一説、六五〇―六七九）
初唐の大詩人。字《あざな》は子安。楊炯《ようけい》・盧照隣《ろしょうりん》・駱賓王《らくひんのう》とともに初唐の四傑といわれた。滕王閣《とうおうかく》の序と詩とで有名になった天才。南海に溺死《できし》した。

欧陽脩《おうようしゅう》（人名）一〇〇七―一〇七二
北宋《ほくそう》の政治家で文人。字《あざな》は永叔《えいしゅく》。号は六一居士《ろくいちこじ》・酔翁《すいおう》。

仁宗《じんそう》の時、参知政事となったが、王安石《おうあんせき》と意見が合わないで辞職した。詩文も詞もすぐれ、古文を復興し、唐宋八大家の一。学問も深く、著書に『新唐書』『新五代史』『毛詩本義』『六一詩話』などがある。

王陽明《おうようめい》（人名）一四七二—一五二八
明《みん》の哲学者。名は守仁。陽明先生といわれた。政治家としても寧王宸濠《ねいおうしんごう》の乱を平らげて軍功があった。宋《そう》の朱子の説に反対し、宋の陸象山《りくしょうざん》の唯心的な学説に基づき、知《ち》行合一《こうごういつ》・事上磨錬《まれん》を説き、陽明学の祖となった。その語録を集めたものに『伝習録《でんしゅうろく》』がある。

開元天宝遺事《かいげんてんぽういじ》（書名）
四巻。五代の王仁裕《おうじんゆう》の著。唐の玄宗の開元・天宝年間の遺事を集めた書。略して『開天遺事』ともいう。

賈誼新書《かぎしんじょ》（書名）
一〇巻。前漢の賈誼《かぎ》の著。多くその言行を記したもの。単に『新書』ともいう。

鶴林玉露《かくりんぎょくろ》（書名）
一六巻。宋《そう》の羅大経《らたいけい》の随筆。

関尹子《かんいんし》（書名）
一巻。周の尹喜《いんき》の著。南宋《なんそう》時代に初めて世に出たもので、偽作といわれる。

管子《かんし》（書名）
二四巻。春秋時代に、斉《せい》の桓公《かんこう》を助けて覇者《はしゃ》の大業を達成させた名宰相の、管仲《かんちゅう》の学説を録する。斉国の富民・治国・布教の術を述べ、法治主義や経済政策などを説いているが、おそらく、門人または後世の作であろう。

顔氏家訓《がんしかくん》（書名）
二巻。南北朝時代の学者、顔之推《がんしすい》の著。作者は梁《りょう》から北《ほく》斉《せい》に入り、隋《ずい》に仕え、乱世を生き抜いた知識人で、立身治家の法を述べて子孫を教訓したもの。

韓詩外伝《かんしげでん》（書名）
一〇巻。漢の韓嬰《かんえい》の著。家伝の詩学について述べた書。

漢書《かんじょ》（書名）
一二〇巻。後漢の班固《はんこ》の著。一部は妹の昭によって続成された。『史記』にならって作られ、前漢一代のことを記した歴史書。『前漢書《ぜんかんじょ》』ともいう。二十四史の一。

桓譚《かんたん》（人名）前二四—五六
後漢の初めの学者。五経《ごきょう》に通じ、『新論』を著わした。

漢武帝《かんのぶてい》（人名）前一四〇—前八七在位
前漢の第七代の皇帝。名は徹。匈奴《きょうど》を討伐《とうばつ》し、西域・安南・朝鮮を経略し、儒教を政治・教化の基本とした。

韓非子《かんぴし》（書名）

二〇巻。戦国時代の思想家の、韓非《かんぴ》の思想を録した書。韓非は李斯《りし》とともに荀子《じゅんし》に学んだが、法家に属し、形名参同・信賞必罰を主張し、秦《しん》に使いして殺された。その文章は巧みな寓話《ぐうわ》と論理とによって名高い。

韓愈《かんゆ》（人名）七六八―八二四
中唐の学者、文豪で詩人。字《あざな》は退之《たいし》。柳宗元《りゅうそうげん》とともに古文の復興に努力した。唐宋《そう》古文八大家の一人。

魏書《ぎしょ》（書名）
一一四巻。北斉《ほくせい》の魏収《ぎしゅう》の著。北朝の魏の歴史書。二十四史の一。

魏徴《ぎちょう》（人名）五八〇―六四三
唐の開国の功臣。字《あざな》は玄成《げんせい》。胆力と見識があり、よく太《たい》宗《そう》をいさめ、上書二百余事におよび、朝政に貢献した。

魏文帝《ぎのぶんてい》（人名）一八七―二二六
魏の曹操《そうそう》の子。名は丕《ひ》。漢の献帝の位を奪って帝位につき、国を魏と号した。文学を愛好し、『典論《てんろん》』という文学評論書を著わした。

玉台新詠《ぎょくだいしんえい》（書名）
一〇巻。陳《ちん》の徐陵《じょりょう》の編。漢から梁《りょう》までの詩を集めた書で、『文選《もんぜん》』とともに古代詩の重要な資料。

許渾《きょこん》（人名）七九一？―八五四？
晩唐の詩人。字《あざな》は仲晦《ちゅうかい》。監察御史《かんさつぎょし》から虞部《ぐぶ》員外郎となった。晩年は郷里の丁卯橋《ていぼうきょう》にあった別荘に引きこもった。格調のよく整った詩を作った。

近思録《きんしろく》（書名）
一四巻。宋《そう》の朱熹《しゅき》・呂祖謙《りょそけん》の共編。宋儒の周敦頤《しゅうとんい》・張《ちょう》載《さい》・程顥《ていこう》・程頤《ていい》の言行中、日常生活に密接なものを選んだ書。

孔叢子《くぞうし》（書名）
二一巻。孔鮒《こうふ》の著といわれるが偽作。孔家の人々の言行を記した書。

旧唐書《くとうじょ》⇩**唐書**《とうじょ》

公羊伝《くようでん》（書名）
孔子の制作といわれる『春秋』について、その書法を注釈説明した書。公羊高《くようこう》の作と伝えられる。

芸苑卮言《げいえんしげん》（書名）
六巻。明《みん》の王世貞《おうせいてい》の著。歴代の詩話中で傑出した書。

華厳経《けごんきょう》（書名）
六〇巻、八〇巻、四〇巻などあり。釈尊《しゃくそん》の成道《じょうどう》後二十七日に、法界平等の真理を証悟した仏を称揚した経文。

元史《げんし》（書名）
二一〇巻。明の宋濂《そうれん》らが勅命を受けて編修した、元の時代の歴史書。二十四史の一。

孔安国《こうあんこく》（人名）前一五六？—前七四？
漢の武帝のころの学者。孔子の子孫で、『古文尚書《こぶんしょうしょ》』の注釈を書いた。

恒言録《こうげんろく》（書名）
六巻。清《しん》の銭大昕《せんだいきん》の著。方言・俗語の由来について記す。

黄山谷《こうざんこく》 ⇩**黄庭堅**《こうていけん》

孔子家語《こうしけご》（書名）
一〇巻。現行本は、三国魏《ぎ》の王粛《おうしゅく》が自説の正当性を立証するために偽作した書といわれる。古書の中から孔子の言行および門人の問答を集めて記す。

侯鯖録《こうせいろく》（書名）
八巻。宋《そう》の趙徳麟《ちょうとくりん》の著。故事・詩話などを雑記する。

黄庭堅《こうていけん》（人名）一〇四五—一一〇五
北宋《ほくそう》の詩人。字《あざな》は魯直《ろちょく》、号は涪翁《ばいおう》。また、山谷道人と号したので黄山谷《こうざんこく》といわれる。蘇軾《そしょく》の門人で蘇門四学士の一人。蘇軾と並んで蘇黄といわれ、江西詩派の祖で、草書にも長じた。

呉越春秋《ごえつしゅんじゅう》（書名）
一〇巻。漢の趙曄《ちょうよう》の著。春秋時代の呉越両国の出来事を記した書。

後漢書《ごかんじょ》（書名）
一二〇巻。後漢一代の歴史を書いた書。本紀と列伝は南朝宋《そう》の范曄《はんよう》の著。志は晋《しん》の司馬彪《しばひょう》の著。二十四史の一。

国語《こくご》（書名）
二一巻。周の左丘明《さきゅうめい》の著といわれるが明らかではない。春秋時代の列国の国別の歴史書。『春秋外伝』ともいわれる。

古詩源《こしげん》（書名）
一五巻。清《しん》の沈徳潜《しんとくせん》の編。太古から隋《ずい》に至るまでの詩を選録した書。

五代史《ごだいし》（書名）
五代の時代のことを記した歴史書。『旧五代史』の一五〇巻は、宋《そう》の太宗《たいそう》の時、薛居正《せっきょせい》の著。『新五代史』の七四巻は、宋の仁宗《じんそう》の時に、欧陽脩《おうようしゅう》らが『旧五代史』を改修したもの。共に二十四史の一。

左伝《さでん》（書名）
三〇巻。正しくは『春秋左氏伝《しゅんじゅうさしでん》』といい、略して『左氏伝』ともいう。魯《ろ》の左丘明《さきゅうめい》という人の作といわれるが、作者は不明。孔子の制作したといわれる、魯国の史書である『春秋』の史実を補った解釈書。叙事体古文の代表作で、戦争の記事が巧みである。『公羊伝《くようでん》』『穀梁伝《こくりょうでん》』と合わせて春秋三伝という。

三国志《さんごくし》（書名）
六五巻。晋《しん》の陳寿《ちんじゅ》の著。魏《ぎ》・呉《ご》・蜀《しょく》の三国時代の歴史書。二十四史の一。元末の羅貫中《らかんちゅう》の『三国志演義』は、これに基づいて作った通俗歴史小説。

三略《さんりゃく》（書名）
三巻。黄石公《こうせきこう》の作という兵法の書。

史記《しき》（書名）
一三〇巻。前漢の司馬遷《しばせん》の著。上古から漢の武帝までの三千余年間の歴史を書いた紀伝体の史書で、後の正史の典型となる。伝来の史料をよく取捨し、中国の代表的な史書とされ、その文章は叙事体古文の代表的なものである。二十四史の一。

詩経《しきょう》（書名）
中国最古の詩集で、三一一篇《ぺん》（うち六篇は題目しかない）が集められている。古くは単に『詩』といった。儒家の経典《けいてん》である五経《ごきょう》の一。地方の歌謡を集めた「風《ふう》」と、儀式の雅楽に用いる「小雅」「大雅」、および祭祀《さいし》に用いる「頌《しょう》」とから成る。後世に伝わるものは毛家のテキストであるから『毛詩《もうし》』ともよばれる。

尸子《しし》（書名）
二巻。戦国時代、商鞅《しょうおう》の師といわれる尸佼《しこう》の著といわれる。その説は法家に近い。

資治通鑑《しじつがん》（書名）
二九四巻。宋《そう》の司馬光《しばこう》が主となってまとめた、周末から五代にかけての編年体の史書。略して『通鑑《つがん》』ともいう。

司馬遷《しばせん》（人名）前一四五―前八六
前漢の歴史家。字《あざな》は子長。官は太史令《たいしれい》。匈奴《きょうど》に降参した李陵《りりょう》を弁護したために武帝の怒りに触れて宮刑に処せられ、時勢を痛憤して『史記』を著わした。

謝枋得《しゃほうとく》（人名）一二二六―一二八九
南宋《なんそう》末の忠臣。字《あざな》は君直、号は畳山《じょうざん》。元軍が侵入した時、民兵万余人を率いて抗戦し、宋の滅亡後、捕らえられて元の都に送られたが、最後まで節を曲げず、断食して死んだ。上古から宋代までの古文の代表作を選んで『文《ぶん》章軌範《しょうきはん》』を編した。

拾遺記《しゅういき》（書名）
一〇巻。五胡《ごこ》十六国の秦《しん》の王嘉《おうか》の著。上古から晋《しん》代に至る遺事を記した書。

周敦頤《しゅうとんい》（人名）一〇一七―一〇七三
北宋《ほくそう》の道学者。字《あざな》は茂叔《もしゅく》。濂渓《れんけい》に居たので濂渓先生といわれた。『太極図説』を著わした。

十八史略《じゅうはっしりゃく》（書名）
七巻。もとは二巻。元の曽先之《そうせんし》が『史記』から宋《そう》代までの十八代の史書を取捨し、史実をかいつまんで一書としたもの。

朱子《しゅし》（人名）一一三〇—一二〇〇
南宋《なんそう》時代の大学者。名は熹《き》。字《あざな》は元晦《げんかい》、後に仲晦と改めた。号は晦庵《かいあん》。文公と諡《おくりな》されたので朱文公ともいう。その学は二程子《にていし》から受けるところが多く、程朱学、また朱子学とよばれる。『四書集注』『詩集伝』『周易本義』など、多くの著述がある。

述異記《じゅついき》（書名）
二巻。梁《りょう》の任昉《じんぼう》が著わした小説。

荀子《じゅんし》（書名）
二〇巻。戦国時代の趙《ちょう》の思想家の荀況《じゅんきょう》の学説を録した書。もと『荀卿子《じゅんけいし》』といった。荀況は孔子の教えを祖とする儒家《じゅか》に属するが、孟子《もうし》の性善説に対して性悪説を主張し、礼を尊び、教育を重んじた。

春秋繁露《しゅんじゅうはんろ》（書名）
一七巻。前漢の董仲舒《とうちゅうじょ》の著。公羊《くよう》学を主として、『春秋』の書の主旨を発揮した書。

小学《しょうがく》（書名）
宋《そう》の朱子の命を受けて門人の劉子澄《りゅうしちょう》が、経書《けいしょ》や古今歴代の伝記中から修養になる話を抜き出して集めた書。

貞観政要《じょうがんせいよう》（書名）
一〇巻。唐の呉兢《ごきょう》の著。唐の太宗《たいそう》と群臣との政治の論を収録した書。後世、彼我の政治家によく読まれた。我が国に伝存する古写本に比して、通行本には誤脱が多い。

尚書大伝《しょうしょたいでん》（書名）
四巻。漢の伏勝《ふくしょう》の尚書に関する遺説を集めた書。

昭明太子《しょうめいたいし》（人名）五〇一—五三一
梁《りょう》の蕭統《しょうとう》のこと。『文選《もんぜん》』を編修した。

初学記《しょがっき》（書名）
三〇巻。唐の徐堅《じょけん》の編。玄宗《げんそう》の命により、古典の肝要な言葉や故事を集めて分類した書。

諸葛亮《しょかつりょう》（人名）一八一—二三四
三国時代の蜀《しょく》の名臣。字《あざな》は孔明《こうめい》。死んで忠武と諡《おくりな》されたから諸葛武侯という。劉備《りゅうび》の手厚い招きを受けて、民間から出て、備と遺子の禅との二代に仕え、内外の国政をとり、魏《ぎ》と戦って敗れ、五丈原の陣中で病死した。出征に際しての上奏文「出師《すいし》の表《ひょう》」は有名。

書経《しょきょう》（書名）
五八篇《ぺん》。五経《ごきょう》の一。もと『尚書《しょうしょ》』といわれた。虞《ぐ》・夏《か》・

商・周の記録に孔子が手を加えたものといわれる、貴重な古代の史料である。

書言故事《しょげんこじ》（書名）
一二巻。宋《そう》の胡継宗《こけいそう》の編。古来の有名な故事を集めた書。

晋書《しんじょ》（書名）
一三〇巻。唐の太宗《たいそう》が房玄齢《ぼうげんれい》らに命じて編修させた晋《しん》の時代の歴史書。二十四史の一。

神仙伝《しんせんでん》（書名）
一〇巻。晋《しん》の葛洪《かっこう》の著。仙人八四人のことを録した書。

水滸伝《すいこでん》（書名）
長編小説。元末明初の羅貫中《らかんちゅう》の作という。北宋《ほくそう》末の事実や宋元の伝説により、山東の梁山泊《りょうざんぱく》に拠《よ》った宋江《そうこう》ら一〇八人の盗賊を、権力に反抗する義賊としたもの。

隋書《ずいしょ》（書名）
八五巻。唐の魏徴《ぎちょう》らが勅命によって編修した隋一代の歴史書。二十四史の一。

隋唐佳話《ずいとうかわ》（書名）
三巻。唐の劉餗《りゅうそく》の著。隋唐間の逸事を記す。

説苑《ぜいえん》（書名）
二〇巻。前漢末の劉向《りゅうきょう》の著。春秋時代から漢初までの有名な人の伝記逸話で、政治の得失に関するものを記す。

世説新語《せせつしんご》（書名）
三巻。南朝宋《そう》の劉義慶《りゅうぎけい》の著。略して『世説』ともいう。後漢から六朝《りくちょう》時代までの人物の逸言逸話を集めた書。梁《りょう》の劉孝標《りゅうこうひょう》の注がすぐれている。

山海経《せんがいきょう》（書名）
一八篇《ぺん》。著者不明の古書。地誌の形式をとって古伝説を記した書。

戦国策《せんごくさく》（書名）
三三篇《ぺん》。漢の劉向《りゅうきょう》の編。戦国時代の策士である縦横家の言動を記した書。文章は代表的古文の一。単に『国策』ともいう。

潜夫論《せんぷろん》（書名）
一〇巻。後漢の王符《おうふ》の著。当時の社会事情を批評した書。

宋史《そうし》（書名）
四九六巻。元の托克托《たくだ》（脱脱）が勅命を受けて編修した宋一代の歴史を書いた書。二十四史の一。

荘子《そうじ》（書名）
三三篇《ぺん》。戦国時代の思想家の荘周の学説言行を書いたもの。その門流の手になるものが多く、少なくとも過半は自著ではない。文章は自由奔放で寓話《ぐうわ》が多い。曽子《そうし》と区別するために「ソウジ」と読む慣習がある。

宋書《そうじょ》（書名）
一〇〇巻。梁《りょう》の沈約《しんやく》の著。南朝宋のことを書いた歴史書。二十四史の一。

曹松《そうしょう》（人名）？―八六七
晩唐の詩人。詩を賈島《かとう》に学び七十余歳で進士の試験に合格し、校書郎となった。

滄浪詩話《そうろうしわ》（書名）
一巻。宋《そう》の厳羽《げんう》の著。詩の評論書。

楚辞《そじ》（書名）
一六巻。戦国時代の楚の愛国詩人の屈原《くつげん》とその門下たちの作品と、漢代の人の模倣《もほう》作を集めた書。南方詩人の最古の詩集で、現行本は前漢末に劉向《りゅうきょう》が編定したものという。「離騒」は代表作として特に著名。

蘇軾《そしょく》（人名）一〇三六―一一〇一
北宋《ほくそう》の文人。字《あざな》は子瞻《しせん》、号は東坡《とうば》。詩・詞・古文ともに長ずる大文豪。父の洵《じゅん》、弟の轍《てつ》とともに三蘇と称せられ、三人ともに唐宋古文八大家に数えられている。政治家としては、王安石《おうあんせき》の新法に極力反対して黄州（湖北省）に左遷された。

蘇武《そぶ》（人名）前一四〇―前六〇
漢の武帝の時、匈奴《きょうど》に使者として行ったまま留められ、降参せず十九年たって帰国した人。

素問《そもん》（書名）
古医書の名。正しくは『黄帝内経素問《こうていないけいそもん》』。

孫子《そんし》（書名）
一三篇《ぺん》。周末の兵法家の孫武《そんぶ》の著といわれる兵法の書。『呉子』と並称される。

大学《だいがく》（書名）
一巻。『論語』『孟子《もうし》』『中庸』とともに四書《ししょ》の一。もと『礼記《らいき》』の中の一篇《ぺん》であったが、宋《そう》代に抜粋して単行にしたもの。昔の貴族に対する大学教育の要旨を述べたもので、個人の修養法から治国平天下の教えを三綱領八条目に分けて述べる。

太平御覧《たいへいぎょらん》（書名）
一〇〇〇巻。宋《そう》の太平興国年中に、李昉《りぼう》らが天子の命を受けて編修した類書。

太平広記《たいへいこうき》（書名）
五〇〇巻。宋《そう》の太平興国二年に、李昉《りぼう》が勅命によって編修した書。五五部に分かれ、古来の逸聞や遺文三四五種を集めたもの。

中庸《ちゅうよう》（書名）
一巻。『論語』『孟子《もうし》』『大学』とともに四書《ししょ》の一。もと

『礼記《らいき》』中の一篇《べん》。中正平易の儒家《じゅか》の道、誠の道を説く。孔子の孫の子思《しし》の作と伝えられる。

張衡《ちょうこう》（人名）七八―一三九
後漢の文人。字《あざな》は平子。「西京賦」と「東京賦」を作った。

陳書《ちんじょ》（書名）
三六巻。唐の姚思廉《ようしれん》の著。南朝の陳の正史。二十四史の一。

枕中記《ちんちゅうき》（書名）
唐代の伝奇小説の名。科挙（官吏登用試験）に落第した青年の盧生《ろせい》が、邯鄲《かんたん》という都会の宿屋で呂翁《りょおう》に会い、一生の栄枯盛衰の夢を見て、人間の富貴栄達がはかなくつまらないものであるということを悟った筋。

輟耕録《てっこうろく》（書名）
三〇巻。明《みん》の陶宗儀《とうそうぎ》の著。元代の法制および文芸に関する随筆。

伝習録《でんしゅうろく》（書名）
三巻。明《みん》の王陽明《おうようめい》（名は守仁）の語録を、門人の徐愛らが編修した書。陽明学派の経典《けいてん》として尊重される。

伝灯録《でんとうろく》（書名）
三〇巻。宋《そう》の僧の道原の著。釈迦《しゃか》以来の仏教の伝授を詳しく記したもので、一七〇一人の伝記を収めている。

陶淵明《とうえんめい》（人名）三六五―四二七
晋《しん》末宋《そう》初の大詩人。名は潜《せん》、字《あざな》の淵明《えんめい》で知られる。諡《おくりな》は靖節《せいせつ》。酒を好み、彭沢《ほうたく》の令（長官）となったが、官吏の生活をいとい、帰郷して自然にひたった。

東軒筆録《とうけんひつろく》（書名）
一六巻。宋《そう》の魏泰《ぎたい》の著。文学の雑事を集録した書。

唐才子伝《とうさいしでん》（書名）
一〇巻。元の辛文房《しんぶんぼう》の著。唐代の詩人の有名な者三九七人について、詩によって逸事を書いたもの。

唐詩紀事《とうしきじ》（書名）
八一巻。宋《そう》の計有功《けいゆうこう》の著。唐一代の詩人、一一五〇家について、作品・品評・逸事などを記したもの。

唐詩選《とうしせん》（書名）
七巻。唐代の詩を六体に分けて選編した書。明《みん》の李攀《りはん》竜《りょう》の編といわれていたが、彼の名をかたった偽書という説が有力である。

唐書《とうじょ》（書名）
唐代の歴史書。『旧唐書《くとうじょ》』二〇〇巻は五代の劉昫《りゅうく》の著。『新唐書』二二五巻は、宋《そう》の欧陽脩《おうようしゅう》・宋祁《そうき》が、勅命によって『旧唐書』を改編したもの。共に二十四史の一。

杜審言《としんげん》（人名）六四五？―七〇八？
初唐の詩人。字《あざな》は必簡。杜甫《とほ》の祖父。李嶠《りきょう》・崔融《さいゆう》・蘇味《そみ》道《どう》と共に文章の四友と言われた。則天武后《そくてんぶこう》朝の代表的詩人。

杜甫《とほ》（人名）七一二—七七〇

盛唐の大詩人。字《あざな》は子美《しび》。少陵《しょうりょう》に住んでいたので杜少陵とよばれる。玄宗《げんそう》に仕え、安史の乱に流浪し、粛宗《しゅくそう》の時に蜀《しょく》の厳武《げんぶ》に仕え、検校工部員外郎を授けられたから、杜工部ともよばれる。成都に浣花《かんか》草堂を造ったが、武の死後去って揚子江《ようすこう》を下って再び流浪した。詩聖といわれ李白《りはく》と併称されたが、性質・作風は全く異なり、七言古詩に長ずる努力型の詩人で、社会の暗黒面を詠じたものが多いので社会詩人と称され、その詩は詩史といわれた。

杜牧《とぼく》（人名）八〇三—八五二

晩唐の詩人。字《あざな》は牧之《ぼくし》、号は樊川《はんせん》。李商隠《りしょういん》とともに晩唐を代表する詩人。杜甫《とほ》の老杜に対して小杜といわれる。

南史《なんし》（書名）

八〇巻。唐の李延寿《りえんじゅ》の著。南朝の歴史書。二十四史の一。

南斉書《なんせいじょ》（書名）

五九巻。唐代の勅命による蕭子顕《しょうしけん》の著。南朝の斉の歴史を書いた書。二十四史の一。

日本外史《にほんがいし》（書名）

二二巻。頼山陽《らいさんよう》の著。源平二氏から徳川氏に至る武家諸氏の家別にその興亡の始末を漢文で書いた歴史書。

涅槃経《ねはんぎょう》（書名）

四〇巻また三六巻。『大般涅槃経《だいはつねはんぎょう》』の略。釈尊《しゃくそん》入滅の時の説法を記した経典《きょうてん》。

白居易《はくきょい》（人名）七七二—八四六

中唐の大詩人。字《あざな》は楽天、号は酔吟先生・香山居士《こじ》。憲《けん》宗《そう》の時、翰林《かんりん》学士となったが、後、罪せられて江州司馬に左遷され、再び刑部尚書で辞職した。元稹《げんしん》と親交があり元白と併称された。つとめて平易な詩を作り元軽白俗といわれた。その集を『白氏文集《もんじゅう》』といい、わが平安朝にも流行し、その「長恨歌」「琵琶行《びわこう》」は特に有名である。

白氏文集《はくしもんじゅう》（書名）

七一巻。唐の白居易《はくきょい》（楽天）の詩文集。長慶年間に編修されたので『白氏長慶集』ともいう。わが平安時代に大いに流行した。

班固《はんこ》（人名）三二—九二

後漢の文人。字《あざな》は孟堅《もうけん》。『漢書』を著わし、賦にも巧みであった。

范仲淹《はんちゅうえん》（人名）九八九—一〇五二

北宋《ほくそう》の名臣。字《あざな》は希文。古文に長じ、「岳陽楼記《がくようろうのき》」は有名。

福恵全書《ふくけいぜんしょ》（書名）

三三巻。清《しん》の黄六鴻《こうりくこう》の著。地方官の心得を記す。

傅玄《ふげん》（人名）二一七—二七八
晋《しん》代の学者で文人。字《あざな》は休奕《きゅうえき》。武帝の時、諫官《かんかん》となった。古楽府《こがふ》に長じた。著に『傅子《ふし》』がある。

文士伝《ぶんしでん》（書名）
一巻。晋《しん》の張隠《ちょういん》の著。

文心雕竜《ぶんしんちょうりょう》（書名）
一〇巻。南朝梁《りょう》の劉勰《りゅうきょう》の著。文体を論じ、分析批評した最古の文学評論の書。

文中子《ぶんちゅうし》（書名）
一〇巻。隋《ずい》の王通《おうとう》が『論語』に擬して作った書と伝えられる。一名は『中説』。

法言《ほうげん》（書名）
一〇巻。前漢末の揚雄《ようゆう》の著。『論語』にならって儒教《じゅきょう》を説いた書。

抱朴子《ほうぼくし》（書名）
八巻。晋《しん》の葛洪《かっこう》の著。内外二篇《へん》より成り、内篇は神仙《しんせん》道家の説を述べ、外篇は儒家《じゅか》的である。

北史《ほくし》（書名）
一〇〇巻。唐の李延寿《りえんじゅ》が著わした、北朝時代の歴史書。二十四史の一。

墨子《ぼくし》（書名）
一五巻。墨翟《ぼくてき》を祖とする墨家の学説を集めた書。兼愛・非攻などを説く。

北夢瑣言《ほくぼうさげん》（書名）
二〇巻。宋《そう》の孫光憲《そんこうけん》の著。唐・五代・宋の逸事を記す。

法華経《ほけきょう》（書名）
八巻。『妙法蓮華経《みょうほうれんげきょう》』の略。大乗経典《きょうてん》の一。最も高遠な妙法を開示した経。

法句経《ほっくぎょう》（書名）
二巻。インドの法救《ほっく》が釈尊《しゃくそん》の金言を集録した経典《きょうてん》。

梵網経《ぼんもうきょう》（書名）
二巻。大乗戒の第一経。

夢渓筆談《むけいひつだん》（書名）
二六巻。補二巻。続一巻。宋《そう》の沈括《しんかつ》の随筆集。十七門に分け、制度から逸聞にまで及ぶ。

蒙求《もうぎゅう》（書名）
三巻。古人の逸話を二つずつ一組にして、四字句の韻語を題したもの。本文は後人が加えたものであろうといわれる。児童初学の教科書として編修されたもの。

孟浩然《もうこうねん》（人名）六八九（一説に六九一）—七四〇
盛唐の詩人。襄陽《じょうよう》の人であるから孟襄陽《もうじょうよう》ともいわれる。

孟子《もうし》（書名）七篇《へん》。戦国時代の儒家《じゅか》である、孟軻《もうか》の言行を中心にまとめた書。宋《そう》以来『論語』『大学』『中庸』とともに四書《ししょ》の一として行なわれた。性善説を唱え、民本主義による王道政治を力説し、その文章は議論体の古文の模範とされる。『毛詩』と区別して「モウジ」と読む慣習がある。

文選《もんぜん》（書名）六〇巻（もと三〇巻）。梁《りょう》の昭明太子（蕭統《しょうとう》）の編。上古から梁代に至るまでの作家百数十人の、模範となる詩文を集めた、現存する最古のアンソロジー。わが平安朝文学に多大の影響を与えた。

楊万里《ようばんり》（人名）一一二七―一二〇六 南宋《なんそう》の詩人。字《あざな》は廷秀《ていしゅう》、号は誠斎《せいさい》。孝宗・光宗・寧宗の三代に仕え、その作には田園生活を歌った詩もある。

陽明全書《ようめいぜんしょ》（書名）三八巻。明《みん》の王陽明（名は守仁）の著。一名『王文成公全書』ともいう。

揚雄《ようゆう》（人名）前五三―一八 前漢末の学者で文人。字《あざな》は子雲《しうん》。『法言』『方言』『太玄経《たいげんきょう》』などを著わし、辞賦にも長じた。

礼記《らいき》（書名）四九篇《へん》。主として周末から秦漢《しんかん》時代の儒者《じゅしゃ》の各方面の各種の礼に関する理論と実際との記録を集めた書。漢の戴《たい》聖《せい》が整理したもので、戴徳《たいとく》の整理した『大戴礼《だいたいれい》』に対して『小戴礼』ともいう。五経《ごきょう》の一。

陸機《りくき》（人名）二六一―三〇三 晋《しん》の詩人。字《あざな》は士衡《しこう》。弟の雲と共に入京し、当時の詩風を一変したという。詠物の詩をはじめた。

陸游《りくゆう》（人名）一一二五―一二一〇 南宋《なんそう》初年の大詩人。字《あざな》は務観《ぼうかん》、号は放翁。その詩は国事を憤った作もあるが、晩年は好んで自然を詠じ、多作をもって知られる。

李紳《りしん》（人名）七八〇―八四六 中唐の詩人。李徳裕《りとくゆう》・元稹《げんしん》と併称される。

李白《りはく》（人名）七〇一―七六二 盛唐の大詩人。字《あざな》は太白《たいはく》、号は青蓮居士《せいれんこじ》。杜甫《とほ》と並び第一等の詩人で、特に七言絶句に長じた。生来の天才で任侠《にんきょう》を好み、また酒にふけったので詩仙《しせん》・酒仙とも称された。官は翰林供奉《かんりんぐぶ》に任ぜられたが豪放な行ないが多く、ついには官を辞して四方を流浪し、不遇の中《うち》に死んだ。

李密《りみつ》（人名）二二四―二八七 東晋《とうしん》の官吏。太子洗馬《せんば》に在任中、祖母に孝養を尽くすため「陳情表《ちんじょうのひょう》」を上奏して一時退官し、祖母の死後に復官した。後、漢中太守となった。

劉歆《りゅうきん》（人名）？—一〇
前漢末の古文学者。劉向《りゅうきょう》の子。字《あざな》は子駿《ししゅん》。詩・書に通じ、文章辞賦に長じた。父とともに宮中の蔵書を校訂し、『七略《しちりゃく》』という書籍分類目録を作った。

柳宗元《りゅうそうげん》（人名）七七三—八一九
中唐の文人。字《あざな》は子厚《しこう》。河東の人だから柳河東とよばれた。監察御史となったが王叔文の罪に連座して永州の司馬に左遷され、柳州刺史《しし》となったから、柳柳州ともいわれた。古文は記事文に長じ、韓愈《かんゆ》の論説文と併称され、唐宋《そう》古文八大家の一に数えられ、詩は自然を題とした。

劉廷芝《りゅうていし》（人名）六五一—？
初唐の詩人。字《あざな》は希夷《きい》（一説に名と字とが逆という）。その詩は古調が多い。

呂氏春秋《りょししゅんじゅう》（書名）
二六巻。秦《しん》の宰相の呂不韋《りょふい》が、家臣や客分に命じて作らせた雑書。「十二紀」「八覧」「六論」に分かれており、『呂覧《りょらん》』ともいわれる。

冷斎夜話《れいさいやわ》（書名）
一〇巻。宋《そう》の釈恵洪《えこう》の著。

列子《れっし》（書名）
八巻。戦国時代の学者の列禦寇《れつぎょこう》の言行を編修した書。現在の本は六朝《りくちょう》ごろにできたものらしい。その学説は道家に属し、『老子』に基づく清虚無為の寓言《ぐうげん》を述べる。

列女伝《れつじょでん》（書名）
七巻。漢の劉向《りゅうきょう》の著。古来からの立派な女子の伝を集めたもの。

老子《ろうし》（書名）
二巻。春秋時代の思想家の老耼《ろうたん》の作と伝えられる書。無為自然を述べた道家の経典《けいてん》で、「道経」と「徳経」との上下二篇《へん》から成るので『老子道徳経』ともいう。近年、長沙《ちょうさ》の馬王堆《まおうたい》から、漢初の帛書《はくしょ》（絹に書いた）『老子』が出土した。

論語《ろんご》（書名）
二〇篇《ぺん》。孔子の言行や孔子の門人の言などを集録した書で、孔子の人物や思想を知る上で最も重要な書である。『孟子《もうし》』『大学』『中庸』とともに四書《ししょ》の一。

論衡《ろんこう》（書名）
三〇巻。後漢の王充《おうじゅう》の著。王充は後漢の末に生まれ、世俗に憤激してこの書を作り、世風を批評した語が多い。

tomorrow.〔百歳まで生きる身であるかのように働き, 明日は死ぬ身であるかのように神に祈れ〕

Y

You cannot make a silk (*or* **satin** *or* **velvet**) **purse** (**out**) **of a sow's ear**.〔豚《ぶた》の耳で絹(繻子《しゅす》, ビロード)の財布は作れぬ〕悪い材料で精妙な芸術作品は作れないとか, 田舎者を優雅な都会人にはできないなどの意.

You may take a horse to the water, but you can't make him drink. ⇨ 馬を水辺に連れて行くことはできるが水を飲ませることはできない

Wars bring scars.〔戦争は傷跡をもたらす〕

Waste makes want.〔浪費は欠乏のもと〕

Water afar off quenches not fire (near).〔遠くの水では（近くの）火は消えぬ〕⇨遠水近火を救わず

Water is as dangerous as commodious.〔水は便利でもあるが危険でもある〕「水は舟を載せまた舟を覆《くつがえ》す」

We are but men, not gods.〔われわれは神様ではなくて人間にすぎない〕「有待《うだい》の身」

We are not born for ourselves.〔われわれは自分だけのために生まれたのではない〕プラトンの語または「誰《だれ》も自分のために（のみ）生まれたのではない」という意のラテン語に由来する．⇨世の中は相持ち

We are usually the best men when in the worst health.〔人は最悪の健康状態のときに最高の精神の持ち主になる〕⇨人の将《まさ》に死せんとするその言や善し

We learn by teaching.〔人は教えることによって学ぶ〕⇨教うるは学ぶの半ば

We may give advice, but we cannot give conduct.〔われわれは忠告することはできるが（忠告どおりに）行動させることはできない〕

We (*or* **One**) **must howl among** (*or* **with**) **the wolves**.〔狼《おおかみ》の群れの中にいるときは吠《ほ》えなければならない〕大衆が非難の叫びをあげる時には，われわれはその声に同調すべきであって，もし同調しないとその非難を受けた人または事柄の同情者，支持者と思われるの意．古代ギリシャの語に由来する．

Well begun is half done.〔滑り出しが好調なら事は半ば成就したのに等しい〕「始め半分」

When the cat is away the mice will play.〔猫《ねこ》がいないと鼠《ねずみ》があばれる〕主人が不在だと，悪い召し使いどもが羽をのばすの意．⇨鬼《おに》の居ぬ間《ま》に洗濯《せんたく》

When (the) wine (*or* **ale** *or* **drink**) **is in (the) wit is out**.〔酒が入ると知恵が出ていく〕

Where there's a will, there's a way. ⇨意志のある所には道がある／精神一到何事か成らざらん

Who holds the purse rules the house.〔財布を握っている者が家の支配者である〕

Whom God loves, his bitch brings forth pigs.〔神が愛する人には飼い犬から子豚《こぶた》が生まれる〕

Work as if you were to live 100 years, pray as if you were to die

より二つの頭がまさっている(たとえ一つが羊の頭であろうと)〕sheep's head は「愚かな頭」. ⇨三人寄れば文殊《もんじゅ》の知恵

Two of a trade seldom (*or* **never**) **agree**. 〔二人の同業者の仲がうまくいくことはめったにない〕

U

Under a ragged (*or* **threadbare**) **coat lies wisdom**. 〔ぼろ服の下に知恵が横たわっている〕賢人は美服よりも粗衣をまとうことが多いの意. ⇨褐《かつ》を被《き》て玉を懐《いだ》く

Union is strength. ⇨団結は力なり

V

Vengeance belongs only to God. 〔復讐《ふくしゅう》は神だけがなすべきことである〕旧約聖書の「詩篇」第 94 篇に由来する.

Venture a small fish to catch a great one. 〔大魚を捕らえるために小魚を賭《か》けよ〕⇨蝦《えび》で鯛《たい》を釣《つ》る

Venture not all in one bottom. 〔一隻《いっせき》の船に全部を積む冒険をするな〕

Virtue and a trade are the best portion for children. 〔美徳と手職は子供たちへの一番よい分与産である〕子供に美徳を身につけさせ手に職を持たせておくのが最上の遺産であるの意.

Virtue is its own reward. 〔徳はそれ自身の報酬である〕

W

Wake not a sleeping lion. 〔眠っているライオンを目覚めさせるな〕

Wake not at every dog's bark. 〔犬が吠《ほ》えるたびに目を覚ますな〕小さいことにいちいち騒ぎ立てるなの意.

Walls have ears. ⇨壁に耳あり障子《しょうじ》に目あり

Want is the mother of industry. 〔貧困は勤勉の母〕

Want makes strife between the good man and his wife (*or* **'twixt man and wife**). 〔貧困は夫婦喧嘩《げんか》のもと〕「夫婦喧嘩も無いから起こる」

Want of wit is worse than want of gear. 〔才無しは財無しより, もっと始末が悪い〕

War is (*or* **Wars are**) **sweet to them that know it** (*or* **them**) **not**. 〔戦争は戦争体験のない者には楽しい〕

Time lost cannot be recalled (*or* **won again**). 〔失われた時を取り返すことはできない〕⇨盛年重ねて来《きた》らず

Times change and we with them. 〔時勢は変わる, そしてわれわれもそれと共に〕「時移り俗変わる」

To be able to do harm and not to do it is noble. 〔害を加えることができるのにそうしないのは気高いことである〕

To be beloved is above all bargains. 〔愛されるということはどんな儲《もう》け物にもまさる〕

To err is human (**, to repent is divine, to persevere is diabolical**). 〔過《あやま》つは人, 悔いるは神に近く, 押し通すは悪魔の性《さが》〕

To every bird his own nest is best. 〔どの鳥にとっても自分の巣が一番よい〕自分の家にまさる所はないの意.

To get is the gift of fortune, to keep is the gift of wisdom. 〔財貨を得るのは運命の賜物《たまもの》, それを保持するのは知恵の賜物〕

To marry young is too early, to marry old is too late. 〔若くて結婚するのは早すぎるし, 年取ってから結婚するのは遅すぎる〕男の結婚適齢期はとの問いに対するギリシャの哲人ディオゲネスの答えに由来する.

To moderate the appetite is (**a**) **virtue, to let it loose is** (**a**) **vice**. 〔食欲を抑えるのは美徳であり, 欲しいままにさせるのは悪徳である〕

To the servant the bit of good manners. 〔召し使いのためにたしなみのよさに依《よ》る一口を〕昔は, 皿に一口くらいの食物を召し使いのために残しておくのが, たしなみのよさを示すので, きれいにたいらげるのはよくない, とされていた.

Today above ground tomorrow under. 〔今日は地上, 明日は地下〕今日は生者, 明日は死者, 今日は栄え, 明日は滅ぶの意.

Tomorrow never comes. 〔明日は決して来ない〕

Too many cooks spoil the broth. 〔料理人が多すぎるとスープがうまくできない〕⇨船頭多くして船山へ上《のぼ》る

Too much liberty spoils all. 〔自由すぎると人はみな駄目になる〕

Travel makes a wise man better but a fool worse. 〔旅行すると利口はもっと利口になり馬鹿《ばか》はいっそう馬鹿になる〕

Tread on a worm and it will turn. 〔虫を踏みつければ虫は向き直る〕どんな卑しい者でも, 不当な仕打ちをされると怒るものであるの意. ⇨一寸の虫にも五分の魂

Truth is stranger than fiction. ⇨事実は小説よりも奇なり

Truth is time's daughter. 〔真理(真実)は時の娘〕

Two heads are better than one (**, even if the one's a sheep's**). 〔一つの頭

They that be in hell think there is no better heaven.〔地獄にいる者はそこ以上によい天国はないと思っている〕⇨住めば都

They that hide can find.〔隠す者は見つけることができる〕⇨蛇《じゃ》の道は蛇《へび》

They think a calf a muckle beast that never saw a cow.〔親牛を見たことのない者は子牛を見て大きな獣だと思う〕⇨井の中の蛙《かわず》大海を知らず

Things done cannot be undone.〔いったんなされた事はもとに戻せない〕⇨覆水《ふくすい》盆に返らず

Things that are hard to come by are much set by.〔得難い物は珍重される〕「物は多きをもって賤《いや》しとなす」

Think with the wise but talk with the vulgar.〔賢者と同様に考え俗衆と同様に語れ〕アリストテレスの語, または「俗衆のように語るべく賢者のように考えるべきである」という意のラテン語に由来する.

This world is a stage and every man plays his part.〔この世は舞台で人はみなそれぞれの役割を演ずる〕ギリシャ語の「世界は舞台, 人生は登場」に由来する.

Those who are doing nothing are doing ill.〔何もしないでいる者は悪事を働いている(に等しい)〕

Three helping one another bear the burden of six.〔三人が助け合えば六人分の荷物が運べる〕

Three removes are as bad as a fire.〔引っ越し三回は火事一回に当たる災害〕

Three women (and a goose) make a market.〔女三人(と鵞鳥《がちょう》一羽)で市ができる〕⇨女三人寄れば姦《かしま》しい

Through hardship to the stars.〔困難を経て星の世界へ〕「艱難《かんなん》を経て星へ」というラテン語の英訳. イギリス空軍のモットーにもなっている. stars = fame.

Through obedience learn to command.〔服従することによって命令することを学べ〕「家来とならねば家来は使えぬ」

Throw (*or* Fling) dirt enough and some will stick.〔泥《どろ》をたくさん投げれば少しは付着する〕たくさん悪口を言えば少しは相手の顔に泥を塗ることができるの意.

Time and thought tame the strongest (*or* greatest) grief.〔時がたち, あれこれ考えているうちに激しい悲しみも薄れる〕

Time and tide wait for no man.〔時は人を待たない〕⇨歳月人を待たず

Time flies (like an arrow).〔時は矢のように飛ぶ〕⇨光陰矢の如《ごと》し

Time is money. ⇨時は金《かね》なり

首, 梁《はり》のような背, 鯉《こい》のような腹, 猫《ねこ》のような足, それに鼠《ねずみ》のような尾である〕

The skilfulest wanting money is scorned.〔いくら技能が優れていても金のない者は軽蔑《けいべつ》される〕

The sun never sets on the Spanish dominion.〔スペインの領土に太陽の没することはない〕17 世紀のスペイン領について言われたこの言葉は後にイギリスの領土について用いられるに至った.

The sun shines upon all alike (*or* **shines everywhere**).〔太陽はすべての物を同じように照らす〕

The tailor makes the man.〔仕立屋は立派な人を作る〕man は「立派な人」. ⇨馬子《まご》にも衣装

The tongue stings.〔舌は刺す〕⇨寸鉄人を殺す

The voice of the people (**is**) **the voice of God**.〔民の声は神の声〕Vox populi, vox Dei.〔民の声は神の声〕というラテン語の英訳. 多数者の声には抗し切れないの意で, 大衆の声は賢明で正しいの意ではない. ⇨天に口なし人をもって言わしむ

There is no accounting for taste.〔趣味を説明することはできない〕⇨蓼《たで》食う虫も好き好き

There is no fire without (**some**) **smoke**.〔煙の出ない火はない〕物事には悪い半面もあるものだの意.「一利あれば一害あり」

There is no general rule without some exception (*or* **without exceptions**). ⇨例外のない規則はない

There is no smoke without fire. ⇨火の無い所に煙は立たぬ

There will be sleeping enough in the grave.〔墓へ入ればたっぷり眠れるであろう〕生きている間は眠ってばかりいずに働けの含意.「人生は勤むるにあり」

There would (*or* **could**) **be no great ones if there were no little ones**.〔小物がいなければ大物はいないであろう〕

There's many a good tune played on an old fiddle.〔古バイオリンでかなでられた良い調べがたくさんある〕腕前さえ優れていれば古バイオリンでも結構妙《たえ》なる音が出せるの意. ⇨弘法《こうぼう》は筆を選ばず

They are welcome that bring.〔手ぶらで来ない者は歓迎される〕

They can find money for mischief when they can find none to buy corn.〔小麦を買う金は無くても悪遊びをする金はある〕⇨傾城《けいせい》買いの糠味噌汁《ぬかみそじる》

They die well that live well.〔生きざまの立派な人は死にざまも立派である〕

憚《はばか》る

The more noble the more humble. 〔偉い人ほど高ぶらない〕

The more that riches are honoured the more virtue is despised. 〔富が尊重されればされるほど, 徳は軽蔑《けいべつ》される〕

The more the merrier, the fewer the better cheer (*or* **fare**). 〔大勢になればなるほど陽気になり, 少数になればなるほどたくさん食べられる〕cheer = food.「うまい物は小勢で食え, 仕事は大勢でせよ」

The mouse that has but one hole is quickly taken. 〔穴を一つしか持っていない鼠《ねずみ》はたちまち捕らえられる〕「狡兎《こうと》の三穴」

The peacoke has fair feathers but foul feet. 〔孔雀《くじゃく》は羽は美しいが足は汚い〕

The pen is mightier than the sword. ⇨ペンは剣よりも強し

The pot calls the kettle black. 〔なべはやかんを黒いと笑う〕自分のことは棚に上げて他人のことを非難する意. ⇨目糞《めくそ》鼻糞《はなくそ》を笑う

The pot (*or* **pitcher**) **goes so often** (*or* **long**) **to the well** (*or* **water**) **that it is broken at last.** 〔甕《かめ》はあまりしばしば井戸へ行くのでついに割れてしまう〕調子に乗りすぎるとついには失敗するの意.

The profit of the commonwealth should be preferred to a private pleasure. 〔国家の利益は個人の快楽に優先すべきである〕「公をもって私を滅す」

The proof of the (*or* **a**) **pudding is in the eating.** 〔プディングの品質試験は食べてみることにある〕物事は実際にぶつかってみないと実体は分からないの意. ⇨論より証拠

The properer (*or* **honester**) **man the worse luck.** 〔品性が立派な人ほど運が悪い〕⇨正直者が馬鹿《ばか》を見る

The race is not to the swift, nor the battle to the strong. 〔競走は足の速い者のものではなく, また, 戦争は強い者のものでもない〕

The rising, not the setting, sun is worshipped by most men. 〔たいていの人は沈む太陽ではなくて昇る太陽をあがめ拝む〕

The road to hell is paved with good intentions. 〔地獄への道はよい意図で舗装されている〕よい意図・よい願望を抱いただけで実行しない者は地獄におちるの意.

The same knife cuts bread and fingers. 〔同じナイフがパンも切れば指も切る〕「水は舟を載せまた舟を覆《くつがえ》す」

The shape of a good greyhound: a head like a snake, a neck like a drake, a back like a beam, a belly like a bream, a foot like a cat, a tail like a rat. 〔グレーハウンドの理想的な形態は蛇《へび》のような頭, 鴨《かも》のような

も胆汁《たんじゅう》がある〕蝿や蟻のような小動物も怒りや恨みの感情を持っているから, まして人間はいうまでもない. ⇨一寸の虫にも五分の魂

The folly of one man is the fortune of another. 〔甲の愚行は乙の幸せ〕「人の過ちわが幸せ」

The great fish eat the small. 〔大魚は小魚を食う〕

The greater embraces (*or* **hides** *or* **includes**) **the less.** 〔大は小を包含する〕⇨大は小を兼ねる

The greatest hate proceeds (*or* **springs**) **from the greatest love.** 〔最大の憎しみは最大の愛から生ずる〕⇨可愛《かわい》さ余って憎さ百倍

The greatest (*or* **hardest**) **step is that out of doors** (*or* **over the threshold**). 〔最大の一歩は戸外への一歩である〕第一歩を踏み出すことが最も困難(重要)であるの意.

The greatest wealth is contentment with a little. 〔最大の富は僅少《きんしょう》のものに満足していることである〕⇨足るを知る者は富む

The hood (*or* **cowl** *or* **habit**) **makes not the monk.** 〔僧帽だけでは修道士はでき上がらない〕「衣ばかりで和尚《おしょう》はできぬ」

The joys of the world dure but little. 〔この世の喜びはほんの少ししか続かない〕

The lame tongue gets nothing. 〔口下手では何も得られない〕「神へも物は申しがら」

The lapwing cries most when farthest from her nest. 〔タゲリは巣から最も遠くにいる時に最もさかんに鳴く〕自己防衛の陽動作戦として, 心に思っていることと正反対のことを口にすることのたとえ.

The last straw breaks the camel's back. 〔最後のわら一本のためにラクダの背骨が折れる〕わずかなものでも度を過ごすと破滅を引き起こすの意.

The life of man is a winter's day and a winter's way. 〔人の一生は冬の日, 冬の道である〕冬の日とは, 短くて荒れているの意, 冬の道とは, 泥《どろ》んこ道のこと. ⇨人の一生は重荷を負うて遠き道を行くが如《ごと》し

The like breeds the like. 〔同類は同類を生む〕Like begets like. ともいう. ⇨瓜《うり》の蔓《つる》に茄子《なすび》はならぬ

The maid which takes, sells herself; the maid which gives, forsakes herself. 〔物を受け取る娘は自分を売る者であり, 物を与える娘は身をまかせる者である〕

The mean is the best. 〔中庸が最善である〕「中をもって志となす」

The more (*or* **More**) **haste the less** (*or* **worse**) **speed.** 〔急《せ》けば急くほど事はうまく行かない〕

The more knave the better luck. 〔悪党ほど運がよい〕⇨憎まれっ子世に

with four. 〔売春婦は片目で泣き, 人妻は両目で泣き, 尼さんは四つ目で泣く〕売女《ばいた》の涙はそら涙, 人妻の涙は本物, 尼さんは相手と共泣きするの意.

The crow thinks her own bird (*or* **birds**) **fairest** (*or* **whitest**). 〔烏《からす》は自分の子が一番の器量よしだと思っている〕⇨親の欲目

The day is short and the work is much. 〔日は短く仕事は多い〕ギリシャのヒポクラテスの語のラテン語訳「技術(の習得)は長い時間を要し人生は短い」を英訳したもの.

The descent to hell is easy. 〔地獄への転落は容易である〕ローマの詩人ヴェルギリウスの作「アエネイス」の中の句に由来する.「善に従うは登るが如《ごと》く悪に従うは崩るるが如し」

The devil can transform himself into an angel of light. 〔悪魔も光の天使の姿に身を変えることができる〕「鬼が仏に早変わり」

The devil is not so black as he is painted. 〔悪魔は絵に描かれるほど黒くはない〕どんなに悪人でも世評ほど悪い人間ではないの意.

The die is cast (*or* **thrown**). 〔賽《さい》は投げられた〕事はすでに決した. もう後へは退《ひ》けないの意. 紀元前 49 年にジュリアス・シーザーがこう言ってルビコン川を渡ってローマ政府の大権を握るポンペイとの合戦を始めた故事から. ⇨采《さい》は投げられた/弦《つる》を放れた矢

The early bird catches the worm. 〔早起きの鳥は虫を捕らえる〕⇨早起きは三文の徳

The end justifies the means. 〔目的は手段を正当化する〕⇨嘘《うそ》も方便

The eye is the window of the heart (*or* **mind**). 〔目は心の窓〕⇨目は心の鏡

The eyes have one (*or* **a**) **language everywhere**. 〔目言葉は万国共通語〕

The farthest (*or* **longest**) **way about** (*or* **round**) (**is**) **the nearest** (*or* **shortest**) **way home**. 〔一番遠い回り道が一番近い帰り道である〕⇨急がば回れ

The first blow (*or* **stroke**) **is half the battle**. 〔最初の一撃で勝敗は半ば決まる〕「先手は万手」

The first faults are theirs that commit them, the second theirs that permit them. 〔一回目の罪はそれを犯した者のもの, 二回目のはそれを許した者のもの〕

The first year, let your house to your enemy; the second, to your friend; the third, live in it yourself. 〔新築一年目の家は敵に貸せ, 二年目は友人に貸せ, 三年目に自分で住め〕

The fly has her spleen and the ant her gall. 〔蠅《はえ》にも脾臓《ひぞう》があり, 蟻《あり》に

すべて，持っているもののすべて，あるいは為《な》し得ることのすべてを口外するな〕⇨能ある鷹《たか》は爪《つめ》を隠す

Temperance is the best physic. ⇨節制は最良の薬なり

Ten good turns lie dead and one ill deed report abroad does spread. 〔十の善行は忘れ去られ一の悪行は広く世に伝わる〕⇨悪事千里を走る

That (*or* **The**) **fire which lights** (*or* **warms**) **us at a distance will burn us when near**. 〔遠くでならわれわれを明るく照らす火も近くでは火傷《やけど》をさせる〕封建時代の王侯は下々の民には慈愛の光であったが，側近の者は手打ちにされもした事のたとえ．また，高嶺《たかね》の花のような美女も同棲《どうせい》すると亭主を骨と皮にしてしまうことのたとえとする用例もある．「針と大名は遠目から見よ」

That fish will soon be caught that nibbles at every bait (*or* **hook**). 〔どの餌《えさ》にでも食いつく魚はまもなく捕らえられる〕

The belly has no ears. 〔胃袋は耳を持たぬ〕空腹のときには道理も聞こえないの意．「理詰めより重詰め」

The best fish smell when they are three days old. 〔一番よい魚でも三日たてば臭くなる〕珍客も長居されると嫌《いや》になるなどの意．「珍客も長座に過ぎればいとわる」

The best (*or* **greatest**) **fish swim near the bottom**. 〔最上の魚は底近くを泳ぐ〕水面にいるのはメダカや雑魚《ざこ》．「良鳥は深山に棲《す》み幽谷《ゆうこく》に隠れ，美魚は深海に潜む」

The best is behind. 〔最上のものは後から出てくる〕真打ちは最後に出演するなど．「よい花は後から」

The best is best cheap. 〔最高品が一番安い〕最高品は買う人の品格を高め，また食べても美味であるから結局安いものにつく，とか，最良品は長持ちするから安くつくなどの意．Best is cheapest. ともいう． ⇨安物買いの銭《ぜに》失い

The child followeth the womb. 〔子供は子宮に従う〕子供は父親のではなく母親の血を受けつぐものである．子供の体内には表向きの父の血が流れていない場合もあるが，母親の血は確実に伝わっているとの意．子供は母親に似るの意にも用いられる．

The child is the father of the man. 〔子供は大人の父である〕子供時代の根性は大人になってもなくならないの意．ワーズワースの詩句として有名．⇨三つ子の魂百まで

The corruption of the best is worst. 〔一番よいものが腐ると一番困るものになる〕「最良のものの腐敗は最悪である」というラテン語の英訳．

The courtesan weeps with one eye, the wife with two, (**and**) **the nun**

Soon ripe, soon rotten. 〔早熟《う》れの早腐り〕「早く咲けば早く散る」

Spare the rod and spoil the child. 〔鞭《むち》(でのせっかん)を惜しむと子供は駄目になる〕

Speak well of the dead. 〔死者はほめよ〕死者の悪口は言うものでないの意. ⇨死屍《しし》に鞭《むち》打つ

Speech is silvern (*or* **silver**)**, silence is golden.** ⇨雄弁は銀沈黙は金

Spend not where you may save, spare not where you must spend. 〔金を使わずにすませ得る場合には使うな, 使わなくてはならない場合には使い惜しみするな〕

Standing pools gather filth. 〔水の淀《よど》む所には汚物が溜《たま》る〕「淀む水にはごみ溜る」

Still waters run deep. 〔音を立てないで流れる川は深い〕⇨浅瀬に仇浪《あだなみ》

Stone-dead hath no fellow. 〔完全に死んだ人には仲間はいない〕死人は秘密を守ってくれるが, 生きている人どうしでは秘密は保てないの意. ⇨死人に口なし

Sweet in the on taking, but sour in the off putting. 〔着るときは甘いが脱ぐときは酸っぱい〕借金, 肉欲などに関して用いられる.

Sweet meat will (*or* **must**) **have sour sause.** 〔うまい肉には酸いソースが付きものである〕楽があれば苦があるものの意.

Swine, women, and bees cannot be turned. 〔豚《ぶた》と女と蜂《はち》はその進行方向を変えさせることはできない〕

T

Take care of (*or* **Look after**) **the pence, and the pounds will take care of** (*or* **look after**) **themselves.** 〔小銭《こぜに》を大切にすれば大金はおのずからたまる〕

Take the chestnuts (*or* **nuts**) **out of the fire with the cat's paw** (*or* **dog's foot**). 〔猫《ねこ》の足を用いて火の中から栗《くり》を取り出せ〕自分の欲望を達するのに他人を利用することのたとえ. 猿《さる》が火傷《やけど》を恐れて犬(または猫)の足を利用して火中の栗を取り出すという寓話《ぐうわ》に由来する.

Take the rough with the smooth. 〔すべすべしたものと共にざらざらしたものを受け取れ〕人生の苦楽浮沈をそれらが来るがままに受け入れよ, 度量を大きく持ての意. ⇨清濁《せいだく》併《あわ》せ呑《の》む

Talk (*or* **Speak**) **of the devil, and he is sure to appear.** 〔悪魔の噂《うわさ》をすると悪魔が必ず姿を現わすものである〕⇨噂をすれば影

Tell not all you know, all you have, or all you can do. 〔知っていることの

ると大患いをする〕「堅い木は折れる」

Set a beggar on horseback and he will (ride a) gallop. 〔乞食《こじき》を馬に乗せると乞食は疾駆する〕貧乏人がにわか大尽になると傲慢《ごうまん》で残忍になるの意.

Set a thief to catch a thief. 〔泥棒《どろぼう》に泥棒を捕らえさせよ〕⇨蛇《じゃ》の道は蛇《へび》

Short reckonings (*or* accounts) make long friends. 〔短期の勘定は友情を長続きさせる〕友人関係を長続きさせるには金の貸借の清算は短期間で済ませよの意.

Show me a liar and I'll show you a thief. 〔君が僕《ぼく》に嘘《うそ》つきを見せれば僕は君に泥棒《どろぼう》を見せてあげよう〕⇨嘘つきは泥棒の始まり

Silence is (*or* gives) consent. 〔無言は承諾(賛成)に等しい〕

Silks and satins put out the fire in the chimney (*or* kitchen). 〔絹や繻子《しゅす》の衣服は煙突の火を消す〕主人夫妻が着物道楽だと家計が苦しくなり「民のかまどから煙が立たなくなる」の意.

Six hours' sleep for a man, seven for a woman, and eight for a fool. 〔睡眠時間は男が6時間, 女は7時間, 馬鹿《ばか》は8時間〕「旅人は5時間, 学者は7時間, 商人は8時間, 下種《げす》は11時間眠る」という変形もある.

Sleep is the brother (*or* image *or* kinsman *or* cousin) of death. 〔眠りは死の兄弟である〕ホーマーのイリアスにも見られる語でシェイクスピアの作品でも用いられている.

Slow and (*or* but) sure (*or* steady) wins the race. 〔遅くても着実であれば競走に勝つ〕

Small sorrows (*or* griefs) speak, great ones are silent. 〔小さい悲しみは語り大きい悲しみは黙す〕「鳴かぬ蛍《ほたる》が身を焦《こ》がす」

Smoke, rain, and a very curst wife makes a man weary of house and life. 〔煙と雨漏りと大悪妻とは夫を家庭と人生に倦《う》み疲れさせる〕「世の中に怖いものは屋根の漏るのと馬鹿《ばか》と借金」「悪妻は百年の不作」

So many men so many minds. 〔人の心は皆違う〕人の数と精神の種類の数とは同数であるの意. ⇨十人十色

Soft fire makes sweet malt. 〔とろ火はおいしいこうじを作る〕優しく慈悲深くあれとの教訓.

Some have the hap, some stick in the gap. 〔ある者は運に恵まれ, ある者は穴にはまって動けなくなる〕「窮通おのおの命あり」

Soon gotten soon spent. 〔速く儲《もう》けた金は速く無くなる〕⇨悪銭《あくせん》身に付かず

Soon hot soon cold. 〔熱しやすいものは冷めやすい〕「早好きの早倦《あ》き」

Q

Quietness is a great treasure. 〔静穏は大きな宝物である〕

R

Ready money (**ever**) **will away**. 〔金は持っていると無くなる〕
Remember (*or* **Look to** *or* **Mark**) **the end**. 〔終わりを考えよ〕物事の終末に気をつけることが大切であるの意.「終わりが大事」
Remember you are but a man. 〔おまえは一介の人間にすぎないことを忘れるな〕
Riches have wings. 〔富には翼がある〕「銭《ぜに》は足なくして走る」
Rome was not built in a (*or* **one**) **day**. ⇨ローマは一日にして成らず

S

Sadness and gladness succeed each other. 〔悲しみの後には喜びが, 喜びの後には悲しみが来る〕⇨禍福は糾《あざな》える縄《なわ》の如《ごと》し
Safety lies in the middle course. 〔安全は中道にある〕極端に走るなの意.
Say as men say but think to yourself. 〔口に出すのは世間並みの言葉にしておくがよい, しかし心で考えることは自分流にせよ〕「口は口 心は心」
Science is nought worth without conscience. 〔学問も良心を伴わなければ無価値である〕「腐儒」の意に相当する.
Scratch me (*or* **my back**) **and I'll scratch you** (*or* **yours**). 〔僕《ぼく》を掻《か》いてくれれば君を掻いてあげよう〕古代ギリシャの諺《ことわざ》に由来する. お互いに親切にしあおうではないかの意. ⇨魚心《うおごころ》あれば水心
Search not too curiously lest you find trouble. 〔困った目に会わぬようにあまり根掘り葉掘り捜すな〕⇨毛を吹いて疵《きず》を求む
Second thoughts (*or* **Afterwits**) **are best**. 〔二番目の考えが最善である〕古代ギリシャやローマの諺《ことわざ》に由来する.
Security is the greatest enemy. 〔油断は最大の敵である〕⇨油断大敵
See Naples and then die. ⇨ナポリを見てから死ね
Seeing is believing. ⇨見る事は信ずる事なり／論より証拠
Seek till you find and you'll not lose your labour. 〔見つけるまで捜せば骨折りは無駄になるまい〕「井戸を掘るなら水の出るまで」
Seldom sick sore sick. 〔たまにしか病気にならない人はいったん病気にな

Past cure past care. 〔治療薬がない病気はくよくよしても無駄である〕

Patience is a remedy for every grief. 〔忍耐はあらゆる悲しみの解消薬である〕

Patient men win the day. 〔辛抱強い者が勝つ〕「堪忍《かんにん》は立身の力綱」

Pay with the same dish you borrow. 〔借りるとき用いたのと同じ皿で量って返せ〕ふちの欠けていない皿で量って三杯の麦を借りたなら，その皿で三杯分を返すべし．損をかけないように，また損をしないようにせよの意．

Penny-wise and poundfoolish. 〔小銭《こぜに》利口の大金馬鹿《ばか》〕小金を惜しんで大損を招くの意．⇨一文惜しみの百知らず

Physician, heal (*or* **cure**) **thyself**. 〔医師よ，自分の病気を治療せよ〕⇨医者の不養生《ふようじょう》

Piss not against the wind. 〔風に向かって小便するな〕大勢に逆らうなの意.「風に向かって小便する者はシャツを濡《ぬ》らす」というイタリアの諺《ことわざ》に由来する．

Pitchers have ears. 〔水差しには耳(取っ手)がある〕いつどこで誰《だれ》が聞いているか分からぬから用心せよの意.「徳利に口あり鍋《なべ》に耳あり」⇨壁に耳あり障子《しょうじ》に目あり

Pity is akin to love. 〔哀れみ(同情)は恋愛に近い〕

Play, women, and wine undo men laughing. 〔博打《ばくち》と女と酒は笑いながら男を破滅させる〕

Plough deep, thou shalt have bread (*or* **corn**) **enough**. 〔深く耕せば十分にパン(小麦)が得られるであろう〕

Poverty is the mother of health. 〔貧乏は健康の母〕

Practice makes perfect. 〔実践《じっせん》によって完全の域に達する〕⇨習うより慣れよ

Praise by evil men is dispraise. 〔悪人にほめられるのはそしられたのと同じである〕

Prevention is better than cure. 〔治療よりも予防〕⇨予防は治療に勝る／転ばぬ先の杖《つえ》

Pride goes before destruction (**and shame comes after**). 〔傲慢《ごうまん》は破滅に先立ち，恥辱《ちじょく》がその後に従う〕⇨驕《おご》る平家は久しからず

Procrastination is the thief of time. 〔遅延は時間泥棒《どろぼう》である〕⇨思い立ったが吉日《きちじつ》

Proper praise stinks. 〔自賛は悪臭を放つ〕「自慢の糞《くそ》は犬も食わぬ」

Put not your hand between the bark and the tree. 〔樹皮と木の間に手を入れるな〕夫婦・兄弟など密接な関係にある者たちの争いに口出しするなの意．

目／泣きっ面《つら》に蜂《はち》

One must live long to see (*or* **learn**) **much**. 〔多くの物事を見るためには人は長生きしなければならない〕「命長ければ蓬萊《ほうらい》を見る」

One nail (*or* **wedge**) **drives out another**. 〔釘《くぎ》が釘を打ち出す〕木に打ち込まれてある釘甲のところに別の釘乙を打ち込んで, 甲を反対側へ抜け出させることから, 毒をもって毒を駆除するなどの意.

One ought to make the expense according to the income (*or* **means**). 〔人は収入に応じて支出すべきである〕⇨入《い》るを量りて出《い》づるを為《な》す

One pair of heels (*or* **legs** *or* **feet**) **is** (**often** *or* **sometimes**) **worth two pair of hands**. 〔一対の踵《きびす》は二対の手に値する〕戦うよりも逃げるのが得意な臆病者《おくびょうもの》などに対して用いられる.

One swallow makes not summer (*or* **does not make a summer**). 〔燕《つばめ》が一羽来たとて夏にはならない〕ギリシャやローマの時代からの諺《ことわざ》.

One year's seeding makes seven year's weeding. 〔一年雑草の種が地に落ちるのを許すと七年除草しなければならなくなる〕「一年稗《ひえ》を取らぬと九年のわずらい」

Only virtue never dies. 〔徳のみが死なない〕

Opportunity makes the (*or* **a**) **thief**. 〔機会は盗人を生む〕機会がなければ盗みなどせぬ人も, 機会があるとつい盗みを働く仕儀となりかねないの意. ラテン語の諺《ことわざ》の英訳.

Out of sight, out of mind. 〔目に見えなくなれば心から消えて行く〕⇨去る者は日々に疎《うと》し

Out of the mouth comes evil. 〔口は災いのもと〕⇨口は禍《わざわい》の門《かど》

Over shoes over boots. 〔短い靴《くつ》が, 没する水の中に入ったからには, 長い靴が没する水の中まで入って行こう〕⇨毒を食らわば皿まで

Oysters are not good in the month that has not an R in it. 〔R のない月に牡蠣《かき》を食べるのはよくない〕月の名称に R の文字を含まない月 May から August までは牡蠣を食べるのは有害とされている.

P

Painters (*or* **Travellers**) **and poets have leave to lie**. 〔画家と詩人とには嘘《うそ》をついてもよいという許可が与えられている〕

Pardon (*or* **Forgive**) **all but thyself**. 〔自分以外のすべての人を許せ〕「おのれを責めて人を責むるな」

Pardoning the bad is injuring the good. 〔悪人を許すのは善人を害するに等しい〕

Nothing (is) more certain than death and nothing more uncertain than the time of its coming. 〔死よりも確実な物事はなく，また死期よりも不確実な物事もない〕「無常の風は時を選ばず」

Nothing succeeds like success. 〔成功くらい続いて起こる物事はない〕一つの事がうまく行くと何もかも次々にうまく行く，一事成れば万事成るの意.

Nothing venture, nothing have (*or* win). 〔何の冒険もしないなら何も得られない〕⇨虎穴《こけつ》に入らずんば虎子《こじ》を得ず

Nothing violent can be permanent. 〔激烈な事(物)は永続できない〕「夕立は一日降らず」

Nurture is above nature. 〔教育は天与の資質にまさる〕⇨氏《うじ》より育ち／玉《たま》磨《みが》かざれば光なし

O

Of one ill come many. 〔一悪より諸悪生ず〕

Old friends and old wine are best. 〔友人と酒は古いのにかぎる〕「梅干しと友達は古いほどよい」

Old men are twice children. ⇨年寄りは二度目の子供

Once a use and ever a custom. 〔いったん癖になると後ずっと習慣になる〕⇨習い性《せい》となる

Once bit (*or* bitten) twice shy. 〔一度嚙《か》まれると二度(目には)用心深くなる〕⇨羹《あつもの》に懲《こ》りて膾《なます》を吹く

One beats the bush and another catches the bird. 〔甲が茂みを打ちあさり乙が鳥を捕らえる〕甲は苦労するだけで報いられることなく，乙は苦労せずして甲の苦労の成果にありつくの意. ⇨犬《いぬ》骨折って鷹《たか》の餌食《えじき》

One can go a long way after one is weary. 〔人は疲れてから，さらに長距離を行くことができる〕

One (*or* You) cannot fare well but one (*or* you) must cry (out) roast meat. 〔人はごちそうを食べると焼肉を食べたぞと大声で触れ回らないと気がすまない〕人は自分の幸運を他人に知らせたがるものであるの意.

One man's meat is another man's poison. 〔甲の食物は乙の毒〕「ある人々には食物であるものも他の人々には毒である」の意のラテン語に由来する.

One may as well (*or* good) be hanged for a sheep as (for) a lamb. 〔親羊を盗んで死刑になるのは，子羊を盗んで死刑になるのと同じに結構なことである〕どうせやるなら小さいことより大きいことをするがよいの意.

One misfortune (*or* mischief) comes on the neck of another. 〔不幸は踵《きびす》を接してやって来る〕不幸は重なるものであるの意. ⇨弱り目に祟《たた》り

No advice to the father's.〔親の教えにまさるものはない〕⇨親の意見と茄子《なすび》の花は千に一つも無駄はない

No cross no crown.〔十字架を負わなければ栄冠は得られない〕十字架を負い苦難の道をたどってこそ栄冠が与えられるの意. ⇨艱難《かんなん》汝《なんじ》を玉にす

No garden without weeds.〔雑草の生えぬ畑はない〕

No herb will cure love.〔どんな薬草も恋わずらいは治せない〕「恋の病に薬なし」

No man can do two things at once.〔一度に二つの事をすることはできない〕

No man can serve two masters.〔人は二人の主人に仕えることはできない〕

No man is a hero to his valet.〔従者から見れば英雄などはいない〕

No man is born wise.〔生まれながらの賢者はいない〕「生まれながらの長老なし」

No marvel it is if the imps follow when the devil goes before.〔悪魔が先に立って行くとき, 小鬼どもが後をついて行っても不思議ではない〕

No mill, no meal.〔碾臼《ひきうす》がなければ粉は得られない〕⇨蒔《ま》かぬ種は生えぬ

No news is good news. ⇨便りのないのはよい便り

No one knows the luck of a lousy calf.〔しらみだらけの子牛の運は誰《だれ》にも分からない〕見込みのなさそうな子供でも, 将来どんな成功者になるか分からないの意.

No pains, no gains.〔苦労をしなければ利益は得られない〕⇨苦は楽の種

No price is too low for a 'bear' or too high for a 'bull'.〔どんな株価も弱気筋にとっては安すぎることはなく, また強気筋にとっては高すぎることはない〕

No rogue like to the godly rogue.〔信心深い悪党が一番の悪党〕

None says his garner is full.〔自分の穀倉はいっぱいだと言う者はいない〕「百姓の不作話と商人の損話」

Not a long day but a good heart rids work.〔仕事が片付くのは時間の長さによるのではなく意欲の強さによる〕

Nothing comes of (*or* **from**) **nothing**.〔無からは無が生ずる〕無から有は生じないの意.

Nothing costs so much as what is given us.〔貰《もら》い物くらい出費のもとになるものはない〕⇨ただより高い物はない

Nothing is old but shoes and hats.〔古く(なって使えなく)なるのは靴《くつ》と帽子だけ〕

ず」という意味のラテン語に由来する. ⇨必要の前に法律なし

Never do things by halves.〔物事を中途半端にするな〕

Never good that mind their belly so much.〔胃袋のことをあまり気にする者は駄目な人間である〕

Never grieve for that（*or* **what**）**you cannot help.**〔仕方のない事を悲嘆するな〕

Never keep a servant against his will, nor kinsman, nor friend, if you intend to be well served.〔十分に働かせたいならば, 召し使いになるのを欲しない者と親類の者と友人とを召し使いにしてはいけない〕

Never less alone than when alone.〔一人ぼっちでいるときくらい孤独でないときはない〕なまじ他人などいないほうが, いろいろな想念を友とし得るので孤独感はなくなるの意.

Never marry a widow unless her first husband was hanged.〔未亡人と結婚するなら前夫が死刑になった女に限れ〕そうでないと前夫をほめたり懐かしんだりされるからの意.

Never rued the man that laid in his fuel before St.John.〔聖ヨハネの祭日前に燃料を買い込んで後悔した者はいない〕聖ヨハネの祭日は 12 月 27 日.

Never take a stone to break an egg, when you can do it with the back of your knife.〔卵を割るのはナイフの背でやれるのだから, 石など手にするな〕⇨鶏《にわとり》を割《さ》くに焉《いずく》んぞ牛刀を用いん

Never trouble trouble till trouble troubles you.〔困り事が君を困らせるまでは困り事を困らせるな〕取り越し苦労をするなの意.

New beer, new bread and green wood, will make a man's hair grow through his hood.〔新酒と新米と生木で人は身上《しんしょう》をつぶしてしまう〕「新漬《しんづ》け好きの身上つぶし」

New lords（*or* **kings**）**new laws.**〔新領主の新法律〕領主が代わると法律も新しいのが作られるの意.

New meat begets a new appetite.〔新たな食物は新たな食欲を生む〕米で満腹した後でも菓子が出ると菓子を食べ, 餅《もち》が出ると餅も食べるなど.

Next to a battle lost, the greatest misery is a battle gained.〔敗戦に次ぐ最大の不幸は勝戦である〕イギリスの政治家であり軍人であったウェリントン（1769 – 1852）の語.

Nil admirari.「何事（何物）にも感嘆しないこと」の意のラテン語が原語のままイギリスで用いられているもの. ギリシャのピタゴラスの語に由来する. 何物にも心を動かさないことが人間を幸福にし, かつ, 幸福を保つことができる唯一のことであるの意.

面で汚くしていると金がたまり，金のある者は汚い暮らし方をしているの意．⇨金持ちと灰吹きは溜《た》まるほど汚い

Murder will out.〔殺人罪は露見するものである〕悪事は必ず世間に知れるものであるの意．

N

Names and natures do often agree.〔名前と性質はしばしば一致する〕⇨名は体《たい》を表わす

Narrow gathered, widely spent.〔けちけち貯《た》めて湯水のように使い果たす〕⇨爪《つめ》で拾って箕《み》で零《こぼ》す

Natural love descends but it does not ascend.〔自然のままの愛情は親から子へ注がれ，子から親へは注がれない〕アリストテレスの語に由来する．⇨親思う心にまさる親心

Nature does nothing in vain.〔自然は無駄事はしない〕アリストテレスの語「自然は何事をも無益（無目的）に造らず」に由来する．

Nature hates all sudden changes.〔自然は突然の変化を嫌《きら》う〕自然は（その仕事において）飛躍をしない」とか「自然は飛躍を好まない」という意味のラテン語に由来する．

Nature is conquered (*or* **governed**) **by obeying her**.〔自然は自然に服従することによって征服される〕「自然はもし服従されないなら征服されない」というラテン語に由来する．

Nature is the best physician.〔自然は最良の医者〕「自然は治療する，医師はそうしない」という意味のラテン語に由来する．「薬せざるを中医という」

Nature passes nurture.〔自然（天性）は養育にまさる〕「自然は人工よりも強い」という意味のラテン語に由来する．「瓦《かわら》は磨《みが》いても玉にならぬ」

Near is my petticoat (*or* **kirtle** *or* **gown** *or* **coat**) **but nearer is my smock** (*or* **sark** *or* **shirt**).〔ペチコートも私の肌身に近いがシュミーズはもっと近い〕ラテン語の「私の上衣《うわぎ》は外套《がいとう》よりもいっそう近くにある」に由来し，甲も私にとって友人だが乙のほうがもっと親しい友人である，の意や，慈善は近親者から始まる，の意や，他人よりも我が身が可愛《かわい》い，の意などで用いられる．

Necessity is the mother of invention.〔必要は発明の母である〕「必要はすべての事を教えた，必要が何を発明しないか」という意味のギリシャ語に由来する．⇨必要は発明の母／窮すれば通ず

Need (*or* **Necessity**) **has** (*or* **knows**) **no law**.〔必要は法律を持たない〕必要に迫られれば人は法や掟《おきて》を無視するに至るの意．「必要は法律を持た

expenses.〔結婚は悲しみを半分にし喜びを二倍にし, 出費を四倍にする〕

Marriage makes or mars a man.〔結婚は男を完成させるかまたは破滅させる〕

Marry first and love will come after (*or* **afterwards** *or* **will follow**).〔まず結婚せよ, 愛情は後から湧《わ》くであろう〕「媒《ばい》によって嫁し媒によらずして成す」

Marry in haste and repent at leisure.〔あわてて結婚すると後で長々悔やむことになる〕⇨縁と浮き世は末を待て

Marry your daughter and eat fresh fish betimes.〔娘と鮮魚は早く片付けるがよい〕

Measure thrice what thou buyest and cut it (**but**) **once**.〔買った服地は三回寸法を測れ, そして裁断は一度だけでせよ〕「七度比べて一度裁て」

Meat and cloth makes the man.〔衣食が立派な人間を作る〕⇨衣食足りて栄辱《えいじょく》を知る

Meddle not with another man's matter.〔他人の事によけいなおせっかいをするな〕⇨頭の上の蠅《はえ》を追え

Men love to hear well of themselves.〔ほめられて嫌《いや》な顔をする人はいない〕「ほめられて腹立つ者なし」

Men use him ill that has ill luck.〔世人は不運の人を虐待する〕

Mend my wages and I'll mend my work.〔賃上げしてくれればもっと勤勉に働きましょう〕「布施だけの経を読む」⇨布施《ふせ》無い経に袈裟《けさ》を落とす

Might is right. ⇨力は正義なり

Money begets (*or* **breeds** *or* **gets** *or* **makes**) **money**.〔金《かね》は金を産む〕「金が金を儲《もう》ける」

Money is a good servant, but a bad master. ⇨金《かね》は良き召し使いなれど悪しき主なり

Money is the root of all evils.〔金《かね》は諸悪の根源〕

Money is the sinews of (**love as well as of**) **war**.〔金《かね》は戦争の筋肉である〕ギリシャ語やラテン語にも同じ趣旨の言葉がある.

More die by food than famine.〔空腹のためよりも食べ物のために死ぬ人のほうが多い〕ギリシャ語の詩句に由来する.「大食短命」

Morning dreams are (*or* **come**) **true**.〔朝夢は正夢〕

Much water goes (*or* **runs**) **by the mill that the miller knows not of**.〔水車屋(粉屋)の気づかない水が沢山水車場のそばを流れ過ぎる〕気づかぬ間に身辺で失われたり, 壊されたり盗まれたりするものが沢山あるものである, の意.

Muck and money go together.〔糞《くそ》と金《かね》は足並みが揃《そろ》う〕衣食住の生活

Love not at the first look.〔一目惚《ほ》れするな〕

Love overcomes all.〔愛はすべてを征服する〕

Love your friend with his fault.〔欠点を含めて友を愛せよ〕

Love your neighbour, yet pull not down your hedge (*or* **fence**).〔君の隣人を愛せよ，しかも生垣《いけがき》を取り払うな〕⇨親しき中にも礼儀あり

M

Magistracy makes not the man, but discovers what metal is in him.〔行政長官の地位は人柄を作らずに，その人の地金《じがね》を露呈させる〕「官職はその人間を示す」という意のラテン語に由来する.

Maids say nay and take it.〔娘は「ノー」と言いながらそれを取る〕「嫌《いや》とかぶりを縦に振る」

Maides want nothing but husbands and when they have them they want everything.〔娘の欲しがるものは夫だけ，夫を持つとあらゆるものを欲しがる〕

Make a bridge of gold (*or* **silver**) **for a flying enemy.**〔逃げる敵には金の橋を作ってやれ〕敵が逃げるなら，退路を断って窮鼠《きゅうそ》とせずに，立派な逃げ道をつくってやるがよいの意. ⇨窮鼠《きゅうそ》猫《ねこ》を噛《か》む

Make haste slowly. ⇨急がば回れ／ゆっくり急げ

Make hay while the sun shines.〔日の照るうちに草を干せ〕⇨善は急げ

Make yourself all honey and the flies will devour you.〔君が全身これ蜜《みつ》のかたまりにすれば蝿《はえ》が君をなめ尽くしてしまうであろう〕甘いばかりではいけないの意.

Man proposes, God disposes.〔人間は画策し神は成敗を決める〕

Many a little makes a mickle (*or* **a great**). ⇨塵《ちり》も積もれば山となる

Many strokes fell great (*or* **tall**) **oakes** (*or* **fell the oak**).〔何回も斧《おの》を打ち当てれば樫《かし》の木も倒れる〕⇨雨垂れ石を穿《うが》つ

Many things happen between the cup and the lip.〔コップと唇《くちびる》との間で多くの事が起こる〕成功を目前にしながら不首尾に終わることがしばしばあるの意.「磯《いそ》際で舟を破る」

Many things happen unlooked for.〔思いがけぬ事がよく起こるものである〕⇨足下《あしもと》から鳥が立つ

Marriage and magistrate (*or* **magistracy**) **be destinies of heaven.**〔結婚と代官は天の定めである〕配偶者と支配者とはこちらで選択できない，神が決めてくれるものの意. ⇨縁は異《い》なもの

Marriage halves our griefs, doubles our joys, and quadruples our

とう時鳥《ほととぎす》

Little brooks make great rivers. 〔小川は大河となる〕初めから大河というものは存在しない. 小川が集まって大河となるの意. ⇨滴《した》り積もりて淵《ふち》となる

Live and learn. 〔生きていれば学べる〕経験はよい教師であり, 人は長生きすればするほど物知りになるの意.

Live and let (**others**) **live**. 〔生き生かしめよ〕自分だけ利益を得るのでなく, 他人も君のお陰で利益が得られるような生き方をせよの意. ⇨世の中は相持《あいも》ち

Long life has long misery. 〔長生きすると苦悩が多い〕⇨命長ければ恥多し

Look before you leap. 〔跳ぶ前に見よ〕イソップ寓話《ぐうわ》に由来する.

Look not a gift (*or* **given**) **horse in the mouth**. 〔もらった馬の口の中を見るな〕馬の年齢は歯を見れば分かるとされているから, もらいものの年齢を調べるような非礼は, 慎まなければならないの意.

Lookers-on (*or* **Standers-by**) **see most of the game** (*or* **see more than players**). 〔ゲームはやっている人よりも, はたから見ている人にいちばんよく見える〕⇨傍目八目《おかめはちもく》

Love and a cough (*or* **smoke** *or* **itch**) **cannot be hid** (*or* **hidden**). 〔恋と咳《せき》は隠せない〕13 世紀ころから, 人目に隠しおおせぬものとして「恋と咳と火(煙, 光)と悲しみと怒り」が挙げられてきた.

Love and knowledge live not together. 〔恋と知識とは同居しない〕

Love does much but money does all. 〔愛は多くのことをするが金はあらゆることをする〕

Love is blind. 〔恋(愛)は盲目〕ギリシャ神話のエロス, ローマ神話のキューピッド以来, 愛は盲目との思想はヨーロッパでは伝統的なもの. ⇨恋は盲目

Love lasts as long as money endures. 〔恋愛は金が続く限り続く〕⇨金《かね》の切れ目が縁の切れ目

Love laughs at locksmiths. 〔恋は錠前屋《じょうまえや》をあざ笑う〕恋する男は錠をこわして女の所へ行くから.

Love, like a shadow, flies one following and pursues one fleeing. 〔恋愛は影に似て, 追う者から逃げ, 逃げる者を追う〕

Love me love my dog. 〔私を愛する者は私の犬をも愛する〕同じ意味のラテン語や,「ジャンを愛する者は彼の犬をも愛する」という意のフランス語の諺《ことわざ》に由来する. ⇨屋烏《おくう》の愛

Love needs no teaching. 〔恋の手ほどきせんでよい〕「恋に師匠なし」

ほめるがよい〕世話になった人とか，日常世話になっている人の悪口は言うべきでないの意.「木陰に臥《ふ》す者は枝を手折《たお》らず」

Let not the cobbler (*or* **shoemaker**) **go beyond his last** (*or* **shoe**). 〔靴《くつ》直しに靴型を越えさせるな〕人は自分の本分を守っているべきで，本分を逸脱してはいけないの意. 画家のアペレスが自分の絵の間違いを靴屋が指摘するなら，靴の部分だけに限るべきだと言ったとの故事に由来する. last は「靴型」.

Let the church stand in the churchyard. 〔教会は教会の境内《けいだい》にあるようにさせよ〕物はそれぞれあるべき所にあらしめよの意. churchyard はここでは「墓地」の意ではない.

Let well alone. 〔よい事はそのままにしておけ〕⇨藪《やぶ》をつついて蛇《へび》を出す

Lick honey with your little finger. 〔蜜《みつ》は小指でなめよ〕快楽をむさぼってはいけないの意.

Life is a span. 〔人生は短い〕span は親指と小指とを張った距離. 普通 9 インチ (約 23 センチ). 短い期間をいう. ⇨人生朝露《ちょうろ》の如《ごと》し

Life is made up of little things. 〔人生は小さい事柄でできている〕

Life is not all beer and skittles. 〔人生はビールと九柱戯ずくめではない〕人生はおもしろおかしい事ばかりではないの意.

Light gains make (*or* **makes**) **heavy purses** (*or* **a heavy purse**). 〔少しの (軽い) 利得も度重なれば財布を重くする〕⇨塵《ちり》も積もれば山となる

Light supper makes long life. 〔軽い夕食は長命のもと〕「小食は長生きのしるし」⇨腹八分目に医者いらず

Like blood, like good (*or* **goods**), **and like age make** (*or* **makes**) **the happiest marriage.** 〔血筋，財産，年齢が似通っていることが最も幸福な結婚生活の条件である〕⇨牛は牛づれ馬は馬づれ

Like cures like. 〔類は類を治療する〕「同種のものは同種のもので治療される」という意のラテン語に由来する. ⇨毒を以《も》って毒を制す

Like father, like son. 〔この父にしてこの子あり〕

Like for like. 〔恩には恩，恨みには恨み〕

Listeners never hear good (*or* **well**) **of themselves.** 〔立ち聞きする者の耳には自分のよい噂《うわさ》は入ってこない〕

Lith and selthe are fellows. 〔休息と成功とは仲間である〕休息もせずに仕事ずくめで頑張っても成功はせぬの意.

Little birds that can sing and won't sing should be made to sing. 〔歌えるのに歌おうとしない小鳥は歌うように仕向けるべきである〕能力があるのに，その能力を発揮しようとしないような横着者とか強情者は，手荒な手段によってその能力を発揮するようにさせねばならぬの意. ⇨鳴くまで待

店がおまえを維持するであろう〕

Keep yourself from the anger of a great man, from the tumult of a mob, from a man of ill fame, from a widow that has been thrice married, from a wind that comes in at a hole, and from a reconciled enemy. 〔遠ざかっているべきものは, お偉い様の怒り, 暴徒の騒動, 悪名高き人, 結婚暦三回の未亡人, 隙間風《すきまかぜ》, それに和解した敵〕

Kindle not a fire that cannot be extinguished. 〔消せない火はつけるな〕

Knaves and fools divide the world. 〔世の中は悪党半分馬鹿《ばか》半分〕

Know thyself. 〔汝《なんじ》自身を知れ〕

Knowledge is power. 〔知識は力である〕 ⇨知識は力なり

L

Lack of looking to makes cobwebs grow in boys' tails. 〔見ていてやらないと男の子の尻《しり》に蜘蛛《くも》の巣ができる〕男の子は放ったらかしにしておくととんでもない子になってしまうの意.「子供は教え殺せ馬は飼い殺せ」

Lacking breeds laziness, praise breeds pith. 〔人はけなされると怠け者になり, ほめられると力が湧《わ》いてくる〕スコットランドの諺《ことわざ》で lacking は「けなす」こと, pith は「力」の意.

Laugh and be (*or* **grow**) **fat**. 〔笑う者は肥える〕心楽しく暮らすのが賢明であるの意. ⇨笑う門《かど》には福来る

Laws catch (**little**) **flies but let** (**the**) **hornets** (*or* **great flies**) **go free**. 〔法網は蠅《はえ》を捕らえて雀蜂《すずめばち》をのさばらせる〕「法網は小賊を捕らえて大賊を逸す」

Lawsuits consume time and money and rest and friends. 〔訴訟は時間と金と休息と友人を失わせる〕「公事《くじ》三年」

Lean liberty is better than fat slavery. 〔痩《や》せた自由は肥えた隷属にまさる〕「痩せたソクラテスになるとも肥えた豚《ぶた》になるな」などと同じ.

Learn a trade, for the time will come when you shall need it. 〔手に職(技《わざ》)を覚えよ, それを必要とする日が来るであろうから〕 ⇨芸は身を助ける

Learn wisdom by the follies of others. 〔他人の愚行によって英知を学びとれ〕 ⇨人のふり見て我がふり直せ

Least said soonest mended. 〔口数が一番少なければ訂正も一番早くできる〕

Let bygones be bygones. ⇨既往《きおう》は咎《とが》めず

Let every man praise the bridge he goes over. 〔人はみな自分が渡る橋を

い，の義から，他人からうれしがらせの言葉を聞かされても海千山千の古強者《ふるつわもの》は口車に乗せられない，とか，老成した人のみが自分の愛好物の誘惑から脱却し得る，しかし普通人はおべっかには乗るし愛好物の誘惑にはなかなか勝てないものである，の意で用いられる．⇨おだてと畚《もっこ》には乗りやすい

It is dogged that (*or* **as**) **does it**.〔頑張れば事は成る〕⇨精神一到何事か成らざらん

It is easy to be wise after the event.〔事件のあとで賢くなるのは容易である〕⇨下種《げす》の後知恵

It is good to have company in trouble (*or* **misery**).〔困ったときに難儀を分かち合う人がいるのはよいことである〕

It is ill to take breeks off a bare ass.〔裸の尻《しり》から半ズボンを脱がせるのは難しい〕無一物の所からは何も得ることはできないの意．⇨無い袖《そで》は振れぬ

It is no use (*or* **good**) **crying over spilt milk**.〔こぼれたミルクのために泣いても無益である〕⇨覆水《ふくすい》盆に返らず

It never rains but it pours.〔降れば土砂降り〕事は一つの事があると似たような事が次々に起こるの意．必ずしも悪い事についてのみ用いられる諺《ことわざ》ではない．⇨二度ある事は三度ある

J

Judge not, that ye be not judged.〔汝《なんじ》ら裁かれざらんために人を裁くな〕「マタイ伝」第７章第１節の語．

Jupiter himself cannot please all.〔ジュピター自身も万人を喜ばすことはできない〕ジュピターはローマ神話で神々の王．

K

Keep a thing seven years and you will find a use for it.〔物は七年とっておけば使い道が出てくる〕「ほうろくの割れも三年おけば役に立つ」

Keep no more cats than will catch mice.〔鼠《ねずみ》を捕る猫《ねこ》以外の猫は飼うな〕

Keep something for the sore foot (*or* **for a rainy day**).〔足が痛む（雨が降る）時のために何か用意しておけ〕老齢・困窮・不幸などの際に備えて貯《たくわ》えをしておけの意．⇨転ばぬ先の杖《つえ》

Keep thy shop and thy shop will keep thee.〔おまえが店を維持すれば，

hill.' と言ったとの故事による. 我意を通すことができず長いものに巻かれる人について用いる.

If the staff be crooked the shadow cannot be straight. 〔杖《つえ》が曲がっているなら, その影はまっすぐになれない〕「曲がれる枝には曲がれる影あり」

Ignorance of the law excuses no man. 〔法律の無知は何人をも容赦しない〕法律違反は知らなかったと言っても許してはもらえないの意.

Ill got, ill spent. 〔悪く得られたものは悪く消費される〕⇨悪銭身に付かず

Ill news travels fast. ⇨悪事千里を走る

In for a penny, in for a pound. 〔ペニーを手に入れる仕事を始めた以上はポンドも手に入れなければならない〕事を始めたからには, どんな事が起ころうとも, とことんやり抜かねばならないの意. If you are in for a penny, you are in for a pound. の略. ⇨毒を食らわば皿まで

In knowing nothing is the sweetest life. 〔何も知らぬと人生は最も楽しい〕⇨知らぬが仏

It is a good horse that never stumbles. 〔決してつまずかないのは良い馬である〕馬はたいていつまずくことがあるものであるの含意から, 人は誰《だれ》しも時に過ちを犯すものであるの意.

It is a long lane (*or* **run**) **that never turns.** 〔曲がり角のないのは長い道である〕どんなまっすぐな道にも曲がり角は必ずあるものである, 不幸・災難もいつまでも続かないの意.

It is a silly fish that is caught twice with the same bait. 〔同じ餌《えさ》で二度捕らえられるのは愚かな魚である〕「一度の懲《こ》りせで二度の死をする」

It is a wise child (*or* **father**) **that knows its** (*or* **his**) **own father** (*or* **child**). 〔自分の本当の父親を知っているのは賢い子供である〕ホーマーの「オデュッセイア」の中の「何となれば何人も自分の血統(親)について自ら知れる人はなかりしゆえに」に由来する.

It is an easy thing (*or* **matter**) **to find a staff to beat a dog** (**with**). 〔犬を打つ棒を見つけるのは容易な事である〕他人を苦しめてやろうと思えば手段・方法は簡単に見つかるとか, 悪いことをしようと思う者は容易にその理由を見つけるの意.

It is an ill (*or* **evil**) **wind that blows no man** (*or* **nobody**) **good** (*or* **profit**). 〔誰《だれ》にも利益を吹き与えないような風は悪い風である〕どんなに悪い物事でも誰かには利益になるの意. 「甲の損は乙の得」⇨風が吹けば桶屋《おけや》が儲《もう》かる

It is an old rat that won't eat cheese. 〔チーズを食べようとしないのは古鼠《ねずみ》である〕鼠は元来チーズが大好物なのであるが, 年とった鼠はチーズが鼠取り用のわなであることを知っているから, チーズを食べようとしな

いなければならない〕ずるいやつを相手にする人は自分もずるくなくてはいけないの意.

He that fights and runs away may live to fight another day.〔戦って逃げる者は, 生きのびて他日また戦う機会がある〕⇨命あっての物種《ものだね》

He that fights with silver arms is sure to overcome.〔銀製の武器で戦う者は必ず敵を打ち負かす〕silver arms とは money とか gold とかと同じで, 黄金の力をもってすれば何ものでも征服できるの意.「黄金万能」

He that is down, down with him.〔倒れたやつはやっつけろ〕ギリシャの悲劇詩人アイスキュロスは, その作「アガメムノン」の中で「倒れた者を蹴《け》るのは人間の本性である」と書いている.

He who touches pitch shall be defiled (therewith).〔ピッチにさわる者は手が汚れるであろう〕⇨朱に交われば赤くなる

Heaven (*or* God) helps those who help themselves. ⇨天は自ら助くるものを助く

Heaven's vengeance is slow but sure.〔天罰はすぐには来ないが必ず来る〕⇨天網恢々《かいかい》疎にして漏らさず

Honesty is the best policy. ⇨正直は一生の宝

Hunger is the best sauce.〔空腹感は特級品のソースである〕「食物の調味料の最高品は飢えである」という意のソクラテスの語, または「食物の最上の調味料は飢えであり, 飲み物のは渇きである」というラテン語に由来する. ⇨空《す》き腹にまずい物なし

I

I to-day, you to-morrow.〔今日は僕, 明日は君〕⇨今日は人の上明日は我が身の上

If the counsel be good, no matter (*or* it matters not) who gave it.〔助言がよい助言なら誰《だれ》がそれを与えようと問題ではない〕目下の者からの助言でも, よい助言なら受け入れよの意. ⇨人を以《もっ》て言を廃せず

If the hen does not prate, she will not lay.〔めんどりはコッコッと言わなければ卵を生まない〕女房が口やかましいようでないと家庭がうまくいかぬの意.

If the mountain will not come to Mahomet (*or* Mohammed), Mahomet (*or* Mohammed) must (*or* will) go to the mountain.〔山がマホメットの所へ来ないならマホメットが山へ行かずばなるまい〕マホメットが山に向かって自分の所へ来いと叫んで山が来なかったとき, マホメットが少しも騒がず 'If the hill will not come to Mahomet, Mahomet will go to the

の意.

Good riding at two anchors, men have told, for if the one fail the other may hold.〔一方が駄目になった場合に他方が引き留めていてくれるから碇《いかり》は二つおろして停泊するのがよい，という言い伝えがある〕

Good swimmers at length are drowned.〔水泳の達者な人も最後には溺《おぼ》れる〕⇨川立ちは川で果てる

Good wine needs no (ivy) bush (*or* no sign).〔良酒は看板を必要としない〕⇨桃李《とうり》言《ものい》わざれども下自《おのずか》ら蹊《けい》を成す

Goodness is not tied to greatness.〔善良さは偉大さと結びついていない〕ギリシャの諺《ことわざ》に由来する. Greatness and goodness go not always together. ともいう.

Goods are theirs that (*or* who) enjoy them.〔財貨はそれを享受する者のものである〕⇨宝の持ち腐れ

Grasp all, lose all.〔すべてを摑《つか》めばすべてを失う〕

Great barkers are no biters.〔激しく吠《ほ》え立てる犬は嚙《か》みつかない〕

Great bodies move slowly.〔図体《ずうたい》の大きいものは動きが鈍い〕もとは，議会などの大集会の審議は遅々として進まない，などの意で用いられたが，仕事の能率の悪い者を冷やかすのにも用いられる.「大男のしんがり」

Great eaters (*or* Gluttons) dig their graves with their teeth.〔大食漢はおのれの墓穴をおのれの歯で掘る〕フランスから来た諺《ことわざ》.「大食短命」

Grey and green make the worst medley.〔灰色と緑色は取り合わせとして最も悪い〕老人と若い者が夫婦・恋人であるのは見苦しいの意.

Grief is lessened when imparted to others.〔悲しみは他人に話すと薄らぐ〕

H

Handsome is that (*or* as) handsome does.〔手際よく物事をなす人は美男(美女)である〕美貌《びぼう》でなくても仕事をきれいに為《し》遂げる人は美しく見える，の義から「みめより心」「外見よりも実践」の意.

Hard (*or* Foul) words break no bones.〔きつい言葉(だけ)によっては骨折にはならない〕言葉だけならどんなに冷酷なことを言っても相手の肉体に骨折などの実害は生じないの意.

Haste makes waste.〔あわてると仕損じる〕⇨急《せ》いては事を仕損ずる

He laughs best who laughs last. ⇨最後に笑う者の笑いが最上

He must (*or* should) have a long spoon that will eat (*or* that sups) with the devil.〔悪魔と食事をともにしようとする者は，長いスプーンを持って

Follow love (*or* pleasure *or* glory) and it will flee (thee), flee love (*or* pleasure *or* glory) and it will follow thee. 〔恋は追えば逃げ, 逃げれば追ってくる〕

Fools have fortune. 〔馬鹿《ばか》には運がついている〕「果報はたわけにつく」

Fools rush in where angels fear to tread. 〔愚か者は, 天使が恐れて足を向けない所へとび込んで行く〕⇨盲《めくら》蛇《へび》に怖《お》じず

For a flying enemy make a golden bridge. 〔逃げる敵には金の橋を作ってやれ〕敗走する敵には容易な退却路を与えてやれの意.「逃げる敵たちに銀の橋を作る」という意のラテン語に由来する.

For a lost thing care not. 〔なくした物を気にやむな〕「諦《あきら》めは心の養生」

For foolish (*or* dirty) talk deaf ears. 〔愚劣な話には耳をかすな〕

Full ears of corn hang lowest. 〔よく実った麦の穂は最も低く垂れる〕「稲は実るほど穂を垂れる」

G

Game is cheaper in the market than in the fields and woods. 〔鳥獣は山野よりも市場のほうが安い〕例えば鴨《かも》は銃を買って沼で捕るよりも, 市場で買うほうが安くつくの意.

Give a child while he crave and a dog while his tail wave, you shall have a fair dog and a foul child. 〔欲しがる子供, 尾を振る犬に物を与えると, 犬はよい犬になり, 子供は悪い子になる〕

Give advice to all; but be security for none. 〔助言は誰《だれ》にでもしてやれ, しかし誰の保証人にもなるな〕

Give everyone his due. 〔各人に与うべきものは与えよ〕誰《だれ》でも公平に扱え, とか, ほめるべき所はほめよの意. due は, (法律上または道徳上) 当然払わるべきもの.

Give not the wolf (*or* fox) the wether (*or* sheep) to keep. 〔狼《おおかみ》に羊の番をさせるな〕⇨猫《ねこ》に鰹節《かつおぶし》

Gluttony kills more than the sword. 〔暴食のために死ぬ人は戦死者よりも多い〕ラテン語には「酩酊《めいてい》は剣よりも一層多くの人を殺す」とか「食道楽は剣よりも多くの人を殺す」というのがある.「大食短命」

Go down the ladder when you marry a wife, go up when you choose a friend. 〔嫁を貰《もら》うときは梯子《はしご》を下りよ, 友を選ぶ時は梯子を上れ〕女房は自分より身分格式の低い家の娘をもらい, 友人は自分より身分などが高い者の中から選ぶのがよいの意. ⇨嫁は下から婿は上から

God is for the battalions. 〔神は大軍に味方する〕小軍では大軍に勝てない

Everything has an end.〔物事にはみな終わりがある〕

Everything has (*or* **must have**) (**a**) **beginning.**〔物事にはみな始めがある〕大企業家になれる日を楽しみにして当分は小企業家にすぎなくても落胆するな，といったような場合に用いられる.「始めよりの和尚《おしょう》なし」

Everything is as it is taken.〔物事はみな受け取りよう次第〕「浮き世は心次第」

Everything is the worse for (**the**) **wearing.**〔物は使えばそれだけいたむ〕

Examples teach more than precepts.〔範例のほうが教訓よりも教育力が大きい〕

Extreme right (*or* **justice**) **is extreme wrong** (*or* **injustice**).〔極端な正義は極端な邪悪である〕「最も厳格な法は最もはなはだしい害毒」というラテン語の英訳.

F

Facts are stubborn things.〔事実というものはどうにもならないものである〕

Failure teaches (*or* **is the highroad to**) **success.** ⇨失敗は成功の本《もと》

Faint heart ne'er won (*or* **kissed**) **fair lady** (*or* **castle**).〔気弱な男が美女を手に入れた例《ためし》はない〕「臆病《おくびょう》な人々は決して戦勝碑《ひ》を立てなかった」という意のギリシャ語やラテン語に由来する.

Fair words fill not the belly.〔お世辞では腹はふさがらない〕

Familiarity breeds contempt. ⇨狎《な》れ狎れしさは軽蔑《けいべつ》を生む

Fate leads the willing but drives the stubborn.〔運命（の女神）は意欲的な者を導き，強情者の尻《しり》をたたく〕

Feed a cold and starve a fever.〔風邪《かぜ》には大食，熱には絶食するがよい〕

Few words show men wise.〔無口はその人が賢いことの証拠〕「少なく語る人は賢い」という意味のラテン語に由来する.

Fire and water are good servants but bad masters.〔火と水はよい召し使いであるが悪い主人である〕火と水とは便利なものだが，水や火のために人間が走りまわらねばならぬ際は大変であるの意.

Fire is half bread.〔火はパンの半分〕火があれば，パンが無くてもパンを食べた半分くらい生命の支えになるの意.

First come first served.〔最初に来た者が最初に食物を供せられる〕何事も来たもの順，早いもの勝ちの意. ⇨先んずれば人を制す／早いが勝ち

First think and then speak.〔考えてから物を言え〕

Flesh is frail.〔肉体は弱い〕「マタイ伝」第 26 章 41 節の句に由来する.

るの意.「西施《せいし》にも醜なるところあり」

Every bullet has a lighting place (*or* **its billet**).〔銃弾にはみな着弾点がある〕弾丸に当たるも当たらぬも運不運によるものの意.

Every cloud has a silver lining.〔どの雲にも銀の裏地がついている〕雲は地上から見ると黒いが, 反対側は白い色をしているの義から, どんな災難や不幸にも明るいよい面もあるの意.

Every couple is not a pair.〔二は必ずしも対ではない〕二人の男女は必ずしもおしどり夫婦ではないなどの意.

Every dog has his day.〔どの犬にも盛時がある〕誰《だれ》にも悪いことばかりがあるわけではなく, 幸運にめぐまれる時もあるの意.

Every herring must hang by its own gill.〔ニシンはみな自分のえらでぶら下がらねばならない〕人は自分の努力や勤勉または長所によって自立せねばならぬの意.

Every kingdom divided soon falls.〔どの王国も分割されればすぐ滅びる〕

Every man has his humour.〔人にはそれぞれ気質《かたぎ》がある〕笑い上戸とか泣き上戸など. ⇨十人十色

Every man has his price.〔人にはみな値段がある〕買収のきかない人はいないの意.

Every man is a king in his own house.〔男はみな自分の家では王様である〕「亭主関白の位」

Every man is the architect of his own fortune.〔人はみな自分の運命の建設者である〕

Every man loves himself best.〔人はみな自分がいちばんかわいい〕⇨人を思うは身を思う

Every man must eat a peck of dirt (*or* **ashes** *or* **salt**) **before he dies**.〔人は一生の間には一ペックの泥《どろ》を食べなければならない〕一生の間にはいろいろな侮辱を受け忍ばなければならないの意. peck は約四升.

Every maybe has a may not be.〔可能性の裏には非可能性が潜んでいる〕

Every miller draws water to his own mill.〔粉屋はみな自分の粉碾《ひ》き場へ水を引く〕⇨我田引水

Every potter praises his own pot.〔焼物師はみな自分の壺《つぼ》をほめる〕「自画自賛」

Every rose has its thorn.〔バラにはみなとげがある〕⇨薔薇《ばら》に刺《とげ》あり

Everyone has a fool in his sleeve.〔どの人の袖《そで》にも馬鹿《ばか》がいる〕人にはみな, 弱点があるの意.

Everything comes to him who waits.〔待つ人にはすべてのものが手に入る〕⇨待てば海路の日和《ひより》あり

Desert and reward be ever far odd. 〔勲功《くんこう》と報奨はいつも非常に不釣《つ》り合いである〕功なき者が賞せられ, 功ある者が賞せられぬことがよくあるもの, の意.

Do in Rome as the Romans do. ラテン語の「君がローマにあるときにはローマ式に生活せよ. 他の場所にいるときは, そこの風習に従って生活せよ」に由来する. ⇨郷《ごう》に入っては郷に従え

Do not throw your pearls before swine. 〔豚《ぶた》の面前に真珠を投げ与えるな〕「マタイ伝」第 7 章第 6 節の語に由来する. ⇨豚に真珠

Dog does not eat dog. 〔犬は犬を食わない〕泥棒《どろぼう》仲間には泥棒なりの仁義があるの意. 「盗人《ぬすっと》にも仁義」

Don't cross the bridge until you come (*or* **get**) **to it**. 〔橋のたもとに着くまでは橋を渡る(ことを気に病む)な〕取り越し苦労をするなの意.

Don't halloo (*or* **whistle**) **until** (*or* **till**) **you are out of the wood**. 〔森を通り抜けるまでは歓声を上げるな〕すっかり森を通り抜けるまでは, 山賊におそわれる危険があるから, 喜びの叫び声など出してはいけないの意.

E

Early to bed and early to rise makes a man (*or* **is the way to be**) **healthy, wealthy, and wise**. 〔早寝早起きは人を健康, 富裕, 利口にする〕⇨早寝早起き病知らず

Easier said than done. ⇨言うは易《やす》く行なうは難し

East is East and West is West. 〔東は東, 西は西〕東洋人と西欧人とは道徳観, 人生観など相異なっているの意.

Easy come, easy go. 〔来やすいものは去りやすい〕濡手《ぬれて》で粟《あわ》のように儲《もう》かった金は, 湯水のように使われてしまうものだの意.

Enough is as good as a feast. 〔十分な食事はごちそうと同じことである〕三食が食欲を満たすに十分なものであれば, それでよく, 朝・昼・晩ともごちそうずくめであるを要しないの義から, 何事も過度はいけないの意.

Even a worm will turn. 〔虫けらさえも向かってくるものだ〕⇨一寸の虫にも五分の魂

Even Homer sometimes nods. 〔ホーマーでさえ時には居眠りをする〕「イリアス」と「オデュッセイア」の作者といわれるギリシャの大詩人さえ, 居眠りしながら書いたに違いないと思われる凡句《ぼんく》が時々見受けられるの義から, 名人にも失敗はあるものだの意. ⇨弘法《こうぼう》も筆の誤り／猿《さる》も木から落ちる

Every bean has its black. 〔豆にはみな黒点がある〕人間にはみな欠点があ

去るな〕「五月が過ぎるまでは外套を脱ぐな」というスペインの諺《ことわざ》の英訳.

Charity begins at home (**, but should not end there**). 〔慈愛はわが家から始まる(しかしそこで終わってはならない)〕「よく整った慈善は自らに始まる」というラテン語に由来する.

Charity covers a multitude of sins. 〔愛は多くの罪をおおう〕

Commend not your wife, wine, nor horse (*or* **house**). 〔自分の女房と酒と馬(家)はほめるものではない〕Thy wife, horse, arms, or wine, never commend unless thou hast a mind to lend them out. 〔貸し出すつもりがないなら, 女房と馬と武器と酒の自慢話はせぬがよい〕という形もある.

Comparisons are odious. 〔比較はいやなものである〕

Compelled sins are no sins. 〔強要された罪は罪ではない〕「意に反してなされた事は犯罪ではない」というラテン語の英訳.

Confidence is a plant of slow growth. 〔信頼という木は大きくなるのが遅い木である〕

Courtesy on one side only lasts not long. 〔一方的な礼儀は長続きしない〕「礼は往来を尊ぶ」

Covetousness is (*or* **Riches are**) **the root of all evil**. 〔強欲は諸悪の根源〕

Cracked pots last longest. 〔ひびの入った壺《つぼ》が一番長持ちする〕体のどこかが悪い人のほうが, 無病を誇る人よりも長生きするなどの意.

Crosses are ladders (**that do lead**) **to heaven**. 〔十字架は天国へ達する梯子《はしご》である〕

Curses return upon the heads of those that curse. 〔呪《のろ》いは呪う人の頭上に帰る〕⇨人を呪わば穴二つ

D

Danger past (**, and**) **God forgotten**. 〔危険が過ぎ去ると神を忘れる〕⇨苦しい時の神頼み／喉元《のどもと》過ぎれば熱さを忘れる

Dead men tell no tales. 〔死人はどんな話もしない〕⇨死人に口なし

Death keeps (*or* **hath**) **no calendar**. 〔死に神は暦を使わない〕死に神は吉日とか恵方《えほう》などに束縛されず, 好きな時に好きな方面へ出向くの意.

Death pays all debts. 〔死はすべての負債を支払う〕ラテン語の「死亡はすべての権利(義務)を解除する」に由来するか.

Deceive not your physician, confessor, or (*or* **nor**) **lawyer**. 〔君の医者と聴罪師と弁護士には嘘《うそ》を言うな〕ラテン語の「医師, 弁護士及び聴罪師には自由に真実を語れ」に由来する.

Delay breeds danger. 〔遅延は危険を生む〕

壮語する者は公約などとかく果たさぬもの，などの含意もある.「吠える犬は噛みつかぬ」

Beauty is but skin deep.〔美貌《びぼう》は皮一重にすぎぬ〕「美しいも皮一重」

Beggars cannot（*or* **must not**）**be choosers**.〔乞食《こじき》は選択者にはなれない〕ものをもらう身はえり好みするわけにはいかぬの意.

Better bend than break.〔折れるよりも曲がれ〕⇨柳に雪折れなし

Better late than never.〔遅くともしないよりはまし〕「遅くとも義務を果たすことを始むるは，決して果たさざるにまさる」というギリシャ人の言葉がある.

Better the feet（*or* **foot**）**slip than the tongue**.〔足を滑らすとも口を滑らすな〕「舌をもって滑るよりは足をもって滑るほうがよい」というギリシャ語に由来する.

Birds of a feather flock together.〔同じ羽の鳥は一か所に集まる〕feather は「羽色，種類」の意. ⇨類は友を呼ぶ／類を以《もっ》て集まる

Blood is thicker than water. ⇨血は水よりも濃い

Blood will have blood.〔血は血を求める〕旧約聖書「創世記」第 9 章第 6 節の「凡《およ》そ人の血を流す者は人その血を流さん」に由来する.

Boys will be boys.〔男の子はやっぱり男の子〕男の子はどうしたって腕白で乱暴をしがちであるの意.

Business before pleasure.〔楽しみ事の前にまず仕事〕

Butter is gold in the morning, silver at noon, and lead at night.〔朝のバターは金，昼は銀，夜は鉛〕

By doing nothing we learn to do ill.〔何もしないでいると人は悪いことをするようになる〕ギリシャの哲学者プラトンの言葉に由来する. ⇨小人《しょうじん》閑居して不善をなす

C

Care killed the（*or* **a**）**cat**.〔心配は猫《ねこ》を殺した〕A cat has nine lives.〔猫に九生あり〕という諺《ことわざ》があるが，その猫さえも心配のために息の根をとめられる. ましてひとつしか命をもたぬ人間たるもの，心配は身の大毒と知るべしの意.

Cast no dirt into the well that has given you water.〔君に水を与えてくれた井戸の中へ汚物を投げ込むな〕恩恵を受けた人とか物には，後々まで感謝感恩の気持ちを失ってはならぬの意.「忘恩」はイギリス紳士の恥の一つ.

Cast not a clout till May be out.〔五月が過ぎるまではぼろ外套《がいとう》でも脱ぎ

である〕⇨勝てば官軍／力は正義なり

All is fish that comes to his net.〔彼には網にかかるものはみんな魚である〕彼は何でもうまく利用するの意. ⇨転んでもただでは起きない

All is vanity.〔一切は空なり〕旧約聖書の「伝道の書」第１章第２節の Vanity of vanities ... all is vanity に由来する.「色即是空」

All roads lead to Rome. ⇨すべての道はローマに通ず

All work and no play makes Jack a dull boy.〔勉強ばかりして遊ぶことをしないとジャックは馬鹿《ばか》な子になる〕「よく学びよく遊べ」

All's well that ends well. ⇨終わりよければ総《すべ》てよし

An empty hand no lure for a hawk.〔無一物の手は鷹《たか》をおびき寄せられない〕空手空拳《けん》では相手をこちらの意に従わせることができないの意. lure は,（鷹狩りで鷹を呼び戻《もど》すのに使う）おとり.

An Englishman's house is his castle.〔イギリス人にとって家は城である〕イギリス人は私生活を他人が覗《のぞ》くのを許さないの意.

An ill weed grows (*or* **Ill weeds grow**) **apace** (*or* **fast** *or* **well**).〔雑草は早く伸びる〕⇨憎まれっ子世に憚《はば》かる

An oak is not felled at one stroke.〔樫《かし》の大木は（斧《おの》）一撃では切り倒されない〕

An old bird is (*or* **Old birds are**) **not caught with chaff**.〔老鳥はもみがらでは捕れない〕ひとすじなわではいかないの意.

An old dog will learn no (**new**) **tricks**.〔老犬は（新しい）芸を覚えない〕「老い木は曲がらぬ」

An open door (*or* **gate**) **may tempt a saint**.〔開いている扉《とびら》は聖人をも誘惑する〕

An ounce of practice is worth a pound of theory.〔一オンスの実行は一ポンドの理論に値する〕

As the fool thinks, so the bell clinks.〔道化（馬鹿《ばか》）が思うように鈴は鳴る〕鈴の鳴り方は道化（馬鹿）が心で思うがままの反映である, の語義から, 馬鹿は心に思うことをそのまま外に表わすの意. 道化は, とさかとロバの耳のある帽子をかぶり, そのとさかとロバの耳には鈴がついていた. ⇨言葉は心の使い

As the old cock crows the young cock learns.〔親どりが時をつくるとおりに, 若どりは時のつくり方を学ぶ〕「親を習う子」

B

Barking dogs seldom bite.〔吠《ほ》えたてる犬はめったに噛《か》みつかない〕大言

を変える人には財産ができないの意. 女房をあまりとりかえる男には, 本当の夫婦の愛情は分からないの意にも使われることがあるのに, アメリカではお国柄からか roll することをよしとする考え方がある. ⇨転石《てんせき》苔《こけ》を生ぜず

A scabbed horse cannot abide the comb.〔かさぶただらけの馬は櫛《くし》に耐え得ない〕悪に染まった心は説教されるのを好まぬの意.

A short (*or* **little**) **horse is soon curried**.〔小柄な馬に櫛《くし》をかけるのはすぐに済む〕小さい仕事はすぐ仕上がるの意.

A single life is best.〔独身生活が最上である〕

A small leak will sink a great ship.〔小さな漏孔《ろうこう》が大きな船を沈める〕「小隙《しょうげき》舟を沈む」

A sound mind in a sound body.〔健全な肉体に宿る健全な精神〕ラテン語の, Orandum est, ut sit mens sana in corpore sano.〔われわれは健全な身体に健全な精神があるように祈るべきである〕の英訳. ⇨健全なる精神は健全なる身体に宿る

A stitch in time saves nine.〔早目に一針縫っておけば後で九針も縫わなくて済む〕「今日の手遅れは明日へついて回る」

A stolen fruit tastes sweet.〔盗んだ果物はおいしい〕

A straw shows which way the wind blows.〔一本のわらで風の吹く方向がわかる〕⇨一葉《いちよう》落ちて天下の秋を知る

A threefold cable (*or* **cord**) **is not easily broken**.〔三重の綱は簡単には切れない〕「一筋の矢は折るべし十筋の矢は折り難し」

A tree often transplanted bears not much fruit.〔たびたび植え替えられる木には実があまりならない〕

A watched pot never boils.〔待っていると鍋《なべ》はなかなか煮え立たない〕「待つ身は長い」

A wise man changes his mind (sometimes), a fool never (will).〔賢者は時に考えを変えるが愚者は決して変えない〕⇨君子は豹変《ひょうへん》す

Accidents will happen (in the best-regulated families).〔どんなにきちんとした家庭でも事故は起こるものである〕

After a storm (comes) a calm (*or* **fair weather**).〔嵐《あらし》の後に凪《なぎ》が来る〕⇨雨降って地《じ》固まる

All cry and no wool.〔鳴き声ばかりで毛は一本も無し〕⇨大山《たいざん》鳴動して鼠《ねずみ》一匹

All (his) geese are swans.〔(自分のものとなると) 鵞鳥《がちょう》をも白鳥視する〕自分の持ち物を過大評価するの意.

All is fair (*or* **lawful**) **in love and war**.〔恋と戦争には何をしても正当行為

A maiden with many wooers often chooses the worst.〔求婚者の多い娘は一番悪い男を選ぶことがよくある〕「選んでかすを摑《つか》む」

A man can die but once.〔人は一度だけしか死ねない〕A man cannot die more than once. などともいう.「一度死ねば二度は死なぬ」

A man cannot give what he hasn't got.〔持っていない物は与えられない〕⇨無い袖《そで》は振れぬ

A man is a fool or a physician at thirty.〔人は三十歳になると馬鹿《ばか》か医者のいずれかになっている〕三十歳にもなって自分のからだのことが分からぬ者は馬鹿であるの意.

A man is as old as he feels, and a woman as old as she looks.〔男の年は気持ちどおり, 女の年は顔つきどおり〕

A man is known by the company he keeps.〔交わる友を見れば人柄がわかる〕「善悪は友を見よ」

A man is weal (*or* well) or woe as he thinks himself so.〔人の幸不幸は本人の考え次第である〕「浮き世は心次第」

A man must ask excessively to get a little.〔人は僅少《きんしょう》なものを得るためにも過大な要求をしなければならない.〕⇨棒ほど願って針ほど叶《かな》う

A man's best fortune or his worst is a wife.〔男の最大の幸運または不幸は妻である〕

A melon and a woman are hard to be known.〔メロンと女(の中味)はなかなか分からない〕

A miss is as good as a mile.〔小さな失敗でも失敗は失敗〕

A near friend is better than a far-dwelling kinsman.〔遠くに住んでいる親類よりも近くにいる友人がよい〕ギリシャ語にも「遠方に住んでいる兄弟より近くにいる友人のほうがよい」というのがある. ⇨遠くの親類より近くの他人

A new broom sweeps (*or* New brooms sweep) clean.〔新しい箒《ほうき》はきれいに掃ける〕新任者は仕事に熱心で業績上々であるの意.

A penny saved is a penny gained (*or* got *or* earned).〔一円の節約は一円の収入〕「儲《もう》ける考えより使わぬ考え」

A penny soul never came to twopence.〔一ペニー級の人間が二ペンス級の人間になった例《ためし》なし〕けちな人間は大物にはなれぬの意.「一升ますに二升は入らぬ」

A poet is born not made.〔詩人は生まれるもので作られるものではない〕

A promise is a promise.〔約束は約束〕Promise is debt.〔約束は負債である〕という古い諺《ことわざ》と同義.

A rolling stone gathers no moss.〔転石に苔《こけ》むさず〕しばしば職業や住居

A fool asks much, but he is a greater fool that gives it.〔馬鹿《ばか》は多大なものを要求するが, それを与える者はもっと大きな馬鹿である〕

A fool at forty is a fool indeed.〔四十歳になっても馬鹿《ばか》なやつは全くの馬鹿である〕

A fool's bolt (is) soon shot.〔愚人の太矢はすぐに射放たれる〕愚人はすぐに自分の意見を述べて自分の愚かさを広告してしまうの意.

A friend in need is a friend indeed.〔困った時の友人こそが本当の友人である〕

A gift is valued by the mind of the giver.〔贈与品は贈与者の心によって評価される〕⇨気は心

A gloved cat can catch no mice.〔手袋をしている猫《ねこ》には鼠《ねずみ》は捕れない〕

A good Jack makes a good Jill (*or* **Gill**).〔男が善良ならば女も善良になる〕Jack and Jill (*or* Gill) は「若い男女, 恋人どうし」の意.

A good wife and health is a man's best wealth.〔良妻と健康とは男の最上の富である〕

A great man and a great river are often ill neighbours.〔偉い人と大きな川の近くに住むものではない〕

A green Christmas (*or* **winter**) **makes a fat** (*or* **full**) **churchyard**.〔クリスマス(冬)が温暖だと墓地が肥える〕雪の降らない暖冬の年には病死者が多いの意.

A learned blockhead is a greater blockhead than an ignorant one.〔学のある頓馬《とんま》は無学の頓馬よりも大きい頓馬である〕

A liar should (*or* **must**) **have a good memory**.〔嘘《うそ》つきは記憶力がよくないといけない〕ついた嘘を覚えていないと後で矛盾することを言う恐れがあるから.

A light-heeled mother makes a heavy-heeled daughter.〔足まめな母親からは足重《あしおも》な娘ができあがる〕母親がこまめな働き者だと, 娘は動作の緩慢な怠け者になるの意.

A light purse makes a heavy heart. ⇨財布が軽けりゃ心が重い

A lion may come to be beholden to a mouse.〔ライオンも鼠《ねずみ》の世話にならねばならぬようになるかも知れない〕縛《しば》られたライオンが鼠に綱をかみ切ってもらったというイソップ寓話《ぐうわ》に由来する.

A little learning is a dangerous thing. ⇨生兵法《なまびょうほう》は大怪我《おおけが》のもと

A little pot (is) soon hot.〔小鍋《こなべ》はすぐ熱くなる〕小人は怒りやすいの意.

A living dog is better than a dead lion.〔生ける犬は死せるライオンにまさる〕旧約聖書の「伝道の書」第9章第4節の語に由来する.「死にたる人は生ける鼠《ねずみ》にだにしかず」

英語ことわざ

〔　〕内には訳文を掲げ、次いで意味と日本の類似のことわざを示しました。
⇨の項目は本文を参照してください。

A

A bad workman quarrels with his tools. 〔下手な職人は道具に難癖をつける〕 ⇨下手の道具調べ

A bird in the hand is worth two in the bush. 〔掌中の一羽は藪中《そうちゅう》の二羽に値す〕「手の中の一羽の鳥のほうが森の中の二羽よりも価値がある」という意味のラテン語に由来する. ⇨明日の百より今日の五十

A burnt child dreads the fire. 〔やけどをしたことのある子は火をこわがる〕 ⇨羹《あつもの》に懲《こ》りて膾《なます》を吹く／蛇《へび》に噛《か》まれて朽《く》ち縄《なわ》に怖《お》じる

A carpenter is known by his chips. 〔大工のよしあしは切りくずを見れば分かる〕 Such carpenter such chips. ともいう.

A cat has nine lives. 〔猫に九生あり〕

A cool mouth and warm feet live long. 〔口を冷やし足を暖かくしておけば長生きする〕 ⇨頭寒足熱《ずかんそくねつ》

A covetous man does nothing good until he dies. 〔強欲者は一生死ぬまでよい事をしない〕 死んで初めてよいことをする. なぜなら, 彼の一生の蓄財が他人の手で活用されることになるから.

A crow is never whiter for washing herself often. 〔烏《からす》はひんぱんに体を洗っても白くはならない〕「烏は百度洗っても鷺《さぎ》にはならなぬ」 ⇨無患子《むくろじ》は三年磨《みが》いても黒い

A drowning man will catch at a straw. straw の代わりに rush (灯芯《とうしん》草) または twig (小枝) が用いられることもある.「中流に船を失えば一瓢《いっぴょう》も千金」 ⇨溺《おぼ》れる者《もの》は藁《わら》をも摑《つか》む

A fat wife never loved a faint husband. 〔太った女房が腑《ふ》抜け亭主を愛した例《ためし》はない〕

A fencer has one trick in his budget more than ever he taught his scholar. 〔剣士は門弟に教えたこと以上にもう一つの手を知っている〕 剣道の師範は, 弟子との不和に備えて弟子にも教えない取っておきの奥の手を持っているの意.

A fish begins first to smell at the head. 〔魚は頭から臭くなり始める〕 ギリシャ語の「魚は頭から臭《にお》いが始まる」から, 国は上流社会から腐敗が始まるの意.

1999年 7月10日 初版発行
2010年 7月20日 第2版発行

三省堂 故事ことわざ・慣用句辞典 第二版

二〇二二年三月一〇日 第四刷発行

編者――三省堂編修所
発行者――株式会社三省堂
代表者＝瀧本多加志
印刷者――三省堂印刷株式会社
発行所――株式会社三省堂
〒一〇一-八三七一
東京都千代田区神田三崎町二丁目二十二番十四号
電話＝編集［〇三］三二三〇-九四一一
営業［〇三］三二三〇-九四一二
https://www.sanseido.co.jp/

2版ことわざ慣用句・九四四頁
落丁本・乱丁本はお取り替えいたします
ISBN978-4-385-13201-3